RIVIÈRE SAINTE-MARGUERITE
RIVIÈRE MOISIE
LAC MAGPIE
Sept-Îles
Rivière-au-Tonnerre
Havre-Saint-Pierre
Kegaska
Natashquan
ARCHIPEL DE MINGAN
DÉTROIT DE JACQUES-CARTIER
Port-Cartier
138
Port-Menier
ANTICOSTI
SAINT-LAURENT
DÉTROIT D'HONGUEDO
Grande-Vallée
Sainte-Anne-des-Monts
Cap-Chat
198
Murdochville
PARC NATIONAL DU CANADA FORILLON
PARC NATIONAL DE GASPÉSIE
Gaspé
Gaspésie, îles de la Madeleine et Acadie
p.525
Percé
132
ROCHER PERCÉ ET ÎLE BONAVENTURE
Grande-Rivière
Amqui
Newport
GOLFE DU SAINT-LAURENT
132
Paspébiac
Bonaventure
Dalhousie
Caraquet
ÎLES DE LA MADELEINE
Bathurst
Tracadie
ACADIE
NOUVEAU-BRUNSWICK
Bouctouche
ÎLE DU PRINCE-ÉDOUARD
Shédiac
DÉTROIT DE NORTHUMBERLAND
BAIE DE FUNDY
CANADA
QUÉBEC
ÉTATS-UNIS
CANADA
EUROPE
AFRIQUE

GEOGUIDE en un clin d'œil !

Un repérage géographique
Une couleur par région

Nos mises en avant
★ Incontournable
☆ Site remarquable
☺ Coup de cœur

Un repérage thématique
- Culture et patrimoine
- Shopping
- Sports et loisirs
- Activités familiales
- Cafés, bars et lieux de sortie
- Restauration
- Hébergement

Boîte aux lettres GEOGUIDE
5, rue Gaston-Gallimard
75328 Paris Cedex 07
www.geo-guide.fr
contact@geo-guide.fr

GEOGUIDE

Québec

Vincent Grandferry
Rodolphe Lasnes
Éric Mathieu
Vincent Noyoux
Anne Pelouas
Nicolas Peyroles

Ont également collaboré à cet ouvrage
Anne Bécel, Thomas Doniol-Valcroze

QUÉBEC

GEOPANORAMA

GEOPRATiQUE

Pêche blanche (p.65), Sainte-Anne-de-la-Pérade (p.270) en Mauricie.

GEOREGION

GEODOCS

QUÉBEC

Montréal (p.83) en automne.

GEOPANORAMA

COMPRENDRE LE QUÉBEC

Géographie

Forêt tempérée, taïga, toundra, lacs par milliers, fleuve coupant littéralement le "pays" en deux… les paysages du Québec sont loin d'être uniformes ! Il est vrai que cette province de l'est du Canada s'étend sur 1 667 441km² entre les 45e et 62e degrés de latitude nord et du 56e au 79e degré de longitude ouest – soit trois fois la France, mais seulement 15% du Canada. Le tiers nord du territoire (le Nunavik, surtout peuplé d'Inuits) reste peu habité et, plus au sud, on découvre encore de vastes étendues sauvages dès qu'on s'éloigne de la plaine du Saint-Laurent.

Les frontières

Largement entouré d'eau, le Québec possède plus de 6 000km de côtes : la baie James et la baie d'Hudson à l'ouest, le détroit d'Hudson et la baie d'Ungava au nord et au sud-est le golfe du Saint-Laurent, prolongement du grand fleuve du même nom, qui se jette dans l'Atlantique nord. Le Québec partage ses frontières terrestres (plus de 6 000km) avec plusieurs autres provinces canadiennes (l'Ontario au sud-ouest, le Nouveau-Brunswick au sud-est, Terre-Neuve à l'est et le Labrador au nord-est) et États américains (Maine au sud-est, New Hampshire, Vermont et État de New York au sud).

L'intérieur

Le territoire québécois se divise en trois grandes régions : le Bouclier canadien, la plaine du Saint-Laurent et les Appalaches.

UN IMMENSE PLATEAU DE ROCHES ANCIENNES Le Bouclier canadien dessine un vaste fer à cheval montagneux autour de la baie d'Hudson, occupant près de 90% de la province. Cette formation géologique figure parmi les plus anciennes de la planète et constitue le socle du continent nord-américain. Soumis à l'érosion depuis des milliards d'années et largement aplanis par le passage des glaciers, ses reliefs arrondis ont des allures de collines (250-750m d'altitude), sauf exception : le mont d'Iberville (1 652m), dans les monts Torngat, point culminant du Québec. Fort riches en minerais et en minéraux, ils sont couverts de forêts denses et très productives.

LES BASSES TERRES Née d'un effondrement géologique entre le Bouclier canadien au nord et les Appalaches au sud-est, la plaine du Saint-Laurent s'étend du lac Ontario à la ville de Québec et inclut l'île d'Anticosti, ancrée à l'entrée du golfe. Le sous-sol de cette vallée majestueuse est constitué de roches sédimentaires. Ses terres fertiles ont accueilli les premiers colons européens, et la majeure partie de la population québécoise y vit encore. La plaine est ponctuée de six collines, parmi lesquelles le mont Royal à Montréal. Celles de la rive méridionale du Saint-Laurent font le bonheur des pomiculteurs et des amateurs de randonnée pédestre.

LES APPALACHES Cette chaîne de montagnes qui s'étire de Terre-Neuve jusqu'en Alabama occupe le sud-est de la province. Datée de 600 à 200 millions d'années, elle dessine des plateaux vallonnés, avec quelques reliefs dépassant 500m d'altitude. En Estrie, près de la frontière américaine, les collines succèdent aux lacs, tandis qu'en Gaspésie, au nord-est, le relief est nettement plus accidenté, notamment dans les monts Chic-Chocs (1 268m au mont Jacques-Cartier).

UN RÉSEAU HYDROGRAPHIQUE EXCEPTIONNEL Avec leurs quelque 750 000 lacs alimentant 130 000 cours d'eau, les eaux intérieures occupent plus de 20% du territoire québécois. Le Québec possède aussi plus de 3% des réserves d'eau douce renouvelables de la planète (10% du sous-sol) ! Des trois principaux bassins versants (baie d'Hudson, baie d'Ungava et Saint-Laurent), ce dernier est le plus important. Le grand fleuve traverse tout le sud de la province, d'ouest en est ; il en a constitué le premier axe de pénétration et a joué un rôle essentiel dans son développement. Long de 1 140km (3 680km si l'on tient compte des Grands Lacs), le Saint-Laurent figure parmi les plus importantes voies navigables au monde et ses principaux affluents ont tout des grands fleuves : la rivière des Outaouais (1 271km), le Saguenay (698km), le Saint-Maurice (563km), la Manicouagan (560km) et le Richelieu (124km). Le charme indéniable du Saint-Laurent tient à son chapelet d'îles (500 au total), qui s'égrène du lac Ontario jusqu'au golfe.Montréal occupe la plus grande de toutes. L'île d'Orléans, berceau de la Nouvelle-France, est arrimée juste en aval de la ville de Québec. D'autres, bucoliques à souhait, sont entièrement privées ou sauvages : île aux Grues, île aux Coudres, île de Kamouraska, îles Pèlerins, île aux Lièvres, île aux Basques, île Verte… Celle bien étendue d'Anticosti sépare l'estuaire du golfe du Saint-Laurent, mer semi-fermée dotée d'un archipel enchanteur : les îles de la Madeleine. Pour construire de grands barrages hydroélectriques, le Québec a en outre inondé de vastes terres, devenues au fil des ans d'immenses réservoirs d'eau douce. Ces lacs artificiels constituent des lieux de pêche et de villégiature très courus.

Carte d'identité

Superficie
1 667 441km², la plus vaste des dix provinces canadiennes (mais le territoire canadien le plus grand est le Nunavut : 2 093 190km²)

Point culminant
Mont d'Iberville (1 652m), dans la péninsule du Labrador

Population
8 300 000 habitants

Densité
5 hab./km²

Capitale provinciale
Québec

Langue officielle
Français

Fête nationale
Saint Jean-Baptiste, le 24 juin

Devise
Je me souviens

Drapeau
Baptisé le Fleurdelisé, il représente une croix et quatre fleurs de lis blanches ou argentées sur fond azur

Climat

Compte tenu de sa position nordique et maritime, le Québec est soumis à un climat froid. Même dans le sud de la province, l'hiver dure au moins quatre mois ! Ce climat, caractérisé par d'importants écarts de températures, est de type arctique ou subarctique dans le Nord, maritime dans l'Est et continental humide dans la vallée du Saint-Laurent. Un grand froid sec règne sur les régions septentrionales pendant plus de six mois. En **Arctique**, la température moyenne est de -24°C en janvier, et dépasse rarement 10°C en juillet. L'hiver, le soleil ne brille que quelques heures par jour, tandis qu'en été les journées sont longues et ensoleillées. Les précipitations sont faibles et le sol d'une bonne partie du territoire reste gelé toute l'année. Dans la **zone subarctique**, les moyennes hivernales oscillent entre -5° et -20°C. La saison estivale est fraîche (10-15°C) et ne dure que quatre mois. Les précipitations sont plus abondantes (4-8mm/an) et régulières (un tiers tombe en hiver). Le **sud** du Québec connaît un climat tempéré et humide, avec des vents d'ouest dominants, caractérisé par de larges écarts de températures entre l'hiver et l'été et des précipitations abondantes sous forme de pluie ou de neige. À Montréal, la moyenne thermique est de -10°C en janvier et de 21°C en juillet. L'hiver est rigoureux et plutôt long, le printemps et l'automne sont doux et l'été chaud, voire caniculaire. En cette saison, il n'est pas rare de voir le thermomètre afficher 25 ou 30°C, alors qu'en hiver il peut dégringoler à -20°C et même davantage si l'on tient compte de l'effet du vent. Reste que le temps hivernal est souvent sec, ce qui rend le froid supportable. La zone maritime de l'**est** – les îles de la Madeleine, dans le golfe du Saint-Laurent – connaît de longs hivers relativement doux et des étés courts, chauds et parfois pluvieux. Son climat est nettement plus clément que celui du reste de la province, grâce à l'influence des masses d'air océanique.

Flore

Le patrimoine végétal comprend 8 800 espèces, constituées pour moitié de cryptogames (végétaux sans fleurs ni racines, comme les algues, les champignons, les lichens, les mousses, etc.). La zone arctique, soumise à un climat rude et à des vents violents, est le royaume de la **toundra**. Dans le Nord ne poussent que des mousses et lichens, dont le fameux "lichen à caribou" (*Cladina*), que ce cervidé consomme l'hiver. Herbes et graminées se développent dans les zones bien drainées. Plus au sud, la lande compte quelques arbres nains (bouleaux et saules). À l'embouchure des cours d'eau ou dans les replis de terrain abrités prospèrent parfois des épinettes arbustives. Au sud de la toundra s'étend la **taïga**. Cette forêt boréale, clairsemée au nord et dense au sud, occupe la majeure partie du territoire québécois. Elle est essentiellement composée de conifères (épinette noire, sapin baumier, mélèze, pin gris, etc.), auxquels se mêlent des feuillus (bouleau à papier, saule humble, peuplier faux-tremble, peuplier baumier, etc.). Tourbières, plans et cours d'eau y abondent. Dans le sud du Québec, la végétation est nettement plus variée. La **forêt tempérée froide** recouvre encore près de la moitié des terres. De la forêt de feuillus à la sapinière et à la forêt mixte, de part et d'autre des routes défilent érables à sucre, bouleaux jaunes, chênes rouges, peupliers à grandes dents, hêtres à grandes feuilles, pins blancs ou rouges. On recense quelque 2 500 espèces de plantes à fleurs au Québec. Parmi les plus communes, l'iris versicolore (emblème floral de la province) s'épanouit au printemps sur une grande partie du territoire, dans la vallée du Saint-Laurent comme sur le rivage de la baie James.

Faune

Le Québec s'est choisi pour emblème aviaire le harfang des neiges, un imposant rapace qui niche dans la toundra, mais ne dédaigne pas de passer l'hiver plus au sud. Cette grande chouette blanche n'est pas facilement observable, mais il arrive qu'on la voie juchée sur la barrière d'un champ. La toundra est aussi le paradis du lagopède des saules, du carcajou (glouton), du renard arctique, du caribou (renne) et du bœuf musqué, tandis que l'ours polaire fréquente la baie d'Hudson. L'orignal (élan d'Amérique du Nord), le plus grand cervidé (1,80m au garrot), vit dans la forêt boréale. La faune des forêts du Sud est particulièrement riche : chevreuils, ours noirs, petits mammifères (marmottes, moufettes, ratons laveurs, porcs-épics, renards, lièvres, écureuils) et oiseaux (sittelles, parulines, grives, mésanges, grands pics, etc.). Le loup est aussi présent sur l'ensemble du territoire québécois, et le coyote se multiplie dans le Sud. Le castor, jadis chassé pour sa peau, poursuit vaillamment son œuvre de construction de barrages sur maints cours d'eau. Ces derniers regorgent de poissons (truites, anguilles, brochets, perches et saumons). Dans le golfe du Saint-Laurent, on pêche surtout la morue, la crevette, le crabe des neiges et le homard. L'estuaire et le golfe sont des terrains de jeux pour de nombreux mammifères marins – cf. Les baleines du Saint-Laurent (p.482) –, dont le béluga et plusieurs espèces de rorquals, catalogués parmi les plus menacées. Les phoques communs et gris peuplent aussi le fleuve en quantité, tandis que les phoques du Groenland passent l'été sur la Côte-Nord et dans les îles de la Madeleine. Le Saint-Laurent est également un axe migratoire majeur pour certains oiseaux, bien que les "résidents permanents" soient nombreux au Québec. La plupart viennent s'y reproduire au printemps et migrent vers le sud en hiver. Des dizaines de milliers de fous de Bassan nichent sur l'île Bonaventure, en Gaspésie. Deux fois par an, au printemps et en automne, on peut assister au passage d'oies des neiges, de bernaches, de canards et de rapaces, et observer ces migrateurs en route vers leurs zones de nidification ou sur le chemin du retour quand ils se reposent au bord du fleuve.

Les aires protégées

Elles occupent 9,33% (155 435km²) du territoire québécois. Les parcs nationaux de Mauricie (536km²) et de Forillon (244km²) ainsi que le parc marin du Saguenay-Lac-Saint-Jean (1 245km²) et la réserve de parc national de l'Archipel-de-Mingan (151km²) sont administrés par le gouvernement canadien. Pour sa part, le Québec gère notamment 24 parcs nationaux (42 713km²), des réserves de biodiversité et des réserves aquatiques, tous accessibles au public, à la différence des 70 réserves écologiques de la province (964km²). On recense également 15 réserves fauniques, protégeant 66 886km² et 524km de rivières à saumon - cf. Parcs nationaux et réserves fauniques (p.59).

Histoire

Les premiers habitants

Venus d'Asie par le détroit de Béring il y a 20 000 à 40 000 ans, les ancêtres des Amérindiens migrent peu à peu vers l'est et s'installent sur le territoire de l'actuel Québec vers 11000 avant notre ère. Un autre groupe asiatique prend pied dans l'Arctique entre 2500 et 1500 avant notre ère. Des Vikings séjournent sur la côte orientale du Canada, surtout à Terre-Neuve, du XIIe au XIVe siècle. À cette époque, on recense trois grandes communautés autochtones au Québec : les Thuléens (Inuits) dans le Nord, les Algonquiens dans les montagnes du Bouclier canadien et des Appalaches, et les Iroquoiens dans la vallée du Saint-Laurent. Vivant de chasse, de pêche et de cueillette, Thuléens et Algonquiens nomadisent au gré des saisons, tandis que les Iroquoiens, semi-sédentaires, pratiquent l'agriculture. Au tout début du XVIe siècle, des pêcheurs européens (basques, gascons et anglais surtout) traversent l'Atlantique pour pêcher la morue au large de Terre-Neuve et la baleine dans l'estuaire du Saint-Laurent. Ils repartent à la fin de la saison de pêche, sans chercher à coloniser le territoire.

La découverte de l'Amérique

L'explorateur italien Jean Cabot (Giovanni Caboto, v. 1450-v. 1500), au service d'Henri VIII d'Angleterre, aurait débarqué à Terre-Neuve en 1497. En 1523, les Français se lancent dans la quête d'un passage au nord-ouest vers l'Asie, plus court que la route australe découverte par Magellan trois ans plus tôt. En 1524, Giovanni da Verrazzano explore la côte nord-américaine pour le compte de François Ier, mais rentre bredouille. Le roi confie alors à Jacques Cartier la tâche de "découvrir certaines isles et pays où on dit qu'il doit se trouver grant quantité d'or et d'autres riches choses". Au cours de ses trois voyages (1534, 1535-1536, 1541-1542), le marin malouin remonte la vallée du Saint-Laurent jusqu'à Hochelaga (Montréal), noue des relations avec les autochtones et prend possession du territoire au nom du roi de France, mais n'y établit aucune base durable. La monarchie française délaisse vite cette terre jugée plutôt inhospitalière et sans or, préférant explorer le Brésil et la Floride. Seuls les pêcheurs basques, bretons et normands continuent de fréquenter Terre-Neuve et le golfe du Saint-Laurent l'été, se lançant dans la traite des fourrures avec les Amérindiens.

LA FOURRURE, LEVIER DE LA COLONISATION Le commerce de la fourrure, une marchandise très demandée en France, change la donne dans les années 1580. Une fructueuse collaboration s'engage entre l'État français et des compagnies privées, le premier accordant un monopole commercial aux secondes, qui assument les frais de la colonisation. Ce système fonctionnera de 1588 à 1663. En 1600, Pierre Chauvin de Tonnetuit établit le premier comptoir commercial permanent du Canada à Tadoussac, au confluent de l'estuaire du Saint-Laurent et du fjord du Saguenay. Son ami Pierre Du Gua de Monts (v. 1558-1628) obtient en 1603 et pour dix ans le monopole de la traite des fourrures entre le 46e et le 40e degré de latitude nord. Après avoir fondé Port-Royal en Acadie, en

1605, celui-ci envoie Samuel de Champlain (v. 1567-1635) en reconnaissance à l'intérieur des terres, près des territoires de chasse, et le charge de créer une "abitation" sur "la grande rivière de Canadas". En 1608, Champlain arrête son choix sur le site de Québec, au pied du cap aux Diamants. L'année suivante, la colonie prend le nom de Nouvelle-France. Les premiers missionnaires, des récollets, arrivent à Québec en 1615.

La Nouvelle-France

LA COLONISATION "COMMERCIALE" Il faut attendre 1627 pour voir naître un véritable projet de colonisation. Est instauré le régime seigneurial : de vastes domaines, ou seigneuries, sont concédés à des particuliers chargés d'y établir des habitants, ou censitaires. Ces derniers viennent pour la plupart de Normandie, d'Île-de-France, d'Aunis, de Saintonge et du Poitou. Richelieu crée alors la Compagnie des Cent-Associés, ou Compagnie de Nouvelle-France, la dotant du monopole du commerce à condition qu'elle installe à ses frais des colons catholiques, qu'elle assure l'administration et la défense du territoire, l'entretien du clergé et qu'elle se consacre à la conversion des Indiens. À cette époque, la colonie n'a rien de mieux à offrir à la métropole que ses peaux de castor. Son développement suit donc les exigences du négoce des fourrures. Pour accéder à la ressource et tisser un vrai réseau commercial, la Compagnie des Cent-Associés se doit de contrôler les principales voies navigables qui desservent les territoires de chasse : le Saint-Laurent, l'artère de la Mohawk, celles du Mississippi et de l'Hudson. Québec devient vite la plaque tournante de ce commerce lucratif. Pour ouvrir la route de l'Outaouais qui conduit aux réserves de fourrures des Grands Lacs, les Français s'allient aux Hurons et aux Algonquins, intermédiaires auprès des tribus de l'Ouest. Les ventes de peaux de castor se font d'abord à Québec, puis à Trois-Rivières après 1634, enfin à Ville-Marie (future Montréal), fondée en 1642. Chaque année, de grandes foires printanières attirent des centaines de canots chargés de fourrures vers les établissements français. Forts de leurs bonnes relations avec les Hurons et les Algonquins, les Français prennent peu à peu le contrôle de la région des Grands Lacs, de 1615 à 1663. Mais ils ont des rivaux, tels les Hollandais liés aux Iroquois du secteur séparant le lac Champlain du lac Ontario. Ces derniers n'auront de cesse de détruire les établissements français. En 1663, Colbert dissout la Compagnie des Cent-Associés et la colonie reçoit le statut de province française. En 1665, Louis XIV envoie un régiment mater les Iroquois. La paix est rétablie en 1667. La Nouvelle-France compte alors quelque 3 200 colons, dont 2 500 dans

LE PÈRE DE LA NOUVELLE-FRANCE
Natif de Brouage, en Saintonge, et fils de marin, Samuel de **Champlain** explore le golfe du Mexique et effectue deux séjours de reconnaissance en Nouvelle-France (1603 et 1604-1607) avant de repartir coloniser la région du Saint-Laurent. Le 3 juillet 1608, il fonde Québec, la première colonie permanente française en Amérique. En 1619, après son sixième séjour au Canada, il reçoit le titre de lieutenant-gouverneur de la colonie, qu'il administre de 1620 à 1629. Ce n'est que quelques mois avant sa mort (25 déc. 1635) qu'il verra ses efforts récompensés par l'installation de plusieurs dizaines de familles de colons.

la vallée du Saint-Laurent. On fait fi désormais des intermédiaires indigènes pour la traite des fourrures. Le roi lance une politique plus dynamique de colonisation, visant surtout à contenir la poussée anglaise du sud car dès 1663, les colonies américaines ont plus de 80 000 habitants. En 1672, la population de la Nouvelle-France atteint 6 700 habitants !

LES "COUREURS DES BOIS" Grande époque pour les "coureurs des bois", ces Européens qui participent au commerce des fourrures sans l'aval des autorités, les années 1670 marquent le déclin des foires annuelles en Nouvelle-France. On bâtit des forts pour consolider la progression des explorateurs et de ces négociants en fourrure. Le territoire de la colonie s'étend considérablement jusqu'en 1713, mais les guerres franco-anglaises se propagent au Nouveau Monde pour le contrôle des bassins fluviaux. Au début du XVIIIe siècle, la France veille sur tous ceux qui mènent aux territoires de chasse. Elle a la mainmise sur le golfe du Saint-Laurent et met en valeur la Louisiane.

PERTES ET PROFITS En 1713, aux termes du traité d'Utrecht qui met fin à la guerre de la Succession d'Espagne, la France cède la baie d'Hudson, l'essentiel de Terre-Neuve et l'Acadie aux Britanniques. Elle érige toutefois la forteresse de Louisbourg sur l'île du Cap-Breton pour garder un œil sur le golfe du Saint-Laurent, installe des colons dans la région du lac Champlain et bloque la route des Grands Lacs. L'une des plus belles épopées du Régime français restera celle de Pierre Gaultier de Varennes et de La Vérendrye (1685-1749), commandant du poste du Nord parti vers l'ouest en quête d'une route fluviale vers le Pacifique, avec trois de ses fils, un neveu et une cinquantaine d'engagés. De 1731 à 1744, l'expédition explore le réseau hydrographique canadien, dressant une multitude de forts jusqu'au lac Winnipeg, au Missouri, au Montana et au Dakota.

Le régime britannique

LA CONQUÊTE ANGLAISE Avec à peine plus de 50 000 habitants en 1750, la Nouvelle-France ne peut assurer son expansion territoriale. La colonie devient l'un des théâtres de la guerre de Sept Ans (1756-1763) entre la Grande-Bretagne et la France. Des coalitions anglo-américaines attaquent Québec en remontant le Saint-Laurent ou Montréal en venant de Nouvelle-Angleterre. Puis les conflits se déplacent plus au sud, dans la vallée de l'Ohio et du lac Ontario. Les Français remportent plusieurs batailles, mais manquent de renforts, alors que Londres envoie de nouvelles troupes en Amérique. En 1758, ces dernières s'emparent de Louisbourg, puis du fort Frontenac (Ontario) avec le concours des Américains. L'année suivante, une armada britannique, dirigée par le général Wolfe, remonte le Saint-Laurent et assiège Québec pendant dix semaines. Battues dans les plaines d'Abraham, les troupes du général de Montcalm capitulent le 18 septembre 1759. Moins d'un an plus tard, l'histoire se répète à Montréal. En 1763, aux termes du traité de Paris qui met fin à la guerre de Sept Ans, la Nouvelle-France est cédée à la Couronne britannique. Londres crée alors la *Province of Quebec* et lui impose ses lois, excluant les catholiques des charges publiques. La majeure partie de l'élite francophone s'embarque pour la France.

GOUVERNEMENT DE QUÉBEC La Grande-Bretagne ne perd pas de temps et démembre la Nouvelle-France pour former trois entités administratives : les îles du Cap-Breton et du Prince-Édouard sont rattachées à la Nouvelle-Écosse, la vallée du Saint-Laurent forme la province de Québec, tandis que les contrées au nord et à l'ouest de la rivière des Outaouais deviennent territoire de chasse. Toutefois, les principes de colonisation britannique se révèlent vite un carcan néfaste. D'autant que les colons de Nouvelle-Angleterre, sitôt débarrassés de leurs concurrents francophones, réclament leur indépendance. Pour éviter que l'agitation gagne le Canada, Londres assouplit sa politique. L'Acte de Québec rétablit en 1774 le droit civil français, reconnaissant la religion catholique et le régime seigneurial, et agrandit le territoire de la province (du Labrador aux Grands Lacs, avec la région comprise entre l'Ohio et le Mississippi). Quand en 1775 l'armée de George Washington franchit la frontière pour gagner les Canadiens à la cause indépendantiste – les "rebelles américains" s'emparent de Montréal, mais sont repoussés devant Québec par un corps expéditionnaire britannique –, les Canadiens français restent neutres. L'apport de territoires de chasse profite à l'économie de la colonie. Jusqu'en 1821, Montréal demeurera le centre névralgique du commerce de la fourrure. L'agriculture se développe et la colonisation s'étend à l'intérieur des terres. Reste que le territoire est toujours faiblement peuplé, les Britanniques renâclant à immigrer. Jusque dans les années 1780, leur population se limite à une élite d'administrateurs et d'hommes d'affaires. Après la guerre de l'Indépendance américaine, elle s'enrichit de plusieurs dizaines de milliers de loyalistes. Ces colons américains restés fidèles à la Couronne d'Angleterre refusent d'être soumis au droit civil français, posant un nouveau défi aux autorités.

BAS ET HAUT-CANADA L'acte constitutionnel de 1791 divise la province de Québec en deux colonies : le Bas-Canada (Québec actuel), habité essentiellement par des francophones et soumis aux lois civiles françaises, et le Haut-Canada (Ontario actuel), régi par les lois civiles britanniques, qui reçoit surtout les loyalistes et immigrants anglo-saxons. Le Bas-Canada compte alors 160 000 habitants, dont 20 000 anglophones. Issus de la grande bourgeoisie britannique, ces derniers dominent le milieu des affaires, en intelligence avec l'élite administrative et les seigneurs canadiens français. Alors que la pression démographique sur les terres cultivées fait naître une crise agricole, le commerce des fourrures décline. La Compagnie du Nord-Ouest, qui regroupe l'ensemble des fourreurs montréalais, voit fondre ses bénéfices. En 1821, elle est absorbée par la Compagnie de la Baie d'Hudson, dirigée par des Écossais. Le commerce du bois entre le Canada et la métropole est à l'inverse florissant, devenant même le moteur des exportations. S'amorce au même moment un courant migratoire en provenance des îles Britanniques, amplifié par la Grande Famine qui se déclare en Irlande en 1845.

LE CANADA-UNI La politique coloniale de Londres suscite des critiques acerbes au début du XIXe siècle. Les Canadiens français, exigeant d'être mieux représentés, réclament l'abolition du Conseil nommé par le roi. En novembre 1837, Louis-Joseph Papineau et ses "patriotes" prennent les armes dans la vallée du Richelieu mais, mal préparés, doivent battre en retraite aux États-Unis. La seconde rébellion, l'année suivante, est sévèrement réprimée : une centaine de patriotes sont traduits en cour martiale ; douze seront pendus et 58 déportés en Australie. Le Bas-Canada est mis temporairement sous tutelle d'un conseil spécial. L'Acte d'union de 1840 réunit le Canada-Est (ancien Bas-Canada) et le Canada-Ouest (ancien Haut-Canada), les dotant d'un gouvernement et d'un Parlement uniques, avec l'anglais pour seule langue officielle. Ces réformes réjouissent les milieux d'affaires anglophones, mais suscitent la colère des Canadiens français. Leur réaction est telle que Londres doit revenir sur l'interdiction du français en 1848. Le Canada-Uni obtient aussi que son gouvernement soit "responsable" (qu'il rende compte de sa politique devant l'Assemblée législative et qu'il soit représentatif de la majorité parlementaire). On assiste alors à l'instauration d'un régime dirigé conjointement par un anglophone et un francophone. De nouvelles alliances se forment. Dans le Canada-Est, on se répartit les rôles : la bourgeoisie britannique conduit l'économie, l'élite canadienne française occupe les hauts postes politiques et administratifs, tandis que le clergé est conforté dans son rôle de guide moral de la population, notamment en contrôlant l'éducation et les services sociaux. Le système seigneurial est aboli en 1854 et les lois civiles françaises sont révisées. La colonisation se poursuit à l'intérieur des terres, avec une hausse importante des surfaces cultivées, mais on parvient difficilement à retenir les colons. À partir de 1840, les Canadiens français émigrent aux États-Unis, attirés par les usines de Nouvelle-Angleterre (on estime qu'ils seront 750 000 à passer la frontière jusqu'en 1930). Au Canada-Est, la crise agricole perdure et les emplois manquent, tandis que la natalité galope, encouragée par l'Église catholique qui espère ainsi contrebalancer l'immigration anglo-saxonne.

Le Québec dans la Confédération canadienne

PROVINCE DE QUÉBEC En 1867, l'Acte de l'Amérique britannique du Nord sépare les deux entités réunies en 1840. Naît le dominion du Canada, constitué de quatre provinces : le Nouveau-Brunswick, la Nouvelle-Écosse, l'Ontario (ancien Canada-Ouest) et le Québec (Canada-Est). Le nouveau système politique confirme le statut de minorité des Canadiens français, tout en accordant au gouvernement québecois des pouvoirs exclusifs en matière d'éducation, de culture et de droit civil. Dans les années 1880, le Québec entame sa révolution industrielle. Aux mains de Canadiens anglais et de quelques Américains, la production manufacturière mobilise une importante main-d'œuvre francophone peu qualifiée et donc bon marché. Partie des grandes villes, l'industrialisation gagne au XXe siècle les régions périphériques, grâce à la transformation des ressources naturelles (hydroélectricité, pâte à papier, mines de bauxite).

LES DEUX GUERRES MONDIALES En 1914, le Canada s'engage au côté de la Grande-Bretagne dans le premier conflit mondial. On fait d'abord appel à des volontaires, mais en 1917 la conscription devient obligatoire. Les Canadiens français se rebellent et, d'émeutes en dynamitages, celle-ci vire à l'échec tout en exacerbant les antagonismes entre francophones et anglophones. En 1929 la crise économique frappe durement le Canada, très dépendant de ses exportations. Le chômage touche de grands pans de la société et la pauvreté s'étend. Le dominion britannique s'engage de nouveau aux côtés des Alliés dans la Seconde Guerre mondiale. L'industrie de guerre stimule l'économie québécoise, mais l'éventualité d'une conscription obligatoire divise de nouveau Canadiens anglais (pour à 80%) et Canadiens français (contre à 80%). La loi de la majorité anglophone impose finalement la conscription à tous. Sur 600 000 engagés, près de 47 000 meurent sur les champs de bataille.

LA "GRANDE NOIRCEUR" L'après-guerre est marquée par un regain de la croissance, consolidée par une forte consommation jusqu'en 1957. Les disparités sociales s'accentuent cependant, la majorité francophone du Québec souffrant toujours de discrimination. De 1944 à sa mort en 1959, Maurice Duplessis, Premier ministre du Québec, gouverne la province d'une main de fer. Soutenu par le clergé et le monde des affaires, cet anticommuniste convaincu applique une politique ultraconservatrice, mais aussi ultralibérale. Des pans entiers de l'économie sont cédés à des multinationales étrangères. Le syndicalisme et les grèves sont durement réprimés. La corruption, favorisée par l'absence de contre-pouvoirs, s'accroît considérablement.

LA "RÉVOLUTION TRANQUILLE" Dès 1948, la contestation se fait entendre. Un groupe d'intellectuels et d'artistes publie *Refus global*, un manifeste dénonçant le joug moral qui étreint la société québécoise. Tous les opposants prônent l'intervention de l'État, mais certains, tel le futur Premier ministre canadien Pierre Elliott Trudeau, soutiennent que seul un fédéralisme centralisateur peut donner un nouvel élan au Québec, tandis que des nationalistes comme André Laurendeau militent pour une autonomie provinciale accrue. L'économie québécoise est en perte de vitesse quand le Parti libéral accède au pouvoir, en 1960. Le gouvernement de Jean Lesage (1960-1966) entame une course à la modernisation qualifiée de "Révolution tranquille". Il pratique l'interventionnisme économique pour soutenir les entrepreneurs francophones, réforme en profondeur la fonction publique et laïcise des institutions comme l'éducation, la santé et les affaires sociales. L'Église perd ainsi son ascendant sur la population. En quelques années, le Québec se mue en une démocratie libérale, avec une économie régulée et une répartition plus équitable des biens et des services. On assiste alors à une véritable explosion culturelle, des beaux-arts à la chanson. La province s'ouvre aussi au monde. Après l'Exposition universelle de 1967, Montréal accueillera les Jeux olympiques d'été en 1976.

L'ESSOR DU NATIONALISME La Révolution tranquille favorise l'émergence d'un mouvement identitaire et la revendication d'une plus grande autonomie, donnant lieu à des débordements. Le Front de libération du Québec (FLQ), un groupe d'extrémistes séparatistes, orchestre plusieurs attentats en 1963. En octobre 1970, il revendique l'enlèvement du diplomate britannique James Richard Cross, et du ministre québécois Pierre Laporte. À la demande de son homologue québécois Robert Bourassa, le Premier ministre canadien Pierre Elliott Trudeau envoie au Québec l'armée fédérale, qui multiplie les perquisitions et les arrestations arbitraires. La "crise d'Octobre" se termine dans le sang. Pierre Laporte est retrouvé mort, assassiné par ses ravisseurs, qui négocient la libération de Cross en échange d'un sauf-conduit pour Cuba. C'est, toutefois, le nationalisme modéré qui s'affirme dans les années 1960, sous l'égide de René Lévesque, fondateur charismatique du mouvement

Souveraineté-association, puis du Parti québécois (1968). En juillet 1967, les souverainistes sont galvanisés par la visite du général de Gaulle, qui lance son "Vive le Québec libre ! " du balcon de l'hôtel de ville de Montréal. En 1976, le Parti québécois, qui prône un Québec indépendant associé au Canada dans le cadre d'une union économique, remporte les élections provinciales. Le premier gouvernement indépendantiste promulgue en 1977 la loi 101 (Charte de la langue française), qui fait du français l'idiome officiel du Québec.

UN PREMIER RÉFÉRENDUM La consultation sur la souveraineté-association organisée en 1980 connaît un taux de participation record de 86%, mais consacre la profonde division des Québécois entre fédéralistes et souverainistes. Ottawa promet de réaménager le fédéralisme et réussit à mobiliser les partisans du "non", qui l'emportent avec 60% des voix. Dans l'autre camp, c'est la consternation, même si René Lévesque lance comme un cri du cœur, le soir de la défaite : "À la prochaine fois ! " Accentuée par le rapatriement de la Constitution britannique au Canada, avec modification sans l'accord du Québec, la déprime postréférendaire ne touche pas seulement le monde politique. Au début des années 1980, la province est frappée comme l'ensemble de la fédération par une âpre récession, suivie d'une sérieuse remise en cause de l'État-providence. À Ottawa, on sabre dans les dépenses pour assainir les finances publiques et mettre fin à la spirale des déficits budgétaires. On réduit les transferts financiers aux provinces, alors même que ce sont elles qui ont les pleins pouvoirs dans des secteurs comme la santé où les coûts explosent.

PAS DE "SOCIÉTÉ DISTINCTE" Au début des années 1990, la ferveur nationaliste rebondit. Deux provinces anglophones refusent en 1990 d'entériner l'accord du Lac Meech, qui prévoyait en 1987 de réintégrer le Québec dans le giron constitutionnel canadien, en échange d'un statut de société distincte, avec autonomie accrue. En 1993, la Chambre des communes voit l'apparition

René Lévesque, un souverainiste charismatique

Né à New Carlisle (Gaspésie) en 1922, René Lévesque mène une carrière de journaliste – correspondant de guerre, animateur de radio puis de télévision en vue – avant d'entrer en politique en 1960. C'est ainsi qu'il parachève la nationalisation de l'hydroélectricité au sein du premier gouvernement de Jean Lesage en 1962 et qu'il prend une part active à la Révolution tranquille. Il quitte le gouvernement en 1966, puis le Parti libéral en 1968 pour fonder le Parti québécois. Premier ministre du Québec de 1976 à 1985, René Lévesque fait notamment adopter la loi 101, grâce à laquelle le français devient la langue officielle de la province. Redevenu journaliste, il succombe à une crise cardiaque le 1er novembre 1987, à la consternation générale. Il aura marqué l'histoire de son pays par son intégrité, sa détermination et son attachement aux valeurs démocratiques.

du Bloc québécois, parti qui revendique l'indépendance. Ce dernier se taille un franc succès au scrutin fédéral d'octobre, devenant officiellement parti d'opposition à Ottawa. En 1994, c'est le Parti québécois (PQ) qui remporte les élections provinciales en la personne de Jacques Parizeau. À son programme figure un nouveau référendum sur la souveraineté. En 1995, au terme d'une campagne passionnée et controversée, le "non" l'emporte encore avec 50,6% des votes. Le Parti québécois doit céder la place. La province connaît ensuite une alternance entre le Parti québécois (Lucien Bouchard de 1996 à 2001, puis Bernard Landry de 2001 à 2003 et Pauline Marois de 2012 à 2014) et le Parti libéral (Jean Charest de 2003 à 2012, et Philippe Couillard depuis 2014), qui met de côté le débat nationaliste.

Politique

Système politique

Le Québec a un régime parlementaire de type britannique et un Code civil d'origine française. Comme celui des neuf autres provinces et trois territoires de la fédération canadienne, le système politique québécois s'exerce à plusieurs niveaux. Le Québec est représenté au Parlement du Canada par 78 députés fédéraux et 24 sénateurs. Il a aussi son propre gouvernement, qui dispose de compétences exclusives dans les domaines de la santé, de la justice, de l'éducation, des ressources naturelles et des affaires municipales, ainsi que de pouvoirs importants en matière d'immigration. Le Canada est une monarchie constitutionnelle faisant partie du Commonwealth. La reine Élisabeth II en est le chef d'État et le chef des armées. Elle est représentée à Ottawa par le gouverneur général du Canada et dans chaque province par un lieutenant-gouverneur. Comme Élisabeth II, "qui règne mais ne gouverne pas", ses représentants ont tous une fonction largement symbolique. Ainsi, le lieutenant-gouverneur québécois donne la sanction royale aux projets de loi provinciaux, reçoit les dignitaires étrangers, décerne des distinctions honorifiques…

LE DROIT DE VOTE Comme les Européennes, les Canadiennes ont dû se battre avant d'obtenir le droit de vote en 1921. Les suffragettes de l'Ouest canadien purent s'exprimer aux élections provinciales dans les années 1920, alors que les militantes du Québec n'ont été autorisées à voter à ces élections qu'en 1940. La province s'est rattrapée en accordant le droit de vote aux jeunes de 18 ans en 1964, six ans avant le gouvernement fédéral. Quant aux Amérindiens et aux Inuits du Québec, ils n'ont acquis le droit de vote qu'en 1969 !

LE PARLEMENT Le Parlement québécois, fondé en 1791, est l'un des plus anciens au monde. Il a pris en 1968 le nom d'Assemblée nationale. Ses 125 députés sont élus au scrutin uninominal majoritaire à un tour – mode souvent décrié par les petites formations politiques, qui lui préféreraient un recours partiel à la proportionnelle. L'Assemblée, qui siège à Québec, légifère dans les champs de compétence que lui reconnaît la Constitution canadienne et contrôle les activités du gouvernement et de l'administration. Elle se renouvelle tous les quatre ans. Relèvent de l'Assemblée nationale quatre institutions et personnes indépendantes : le directeur général des élections, le protecteur du citoyen, le vérificateur général, chargé de contrôler l'utilisation des fonds et biens publics, et le commissaire au lobbyisme.

LE GOUVERNEMENT Issu du Parlement, il est dirigé par le Premier ministre – le chef du parti politique qui a obtenu le plus de sièges aux élections législatives. Celui-ci choisit à son tour parmi les députés les membres du Conseil exécutif. Il gouverne tant qu'il bénéficie du soutien de la majorité des députés. Les ministres qui n'approuvent pas toutes les décisions du Conseil ministériel doivent donner leur démission. Des élections générales doivent être convoquées au moins tous les cinq ans, mais le Premier ministre a le pouvoir d'en déclencher à sa discrétion avant cette échéance.

Partis politiques

Les partis politiques qui œuvrent au niveau provincial se distinguent de ceux qui sont représentés à la Chambre des communes d'Ottawa, bien qu'ils portent parfois le même nom. Les principaux partis qui siègent à l'Assemblée nationale du Québec sont le Parti libéral du Québec (PLQ), le Parti québécois (PQ) et la Coalition avenir Québec (CAQ). Le **Parti libéral du Québec** a gouverné sans partage de 1897 à 1936, puis avec Jean Lesage (1960-1966) et Robert Bourassa (1970-1976 et 1985-1994) comme Premiers ministres. Fédéraliste positionné au centre droit, le PLQ a été au pouvoir avec Jean Charest entre 2003 et 2012 et depuis 2014 en la personne de Philippe Couillard. Le **Parti québécois**, créé par René Lévesque en 1968, prône une politique sociale-démocrate, et surtout l'indépendance de la province face à Ottawa. Il a gouverné de 1976 à 1985, de 1994 à 2003 et de 2012 à 2014. Sur cette dernière période, Pauline Marois fut la première femme Premier ministre de l'histoire québécoise. La **Coalition avenir Québec**, parti de centre droit fondé en 2011, arrive en 2014 en troisième position, totalisant 23% des voix. Enfin, **Québec solidaire**, né en 2006, est le parti le plus à gauche de l'échiquier politique provincial. Ses principaux représentants sont Françoise David, figure de proue du féminisme québécois, et Amir Khadir, associé à la gauche locale. En 2014 Québec solidaire recueille 7,7% des voix et trois députés.

Économie

Quoique faiblement peuplé, le Québec occupe une position économique enviable sur le plan international, se plaçant parmi les cinquante plus importantes économies nationales au monde. Selon l'Institut de la statistique du Québec, la province arriverait à la 28e position des pays de l'OCDE en termes de richesse économique par habitant.

L'activité économique

La province jouit d'une main-d'œuvre hautement qualifiée et bilingue à 40%, d'une industrie diversifiée et d'abondantes ressources naturelles. L'économie, longtemps fondée sur l'exploitation de ces dernières (bois et papier, métaux non ferreux, amiante, hydroélectricité, etc.), s'est résolument tournée vers les hautes technologies et les services. Ces activités sont concentrées dans la région de Montréal, devenue au fil des ans *la* métropole québécoise. De son côté, l'arrière-pays souffre de gros écarts de développement, souvent imputables à un coût de transport élevé et au climat qui impose de sévères restrictions dans des domaines comme la pêche, la construction et l'exploitation minière. Aujourd'hui, le secteur primaire représente 2% de l'activité économique, le secondaire 28% et le tertiaire 70%. Malgré la crise de 2008, le Québec affiche un taux de croissance satisfaisant (moyenne de 1,2% par an entre 2012 et 2015), notamment grâce à la vigueur de sa consommation intérieure, à la hausse des investissements des entreprises, et la maîtrise de l'inflation (1,4% en 2014). Le taux de chômage s'établit à 6,8% (2015). Son PIB de l'ordre de 360 milliards de dollars canadiens en fait la troisième économie du Canada après l'Ontario et l'Alberta. La forte appréciation du dollar canadien par rapport au billet vert américain donne toutefois des sueurs froides aux exportateurs québécois, notamment dans le secteur manufacturier et celui des ressources naturelles, très dépendants de l'économie américaine. Le marché international joue en effet un rôle majeur dans l'économie québécoise : les exportations constituent 30% du PIB. Les États-Unis en absorbent à eux seuls 75%, ce qui est à la fois un atout et un risque. Les principaux produits vendus à l'étranger sont dits "à valeur ajoutée". Dans cette catégorie entrent des produits électriques, électroniques et de télécommunications, du matériel de transport (avions ou moteurs d'avion, trains, automobiles), du papier journal, des médicaments... Le tourisme représente environ 4% du PIB québécois, avec des recettes annuelles de près de 14 milliards de dollars canadiens ! Principale activité économique au XIXe siècle, l'agriculture, concentrée dans la vallée du Saint-Laurent, génère 1,6% du PIB. L'élevage laitier assure le tiers de la production. La pêche est un acteur mineur, mais demeure la première activité économique (bien que saisonnière) de certaines régions comme la Côte-Nord, la Gaspésie et les îles de la Madeleine, avec une industrie de transformation des produits de la mer très importante pour leur développement. Il en va de même pour les zones d'exploitation forestière. L'industrie du bois connaît cependant une crise significative, et celles de la pâte à papier et du papier montrent de sérieux signes d'essoufflement en raison d'une surexploitation des forêts, de difficultés de commercialisation côté américain et d'une forte concurrence internationale.

Les secteurs de pointe

Cinq secteurs clés (aérospatiale, biotechnologies, technologies de l'information, exploitation minière et production d'hydroélectricité) placent depuis plusieurs années le Québec en bonne position sur la scène internationale. La moitié de l'industrie aéronautique canadienne est ainsi basée dans la province (sixième pôle mondial), avec des entreprises comme Bombardier et Pratt & Whitney. La recherche pharmaceutique et la mise au point de médicaments sont aussi concentrées dans la région de Montréal. Le sous-sol québécois est particulièrement riche en minéraux et minerais. L'industrie de prospection et d'exploitation minières est donc florissante (plus de 7 milliards de revenus par an), avec une trentaine de minerais extraits, dont l'or, le fer, le titane, le zinc et l'argent. Quatrième producteur mondial d'hydroélectricité et premier de la confédération canadienne, la province n'a en fait qu'une seule source d'énergie importante. Hydro-Québec, compagnie nationale, a commencé à exploiter la puissance des cours d'eau du Nord au milieu des années 1960. Les mégaprojets se sont succédé depuis : Manic-Outardes, Baie-James – avec l'une des plus grandes centrales souterraines au monde –, Manic5, Eastmain-1... Le projet de la baie James, auquel les peuples Cri et Inuit se sont d'abord opposés, a abouti au premier traité économique conclu entre eux et Québec – cf. Des revendications territoriales à l'autonomie (p.25). Hydro-Québec fournit désormais l'essentiel de l'électricité de la province ! Quant au secteur des nouvelles technologies de l'information et des communications, qui compte au moins 200 filiales de sociétés étrangères, il emploie quelque 175 000 personnes, pour la plupart dans la région de Montréal. Les entreprises fabriquent des équipements de télécommunications, des pièces électroniques et des logiciels informatiques. Montréal est notamment devenue une plateforme incontournable dans le monde du multimédia et du jeu vidéo.

Entreprises françaises

La France est le deuxième investisseur étranger au Québec derrière les États-Unis. Certaines sociétés françaises y sont implantées de longue date. D'autres ont profité de l'accord de libre-échange nord-américain signé entre le Canada, les États-Unis et le Mexique en 1988, pour utiliser le Québec comme tête de pont afin d'accéder plus facilement aux marchés voisins. D'autres encore ont été attirées au Québec, voire à Montréal, par la présence de secteurs porteurs comme l'aéronautique, le multimédia ou l'industrie pharmaceutique. Dans la plupart des cas, la francophonie s'est révélé un atout décisif pour le Québec.

Population

Le Québec compte quelque 8 millions d'habitants, dont plus de la moitié vit sur moins de 1% du territoire ! En effet, l'agglomération de Montréal abrite près de 50% d'entre eux et celle de Québec un peu moins de 10%. La dénatalité qui frappait lourdement la province s'est estompée, et grâce à un apport constant d'immigrants, la croissance démographique de la province est réelle, et les prévisions à long terme sont optimistes. En l'espace de quarante ans, la taille des ménages a diminué pratiquement de moitié (2,3 personnes contre 4,4). À cause du baby-boom qui a suivi la Seconde Guerre mondiale, la population est dominée par les 50-60 ans – génération qui commence à partir massivement en retraite. De son côté, la tranche des plus de 65 ans dépasse désormais celle des moins de 14 ans. La notion de famille a beaucoup évolué ces dernières années : les familles monoparentales sont plus nombreuses, tout comme les couples sans enfant. Les Québécois vivent de plus en plus en union libre, et environ 60% des naissances ont désormais lieu hors mariage, un phénomène presque unique au monde. Toutefois, de nombreux couples homosexuels choisissent de se marier, en vertu d'un droit acquis en 2002.

Les autochtones

Abénakis, Algonquins, Attikameks, Cris, Hurons, Innus, Malécites, Micmacs, Mohawks et Naskapis sont les dix nations indiennes ("Premières Nations") présentes au Québec, auxquelles se joignent les Inuits. Ces onze peuples indigènes ne représentent plus que 1,8% environ de la population de la province. Quelque 142 000 personnes ont ainsi le statut juridique d'Indien ou d'Inuit au Québec. À celles-ci s'ajoute une population sans statut, souvent métisse et dont il est difficile d'estimer l'effectif.

ONZE NATIONS AUTOCHTONES La majeure partie des autochtones vit dans une cinquantaine de "réserves" et de villages disséminés sur le territoire de la province et totalisant 14 786km² (dont plus de 8 000km² pour les Inuits). Les réserves sont administrées par un conseil de bande. Certaines communautés sont concentrées dans une zone (Inuits et Cris au nord), d'autres sont plutôt éparpillées. Globalement toutefois, la moitié des autochtones vivent dans trois régions : l'Abitibi-Témiscamingue, la Côte-Nord et le Nunavik. Contrairement au reste de la population québécoise, la communauté autochtone connaît un boom démographique, et plus de 50% de ses membres ont moins de 30 ans. Conséquence du bouleversement de son mode de vie ancestral (les nations qui ne l'étaient pas encore ont été sédentarisées dans les années 1950 sous la pression gouvernementale), elle connaît aussi une proportion de suicide chez les jeunes cinq fois supérieure à celle des autres Québécois, et d'importants taux de chômage, d'alcoolisme, de toxicomanie et de violences familiales. Les autochtones ont le niveau de vie le plus bas du Québec. Les nations installées dans le sud du Québec sont plus urbanisées et ont plus de mal à préserver leur identité culturelle que celles qui vivent dans le Nord. Ainsi, les Innus, les Cris et les Inuits ont-ils conservé leur langue et souvent des activités de chasse,pêche et "trappe", bien qu'ils vivent tous désormais dans des maisons et circulent en camionnette ou motoneige. Les autres Québécois n'entretiennent guère de relations avec les Indiens et les Inuits, hormis lorsqu'ils exercent dans leurs communautés des fonctions d'enseignement, de soins médicaux ou de police. Il n'est pas facile de rencontrer cette population, à moins d'organiser une visite particulière, quand on traverse une des régions qu'elle habite. Voici une brève présentation des principales nations :

Les Innus ou Montagnais Concentrés dans des villages du Saguenay et de la Côte-Nord, ils forment la nation autochtone la plus nombreuse (env. 18 000 personnes). Avant la colonisation, ils nomadisaient sur un immense territoire au nord du Saint-Laurent, chassant dans l'arrière-pays l'hiver, pêchant dans le golfe en été. En 1608, Champlain parvint à les enrôler au côté des Français contre les Britanniques. C'est ainsi que le piégeage des animaux à fourrure devint leur principale activité économique. Mais au XIXe siècle, quand l'exploitation forestière supplanta la traite, les Innus perdirent peu à peu leurs territoires de chasse. Ils exploitent désormais des pourvoiries et autres centres de villégiature et vivent aussi de la pêche au saumon.

Les Cris La majeure partie des Cris du Québec (env. 17 000 personnes) est établie sur les côtes des baies d'Hudson et James. Devenus au XVIIe siècle les intermédiaires dans le commerce des fourrures entre la Compagnie de la Baie d'Hudson et les Athapaskans de l'Ouest subarctique, les Cris ont plus ou moins conservé leur mode de vie traditionnel. Les indemnités versées par le gouvernement – cf. Des revendications territoriales à l'autonomie (p.25) – leur ont permis d'investir notamment dans les transports et le tourisme, et de connaître ainsi un essor économique notable.

Les Mohawks Au nombre de plus de 12 000, ils constituent trois communautés au sud de Montréal, proches du Saint-Laurent depuis le XVIIIe siècle : Kahnawake, la plus prospère, Kanesatake et Akwesasne. Avant la colonisation européenne, ils vivaient de chasse, de pêche et de cueillette, mais se livraient déjà à l'agriculture et au commerce de produits agricoles et artisanaux. Membres de la Confédération iroquoise et alliés aux Britanniques, les Mohawks ne conclurent une trêve avec les Français qu'en 1645. Depuis la construction du pont Victoria en 1850, ils sont réputés en tant qu'ouvriers spécialisés dans le montage de structures en acier à des hauteurs vertigineuses. Ce sont surtout des entreprises de service public et privé qui font vivre les communautés actuelles. En 1990, les Mohawks de Kanesatake et de Kahnawake se soulevèrent à la suite d'un différend relatif à la propriété de leurs terres ancestrales d'Oka, dans la banlieue de Montréal. La municipalité voulait agrandir un terrain de golf en rasant un bosquet, or celui-ci abritait un ancien cimetière mohawk. La "crise d'Oka" resta sous les feux de l'actualité pendant de longues semaines, sur fond de barricades routières et d'affrontements violents entre "guerriers" mohawks et policiers, jusqu'à l'intervention de l'armée canadienne.

Les Inuits Quelque 12 000 Inuits, répartis en 14 villages, occupent l'extrême nord du Québec (Nunavik), principalement sur le littoral des baies d'Ungava et d'Hudson. Entrés en contact avec les Européens au XVIIe siècle et christianisés au XIXe, ils ont néanmoins conservé des traditions chamaniques. Au XXe siècle, leur sédentarisation, puis l'industrialisation de la région (extraction minière), le développement des services (éducation, santé…) et des transports aériens ont rapproché leur mode de vie de celui des Québécois du sud, entraînant un sursaut identitaire (valorisation de leur langue, l'inuktitut, du patrimoine artistique, revendications territoriales). Leur économie repose aujourd'hui sur le transport aérien, les services et le tourisme dans le cadre d'une gestion communautaire.

Les Algonquins Comptant 10 500 représentants environ, ils habitent surtout dans l'ouest du Québec (et en Ontario), non loin de la rivière des Outaouais et de ses affluents. Ils s'allièrent, au XVIIe siècle, avec les Français, les Innus, les Naskapis et les Hurons contre les Iroquois pour prendre le contrôle de la traite des fourrures. Ils vivent aujourd'hui dans neuf réserves du nord-ouest de la province, essentiellement de l'exploitation forestière, de la construction, du tourisme et de l'artisanat. Les documentaristes Robert Monderie et Richard Desjardins (aussi chanteur) leur ont consacré fin 2007 un vibrant documentaire (*Le Peuple invisible*) dénonçant les spoliations de terres dont ils ont été victimes et leurs mauvaises conditions de vie actuelles.

Les Hurons-Wendat Environ 3 000, ils sont issus d'une confédération de cinq tribus de langue iroquoienne qui habitaient le nord de l'Ontario dans la première moitié du XVIIe siècle. Excellents cultivateurs, ils occupaient près de 880km^2 quand ils entrèrent en contact avec les Français. Bons commerçants également, ils entretenaient des relations avec toutes les tribus de la vallée de l'Outaouais. En 1609, ils conclurent avec les Français une alliance militaire et commerciale qui entraîna ces derniers dans un conflit entre Hurons et Iroquois. Dans les années 1620, les Hurons disposaient d'un immense réseau de traite englobant l'Ontario et tout l'ouest du Québec, et ils étaient les premiers fournisseurs de fourrures des Français. Ils furent vaincus par les Iroquois en 1649, et nombre d'entre eux s'enfuirent en Oklahoma. Le groupe le plus important vit aujourd'hui à Loretteville, près de Québec, surtout du tourisme et de l'artisanat.

UN DIALOGUE FRUCTUEUX
Alors que les autochtones ont multiplié les procédures judiciaires visant à faire reconnaître leurs droits ancestraux sur de grands pans du territoire canadien, le Québec privilégie depuis les années 2000 - avec un certain succès - la négociation pour résoudre les différends.

DES REVENDICATIONS TERRITORIALES À L'AUTONOMIE Les autochtones du Québec comme du reste du Canada luttent depuis la colonisation pour préserver leur identité. Historiquement, les Britanniques reconnurent leurs droits territoriaux en 1763, quand la Nouvelle-France passa sous leur autorité, mais bien vite la loi du plus fort l'emporta. En 1867, lors de la création du Canada actuel, les Indiens et les terres qui leur étaient "réservées" passèrent sous juridiction fédérale. Demeurés sous tutelle du ministère des Affaires indiennes, les autochtones du Canada ont souvent été traités comme des citoyens de seconde zone, auxquels les services publics essentiels (comme l'eau potable) n'ont pas toujours été garantis. Les choses ont commencé à changer dans les années 1960 et 1970, quand les grands projets hydroélectriques lancés dans le nord de la province, menaçant d'inonder leurs terres, amenèrent les Cris et les Inuits à défendre leurs droits. La signature de la convention de la Baie James et du Nord québécois, en 1975, marque à cet égard un tournant dans les relations entre le gouvernement québécois et les autochtones. Elle a permis au premier d'exploiter les ressources hydrauliques, minières et forestières du Nord-du-Québec en échange d'une importante indemnité et de la reconnaissance de droits aux Cris et aux Inuits. Les Naskapis (Innus) de Kawawachikamach ont signé une convention similaire en 1978. Ces trois communautés autochtones bénéficient depuis de droits exclusifs de chasse, de pêche et de piégeage sur un territoire de 170 000km^2, ainsi que d'une large autonomie politique et administrative. En 1985, l'Assemblée nationale du Québec adopta une résolution reconnaissant aux nations autochtones le droit à l'autonomie gouvernementale, à leur culture, à leur langue et à leurs traditions, le droit d'être propriétaires de leurs terres et de les contrôler, les droits de chasse, de pêche, de récolte et de contribution à la gestion des ressources fauniques, et celui de s'associer au développement économique du Québec et d'en bénéficier. Le gouvernement provincial a signé en 2002 la paix des Braves avec les Cris, insatisfaits de la convention de la Baie James. Le nouvel accord, conclu pour 50 ans et d'une valeur de 3,5 milliards de dollars canadiens, prévoit une participation plus grande des Cris au développement économique du Nord-du-Québec. La même année, Québec signait avec les Inuits une entente de 25 ans destinée à renforcer l'autonomie politique et l'essor économique des villages du Nunavik. En 2004, le gouvernement provincial a conclu une entente de principe portant sur les revendications territoriales des Innus, mais celle-ci n'a pas encore été suivie d'effets. Les négociations avec les Inuits ont été plus bénéfiques, ouvrant la voie à la constitution d'un gouvernement régional du Nunavik adapté aux besoins des Inuits, projet provisoirement écarté après l'échec d'un référendum en avril 2011.

Immigration

Historiquement, les premiers immigrants sont des colons français. Suivent des Britanniques, puis des Irlandais chassés par la Grande Famine. De 1880 à 1930, le Québec accueille également des Allemands, des Polonais, des Irlandais, des Hongrois, des Ukrainiens, plus tard des Italiens et des Juifs d'Europe centrale. Après la Seconde Guerre mondiale, les groupes les plus importants sont issus de Grèce, d'Italie, de Grande-Bretagne et du Portugal. À partir des années 1960, de nombreux Latino-Américains, des réfugiés vietnamiens et haïtiens s'installent au Québec. Actuellement, les trois premiers pays de naissance des immigrants sont la Chine, la France et l'Algérie. Le Québec, comme le reste du Canada, demeure une terre de forte immigration. La politique d'immigration est un domaine de compétence que se partagent Ottawa et les provinces mais depuis 1991, le gouvernement québécois a obtenu d'être maître d'œuvre dans la sélection de ses nouveaux venus pour favoriser l'immigration francophone. Il veille lui-même aux procédures d'accueil et d'intégration, via des cours de français, un programme de formation et d'aide à l'emploi ainsi que des services de santé et d'éducation adaptés. Il a ainsi accueilli en 2014 un peu plus de 50 000 personnes en provenance d'une centaine de pays différents, et espère en recevoir en moyenne autant par an dans le futur. La moitié d'entre eux sont des "immigrants travailleurs" venant répondre à une demande de main-d'œuvre. Les "immigrants investisseurs" constituent une frange importante. Enfin, environ 10% des arrivants sont des réfugiés. Parmi les nouveaux arrivants en 2014, on comptait 31% d'Africains, 33% d'Asiatiques, 15% d'Européens et 20% des Amériques. Au total, les immigrants représentaient 12% de la population québécoise. Parmi les Québécois d'origine francophone (incluant immigrants et enfants nés au Québec), la part du lion revient aux Français (environ 120 000), suivis des Haïtiens, des Marocains et des Algériens.

Langues

Berceau de la francophonie nord-américaine, le Québec demeure majoritairement francophone. Depuis plus d'un siècle, la population de langue maternelle française est stable (78-80%). Le nombre de Québécois de langue maternelle anglaise a pour sa part été ramené en un siècle de 17,6% à 7,7%. En revanche, la communauté anglophone (surtout présente dans la région de Montréal) a toujours compté plus d'immigrants. Néanmoins, on constate en ce domaine une évolution de la situation en faveur de la langue de Molière depuis l'adoption de lois linguistiques imposant l'école en français aux jeunes immigrants ou enfants d'immigrants qui ne sont pas de langue maternelle anglaise. En effet, pour assurer la pérennité du "fait" français, le gouvernement québécois a ratifié en 1977 une Charte de la langue française, baptisée "loi 101", qui en fait l'idiome officiel du Québec et impose des règles pour renforcer son usage comme langue de travail, d'enseignement et d'affichage commercial. Les relations de proximité avec le Canada anglophone et les États-Unis imposent toutefois la primauté de l'anglais dans les communications avec l'extérieur. Les allophones (ceux dont la langue maternelle n'est ni le français ni l'anglais) représentent environ 12% de la population et comptent un grand nombre d'autochtones. Les Inuits ont leur propre

LE JOUAL
Ce dialecte du français est issu de la culture populaire de la région de Montréal. Pendant la Révolution tranquille, certains écrivains et dramaturges l'utilisèrent pour affirmer l'identité québécoise.

langue, l'inuktitut, tandis que les dix nations amérindiennes du Québec sont regroupées en deux grandes familles linguistiques : algonquienne (pour les Abénakis, les Algonquins, les Attikameks, les Cris, les Malécites, les Micmacs, les Innus et les Naskapis) et iroquoienne (pour les Mohawks et les Hurons). Huit de ces onze nations ont conservé leur langue maternelle, même si leurs membres parlent bien souvent le français ou l'anglais hors de chez eux.

Religions

Foyer traditionnel du catholicisme, le Québec s'est ouvert peu à peu aux autres doctrines religieuses. Les Britanniques ont apporté le protestantisme et le judaïsme, et l'immigration plus récente l'islam et différentes religions asiatiques. Plus de 75% des Québécois se déclarent catholiques, bien qu'ils soient de moins en moins pratiquants. Loin derrière, on trouve les protestants (4,7%), les musulmans (3,1%), les chrétiens orthodoxes (1,4%), les juifs (1,1%), les bouddhistes (0,7%), les hindouistes (0,4%), les sikhs (0,1%), etc.

Société

Société de droit, le Québec moderne a instauré un système de santé, d'éducation et de prestations sociales régi par quatre grands principes : l'universalité, l'équité, le caractère public de ses services et leur adaptation continue.

Système judiciaire et légal

Le système judiciaire québécois est fortement marqué par le droit français. Tandis que les autres provinces sont gérées par la *Common Law* britannique, le Québec a son propre Code civil. Ses différents tribunaux ont compétence en droit civil, criminel, droit du travail et protection de la jeunesse. Ils ont pour noms cours municipales, Cour du Québec, Cour supérieure du Québec, Cour d'appel, Tribunal administratif, Tribunal du travail, Tribunal des professions, Tribunal des droits de la personne. Le Québec a adopté plusieurs lois sociales innovantes, dont celle sur l'accès aux documents des organismes publics et sur la protection des renseignements personnels (1982), et celle visant à lutter contre la pauvreté et l'exclusion (2002). La Charte québécoise des droits de la personne définit pour sa part, depuis 1975, les valeurs fondamentales de la société québécoise, dont le droit à l'égalité, l'interdiction des discriminations, les droits politiques, judiciaires et sociaux. La loi sur l'union civile votée en 2002 a fait du gouvernement québécois le premier d'Amérique du Nord à reconnaître aux conjoints homosexuels les mêmes droits et obligations que les couples hétérosexuels (la loi sur le mariage a été adoptée au niveau national en 2005). La loi sur l'équité salariale a permis de corriger les écarts de rémunération fondés sur le sexe dans des emplois majoritairement féminins, au terme d'une rude bataille engagée à la fin des années 1990. L'objectif était de faire reconnaître le principe "à compétence ou emploi égal, salaire égal". Le gouvernement québécois a finalement établi en 2006 l'équité salariale au bénéfice de plus de 360 000 employées des domaines de la santé, de l'éducation et de la fonction publique. Dans le privé, toutefois, seules les entreprises de onze salariés et plus sont assujetties à cette règle.

Système de santé

Le Québec dispose d'un système de santé universel, autant pour les médicaments que pour les services hospitaliers. Le réseau regroupe des centaines d'établissements médicaux, cliniques et organismes communautaires (associations). La Régie de l'assurance-maladie du Québec délivre à chaque citoyen ou résident permanent une carte, dite carte-soleil, qui permet de profiter de nombreuses prestations de soins gratuits.

Éducation

Le système d'éducation est tout aussi accessible. Les enfants sont tenus d'aller à l'école de 5 à 16 ans. Après le primaire et le secondaire, un réseau de collèges d'enseignement général et professionnel (cegep) fait la jonction avec l'enseignement supérieur. Le Québec compte 48 cegep et 10 universités.

Vie professionnelle

Le salaire minimum est de 10,75$ l'heure depuis mai 2016. La durée normale du travail est fixée à 40h par semaine, et nombreux sont ceux qui ne peuvent prétendre à de longues vacances : quinze jours de congés payés au bout d'un an, trois semaines après cinq ans d'ancienneté. La majeure partie des entreprises québecoises ferment pour les traditionnels "congés de la construction", fixés en général la seconde quinzaine de juillet. Les salariés bénéficient égale-

La presse écrite

Cinq grands quotidiens francophones se distinguent dans la presse écrite québécoise. À Montréal, *La Presse* (*www.lapresse.ca*) privilégie depuis 2013 son édition numérique gratuite *La Presse*, et n'imprime plus qu'une édition papier le samedi depuis 2016 ; *Le Journal de Montréal (www.journaldemontreal.com)* est un tabloïd populaire qui remporte la palme du tirage le plus important ; et *Le Devoir* (*www.ledevoir.com*), considéré comme un journal intellectuel et souverainiste. À Québec, on peut lire *Le Soleil* (*www.lapresse.ca/le-soleil*) et *Le Journal de Québec* (*www.journaldequebec.com*). *Montreal Gazette* (*www.montrealgazette.com*) est le principal quotidien anglophone de Montréal. Au niveau national, *The Globe and Mail* (*www.theglobeandmail.com*), basé à Toronto, reste le quotidien de référence. La vogue des publications culturelles gratuites a touché le Québec bien avant la France : à Montréal, le francophone *Voir* (*www.voir.ca*) présente l'actualité culturelle. Dans le Bas-Saint-Laurent et en Gaspésie, le journal d'opinion gratuit *Le Mouton noir* (*www.moutonnoir.com*) marie élégance et ton irrévérencieux. Côté magazine, le mensuel *L'Actualité* (*www.lactualite.com*) est incontournable.

ment de huit jours fériés par an. Le syndicalisme s'est enraciné tardivement au Québec, mais plus de 40% de l'ensemble des travailleurs sont aujourd'hui syndiqués (contre 7% en France). Le secteur public l'est à plus de 80%, contre seulement 27% pour le secteur privé.

Un féminisme actif

Du droit de vote à la lutte contre la pauvreté, les Québécoises se sont montrées au fil des ans des militantes acharnées. Rappelons que toutes les Canadiennes ont obtenu le droit de vote en 1921, mais qu'il a fallu attendre 1940 pour que les Québécoises aient accès aux urnes provinciales. En 1979, Lise Payette fut la première femme à entrer au gouvernement, cinq ans après la création du Conseil du statut de la femme (organisme gouvernemental veillant à promouvoir et à défendre les droits et les intérêts des Québécoises). Dix ans plus tard, en 1989, seulement 18% des sièges à l'Assemblée nationale étaient détenus par des femmes. En 2016, avec à peine 30% de députées, on est encore loin de la parité politique. Le mouvement féministe fut pourtant très influent dans les années 1970 et 1980, notamment grâce au magazine *La Vie en rose* et à la Fédération des femmes du Québec. Avec ses multiples associations membres, cette organisation féministe autonome joua un rôle décisif dans les luttes contre la discrimination salariale, pour les congés de maternité, les crèches, la création de foyers pour femmes battues et les aménagements du régime matrimonial. Dans les années 1990, le gouvernement québécois adopta – comme le gouvernement fédéral – de sérieuses mesures d'austérité budgétaire. Coupes dans les programmes sociaux, dans les systèmes de santé et d'éducation… Les mouvements de protestation populaire contre ces politiques prirent de l'ampleur. Les associations de femmes se mobilisèrent pour organiser en 1995 la marche "Du pain et des roses", afin de réclamer une hausse du salaire minimum et des mesures de lutte contre la pauvreté. De nos jours, le féminisme québécois est plus modéré mais bien vivant, et les débats sur le sexisme, l'équité salariale et la conciliation travail-famille demeurent des sujets d'actualité.

Art de vivre

Au fil des saisons

LES TRADITIONS On fête l'arrivée du **printemps** en mars, lorsque la sève des érables commence à couler à la faveur du redoux. Dans les milliers de cabanes à sucre de la province, la fébrilité est dans l'air. La préparation du sirop d'érable est l'occasion de rencontres familiales ou de sorties en groupe pour un "repas de cabane à sucre" bien arrosé… de sirop d'érable. Crêpes, fèves au lard, jambon, oreille de crisse (couenne de porc grillée), œufs dans le sirop figurent au menu. On y va aussi pour la "tire", sirop d'érable épais et chaud qu'on enroule sur un bâtonnet et qu'on refroidit sur un lit de neige avant de le déguster. L'**été** s'ouvre avec la fête de la Saint-Jean (24 juin) qui est aussi le jour de la fête nationale du Québec, dignement célébrée. À Montréal, défilé et grand spectacle sont l'occasion d'affirmer haut et fort l'identité québécoise, voire pour les nationalistes purs et durs de revendiquer

LES ROIS DE L'AUTOCUEILLETTE
En été, les Québécois profitent de leur temps libre pour s'en aller aux champs cueillir des fraises (fin juin) ou des framboises (en juillet). L'automne venu, ce sont les pommiers qui attirent des familles entières.

l'indépendance du Québec. Les fédéralistes préfèrent célébrer quelques jours plus tard (le 1er juillet) la fête nationale du Canada. L'été, les Québécois prennent souvent la route pour passer le week-end ou leurs vacances dans une maison ou un chalet familial. En effet, nombreux sont ceux qui possèdent une résidence secondaire au bord d'un lac ou d'une rivière. On y pratique la pêche, le canot, la baignade, le pédalo… En août, la tradition veut qu'on organise une "épluchette de blé d'Inde". À l'origine, les jeunes se réunissaient à la fin des récoltes de maïs pour éplucher les épis. Si l'un d'eux trouvait un épi rouge, il pouvait embrasser la belle qui lui plaisait. On achète aujourd'hui les épis à la douzaine pour les manger en famille ou entre amis. Épluchés et cuits dans l'eau bouillante, ils se dégustent bien beurrés et salés ! L'**automne** est la saison des pommes. On court les vergers pour en ramasser, faisant la fête au fruit et à ses produits dérivés dans une ambiance très conviviale. C'est aussi le temps des "couleurs". Du jaune au rouge flamboyant, partout au Québec la nature explose. Les promeneurs et randonneurs s'en donnent à cœur joie pour aller admirer les coloris incroyables des arbres, érables en tête. En **hiver**, place au sport ! Le ski alpin et le ski de fond, tout comme la raquette à neige et le patin à glace font de nombreux adeptes. Il faut bien se relever des agapes de la période des fêtes ! Celle-ci commence, en effet, très tôt en décembre, avec les traditionnels "partys de Noël" ou "partys de bureau" orchestrés par la plupart des entreprises. En février, c'est le carnaval de Québec (grande fête populaire en plein air organisée depuis 1955) qui retient l'attention. Quelques semaines plus tard, les "partys" de cabanes à sucre prennent à nouveau le relais.

NATURE ET PLEIN AIR Hockey sur glace (l'hiver) et baseball (l'été) figurent toujours au rang des sports nationaux des Québécois, bien que nombreux soient ceux qui pratiquent plutôt le football (dit *soccer*) et le tennis en été. La nature québécoise est l'un des principaux attraits de la province, et les Québécois en profitent autant que les touristes. Quand la première neige tombe en décembre, ceux qui aiment "jouer dehors" ont déjà préparé leurs skis et affûté leurs patins à glace. Les uns iront batifoler tout l'hiver sur les centaines de pistes de ski alpin et de snowboard de la province, tandis que d'autres fileront à skis de fond dans les bois. Le Québec regorge de pistes de ski de fond et de sentiers de grande randonnée. Les Amérindiens ont inventé la raquette à neige en bois et babiches (lanières de cuir et tendons séchés d'animaux) pour se déplacer sur la neige. Sa version moderne en aluminium est très appréciée des amateurs de marche à pied. Ceux qui restent en ville peuvent profiter de patinoires découvertes et bien entretenues, mais on peut aussi s'adonner au patin à glace sur les rivières ou les chemins de campagne gelés une bonne partie de l'hiver. Tandis que de belles pistes de glissade sont à la disposition des plus jeunes en ville et dans les centres de villégiature, les adultes peuvent chevaucher leur motoneige sur une portion ou l'autre des 32 000km de sentiers qui leur sont réservés. Le traîneau à chiens, le ski-cerf-volant, l'escalade sur glace et le canyoning de glace attirent de plus en plus de sportifs ! À la belle saison, la randonnée pédestre et le cyclotourisme sont les sports les plus pratiqués. Toutes les régions disposent de sentiers de randonnée pédestre ou à vélo de montagne, ainsi que de superbes pistes cyclables. Durant le court été, de nombreux lacs se prêtent à la baignade et, comme les rivières, au canotage. Les kayakistes et les voileux leur préfèrent le Saint-Laurent, son golfe ou le fjord du Saguenay. L'équitation est moins développée, mais on recense au moins un centre équestre dans chaque région. La province abrite aussi plusieurs beaux sites de rafting, de canyoning, d'escalade, de parcours d'accrobranche, de plongée sous-marine et quelques grottes pour les spéléologues. Enfin, le Québec est un paradis pour découvrir les animaux sauvages, de l'ours aux baleines, en passant par les oiseaux. Situé sur l'une des plus importantes routes migratoires vers la zone arctique, il offre des occasions exceptionnelles d'observation aux ornithologues, particulièrement au printemps et en automne.

Saveurs québécoises

Les Québécois apprécient les plaisirs de la table et chaque région a ses spécialités. On parle de 30 000 recettes régionales ! Forte d'une solide base française, la cuisine québécoise a subi l'influence d'autres cultures, notamment amérindienne. Elle ne cesse d'évoluer et s'agrémente de saveurs toujours plus cosmopolites, surtout à Montréal et Québec. Certaines des recettes prisées des premiers colons figurent encore au menu des repas de familles comme des restaurants spécialisés en "cuisine québécoise". Toutefois, plusieurs chefs audacieux ont su se faire un nom dans l'univers de la gastronomie, tels que Normand Laprise (Toqué) à Montréal, Anne Desjardins (L'Eau à la bouche) dans les Laurentides, Yvan Lebrun (Initiale) ou Daniel Vézina (Laurie Raphaël) à Québec, Diane Tremblay (Le Privilège) au Saguenay-Lac-Saint-Jean. Leurs créations sont à l'image de la population québécoise, proches du terroir pour certaines, empruntant des accents européens, asiatiques, sud-américains ou foncièrement nord-américains pour d'autres.

DÉCALAGE LINGUISTIQUE
Au Québec, le repas matinal est le déjeuner, celui de midi est le dîner et le soir, c'est le souper.

PETIT DÉJEUNER Certains Québécois font du pain tartiné de beurre de cacahuètes l'essentiel de leur déjeuner du matin. Mais celui-ci met généralement à l'honneur céréales, fruits frais et confitures. Le petit déjeuner traditionnel est constitué d'œufs au bacon ou d'une saucisse, de cretons (hachis de porc), de pommes de terre sautées et de fèves au lard (haricots secs et lard salé). D'autres préfèrent, surtout le week-end, les galettes de sarrasin, qu'ils nappent de fromage, de sirop d'érable ou de mélasse.

ENTRÉES ET PLATS UNIQUES Les soupes-repas des temps modernes, en particulier asiatiques, sont le pendant urbain des traditionnelles soupes aux pois, aux gourganes (fèves) ou à l'orge ou encore des chaudrées (soupe épaisse à base de lait et pommes de terre, généralement agrémentée de fruits de mer, *chowder* en anglais). La garniture des sandwichs, ou "sous-marins", est plus ou moins originale : du jambon-fromage au *smoked meat* (bœuf fumé), de la chair de homard aux œufs écrasés. On propose souvent en entrée une salade César, avec croûtons et fromage, ou une salade de chou blanc. En août-septembre, on se contente facilement d'épis de "blé d'Inde" (maïs) cuits à l'eau, puis beurrés et salés.

PLATS DE RÉSISTANCE Parmi les recettes traditionnelles figure celle du pâté chinois, version québécoise du hachis parmentier, avec une couche de grains de maïs en plus. La tourtière, ou pâté de viande (bœuf, canard ou autre), est une tourte qu'on aime relever de ketchup, voire d'un ketchup maison aux fruits. Le cipâte, ou cipaille, qui cuit quatre heures au four, est un plat encore plus roboratif. On garnit de pâte à tarte le fond et le tour d'un grand faitout, puis on superpose les couches : oignons et viande (souvent du gibier), pommes de terre, pâte, viande et oignons, pâte enfin. Autre fleuron de la cuisine québécoise, le ragoût de pattes (pieds de porc, pommes de terre, cannelle et clous de girofle). À Noël, honneur à la dinde, souvent farcie aux atocas (canneberges). La poutine date seulement des années 1950. Ce plat de frites et de morceaux de cheddar arrosés de sauce barbecue a trouvé plus récemment à Montréal sa version gastronomique, avec foie gras et sauce à la viande réduite.

FROMAGES Jusqu'à la fin du XXe siècle le Québec ne produisait que de rares fromages, tous pasteurisés et dominés par le cheddar. Depuis, tout a changé. La fabrication a connu une croissance fulgurante dans les années 1990. On confectionne aujourd'hui un peu partout des fromages fins de vache, de chèvre ou de brebis, au lait cru ou pasteurisé. Parmi les centaines de références, font désormais figure d'incontournables chez les fromagers de Montréal et de Québec le pied-de-vent des îles de la Madeleine (fromage au lait de vache à pâte molle et croûte brossée), le migneron de Charlevoix et le baluchon de Mauricie (fromages au lait de vache, à pâte demi-ferme et croûte lavée) ainsi que le capriati (crottin de chèvre) et le cheddar de l'île aux Grues.

Le pouding chômeur

Pâte : 2 œufs, 300g de farine, 150g de sucre, 125g de beurre ramolli, 25cl de lait, 1 sachet de levure chimique, 1 cuil. à café d'extrait de vanille, 1 pincée de sel
Nappage : 35cl de sirop d'érable, 35cl de crème liquide
Préchauffer le four à 175°C.
Dans un bol, mélanger la farine, la levure chimique et le sel.
Dans un saladier, battre le beurre et le sucre jusqu'à obtention d'un mélange onctueux.
Incorporer les œufs et l'extrait de vanille.
Ajouter graduellement le lait et la farine. Bien mélanger.
Verser la pâte dans un grand plat ou dans des ramequins beurrés.
Dans une grande casserole, porter à ébullition le sirop d'érable et la crème en remuant, puis faire réduire à feu doux 3 ou 4min.
Verser délicatement sur la pâte et enfourner.
Laisser cuire 30-35min jusqu'à ce que le pouding soit bien doré.

DESSERTS Les Québécois ont le "bec sucré" ! S'ils aiment la crème brûlée et les tartes en tout genre, les desserts traditionnels ont pour nom tarte au sucre (cassonade), tarte aux pacanes (noix de pécan), grands-pères dans le sirop (des morceaux de pâte cuite dans un sirop), gâteau au fromage, pouding aux fruits et pouding chômeur – cf. Le pouding chômeur (p.32). Les comptoirs de crèmes glacées font aussi recette l'été. Certains proposent des glaces maison à différents parfums, tels érable et noix. Dans la composition de nombreux desserts estivaux entrent fraises, framboises, bleuets, pommes, canneberges et autres fruits de saison.

QUELQUES SPÉCIALITÉS RÉGIONALES On parle avec délectation du veau de Charlevoix comme de l'agneau de pré-salé du Bas-Saint-Laurent. L'Abitibi produit un excellent caviar d'esturgeon, tandis que le Bas-Saint-Laurent est réputé pour ses prunes de Damas et son poisson fumé. Le canard du lac Brome est associé aux Cantons-de-l'Est comme les fraises, les framboises et les pommes le sont à l'île d'Orléans, quoique bien des régions en produisent. La plaine du Saint-Laurent est encore largement livrée à la culture du maïs, alors que sur les collines de la Montérégie se dressent les plus vastes pommeraies et cidreries de la province. Le bleuet sauvage (myrtille) est un pur produit du Saguenay-Lac-Saint-Jean et de sa voisine la Côte-Nord. Le cipaille est aussi une spécialité de ces deux régions. De la Côte-Nord proviennent encore quantité de gibier, de poisson (comme le saumon) et autres produits de la mer (crabe des neiges, homard, crevettes). La région est également renommée pour ses fruits sauvages, dont la chicoutai, ou mûre des marais, une baie dont on tire une liqueur. La Gaspésie et les îles de la Madeleine dans le golfe du Saint-Laurent combleront les amateurs de poisson (morue notamment) et de fruits de mer. On y déguste le crabe des neiges au printemps et le homard au début de l'été. Le pot-en-pot, tourte aux pétoncles et aux pommes de terre, est un plat typique des îles de la Madeleine. Les seules vraies spécialités du Nunavik, plus au nord, sont l'omble de l'Arctique, frais ou fumé, et la viande de caribou.

BOISSONS Jusqu'à une époque récente, la quasi-totalité des boissons alcoolisées consommées au Québec provenaient d'autres provinces canadiennes ou de l'étranger. La traditionnelle bière d'épinette (un soda concocté avec de l'eau, de l'essence d'épicéa ou de sapin, du gingembre, du maïs fermenté, de la levure de bière et de la mélasse ou de la cassonade) et le caribou (cocktail mêlant vin et alcool fort – porto, xérès, vodka ou cognac) n'occupaient qu'une part de marché restreinte. Tout changea dans les années 1980 avec l'ouverture dans différentes régions de microbrasseries produisant des bières artisanales. Des viticulteurs tentèrent eux aussi leur chance en terrain froid et réussirent au nord de Québec (île d'Orléans), dans les Cantons-de-l'Est et la région de Montréal. Certains vignobles, comme celui de l'Orpailleur à Dunham, ont même acquis une solide réputation. Fort du succès de ses vins de glace (élaborés avec des raisins surmaturés d'octobre à janvier, aux sucres et aux arômes très concentrés), le Québec s'est mis à produire du cidre de glace. La gamme des apéritifs et digestifs issus du terroir s'est aussi considérablement développée au fil des ans, utilisant par exemple le cassis de l'île d'Orléans ou la chicoutai de la Côte-Nord. Au Québec, l'âge minimum pour consommer ou se procurer de l'alcool est 18 ans. Les dépanneurs (épiceries de quartier) vendent du vin de table et de la bière. Le principal marchand de boissons alcoolisées est la **SAQ** (Société des alcools du Québec, prononcer S-A-Q). Cette société d'État fournit les débitants et possède son propre réseau de distribution, comprenant de nombreux magasins en ville (horaires variables selon les succursales, certaines ferment à 22h), mais nettement moins en région, où souvent le supermarché local n'offre qu'un rayon SAQ. Les alcools, et principalement le vin, sont nettement plus chers qu'en Europe mais notez que les prix affichés à la SAQ comprennent déjà les taxes. **À savoir** : "boisson" signifie boisson alcoolisée, "breuvage" désigne une boisson sans alcool et "liqueur", une boisson gazeuse.

Arts et architecture

La culture québécoise s'est forgée sous l'influence française puis britannique, et au contact des autochtones. L'immigration récente lui a donné un nouvel élan, avec l'arrivée de créateurs talentueux. Le secteur de la culture et des communications est si important dans l'économie provinciale qu'on parle d'un véritable pôle d'industries culturelles.

Musique

Les artistes québécois, musiciens, auteurs compositeurs et interprètes, ont acquis depuis longtemps un rayonnement international. Avec quelque 5 000 musiciens professionnels et 200 compositeurs, le Québec occupe une place de choix dans le paysage musical mondial.

MUSIQUE CLASSIQUE Elle prend son envol avec la création en 1902 de l'Orchestre symphonique de Québec, la première des formations symphoniques canadiennes. En 1934 est créé l'Orchestre symphonique de Montréal. Plusieurs autres ensembles voient le jour dans les années 1980 : l'Opéra de Montréal, l'Orchestre métropolitain, Les Violons du Roy, I Musici, Le Nouvel Ensemble moderne. Trois grands festivals de musique classique se déroulent en été : le Festival international de Lanaudière, à Joliette, le Festival international du Domaine Forget, à Saint-Irénée (Charlevoix) et le Festival Orford Musique, dans le parc du Mont-Orford (Cantons-de-l'Est).

JAZZ Dans l'entre-deux-guerres, Montréal est l'une des rares grandes villes nord-américaines à ne pas être touchée par la prohibition et à offrir de ce fait au jazz un cadre festif. Les années 1940 et 1950 sont particulièrement fécondes. C'est ainsi que le grand pianiste et compositeur Oscar Peterson (1925-2007) fait ses débuts à 17 ans dans l'orchestre de Johnny Holmes au Victoria Hall de Westmount, puis joue à l'Alberta Lounge (1948-1949) avec son propre trio, avant de poursuivre une brillante carrière aux États-Unis. Le trompettiste et chef d'orchestre Maynard Ferguson (1928-2006) débute aussi avec Johnny Holmes avant de connaître la gloire aux États-Unis. Éclipsé par la télévision et le rock'n'roll dans les années 1950, le jazz montréalais renaît au début des années 1960. Se produisent alors dans les clubs le contrebassiste Charlie Biddle, le guitariste Nelson Symonds, le batteur Bernard Primeau et le pianiste Vic Vogel. Comme Lee Gagnon dans les années 1960, Vogel dirige un big-band célèbre dans les années 1970, tandis que l'Atelier de musique expérimentale et l'Ensemble de musique improvisée de Montréal perpétuent la tradition d'improvisation *free* lancée en 1967 par le Quatuor de jazz libre du Québec. Mais c'est au début des années 1980 que le jazz québécois prend vraiment son essor. On assiste à la création du Festival international de jazz de Montréal (1979), du label Just'in Time (1983) et d'un programme d'études de jazz, sanctionné par un diplôme, à l'université McGill de Montréal. Le groupe de jazz fusion Uzeb se fait alors connaître en Europe, tandis que l'EMIM (Ensemble de musique improvisée de Montréal) se produit dans les cafés, bars, galeries et écoles. Depuis, d'autres festivals et labels se sont créés. Toutefois, les scènes dévolues au jazz se raréfient et si les musiciens talentueux ne manquent pas, ceux qui veulent faire carrière ont tendance à s'expatrier, bien que le Festival international de Jazz de Montréal soit aujourd'hui considéré comme l'un des plus importants au monde dans sa catégorie.

LA SCÈNE ROCK ANGLOPHONE

Avec *Clap Your Hands*, les Beaux Marks enregistrent le premier succès rock canadien en 1960. Le groupe Mashmakhan connaît un succès mondial avec *As the Years Go By* au début des années 1970. April Wine s'illustre sur la scène hard rock dans les années 1970-1980 et l'auteure-compositrice-interprète Alanis Morissette fait des débuts fulgurants en 1995 avec *Jagged Little Pill* (30 millions d'albums vendus). Depuis les années 2010, Arcade Fire est le groupe de rock montréalais le plus représentatif d'une nouvelle scène émergente. Mais la plus grande star anglophone demeure Leonard Cohen (1934-2016), auteur-compositeur-interprète (*Bird on the Wire, Suzanne, Hallelujah*...), poète et romancier Montréalais.

CHANSON POPULAIRE Vecteur culturel par excellence, la chanson a joué très tôt un rôle prépondérant dans cette région francophone au cœur de l'Amérique anglophone. Elle a hérité des "porteurs de tradition" et en particulier des conteurs qui jadis allaient d'un camp de bûcherons à un autre distraire les forestiers. Dans les années 1930, Mary Travers (1894-1941), dite la Bolduc, connaît un immense succès populaire en reprenant de vieilles chansons françaises et en chantant avec une verve souvent comique, sur des rythmes de gigue et de *reel*, les hauts et les bas de cette époque de marasme économique. Puis dans les années 1950, Félix Leclerc (1914-1988) vient bousculer les repères entre folkore et chanson de charme. Tantôt poète, tantôt frondeur, il se taille un franc succès en France (*Moi, mes souliers*, *Le Petit Bonheur*) et ouvre la voie à de jeunes artistes qui, en hommage à l'une de ses chansons, se regroupent sous le nom de Bozos en 1959 : Hervé Brousseau, Clémence Desrochers, Jean-Pierre Ferland, Claude Léveillée et Raymond Lévêque, souvent accompagnés par André Gagnon au piano. Ils sont bientôt rejoints par Gilles Vigneault (*Mon pays*), Claude Gauthier et d'autres, dont les chansons sont empreintes de folklore, de poésie, mais également de fierté nationale. Robert Charlebois (*Lindberg*, *Ordinaire*) introduit une note nettement plus rock à la fin des années 1960. Dans les années 1970 se signalent des groupes influencés par la contre-culture américaine, tels que Beau Dommage et Harmonium, et l'exubérante Diane Dufresne, qui devient dans les années 1980 la star québécoise de la chanson d'auteur, tandis que Céline Dion entame une carrière internationale comme chanteuse populaire. L'époque voit aussi triompher *Starmania* (1978-1979), opéra rock dont Luc Plamondon a écrit les paroles et qui fait connaître Fabienne Thibeault aux Français. Depuis la fin des années 1980, des Francofolies de Montréal au Festival de la chanson de Tadoussac et à celui de Petite-Vallée, des concours pour la relève aux émissions de radio spécialisées, les manifestations entretiennent une émulation permanente. Nombreux sont ceux (Isabelle Boulay, Linda Lemay, Natasha Saint-Pierre, l'Acadien Roch Voisine, etc.) qui partent à l'assaut du marché français sans oublier leurs racines. Alors que des groupes comme le duo montagnais Kashtin manifestent la diversité culturelle du Québec, se font remarquer des auteurs-compositeurs-interprètes tels que Richard Desjardins et Jean Leloup à partir des années 1990, et Pierre Lapointe plus récemment.

Littérature

La littérature québécoise est relativement jeune, la tradition orale ayant prédominé jusqu'au début du XIXe siècle et la production s'étant longtemps limitée aux récits de voyages et historiques.

LES "CLASSIQUES" Le premier roman québécois paraît en 1837 et les suivants, tel *Les Anciens Canadiens* (1862) de Philippe Aubert de Gaspé père, exaltent le passé, le monde rural, la famille et le catholicisme avec des accents patriotiques. Digne émule de Baudelaire et de Rimbaud, qui sombre à 20 ans dans la folie, Émile Nelligan (1879-1941) incarne, quant à elle, le poète maudit (*La Romance du vin*, 1899). Le roman du terroir reste à l'honneur jusque dans les années 1930, mais dans une veine plus réaliste illustrée par *Maria Chapdelaine* (1916) du Français Louis Hémon (p.477), *Un homme et son péché* (1933) de Claude-Henri Grignon, *Menaud, maître-draveur* (1937) de Félix-Antoine Savard, *Trente arpents* (1938) de Philippe Panneton, dit Ringuet, et *Le Survenant* (1945) de Germaine Guèvremont.

LA SECONDE MOITIÉ DU XXE SIÈCLE À partir de la Seconde Guerre mondiale les romans urbains tel *Bonheur d'occasion* de Gabrielle Roy (1945) se multiplient. Cette littérature d'observation compte parmi ses œuvres phares *Les Plouffe* (1948) de Roger Lemelin, roman satirique dont l'adaptation télévisée dans les années 1950 connaît un succès phénoménal. Le traumatisme laissé par la guerre favorise également l'émergence du roman psychologique, tandis que la poésie trouve de nouveaux chantres en Gaston Miron (*Deux sangs*, 1953), Anne Hébert (*Le Tombeau des rois*, 1953) et Claude Gauvreau (*Étal mixte*, 1968). Elle s'affirmera pleinement dans les années 1960, comme toutes les autres formes littéraires portées par le vent libertaire de la Révolution tranquille. Des romans comme *Une saison dans la vie d'Emmanuel* (prix Médicis 1966) de Marie-Claire Blais, *Prochain épisode* (1965) d'Hubert Aquin et *L'Avalée des avalés* (1966) de Réjean Ducharme deviendront des classiques. Le besoin d'affirmation culturelle fait entrer le joual (français québécois populaire) en littérature. Dans les décennies 1970 et 1980, la forme romanesque supplante la poésie et l'on assiste à une diversification de la création. Se font remarquer Jacques Poulin, Victor-Lévy Beaulieu, Louis Caron, Yolande Villemaire, Yves Beauchemin, Suzanne Jacob et Michel Tremblay (p.41), qui publie *Les Chroniques du Plateau Mont-Royal* (six romans). Les livres pour enfants et adolescents, qui demeurent l'un des fleurons de la littérature québécoise, se développent particulièrement à cette époque. Certains auteurs, notamment Dominique Demers et Bryan Perro (avec la série *Amos Daragon*), deviennent de vraies stars !

AUJOURD'HUI Une centaine de maisons d'édition ont pignon sur rue, qui publient quelque 6 000 titres par an (toutes catégories confondues), mais avec des tirages souvent restreints. Parmi les grands noms de la littérature contemporaine figurent Robert Lalonde (*Le Fou du père*, 1988), Gaétan Soucy (*La petite fille qui aimait trop les allumettes*, 1998), Sergio Kokis (*Le Pavillon des miroirs*, 1996), Arlette Cousture (*Les Filles de Caleb*, 1986-2003), Dany Laferrière (*Comment faire l'amour avec un nègre sans se fatiguer*, 1985 ; *L'Énigme du retour*, prix Médicis étranger en 2009), Marie Laberge (*Le Goût du bonheur*, 2000-2001), Ying Chen (*L'Ingratitude*, 1995), Gil Courtemanche (*Un dimanche à la piscine de Kigali*, 2000), Louis Hamelin (*La Constellation du Lynx*, 2010), Nelly Arcan (*Putain*, 2001) et Yann Martel, qui a atteint une notoriété internationale grâce à *L'Histoire de Pi* (2001). Les essayistes les plus remarqués sont le philosophe Charles Taylor (*Les Sources du moi*, 1989), le spécialiste du management Henry Mintzberg et le psychologue Guy Corneau (*Père manquant, fils manqué*, 1989). De nos jours, la poésie est dignement représentée au Québec, notamment grâce au Festival international de la poésie organisé à Trois-Rivières.

Arts visuels

Outre quatre musées nationaux (musée des Beaux-Arts et musée d'Art contemporain à Montréal, musée national des Beaux-Arts et musée de la Civilisation à Québec), on recense au Québec quelque 70 centres artistiques autogérés, 60 centres d'art contemporain et près de 180 galeries. Les arts visuels y couvrent les champs les plus variés : dessin, estampe, holographie, installations, peinture, sculpture, performances et photographie, arts textiles, vidéo, multimédia. Très ouverte aux échanges, la province accueille de nombreux artistes étrangers dans le cadre de festivals et de manifestations comme le Mois de la photo de Montréal, la Rencontre internationale d'art performance de Québec, la Biennale de Montréal, le Symposium international d'art contemporain de Baie-Saint-Paul.

PEINTURE ET SCULPTURE Longtemps cantonné à la décoration des églises et à la production d'œuvres votives, l'art québécois excelle d'abord sous les ciseaux de sculpteurs : à Québec, la dynastie des Levasseur, active aux XVIIe et XVIIIe siècles, Jean Baillairgé (1726-1805), son fils François (1759-1830), et son petit-fils Thomas (1791-1859), également peintres et architectes ; à Montréal, Philippe Liébert (1733-1803) et Louis Quévillon (1749-1823). Ces artistes s'inspirent des styles de la métropole : rocaille, puis néoclassique. Après la conquête britannique se développe une peinture profane. Des officiers anglais comme Thomas Davies (1737-1812) produisent des peintures

topographiques et des paysages d'une grande fraîcheur, tandis que le Français Louis Dulongpré (1759-1843) et l'Allemand William Berczy (1744-1813) initient les bourgeois de Montréal à l'art du portrait, un genre que pratiquera aussi le premier paysagiste autodidacte québécois, Joseph Légaré (1795-1855). Au XIXe siècle, les peintres québécois vont se perfectionner en Europe, comme Antoine Plamondon (1804-1895), qui produit surtout des œuvres religieuses (*Sœur Saint-Alphonse*, 1841) et des portraits, et son élève Théophile Hamel (1817-1870), portraitiste officiel du gouvernement en 1853. Le Québec voit aussi s'installer des artistes étrangers, tel Cornelius Krieghoff (1815-1872). Ce Néerlandais demeuré célèbre pour ses paysages d'hiver et ses scènes rustiques, dont le pittoresque doit beaucoup à la tradition flamande, sera beaucoup imité.
Le XXe siècle Au début du XXe siècle, l'ascendant de l'impressionnisme se fait sentir dans les œuvres de William Brymner (1855-1925), James Wilson Morrice (1865-1924), Maurice Cullen (1866-1934) et Marc-Aurèle de Foy Suzor-Coté (1869-1937). Également influencé par l'école de Paris, Clarence Gagnon (1881-1942) met la côte de Charlevoix à la mode, produisant les premières vues touristiques du Québec. C'est pour sa part en toute indépendance qu'Ozias Leduc (1864-1955) partage son art entre la décoration d'églises et une œuvre profane plus intimiste (paysages, portraits, natures mortes). À cette époque, la sculpture s'essaie à de nouveaux supports (plâtre et bronze) et sort du cadre religieux pour répondre à des commandes publiques. Elle traite ainsi de sujets historiques ou folkloriques dans les styles en vogue sur le Vieux Continent : académisme, symbolisme, Art nouveau et enfin Art déco. Se distinguent alors Louis-Philippe Hébert (1850-1917) et Alfred Laliberté (1878-1953). Le groupe des Sept, basé à Toronto, qui se consacre à la peinture de paysage à partir de 1920, prétend bientôt avoir trouvé un style véritablement national. En réaction, John Lyman (1886-1967) fonde en 1939 la Société d'art contemporain de Montréal, qui exclut tout académisme et veut sensibiliser le public local à l'art moderne. Le rejoignent notamment Paul-Émile Borduas (1905-1960), élève d'Ozias Leduc, et le paysagiste et peintre urbain Marc-Aurèle Fortin (1888-1970).
Depuis 1940 En 1940, Alfred Pellan (1906-1988), qui revient d'un long séjour en France, expose des œuvres colorées marquées par le cubisme et le surréalisme. Jean-Paul Lemieux (1904-1990) traite de façon de plus en plus géométrique les grands espaces. Paul-Émile Borduas s'engage dans l'abstraction, réunissant autour de lui de jeunes artistes, tels que Jean-Paul Riopelle (1923-2002) et Fernand Leduc (1916-2014), qui rejettent les étapes traditionnelles de la création. Ces "automatistes" publient en 1948 *Refus global*, un pamphlet dénonçant l'aspect répressif de la société québécoise, qui fera date. Riopelle, Marcelle Ferron (1924-2001), Marcel Barbeau (1925-2016) et Pierre Gauvreau (1922-2011) deviennent les chefs de file d'un courant expressionniste abstrait, tandis que Jean-Paul Lemieux et Jean Dallaire (1916-1965) s'illustrent dans le "nouveau figuratif". Dans les années 1960, nombreux sont ceux qui, comme le néoplasticien Guido Molinari (1933-2004), se libèrent de toute attache surréaliste pour explorer de nouveaux champs de recherches. Yves Gaucher (1934-2000), Marcella Maltais (née en 1933) et Betty Goodwin (1923-2008) comptent parmi les grands artistes contemporains. Chez les figures montantes des arts visuels contemporains du Québec, on peut citer David Altmejd (né en 1974). Ce sculpteur montréalais crée des

œuvres souvent monumentales à partir de moulages et d'objets mis en scène dans des décors exubérants. Il a représenté le Canada à la Biennale de Venise en 2007. Autre figure de l'art contemporain québécois, René Derouin (né en 1936) a reçu de nombreuses distinctions. Son travail pluridisciplinaire s'exprime autour des concepts de nordicité, migrations et métissage.

CINÉMA Selon Marcel Jean, spécialiste du cinéma québécois, "l'étroitesse de son marché ainsi que sa singularité culturelle et linguistique sont à l'origine de la fragilité économique de cette petite cinématographie tiraillée entre la France et les États-Unis". Le cinéma québécois, s'empresse-t-il d'ajouter, "résiste d'une façon étonnante à la domination américaine des marchés internationaux. Il accapare bon an mal an de 10 à 15% du marché local, ce qui fait figure de record ! ". Cette cinématographie a toute une histoire… *Danse indienne* (1896) des frères Lumière est le premier film tourné au Québec. Le cinéaste Léo-Ernest Ouimet inaugure en 1906 la première salle de cinéma permanent de Montréal, le Ouimetoscope. D'abord documentaire, le cinéma québécois mettra du temps à sauter le pas vers la fiction. Il prend son envol dans les années 1940-1950, avec des longs-métrages souvent mélodramatiques, adaptés de romans ou de pièces de théâtre : *Un homme et son péché*, *Séraphin*, *La Petite Aurore, l'enfant martyre* ou encore *Tit-Coq*. L'avènement de la télévision lui porte néanmoins un dur coup, et la création stagne dans les années 1950. **Le renouveau** En 1956, l'Office national du film (ONF) déménage d'Ottawa à Montréal, contribuant à redonner de l'enthousiasme aux créateurs québécois. Avec la Révolution tranquille et la montée du nationalisme naît le cinéma direct, ou cinéma vérité, qui entend restituer au mieux le réel. Pierre Perrault et Michel Brault réalisent en 1963 *Pour la suite du monde* (sur la pêche au marsouin par les habitants de l'île aux Coudres), premier film canadien en compétition au Festival de Cannes. D'autres se tournent vers la fiction, tel Claude Jutra avec *À tout prendre* en 1964 et *Mon oncle Antoine* en 1971. Ce long-métrage, qui raconte l'histoire d'un adolescent découvrant la sexualité et flirtant avec la mort dans une petite ville minière des années 1940, marque une étape cruciale dans la réconciliation du cinéma d'auteur avec son public. Michel Brault, cadreur de renom et figure dominante du cinéma direct dans les années 1960, réalise *Entre la mer et l'eau douce* (1967), puis *Les Ordres* (1974). Cette fiction documentaire évoquant la "crise d'octobre 1970" lui vaudra le prix de la mise en scène au Festival de Cannes. Conteur fantaisiste et prolifique, Gilles Carle réalise *La Vie heureuse de Léopold Z.* (1965), *Les Mâles* (1970), *La Vraie Nature de Bernadette* (1972) et six films avec la comédienne Carole Laure. **Succès internationaux** Denys Arcand aborde la fiction en 1971 et remporte un immense succès avec *Le Déclin de l'empire américain* en 1986 et *Les Invasions barbares* en 2003 (Oscar du meilleur film étranger, prix du meilleur scénario et prix d'interprétation féminine à Cannes, deux Césars). André Forcier (*Au clair de la lune*, 1983), Jacques Godbout (*IXE-13*, 1972), Jacques Leduc (*Trois pommes à côté du sommeil*, 1988), Francis Mankiewicz (*Les Bons Débarras*, 1980), Jean-Claude Labrecque (*Les Années de rêve*, 1984), Jean Beaudin (*J. A. Martin, photographe*, 1977), Anne Claire Poirier (*Mourir à tue-tête*, 1979) et Jean-Claude Lauzon (*Un zoo la nuit*, 1987 ; *Leolo*, 1992) ont aussi largement alimenté en classiques l'industrie du cinéma québécois. Léa Pool marqua également les années 1980 avec *Strass Café*, *La Femme de l'hôtel*,

Anne Trister et *À corps perdu*. François Girard étonnera avec *32 films brefs sur Glenn Gould* en 1993 et *Le Violon rouge* en 1998. Le comédien et metteur en scène Robert Lepage fait ses débuts comme réalisateur en 1995 avec *Le Confessionnal*. Le nouveau cinéma d'auteur est brillamment incarné par Denis Villeneuve, Philippe Falardeau, Louis Bélanger, Denis Chouinard, Catherine Martin, Ricardo Trogi, Francis Leclerc, Jean-Marc Vallée (*C.R.A.Z.Y.*, 2005), Kim Nguyen (*Rebelle*, 2012) ou Denis Côté (*Curling*, 2011, Ours d'argent au festival de Berlin 2013 pour *Vic + Flo ont vu un ours*). Les films qui font recette sont toutefois des comédies légères comme *Les Boys* (sur une équipe de hockey amateur) ou *La Grande Séduction* de Jean-François Pouliot (2003). Quant au jeune et talentueux Xavier Dolan (né en 1989), il enchaîne les films et les succès, de *J'ai tué ma mère* (2009) à *Mommy*, prix du jury à Cannes en 2014 et plus récemment *Juste la fin du monde*, qui s'est vu décerner le Grand Prix de ce même festival en 2016.

Arts du spectacle

THÉÂTRE L'histoire du théâtre québécois est assez récente. L'Église ayant fait interdire les représentations publiques dans la colonie en 1694, il n'émerge qu'après la conquête britannique au XIXe siècle, en dépit de l'hostilité de la hiérarchie catholique. Il faut toutefois attendre les années 1890 pour voir se monter les premières troupes professionnelles locales en langue française. Dominé par les revues satiriques et le burlesque dans les années 1920 et 1930, le théâtre se développe surtout après la Seconde Guerre mondiale. Paradoxalement, c'est souvent dans des troupes d'amateurs dirigées par des prêtres dynamiques, tels les Compagnons du Saint-Laurent du père Émile Legault, que se forment les artisans de ce renouveau théâtral. Pierre Daguenais crée sa compagnie L'Équipe en 1942, Mercedes Palomino et Yvette Brind'Amour le Théâtre du Rideau-Vert en 1948 et Jean Gascon et Jean-Louis Roux fondent en 1951 le Théâtre du Nouveau-Monde.

LE THÉÂTRE MODERNE La première de *Tit-Coq* (1948), pièce de Gratien Gélinas décrivant la crise morale et sociale que traverse le Québec de l'après-guerre, marque l'avènement du théâtre québécois moderne. Marcel Dubé prend le relais au début des années 1950 en mettant en scène le milieu populaire montréalais (*Zone* en 1956, *Un simple soldat* en 1958). Des troupes professionnelles s'implantent alors de façon durable, tandis que le théâtre amateur connaît un essor remarquable au cours de la décennie suivante. Dans les années 1980, une autre génération de dramaturges et de metteurs en scène explore de nouvelles pratiques théâtrales. C'est le début du théâtre expérimental. Jean-Pierre Ronfard (*Vie et Mort du roi boiteux*, 1981) et Robert Gravel, fondateur de la Ligue nationale d'improvisation (LNI) et du Nouveau Théâtre expérimental, en sont les principaux maîtres d'œuvre. La vocation internationale du théâtre québécois est consacrée en 1996 par la représentation, en ouverture du prestigieux Festival d'Avignon, du *Passage de l'Indiana* de Normand Chaurette, mise en scène par Denis Marleau. Autres créations marquantes, *Les oranges sont vertes* de Claude Gauvreau, *Les Feluettes* de Michel Marc Bouchard, *Les Aiguilles et l'Opium* de Robert Lepage et *Littoral* de Wajdi Mouawad. Parmi les metteurs en scène de renom figurent André

MICHEL TREMBLAY En 1968, ce Montréalais bouscule la norme théâtrale avec *Les Belles-Sœurs*, une pièce donnant pour la première fois la parole aux gens ordinaires du Plateau Mont-Royal (Montréal) et ce dans leur parler populaire, le joual. Ainsi débute pour cet auteur une brillante carrière, tant au théâtre qu'en littérature. Ses pièces seront traduites dans de nombreuses langues et jouées dans des dizaines de pays.

Brassard, Denis Marleau (Théâtre UBU), Lorraine Pintal, René Richard Cyr, et René-Daniel Dubois. Parallèlement naît un art de la scène mêlant au théâtre danse, musique, voire arts visuels et multimédia. Gilles Maheu (troupe Carbone 14) et Robert Lepage (Ex Machina) incarnent ce mouvement qui transgresse les règles du théâtre classique. On recense aujourd'hui quelque 250 compagnies professionnelles au Québec.

DANSE Malgré sa jeunesse, la danse québécoise est reconnue à travers le monde. Depuis une vingtaine d'années, plusieurs chorégraphes et troupes s'illustrent par leurs créations originales : la Compagnie Marie Chouinard, Les Grands Ballets canadiens, Carbone 14, la fondation Jean-Pierre-Perrault, O Vertigo, Jocelyne Montpetit ou José Navas, sans oublier la défunte troupe La La La Human Steps. On recense 75 compagnies et 1 200 danseurs actifs. La scène québécoise se fait connaître sous toutes ses formes à l'international, avec des figures comme Nico Archambault, Margie Gillis, Dave St-Pierre ou Mélanie Demers.

CIRQUE Doué d'une vitalité hors du commun, le cirque québécois a pris son envol en 1984 avec la création du Cirque du Soleil par Gilles Ste-Croix et Guy Laliberté. Cette compagnie, qui connaît un succès phénoménal dans le monde, est née à Baie-Saint-Paul (Charlevoix) de spectacles de rue donnés par des jongleurs, cracheurs de feu et bateleurs montés sur des échasses. Elle a su très tôt se distinguer des autres cirques par des costumes éblouissants et en se servant de technologies de pointe pour ses spectacles. Surtout, ces derniers n'utilisent pas d'animaux, mais conjuguent prouesses acrobatiques, création théâtrale et musicale. Même si le Cirque du Soleil a son siège social à Montréal, ses productions tournent partout dans le monde. Il dispose également de théâtres permanents, notamment à Las Vegas. Il emploie près de 8 000 personnes d'une cinquantaine de nationalités et s'enorgueillit d'avoir attiré plus de 160 millions de spectateurs depuis sa création. D'autres troupes se taillent une part de choix sur le marché local autant qu'international. C'est le cas du Cirque Éloize, du Cirque Éos et de la troupe des 7 Doigts de la main, toutes ces compagnies faisant appel à des talents multidisciplinaires. Le Québec possède depuis 1981 son École nationale du cirque.

Architecture

LA MAISON RURALE TRADITIONNELLE L'architecture québécoise témoigne certes d'une influence européenne, mais elle possède aussi ses caractéristiques propres. Ainsi, la maison traditionnelle doit-elle résister aux rigueurs de l'hiver, à de grandes amplitudes thermiques et loger une famille nombreuse. L'île d'Orléans, berceau de la Nouvelle-France, dispose à cet égard d'un

PANORAMA

patrimoine exceptionnel. Les cabanes en rondins des premiers colons font vite place à des constructions en pierre, un schiste gris grossièrement taillé. Autour de Québec, on construit plutôt des habitations de type normand (toit à quatre pans), tandis que la maison de type breton (toit à double pente et murs pignons) prédomine dans la région de Montréal. Après la conquête britannique et sous l'influence américaine, se répand le toit mansardé qui rend les combles habitables. Au début du XIXe siècle, la maison rurale se modernise. On construit en pierre, en maçonnerie de brique ou en bois, par assemblage des murs pièce sur pièce. Par mesure d'isolation, on surélève l'étage d'habitation, ménageant ainsi un sous-sol qui peut servir de resserre, d'atelier ou de boutique. On multiplie les fenêtres et l'on fait courir une galerie de part et d'autre du perron. Le toit "français" (à pans brisés à la Mansart) a la faveur populaire, d'autant qu'il augmente la surface habitable sous les combles. On le retrouve sur les églises et les presbytères. Aux bardeaux de cèdre ou de pin qui assurent la couverture se substituent peu à peu, à partir de 1840, les feuilles de tôle en fer-blanc. Aujourd'hui encore, ces toits de bois ou de métal, souvent peint en rouge font la beauté de la campagne québécoise. Les citadins aisés se font construire des villas à la campagne, souvent de style anglo-normand (avec galerie de pourtour) ou victorien (à plusieurs étages, avec tourelles, oriels, lambrequins, etc.).

ARCHITECTURE URBAINE En ville, la législation anti-incendie impose au XVIIIe siècle la maison en pierre de taille, à cave voûtée, dont les murs pignons débordent du toit à double pente pour servir de coupe-feu. Les volets, escaliers extérieurs et ornements en bois sont interdits. Bientôt le fer-blanc remplace même ce matériau inflammable sur les toitures. Au XIXe siècle sont importées les *row houses* anglaises : une rangée de maisons mitoyennes, en pierre de taille ou en brique. Des ornements néoclassiques (frontons, pilastres, colonnes, etc.) rehaussent les demeures bourgeoises de la première moitié du siècle. La décoration intérieure de la basilique Notre-Dame de Montréal (1829) due à Victor Bourgeau marque le début de la vogue historiciste, qui dominera l'architecture urbaine jusqu'en 1914, avec une prédilection pour le néogothique et le néo-Renaissance italienne. Dans les années 1860, on voit fleurir des immeubles au toit plat orné d'une corniche sur le Plateau Mont-Royal, à Montréal. À l'initiative d'Eugène-Étienne Taché, le style Second Empire est adopté en 1874 pour l'hôtel de ville de Montréal puis pour d'autres édifices publics, tandis que le néoroman est utilisé à la charnière du XIXe et du XXe siècle pour les églises. Le style château fort conçu par l'Américain Henry Hobson Richardson inspire Bruce Price, architecte de la gare Windsor de Montréal (1889) et du fameux château Frontenac à Québec (1893). Le goût pour les éléments du passé n'empêche nullement le recours à des matériaux modernes comme le fer et bientôt le béton.

LE XXE SIÈCLE Au début du XXe siècle, le logement urbain prend un petit air rural avec balcons, galeries extérieures et pièces spacieuses. Les immeubles d'habitation (plutôt des maisons mitoyennes découpées en deux à cinq appartements) font pourtant leur apparition pour répondre à la pression démographique. À Montréal, un escalier extérieur dessert les étages, ce qui évite d'avoir à chauffer une partie commune tout en optimisant l'espace dévolu aux logements. On rase allègrement pour bâtir, sans grand souci de préservation du patrimoine existant. Le premier immeuble de bureaux canadien est édifié à Montréal en 1889 pour la New York Life Insurance Company. La diffusion de nouvelles techniques et de nouveaux matériaux de construction comme l'acier et le béton révolutionne l'architecture en permettant d'ériger des gratte-ciel. Au début du XXe siècle prédominent le style Beaux-Arts et ses compositions monumentales d'inspiration classique (édifice Sun Life à Montréal). Dans les années 1930 triomphe l'Art déco (édifice Price à Québec), aux formes géométriques épurées. Après la Seconde Guerre mondiale, l'urbanisation s'intensifie. Alors que s'ébauche le projet d'une société progressiste, le Québec découvre les mérites du fonctionnalisme. Montréal fait appel à des architectes renommés comme le Britannique Peter Dickinson (immeuble de la Canadian Imperial Bank of Commerce, 1962) et les Américains Ieoh Ming Pei (place Ville-Marie, 1962) et Ludwig Mies Van der Rohe (Westmount Square, 1966). Les tours montréalaises aux murs-rideaux de verre et d'aluminium donnent au centre-ville une allure très américaine, tandis que le quartier du Vieux-Montréal conserve un caractère plus européen. Pour l'Exposition universelle de 1967, Moshe Safdie conçoit Habitat 67, un ensemble futuriste qui superpose sur douze étages des appartements usinés dans des modules rectangulaires en béton.

L'ARCHITECTURE AUJOURD'HUI Dans les années 1980, le postmodernisme confère au paysage urbain une variété revigorante avec des constructions alliant jeu géométrique des façades et diversité des matériaux (verre, granit, marbre, métal, etc.), telles que le Centre canadien d'architecture conçu par Peter Rose et Phyllis Lambert (1989) et le gratte-ciel du 1250, rue René-Lévesque Ouest, signé Kohn Pedersen Fox (1992). Parmi les réussites récentes, signalons, toujours à Montréal, la Grande Bibliothèque du Québec, habillée de verre à l'extérieur et de bois clair à l'intérieur par Patkau/Croft-Pelletier/Gilles Guité (2005). À Québec, l'agrandissement du nouvel aéroport international Jean-Lesage en 2009 a été conduit par le consortium GCP.

Côte de Havre-aux-Maisons (p.580), l'une des îles de la Madeleine.

Pont couvert sous la neige.

GEOPRATIQUE

INFORMATIONS UTILES DE A À Z

ALLER AU QUÉBEC

Les liaisons directes entre Paris et Montréal sont régulières et nombreuses. En revanche, il faut généralement transiter par Detroit, Amsterdam ou Paris en partant de Suisse ou de Belgique. Les deux aéroports internationaux du Québec sont ceux de **Montréal-Trudeau** (*www.admtl.com*) et de **Québec-Jean Lesage** (*www.aeroportdequebec.com*). Les prix donnés ci-dessous sont ceux de la haute saison.

de France

Air Canada Relie une ou deux fois par jour Paris-CDG à Montréal, à partir de 800€ l'AR, et assure aussi des vols directs de Toulouse et Nice vers Montréal (comptez 1000€ AR). Pour un AR Paris-Québec, comptez 10h45 de trajet via Montréal et 950€. *Tél. 0825 880 881 www.aircanada.com* **Service clientèle** *11 bis, rue Scribe 75009* ***Paris*** *Tél. 01 84 03 02 48*

Air France La compagnie assure jusqu'à quatre vols quotidiens de Paris-CDG à destination de Montréal. Le voyage dure en moyenne 7h30. À partir de 800€ l'AR. Pour rejoindre la ville de Québec, il faut prendre une correspondance à Montréal. *49, av. de l'Opéra 75002* ***Paris*** *Tél. 3654 www.airfrance.fr*

Air Transat Cette compagnie canadienne relie Paris-CDG à Montréal et Québec, et propose aussi en saison, des liaisons sans escale entre Montréal et Bordeaux, Lyon, Marseille, Nantes, Nice et Toulouse. Le vol dure 7h ou 7h30. À partir de 600€ AR. *Tél. 00 800 872 672 83 www.airtransat.fr*

Corsair Relie Paris-Orly à Montréal, seulement en saison estivale. Comptez 6h40 de vol et à partir de 600€ AR en classe économique. *Tél. 3917 www.corsair.fr*

WOW Air Cette compagnie islandaise à bas coûts propose un vol quotidien entre Paris et Montréal, via Reykjavik. La longue durée du vol (plus de 12h avec l'escale) est compensée par des tarifs très avantageux (env. 400€ AR). *Tél. 01 76 54 12 70 wowair.fr*

Mesures de sécurité pour le bagage en cabine

Rappelons que, lorsqu'ils passent aux points de contrôle de sécurité des aéroports, les voyageurs peuvent avoir en leur possession des produits liquides (gels, substances pâteuses, lotions, contenu des récipients sous pression, dentifrice, gel capillaire, boissons, potages, sirops, parfums, mousse à raser, aérosols...), à condition que les contenants ne dépassent pas, chacun, 100ml ou 100g et qu'ils soient regroupés dans un sac en plastique transparent à fermeture par pression et glissière, bien scellé, d'une capacité max. de 1l (env. 20cm x 20cm). Les articles ne doivent pas remplir le sac à pleine capacité ni en étirer les parois. Un seul sac autorisé par personne. Les aliments pour bébé et le lait, quand les passagers voyagent avec un enfant de deux ans ou moins, de même que les médicaments vendus sur ordonnance et les médicaments essentiels en vente libre ne sont pas soumis à ces restrictions. Nous vous conseillons donc de placer dans vos bagages de soute, avant l'enregistrement, tous les produits liquides dont vous n'aurez pas besoin en cabine.

de Belgique

Air Canada Une liaison quotidienne directe Bruxelles-Montréal. Comptez 7h30 de trajet et à partir de 800€ AR. *Tél. 0800 70422 www.aircanada.com*

Air France La compagnie propose une formule train Thalys jusqu'à Paris-CDG et vol direct pour Montréal, cf. de France (p.46). Durée du voyage Bruxelles-Paris : 1h25 et Paris-Montréal : 7h30. *Gare de Bruxelles-Midi Rue de France 1060* ***Bruxelles*** *Tél. 26 20 01 84 www.airfrance.be*

Air Transat Liaisons saisonnières entre Bruxelles-Montréal. Comptez 7h30 de vol et env. 800€ l'AR. *Tél. 00 800 872 672 83 ou 020 655 1110 www.airtransat.be*

KLM Vols quotidiens Bruxelles-Montréal avec une correspondance à Amsterdam, Detroit ou New-York. Comptez plus de 10h de vol et env. 1 000€ pour un billet AR. *Tél. 02 620 0220 www.klm.com*

de Suisse

Air Canada Vol direct Zurich-Montréal et Genève-Montréal. Dans les deux cas, comptez 1 000CHF l'AR. *Tél. 0848 24 72 26 www.aircanada.com*

Air Transat En saison, un vol hebdomadaire Bâle-Montréal. Durée : 7h. Comptez 1 200CHF l'AR. *Tél. 020 655 1114 ou 00 800 872 672 83 www.airtransat.ch*

Air France La compagnie française relie plusieurs fois par jour Genève et Zurich à Montréal, via Paris. Comptez de 9 à 12h de voyage et environ 1000CHF l'AR. *Tél. 0848 747 100 www.airfrance.ch*

Swiss Vol direct quotidien Zürich-Montréal (8h20), à partir de 1200CHF l'AR. *Bahnhofstrasse 25 8001* ***Zurich*** *Tél. 0848 700 700 www.swiss.com*

comparateurs de vols

www.alibabuy.com
www.illicotravel.com
www.kayak.com
www.liligo.fr
www.skyscanner.com

AMBASSADES ET CONSULATS

en France

Ambassade du Canada *37, av. Montaigne 75008* ***Paris*** *Tél. 01 44 43 29 16 (serveur vocal) ou 01 44 43 29 00 (standard) www.france.gc.ca Service visas, immigration : lun.-ven. 9h-12h et 14h-17h, services consulaires : lun.-ven. 9h-12h*

Consulats canadiens à Lyon, Nice et Toulouse.

Délégation générale du Québec Dépendant du ministère des Relations internationales, la Délégation représente le Québec en France. *66, rue Pergolèse 75116* ***Paris*** *Tél. 01 40 67 85 00 www.quebec.fr Ouvert lun.-ven. 9h-19h*

en Belgique

Ambassade du Canada *Av. de Tervuren, 2 1040* ***Bruxelles*** *Tél. 02 741 06 11 www.canadainternational.gc.ca/belgium-belgique Ouvert lun.-ven. 9h-12h30 et 13h30-17h (section consulaire le matin seulement)*

Délégation générale du Québec *Avenue des Arts, 46 (7e étage) 1000* ***Bruxelles*** *Tél. 02 512 00 36 www.quebec-europe.be*

en Suisse

Ambassade du Canada *Kirchenfeldstrasse 88 3005* ***Berne*** *Tél. 031 357 3200 www.canadainternational.gc.ca/switzerland-suisse Ouvert lun.-jeu. 8h-12h et 13h-17h, ven. 8h-13h*

au Canada

Ambassade de France *42, promenade Sussex K1M 2C9* **Ottawa** *Tél. 613 789 1795 www.ambafrance-ca.org*
Consulat général de France à Québec *500, Grande-Allée E. (11e étage) G1R 2J7* **Québec** *Tél. 418 266 2500 www.consulfrance-quebec.org Ouvert lun.-ven. 8h30-12h (sur rdv)*
Consulat général de France à Montréal *1501, McGill College (10e étage) H3A 3M8* **Montréal** *Bureau 1000 Tél. 514 878 4385 www.consulfrance-montreal.org Ouvert lun.-ven. 8h30-12h*
Ambassade de Belgique *360, rue Albert (bureau 820) K1R 7X7* **Ottawa** *Tél. 613 236 7267 ou 613 769 8335 (urgences) canada.diplomatie.belgium.be Ouvert lun.-jeu. 9h-13h et 14h-15h, ven. 9h-14h*
Consulat général de Belgique à Montréal *999, bd de Maisonneuve Ouest (suite 1600) H3A 3L4* **Montréal** *Tél. 514 849 7394 canada.diplomatie.belgium.be*
Ambassade de Suisse *5 Marlborough Avenue K1N 8E6* **Ottawa** *Tél. 613 235 1837 www.eda.admin.ch/ottawa Ouvert lun.-ven. 9h-12h*
Consulat général de Suisse *1572, av. du Dr-Penfield* **Montréal** *Tél. 514 932 7181 M° Guy-Concordia www.eda.admin.ch/montreal Ouvert lun.-ven. 10h-13h*

ARGENT ET CHANGE

monnaie

L'unité monétaire est le dollar canadien (**CAD**, sigle que nous remplaçons dans ce guide par **$**), divisé en 100 cents. Circulent des pièces de 5, 10, 25 cents, de 1 et 2 dollars et des billets de 5, 10, 20, 50 et 100 dollars. Vous entendrez parfois parler de piastres, ou *piass*, pour les dollars, et de sous ou de *cennes* pour les cents. Notez que les pièces de 1 cent ne sont plus en circulation depuis 2013 et que les paiements en espèces sont, au besoin, arrondis aux 5 cents les plus proches.

change

Début 2017, 1€ = 1,45CAD, et 1CAD = 0,68€ ; 1CHF = 1,31CAD et 1CAD = 0,75CHF. Mieux vaut changer vos devises dans une officine spécialisée ou dans une banque plutôt qu'à l'hôtel ou à l'aéroport (commission plus élevée). Les bureaux de change sont nombreux dans les grandes villes. Les banques sont généralement ouvertes du lundi au vendredi de 10h à 15h. La plupart des distributeurs automatiques de billets fonctionnent 24h/24, 7j. sur 7. Vous en trouverez jusque dans les stations-service. Certains commerces acceptent les règlements en dollars américains, mais à un taux de change prohibitif.

cartes bancaires

Les cartes Visa, MasterCard et American Express sont largement acceptées sur tout le territoire. Cependant, certains établissements (gîtes, restaurants) ne prennent que l'une de ces cartes, voire aucune : renseignez-vous avant de partir, si vous connaissez vos points de chute. Par ailleurs, les distributeurs de billets de la Banque royale, de la Caisse populaire Desjardins et de la CIBC n'acceptent que la carte Visa. Ceux de la Banque nationale et de la Banque de Montréal ne prennent que les Mastercard.

RAPPEL Au Québec, le code confidentiel s'appelle "code NIP" (numéro d'identification personnel). Avant de

PRATIQUE

partir, faites-vous préciser par votre banque le plafond de vos retraits hebdomadaires autorisés à l'étranger ainsi que le taux de la commission éventuellement appliquée à vos retraits d'espèces et règlements par carte bancaire. En cas de perte ou de vol de votre carte, appelez les numéros suivants :

American Express ***France*** *Tél. (00 33) 1 47 77 72 00* ***Belgique*** *Tél. (32) 26 76 21 21 ou 02 676 21 21 www.americanexpress.com* ***Suisse*** *Tél. (00 41) 44 659 69 01*

Eurocard MasterCard *Numéro d'opposition international Tél. 1 800 622 7747 (du Canada) www.mastercard.com*

Carte Visa *Numéro d'opposition international Tél. 1 800 847 29 11 (du Canada) www.visa.ca*

Serveur interbancaire d'opposition Serveur français où l'on peut faire opposition en cas de perte ou de vol d'une carte bancaire, quelle que soit la carte. *Tél. (33) 442 605 303*

Card Stop Serveur interbancaire belge où l'on peut faire opposition en cas de perte ou de vol d'une carte Visa ou Mastercard. *Tél. (32) 70 344 344 www.cardstop.be*

ASSURANCES

Si votre assurance bancaire ou domestique et votre mutuelle santé ne vous permettent pas d'être dédommagé en cas d'annulation de votre voyage, de perte ou de vol de vos bagages, ni de bénéficier d'une assistance médicale (remboursement des frais médicaux engagés sur place et rapatriement sanitaire en cas de maladie), vous devez souscrire un contrat d'assurance-assistance auprès d'une agence de voyages ou d'une compagnie spécialisée. Cette assurance est parfois comprise dans le prix du billet d'avion lorsqu'il est payé par carte bancaire. Dans tous les cas, vérifiez bien que le contrat couvre les sports à risques comme la randonnée. En l'absence d'accords entre les régimes d'assurance-maladie européens et canadien, les ressortissants de l'UE doivent régler sur place leurs frais de consultation et d'hospitalisation, très élevés. Sur présentation des justificatifs de paiement, ils pourront éventuellement, à leur retour, se les faire rembourser par leur caisse d'assurance-maladie dans la limite des tarifs forfaitaires en vigueur. Pensez donc à vous faire préciser le montant des frais d'hospitalisation, de recherche et de rapatriement couverts par votre contrat d'assurance. Chaque organisme a ses formules propres, mais d'une façon générale il est prudent de souscrire un contrat d'assurance couvrant environ 200 000€ de frais médicaux et hospitaliers sans franchise. Pensez à conserver sur vous les coordonnées téléphoniques de votre assureur ainsi que le numéro de votre contrat.

Europ Assistance *Tél. 01 41 85 93 65 www.europ-assistance.fr*

Mondial Assistance *Tél. 01 42 99 82 82 www.mondial-assistance.fr*

AVA (Assurances Voyages et Assistance) *Tél. 01 53 20 44 28 www.ava.fr*

BUDGET

budget quotidien

COÛT DE LA VIE Il est légèrement moins élevé au Québec qu'en France. L'hébergement accaparera une part importante de votre budget. Les hôtels reviennent assez cher, ce qui incite à privilégier les chambres d'hôtes et gîtes d'étape. Prévoyez également un budget significatif pour vos déplacements. Bonne nouvelle : les locations de voiture sont abordables, l'essence est relativement bon marché (env. 1,10$ le litre à la pompe) et les autocars sont un moyen de transport très accessible. Le train et l'avion sont beaucoup plus onéreux. Au restaurant, l'addition varie selon que l'on opte pour un repas complet, un menu gastronomique arrosé de vin ou une simple poutine sur un coin de table. La formule "table d'hôtes" - cf. Restauration (p.62) - est généralement d'un bon rapport qualité-prix.

BUDGET JOURNALIER Le budget minimal par personne et par jour tourne autour de 60$ pour une nuit au camping, un en-cas à midi, une visite et un repas complet le soir. Le budget moyen se monte à 90 ou 110$/j. avec des repas plus copieux et un hébergement de bon standing comprenant le petit déjeuner. Comptez plus du double pour les gros budgets. À ce prix-là, on peut espérer un hôtel ou un gîte très confortable et une très bonne table le soir. Revoyez votre budget à la hausse si vous séjournez dans les grandes agglomérations, où le coût de la vie est plus élevé.

RÉDUCTIONS Des réductions sont consenties aux enfants, aux étudiants et aux "aînés", ou "âge d'or" (plus de 60 ans), dans les transports, les musées et autres sites touristiques, pour leurs activités loisirs, etc.

SAISONS TOURISTIQUES En règle générale, les tarifs des hébergements sont plus élevés en haute saison (24 juin-1er lundi de sept.) et au moment des vacances scolaires, notamment de Noël. Dans certaines régions, des hausses peuvent être appliquées lors de saisons particulières (comme l'hiver près des stations de ski, et l'automne pour admirer les couleurs). Les plus basses

Taxes

C'est la mauvaise surprise pour les visiteurs : les prix indiqués au Québec s'entendent toujours hors taxes ! La plupart des produits et services sont, en effet, soumis à une taxe provinciale (TVQ), de 9,975%, et à une taxe fédérale (TPS), de 5%. Il faut donc majorer d'environ 15% les prix indiqués ! Certains biens, tels les produits alimentaires de base et les médicaments délivrés sur ordonnance, sont cependant détaxés. Depuis 2007, les visiteurs étrangers ne peuvent plus bénéficier d'un remboursement de la TPS (renseignement sur le site de l'Agence du revenu du Canada). Ce n'est pas tout ! Dans les restaurants et les bars, il convient de laisser un pourboire de 10 à 15% du montant de la facture hors taxes - cf. Pourboire (p.61). Ces 15% ajoutés aux 15% de taxes salent considérablement la note ! Enfin, la plupart des infrastructures d'hébergement touristique appliquent une taxe de 2 ou 3$ par nuitée (ou jusqu'à 3,5% du prix de la chambre par nuit), avant TVQ et TPS.

Agence du revenu du Canada
www.cra-arc.gc.ca/visiteurs

saisons correspondent à la fin de l'automne (nov. à mi-déc.) et au printemps (avr. à mi-juin).

gamme de prix

Dans ce guide comme sur place, les prix mentionnés s'entendent généralement hors taxes. Pour l'hébergement, ce sont ceux d'une chambre double avec petit déjeuner en haute saison, sauf mention contraire. Il est bon de savoir que les campings (classés en "très petits prix") et certains gîtes incluent les taxes dans leurs tarifs. Pour la restauration, les prix communiqués sont ceux d'un repas avec entrée et plat, ou plat et dessert, mais sans la boisson et avant les taxes et le pourboire. Cf. gamme de prix ci-dessous.

CARTES ET PLANS

cartes routières

La *Carte routière officielle du Québec* est publiée et vendue par Les Publications du Québec. On la trouve sur place à 4,50$, ou numérisée sur le site du ministère des Transports (Transports Québec), avec distances routières, liaisons maritimes, etc. On peut la recevoir gratuitement en la commandant par téléphone au numéro vert du ministère du Tourisme québécois (p.59). Les cartes routières éditées par Cartotek Geo présentent le réseau routier complet, avec les distances et des plans agrandis de villes. Mapart publie une carte en couleur détaillée de la province et les plans de sept grandes villes. On trouve de nombreuses cartes des villes et des régions québécoises dans les grandes librairies, les stations-service, les magasins spécialisés et les offices de tourisme, dont celles proposées par JDMGéo (6$), des différentes régions (Québec, Mauricie, Laurentides, Cantons-de-l'Est, etc.).

Transports Québec *www.quebec511.info*

DÉCALAGE HORAIRE

Le Québec vit à l'heure GMT - 5 (l'heure de l'Est pour les Canadiens). Quand il est 18h à Paris, il est donc midi à Montréal, et 13h aux îles de la Madeleine situées dans le même fuseau horaire que les Provinces maritimes (Nouveau-Brunswick, Nouvelle-Écosse, Île-du-Prince-Édouard). La province observe l'heure d'été du deuxième dimanche de mars au dernier dimanche d'octobre ou au premier dimanche de novembre.

DOUANES

Les effets personnels qui ne font pas l'objet de restrictions particulières sont exempts de taxes mais doivent être déclarés. Les visiteurs de 18 ans et plus peuvent importer au Canada 50 cigares, 200 cigarettes ou 200g de tabac, ainsi que 1,14l de spiritueux ou 1,5l de vin ou encore 24 canettes de bière de 355ml. Les denrées périssables sont prohibées. L'importation de plantes, d'animaux de compagnie et d'armes à feu étant régle-

GAMME DE PRIX	RESTAURATION	HÉBERGEMENT
Très petits prix	moins de 15$	moins de 40$
Petits prix	de 15 à 25$	de 40 à 80$
Prix moyens	de 25 à 40$	de 80 à 120$
Prix élevés	de 40 à 55$	de 120 à 160$
Prix très élevés	plus de 55$	plus de 160$

PRATIQUE

mentée, il est recommandé de se renseigner, avant le départ, auprès de l'Agence des services frontaliers du Canada.

Agence des services frontaliers du Canada *www.cbsa-asfc.gc.ca*

ÉLECTRICITÉ

Comme partout en Amérique du Nord, le courant est en 110 volts. Prévoyez un adaptateur car les prises locales, à deux broches plates, ne peuvent pas recevoir les fiches européennes.

FÊTES ET JOURS FÉRIÉS

Au Québec, la plupart des entreprises, bureaux gouvernementaux, banques et magasins sont fermés les jours fériés, mais certains sites restent ouverts ces jours-là. Les étudiants ont une semaine de congés en mars et en novembre (les dates peuvent varier d'une région à l'autre). Près d'un quart des salariés québécois sont en vacances la seconde quinzaine de juillet. De nombreuses destinations sont alors bondées.

calendrier des jours fériés, fêtes et manifestations

JOURS FÉRIÉS

1er janvier	Nouvel An
Fin mars-mi avril	Vendredi saint et lundi de Pâques
3e lundi de mai	Journée nationale des patriotes (fête de la Reine ou "fête de Dollard")
24 juin	Fête nationale du Québec
1er juillet	Fête nationale du Canada
1er lundi de septembre	Fête du Travail
2e lundi d'octobre	Action de grâces (Thanksgiving Day)
25 décembre	Noël

FÊTES ET MANIFESTATIONS

Jan.	**Montréal** Fête des Neiges (sculptures, patinage, glissades)
	Montréal Igloofest (musique électronique)
Jan./fév.	**Ottawa** Bal de neige (sculptures de glace, terrain de jeux de neige)
	Québec Carnaval
Fév.	**Charlevoix** Grande traversée Casino de Charlevoix (course de canots sur glace entre l'Isle-aux-Coudres et Saint-Joseph-de-la-Rive)
	Charlevoix L'Isle-aux-Coudres : Classique de course de chiens (de traîneau)
	Laurentides Lachute-Gatineau : marathon canadien de ski (160km à skis de fond)
	Montréal Montréal en lumière (gastronomie et concerts)
	Montréal Les Rendez-vous du cinéma québécois (plus de 300 films québécois)
	Cantons de l'Est Valcourt : Grand Prix Ski-doo (courses de motoneiges)
Fév./mars	**Saguenay-Lac-Saint-Jean** Chicoutimi : Hivernades (carnaval)
Avr.-mai	**Montréal** Vues d'Afrique – Festival international de cinéma

Mai	**Ontario** Ottawa et Gatineau : Festival des tulipes
	Centre-du-Québec Victoriaville : Festival international de musique actuelle
Mai/juin	**Montréal** Festival Go Vélo MTL (le plus grand rassemblement cycliste d'Amérique)
	Montréal Festival TransAmériques (danse et théâtre)
Juin	**Manicouagan** Tadoussac : Festival de la chanson
	Saguenay-Lac-Saint-Jean Spectacle aérien international de Bagotville (démonstrations d'avions militaires et civils)
	Montebello Amnesia Rockfest
	Montréal Grand Prix du Canada (formule 1)
	Montréal FrancoFolies (festival de musique francophone)
Juin/juillet	**Laval** Mondial Loto-Québec de Laval (le plus grand rassemblement de chœurs et d'ensembles vocaux d'Amérique du Nord)
	Chaudière-Appalaches Saint-Éphrem-de-Beauce : Woodstock en Beauce (rock, pop, punk-rock, métal, etc.)
	Montréal L'International des feux Loto-Québec (concours international d'art pyrotechnique)
	Gaspésie Petite-Vallée : Festival en chanson (tremplin pour les jeunes chanteurs francophones)
	Montréal Festival international de jazz
	Mauricie Trois-Rivières : FestiVoix (pop, punk, jazz et blues)
	Mauricie Saint-Alexis-des-Monts : Festival de la truite mouchetée
Juin/août	**Charlevoix** Saint-Irénée : Festival international du Domaine Forget (musique classique et jazz)
	Laurentides Blainville : Classique internationale (dressage équestre et jumping)
	Montérégie Saint-Jean-sur-Richelieu : International de montgolfières (le plus grand rassemblement au pays)
	Cantons de l'Est Orford : Festival Orford Musique (musique classique)
Juin/sept.	**Gaspésie** Grand-Métis : Festival international des jardins de Métis (horticulture)
Juillet	**Laurentides** Mont-Tremblant : Festival international du blues
	Montréal Festival Juste pour rire (humour)
	Montréal Osheaga (festival de rock)
	Montérégie Salaberry-de-Valleyfield : régates de Valleyfield (courses d'hydroplanes)
	Saguenay-Lac-Saint-Jean Roberval : Traversée internationale du lac Saint-Jean (grand marathon de nage)
	Québec Festival d'été (concerts, danse, arts de la rue)
	Centre-du-Québec Drummondville : Mondial des Cultures (folklore et artisanat)
	Cantons de l'Est Bromont : International Bromont (compétition équestre)
	Québec Festival des journées d'Afrique, danses et rythmes du monde
Juillet/août	**Montréal** Festival Présence autochtone (arts et traditions amérindiens)

	Cantons de l'Est Mont Mégantic : Festival d'astronomie populaire
	Outaouais Gatineau : Grands Feux du casino du lac Leamy (compétition d'art pyromusical)
	Québec Les Grands Feux Loto-Québec (compétition pyromusicale)
	Lanaudière Joliette : Festival de Lanaudière (musique classique)
Août	**Montréal** Festiblues international
	Montréal Festival mode et design
	Charlevoix Baie-Saint-Paul : Symposium international d'art contemporain
	Îles de la Madeleine Havre-Aubert : concours de châteaux de sable des Îles
	Laurentides Mont-Tremblant : Tremblant sous les étoiles (observation astronomique)
	Québec Fêtes de la Nouvelle-France (théâtre, danse, défilés dans l'ambiance des XVIIe et XVIIIe siècles)
	Granby Festival international de la chanson de Granby
	Montérégie Saint-Jean-sur-Richelieu : International de montgolfières
	Gaspésie Gaspé : Festival musique du bout du monde
Août/sept.	**Chaudière-Appalaches** Montmagny : Carrefour mondial de l'accordéon
Septembre	**Mauricie** Saint-Tite : Festival western (rodéos, danse country)
	Laurentides Mont-Laurier : Festival international de théâtre (les années impaires)
	Québec International des musiques sacrées
Octobre	**Gaspésie** Carleton-sur-Mer : Festival La Virée (contes, musique et danse traditionnelles)
Décembre	**Laurentides** Mont-Tremblant : Festival du film court de Mont-Tremblant

HANDICAPÉS

La plupart des grands hôtels et restaurants, offices de tourisme, musées et lieux de visite importants (grands parcs naturels compris) sont aménagés pour accueillir les personnes à mobilité réduite. Dans les trains, les autocars et les avions, des places adaptées leur sont réservées.

L'association québécoise Kéroul promeut le tourisme et la culture auprès des handicapés en proposant sur son site Internet un onglet "La Route accessible" pour préparer son voyage. Il répertorie de nombreux établissements (hôtels, motels, gîtes, auberges, campings) et sites (musées, lieux historiques, parcs, jardins zoologiques, etc.) accessibles aux personnes à capacité physique restreinte.

Kéroul *4545, av. Pierre-de-Coubertin H1V0B2* ***Montréal*** *Tél. 514 252 3104 www.keroul.qc.ca www.larouteaccessible.com*

Office des personnes handicapées *www.ophq.gouv.qc.ca*

HÉBERGEMENT

Hôtels, campings, chambres d'hôtes, auberges de jeunesse... Le Québec dispose d'une gamme complète d'hébergements. La plupart sont ouverts toute l'année, à l'exception des campings, qui ferment généralement du deuxième mardi d'octobre à avril. Attention, dans certaines régions reculées, comme la Gaspésie et la Côte-Nord, une grande partie des gîtes et hôtels n'ouvrent que de juin à septembre. Les prix que nous indiquons dans ce guide valent pour une nuit pour deux en chambre double avec petit déjeuner (sauf mention contraire).

auberges de jeunesse

Le mode d'hébergement le moins coûteux après le camping. Les auberges de jeunesse québécoises sont ouvertes à tous et le plus souvent d'un excellent rapport qualité-prix. Bâtiments modernes et confortables, équipes d'animation dynamiques, espaces communs chaleureux... Elles louent presque toutes des chambres individuelles en plus des lits en dortoir, et disposent de cuisines, en général très bien équipées. Elles assurent parfois un service de restauration. Les plus actives proposent un tas d'occupations à leurs hôtes, profitez-en ! Tourisme Jeunesse représente Hostelling International au Québec. Ses auberges de jeunesse sont ouvertes à tous, sans limite d'âge. Si vous n'avez pas la carte d'adhérent à Hostelling International, vous devrez acquitter un petit supplément. Pensez à réserver vos nuitées le plus tôt possible, surtout dans les AJ de Montréal, de Québec, des Laurentides et de Gaspésie, prises d'assaut en été et durant les vacances d'hiver !

Fédération unie des auberges de jeunesse (Fuaj) *www.fuaj.org*

Hostelling International Canada *Tél. 613 237 7884 ou 1 800 663 5777 www.hihostels.ca*

B&B, chambres d'hôtes, gîtes

Trois termes pour un seul mode d'hébergement : chez l'habitant, avec toute la convivialité et la gentillesse que cela implique au Québec ! En somme, une excellente solution de rechange au séjour à l'hôtel, assez standardisé. Les gîtes ou B&B (aussi appelés "couette et café") sont l'occasion de goûter au charme de chambres personnalisées, de petits déjeuners souvent plantureux (crêpes et confitures maison, fruits, yaourts, fromages régionaux) et de la légendaire hospitalité québécoise. Les maisons n'ayant pas été conçues pour recevoir des hôtes, il faut parfois partager la ou les salles de bains avec d'autres clients du gîte. Un supplément s'applique généralement aux chambres avec salle de bains privative. Une formule table d'hôtes est parfois proposée, idéale pour goûter aux produits du terroir. Pour ne rien gâter, beaucoup de gîtes occupent de belles bâtisses anciennes en bois, parfois classées. Par définition, un gîte ne doit pas louer plus de cinq chambres. Le prix de la nuitée comprend le petit déjeuner, mais pas toujours les taxes. Assurez-vous au préalable de pouvoir régler la note par carte bancaire. Il est prudent de réserver plusieurs jours, voire plusieurs semaines à l'avance dans les régions touristiques en haute saison. Beaucoup de gîtes ferment de novembre à avril. Au Québec, plusieurs centaines d'établissements ont obtenu le label des "Gîtes et auberges du passant" de l'Association de l'agrotourisme et du tourisme gourmand du Québec, et ils sont tous certifiés "Terroir et saveurs". Un gage de qualité, même si la formule a ses limites : d'excellents gîtes ne sont pas labellisés, tandis que d'autres, confortables mais sans âme, le sont. Le site permet de se faire une idée juste des adresses (photo, commentaires, coordonnées).

Gîtes et auberges du passant au Québec – Association de l'agrotourisme et du tourisme gourmand du Québec *4545, av. Pierre-de-Coubertin*

H1V0B2 **Montréal** *Tél. 514 252 3138 www.gitesetaubergesdupassant.com Ouvert lun.-ven. 8h30-12h et 13h-16h30*
Gîtes Canada *www.gitescanada.com/quebec*
Réseau des gîtes classifiés Québec Partenaire des Gîtes de France. *www.gites-classifies.qc.ca*

camping

Le choix ne manque pas : on recense plus de 800 terrains de camping au Québec. Ils sont habituellement ouverts de mai à septembre, et pour certains toute l'année (pensez à réserver en haute saison). Qu'on loge sous la tente, dans une caravane, une tente-caravane ou une auto-caravane, on est rarement déçu : les sites sont bien équipés (laverie, épicerie, abris, foyers), les blocs sanitaires propres et les emplacements bien délimités, avec presque toujours pour chacun une grande table à pique-nique et un endroit pour faire du feu. Quant à la nature, elle est généralement omniprésente, nombre de campings étant situés en forêt, au bord d'un lac ou d'une rivière. Mention spéciale aux campings des parcs et des réserves qui profitent de cadres sauvages de toute beauté. Les plus confortables bénéficient de branchements d'eau, d'électricité et d'égout (les "trois services"). L'eau et l'électricité sont disponibles dans les campings "semi-rustiques". Les campings "rustiques" n'offrent aucune des trois commodités. Sur certains terrains, on peut louer des tipis, des yourtes et autres tentes équipées en "prêt-à-camper". Option plus sportive, le canot-camping consiste à descendre une rivière en canot dans un parc naturel ou une réserve faunique et à louer un emplacement "rustique", avec ou sans feu, pour dormir au bord de l'eau, à la manière des coureurs des bois. On peut sinon s'adonner à un camping d'hiver assez fruste (sans aucun service d'eau, d'électricité, etc.) dans certains campings et parcs. Une solide expérience et un équipement de pointe sont évidemment nécessaires. Le *Guide du camping au Québec*, qui répertorie les terrains classés, est distribué gratuitement dans les offices de tourisme de Montréal et Québec. Il est consultable en ligne sur le site Internet de Camping Québec.

Sépaq La Société des établissements de plein air du Québec gère plus de 7 000 sites dans les parcs nationaux et les réserves fauniques. *Tél. 418 890 6527 ou 1 800 665 6527 (gratuit du Canada) ou 0 800 400 800 11 (gratuit en dehors du Canada) www.sepaq.com*
Parcs Canada Réservation d'emplacements de camping dans les parcs nationaux. Également des tentes Otentik (entre la tente et le chalet rustique). *Tél. 519 826 5391 ou 1 877 737 3783 www.pccamping.ca*
Camping Québec La majorité des campings québécois sont détaillés sur le site de cet organisme à but non lucratif. *www.campingquebec.com*

chalets et refuges

La plupart des parcs nationaux et provinciaux ainsi que les réserves fauniques louent été comme hiver des chalets pour 2 à 8 pers. Les chalets dits "rustiques" sont sommairement aménagés (de simples refuges) mais les plus confortables disposent d'un coin cuisine, d'une salle de bains et de WC.

hôtels et motels

Pas toujours la meilleure formule ! Hors des grandes villes où l'on peut trouver des établissements de caractère d'un bon rapport qualité-prix, les hôtels québécois sont souvent onéreux et assez impersonnels. Installés au bord

PRATIQUE

des routes et des grands axes, les motels accueillent les automobilistes pour la nuit. Dans une ambiance américaine, très sixties, on gare sa voiture devant son "unité", qui peut être une chambre ou un bungalow de plain-pied, avec salle de bains et TV. Le petit déjeuner est rarement compris dans le prix, mais chaque chambre dispose d'une machine à café, et l'on vous distribue parfois un muffin le matin. Confort et propreté sont généralement au rendez-vous, et certains motels de l'est du Québec offrent des vues splendides sur le Saint-Laurent. Les chambres ne sont pas forcément données, mais les établissements axés vers une clientèle d'affaires offrent souvent des rabais intéressants le week-end.

pourvoiries

Une formule qui fait de plus en plus d'adeptes... Les pourvoiries sont des villégiatures en pleine forêt qui offrent toutes les commodités nécessaires pour un séjour au vert. On peut y louer un chalet ou une chambre, et s'adonner à de nombreuses activités de plein air selon les saisons : pêche et chasse toute l'année, canot, randonnée, observation de la faune, hydravion du printemps à l'automne, motoneige, excursion en traîneau à chiens, ski de fond, pêche blanche, construction d'un igloo en hiver. Il existe au Québec environ 700 pourvoiries. Près de 400 d'entre elles sont regroupées au sein de la Fédération des pourvoiries du Québec.

Fédération des pourvoiries du Québec *www.pourvoiries.com*

résidences d'étudiants

En été, les universités et les cegep (collèges d'enseignement général et professionnel) louent leurs logements étudiants aux voyageurs de passage. On peut ainsi bénéficier d'une chambre ou d'un appartement, du studio au 3-pièces. Il faut parfois partager la salle de bains, mais les draps et le linge de toilette sont fournis. En revanche, le confort reste sommaire et le décor assez morne. En général, les prix sont modiques et une réduction est consentie aux visiteurs eux-mêmes étudiants. On peut souvent profiter des équipements sportifs du campus.

location d'appartements

Pour les longs séjours ou les petits groupes, la location d'une maison ou d'un appartement peut s'avérer une solution pratique et économique. Les agences locales et internationales se multiplient et fournissent toutes un service sérieux et sécurisé.

Airbnb Le réseau international le plus connu et proposant le plus de logements privés à louer (appartement, chambre, maison...). *www.airbnb.ca*

HomeAway Site anglophone pour louer chalets, maisons et appartements dans toute la province. *www.homeaway.ca*

HORAIRES

En principe, les banques ouvrent du lundi au vendredi de 10h à 15h et les bureaux de poste reçoivent le public du lundi au vendredi de 9h à 17h30 et nombreux sont ceux ouverts aussi le samedi, voire le dimanche.

magasins

Ils sont ouverts pour la plupart sans interruption du lundi au mercredi de 10h à 18h, les jeudis et vendredis de 10h à 21h, le samedi de 10h à 17h et le dimanche de 12h à 17h. Certains lèvent le rideau de fer plus tôt et l'abaissent plus tard, comme les pharmacies et les "dépanneurs", ces épiceries ouvertes jusqu'à une heure avancée de la nuit, parfois 24h/24. Quelques centres commerciaux sont ouverts en semaine jusqu'à 21h.

musées et monuments

Horaires mobiles et saisonniers pour les musées et monuments : ils ouvrent généralement du mardi au dimanche, de 10h à 18h, de la Saint-Jean-Baptiste (24 juin) à l'Action de grâces (2e lundi d'octobre). Ayez à l'esprit que bien souvent, le dernier ticket est délivré 45min à 1h avant la fermeture du site.

rythme de vie

Le petit déjeuner est couramment servi à partir de 7h. La pause déjeuner se fait rapidement dans le créneau 11h30-13h (et jusqu'à 14h en ville). Le soir, le repas est traditionnellement pris entre 17h30 et 20h, mais les plus jeunes générations et les citadins ont tendance à dîner à partir de 19h.

INTERNET

Les cybercafés tendent à disparaître, l'informatique à domicile s'étant considérablement développée. On trouve cependant des postes Internet dans certains offices de tourisme et bibliothèques (connexions gratuites mais d'une durée limitée), voire dans certains hôtels.

wifi

Les connections sans fil sont très répandues et de bonne qualité dans toute la province. Outre les cafés, restaurants, hôtels et autres commerces offrant gratuitement ce service, on peut se connecter dans les offices de tourisme, la plupart des aéroports, certains taxis et même au cœur des villes, notamment à Montréal avec les réseaux MtlWiFi et ZAP.

le Québec en ligne

www.quebecoriginal.com Le site officiel du ministère du Tourisme du Québec : curiosités, activités, hébergements (avec réservations en ligne), restauration, idées de visites à thème, etc.

www.pc.gc.ca Informations sur les parcs nationaux, les lieux historiques nationaux et les aires marines nationales de conservation du Canada.

www.sepaq.com Le site de la Société des établissements de plein air du Québec, l'organisme gouvernemental qui gère 24 parcs nationaux, 15 réserves fauniques, l'île d'Anticosti et 8 centres touristiques.

www.espaces.ca Pour faire le plein d'idées d'escapades et d'aventures en plein air au Québec.

www.canadainternational.gc.ca/france Site de l'ambassade du Canada en France. Informations sur les visas, les bourses d'études et permis de travail.

www.gitesetaubergesdupassant.com Le site du réseau des Gîtes et auberges du passant regroupe une sélection de qualité de gîtes, auberges, tables champêtres, relais du terroir et fermes découverte.

ici.radio-canada.ca Le site de la radio et de la télévision nationales, avec des informations en continu et une multitude d'émissions à écouter en direct ou en rediffusion.

www.lapresse.ca Le site du quotidien *La Presse*. Pour ne rien perdre de l'actualité au Québec.

www.meteo.gc.ca Fait-il beau à Montréal ? Quelle température en Gaspésie ? Toutes les réponses sur ce site.

www.gitescanada.com Le site des gîtes (ou B&B) le plus complet du Québec.

www.quebec511.info Pour connaître l'état du réseau routier, les distances. Également des cartes.

www.qim.com Une importante base de données sur la musique québécoise et ses grands noms.

INFORMATIONS TOURISTIQUES

au Québec

Centre Infotouriste Principal centre d'accueil touristique, administré par le ministère du Tourisme du Québec. Nombreuses brochures sur la ville et la province, (p.95). *1255, rue Peel H3B 2T9 **Montréal** angle rue du Square-Dorchester Tél. 1 877 266 5687 (au Canada) ou 0800 907 777 (de France) M° Peel www.quebecoriginal.com*

en France et en Belgique

Ministère du Tourisme québécois Informations complètes, météo du jour et envoi de documentation. Pas de bureau ouvert au public, mais une permanence téléphonique du lundi au vendredi, de 15h (16h le mercredi) à 23h, heure française. *Tél. 0 800 907 777 (de France) ou 0 800 78 532 (de Belgique) www.quebecoriginal.com*

organismes divers

Centre culturel canadien *5, rue de Constantine 75007 **Paris** Tél. 01 44 43 21 90 www.canada-culture.org Ouvert lun.-ven. 10h-18h*

Association nationale France-Canada *5, rue de Constantine 75007 **Paris** Tél. 01 45 55 83 65 www.france-canada.info Ouvert lun.-mar. et ven. 11h-16h, jeu. 11h-14h*

Les Amitiés acadiennes *4, rue Vigée-Lebrun 75015 **Paris** Tél. 06 45 61 49 70 amitiesfranceacadie.org*

Association France-Québec *94, rue de Courcelles 75008 **Paris** Tél. 01 45 54 35 37 francequebec.fr*

Office franco-québécois pour la jeunesse (OFQJ) *11, passage de l'Aqueduc 93200 **Saint-Denis** Tél. 01 49 33 28 50 www.ofqj.org*

Conseil franco-québécois de coopération universitaire *www.cfqcu.org*

PARCS NATIONAUX ET RÉSERVES FAUNIQUES

Au Québec, le gouvernement canadien gère trois grands parcs (sur 47 au niveau national), avec mission de protection des écosystèmes représentatifs des grandes régions naturelles : la réserve de parc national de l'Archipel-de-Mingan (151 km²) dans le golfe du Saint-Laurent, le parc national de la Mauricie (536 km²) dans la région éponyme, et le parc national de Forillon (244km²) en Gaspésie. S'ajoute à ceux-ci, le parc marin du Saguenay-Saint-Laurent. Notez que tout au long de l'année 2017, pour souligner le 150e anniversaire du pays, l'accès aux parcs nationaux du Canada est gratuit. Le Québec gère pour sa part, via la Société des établissements de plein air du Québec (Sépaq), les 23 parcs nationaux (et l'île d'Anticosti) et les 15 réserves fauniques de la province. En tout, ce sont plus de 80 000km² d'espaces naturels protégés, souvent grandioses ! Que l'on soit un amoureux de la nature et des grands espaces, un chasseur invétéré, un passionné de pêche ou un infatigable randonneur, visiter l'un de ces parcs est le must de tout voyage au Québec.

activités

Voués à la protection de territoires représentatifs des espaces naturels

PRATIQUE

québécois ou de sites exceptionnels, les parcs nationaux offrent une vaste gamme d'activités de plein air : randonnée pédestre, baignade, vélo, canoë, kayak, croisières en Zodiac, pêche sportive et, en hiver, ski, raquettes à neige... sans oublier une multitude d'activités pédagogiques. Il est ainsi possible d'accompagner des gardes des parcs lors de randonnées guidées, d'assister à des conférences sur la faune et la flore ou d'observer différentes espèces animales sur site (phoques, orignaux, etc.). L'activité la plus répandue reste la randonnée, favorisée par le balisage de nombreux sentiers pédestres. En hiver, on peut s'adonner aux raquettes à neige, au ski de fond ou à l'escalade sur glace dans beaucoup de parcs. Les réserves fauniques, créées dans un but de conservation et d'exploitation régulée de la faune, ne sont pas des territoires protégés au sens strict, puisque l'exploitation minière et forestière y est autorisée, quoique strictement encadrée. On y pratique la chasse et la pêche à la journée, sous contrôle, selon un principe de quotas par chasseur et pêcheur et de tirage au sort lorsque la demande excède l'offre. On peut aussi se contenter d'y faire des randonnées, du canot-camping, etc. Sur l'île d'Anticosti, la pêche sportive et surtout la chasse au cerf de Virginie attirent les chasseurs de toute l'Amérique du Nord.

séjour

Sépaq Il est possible de séjourner dans les réserves fauniques et dans la plupart des parcs nationaux, que ce soit sous tente, yourte ou tente Huttopia (tente familiale équipée en prêt-à-camper), dans un chalet ou un bungalow. Soulignons la qualité des infrastructures d'accueil et des équipements. Très complet, le site Internet de la Sépaq permet de réserver en ligne son séjour en chalet ou en camping. Quelques règles de base à respecter dans les espaces naturels protégés : ne sortez pas des sentiers, ne touchez pas aux plantes, évitez de déranger les animaux et emportez tous vos déchets. Le prix d'entrée dans les parcs est de 8,50$ (gratuit pour les moins de 17 ans). La carte annuelle "Parcs Québec" donne accès à un parc (42,50$, gratuit pour les moins de 17 ans) ou à l'ensemble des parcs nationaux (76,50$, gratuit pour les moins de 17 ans) pour une période de douze mois. *Tél. 418 890 6527 ou 1 800 665 6527 (gratuit du Canada) ou 0 800 400 800 11 (gratuit en dehors du Canada) www.sepaq.com*

POIDS ET MESURES

Même s'ils ont adopté, comme les autres Canadiens, le système métrique dans les années 1970, bien des Québécois continuent d'utiliser les unités de mesures héritées des Britanniques. Pour rappel :
Poids 1 livre = 450g env.
1 once = 28,35g
Capacité 1 gallon = 3,8 litres env.
Longueur 1 pouce = 2,54cm,
1 pied = 30,48cm,
1 verge = 91,44cm,
1 mile = 1,6km

POSTES

Les bureaux de poste sont assez nombreux, mais parfois excentrés dans les grandes villes. Heureusement, des comptoirs postaux sont installés dans certaines pharmacies ou chez certains dépanneurs. Comptez 2,50$ l'affranchissement d'une carte pour l'Europe ou d'une lettre de 30g au maximum. **www.postescanada.ca**

POURBOIRE

Au Québec, le pourboire (*tip*) n'est pas facultatif comme en France. Il constitue une part importante du salaire des serveurs, barmen, etc., et est, à ce titre, imposable (même s'ils ne l'ont pas touché). Il convient donc de ne pas l'oublier. Une habitude à prendre, mais on se chargera vite de vous mettre au parfum ! L'usage veut que l'on laisse un pourboire de 10 à 15% de la note hors taxes dans les restaurants, les bars et chez le coiffeur ; pour les courses en taxi, vous pouvez arrondir le prix de la course, mais le pourboire n'est pas obligatoire. Pour éviter les calculs savants, vous pouvez additionner le montant des deux taxes (TPS et TVQ) inscrit sur la facture ! Le pourboire se laisse sur la table avec la monnaie de l'addition. Si vous avez réglé par carte bancaire, n'oubliez pas d'ajouter au stylo le montant du pourboire dans la case prévue à cet effet.

QUAND PARTIR ?

climat

Le climat du Québec est caractérisé par d'importantes variations saisonnières – des hivers longs et froids, des étés courts, souvent caniculaires au début et frais à la fin – et par d'importantes précipitations annuelles, dont un tiers environ sous forme de neige.

saisons touristiques

La haute saison s'étend de la Saint-Jean-Baptiste (24 juin) à la fête du Travail (premier lundi de septembre). Les prix sont alors souvent majorés dans les établissements touristiques. Dans certaines régions reculées, comme la Gaspésie et la Côte-Nord, beaucoup de gîtes, de restaurants et autres prestataires (loueurs de kayaks, organisateurs de croisières d'observation des mammifères marins, etc.) ferment en dehors de cette période. Partout ailleurs, la haute saison se poursuit jusqu'au deuxième lundi d'octobre pour permettre aux visiteurs de profiter du festival des couleurs qu'offre l'été indien. Novembre est un mois creux, mais l'activité touristique connaît un second pic pendant les fêtes de fin d'année. Le tourisme hivernal bat son plein de janvier à mars. Avril et la première quinzaine de mai forment une période creuse, le dégel transformant les villes en champs de "sloche" (neige fondue et boueuse). Les billets d'avion sont moins chers de mi-mai à juin. Rappelons que les moustiques et les mouches noires sévissent en juin-juillet – cf. Risques et désagréments (p.62).

climat et saisons

Haute saison	fin juin-début septembre et décembre				
Météo du Québec	www.meteo.gc.ca				
Températures		**Montréal**	**Québec**	**Sept-Îles**	**Kuujjuaq**
janvier (moy.)		-10,4°C	-12,8°C	-15,3°C	-24,3°C
juillet (moy.)		20,9°C	19,2°C	15,3°C	11,5°C
Précipitations annuelles					
pluie (mm)		760	923,8	757,4	277,3
neige (cm)		214,2	315,9	412	257,1

RESTAURATION

Au Québec, on "déjeune" le matin, on "dîne" à midi et on "soupe" le soir. À midi, les restaurants servent généralement de 11h30 à 13h, et le soir, de 17h30 à 20h (22h dans les grandes villes). En été, il est recommandé de réserver sa table dans les grands restaurants, surtout le soir, les week-ends et jours fériés.

"table d'hôtes"

La plupart des restaurants proposent cette formule : un menu comprenant une entrée (souvent un potage), un plat, un dessert et parfois un café. Le prix de la formule table d'hôtes est d'ordinaire indiqué devant celui du plat de résistance.

"apportez votre vin"

Comme vous y invitent certains établissements n'ayant pas la licence requise pour vendre de l'alcool, vous pouvez apporter votre vin ou votre bière pour les consommer avec votre repas. Vous ferez une certaine économie (les prix des bouteilles servies dans les restaurants sont en effet souvent prohibitifs), même si les plats sont plus chers qu'ailleurs. Sachez en revanche que ces restaurants n'ont pas toujours la réputation d'offrir la meilleure cuisine... Quoi qu'il en soit, n'oubliez pas le pourboire (p.61), de l'ordre de 10 à 15%.

types d'établissements

Du simple snack au "relais gourmand" (classé par la chaîne internationale Relais et Châteaux), la gamme des restaurants est étendue. Les cabanes à sucre sont des établissements de restauration familiale qui servent au printemps, parfois toute l'année, des repas typiquement québécois et des spécialités à base de sirop d'érable. Elles sont souvent installées hors des villes, dans des érablières. À celles qui brassent beaucoup de monde, préférez les petites où l'on vous expliquera le pourquoi et le comment de l'acériculture.

RISQUES ET DÉSAGRÉMENTS

en camping

Veillez à bien éteindre vos feux et cigarettes, toujours susceptibles de provoquer des incendies dévastateurs en forêt. Certains hôtes sauvages des parcs nationaux, comme les **ours**, doivent être pris au sérieux. Respectez les consignes des gardes forestiers : conservez vos aliments et vos déchets à distance de votre tente et hors de portée des plantigrades en les suspendant, par exemple, à la branche haute d'un arbre dans un sac en plastique. Ne jetez pas de graisse de cuisson ou les reliefs de votre repas dans votre feu de camp. Si vous rencontrez un ours, faites-lui face. Ne courez pas. Si vous êtes plusieurs, restez groupés et agissez comme un seul homme. Assurez-vous que l'animal a une voie de retraite, puis criez et agitez les bras pour paraître plus gros. Utilisez un sifflet ou un avertisseur sonore si vous en avez un. Si vous ne réussissez pas à effrayer l'ours avec ces moyens, reculez tranquillement en le surveillant et laissez-lui beaucoup d'espace.

en voiture

Gare aux animaux sauvages ! Un orignal ou un cerf de Virginie peut surgir à tout moment sur une route et occasionner de gros dégâts, compte tenu de sa masse. Ne prenez donc pas les panneaux jaunes de mise en garde à la légère. Soyez particulièrement prudent à l'aube et à la tombée du jour.

moustiques

Ô combien agaçants, les **"maringouins"** (moustiques) et les **mouches noires** prolifèrent en juin et juillet dans les forêts et près des cours d'eau. Achetez sur place une lotion répulsive comme Off ou Watkins. Attention, ces produits contenant du DEET (pesticide), ils sont vivement déconseillés aux jeunes enfants et aux femmes enceintes. Autres précautions : couvrez-vous autant que possible (pantalons, manches longues, couvre-chef), évitez les vêtements sombres et le parfum. Campeurs, pour dormir au calme, faites un feu et veillez à équiper votre tente d'une moustiquaire.

SANTÉ

Prenez note que les soins peuvent vite atteindre des sommes élevées et qu'il est fortement conseillé de souscrire une assurance voyage, cf. Assurances (p.49).

Centre universitaire de santé McGill (Montréal) Réunit l'hôpital général de Montréal (1650, av. Cedar), l'hôpital Royal Victoria (1001, bd Décarie) et l'hôpital de Montréal pour enfants (1001, bd Décarie). *Tél. 514 934 1934 cusm.ca*

Centres hospitaliers de l'université de Montréal (CHUM) Regroupe l'hôpital Saint-Luc (1058, rue Saint-Denis), l'hôpital Notre-Dame (1560, rue Sherbrooke Est) et l'hôtel-Dieu (3840, rue Saint-Urbain). Courant 2017, ces trois centres seront réunis au nouveau CHUM (1000, rue Saint-Denis). *Tél. 514 890 8000 www.chumontreal.qc.ca*

SHOPPING/ MAGASINAGE

Nous vous rappelons que les prix affichés au Québec n'incluent généralement pas les taxes, cf. Taxes (p.50). En revanche, les périodes de soldes ne sont pas strictement réglementées et de nombreuses boutiques en offrent en permanence. Enfin, souvenez-vous qu'au Québec, l'appellation d'usage pour le shopping est le "magasinage".

artisanat amérindien

Mocassins et bottes, objets en écorce de bouleau, tissages, etc. Achetez de préférence ces articles dans les réserves, vous paierez moins cher, et l'argent ira directement à la communauté. Plus onéreux, l'art inuit est vendu dans des galeries d'art : magnifiques sculptures, essentiellement animalières, en stéatite (pierre de savon).

brocante

Chez les antiquaires et brocanteurs, dont les imposantes granges, à la campagne, sont de véritables cavernes d'Ali Baba, on pourra chiner une vieille paire de raquettes à neige, des boîtes jaunies de soupe Campbell, de la vaisselle, des bois d'orignaux...

souvenirs gourmands

Le plus répandu est le sirop d'érable (à ne pas confondre avec le sucre d'érable, ou sirop de sève, de qualité inférieure), vendu à peu près partout, y compris dans les aéroports. Pour varier, pensez aux produits dérivés (beurre d'érable, gelée, bonbons, thé, etc.). Et puisque le vin québécois ne cesse de s'améliorer, pourquoi ne pas caser une bouteille de vin de glace des Cantons-de-l'Est dans votre valise ?

vêtements de plein air

Au Québec, les vêtements de plein air et d'hiver sont d'excellente qualité et meilleur marché qu'en France. L'occasion de repartir avec une chemise à carreaux de bûcheron, une paire d'"alaskas" (chaussures de neige), une "tuque" (bonnet), une parka... Les soldes d'hiver débutent le 26 décembre (Boxing Day).

SPORTS ET ACTIVITÉS DE PLEIN AIR

baignade

Oui, on peut se baigner au Québec ! Les téméraires font trempette dans le Saint-Laurent, mais le mieux est de profiter des eaux pures des innombrables lacs de la province. La baie des Chaleurs (Gaspésie) et les îles de la Madeleine, où la température de l'eau peut dépasser 20°C, se prêtent aussi à la baignade. Parmi les plus belles plages figurent celles du parc national du Canada Forillon (Gaspésie) et celle du parc de Pointe-Taillon (lac Saint-Jean).

canoë, kayak

Pagayer sur le Saint-Laurent ou sur un grand lac pourrait bien devenir l'un de vos meilleurs souvenirs du Québec ! De nombreux prestataires proposent des balades en kayak de mer dans l'estuaire du Saint-Laurent (notamment en Gaspésie et dans l'archipel de Mingan) et le fjord du Saguenay. Magique au coucher du soleil, lorsque des phoques curieux entourent votre esquif ! Pour vous sentir dans la peau d'un trappeur de jadis, essayez le canot-camping : descendez une rivière en barque ou en canoë le jour et dormez à la dure au bord de l'eau – cf. camping (p.56).

Fédération québécoise du canot et du kayak *www.canot-kayak.qc.ca*

écotourisme

L'association Aventure Écotourisme Québec a accrédité plus d'une centaine de prestataires québécois en tourisme d'aventure et en écotourisme : kayak, rafting, plongée, canot-camping, cyclotourisme, randonnée équestre, traîneau à chiens, etc.
Aventure Écotourisme Québec *www.aventure-ecotourisme.qc.ca*

équitation

Québec à cheval Québec à cheval regroupe environ 7 000 cavaliers et une cinquantaine de clubs équestres. L'association propose une formation structurée à l'équitation et à l'attelage de loisir, et donne des renseignements sur les centres équestres. *www.cheval.qc.ca*

kitesurf

Le vent et le climat doux des îles de la Madeleine attirent les kitesurfeurs du monde entier. Sur place, des professionnels comme Aérosport dispensent des cours d'initiation et de perfectionnement au kitesurf et à ses nombreux dérivés : *kitewing*, *kite-buggy*, ski cerf-volant en hiver, etc.
Aérosport *www.aerosport.ca*

observation des baleines

De mai à octobre, treize espèces de baleines se pressent dans les eaux du Saint-Laurent pour faire le plein de krill et de poisson. La zone d'observation de ces imposants mammifères marins s'étend de Baie-Sainte-Catherine (Charlevoix) à l'archipel de Mingan (Duplessis) et, sur la rive sud du Saint-Laurent, de

Rivière-du-Loup (Bas-Saint-Laurent) à Percé (Gaspésie). Le parc marin du Saguenay-Lac-Saint-Jean (Charlevoix), la réserve de parc national du Canada de l'Archipel-de-Mingan et le parc national du Canada Forillon (Gaspésie) sont les secteurs d'observation privilégiés.

CROISIÈRES Une pléiade de croisiéristes proposent des excursions de 3h en moyenne, avec des départs quotidiens de juin à août, à partir de Tadoussac et d'une quinzaine d'autres ports. La flotte va du bateau de 600 passagers aux pneumatiques de 24 personnes et moins. Ces derniers sont moins confortables, mais évoluent au ras de l'eau, ce qui rend l'approche des baleines bien plus spectaculaire. Dans tous les cas, prévoyez des vêtements chauds, même l'été, et n'oubliez pas vos jumelles. Attention, en dépit de probabilités élevées, la rencontre n'est jamais garantie à 100%. Par ailleurs, ne vous attendez pas à voir les cétacés sauter hors de l'eau en s'ébrouant : vous ne pourrez le plus souvent observer que des dos et de bruyants souffles verticaux… ce qui reste très impressionnant ! Estimez-vous chanceux si vous voyez une baleine à bosse effectuer un beau plongeon ou un rorqual bleu sortir sa puissante queue. Bien que les croisières aient pris une ampleur industrielle à Tadoussac, cette activité est réglementée. Ainsi un bateau ne doit jamais avancer à moins de 100m d'un cétacé, et 400m s'il s'agit d'une espèce menacée, tels le béluga et le rorqual bleu. Il doit s'immobiliser jusqu'à ce que l'animal se soit éloigné ou qu'il ait plongé, en cas d'approche de ce dernier.

AUTRES MODES D'APPROCHE Notez qu'on peut également observer les mammifères marins du rivage, comme à Tadoussac, aux Bergeronnes et aux Escoumins. Des sorties guidées en kayak de mer sont aussi organisées aux Bergeronnes, aux Escoumins et dans le parc national du Canada Forillon. Sur la Côte-Nord, la route des Baleines, qui suit la route 138 à partir de Tadoussac, dessert les principaux sites d'observation.

POUR EN SAVOIR PLUS Le Québec possède trois centres d'interprétation sur les baleines : le centre d'interprétation sur le milieu marin à Rivière-du-Loup, le Centre d'interprétation des mammifères marins (CIMM) de Tadoussac et la station de recherche des îles Mingan (MICS), à Longue-Pointe-de-Mingan. Cette dernière propose à ceux qui veulent s'initier au monde des baleines des sorties en mer à la journée en compagnie de scientifiques. Une façon unique d'approcher les cétacés et de découvrir leur mode de vie.
Sites Internet *baleinesendirect.org* *www.rorqual.com*

pêche

Les cours d'eau québécois raviront les pêcheurs, notamment ceux de Gaspésie, où le saumon abonde. La rivière Matane, qui fournit 5% des prises et 10% des jours de pêche pour toute la province, fait d'ailleurs office de rivière école. Dans les parcs et réserves, la pêche est réglementée et onéreuse : il faut acheter un permis provincial délivré par la Société de la faune et des parcs du Québec et acquitter un droit d'accès à la rivière. Attention, le permis peut revenir quatre fois plus cher à un étranger qu'à un résident québécois ! On peut aussi programmer un séjour de pêche dans l'une des nombreuses pourvoiries du Québec (p.57). En hiver se pratique la pêche blanche, ou pêche sur la glace : un trou, une ligne

et c'est tout ! Le must est de pêcher dans le décor grandiose du fjord du Saguenay.
Fédération québécoise pour le saumon atlantique *fqsa.ca*
Parcs nationaux du Québec *www.sepaq.com*
Fédération des pourvoiries du Québec *www.pourvoiries.com*

plongée

La plongée se pratique dans l'estuaire du Saint-Laurent (Gaspésie, Manicouagan, Côte-Nord, îles de la Madeleine). Les passionnés de plongée sur épave viennent du monde entier explorer les restes de l'*Empress of Ireland*, au large de Pointe-au-Père.
Fédération québécoise des activités subaquatiques *www.fqas.qc.ca*

randonnée pédestre

Les parcs naturels se prêtent particulièrement à la randonnée pédestre, avec leurs nombreux sentiers balisés. Il est parfois possible de partir en compagnie de gardes forestiers à la découverte de la faune et de la flore. On trouve la liste complète des sentiers et des activités organisées aux bureaux d'accueil des parcs. Attention, de décembre à avril les sentiers de randonnée sont réservés aux porteurs de raquettes ! Des itinéraires de plusieurs jours, jalonnés de chalets et de refuges, ont été tracés dans des régions sublimes, comme la Traversée de Charlevoix et le sentier international des Appalaches (Gaspésie).
Sépaq (Société des établissements de plein air du Québec) *www.sepaq.com*

sports d'hiver

Toutes les occasions sont bonnes pour profiter de l'hiver en plein air ! En plus des activités listées ci-dessous, vous trouverez dans chaque ville ou village des patinoires publiques, pour simplement glisser sur la glace ou jouer au hockey, le sport national au Canada. Les pêcheurs ne voudront pas manquer l'expérience de la pêche blanche, cf. pêche (p.65). Voir aussi le GEOPlus Les joies de l'hiver (p.242).

SKI DE FOND Il se pratique dans les parcs naturels comme en ville. Le Québec compte il est vrai plus de 4 000km de pistes balisées ! Dans chaque région ont été aménagés des parcours à la journée ou sur plusieurs jours, hébergement compris. Dans les Laurentides, le parc linéaire du P'tit Train du Nord, un itinéraire de 232km, fait figure d'incontournable pour les débutants et les adeptes du ski de fond "aérobique" (sa faible pente et ses lignes droites risquent d'ennuyer les autres). Renseignez-vous dans les bureaux d'information touristique.

SKI ALPIN On recense quelque 800km de pistes et plus de 70 stations ou "centres de ski" au Québec, les principales se trouvant à proximité de Québec et de Montréal. La saison s'étend de novembre à avril, voire jusqu'en mai, avec un excellent enneigement (3-5m selon les stations). Mont-Tremblant (p.236) possède l'un des plus grands domaines skiables de la province (96 pistes et 269ha). Notez toutefois que les sommets ne dépassent pas 1 000m.
Association des stations de ski du Québec *www.maneige.com*

MOTONEIGE Avec plus de 33 000km de sentiers balisés, entretenus et signalisés, le Québec est le paradis de la **motoneige**. Plus qu'un moyen de transport, la motoneige est l'un des loisirs préférés des Québé-

cois, du moins ceux qui ne vivent pas en ville. Plusieurs prestataires proposent des excursions guidées dans les différentes régions de la province, mais cette activité est assez onéreuse.
Fédération des clubs de motoneigistes du Québec *www.fcmq.qc.ca*

RANDONNÉE À RAQUETTES Elle se pratique surtout dans les parcs et réserves.

TRAÎNEAU À CHIENS Offrez-vous une excursion en **attelage de chiens** ! Le principe est simple : se laisser glisser sur les immensités blanches à bord d'un traîneau tiré par des malamutes d'Alaska. Des sociétés comme Aventures Nord-Bec et Chiens et Gîte du Grand Nord proposent randonnées et expéditions accompagnées.
Aventures Nord-Bec *www.traineaux-chiens.com*
Chiens et Gîte du Grand Nord *www.chiens-gite.qc.ca*

vélo

La Route verte inaugurée en 2007 est un réseau de pistes cyclables de plus de 5 000km. Cette immense "vélo-route" traverse 16 régions et plus de 350 municipalités, d'un bout à l'autre du Québec. En consultant son site Internet, vous trouverez des renseignements utiles pour planifier votre itinéraire et trouver où vous loger dans les localités les plus proches. Le guide *La Route verte*, édité chaque année, répertorie tous les tracés de façon précise : cartes, plans de villes, établissements et campings certifiés "Bienvenue cyclistes ! "
La Route verte *(Vélo Québec) 1251, rue Rachel Est H2J 2J9* **Montréal** *Tél. 514 521 8356 ou 1 800 567 8356 (sans frais) www.routeverte.com*

vol libre

Les amateurs de deltaplane et de parapente se rassemblent à Mont-Saint-Pierre (Gaspésie), la capitale canadienne du vol libre. Possibilité de vivre le mythe d'Icare sur place lors de vols en tandem.
Association québécoise de vol libre *www.aqvl.qc.ca*

TÉLÉPHONE

appels locaux

Les appels locaux (dans la même agglomération) passés d'un téléphone fixe sont gratuits. Si vous effectuez une communication locale d'une cabine téléphonique, il vous en coûtera 0,50$, quelle que soit sa durée. On peut payer avec des pièces de monnaie, une carte prépayée ou une carte bancaire (ces deux derniers moyens reviennent plus cher). De même pour un appel interurbain, plus coûteux, utilisez de préférence une carte téléphonique prépayée. Les cartes Bell sont les plus répandues (5-20$). Pour les utiliser, on compose un numéro standard, puis le numéro de la carte que l'on a gratté, et enfin le numéro du correspondant. Les cartes téléphoniques s'achètent chez les marchands de journaux, les dépanneurs, à la poste ou à des distributeurs dans les gares, les aéroports et certains offices de tourisme.
Renseignements *Tél. 411*

NUMÉROS GRATUITS Utilisés par de nombreux établissements publics et privés (bureaux touristiques, hôtels, restaurants, gîtes, musées, etc.), les numéros de téléphone commençant par *0 800, 1 800, 1 855, 1 866, 1 877* et *1 888* sont gratuits. Attention, on ne peut pas les composer de l'étranger.

appels internationaux

Pour **appeler le Québec de l'étranger**, composez le 00 (tonalité) + 1 suivi du numéro à 10 chiffres de votre correspondant. L'indicatif international du Canada est aussi celui des États-Unis. Inutile de le composer pour les communications entre les deux pays. **Du Canada, pour appeler la France**, composez le 011 33, puis le numéro du correspondant sans le 0 ; pour **appeler la Suisse**, composez le 00 41 avant le numéro du correspondant sans le 0 ; **pour la Belgique**, composez le 00 32 et le numéro de votre correspondant sans le 0 initial.

téléphones portables

Les détenteurs de téléphones portables peuvent solliciter une extension internationale de leur forfait avant le départ, mais les communications seront surtaxées. Pour un séjour de 10 à 15 jours, mieux vaut utiliser des cartes téléphoniques. Pour un séjour plus long, vous pouvez envisager d'acheter une puce sur place dans les boutiques Bell, Rogers, Fido, Telus ou encore Koodoo, principaux opérateurs de téléphonie au Canada. Pensez alors à faire "désimlocker" votre portable avant de partir. Votre nouvelle puce vous permettra d'avoir un numéro de téléphone et un crédit d'appels, à renouveler en fonction de votre consommation.

TRANSPORTS SUR PLACE

en voiture

Le meilleur moyen de transport au Québec. Les routes sont en bon état et les péages autoroutiers inexistants. En revanche, n'espérez pas battre des records de vitesse : la limite varie de 60km à 100km/h sur autoroute, de 70km à 90km/h sur route. Fixée à 50km/h en ville, elle n'excède pas 30km/h autour des écoles et dans certains quartiers. Les contrôles sont fréquents et les agents de police peu arrangeants ! Gare aux bouchons aux abords des grandes villes de 8h à 10h et de 16h à 19h.

Inforoutière (Transports Québec) Pour connaître l'état des routes, les tronçons en travaux et les distances qui séparent les agglomérations. *www.quebec511.info*

PERMIS DE CONDUIRE On peut rouler au Québec avec un permis de conduire étranger six mois au maximum. Au-delà, il faut produire un permis de conduire international (fourni par le pays où l'on a passé l'épreuve).

CODE DE LA ROUTE Le port de la ceinture de sécurité est obligatoire pour tous les passagers. La consommation de boissons alcoolisées dans un véhicule en marche est strictement interdite. Le taux d'alcoolémie autorisé au volant est de 0,8g/l, et de 0g/l pour les moins de 21 ans et les nouveaux conducteurs. En cas de non-respect de ces règles, le chauffeur est passible d'une amende et d'une suspension immédiate de son permis de conduire pour une durée de trois mois (d'un an, en cas de récidive), voire de la confiscation de son véhicule et de sa mise en fourrière. Il est important de noter qu'aux carrefours, les feux de circulation sont toujours placés en hauteur, de l'autre côté de l'intersection. Partout au Québec, sauf sur l'île de Montréal, on peut tourner à droite (si la voie est libre) y compris quand le feu est rouge, après avoir marqué l'arrêt. Notez aussi qu'à un carrefour à quatre "stops", c'est le premier arrivé qui a la priorité. Le feu rouge clignotant est à prendre comme un stop. Le feu vert clignotant signifie que les voitures venant en sens inverse sont arrêtées : on peut ainsi tourner à gauche sans danger. Il est interdit de doubler ou de croiser un autobus scolaire à l'arrêt si ses feux clignotent : cela signifie que des enfants en descendent. L'arrêt est obligatoire dans les deux sens de circulation jusqu'à ce qu'il ait redémarré. Enfin, les numéros des sorties d'autoroute correspondent au kilométrage : la sortie 245 est située à 40km de la n°205.

ESSENCE Compte tenu des distances à parcourir, prévoyez un budget adéquat. Le prix à la pompe varie entre 1$ et 1,20$/l. Les stations-service ouvertes 24h/24 ne manquent pas, mais n'attendez pas que la jauge de votre véhicule soit dans le rouge pour faire le plein, surtout si vous vous rendez dans un parc ou une réserve, dépourvus de pompes à essence. Dans certaines régions reculées, comme la Côte-Nord, plus de 100km peuvent séparer deux stations-service.

STATIONNEMENT Dans les grandes villes comme Montréal, trouver à se garer demande de la patience (p.92). Comptez généralement de 1,50 à 3$/h, avec des tarifs dégressifs selon la durée du stationnement. Soyez attentif aux panneaux : le stationnement peut être interdit la nuit dans certaines rues.

LIRE UNE ADRESSE La plupart des villes québécoises sont organisées selon un plan en damier. Leurs rues se croisent à angle droit et sont bien souvent nommées par un numéro allant croissant (1re Rue, 2e Rue...) auquel est parfois attaché un point cardinal afin de préciser de quel côté de l'artère axiale (la rue principale, ou Main Street) est situé l'adresse. Ainsi, faites attention de ne pas confondre le 2500, 1re Rue Est (souvent noté E.) avec le 2500, 1re Rue Ouest (O. ou W.). En règle générale, cent numéros séparent deux rues.

CONDUITE EN HIVER Chutes de neige obligent, il est obligatoire d'équiper sa voiture de pneus d'hiver (non cloutés) du 15 décembre au 15 mars. Toutes les voitures de location suivent cette règle. Un briquet, une lampe de poche, une couverture chaude, une pelle, un grattoir à vitre et un bidon d'antigel peuvent être d'un grand secours.

LOCATION DE VOITURES On trouve des sociétés de location dans toutes les villes et les aéroports. Le conducteur doit avoir au moins 18 ans, généralement 21 ans et parfois 25 ans révolus et posséder son permis depuis au moins un an. Certains loueurs imposent des franchises collision aux moins de 26 ans... Il est parfois plus économique de réserver le véhicule de l'étranger, surtout si la location est comprise dans un forfait avion + hôtel + voiture ou voiture + hôtel. Dans tous les cas, pensez à réserver, surtout si vous comptez prendre un véhicule à Montréal, principal point d'arrivée au Québec des touristes non motorisés, car les Montréalais sont de grands loueurs de voitures. Assurez-vous au préalable que le Canada figure sur votre contrat d'assurance automobile. Vérifiez que votre police couvre les dommages corporels causés à autrui et pour les dommages matériels, un minimum de 50 000$. Mieux vaut contracter une assurance tous risques. Vérifiez également l'état du véhicule avant de signer le contrat de location (rayures, phares, freins, roue de secours, ventilation) et la couverture offerte par l'assurance proposée (dégâts matériels, vol, accident, passagers, frais d'hospitalisation). Gare aux frais d'abandon si vous souhaitez rendre le véhicule dans une autre ville

PRATIQUE

que celle où vous l'avez pris. La plupart des voitures de location sont dotées d'une boîte de vitesses automatique. Pas de panique, on s'y fait très vite.

AUTO-STOP "Faire du pouce" est interdit sur les autoroutes, mais légal partout ailleurs et assez fréquent au Québec. Il convient d'observer les règles de prudence les plus élémentaires, surtout pour les femmes.

COVOITURAGE

AmigoExpress Un système de covoiturage qui permet de voyager à moindre coût tout en rencontrant des Québécois. L'agence se charge de mettre en relation automobilistes et passagers via son site Internet, où il faut préalablement s'inscrire (abonnement 7,50$/an). Nombreux départs quotidiens entre Montréal et Québec (à partir de 15$ par passager), Trois-Rivières, Ottawa (15$), et Sherbrooke (12$). Pour les destinations plus lointaines, mieux vaut s'y prendre quelques semaines à l'avance. Des frais de réservation de 5$ par trajet et par personne sont prélevés sur votre carte bancaire et le tarif revenant au chauffeur doit lui être payé directement en espèces. AmigoExpress fonctionne partout au Canada et même aux États-Unis. *Tél. 1-877-264-4697 www.amigoexpress.com*

en camping-car

Les "motorisés" ou "véhicules récréatifs" (camping-cars) sont très répandus au Québec et les terrains de camping spécialement aménagés pour les recevoir. On trouvera sur Internet de nombreuses sociétés qui louent des "VR" (véhicules récréatifs) et des "roulottes" (caravanes). Certaines, comme CanaDream, possèdent plusieurs agences dans tout le Canada, ce qui permet d'effectuer un voyage à sens unique entre deux points relais. Plusieurs tailles et catégories sont proposées, pour accueillir du couple à la famille. Comptez de 1500$ à plus de 2 000$ la semaine de location. La saison s'étend de mi-mai à mi-octobre, correspondant à la période d'ouverture des campings.

CanaDream *fr.canadream.com*

Location Caravane Leblanc *www.locationleblanc.ca*

en autocar

Un excellent moyen de transport pour les personnes disposant d'un petit budget, en particulier si elles voyagent en solo (env. 60$ le trajet Montréal-Québec). Le réseau couvre bien mieux la province que le train, les tarifs sont abordables et les retards exceptionnels. Côté confort, là encore le bilan est positif. Mais renseignez-vous bien sur les horaires, la fréquence n'étant pas toujours très élevée. Les enfants, les étudiants et les seniors bénéficient de tarifs préférentiels.

COMPAGNIES Plusieurs autocaristes se partagent le territoire : Orléans

Tableau kilométrique

	Montréal	Ottawa	Québec	Tadoussac	Rimouski	Gaspé
Ottawa	207	-	453	669	733	1 112
Québec	253	453	-	334	313	693
Tadoussac	468	669	334	-	384	762
Rimouski	538	733	313	384	-	380
Gaspé	916	1 112	693	762	380	-

PRATIQUE

Express (Montréal-Québec, Centre-du-Québec, Mauricie, Bas-Saint-Laurent et Gaspésie), Greyhound, InterCar (Québec, Charlevoix, Côte-Nord) et Limocar (Montréal-Sherbrooke). D'autres desservent des périmètres plus restreints.

Orléans Express *Tél. 514 395 4000 ou 1 888 999 3977 www.orleansexpress.com*

Greyhound *Tél. 1 800 661 8747 www.greyhound.ca*

Intercar *Tél. 418 627 9108 ou 1 888 861 4592 www.intercar.ca*

Limocar *Tél. 1 866 692 8899 https://limocar.ca*

en train

Un mode de déplacement confortable mais plus onéreux que l'autocar... et pas forcément plus rapide (Montréal-Québec : 87$, 3h15 de trajet). Le réseau Via Rail, qui gère tous les trains de voyageurs du Canada, permet de gagner Québec, Montréal, Ottawa et, à l'est, Jonquière (Saguenay) et Gaspé. La desserte de la Gaspésie se fait trois fois par semaine et de nuit, ce qui est intéressant pour un trajet de cette longueur. On a le choix entre la classe économique et affaires.

Via Rail *Tél. 514 989 2626 ou 1 888 842 7245 www.viarail.ca* **Discovery Trains** *Tél. 01 42 78 37 26 www.discoverytrains.net*

RÉDUCTIONS ET FORFAITS Les moins de 18 ans, étudiants et plus de 60 ans bénéficient de réductions. Différents forfaits sont aussi proposés (voir le site Internet). Ainsi la carte Canrailpass permet d'obtenir 7 allers simples sur une période de 21 jours en classe économique dans tout le Canada (à partir de 629$) ou seulement au Québec et en Ontario (à partir de 269$).

en avion

L'immensité du territoire québécois justifierait que bien des déplacements se fassent par voie aérienne. Hélas ! Les prix des vols intérieurs sont souvent dissuasifs. L'avion permet toutefois de couvrir en peu de temps de longues distances et de rejoindre les îles de la Madeleine (Air Canada), la baie James et la baie d'Hudson (Air Creebec), les villages de la Basse-Côte-Nord (Air Labrador) ou le Nunavik (Air Inuit, First Air), qui ne sont pas accessibles par la route. Côté loisirs, on ne saurait trop recommander un vol en hydravion à ceux qui en ont les moyens !

Air Canada *Tél. 1 514 393 3333 ou 1 888 247 2262 www.aircanada.com*

Air Creebec *Tél. 1 800 567 6567 www.aircreebec.ca*

Air Labrador *Tél. 1 800 563 3042 www.airlabrador.com*

Air Inuit *Tél. 1 800 361 2965 www.airinuit.com*

First Air *Tél. 1 800 267 1247 firstair.ca*

en bateau

TRAVERSIERS Ils assurent un service annuel ou saisonnier sur le Saint-Laurent (Saint-Siméon/Rivière-du-Loup, Forestville/Rimouski, Baie-Comeau et Godbout/Matane, entre autres) et sur d'autres cours d'eau d'importance : rivières Saguenay, Richelieu, des Outaouais. Certains sont gratuits, comme ceux qui relient Tadoussac à Baie-Sainte-Catherine ou Saint-Joseph-de-la-Rive à l'Isle-aux-Coudres.

Société des traversiers du Québec *Tél. 418 643 2019 ou 1 877 787 7483 www.traversiers.gouv.qc.ca*

ÎLES DE LA MADELEINE Un ferry assure la liaison entre les îles de la Madeleine et l'île du Prince-Édouard, mais on peut aussi gagner les îles de Montréal (p.91). **www.ctma.ca**

CÔTE-NORD Embarquez sur le *Bella Desgagnés*, un navire mixte qui appareille à Rimouski pour desservir l'île d'Anticosti et toutes les localités de la Basse-Côte-Nord, de Havre-Saint-Pierre à Blanc-Sablon. Une expérience unique pour découvrir des villages côtiers inaccessibles par voie terrestre. Il est préférable de réserver, surtout en haute saison.
Relais Nordik *www.relaisnordik.com*

ARCTIQUE Amoureux des grands espaces et du soleil de minuit, découvrez l'Arctique canadien (Nunavik et Nunavut) avec Adventure Canada, qui propose des croisières de 8 jours ou plus vers ces territoires nordiques (Nunavik, Nunavut, passage du Nord-Ouest...).
Adventure Canada *Tél. 1 800 363 7566 ou 905 271 4000 adventurecanada.com*

à vélo

Les grandes villes disposent de pistes cyclables bien entretenues et dans chaque région des circuits découverte sont conçus pour les cyclotouristes (renseignez-vous dans les offices de tourisme). Le vélo se pratique aussi dans les parcs nationaux. Le port du casque n'est pas obligatoire mais vivement recommandé. Plusieurs sociétés organisent des tours pour les groupes, avec un service de transport des bagages. L'une d'elles, Vélo Québec Voyages, met sur pied chaque été "Le Grand Tour Desjardin", un parcours d'environ 800km qui réunit près de 2 000 cyclistes dans une ambiance conviviale.
Vélo Québec Voyages *Tél. 514 521 8356 ou 1 800 567 8356 www.veloquebecvoyages.com*

transports urbains

L'AMT (Agence métropolitaine de transport) administre les trains de banlieue et le métro. Quatre lignes de métro et près de 200 lignes d'autobus, gérées par la STM (Société de transport de Montréal), desservent la grande métropole. À Québec, on circule avec les bus du RTC (Réseau de transport de la capitale).
Société de transport de Montréal (STM) *Tél. 514 786 4636 www.stm.info*
Agence métropolitaine de transport (AMT) *Tél. 514 287 8726 www.amt.qc.ca*
Réseau de transport de la capitale (RTC) *Tél. 418 627 2511 www.rtcquebec.ca*

URGENCES

Pour les hôpitaux, consultez la rubrique Santé (p.63) et les modes d'emploi de chaque région.
Pompiers, police, secours médicaux *Tél. 911*
Renseignements *Tél. 411*

US ET COUTUMES

Le tutoiement est pratique courante au Québec. Il ne faut pas y voir un manque de respect ni une marque d'incivilité, mais au contraire un témoignage de sympathie. Les Québécois sont réputés pour leur gentillesse et leur hospitalité. Ne gâchons pas tout en rouspétant pour un oui ou un non : ici, les problèmes se règlent avec le sourire et les gestes d'énervement sont très mal perçus. Par extension, le légendaire penchant naturel des Français pour les débats et la polémique risque d'être contrarié. Les Québécois préfèrent les sujets qui rassemblent aux sujets qui fâchent. Enfin, sachez qu'on ne se quitte pas en disant "au revoir" mais "bonjour", même si la nuit est tombée !

VISA ET PASSEPORT

Les ressortissants de l'Union européenne et les citoyens suisses sont dispensés de visa, un passeport valide 6 mois après la date de retour prévue suffit. Toutefois, depuis 2015, ils sont tenus d'obtenir avant de prendre leur vol, une autorisation de voyage électronique (AVE). La demande s'effectue en ligne sur le site Internet du ministère canadien de la Citoyenneté et de l'Immigration ; son coût est de 7$ et la validation peut prendre jusqu'à 72h. Un visa est exigé des ressortissants de certains pays, mentionnés sur le site du ministère. En tant que touriste, vous pourrez séjourner 6 mois dans le pays, ensuite, vous devrez présenter une demande de prolongation.

Ministère canadien de la Citoyenneté et de l'Immigration *www.cic.gc.ca*

VOYAGISTES

Séjour, circuit, croisière ou aventure... à vous de définir les critères de votre voyage. Renseignez-vous auprès des spécialistes du Québec ou du "tourisme équitable", des généralistes, des centrales d'achat de vols et de séjours dégriffés, des agences de voyages pour jeunes et étudiants, des spécialistes des séjours sportifs ou à la carte.

spécialistes

Amerikasia Spécialiste de l'Asie et des Amériques. Vols secs, week-end. *48, rue Franklin 69002* ***Lyon*** *Tél. 04 78 42 98 82 www.amerikasia.fr*

Aventuria Ce spécialiste des destinations grands espaces propose des raids aventure dans le Grand Nord et des croisières chez les Inuits en hiver, des séjours plus traditionnels en été. *213, bd Raspail 75014* ***Paris*** *Tél. 01 44 10 50 50 (autres agences à Bordeaux, Lille, Lyon, Marseille, Nantes, Strasbourg) www.tui.fr*

Back Roads Voyages sur mesure sur le continent américain, notamment à pied, en traîneau à chiens, en circuit camping, etc. *14, pl. Denfert-Rochereau 75014* ***Paris*** *Tél. 01 43 22 65 65 www.backroads.fr*

Compagnies du monde Voyages sur mesure été comme hiver. *45, rue de Courcelles 75008* ***Paris*** *Tél. 01 55 35 05 05 www.compagniesdumonde.com*

Comptoir des voyages Séjours sur mesure (autotours, croisières) et voyages à thème ("horizon nature", "envies citadines"). *2-18, rue Saint-Victor 75005* ***Paris*** *Tél. 01 53 10 30 15 www.comptoir.fr (autres agences à Lyon, Marseille, Toulouse, Bordeaux, Lille)*

Jetset Voyages Spécialiste des Amériques. Au programme : aventures et camping, circuits accompagnés et autotours. *41-45, rue Galilée 75116* ***Paris*** *Tél. 01 53 67 13 00 www.jetset-voyages.fr*

La Maison des États-Unis Spécialiste des offres de séjours (circuits accompagnés ou individuels) aux États-Unis et au Canada. *3, rue Cassette 75006* ***Paris*** *Tél. 01 53 63 13 43 www.maisondesetatsunis.com*

Terre Canada Autotours, circuits accompagnés, séjours hiver, pêche, chasse, etc. *2, rue de Boissy 95320* ***Saint-Leu-la-Forêt*** *Tél. 01 34 10 18 18 www.terrecanada.com*

Vacances Canada Circuits accompagnés et autotours, raids à motoneige, en traîneau à chiens, séjours multiactivités, etc. *Le Cercle des vacances 4, rue Gomboust 75001* ***Paris*** *Tél. 01 40 15 15 05 www.vacancescanada.com*

Vacances Transat Ce spécialiste de l'Amérique du Nord propose des vols secs, des séjours et des circuits accompagnés ou individuels ainsi que des activités à motoneige au Québec. *Tél. 01 45 15 15 06 www.vacances-transat.fr*

VOYAGEZ À LA CARTE

GEOGuide a sélectionné pour vous des lieux de séjour, des sites à visiter, des adresses-plaisir et des activités multiples. Choisissez ce qui vous ressemble et goûtez pleinement votre voyage...

- Culture et patrimoine
- Shopping
- Sports et loisirs
- Activités familiales
- Cafés, bars et lieux de sortie
- Restauration
- Hébergement

Premières Nations

Algonquins, Hurons Wendats, Cris, Innus... Pour tout savoir sur les onze peuples amérindiens du Québec.

Musées

Sites et monuments

Manifestations

balade architecturale

Les édifices illustrant l'évolution architecturale de Montréal et du Québec depuis le XIXe siècle.

Québec gourmand

Oreilles de crisse, poutine, pot-en-pot, queues de castor... Voilà bien un vocabulaire imagé pour de roboratives recettes traditionnelles, à alterner avec les créations de jeunes chefs inventifs et talentueux !

Tables de gourmets

Tables traditionnelles

Produits du terroir

Festivals

en famille

Emmenez vos enfants à vélo, en canoë ou en traîneau à chiens, approchez les cerfs de Virginie, les caribous et les baleines, ou réfugiez-vous dans un musée si le soleil n'est pas là...

Hébergement

Activités sportives

Parc de loisirs

VOYAGEZ À LA CARTE

Musées et sites

Pour observer la faune

Pauses sucrées

à deux

Glissez en tandem sur les eaux d'un lac, oubliez le temps dans une cabane à sucre, dévorez-vous des yeux dans un cadre romantique, sur les bords du Saint-Laurent ou dans une forêt colorée par l'automne...

Une balade romantique

Un dîner de fête

Un nid douillet

sports d'été

Qui dit grands espaces dit loisirs 100% nature. Le Québec offre une vaste gamme d'activités en plein air, à commencer par la randonnée pédestre et à continuer par des balades à vélo ou en kayak...

Randonnée, escalade

Activités aquatiques

Dans les airs

Équitation

Cyclotourisme

sports d'hiver

La neige qui recouvre toute la Belle Province de décembre à mars offre aux Québécois et aux visiteurs de nombreuses activités : le ski bien sûr, mais aussi la motoneige, les excursions en traîneau...

Ski, raquettes

Motoneige

traîneau à chiens

Pêche blanche

Ski cerf-volant

côté nature

Ferrez le poisson au bord d'un lac, observez la vie sauvage, profitez des parcs nationaux...

Pêcher au Québec

Promenades en bateau

Épier la faune terrestre

Observer les oiseaux

Approcher les cétacés

Le village historique de Val-Jalbert (p.469), près du lac Saint-Jean.

MONTRÉAL ET LE SUD

Plan 1 Montréal et le Sud

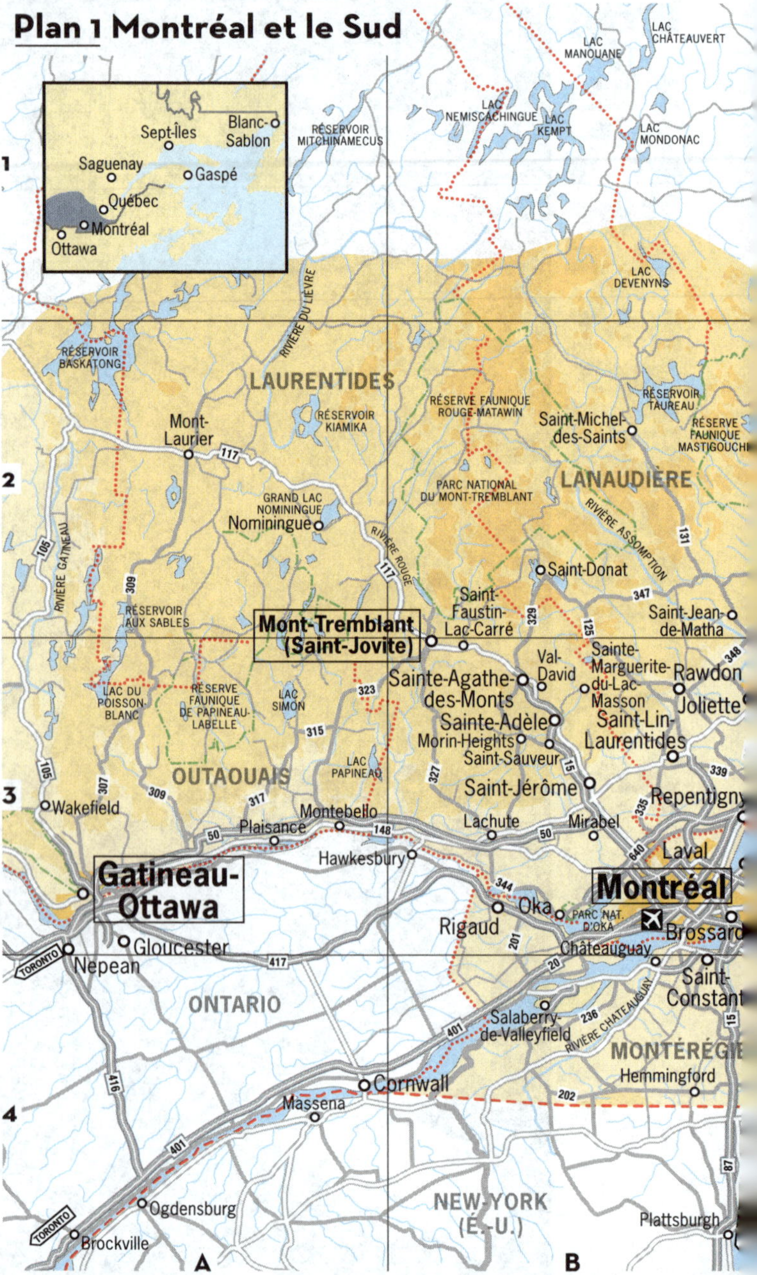

RÉSERVE FAUNIQUE DES LAURENTIDES
PARC NATIONAL DES GRANDS-JARDINS
RIVIÈRE MÉTABETCHOUANE
La Tuque
LAC WAYAGAMAC
LAC CINCONSINE
MAURICIE
RÉGION DE QUÉBEC
PARC NATIONAL DE LA JACQUES-CARTIER
Québec et le Centre
Saint-Ferréol-les-Neiges
RÉSERVE FAUNIQUE DE PORTNEUF
RÉSERVE FAUNIQUE DU SAINT-MAURICE
LAC MÉKIRAC
Stoneham-et-Tewkesbury
Beaupré
Saint-Raymond
LAC SAINT-JOSEPH
Sainte-Famille
ÎLE D'ORLÉANS
Saint-Pierre
Lévis
PARC NATIONAL DE LA MAURICIE
Saint-Roch-de-Mékinac
RIV. BATISCAN
Pont-Rouge
GASPÉSIE
Québec
Saint-Jean-des-Piles
Grandes-Piles
Deschambault
Sainte-Anne-de-la-Pérade
St-Antoine-de-Tilly
Lotbinière
Sainte-Croix
RIVIÈRE CHAUDIÈRE
Saint-Alexis-des-Monts
Saint-Mathieu-du-Parc
Shawinigan
Trois-Rivières
Sainte-Marie
Saint-Gabriel-de-Brandon
Bécancour
LAC SAINT-PIERRE
CENTRE-DU-QUÉBEC
Berthierville
Baie-du-Febvre
Odanak
Sorel-Tracy
Victoriaville
Thetford Mines
LAC SAINT-FRANÇOIS
RIV. RICHELIEU
Drummondville
PARC NATIONAL DE FRONTENAC
Saint-Denis-sur-Richelieu
Verchères
CANTONS DE L'EST
LAC DROLET
Boucherville
Saint-Hyacinthe
Mont-Saint-Hilaire
LAC MÉGANTIC
Piopolis
Chambly
Roxton Pond
Sherbrooke
Granby
PARC NATIONAL DU MONT-MÉGANTIC
Val-Racine
Saint-Jean-sur-Richelieu
PARC NATIONAL DU MT ORFORD
Lennoxville
Notre-Dame-des-Bois
Bromont
LAC BROME
Magog
North Hatley
Cowansville
Compton
St-Paul-de-l'Île-aux-Noix
Brome
Dunham
Austin
Ayer's Cliff
Fort-Lennox
Sutton
St-Benoît-du-Lac
Coaticook
Frelighsburg
LAC MEMPHRÉMAGOG
VERMONT (É.-U.)
NEW-HAMPSHIRE (É.-U.)
BOSTON
N
25 km
C
D

★ MONTRÉAL

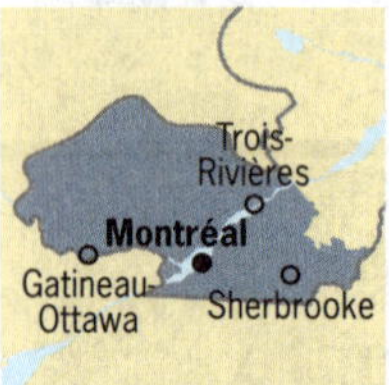

Une vieille épicerie kasher et ses caisses de bagels, un *golden boy* pressé au pied de tours en verre, une calèche promenant un couple de touristes dans des ruelles pavées... Voilà bien le visage de Montréal : cosmopolite et surprenant. On y passe allègrement de "Puis-je vous aider ?" à "*May I help you ?*", des cafés comme à Paris servent des brunchs comme à New York... Mais Montréal est aussi chinoise, italienne, portugaise, grecque, libanaise... Un cosmopolitisme bien vivant, venu accentuer son multiculturalisme, façonnant ce caractère si ouvert qui est le sien. Cette bouillonnante métropole de 2 millions d'habitants n'est pourtant ni le centre politique du Canada (rôle dévolu à Ottawa) ni même celui de la province (qui a pour capitale Québec), et Toronto lui a ravi son rôle de moteur économique de la confédération. Mais elle peut, à coup sûr, revendiquer le titre de capitale culturelle du Québec : sa scène artistique brille par son dynamisme, et sa vie nocturne comblera les noctambules les plus blasés. La plupart des visiteurs ne consacrent qu'un ou deux jours à sa visite, le temps d'une balade dans le Vieux-Montréal et d'un coup d'œil à la ville souterraine. Certes, Montréal n'a pas la beauté théâtrale de Québec, mais ceux qui ont décidé de prendre leur temps découvriront un attachant patchwork de quartiers – souvent d'anciens villages : le "Vieux", baigné par le Saint-Laurent, le centre-ville, dont les tours ont dépassé les églises, le très estudiantin Quartier latin, le Village arc-en-ciel, le Plateau et ses cafés branchés, Westmount la Britannique ou encore le Mile End, de plus en plus tendance, Outremont, la Petite Italie... Ajoutez-y une vraie douceur de vivre, des parcs et la silhouette d'un mont Royal emblématique : c'est tout cela, plus qu'aucun monument, qui fait la richesse de Montréal.

DE HOCHELAGA À VILLE-MARIE La présence des Amérindiens sur l'île de Montréal remonte à plus d'un millénaire avant l'arrivée des Européens. On sait qu'ils y campent l'été au IVe siècle avant notre ère et qu'au Xe siècle les Iroquoiens y ont introduit la culture du maïs. Jacques Cartier, le premier Européen à poser le pied sur l'île de Montréal, découvre en 1535 un village iroquois nommé Hochelaga. Il baptise mont Royal la colline qui marque le centre de l'île – toponyme transformé en Montréal dès 1575. L'expédition s'arrête toutefois là, d'impressionnants rapides (ceux de Lachine) l'empêchant de remonter le Saint-Laurent. En 1611, trois ans après avoir fondé Québec, Samuel de Champlain décide d'installer un avant-poste sur le fleuve, pour accompagner l'essor considérable du commerce des fourrures. Mais, à cause de la guerre contre les Iroquois, Champlain doit battre en retraite… C'est finalement un tout autre motif qui présidera à la fondation de la colonie : au début du XVIIe siècle, en effet, la Contre-Réforme triomphe en Europe. Voyant en Montréal le lieu rêvé où asseoir une société "authentiquement catholique", des religieux constituent en 1639 la Société de Notre-Dame-de-Montréal pour la conversion des "sauvages" et confient la fondation de Ville-Marie à un laïc confit en dévotion, Paul de Chomedey de Maisonneuve. Celui-ci s'établit dans l'île avec 54 compagnons en mai 1642. Fréquemment assaillie par les Iroquois, Ville-Marie connaît des débuts difficiles. Mais la petite communauté s'enracine : Jeanne Mance crée l'hôtel-Dieu en 1645, les sulpiciens s'installent en 1657, et Marguerite Bourgeoys ouvre la première école en 1658. En 1665, Louis XIV envoie des troupes garantir la protection de la colonie. Bien vite, le rêve missionnaire cède le pas à l'attrait du commerce des fourrures, qui trouve là, au confluent du Saint-Laurent et de la rivière des Outaouais, une plate-forme idéale. Le traité de paix signé en août 1701 avec les Amérindiens de la région favorise l'essor du négoce. La petite ville de Montréal se développe au bord du fleuve : elle s'entoure de murailles vers 1740. Au milieu du XVIIIe siècle, ce fleuron de la Nouvelle-France et petite capitale de la fourrure forme le cœur d'un vaste empire marchand et le point de départ des grandes expéditions vers l'Ouest.

LA CONQUÊTE BRITANNIQUE ET L'INDUSTRIALISATION Alors que la guerre de Sept Ans (1756-1763) met aux prises Autrichiens et Prussiens, Britanniques et Français en Europe, elle voit aussi s'affronter Paris et Londres pour le contrôle du Nouveau Monde. Les Anglais s'emparent de Québec en 1759, et Montréal capitule en 1760. En 1776, à la fin de la guerre de l'Indépendance des États-Unis, les colons restés fidèles à la Couronne britannique se réfugient en masse à Montréal et contribuent, avec les immigrants arrivés de Grande-Bretagne et d'Irlande, à la métamorphose de la cité. En 1801, cette dernière compte 9 000 habitants et l'anglais est sa langue officielle. La même année, ses fortifications sont rasées ; sa première banque est créée en 1817 et un canal de contournement des rapides de Lachine inauguré en 1825, qui ouvre aux navires la route des Grands Lacs. Des industries s'installent au bord du canal et le cœur de Montréal se déplace peu à peu des rives du Saint-Laurent vers son site actuel. En 1833, le premier maire de la cité, Jacques Viger, choisit des armes municipales consensuelles, qui allient les symboles de la France (le lis), de l'Angleterre (la rose),

Montréal célèbre ses 375 hivers

En 2017, Montréal, qui fut fondée en 1642, fête son 375e anniversaire en grand. Durant toute l'année, festivités et évènements animent la métropole : le pont Jacques-Cartier est illuminé, Les Hivernales célèbrent les joies de la saison froide, Cité Mémoire projette des courts-métrages sur les murs du Vieux-Port et même les géants de Royal de Luxe débarquent en ville. L'année 2017 s'annonce d'autant plus festive qu'elle marque aussi le 50e anniversaire d'Expo 67 et le 150e du Canada ! Consultez la programmation sur le site **www.375mtl.com**.

de l'Écosse (le chardon) et de l'Irlande (le trèfle), et une devise : "*Concordia salus*", "le salut dans l'entente". Toutefois, le conflit entre anglophones et francophones couve… Le Parlement du Canada-Uni, installé à Montréal en 1843, est incendié en 1849 par des émeutiers anglophones – il s'établira définitivement à Ottawa en 1853. Dès 1866, grâce à un très fort taux de natalité, les francophones redeviennent majoritaires à Montréal. Mais les anglophones conservent la suprématie politique et économique. Grâce à son expansion démographique (100 000 habitants en 1865, 400 000 en 1910), à ses industries, à son port (le deuxième d'Amérique du Nord derrière New York) et à ses chemins de fer, Montréal connaît son âge d'or à la Belle Époque.

MONTRÉAL AU XXE SIÈCLE L'influence britannique s'estompe derrière celle des États-Unis. Dans la seconde moitié du xxe siècle, les ports des Grands Lacs vont peu à peu supplanter celui de Montréal, entraînant le déclin de l'empire industriel établi le long du canal de Lachine et l'essor d'une économie axée sur les services. Dans les années 1960 et 1970, tout s'accélère avec l'élévation de gratte-ciel dans le centre-ville, l'aménagement du métro, d'autoroutes, d'une ville souterraine… Portée par les rêves de grandeur de son maire, Jean Drapeau, la métropole s'affirme au niveau international en accueillant l'Exposition universelle de 1967, puis les Jeux olympiques d'été de 1976. Dans le même temps, la Révolution tranquille lui donne un visage de plus en plus francophone. Montréal, qui fête en grand son 375e anniversaire en 2017 – cf. Montréal célèbre ses 375 hivers (p.87) – compte aujourd'hui environ deux millions d'habitants (quatre dans la région métropolitaine, soit près de la moitié de la population québécoise).

PETITE RADIOSCOPIE DE L'IMMIGRATION MONTRÉALAISE Après 1760, les anglophones se regroupent dans l'ouest de la ville, les francophones dans l'est. Le boulevard Saint-Laurent délimite grossièrement ces deux pôles, le premier plutôt nanti, le second plutôt ouvrier. Les Irlandais (catholiques) s'établissent dans le sud-ouest. Au début du xxe siècle, l'industrialisation attire d'autres nationalités, des Chinois d'abord, puis des Italiens et des Slaves… Arrivés en bateau, ils s'installent près du port, faisant du boulevard Saint-Laurent un véritable couloir d'immigration : au fur et à mesure de leur enrichissement, les communautés se déplacent vers le nord de l'artère. Elles sont aussitôt remplacées par de nouveaux venus, plus pauvres, moins intégrés : Espagnols, Grecs, Portugais, etc., à partir des années 1960. Plus récemment, Maghrébins et Indiens se sont fixés au nord du boulevard, passé la rue Jean-Talon. Aujourd'hui, Montréal compte 50% de francophones (contre 80% dans tout le Québec), 34% d'allophones et 16% d'anglophones. Un Montréalais sur quatre est né à l'étranger. Montréal est la sixième ville du monde (derrière Paris, Kinshasa, Alger, Casablanca et Abidjan) par le nombre de locuteurs du français.

MODE D'EMPLOI

accès

EN AVION

L'aéroport Pierre-Elliott-Trudeau (anciennement Dorval) est situé env. 20km à l'ouest du centre-ville (comptez 40min de route quand la circulation est fluide). Il accueille des vols internationaux (p.46) et domestiques.

Aéroport Pierre-Elliott-Trudeau *Tél. 1 800 465 1213 ou 514 394 7377 www.admtl.com*

Liaisons provinciales

Air Canada Jazz La compagnie relie quotidiennement Montréal à Bagotville (1h de vol), à Baie-Comeau (2h15), aux îles de la Madeleine (4h), à Mont-Joli (1h30), à Québec (50min), à Rouyn-Noranda (1h30), à Val-d'Or (1h20) et aux principales villes des autres provinces canadiennes. *Tél. 514 393 3333 ou 1 888 247 2262 www.aircanada.com www.flyjazz.ca*

Air Inuit Propose des vols de Montréal ou Québec à la baie James, la baie d'Hudson et le Nunavik. *Tél. 1 800 361 2965 www.airinuit.com*

Air Creebec Connecte Montréal à Chibougamau en 1h15. *Tél. 1 800 567 6567 ou 819 825 8375 www.aircreebec.ca*

PAL Airlines Assure des liaisons entre Montréal et Sept-Îles (2h). *Tél. 1 800 563 2800 (en anglais) ou 1 866 962 0380 (en français) www.palairlines.ca*

First Air Relie Montréal à Kuujjuaq en 2h15. *Tél. 1 800 267 1247 www.firstair.ca*

Liaisons aéroport-ville en bus L'Express Bus 747 fait la navette entre l'aéroport et la gare d'autocars de Montréal au métro Berri-UQAM (plan 6, B3) en desservant dix arrêts en ville, dont la station de métro Lionel-Groulx et les principaux hôtels situés le long du boulevard René-Lévesque Ouest. Départ réguliers 7j./7, 24h/24, à partir du centre-ville. Durée du trajet 45min à 1h15, tarif AS 10$ (paiement en pièces uniquement dans le bus, CB et billets acceptés aux guichets automatiques à disposition à l'aéroport et à la gare d'autocars). *Tél. 514 786 4636 www.stm.info*

Liaisons aéroport-ville en taxi Tarif forfaitaire pour le centre-ville et le Vieux-Montréal : 40$ (en revanche, le compteur est activé pour les zones périphériques), 55-60$ en limousine. CB acceptées.

EN TRAIN

Via Rail Assez peu développé, le réseau ferroviaire relie toutefois Montréal aux grandes villes du Québec et du Canada. Le train constitue un moyen de transport confortable, mais moins rapide que le car. Le *Corridor* relie Montréal à Québec (3h30, 82$), à Ottawa (2h, 62$) et à Toronto (5h, 109$). À Toronto, correspondance pour les chutes du Niagara (2h, 41$). L'*Océan* dessert Halifax (22h, 190$) et un train relie Jonquière (9h, 76$). Départs quotidiens pour Québec,

Tableau kilométrique

	Montréal	Ottawa	Québec	Chicoutimi	Sherbrooke	Trois-Rivières
Ottawa	207	-	451	662	347	331
Québec	253	451	-	211	240	130
Chicoutimi	464	662	211	-	451	338
Sherbrooke	147	347	240	451	-	158
Trois-Rivières	142	331	130	338	158	-

Ottawa ou Toronto. Tarifs donnés pour un aller simple, hors taxes. Réductions pour les seniors, les étudiants et les enfants. D'autres liaisons ferroviaires relient Montréal à Vancouver (via Toronto) ou encore New York (compagnie Amtrak). *Tél. 514 989 2626 ou 1 888 842 7245 www.viarail.ca*

Gare centrale (plan 5, C4) *895, rue de La Gauchetière Ouest M° Bonaventure ou McGill Ouvert tlj. 4h30-0h30*

EN CAR

C'est le principal moyen de transport en commun au Québec. Toutes les régions sont desservies, mais par des compagnies différentes. Pour tout renseignement, rendez-vous à la gare d'autocars ou appelez-la. Tarifs spéciaux pour les enfants, les étudiants et les plus de 60 ans. Pour les destinations lointaines, réservez le plus tôt possible. Promotions sur Internet.

S'orienter dans Montréal

Montréal occupe une île d'environ 40km de longueur et 15km de largeur, baignée par le Saint-Laurent au sud et à l'est, la rivière des Prairies à l'ouest et au nord, et presque entièrement urbanisée. Le **Vieux-Montréal** (plan 4) est blotti au bord du fleuve, tandis que le **centre-ville** (plan 5), hérissé de tours, s'étend au pied du mont Royal, qui culmine à 232m. La ville se visite facilement : la découverte du centre-ville, du Vieux-Montréal, du **Quartier latin** (plan 6, B3), et même du **Plateau Mont-Royal** (plan 8, C3) peut se faire à pied. En revanche, il faut prendre le métro ou le bus pour gagner **Westmount** (plan 3, A2), le **Parc olympique** (plan 3, C2) ou la **Petite Italie** (plan 7).

Le plan en damier des rues facilite nettement l'orientation, et le mont Royal et les gratte-ciel du centre-ville constituent autant de points de repère. Vous aurez cependant besoin de quelques clés, car Montréal a depuis longtemps perdu le nord... En effet, le **boulevard Saint-Laurent** (la "Main" ou Main Street), qui s'étire sur le flanc oriental du mont Royal selon un axe nord-ouest/sud-est, constitue l'artère axiale de la ville et de son plan en damier. Aussi, sur les cartes – et dans l'esprit de la plupart des Montréalais –, le nord-ouest se trouve-t-il à la place du nord. Par commodité, nous avons adopté le même parti dans ce guide. La numérotation des artères nord(-ouest)-sud(-est) débute au bord du fleuve et va croissant vers le nord. Pour les rues perpendiculaires, c'est un peu plus compliqué : elles sont gratifiées d'un "Est" (aussi indiqué E.) ou d'un "Ouest" (O.) en fonction de leur situation par rapport au boulevard Saint-Laurent. Plus les numéros sont petits, plus on se rapproche dudit boulevard. Aussi, ne confondez pas le 1020, rue Sainte-Catherine Ouest et le 1020, rue Sainte-Catherine Est ! Sachez enfin que les numéros ont la même position dans toutes les rues parallèles. Ainsi, le boulevard de Maisonneuve passe près du n°2000 de toutes les artères qui lui sont perpendiculaires. Les rues étant interminables, on précise toujours, pour une adresse, les deux axes adjacents ou l'intersection la plus proche.

Gare d'autocars de Montréal (plan 6, B3) *1717, rue Berri Tél. 514 842 2281 M° Berri-UQAM www.gamtl.com*
Orléans Express Service de cars entre la Mauricie, Lanaudière, la Montérégie, la Gaspésie et Montréal. C'est aussi l'unique compagnie reliant Montréal à Québec (3h15 de trajet, 1 départ/h de 6h à 23h, 52$ AS) et Trois-Rivières (2h de route env., 5 départs/j., 32$ AS). *Tél. 1 888 999 3977 www.orleansexpress.com*
Limocar Liaisons avec Sherbrooke via Chambly, Granby et Magog. Une vingtaine de départs/j. *https://limocar.ca*
Galland Dessert les Laurentides : Saint-Jérôme, Saint-Sauveur, Sainte-Agathe, Sainte-Adèle, Mont-Tremblant et Mont-Laurier. 3 départs/j. *www.galland-bus.com*
Greyhound À destination de Gatineau (7 départs/j. entre 5h et 0h, durée 3h), d'Ottawa (environ 10 départs/j., durée 2h30) et Toronto (7 départs/j., durée 8h). Réductions pour les achats de billet par Internet. *Tél. 1 800 661 8747 www.greyhound.ca*
Megabus Une douzaine de cars/j. pour Toronto aux tarifs concurrentiels. *http://frca.megabus.com*

EN VOITURE

Montréal est à 250km au sud-ouest de Québec et à 600km au nord de New York. L'autoroute 10 la connecte à Sherbrooke, la 15 aux Laurentides (au nord) et aux États-Unis (au sud), la 20 et la 40 à Québec (au nord-est) et à Ottawa et Toronto (à l'ouest).
Informations routières *Tél. 511 www.quebec511.info*
Météo *https://meteo.gc.ca*
Amigo Express Service de covoiturage interurbain. Réservation par Internet ou téléphone (p.70). *Tél. 1 877 264 4697 www.amigoexpress.com*

EN BATEAU

Sans doute ni le moyen de transport le plus économique ni le plus rapide, mais certainement le plus agréable.
CTMA Assure une liaison hebdomadaire entre les îles de la Madeleine et Montréal de mi-juin à fin septembre (en 8 jours et 7 nuitées AR ; à partir de 999$/pers. pour un lit en cabine confortable, repas et activités compris). *Tél. 418 986 3278 ou 1 888 986 3278 www.ctma.ca*

circulation

Montréal est de ces villes nord-américaines où l'automobile est reine (même les livreurs de pizzas y officient en voiture !). Un phénomène que peuvent expliquer l'étalement des banlieues et le relatif sous-développement des transports en commun. En revanche, les **embouteillages**, le **coût du stationnement** et les difficultés à se garer ne peuvent que dissuader les touristes de s'y déplacer en voiture... Si vous êtes un irréductible du volant, sachez que la **signalisation** est pratiquement inexistante dans le centre, mais que le **plan en damier** des rues vous permettra de mieux vous orienter. La plupart des artères (hormis les plus grandes) sont à sens unique, alternativement. En revanche, à la périphérie de la ville, l'enchevêtrement des bretelles d'autoroute ferait perdre son sens de l'orientation à un pilote du Dakar. Attendez-vous aussi à des embouteillages monstres aux heures de pointe, le matin pour entrer dans Montréal, le soir pour en sortir. **Piétons et cyclistes**, prenez garde ! Le Montréalais, si affable d'ordinaire, change de personnalité au volant de sa grosse cylindrée : il passe allègrement à l'orange ou au rouge, et respecte assez peu les limitations de vitesse. Et quand il n'est pas pressé, il téléphone en conduisant... Enfin, notez qu'à Montréal, contrairement au reste de la province, il est interdit de tourner à droite quand le feu est rouge.

stationnement

Trouver une place de stationnement à Montréal relève souvent du casse-tête, surtout en pleine journée dans le centre-ville et le soir aux abords des quartiers animés. Avant de vous garer, lisez attentivement les panonceaux de stationnement apposés sur des poteaux : ils indiquent parfois que la place est réservée aux résidents ou aux livreurs, qu'il est interdit de s'y garer à telle heure ou tel jour... Vous dénicherez néanmoins des places gratuites dans les petites rues à la périphérie du Vieux-Montréal et du centre-ville. Dans les rues, des bornes électroniques remplacent peu à peu les parcomètres à pièces. Très pratique car, un numéro étant attribué à chaque place, on peut payer son dû à n'importe quelle borne du quartier. Tarifs dans le centre-ville : 1-3$/h, du lun. au ven. de 9h à 21h, le sam. de 9h à 18h et le dim. de 13h à 18h. La durée maximale est de deux heures : attention, les contrôles sont fréquents et le "ticket" (l'amende) tombe vite.

PARKINGS

La ville dispose aussi de parcs de stationnement publics et privés. Comptez 3-6$/h et 8-15$ les 12h. Les parkings du Vieux-Port, très commodes pour découvrir le Vieux-Montréal, sont toutefois plus onéreux. La plupart des hôtels (hormis les plus économiques) mettent des parkings payants à la disposition de leurs clients. Enfin, notez qu'au Québec, on utilise le mot *stationnement*, et non *parking*. *www.statdemtl.qc.ca*

transports en commun

Géré par la STM (Société de transport de Montréal), le réseau fonctionne de 5h30 à 0h15, 0h30, 1h ou 1h30 selon la ligne et le jour. La ville est quadrillée par quatre lignes de métro (plan 2). Simple et très efficace, même si le maillage des stations est assez lâche et que tous les quartiers sont loin d'être desservis. Le réseau des bus (près de 200 lignes) comble ces manques. Les tickets sont valables sur l'ensemble du réseau (bus et métro) pendant 2h avec correspondances illimitées, mais sans aller-retour. Il existe un service de bus de nuit. Procurez-vous le plan du réseau, gratuit et très bien fait. Horaires et itinéraire détaillés de chaque ligne disponibles dans les autobus et à la station de métro Berri-UQAM. Enfin, l'AMT (Agence métropolitaine de transport) gère les trains de banlieue.

STM *Tél. 514 786 4636 ou 514 288 6287 (Horaires de bus) www.stm.info*
AMT *Tél. 514 287 8726 www.amt.qc.ca*

MÉTRO

Les vélos sont admis dans le métro, mais seulement dans la voiture de tête, en nombre limité et à des horaires restreints (rens. au guichet). Deux lignes précieuses pour les visiteurs : la verte et l'orange. La première suit l'axe du boulevard de Maisonneuve, de Westmount au Parc olympique, en traversant le centre-ville et le Quartier latin. La seconde passe aux portes du Vieux-Montréal avant de bifurquer vers le nord en remontant la rue Saint-Denis. La ligne jaune permet de rejoindre le parc Jean-Drapeau.

AUTOBUS

Les rues étant invariablement rectilignes, certaines lignes se contentent de suivre l'une d'elles sur toute sa longueur. Les plus pratiques : la n°55 qui emprunte le boulevard Saint-Laurent, la n°30 la rue Saint-Denis, la n°24 la rue Sherbrooke et la n°15 la rue Sainte-Catherine. Il existe une vingtaine de **lignes de nuit** (n°s 350 à 382). Citons la n°358 pour la rue Sainte-Catherine, la n°361 pour la rue Saint-Denis et la n°363 pour le boulevard Saint-Laurent.

TITRES DE TRANSPORT
En vente dans les stations de métro. Dans le bus, il faut faire l'appoint (pièces uniquement). Ticket 3,25$, carnet de 10 tickets 26,50$, carte hebdomadaire (valable du lun. au dim.) 25,50$. La carte touristique, qui permet des déplacements illimités en métro et en autobus, revient à 10$ pour 24h et à 18$ pour trois jours. Les cartes hebdomadaire et touristiques sont valides sur la ligne 747 à destination de l'aéroport. Gratuité pour les moins de 5 ans, réductions pour les 6-11 ans et les plus de 65 ans. Pensez aussi à la carte des musées de Montréal – cf. Carte "Musées Montréal" (p.99).

NAVETTES FLUVIALES
En été, elles relient le quai Jacques-Cartier, sur le Vieux-Port, à l'île Sainte-Hélène et à Longueuil, sur la rive sud du Saint-Laurent. Débarcadère de l'île Sainte-Hélène près du pavillon des Baigneurs. Départs et retours toutes les heures. De mi-juin à début sept. : lun.-jeu. 11h-19h, ven. 10h-22h, w.-e. 9h-22h ; de mi-mai à mi-juin, et début sept. à début oct. : w.-e. 9h-22h. Tarif AS 4,25$ pour rejoindre l'île Sainte-Hélène et 7,75$ pour Longueuil, moins de 5 ans gratuit. Les vélos sont acceptés sans supplément. *Tél. 514 281 8000 www.navettesmaritimes.com*

location de vélos

Bixi Système de vélo en libre-service avec ou sans abonnement. Possibilité d'acheter un accès pour un aller simple (2,95$), un jour (5$) ou trois jours (14$) à n'importe laquelle des 460 stations disséminées en ville. Ces tarifs sont valables pour des trajets de 30min max. Pour une balade de plusieurs heures ou une journée, il est plus rentable de s'adresser au loueur ci-dessous. Paiement uniquement par CB (Visa, Mastercard ou Amex). *Tél. 514 789 2494 ou 1 877 820 2453 https://montreal.bixi.com/ Ouvert mi-avr.-mi-nov.*

Ça roule Montréal (plan 4, C2) Location de vélos (8$/h et 30$/j. en sem., 9$/h et 35$/j. le week-end) et de tout l'équipement qui va avec, dont des remorques pour enfants. Casque, carte des pistes cyclables et précieux conseils sont inclus. ***Vieux-Montréal*** *27, rue de la Commune E. (entre le bd Saint-Laurent et la place Jacques-Cartier) Tél. 514 866 0633 ou 1 877 866 0633 M° Place-d'Armes www.caroulemontreal.com Ouvert printemps, été : tlj. 9h-20h (fermeture à 18h en cas de pluie)*

téléphone

Des cabines et téléphones à pièces et à cartes sont disséminés dans la ville, notamment aux entrées des galeries commerciales, des stations de métro et de certains cafés ou dépanneurs (p.67).

pharmacie

Pharmacie ouverte 24h/24 (plan 5, D2) *Jean Coutu 305, rue Sherbrooke O. Tél. 514 285 2646*

fêtes et manifestations

Pour mieux profiter d'un été trop court, dès les premiers beaux jours, les cafés s'ouvrent sur la rue, maintes artères deviennent piétonnes, les parcs s'ani-

MONTRÉAL ET LE SUD

ment de représentations théâtrales et une douce liesse s'empare de la ville. Dans Montréal l'estivale, les festivals se font concurrence ! Détail amusant, le 1er juillet, jour de la fête nationale, est aussi celui que les Montréalais privilégient pour déménager. La ville en est "congestionnée" ! Mais l'hiver n'est pas en reste. cf. Calendrier des fêtes et manifestations (cf. ci-dessous).

marchés

On recense quatre marchés principaux à la périphérie de la cité, de petits coins de campagne en ville qu'adorent les Montréalais. Ils ferment les 25 et 26 décembre ainsi que les 1er et 2 janvier (halle d'hiver de nov. à avr.). Aux beaux jours, des kiosques installés sur des places ou près de sorties de métro du centre-ville vendent aussi des fruits, des légumes ou des fleurs (M° Mont-Royal et Rosemont, place Jacques-Cartier et place d'Armes, marché Saint-Jacques, etc.). ***Rens.*** *Tél. 514 937 7754 www.marchespublics-mtl.com*

Marché Jean-Talon (plan 7, B2) ***Petite Italie*** *7070, av. Henri-Julien Entre la rue Jean-Talon E. et l'av. Mozart E. M° Jean-Talon Lun.-mer. et sam. 7h-18h, jeu.-ven. 7h-20h, dim. 7h-17h*

Marché Maisonneuve (plan 3, C2) ***Hochelaga-Maisonneuve*** *4445, rue Ontario E. (angle Morgan) M° Pie-IX*

Calendrier des fêtes et manifestations

Jan.	**Fête des Neiges** Sculptures sur glace, patinage, etc. Parc Jean-Drapeau. *www.parcjeandrapeau.com*
Mi-jan.-début fév.	**Igloofest** La musique électronique réchauffe les milliers de convives dansant dans un décor glacé. Vieux Port. *igloofest.ca*
2e quinzaine de fév.	**Les Rendez-vous du cinéma québécois** Plus de 300 films québécois, dont quelques nouveautés. *www.rvcq.com*
Fin fév.-début mars	**Montréal en lumière** Gastronomie et concerts. *www.montrealenlumiere.com*
Mars	**Art souterrain** Installations d'art contemporain dans la ville souterraine. *www.artsouterrain.com*
Avril	**Vues d'Afrique** Festival de cinéma africain et créole. *www.vuesdafrique.com*
Mai	**La Grande Rencontre** Festival de danse et de musique traditionnelles québécoises. Spectacles, veillées de danse, ateliers et activités pour enfants. *espacetrad.org*
Fin mai-début juin	**Festival Go Vélo MTL** Grand rassemblement cycliste, avec entre autres le Tour de l'île. www.veloquebecvoyages.com
	Festival TransAmériques Spectacles de danse et théâtre. *fta.ca*
Juin	**Mondial de la bière** Ateliers bières et fromages, concours, conférences, et une soirée "bières et gastronomie". *festivalmondialbiere.qc.ca*
	Francofolies de Montréal Festival de chanson francophone. Place des Arts. *www.francofolies.com*
	Grand Prix de F1 du Canada Spectacles, expos... en plus de la course. Circuit Gilles-Villeneuve, sur l'île Notre-Dame.
	Montréal baroque Concerts classiques (musiques du Moyen Âge de juin au XVIIIe s.) donnés par des artistes de réputation internationale dans le Vieux-Montréal et le centre. *www.montrealbaroque.com*

Lun.-mer. et sam. 7h-18h, jeu.-ven. 7h-20h, dim. 7h-17h

Marché Atwater (plan 3, A3) ***Canal de Lachine*** *138, av. Atwater (près du canal de Lachine) M° Lionel-Groulx Lun.-mer. 7h-18h, jeu. 7h-19h, ven. 7h-20h, w.-e. 7h-17h*

Marché de Lachine (hors plan 3 par A3) ***Canal de Lachine*** *1875, rue Notre-Dame (angle 18e Ave.), Lachine (à 10km env. du centre-ville de Montréal) Lun.-mer. et sam. 7h-18h, jeu.-ven. 7h-20h, dim. 7h-17h*

informations touristiques

Centre Infotouriste (plan 5, B3) Renseignements sur Montréal et tout le Québec. On peut ses hébergements (guidé de la ville, u fleuve, louer une v agence de voyages, acheter des so venirs, se procurer la carte "Musées Montréal" et même des titres de transport urbain ! Accès wifi gratuit. ***Centre-ville*** *1255, rue Peel angle rue du Square-Dorchester Tél. 514 873 2015 ou 1 877 266 5687 (au Canada) ou 0800 907 777 (de France) M° Peel www.quebecoriginal.com Ouvert 21 juin-fin août : tlj. 9h-19h ; avr.-20 juin, sept.-oct. : tlj. 9h-18h ; nov.-mars : tlj. 9h-17h Fermé 25 déc. et 1er jan.*

Bureau d'accueil touristique du Vieux-Montréal (plan 4, C1) Infos

Fin juin-début juillet	**Festival international de jazz** 3 000 artistes, 1 000 concerts (dont 300 gratuits), notamment place des Arts. *www.montrealjazzfest.com*
Juillet	**Festival Juste pour rire** Un monument de l'humour francophone. Galas, arts de la rue, théâtre et stand-up. Env. 1 500 représentations (dont 1 300 gratuites). Tout le mois en salles, 10 jours dans la rue, au Quartier latin. *www.hahaha.com*
Août	**Montréal Complètement Cirque** La ville est envahie par des troupes de cirques venues du monde entier. *montrealcompletementcirque.com*
	International des feux Loto-Québec Artificiers du monde entier. Parc La Ronde mer. et sam. à 22h. *www.laronde.com*
Mi-juillet	**Nuits d'Afrique** Musiques africaines, antillaises et latines. 500 artistes de 30 pays. *www.festivalnuitsdafrique.com*
Fin juillet	**Osheaga** Un des plus importants festival de rock au Canada. Parc Jean-Drapeau. *www.osheaga.com*
Juillet-août	**Présence autochtone** Célèbre les traditions et les modes d'expression des peuples amérindiens. *www.nativelynx.qc.ca*
Août	**Festiblues international** Une quarantaine d'artistes se produisent pendant 4 jours au Parc Ahuntsic. *www.festiblues.com*
Fin août-début septembre	**Festival des films du monde** Projection de films de plus de 70 pays. En salles et à la belle étoile (gratuitement), place des Arts. *www.ffm-montreal.org*
Septembre (les années impaires)	**Mois de la photo** Expositions dans toute la ville. *www.moisdelaphoto.com*
Octobre	**Festival Black & Blue** L'un des plus grands festivals gays du monde. En clôture : une gigantesque party au parc Olympique. *bbcm.org*
	Festival du nouveau cinéma Explore les formes émergentes du 7e art. 10 jours fin oct. *www.nouveaucinema.ca*

…Montréal uniquement. *Vieux-Mon-…éal 174, rue Notre-Dame E. (angle place Jacques-Cartier) M° Champ-de-Mars Ouvert juin-sept. : tlj. 9h-19h ; avr.-mai, oct. : tlj. 10h-18h*

visites guidées

Guidatour (plan 4, B2) Visites à pied du Vieux-Montréal (départ de la basilique Notre-Dame à 11h, tlj. de mi-juin à mi-oct., le week-end de mi-mai à début juin, tarif 25$, réduit 14-23$), des cyclo-balades (68$ avec location de vélos) et un tas d'autres visites thématiques (en compagnie de personnages historiques, quartiers à pied, etc.). *Tél. 514 844 4021 ou 1 800 363 4021 www.guidatour.qc.ca*

Fantômes Montréal Ghosts Cette visite insolite est proposée par Guidatour (cf. ci-dessus). "À la tombée du jour, plusieurs fantômes hantent les rues du Vieux-Montréal et les quais du Vieux-Port..." De drôles de guides-conteurs (une sorcière, un gentilhomme anglais...) vous invitent à partir à la chasse aux fantômes, muni d'une lanterne et d'un plan ! *Tél. 514 844 4021 ou 1 800 363 4021 fantommontreal.com Départs de fin juin à fin oct., se rens. Tarif 23,50$, réduit 15-19,50$*

Kaléidoscope En été, visites de 2h à 3h de différents quartiers en petit groupe, avec des Montréalais. Tarif 15-20$. *Tél. 514 990 1872 www.tourskaleidoscope.com*

DÉCOUVRIR
Le Vieux-Montréal

☆ **Les essentiels** Le marché Bonsecours, le musée du château Ramezay, la basilique Notre-Dame, Pointe-à-Callière **Découvrir autrement** Admirez les artistes de la fonderie Darling, flânez sur le Vieux-Port, embarquez pour une balade sur le Saint-Laurent

Avec ses ruelles pavées et ses vénérables façades en pierre de taille grise, le Vieux-Montréal (plan 4) tranche sur le reste de la cité, offrant au visiteur un voyage dans le temps (il ne se passe d'ailleurs guère un jour sans qu'une scène de film y soit tournée). C'est là, au bord du Saint-Laurent, que la cité naquit en 1642 et qu'elle se maintint jusqu'en 1801, retranchée derrière de hauts murs. Ces derniers ont été abattus, mais leur tracé délimite encore le "Vieux" : **rues de la Commune** au sud, **Saint-Antoine** au nord, **McGill** à l'ouest et **Berri** à l'est. Au début du XXe siècle, le déplacement des activités financières et commerciales vers le nord (le nord-ouest géographique) – le centre-ville actuel – vida peu à peu le quartier de ses habitants : ils n'étaient plus que 200 dans les années 1960 ! Bientôt coupé du reste de la ville par une autoroute, le Vieux-Montréal connut une période de relatif abandon jusqu'au début des années 1980. Depuis, ses places et ses édifices ont été réhabilités, le Vieux-Port a été réaménagé, la rue Sainte-Hélène a retrouvé ses becs de gaz, et des galeries d'art, des boutiques, des restaurants, des cafés-bars ont ouvert par dizaines… Car le potentiel touristique est évident : maisons du Régime français, églises néogothiques, édifices publics de style classique… Le soir, des éclairages mettent en valeur les détails architecturaux de tous ces monuments. Aux beaux jours, les Montréalais aiment à flâner ou à faire du vélo sur ses quais et les curieux affluent toute l'année, mais le quartier compte aussi quelque 6 000 résidents. Si le Vieux-Montréal n'a pas l'étoffe d'une vieille cité européenne, ni même l'homogénéité architecturale du Vieux-Québec, ses lieux de mémoire et son atmosphère bon enfant vous retiendront largement un jour ou deux.

Autour de la place Jacques-Cartier

Les bâtiments les plus anciens se concentrent dans l'est du quartier. On peut admirer dans les **rues Saint-Amable et Saint-Claude** de belles demeures typiques de la Nouvelle-France : toits mansardés, sobres façades en pierre, fenêtres à volets, lucarnes-pignons, cours intérieures, etc. C'est autour de la place Jacques-Cartier que bouillonne l'animation touristique du "Vieux" : boutiques de souvenirs et restaurants "folkloriques" s'alignent dans l'historique **rue Saint-Paul**.

Place Jacques-Cartier (plan 4, D1) Les autocars de tourisme y déposent les visiteurs dans un va-et-vient incessant. L'esplanade a été aménagée en 1804 sur les ruines du "château" du marquis de Vaudreuil, ravagé par un incendie l'année précédente, et elle accueillit longtemps un marché. De nos jours, dès qu'il fait bon, on se donne rendez-vous sur ses bancs et à ses terrasses de café tandis que caricaturistes, vendeurs de rue, musiciens et jongleurs subjuguent la foule… En haut de la place, qui descend en pente douce vers le Vieux-Port, une colonne Nelson, élevée en 1809, semble toiser ce tableau si français. Depuis 1930, une statue de Jean Vauquelin (défenseur de Québec et de Louisbourg face à la conquête britannique) relève l'affront de l'autre côté de la rue Notre-Dame… *M° Champ-de-Mars*

ENVIE D'UNE GLACE AU SIROP D'ÉRABLE ?
Au cœur du Vieux-Montréal, accordez-vous une pause gourmande dans ce café-boutique dédié aux produits de l'érable : glaces (appelées "crèmes glacées" au Québec), tartelettes, sablés et autres délices à base de sirop et de sucre d'érable. Tout est bon et bio, même les moutardes, vinaigrettes et confitures qui sont d'excellentes idées cadeaux. **Délices Érable & Cie (plan 4, C1 n°1)** *84, rue Saint-Paul E. (angle Saint-Gabriel) Tél. 514 765 3456 M° Champ-de-Mars ou Place-d'Armes www.deliceserableetcie.com Ouvert juil.-août : tlj. 9h-23h ; sept.-juin : tlj. 9h-19h*

☆ **Marché Bonsecours (plan 4, D1)** La construction de ce vaste édifice néoclassique débuta en 1845. Un imposant fronton, soutenu par des colonnes doriques en fonte, en signale l'entrée, et son dôme argenté haut de 30m demeure l'un des symboles du Vieux-Montréal. Outre le marché ouvert en 1847 et une salle de bal, la structure abrita l'hôtel de ville jusqu'en 1878. Après un lifting général, elle est devenue le siège du Conseil des métiers d'art du Québec et elle accueille une quinzaine de boutiques de stylistes, de designers et de souvenirs, des espaces d'exposition et des restaurants, ainsi qu'un petit musée consacré à la mode vestimentaire québécoise. *350, rue Saint-Paul E. Tél. 514 872 0497 M° Champ-de-Mars www.marchebonsecours.qc.ca Ouvert tlj. à partir de 10h*

Chapelle Notre-Dame-de-Bon-Secours – Musée Marguerite-Bourgeoys (plan 4, D1) La première chapelle en pierre de Montréal fut bâtie en 1675 à l'initiative de Marguerite Bourgeoys et détruite par le feu en 1754. L'édifice actuel remonte à 1771. Il doit son surnom de "chapelle des Marins" aux maquettes de bateau suspendues à sa voûte, offertes en ex-voto par les gens de mer. On peut grimper au sommet d'une des deux tours (69 marches) pour jouir d'un joli panorama sur le Saint-Laurent et le Vieux-Port. De là-haut, au pied d'une Vierge en cuivre tournée vers le port, le prêtre bénissait jadis les équipages en partance pour l'Europe. Se visite aussi la crypte, où ont été mis au jour les fondations de la chapelle primitive et les vestiges d'un campement amérindien vieux de plus de 2 400 ans. Au même niveau, le site archéologique, où des fouilles sont encore régulièrement entreprises, est ouvert au public en été (juin à août). Marguerite Bourgeoys (1620-1700), canonisée en 1982, repose sous l'autel latéral gauche et une statuette de Notre-Dame de Bon-Secours, apportée de France en 1672 et miraculeusement épargnée par le sinistre de 1754. Le **musée** dévolu à la sainte s'ouvre à gauche de la nef : œuvres d'art et objets divers rappellent qu'elle se consacra à l'éducation des jeunes filles envoyées de France, puis des Amérindiens, et qu'elle fonda la congrégation de Notre-Dame. *400, rue Saint-Paul E. Tél. 514 282 8670 M° Champ-de-Mars www.marguerite-bourgeoys.org Ouvert mai-mi-oct. : mar.-dim. 10h-18h ; mi-oct.-mi-jan., mars-avr. : mar.-dim. 11h-16h Chapelle entrée libre (audioguide 5$) Musée, crypte et tour Tarif 12$, réduit 7-9$, familles 30$ (audioguide inclus)*

Lieu historique national de Sir-George-Étienne-Cartier (plan 4, D1) Un petit musée dédié à George-Étienne Cartier (1814-1873) – père de la Confédération canadienne de 1867 et co-Premier ministre du Canada-Uni de 1857 à 1862 – dans la première des deux maisons qu'il occupa de 1848 à 1872. Le décor victorien de la seconde vous fait partager le mode de vie bourgeois des années 1860. Nous vous conseillons les représentations interactives *Un Noël victorien* données de mi-novembre à mi-décembre : des comédiens costumés font revivre les lieux et l'ambiance entourant les préparatifs des traditionnelles fêtes de fin d'année. *458, rue Notre-Dame E. (angle Berri) Tél. 514 283 2282 M° Champ-de-Mars Ouvert mi-juin-début sept. : mer.-dim. et j. fér. 10h-17h ; début sept.-mi-déc. : ven.-dim. et j. fér. 10h-17h Tarif 3,90$, réduit 1,90$, familles 9,80$*

☆ **Château Ramezay et son musée (plan 4, D1)** La solide demeure érigée en 1705 pour le gouverneur Claude de Ramezay (1659-1724) combla ce gentilhomme : "La plus belle qui soit en Canada", s'extasia-t-il ! Ce précieux témoignage de l'architecture civile de la Nouvelle-France fut racheté et agrandi en 1756 par la Compagnie des Indes occidentales. La tourelle orientale est un ajout du XIXe siècle. Depuis 1895, le "château" abrite l'un des trois passionnants musées (avec le centre d'Histoire et Pointe-à-Callière) que le quartier consacre à l'histoire de Montréal. Celui-ci illustre surtout la vie politique, économique et sociale de la cité aux XVIIIe et XIXe siècles : tableaux, gravures, manuscrits, pistolets, mocassins, montre à clef, chapeau haut de forme, pressoir à beurre, métiers à tisser, automobile de 1900 et même des lunettes de soleil ! Ne manquez pas la salle de Nantes et ses belles boiseries d'acajou Louis XV. Sous les voûtes, la reconstitution des quartiers des domestiques éclaire une autre facette de la vie de château à l'époque de la Nouvelle-France. Faites un détour par le jardin du Gouverneur, où fleurs, légumes et plantes médicinales poussent comme au XVIIIe siècle. *280, rue Notre-Dame E. Tél. 514 861 3708 M° Champ-de-Mars www.chateauramezay.qc.ca Ouvert juin-sept. : tlj. 9h30-18h ; oct.-mai : mar.-dim. 10h-16h30 Tarif 10$, réduit 5-9$, familles 22$*

Hôtel de ville (plan 4, D1) C'est de son balcon que le 24 juillet 1967 le général de Gaulle lança son fameux "Vive le Québec libre ! ". Depuis 1878, l'hôtel de ville en impose au château Ramezay, par-delà la rue Notre-Dame. Il faut dire qu'il s'agit du premier bâtiment public québécois de style Second Empire… La restauration de 1926, consécutive à un incendie, l'a rehaussé d'un étage et pourvu d'une toiture mansardée à clocheton inspirée de celle de l'hôtel de ville de Tours. Seul le hall d'honneur revêtu de marbre est libre d'accès. *275, rue Notre-Dame E. Tél. 514 872 0077 M° Champ-de-Mars Ouvert lun.-ven. 8h30-17h* ***Visite guidée gratuite*** *fin juin-fin août : lun.-ven. 11h, 14h et 15h30*

CARTE "MUSÉES MONTRÉAL"
Elle donne accès, pendant trois jours, consécutifs ou non, à 41 sites et musées (les principaux) et, éventuellement, au réseau des transports en commun montréalais. En cadeau : le répertoire *Mes musées m'entourent.* **En vente** dans les musées participants, au centre Infotouriste, au bureau d'accueil touristique du Vieux-Montréal ou directement sur le site Internet http://museesmontreal.org. Tarif 75$ (80$ avec accès aux transports en commun).

Champ-de-Mars (plan 4, D1) Devenu un lieu de rassemblement populaire en 1801, quand la municipalité décida d'abattre les remparts, le terrain dégagé qui s'étend derrière l'hôtel de ville servit aux manœuvres et aux parades militaires jusque dans les années 1920. De nos jours, ses pelouses offrent une belle perspective sur les gratte-ciel du centre-ville. Son réaménagement, en 1991, a permis la mise au jour de modestes vestiges de la muraille du XVIIIe siècle. *M° Champ-de-Mars*

Les palais de justice (plan 4, C1) Trois palais de justice affirment la vocation administrative de la rue Notre-Dame Est. Au n°155, le "Vieux Palais" (1856), voisin de l'hôtel de ville, doit ses sobres lignes néoclassiques à John Ostell et à Henri-Maurice Perrault. Au n°100, le "Nouveau Palais" (Ernest Cormier, 1925) abrite aujourd'hui la Cour d'appel du Québec. Coulées dans l'atelier d'Edgar Brandt à Paris, les torchères Art déco qui éclairent son hall lancèrent ce style au Canada. L'actuel palais de justice, au n°1, a été inauguré en 1971. *M° Champ-de-Mars ou Place-d'Armes*

Où admirer de l'art inuit ?

Galerie Le Chariot (plan 4, C1 n°2) Depuis 1985, la galerie Le Chariot expose sur trois étages un vaste panorama de l'art inuit, mystique et vivant, tout en rondeur et empreint d'animisme. On y trouve des pièces anciennes (XVIIIe et XIXe s.), communément en os de baleine ou bois de caribou, faisant écho aux mythes fondateurs des différentes communautés, du Nunavik (extrême nord du Québec) au Nunavut (Grand Nord canadien). La galerie consacre également une large place aux créations d'artistes contemporains, parmi lesquels figure le célèbre sculpteur Nuna Parr, dont les représentations d'ours en pierre de serpentine symbolisent l'art inuit par excellence. Boutique de fourrures (manteaux et accessoires) du Québec. *446, place Jacques-Cartier Tél. 514 875 6134 www.lechariot.ca Ouvert tlj. 10h-18h*

Où craquer pour de l'artisanat québécois ?

☺ **La Cour des Arts du Vieux-Montréal (plan 4, C1 n°3)** Une douzaine d'artisans exposent leurs créations (bijoux, sacs, vêtements, déco...) dans cette adorable cour intérieure blottie entre les murs de pierre d'un immeuble patrimonial. Un véritable havre de paix et de fraîcheur, à deux pas de la place Jacques-Cartier. *166A, rue Saint-Amable Tél. 514 847 1400 Page Facebook Ouvert mi-mai-mi-oct. : dim.-jeu. 11h-18h, ven.-sam. 11h-23h Tlj. jusqu'à 23h l'été*

Où boire un verre en terrasse ?

Jardin Nelson (plan 4, D1 n°10) Touristique mais sans prétention, ce café-restaurant dispose d'une terrasse donnant sur la place Jacques-Cartier mais l'été venu, c'est son jardin à l'arrière qui attire les convives. Cet endroit verdoyant et animé par de petits groupes de jazz est idéal pour un verre en journée ou en soirée. On y mange des salades, des crêpes, des pizzas et des plats de bistrot (16-20$). *407, place Jacques-Cartier Tél. 514 861 5731 M° Champ-de-Mars www.jardinnelson.com Ouvert mi-avr.-mi-oct. : lun.-ven. 11h30-22h, sam.-dim. 10h-22h Fermeture entre 22h et 1h selon la météo*

Où profiter des feux d'artifice estivaux ?

Chaque année de fin juin à début août, l'International des feux Loto-Québec organise une compétition internationale : les samedis soirs deviennent alors le rendez-vous de spectacles pyrotechniques populaires. Le pont Jacques-Cartier, la rue Notre-Dame et le quai de l'Horloge sont les points de ralliement les plus courus. On peut les admirer les pieds dans le sable, cf. Jouer dans le sable, de jour comme de soir (p.119). Pour se restaurer en profitant du spectacle, prenez place à la très branchée Terrasse sur l'Auberge (p.181) ou réservez (bien à l'avance) une place sur un bateau de croisière, cf. Un petit tour sur le Saint-Laurent (p.120). Pour un point de vue différent, grimpez au sommet de la tour Ville-Marie (p.126). Évidemment, la meilleure vue est tout de même réservée aux spectateurs prenant place à La Ronde (p.154), d'où sont tirées ces lumineuses fusées.

Se détendre sur le Saint-Laurent

Spa Bota Bota (plan 4, B2) Amarré au quai du fleuve, un ancien traversier connaît une reconversion pour le moins étonnante. D'abord bateau-théâtre dans les années 1970, c'est aujourd'hui un charmant spa flottant. De ses cinq ponts aménagés en aires de détente, la vieille ville se donne en spectacle, particulièrement en soirée. Le prix d'entrée comprend l'accès aux différents hammams, saunas, spas et bassins d'eau froide, de même qu'au jardin contigu où deux piscines permettent de profiter encore plus des beaux jours. Grand choix de soins et de massages en option. Excellent service de restauration et de bar sur place. Tarifs spéciaux lun.-jeu., avant 11h et après 18h (35$ à 45$ les 3h, selon la saison). Entrée sans limite de temps de 55$ (lun.-jeu.) à 70$ (sam.). *Parc du Moulin à vent Promenade du Vieux-Port Face au n°358 rue de la Commune O. Tél. 514 284 0333 botabota.ca Ouvert lun.-jeu. 10h-22h, ven.-dim. 9h-22h*

Plan 2 Le métro de Montréal

Plan 3 Montréal

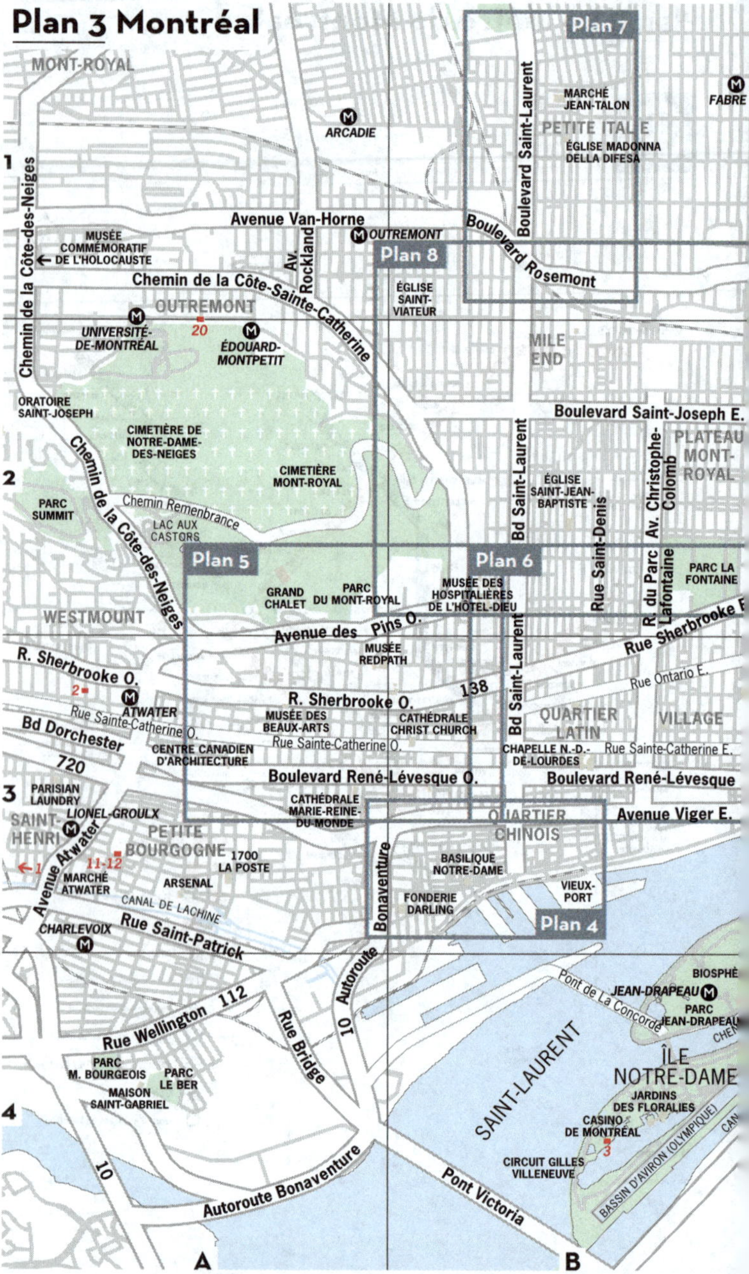

Cafés, bars et lieux de sortie ■ 1 à 3

Casino de Montréal **p.153** ____ **3 B4**
Chez Nick **p.133** ____ **2 A3**
Terrasse St-Ambroise **p.155** ____ **1 A3**

Restauration ■ 10 à 12

Arhoma **p.150** ____ **10 C2**
Joe Beef **p.187** ____ **11 A3**
Vin Papillon **p.187** ____ **12 A3**

Hébergement ■ 20

Studios Hôtel - Université de Montréal **p.189** ____ **20 A1-A2**

Plan 4 Vieux-Montréal

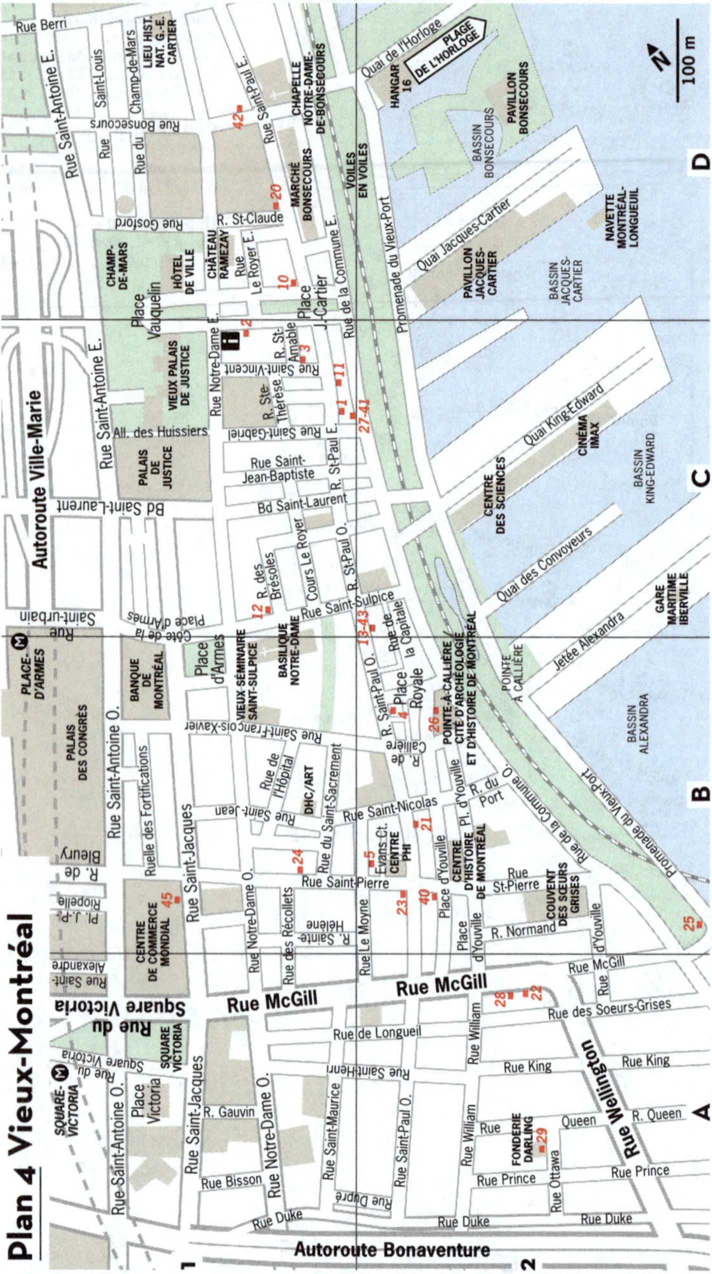

◂ Plan 4

Plan 5 ▸

Plan 5 Centre-ville

HÔPITAL ROYAL-VICTORIA
Rue University
STADE MOLSON
HÔTEL-DIEU DE MONTRÉAL
MUSÉE DES HOSPITALIÈRES
R. Saint-Urbain
Avenue des Pins O.
Place Walbrae
MILTON PARK
R. Prince-Arthur O.
Rue Prince-Arthur O.
Av. Docteur Penfield
Place Underhill
Av. Lorne
Durocher
Hutchinson
Avenue du Parc
Jeanne-Mance
Sainte-Famille
10
Rue Milton
MUSÉE REDPATH
UNIVERSITÉ MC GILL
24
Rue Mc Tavish
Rue Aylmer
Saint-Urbain
Rue Sherbrooke O.
MUSÉE McCORD D'HISTOIRE CANADIENNE
11
City-Councillors
R. de la Concorde
Rue Kimberly
Avenue du Président-Kennedy
23
Bd de Maisonneuve O.
MCGILL
McGill College
CONSULAT DE FRANCE
CATHÉDRALE CHRIST CHURCH
Av. Union
12
R. Mayor
Rue de Bleury
PLACE-DES-ARTS
MUSÉE D'ART CONTEMPORAIN DE MONTRÉAL
Pl. des Arts
3
Pl. Albert-Duquesne
Rue Sainte-Catherine O.
5
Rue Metcalfe
Av. Rue Cathcart
AU SOMMET Pl. Ville-Marie
SQUARE PHILLIPS
Place Phillips
R. S.-Alexandre
Rue Saint-Edward
COMPLEXE DESJARDINS
Rue Sant-Urbain
Rue Mansfeld
Bd René-Lévesque O.
CATHÉDRALE MARIE-REINE-DU-MONDE
R. Belmont
GARE CENTRALE
LE 1000 DE LA GAUCHETIÈRE
R. Est
Bd Robert-Bourassa
C. du Beaver-Hall
BASILIQUE SAINT-PATRICK
Anderson
COMPLEXE GUY-FAVREAU
Rue de la Gauchetière O.
Cheneville
R. Côte
8
LATOUR BELL
BONAVENTURE
Place Bonaventure
Av. Viger O.
SQUARE-VICTORIA
20
4
R. St-Alexandre
R. Hermine
Pl. J.-P.-Riopelle
PALAIS DES CONGRÈS
PLACE-D'ARMES
Rue Saint-Urbain
R. Saint-Antoine O.
R. Ste-Cécile
SQUARE VICTORIA
WTC
BANQUE DE MONTRÉAL
R. Saint-Jacques
C
D

Plan 6 Quartier latin, Village

Restauration ■ 1 à 12
- Bouillon Bilk **p.185** — **7** A3
- Café du Nouveau Monde **p.182** — **1** A3
- L'Escalier **p.174** — **2** B3
- La Maison Kam Fung **p.177** — **3** A4
- Le 1000 Grammes **p.174** — **4** D3
- Mezcla **p.185** — **12** D3
- Nouilles de Lan Zhou **p.173** — **9** A4
- Orange rouge **p.182** — **8** A4
- Phò Bang New York **p.174** — **10** A4
- Restaurants de l'ITHQ **p.178** — **5** B2
- Resto Végo **p.174** — **6** B2

Cafés, bars et lieux de sortie ■ 20 à 32
- Cabaret Mado **p.171** — **20** C3
- Café Campus **p.171** — **21** A1
- Camellia Sinensis **p.139** — **22** B2
- Circus **p.172** — **32** C3
- Complexe Sky **p.171** — **23** D3
- Juliette & Chocolat **p.139** — **24** B2
- Le Cheval blanc **p.168** — **25** B2
- Le P'tit Bar **p.170** — **26** B2
- Le Saint-Sulpice **p.168** — **27** B3
- Les Foufounes élec. **p.167** — **28** A3-B3
- Place des Arts **p.167** — **29** A3
- Stéréo **p.172** — **30** C3
- Théâtre du N. Monde **p.167** — **31** A3

Hébergement ■ 40 à 46
- Alexandre Logan **p.191** — **40** D3
- Auberge Le J. d'Antoine **p.191** — **41** B2
- Gîte du Plat. Mont-Royal **p.190** — **42** B2
- Hôtel de l'Institut **p.194** — **44** B2
- Hotel Manoir Sherbrooke **p.191** — **43** A2
- Résidences de l'UQAM **p.188** — **45** B3
- Résidences de l'UQAM **p.188** — **47** A2
- ZERO1 **p.191** — **46** A3

Shopping ■ 50
- Eva B. **p.135** — **50** A2

Plan 7 Petite Italie

MONTRÉAL ET LE SUD

◀ Plan 7

Restauration ■ 1 à 4

Cafés, bars et lieux de sortie ■ 10 et 11

Shopping ■ 20

Plan 8 ▶

Shopping ■ 1 à 8

Glaces ■ 10 et 11

Restauration ■ 20 à 46

Cafés, bars et lieux de sortie ■ 50 à 68

Hébergement ■ 70 à 75

Plan 8 Plateau Mont-Royal et Mile End

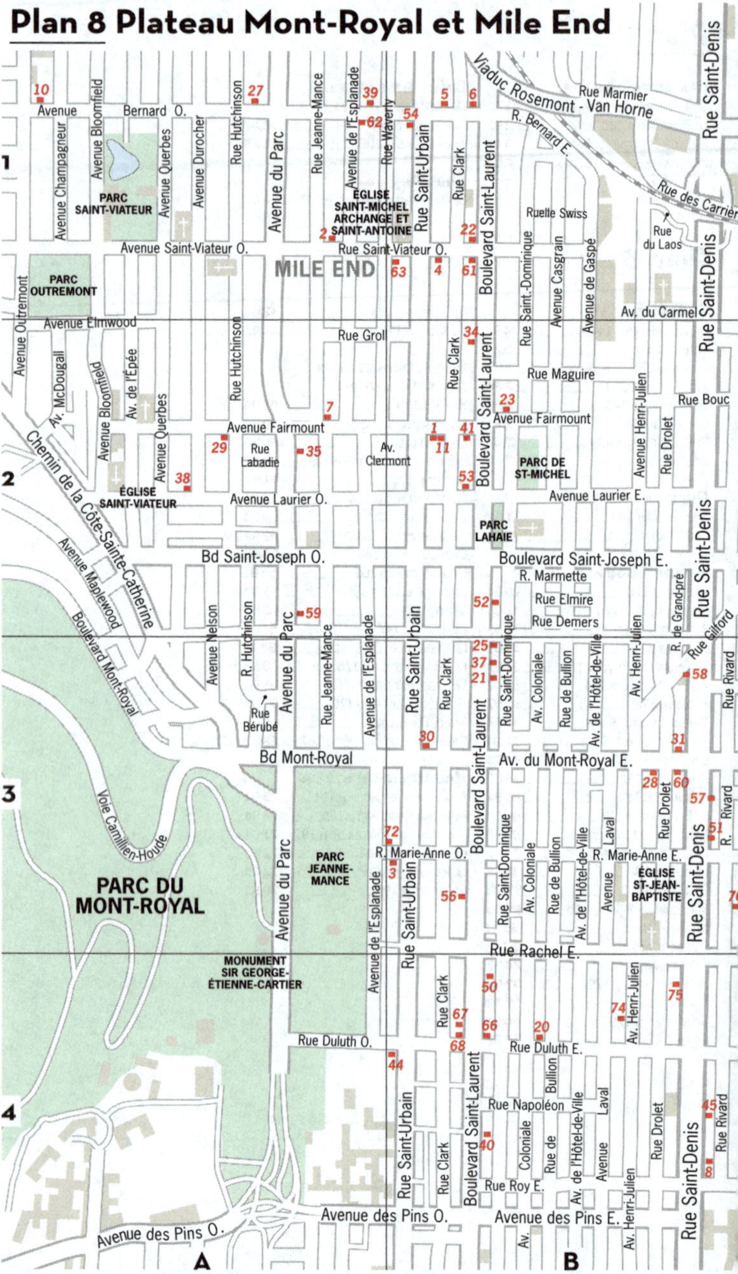

Av. de Châteaubriand
Rue Saint-Hubert
Rue Boyer
Av. Christophe-Colomb
Rue de la Roche
Rue de Normanville
Rue Chambord
Rue Bordeaux
Av. de Lorimier
ROSEMONT
Boulevard Rosemont
Boulevard Rosemont
Rue Marquette
Rue des Carrières
Rue de Lanaudière
Rue Garnier
PARC PÈRE-MARQUETTE
Avenue Papineau
Rue Cartier
Rue Chabot
Rue des Carrières
Rue Holt
R. Boyer
Rue Danduran
Rue Danduran
Rue Saint-Grégoire
R. Saint-Grégoire
Rue Saint-Grégoire
Rue Saint-Hubert
Rue Saint-André
Rue de Mentana
PARC SIR-WILFRID-LAURIER
Rue de Brébeuf
Rue Chambord
Rue de Lanaudière
Rue Garnier
Rue Fabre
Rue Marquette
Rue Masson
Rue Cartier
Rue Chabot
Rue Bordeaux
Av. de Lorimier
33
R. Barretta
Av. Laurier E.
Avenue Laurier E.
32
65
Avenue Laurier E.
Avenue Papineau
Boulevard Saint-Joseph E.
Boulevard Saint-Joseph E.
LAURIER
Rue Gilford
Rue Gilford
24
Rue Gilford
Resther
Rue de Bienville
Rue Saint-André
Rue de Mentana
Rue Boyer
Avenue Christophe-Colomb
Rue Pointevin
Rue de Brébeuf
Rue Chambord
Rue de Lanaudière
Rue Garnier
Rue Fabre
Rue Marquette
55
Rue Chabot
Rue Bordeaux
Rue des Erables
Rue de Parthenais
Rue Messier
Rue Généreux
MONT-ROYAL
64
36
Av. du Mont-Royal E.
Av. du Mont-Royal E.
Rue Simard
Rue de la Roche
Rue Saint-Hubert
73
Rue Saint-Christophe
R. Marie-Anne E.
Rue de Brébeuf
Rue Chambord
Rue de Lanaudière
Rue Latreille
Rue Cartier
Avenue Papineau
Av. de Lorimier
R. Marie-Anne E.
PLATEAU MONT-ROYAL
R. de Mentana
Rue de Courville
R. Garnier
R. Fabre
Rue Marquette
26
42
Avenue Bureau
71
46
Rue Rachel E.
Rue Rachel E.
Rue Saint-André
Rue Duluth E.
43
Rue Saint-Christophe
R. de Mentana
Rue du Parc-Lafontaine
PARC LA FONTAINE
Avenue Émile-Duployé
Avenue Papineau
Rue Dorion
Rue Messier
Rue Cartier
Rue Bordeaux
Av. de Lorimier
Rue des Erables
Rue de Parthenais
Rue Saint-Hubert
Rue Saint-André
Rue Roy E.
Avenue Calixa-Lavallée
Rue Sherbrooke E.
R. Dorion
150 m
C
D

Autour de la place d'Armes

À l'ouest du boulevard Saint-Laurent prédominent les constructions du XIXe siècle. À cette époque, les maisons du Régime français cèdent la place aux entrepôts, immeubles commerciaux, banques et institutions financières d'une cité en pleine croissance. Le néopalladianisme et les styles historicistes importés de Grande-Bretagne agrémentent les édifices de frontons, de portiques, de colonnes et de dômes. La pierre de taille supplante le moellon.

Place d'Armes (plan 4, B1) L'esplanade fut aménagée à la fin du XVIIe siècle pour accueillir les exercices et parades de la troupe de même que les processions à l'église Notre-Dame. Ses constructions résument à merveille l'évolution de l'architecture locale : au sud-ouest, le Vieux Séminaire (1687), emblématique du classicisme et du Régime français ; au sud, la basilique Notre-Dame (1829), à l'éblouissant décor néogothique ; au nord, la Banque de Montréal (1847), de goût néoclassique. À l'est, l'immeuble en grès rouge de la New York Life Insurance Company (1889), le tout premier "gratte-ciel" canadien (huit étages !), côtoie l'édifice Aldred (1929), aux lignes résolument Art déco. Au milieu de la place, enfin, trône une statue (1895) de Paul de Chomedey, sieur de Maisonneuve (1612-1676), le fondateur de Montréal. *M° Place-d'Armes*

☆ **Basilique Notre-Dame (plan 4, B1)** L'église Notre-Dame consacrée en 1683 étant devenue trop petite, les sulpiciens confièrent les plans de cette basilique au New-Yorkais James O'Donnell en 1824. L'architecte protestant fut tellement ébloui par son œuvre – alors le plus vaste lieu de culte d'Amérique du Nord – qu'il décida, sur ses vieux jours, de se convertir au catholicisme pour pouvoir y être inhumé ! L'austérité de la façade, ponctuée de deux tours hautes de 69m (1843), contraste avec la richesse de l'intérieur : un décor en bois polychrome et doré réalisé dans les années 1870 par Victor Bourgeau d'après les couleurs de la Sainte-Chapelle, à Paris. L'éclairage du chœur, des galeries et de la voûte fleurdelisée ajoute à la chaleur des lieux. Dirigez-vous d'abord vers le baptistère (à droite, derrière la chapelle du Saint-Sacrement) pour ses fresques peintes par Ozias Leduc en 1926. La nef doit sa chaire délicatement ouvragée à Louis-Philippe Hébert (1885). L'orgue aux 5 772 tuyaux est l'œuvre (1891) de la célèbre maison Casavant, cf. Les orgues Casavant (p.114). Derrière le chœur se cache la chapelle Notre-Dame-du-Sacré-Cœur, ou "chapelle des Mariages" (1888-1891). Largement reconstruite en 1978 après un incendie, elle étonne par sa modernité et doit son retable monumental, composé de 32 panneaux de bronze, au Montréalais Charles Daudelin. Céline Dion s'y est mariée en 1994 et n'importe qui peut faire de même pour la modique somme

LES ORGUES CASAVANT

Joseph Casavant (1807-1874) est un forgeron reconnu quand il s'improvise facteur d'orgues en 1837. Ses fils, Samuel-Marie et Joseph-Claver, apprennent le métier en Europe, notamment auprès d'Aristide Cavaillé-Coll, avant de fonder, en 1879, la maison Casavant Frères. Établie à Saint-Hyacinthe, en Montérégie, celle-ci demeure la plus importante entreprise de facture d'orgues du Canada.

de 4 500$! L'entrée de Notre-Dame est payante et, pour profiter au mieux de votre visite, tâchez d'arriver tôt, le sanctuaire étant envahi en milieu de journée par des groupes souvent peu respectueux de son caractère sacré. *110, rue Notre-Dame O. Tél. 514 842 2925 M° Place-d'Armes www.basiliquenddm.org Ouvert fin juin-août : mar.-sam. 8h-20h, lun. 8h-17h, dim. 12h30-16h ; sept.-fin juin : lun.-ven. 8h-16h30, sam. 8h-16h, dim. 12h30-16h Tarif 5$, réduit 4$ Visites guidées gratuites (20min) Entrée libre pour les offices (lun.-ven. 7h30 et 12h15, sam. 17h, dim. 8h, 9h30, 11h et 17h)*

Vieux Séminaire de Saint-Sulpice (plan 4, B1) À l'ouest de la basilique s'élève le manoir bâti pour les sulpiciens dans les années 1680, le plus ancien bâtiment de la ville. La compagnie, arrivée en 1657, joua un rôle majeur dans l'essor de Ville-Marie. *130, rue Notre-Dame O. M° Place-d'Armes*

Banque de Montréal (plan 4, B1) Première institution bancaire nationale (1817), la Banque de Montréal installa son siège social face à la basilique en 1847. L'édifice, réalisé par John Wells sur le modèle des villas palladiennes et du Panthéon romain, fut agrandi au tout début du XXe siècle dans le style Beaux-Arts. Suivez les clients dans la salle des guichets pour admirer sa hauteur sous plafond, ses gigantesques colonnes à chapiteau en bronze doré, ses comptoirs en marbre, ses torchères en laiton… Sur la gauche, un minuscule musée (entrée libre) retrace l'histoire de la banque et de ses pratiques au XIXe siècle, à l'aide d'insolites tirelires mécaniques, de quelques pièces et billets anciens. *129, rue Saint-Jacques O. Tél. 514 877 6810 M° Place-d'Armes Ouvert lun.-ven. 10h-17h*

Rue Saint-Jacques (plan 4, A1-B1) Longtemps considérée comme la “Wall Street” canadienne – elle connut son âge d'or dans les années 1920 –, cette rue accueillit à partir de 1830 les sièges sociaux de banques et de compagnies d'assurances dont les façades en pierre de taille rivalisaient d'audace et de prestance pour mieux refléter la réussite de leurs propriétaires, d'origine britannique et surtout écossaise. Au n°288, à l'angle de la rue Saint-Pierre, la **Banque Molson** (1866) fut le premier immeuble montréalais de style Second Empire. Au-dessus de l'entrée, on peut voir les armoiries et les visages sculptés de membres de la famille Molson, qui fit fortune en brassant de la bière. Au n°360 de la rue se découpe l'impressionnante entrée de la **Banque royale**, inaugurée en 1928. L'édifice resta longtemps le plus haut de tout l'Empire britannique. L'établissement bancaire a laissé place à un café, mais on peut toujours admirer le superbe hall et les guichets, conservés en l'état. Remarquez aussi les belles portes d'ascenseur en bronze. *M° Place-d'Armes ou Square-Victoria-OACI*

☺ **DHC/ART (plan 4, B1)** Cette fondation présente dans deux écrins luxueux des expositions temporaires d'art contemporain. Les artistes invités sont généralement de stature internationale. Des conférences, des ateliers et des visites guidées gratuites (mer.-dim. 12h15, durée 45min) permettent de découvrir en profondeur les œuvres présentées. *451 et 465, rue Saint-Jean Tél. 514 849 3742 M° Place-d'Armes ou Square-Victoria-OACI www.dhc-art.org Ouvert mer.-ven. 12h-19h, w.-e. 11h-18h Entrée libre*

Centre Phi (plan 4, B2) Affilié à DHC/ART, ce centre hébergé dans un vieil édifice transformé en un splendide espace ultramoderne, est dédié à toutes les disciplines de l'art contemporain. Expositions, concerts, œuvres de réalité virtuelle et une formidable salle de cinéma présentant des documentaires, des films d'art et essai ou des fictions rarement à l'affiche ailleurs. Avec, aussi, une intéressante boutique de créations de designers locaux. *407, rue Saint-Pierre Tél. 514 225 0525 M° Place-d'Armes centre-phi.com Ouvert lun.-ven. 9h-17h, sam. 12h-17h Concerts et séances de cinéma en soirée Entrée libre Cinéma 12$, réduit 9,50$*

Centre de commerce mondial (plan 4, A1-B1) Traduction de "World Trade Center", cet étonnant complexe contemporain de boutiques et de bureaux intègre l'arrière des immeubles victoriens de la rue Saint-Jacques. Son atrium protège d'une verrière la **ruelle des Fortifications**, qui suit le tracé du rempart nord de Ville-Marie et rejoint le Quartier international. On peut voir une portion du mur de Berlin à l'endroit même où passait jadis la fortification. *747, rue du Square-Victoria (autres entrées rues Saint-Jacques et Saint-Pierre) Tél. 514 982 9888 M° Square-Victoria-OACI Ouvert tlj. 5h-1h*

Rue Sainte-Hélène et rue des Récollets (plan 4, B1) Les imposantes façades en pierre grise de ces deux rues forment un ensemble homogène d'immeubles commerciaux des années 1850 à 1880. Le soir, la lueur des 22 becs de gaz de la rue Sainte-Hélène laisse imaginer le Vieux-Montréal au XIXe siècle, quand les allumeurs de réverbères arpentaient les rues la nuit, donnant l'heure et la météo à la ville endormie ! *M° Place-d'Armes ou Square-Victoria-OACI*

☺ **Centre d'Histoire de Montréal (plan 4, B2)** Un petit musée captivant, installé dans une caserne de pompiers désaffectée (1903). L'exposition permanente, intitulée "Traces. Lieux. Mémoires.", se décompose en six "tours de ville" : à six époques décisives, vous découvrirez certains sites et croiserez des figures marquantes de l'histoire de Montréal. Un voyage dans le temps qu'animent des vidéos, des bandes-son, des panneaux et de nombreuses anecdotes. Gravures, reproductions de plans et photos noir et blanc révèlent le paysage urbain d'alors… Chaque "tour de ville" ménage un petit coin aux enfants, pour leur permettre de découvrir la vie d'une famille de l'époque. Aux étages supérieurs, des expositions temporaires mettent en lumière un quartier, un personnage ou un épisode marquants de la métropole québécoise. *335, place d'Youville (angle Saint-Pierre) Tél. 514 872 3207 M° Place-d'Armes ou Square-Victoria-OACI www.ville.montreal.qc.ca Ouvert fin juin-début sept. : mar.-dim. 10h-17h ; début sept.-fin juin : mer.-dim. 10h-17h Tarif 6$, réduit 4-5$, familles 15$, moins de 6 ans gratuit*

☆ **Pointe-à-Callière – Cité d'Archéologie et d'Histoire de Montréal (plan 4, B2)** C'est sur cette pointe de terre entre le Saint-Laurent et la Petite Rivière (aujourd'hui disparue sous la place d'Youville) que Paul de Chomedey, Jeanne Mance et leurs compagnons érigèrent le fort Ville-Marie en 1642. Après la mise au jour des vestiges de la petite colonie (notamment son cimetière) et d'objets attestant une présence amérindienne bien antérieure, la municipalité décida d'élever un complexe muséal sur ce site historique : Pointe-à-Callière – là où le gouverneur Louis-Hector de Callière avait bâti sa résidence en 1695. La visite débute par un spectacle multimédia de 20min, *Signé Montréal,* dans un bâtiment moderne appelé l'Éperon. Puis on accède au site archéologique qui s'étend au-dessous. "Ici naquit Montréal" retrace l'histoire de la ville et ses mutations. Le circuit se poursuit dans l'édifice de l'ancienne douane où l'exposition *Pirates ou Corsaires* plonge les enfants à l'époque de la Nouvelle-France dans un beau décor de navire. Ensuite, la Maison-des-Marins abrite des expositions temporaires et la jolie boutique du musée. Comptez 2-3h de visite. À l'Éperon vous attendent également des expositions temporaires au 1er étage, un café-restaurant avec terrasse, au 2e, cf. L'Arrivage (p.176), et un belvédère sur le port, au 3e en accès libre. Le musée, en constante expansion, ouvrira à l'été 2017 un nouveau pavillon, le Fort de Ville-Marie, qui sera accessible via une promenade dans un ancien égout-collecteur. *350, place Royale (entrée à l'angle de la rue de la Commune) Tél. 514 872 9150 M° Place-d'Armes pacmusee.qc.ca Ouvert fin juin-début sept. : lun.-ven. 10h-18h, w.-e. 11h-18h ; sept.-juin : mar.-ven. 10h-17h, w.-e. 11h-17h Tarif 20$, réduit 8-18$, familles 44$*

Place Royale (plan 4, B2) Le tout premier espace public de Montréal. Au XVIIe siècle, lors d'une foire annuelle, les Amérindiens y troquaient des fourrures contre des produits manufacturés français. C'est là que le gouverneur Callière et les représentants de 39 nations amérindiennes conclurent une Grande Paix en 1701. La douane s'y établit au début du XIXe siècle, à deux pas du Vieux-Port, afin d'éviter aux navires de s'arrêter à Québec pour acquitter les droits sur les marchandises d'exportation. Le bâtiment néoclassique (1838) abrite une partie du musée de Pointe-à-Callière. *M° Place-d'Armes*

Fonderie Darling (plan 4, A2) Une vaste zone industrielle, l'actuel faubourg des Récollets, se développa au XIXe siècle le long du canal de Lachine, à l'ouest du Vieux-Montréal. Comme d'autres firmes, la fonderie Darling y prospéra de 1880 à la fermeture du canal en 1959, et cessa son activité en 1991. Dans le cadre du projet de revitalisation du secteur notamment grâce à la Cité du Multimédia, l'association Quartier éphémère a restauré l'usine pour en faire un centre dédié aux arts visuels. Sur 3 500m², des ateliers de création et deux espaces d'exposition temporaire (dont le plus grand a conservé son caractère industriel), en plus d'un bon restaurant tout aussi contemporain, Le Serpent. *745, rue Ottawa (angle Prince) Tél. 514 392 1554 M° Square-Victoria-OACI www.fonderiedarling.org Ouvert mer. et ven.-dim. 12h-19h, jeu. 12h-22h Tarif 5$, gratuit jeu.* **Le Serpent (plan 4, A2 n°29)** *257, rue Prince Tél. 514 316 4666 www.leserpent.ca Ouvert lun.-sam. 18h-22h30*

Où se vêtir à la mode montréalaise ?

Denis Gagnon (plan 4, B2 n°4) Depuis qu'il a lancé sa première collection en 2000, ce créateur montréalais est considéré comme l'enfant terrible de la mode québécoise. Ses créations habillent les femmes de cuir, de soie ou de satin, avec un style unique, chic et faussement négligé. Sa boutique expose des pièces de prêt-à-porter haut de gamme (confectionnées en quantité réduite), issues de ses deux collections annuelles. *170B, rue Saint-Paul O. Tél. 514 935 6360 www.denisgagnon.ca Ouvert ven.-lun. 11h-17h, mar.-jeu. 11h-18h*

Dubuc (plan 4, B2 n°5) Philippe Dubuc est une référence locale en matière de mode masculine. Finitions soignées, matières modernes et tons minéraux sont à la base de ses créations de prêt-à-porter. Ses costumes et vêtements plus décontractés sont coupés près du corps et ne manquent jamais d'originalité. *417, rue Saint-Pierre Tél. 514 282 1465 www.dubucstyle.com Ouvert lun.-mer. 10h30-18h, jeu.-ven. 10h30-19h, sam. 10h30-17h, dim. 12h-17h*

Où faire une pause thé à l'ombre de la basilique ?

Ming Tao Xuan (plan 4, C1 n°12) Entrer dans ce salon de thé vous transportera en Chine. Les meubles laqués, les nombreuses théières exposées au milieu d'objets asiatiques et le mur couvert de boîtes à thé créent une ambiance sereine, à mille lieues de l'effervescence de la place d'Armes située à deux pas. La carte affiche une centaine de variétés de thés provenant de Chine, de Taïwan, d'Inde, du Japon (5-8$), ainsi qu'une petite sélection de mets végétariens, sucrés ou salés (8-10$). Le thé est servi selon le rituel chinois, par un personnel qui se fait un plaisir de partager sa passion. Un endroit intime où il fait bon prendre son temps. *451, rue Saint-Sulpice (angle de Brésoles) Tél. 514 845 9448 M° Place-d'Armes www.mingtaoxuan.com Ouvert tlj. 11h-19h*

Sur le Vieux-Port

Les pontons aménagés sur la rive boueuse du Saint-Laurent après 1760, quand Montréal était une plaque tournante du commerce de la fourrure, firent bientôt place à des quais. En 1825, l'inauguration du canal de Lachine ouvrit la route des Grands Lacs aux navires de commerce, et le port fut agrandi afin d'accueillir les transatlantiques dans les années 1830. Les quais furent gagnés sur le fleuve et des immeubles en pierre grise érigés **rue de la Commune**, à l'emplacement des remparts pour former un "front de mer" relativement homogène. Nombre de ces bâtiments étaient des magasins-entrepôts : on recevait les marchandises rue de la Commune… et les clients de l'autre côté, rue Saint-Paul ! Au tournant des XIXe et XXe siècles, on modernisa les installations en construisant de grandes jetées (appelées "quais"), des docks, des hangars et des silos… et Montréal posséda bientôt le premier port céréalier au monde. Mais l'activité ralentit dans les années 1960, quand l'ouverture de la Voie maritime du Saint-Laurent permit aux navires de contourner la ville. En 1976, on déplaça la plupart des installations à quelques kilomètres en aval. Le vaste espace ainsi libéré fut transformé en un lieu récréatif et touristique. Sur près de 2,5km de promenade, les zones de débarquement ont fait place à de vastes pelouses et les jetées connaissent une seconde vie. Montréal redécouvre son fleuve, et son Vieux-Port est devenu le fief des sportifs et des familles en balade. À la belle saison, il y règne une ambiance bon enfant, avec animations, petit train touristique, marchands de glaces, boutiques d'artisanat, loueurs de pédalos, attractions familiales, plage urbaine, etc. En prime, de nombreux festivals s'y déroulent pendant toute la saison estivale. L'hiver, on vient assister à des feux d'artifice sur glace et patiner sur le bassin Bonsecours. *www.vieuxportdemontreal.com*

☺ **Les quais (plan 4, B2-D2)** On en compte cinq face au Vi[illegible] l'extrémité est s'étend le quai de l'Horloge, aménagé en 1916. [illegible] hangars ont été démolis et la tour de l'Horloge (1922) qui servait [illegible] devenue un monument aux marins disparus lors des deux guerres m[illegible] Elle offre une vue panoramique sur le fleuve et la ville (montée gratuite)[illegible] qu'à ses pieds s'étale le sable fin de la plage urbaine (p.119). Le bassin Bo[illegible] cours accueille une patinoire l'hiver et des pédalos l'été, tandis que son pavill[illegible] abrite un bar-bistrot-boîte aux beaux jours. Suit le quai Jacques-Cartier (1899, le plus ancien), d'où partent les navettes maritimes et bateaux d'excursion sur le Saint-Laurent. Plus à l'ouest, le quai King-Edward est presque entièrement occupé par le centre des Sciences de Montréal (p.120). Le quai Alexandra, où l'on transbordait jadis les céréales, accueille la gare maritime Iberville et voit accoster les paquebots de croisière. Enfin, le quai des Écluses marque l'extrémité ouest du Vieux-Port et le début du canal de Lachine (p.149), dont on aperçoit les deux premières écluses (1850). On y trouve l'agréable **marché des Éclusiers** (p.120). En face, sur la presqu'île de la Cité du Havre, s'étagent les appartements d'**Habitat 67**, un ensemble de blocs imbriqués (354 modules préfabriqués en béton de 11,70m x 5,30m et 3m de hauteur) conçu par Moshe Safdie dans les années 1960. **Tour de l'Horloge** *Tél. 514 496 7678 ou 1 800 971 7678 Ouvert fin mai-début sept. : tlj. 11h-19h Accès libre*

Où boire un verre et grignoter face au Saint-Laurent ?

☺ **Terrasse Nelligan (plan 4, C2 n°13)** En prenant un peu de hauteur, la terrasse Nelligan (du nom du célèbre poète québécois) offre une vue intime sur le Saint-Laurent et la basilique Notre-Dame. Il faut grimper au dernier étage de l'hôtel éponyme pour profiter de cette oasis urbaine. La sangria maison a de nombreux amateurs parmi la clientèle locale, qui vient aussi pour contempler des couchers

Jouer dans le sable, de jour comme de soir

Plage de l'Horloge (plan 4, D2) Sable fin, parasols et buvette, pour se prélasser au soleil avec une vue sur le Vieux-Montréal et le fleuve qui coule à vos pieds. Pas de baignade, mais des événements certains soirs. *Tour de l'Horloge Page Facebook Ouvert mi-juin-sept. : lun.-mar. 11h-19h, jeu.-dim. 11h-21h ; fin mai-mi-juin : ven.-dim. 11h-19h Tarif 2$*

☺ **Village Au Pied-du-Courant (plan 6, D4)** Ce village éphémère pousse chaque été le long des voies ferrées du port, au pied du pont Jacques-Cartier, métamorphosant un terrain industriel à l'abandon en lieu de détente et de créativité. Étendue sablonneuse pour jouer (pétanque, volley), bars et *food trucks* pour se restaurer, cinémas en plein air, concerts, expositions et installations artistiques pour se distraire, activités familiales, marché fermier le dimanche, belle vue sur les feux d'artifice... Une destination aussi légère et conviviale que l'été à Montréal. ***Le Village*** *2100, rue Notre-Dame E. M° Papineau www.aupiedducourant.ca Ouvert juin-sept. : jeu. 17h-23h, ven. 17h-0h, w.-e. 15h-0h Entrée libre*

… les feux d'artifice, invisibles d'ici). À la carte, bou… complets (salades, tartares de saumon, poutine … les mieux gardés en ville ! Cocktails 13$, repas … *ul O. Tél. 514 788 4021 M° Place-d'Armes www.* … *ut mai-mi-oct. : tlj. 12h-23h Fermé en cas de pluie*

… **B2 n°25)** Sur les quais et juste devant les … ouverte à tout vent abrite quelques produc… …si qu'une dizaine de commerces gourmets … végétarienne, restaurants, bar à vins qué… …oncept ressemble aux *food courts* des centres commerciaux : …n choisit son plat de prédilection (notre préféré : les grillades gourmandes de Diablos BBQ) en se promenant d'un stand à l'autre et on déguste le tout aux tables communes. À l'étage, une grande terrasse offre une vue splendide. Comptez de 15 à 25$ le repas. *400, rue de la Commune O. Tél. 438 795 8265 Normal 0 false false false MicrosoftInternetExplorer4 M° Square-Victoria-OACI www.marche514.com Ouvert mai-mi-nov. : tlj. 9h-18h (marché), tlj. 11h-23h (bars et restaurants)*

S'amuser en famille

Centre des Sciences de Montréal (plan 4, C2) Un vaste musée interactif où les expositions scientifiques permanentes invitent petits et grands à explorer la robotique, saluer l'ingéniosité des savants et faire d'amusantes expériences. Également des expositions temporaires et un circuit des innovations technologiques dues à des chercheurs et chercheuses canadiens. L'espace Clic ! est particulièrement dédié aux enfants. Enfin, le cinéma IMAX®TELUS diffuse les plus importantes productions réalisées en IMAX : des images (souvent en 3D) projetées sur un écran haut comme un immeuble de sept étages ! *Quai King-Edward Tél. 514 496 4724 ou 1 877 496 4724 M° Place-d'Armes www.centredessciencesdemontreal.com Ouvert lun.-ven. 9h-16h, w.-e. 10h-17h Tarif 15$, réduit 8,50-13$, familles 40$* **Cinéma Imax** *Séances tlj. à partir de 10h Tarif 12$, réduit 8,50-10,50$, familles 37$*

Voiles en Voiles (plan 4, D2) Pour les petits et les plus grands qui se sentent l'âme d'un pirate, voici l'endroit rêvé pour partir à l'abordage ! Embarquez sur les deux répliques grandeur nature de galions du XVIIIe siècle et lancez-vous à l'attaque des dix parcours aériens (1 à 10m de hauteur) qui relient ces deux imposantes structures : ponts en rondins de bois, passerelles instables, filets, paroi d'escalade... Le tout s'effectue bien harnaché et en complète sécurité (certains parcours sont ouverts aux enfants dès 3 ans). Pour encore plus d'adrénaline, survolez le bassin Bonsecours grâce à la tyrolienne de 365m située juste à côté. *Place des Vestiges (face au bassin Bonsecours) Tél. 514 473 1458 www.voilesenvoiles.com Ouvert mi-avr.-fin mai, début sept.-mi-oct. : w.-e. et j. fér. 10h-20h ; juin-août : tlj. 9h-23h Tarif à partir de 29$ pour 2h ou 5-10$/activité* **Tyrolienne Montréal (plan 4, D2)** *Tél. 514 947 5463 https://mtlzipline.com Ouvert mi-mai-fin oct. : tlj. 11h-21h Tarif 20$, réduit 17$*

Un petit tour sur le Saint-Laurent Plusieurs compagnies du Vieux-Port proposent des balades commentées sur le Saint-Laurent, autour de l'île Sainte-Hélène ou pour assister aux spectacles pyrotechniques, cf. Feux d'artifices estivaux (p.100). Très touristique, bien sûr, mais on voit la ville sous un autre angle.

Croisières AML (plan 4, C2) Tours de 1h30, croisières-brunchs et soupers-croisières sur un imposant bateau de 750 passagers. Tour 29,95$, repas à partir de 54,95$ (6-17 ans 16,95/32,95$), croisière feux d'artifice à partir de 74,95$. *Quai des Convoyeurs Tél. 514 284 7792 ou 1 866 856 6668 www.croisieresaml.com Ouvert début mai-début oct.*

Le Bateau-Mouche (plan 4, D2) Promenades commentées de 1h en journée (25$, seniors et étudiants 23$, 6-14 ans 12,50$) ou 1h30 à midi (29$, seniors et étudiants 27$, 6-14 ans 15$; repas non inclus mais service de restauration légère à bord) et dîner-croisière de 3h (à partir de 110$). *Quai Jacques-Cartier Tél. 514 849 9952 ou 1 800 361 9952 http://bateaumouche.ca Ouvert mi-mai-mi-oct. : tlj.*

☺ **Le Petit Navire (plan 4, D2)** Plus intime, un bateau de 28 places, à propulsion électrique. Tour du Vieux-Port (45min) de mi-mai à mi-oct. (tarif 19,55$, réduit 8,70-17,40$, familles 40$), croisière de 2h sur le canal de Lachine jusqu'au marché Atwater du ven. au dim. de début juil. à début sept. (tarif AS 26$, réduit 19-24$; retour 15$ suppl.) et croisière nocturne pour assister aux feux d'artifice (40$). Rés. conseillée. *Quai Jacques-Cartier Tél. 514 602 1000 www.lepetitnavire.ca*

Le centre-ville

☆ **Les essentiels** La cathédrale Christ Church, le musée McCord, le musée des Beaux-Arts, le centre canadien d'Architecture, le musée d'Art contemporain **Découvrir autrement** Admirez la ville du Sommet Place-Ville-Marie, assistez à un match de hockey, immergez-vous dans la technologie de la SAT

Le "centre-ville" (plan 5) s'étend du nord du Vieux-Montréal aux pentes du mont Royal. C'est dans les années 1960 que cet ancien faubourg bourgeois d'allure victorienne prit une apparence résolument nord-américaine en se hérissant de gratte-ciel. Fief des affaires montréalaises depuis le début du XXe siècle, il a su garder une taille humaine et plusieurs pôles : le quartier des musées, celui des salles de spectacle, des grands magasins… Çà et là, une maison et surtout des églises, parfois englouties dans des canyons de tours contemporaines, rappellent le faubourg de jadis et la concurrence que s'y livrèrent au XIXe siècle les clergés protestant et catholique. Lorsqu'il visita Montréal en 1881, Mark Twain observa qu'on ne pouvait y lancer une brique sans risquer de briser un vitrail ! Du square Dorchester à la rue Sainte-Catherine, de l'université McGill au musée des Beaux-Arts, de la place des Arts au Quartier chinois… une petite promenade entre tours postmodernes et édifices victoriens, hôtels design et églises néogothiques. Amateurs de photos contrastées, à vos appareils !

Du square Dorchester à la place Ville-Marie

Le cœur du quartier des affaires, royaume des cols blancs pressés, un téléphone portable greffé sur l'oreille, des sandwichs vite avalés et des cafés à emporter… On s'y balade le nez en l'air, entre de hautes tours de béton, de verre ou d'aluminium, notamment le long du **boulevard René-Lévesque**. Mais point de démesure architecturale : les gratte-ciel ne doivent pas dépasser 232m (51 étages), la hauteur de l'emblématique mont Royal ! Le quartier débordant d'activité le jour est désert le soir. *M° Peel ou Bonaventure*

GEOPLUS

Montréal en trois jours

Commencez votre séjour par le berceau de la ville, le Vieux-Montréal, puis explorez le centre moderne, depuis le sommet des tours de verre jusqu'aux profondeurs de la ville souterraine. Enfin, goûtez l'art de vivre décontracté du Montréal résidentiel, aussi bien dans ses quartiers huppés que bohèmes. Des découvertes entrecoupées d'agréables pauses dans des cafés, restaurants et boutiques, pour avoir un portrait grandeur nature de la métropole.

Premier jour

Commencez par déambuler dans le Vieux-Montréal avant de vous tourner vers le port et le fleuve.

ET SI LE TEMPS N'EST PAS À LA PROMENADE Trois musées pour tout savoir sur la ville depuis l'arrivée des premiers colons : Pointe-à-Callière (p.116), le centre d'Histoire de Montréal (p.116) et le musée du château Ramezay (p.98).

MATIN

9h **Place Jacques-Cartier** (p.97) Pour un café en terrasse avant l'afflux des groupes.
9h30 **Rue Saint-Paul** Admirez les vénérables maisons du Régime français et faites les boutiques de design du marché Bonsecours (p.97).
10h **Rue Notre-Dame** Détaillez les façades des édifices publics et particulièrement celle du château Ramezay, solide demeure du XVIIIe siècle (p.98). Traversez ensuite la place d'Armes (p.114) et allez apprécier le décor néogothique de la basilique Notre-Dame (p.114).
11h45 **Rue Saint-Jacques** (p.115) Le "Wall Street" historique de Montréal et ses banques prestigieuses. Faites ensuite un détour par la rue Sainte-Hélène pour ses immeubles victoriens.
12h30 **Olive + Gourmando** (p.173) Une chaleureuse boulangerie-café pour une pause-déjeuner qui invite à s'attarder.

CONSEIL Pour une soirée en famille, tâchez d'obtenir des places pour un match de hockey au centre Bell.

APRÈS-MIDI

14h15 **Le Vieux-Port** (p.118) Flânez sur les quais, profitez des animations et, selon la saison, faites du pédalo ou du patin à glace sur le bassin… En été, offrez-vous une pause rafraîchissement au marché des Éclusiers (p.120).
16h30 **Montréal côté fleuve** Embarquez pour une balade sur le Saint-Laurent (p.120).
18h **Rue de la Commune** (p.118) Observez les façades en pierre grise du "front de mer", puis regagnez la rue Saint-Paul (p.97).

SÉANCE DE CINÉMA À la Cinémathèque québécoise (p.138), qu'il pleuve ou qu'il neige !

SOIRÉE

19h30 **Chez l'épicier** (p.184) Table chic et menu choc pour goûter les produits du terroir.
22h **Jardin Nelson** (p.100) Un verre en musique (jazz) sur l'une des plus agréables terrasses du "Vieux".
23h30 **2 Pierrots** (p.169) Pour chanter à tue-tête et danser sur des airs populaires de la Belle Province dans une authentique boîte à chansons.

Deuxième jour

Du mont Royal aux gratte-ciel, une journée pour magasiner et "groover" en soirée dans les lieux tendance.

MATIN

9h **Rue Peel ou Sainte-Catherine** Comme à New York, prenez un petit déjeuner express dans un coffee-shop de chaîne du quartier des affaires.
9h30 **Vue panoramique** Gravissez le mont Royal (p.147) ou s'il pleut, prenez l'ascenseur jusqu'au sommet de la place Ville-Marie (p.126).
11h30 **Le Mille carré doré** (p.130) Redescendez vers la rue Peel et admirez les demeures victoriennes de l'avenue des Pins Ouest.
12h30 **Reuben's** (p.177) "Dînez" d'un *smoked meat* (sandwich à la viande de bœuf fumée) dans un *delikatessen* rétro.

MONTRÉAL ARTISTIQUE Les trésors du musée des Beaux-Arts (p.131), les expositions du moment au Centre canadien d'Architecture (p.133) ou l'avant-garde québécoise au musée d'Art contemporain (p.134).

APRÈS-MIDI

13h30 **Rue Sherbrooke** (p.129) Pour ses édifices du XIXe siècle et ses institutions culturelles.
14h **La ville souterraine** Descendez la très anglophone rue Crescent jusqu'à la rue Sainte Catherine et "magasinez" dans les centres commerciaux (p.128) et la ville souterraine (p.126). Au passage, admirez la cathédrale Christ Church (p.128).
17h30 **Le Quartier chinois** (p.136) Pour une bouffée d'exotisme, prenez la direction de la rue de la Gauchetière !

SOIRÉE

18h30 **Les Foufounes électriques** (p.167). Apéro underground... mais en terrasse, si possible !
19h **Café du Nouveau Monde** (p.182). Pour sa cuisine de bistrot et son ambiance joyeuse.
21h **Place des Arts** (p.134) Assistez à un concert classique à la Maison symphonique ou à une *jam-session* à la House of Jazz (p.171).
23h Prolongez la soirée dans les bars et les boîtes du Quartier latin ou du Village (p.167).

Troisième jour

En route pour le Montréal résidentiel, huppé, populaire ou bohème.

MATIN

10h **Choisissez votre brunch** Rétro au Beauty's (p.178), exotique au Byblos (p.178) ou délicat chez Rhubarbe (p.142), tous au cœur du Plateau ! *M° Laurier ou Mont-Royal*

➤

11h **Balade** Dans les rues verdoyantes du Plateau (p.140), celles du Mile End (p.142) et d'Outremont (p.145).
13h30 **Sur le pouce** Un sandwich chez Schwartz's (p.179) ou des bagels chez Fairmount (p.145) ou Saint-Viateur (p.145).
M° Sherbrooke, M° Laurier, M° Mont Royal

LES TAM-TAMS DU MONT-ROYAL
Le dimanche, allez danser en rythme sur les pelouses du parc Mont-Royal (p.147).
M° Mont-Royal

APRÈS-MIDI
14h45 **Petite Italie** Détour obligé par le marché Jean-Talon (p.146).
M° Jean-Talon
16h **Caffè Italia** Un *espresso* sinon rien (p.147).
17h **Plaza Saint-Hubert** (p.146) Un peu de "magasinage" kitsch.
M° Beaubien

SOIRÉE
18h **Le Réservoir** (p.142) Savourez une bière maison.
M° Sherbrooke ou Mont-Royal
19h30 **Au Pied de cochon** (p.185) Goûtez sa poutine au foie gras et son "pouding chômeur".

CONSEIL Pour une échappée, essayez une balade à vélo le long du canal de Lachine (p.154) ; le dimanche, un "piknic electronik" au parc Jean-Drapeau (p.152).

22h **Le Divan orange** (p.170) Pour un concert de la scène émergente montréalaise.
M° Mont-Royal
0h30 **Big in Japan** (p.168) Pour un dernier verre dans un simili bar clandestin. *M° Sherbrooke ou Mont-Royal.*

Square Dorchester (plan 5, B3) Cet îlot verdoyant, prolongé au sud par la place du Canada, fut aménagé en 1872 sur le site d'un cimetière catholique transplanté en 1854 sur le mont Royal… Dès le début du XXe siècle, dans le sillage de la compagnie d'assurances-vie Sun Life, les grandes sociétés quittèrent la rue Saint-Jacques dans le Vieux-Montréal, pour s'installer sur cette place du "nouveau centre-ville". *M° Peel ou Bonaventure*

Édifice Sun Life (plan 5, B3) Ce gratte-ciel à colonnades de style Beaux-Arts fut bâti en trois étapes à l'est de la place. L'immeuble de six étages conçu par Darling & Pearson de Toronto (1918) fut agrandi de 1923 à 1925, et la tour construite de 1927 à 1933. La composition en gradins, très new-yorkaise, permet aux niveaux inférieurs de bénéficier d'un meilleur éclairage naturel. Symbole de la puissance financière du Canada et de l'establishment anglo-saxon de Montréal, cet édifice de 26 étages, revêtu de granit gris de Stanstead, resta le plus vaste de l'Empire britannique jusque dans les années 1950 : 112 500m². Lors de la Seconde Guerre mondiale, son 3e sous-sol abrita les joyaux de la Couronne et les réserves d'or de la Banque d'Angleterre, arrivés secrètement par bateau en juillet 1940. *1155, rue Metcalfe M° Peel*

Cathédrale Marie-Reine-du-Monde (plan 5, C4) Mise en chantier en 1870, la cathédrale catholique de Montréal fut consacrée en 1894, au cœur de ce qui était alors un fief anglo-protestant. Victor Bourgeau la conçut sur le modèle (réduit au tiers) de la basilique Saint-Pierre de Rome à la demande de Mgr Bourget, ardent serviteur de son Église. D'allure majestueuse, l'édifice est coiffé d'un dôme en cuivre haut de 76m. Sur la corniche de façade s'alignent les statues des patrons des treize paroisses du diocèse. L'intérieur néobaroque a été modernisé dans les années 1950. L'œil est immédiatement attiré par le grand baldaquin doré à la feuille du maître-autel – une copie exécutée en 1900 de celui que le Bernin avait réalisé au XVIIe siècle pour la basilique Saint-Pierre de Rome. La chapelle funéraire, sur la gauche, abrite les sépultures des évêques et archevêques de Montréal, dont le gisant en bronze de Mgr Bourget (1799-1885) et son tombeau en marbre. Dans les transepts, des tableaux de Georges Delfosse illustrent l'histoire de la communauté catholique de Montréal. *1085, rue de la Cathédrale (angle bd René-Lévesque O. et rue Mansfield) Tél. 514 866 1661 M° Bonaventure www.cathedralecatholiquedemontreal.org Ouvert lun.-ven. 7h-18h15, sam. 7h30-18h15, dim. 8h30-18h15*

Église anglicane Saint-Georges (plan 5, B4) Une charmante église anglicane (1870) de style néogothique. Entrez admirer ses boiseries de chêne, son balcon sculpté soutenu par de fines colonnettes et sa charpente à blochets saillants. Dans sa chapelle du sacre (côté gauche), elle recèle une tapisserie provenant de l'abbaye de Westminster, offerte lors du sacre d'Élisabeth II. *1001, av. des Canadiens-de-Montréal Tél. 514 866 7113 M° Bonaventure www.st-georges.org Ouvert mar.-dim. 9h-16h*

Gare Windsor (plan 5, B4) Cette gare aux allures de forteresse médiévale est l'œuvre du New-Yorkais Bruce Price (1845-1903), architecte du château Frontenac à Québec (p.323). Avec ses tourelles, ses créneaux et ses arcs en plein cintre, sa façade illustre à merveille le néoroman richardsonien – style "château fort" conçu par l'Américain Henry Hobson Richardson. Bâtie en 1889 pour accueillir le siège du Canadien Pacifique et le terminus de la première ligne transcontinentale nationale, elle consacra l'arrivée du chemin de fer au cœur de la ville. Agrandie de 1900 à 1903 et de 1910 à 1913, désaffectée dans les années 1950, elle abrite aujourd'hui une poignée de boutiques, et des évènements sont régulièrement organisés dans sa grande salle des pas perdus. *Angle rue Peel et av. des Canadiens-de-Montréal M° Bonaventure*

Place Ville-Marie (plan 5, C3) Si le square Dorchester symbolise le quartier des affaires du début du XXe siècle, la place Ville-Marie est, elle, emblématique de l'urbanisation des années 1960. Sa **tour** cruciforme (188m) signée I. M. Pei a lancé l'architecture moderne à Montréal en 1962. La configuration de l'édifice rappelle la vocation religieuse assignée à la ville par ses fondateurs. Elle a surtout permis de regrouper sous un même toit une importante surface de bureaux (la plus grande au monde à l'époque) et d'optimiser leur éclairage naturel. La nuit, de puissants projecteurs giratoires en font le phare du centre-ville. L'aménagement de l'esplanade surélevée et de son complexe de bureaux et de commerces marqua aussi le début de la ville souterraine en mettant à profit une tranchée ouverte de 1912 à 1918 pour la percée d'un tunnel ferroviaire sous le mont Royal. *M° McGill*

☺ **Au Sommet Place Ville-Marie (plan 5, C3)** Montez au 46e étage de la tour pour profiter d'une vue panoramique époustouflante sur la ville qui se dévoile

La ville souterraine

N'imaginez pas de décor digne de *Blade Runner* pour cette ville intérieure aménagée à partir des années 1960. Il s'agit simplement d'un vaste réseau de couloirs et galeries commerciales qui s'étend sous le centre-ville et permet aux Montréalais (500 000/j. env.) de se promener, d'aller manger ou faire des courses en tee-shirt au cœur du rude hiver canadien. Ce domaine piéton de 32km de tunnels et 12km², le plus vaste au monde, dessert 2 bibliothèques publiques, 3 patinoires, 9 centres sportifs, 17 musées et lieux culturels, quelque 50 restaurants, 300 "comptoirs-restos" et 1 700 boutiques, mais aussi quelque 10 000 places de parking, 4 500 chambres d'hôtels, 100 immeubles de bureaux et 3 000 appartements ! Il est relié aux gares routière et ferroviaire et à 10 stations de métro (deux lignes). Pour y accéder, suivez les indications "Réso", dont le O reprend le logo du métro (une flèche dans un rond). Son axe majeur relie les centres commerciaux de la rue Sainte-Catherine, la place Ville-Marie, le centre Bell, le Quartier international, le palais des congrès et la place des Arts. Ce patrimoine architectural unique est égayé de plusieurs œuvres d'art. Chaque année courant mars, le festival Art souterrain investit les lieux avec ses nombreuses installations d'art contemporain. *www.artsouterrain.com*

à 360° en contrebas, derrière de grandes baies vitrées. Encore plus féerique lors des soirées des feux d'artifice estivaux ! Au 45e, l'exposition "#MTLGO" dresse un portrait actuel de la métropole en 55 courtes vidéos qui content autant de facettes emblématiques (les nuits de Montréal, la gastronomie, la ville souterraine, les différents quartiers, les joueurs du Canadiens...). Un étage au-dessous, un bar-restaurant avec terrasse permet aussi de jouir de cette vue imprenable. *3, pl. Ville-Marie (45e et 46e étages) Tél. 514 544 8200 ausommetpvm.com Ouvert lun.-sam. 10h-18h, dim. 11h-18h Tlj. jusqu'à 20h en été et 23h lors des feux d'artifice Tarif 19$, réduit 13-18$ L'accès au bar-restaurant est libre, mais obligation de passer par la billetterie (rdc) pour accéder à l'observatoire*

Assister à un match de hockey

☺ **Centre Bell (plan 5, B4)** Salle de spectacle, le centre Bell est avant tout l'antre d'une mythique équipe de hockey sur glace, les Canadiens de Montréal ! L'équipe la plus ancienne et la plus titrée de la NHL (National Hockey League), avec 24 coupes Stanley... Surnommés "Habs" par les anglophones, "Tricolores" par les francophones, les patineurs au chandail rouge se produisent à guichet fermé dans cet amphithéâtre survolté de 21 273 sièges. À la saison régulière, d'octobre à avril, succèdent les *playoffs* (éliminatoires), qui peuvent se prolonger jusqu'en juin. Les places étant prises d'assaut, il convient de les acheter dès que possible. Il est plus facile d'en obtenir pour les matchs préparatoires, disputés en septembre. L'ambiance de ces rencontres est bon enfant : on crie, on fait la ola, on mange des hot-dogs, on boit la bière la plus chère en ville, on exulte et, à chaque interruption, on encourage l'équipe de "*Go Habs, go !*". Faute d'avoir réussi à acheter un billet, on peut aussi suivre les matchs dans les bars de la rue Saint-Denis ou de la rue Crescent (et un peu partout en ville), qui les diffusent sur grand écran. La billetterie se trouve à l'entrée est, côté cours Windsor. Notez que les sacs à dos et bagages ne sont pas admis ; seuls les vêtements sont acceptés au vestiaire situé à l'entrée ouest (côté gare Lucien-L'Allier). La boutique (tee-shirts à l'effigie

Faire des ronds sur la glace

L'hiver, les patineurs envahissent les plans d'eau gelés des parcs publics. On peut alors louer des patins dans le parc La Fontaine (p.141), au bord du lac aux Castors du mont Royal (p.147) et du bassin Bonsecours, sur le Vieux-Port (p.118). Pour patiner en toute saison :

Atrium Le 1000 de La Gauchetière (plan 5, C4) L'atrium de ce gratte-ciel postmoderne haut de 205m (le plus élevé de la ville) abrite une grande patinoire sous son dôme vitré. Les samedi et dimanche, de 11h à 12h30, sont réservés aux moins de 12 ans. Le premier samedi du mois, de 18h à 21h, la patinoire se mue en une piste de danse, et l'on évolue sur la glace au rythme des tubes du thème de la soirée (électro, rock, années 60...) ! *1000, rue de La Gauchetière O. Tél. 514 395 0555 M° Bonaventure www.le1000.com Ouvert lun.-ven. 11h30-18h, sam. 12h30-21h, dim. 12h30-18h Tarif 7,50$, réduit 5-6,50$, familles 20$ Location de patins 7$*

de l'équipe, chandails au nom des joueurs, etc.) se trouve près de cette entrée aussi. *1909, av. des Canadiens-de-Montréal Tél. 514 790 2525 (Rés.) ou 514 925 7777 (Visites commentées) M° Bonaventure www.centrebell.ca* ***Visites commentées*** *en français sur rés. les jours sans évènements tlj. 11h30, 13h30 et 15h* ***Boutique*** *ouverte lun.-mer. 9h30-18h (jusqu'à 21h jeu. et ven., jusqu'à 17h w.-e.)* ***Billetterie*** *ouverte lun.-sam. 12h-18h (jusqu'à 21h les soirs de spectacle) Visites commentées Tarif 24$, réduit 20$ Billetterie Tarif de 47$ pour les sièges perchés au sommet des gradins et jusqu'à 270$ pour les meilleures places*

La rue Sainte-Catherine Ouest

Cette rue coupe la ville d'est en ouest sur 15km et sa partie occidentale forme le principal axe commerçant de Montréal depuis les années 1880. "La Catherine" abrite l'une des plus grandes concentrations de magasins au Canada (pas moins de 1 200 entre les rues Guy et Saint-Denis). De la station de métro Guy-Concordia à la place des Arts, elle constitue en quelque sorte le cœur du centre-ville. Arpentez-la à pied pour mieux profiter de son animation. Entre les rues Peel et Aylmer s'alignent des **grands magasins** comme Simons, Montreal Trust, Eaton, La Baie, Les Ailes, etc. Ces véritables temples de la consommation sont ouverts, pour la plupart, tlj. de 10h à 17h ou 18h et jusqu'à 21h le jeudi et le vendredi. Quand la nuit tombe, la foule se clairsème et devient plus interlope, tandis que les sex-shops et bars à danseuses, discrets le jour, font clignoter leurs néons blafards – notamment autour de l'intersection avec le boulevard Saint-Laurent. *M° McGill*

LA COMPAGNIE DE LA BAIE D'HUDSON

Fondée à Londres en 1670 pour la traite des fourrures, la Compagnie de la Baie d'Hudson (CBH) est la plus ancienne compagnie commerciale à capital-actions du monde anglophone. Son siège social est canadien depuis 1970 et elle gère aussi bien des commerces de détail (héritiers de postes de traite) que des grands magasins comme La Baie et Zellers.

Square Phillips (plan 5, C3) C'est sur cette place dessinée en 1840 que s'installèrent, à la fin du XIXe siècle, les premiers grands magasins de la rue Sainte-Catherine. Tout d'abord, en 1889, la famille Morgan dressa sa Colonial House au n°585. Cet immeuble en grès rouge d'Écosse – une pierre qui servait à lester les navires en provenance des îles Britanniques – est désormais occupé par La Baie, l'une des enseignes de la célèbre Compagnie de la Baie d'Hudson. Toujours debout également, la bijouterie Birks (1894), logée au 1240 rue de l'Union, qui abrite un précieux salon de thé au milieu de ses bijoux. Sur la place s'élève un monument à Édouard VII dû à Louis-Philippe Hébert. Aux pieds du roi d'Angleterre (1901-1910), représenté avec son sceptre, des allégories figurent La Paix armée, La Prospérité, La Bonne entente entre les peuples, etc. Lors de son inauguration en 1914, l'hymne canadien fut chanté pour la première fois en anglais et en français. *M° McGill*

☆ **Cathédrale Christ Church (plan 5, C3)** Monument néogothique conçu en 1859 par le Britannique Frank Wills, cette cathédrale anglicane a une histoire pour le moins mouvementée. À peine sa tour de croisée était-elle achevée que le vaisseau de pierre commença à s'enfoncer dans le sol ! En 1927, il fallut démonter la flèche du clocher, car la tour menaçait de s'effondrer sous son poids. On lui substitua une copie en aluminium en 1940. Le problème d'instabilité du terrain a été résolu bien plus récemment : à la fin des années 1980, la construction de deux niveaux de galeries marchandes souterraines (les Promenades de la cathédrale) reliées à la ville intérieure nécessita la consolidation de l'église et son maintien sur des pilotis en acier pendant neuf mois. Vue de la rue Sainte-Catherine, la tour de 34 étages érigée à la même époque offre une toile de fond étonnante à la cathédrale : sa façade en verre cuivré renvoie une image agrandie du clocher haut de 70m. Hommage postmoderne à Christ Church, elle en possède certaines caractéristiques : hall évoquant une nef d'église, fenêtres en arc brisé, colonnade… Elle est même coiffée d'une "couronne d'épines" ! L'intérieur de la cathédrale mérite le coup d'œil pour ses chapiteaux historiés, sa charpente apparente, sa voûte décorée et son retable en pierre sculptée. Remarquez, près de la sortie, le drapeau arc-en-ciel exposé en signe de bienvenue et de solidarité envers les gays, lesbiennes, bisexuels et transgenres ! *635, rue Sainte-Catherine O. (entre Union et bd Robert-Bourassa) Tél. 514 843 6577 M° McGill www.montrealcathedral.ca Ouvert dim.-ven. 8h-17h30, sam. 11h-17h30*

Avenue McGill College (plan 5, C3) Rejoignez la rue Sherbrooke par cette large artère, une simple rue résidentielle jusqu'en 1988, dont l'élargissement fit l'objet d'une vive controverse. Elle est bordée de gratte-ciel postmodernes dont l'un des plus réussis, la tour BNP (au n°1981), domine une sculpture du Britannique Raymond Mason (1922-2010), *La Foule illuminée* (1985).

De l'université McGill au musée des Beaux-Arts

Au flanc du mont Royal, le centre-ville prend des airs *British*. À la fin du XVIIIe siècle et au XIXe, en effet, les familles anglaises et écossaises qui se sont enrichies dans le commerce et la finance se font bâtir de somptueuses demeures au pied de la colline. Boutiques de luxe, écoles, universités : la grande bourgeoisie anglophone s'isole dans ce périmètre huppé, bientôt surnommé The Golden Square Mile (le **Mille carré doré**). À la Belle Époque, ses 25 000 résidents détiennent près de 70% des richesses du Canada ! On peut fixer les limites du Mille carré doré à l'avenue des Pins au nord, à la rue de Bleury à l'est et au chemin de la Côte-des-Neiges à l'ouest. La frontière méridionale est plus floue : la **rue Sherbrooke** ou le boulevard René-Lévesque. Aujourd'hui, les demeures victoriennes se retrouvent éparpillées parmi des édifices plus modernes, mais elles donnent encore son cachet au quartier. Ce dernier est aussi l'un des pôles culturels de la cité, avec deux universités anglophones, McGill (prononcez "méguil") et Concordia, et le musée des Beaux-Arts. Boutiques élégantes et galeries d'art ont colonisé les rues Crescent et Bishop, au sud de la rue Sherbrooke. Au-delà du boulevard de Maisonneuve, elles cèdent la place à des restaurants, pubs et boîtes de nuit, rendez-vous de la jeunesse anglophone. *M° McGill, Peel ou Guy-Concordia*

Université McGill (plan 5, C2) La doyenne des quatre universités de Montréal fut fondée en 1821 grâce à un legs de James McGill, riche marchand de fourrure d'origine écossaise. Elle est aujourd'hui considérée comme la meilleure université au Canada. Son campus vert et aéré (32ha) accueille 40 000 étudiants de 150 nationalités. Son bâtiment le plus ancien (1839) est le pavillon des Arts, de style néoclassique, qui se dresse au sommet de l'allée principale. Le campus est toujours accessible mais la plupart des bâtiments sont fermés le week-end. Vous trouverez un petit livret très complet intitulé *Self-guided Campus Tour*, au centre d'accueil. *845, rue Sherbrooke O.* **Centre d'accueil** *McLennan Library 3415, rue McTavish Tél. 514 398 6555 M° Peel ou McGill www.mcgill.ca lun.-ven. 9h-16h*

☺ **Musée Redpath** Installé dans un bel édifice de style composite, ce musée, l'un des plus vieux de Montréal (1882), a le charme désuet des muséums universitaires. Les chercheurs y ont accumulé minéraux, fossiles, animaux naturalisés et quelque 700 coquillages (galeries Hodgson et Dawson). Le clou de la collection est un squelette de dinosaure long de 6m et vieux de 74 millions d'années. Les collections disparates d'ethnologie et d'archéologie, regroupées au niveau 3, comprennent trois momies égyptiennes et un sarcophage du IVe siècle avant notre ère, trouvés à Thèbes. *Tél. 514 398 4094 www.mcgill.ca/redpath Ouvert lun.-ven. 9h-17h, dim. 11h-17h Entrée libre (donation suggérée 10$/adulte)*

☆ **Musée McCord (plan 5, C2)** David Ross McCord fonda ce musée en 1921 pour présenter l'immense collection ethnographique accumulée par lui et sa famille, établie au Canada depuis 1760, et rendre ainsi l'histoire sociale et culturelle du Canada accessible à tous. Au fil des ans, le musée est devenu une référence dans ce domaine. Il détient, notamment, les fameuses archives photographiques du studio Notman, fabuleux instantané de la vie quotidienne des Montréalais de 1840 à 1935. Ses expositions temporaires mettent souvent l'histoire de la ville en vedette. Au premier niveau, l'exposition "Porter son identité" souligne l'importance du vêtement dans la culture des Premières Nations. Au 2e étage, la collection permanente "Montréal – Points de vue" brosse un portrait de l'évolution de la métropole depuis ses premiers jours, via neuf lieux emblématiques de la ville, à l'aide d'objets et photos puisés dans le fonds du musée. Ce musée dynamique organise aussi des colloques, ateliers de création, après-midi "parents et poupons", etc. Son restaurant sert une bonne cuisine de bistrot dans un cadre élégant (menu à 27$). *690, rue Sherbrooke O. (entre bd Robert-Bourassa et av. McGill-College) Tél. 514 398 7100 M° Peel ou McGill www.musee-mccord.qc.ca Ouvert mi-mai-mi-sept. : lun.-mar, ven. et j. fér. 10h-18h, mer.-jeu. 10h-21h, w.-e. 10h-17h ; mi-sept.-mi-mai : mar. et jeu.-ven. 10h-18h, mer. 10h-21h, w.-e. 10h-17h Restaurant lun.-ven. 11h30-14h Tarif 15$, réduit 8-12$, moins de 12 ans gratuit, familles 30$ Entrée libre mer. 17h-21h*

Maisons du Mille carré doré (plan 5, B1) De la rue Sherbrooke, remontez la rue Peel jusqu'à l'entrée du parc du Mont-Royal (p.147), puis tournez à gauche dans l'avenue des Pins Ouest pour admirer ses demeures victoriennes : au n°1020, la **maison Mortimer B. Davis**, de style Beaux-Arts, érigée en 1907 pour un magnat du tabac et transmise depuis à l'université McGill ; au n°1025, **Ravenscrag**, un castel italianisant bâti en 1863 pour un armateur écossais et devenu un institut de recherche ; au n°1110, la **maison Lady-Meredith**, une plaisante composition éclectique réalisée en 1894 pour le gérant de la Banque de Montréal ; au n°1374, la villa d'inspiration hispano-mauresque conçue en 1913 pour le fils d'un rabbin d'origine portugaise, **Clarence-de-Sola** ; au n°1418, la **maison Ernest-Cormier** (1931), fleuron québécois du style Art déco qui porte le nom de son architecte et premier occupant, fut ensuite la résidence de l'ancien Premier ministre Pierre Elliott Trudeau. D'autres belles demeures vous attendent dans les rues Peel, Drummond et sur l'avenue du Musée. Mentionnons au n°3644 de la rue Peel la **maison James-Ross** (1892), rendez-vous du Tout-Montréal au début du XXe siècle, maintenant une faculté de droit. Enfin, au n°1195 de la rue Sherbrooke, la **maison Forget** (1883), d'inspiration Second Empire : son propriétaire, Louis-Joseph Forget, était l'un des rares francophones influents du quartier. *M° Guy-Concordia ou Peel*

☆ ☺ **Musée des Beaux-Arts (plan 5, B2)** Très riche, le plus vieux musée d'art du Québec pourra vous retenir toute une journée ! Son histoire remonte à la fondation, en 1860, de l'Art Association of Montreal par des collectionneurs fortunés du Mille carré doré. Installé en 1878 square Phillips, puis à partir de 1912 sur son site actuel, et constamment enrichi par des dons, il possède quelque 41 000 œuvres. La signalétique laissant à désirer, mieux vaut prendre un plan à l'entrée. La collection se déploie de part et d'autre de la rue Sherbrooke, dans quatre édifices reliés par une galerie souterraine. Le bâtiment principal, le pavillon Jean-Noël-Desmarais (1991), est l'œuvre de Moshe Safdie, concepteur du musée des Beaux-Arts d'Ottawa et du musée des Civilisations de Québec. Il englobe la façade en brique de l'immeuble néo-Renaissance (1905) auquel il a succédé. De l'autre côté de l'avenue, l'imposant pavillon Michal-et-Renata-Hornstein (1912) est une illustration réussie du style Beaux-Arts. En 2001 lui a été accolé le pavillon Liliane-et-David-Stewart, construit par Frank Gehry pour accueillir l'une des plus importantes collections d'arts décoratifs et de design d'Amérique du Nord (plus de 4 000 objets). Et depuis 2011 un quatrième espace englobe l'ancienne église Erskine and American, le pavillon Claire-et-Marc-Bourgie, entièrement consacré à l'art québécois et canadien. Enfin, le Pavillon pour la paix Michal-et-Renata-Hornstein (art international et éducation) s'est ajouté fin 2016 à cet ensemble impressionnant. Un café-restaurant et une boutique sont installés dans le pavillon Jean-Noël Desmarais. *1380, rue Sherbrooke O. (entre Crescent et Bishop) Tél. 514 285 2000 M° Guy-Concordia ou Peel www.mbam.qc.ca Ouvert mar. et jeu.-ven. 10h-17h, mer. 10h-21h, w.-e. 10h-17h et lun. 10h-17h fin juin-début sept. Tarif 12$ Gratuit moins de 31 ans, plus de 64 ans le jeu., le dernier dim. du mois pour tous Expositions temporaires 20$, 13-30 ans 12$*

La collection Commencez par la visite du **pavillon Desmarais** et du nouveau **Pavillon pour la paix**, qui se partagent les collections d'art international. La collection de maîtres anciens balaie l'art européen du XIIe au XVIIIe siècle. Triptyques, sculptures sur bois polychromes, vitraux et scènes religieuses illustrent l'art médiéval. Viennent ensuite les peintres de la Renaissance, tel Mantegna (*Didon et Judith*, v. 1490). Le XVIIe siècle est représenté par Rembrandt (*Portrait d'une jeune femme*, v. 1665), Jordaens et Poussin, tandis qu'une monumentale *Assomption de la Vierge* (v. 1760) de François Boucher et des portraits de Largillierre, Hogarth et Gainsborough donnent une image contrastée du XVIIIe siècle. Les salles consacrées à la peinture européenne du XIXe siècle reflètent le goût de la grande bourgeoisie montréalaise pour les artistes de l'école de Barbizon, dont Corot et Daubigny. Signalons également une belle toile de Daumier (*Deux nymphes poursuivies par des satyres*, 1848). L'art moderne se complète d'un marbre de Rodin (*Les Sirènes*, 1888) et des œuvres des grands noms de la peinture impressionniste et moderne : Degas, Cézanne, Monet, Renoir (*Jeune fille au chapeau*, 1890), Matisse (*Femme assise*, 1922), Kandinsky (*Coins accentués*, 1922), Picasso (*Étreinte*, 1971), Miró (*Tête*, 1976). Enfin, la galerie Empire présente une collection d'œuvres et objets relatifs à Napoléon Bonaparte et au Premier Empire. La **galerie souterraine** qui passe sous la rue Sherbrooke est entièrement consacrée à l'art contemporain. Des expositions temporaires côtoient la collection permanente qui fait la part belle aux artistes québécois, tels que Jean-Paul Riopelle, Paul-Émile Borduas et Betty Goodwin. La collection de cultures du monde du **pavillon Michel-et-Renata-Hornstein** propose un tour du monde en cinq étapes : archéologie méditerranéenne (antiquités égyptiennes, proche et moyen-orientales, grecques et romaines), art islamique (céramiques persanes du XIIIe s., faïences turques d'Iznik, verres et métaux ouvragés), art précolombien (signalons une tapisserie péruvienne vieille de 2 000 ans), arts d'Afrique et d'Océanie (dont un remarquable masque Makuba du Zaïre) et art asiatique (textiles, jades, céramiques, bronzes et sculptures bouddhiques et certaines des 3 000 boîtes à encens japonaises ayant appartenu à Georges Clemenceau que possède le musée). La section Arts décoratifs et design occupe le **pavillon Liliane-et-David-Stewart**, du nom des fondateurs du musée des Arts décoratifs de Montréal, dont la collection est venue enrichir celle du musée des Beaux-Arts en 2001. L'ensemble est présenté chronologiquement : orfèvrerie française du XVIIIe siècle, porcelaine et mobilier britanniques de l'époque victorienne, lampes de Louis Comfort Tiffany, vitraux Art nouveau et vases Art déco. Les meubles et objets décoratifs des années 1930 aux années 1970 de la collection Stewart sont réunis dans un espace savamment aménagé. Le **pavillon Claire-et-Marc-Bourgie** est dédié à l'art québécois et canadien. Il est accolé à l'ancienne église Erskine and American, dont la nef parée de vitraux Tiffany renferme désormais une salle de concert. Les six nouveaux étages (2015) occupent l'extension arrière toute de marbre et de verre, qui tranche avec le style néoroman de l'église presbytérienne consacrée en 1894. Pour une visite chronologique, commencez par le 4e niveau et la petite collection d'art inuit, qui comporte principalement des sculptures. Au 3e, la salle des identités fondatrices (1700 à 1870) regroupe des reliques religieuses et l'art autochtone. Au 2e, l'époque des salons (1880 à 1920) témoigne de l'influence européenne alors qu'au 1er, la salle des chemins de la modernité (1920 à 1930) souligne la naissance d'une identité artistique nationale avec notamment des toiles de Marc-Aurèle Fortin.

Église St. Andrew and St. Paul (plan 5, B2) Cette église néogothique (1932), flanquée d'une tour commémorative haute de 40m, est fréquentée par la grande bourgeoisie presbytérienne d'ascendance écossaise et le régiment d'infanterie des Black Watch (Royal Highland). Elle possède des vitraux conçus dans l'atelier londonien de William Morris d'après des dessins du préraphaélite Edward Burne-Jones (1833-1898). *3415, rue Redpath Tél. 514 842 3431 M° Guy-Concordia www.standrewstpaul.com*

☆ ☺ **Centre canadien d'Architecture (plan 5, A3)** Un musée phare de la province, salué tant pour la qualité de ses expositions et de ses activités que pour celle de son centre d'études. Il abrite une bibliothèque, une librairie, un auditorium et six salles qui accueillent des expositions temporaires consacrées à l'architecture. L'édifice signé Peter Rose (1989) enserre, côté sud, la **maison Shaughnessy** (1874). Cette belle demeure bourgeoise fut sauvée de la démolition dans les années 1970 par Phyllis Lambert, la fondatrice du centre. Son mobilier a été dispersé, mais on admirera les frises des plafonds, les cheminées et les encadrements de porte. Magnifique salon de thé lambrissé d'acajou cubain, que prolonge un petit jardin d'hiver à structure métallique. Le CCA accueille aussi des spectacles, des conférences et un tas d'activités, dont des dimanches "Jouer en famille" pour les 3-12 ans. De l'autre côté du boulevard René-Lévesque, entre deux bretelles d'autoroute, l'artiste et architecte Melvin Charney a aménagé un jardin conçu comme une allégorie de l'évolution architecturale de Montréal et agrémenté de sculptures. *1920, rue Baile Tél. 514 939 7026 M° Guy-Concordia www.cca.qc.ca Ouvert mer. et ven. 11h-18h, jeu. 11h-21h, w.-e. 11h-17h Tarif 10$, réduit 7$, étudiants et moins de 12 ans gratuit Entrée libre jeu. après 17h30*

MONTRÉAL ET LE SUD

Vers Westmount

À la fin du XIXe siècle et dans la première moitié du XXe, la haute société anglophone délaissa le Mille carré doré pour Westmount, plus à l'ouest. L'agglomération montréalaise a englouti depuis ce qui n'était alors qu'un village, mais Westmount a gardé son cachet *British*, avec ses maisons en brique rouge et ses parterres de fleurs, au point qu'on pourrait se croire dans une ville du Surrey ! Au nord de la rue Sherbrooke, grand axe du quartier, des voies ombragées grimpent au flanc du mont Royal. Posté à l'angle du chemin de la Côte-Saint-Antoine et de la rue Sherbrooke, l'**hôtel de ville** affiche le style néo-Tudor en vogue dans les années 1920. Derrière s'étend le green d'un club de bowling sur gazon, fréquenté le dimanche par des gentlemen en blanc. Le **chemin de la Côte-Saint-Antoine**, une ancienne piste amérindienne, vous fera faire une agréable balade dans ce quartier huppé. À ses belles demeures des XIXe et XXe siècles s'ajoutent quelques maisons rurales plus anciennes. Pour une vue d'ensemble, grimpez jusqu'au **parc Summit**, voisin du mont Royal – à 1,5km de l'hôtel de ville (plan 3, A2). Pour une pause bucolique, remontez la rue Sherbrooke (500m à l'ouest de l'hôtel de ville) jusqu'au charmant **parc Westmount**. Dans le coin nord-ouest de ce parc à l'anglaise s'élève la première bibliothèque publique du Québec (1899). Pour un peu d'animation, marchez vers la station de métro Atwater, rue Sainte-Catherine, et vers l'avenue Greene. En chemin, ne manquez pas la petite **église Saint-Léon** (angle du bd de Maisonneuve et de l'avenue Clarke, ouverte tlj. 9h-17h), la seule paroisse catholique de Westmount, magistralement décorée à la fin des années 1920 par Guido Nincheri (1885-1973), un artiste d'origine florentine. *M° Atwater*

Où faire une pause-café, manger sur le pouce ?

☺ **Chez Nick (plan 3, A3 n°2)** Un petit café de quartier évocateur des années 1920 avec ses photos sépia et sa caisse enregistreuse d'époque. Pour un expresso au comptoir ou un petit déjeuner à l'anglaise (6-13$) sur les banquettes. Le reste de la journée, sandwichs, salades, bagels, pâtes, steaks, hamburgers et l'un des meilleurs gâteaux à la carotte en ville ! Comptez de 12$ à 25$ le repas. *1377, av. Greene (entre Sherbrooke et Maisonneuve) Tél. 514 935 0946 M° Atwater www.cheznick.ca Ouvert lun.-ven. 7h-20h, w.-e. 7h-18h*

Autour de la place des Arts

Retour dans l'est de la ville : des cinémas, des galeries d'exposition, une vingtaine de salles de concert et de cabaret se concentrent dans le quadrilatère des rues City Councillors (à l'ouest), Saint-Hubert (à l'est), Sherbrooke (au nord) et le boulevard René-Lévesque (au sud) pour former le Quartier des spectacles dont l'effervescence se prolonge vers le Quartier latin (p.137), autour de la rue Saint-Denis. La rue Sainte-Catherine est l'artère centrale de cet espace culturel et elle devient piétonne de début mai à début septembre entre le boulevard Saint-Laurent et la rue de Bleury. *www.quartierdesspectacles.com*

Place des Arts (plan 5, D3) Un grand complexe culturel des années 1960, avec six salles dédiées aux arts de la scène : musique, théâtre, danse, humour, chanson, lectures littéraires, etc. Ainsi l'Opéra de Montréal se produit dans la salle Wilfrid-Pelletier (3 000 places), tandis que l'Orchestre symphonique de Montréal occupe la plus contemporaine Maison symphonique (2 100 places), inaugurée en 2011. La vaste esplanade de l'édifice se refait une beauté et sera de nouveau prête en 2018 pour accueillir de nombreux spectacles extérieurs. Juste à côté, la grande place des Festivals est investie tout l'été par les événements qui s'y succèdent, notamment le fameux Festival international de jazz et les Francofolies de Montréal – cf. Place des Arts (p.167). *175, rue Sainte-Catherine O. (entre Jeanne-Mance et Saint-Urbain) Tél. 514 842 2112 M° Place-des-Arts placedesarts.com*

UN RIRE QUI PORTE LOIN !

Créé en 1983, le Festival Juste pour rire de Montréal est devenu le plus important rendez-vous mondial de l'humour. Conjuguant spectacles et concours d'improvisation en salle ou dans la rue, projections de films humoristiques et émissions de télévision, il fait appel à des humoristes du monde entier et s'exporte désormais à Toronto, Chicago, Nantes, etc. **Festival Juste pour rire (plan 5, D3)** *Place des Festivals Tél. 514 845 2322 ou 1 888 244 3155 (M° Place-des-Arts) www.hahaha.com 2e quinz. de juillet*

☆ **Musée d'Art contemporain de Montréal (plan 5, D3)** Fondé en 1964 et intégré au complexe de la place des Arts en 1992, il accueille dans un cadre lumineux et épuré des expositions temporaires de peinture, de sculpture, de photographie contemporaine et des créations multimédias : nouvelle danse, théâtre expérimental, musique actuelle, vidéo et cinéma. Riche de 8 000 œuvres de 1 600 artistes (à 60% québécois), son fonds reflète l'évolution de l'art depuis 1939 en mettant notamment à l'honneur Paul-Émile Borduas (1905-1960), auteur du manifeste *Refus global*. Avant que l'agrandissement du musée soit réalisé (visites réduites pendant les travaux prévus entre 2018 et 2020), seul un petit échantillon de cette collection est présenté en

rotation. Le musée organise aussi de[illegible]
"vendredis nocturnes", avec musique [illegible]
Boutique et médiathèque. *185, rue Sainte-[illegible]
Tél. 514 847 6226 M° Place-des-Arts www.macm.[illegible]
11h-18h, w.-e. 10h-18h Visites commentées en franç[illegible]
dim. 15h Tarif 15$, réduit 10-12$, familles 30$, moins d[illegible]
mer. 17h-21h*

Basilique Saint-Patrick (plan 5, D4) Érigée pour les cath[illegible] rescapés de la Grande Famine, cette basilique néogothique [illegible] le 17 mars 1847, jour de la Saint-Patrick. Chacune des colonnes [illegible] sa haute nef est taillée dans un pin ! Les murs lambrissés de chêne, [illegible] sant retable sculpté, la chaire et le jubé forment un décor remarquabl[illegible] dans la décoration, le lis français se mêle au trèfle irlandais, c'est parce q[illegible] l'édifice fut cofinancé par une congrégation française et élevé sur un terrain cédé par celle-ci. *454, bd René-Lévesque O. (entrée par la rue Saint-Alexandre) Tél. 514 866 7379 M° Place-d'Armes ou Square-Victoria-OACI www.stpatricksmtl.ca Ouvert tlj. 8h30-18h*

Où s'imprégner d'art contemporain ?

Édifice Belgo (plan 5, D3) À l'intérieur de ce grand immeuble de 1912 se cachent une trentaine de galeries d'art contemporain. La meilleure façon d'explorer ce lieu à forte concentration artistique est de monter au 5e étage en ascenseur, puis d'arpenter les longs couloirs en suivant son inspiration, les différentes galeries et ateliers ayant leurs propres horaires (ouverts en général mer.-sam. après-midi). Nos préférés : Art45 (espace 220), galerie Hugues Charbonneau (espace 308) et galerie Joyce Yahouda (espace 516). *372, rue Sainte-Catherine O. (entre de Bleury et Saint-Alexandre) www.thebelgoreport.com Entrée libre*

Où fouiner dans un temple de la fripe ?

Eva B. (plan 6, A2 n°50) Impossible de ne pas trouver ce que l'on cherche dans cette immense et labyrinthique boutique délurée qui croule sous les fripes, les accessoires en tout genre (chapeaux, bijoux...) et même les pièces de créateurs locaux vendus (ou loués) à tout petit prix. Pour faire une pause entre deux rayons, installez-vous au café ou admirez les œuvres d'art exposées de-ci de-là. *2015, bd Saint-Laurent Tél. 514 849 8246 M° Saint-Laurent www.eva-b.ca Ouvert lun.-sam. 11h-19h, dim. 12h-18h*

S'initier à l'art technologique

SAT/Société des arts technologiques (plan 6, A3) La SAT est un organisme à but non lucratif où convergent des artistes de la culture numérique et des chercheurs en nouvelles technologies. Depuis sa fondation en 1996, la SAT a créé plus d'un millier d'événements artistiques (expositions, concerts ou performances), formant un pont entre les technologies immersives, la réalité augmentée et différents univers artistiques, qui trouvent ici un lieu à la hauteur de leur imagination, entre autres dans la Satosphère (un dôme écran plongeant les spectateurs au cœur de projections immersives) . Tous les visiteurs sont les bienvenus, initiés comme simples curieux. À l'étage, le labo culinaire est un restaurant-bar au menu inspiré chaque mois par un nouveau coin du monde.

… et se pare d'une yourte … *53 www.sat.qc.ca Ouvert* …

… loit son nom à ce qu'il … lié à la ville souterraine, … ainsi comblé en partie la … Montréal et le reste de la … he des lignes résolument … meubles ornés d'œuvres …

… ctoria (1872) est entourée … nes… Sa bouche de métro … r la RATP dans les années 1960. À l'est de la place, … u Canada, restauré, loge aujourd'hui l'hôtel W, ultradesign, ultrabranché (p.194) ! Juste à côté trône le Centre de commerce mondial (p.116). *M° Square-Victoria-OACI*

Place Jean-Paul-Riopelle (plan 5, D4) Sa sculpture-fontaine, *La Joute* (1974), est signée Riopelle. De juin à octobre, tous les soirs de 18h30 à 23h, un ballet de lumières et de jets de brume, poétique affrontement entre le feu et l'eau, l'anime une demi-heure toutes les heures. À l'est se dresse l'immense façade en verre multicolore du **palais des congrès**. L'édifice abrite de nombreuses œuvres d'art, dont une forêt de 52 troncs d'arbres roses (*Lipstick Forest*) de Claude Cormier, et son toit porte un jardin minéral (*Poussée vers le haut*) signé Francine Larivée. À l'ouest de la place s'élève le **Centre CDP Capital**, un "gratte-ciel horizontal" unanimement salué pour son architecture innovante – ses propriétés bioclimatiques notamment. *M° Square-Victoria-OACI ou Place-d'Armes*

Le Quartier chinois

Le petit Chinatown montréalais (plan 6, A4) occupe la portion piétonne de la rue de la Gauchetière, entre les rues Saint-Urbain et Saint-Dominique, ainsi que le boulevard Saint-Laurent entre le boulevard René-Lévesque et l'avenue Viger. Répliques des portes de villes de la Chine impériale, les quatre hauts portiques rouges qui le délimitent ont été offerts en 1999 par la municipalité de Shanghai, ville jumelée à Montréal. C'est là que les "fils du Ciel" venus travailler dans les mines ou à la construction des voies ferrées canadiennes firent souche à la fin du XIXe siècle. Si la communauté est de nos jours disséminée dans toute l'agglomération, ce quartier demeure son point de ralliement… Sitôt les portiques franchis, les boutiques s'affichent en chinois, vietnamien ou encore coréen ! Sur la grouillante **rue de La Gauchetière**, les épiceries proposent durians, longanes, mangoustans et autres fruits exotiques, les herboristes vantent les vertus de leurs mystérieuses préparations, les restaurants de *dim sum* laissent échapper des fumets alléchants, tandis que les baffles des magasins de CD crachent les tubes cantonais du moment ! Les anciens se retrouvent place Sun-

Yat-Sen (à l'angle des rues Clark et de La Gauchetière) pour regarder le temps passer, assis sous les arbres, ou pratiquer le tai-chi… Cette charmante placette dédiée au père de la Chine moderne prête aussi son cadre à des rassemblements politiques et aux fêtes traditionnelles, notamment au défilé du Nouvel An. Son petit pavillon de style impérial abrite, de mai à octobre, une boutique d'artisanat. Un peu plus à l'ouest, à l'angle de la rue de La Gauchetière et de la rue Côté, la maison Wing, l'une des plus vieilles du quartier (1826), abrite une fabrique de *fortune cookies* (biscuits contenant un aphorisme ou une prédiction sur un morceau de papier). *M° Place-d'Armes ou Saint-Laurent*

Le Quartier latin et le Village

☆ **Les essentiels** Le carré Saint-Louis **Découvrir autrement** Faites-vous une toile à la Cinémathèque, explorez les antiquaires du Village, commandez une bière artisanale au Cheval blanc, allez applaudir des chansonniers au P'tit Bar ou Mado dans son cabaret (cf. Carnet d'adresses)

Le Quartier latin

À l'image de son grand frère parisien, le Quartier latin (plan 6, B3) est un repaire d'étudiants et d'artistes. Ce fief de la bourgeoisie francophone dans la seconde moitié du XIXe siècle devint le rendez-vous d'intellectuels et de poètes comme Émile Nelligan et Louis Fréchette au début du XXe, puis celui des indépendantistes québécois dans les années 1960, avant d'accueillir la foule estudiantine de l'UQAM, université née de la Révolution tranquille. Le quartier possède aussi un grand nombre de cinémas et de salles de spectacle (dont l'inoxydable théâtre Saint-Denis). La **rue Saint-Denis (**entre **Sainte-Catherine** et **Sherbrooke)**, son axe majeur, est l'une des rares artères montréalaises animées près de 24h/24. Outre des librairies et autres boutiques au charme victorien, elle abrite en effet plusieurs bistrots et cafés avec terrasse, dont certains sont ouverts non-stop. À l'est s'étend le Village, le quartier gay de Montréal.

Université du Québec à Montréal - Galerie de l'UQAM (plan 6, B3) Cette université francophone est l'une des plus grandes du pays, avec 43 000 étudiants. À l'inverse du modèle américain, elle est intégrée à la ville. Ses bâtiments modernes sont éparpillés dans le Quartier latin et certains englobent des éléments patrimoniaux. Ainsi, au n°1455 de la rue Saint-Denis, la flèche néogothique (98m) de la cathédrale Saint-Jacques – la première cathédrale catholique de Montréal (1823), ravagée par le grand incendie de 1852 – sert-elle d'entrée à des salles de cours ! Le siège administratif de l'UQAM occupe le bel édifice de style Beaux-Arts (1903) qui se dresse en face, au n°1430 – l'ancienne École polytechnique. Le pavillon Judith-Jasmin recèle la galerie d'art contemporain de l'UQAM. *Tél. 514 987 3000 www.uqam.ca* **Galerie de l'UQAM** *1400, rue Berri Local J-R 120 (angle Sainte-Catherine) Tél. 514 987 8421 M° Berri-UQAM www.galerie.uqam.ca Ouvert sept.-juin : mar.-sam. 12h-18h Entrée libre*

Centre de Design de l'UQAM (plan 6, B3) Le design sous toutes ses facettes est à l'honneur dans ce centre universitaire voué au stylisme industriel, graphique et de mode. L'espace d'exposition du rez-de-chaussée présente au public, trois fois par an, le travail de grands designers. En mai, les étudiants de dernière année y dévoilent leurs projets. *1440, rue Sanguinet (entre Maisonneuve et Sainte-Catherine) Tél. 514 987 3395 M° Berri-UQAM www.centrededesign.com Ouvert sept.-juin : mer.-dim. 12h-18h Entrée libre*

☺ **Cinémathèque (plan 6, B3)** Chargée depuis 1963 de conserver le patrimoine cinématographique et télévisuel national et international, elle possède une importante collection de films de toutes les époques (plus de 35 000), d'émissions de télévision, d'affiches, de photos, d'appareils anciens, de scénarios, de livres, de revues et des milliers de dossiers sur les sujets les plus variés. Cette institution dynamique organise des rétrospectives, des premières, des cartes blanches, des cycles consacrés à un pays et, régulièrement, des projections (programme disponible en ligne). Une exposition permanente dévoile les secrets des effets spéciaux, et d'autres, temporaires, complètent les thématiques à l'affiche. Également une médiathèque et, pour discuter entre cinéphiles, un agréable bar-restaurant à la belle terrasse. *335, bd de Maisonneuve E. (entre Saint-Denis et Sanguinet) Tél. 514 842 9763 M° Berri-UQAM www.cinematheque.qc.ca* ***Billetterie*** *lun.-ven. dès 10h, w.-e. dès 13h Tarif projections 10-12$, réduit 9$ Entrée libre aux expositions* ***Médiathèque*** *Ouvert mar.-ven. 9h-12h30 et 13h30-17h* ***Expositions*** *Ouvert lun.-ven. 12h-18h, w.-e. 13h-18h* ***Bar-restaurant*** *Ouvert lun. 10h15-18h, mar.-ven. 10h15-22h*

Grande Bibliothèque du Québec (plan 6, B3) Inaugurée en 2005, la Grande Bibliothèque du Québec renferme quelque 4,5 millions de documents (manuscrits, vidéos, archives numérisées), dont la plus importante collection québécoise de livres récents, rares ou anciens. Cet immense espace lumineux est habillé de verre à l'extérieur et de bois clair à l'intérieur (sur 33 000m²). Expositions temporaires au sous-sol. Visites libres audioguidées du bâtiment, rens. à l'accueil. *475, bd de Maisonneuve E. (angle Berri) Tél. 514 873 1100 ou 1 800 363 9028 M° Berri-UQAM www.banq.qc.ca Ouvert mar.-jeu. 10h-22h, ven.-dim. 10h-18h Section actualités et nouveautés mar.-dim. 10h-22h*

☆ ☺ **Carré Saint-Louis (plan 6, B1-B2)** Vers 1850, quand les anglophones fortunés s'installèrent au pied du mont Royal, la grande bourgeoisie francophone s'établit dans la rue Saint-Denis et ses voisines. En témoignent les belles demeures Second Empire qui donnent sur le carré Saint-Louis ("carré" étant la traduction de *square*), aménagé en 1879. Notez les toitures à pignon et les détails parfois fantaisistes des façades. Délaissé par les riches Canadiens français pour Outremont dans les années 1900-1920, le quartier attire depuis lors les artistes. Aux beaux jours, la place profite d'une fraîcheur appréciable, tandis que le petit kiosque ouvre ses portes pour vendre cafés et douceurs. À l'ouest, la rue Prince-Arthur, piétonne jusqu'au boulevard Saint-Laurent, est bordée de restaurants touristiques avec terrasse, et animée l'été par des artistes de rue.

Où boire un thé, un chocolat ou se poser en terrasse ?

Les cafés et bars du Quartier latin se concentrent rue Saint-Denis, entre Sherbrooke et Sainte-Catherine. Pour boire un verre, nous vous recommandons la terrasse du Saint-Sulpice (p.168).

MONTRÉAL ET LE SUD

☺ **Camellia Sinensis (plan 6, B2 n°22)** Un salon de thé zen pour échapper au tumulte de la rue. Une quarantaine de variétés (à partir de 5$), dénichées par des "importateurs-dégustateurs" chez de petits producteurs en Inde, en Chine, à Taïwan, au Japon, etc. Également du thé à la menthe marocain, de la *yerba mate* brésilienne (bio) et des tisanes du Québec. Desserts alléchants, comme le gâteau au fromage glacé au *matcha*. On retrouve tous les thés à la boutique d'à côté, dans de belles boîtes en fer, aux côtés de théières en fonte ou en terre cuite. Initiations et ateliers dégustation. *351, rue Émery Tél. 514 286 4002 M° Berri-UQAM www.camellia-sinensis.com Ouvert lun.-jeu. 12h-22h, ven.-sam. 12h-23h, dim. 12h-21h*

Juliette & Chocolat (plan 6, B2 n°24) Voici le repaire des étudiant(e)s gourmand(e)s ! On y déguste un chocolat chaud onctueux à souhait, mais aussi des crêpes, des fondues au chocolat, de décadents brownies sans gluten et tout ce qui se décline en saveurs chocolatées, en plus de galettes de sarrasin (10-15$). Y officient une nuée de serveuses coiffées d'une étonnante toque rouge. Plusieurs autres adresses en ville. *1615, rue Saint-Denis (entre Maisonneuve et Ontario) Tél. 514 287 3555 M° Berri-UQAM www.juliettechocolat.com Ouvert dim.-jeu. 11h-23h, ven.-sam. 11h-0h* **Plateau (plan 6, A1)** *3600, bd Saint-Laurent Tél. 438 380 1090* **Mile End (plan 8, A2)** *377, av. Laurier O. Tél. 514 510 5651*

Le Village

Montréal possède l'une des plus importantes communautés gays du monde, qui gravite autour de la **rue Sainte-Catherine**, entre **Saint-Hubert** et **Papineau**, transformée en espace piétonnier de mai à septembre. Un logo, un slogan ("un monde, un village"), des bannières arc-en-ciel… le Village (plan 6, C3-D3) affiche fièrement ses couleurs. Cet ancien quartier ouvrier abrite le siège de maintes chaînes de télévision et de radio. Si ses petites rues flanquées de maisons en brique avec jardinet sont plutôt tranquilles (notamment la jolie rue Sainte-Rose), en revanche, "la Catherine" grouille jour et nuit d'une faune bigarrée qui va de boutique en restaurant et de bar lounge en cabaret ou en club. L'autre artère vitale du secteur, la rue Amherst, aligne plusieurs **magasins d'antiquités** des années 1950 et 1960. À voir aussi, l'église Saint-Pierre-Apôtre (1323, bd René-Lévesque) et sa chapelle de l'Espoir dédiée aux victimes du sida. Pour connaître l'actualité festive et culturelle du Village, procurez-vous le mensuel *Fugues*, distribué dans les cafés. *M° Beaudry ou Papineau*

Écomusée du Fier-Monde (plan 6, C2) Au XIXe siècle, les faubourgs orientaux de Montréal devinrent un important foyer industriel et ouvrier. L'écomusée du Fier-Monde retrace l'évolution socio-économique de cet arrondissement populaire, encore appelé Centre-Sud, "l'histoire des travailleurs, leur milieu de vie, les stratégies quotidiennes pour joindre les deux bouts…". Il occupe l'ancien bain public Généreux, bijou Art déco construit d'après la piscine de la Butte-aux-Cailles à Paris, et témoin historique du quartier – à son ouverture en 1927, les trois quarts des logements environnants n'avaient pas de salle de bains. Le bassin de natation accueille désormais des expositions temporaires. La collection permanente ("À cœur de jour ! Grandeurs et misères d'un quartier populaire") court, elle, le long du balcon et s'appuie sur des photos d'époque et des témoignages. On termine cette rapide mais intéressante visite par quelques mots du poète québécois Gérald Godin : "Il manque ici une dimension essentielle que la photo ne peut rendre : le bruit industriel, l'infernal bruit des machines." *2050, rue Amherst (entre Ontario et Sherbrooke) Tél. 514 528 8444 M° Sherbrooke ou Beaudry www.ecomusee.qc.ca Ouvert mer. 11h-20h, jeu.-ven. 9h30-16h, w.-e. 10h30-17h (mi-mai-août, jeu. et ven. 9h30-17h) Tarif 8$, réduit 6$, familles 16$*

Où remplir un panier gourmand ?

Marché Saint-Jacques (plan 6, C2) Le bâtiment actuel, construit en 1931, a remplacé une halle de 1871. On y trouve désormais une dizaine de commerces gourmets : fromagerie, boulangerie, crêperie, pâtisserie, charcuterie artisanale, fruits et légumes... De quoi concocter un bon pique-nique à déguster au parc La Fontaine (p.141). *2035, rue Amberst (angle rue Ontario E.) M° Berry-UQAM www.marchesaintjacques.com Ouvert lun.-ven. 9h-19h, sam. 9h-18h, dim. 9h-17h*

"Plateau", Mile End, Outremont, Petite Italie

☆ **Les essentiels** Les "triplex" du Plateau, le Mile End, le marché Jean-Talon
Découvrir autrement Laissez-vous aller à une sieste au parc La Fontaine, brunchez en terrasse, goûtez les célèbres bagels de Montréal, savourez un *espresso* dans un café de la Petite Italie

Avec l'industrialisation et les vagues successives d'immigration se sont développés au nord du centre-ville et du Quartier latin, le long du boulevard Saint-Laurent, de petites enclaves pleines de caractère. Nous vous y invitons à une balade à pied ou à vélo, au cours de laquelle il s'agira de flâner, de participer, de goûter…

Le Plateau Mont-Royal

Le "Plateau" (plan 8, B2-C4) Ce quartier tire son nom de sa géomorphologie : une vaste terrasse à l'est du mont Royal, dominant le centre-ville et le Quartier latin. La proximité d'industries manufacturières valut au village de Saint-Jean-Baptiste une urbanisation rapide au début du XXe siècle. C'est de cette époque que datent ses rues verdoyantes, bordées de maisons mitoyennes en brique à un ou deux étages. Sinistré par le départ des industries dans les années 1960, puis revitalisé par l'installation autour de la rue Rachel d'une communauté portugaise, le Plateau est devenu le quartier à la mode dans les années 1980. Si son architecture n'a pas changé, des artistes puis de jeunes actifs et des bobos sont venus grossir sa population, et des boutiques en tout genre, galeries d'art, ateliers de design, théâtres, cafés et bars à concerts y ont fleuri. À la fois populaire et branché, le Plateau a su garder sa diversité et son côté villageois : on y oublie parfois qu'on se trouve au cœur d'une métropole de 2 millions d'habitants ! Aucun autre quartier ne résume mieux la fameuse douceur de vivre montréalaise… Les Européens l'adorent. Son centre pourrait être l'intersection de l'**avenue du Mont-Royal** et de la **rue Saint-Denis**, ses deux artères les plus animées. Rue Saint-Denis, vous remarquerez que les boutiques et librairies sont installées côté ouest, et les cafés avec terrasse côté est, pour l'ensoleillement ! Pour la balade, engagez-vous dans les petites rues adjacentes (Fabre, Saint-André, Saint-Hubert, Saint-Christophe, Duluth, Laval, Drolet), plantées d'arbres et bordées de jolies façades, parfois colorées ou rehaussées d'une corniche en bois. Pour une vision plus poétique, mais aussi plus dure du quartier, lisez les *Chroniques du Plateau-Mont-Royal* de Michel Tremblay. *Le Plateau s'étend approximativement de l'avenue Laurier au nord à la rue Sherbrooke au sud, de l'avenue du Parc à l'ouest à l'avenue Papineau à l'est M° Mont-Royal*

Parc La Fontaine (plan 8, C4) Aménagé à la fin du XIXe siècle, le troisième parc de Montréal par la superficie (40ha) est un havre de tranquillité au milieu du Plateau. Ses pelouses et ses deux lacs font vite oublier la ville. L'été, on y va pique-niquer, prendre le soleil, jouer à la pétanque ou au tennis, faire du vélo... Des projections de films et des spectacles en tout genre sont donnés dans son théâtre de verdure, sous les étoiles. L'hiver, on y fait de la luge ou du patin à glace (location 10$). On y voit Félix Leclerc statufié et des écureuils peu farouches (ils sont en surnombre, évitez de les nourrir). On peut même s'y restaurer et s'y désaltérer au chalet-restaurant Espace La Fontaine. *M° Mont-Royal ou Sherbrooke*

Église Saint-Jean-Baptiste (plan 8, B3) Consacrée en 1875, relevée en 1903 après un incendie, la paroisse du village de Saint-Jean-Baptiste fut rebâtie de 1912 à 1914 après un second sinistre, d'où la différence de style entre la façade et l'intérieur. Cette église monumentale, longtemps la deuxième de Montréal par ses dimensions, symbolise bien la puissance du clergé catholique au début du XXe siècle et la ferveur des Québécois francophones.

Les "triplex" du Plateau

Les quartiers d'habitation ouvriers qui se développent de 1900 à 1930 voient apparaître la maison à trois niveaux, forme la plus courante de l'habitat montréalais. Ce ☆ **"triplex"**, qui abrite de trois à cinq logements superposés, souvent en forme de L, est pourvu d'un escalier extérieur droit, tournant ou hélicoïdal... Ces fameux escaliers, qui font le charme du quartier, devaient permettre à une population rurale venue travailler en ville d'avoir un accès plus direct à son logis et de s'y sentir plus libre tout en optimisant la surface des appartements. Des balcons à balustrade viennent par ailleurs rythmer la façade. La municipalité ayant imposé un recul de 3m entre cette dernière et la rue, on peut aménager un jardinet devant la maison. Autre caractéristique appréciable, les grands balcons à l'arrière de ces triplex donnent sur des courettes, des potagers et des ruelles dans lesquelles les enfants peuvent jouer en toute quiétude.

Elle prête régulièrement son lumineux décor néobaroque à des concerts de musique classique, sacrée ou profane. *309, rue Rachel E. (entre Henri-Julien et Drolet) Tél. 514 842 9811 M° Mont-Royal www.eglisestjeanbaptiste.com*

Où trouver chaussure à son style ?

John Fluevog (plan 8, B4 n°8) Ce créateur de chaussures canadien habille les pieds des stars (et des autres) avec des modèles souvent colorés et délurés. *3857, rue Saint-Denis Tél. 514 509 1627 M° Sherbrooke www.fluevog.com Ouvert lun.-mer. 11h-18h, jeu.-ven. 11h-21h, sam. 11h-17h, dim. 12h-17h*

Où boire une bière artisanale ?

Le Réservoir (plan 8, B4 n°66) Dans un décor industriel qui a le bon goût de rester intime (mais bruyant), Le Réservoir, microbrasserie, est le rendez-vous des artistes, journalistes et étudiants. Blanche, blonde, noire, *cream ale*, double fermentation... toutes les bières sont brassées sur place. Pour les accompagner, un petit menu de *pub food* végétarienne (planche de fromages, houmous, hamburgers...). Terrasse à l'étage. La pinte est à 6-7$, les plats à 5-16$. *9, av. Duluth E. (entre Saint-Laurent et Saint-Dominique) Tél. 514 849 7779 M° Sherbrooke ou Mont-Royal brasseriereservoir.ca Ouvert lun.-ven. 15h-3h, w.-e. 14h-3h*

Où siroter un café équitable ?

☺ **Café Rico (plan 8, C3 n°64)** Première brûlerie de café biologique et 100% équitable au Québec, ce café chaleureux propose une quinzaine de mélanges d'arabica provenant de petits cultivateurs, du Pérou à l'Éthiopie. On déguste sur place (2-5$ le café) en bouquinant et en avalant une douceur maison, ou on s'approvisionne de café en grain ou moulu (l'un des meilleurs rapports qualité-prix à Montréal) pour en profiter chez soi. *1215, av. du Mont-Royal E. (entre De Brébeuf et De La Roche) Tél. 514 529 1321 M° Mont-Royal www.caferico.qc.ca Ouvert lun.-ven. 9h-18h, sam. 9h-17h, dim. 12h-17h*

Où déguster de somptueuses pâtisseries ?

☺ **Rhubarbe (plan 8, C2 n°65)** Une pâtisserie délicieuse, où l'on s'attable volontiers pour savourer des produits maison aussi fins que beaux (tarte au citron, pot de crème au chocolat... env. 5$) en sirotant un café dans un joli décor champêtre. Le brunch du dimanche est un véritable bonheur : petits plats mitonnés avec des produits de saison, œufs brouillés à l'huile de truffe ou encore gaufre au chocolat, toujours accompagnés de succulentes viennoiseries sucrées et salées, le tout pour 20$, service souriant inclus. *5091, De Lanaudière (entre Saint-Joseph et Laurier) Tél. 514 903 3395 M° Laurier www.patisserierhubarbe.com Ouvert mer. 11h-18h, jeu.-ven. 11h-19h, sam. 10h-17h30, dim. 10h-16h30 Brunch 10h30-14h*

☆ Le Mile End

Encore plus en vogue que le Plateau, dont il fait officiellement partie, le Mile End (plan 8, A1-A2) est un des quartiers emblématiques de Montréal. Cet ancien faubourg populaire et ouvrier était à l'origine le village de Saint-Louis-du-Mile-End qui fut annexé à Montréal en 1909. Sa tradition d'accueil des populations immigrantes en fait encore aujourd'hui un des secteurs les plus cosmopolites de la métropole. Si les restaurants grecs foisonnent sur l'avenue du

Parc, la minorité hassidim est la plus visible. Ces juifs orthodoxes parlant yiddish suivent un mode de vie très strict qui se reflète dans leur code vestimentaire (manteau noir en soie - *kapote* - et chapeau bordé de fourrure - *spodik* - pour les hommes, jupe longue et perruque pour les femmes). Mais le Mile End est aussi le lieu de prédilection d'une foule d'artistes et de créateurs, majoritairement anglophones. Un heureux mélange des genres, véritable modèle réduit du multiculturalisme harmonieux de Montréal. Le cœur du quartier se situe entre l'avenue du Parc et le boulevard Saint-Laurent, au nord de l'avenue Laurier. Longez les rues Bernard, Fairmount et Saint-Viateur pour profiter des cafés, boutiques et galeries, tout en humant les bonnes odeurs de bagels frais – cf. Où acheter les meilleurs bagels de la ville ? (p.144).

Église Saint-Michel-et-Saint-Antoine (plan 8, B1) Cet édifice à la monumentale silhouette néobyzantine (1915) dresse un clocher aux allures de minaret au-dessus des toits du Mile End. Bâti pour les catholiques irlandais, il sert aujourd'hui de lieu de culte aux Polonais. Les messes y sont dites en polonais et en anglais. À proximité, rue Saint-Urbain, une église grecque orthodoxe, une synagogue et un temple bouddhique confirment si besoin est la diversité culturelle du quartier. *105, rue Saint-Viateur O. (angle Saint-Urbain) Tél. 514 277 3300 M° Laurier ou Outremont*

Où savourer une crème glacée ?

☺ **Kem CoBa (plan 8, B2 n°11)** Pour beaucoup de Montréalais, c'est ce petit comptoir qui confectionne la meilleure crème glacée en ville ! Alors attendez-vous à subir une longue file d'attente avant de commander un sorbet, une glace ou une crème "molle" aux parfums souvent exotiques (cacahuète, café vietnamien, *dulce de leche*, cheesecake aux fraises...) et toujours absolument somptueux. Pour la petite histoire, Kem CoBa est le surnom de la chef et signifie en vietnamien "crème glacée de tante 3". *60, av. Fairmount O. (entre Saint-Laurent et Saint-Urbain) Tél. 514 419 1699 M° Laurier https://kemcoba.com Ouvert mai-oct. : mar.-dim. 12h-20h Fermé par temps de pluie*

Où prendre le pouls du Mile End et faire une pause-café ?

Le Cagibi (plan 8, B1 n°61) Des fauteuils rococo, des sofas en velours, des chaises en bois peint... On choisit selon son humour avant d'aller commander au comptoir, celui de l'ancienne pharmacie Esperanza. Ce café, où une icône de la Vierge et une lampe de bateau trônent entre deux plantes vertes sur des étagères garnies de livres, a des allures de magasin d'antiquités. L'ambiance est propice aux discussions, les étudiants se mélangent aux employés du géant du jeu vidéo Ubisoft situé juste en face. On y prend un bon café, un petit plat végétarien et un brownie épicé. Concerts et autres événements presque tous les soirs. *5490, bd Saint-Laurent (angle Saint-Viateur) Tél. 514 509 1199 M° Rosemont ou Laurier www.lecagibi.ca Ouvert mar.-ven. 9h-0h, lun. 18h-0h, w.-e. 10h30-0h*

Le Dépanneur Café (plan 8, A1 n°62) Un café de quartier chaleureux, le genre d'endroit où l'on s'éternise. Décor de bric et de broc et murs en brique rhabillés toutes les trois semaines d'œuvres d'un photographe ou d'un peintre local. Artistes en herbe et étudiants viennent y siroter un jus d'hibiscus, un café frappé ou une limonade. Gâteaux maison, salades en été. Dans un coin, un piano et une guitare, qui prennent vie lors de petits concerts de jazz, de blues et de folk (tlj. 10h-17h). Petite cour arrière. *206, rue Bernard O. (angle Esplanade) Tél. 514 271 9357 M° Outremont www.ledepanneurcafe.com Ouvert lun.-ven. 7h-18h, w.-e. 8h-18h*

Café Olimpico (plan 8, B1 n°63) Toujours plein à craquer, en salle comme en terrasse, avec ses serveurs qui vous interpellent en français, en anglais ou plus souvent en italien, pour prendre commande (au comptoir uniquement) d'un crémeux *caffè latte* ou d'un *espresso* corsé. À mi-chemin entre le rendez-vous de quartier et l'institution, d'où l'on ressort toujours le sourire aux lèvres. *124, rue Saint-Viateur O. (angle Waverly) Tél. 514 495 0746 www.cafeolimpico.com Ouvert tlj. 7h-0h*

Où dénicher les meilleures friperies du Mile-End ? Un bon itinéraire vintage débute forcément rue Bernard Ouest. Au n°51, la boutique Empire échange vos vêtements usagés sur le champ. Elle offre une vaste sélection de pièces anciennes et de morceaux plus contemporains. Une vraie caverne d'Ali Baba ! Sur la même rue, la friperie Local 23 a élu domicile, sans surprise, au n°23 ! Ici se côtoient gaiement des salopettes en jean, des petites robes à fleurs et des manteaux en fourrure. La propriétaire vient d'ouvrir une seconde boutique, plus chic, à 5min à pied. Annex Vintage, tel est son nom, propose un mélange d'articles de seconde main et de pièces neuves de créateurs locaux. On y trouve absolument de tout, sacs à main, bijoux ou encore maillots de bain.

Empire (plan 8, B1 n°5) *51, rue Bernard O. Tél. 514 507 9549 M° Rosemont empiremtl.com Ouvert lun.-mer. 12h-18h, jeu.-ven. 12h-19h, w.-e. 11h-17h*

Local 23 (plan 8, B1 n°6) *23, rue Bernard O. Tél. 514 270 9333 M° Rosemont local23mtl.blogspot.ca Ouvert sam.-mer. 12h-18h, jeu.-ven. 12h-19h*

Annex Vintage (plan 8, B1 n°4) *56, rue Saint-Viateur O. Tél. 514 903 4404 M° Rosemont annexvintage.com Ouvert dim.-mer. 12h-18h, jeu.-ven. 12h-19h, sam. 11h-19h*

Où trouver un tee-shirt typiquement montréalais ?

tresnormale (plan 8, A2 n°7) Idéal pour un souvenir ou un cadeau, ces tee-shirts pour filles et garçons arborent fièrement des images emblématiques de Montréal : Habitat 67, un dépanneur, les triplex du Plateau, le métro, l'enseigne Five Roses... Vous aurez le choix entre une cinquantaine de sérigraphies originales et décalées, pressées sur place dans des couleurs actuelles. À partir de 29$. *207, av. Fairmount O. M° Laurier tresnormale.com Ouvert sam.-mer. 11h30-18h, jeu.-ven. 12h-20h*

Où acheter les meilleurs bagels de la ville ? Montréal et New York se disputent la paternité des meilleurs bagels d'Amérique du Nord. Apport de la communauté juive d'Europe centrale, ces petits pains au levain en forme d'anneau sont roulés à la main, puis brièvement ébouillantés avant d'être cuits au four à bois. Traditionnellement nature ou aromatisée aux graines de pavot ou de sésame, la pâte du bagel est légèrement sucrée à Montréal (et salée à New York). On peut ensuite garnir l'anneau de fromage à la crème, de saumon fumé, de houmous, de tzatziki... ou de tout ce que l'on veut. Deux adresses réputées et difficiles à départager : St-Viateur et Fairmount. Tout Montréalais a son avis sur la question... Mais quel bonheur d'entrer dans ces boulangeries qui embaument le sésame grillé et où jour et nuit des bagels sortent du four sur de longues planches en bois !

Fairmount Bagel (plan 8, B2 n°1) En 1919, Isadore Schlafman ouvrait le premier débit de bagels à Montréal. Ses descendants ont perpétué la tradition en suivant scrupuleusement sa recette et ses méthodes artisanales. En sus des classiques, une vingtaine de variantes : aux graines de cumin, à l'oignon, à l'ail, aux bleuets, au chocolat, au seigle noir, aux tomates séchées, aux olives... pour environ 1$ l'unité. *74, rue Fairmount O. (entre Saint-Urbain et Saint-Laurent) Tél. 514 272 0667 M° Laurier www.fairmountbagel.com Ouvert tlj. 24h/24*

St-Viateur Bagel (plan 8, A1 n°2) D'après le patron, le four à bois n'a jamais refroidi depuis l'ouverture de la boulangerie en 1957 ! Et rien ne semble avoir changé... Une *shop* hors du temps, avec ses sacs de farine empilés derrière la vitrine et ses bagels tout juste sortis du four, amoncelés dans des caisses en bois. Sésame, pavot, cannelle et raisin, graines de lin, bio : un peu moins de 1$ chaque. Pour mieux les déguster, rendez-vous au **St-Viateur Bagel & Café**, sur le Plateau : on y sert des bagels garnis (cuits aussi sur place), des salades composées et des cafés. **Shop** *263, rue Saint-Viateur O. Tél. 514 276 8044 M° Laurier www.stviateurbagel.com Ouvert tlj. 24h/24* **Café (plan 8, C3)** *1127, av. du Mont-Royal E. Tél. 514 528 6361 M° Mont-Royal Ouvert tlj. 6h-22h*

Outremont

Changement d'ambiance à l'ouest de la rue Hutchison : Outremont (plan 3, A1) est le fief de la grande bourgeoisie francophone. Au début du XXe siècle, celle-ci délaisse le carré Saint-Louis du centre-ville pour profiter de l'air pur du mont Royal, comme les anglophones à Westmount. Outremont est situé de l'autre côté du mont, d'où son nom. De l'extrémité occidentale de l'avenue Laurier (au sud) à l'avenue Van Horne (au nord), des maisons cossues témoignent du faste des années 1900 à 1930. Entre les deux s'étirent de verdoyantes rues résidentielles et de jolis parcs (parc Saint-Viateur et parc Outremont). La belle **avenue Bernard** est l'épicentre du quartier – les cafés avec terrasses sont cantonnés entre les rues Bloomfield et Outremont. La chic **avenue Laurier Ouest** est célèbre pour ses boutiques haut de gamme. Les maisons les plus belles se contemplent à Outremont-en-Haut, sur la pente du mont Royal, notamment sur l'**avenue Maplewood**.

Paroisse Saint-Viateur (plan 8, A2) Dans le sud d'Outremont, une imposante église consacrée en 1913. L'intérieur néogothique a été décoré par des artistes de renom. Guido Nincheri (1885-1973) a peint les fresques des voûtes illustrant la vie de saint Viateur, catéchiste à Lyon au IVe siècle. *1175, av. Laurier O. (angle Bloomfield) Tél. 514 495 2773 M° Laurier ou Outremont www.saintviateur doutremont.org Ouvert mar. et jeu. 16h30 ; dim. 11h (horaires des messes)*

Où déguster une glace ?

Le Bilboquet (plan 8, A1 n°10) Parmi les meilleurs sorbets et crèmes glacées de Montréal ! Sirop d'érable, chocolat-orange, banane-chocolat, bleuet, canneberge... Des cornets à déguster en flânant sur l'avenue Bernard ou à une table sur le trottoir : 4,25$ le cornet simple et 5,25$ le double. *1311, av. Bernard O. (entre Bloomfield et Stuart) Tél. 514 276 0414 M° Outremont www.bilboquet.ca Ouvert mars-avr., sept.-déc. : tlj. 11h-20h ; mai-août : tlj. 11h-0h Fermé jan.-fév. Attention, les horaires peuvent varier en fonction de la météo*

La Petite Italie

Vous ne pourrez pas manquer la Petite Italie (plan 7) car à l'instar du Quartier chinois, elle est signalée par deux portes en granit sur le boulevard **Saint-Laurent**, entre les rues **Beaubien** et **Jean-Talon**, et les drapeaux vert-blanc-rouge y sont omniprésents ! Arrivés à la fin du XIXe siècle des régions défavorisées de Sicile et du Mezzogiorno, puis en masse après la Seconde Guerre mondiale, les Italiens forment l'une des plus anciennes et des plus nombreuses communautés de Montréal, avec 250 000 personnes. Si beaucoup ont quitté le quartier, tous reviennent faire leurs emplettes dans ses épiceries, savourer de vraies pâtes dans une trattoria ou suivre les matchs du Calcio dans un *caffè*. Preuve, s'il en faut, du recul du catholicisme, vous remarquerez au n°6655 du boulevard Saint-Laurent une église transformée en… appartements ! *M° Jean-Talon*

BIG BAZAR
De Bellechasse à Jean-Talon, la rue Saint-Hubert forme l'un des grands axes commerçants de la Petite Italie, avec près de 400 boutiques, souvent bon marché et plutôt flashy (vêtements, chaussures, bagages, quincaillerie, etc.). Si vous n'y trouvez pas une robe de mariée à votre goût, vous profiterez au moins d'un bain de foule dans le Montréal populaire. **Plaza Saint-Hubert (plan 7, B2)** *M° Beaubien ou Jean-Talon maplaza.ca*

Église Notre-Dame-de-la-Défense - Madonna della Difesa (plan 7, B2) Cette église à la sobre façade en brique rouge, consacrée en 1919, vaut le détour pour son décor signé Guido Nincheri. Les fresques inspirées de la Renaissance italienne qui parent les voûtes et les murs de la nef ont été réalisées de 1927 à 1933. Rendez-vous à l'abside : parmi les Canadiens et les Italiens représentés au-dessus de l'autel figure Mussolini à cheval ! Un hommage aux accords du Latran (1929), qui firent du catholicisme la religion d'État en Italie. *6800, av. Henri-Julien (angle Dante) Tél. 514 277 6522 M° Beaubien ou Jean-Talon Ouvert été : tlj. 12h-14h et toute l'année aux heures des messes Messe en français dim. 9h ; en italien dim. 8h30 et 11h*

Le ventre de Montréal

☆ **Marché Jean-Talon (plan 7, B2)**
Jean Talon (1626-1694), premier intendant de Nouvelle-France, a laissé son nom au marché le plus attrayant de Montréal. Autour d'une grande halle aux fleurs, aux légumes et aux fruits officient des charcutiers, des poissonniers, des bouchers, des boulangers, des fromagers... Également des cafés et de nombreux stands alimentaires où attraper une bouchée à déguster sur les tables communes pour profiter de l'atmosphère. On y trouve aussi un tas de boutiques spécialisées, qui reflètent le caractère multiethnique du quartier. Sans oublier une belle librairie consacrée à l'art culinaire. *Entre la rue Jean-Talon E. et l'av. Mozart E. M° Jean-Talon Ouvert lun.-mer. et sam. 7h-18h, jeu.-ven. 7h-20h, dim. 7h-17h*

Où faire provision de produits du terroir ?

☺ **Le Marché des saveurs (plan 7, B2 n°20)** Cette fromagerie-épicerie fine du marché Jean-Talon est une véritable vitrine du terroir québécois. Parmi les milliers de denrées provenant directement de petits producteurs locaux, on trouve moult fromages, du canard fumé au bois d'érable, du pâté de bison, du foie gras... Notre coup de cœur, les tisanes inuites et le thé du Labrador. Bien sûr, on trouve aussi tous les produits dérivés de l'érable. Pour le sirop, achetez-le en boîte (moins cher) et préférez le "medium", plus goûteux. Côté boissons, bières de microbrasseries, vins du Québec, cidre de glace, mistelle à la rhubarbe... Un excellent endroit pour remplir sa valise de cadeaux gourmands ! *280, pl. du Marché-du-Nord (dans le coin sud-est du marché) Tél. 514 271 3811 M° Jean-Talon www.lemarchedessaveurs.com Ouvert sam.-mer. 9h-18h, jeu.-ven. 9h-20h*

Où savourer un espresso ?

Caffè Italia (plan 7, A2 n°10) Un vieux troquet décoré d'affiches jaunies de Ferrari et de la *Squadra azzurra*, où des papys palabrent en italien, tandis que d'autres feuillettent le *Journal de Montréal* au comptoir. Lors des matchs de foot, tous les regards sont rivés à l'écran de télévision. Service à l'emporte-pièce vite pardonné car ici on sait faire un cappuccino ! Également des sandwichs pour caler les petites faims. *Espresso 2$. 6840, bd Saint-Laurent (entre Beaumont et Jean-Talon) Tél. 514 495 0059 M° Jean-Talon Ouvert tlj. 6h-23h*

Le mont Royal

☆ **Les essentiels** Le parc du Mont-Royal et son belvédère, l'oratoire Saint-Joseph **Découvrir autrement** En hiver, patinez sur le lac aux Castors ; en été, laissez-vous entraîner par le rythme des Tam-tams du mont Royal

Affectueusement surnommé "la montagne" par les Montréalais, le mont Royal (plan 3, A2) est le symbole de la ville, sa sentinelle et son poumon vert (disons plutôt vert en été, rougeoyant à l'automne et blanc l'hiver !). Culminant à 232m au beau milieu de l'agglomération, c'est aussi le garant de la "taille humaine" de Montréal : aucun gratte-ciel ne doit le dépasser. La colline est coupée en deux par la route qui dessert son sommet. Sur son flanc sud s'étend le parc du Mont-Royal tandis que côté nord deux cimetières côtoient l'université de Montréal.

☆ **Parc du Mont-Royal (plan 3, A2)** Dessiné de 1873 à 1881 par Frederick Law Olmsted (1822-1903), le célèbre architecte-paysagiste de Central Park, à New York, cet immense parc est le poumon vert de Montréal. Ses 101ha sillonnés de sentiers, où le bruit de la ville est à peine perceptible, se prêtent à des siestes dominicales, des pique-niques en famille, des footings matinaux et, en hiver, des compétitions de ski de fond ou de luge. Ne manquez pas le **Chalet** (1932), dont l'immense parvis et le belvédère Kondiaronk offrent un merveilleux panorama sur Montréal : les gratte-ciel du centre-ville, le Saint-Laurent et au loin les collines de Montérégie... Inoubliable aussi le soir, quand le centre-ville s'illumine. Le Chalet, avec sa gigantesque salle malheureusement vide, héberge une boutique et un petit centre d'accueil. Environ 1km au nord-est s'élève la croix du Mont-Royal (1924), un repère familier pour tous les Montréalais, d'autant qu'il est éclairé la nuit. Cette structure métallique haute de 36m rappelle la première croix, en bois, érigée en action de grâce par Maisonneuve en 1643, après qu'une inondation eut miraculeusement épargné Ville-Marie. Dans l'ouest du parc, le **lac aux Castors** grouille en été de barques et se transforme l'hiver en une grande patinoire. Location de patins au pavillon qui abrite aussi une cafétéria. Enfin, à une centaine de mètres à l'est du lac aux Castors, la **Maison Smith** est la plus vieille construction du parc (1858). C'est aussi le point de passage obligatoire pour qui veut en savoir plus sur la montagne, son écologie et toutes les activités que l'on peut y pratiquer. Boutique et agréable café sur place. ***Accès à pied** par l'avenue des Pins (angle rue Peel), l'avenue du Parc (face au parc Jeanne-Mance) ou le chemin de la Côte-des-Neiges (à Westmount) Compter 15-20min **Accès en bus** par la ligne n°11 (correspondance au M° Mont-Royal) Arrêt au sommet du mont **Accès en voiture** par le chemin Remembrance à l'ouest ou la voie Camillien-Houde à l'est. Au milieu de cette dernière, le belvédère du même nom offre une jolie vue sur le Plateau Mont-Royal et le Parc olympique. Parking (payant) au sommet www.lemontroyal.qc.ca Maison Smith Ouvert tlj. 9h-17h*

Cimetières (plan 3, A2) Le cimetière catholique de Notre-Dame-des-Neiges et le cimetière protestant de Mont-Royal se partagent depuis les années 1850 le versant nord du mont Royal. Le premier, ouvert en 1855, est immense : plus d'un million de défunts y reposent, dont Sir George-Étienne Cartier (1814-1873), père de la Confédération canadienne, Calixa Lavallée (1842-1891), compositeur de l'hymne national, le poète Émile Nelligan (1879-1941) et la cantatrice Mary Travers, alias "la Bolduc" (1894-1941). Le second, plus petit, fut inauguré en 1852. Sa végétation évoque celle des parcs à l'anglaise. En toute saison, leurs sentiers sont propices aux balades à pied ou à vélo. **Cimetière de Notre-Dame-des-Neiges** *4601, chemin de la Côte-des-Neiges Tél. 514 735 1361 www.cimetierenddn.org Ouvert tlj. 8h-17h* **Cimetière Mont-Royal** *Entrée 1297, chemin de la Forêt ou voie Camillien-Houdde mountroyalcem.com Ouvert tlj 8h-18h (20h en été)*

BŒUF ROYAL
Depuis 1978, aux beaux jours, percussionnistes et autres musiciens se rassemblent spontanément le dimanche sur les pelouses du parc du Mont-Royal, invitant flâneurs et pique-niqueurs à danser au rythme de leurs impros joyeuses, souvent endiablées. On adore ! ☺ **Les Tam-tams du mont Royal (plan 8, A3)** *Av. du Parc (entre Mont-Royal et Duluth), autour du monument à Sir George-Étienne Cartier*

☆ **Oratoire Saint-Joseph (plan 3, A2)** On a peine à imaginer la chapelle en bois érigée sur la pente du mont Royal en 1904 et où le frère André, alors portier du collège voisin, venait rendre grâce à saint Joseph, patron du Canada. Quelques miracles plus tard, le frère reçut le surnom de "Thaumaturge du mont Royal" et une église de 1 000 places (la crypte actuelle) remplaça la chapelle en 1917 pour faire face à l'afflux des pèlerins. La basilique colossale qui la domine n'a été achevée qu'en 1967. Son dôme cuivré de 38m de diamètre culmine à 97m. L'ensemble relève d'un style néo-Renaissance assez simple à l'extérieur, austère à l'intérieur. L'oratoire reçoit chaque année deux millions de pèlerins. Le 19 mars (jour de la Saint-Joseph), le 23 mai (date de la béatification du frère André) et le 9 août (jour de son anniversaire), ils gravissent, à genoux pour les plus fervents, les 300 marches du chemin de croix. Beau belvédère sur le nord de la ville et au loin sur les contreforts des Laurentides. Les grandes orgues et les Petits Chanteurs du Mont-Royal accompagnent la grand-messe dominicale célébrée à 11h. Le musée de l'Oratoire consacré à l'art religieux recèle une collection de crèches du monde. Ne manquez pas les beaux jardins paysagés. *3800, ch. Queen-Mary Tél. 514 733 8211 M° Côte-des-Neiges (bus n°51 ou 166) www.saint-joseph.org Ouvert tlj. 7h-19h30 Horaires variables selon les saisons Entrée libre* **Musée** *Ouvert tlj. 10h-16h30 Tarif 5$, réduit 2-4$*

Musée commémoratif de l'Holocauste (hors plan 3 par A1) À quelques minutes de l'oratoire Saint-Joseph, dans le quartier de la Côte-des-Neiges. Un musée poignant, conçu à partir des témoignages des survivants de l'Holocauste réfugiés à Montréal – la ville en accueillit plus de 5 000. Quelque 400 photos et une vingtaine de films montrent la réalité de cette période noire. *5151, ch. de la Côte-Sainte-Catherine (entre Victoria et Décarie) Tél. 514 345 2605 M° Côte-Sainte-Catherine (bus n°129) www.mhmc.ca Ouvert lun.-mar. et jeu. 10h-17h, mer. 10h-21h, ven. et dim. 10h-16h Fermé fêtes juives et j. fér. Tarif 8$, réduit 5$*

Où faire le plein pour un pique-nique ?

La Chilenita (plan 8, B3 n°3) Un sympathique endroit pour se poser ou attraper de quoi faire un délicieux repas en plein air. D'autant qu'on succombe facilement aux effluves d'*empanadas* tout juste cuites, ces feuilletés garnis de viande et de légumes, originaires de toute l'Amérique latine, et même d'Espagne. Ici, on les cuisine selon la recette chilienne. Un grand tableau d'écolier coloré détaille la composition des dix *empanadas* ; optez pour La Chilena, un grand classique, au bœuf, aux oignons et olives noires. Il y a aussi des recettes végétariennes, des sandwichs exotiques, des salades... Une bonne adresse au pied du Mont-Royal. Comptez 3,50$ par *empanada* et 18,50$ la demi-douzaine. *100, rue Marie-Anne O. Tél. 514 982 9212 M° Mont-Royal www.lachilenitamtl.com Ouvert sam.-jeu. 10h-20h, ven. 10h-21h*

Les quartiers périphériques

☆ **Les essentiels** Le jardin botanique de Montréal, le Biodôme, le stade olympique **Découvrir autrement** Fêtez Halloween en famille dans le parc d'attractions La Ronde, défoulez-vous au Piknic Électronik, promenez-vous à vélo ou en bateau au fil du canal de Lachine, surfez sur le Saint-Laurent

Hochelaga-Maisonneuve

Quand, au début des années 1880, les faubourgs de Montréal atteignent Hochelaga et que les autorités décident d'annexer cette bourgade à la métropole, les industriels et grands propriétaires francophones dénoncent un coup de force de l'élite anglophone et fondent, juste à l'est d'Hochelaga, la commune de Maisonneuve. Ils y bâtissent des usines, et la cité nouvelle connaît un essor foudroyant. Les frères Marius et Oscar Dufresne, qui accèdent à la mairie en 1910, veulent en faire une rivale de Montréal : Maisonneuve devient un temps la deuxième ville industrielle du Québec, mais des projets d'urbanisme trop ambitieux l'acculent bientôt à la faillite. Maisonneuve est annexée à Montréal en 1918 et en devient, comme Hochelaga, un quartier prolétaire. En 1976, est aménagé au nord le parc des Jeux olympiques. Populaire, "HoMa" – pour Hochelaga-Maisonneuve (plan 3, C2-3) – dégage une atmosphère de petite ville du Québec. Les maisons bourgeoises des industriels, aux escaliers typiques (rue Adam notamment), côtoient encore celles des ouvriers. Bien qu'une certaine gentrification soit apparue depuis le début des années 2000, le quartier reste en majorité populaire, à l'image de son artère la plus animée, la rue Ontario. *M° Pie-IX*

Balade architecturale De l'important programme d'urbanisme mis sur pied par les frères Dufresne, Maisonneuve n'a gardé que quelques édifices de style Beaux-Arts. Le plus représentatif, le marché Maisonneuve (plan 3, C2), ferme la perspective de la belle avenue Morgan. Sur la place s'élève une œuvre du sculpteur Alfred Laliberté, *La Fermière* (1915), représentant une maraîchère du XVIIe siècle. Le marché se tient de nos jours dans le bâtiment moderne voisin. À l'arrière, vous apercevrez un jardin communautaire. À voir aussi dans le quartier : l'ancien hôtel de ville (4120, rue Ontario Est) converti en bibliothèque, les anciens Bains publics (1875, av. Morgan), inspirés de la gare de Grand Central à New York et qui accueillent désormais une piscine municipale, et enfin, la caserne de pompiers (angle rue Notre-Dame et av. Létourneux). **Marché Maisonneuve** *4445, rue Ontario E. Ouvert lun.-mer. et sam. 7h-18h, jeu.-ven. 7h-20h, dim. 7h-17h*

Musée Dufresne-Nincheri (plan 3, C2) La première partie de la visite concerne le château Dufresne, l'hôtel particulier – en fait deux maisons jumelles – bâti de 1915 à 1918 par Marius Dufresne pour son frère et lui-même. Ses intérieurs fastueux, son riche mobilier, ses escaliers de marbre d'Italie et sa vingtaine de pièces témoignent de la réussite des deux frères et des goûts de la bourgeoisie francophone de la Belle Époque. Les murs et les plafonds ont été peints par Guido Nincheri (1885-1973). Expositions temporaires d'art et d'histoire. Une visite intéressante, rendue vivante grâce aux audioguides sur tablette. Le billet d'entrée donne accès au **Studio Nincheri**, situé au 1832, bd Pie-IX (plan 3, C3). Il plonge le visiteur dans l'atelier de vitrail du prestigieux artiste, tel qu'il se présentait à sa fermeture en 1996. On y admire peu de vitraux, mais plutôt le processus menant le maître à leur création (croquis, maquettes, outils). *2929, av. Jeanne-d'Arc (angle Sherbrooke) Tél. 514 259 9201 M° Pie-IX www.chateaudufresne.com Ouvert mer.-dim. 9h30-17h Horaires variables pour le Studio Nincheri Visites guidées gratuites Château w.-e. 13h30 et 15h30 Tarif 14$, réduit 7-13$, familles 30$*

Où casser la croûte à HoMa ?

Arhoma (plan 3, C2 n°10) Une excellente boulangerie-viennoiserie doublée d'une épicerie fine (fromage, charcuterie) et propose en plus des sandwichs gourmets (lapin confit, poulet-noix de cajou), des salades gourmandes, des pizzas, etc. (6-8$). À dévorer tout de suite en profitant aux beaux jours de l'agréable terrasse donnant sur la place, ou à emporter pour un pique-nique au parc Maisonneuve. *Hochelaga 15, place Simon-Valois Tél. 514 526 4662 M° Joliette ou Pie-IX arhoma.ca Ouvert lun.-mer. et sam. 6h-19h, jeu.-ven. 6h-21h, dim. 6h-18h*

Le parc Maisonneuve et le Parc olympique

L'immense parc Maisonneuve (plan 3, C2), dans le nord du quartier, englobe le jardin botanique de Montréal. Les terrains sis au sud de la rue Sherbrooke ont accueilli le complexe sportif des Jeux olympiques d'été de 1976, dominé par la tour de Montréal. Plusieurs forfaits permettent d'effectuer une visite combinée de toutes ou partie des attractions de l'**Espace pour la vie** (Biodôme, planétarium, jardin botanique et insectarium) et du stade olympique.

☆ ☺ **Jardin botanique de Montréal (plan 3, C2)** L'un des plus grands du monde, avec 75ha et 22 000 variétés de plantes. Sa création due au frère Marie-Victorin (1885-1944) remonte à 1931. Ses dix serres et sa trentaine de jardins thématiques permettent de sentir des fleurs et d'admirer des essences familières ou plus exotiques. Ne manquez pas le jardin de Chine, qui reconstitue minutieusement un jardin clos des Ming, le jardin japonais et son pavillon de thé, ni celui des Premières-Nations, composé de 300 espèces végétales. Une multitude d'expositions et d'activités sont proposées au fil des saisons et des floraisons. En septembre, profitez du jardin des Lumières qui illumine le parc de splendides lanternes chinoises. Le domaine abrite l'**insectarium de Montréal**, gigantesque maison aux insectes, vivants ou naturalisés, collectés sur les cinq continents. Grâce à différentes animations, on peut les observer et les comprendre. Notez que cet espace devrait fermer courant 2018 pour cause de rénovation majeure (consultez le site Internet pour connaître les dernières informations à ce sujet). *4101, rue Sherbrooke E. (angle Pie-IX) Tél. 514 872 1400 M° Jean-Talon, Pie-IX ou Viau espacepourlavie.ca/jardin-botanique Ouvert mi-mai-début sept. : tlj. 9h-18h ; début sept.-oct. : tlj. 9h-21h ; nov.-mi-mai : mar.-dim. 9h-17h Tarifs 19,75$, réduit 10-18,25$, familles 55$*

☆ ☺ **Biodôme (plan 3, C2)** Le vélodrome des Jeux de 1976 est devenu en 1992 un fascinant musée de la Nature. Sous son toit en forme de casque ont été reconstitués les différents écosystèmes des Amériques, du sud au nord, avec leur flore, leur faune (caïmans, manchots, castors, lynx, etc.) et leurs conditions climatiques. On se promène ainsi sur des sentiers sillonnant la forêt tropicale humide, longeant les côtes du Labrador, explorant le golfe du Saint-Laurent et traversant une érablière des Laurentides. Les panneaux d'interprétation sont aussi intéressants pour les adultes que pour les enfants, mais munissez-vous tout de même du dépliant-guide en vente à l'entrée (1$). Notez que le Biodôme aura droit à une refonte considérable de son espace et sera ainsi fermé pour une longue période à partir de 2018. Consultez le site Internet pour connaître avec plus de précisions les dates de ces travaux. *4777, av. Pierre-de-Coubertin Tél. 514 868 3000 M° Viau espacepourlavie.ca/biodome*

Planétarium Rio Tinto Alcan (plan 3, C2) Inauguré en 2013 et doté d'une architecture futuriste, le planétarium présente l'Univers sous toutes ses facettes. Deux grands théâtres en dôme projettent des spectacles renouvelés régulièrement : ludiques au théâtre du Chaos (25 min), plus sérieux et commentés au théâtre de la Voie lactée (40 min), qui propose périodiquement une lecture du ciel montréalais. Les horaires des séances étant fixes et le nombre de spectateurs limité, il est recommandé de réserver ses places en achetant son billet sur le site Internet. Pour patienter entre ces expériences immersives, l'exposition "Exo" emmène petits et grands sur les traces de la vie dans l'Univers, à l'aide d'écrans interactifs, de jeux et d'animations. *4801, avenue Pierre-de-Coubertin Tél. 514 868 3000 M° Viau espacepourlavie.ca/planetarium Ouvert mi-mai-mi-sept. : dim.-mer. 9h-17h, jeu.-sam. 9h-20h Fermé lun. mi-sept.-mi-mai Tarif 19,75$, réduit 10-18,25$, familles 55$*

☆ **Parc olympique – tour de Montréal (plan 3, C2)** Après avoir vibré aux exploits des meilleurs athlètes de la planète en 1976, le **stade** du Parc olympique et ses 56 000 places accueille des rencontres sportives, foires et spectacles d'envergure. Il doit son architecture audacieuse au Français Roger Taillibert. Son coût en a fait la construction la plus controversée de la ville : son toit mobile et sa tour penchée, la plus haute du monde, n'ont été achevés qu'en 1987. Cette dernière, rebaptisée **tour de Montréal**, inclinée à 45°, retient les câbles qui soutiennent le toit en Kevlar du stade. Du hall touristique, au pied de la tour, un funiculaire vous emmène au sommet en 2min, pour jouir d'un panorama grandiose sur l'est de Montréal, à 165m du sol. Visites guidées du stade et des installations. *4141, av. Pierre-de-Coubertin Tél. 514 252 4141 ou 1 877 997 0919 M° Pie-IX ou Viau parcolympique.qc.ca* ***Observatoire de la tour*** *Ouvert tlj. fin juin-fin déc., horaires variables Tarif 23,25$, réduit 11,50-21$, familles 58$* ***Stade*** *Visites guidées (20min) tlj. juin-oct. Appeler pour connaître les horaires Tarif 18,50$ Forfaits observatoire + stade 35,50$, réduit 17,75-31,75$, familles 87,50$*

DES INFRABASSES DANS LA GLACIÈRE

De mi-mai à début octobre, tous les dimanches après-midi, le parc Jean-Drapeau accueille la fine fleur de la scène électronique. On vient avec son pique-nique, en famille ou entre amis, et l'on danse sous le grand stabile de Calder jusqu'à la nuit tombée en profitant d'une vue imprenable sur la ville. Festif mais débonnaire !
☺ **Piknic Électronik**
Pl. de l'Homme Île Sainte-Hélène Accès en navette fluviale du Vieux-Port (cf. Mode d'emploi) M° Jean-Drapeau www.piknicelectronik.com Tarif 15$, moins de 12 ans gratuit

Les îles Sainte-Hélène et Notre-Dame

Regroupées sous l'appellation de parc Jean-Drapeau, ces deux îles échouées au milieu du Saint-Laurent, face au Vieux-Port, sont le rendez-vous sportif et/ou détente des Montréalais. L'**île Sainte-Hélène** (plan 3, B4-C3) – du prénom de l'épouse de Samuel de Champlain, Hélène Boullé – devint un parc public au début du XXe siècle et fut agrandie par remblayage pour accueillir l'Exposition universelle de 1967. De cet événement, organisé sur le thème de la "Terre des hommes", restent certains pavillons (la Biosphère, le casino), et des sculptures éparses, dont un colossal stabile (*L'Homme*) d'Alexander Calder, rive ouest. De là, belles vues sur la *skyline* de Montréal. Un complexe aquatique comprenant trois grandes piscines (payant) se dresse à côté du métro. L'**île Notre-Dame** (plan 3, B4), créée de toutes pièces pour l'Expo 67 avec la terre provenant de l'excavation des tunnels du métro de Montréal, est reliée à la précédente par deux ponts et une passerelle. On y trouve une plage (côté ouest, payante), les jardins des Floralies, le casino de Montréal, un bassin olympique d'aviron et le circuit Gilles-Villeneuve, qui accueille le Grand Prix du Canada de Formule 1. La piste est le reste de l'année ouverte aux cyclistes et aux patineurs à roulettes. De nombreux sentiers dans les bois (pistes de ski nordique en hiver), ainsi que des canaux et un lac, pris d'assaut l'été par les pédalos, kayaks et planches à voile. ***Accès En voiture*** *par les ponts Jacques-Cartier et de la Concorde, puis parkings payants* ***En navette fluviale*** *à partir du Vieux-Port (cf. Mode d'emploi)* ***À vélo*** *et en rollers par la piste du pont de la Concorde* ***En bus*** *par la ligne n°777 (et n°767 en saison) ; la n°769 permet ensuite de se déplacer dans l'île Sainte-Hélène (en saison) M° Jean-Drapeau* **Centre d'information du parc Jean-Drapeau sur l'île Sainte-Hélène** *Situé à la sortie du métro Tél. 514 872 6120 www.parcjeandrapeau.com Ouvert début juin-début sept. : tlj.*

MONTRÉAL ET LE SUD

Musée Stewart (plan 3, C3) Installé dans le fort de l'île Sainte-Hélène (début du XIXe s.), ce musée retrace l'histoire de l'exploration du Nouveau Monde grâce à des cartes, documents divers et une riche collection d'objets d'époque. Nombreuses expositions temporaires et visites guidées gratuites. Vue plaisante sur le centre-ville et le pont Jacques-Cartier du sommet de la tour de verre annexée au fort. *20, chemin du Tour-de-l'Isle Île Sainte-Hélène Tél. 514 861 6701 www.stewart-museum.org Ouvert tlj. 10h-17h (fermé mar. début sept.-fin juin) Tarif 10$, réduit 8$, familles 20$*

Biosphère (plan 3, B4) Ce dôme géodésique fut conçu par Richard B. Fuller (1895-1983) pour abriter le pavillon américain de l'Expo 67. C'est désormais un musée dédié à l'environnement, qui s'applique d'une façon scientifique et ludique à sensibiliser la population sur les grands enjeux pesant sur le climat, l'eau, l'énergie renouvelable... Des films, des bornes interactives, des petites expériences à réaliser soi-même et même de véritables ateliers où l'on joue au chercheur. Ne manquez pas la terrasse pour admirer le panorama sur la ville, et le formidable film immersif, qui plonge les spectateurs au milieu des violentes intempéries que le futur pourrait nous réserver. *160, chemin du Tour-de-l'Isle Tél. 514 283 5000 ou 1 855 773 8200 www.ec.gc.ca/biosphere Ouvert juin-août : tlj. 10h-17h ; sept.-nov. : mer.-dim. 10h-17h ; mi-jan.-mai : jeu.-dim. 10h-17h Tarif 15$, réduit 10-12$*

Où flamber ?

Casino de Montréal (plan 3, B4 n°3) Il a annexé les pavillons de la France et du Québec de l'Expo 67. Aux as de la roulette, aux rois du black jack comme aux néophytes, il propose ses milliers de machines à sous, tables de jeu et jeux électroniques. Avec une salle de spectacle, un cabaret, cinq restaurants (dont l'Atelier de Joël Robuchon) et trois bars. De juin à fin septembre, des navettes gratuites circulent tlj. entre le centre Infotouriste du centre-ville et le casino. *1, av. du Casino Île Notre-Dame Tél. 514 392 2746 ou 1 800 665 2274 www.casinosduquebec.com/montreal Tlj. 24h/24*

Où passer une folle journée en famille ?

La Ronde (plan 3, C3) Ce parc d'attractions occupe toute la moitié est de l'île Sainte-Hélène. Plus de 40 manèges et stands, des impressionnantes montagnes russes (1,2km) au carrousel pour les tout-petits, en passant par la grande roue et le "splash". Zombies, vampires, maison hantée et jardin des citrouilles en octobre pour Halloween. L'été, c'est d'ici que sont tirés les feux d'artifice de l'International des feux Loto-Québec. *22, chemin MacDonald Île Sainte-Hélène Tél. 514 397 2000 www.laronde.com Ouvert début juin-fin août : tlj. ; fin mai-début juin, fin août-début nov. : w.-e. (et certains lun.) Horaires variables, se référer au calendrier sur le site Internet Tarif 63,99$, enfants de moins de 1,37m et aînés 46,99$ (réduction pour les billets achetés en ligne) Feux d'artifice à partir de 52$*

☺ Le long du canal de Lachine

De redoutables rapides ayant toujours empêché les bateaux de remonter le Saint-Laurent, barrent le fleuve en amont de Montréal. Ils doivent leur nom à Robert Cavelier de La Salle, explorateur du XVIIe siècle qui pensa découvrir là un passage vers… la Chine ! Le canal creusé de 1821 à 1824 pour contourner les rapides et ainsi relier le lac Saint-Louis au port de Montréal devint bientôt une véritable autoroute fluviale (plan 3, A3). Dans la seconde moitié du XIXe siècle, ses berges portèrent la plus forte concentration industrielle du Canada : chantiers navals, minoteries, fabrique de haches, corderies, raffineries de sucre, filatures, etc., employant jusqu'à 25 000 personnes. Au nord, deux quartiers ouvriers se développèrent : Saint-Henri et la Petite-Bourgogne. Mais avec l'ouverture en 1959 de la voie maritime sur le Saint-Laurent, le canal périclita et ferma en 1970. Restauré en 2002, il est depuis ouvert à la navigation de plaisance. Ses friches industrielles sont peu à peu réhabilitées, et les usines désaffectées transformées en lofts, bureaux ou ateliers d'artistes.

PROMENADE CULTURELLE

Anciennes usines, manufactures abandonnées et bureau de poste désaffecté sont autant de formidables écrins pour les galeries d'art contemporain qui peuplent les quartiers de Saint-Henri et de la Petite-Bourgogne. **Parisian Laundry (plan 3, A3)** *3550, rue Saint-Antoine O. Tél. 514 989 1056 www.parisianlaundry.com* **Arsenal (plan 3, A3)** *2020, rue William Tél. 514 931 9978 www.arsenalmontreal.com* **1700 La Poste (plan 3, A3)** *1700, rue Notre-Dame O. Tél. 438 384 1700 1700laposte.com*

Saint-Henri et la Petite-Bourgogne (plan 3, A3) Ces vieux quartiers industriels prirent leur essor dès la fin du XVIIe siècle autour des premières tanneries de Montréal. Le village de Saint-Henri-des-Tanneries connut par la suite un fort développement industriel, avant d'être rattaché à la ville de Montréal en 1905. Le quartier populaire conté par Gabrielle Roy (1909-1983) dans son célèbre roman *Bonheur d'occasion* tend aujourd'hui à doucement se "gentrifier", avec l'apparition d'excellents restaurants et l'installation d'importantes galeries d'art contemporain, cf. Promenade culturelle ci-contre. Le joli **parc Saint-Henri** (entre av. Laporte et rue Agnès) est bordé de maisons cossues et sa fontaine centrale ornée d'une statue de Jacques Cartier. La **rue Notre-**

Dame Ouest est l'artère la plus vivante, avec à l'est de l'avenue Atwater (quartier de la Petite-Bourgogne), bon nombre de boutiques d'antiquaires. *M° Lionel-Groulx et Place-Saint-Henri*

Marché Atwater (plan 3, A3) Il est de bon ton de faire ses emplettes sous cette halle Art déco (1933), au bord du canal de Lachine : fromagers, bouchers, poissonniers, boulangers, confiseurs, marchands de quatre-saisons et une fruiterie où dénicher les fruits les plus exotiques, soit tout ce qu'il faut pour concocter un pique-nique. Ambiance agréable et aires de restauration extérieure aux beaux jours, avec comptoirs de cuisine locale et internationale. *138, av. Atwater (près du canal de Lachine) M° Lionel-Groulx Ouvert lun.-mer. 7h-18h, jeu. 7h-19h, ven. 7h-20h, w.-e. 7h-17h*

Lachine Paisible arrondissement, cet ancien poste de traite est installé au bord du lac Saint-Louis et séparé du Saint-Laurent par une longue digue devenue le **parc René-Lévesque**, qu'agrémentent une cinquantaine de sculptures contemporaines monumentales. ***Accès en transports en commun*** *Métro jusqu'à la station Angrignon, puis bus n°495*
Musée de Lachine Le petit musée d'art et d'histoire de Lachine (mobilier, objets usuels, documents anciens…) occupe une maison de 1685, au sud du pont qui enjambe le canal de Lachine et à l'orée de la piste cyclable des Berges – cf. Le long du Saint-Laurent (p.156). *1, chemin du Musée Tél. 514 634 3478 www.museesmontreal.org Ouvert fin juin-début sept. : mar.-dim. 12h-17h ; avr.-fin juin, début sept.-nov. : mer.-dim. 12h-17h Entrée libre*
Lieu historique national du Commerce-de-la-Fourrure-à-Lachine Cet entrepôt riverain du lac Saint-Louis abrita dès le début du XIXe siècle les marchandises que la Compagnie de la Baie d'Hudson troquait contre des fourrures. Expositions et activités interactives pour tout savoir sur ce commerce qui fut longtemps le moteur de l'économie montréalaise. Animations historiques les week-ends d'été. *1255, bd Saint-Joseph (Lachine) M° Angrignon puis bus 495 ou autoroute 20 Tél. 514 637 7433 www.pc.gc.ca/fourrure Ouvert mi-juin-début sept. : tlj. 10h-17h Tarif 3,90$, aînés 3,40$, 6-16 ans 1,90$, familles 9,80$*

Où boire une bière le long du canal de Lachine ?

Terrasse St-Ambroise (plan 3, A3 n°1) Pour récompenser vos nombreux coups de pédale, la Terrasse St-Ambroise vous ouvre ses portes le long de la piste cyclable, à l'arrière de la brasserie McAuslan, bien connue des Québécois. Parmi les bières en fût, goûtez la St-Ambroise noire à l'avoine, la Griffon rousse ou encore la Cream Ale. Elles sont toutes fabriquées sur place. Elles s'accompagnent d'un petit menu (cheeseburger, hot dog...), un peu plus recherché (fromages, charcuteries...) au pub installé dans les lieux (toute l'année jeu.-sam. 16h-1h). Visite de la brasserie et dégustation possible (5$). Pinte de bière en fût 6-7$. *5080, rue Saint-Ambroise Tél. 514 939 3060 www.mcauslan.com Ouvert fin mai-fin août : tlj. 12h-23h ; sept. : tlj. 16h-22h*

Aller de Montréal à Lachine sur des rou(lett)es À suivre à vélo ou en patins, voire à pied, la magnifique piste cyclable aménagée le long du canal mène de Montréal au petit bourg de Lachine et au lac Saint-Louis, au débouché ouest du canal. Longue de 11km et jalonnée de lieux historiques, elle part du Vieux-

Port, à l'extrémité ouest de la rue de la Commune. En fin de parcours, à Lachine, centre d'information et tables de pique-nique. La balade prend la journée. Location de vélos au Vieux-Port (p.93) ou le long du canal. **Ma Bicyclette (plan 3, A3)** *2985, rue Saint-Patrick (face au marché Atwater) Tél. 514 317 6306 mybicyclette.ca Ouvert avr.-oct. : tlj. 9h-18h Tarif à partir de 10$/h et 30$/j.*

... Ou sur l'eau

H2O Aventures (plan 3, A3) Parcourir le canal à bord d'une embarcation rend l'expérience encore plus dépaysante et agréable. Ce centre nautique loue des kayaks, des pédalos (à partir de 15$/h), mais aussi des rabaskas (grand canoë traditionnel de 13 places, 50$/h) et même des bateaux électriques pour une balade sans efforts (2-5 places, 40-60$/h). *2727B, rue Saint-Patrick (face au marché Atwater) Tél. 514 842 1306 www.h2oadventures.ca Ouvert mai-sept. : tlj. En fonction de la météo*

Le long du Saint-Laurent

Pour retourner à Montréal à vélo, vous pouvez suivre la **piste cyclable des Berges**, qui borde le Saint-Laurent. Longue de 15km, elle permet de profiter d'autres paysages et d'apercevoir les fameux rapides de Lachine, notamment au **Parc des rapides** (situé à la hauteur de LaSalle). Le secteur est un refuge pour les oiseaux migrateurs et l'on peut y observer la plus grande colonie de hérons du Québec. Cette piste passe à proximité du moulin Fleming près de Lachine et, en fin de parcours près de la maison Saint-Gabriel.

Moulin Fleming (hors plan 3 par A4) Un grand moulin à vent de la fin du XVIIIe siècle sur la gauche de la piste des Berges, peu après le départ. Parfaitement restauré, il abrite un petit centre d'interprétation, où son histoire est théâtralement contée. *9675, bd LaSalle (angle Strathyre) Tél. 514 367 6439 Ouvert début juin-fin août : sam.-dim. 13h-17h Entrée libre*

Maison Saint-Gabriel (plan 3, A4) Cette grande et belle ferme en pierre des champs, l'une des plus anciennes maisons de Montréal, mérite un détour. En 1668, Marguerite Bourgeoys l'acheta pour y loger les "filles du Roy" – ces jeunes filles envoyées par Louis XIV en Nouvelle-France. À l'aide d'objets d'époque, le musée évoque la vie quotidienne des débuts de la colonie et l'histoire de ces orphelines élevées par des religieuses et venues, avec une dot du roi de France, prendre époux et ainsi peupler le territoire. Expositions thématiques dans la grange. Les dimanches d'été, théâtre et démonstrations. *2146, pl. Dublin, Pointe Saint-Charles Tél. 514 935 8136 M° Charlevoix (puis bus n°57 Est) ou M° Square-Victoria-OACI (puis bus n°61 Ouest) www.maisonsaint-gabriel.qc.ca Ouvert mi-juin-début sept. : mar.-dim. 11h-18h ; reste de l'année : mar.-dim. 13h-17h Tarif 10$, réduit 3-8$, familles 20$ (tarifs majorés les dim. d'été) Visites guidées*

Où garnir un panier pique-nique ? En chemin, vous pourrez remplir votre panier pique-nique au marché Atwater (p.95), sur la piste cyclable du canal de Lachine, à 3,5km au sud-ouest du Vieux-Port. Vous trouverez un autre marché à Lachine (p.95), et plusieurs restaurants dans le bourg, sur le boulevard Saint-Joseph.

Descendre les rapides de Lachine en raft C'est en été, quand le débit du fleuve est le plus faible, que les rapides de Lachine sont les plus impressionnants. De joyeux fous ont eu l'idée d'organiser des excursions en raft ou en *jet boat* sur leurs vagues et remous bouillonnants. Un vrai rodéo ! Une activité étonnante à deux pas du centre-ville. Emportez des vêtements de rechange si vous ne voulez pas revenir trempé.

Saute-Moutons/Jet St-Laurent (plan 4, D2) Départ du Vieux-Port de mai à mi-oct. : tlj. de 10h à 18h, selon la météo et l'affluence. Deux types de puissants *jet boats* : le *Saute-Moutons* (47-67$) qui affronte les rapides, et le *Jet Saint-Laurent*, le moins grand des deux, qui permet des virages à 360° mais reste dans les parages plus calmes du fleuve (19-26$). *Quai de l'Horloge Tél. 514 284 9607 www.sautemoutons.com*

Les descentes sur le Saint-Laurent Ce prestataire installé en amont des rapides, sur la route de Lachine, organise des sorties en *jet-boat* et en raft. Pour le rafting (durée 2h15), deux formules : aventurière ou familiale, selon la zone des rapides abordée. Réservation obligatoire. *8912, bd LaSalle (angle 68e Avenue) Tél. 514 767 2230 ou 1 800 324 7238* **Accès** *M° Angrignon, puis bus n°110 www.raftingmontreal.com* **Tarif** *Rafting 47$, réduit 29-40$ Jet-boating 56$, réduit 36-46$*

Faire du surf sur le Saint-Laurent

KSF Nul besoin d'être à Hawaï pour connaître l'ivresse de la glisse. Non loin du centre-ville, Montréal garde confidentiels plusieurs spots où s'initier au surf... de rivière ! Comment tenir debout sur sa planche, choisir sa direction, lire le courant et glisser en harmonie avec la vague : les cours d'initiation de KSF se déroulent en groupe, sur une journée ou une demi-journée. Cours 70$ la demi-journée, 110$ la journée. Des cours et des sorties de SUP (planche à rame) sont aussi offerts (à partir de 39$). *7770, bd LaSalle (à la hauteur du bd Bishop-Power, au sud du Parc des rapides) Tél. 514 595 7873 ksf.ca Ouvert fin avr.-début oct. : tlj. Horaires variables*

Les environs de Montréal

☆**Les essentiels** Le parc national d'Oka, le mont Saint-Hilaire, Fort-Chambly, le parc national des Îles-de-Boucherville, le Village québécois d'antan **Découvrir autrement** "Dînez" dans une cabane à sucre, pagayez entre les îles de Sorel, percez la culture abénakise à Odanak

Même si Montréal est très étendue, la nature n'en est jamais très loin… Aux portes de l'agglomération, les parcs d'Oka et des Îles-de-Boucherville offrent aux citadins de belles possibilités d'escapade, tandis que la Montérégie les invite à goûter ses produits du terroir : pommes, cidre, sirop d'érable, etc.

Sur la route de Gatineau

Oka Cette petite ville, dont le nom signifie "poisson doré" en algonquin, est campée au bord du lac des Deux-Montagnes, au confluent du Saint-Laurent et de la rivière des Outaouais. Traversez le centre jusqu'aux quais et à l'église (1878) tournée vers les eaux. De la jetée, un bac rejoint en 10min Hudson, sur l'autre rive (tlj. 6h-22h de fin avr. à fin nov., 11$/voiture). En hiver, un pont

ACCUEIL ROYAL
Le centre d'accueil et d'interprétation se trouve à l'entrée ouest du parc d'Oka ; le centre de services Le Littoral (restaurant, toilettes, téléphone, boutique) près de la plage. Le terrain de camping aménagé au bord de l'eau (tente : 30$) n'est ouvert que de mai à mi-octobre, mais on peut séjourner dans le parc toute l'année. Été comme hiver, des chalets accueillent confortablement 4 pers. (152$). En dehors des périodes les plus froides, des emplacements "clé en main" sont disponibles, avec tente pour 6 pers., lanterne, tapis de sol, réchaud et bois de chauffage (120$). **Centre d'accueil** *2020, chemin d'Oka Tél. 450 479 8365 ou 1 800 665 6527*

de glace permet de traverser le lac en voiture et à motoneige. **Hudson** est une charmante bourgade résidentielle et plutôt huppée, à majorité anglophone, qui possède quelques bonnes tables. *65km à l'ouest de Montréal par l'autoroute 640 et la route 344*

☆ **Parc national d'Oka** Riverain du lac des Deux-Montagnes, ce parc de 23,7km² protège des milieux humides représentatifs de la vallée du Saint-Laurent. C'est aussi un lieu de passage pour les oiseaux migrateurs. Le site, occupé par les Amérindiens au début de notre ère, est devenu l'un des rendez-vous "nature" des familles montréalaises. Il accueille chaque année une foule de visiteurs, campeurs, cyclistes, randonneurs, skieurs... On peut y louer des vélos pour profiter de ses pistes aménagées. Le parc possède aussi une plage de sable blond, longue de 7km, et l'on peut réserver un kayak, un pédalo, une planche à voile ou un SUP pour s'amuser sur le lac en été. Enfin, six beaux sentiers de randonnée pédestre le traversent, dont l'Érablière (1,3km), la Sauvagine (11,8km) et le calvaire d'Oka (4,4km). Reprenant le chemin de croix des sulpiciens établis dans la région au XVIIIe siècle, ce dernier dessert quatre oratoires et aboutit à un belvédère, près de trois chapelles érigées en 1742 pour stimuler la foi des Amérindiens fraîchement baptisés. Les autorités du parc organisent de nombreuses animations, parfois payantes : rallyes audioguidés, sorties avec les gardes, soirées contées pour les enfants, etc. En hiver, vous pourrez faire de la luge, de la raquette et du ski de fond (35km de sentiers). *60km à l'ouest du centre de Montréal par l'autoroute 13 ou 15 vers le nord, puis l'autoroute 640 vers l'ouest jusqu'au bout Accès possible en train (rens. à l'AMT) www.sepaq.com/oka Parc ouvert toute l'année Droit d'accès 8,50$, moins de 18 ans gratuit Stationnement 9$/voiture (seulement pour la plage)*

Où remplir un panier pique-nique ?

☺ **Magasin de l'Abbaye d'Oka** Les moines cisterciens ont quitté l'abbaye pour s'installer à Saint-Jean-de-Matha, et ils ont laissé à d'autres le soin d'affiner leur célèbre fromage Oka, mais ils produisent encore les chocolats, gâteaux aux fruits et gelée de pomme que l'on déniche dans cette jolie boutique. Elle regorge aussi de bons produits des fermes avoisinantes (viandes, terrines), de pains, de viennoiseries et autres délices locaux, sans oublier un vaste rayon de fromages. Pour le dessert, allez visiter les kiosques à fruits installés aux alentours sur le bord de la route. *1500, ch. d'Oka (route 344, 5km à l'est d'Oka) Tél. 450 479 6170 magasin-abbayeoka.com Ouvert lun.-mer. 9h-17h, jeu.-dim. 9h-18h*

Où faire bombance dans une cabane à sucre ? En mars et avril, pendant les quelques semaines que dure la saison des sucres, l'ambiance est à la fête. Tous les Québécois vont alors ripailler et "se sucrer le bec" dans une érablière. La plupart des cabanes à sucre sont fermées hors de cette période, mais certaines restent ouvertes toute l'année – surtout, il faut bien l'avouer, à l'intention des touristes. L'ambiance, inoubliable au printemps, semble un peu factice hors saison, quand défilent les cars d'excursionnistes, mais l'expérience reste incontournable, car ces repas à la cabane font partie du folklore local ! Le sud des Laurentides (la région d'Oka, notamment) et la Montérégie comptent un grand nombre d'érablières. Vous en trouverez une liste complète sur le site **laroutedessucres.com**.

Sucrerie de la Montagne Profitez de la visite guidée des lieux pour tout savoir de la fabrication du sirop d'érable, tandis qu'à la cabane les cuisiniers s'affairent, que le chansonnier accorde sa guitare et que l'on dresse les longues tables... Les plats sont préparés à l'ancienne et servis à volonté : soupe aux pois, jambon au sirop, omelette fermière, oreilles de crisse (lard frit), fèves au lard, pommes de terre, tourtières, saucisses de campagne... et crêpes au sirop d'érable. Avant de repartir, chacun va déguster sa sucette de tire, proposée chaude sur la neige. N'oubliez pas de passer par la boutique. La Sucrerie de la Montagne loue quatre jolies maisonnettes d'antan en bordure de forêt (85$/pers. la nuitée). *300, chemin Saint-Georges* ***Rigaud*** *(70km à l'ouest du centre de Montréal par l'autoroute 40, sortie 17 Prendre à gauche la direction de Salaberry-de-Valleyfield Après 2km, tourner à droite et faire encore 6km) Tél. 450 451 0831 www.sucreriedelamontagne.com Ouvert tlj. 11h-14h et 17h-19h Ouvert toute l'année sur réservation Tarif 28-45$ (en fonction de la saison et de l'horaire), 7-12 ans 19$, 3-6 ans 13$*

PAPINEAU, CHEF DES PATRIOTES

Né en 1786, Louis-Joseph Papineau devient avocat et est élu en 1809 à l'assemblée législative du Bas-Canada pour y représenter le Parti canadien (libéral, défendant les intérêts des Canadiens français). Ce parti, qu'il dirige à partir de 1815, se radicalise et devient le Parti patriote en 1826. En 1837, la population se soulève face au refus du roi d'Angleterre d'accéder à ses revendications. C'est la rébellion des Patriotes. Papineau, dont la tête est mise à prix, se réfugie aux États-Unis puis en France. Amnistié en 1845, il rentre au pays et s'établit à Montebello. Il s'y retire de la vie publique en 1854 (p.202) et s'y éteint en 1871.

La Montérégie

Cette contrée bucolique qui borde la route des Cantons de l'Est doit son nom au mont Royal (*mons Regis*) de Montréal, l'une de ses neuf collines. C'est avant tout une région agricole, parfois surnommée le "jardin du Québec". Ses routes serpentent entre champs de maïs, fermes d'élevage, érablières, vergers, cultures potagères et quelques vignobles. Mais ce sont les pommes qui ont fait sa réputation, assurant 90% de la production québécoise ! Autre spécialité, les citrouilles et plus généralement les courges. Les cidreries, vinaigreries et fermes d'autocueillette (fraises, bleuets, pommes, framboises, tomates, etc.) font le bonheur des Montréalais en fin de semaine. La région est traversée du nord au sud par la rivière Richelieu, dont les Français jalonnèrent le cours majestueux de trois forts au XVIIe siècle.

En 1837 et 1838, la vallée fut le théâtre d'affrontements sanglants entre les troupes britanniques et les Canadiens français de **Louis-Joseph Papineau** (p.159). Ces patriotes, lésés par le Conseil législatif et le gouverneur anglais, prônaient l'autodétermination et rêvaient d'une République canadienne française… Les tensions se transformèrent en lutte armée, et la Grande-Bretagne réprima durement la rébellion. *Tél. 450 466 4666 ou 1 866 469 0069 www.tourisme-monteregie.qc.ca*

☆ **Mont-Saint-Hilaire** Campée entre la ronde montagne éponyme (la plus haute des Montérégiennes, avec 411m) et la rivière Richelieu, cette ville vit naître deux grands peintres québécois : Ozias Leduc (1864-1955) et Paul-Émile Borduas (1905-1960). Leurs maisons converties en musées se visitent à la belle saison. Renseignements au petit musée des Beaux-Arts de Mont-Saint-Hilaire, qui accueille aussi chaque année sept ou huit expositions temporaires, principalement d'artistes locaux. Si vous avez tout votre temps, vous pourrez aussi visiter la Maison amérindienne, qui organise des expositions d'art autochtone. En revanche, ne manquez pas de gravir le mont Saint-Hilaire (comptez 2h AR). Classé réserve mondiale de biosphère pour son couvert forestier presque intact, le "Pain de sucre" offre de beaux panoramas sur la plaine. En dehors du secteur de conservation (4,5km²), vous y trouverez 20km de sentiers pédestres, un lac et quatre belvédères. L'hiver, 20km de pistes de ski nordique et 10km pour les raquettes à neige permettent de sillonner la réserve. Les sentiers pédestres partent du Centre de la nature, au pied du mont. La route qui y mène traverse de nombreux vergers – vous pouvez prévoir un ou plusieurs arrêts pour l'autocueillette, l'achat de confitures et de beignets. *35km env. à l'est de Montréal par la route 116 ou par l'autoroute 20 Est, sortie 113, puis la route 133 Sud. Trains au départ de la gare centrale* **Bureau d'information touristique de la Vallée-du-Richelieu** *255, bd Laurier (bureau 220) McMasterville Tél. 450 464 4188 (poste 2800) ou 1 877 464 4188 regiongourmande.com* **Musée des Beaux-Arts** *150, rue du Centre-Civique Tél. 450 536 3033 www.mbamsh.qc.ca Ouvert lun.-ven. 9h-17h, w.-e. 13h-17h Horaire réduit pour les maisons Tarif 7$, réduit 5-6$ Maisons Ozias Leduc et Paul-Émile Borduas 5$ chacune* **Maison amérindienne** *510, montée des Trente Tél. 450 464 2500 www.maisonamerindienne.com Ouvert lun.-ven. 9h-17h, sam.-dim. 13h-17h Tarif 5$, aînés et 12-17 ans 4$, 6-11 ans 3$, familles 12$* **Centre de la nature du Mont-Saint-Hilaire** *422, chemin des Moulins Tél. 450 467 1755 www.centrenature.qc.ca Ouvert tlj. à partir de 8h Fermeture entre 16h et 20h selon la période Tarif 7$, réduit 2$*

☆ **Fort-Chambly** À Chambly, après une série de rapides tumultueux (on peut voir le canal creusé au XIXe siècle pour les éviter), la rivière Richelieu s'élargit en un grand bassin calme. Sur ce site magnifique, les Français bâtirent en 1665 un fort en bois pour protéger Montréal des attaques iroquoises, puis une forteresse en pierre à la Vauban, en 1711, pour prévenir la menace anglaise. Après la conquête de 1760, les Britanniques renforcèrent ses défenses et, lors de la guerre de 1812 contre les Américains, ils y cantonnèrent près de 6 000 hommes. Le fort classé abrite un centre d'interprétation qui retrace l'histoire de la vallée du Richelieu au temps de la Nouvelle-France. Il est animé l'été par des guides costumés, des démonstrations de tir au mousquet (w.-e.)

et de nombreuses activités familiales. Les vastes pelouses qui l'entourent, sur lesquelles gambadent des écureuils, offrent de jolies vues et s'avèrent idéales pour pique-niquer. Ancien chemin de portage le long des rapides et jadis cœur du village, la rue de Richelieu est bordée de jolies demeures du XIXe siècle. Siège d'une intense activité commerciale au XIXe siècle, Chambly est devenue une banlieue résidentielle du Grand Montréal. *2, rue de Richelieu* **Chambly** *(20km au sud de Mont-Saint-Hilaire par la route 133 ou la route 223) Tél. 450 658 1585 www.pc.gc.ca/fortchambly Ouvert mi-juin-août : tlj. 10h-18h ; mi-mai-mi-juin, début sept.-mi-oct. : mer.-dim. 10h-17h Tarif 5,65$, réduit 2,90-4,90$*

Saint-Jean-sur-Richelieu Fondée au XVIIe siècle sur la rive occidentale du Richelieu, Saint-Jean devint vite une plaque tournante du commerce avec les États américains. Le fortin érigé en 1667 pour protéger le site a été reconstruit à plusieurs reprises, par les Français puis par les Britanniques. Son corps de garde abrite un musée d'histoire militaire. La ville vit son rôle commercial et industriel renforcé par l'inauguration de la première voie ferrée canadienne en 1836, puis par la réalisation du canal de Chambly en 1843. À partir de 1840, Saint-Jean-sur-Richelieu se tailla une réputation nationale grâce à sa céramique. Vous en découvrirez l'histoire et des pièces au musée du Haut-Richelieu. La ville est aussi connue pour accueillir tous les ans en août le plus grand rassemblement de montgolfières du pays – plus de 125 engins ! *16km au sud de Chambly par la route 223* **Office de tourisme du Haut-Richelieu** *31, rue Frontenac Tél. 450 542 9090 ou 1 888 781 9999 tourismehautrichelieu.com Ouvert 24 juin-1er lun. de sept. : 8h30-18h ; reste de l'année : tlj. 9h-17h* **Musée du Fort-Saint-Jean** *15, rue Jacques-Cartier Nord Tél. 450 358 6500 www.museedufortsaintjean.ca Ouvert mi-mai-début sept. : mer.-dim. 10h-17h Tarif 4$, réduit 3$* **Musée du Haut-Richelieu** *Place du Marché Tél. 450 347 0649 www.museeduhaut-richelieu.com Ouvert 24 juin-début sept. : dim.-ven. 11h-17h, sam. 9h-17h ; reste de l'année : dim.-ven. 11h-17h, sam. 9h 17h Tarif 5$, réduit 2,50-4$, familles 12$*

CIRCUIT DU PAYSAN
Procurez-vous la carte de ce circuit gourmand pour ne rien manquer des délices naturels qui font la renommée de la région. Sur près de 200km, en passant généralement par de petites routes, vous croiserez des fermes qui ouvrent volontiers leurs portes aux visiteurs, des fromageries, des producteurs d'alcool (cidre, hydromel), des kiosques de fruits et légumes frais... Bucolique à souhait ! Carte disponible dans les OT et sur le site Internet. *lecircuitdupaysan.com*

Fort Lennox Postée en sentinelle au milieu de la rivière Richelieu, l'île aux Noix joua un rôle important dans l'histoire militaire du Canada. Les Français y bâtirent un fort en pieux de cèdre en 1665. En 1775, lors de leur guerre d'indépendance, les Américains occupèrent l'île. Les Britanniques édifièrent le fort actuel de 1819 à 1829 pour empêcher toute nouvelle invasion américaine par la rivière, et l'entourèrent d'un large fossé en forme d'étoile à cinq branches. La vie militaire de l'époque est relatée dans les bâtiments classés du fort (prison, caserne, poudrière, etc.). Une courte traversée en bateau permet d'accéder à l'île et de se laisser conter son histoire par des guides costumés. Le site est agréable (apportez votre pique-nique). Animations théâtrales et activités diverses en juil.-août. *1, 61e Avenue* ***Saint-Paul-de-l'île-aux-Noix*** *(20km au sud de Saint-Jean-sur-Richelieu par la route 223 ; le site est signalé) Tél. 450 291 5700 ou 1 888 773 8888 www.pc.gc.ca/lennox Ouvert mi-mai-mi-juin : lun.-ven. 10h-17h ; mi-juin-début sept. : tlj. 10h-18h ; sept.-mi-oct. : ven.-dim. et j. fér. 10h-17h Tarif 7,80$, réduit 3,90-6,70$, familles 19,50$*

Où acheter du cidre ? Les collines et le climat de Montérégie sont particulièrement propices à la culture de la pomme. Ses vergers s'étendent par endroits à perte de vue ! On s'extasie devant les pommiers en fleur au printemps et l'on cueille leurs fruits à l'automne. Pour rendre visite aux pomiculteurs, quittez la vallée du Richelieu pour suivre les petites routes qui mènent à Hemmingford, Mont-Saint-Grégoire ou Rougemont, capitale québécoise de la pomiculture. À la vente de pommes, parfois de tartes et de confitures, s'ajoute la production de cidres légers, forts ou mousseux, d'apéritifs et de délicieux cidres de glace – cf. Les Cantons-de-l'Est (p.281). *www.maroutedescidres.com*
Voici deux adresses où vous pourrez acheter d'excellents cidres :
La Face cachée de la pomme *617, route 202* ***Hemmingford*** *(53km au sud-ouest de Saint-Jean-sur-Richelieu par la route 223 puis la route 202) Tél. 450 247 2899 www.lafacecachee.com Ouvert 1er mai-24 déc. : tlj. 10h-17h (fév.-avr. : sur rdv)*
Le Flanc nord *835, ch. Rouillard* ***Mont-Saint-Hilaire*** *(4km à l'est de la gare de Mont-Saint-Hilaire) Tél. 450 464 7432 www.vergerduflancnord.com Ouvert août-nov. : tlj. 8h-19h Reste de l'année sur rés.*

Où boire une bière artisanale et manger un morceau ?
Bedondaine & Bedons ronds La terrasse de cette sympathique microbrasserie invite à siroter une bière de la maison. À l'intérieur, de grandes chaises en bois, de la bonne musique, un baby-foot gratuit et une impressionnante collection de 26 000 objets reliés de près ou de loin aux bières du monde entier (le lieu s'est autoproclamé musée de la Bière). Pour choisir parmi la douzaine de recettes originales de bière proposées, demandez conseil aux serveurs, tous des apprentis brasseurs, ou au tenancier, Nicolas “Bedondaine”. Pour les petits creux, sandwichs, nachos, terrines et croque-en-bouche. *255, rue Ostiguy* ***Chambly*** *Tél. 450 447 5165 ou 1 866 447 5165 www.bedondaine.com Ouvert mar.-mer. 15h-0h, jeu.-sam. 11h30-1h, dim. 11h30-23h*

Sur la route de Trois-Rivières par la rive sud

☆ **Parc national des Îles-de-Boucherville** L'un des plus petits parcs nationaux de la province, mais l'un des plus fréquentés en raison de la proximité de Montréal et de sa facilité d'accès. Il protège un chapelet d'îles et de chenaux au milieu du Saint-Laurent, en aval de l'agglomération. L'entrée desservie par des bretelles d'autoroute n'invite guère à la détente, mais rassurez-vous, à l'intérieur, le bruit de la circulation s'estompe vite ! Sur ce territoire restreint, entre champs en friche et milieux humides, la vie foisonne : on y recense pas moins de 268 espèces d'oiseaux, de mammifères, de poissons et d'amphibiens. Les îles sont aussi une halte privilégiée des sauvagines lors de leur migration. Le centre d'interprétation à l'entrée du parc fournit tous les renseignements nécessaires (carte des sentiers pédestres et des pistes cyclables, brochures explicatives et rallye nature). Il loue des vélos et des embarcations en été, des raquettes et des trottinettes des neiges en hiver. Aux beaux jours, empruntez le parcours nautique balisé en kayak ou en canoë ! Les guides du parc animent des excursions en rabaska (grand canoë) pour observer l'activité des marais à la tombée du jour. Sur la terre ferme, les sentiers pédestres et cyclables sont jalonnés d'aires de pique-nique. Vous trouverez enfin sur l'île de la Commune une tour d'observation haute de 15m et, sur l'île Grosbois, un petit site archéologique amérindien. D'avril à octobre, profitez des sorties guidées pour observer la faune : le canard en migration, le cerf de Virginie, les oiseaux, les castors… Certaines sont payantes. Casse-croûte et bar laitier en été. De décembre à mars, des sentiers sont tracés pour les marcheurs, les raquetteurs et les skieurs. Possibilité de camper sur l'île Grosbois (accès à pied, à vélo ou en navette gratuite), avec votre propre équipement ou en louant une tente Huttopia (prêt-à-camper). *Île Sainte-Marguerite* ***Boucherville*** *(à 15km env. du centre de Montréal par l'autoroute 40 Nord ou la route 138/ rue Sherbrooke Est puis l'autoroute 25 Est La sortie pour le parc est indiquée) Tél. 450 928 5088 www.sepaq.com/pq/bou Droit d'accès 8,50$, moins de 17 ans gratuit Location de vélos (14$/h) et d'embarcations (14-22$/h) de début mai à fin sept. Camping 30$/tente et 120$ pour une tente Huttopia* **Centre de découverte et de services** *Ouvert avr.-mi-juin : tlj. 9h-17h ; mi-juin-début sept. : tlj. 9h-19h ; début sept.-mars : tlj. 9h-16h*

Îles de Sorel À l'embouchure des rivières Richelieu et Yamaska, le Saint-Laurent baigne un archipel de 103 îles et alimente un immense lac classé réserve mondiale de biosphère. Fréquenté par de nombreux oiseaux migrateurs, le lac Saint-Pierre est aussi un important site ornithologique. Le Biophare de Sorel (p.163) et la Maison du marais organisent des sorties sur le lac et dans les marais (préférez les sorties matinales pour plus de tranquillité et optimiser vos chances d'observer la faune). Vous en entendrez sûrement parler, ces îles sont aussi la toile de fond d'un roman de Germaine Guèvremont, *Le Survenant* (1945). ***Sorel-Tracy*** *(80km au nord-est de Montréal par l'autoroute 30 ou la route 132)* **Bureau d'information touristique** *92, chemin des Patriotes Tél. 450 746 9441 ou 1 800 474 9441 www.tourismeregionsoreltracy.com Ouvert mi-juin-début sept. : tlj. 8h30-17h30 ; reste de l'année : lun.-ven. 8h30-12h et 13h-16h30, w.-e. 10h-16h*

Biophare Ce centre d'interprétation propose deux expositions permanentes : "L'Observatoire du lac Saint-Pierre", qui présente l'écosystème lacustre et son histoire, et "L'Appel du large" sur la construction navale locale. Le Biophare accueille également des évènements thématiques et organise des randonnées nature, qui sont en fait des croisières guidées de 3h dans la réserve, à bord d'un petit bateau de 12 places. *6, rue Saint-Pierre* ***Sorel-Tracy*** *(centre-ville) Tél. 450 780 5740 ou 1 877 780 5740 www.biophare.com Ouvert juil.-août : tlj. 10h-17h ; sept.-juin : mer.-ven. 10h-17h, w.-e. 13h-17h Tarif 7,50$, réduit 3,50-6,50$* **Randonnées nature** *www.randonneenature.com Départs juil.-août : tlj. 9h-13h30 ; mai-juin, sept. : tlj. 13h30 Réservation obligatoire Tarif 36,50$, 7-17 ans et étudiants 20,85$, 5-6 ans 10$ (prix HT)*

☺ **Maison du marais** Située juste avant le pont conduisant à la petite île d'Embarras, ce centre d'interprétation présente une exposition succincte sur la faune et la flore du marais et des îles de Sorel, mais vaut surtout le détour pour les opportunités qu'il offre de découvrir ces milieux naturels par voie fluviale. Croisière tranquille et commentée à bord d'un ponton motorisé (22-32$/pers.), ou à votre rythme en louant un kayak ou un canoë (à partir de 35$/demi-j.). Dans tous les cas, il convient de réserver la veille. Une activité plaisante, à combiner pourquoi pas avec un repas au restaurant Chez Marc Beauchemin (p.165). *3742, ch. du Chenal-du-Moine* ***Sainte-Anne-de-Sorel*** *(13km au nord-est de Sorel-Tracy) Tél. 450 742 5716 ou 1 866 742 5716 www.maisondumarais.org Ouvert mi-mai-juin, sept. : mar.-dim. 9h-17h ; juil.-août : tlj. 9h-17h*

Odanak Les Abénakis (ou Abénaquis), semi-nomades, occupaient jadis un immense territoire s'étendant au sud de Montréal et de Québec jusqu'à l'Atlantique et à l'actuelle Boston. Ils passaient l'hiver au bord de l'Océan et remontaient les fleuves au printemps pour rejoindre les plaines fertiles du Saint-Laurent. Alliés des Français, ils perdirent peu à peu leurs terres au XVIIe siècle, sous la pression des Anglais associés aux Iroquois. Vers 1700, quelques familles se fixèrent sur la rive méridionale du Saint-Laurent, à Odanak ("Bienvenue") – l'un des deux derniers villages abénakis du Québec avec Wôlinak ("La baie"). Seuls quelques anciens parlent encore la langue abénakise, mais la petite communauté tente de préserver son identité culturelle. *100km au nord-est de Montréal par l'autoroute 30 jusqu'à Sorel-Tracy, puis par la route 132*

UNE JEUNE FILLE HÉROÏQUE

En octobre 1692, à quatorze ans, Madeleine, fille du seigneur de Verchères, défend le manoir fortifié pendant huit jours contre les Iroquois, aidée de deux hommes seulement. Un bronze de Louis-Philippe Hébert (1913) immortalisant l'héroïne se dresse au bord du Saint-Laurent dans le village de Verchères. *Route 132, à mi-chemin entre Boucherville et Sorel*

Musée des Abénakis Installé dans l'ancienne école d'un monastère et rénové, ce joli musée moderne présente la culture matérielle et l'univers spirituel des Abénakis. Le rez-de-chaussée accueille des expositions temporaires d'artistes contemporains des Premières Nations du Québec. Au 1er étage sont décrites, objets à l'appui, les activités traditionnelles liées au rythme des saisons : la chasse, la pêche, le travail des peaux, la cueillette des baies sauvages, la culture du maïs, des courges, des haricots, des pommes de terre, du tabac, etc. La présentation est succincte mais intéressante. Également quelques vanneries en frêne et foin d'odeur (avoine odorante), qui ont fait la réputation des Abénakis. Le musée organise par ailleurs des ateliers créatifs et dispose d'une boutique d'artisanat. Avant de quitter le site, vous pourrez demander à jeter un coup d'œil à l'église ornée de fleurs de lis. *108, rue Waban-Aki (à l'entrée d'Odanak, après le pont sur la rivière Saint-François, tourner à gauche) Tél. 450 568 2600 www.museedesabenakis.ca Ouvert mai-sept. : tlj. 10h-17h ; oct.-avr. : lun.-ven. 10h-17h, w.-e. 11h-17h Fermé 24 déc.-3 jan. Tarif 10$, réduit 6-9$, famille 26$*

Centre d'interprétation de Baie-du-Febvre Au printemps, près de 500 000 grandes oies des neiges qui remontent vers le nord s'arrêtent à Baie-du-Febvre, une commune riveraine du lac Saint-Pierre – plus précisément dans la plaine inondée et sur les terres agricoles comprises entre la route et le lac. Exposition au centre d'interprétation, tours d'observation, affûts et sentier. *420, route Marie-Victorin* ***Baie-du-Febvre*** *(120km au nord-est de Montréal par la route 132 Le centre est installé au bord de la route, les aires de stationnement pour l'observation aussi, sur la gauche) Tél. 450 783 6501 www.oies.com Ouvert fin juin-début sept. : mer.-dim. 10h-16h ; avr.-début mai : mer.-dim. 10h-16h Tarif 2$*

☆ **Village québécois d'antan** Agglomération industrielle aux allures de bourgade du Midwest, Drummondville n'a pas grand intérêt. En revanche, arrêtez-vous dans cet écomusée, sur la route de Trois-Rivières. Au bord de la rivière Saint-François, ses 70 bâtiments (maisons, magasin général, bureau de poste, école, ferme, etc., et leurs dépendances) recréent l'ambiance d'une communauté rurale des années 1810 à 1910. Plus d'une centaine d'animateurs en costume d'époque répètent les gestes des boulangers, des menuisiers et des forgerons d'antan ; les artisans tissent, filent la laine, tricotent, travaillent le cuir, réparent des roues, confectionnent du savon, des chandelles… Comptez largement 3h de visite. Le Village célèbre aussi les événements clés du calendrier québécois (temps des sucres, récoltes, fêtes de Noël, etc.) avec leur folklore. Restauration sur place. *1425, rue Montplaisir* ***Drummondville*** *(110km au nord-est de Montréal par l'autoroute 20, sortie 181 Également des liaisons en car) Tél. 819 478 1441 ou 1 877 710 0267 www.villagequebecois.com Ouvert mi-juin-août : tlj. 9h30-17h Horaires variables début juin et début sept. Tarif 27$, réduit 16-25$, familles 68$ (tarifs HT)* **Village illuminé** *Ouvert mi-déc.-début jan. : 17h-22h (jours se rens.) Tarif 15$, réduit 10-13$ (tarifs HT)* **Village sucré** *Ouvert mars-avr. : sam. midi-dim. midi Tarif 24$, réduit 13$ (prix HT)* **Gare routière** *Tél. 819 850 2111*

Où goûter au terroir des îles de Sorel ?

☺ **Chez Marc Beauchemin** Avec ses airs de guinguette (sans la musique), ce restaurant mitonne le même plat maison depuis 1940 : la gibelotte, une soupe de légumes et poisson bouilli, agrémentée de perchaudes rôties. C'est aussi simple que délicieux ! Le tout est servi sans façon sur de grandes tables communes, ou à l'extérieur, à l'ombre des arbres et les pieds dans l'eau. Comptez 10-15$ selon votre appétit. CB refusées. Apportez votre vin ou votre bière. Accès en voiture ou en bateau. *124, ch. de l'Île d'Embarras* ***Sainte-Anne-de-Sorel*** *Tél. 450 743 6023 www.marcbeauchemin.com Ouvert mi-mai-mi-sept. : mer.-dim. Horaires variables (téléphoner)*

Où faire une pause-déjeuner ?

Le Roy Jucep Si vous passez par Drummondville, rendez donc visite au roi de la poutine ! Le certificat collé sur le comptoir l'atteste : c'est là (mais un restaurateur de Warwick en revendique aussi la paternité) qu'aurait été inventé, en 1964, le "patate-sauce-fromage", par la suite appelé "poutine". Ce plat roboratif et spongieux, un mélange de frites et de fromage en grains (sic) généreusement arrosé de sauce brune, est mystérieusement devenu une sorte de plat national québécois... Il est ici décliné en une vingtaine de recettes : au chou, à la saucisse, aux pois et même en poutine-pizza... Gourmets s'abstenir ! L'endroit est bon enfant, avec son style fast-food des années 1950 modernisé. Snacks à partir de 2,50$, poutines de 8 à 29$. *1050, bd Saint-Joseph* ***Drummondville*** *Tél. 819 478 4848 www.jucep.com Ouvert dim.-jeu. 6h30-0h, ven.-sam. 24h/24*

CARNET D'ADRESSES

Lieux de sortie

La nuit montréalaise est incroyablement intense et riche. Il se passe toujours quelque chose quelque part, et vous n'aurez que l'embarras du choix. D'autant que la ville fourmille littéralement de bars qui, pour la plupart, accueillent de petits concerts et autres animations. Rançon d'une telle vitalité, les modes changent vite, accélérant les fermetures… Pour un Européen, sortir à Montréal est un rêve : entrées et consommations plutôt bon marché, et une décontraction depuis longtemps oubliée à Paris ou à Bruxelles… D'une manière générale, les jeudis et vendredis soir sont aussi animés que les samedis, sinon plus. Le reste de la semaine, l'ambiance dépend des lieux et des soirées programmées. Les fameux "5 à 7" (on boit en sortant du bureau et l'on se couche tôt, car tout le monde travaille le lendemain) sont très courus le jeudi. Profitez alors des "heures joyeuses" (*happy hours*). Tous les bars ferment à 3h, la vente d'alcool étant interdite au-delà. Même chose pour les boîtes de nuit, qui ouvrent vers 22-23h. En soirée, reportez-vous aussi aux adresses "Où boire un verre ?" de nos pages "Découvrir".

salles de spectacle

Les salles de spectacle francophones se situent boulevard Saint-Laurent, rue Sainte-Catherine, dans le Quartier latin et sur le Plateau Mont-Royal. Vous trouverez en ligne plusieurs calendriers culturels présentant un agenda cinéma, théâtre, concerts, festivals, notamment celui du bimensuel gratuit *Voir* et celui compilé par *Tourisme Montréal*. Des réseaux de billetterie permettent de réserver pour n'importe quel spectacle par téléphone ou par Internet. Il faut payer par carte bancaire (des frais sont facturés) et s'en munir pour retirer les billets. Les réseaux Admission et Ticketpro disposent aussi d'une dizaine de points de vente en ville, dans des salles de spectacle (liste par téléphone ou Internet), où l'on peut régler en espèces. Celui de La Vitrine, qui dispose d'un guichet dans le centre, offre en plus des tarifs réduits

Petite géographie de la vie nocturne

Le Vieux-Montréal est peu festif, hormis l'été ; dans le centre-ville, les pubs et boîtes où l'on fait la fête à l'anglo-saxonne s'alignent rue Crescent. Le Quartier latin est plutôt francophone : microbrasseries, scènes alternatives, bars en terrasse, lounges à chicha. Les cabarets, bars, discothèques et *after hours* du Village (quartier gay) sont concentrés rue Sainte-Catherine. Dans la portion du boulevard Saint-Laurent comprise entre Sherbrooke et Prince-Arthur se succèdent les *supper clubs* (resto-lounges-clubs), temples de la frime, de l'argent indécent et des serveuses mannequins en minijupe. Plus haut, on trouve des boîtes pour tous les goûts, puis, sur le Plateau et dans le Mile End, une multitude de cafés alternatifs et de bars à concerts.

pour certains spectacles. **Voir** *voir.ca* **Tourisme Montréal** *www.tourisme-montreal.org/Quoi-Faire/* **Admission** *Tél. 1 855 790 1245 www.admission.com* **Ticketpro** *Tél. 514 790 1111 ou 1 866 908 9090 www.ticketpro.ca* **La Vitrine** *2, rue Sainte-Catherine E. Tél. 514 285 4545 M°Saint-Laurent www.lavitrine.com Ouvert mar.-sam. 11h-20h, dim.-lun. 11h-18h*

Place des Arts (plan 6, A3 n°29) Dans six salles : chanson, danse, lectures littéraires, théâtre, etc. S'y produisent notamment l'Opéra de Montréal dans la salle Wilfrid-Pelletier, et l'Orchestre symphonique de Montréal dans le superbe écrin de la Maison symphonique. **Centre-ville** *175, rue Sainte-Catherine O. (entre Jeanne-Mance et Saint-Urbain) Tél. 514 842 2112 ou 1 866 842 2112 M° Place-des-Arts placedesarts.com Guichets ouverts lun.-sam. 12h-18h, dim. et j. fér. selon l'horaire des spectacles (rens. par tél. lun.-sam. 10h-18h)*

Théâtre du Nouveau Monde (plan 6, A3 n°31) Une scène surtout consacrée au répertoire classique, de Shakespeare à Kafka en passant par Molière, Dumas et Tchekhov. **Centre-ville** *84, rue Sainte-Catherine O. (entre Saint-Urbain et Saint-Laurent) Tél. 514 866 8668 M° Place-des Arts www.tnm.qc.ca Saison de sept. à mai Relâche le lun. Matinée sam. (15h) Billetterie ouverte lun. 10h-18h, mar.-sam. 12h-20h*

Théâtre du Rideau Vert (plan 8, B3 n°58) Le doyen des théâtres canadiens et l'un des plus célèbres d'expression française. Classiques et pièces contemporaines. **Plateau Mont-Royal** *4664, rue Saint-Denis (entre Mont-Royal et Villeneuve) Tél. 514 844 1793 M° Mont-Royal www.rideauvert.qc.ca* **Billetterie** *Ouvert sept.-début juin : lun. 11h-18h, mar.-mer. 11h-19h30, jeu.-ven. 11h-20h, sam. 11h-20h30, dim. 12h-15h ; mi-juin-août : lun.-ven. 12h-17h*

cinémas d'art et essai

Le **Centre Phi** (p.116) présente presque tous les soirs des documentaires et des films d'auteur internationaux rarement à l'affiche ailleurs à Montréal. Ne manquez pas non plus l'intéressante programmation de la **Cinémathèque** (p.138).

Cinéma du Parc (plan 5, D2 n°10) Un haut lieu du cinéma d'auteur, qui organise des mini-festivals. **Centre-ville** *3575, av. du Parc (au sous-sol du centre commercial Les Galeries du Parc, entre Prince-Arthur et av. des Pins) Tél. 514 281 1900 www.cinemaduparc.com Tarif 12,50$, aînés et 14-25 ans 11$, 10$ pour tous le mardi*

bars

Les Foufounes électriques (plan 6, A3-B3 n°28) Une énorme araignée velue aux yeux rouges, une salle *destroy* et graffitée, des looks un poil marginaux, des groupes de skaters grunge éméchés, une musique à fond, des soirées hardcore-ska-punk, des concerts de métal, des bières... Les Foufounes ("fesses" en québécois), c'est le repaire underground des années 1980, quelque peu assagi mais toujours électrique. Pour échapper au bruit, deux terrasses, chose assez rare dans le quartier. Entrée payante (10-20$) pour les concerts, à l'étage. **Centre-ville** *87, rue Sainte-Catherine E. (entre Saint-Dominique et Hôtel-de-Ville) Tél. 514 844 5539 M° Saint-Laurent www.foufouneselectriques.com Ouvert tlj. 16h-3h*

Furco (plan 5, D3 n°12) Avec ses murs de béton, son mobilier vintage et ses serveurs à la dernière mode, cet ancien entrepôt de fourrure transformé en bar-restaurant attire la jeune clientèle chic du centre-ville. Bonne carte des vins pour accompagner les petits plats affichés sur des cordes à linge (assiette de charcuterie, carpaccio de bœuf, 8-24$). Ambiance agréable, mais bruyante. **Centre-ville** *425, rue Mayor Tél. 514 764 3588 M° Place-des-Arts www.barfurco.com Ouvert lun.-sam. 16h-3h*

Le Saint-Sulpice (plan 6, B3 n°27) L'un des incontournables de la rue Saint-Denis, cette maison victorienne est une vraie fourmilière : huit bars, un cabaret, une piste de danse (au sous-sol), des salles aux ambiances différentes et une exceptionnelle terrasse à l'arrière, la plus grande de la ville, paraît-il. Le lieu grouille de serveurs : ceux qui portent un tee-shirt bleu servent à manger (évitez), les autres à boire. Clientèle étudiante. ***Quartier latin*** *1680, rue Saint-Denis (entre Sainte-Catherine et Ontario) Tél. 514 844 9458 M° Berri-UQAM Ouvert tlj. 15h30-3h30*

Le Cheval blanc (plan 6, B2 n°25) Une excellente microbrasserie, sympa et sans chichis, qui rassemble autant les habitués du quartier que les amateurs de houblon. Concerts de jazz et expos d'art à l'occasion. Terrasse en été. ***Quartier latin*** *809, rue Ontario E. (entre Saint-André et Saint-Hubert) Tél. 514 522 0211 M° Berri-UQAM www.lechevalblanc.ca Ouvert tlj. 15h-3h*

Laïka (plan 8, B4 n°68) Ce café-resto se mue le soir en un lounge bar électro enfiévré par les meilleurs DJ de la ville. Intime, sans artifices, jamais bondé, il attire une faune *arty* venue boire un verre de vin ou du cidre au fût. Soirées DJ (programme sur le site Internet). On y mange bien : petits plats à midi, tapas le soir et brunchs le week-end (15-25$). Terrasse aux beaux jours. ***Plateau Mont-Royal*** *4040, bd Saint-Laurent (entre Duluth et Rachel) Tél. 514 842 8088 M° Mont-Royal www.laikamontreal.com Ouvert lun.-ven. 8h30-3h, w.-e. 9h-3h*

Big in Japan (plan 8, B4 n°50) Avec son entrée discrète (sur la porte, seuls deux

Et aussi...

Shopping

Cafés, glaciers, salons de thé

Bars

kanjis signifiant "bar" vous indiquent que vous êtes au bon endroit) et son long couloir menant à une salle tamisée, l'établissement se donne des allures de *speakeasy* que les musiques jazz et soul ne contredisent pas. Choix pertinent de whiskys japonais, sakés et cocktails (9-14$). ***Plateau Mont-Royal*** *4175, bd Saint-Laurent Tél. 438 380 5658 biginjapanbar.ca Ouvert tlj. 17h-3h*

Bily Kun (plan 8, B3 n°60) Un bar à la mode du Plateau, spécialisé (entre autres) dans les bières et alcools tchèques. Encore plus original : les têtes d'autruches empaillées qui ornent les murs. Ambiance tamisée mais vite bruyante, concerts et DJ du jeudi au samedi soir. Menu de petites bouchées, pinte à 7,50$. ***Plateau Mont-Royal*** *354, av. du Mont-Royal E. Tél. 514 845 5392 M° Mont-Royal www.bilykun.com Ouvert tlj. 15h-3h*

Buvette chez Simone (plan 8, A2 n°59) Une buvette urbaine chic et sympathique qui propose une convaincante sélection de vins (8-12$ le verre) et d'abordables petits plats à partager entre amis (5-17$). La grande salle et son interminable bar s'avère vite bruyante, ambiance plus tranquille sur la jolie terrasse donnant sur la rue. ***Mile End*** *4869, av. du Parc Tél. 514 750 6577 buvettechezsimone.com Ouvert tlj. 16h-3h*

Dieu du ciel ! (plan 8, B2 n°53) Une avenante microbrasserie toute de bois vêtue, dont la clientèle jeune vient "jaser" autour d'une bonne bière de la maison (ce qui a tendance à faire grimper les décibels). Une multitude de recettes, assez originales pour certaines, toutes affublées de noms étranges. Pinte 7$, verre dégustation 2,50$. Terrasse sur la rue aux beaux jours. ***Mile End*** *29, rue Laurier Ouest (entre Saint-Laurent et Saint-Urbain) Tél. 514 490 9555 M° Laurier www.dieuduciel.com Ouvert lun.-ven. 15h-3h, w.-e. 13h-3h*

L'Assommoir (plan 8, B1 n°54) Sous l'œil d'une clientèle digne de *Sex & the City*, le barman-jongleur assure le spectacle ! À son répertoire, pas moins de 300 cocktails : la plus longue liste du pays, assure le patron… Obligation de manger au moins une bouchée pour boire un verre. Profitez-en pour goûter les bons tartares maison (14-28$). DJ certains soirs. ***Mile End*** *112, rue Bernard Ouest (angle Saint-Urbain) Tél. 514 272 0777 M° Outremont www.assommoir.com Ouvert mar.-mer. et dim. 17h-0h, jeu. 16h-0h, ven.-sam. 16h-1h*

Vices & Versa (plan 7, A2 n°11) Partez à la découverte du terroir québécois en vous attablant dans l'attrayante salle boisée de ce bar-bistrot. Ce sont surtout les bières des microbrasseries qui sont à l'honneur : on en sert ici une trentaine de variétés à la pression (pinte 7,25$). Mais si vous n'avez pas encore goûté au cidre de glace ou au vin local, c'est le moment. Pour se caler agréablement l'estomac : bons petits plats concoctés uniquement avec des produits artisanaux, en plus d'un menu de pub qui n'a rien de traditionnel (hamburger de bison, poutine sauce à la bière, assiette de fromages du Québec), sans oublier leurs succulentes frites (plats entre 7$ et 14$). Aux beaux jours, la terrasse à l'arrière est très prisée. Spectacles et concerts réguliers. ***Petite Italie*** *6631, bd Saint-Laurent (entre Beaubien et Saint-Zotique) Tél. 514 272 2498 M° Beaubien www.vicesetversa.com Ouvert tlj. 12h-3h*

boîtes à chansons et autres bars musicaux

2 Pierrots (plan 4, C1 n°11) Unique, indémodable, cette boîte à chansons est une institution du Vieux-Montréal depuis les années 1970. Le concept est simple : mettez un chansonnier, avec un groupe ou seulement sa guitare, au milieu d'une salle surchauffée, vous obtiendrez certaines des plus belles soirées de la ville ! On va donc au 2 Pierrots pour la fête, avec "sa gang" (ses amis), on discute avec le voisin, on boit de la bière (apportée on ne sait comment sur un plateau par un serveur au milieu de la foule), on danse sur les tables et, surtout, on reprend en chœur les grands airs populaires de la chanson québécoise, de Gilles Vigneault aux Cowboys fringants. ***Vieux-Montréal*** *104, rue Saint-Paul E. (entre Saint-Laurent et place Jacques-Cartier) Tél. 514 861 1270 M° Champ-de-Mars 2pierrots.com Ouvert ven.-sam. 20h30-3h*

Le P'tit Bar (plan 6, B2 n°26) Pas bien grand, comme son nom l'indique (une dizaine de tables), ce bar est souvent bondé. Sur sa minuscule scène se produisent des chansonniers nourris aux textes de Georges Brassens, Boris Vian, Serge Gainsbourg, Renaud et Félix Leclerc. Ambiance nostalgique ou plus enjouée selon l'artiste. Petite terrasse. ***Quartier latin*** *3451, rue Saint-Denis (entre Sherbrooke et Cherrier) Tél. 514 281 9124 M° Sherbrooke www.leptitbar.ca Ouvert tlj. 16h-3h Concerts (certains soirs) à 21h*

Barfly (plan 8, B4 n°67) Pas d'enseigne, juste une façade en brique rouge. À l'intérieur, des murs peints en bleu, un vieux billard, un piano-bar sans âge et une vingtaine de chaises. Le Barfly est pourtant le lieu de rencontre d'une scène musicale alternative, un endroit à part dans un quartier qui s'embourgeoise. Les "mercredis blues", les soirées rock, punk ou country, et les diffusions sur grand écran des matchs de hockey attirent beaucoup plus de monde que le bar ne peut en contenir. C'est aussi ici que vous trouverez la bière à petits prix. ***Plateau Mont-Royal*** *4062, bd Saint-Laurent (angle Duluth) Tél. 514 284 6665 M° Mont-Royal Page Facebook Ouvert tlj. 16h-2h30*

Le Divan orange (plan 8, B3 n°56) Un bar à concerts décontracté, tout en longueur. Programmation éclectique mais toujours excellente de la scène émergente locale : rock-folk, reggae, musique tzigane ou électronique, contes (entrée 5-10$), avec aussi quelques expositions. ***Plateau Mont-Royal*** *4234, bd Saint-Laurent (entre Rachel et Mont-Royal) Tél. 514 840 9090 M° Mont-Royal divanorange.org Ouvert tlj. 17h-3h Concert à partir de 21h*

Quai des Brumes (plan 8, B3 n°57) Il y a toujours foule dans cette salle chaleureuse, parée de bois sombre. La bière coule à flots et des concerts (rock, musiques du monde) l'électrisent presque tous les soirs. Entrée 5-10$ pour les spectacles. ***Plateau Mont-Royal*** *4481, rue Saint-Denis (entre Mont-Royal et Rachel) Tél. 514 499 0467 M° Mont-Royal quaidesbrumes.ca Ouvert tlj. 16h-3h*

Casa del Popolo (plan 8, B2 n°52) Cette "Maison du peuple", à la fois bar, café végétarien et salle de spectacle, est l'une des meilleures scènes alternatives de Montréal : soirées DJ, art graphique, poésie, projections de films, etc. De l'autre côté de la rue, dans le bâtiment du Centre social espagnol, la Sala Rossa accueille des concerts variés (free-jazz, *indie* rock, flamenco, reggae, etc.) et des soirées à thème, en plus de proposer tapas et mets espagnols dans son restaurant. Comptez 5-20$ pour les spectacles. ***Plateau Mont-Royal*** *4873, bd Saint-*

Laurent (entre Villeneuve et Laurier) Tél. 514 284 0122 M° Laurier www.casadelpopolo.com Ouvert tlj. 12h-3h Sala Rossa mar.-dim.

jazz

House of Jazz (plan 5, C3 n°11) Animée jusqu'à sa mort, en 2003, par Charlie Biddle, un pilier du jazz montréalais, cette salle continue d'accueillir des têtes d'affiche dans son cadre rétro : lustres, banquettes en cuir, statues en bronze, lampes Art nouveau, vitrail au plafond, etc. L'endroit se double d'un restaurant de cuisine nord-américaine acceptable que l'on peut aussi déguster sur la petite terrasse envahie par la végétation, au pied des tours du centre-ville. Participation de 10$ pour les spectacles. ***Centre-ville*** *2060, rue Aylmer (angle Président-Kennedy) Tél. 514 842 8656 M° McGill www.houseofjazz.ca Ouvert lun. 16h-23h30, mar.-jeu. 11h30-23h30, ven. 11h30-1h30, sam. 18h-1h30, dim. 18h-23h30*

Upstairs (plan 5, B3 n°13) Un jazz-bar-resto et sa petite scène, l'une des meilleures de la ville. Concert (5-25$) tous les soirs, programme sur le site Internet. Réservez le vendredi et le samedi. ***Centre-ville*** *1254, rue MacKay (entre Sainte-Catherine et René-Lévesque) Tél. 514 931 6808 M° Guy-Concordia www.upstairsjazz.com Ouvert lun.-jeu. 11h30-1h, ven. 11h30-2h, sam. 17h30-2h, dim. 18h30-1h*

cabaret

Cabaret Mado (plan 6, C3 n°20) Au cœur du Village, voici l'antre de la reine des nuits montréalaises, la flamboyante Mado ! La "*drag-clown*" la plus célèbre du pays s'est fait connaître avec ses imitations de Céline Dion mais, dans son cabaret haut en couleur, elle touche à peu près à tout : elle fait le show, ironise, improvise dans des *stand-up*, présente ses amies drag-queens, chante les années 1980, fait le DJ... Spectacles à thème donc ! La soirée se prolonge sur la piste de danse. Un lieu festif, extravagant et 100% "quétaine" (kitsch) ! Les soirées du mardi ("le mardi à Mado") sont les plus courues. ***Village*** *1115, rue Sainte-Catherine E. (angle Amherst) Tél. 514 525 7566 M° Beaudry www.mado.qc.ca Ouvert tlj. 17h-3h Spectacle à 22h ou 23h Entrée à partir de 5$*

clubbing

Café Campus (plan 6, A1 n°21) Un bar-boîte-salle de concert dont les clients ont rarement plus de 25 ans, de ceux où l'on fait vraiment la fête et où la bière et autres breuvages se sirotent à bon marché. Soirées à thème. Ne ratez pas les "mardis rétro", survoltés, dédiés aux tubes des années 1950 à 1990. En saison (c'est-à-dire de l'automne au printemps), matchs d'improvisation le lundi. Au Petit Campus, nombreux concerts. ***Quartier latin*** *57, rue Prince-Arthur (entre Saint-Laurent et le carré Saint-Louis) Tél. 514 844 1010 M° Sherbrooke www.cafecampus.com Ouvert lun.-mar. et jeu.-sam. 20h-3h Tarif variable*

Complexe Sky (plan 6, D3 n°23) L'un des hauts lieux gays de Montréal. On prend un verre au bar du rez-de-chaussée avant de passer aux dance floors, sur deux étages. Il y a aussi un cabaret. Mais le vrai trésor du Sky, c'est sa terrasse sur le toit, avec piscine et spa ! ***Village*** *1474, rue Sainte-Catherine Est (angle Alexandre-de-Sève) Tél. 514 529 6969 M° Beaudry ou Papineau www.complexesky.com Bar ouvert tlj. 12h-3h (hiver 14h-3h) Club ouvert jeu.-sam. 22h-3h Piscine ouverte tlj. 12h-3h*

Cactus (plan 8, B3 n°51) Un bar où danser la salsa ! Et, comme les places assises sont rares, vous serez sans doute obligé de vous y mettre... Deux petites salles, à l'ambiance endiablée le plus souvent, mais désertes certains soirs. Bizarre ! ***Plateau Mont-Royal*** *4461, rue Saint-Denis (entre Rachel et Mont-Royal) Tél. 514 849 0349 M° Mont-Royal le-cactus.ca Ouvert jeu. 21h-1h, ven.-sam. 22h-3h, dim. 16h-20h* **Restaurant du Cactus** *4461, rue Saint-Denis Ouvert dim.-jeu. 16h-22h, ven.-sam. 12h-23h*

La Tulipe (plan 8, C3 n°55) Dans un ancien théâtre, une salle de concert à découvrir le vendredi pour ses soirées "Pop 90" et surtout le samedi pour ses "Pop 80", quand une foule festive s'éclate sur les tubes de Bananarama, Indochine ou Depeche Mode. Certains dimanches et veilles de jours fériés, les soirées "C'est Extra" font revivre les vieux titres francophones. ***Plateau Mont-Royal*** *4530, av. Papineau (entre Mont-Royal et Villeneuve) Tél. 514 529 5000 M° Mont-Royal www.latulipe.ca Soirées à partir de 23h le ven., 22h le sam., 21h30 le dim. Entrée 6-8$*

pour un after

Quand bars et clubs ferment, à 3h, les *afterhours* offrent aux noctambules des lieux où poursuivre la fête. Ces boîtes de nuit ouvrent en général vers 2h. La vente d'alcool étant interdite après 3h, les *clubbers* y carburent à l'eau et aux boissons énergétiques ! Les deux adresses les plus courues se situent à deux pas l'une de l'autre.

Stéréo (plan 6, C3 n°30) Les grands DJ de la scène planétaire viennent y mixer. Dance floor immense et *sound system* réputé pour être le plus puissant de la ville ! Musique house, clientèle jeune et mixte (comme le lieu : à mi-chemin entre le Village et le Quartier latin). Comptez un minimum de 15$ pour l'entrée. ***Village*** *858, rue Sainte-Catherine E. (entre Saint-Hubert et Saint-André) Tél. 514 658 2646 M° Berri-UQAM www.stereonightclub.net* ***Club*** *Ouvert ven.-sam. 2h-10h* ***Bar*** *22h-3h*

Circus (plan 6, C3 n°32) Trois salles où les jeux de lumière et les sons de musique trans, house et techno tiennent les jeunes *clubbers* allumés jusqu'au petit matin. Nombreux DJ internationaux invités. Une bonne alternative si le Stéréo n'est pas accessible. ***Village*** *917, rue Sainte-Catherine E. Tél. 438 998 4017 circus.electrostub.com Ouvert jeu.-dim. 2h-10h Entrée à partir de 10$*

restaurants de nuit

De nombreux cafés de chaîne comme Second Cup ou Presse Café sont ouverts 24h/24 et vendent à manger. Vous en trouverez dans le centre-ville, rue Sainte-Catherine, sur le Plateau Mont-Royal, et à coup sûr dans le Quartier latin (rue Saint-Denis entre Sherbrooke et Sainte-Catherine). Dans le Mile End, vous pourrez dévorer à toute heure des bagels frais – cf. Où acheter les meilleurs bagels de la ville ? (p.144).

La Banquise (plan 8, C4 n°46) Rien de tel qu'une bonne poutine dégoulinante de sauce et de fromage pour se remplir l'estomac après la tournée des bars... Ce resto fast-food joyeux, aux tables bariolées et aux murs ornés de photos, a l'avantage d'être à la fois agréable, ouvert toute la nuit et proche des lieux de sortie du Plateau... Ce qui explique qu'on s'y presse en masse à la fermeture des bars ! Le célèbre (et très controversé) plat "national" québécois s'y décline en près de 30 recettes (essayez la Elvis ou la Galvaude), proposées entre 7 et 16$. On peut aussi y avaler un hamburger ou un hot-dog. On y boit du soda américain et l'un des plus mauvais cafés de la ville. Terrasse à l'arrière. ***Plateau Mont-Royal*** *994, rue Rachel E. (angle av. du Parc-Lafontaine) Tél. 514 525 2415 M° Mont-Royal labanquise.com Ouvert tlj. 24h/24*

Restauration

Montréal offre l'une des plus belles scènes gastronomiques d'Amérique du Nord, et sa diversité ethnique est une invitation à un tour du monde des saveurs. On y trouve des restaurants pour tous les goûts et tous les budgets. Outre les innombrables fast-foods, pensez aux *food courts* des centres commerciaux pour manger sur le pouce. Le soir, la plupart des restaurants ferment à 23h voire à 22h, mais vous verrez ci-après plusieurs établissements qui restent ouverts tard. Vous pourrez apporter votre bouteille dans les restaurants qui vous y invitent ("Apportez votre vin" ou "*Bring Your Own Wine*"), n'ayant pas la licence requise pour la vente d'alcool.

très petits prix

☺ **Olive + Gourmando (plan 4, B2 n°23)** Rares sont les commerces de bouche du Vieux-Montréal fréquentés avec le même enthousiasme par les touristes et les Montréalais. Cette boulangerie-café toujours pleine à craquer fait pourtant l'unanimité. Sa recette : un cadre chaleureux, des couleurs, un petit air d'autrefois, quelques notes de musique lounge, des produits bio, un zeste de bonne humeur et des montagnes de viennoiseries (3-5$). Parfait du petit déjeuner au goûter ! Jetez un coup d'œil à l'ardoise, au mur, qui présente la soupe, la salade et l'assiette du jour (7-17$). Ou optez pour un sandwich – le pain maison est délicieux et les garnitures sont originales – à partir de 10$. Sur place ou à emporter. ***Vieux-Montréal*** *351, rue Saint-Paul O. (angle Saint-Pierre) Tél. 514 350 1083 M° Place-d'Armes www.oliveetgourmando.com Ouvert tlj. 9h-17h*

Nouilles de Lan Zhou (plan 6, A4 n°9) Parmi les dizaines de restaurants du quartier chinois, celui-ci remporte la palme de la vitrine la plus appétissante, avec ses cuisiniers qui travaillent la pâte et étirent les nouilles d'une manière spectaculaire. L'intérieur est tout aussi intrigant : les quelques tables sont placées autour d'un escalator descendant au sous-sol vers un grand supermarché asiatique. Le menu propose principalement plusieurs options pour concocter votre savoureuse soupe de nouilles au bœuf : le type de nouille, la puissance des épices et la taille de la portion. Le tout pour un prix ne dépassant pas 15$. ***Centre-Ville*** *1006, bd Saint-Laurent Tél. 514 800 2959 Ouvert tlj. 11h-21h Pas de CB*

GAMME DE PRIX	RESTAURATION	HÉBERGEMENT
Très petits prix	moins de 15$	moins de 40$
Petits prix	de 15 à 25$	de 40 à 80$
Prix moyens	de 25 à 40$	de 80 à 120$
Prix élevés	de 40 à 55$	de 120 à 160$
Prix très élevés	plus de 55$	plus de 160$

Phò Bang New York (plan 6, A4 n°10) Parmi la quantité de restaurants vietnamiens du quartier chinois, celui-ci est particulièrement réputé pour sa soupe tonkinoise, la fameuse *phò*, servie avec une bonne assiette d'herbes et condiments en accompagnement. Nombreux autres choix au menu, mais évitez les plats frits et sautés, qui ne sont pas de la même qualité. Plats env. 10$. Le décor de cantine (longues tables communes) ne laisse pas un souvenir impérissable. CB refusées. ***Centre-Ville*** *1001, bd Saint-Laurent Tél. 514 954 2032 Ouvert tlj. 10h-21h30*

Resto Végo (plan 6, B2 n°6) Un self végétarien aéré et débordant de plantes vertes, installé dans une vieille demeure aux murs de briques et offrant le calme d'une belle terrasse à l'arrière tout en étant au cœur de la rue Saint-Denis. L'endroit idéal pour manger sur le pouce à toute heure. L'assiette se paie au poids : 2,60$ les 100g, avec un prix maximum de 16,50$. Le buffet des desserts (2,95$ les 100g) invite aussi à un goûter plantureux. Café équitable et bio. Réduction pour les étudiants. ***Quartier latin*** *1720, rue Saint-Denis (entre Maisonneuve et Sainte-Catherine) Tél. 514 845 2627 M° Berri-UQAM restovego.ca Ouvert dim.-jeu. 11h-22h, jeu. 11h-22h30, ven.-sam. 11h-23h*

L'Escalier (plan 6, B3 n°2) Sans grande surprise, il faut d'abord emprunter un escalier avant de découvrir ce sympathique bar-restaurant à l'ambiance bohème situé au premier étage d'une maison colorée. Vieux planchers qui craquent, alcôves où se réfugier pour lire, écrire ou dessiner tranquillement. Côté cuisine, des plats végétariens et végétaliens tout simples : tartines d'houmous, salades, pâtes, pizzas. Côté animation, des concerts gratuits (reggae, funk, soul, jazz) ont lieu chaque jour. Programmation disponible sur le site Internet. Expositions de peinture, lancements de livres et autres activités font aussi de cet endroit un passionnant lieu de rencontres conviviales. Formule env. 9$. Carte 10-15$. CB refusées. ***Quartier Latin*** *552, rue Sainte-Catherine E. (angle Labelle) Tél. 514 419 6609 M° Berri Uqam www.lescalier-montreal.com Ouvert juin-août : tlj. 16h-3h ; sept.-mai : tlj. 12h-3h*

Le 1000 Grammes (plan 6, D3 n°4) Ce café chaleureux du Village ne désemplit pas ! Dans un décor bigarré, on s'y régale de salades d'une exquise fraîcheur, où les fruits (mandarines, raisins, mangues, etc.) se mêlent aux légumes et aux herbes. Aussi des soupes, paninis, croques et sandwichs agréablement présentés. Le

Et aussi...

Pause déjeuner à Montréal

Le Serpent ____ 117
Terrasse Nelligan ____ 119
Marché des Éclusiers ____ 120
Chez Nick ____ 133
SAT/Société des arts technologiques ____ 135
St-Viateur Bagel ____ 145
La Chilenita ____ 149
Arhoma ____ 150

Pause déjeuner dans les environs

Sucrerie de la Montagne (Rigaud) ____ 159
Bedondaine & Bedons ronds (Chambly) ____ 162
Chez Marc Beauchemin (Sainte-Anne-de-Sorel) ____ 165
Le Roy Jucep (Drummondville) ____ 165

tout entre 4$ et 14$. Table d'hôtes (boisson plus dessert) pour 3,95$ de plus que le plat principal choisi. Gâteaux géants. Service relax et terrasse sur rue en été. ***Village** 1495, rue Sainte-Catherine E. (angle Alexandre-de-Sève) Tél. 514 596 3933 M° Beaudry ou Papineau www.1000grammes.com Ouvert lun.-jeu. 10h-22h, ven. 10h-0h, sam. 11h-0h, dim. 11h-22h*

Arepera (plan 8, B4 n°20) Les *arepas*, vous connaissez ? Ces fameux sandwichs vénézuéliens sont préparés avec du pain de maïs et copieusement garnis d'ingrédients aussi exotiques que gourmands : banane plantain, fèves noires, viande effilochée, *chicharrón*, avocat... que l'on accompagne de bons jus frais. De quoi satisfaire aussi bien les carnivores que les végétariens ou végétaliens de ce monde. Cette cuisine ensoleillée se déguste dans un petit local convivial et plein de couleurs. Sandwich 6-9$. ***Plateau Mont-Royal** 4050, rue de Bullion (angle Duluth) Tél. 514 508 7267 Page Facebook Ouvert mar.-jeu. et dim. 12h-21h, ven.-sam. 12h-22h*

Ma Poule mouillée (plan 8, C3 n°26) Une populaire rôtisserie portugaise qui grille ses poulets, poissons et chorizos à la perfection. Sa poutine version lusitanienne avec poulet, chorizo et sauce onctueuse, est à notre avis l'une des meilleures en ville. On commande au comptoir avant d'aller s'installer à l'une des quelques tables de la chaleureuse salle colorée, ou de la terrasse. S'il fait beau, emportez le tout au parc La Fontaine juste à côté. Sandwich à partir de 6$ et assiette complète 9$. ***Plateau Mont-Royal** 969, rue Rachel E. (angle Boyer) Tél. 514 522 5175 M° Mont-Royal mapoulemouillee.ca Ouvert lun.-mar. et jeu.-ven. 8h-22h, w.-e. 9h-22h*

Bons camions

Bariolés, intrigants et dégageant souvent d'irrésistibles effluves, les camions servant de la cuisine de rue à Montréal sont immanquables. Autorisés seulement depuis 2013, ils doivent répondre à des normes strictes tant au niveau de l'hygiène que de la qualité des matières premières et des mets proposés... Pour le plus grand bonheur des gourmands et gourmets ! Si bien que cette soixantaine de *food trucks* fait désormais partie du paysage urbain mais aussi gastronomique de Montréal. Plusieurs sont des succursales roulantes de restaurants renommés (Au Pied de Cochon, Europea), mais bien d'autres sont chaleureusement recommandés, dont Pas d'Cochon dans mon salon (porc effiloché), Grumman 78 (tacos), le Quai roulant (*fish & chips*, poutine aux fruits de mer), le Cheese Truck (sandwich grillé au fromage québécois), et la liste serait longue... Les prix varient d'un camion à l'autre, mais comptez 10-15$ le repas. Le site Internet **montreal.streetfoodquest.com** répertorie tous les camions de rue et propose en plus une carte interactive pour les localiser en temps réel. Ils sont opérationnels d'avril à octobre. Dans le même style, des containers recyclés appelés **Muvbox** (muvboxrestos.com), proposent au Vieux-Port tacos et sandwichs au homard.

Wilensky (plan 8, B2 n°41) Une sandwicherie autant qu'un attrait touristique. Ouvert en 1932 et rendu célèbre par le roman de Mordecai Richler, *L'apprentissage de Duddy Kravitz*, le décor et le menu n'ont guère changé depuis : un bar, neuf tabourets, de vieilles photos aux murs, quelques bouquins d'occasion et cinq choix de sandwichs (2-5$). Commandez un "Spécial Wilensky" (une rondelle de salami, une de mortadelle, moutarde et deux tranches de pain grillé) après avoir lu les conditions : aucun changement toléré et moutarde obligatoire. Rincez le tout avec un soda maison (cerise-cola, chocolat...) puis laissez votre place au suivant. Une expérience. ***Mile End*** *34, av. Fairmount O. (angle Clark) Tél. 514 271 0247 M° Laurier www.wilenskys.com Ouvert lun.-ven. 9h-16h, sam. 10h-16h*

Comptoir 21 (plan 8, B1 n°22) Pour un bon *fish & chips*, confectionné avec de la morue fraîche panée à souhait et servi avec une savoureuse sauce tartare maison. Les calmars frits et la "chaudrée" de palourdes plairont aussi aux gourmands. On avale le tout accoudé à un beau comptoir en bois. Bon, simple et pas cher (plats 6-15$). ***Mile End*** *21, rue Saint-Viateur O. (entre Saint-Laurent et Clark) Tél. 514 933 7000 M° Laurier www.comptoir21.com Ouvert dim.-jeu. 11h30-23h, ven.-sam. 11h30-0h*

petits prix

Titanic (plan 4, B1 n°24) L'escale idéale pour déjeuner vite et bien, au coude à coude avec les cols blancs du quartier. Le choix est limité pour privilégier la fraîcheur : soupe du jour (5,50$), plat du jour "inspiré par nos voyages" (16$), salades, quiches et bons sandwichs (11$) : légumes grillés et feta ou saumon fumé et poivrons. Salle à demi enterrée, aux murs en brique rouge ornés de portraits des employés réalisés par le photographe Tshi. ***Vieux-Montréal*** *445, rue Saint-Pierre (entre Saint-Sacrement et Notre-Dame) Tél. 514 849 0894 M° Place-d'Armes ou Square-Victoria-OACI www.titanicmontreal.com Ouvert lun.-ven. 8h-16h*

Le Cartet (plan 4, A2 n°22) Un concept original de boutique alimentaire, à la fois épicerie fine, café et restaurant. Dans une vaste salle accueillante et inondée de lumière, bardée d'étagères de produits des quatre coins du monde, on s'assied à de grandes tables en bois pour déguster les appétissantes préparations du jour : une soupe (env. 6$), un plat de pâtes, un poisson ou une viande (17-20$), une salade (15-23$). Pour finir en beauté, commandez un excellent expresso et leur fameuse tarte au citron (desserts 5-6,50$). Bons brunchs le week-end (à partir de 11$). ***Vieux-Montréal*** *106, rue McGill Tél. 514 871 8887 M° Square-Victoria-OACI www.lecartet.com Ouvert lun.-ven. 7h-19h30, sam.-dim. 9h-16h*

L'Arrivage (plan 4, B2 n°26) Au 2e étage du musée Pointe-à-Callière (p.116), l'élégante salle à manger domine le Vieux-Port. Ses murs en pierre encadrent de larges baies vitrées, ainsi qu'une minuscule terrasse (accueillant les petites tables pour 2 pers.). Ce décor chic et les énoncés de la courte carte (seulement deux entrées et six à huit plats au choix) laisseraient supposer un restaurant gastronomique à l'addition salée. Il n'en est rien. La carte se renouvelle chaque semaine mais propose toujours poissons, viandes et petits plats de bistrot simples, savoureux et au rapport qualité-prix remarquable. Menu de brunch inventif. Idéal pour un déjeuner au calme, inondé de lumière. Pensez à réserver. Menus table d'hôtes de 13 à 22$. ***Vieux-Montréal*** *350, place Royale Tél. 514 872 9128 www.pacmusee.qc.ca Ouvert mar.-dim. 11h30-16h, lun. 11h30-14h*

La Maison Kam Fung (plan 6, A4 n°3) Ce restaurant du Quartier chinois n'est pas facile à trouver ! Il se cache dans un triste immeuble de la rue Saint-Urbain : entrez par le n°1111 ou 1071, puis suivez les flèches dans les couloirs éclairés au néon. Au 2e étage vous guidera la joyeuse rumeur d'une salle immense, où des familles entières festoient autour de tables rondes. Une dizaine de serveuses patrouillent avec leurs chariots chargés de *dim sum* (bouchées salées ou sucrées cuites à la vapeur ou frites), qu'elles proposent dans un chinois mâtiné d'anglais… Chaque commande est notée au fur et à mesure sur une feuille. De temps à autre, le préposé au thé vient remplir les théières. Comptez de 10$ à 15$ par personne. Pour des plats plus élaborés, selon des recettes cantonaises ou sichuanaises (plus épicées), demandez la carte. Parmi le choix pléthorique, signalons des formules pour deux avec homard au gingembre ou canard de Pékin. **Centre-ville** *1111, rue Saint-Urbain (angle La Gauchetière) Tél. 514 878 2888 M° Place d'Armes www.restaurantchinatownkimfung.com Ouvert tlj. 7h-15h et 17h-22h*

Reuben's (plan 5, B3 n°2) Pour une pause entre deux boutiques, un *deli* façon New York des années 1920, avec ses banquettes en cuir et ses fresques Art déco. Une délicieuse spécialité, le sandwich Reuben's : entre deux toasts de pain noir, des tranches de *smoked meat*, un peu de choucroute, du fromage et une sauce dont la composition est tenue secrète… Les portions sont énormes et la carte est une ode aux appétits démesurés : club gratte-ciel, big bang (500g de viande !), etc. Aussi des hambourgeois, des pizzas et de bonnes grillades. Il y a foule à midi : arrivez avant (ou après) les employés du quartier. Sandwichs 11-24$. **Centre-ville** *1116, rue Sainte-Catherine O. (entre Peel et Stanley) Tél. 514 866 1029 M° Peel reubensdeli.com Ouvert lun.-jeu. 6h30-0h, ven. 6h30-1h30, sam. 8h-1h30, dim. 8h-0h*

Restaurant Kazu (plan 5, A3 n°7) Attendez-vous à patienter sur le trottoir avant d'obtenir une table dans ce minuscule bistrot japonais qui ne prend pas les réservations. Une fois à l'intérieur, l'ambiance chaleureuse et les effluves alléchants de la cuisine à l'étroit derrière le bar vous feront vite oublier ce désagrément. Le menu, affiché au mur sur des bouts de papiers, propose un excellent choix, parfois insolite : tête de saumon, cou de porc grillé, hamburger au poulet teriyaki, crêpes japonaises… (comptez 10-20$ le plat). Pas le style d'endroit où l'on prolonge son repas indéfiniment, mais prenez tout de même le temps d'avaler une crème glacée maison, arrosée de saké ou nappée de wasabi ! **Centre-ville** *1862, rue Sainte-Catherine O. (entre Saint-Marc et Saint-Mathieu) Tél. 514 937 2333 M° Guy-Concordia kazumontreal.com Ouvert lun. et mer.-ven. 12h-15h et 17h30-21h30, sam. 17h30-21h30, dim. 12h-15h et 17h30-21h Pas de CB*

Restaurants de l'ITHQ (plan 6, B2 n°5) Le réputé Institut de tourisme et d'hôtellerie du Québec dispose de deux restaurants-écoles. Le Restaurant de l'Institut, qui a pignon sur rue, est géré par les élèves en dernière année d'études et fonctionne comme n'importe quel établissement. Cadre élégant et menu gourmet proposé à bon prix (27-47$ le soir, à partir de 20$ au déjeuner). Le second, moins connu et relégué au 2e étage, se nomme La Relève gourmande et s'impose comme l'une des meilleures aubaines en ville. Ici, les élèves cuisiniers et serveurs sont encore en début d'apprentissage. Certes, vous risquez d'essuyer quelques plâtres (rassurez-vous, les professeurs surveillent !), mais vous profiterez d'une cuisine de haute volée pour un menu (entrée, plat et café) de... 15$ à 20$! Il faudra ajouter 2,95$ pour le dessert. Seules contraintes pour celui-ci, les repas sont servis à heures fixes et la réservation est indispensable. ***Quartier latin*** *3535, rue Saint-Denis Tél. 514 282 5161 (Relève gourmande) ou 514 282 5155 (Restaurant) M° Sherbrooke www.ithq.qc.ca* ***Restaurant*** *Ouvert lun.-ven. 12h-14h, mar.-sam. 18h et 21h30* ***Relève gourmande*** *Ouvert mi-jan.-mi-mai, mi-sept.-mi-déc. : mar.-ven. 12h-13h30 et 17h-18h30 Se présenter exactement à 12h et 17h*

L'Avenue (plan 8, C3 n°36) C'est la version branchée des Eggspectation et autres Chez Cora (temples du petit déjeuner à la canadienne), avec musique techno lounge, décor postmoderne et longue file d'attente qui s'étire sur le trottoir. On y mange à bon compte (8-18$ le brunch) de généreuses portions, des œufs sous toutes leurs formes, des crêpes, des assiettes complètes, des gaufres, des pains dorés et des montagnes de fruits frais. Allez-y pour faire comme tout le monde ; sinon, préférez-lui le Byblos. ***Plateau Mont-Royal*** *922, av. du Mont-Royal E. (entre Saint-André et Mentana) Tél. 514 523 8780 M° Mont-Royal restaurantlavenue.ca Ouvert tlj. 8h-16h*

☺ **Byblos (plan 8, C2 n°33)** Un petit bonheur de café iranien, simple et engageant, avec ses tables en bois, ses banquettes tendues d'étoffes traditionnelles, ses murs pastel et sa musique douce. On concocte ici des plats parfumés enrichis d'herbes et de fruits secs. L'omelette aux pétales de roses et à la cardamome est irrésistible. Le petit déjeuner (8-12$) est servi jusqu'à 14h en semaine, 16h le week-end. En-cas 5-8$, plat du jour 12$, menus de 13$ à 27$. Et, au goûter : thé à la menthe, café turc et de délicieuses pâtisseries. En plus, cet endroit calme et inspirant se situe au cœur d'une des plus agréables rues du Plateau. ***Plateau Mont-Royal*** *1499, av. Laurier E. (angle Fabre) Tél. 514 523 9396 M° Laurier www.bybloslepetitcafe.ca Ouvert mar.-dim. 9h-23h*

Beauty's (plan 8, B3 n°30) Une *luncheonette* rétro, où l'on sert depuis 1942 les mêmes pancakes et bagels au fromage à la crème, ainsi que de nombreuses spécialités nord-américaine à découvrir comme le *Mac & cheese* (macaronis nappés de fromage). Brunchs copieux, savoureux et fort populaires. Comptez de 8$ à 19$. ***Plateau Mont-Royal*** *93, av. du Mont-Royal O. (angle Saint-Urbain) Tél. 514 849 8883 M° Mont-Royal beautys.ca Ouvert lun.-ven. 7h-15h, w.-e. 8h-16h*

☺ **Café Santropol (plan 8, B4 n°44)** Dans une belle maison, le genre de café de quartier où l'on resterait des heures, à lire ou à refaire le monde, ce qui est dans les habitudes de la clientèle. Tables éparpillées à l'intérieur et adorable jardin-terrasse (chauffé quand il fait froid) éclairé le soir par des bougies et des guirlandes lumineuses. On y dévore de gargantuesques sandwichs au pain brun de trois étages, aux noms étranges (île des piments, tomate meurtrière) et aux combinaisons de saveurs pour le moins inventives (gelée de menthe et jambon fumé, miel et fromage à la crème…). De 9$ à 12$. Quelques salades, des desserts (gâteau aux carottes) et d'onctueux milk-shakes. Le lieu, ouvert depuis les années 1970, milite pour le commerce équitable et bio (cafés et thés). Ne vend pas d'alcool. ***Plateau Mont-Royal*** *3990, rue Saint-Urbain (angle Duluth) Tél. 514 842 3110 M° Mont-Royal ou Sherbrooke www.santropol.com Ouvert tlj. 11h-22h30*

☺ **Schwartz's (plan 8, B4 n°40)** Entrer chez Schwartz's, c'est un peu revivre l'histoire de l'immigration sur la "Main". Le *delikatessen* kasher ouvert en 1928 par Reuben Schwartz, un immigré roumain, se retrouve dans un quartier branché ! Son *smoked meat*, fumé tous les jours comme autrefois, est considéré comme le meilleur de la ville… Dégustez-le en sandwich (10$) ou en assiette garnie (14-18$), assis au comptoir, pour profiter de l'atmosphère désuète de ce traiteur bruyant, si réputé que la file d'attente s'allonge jusque dans la rue en toute saison. D'ailleurs, Schwartz's a reçu la visite d'Angelina Jolie, de Mick Jagger et de Nana Mouskouri, comme l'annonce fièrement la véritable revue de presse affichée au mur. ***Plateau Mont-Royal*** *3895, bd Saint-Laurent (entre Roy et Napoléon) Tél. 514 842 4813 M° Sherbrooke www.schwartzsdeli.com Ouvert dim.-jeu. 8h-0h30, ven. 8h-1h30, sam. 8h-2h30*

☺ **Binerie Mont-Royal (plan 8, B3 n°31)** Fondé en 1938 dans un quartier alors ouvrier, ce minuscule restaurant populaire comme il n'en existe plus à Montréal est un miraculé de la "boboïsation" du Plateau. N'y allez pas pour un tête-à-tête en amoureux, mais pour vous mêler aux habitués, parler du temps avec le patron et vous rassasier de soupe aux pois, de fèves au lard, de tourtière, de ragoût de boulettes et autres spécialités québécoises, comme on les sert encore dans les campagnes. Le repas est roboratif, mais l'addition légère : comptez 10-16$ le repas. Arrosez le tout d'une bière d'épinette (boisson gazeuse à la sève d'épicéa). Sert aussi des petits déjeuners dans le même style tout au long de la journée (8-13$). ***Plateau Mont-Royal*** *367, av. du Mont-Royal E. (entre Saint-Denis et Henri-Julien) Tél. 514 285 9078 M° Mont-Royal www.labineriemontroyal.com Ouvert mar.-ven. 6h-14h et 17h-21h, sam. 7h30-15h et 17h-21h, dim. 7h30-15h*

L'Anecdote (plan 8, C3 n°42) Pour un petit déjeuner copieux (bagels, œufs bénédictines…) ou pour goûter l'un des dix "hambourgeois" (au-delà du traditionnel hamburger au bœuf, celui au cerf et fromage de chèvre est un régal) accompagnés de frites et de mayonnaise faites maison. L'Anecdote doit aussi sa réputation à son décor typique des fast-foods nord-américains des années 1950 : banquettes rouges, bar en onyx et juke-box à pièces. Carte 15-20$. ***Plateau Mont-Royal*** *801, rue Rachel E. (angle Saint-Hubert) Tél. 514 526 7967 M° Mont-Royal Ouvert lun.-ven. 11h-22h, sam. 9h-22h, dim. 9h-21h*

☺ **Robin des Bois (plan 8, B3 n°37)** Ici, les assiettes sont délicieuses, le cadre élégant et joyeux à la fois, le service confondant de gentillesse, les portions généreuses et les prix tout à fait raisonnables. Mais ce n'est pas tout : Robin des Bois est un restaurant à but non lucratif. L'équipe est composée de professionnels de la restauration assistés de bénévoles, et l'ensemble des profits obtenus de la vente des repas est reversé à différents organismes de solidarité qui luttent contre l'isolement, la solitude, la toxicomanie et la pauvreté à Montréal. Une initiative formidable qui mérite d'être encouragée ! Savourez une cuisine de style bistrot qui fait le tour du monde : dahl (soupe de lentilles), omelette japonaise, salade César, bavette de bœuf, sandwichs gourmets, etc. Comptez 15-20$ le repas. ***Plateau Mont-Royal*** *4653, bd Saint-Laurent (angle Villeneuve) Tél. 514 288 1010 M° Mont-Royal robindesbois.ca Ouvert lun.-ven. 11h30-22h, sam. 17h-22h*

Aux Vivres (plan 8, B3 n°21) Un incontournable pour tous les végétariens et végétaliens du coin. Dans la grande salle aux allures de *diner* moderne, on se régale d'une cuisine aux multiples influences, allant du pourtour méditerranéen à l'Asie en passant par les Amériques : sandwich Mékong (tofu, coriandre, sauce thaïe), mezze grec, bol de riz thaï ou encore salade californienne (11-15$). Délicieux jus frais pour accompagner le tout (6-8$). Juste à côté, un comptoir pour emporter sandwichs, salades, pâtisseries. Frais, sain et sympa. ***Plateau Mont-Royal*** *4631, bd Saint-Laurent Tél. 514 842 3479 M° Mont-Royal www.auxvivres.com Ouvert lun.-ven. 11h-23h, w.-e. 10h-23h*

Soy (plan 8, B2 n°34) Dans son joyeux restaurant, Suzanne Liu dépoussière la cuisine asiatique, réinterprétant ses classiques en une explosion de saveurs et de fragrances légères et sensuelles... Le tamarin, la prune et le citron parfument les volailles ; le litchi, la noix de coco, le saké et le gingembre subliment les crevettes, une sauce au thé vert accompagne le saumon laqué... Les épices sont omniprésentes. Table d'hôtes 14-18$ à midi, 23-30$ le soir. ***Mile End*** *5258, bd Saint-Laurent (entre Fairmount et Saint-Viateur) Tél. 514 499 9399 M° Laurier restaurantsoy.com Ouvert lun.-mer. 11h30-22h, jeu.-ven. 11h30-23h, sam. 17h-23h, dim. 17h-22h*

Le Petit Alep (plan 7, B2 n°2) C'est le frère cadet du restaurant Alep, le syrien réputé établi de longue date juste à côté. Plus décontracté, moins cher (15-20$ le repas), Le Petit Alep reçoit dans un cadre de bistrot moderne, égayé par des expositions. On s'y régale de la même cuisine : de délicieux mezze (houmous, falafels, feuilles de vigne, *muhammara*...) et un incontournable *chich taouk* (poulet mariné dans du jus de citron à l'ail, aux épices et à la mélasse). Journaux et magazines pour paresser autour d'un thé à la cardamome. ***Petite Italie*** *191, rue Jean-Talon E. (angle Gaspé) Tél. 514 270 9361 M° Jean-Talon www.petitalep.com Ouvert mar.-sam. 11h-23h*

Pizzeria Napoletana (plan 7, B2 n°4) Demandez aux habitants de la Petite Italie où l'on peut manger les meilleures pizzas... Ils vous répondront "à la pizzeria Dante". "Dante", c'est le nom de la rue calme où s'élève l'église Madonna della Difesa, car tel est le luxe des restaurants populaires : ne jamais se faire appeler par leur nom. Celui-ci a le décor simple des trattorias napolitaines, leur atmosphère bruyante et enjouée, leurs pâtes parfaites et leurs pizzas savoureuses. Addition raisonnable (env. 17$ le plat), d'autant qu'on peut apporter son vin (le dépanneur d'en face est bien fourni). Terrasse très prisée. CB refusées. ***Petite Italie*** *189, rue Dante Tél. 514 276 8226 M° Jean-Talon www.napoletana.com Ouvert lun.-jeu. 11h-22h30, ven.-sam. 11h-23h30, dim. 12h-22h30*

☺ **Dinette Triple Crown (plan 7, A2 n°1)** Ici, le concept est aussi intéressant et original que la cuisine : commandez des spécialités gourmandes du Kentucky et de la Louisiane (poulet frit, porc effiloché, pain au babeurre, patate douce rissolée...), le tout est servi dans un joli panier comprenant tout ce qu'il faut pour pique-niquer dans le parc d'à côté (belle nappe, véritables assiettes et couverts, sauces), sans aucun supplément. Bucolique à souhait ! Si la météo n'est pas en votre faveur, prenez place dans la chaleureuse salle et réconfortez-vous d'un solide bourbon. Aux beaux jours, mieux vaut réserver son panier pour éviter une trop longue attente. Comptez 15-20$ le repas. ***Petite Italie*** *6704, rue Clark (angle Saint-Zotique) Tél. 514 272 2617 M° Beaubien www.dinettetriplecrown.com Ouvert jeu.-mar. 11h-21h*

prix moyens

Gandhi (plan 4, B2 n°21) Un petit coin d'Inde au cœur du Vieux-Montréal ! Pas de décor chargé, à peine deux statues et un instrument de musique, mais des tons doux et élégants. On se concentre ainsi sur son assiette, d'où monte le fumet appétissant d'un poulet tandoori, d'un agneau masala ou d'un curry. *Dahl* (lentilles aux épices) ou samoussas en entrée, et de délicieux naan (galettes de farine de blé). Plats 16-29$. Table d'hôtes le soir 27-35$. Une valeur sûre. ***Vieux-Montréal*** *230, rue Saint-Paul O. (entre Saint-Nicolas et Saint-François-Xavier) Tél. 514 845 5866 M° Square-Victoria-OACI restaurantgandhi.com Ouvert lun.-ven. 12h-14h et 17h30-22h30, sam.-dim. 17h30-22h30*

Terrasse sur l'auberge (plan 4, C1-C2 n°27) Pour se restaurer en profitant de la vue sur le fleuve, notamment lors des feux d'artifice estivaux (p.100), installez-vous à la très branchée Terrasse sur l'Auberge, qui se targue d'offrir le plus bel horizon sur le spectacle. Au menu, tartares de bœuf ou de crevettes, plateau de fruits de mer ou encore assortiment de fromages et charcuteries, en plus de cocktails et sangrias. Entrée 25$ lors des feux d'artifice, ajoutée au prix du repas. Sur le toit de l'Auberge du Vieux-Port (p.192). ***Vieux-Montréal*** *97, rue de la Commune E. M° Champ-de-Mars ou Place-d'Armes Tél. 514 419 1349 terrassesurlauberge.com Ouvert mi-mai-mi-sept. : tlj. 13h-23h Fermé par temps pluvieux*

Café Daylight Factory (plan 5, D4 n°8) Une cantine chic du centre des affaires, à deux pas du Quartier international, qui accueille des 5 à 7 branchés le jeudi. Une carte réduite, mais des produits frais : soupe (5$), plat chaud du jour (18$), salades (13-16$) et quelques plats froids. Repas complet 23$. Sélection pointue de vins européens, dont une vingtaine au verre. Notes italiennes en cuisine, musique électro, serveurs en noir : la branchitude façon Montréal ! Le cadre contemporain intègre les matériaux bruts de l'immeuble, une ancienne manufacture. Terrasse à l'arrière. ***Centre-ville*** *1030, rue Saint-Alexandre (entre Gauchetière et Viger) Tél. 514 871 4774 M° Square Victoria-OACI www.daylightfactory.ca Ouvert lun.-mer. et ven. 11h30-14h, jeu. 11h30-14h et 17h-19h*

Taverne F (plan 5, D3 n°3) Au coin de la place des Arts, la Taverne F s'étire tout en longueur, comme un wagon de train vitré posé sur la place pour observer son animation. La décoration donne dans le minimalisme, avec quelques tables surélevées en bois de grange. On goûte ici une cuisine d'inspiration portugaise. Les *petiscos* (tapas portugaises) sont à l'honneur

(5-17$) et se dégustent autour d'un verre de vin ou d'une bière. Le propriétaire, Carlos Ferreira, est également aux commandes du célèbre Ferreira Café (p.185). Table d'hôtes 21$ à midi. Partageant le même genre de cadre et juste à côté, la **Brasserie T !**, petite sœur du célèbre Toqué ! (p.187) propose une appréciable cuisine de bistrot (plats 18-26$). **Centre-ville** *1485, rue Jeanne-Mance Tél. 514 289 4558 M° Place-des-Arts www.tavernef.com Ouvert lun.-ven. 11h30-23h, sam.-dim. 17h-23h Horaires réduits hors saison* **Brasserie T !** *1425, rue Jeanne-Mance Tél. 514 282 0808 brasserie-t.com Ouvert dim.-mer. 11h30-22h30, jeu.-sam. 11h30-23h30*

Zenya (plan 5, C3 n°5) Seule une petite enseigne signale ce japonais, caché au 2e étage d'un immeuble de bureaux. Une jolie surprise et une véritable bouffée de zénitude sur la frénétique "Catherine". Clientèle d'employés de bureau à midi (table d'hôtes 14-20$). Le décor sombre et les lumières tamisées invitent à un dîner intime. On coche au crayon les makis et sashimis de son choix dans une liste interminable, ou l'on sélectionne un plat à la carte (mention spéciale pour le tempura de crevettes). En dessert, beignet fourré d'une crème glacée au thé vert. Comptez 20-35$ le soir. À plusieurs, mangez sur le tatami ! **Centre-ville** *486, rue Sainte-Catherine O. (entre Saint-Alexandre et le Square Phillips) Tél. 514 904 1363 M° McGill www.zenyarestaurant.com Ouvert lun.-ven. 11h30-14h30 et 17h30-22h30, w.-e. 17h30-22h30*

Orange rouge (plan 6, A4 n°8) Une belle note colorée dans le quartier chinois, que ce restaurant qui fusionne sans complexe les cuisines asiatiques. Le court menu propose des petites assiettes à partager : salade de chrysanthème, thon cru et crème fraîche au kimchi, bœuf saignant à la vietnamienne... Le tout parfaitement présenté. La salle est aussi moderne que la cuisine, bercée par une musique *lounge* qui peut être envahissante. Pour y échapper, profitez de la terrasse aux beaux jours. Comptez 20$ au déjeuner et environ le double le soir. **Centre-ville** *106, rue de La Gauchetière O. Tél. 514 861 1116 M° Place-d'Armes www.orangerouge.ca Ouvert mar.-ven. 11h30-14h30 et 17h30-22h30, sam. 17h30-22h30*

Café du Nouveau Monde (plan 6, A3 n°1) Toujours animé, le café-restaurant du Théâtre du Nouveau Monde (p.167) sert une cuisine de bistrot sans fausse note : confit de canard, salade tiède de foie de volailles, etc. Plats 18-26$ mais quelques dollars de moins au déjeuner. Copieuse carte des vins. La belle salle principale donnant sur la rue (terrasse l'été) est plus animée que l'intime salle à l'étage. Le soir avant la représentation, réservez impérativement. L'une des bonnes tables du secteur, ouverte tard de surcroît ! **Centre-ville** *84, rue Sainte-Catherine O. (entre Saint-Urbain et Saint-Laurent) Tél. 514 866 8669 M° Place-des-Arts www.tnm.qc.ca Ouvert lun. 11h30-20h, mar.-ven. 11h30-0h, sam. 14h-0h*

Le Quartier général (plan 8, C2 n°24) Les restaurants "apportez votre vin" n'ont pas toujours bonne réputation à Montréal, mais celui-ci séduit à tous les coups avec sa cuisine savoureuse qui puise dans le terroir québécois. Crevettes de Matane, omble de Gaspésie, lapin de Stanstead sont en plus parfaitement apprêtés. Au dessert, ne faites pas l'impasse sur la croustade aux pommes. Ambiance décontractée dans un décor de bistrot branché.

Réservez et prenez une bonne bouteille. Environ 20$ à midi, 40$ le soir. ***Plateau Mont-Royal*** *1251, rue Gilford (angle de Brébeuf) Tél. 514 658 1839 M° Mont-Royal ou Laurier lequartier general.ca Ouvert lun.-ven. 11h30-15h et 18h-23h, w.-e. 18h-23h*

☺ **L'Express (plan 8, B4 n°45)** Aucune enseigne ne l'indique, mais tous les Montréalais connaissent l'adresse de cette institution. L'Express, c'est la brasserie parisienne chic *made in Montreal*, avec un décor ad hoc et des serveurs qui prennent l'accent pointu ! La carte décline tous les classiques de la cuisine de bistrot : céleri rémoulade, œuf en gelée et rillettes pour les entrées (5-33$), puis pot-au-feu, rognons de veau sauce moutarde, tartare, foie de veau ou onglet à l'échalote (13-27$). Tout est juste, impeccablement mitonné. Vins pour tous les budgets, l'une des plus belles cartes de la ville. ***Plateau Mont-Royal*** *3927, rue Saint-Denis (entre Roy et Duluth) Tél. 514 845 5333 M° Sherbrooke restaurantlexpress.com Ouvert lun.-ven. 8h-3h, sam. 10h-3h, dim. 10h-2h*

Pintxo (plan 8, B3 n°28) Un tout petit restaurant séduisant où les *pintxos* (des tapas du pays Basque) sont à l'honneur. Le menu en propose une trentaine de variétés (5-13$) qui sont autant de succulentes découvertes culinaires : carré de cerf en croûte de pistache, figue farcie de fromage et jambon serrano, ou plus simplement, sélection de charcuteries ou fromages espagnols. La carte des vins comporte exclusivement des crus ibériques. Service attentionné et petite terrasse en été. Brunch le w.-e. ***Plateau Mont-Royal*** *330, av. du Mont-Royal E. (angle Drolet) Tél. 514 844 0222 M° Mont-Royal www.pintxo.ca Ouvert tlj. 11h-14h et 18h-23h*

☺ **Tri Express (plan 8, D2 n°32)** Dans ce petit restaurant bohème, un vieux comptoir doré, des guéridons en fer forgé, la statue d'un cheval, des masques de Bouddha, un espadon au plafond... et M. Tri, sympathique propriétaire du lieu. La carte déborde de trouvailles : concassé de thon dans une feuille de concombre, pizza japonisée, caviar de poisson volant enrubanné d'une algue nori... Les textures sont soyeuses et le mélange des saveurs audacieux. Un conseil : mieux vaut réserver pour éviter l'attente souvent longue, ou préférer l'option "à emporter". Menu express à midi à partir de 17$ (12 morceaux accompagnés d'une soupe miso). Le soir, différentes formules à partir de 20$. Comptez 40$ pour le menu 5 plats avec surprise du chef (seulement en soirée). Paiement en espèces uniquement et pas d'alcool. ***Plateau Mont-Royal*** *1650, av. Laurier E. (angle Marquette) Tél. 514 528 5641 M° Laurier Ouvert mar.-mer. 11h-21h, jeu.-ven. 11h-22h, sam.-dim. 16h-22h*

☺ **Lili.Co (plan 8, B3 n°25)** Son design contemporain, épuré et décontracté est bien à l'image de ce restaurant typique de la scène gastronomique montréalaise actuelle. Que vous choisissiez une place au comptoir ou à l'une des tables hautes, la vue sur les chefs à l'œuvre est imprenable. Ils s'amusent sous vos yeux à mélanger herbes sauvages, abats et produits du terroir québécois pour créer des mariages surprenants : cœurs de canard accompagnés de cerises, morilles et crumble au chocolat, ou encore tartelette aux pommes nappée de foie gras, cheddar fumé et sirop d'érable. Subtils ils sont servis en petites assiettes à partager. Le menu ne comporte qu'une dizaine de choix qui s'adaptent aux produits frais. Service sans faute, avec des chefs qui prennent le temps de vous conter chacune de leur composition. Une belle découverte. Comptez 30-40$ le soir et env. 20$ pour le brunch exquis du week-end. ***Plateau Mont-Royal*** *4675, bd Saint-Laurent (angle Villeneuve) Tél. 514 507 7278 M° Mont-Royal ou Laurier restolilico.com Ouvert mar.-ven. 18h-0h, sam.-dim. 10h-15h et 18h-0h*

Bistro Lustucru (plan 8, A2 n°35) Au menu de ce bistrot de quartier pas comme les autres : tartares (de bison, de bœuf ou de saumon), carpaccio, ceviche (marinade de poissons à la péruvienne), gravlax (marinade de poissons à la scandinave) et autres gourmandises... crues ! Quelques copeaux de parmesan par-ci, deux trois pétales de capucine par-là, quelques fines herbes cueillies directement sur la terrasse, le tout harmonieusement dressé. Belle sélection de fromages, accompagnés d'une carte des vins des meilleurs crus. Que les amateurs de cuit se rassurent, morue poêlée et macreuse de bœuf sont aussi au menu. Plat cru 11-15$ env., plat cuit 16-32$ env. ***Mile End*** *5159, av. du Parc (entre Fairmount et Laurier) Tél. 514 439 6701 M° Laurier www.bistrolustucru.com Ouvert lun.-mer. 17h-22h30, jeu.-sam. 17h-23h30*

Nonya (plan 8, A1 n°39) Un décor sobre, des tables bien arrangées, mais on se sent déjà en Indonésie... Les plats font le reste : *gado-gado* (salade de légumes à la sauce cacahuètes) ou *pepes ikan* (morue enrobée d'une feuille de bananier) vous transporteront directement du côté de Java. Plats de 18-24$ (formule déjeuner 10-15$). À plusieurs, osez la *rijsttafel* (55$, minimum de 4 pers.) : un assortiment de mets à partager autour d'une montagne de riz ! Une adresse cordiale pour une bouffée d'exotisme. Belle terrasse abritée. ***Mile End*** *151, rue Bernard O. (angle Waverly) Tél. 514 875 9998 M° Outremont ou Rosemont www.nonya.net Ouvert tlj. 11h30-22h*

Rumi (plan 8, A2 n°29) Un restaurant sympathique qui vous convie à un voyage culinaire sur la route de la Soie, du pourtour méditerranéen jusqu'en Asie centrale. Mezze, tagine, mets iraniens et autres délices savamment épicés font partie des escales gourmandes. Miniatures persanes et tapis d'Orient enjolivent la salle, aussi agréable que la grande terrasse déployée le long d'une rue calme. Comptez 25-40$. Brunch des Derviches tourneurs servi de 11h à 15h (15-20$). ***Outremont*** *5198, rue Hutchison Tél. 514 490 1999 M° Laurier restaurantrumi.com Ouvert mar.-dim. 11h-22h, lun. 17h-22h*

Officina Travaglini (plan 7, A2 n°3) Une cuisine ouverte et quelques tables installées dans une épicerie de fins produits italiens, voilà un cadre qui met en appétit. Le menu change quotidiennement selon la saison et l'inspiration du chef, avec toujours un bon risotto et des plats de pâtes classiques ou plus recherchés, du style gnocchi au foie gras et truffes fraîches. La *porchetta* maison est aussi servie en sandwich à emporter. Comptez de 25$ à 40$ le repas. ***Petite Italie*** *152, av. Mozart E. (angle Casgrain) Tél. 438-386-6646 M° Jean-Talon www.travaglinigadeau.com Ouvert mar.-mer. 10h-17h, jeu.-ven. 10h-18h, sam. 8h-18h, dim. 8h-17h*

prix élevés

Chez l'Épicier (plan 4, D1 n°20) Un décor élégant de vieilles pierres et de couleurs gaies ; une cuisine raffinée, créative et parfaitement maîtrisée, mettant en vedette les produits du terroir ; une cave, une vraie, riche de quelque 2 000 bouteilles ; une épicerie fine, enfin, chargée de sirop d'érable aux bleuets, de guimauves maison, d'huiles remarquables... Haut de gamme, cet épicier – qui n'est autre que le brillant chef Laurent Godbout – a du goût. Assiettes élaborées (36-44$) et menu dégustation (7 plats, 85$). Réservation conseillée. ***Vieux-Montréal*** *311, rue Saint-Paul E. (angle Saint-Claude) Tél. 514 878 2232 M° Champ-de-Mars www.chezlepicier.com Ouvert tlj. 17h30-22h*

Ferreira Café (plan 5, B3 n°1) En plein centre-ville, un restaurant portugais au décor aussi ensoleillé que ses recettes. Cette taverne chic est réputée pour ses fruits de mer et son poisson d'une fraîcheur incomparable, simplement grillés ou finement préparés, comme la morue noire en croûte de cèpes et jus de veau au porto. Plats de 28$ à 50$. La cave (plus de 10 000 bouteilles) est une merveille. Portos délicieux, très vieux pour certains. Comme ailleurs dans le quartier, c'est la cohue à midi (table d'hôtes à partir de 24$) ; allez-y plutôt le soir, voire après 22h pour profiter du menu "fin de soirée" à 24$. ***Centre-ville*** *1446, rue Peel (entre Maisonneuve et Sainte-Catherine) Tél. 514 848 0988 M° Peel www.ferreiracafe.com Ouvert lun.-mer. 11h45-15h et 17h30-23h, jeu.-sam. 11h45-15h et 17h30-0h, dim. 17h-22h (en été)*

☺ **Bouillon Bilk (plan 6, A3 n°7)** Derrière une vitrine banale qui passerait facilement inaperçue, se cache l'une des très bonnes tables de Montréal. L'intérieur, sobre et élégant, prépare les sens à une belle expérience gastronomique. Le court menu affiche d'originales harmonies : pétoncles accompagnés de chou-fleur, poire et champignons ; ou encore ce plat de bœuf et calmar servis avec brocoli et noix de cajou. La cuisine, comme le service, est sérieuse et maîtrisée. Clientèle un peu guindée, qui afflue avant et après les spectacles de la place des Arts. Comptez 50$ le soir et 25-30$ au déjeuner. ***Centre-ville*** *1595, bd Saint-Laurent Tél. 514 845 1595 M° Saint-Laurent www.bouillonbilk.com Ouvert lun.-ven. 11h30-14h30 et 17h-23h, w.-e. 16h30-23h*

Mezcla (plan 6, D3 n°12) À deux pas de l'effervescente Sainte-Catherine, une adresse calme et plaisante qui réserve d'heureuses surprises culinaires. Le chef péruvien utilise des produits du terroir québécois (entre autres) pour concocter des classiques sud-américains revisités avec beaucoup d'inspiration, tel ce porcelet frit, laqué de pisco et sauce soya, accompagné de mangue verte. Le ceviche fait aussi partie des spécialités de la maison. Un beau voyage gourmet, pas donné le soir (comptez 50$) mais d'un excellent rapport qualité-prix à midi (table d'hôtes 16$). Les grandes fenêtres ouvrant sur le parc d'en face illuminent la salle qui manque un peu de chaleur. ***Village*** *1251, rue de Champlain (angle rue Sainte-Rose) Tél. 514 525 9934 M° Papineau restaurantmezcla.com Ouvert lun.-ven. 11h30-14h, mer.-sam. 17h30-22h*

☺ **Au pied de cochon (plan 8, C4 n°43)** Rendez-vous Au pied de cochon un peu comme chez une grand-mère périgourdine ou au banquet d'une confrérie gastronomique : avec un solide appétit ! En ce lieu de ripaille, Martin Picard et son équipe mitonnent des plats de viande d'une qualité irréprochable : langue à l'estragon, côtes levées de bison et pieds de cochon, bien sûr... Les grillades sortent d'un authentique four à bois, le boudin maison se met en tartare et le foie gras est fêté comme il se doit. Le coup de maître du chef est d'en avoir garni une poutine devenue incontournable. Plats de 15$ à 50$. L'été, les tables accueillent d'énormes plateaux de fruits de mer et de poissons entiers grillés, en provenance directe de Gaspésie et des îles de la Madeleine. Réservez ! ***Plateau Mont-Royal*** *536, rue Duluth E. (entre Saint-Denis et Saint-Hubert) Tél. 514 281 1114 M° Sherbrooke ou Mont-Royal www.restaurantaupieddecochon.ca Ouvert mer.-dim. 17h-0h*

Pier 66 (plan 8, A1 n°27) Situé à la frontière du Mile End et d'Outremont, le Pier 66, ouvert en 2015, s'est rapidement imposé comme l'un des bons restaurants de poissons et fruits de mer de Montréal (le *fish & chips* du déjeuner a même été élu "meilleur en ville" par un critique). Un décor aux lignes pures où marbre de Carrare et chaises de bois se marient pour créer une ambiance à la fois lumineuse et intimiste. À plusieurs, il fait bon partager de grands plateaux de fruits de mer à créer selon les goûts de chacun, ou alors choix varié à la carte : pétoncles et os à moelle (32$), cuisses de grenouilles, acras de morue et friture d'éperlans (19$), pavé de saumon fumé (sur place) façon pastrami (19$). Carte des vins en accord avec les plats. Une excellente adresse pour qui veut se régaler de produits de la mer sans se ruiner. Détail important, tous les poissons sont issus de la pêche éco-responsable. ***Mile End*** *361, rue Bernard O. Tél. 514 903 6696 Ouvert mar.-ven. 11h30-23h, sam.-dim. 17h30-23h*

Lawrence (plan 8, B2 n°23) Branché, audacieux, savoureux : le restaurant du jeune chef Marc Cohen se classe parmi les tables les plus attrayantes de Montréal. Dans un cadre en parfaite harmonie avec le quartier, mi-industriel mi-rétro, on y déguste des plats réconfortants qui reflètent les origines britanniques du chef et son goût prononcé pour les unions qui sortent de l'ordinaire. Le homard s'accompagne de *morcilla* (boudin noir espagnol), les oreilles de cochon frites sont parfumées à la menthe... La sommelière concocte une carte des vins aussi originale et intéressante. Les réservations (recommandées) ne sont pas acceptées pour le brunch du week-end. Comptez 20-25$ à midi et le double au dîner. ***Mile End*** *5201, bd Saint-Laurent (angle Fairmount) Tél. 514 503 1070 M° Laurier www.lawrencerestaurant.com Ouvert mar.-ven. 11h30-15h et 17h30-23h, sam. 10h-15h et 17h30-23h, dim. 10h-15h*

Leméac (plan 8, A2 n°38) Avec ses airs de bistrot chic, le Leméac est le repaire de la bourgeoisie un brin bohème d'Outremont. Sa belle salle aérée et sa superbe terrasse (chauffée aux premiers frimas) font son succès, tout comme sa cuisine impeccable, de style nouvelle brasserie : ragoût d'escargots en entrée, puis pot-au-feu de saumon à la fleur de sel, foie de veau en croûte d'herbes ou risotto aux asperges... En dessert, pain perdu au caramel à l'érable et à la confiture de lait. Plats de 23$ à 54$. Profitez du menu "fin de soirée" (entrée et plat pour 25$), servi après 22h. Bon brunch le w.-e. ***Outremont*** *1045, av. Laurier O. (angle Durocher) Tél. 514 270 0999 M° Laurier restaurantlemeac.com Ouvert lun.-ven. 12h-0h, w.-e. 10h-0h*

prix très élevés

Graziella (plan 4, A2 n°28) La chef Graziella Battista fait figure d'incontournable de la gastronomie italienne à Montréal. Produits d'exception et virtuosité sont à la base de chacun des mets servi ici : laissez-vous tenter par un surprenant *capesante* (pétoncles à la crème d'oursin et au caviar de mulet) ou tout simplement par un succulent *Ossobuco alla Milanese*. Comptez 50 à 70$ le repas. La table d'hôtes du déjeuner à 27$ permet de savourer cette cuisine raffinée à moindre prix. Dans tous les cas, on profite aussi d'un lumineux cadre contemporain et d'un service prévenant. Bonne carte des vins. ***Vieux-Montréal*** *116, rue McGill Tél. 514 876 0116 M° Square-Victoria-OACI www.restaurantgraziella.ca Ouvert lun.-ven. 12h-14h30 et 18h-22h, sam. 18h-22h*

☺ **Toqué ! (plan 5, D4 n°4)** Normand Laprise a trouvé un cadre à la mesure de son talent dans le futuriste centre CDP Capital du Quartier international. Les volumes, les lumières élégantes et les toiles de ce décor contemporain constituent un écrin de style pour la cuisine innovante de ce chef hors pair. La carte de saison valorise le terroir. Les légumes, parfois oubliés (topinambours, courges), et les produits d'exception (homard de Nouvelle-Écosse, porcelet des Basses-Laurentides) s'allient dans de folles textures. Le tout est magnifiquement présenté. Menu à midi à partir de 28$. Le soir, entrées 16-28$, plats 46-55$. Carte des vins interminable, premier prix à 42$. Pour plus de plaisir, choisissez le menu dégustation, surprise du chef en sept tableaux et cinq verres (132$ sans le vin, 212$ avec 5 verres, 237$ avec 7 verres). Du grand art ! ***Centre-ville*** *900, place Jean-Paul-Riopelle Tél. 514 499 2084 M° Square-Victoria-OACI www.restaurant-toque.com Ouvert mar.-ven. 11h30-13h45 et 17h30-22h, sam. 17h30-22h30 Fermé 2 sem. de Noël à début jan.*

Joe Beef (plan 3, A3 n°11) Essentiel du paysage gastronomique montréalais, ce restaurant épatant et rustique est un hymne à la bonne bouffe, avec des plats pantagruéliques qui allient simplicité et parfaite maîtrise. Viandes et produits de la mer sont les spécialités maison. Le menu à l'ardoise, constamment renouvelé, met en appétit avec sa côte de bœuf cuite au four à bois, son demi-lapin farci en navarin, ses spaghettis au homard ou encore ses multiples coquillages frais (comptez env. 60$). Pour un repas et une addition plus légers (env. 30$), préférez le **Vin Papillon**, restaurant-bar à vins voisin orchestré par la même équipe. Dans un décor pareillement rempli d'antiquités, on sert ici de petites assiettes à partager qui font la part belle aux légumes (céleri-rave nappé d'une sauce aux câpres et anchois), avec quelques incursions toutes aussi réussies côté champs et mer. Les deux adresses proposent un bon choix de vins, une terrasse, un service enjoué et une ambiance électrique. Réservation nécessaire pour Joe Beef, et premier arrivé premier servi pour Vin Papillon. ***Petite-Bourgogne*** *2491, rue Notre-Dame O. Tél. 514 935 6504 M° Lionel-Groulx joebeef.ca Ouvert mar.-dim. 18h-0h* **Vin Papillon (plan 3, A3 n°12)** ***Petite-Bourgogne*** *2519, rue Notre-Dame O. vinpapillon.com Ouvert mar.-sam. 15h-0h*

GAMME DE PRIX	RESTAURATION	HÉBERGEMENT
Très petits prix	moins de 15$	moins de 40$
Petits prix	de 15 à 25$	de 40 à 80$
Prix moyens	de 25 à 40$	de 80 à 120$
Prix élevés	de 40 à 55$	de 120 à 160$
Prix très élevés	plus de 55$	plus de 160$

Hébergement

résidences universitaires

L'été, quand leurs étudiants sont en vacances, les résidences universitaires de Montréal comme du reste de la province accueillent les visiteurs de passage. On peut ainsi disposer de vrais petits appartements, du studio au 3-pièces. Les draps et le linge de toilette sont fournis, mais il faut parfois partager la salle de bains. Une formule qui peut se révéler économique à plusieurs ou pour un long séjour. Contactez directement les universités pour connaître les conditions, et pensez à réserver dès que possible. Tarifs de 50$ à 120$ la chambre double. De mi-mai à mi-août seulement.

Résidence de l'université McGill (plan 5, C2 n°24) Six pavillons à proximité du centre-ville, offrant chambres, suites et studios. **Centre-ville** *3641, rue University (au nord de Sherbrooke) Tél. 514 398 5200 M° McGill www.mcgill.ca/accommodations/summer*

Résidences de l'UQAM (plan 6, B3 n°45) Plus de 600 chambres réparties dans deux résidences en plein centre-ville. Du studio à la suite de luxe équipée (salon, lave-linge et lave-vaisselle...) en passant par l'appartement de 8 chambres, idéal à partager.

Se loger à Montréal : mode d'emploi

Centre de congrès et ville touristique, la métropole culturelle québécoise dispose d'un important parc hôtelier. Avant tout, le choix du quartier est primordial. Le Vieux-Montréal est un point de chute idéal pour un court séjour : il compte une belle auberge de jeunesse et de nombreux hôtels de charme et hôtels-boutiques. Le centre-ville regroupe les établissements de luxe et d'affaires ; toutes les grandes chaînes (Marriott, Intercontinental, Sofitel, etc.) y sont représentées. Pour trouver des chambres d'hôtes (appelées "gîtes"), il faut pousser jusqu'au Quartier latin et au Village ou au Plateau – selon nous, la meilleure option pour se loger à moindres frais tout en profitant des bons restaurants, des cafés et de la vie nocturne montréalaise. Enfin, des hôtels bon marché s'alignent derrière la gare routière, rue Saint-Hubert. Pratique si vous ne faites que passer, mais mieux vaut visiter avant de poser vos bagages... D'une manière générale, tâchez de réserver dès que possible pour juillet, août, septembre et les fêtes de fin d'année. Évitez la période du Grand Prix de F1, en juin : les tarifs explosent et certains hôtels affichent complet. En basse saison, de novembre à mars, en revanche, n'hésitez pas à négocier avec les hôteliers et profitez des tarifs spéciaux "fins de semaine". Le centre Infotouriste pourra vous réserver une chambre sans frais, et son site Internet propose des forfaits intéressants (surtout en basse et moyenne saison) ainsi que des offres de dernière minute. Enfin, il n'existe pas de terrains de camping sur l'île de Montréal, le plus proche étant celui du parc national des Îles-de-Boucherville (p.162).

59-108$/nuit. **Quartier latin** *303, bd René-Lévesque E. (entre Saint-Denis et Sanguinet) Tél. 514 987 6669 M° Berri-UQAM www.residences-uqam.qc.ca* **Centre-ville (plan 6, A2 n°47)** *2100, rue Saint-Urbain (entre Sherbrooke et Maisonneuve) Tél. 514 987 7747 M° Saint-Laurent*

Studios Hôtel - Université de Montréal (plan 3, A2 n°20) Moins bien située que les précédentes, mais la qualité des studios et du service compense l'éloignement du centre. **Côte-des-Neiges** *Mont-Royal 2450, bd Édouard-Montpetit Tél. 514 343 8006 M° Édouard-Montpetit www.studioshotel.ca*

petits prix

☺ **Auberge alternative du Vieux-Montréal (plan 4, B2 n°40)** Cette auberge de jeunesse joyeuse et colorée ne compte qu'une cinquantaine de couchages, répartis en dortoirs de 4, 6, 10 et 20 lits. Deux chambres privées (double 66-86$, quadruple 106$). En dortoir, de 21$ à 28$/pers. selon la taille. Sdb collectives. Tout est propre et agréable. On aime surtout l'atmosphère, le personnel et cette pièce commune qui donne envie de s'attarder : on y gratte une guitare, on y joue à des jeux de société, on y boit un café équitable, on s'y prépare à manger... Petit déj. avec céréales, pain bio et bagels de chez Saint-Viateur 5$. Internet, café et thé gratuits. L'une des rares adresses abordables dans le Vieux, ce qui rend les réservations nécessaires en haute saison. **Vieux-Montréal** *358, rue Saint-Pierre (entre Saint-Paul et place d'Youville) Tél. 514 282 8069 M° Square-Victoria-OACI www.auberge-alternative.qc.ca*

HI Montréal (plan 5, B4 n°21) Propre et sans surprises, l'auberge de jeunesse du réseau Hostelling International occupe un pimpant bâtiment rouge et blanc. Des dortoirs de 4, 6 ou 10 lits, ayant chacun sa sdb, et des chambres doubles et triples. Nombreux services gratuits (cuisine commune, Internet, petit déj.) et payants (consignes, buanderie) en plus de proposer des activités (visites guidées, tournées de bars, balades à vélo). Réception ouverte 24h/24. Comptez 35-45$/pers. (5$ de moins pour les adhérents) en dortoir, 120$ (110$ pour les adhérents) la chambre double. On peut acheter sur place la carte HI, valable un an : 28$. **Centre-ville** *1030, rue Mackay (au sud de René-Lévesque) Tél. 514 843 3317 M° Lucien-L'Allier www.hostellingmontreal.com*

Auberge YWCA (plan 5, B3 n°25) En dépit des apparences, ce YWCA est également ouvert aux hommes. Il se compose d'une section auberge au 6e étage, avec une trentaine de chambres assez banales mais bien tenues et climatisées, qui partagent les douches et les toilettes (65-75$). Au 7e étage, la section hôtel propose des chambres plus modernes avec salle de bains privative (75-105$). Tous les deux profitent des services : réception 24h/24, cuisine commune, buanderie, Internet gratuit. Une bonne option pour loger dans le centre-ville à moindres frais. **Centre-ville** *1355, bd René-Lévesque O. (entre Montagne et Crescent) Tél. 514 866 9942 M° Lucien-L'Allier aubergeywca.com*

Auberge chez Jean (plan 8, B4 n°74) Véritable auberge espagnole, Chez Jean est presque un mythe auprès des routards ! Ici, il n'y a d'autre règle que la "coolitude". Les trois étages de la petite maison sont une sorte de grand squat organisé : des matelas partout, dans la salle commune, dans les couloirs, sur la terrasse... Forcément, on fait vite connaissance ! Si vous tenez à une certaine intimité, optez pour l'une des chambres à deux lits doubles du rdc ou pour l'un des dortoirs de six lits, pour filles ou garçons. Pour les tourtereaux, un van a été aménagé dans la cour arrière en un petit nid "douillet", avec douchette et toilettes presque privées. Tranquille hors saison, l'auberge est surpeuplée l'été (pensez à réserver). Jean, qui vit au milieu de ses hôtes, se mettra en quatre pour vous trouver une petite place, vous louer un vélo, aller vous chercher en voiture à la station de bus... Un lit est un lit, le tarif est donc unique : 25$! Petit déj. compris, draps fournis, Internet gratuit. CB refusées. ***Plateau Mont-Royal*** *4136, rue Henri-Julien (entre Duluth et Rachel) Tél. 514 843 8279 M° Mont-Royal www.aubergechezjean.com*

prix moyens

Hôtel Ambrose (plan 5, B2 n°22) Dans une rue résidentielle qui grimpe à l'assaut du mont Royal, cette demeure victorienne est de ces petits hôtels qui font les bonnes adresses : charme simple des lieux, accueil adorable, situation idéale... Un dédale de couloirs dessert les 21 chambres, toutes propres et sobrement décorées mais d'un confort inégal : certaines sont exiguës ou ont leurs toilettes à l'extérieur. Les "supérieures" sont plus spacieuses, il y a même une suite familiale (la n°201). De 49$ à 169$ selon la saison et le confort, petit déj. inclus. ***Centre-ville*** *3422, rue Stanley (au nord de Sherbrooke) Tél. 514 288 6922 ou 1 888 688 6922 M° Peel hotelambrose.ca*

Gîte du Plateau Mont-Royal (plan 6, B2 n°42) En bordure sud du Plateau, c'est moins un gîte qu'une AJ. Dortoirs de 6 à 8 lits (20-25$/pers.) et chambres doubles (70$ sans sdb, 90$ avec). Le tout est assez basique, mais l'ambiance et la pièce commune sont sympas : salon TV, cuisine, Internet gratuit, draps fournis. terrasse sur le toit, prêt de séchoirs, de réveille-matin, de parapluies... Petit déj. inclus. De juin à août, demandez à loger au gîte du parc La Fontaine, dans le même style, mais plus intime et agréable. ***Quartier latin et Plateau Mont-Royal*** *185, rue Sherbrooke E. (angle Hôtel-de-Ville) Tél. 514 284 1276 ou 1 877 350 4483 M° Sherbrooke www.hostelmontreal.com*

☺ **Shézelles (plan 8, B3 n°70)** Né du rêve de trois amies de s'évader aux Seychelles, ce gîte propret aux couleurs ensoleillées se compose de 4 chambres quelque peu atypiques. L'une, minuscule, est éclairée par un puits de lumière et constitue un parfait nid d'amour. Une autre, tout en haut (attention, l'escalier est raide), semble flotter au-dessus des toits avec ses larges fenêtres et sa terrasse... Sanitaires sur le palier. Au rez-de-chaussée, une grande suite (4-5 pers.) avec lit *queen size*, jacuzzi, terrasse, kitchenette et entrée indépendante, décorée d'objets glanés aux quatre coins du monde (Bali, Katmandou, La Rochelle). Double 100-115$, suite 160$. Stationnement gratuit possible (se rens. auprès des propriétaires) et prix longs séjours. ***Plateau Mont-Royal*** *4272, rue Berri (entre Rachel et Marie-Anne) Tél. 514 849 8694 M° Mont-Royal www.shezelles.com*

☺ **Le Rayon vert (plan 8, C3 n°73)** Ce gîte on ne peut plus tranquille se cache dans une rue résidentielle du Plateau Mont-Royal. L'accueil suave de Diane Bouchard, son jardin exotique passionnément entretenu en font une très belle halte. Deux sdb pour les trois chambres, soignées et élégantes avec leurs antiquités. Petit déj. copieux. Comptez 92-95$ (réduction pour plusieurs nuits). Une adresse chaudement recommandée. CB refusées. ***Plateau Mont-Royal*** *4373, rue Saint-Hubert (entre Mont-Royal et Marie-Anne) Tél. 514 524 6774 M° Mont-Royal www.lerayonvert.ca*

Anne ma sœur Anne (plan 8, B4 n°75) Au cœur du Plateau, 17 chambres-studios avec kitchenette modernes, plaisantes et climatisées, de 80$ à 195$ selon la saison, le confort et la durée du séjour. Préférez celles donnant sur la cour à l'arrière, la rue Saint-Denis étant très passante. Croissants offerts tous les matins. ***Plateau Mont-Royal*** *4119, rue Saint-Denis (entre Duluth et Rachel) Tél. 514 281 3187 ou 1 877 281 3187 M° Mont-Royal www.annemasoeuranne.com*

prix élevés

☺ **Au cœur urbain (plan 5, A2 n°6)** Un gîte de charme installé dans une vieille demeure accrochée à la montagne, mais à deux pas du centre. Accueil chaleureux de Carolle et François, un couple de Québécois qui a bourlingué aux quatre coins du monde et en a rapporté la déco qui orne chacune des 5 chambres (africaine, russe, japonaise...). Colorées et agréables, bien insonorisées, elles offrent un confort haut de gamme (sdb privatives). Le petit déjeuner gourmet (4 plats) est concocté avec des produits du terroir québécois. Une bonne adresse. Double 130-150$. ***Centre-ville*** *3766, chemin de la Côte-des-Neiges Tél. 514-439-4003 ou 1 855 439 4003 M° Guy-Concordia giteaucoeururbain.ca*

ZERO1 (plan 6, A3 n°46) Idéalement situé entre le quartier des spectacles et le quartier chinois, cet hôtel propose un pied-à-terre urbain, chic et décontracté à prix attractif. Le design est épuré, style loft industriel avec murs en béton, plancher et mobilier contemporain. Chaque unité est dotée d'une cuisinette et offre une vue imprenable sur la ville. Les 120 chambres (120-200$) sont un peu exiguës, à la différence des suites (à partir de 200$), dont certaines peuvent accueillir 4 personnes. Splendide terrasse au 5e étage (apportez une bouteille de vin à déguster sous les étoiles). ***Centre-ville*** *1, bd René-Lévesque E. (angle Saint-Laurent) Tél. 514 871 9696 ou 1 855 301 0001 zero1-mtl.com*

Hotel Manoir Sherbrooke (plan 6, A2 n°43) Établi dans deux maisons victoriennes jumelées, cet hôtel classique propose 28 chambres douillettes et toutes aménagées différemment. Demandez-en une sur l'arrière car la rue Sherbrooke est assez bruyante. De 119$ à 169$ la double en fonction du confort et de la saison. Jacuzzi, belles cheminées d'époque ou petit coin salon dans une tourelle pour les plus chères. Petit déj. servi dans le grand salon meublé d'antiquités. Accueil courtois. ***Quartier latin*** *157, rue Sherbrooke E. (angle Bullion) Tél. 514 845 0915 ou 1 800 203 5485 Sherbrooke ou Saint-Laurent manoirsherbrooke.ca*

Auberge Le Jardin d'Antoine (plan 6, B2 n°41) Chez Antoine, à chaque étage sa catégorie de chambres : budget, petite mais confortable, au rez-de-chaussée (114-127$) ; standard, plus spacieuse et avec sdb, au 1er étage (126-143$) ; deluxe ou suite, avec salon, jacuzzi et décoration presque kitsch, au 2e et au 3e (147-165$). Les chambres du rdc et du 1er étage, joliment rénovées, sont distribuées autour d'une courette. Notez qu'il y a de nombreux escaliers mais pas d'ascenseur. ***Quartier latin*** *2024, rue Saint-Denis (entre Ontario et Sherbrooke) Tél. 514 843 4506 ou 1 800 361 4506*

M° Berri-UQAM ou Sherbrooke www.aubergelejardindantoine.com

Alexandre Logan (plan 6, D3 n°40) Dans une rue calme du Village, une demeure de la fin du XIXe siècle, dont Alain a admirablement restauré les plafonds, boiseries et moulures. Les 5 chambres, impeccables, sont décorées dans des tons doux au goût d'aujourd'hui et réchauffées par un plancher. L'une des 3 avec douche (110-155$ selon la saison) jouit d'un balcon, une autre d'un petit salon. Les deux dernières, plus petites, font sdb commune (90-125$). Terrasse fleurie. Savoureux et copieux petit déj. Rendez-vous en ligne pour les disponibilités et réservations. Deux nuitées minimum. ***Village*** *1631, rue Alexandre-de-Sève (angle Logan) Tél. 514 598 0555 ou 1 866 895 0555 M° Beaudry www.alexandrelogan.com*

☺ **Auberge de La Fontaine (plan 8, C4 n°71)** L'une de nos adresses préférées, face au parc La Fontaine. Vingt et une chambres gaies, toutes différentes : la n°3 bénéficie d'une grande sdb, la n°21 d'une terrasse, la n°4, spacieuse, donne aussi sur le parc, etc. Les tarifs varient de 130$ à 230$ en basse saison (de novembre à avril) et de 140$ à 250$ en haute saison, selon le confort. L'accueil est chaleureux et plein d'attentions : café et en-cas à disposition dans la cuisine où l'on peut aussi se préparer de petits repas, "5 à 7" convivial au bar, stationnement et petit déj. complet inclus, réception ouverte 24h/24. ***Plateau Mont-Royal*** *1301, rue Rachel E. (entre Chambord et Lanaudière) Tél. 514 597 0166 ou 1 800 597 0597 M° Mont-Royal www.aubergedelafontaine.com*

☺ **Casa Bianca (plan 8, B3 n°72)** Un gîte qui offre une expérience typiquement montréalaise, dans une grande maison blanche face au Mont-Royal. Le contraste est réussi entre le cachet historique (baignoires sur pieds, hauts plafonds, boiseries et parquet d'origine) et l'aménagement sobre et actuel. Les 3 chambres (139-199$) et les 2 suites (2 chambres séparées, 249$) sont vastes et lumineuses mais comme dans la plupart des maisons du secteur, mal insonorisées. Bon accueil et excellent petit déjeuner bio (pain et confiture maison). ***Plateau Mont-Royal*** *4351, av. de l'Esplanade (angle Marie-Anne) Tél. 514 312 3837 ou 1 866 775 4431 M° Mont-Royal www.casabianca.ca*

prix très élevés

Auberge du Vieux-Port (plan 4, C1-C2 n°41) Une escale de charme, face au Vieux-Port, dans un bâtiment du XIXe siècle. Pierres et poutres apparentes donnent leur caractère aux 45 chambres. Plusieurs catégories (179-529$) mais toutes sont confortables avec de belles sdb. Préférez celles avec vue sur le fleuve. Un restaurant, la **Taverne Gaspar**, mélange accents anglais et français. On y voit un pan de l'enceinte du XVIIe siècle. En été, on dîne sur le toit : ambiance magique au-dessus de la ville, féerique les soirs de feu d'artifice, cf. Terrasse sur l'auberge (p.181). L'auberge possède aussi 29 appartements, Les Lofts du Vieux-Port, rustiques ou plus contemporains, dispersés dans le Vieux-Montréal et pouvant accueillir 2 à 6 personnes. Petit déjeuner offert pour les réservations sur le site Internet de l'auberge. ***Vieux-Montréal*** *97, rue de la Commune E. (entre Saint-Gabriel et Jacques-Cartier) Tél. 514 876 0081 ou 1 888 660 7678 M° Champ-de-Mars ou Place-d'Armes www.aubergeduvieuxport.com www.loftsduvieuxport.com*

Hôtel Nelligan (plan 4, C2 n°43) Aménagé dans deux bâtiments de 1840, jadis séparés par une ruelle, cet élégant hôtel a conservé leurs murs de pierre et de brique pour mieux les rehausser de lignes contemporaines. Ses 105 chambres, sobres, confortables et d'un raffinement discret, sont une réussite. La venelle du XIXe siècle est devenue un bel atrium, dont la verrière éclaire un double salon avec fontaine, bar, foyer, coin lecture et bibliothèque. L'occasion de découvrir les œuvres d'Émile Nelligan, cf. Littérature (p.36), dont les vers ornent aussi les cheminées des chambres. Un restaurant réputé, le **Verses**, une brasserie, **Le Méchant Bœuf**, et un bar estival sur l'une des plus belles terrasses de la ville, cf. Terrasse Nelligan (p.119). Double de 300$ à 400$ selon le confort et la saison ; suite 350$ et 1 400$ le Penthouse. Stationnement 35$/j. ***Vieux-Montréal*** *106, rue Saint-Paul O. (entre Saint-François-Xavier et Saint-Sulpice) Tél. 514 788 2040 M° Place-d'Armes www.hotelnelligan.com*

☺ **Hôtel Pierre du Calvet (plan 4, D1 n°42)** Dans cette auberge romantique, on se croirait au XVIIIe siècle... Au temps où Pierre du Calvet, illustre occupant des lieux, rencontra secrètement Benjamin Franklin ; quand elle résonnait du claquement des sabots et des roues des carrioles sur les pavés... Derrière d'épais murs de pierre nue, au fond de couloirs lambrissés de noir, aux tapis usés et au plancher qui craque, 9 chambres spacieuses, meublées d'antiquités, de tableaux, et toutes dotées d'un lit à baldaquin. Comptez de 190$ à 380$ la chambre double. Le petit déjeuner est servi dans la salle à manger tandis que la véranda victorienne déborde de verdure, animée par Pedro, le perroquet. Le restaurant de l'auberge, Les Filles du Roy, propose une cuisine franco-québécoise classique et soignée. Jetez un coup d'œil à la salle à manger, hors du temps elle aussi, avec ses meubles victoriens, sa cheminée massive et ses trophées de chasse. ***Vieux-Montréal*** *405, rue Bonsecours Tél. 514 282 1725 M° Champ-de-Mars www.pierreducalvet.ca*

Le Saint-James (plan 4, B1 n°45) Installé dans une ancienne banque du quartier des affaires, un sommet de raffinement et d'opulence. Antiquités, tableaux, sculptures, tapis tissés à la main, lustres en cristal et œuvres d'art glanés dans le monde entier décorent les 61 chambres et suites, au style toutefois moderne. De 475$ la double... à 5 900$ l'appartement avec terrasse. Restaurant (lounge et gastronomique) et spa féerique (voûtes en pierre, chandelles...) à partir de 150$ l'heure de soins, tout de même ! ***Vieux-Montréal*** *355, rue Saint-Jacques O. (angle Saint-Pierre) Tél. 514 841 3111 ou 1 866 841 3111 M° Square-Victoria-OACI ou Place-d'Armes www.hotellestjames.com*

Hôtel Le Germain (plan 5, C3 n°23) Décor minimaliste, ambiance feutrée presque zen, meubles en bois foncé, tons terre et crème... Le pionnier des hôtels-boutiques montréalais demeure un bijou d'hôtellerie contemporaine. Ses 99 chambres et 2 suites, véritables havres de sérénité au cœur de la ville, occupent les 16 étages d'un ancien immeuble de bureaux, face à l'avenue du Président-Kennedy. Accessoires design, équipements ultramodernes, petites attentions : le luxe, sans ostentation. Un bonheur que le restaurant maison, le Laurie Raphaël, ne dément pas. Double de 229$ à 329$. Préférez les chambres des étages supérieurs pour profiter de la vue. ***Centre-ville*** *2050, rue Mansfield (entre Maisonneuve et Sherbrooke) Tél. 514 849 2050 ou 1 877 333 2050 M° Peel www.germainmontreal.com*

W Montréal (plan 5, D4 n°20) Cette chaîne internationale d'hôtels de luxe se démarque par le design ultracontemporain de ses établissements. Le W Montréal, installé dans un immeuble historique, ne fait pas exception à la règle. Du lobby aux chambres en passant par les trois bars et le restaurant, le mobilier, les couleurs, les œuvres d'art et les jeux de lumières ne cessent d'étonner, tout en restant d'un chic fou. On profite aussi d'un spa, d'une salle de gym, d'un service obligeant, et d'un emplacement idéal, à distance de marche du Vieux et du centre. Double à partir de 260$. ***Centre-ville*** *901, rue du Square-Victoria Tél. 514 395 3100 ou 1 866 716 8101 M° Square-Victoria-OACI www.wmontrealhotel.com*

Ritz-Carlton Montréal (plan 5, B2 n°26) Le fin du fin dans le domaine du grand luxe dans la métropole. Rénové, le Ritz a rouvert ses portes en 2012 pour célébrer son centenaire. Toujours beaucoup de charme, même si ses 129 chambres et suites se parent désormais de mobilier plus contemporain, de splendides salles de bains en marbre et des technologies dernier cri. Vue panoramique de la terrasse et de la piscine intérieure d'eau salée sur le toit, *afternoon tea* servi dans la cour des palmiers ou dans le beau jardin, service exceptionnel, rien n'est laissé au hasard. Et surtout pas la restauration, assurée par la Maison Boulud, qui sert une subtile cuisine aux accents italiens. Double à partir de 485$. ***Centre-ville*** *1228, rue Sherbrooke O. Tél. 514 842 4212 M° Peel www.ritzmontreal.com*

Hôtel de l'Institut (plan 6, B2 n°44) Face au charmant carré Saint-Louis, l'immeuble moderne de l'Institut de tourisme et d'hôtellerie du Québec (ITHQ) abrite deux restaurants, cf. Restaurants de l'ITHQ (p.178), et un hôtel parmi les meilleurs rapports qualité-prix en ville. Les 40 chambres et 2 suites avec balcon, regroupées aux 7e et 8e étages, jouissent d'une vue magnifique. Spacieuses, lumineuses et contemporaines, elles offrent un confort digne des grands hôtels du centre, pour 159-279 la nuit, selon la saison. Service particulièrement attentionné et petit déj. inclus. ***Quartier latin*** *3535, rue Saint-Denis (entre Sherbrooke et Cherrier) Tél. 514 282 5120 ou 1 885 229 8189 M° Sherbrooke www.ithq.qc.ca*

★ GATINEAU-OTTAWA

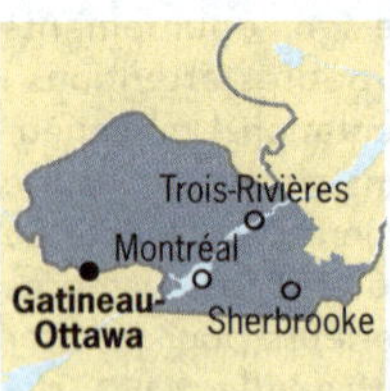

Fusionnée depuis 2002 avec ses voisines (Aylmer, Buckingham, Hull et Masson-Angers), Gatineau est la quatrième ville du Québec. Seule la rivière des Outaouais – en fait, tout un monde – la sépare d'Ottawa l'Ontarienne. L'une est aussi francophone, frivole et résidentielle que l'autre est anglophone, sage et affairée ! Quand en 1857 Ottawa fut choisie comme capitale fédérale du Canada, Hull devint sa banlieue ouvrière. Dans les années 1970, cette dernière fit peau neuve pour accueillir des administrations, des hôtels et le merveilleux musée canadien de l'Histoire. Peu à peu, la frontière est devenue trait d'union… Avec 1,2 million d'habitants, les deux villes forment aujourd'hui la

quatrième agglomération du Canada, appréciée pour son cadre de vie (rives aménagées de la rivière des Outaouais, canal Rideau, espaces verts, pistes cyclables, etc.). On y vit paisiblement, au rythme des sessions parlementaires. Même si elle n'exerce pas le même pouvoir d'attraction que Montréal ou Toronto, Ottawa est une étape obligée pour ses musées nationaux et pour son majestueux Parlement néogothique.

L'OUTAOUAIS, TERRE DES ALGONQUINS L'Outaouais (33 000km^2) s'étire à l'ouest de Montréal, entre les Laurentides et l'Abitibi-Témiscamingue. La frontière sud de cette plaine est aussi celle du Québec et de l'Ontario : la rivière des Outaouais – du nom d'une tribu algonquine, les Outaouaks, pour laquelle cette “Grande Rivière” devint au XVIIe siècle la “rivière du Commerce” avec les Européens. Au XIXe siècle, l'exploitation forestière attira des immigrants britanniques. Ce qui explique la toponymie des villages de la région, tant anglophone que francophone. Si la vallée des Outaouais est urbanisée, la majeure partie du territoire reste le domaine des grands espaces, baignés par 20 000 lacs et une douzaine de rivières.

OTTAWA, CAPITALE FÉDÉRALE DU CANADA La bourgade fondée en 1827 par le colonel By a pris le nom d'Ottawa en 1855, mais ce n'est encore qu'un grand village de bûcherons quand, en 1857, la reine Victoria décide d'en faire la capitale de la Province unie ! Il s'agit d'apaiser les tensions entre Canadiens français et Anglo-Canadiens – celles-là mêmes qui ont entraîné l'incendie du Parlement de Montréal en 1849. Il est vrai qu'Ottawa jouit d'une position stratégique entre le Canada-Est (Bas-Canada francophone) et le Canada-Ouest (Haut-Canada anglophone). La première pierre du Parlement est posée en 1860 et, en 1867, Ottawa accueille le gouvernement fédéral du dominion.

MODE D'EMPLOI

accès

EN AVION

Aéroport international d'Ottawa Env. 25km au sud d'Ottawa, il accueille les vols domestiques (de 5 à 10 liaisons/j. avec Montréal et plusieurs par semaine avec Québec) et internationaux. *Tél. 613 248 2125 ottawa-airport.ca*

Bus avec le centre-ville Autobus 97 d'OC Transpo. *Tél. 613 741 4390 www.octranspo.com*

EN VOITURE

Gatineau et Ottawa se trouvent 200km à l'ouest de Montréal. Accès par les autoroutes 40 puis 417 (rive sud de la rivière des Outaouais) ou par les autoroutes 15 puis 50 (rive nord). Comptez 2h de route. **Stationnement** Nombreux parkings payants dans le centre d'Ottawa (parcomètres gratuits le dim.). À Gatineau, passez au Bureau de tourisme outaouais pour retirer une vignette de stationnement offerte gratuitement aux touristes (valable 2j. consécutifs) ; parcomètres gratuits le w.-e.

EN TRAIN

Via Rail De trois à six trains (deux à quatre le w.-e.) circulent quotidiennement entre Montréal et Ottawa.

Environ 2h de trajet et 100$ AR. La plupart de ces trains desservent aussi la ville de Québec. *Tél. 1 888 842 7245 www.viarail.ca*
Gare *200, Tremblay Road* **Ottawa**

EN CAR
Greyhound Cette compagnie américaine offre une dizaine de liaisons quotidiennes entre Montréal et la capitale fédérale (durée 2h30 à 3h, Tarif 40-65$ AR). Tarifs avantageux pour les achats en ligne, ou présentez-vous à la gare routière de Montréal 1h avant le départ pour acheter les billets sur place. *Tél. 1 800 661 8747 www.greyhound.ca* **Ottawa Central Station** *265, Catherine Street (20min à pied du centre d'Ottawa) Tél. 613 238 6668 www.ottawacentralstation.com*

orientation

En 2002, les municipalités de Gatineau, Hull (prononcez "Oll"), Aylmer, Buckingham et Masson-Angers ont fusionné pour former la ville de Gatineau. L'agglomération, étalée le long de la rivière des Outaouais, compte 280 000 habitants. **Hull** (appelé maintenant "Gatineau, secteur Hull"), face à la colline du Parlement d'Ottawa, est le secteur le plus touristique. Il s'organise autour de la rue Laurier (entre les ponts Alexandra et des Chaudières), qui longe la rivière et sur laquelle donnent des tours de bureaux modernes, de grands hôtels et le musée canadien de l'Histoire. À l'arrière, la promenade du Portage concentre restaurants, bars et boîtes de nuit. Sachez que **Gatineau** ("Gatineau, secteur Gatineau") s'étend au nord-est de Hull, et Aylmer à l'ouest. Quatre ponts enjambent la rivière des Outaouais pour relier Hull à **Ottawa**, dont l'Alexandra, central et agréable pour les piétons. Le canal Rideau coupe la capitale fédérale en deux : à l'ouest, le centre des affaires, dont la rue Sparks, piétonne, est fréquentée le jour pour ses magasins et ses fast-foods ; à l'est, l'agréable quartier du marché By, animé en journée comme en soirée. Le centre d'Ottawa se visite aisément à pied, ses principales attractions (Parlement, musée des Beaux-arts, marché By) étant relativement proches les unes des autres. Ottawa, qui a aussi fusionné avec les communes voisines, est en revanche très étalée : elle dénombre environ 880 000 habitants.

informations touristiques

Tourisme Outaouais (plan 9, A1) Bonnes informations sur Gatineau et l'Outaouais, en plus d'offrir des vignettes de stationnement gratuit. *103, rue Laurier* ***Gatineau*** *(secteur Hull) Tél. 819 778 2222 ou 1 800 265 7822 www.tourismeoutaouais.com Ouvert fin juin-début sept. : lun.-ven. 8h30-18h, w.-e. 9h-18h ; début sept.-fin juin : lun.-jeu. 8h30-16h30, w.-e. 10h-16h*
Kiosque d'information de la capitale (plan 9, B2) Pour découvrir Ottawa et réserver les visites de la colline du Parlement. Face à la colline du Parlement. Autre kiosque d'information au marché By. *90 Wellington Street* ***Ottawa*** *Tél. 613 239 5000 ou 1 800 363 4465 ou 1 844 878 8333 capitaleducanada.gc.ca Ouvert mi-mai-début sept. : tlj. 9h-18h ; reste de l'année : tlj. 9h-17h Fermé 1er jan., 25-26 déc.*

transports urbains

Deux réseaux de bus distincts desservent les deux villes. Pour passer de l'un à l'autre, n'oubliez pas de demander au chauffeur un billet de transfert (ticket 3,65$, faites l'appoint dans le bus ou achetez des tickets dans les dépanneurs ou les centres de service). À partir de 2018, un “train léger” traversera Ottawa d'est en ouest et comptera trois stations souterraines dans le centre-ville.

Société de transport de l'Outaouais (STO) *Gatineau Tél. 819 770 3242 www.sto.ca*

OC Transpo *Ottawa Tél. 613 741 4390 www.octranspo.com*

location de vélos

RentABike Location de tout type de vélos (à partir de 10$/h et 32$/j.). Organisent aussi des tours cyclistes guidés de la ville (sur réservation). *Plaza Bridge, East Arch* ***Ottawa*** *(le long du canal Rideau, au sud de Rideau Street) Tél. 613 241 4140 rentabike.ca*

fêtes et manifestations

Festibière Deux fois l'an, pour découvrir plus de 300 produits houblonnés issus des microbrasseries québécoises, dans une ambiance festive (concerts). *Musée canadien de l'Histoire* ***Gatineau*** *festibiere.ca Fin jan. et fin mai*

Bal de Neige On fête l'hiver dans la capitale : sculptures sur glace, glissades et nombreuses autres activités familiales. ***Ottawa*** *En fév.*

Festival des tulipes Spectacles, activités et jardins totalisant un million de tulipes en fleur au parc Landsdowne et au parc des Commissaires (au sud du centre-ville). Chaque année, 20 000 bulbes sont offerts par les Pays-Bas car la future reine Juliana s'était réfugiée au Canada durant la Seconde Guerre mondiale. ***Ottawa*** *tulipfestival.ca Courant mai*

Amnesia Rockfest Un évènement majeur dans la région pour les amateurs de rock, punk et métal. Têtes d'affiche internationales et plus de 200 000 spectateurs. ***Montebello*** *www.amnesiarockfest.com Fin juin*

Fête du Canada L'anniversaire du Canada est célébré en grande pompe sur la colline du Parlement (feux d'artifices, concerts...). Les festivités sont d'autant plus grandioses en 2017 qu'elles soulignent le 150e printemps du pays, avec des évènements spéciaux tout au long de l'année. ***Ottawa*** *feteducanada.gc.ca ottawa2017.ca 1er juillet*

Ottawa Blues Festival *Parc des Plaines-LeBreton* ***Ottawa*** *ottawabluesfest.ca 10 jours début juil.*

Grands Feux du Casino du Lac-Leamy Les maîtres artificiers du monde entier viennent rivaliser de féerie. *Musée canadien de l'Histoire* ***Gatineau*** *www.feux.qc.ca 1re quinz. d'août*

Festival de montgolfières de Gatineau Une centaine de montgolfières colorent le ciel pendant cinq jours. Sur le plancher des vaches : manèges, concerts et nombreuses activités familiales. *Parc La Baie* ***Gatineau*** *www.montgolfieresgatineau.com Début sept.*

DÉCOUVRIR

Gatineau-Ottawa

☆ **Les essentiels** Le musée canadien de l'Histoire, la colline du Parlement, le musée des Beaux-Arts du Canada **Découvrir autrement** Assistez à la relève de la garde ou à un spectacle son et lumière sur la colline du Parlement, flânez au bord du canal Rideau

Gatineau, secteur Hull

☆ ☺ **Musée canadien de l'Histoire (plan 9, A1-B1)** L'ancien musée des Civilisations, rebaptisé fin 2013, a été fondé en 1856. C'est le plus grand et le plus visité du pays ! Il occupe depuis 1989 deux bâtiments dus à Douglas Cardinal (un Albertain d'origine amérindienne), qui symbolisent par leurs lignes sinueuses les paysages du Canada, façonnés par le vent, l'eau et les glaciers… Un écrin résolument moderne pour une collection exceptionnelle ! Le niveau 1 (rez-de-chaussée) est dévolu à la culture amérindienne. Dans sa **Grande Galerie** s'alignent six maisons réalisées selon les méthodes ancestrales par des artisans autochtones et représentant chacune une ethnie de la côte ouest du Canada. Devant se dressent d'impressionnants mâts totémiques, la plus grande collection au monde. Plus loin, dans la **salle des Premiers Peuples**, des objets usuels, œuvres d'art, archives et documents audiovisuels illustrent les traditions et modes de vie amérindiens. Au niveau 2 (1er étage), plusieurs salles d'expositions temporaires côtoient le merveilleux **musée canadien des Enfants**, conçu comme un village international, qu'un parc de jeux prolonge dehors l'été. Les enfants devront retirer un passeport à son "agence de voyages" avant de partir à l'aventure au Japon, sur le Nil, sous une tente bédouine, dans un bus pakistanais… Au niveau 3 (2e étage), la **salle de l'Histoire canadienne**, rouvre ses portes au 1er juillet 2017 après un réaménagement complet de ses espaces d'exposition. Comptez au minimum 3h pour visiter l'ensemble (plan à l'accueil), sachant que de grandes expositions temporaires occupent un quart de sa surface. Le musée loge aussi un **cinéma Imax** (entrée payante). Si le temps le permet, sortez profiter des jardins aménagés au bord de l'eau, face à la colline du Parlement. Le musée dispose d'un restaurant, d'une cafétéria et d'une boutique. Visites guidées (45min pour chaque section) : inscription à l'accueil. *100, rue Laurier Tél. 1 800 555 5621 www.museedelhistoire.ca Ouvert fin juin-début sept. : ven.-mer. 9h30-18h, jeu. 9h30-20h ; reste de l'année : ven.-mer. 9h30-17h, jeu. 9h30-20h Tarif 15$, réduit 9-13$, familles 36$ Visite guidée 3$*

Naviguer sur la rivière des Ottaouais

Au feel de l'eau Embarquez à bord de ces bateaux-taxis électriques pour traverser la rivière Ottawa entre Gatineau (musée canadien de l'Histoire) et la capitale (au pied de la colline Parlementaire) et admirer ainsi une perspective différente du paysage (6$, 10$ AR, paiement à bord). La compagnie offre aussi des trajets vers le casino et des croisières thématiques (sur réservation). *Tél. 819 329 2413 aufeeldeleau.ca Ouvert mai-oct. : tlj. 9h30-18h Jusqu'à 19h en été et 20h le jeudi*

Ottawa

La capitale fédérale du Canada possède une dizaine de musées d'envergure nationale. Nous présentons les plus importants, mais on peut aussi citer les musées de l'Aviation du Canada, des Sciences et de la Technologie, de la Monnaie de la Banque du Canada, de l'Agriculture et, enfin, de la Nature.

☆ **Colline du Parlement (plan 9, B2)** Sur un promontoire qui domine la rivière des Outaouais de près de 50m, les bâtiments du **Parlement** canadien

Plan 9 Gatineau-Ottawa centre

Restauration ■ 1 à 10

Chez Barbe **p.207**	1	A1
El Camino **p.207**	8	C2
Jadeland **p.206**	2	C2
Le Pied de cochon **p.208**	3	A1
Marché By **p.200**	4	C2
Piz'za-za **p.206**	5	A2
Soif **p.207**	7	A2
The Whalesbone **p.208**	9	B2
The Whalesbone **p.208**	10	C2
Zak's Diner **p.207**	6	C2

Bars, lieux de sortie ■ 10 à 13

Aux 4 Jeudis **p.205**	10	A2
Casino du Lac-Leamy **p.206**	13	A1
Les Brasseurs du temps **p.206**	11	A1
The Manx **p.206**	12	C2

Hébergement ■ 20 à 24

A Voyageur's Guesthouse **p.209**	22	B2
HI Ottawa Jail Hostel **p.208**	24	C2
Les Suites Victoria **p.209**	20	A1
McGee's Inn **p.209**	23	C1
Un pied-à-terre **p.208**	21	A1

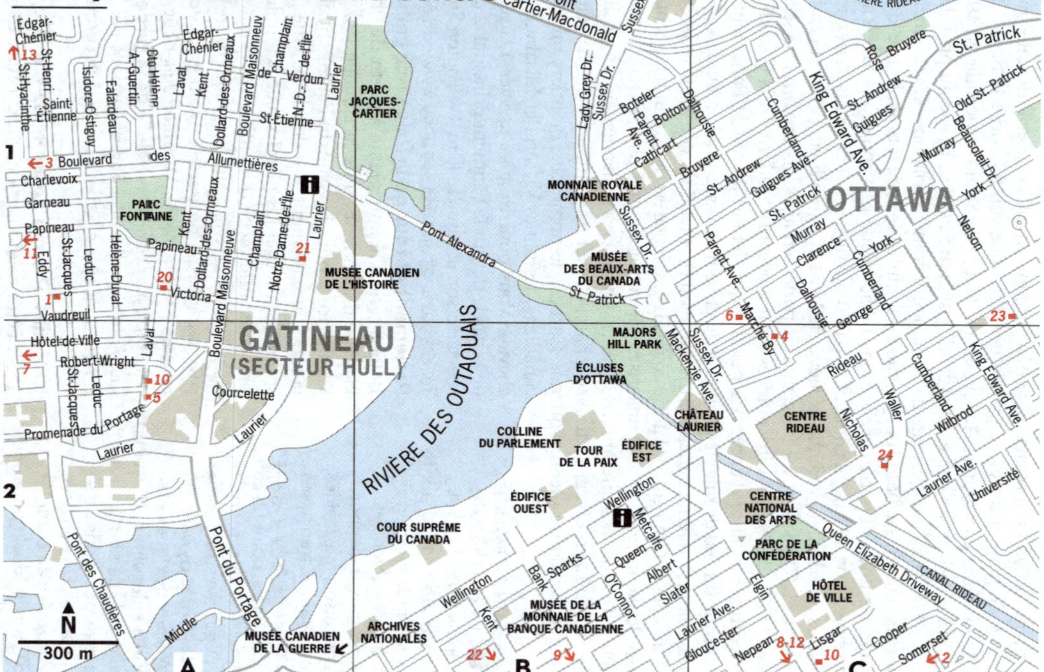

forment un admirable ensemble néogothique en grès et pierre de taille grise, animé de gargouilles et de grotesques. L'édifice central abrite le Sénat et la Chambre des communes. Achevé en 1876 et ravagé par un incendie en 1916, il a été relevé de ses ruines et agrandi juste après. On se masse au pied de sa tour de la Paix (1928), haute de 92m, pour écouter carillonner ses 53 cloches, dont la plus grosse pèse 10t ! La vue du sommet de cette tour embrasse la ville et ses alentours. Derrière s'élève une bibliothèque polygonale, seule rescapée du sinistre de 1916, qui contient 600 000 ouvrages et documents. Assez semblables, le bâtiment oriental (achevé en 1874 et agrandi en 1910) et celui de l'ouest (1874) logent les bureaux des parlementaires. Ils ne sont accessibles que dans le cadre de visites guidées (voir plus loin). "Offerte" aux Canadiens, la **colline** est libre d'accès. La pelouse qui s'étend devant le Parlement est devenue un lieu de manifestations et de rassemblements publics, tandis qu'aux beaux jours on aime flâner, faire la sieste ou profiter de la vue sur la rivière des Outaouais et Gatineau de l'autre côté… L'ambiance est donc plutôt bon enfant, loin des lieux de pouvoir "bunkerisés" de certains autres pays. De la mi-mai au début du mois de septembre, des guides interprètes se tiennent à la disposition des visiteurs en divers endroits du parc. Les allées sont ponctuées de statues de personnalités : George-Étienne Cartier, de nombreux Premiers ministres canadiens, les reines Victoria et Élisabeth II à cheval... Vous pourrez aussi assister à la relève de la garde devant le bâtiment principal et à un spectacle son et lumière l'été. *Wellington Street Tél. 613 992 4793 ou 1 866 599 4999 www.parl.gc.ca*

Parlement et tour de la Paix Visite gratuite. Billet à retirer le jour même à partir de 9h au kiosque d'information de la capitale (90, rue Wellington), pour la visite du Parlement et de la tour, ou seulement l'un des deux. Une personne peut retirer jusqu'à dix billets, inutile de présenter une pièce d'identité. Venez tôt, car les premiers arrivés sont les premiers servis ! *www.parl.gc.ca Horaires des visites variables, consulter le site Internet* **Carillon** *Juil.-août : 11h-12h ; sept.-juin : 12h-12h15* **Relève de la garde** *Fin juin-fin août : tlj. à 10h* **Son et lumière** *juil. : tlj. à 22h ; août tlj. à 21h30 ; sept. : tlj. à 21h gratuit*

☺ **Canal Rideau (plan 9, B2-C2)** Depuis 1832 cette voie d'eau de 202km relie Ottawa à Kingston, sur le lac Ontario, via un chapelet de petits plans d'eau. Sa construction, supervisée par le colonel By, dura de 1823 à 1832. Il s'agissait alors pour la colonie britannique de pouvoir disposer d'une liaison autre que le Saint-Laurent entre Montréal et les Grands Lacs, en cas de conflit avec les États-Unis. Aujourd'hui réservé aux plaisanciers, le canal se jette dans la rivière des Outaouais en plein

SUR LE POUCE

Le marché existe depuis 1826 et sa halle, construite en 1920, abrite des stands de spécialités culinaires chinoises, indiennes, italiennes, japonaises, mexicaines, marocaines, françaises... On peut aussi y déguster des bagels, boire un café, emporter des "tourtières" yougoslaves, etc. Sur les côtés, rues Byward et William, quelques étals de fruits et légumes attrayants, ainsi que de nombreuses autres occasions de se restaurer. Une enclave villageoise au cœur d'Ottawa, idéale pour une pause-déjeuner avant de repartir visiter les musées. ☺ **Marché By (plan 9, C2 n°4)** *55, Byward Market Square (entre les rues Byward, William, George et York) Tél. 613 562 3325 www.byward-market.com Horaires variables en fonction des commerces* centre d'Ottawa, franchissant une impressionnante succession de huit écluses. Vous pourrez les apercevoir du pont de la rue Wellington ou les admirer de la promenade doublée d'une piste cyclable qui longe le canal. En hiver, ce dernier offre à la capitale fédérale la patinoire la plus longue du monde : près de 8km ! *www.pc.gc.ca/rideau et rcs.ccn-ncc.ca (infos pour patiner)*

☆ **Musée des Beaux-Arts du Canada (plan 9, B1)** C'est l'un des plus riches musées d'art du continent, avec 35 000 œuvres. Il occupe depuis 1988 un édifice moderne, dont la silhouette élancée (le Grand Hall, haut de 43m, inspiré de la bibliothèque du Parlement) est devenue l'un des emblèmes d'Ottawa. Le bâtiment conçu par Moshe Safdie est éclairé par des verrières zénithales et émaillé de patios et de jardins. Le **1er étage** accueille une collection d'art canadien de 1740 à nos jours, la plus vaste du pays. Vous pourrez y visiter une ravissante chapelle néogothique issue d'un couvent de la rue Rideau (Georges Bouillon, 1888). Ne manquez pas la salle dédiée au groupe des Sept (années 1920), dont les paysages restituent bien l'immensité du territoire canadien et ses contrastes saisonniers. Une large place (une dizaine de salles) est aussi accordée à l'art inuit. Notez que la collection d'art canadien est fermée jusqu'à mai 2017 pour réaménagement. Le **2e étage** est surtout consacré à l'art européen depuis le Moyen Âge. Ne manquez ni la salle C203 (la Renaissance italienne et le maniérisme) ni la C213 où sont rassemblés les chefs-d'œuvre impressionnistes (Monet, Renoir, Cézanne) et postimpressionnistes (toiles de Gauguin et de Van Gogh). La salle C214 dévolue à l'art américain fait la part belle à l'expressionnisme abstrait de l'école de New York (Mark Rothko, *N°16*, 1957). Boutique, café. Sur le parvis trône une insolite araignée géante en bronze de Louise Bourgeois (*Maman*, 1999). *380 Sussex Drive Tél. 613 990 1985 www.beaux-arts.ca Ouvert mai-sept. : ven.-mer. 10h-17h, jeu. 10h-20h ; oct.-avr. : mar.-mer. et ven.-dim. 10h-17h, jeu. 10h-20h Tarif collection permanente 12$, réduit 6-10$, familles 24$ Entrée libre jeu. après 17h Tarif expositions (+ collection permanente) 16$, réduit 7-14$, familles 32$, audioguide 6$*

PASSEPORT DES MUSÉES
Valable dans sept musées nationaux d'Ottawa et de Gatineau, sept jours d'affilée, ce pass est vendu 45$ (99$ pour une famille de 5 pers.) au kiosque d'information de la capitale (p.196) et dans les musées concernés. *www.passeportmusees.ca*

Musée canadien de la Guerre (hors plan 9 par A2) Un musée immense, dynamique et instructif, consacré à l'histoire militaire du Canada, d'avant l'arrivée des Européens aux missions actuelles de maintien de la paix dans le monde, en passant par les deux guerres mondiales. On déambule dans quatre grandes salles aux thématiques chronologiques, entre pièces d'artillerie, mannequins de cire et reconstitutions interactives. On se retrouve ainsi dans une tranchée de la Première Guerre mondiale, dans une ville italienne en 1944… En fil rouge, le facteur humain dans ces actions militaires, et la façon dont elles ont façonné l'identité du Canada. *1, place Vimy (à 15min à pied du centre) Tél. 819 776 8600 ou 1 800 555 5621 www.museedelaguerre.ca Ouvert fin juin-début sept. : ven.-mer. 9h30-18h, jeu. 9h30-20h ; sept.-mi-juin : lun.-mer. et ven.-sam. 9h30-17h, jeu. 9h30-20h Tarif 15$, réduit 9$, familles 36$ Possibilité de billet combiné avec le musée de l'Histoire*

L'Outaouais

☆**Les essentiels** Le parc Oméga, Wakefield **Découvrir autrement** Assistez, au printemps, à la ponte des tortues dans le parc national de Plaisance, offrez-vous un thé glacé ou un chocolat chaud au Château Montebello, tentez l'aventure du canot-camping dans le parc de la Gatineau

Sur la route de Montréal

Parc national de Plaisance Créé en 2002 sur des presqu'îles et îlots de la rivière des Outaouais, ce parc de 28,3km² géré par le Québec protège des marais, étangs, marécages, prairies humides et le confluent avec la rivière de la Petite-Nation. On peut y observer plus de 240 espèces d'oiseaux, dont une importante colonie de bernaches du Canada en avril-mai. Outre de petites expositions, le centre d'interprétation et de service installé à l'entrée organise différentes activités aux intersaisons, notamment une randonnée guidée (gratuite) pour découvrir le castor et son habitat, et une autre pour observer la ponte des tortues. Le parc abrite aussi 90km de sentiers de randonnée pédestre, la majorité étant accessible aux cyclistes. Vous trouverez une petite plage dans la baie de la Pentecôte. Camping (p.210), piscine, location de vélos et de kayaks sur place. *1001, chemin des Presqu'îles* ***Plaisance*** *(57km à l'est de Gatineau par la route 148 ; tourner à droite avant l'entrée de Plaisance, bien indiqué) Tél. 819 427 5334 ou 1 800 665 6527 parcsquebec.com/plaisance Parc ouvert toute l'année (autoperception en hiver)* ***Accueil*** *ouvert mi-juin-début sept. : tlj. 8h-20h ; mai-mi-juin, début sept.-mi-oct. : tlj. horaires variables (consulter le site Internet) Droit d'accès 8,50$, moins de 18 ans gratuit Location de vélos (39,50$/j.) et de canoës-kayaks (15-22,50/h)*

Montebello Cette petite ville de villégiature campée sur la rive nord de la rivière des Outaouais faisait jadis partie de la seigneurie de la Petite-Nation – qui demeure le seul terroir d'allure française de la région. *Sur la route 148, 80km à l'est de Gatineau et 134km à l'ouest de Montréal*

☺ **Château Montebello** Cet édifice insolite, érigé en 1930 (en quatre mois) avec plus de 10 000 troncs de cèdres géants apportés de Colombie-Britannique, n'est rien moins que la plus grande construction en rondins au monde ! Le bois rouge est protégé par un enduit de goudron noir. Le lobby, vers lequel convergent les six ailes de l'hôtel, mérite à lui seul le coup d'œil pour sa colossale cheminée centrale haute de trois étages (38m). Construit avec le concours de la compagnie ferroviaire Canadien Pacifique et de plusieurs grandes banques, le château était destiné à l'origine à l'usage du Seigniory Club, un club sportif dont les membres se recrutaient surtout dans la haute bourgeoisie anglo-canadienne et américaine. Il possède ainsi l'un des plus beaux parcours de golf 18-trous du Canada. Ouvert au public depuis son rachat en 1970 par la compagnie Hôtels Canadien Pacifique, le Château a accueilli plusieurs conférences historiques, dont un sommet économique du G7 en 1981. Il est géré par la prestigieuse chaîne hôtelière Fairmont (p.211). *392, rue Notre-Dame Parking visiteurs 1h gratuite, 5$/h, 15$ la journée* **Bar Le Foyer dans le lobby** *Ouvert lun.-sam. 12h-21h, dim. 11h-20h30 (tenue décontractée, prix abordables)*

Manoir Louis-Joseph-Papineau Il s'agit de la demeure édifiée sur la seigneurie de la Petite-Nation par Louis-Joseph Papineau (1786-1871), député et chef des patriotes du Bas-Canada lors de la rébellion de 1837 – cf. La Montérégie (p.159). Ce manoir de vingt pièces bâti de 1848 à 1850 reflète la personnalité de son bâtisseur et les goûts de l'époque : une bâtisse néoclassique, décorée dans le style Second Empire. Le site surplombant la rivière des Outaouais invite à la promenade dans les beaux jardins menant à des dépendances (hangar à grain, pavillon de thé...), ouvertes à la visite. *500, rue Notre-Dame (rue principale)* ***Montebello*** *Tél. 819 423 6965 pc.gc.ca/manoirpapineau Ouvert mi-juin-début sept. : tlj. 10h-17h ; mi-mai-mi-juin, début sept.-mi-oct. : ven.-dim. et j. fér. 10h-17h Tarif 7,80$, réduit 3,90-6,55$, familles 19,60$*

MONTRÉAL ET LE SUD

☆ ☺ **Parc Oméga** Unique, ce domaine permet de découvrir les animaux sauvages du Canada dans leur milieu naturel ! On s'y déplace en voiture (avec interdiction d'en descendre) sur une piste de 15km qui serpente entre forêt, prairies et lacs. Les orignaux, caribous, wapitis, bisons, bouquetins, sangliers, ratons laveurs et castors qui vivent en semi-liberté sur ses 600ha s'approchent facilement des véhicules, surtout quand on leur propose des carottes (en vente à l'accueil et au supermarché de Montebello). D'autres hôtes, plus imprévisibles, sont tenus à distance par des clôtures : loups blancs de l'Arctique, ours noirs, coyotes... Ont aussi été aménagées trois zones de promenade et de pique-nique, dont les sentiers thématiques sur l'histoire du Québec (7km) permettent de se dégourdir les jambes et d'observer de près, voire de caresser, des daims et des cerfs de Virginie. En juillet-août, animations avec des petits mammifères. Boutique et casse-croûte à l'accueil. Possibilité d'hébergement (tipi, cabane en bois, 70-200$/nuit). Une étape sur la route de Montréal à Gatineau, qui ravira petits et grands ! *399, route 323 Nord (2km au nord de Montebello) Tél. 819 423 5487 www.parc-omega.com Ouvert fin juin-début sept. : tlj. 9h-17h ; début sept.-fin juin : tlj. 10h-16h (heure de la dernière entrée) Tarif 26-20$, réduit 10-25$ et 9-19$*

Au nord de Gatineau

Parc de la Gatineau Établi aux portes de la ville, il protège quelque 361km² de collines, de forêts et de lacs, les représentants de 54 espèces de mammifères (dont de nombreux castors et cerfs de Virginie) et une flore variée. Été comme hiver, il offre surtout aux citadins une vraie bouffée d'oxygène et un providentiel espace de loisirs de plein air. Le centre des visiteurs (musée, centre d'interprétation) se trouve à **Old Chelsea**, l'entrée principale, puisque les pôles d'intérêt et d'activités sont concentrés dans la partie sud du parc. Les deux autres accès, sur la route 366, desservent le secteur nord, plus sauvage et moins fréquenté. Plusieurs routes (fermées l'hiver et réservées les dim. matin d'été aux vélos) jalonnées de points de vue – ne manquez pas le **belvédère Champlain** – sillonnent le parc, desservant des lacs avec plage, des aires de pique-nique et des sentiers de randonnée. N'oubliez pas de visiter le **domaine Mackenzie-King**, ancienne résidence d'été de William Lyon Mackenzie King (1874-1950), Premier ministre du Canada pendant plus de vingt et un ans, un record dans l'histoire du Commonwealth ! On s'y balade parmi de tranquilles jardins, des chalets du début du XXe siècle et d'étonnantes ruines. Vous y trouverez aussi un salon de thé. **Camp Fortune** propose des activités à fort degré d'adrénaline l'été (tyrolienne, parc aérien...) et se transforme ensuite en station de sports d'hiver (p.204). Camping (p.209). **Centre des visiteurs et accès principal du parc** *33, chemin Scott, Old Chelsea (15km au nord-ouest de Gatineau par l'autoroute 5, sortie 13) Tél. 819 827 2020 ou 1 866 456 3016 www.ncc-ccn.gc.ca Ouvert mai-oct. : tlj. 9h-17h ; nov.-avr. : lun.-ven. 9h-16h, w.-e. 9h-17h Entrée libre au parc, stationnement payant près des plages principales l'été 11$/voiture* **Domaine Mackenzie-King** *www.ccn-ncc.gc.ca Ouvert mi-mai-mi-oct. : lun. et mer.-ven. 10h-17h, w.-e. et j. fér. 11h-18h Entrée libre, stationnement 10$/voiture*

☆☺ **Wakefield** Ce joli village fondé en 1830 au confluent de la Gatineau et de la rivière La Pêche reste très *British*. La rue principale est bordée d'élégantes demeures victoriennes. Vous pourrez faire provision de chocolat, de *fudge* à l'érable et de confiture de bleuets sauvages dans son odorante **confiserie** à l'ancienne. Dans la même rue, vous trouverez de bonnes tables, des boulangeries, et le samedi matin Wakefield accueille un **marché**. La ville est aussi très fière – à juste titre – de son joli **pont couvert**, qui permet aux piétons et aux cyclistes de franchir la rivière Gatineau et d'accéder aisément à la **Fairbairn House**, une maison de ferme en bois datant du XIXe siècle, qui abrite le centre d'information touristique et une petite exposition historique sur la région. *35km au nord-ouest de Gatineau par l'autoroute 5 (sortie 28) www.wakefieldquebec.com* **Marché** *Ouvert mi-mai-mi-oct. : sam. 9h-13h* **Fairbairn House Heritage Centre** *45, Wakefield-Heights Tél. 819 778 3382 www.fairbairn.ca Ouvert fin juin-août : tlj. 9h-17h ; fin mai-fin juin, sept.-mi-oct. : w.-e. 9h-17h Entrée libre* **Confiserie** *817, chemin Riverside Tél. 819 459 1177 www.laconfiserie.ca Ouvert tlj. 10h-17h En hiver, horaires très variables (appeler)*

Où trouver de l'artisanat autochtone de qualité ?

Khewa À la fois galerie d'art et boutique d'artisanat, Khewa est une véritable vitrine pour l'art et la culture des Premières Nations canadiennes. Bijoux, mocassins, couvertures en laine, sculptures, instruments de musique traditionnels... chaque article est sélectionné par la propriétaire des lieux, qui s'assure de son origine et de sa qualité en allant rencontrer les artisans. Un commerce équitable qui vaut le détour. *737, chemin Riverside* ***Wakefield*** *Tél. 819 459 2112 khewa.com Ouvert tlj. 10h-17h*

Se baigner, canoter, faire du vélo... Le **parc de la Gatineau** possède six plages de sable surveillées (aux lacs La Pêche, Philippe et Meech), 165km de sentiers récréatifs à suivre à vélo ou à pied, et 90km de pistes réservées aux VTT (location 35$/3h, 50$/j. dans le village d'Old Chelsea). On peut canoter sur les lacs Philippe et La Pêche (25$/2h, 38$/4h). **Greg Christie's** Location de vélos et de skis. *148, chemin Old Chelsea Tél. 819 827 5340 www.gregchristies.com*

Randonner à raquettes et à skis

Camp Fortune Le **parc de la Gatineau** offre 55km de sentiers aux promeneurs chaussés de raquettes (location 21$/j. au centre des visiteurs), 200km (jalonnés de dix relais de jour chauffés) aux adeptes du ski nordique (location au lac Philippe ou à Old Chelsea, env. 30$) et il abrite une station de ski alpin, Camp Fortune (25 pistes, dont 13 éclairées en soirée, location sur place ou à Old Chelsea, 27$/j.). L'ensemble, comme dans tous les parcs canadiens, est parfaitement organisé. En hiver, le laissez-passer pour les pistes de ski de fond est vendu au centre des visiteurs (15$). *300, chemin Dunlop Tél. 819 827 5517 www.campfortune.com Ouvert hiver : lun.-ven. 9h-22h, sam. 8h30-22h, dim. 8h30-16h ; mai-juin, sept.-oct. : w.-e. 9h-17h ; juil.-août : tlj. 9h-17h*

Se relaxer dans un spa

Nordik Spa-Nature Ce centre se targue de faire partie des plus grands spas d'Amérique du Nord. Et on le croit sur parole en admirant les six bassins de relaxation (tous à différente température), la piscine panoramique, les sept saunas, les agréables espaces de repos, les salles de soins (massages, soins corporels), le tout joliment intégré dans un vaste jardin paysagé. Trois aires (silence, chuchotement et social) permettent de savourer ce moment selon son humeur. Deux restaurants pour manger sainement sur place. Attention, le centre étant situé à flanc de colline, il faut emprunter de nombreux escaliers, tant pour s'y rendre qu'une fois sur place. Pour plus de tranquillité, nous vous conseillons d'éviter les vendredis et samedis. *16, chemin Nordik* ***Chelsea*** *Tél. 819 827 1111 ou 1 866 575 3700 www.lenordik.com Ouvert dim.-jeu. 9h-23h, ven.-sam. 9h-0h Tarif 61$, 70$ ven.-dim. Massages et soins à partir de 95$*

Découvrir un marais en pédalo

☺ **Éco-Odyssée** Muni d'une carte et d'une boussole, embarquez sur un pédalo et partez explorer un labyrinthe de 6km dessiné dans les méandres d'un grand marais. Quelle que soit l'aventure choisie (simple balade, observation, identification…), vous apprendrez tout ce que vous avez toujours voulu savoir (et même plus) sur le castor et son habitat. Des sentiers encouragent à se dégourdir les jambes, tout en continuant à développer ses connaissances sur la nature. Comptez 3h pour une expérience complète. Prévoyez un pique-nique. Enfin, bonne nouvelle, le marais est étonnamment dénué de moustiques ! *52, chemin des Sources* ***Wakefield*** *(8km à l'est de Wakefield via la route 366) Tél. 819 459 2551 www.eco-odyssee.ca Ouvert mi-juin-début sept. : jeu.-lun. 9h30-15h30 (dernier départ) Tarif 49,50$/pédalo, 7$/pers. ou 15$/famille pour les aventures terrestres*

CARNET D'ADRESSES

Lieux de sortie

Les lieux de sortie nocturne de Gatineau et d'Ottawa ferment à 2h. Vous aurez donc une heure de moins que partout ailleurs au Québec pour faire la fête. Les bars et quelques boîtes de Gatineau sont regroupés autour de la rue Laval et de la promenade du Portage, dans le secteur Hull. À Ottawa, mettez le cap sur le marché By et ses alentours, ou le long des rues Bank et Elgin.

Aux 4 Jeudis (plan 9, A2 n°10) Un bar décontracté et chaleureux, où les fonctionnaires se retrouvent après le travail. Plus tard, la jeunesse de Gatineau les remplace autour de bonnes bières québécoises. Œuvres d'artistes locaux aux murs, spectacles et DJ (jeu.-sam.) sur l'agréable terrasse, chauffée s'il fait froid. Menu de style pub. *44, rue Laval* ***Gatineau*** *(secteur Hull) Tél. 819 771 9557 4jeudis.ca Ouvert tlj. 14h-2h*

☺ **Les Brasseurs du temps (hors plan 9 par A1 n°11)** Une microbrasserie un peu excentrée, mais qui vaut le déplacement. Tous les jours, une dizaine de bières artisanales à la pression (sur la trentaine que produit la maison), qui s'agrémentent bien du menu de petits plats gourmands (poutine, ailes de poulet, plateau de fromages). Grande salle à l'ambiance festive (concerts rock, country, folk le w.-e.) et terrasse très courue sur le bord du ruisseau de la brasserie. Ne partez pas sans visiter l'intéressant musée dédié à l'héritage brassicole régional. Pinte 6-10$. *170, rue Montcalm* ***Gatineau*** *(secteur Hull) Tél. 819 205 4999 www.brasseursdutemps.com Ouvert dim.-mar. 11h30-0h, mer. 11h30-1h, jeu.-sam. 11h30-2h*

Casino du Lac-Leamy (hors plan 9 par A1 n°13) Pour un petit goût de Las Vegas... Néons clignotants, décor pompeux, plantes tropicales et une armada de retraitées ontariennes rivées à 1 700 machines à sous ! Également 60 tables de jeu, un théâtre, quatre restaurants et quatre bars. Parking gratuit. *1, bd du Casino* ***Gatineau*** *(secteur Hull) Tél. 819 772 2100 Accès bus n°21 www.casinosduquebec.com/lacleamy Ouvert tlj. 24h/24*

The Manx (hors plan 9 par C2 n°12) Ce ne sont pas les pubs qui manquent à Ottawa, mais celui-ci, avec sa petite salle sombre et boisée cachée au demi-sous-sol, fleure bon l'authenticité et le houblon. Pinte à partir de 7$. Appréciable menu de sandwichs et plats plus complets (15-18$). *370, Elgin Street* ***Ottawa*** *Tél. 613 231 2070 manxpub.com Ouvert lun.-mer. 11h30-1h, jeu.-ven. 11h30-2h, sam. 10h-2h, dim. 10h-1h*

Restauration

À **Gatineau**, vous trouverez une concentration de restaurants près de l'intersection de la rue Laval et de la promenade du Portage - secteur Hull (plan 9, A2). À **Ottawa**, le centre des affaires héberge de nombreux cafés et fast-foods qui ferment en fin d'après-midi, sans compter la cuisine de rue (simples stands à hot-dogs et *food trucks* plus appétissants). Les établissements ouverts midi et soir sont regroupés autour du marché By (plan 9, C2). Artère principale du petit Chinatown local, la rue Somerset - entre l'av. Bronson et la rue Rochester (plan 9, C2) - regorge de restaurants chinois. Quelques cantines vietnamiennes, sri-lankaises et turques un peu plus à l'ouest, puis rue Preston (le "Corso Italia"), les trattorias de Little Italy. Enfin, une foule de pubs et de restaurants dans les rues Bank et Elgin.

petits prix

Chez Barbe (plan 9, A1 n°1) Cette cantine de quartier plus que centenaire n'a rien perdu de son authenticité. Dans ses deux salles surannées, les habitués s'attablent le matin devant de copieuses assiettes : œufs pochés, saucisses, fromage, bagels, salade de fruits... Formules 8-12$. À midi, on y avale tous les classiques de la cuisine populaire canadienne : fèves au lard, tourtière maison, hamburgers, etc. Plats 7-10$. *122, rue Eddy* ***Gatineau*** *(secteur Hull, angle rue Victoria) Tél. 819 777 7384 www.chezbarbe.com Ouvert tlj. 6h-15h*

☺ **Piz'za-za (plan 9, A2 n°5)** Au cœur du quartier animé de Gatineau, ce bistrot italien a pris l'accent québécois. Décor de bon goût (murs glaise et olive), atmosphère conviviale, on y va pour ses délicieuses pizzas (6-16$) et ses salades (9-17$). Belle carte des vins : une centaine de bouteilles d'Italie, de France ou du Nouveau Monde, sélectionnées avec soin et proposées à prix raisonnable. Pour un verre, jetez un coup d'œil aux propositions griffonnées sur l'ardoise. Terrasse. *36, rue Laval* ***Gatineau*** *(secteur Hull) Tél. 819 771 0565 pizzaza.ca Ouvert lun.-mer. 11h30-22h, jeu.-ven. 11h30-23h, w.-e. 17h-22h*

Jadeland (plan 9, C2 n°2) Une ardoise blanche (pour les plats du jour) et quelques tableaux aux murs... Voici les seuls éléments de décor de cette petite cantine chinoise ! Un lieu simplissime, aussi populaire que bon marché... À la carte : des recettes sichuanaises, de nombreuses spécialités de poisson, de fruits de mer, soit au total un choix de plus de 300 plats, de 9$ à 20$. On vous conseille le poulet aux litchis, délicieux ! Faites comme les Chinois : partagez les mets, les portions sont copieuses. Et arrosez le repas de bière Tsing Tao. *625, Somerset Street West* ***Ottawa*** *(Chinatown) Tél. 613 233 0204 jadeland.com Ouvert dim.-jeu. 11h-23h, ven.-sam. 11h-0h*

Zak's Diner (plan 9, C2 n°6) Face au marché By, ce *diner* joyeux, tout droit sorti d'un épisode de la série *Happy Days*, joue la carte nostalgique des fifties et des sixties : juke-box, vieilles publicités de Pepsi-Cola, Elvis ou Richie Valens pour fond musical... Enfoncée dans les banquettes, une clientèle de tous âges dévore d'énormes burgers (les appétits d'ogre choisiront le Zak Attack) en sirotant le meilleur milk-shake de la ville. Burgers 13-17,50$. Carte pléthorique. Le plus : Zak's Diner ne ferme jamais ! *14, Byward Market Square* ***Ottawa*** *Tél. 613 241 2401 zaksdiner.com Ouvert tlj. 24h/24*

El Camino (hors plan 9 par C2 n°8) Avec son décor de loft contemporain (murs noirs, béton brut et œuvres d'art colorées) et ses bons tacos, ce restaurant ne désemplit pas. Ceux au poisson et au porc effiloché sont particulièrement recommandés (6-10$ l'unité). Excellents cocktails. Les réservations ne sont pas acceptées et l'attente peut être longue avant d'obtenir une table, mais le même menu est offert à emporter au comptoir annexe. *380, Elgin Street* ***Ottawa*** *Tél. 613 422 2800 eatelcamino.com Ouvert mar.-mer. 17h30-0h, jeu.-dim. 17h30-2h Comptoir ouvert aussi mar.-ven. 12h-14h30*

prix moyens

☺**Soif (hors plan 9 par A2 n°7)** Plus qu'un bar à vins tenu par Véronique Rivest, l'une des meilleures sommelières canadiennes, Soif comble aussi les appétits gourmets. Petits plats exquis à partager (croquettes de morue, tartelette de lapin confit ou tartine nappée de ricotta et miel, sans oublier les desserts !), avec toujours

GAMME DE PRIX	RESTAURATION	HÉBERGEMENT
Très petits prix	moins de 15$	moins de 40$
Petits prix	de 15 à 25$	de 40 à 80$
Prix moyens	de 25 à 40$	de 80 à 120$
Prix élevés	de 40 à 55$	de 120 à 160$
Prix très élevés	plus de 55$	plus de 160$

d'intéressantes suggestions de vins pour les accompagner. La cave (toute vitrée, splendide) compte des centaines de crus provenant du Nouveau Monde comme d'Europe. Décor chic et sophistiqué avec murs recouverts de liège, mais ambiance et service décontractés. Belle terrasse à l'arrière. Comptez 20-30$ pour vous sustenter, verre de vin à partir de 5$ (format dégustation). *88, rue Montcalm* **Gatineau** *(secteur Hull) Tél. 819 600 7643 soifbaravin.ca Ouvert lun.-ven. 11h30-22h, w.-e. 17h-23h*

Le Pied de cochon (plan 9, A1 n°3) Cette table chic sert une goûteuse cuisine française de saison. Parmi ses classiques : la bisque de homard, la terrine de lapin maison, le steak tartare et, en dessert, la crème brûlée ou le paris-brest. Table d'hôtes à midi 20-30$; le soir 30-45$ environ. Une valeur sûre depuis plus de trente ans, hélas un peu excentrée. *248, rue Montcalm* **Gatineau** *(angle bd Saint-Joseph, secteur Hull) Tél. 819 777 5808 www.lepieddecochon.ca Ouvert mar.-ven. 11h30-14h et 17h30-22h, sam. 17h30-22h*

prix élevés

The Whalesbone (hors plan 9 par B2 n°9) Une adresse à la mode dans la capitale, où l'on se pousse des coudes pour déguster de bons plats de poissons et fruits de mer provenant de pêcheurs canadiens respectant les principes de la pêche durable. Le menu change quotidiennement pour offrir les meilleurs produits, servis crus (bonne sélection d'huîtres), fumés, préparés en potée ou en plats plus recherchés, tel ce homard accompagné d'un délectable risotto au fromage Riopelle. Le soir, comptez 45-70$, mais à midi, *fish & chips* et sandwich au homard sont bien plus abordables (env. 15$). Le local chaleureux aux murs de briques apparentes ne reçoit qu'une vingtaine de convives à la fois, les réservations sont donc nécessaires. Seconde adresse plus spacieuse dans Elgin Street. *430, Bank Street* **Ottawa** *Tél. 613 231 8569 www.thewhalesbone.com Ouvert lun.-mer. 11h30-14h et 17h-22h, jeu.-ven. 11h30-14h et 17h-23h, sam. 17h-23h, dim. 17h-22h*

The Whalesbone (plan 9, C2 n°10) *231, Elgin Street* **Ottawa** *Tél. 613 505 4300 Ouvert lun.-mer. 11h30-23h, jeu.-ven. 11h30-0h, sam. 17h-0h, dim. 17h-23h*

Hébergement

De prime abord, rien ne semble plus facile que de trouver un lit à Ottawa et à Gatineau tant le choix d'hôtels, d'appart-hôtels et de *guesthouses* est vaste. Mais c'est sans compter avec les sessions parlementaires, qui remplissent vite tous les hébergements recensés dans l'agglomération... Pensez donc à réserver. Les prix sont assez élevés, surtout à Ottawa. Dans la capitale fédérale, les hôtels sont concentrés dans le quartier des affaires et les gîtes derrière le marché By. À Gatineau, vous trouverez les deux dans le secteur Hull – rue Laurier et ses perpendiculaires. Les motels et hôtels de chaînes bon marché se situent principalement dans le secteur Gatineau, au nord de Hull, le long du boulevard Gréber.

prix moyens

☺ **Un pied-à-terre (plan 9, A1 n°21)** Tenue par un jeune couple adorable, une jolie maison du Vieux Hull, face au musée canadien de l'Histoire. Les 4 chambres (105-135$) sont décorées selon un thème exotique : Thaïlande (2 lits doubles), Égypte, Mexique, qui disposent d'une kitchenette, et

Kenya, notre préférée, spacieuse et en duplex… Petit déjeuner continental servi dans la chambre. Pas de parking, mais allez à l'office de tourisme demander une carte de stationnement (p.196). *245, rue Papineau* ***Gatineau*** *(secteur Hull) Tél. 819 772 4364 www.unpiedaterre.com*

HI Ottawa Jail Hostel (plan 9, C2 n°24) La prison victorienne d'Ottawa a été transformée en une auberge de jeunesse atypique : on dort dans ses anciennes cellules ! L'expérience est originale, mais le confort spartiate : ces "chambres" (1 ou 6 lits) sont étroites, sombres, et certaines sont fermées par une simple grille… 45$/pers. Pour un peu plus d'aise, mais moins de frissons, préférez-leur les anciens bureaux de l'administration pénitentiaire, reconvertis en chambres familiales de quatre lits (39$/pers.). Chambre privée à partir de 92$ (sdb partagée). Réductions pour les adhérents de Hostelling International. Vous pourrez acheter la carte à l'accueil (25$). Draps fournis. Petit déj. inclus. Cuisine commune. Parking 12$. Ne manquez pas la visite guidée des lieux. Situation centrale, parfaite pour explorer Ottawa. Location de vélos (20$/j.). Même si l'auberge compte plus de 200 lits, les réservations sont conseillées l'été. *75, rue Nicholas* ***Ottawa*** *Tél. 613 235 2595 www.hihostels.ca*

A Voyageur's Guesthouse (plan 9, B2 n°22) Un petit hôtel très simple et souvent plein en raison de ses tarifs et de sa proximité avec la gare routière d'Ottawa, mais totalement dénué de charme. Quatre chambres plutôt exiguës mais correctes, avec sdb à partager (79$ TTC). Également 4 autres chambres avec sdb privative (79-99$). Petit déj. continental inclus. Parking gratuit. *95, Arlington Avenue* ***Ottawa*** *Tél. 613 238 6445 www.bbcanada.com/avghbb*

prix élevés

Les Suites Victoria (plan 9, A1 n°20) Au cœur de Gatineau, 47 chambres et suites au design moderne et épuré, qui manquent un peu de personnalité mais très confortables (avec cuisine) et vastes pour la plupart. L'un des meilleurs rapports qualité-prix du secteur. Coupon de 5$ de rabais sur les petits déjeuners pris dans le café du lobby. Parking 15$. Double à partir de 120$. *1, rue Victoria* ***Gatineau*** *(secteur Hull) Tél. 819 777 8899 www.suitesvictoria.com*

☺ **McGee's Inn (plan 9, C1 n°23)** Dans une demeure de 1886, une auberge à l'ancienne, avec ses meubles de grand-mère, ses objets chinés dans les brocantes et sa chaleureuse ambiance familiale. Quatorze chambres de style victorien, à la déco individualisée, et une "Égyptienne". Les n^os^18 et 22 disposent d'un balcon, la n°21 possède un lit à baldaquin et un jacuzzi (présent aussi dans les n°s 13 et 20)… L'hiver, demandez une chambre avec cheminée ! Le matin, bon et copieux petit déj. De 119$ à 198$ la double. Réservation (recommandée) et disponibilités en ligne. Climatisation. Parking 10$. *185, Daly Avenue* ***Ottawa*** *Tél. 613 237 6089 ou 1 800 262 4337 www.mcgeesinn.com*

Restauration, hébergement dans l'Outaouais

très petits prix

Campings du Parc de la Gatineau Pour camper au nord de Gatineau, en pleine nature. Trois options, toutes situées dans le secteur nord du parc :

camping familial boisé de 250 places au bord du lac Philippe (avec toutes les commodités). Plus 33 emplacements semi-rustiques pour tentes sur la rive du lac Taylor ou 33 places de canot-camping au bord du lac La Pêche. Partout, 39$ la nuitée. Camping possible dans des yourtes et des tentes "4 saisons" (97-155$/4-6 pers., bois de chauffage fourni l'hiver), mais les amateurs de ski de fond et de raquettes peuvent aussi passer la nuit dans l'un des refuges disséminés dans la forêt (105-160$/6 pers.). *300, chemin du Lac-Philippe* ***Sainte-Cécile-de-Masham*** *(45km au nord de Gatineau par l'autoroute 5 puis la route 366) Tél. 819 827 2020 ou 1 866 560 6133 (réservations) parcdelagatineau.gc.ca Réception ouverte tlj. 9h-17h*

Camping du Parc national de Plaisance Un camping baigné par la rivière des Outaouais, réparti en quatre secteurs différents. En tout, quelque 130 emplacements ombragés et bien isolés, avec table de pique-nique et coin barbecue (à partir de 30$/nuit pour une tente). On peut aussi louer une ancienne maison de ferme pour 8 adultes et 4 enfants (216$/nuit), ainsi que des yourtes (110$/nuit pour 4 pers.) et des tentes Huttopia (120$/nuit pour 4 pers.) comprenant un équipement prêt-à-camper. *1001, chemin des Presqu'îles* ***Plaisance*** *(57km à l'est de Gatineau par la route 148 ; tourner à droite avant l'entrée du village, bien indiqué) Tél. 819 427 5334 ou 1 800 665 6527 (Rés.) Accueil ouvert mai-mi-oct. : tlj. 10h-17h (8h-20h mi-juin-début sept.)*

Biscotti Une jolie maison de bardeaux rouges où l'on s'arrête volontiers pour un café, un sandwich (6-8$), une salade, une viennoiserie ou une part de gâteau. À manger sur place dans la salle à la déco bohème, sur une table de l'agréable jardin ou à emporter pour un pique-nique gourmand dans le parc de la Gatineau. *6, chemin Scott* ***Chelsea*** *(12km au nord de Gatineau par l'autoroute 5) Tél. 819 827 2550 biscottichelsea.ca Ouvert tlj. 8h-18h*

prix moyens

☺ **La Maison du village** Une adresse bien à l'image de Wakefield : élégante tout en restant simple, avec un charmant accent anglophone. On s'y régale d'une cuisine recherchée qui suit les saisons (crevettes enveloppées de pomme de terre, *tempura* de brocoli, poitrine de poulet farcie au basilic) et soigneusement présentée. À déguster dans la jolie salle au style champêtre actuel, ou au bar face au chef à l'œuvre, ou encore sur la petite terrasse. Réservation conseillée. *759, chemin Riverside* ***Wakefield*** *Tél. 819 459 1445 www.thevillagehouse759.com Ouvert lun. 17h-20h, mer.-jeu. 17h-20h30, ven.-sam. 17h-21h, dim. 12h-20h*

prix élevés

Auberge La Grange Nichée dans la campagne environnant Wakefield, cette magnifique grange transformée en auberge est un havre de tranquillité. Au rez-de-chaussée, les

GAMME DE PRIX	RESTAURATION	HÉBERGEMENT
Très petits prix	moins de 15$	moins de 40$
Petits prix	de 15 à 25$	de 40 à 80$
Prix moyens	de 25 à 40$	de 80 à 120$
Prix élevés	de 40 à 55$	de 120 à 160$
Prix très élevés	plus de 55$	plus de 160$

4 chambres modernes conservent un charme bucolique et offrent un bon confort. Deux d'entre elles se partagent une salle de bains (119-129$), les deux autres sont plus vastes (149-159$). Un grand studio de yoga occupe les combles. Savoureux et sain, le petit déjeuner est servi à la table commune. *37, chemin Rockhurst* ***Wakefield*** *Tél. 819 459 3939 www.lagrangecountryinn.com*

Les Trois Érables Dans leur jolie demeure victorienne en bois, au cœur de Wakefield, Shana et Bruce louent 5 chambres pimpantes dotées de belles sdb, à choisir selon son humeur. Le petit déj. servi dans l'élégante salle à manger comprend trois services gourmets (omelette chèvre et champignons, parfait de yogourt, muffin bleuet et lavande...). La maison est entourée d'un jardin fleuri et de galeries où il fait bon se poser. De 149$ à 209$ la double. Seuls les enfants de plus de 12 ans sont admis. *801, chemin Riverside* ***Wakefield*** *(30km au nord de Gatineau par l'autoroute 5, puis la route 105) Tél. 819 459 1118 ou 1 877 337 2253 www.lestroiserables.com*

prix très élevés

Le Moulin de Wakefield Une auberge de luxe dans un moulin du XIXe siècle magistralement restauré. Le torrent et sa cascade, qui actionnaient jadis la roue hydraulique, alimentent aujourd'hui un spa sublime ! Quarante-deux chambres avec vue sur le parc ou les chutes, à la déco différente – pierres apparentes côté nord, cadre plus moderne côté sud. Double à partir de 199$ en semaine et 309$ le week-end en été (nombreux forfaits incluant spa, repas, etc.). Piscine et jardins pour se relaxer. Expérience gastronomique au restaurant La Muse, dont la belle salle à manger dispose d'une cheminée et d'une véranda donnant sur les chutes (table d'hôtes 60$). Brunch réputé le dimanche (30$). *60, chemin Mill* ***Wakefield*** *(35km au nord de Gatineau par l'autoroute 5, puis la route 105 ; à Wakefield, prendre la route bifurquant vers l'ouest au sud du pont, c'est fléché et à 500m env.) Tél. 819 459 1838 ou 1 888 567 1838 www.wakefieldmill.com*

Fairmont Le Château Montebello Transformé en retraite de luxe par la prestigieuse chaîne hôtelière Fairmont, le Château Montebello (p.202) a gardé un petit côté rustique qui lui confère tout son attrait : c'est l'un des plus beaux hôtels du Québec. Il dispose de 211 chambres, de 2 restaurants, de 2 bars, d'un spa, d'une grande piscine couverte et d'une autre en plein air, de plusieurs salles de conférence, etc. Splendide salle à manger. Son atout maître est sans conteste de proposer à ses pensionnaires, dans un cadre idyllique été comme hiver, une multitude d'activités (avec location d'équipement) : kayak, pêche, motomarine, pédalo, SUP, golf, tennis (intérieur et extérieur), squash, ski de fond, patin à glace, curling, traîneau à chiens, motoneige, etc. À partir de 200$ la chambre double. Selon la période, offres spéciales sur Internet. *392, rue Notre-Dame* ***Montebello*** *(80km à l'est de Gatineau sur la route 148 ; l'hôtel est indiqué sur la droite à l'entrée de la ville) Tél. 819 423 6341 www.fairmont.com/montebello*

Sur le lac Bouchard, dans le parc national de la Mauricie (p.268).

Le centre-ville de Montréal (p.121), avec ses gratte-ciel.

Les falaises et le cap des Rosiers, parc national du Canada Forillon (p.546).

Le palais des congrès (p.136), à Montréal.

L'un des 400 000 lacs répertoriés au Québec.

Récolte de la sève pour la fabrication du sirop d'érable.

Plateau Mont-Royal (p.140), Montréal.

Percé, avec son célèbre rocher (p.550).

Feuilles d'érable rougies par l'"été des Indiens".

Le château Frontenac (p.323), à Québec.

La station de ski de Mont-Tremblant (p.236), dans les Laurentides.

Caribous, animaux emblématiques du Canada, et du Québec en particulier.

Brise-glace sur le Saint-Laurent.

Phare de la Pointe-au-Père (p.430).

Le Vieux Québec (p.315) sous la neige, face à Lévis.

MONT-TREMBLANT

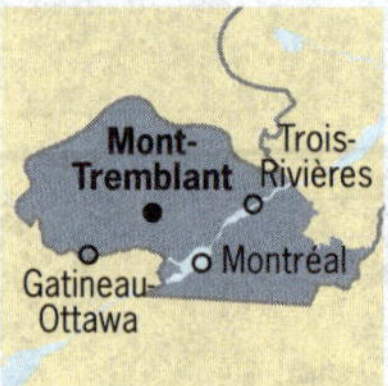

Les Algonquins l'appelaient Manitonga Soutana, la "montagne des Esprits". Selon eux, le Grand Manitou la faisait trembler chaque fois que l'Homme troublait sa tranquillité et enfreignait les lois sacrées de la nature... Au XIXe siècle, la colonisation en chassa les Indiens, et la civilisation des loisirs et le marketing lui ont fait perdre sa sérénité au XXe ! Point culminant des Laurentides (968m), le mont Tremblant accueille en effet dans son cadre magnifique la station de sports d'hiver la plus grande et la plus réputée du Québec. Fondée en 1939 par un riche Américain, elle est la propriété du groupe Intrawest depuis 1991. Ce géant du tourisme a transformé le village en centre de villégiature et de loisirs quatre saisons à coup de centaines de millions de dollars. Tremblant est même devenu une marque de casquettes, de pyjamas, de "tuques" (bonnets) et de mitaines... La cible : une clientèle internationale fortunée. Pas moins d'une quinzaine de terrains de golf ont été dessinés dans un rayon de 20km ! Au pied des pistes s'étend Mont-Tremblant, le cœur battant du domaine. Si l'architecture traditionnelle du Québec a inspiré les façades colorées de ce village piéton, ses détracteurs l'ont vite qualifié de "Disneyland du ski". Certes, elle manque d'authenticité et jure un peu dans le paysage, mais cette station a au moins le mérite de son ambiance bon enfant... Après un bain de foule, et pourquoi pas l'ascension du mont Tremblant, mettez le cap sur les forêts et les lacs (il y en aurait 9 000 !) de la région et réfugiez-vous dans une auberge perdue en pleine nature pour profiter de la magie des Laurentides : les feux dans la cheminée, les randonnées en traîneau à chiens ou à raquettes l'hiver, les balades en canot et les baignades dans l'eau fraîche des lacs l'été... En octobre, les premiers froids font rougir les feuilles, et la forêt se colore de mille nuances automnales pour fêter l'"été des Indiens".

LES LAURENTIDES On appelle "Laurentides" la partie québécoise du Bouclier canadien, massif montagneux du début de l'ère primaire qui s'étire de la vallée du Saint-Laurent à la baie d'Hudson. C'est pourquoi vous entendrez aussi parler de "massif des Laurentides", en Mauricie notamment. Le territoire du même nom, plus restreint, s'étend sur 22 000km^2 au nord de Montréal, entre Lanaudière et l'Outaouais. On le découpe habituellement en trois. Les "portes des Laurentides" désignent la plaine fertile du Saint-Laurent, qui s'étend au sud de Saint-Jérôme. Au-delà de la bourgade, cette zone mi-agricole mi-résidentielle fait place aux premiers reliefs, boisés : c'est le "Cœur des Laurentides", ou "pays d'En-Haut", de Saint-Sauveur-des-Monts à Mont-Tremblant. Entre ces deux stations phares, on trouve la plus importante concentration de domaines skiables d'Amérique du Nord ! N'imaginez toutefois pas des pentes vertigineuses, ces vieilles montagnes érodées ne dépassent pas 968m. Au nord de Mont-Tremblant, enfin, s'étalent les Hautes-Laurentides, dont Mont-Laurier est le chef-lieu. Peu peuplé et guère touristique, c'est le Québec des grands espaces, des compagnies forestières et des pourvoiries.

HISTOIRE D'UNE COLONISATION Les Laurentides demeureront longtemps le terrain de chasse privilégié des Algonquins. Dans les années 1860, l'Église catholique et les dirigeants canadiens français décident de coloniser ces terres encore vierges pour contrer toute implantation britannique, autant que l'exode des francophones vers les centres industriels de Nouvelle-Angleterre. François Xavier Antoine Labelle (1833-1891), nommé curé de Saint-Jérôme en 1867, fonde une vingtaine de paroisses dans les Laurentides (ce qui explique que la plupart des villages portent des noms de saints) pour que des agriculteurs s'y établissent. Mais ni la terre ni le climat ne sont favorables… La construction d'une voie ferrée, le "P'tit Train du Nord", à partir des années 1890, va contribuer au désenclavement de la région et plus tard à son développement touristique. En 1905, les membres du Montréal Ski Club délaissent les pentes du mont Royal pour celles des Laurentides. Le ski prend son essor dans les années 1920 avec l'afflux de riches Américains et de bourgeois québécois. Le premier remonte-pente mécanique est installé en 1932 à Saint-Sauveur et la station de Mont-Tremblant naît en 1939. Aujourd'hui, cette dernière attire 3 millions de visiteurs par an ! Facilement accessibles par l'autoroute, les Laurentides sont devenues le terrain de jeux préféré des Montréalais, qui "montent dans le Nord" en masse en fin de semaine.

MODE D'EMPLOI

accès

EN VOITURE

Accès facile de Montréal par l'autoroute 15, puis à partir de Sainte-Agathe-des-Monts par la route 117. Saint-Jérôme, porte d'entrée des Laurentides, se trouve 45km au nord-ouest de Montréal ; Mont-Tremblant à 130km. La route 117 relie ces deux villes en desservant les principales localités des Laurentides. Pour Mont-Tremblant, prenez la sortie 119, puis la direction "montée Ryan".

EN CAR

Galland La compagnie dessert la région à partir de Montréal. Arrêts à Saint-Jérôme, Saint-Sauveur-des-Monts, Sainte-Adèle, Val-David, Sainte-Agathe-des-Monts et Mont-Tremblant. Trois départs par jour, entre 7h30 et 22h. Certains cars continuent au nord jusqu'à Mont-Laurier. *Tél. 450 687 8666 ou 1 877 806 8666 www.galland-bus.com*

orientation

Deux pôles à Mont-Tremblant. Le **village**, réduit à quelques dizaines de maisons, d'hôtels et de restaurants, est paisiblement blotti au bord du lac Mercier. La **station**, un immense centre de villégiature, s'étend 4km au nord, entre son domaine skiable et le lac Tremblant. Elle est composée d'un village piéton très animé, qu'entourent quatre "zones de villégiature" (ensembles de résidences) : trois sur les pentes (domaine de la Forêt, domaine Nansen et Versant Soleil) et le dernier (domaine des Géants) autour d'un golf. Le village piéton regroupe les hôtels, bars, restaurants, boutiques et activités. Plusieurs immenses parkings gratuits s'étendent en contrebas. En 2000, le village et la station de Mont-Tremblant ont fusionné avec la municipalité de **Saint-Jovite**, 14km au sud, dorénavant appelée "Mont-Tremblant, secteur Saint-Jovite". C'est là qu'habitent les gens d'ici et que l'on trouve les magasins et services. Une navette relie Saint-Jovite au village de Mont-Tremblant et à la station, toutes les heures de 6h30 à 23h40 (0h50 ven.-sam). D'autres, réservées aux résidents, sillonnent la station.

informations touristiques

Tourisme Mont-Tremblant *5080, montée Ryan* ***Mont-Tremblant*** *(route 117 nord, sortie 119, puis suivre les panneaux) Tél. 819 425 2434 ou 1 800 322 2932 www.tourismemonttremblant.com Ouvert été : tlj. 9h-18h ; hiver : tlj. 9h-17h*
Association touristique des Laurentides Accueil principal de la "Porte du Nord", au bord de l'autoroute 15, passé Saint-Jérôme. Des relais un peu partout dans les Laurentides. Très efficace si vous cherchez un gîte dans la région : elle pourra vous aider à choisir et effectuer la réservation gratuitement. *Autoroute 15, sortie 51 (sur l'aire d'autoroute) Tél. 450 224 7007 ou 1 800 561 6673 laurentides.com Ouvert 24 juin-début sept. : tlj. 8h30-18h ; début sept.-23 juin : tlj. 8h30-17h*
Tourisme Lanaudière *3568, rue Church* ***Rawdon*** *Tél. 450 834 2535 ou 1 800 363 2788 www.lanaudiere.ca*

fêtes et manifestations

Festival de Lanaudière Un prestigieux festival de musique classique, le plus important au Canada. ***Joliette*** *lanaudiere.org En juil.*
Festival international de blues Plus de 100 concerts gratuits en plein air. *Station* ***Mont-Tremblant*** *10 jours en juil.*
Rythmes Tremblant Concerts en plein air (musique latino, pop-rock, folk, R'nB, musiques du monde). *Station* ***Mont-Tremblant*** *Une semaine fin juil.*
Festival des arts de Saint-Sauveur Ballet, danse, musique classique, etc. ***Saint-Sauveur*** *www.fass.ca Fin juil.-début août*

DÉCOUVRIR

Mont-Tremblant

☆**Les essentiels** Le parc national du Mont-Tremblant **Découvrir autrement** Descendez la rivière du Diable en canot ou la rivière La Rouge en raft, faites une balade à motoneige ou en traîneau à chiens, découvrez le folklore des cabanes à sucre à La Tablée des pionniers (cf. Carnet d'adresses)

Village de Mont-Tremblant

Ce village-rue riverain du lac Mercier devint un centre de villégiature dans les années 1940. Sa petite gare désaffectée est occupée par des artistes peintres et bordée par une piste cyclable. Avec ses quelques dizaines de maisons, Mont-Tremblant a conservé un petit côté champêtre qui ravira le visiteur en quête d'une certaine tranquillité.

Station touristique Tremblant À 4km au-dessus de Mont-Tremblant, elle concentre les activités et les animations touristiques. Promenez-vous dans le village piéton pour vous faire une idée de son architecture et de son ambiance. Vous trouverez un petit kiosque d'information sur la place des Voyageurs (horaires d'ouverture variables). Le Chalet des voyageurs contrôle et renseigne sur toutes les activités d'hiver, de l'hébergement aux loisirs, en passant par la location de matériel et le domaine skiable. Pour les activités sportives, procurez-vous le guide officiel de Tremblant au centre d'activités. **Chalet des voyageurs** *Pl. des Voyageurs (près du parking) Tél. 1 866 356 2233 www.tremblant.ca Ouvert mi-nov.-mi-avr. : tlj. 8h-16h* **Centre d'activités** *Pl. Saint-Bernard (au pied des pistes) Tél. 819 681 4848 www.tremblantactivities.com Ouvert été, hiver : tlj. 8h-18h ; printemps, automne : tlj. 9h-17h*

Se dépenser l'été Quel choix ! Vous pourrez pratiquer un nombre incalculable de sports : équitation, golf, canot, accrobranche, escalade, pêche à la mouche, tennis, natation, randonnées guidées, observation d'aigles, etc.
Rafting Sans doute le plus populaire, ce sport se pratique sur la rivière La Rouge (à partir de 105$ la demi-journée selon le jour de la semaine et le niveau). Renseignements et réservations au centre d'activités, qui propose des carnets multiactivité aux sportifs motivés.
Balade, randonnée Si vous n'êtes à Tremblant que pour la journée, grimpez au sommet de la station (875m) en télécabine panoramique : le point de vue est magnifique, surtout en automne. Les plus courageux pourront partir à la conquête du sommet en suivant un sentier de 6,5km. **Télécabine** *Ouvert fin mai-mi-oct. : tlj. 9h-17h (jusqu'à 18h30 selon les périodes)*
Luge à roulettes Une piste bétonnée longue de 1,4km a été aménagée au bas du domaine skiable – il faut prendre un télésiège pour pouvoir la descendre. Bref mais grisant ! (1 descente 13,10$, 5 descentes 27$). *Ouvert mi-juin-mi-sept. : tlj. 10h-coucher du soleil ; mi-mai-mi-juin, mi-sept.-mi-oct. : sam.-dim. 10h-19h*
Vélo, roller De la mi-mai à la mi-octobre, possibilité de louer des rollers et des vélos.
Baignade L'accès du lac Tremblant, au pied du village piéton, est réservé aux résidents, mais vous pourrez profiter des plans d'eau du parc national du Mont-Tremblant (p.240).

Profiter de la neige, s'amuser sur la glace

Ski de descente Avec 95 pistes, d'une longueur totale de près de 80km, desservies par une quinzaine de remontées mécaniques, Tremblant possède l'un des plus importants domaines skiables de l'Est américain. Le cadre est splendide, les pistes s'enfoncent dans la forêt sur les deux versants de la montagne. Nombreux aménagements, dont des rampes et divers modules pour les surfeurs et les adeptes du free-style. Possibilité de monter en télécabine et de redescendre à raquettes. Pour la location de matériel et les cours de ski, il faut passer au Chalet des voyageurs avant de s'adresser à l'un des sept magasins-relais du village piéton. On peut aussi réserver sur www.tremblant.

ca. Garderie pour les moins de 7 ans. **Domaine skiable** *Ouvert mi-nov.-mi-avr. : tlj. 8h30-16h Forfait journalier 82,65$, plus de 69 ans 73,15$, 13-17 ans 57$, 6-12 ans 47,50$ Billet piétons 17,75$*

Autres activités hivernales Comme ailleurs dans les Laurentides, vous pourrez vous essayer au traîneau à chiens et à la motoneige. Plusieurs options proposées par le centre d'activités : en forêt, sur les sommets, sur les lacs, au clair de lune... Comptez 143$/pers. pour le traîneau, 185$/conducteur pour 1h30 de motoneige (avec guide). La station dispose de 65km de pistes de ski nordique. De nombreux autres sports praticables, comme l'escalade sur glace, le patinage sur le lac, les glissades sur tube pour les enfants, la randonnée équestre dans les montagnes, une balade à raquettes pour observer les chevreuils, etc. Enfin, pour vous délasser après une journée de ski, profitez du spa nordique établi au pied des pistes.

☆ Parc national du Mont-Tremblant

Le premier (1894) et le plus vaste (1 510km²) des parcs nationaux du Québec s'étend à cheval sur les Laurentides et Lanaudière. Ce petit éden ne compte pas moins de 405 lacs et six rivières ! Vous trouverez des cartes des sentiers pédestres et tous les renseignements sur les activités et les structures d'hébergement – cf. Carnet d'adresses (p.254) – au poste d'accueil de chacune des trois entrées : la Diable, la principale, dans la municipalité de Lac-Supérieur ; la Pimbina près de Saint-Donat, côté Lanaudière ; l'Assomption, la moins passante, près de Saint-Côme, à l'ouest de Saint-Donat. Le secteur de la Diable, le plus proche de Mont-Tremblant (17km), est de loin le plus fréquenté. Les randonneurs à pied l'été, à skis l'hiver, peuvent profiter de terrains de camping, de chalets et des 11 refuges bâtis le long des sentiers. Des activités de découverte accompagnées sont en outre programmées. L'ensemble des coordonnées des centres d'accueil, la liste des activités et des services sont détaillés sur le site Internet du parc. *Chemin du Lac-Supérieur* ***Lac-Supérieur*** *Accès par l'entrée la Diable 17km au nord-est de Mont-Tremblant par le chemin Duplessis puis le chemin du Lac-Supérieur ; par Pimbina 10km au nord de Saint-Donat par la route 125 ; par l'Assomption 19km au nord de Saint-Côme Tél. 819 688 2281 ou 1 800 665 6527 www.sepaq.com/pq/mot Droit d'accès 8,50$* **Accueil de la Diable** *3824, chemin du Lac Supérieur Ouvert mai-mi-oct.* **Centre de services du lac Monroe** *À 10km de l'entrée du secteur de la Diable Ouvert mi-mai-mi-oct.*

Être au contact de la nature Le lac Monroe et sa plage s'étendent à une dizaine de kilomètres au nord du poste d'accueil de la Diable (au-delà, la route n'est plus asphaltée).

Pratiquer la randonnée pédestre Longs de 1 à 14km, la plupart des sentiers balisés qui sillonnent le domaine partent des parkings riverains du lac Monroe.

Se livrer à des observations naturalistes Les gardes organisent enfin de nombreuses activités de découverte de la nature : observation d'oiseaux ou de grenouilles sorties au crépuscule, jeux-questionnaires, rallyes-nature... Sachez que le loup est l'animal emblématique du parc, qui en abrite

35 individus. Vous aurez fort peu de chances d'en croiser en pleine nature, mais les gardes vous conteront des histoires de loups autour du feu, ou en hiver, au cours d'une randonnée à raquettes au clair de lune... L'orignal, le cerf de Virginie et le castor sont plus facilement observables.

S'adonner aux sports d'hiver L'hiver, le parc se transforme en un royaume du ski nordique totalisant 112km de pistes non damées, 39km de pistes de ski de fond, et 51km où se balader à raquettes.

Faire du vélo, du pédalo, du kayak... On peut louer des vélos, des canots, des kayaks et des pédalos. La plus belle des balades sur l'eau est sans doute à faire sur la rivière du Diable, entre le lac Chat et le mont de la Vache-Noire. Vous pourrez aussi louer embarcations et vélos aux bureaux d'accueil du lac Escalier, du lac Provost (qui possède une plage), du lac des Sables et au poste d'entrée de Saint-Côme.

Les Laurentides

☆ **Les essentiels** Saint-Sauveur-des-Monts **Découvrir autrement** Faites le tour des galeries d'art de Val-David, essayez-vous à l'escalade à Val-David, skiez de nuit à Saint-Sauveur, suivez la piste du P'tit Train du Nord, allez pêcher dans une réserve faunique des Hautes-Laurentides

Le "cœur" des Laurentides

Vous serez sans doute surpris de ne pas trouver immédiatement, au "cœur des Laurentides", la nature omniprésente que vantent brochures et cartes postales... Les abords de l'autoroute 15 et de la route 117 sont en effet assez urbanisés : fast-foods, stations-service et centres commerciaux sont le lot de toutes les entrées de villes qui jalonnent le trajet. Saint-Jérôme, Saint-Sauveur, Sainte-Adèle, Sainte-Agathe et Saint-Jovite sont devenues de petits centres de services plus ou moins touristiques. Pour trouver des lacs sans pédalos et un peu de tranquillité, il faudra vous écarter de cet axe routier et vous diriger vers Morin Heights, Sainte-Marguerite-du-Lac-Masson ou Saint-Adolphe-d'Howard. Revers de la médaille, les possibilités d'hébergement et de restauration sont un peu plus restreintes dans ces villages.

Parc éco-touristique des Laurentides Pour familiariser les visiteurs avec le milieu forestier, les gérants de ce parc régional ont aménagé 36km de sentiers de randonnée pédestre, longs de 1 à 9km, autour de quatre lacs. Les balades, que l'on peut faire avec un audioguide pour mieux identifier les espèces, partent du pavillon d'interprétation, lieu d'accueil et d'exposition (tables de pique-nique). On peut louer une barque ou un canoë pour naviguer sur le lac du Cordon, et camper sur des aires aménagées ou en canot-camping au bord de deux plans d'eau. *5000, chemin du Lac-Caribou* ***Saint-Faustin-Lac-Carré*** *(38km au sud-est de Mont-Tremblant par la route 117 De la sortie "Mont-Blanc", suivre le chemin des Lacs sur env. 10km, puis le chemin du Lac-Caribou Le pavillon d'interprétation est à 1km du guichet du parc) Tél. 819 326 1606 www.*

GEOPLUS

Les joies de l'hiver

Par **Rodolphe Lasnes**, auteur voyageur et Québécois d'adoption

"Mon pays ce n'est pas un pays, c'est l'hiver" chante Gilles Vigneault. Et il est vrai qu'on ne connaît pas vraiment le Québec tant qu'on ne l'a pas admiré recouvert d'un épais manteau de neige.

L'expérience est unique, bien différente d'une visite estivale. Affronter des températures extrêmes, déneiger sa voiture, tenter de garder l'équilibre sur un trottoir glacé puis patauger dans la *sloche* à la fonte des neiges, font partie des "plaisirs" auxquels il faut s'attendre. Des contraintes qui motivent les Québécois *tannés* de la froidure à passer l'hiver quelques milliers de kilomètres plus au sud (les *snowbirds*). Mais rares sont les habitants de la Belle Province qui accueillent les premiers flocons sans une pointe de bonheur et

Conseils pratiques

Meilleure saison
De janvier à mars, la neige est quasiment assurée. Le froid est plus mordant de mi-janvier à mi-février, avec des températures qui atteignent régulièrement -20°C et descendent parfois jusqu'à -40°C (avec le facteur éolien). Mais le climat est généralement sec, rendant supportables ces températures extrêmes si l'on est bien couvert.

Habillement
Voici un aspect à ne pas prendre à la légère. Avoir froid rend toute activité d'extérieur désagréable, voire dangereuse. De bonnes chaussures étanches (semelle épaisse et bien adhérente), un bonnet et des gants sont nécessaires. Ensuite, il est pratique d'opter pour la technique en pelure d'oignon, c'est-à-dire d'empiler les couches pour les retirer ou les ajouter facilement et s'adapter ainsi à tout changement de température (quand vous entrez dans un magasin ou prenez le métro par exemple). Si vous devez acheter des vêtements chauds, faites vos achats au Québec, les articles seront mieux adaptés au climat local.

Conduite
Les routes sont vite et bien déneigées, mais la conduite doit rester prudente – cf. Conduite en hiver (p.69).

Bon à savoir
Il convient d'enlever ses chaussures d'hiver lorsqu'on rentre dans une demeure (et aussi dans les cabinets médicaux et bien d'autres endroits). Prévoyez des chaussons ou des chaussures légères si vous ne voulez pas rester en chaussettes.

une tonne de souvenirs. Car l'hiver amène avec lui une extraordinaire panoplie de sports de plein air, de chaleureuses festivités, de paysages féeriques et de repas réconfortants auprès de la cheminée. Voici un panorama d'activités et d'idées qui vous motiveront à enfiler vos *mitaines* et vous couvrir d'une *tuque* pour profiter des joies de l'hiver québécois.

Plein air

SKI DE FOND

Le sport hivernal par excellence au Québec, cf. Ski de fond (p.66). On le pratique partout : en pleine nature au Parc de la Gatineau (p.203), au Parc national du Mont-Orford (p.286), le long du Parc linéaire Le P'tit Train du Nord (p.248) ou pour les plus sportifs la Traversée de Charlevoix (p.390), mais aussi à Montréal ou même dans le parc de l'abbaye Val Notre-Dame (p.251) !

SKI ALPIN

Les dénivelés ne sont pas vertigineux, mais les décors enchanteurs et la qualité de la poudreuse compensent, cf. Ski alpin (p.66). La Station touristique Tremblant (p.239) offre le plus grand domaine skiable, mais le Centre de ski Le Massif (p.381) gagne la palme de la plus belle vue. Le ski nocturne est une autre particularité à ne pas manquer. Une quarantaine de stations ont des pistes éclairées, dont Saint-Sauveur-des-Monts (p.246), le Mont-Sainte-Anne (p.350) juste à côté de Québec et la Station Bromont (p.293) à moins d'une heure de voiture de Montréal.

RANDONNÉE À RAQUETTES

Une activité qui ne demande aucun apprentissage et qui peut se pratiquer absolument partout, près de la ville au Parc national des Îles-de-Boucherville (p.162) comme dans les grands espaces Parc national du Mont-Orford (p.286) et au Parc national des Monts-Valin (p.452).

PATINS À GLACE

Pas une ville ou un village n'est dépourvu d'une patinoire, couverte ou en plein air, qui se résume parfois à un espace glacé au milieu d'un parc municipal. Parmi les endroits magiques où glisser sur la glace, citons le Parc La Fontaine (p.141) et la patinoire sur les quais (p.119) à Montréal, et surtout celle du Canal Rideau (p.200) à Ottawa, qui peut s'enorgueillir d'être la plus longue patinoire au monde.

MOTONEIGE

Profitez de 33 000km de sentiers pour arpenter la campagne québécoise, cf. Motoneige (p.66). Les meilleurs endroits : Station touristique Tremblant (p.239), Parc linéaire Le P'tit Train du Nord (p.248), Réserve faunique des Laurentides (p.343), Nord Expe (p.344).

TRAÎNEAU À CHIENS

Une expérience aussi dépaysante que passionnante, cf. Traîneau à chiens (p.243). Pour une véritable aventure, contactez Aventuraid (p.466), pour profiter des paysages du Charlevoix, rendez-vous chez Descente Malbaie (p.394). Pour une excursion proche de Montréal, prenez la direction de Mont-Tremblant (p.238). À côté de Québec, allez sur l'île d'Orléans (p.348).

GEOPLUS

PÊCHE BLANCHE
Se retrouver dans une cabane près d'un poêle à bois et d'un trou percé dans la glace est une véritable usine à souvenir, même si vous n'êtes pas pêcheur dans l'âme ! Deux sites à ne pas manquer : Sainte-Anne-de-la-Pérade (p.270) et La Baie (p.450), dans le fjord du Saguenay.

ENCORE PLUS D'ACTIVITÉS
Escalader des parois de glace et faire une randonnée à cheval à Mont-Tremblant (p.240), s'élancer sur une via ferrata au-dessus de chutes gelées au Canyon Sainte-Anne (p.350) ou tout simplement se prélasser dans un bain chaud au milieu de la neige au spa Eastman (p.288)... Il y en a pour tous les goûts !

Festivités

À Montréal, on profite de l'hiver pour s'amuser en famille à la **Fête des neiges** (jan.), pour danser en plein air à l'**Igloofest** (jan.) et goûter aux cuisines du monde à **Montréal en lumière** (fév). La féerie des **sculptures de glace** fait scintiller Ottawa (**Bal des neiges**, fév.) et Baie-Comeau (fév.). L'Isle-aux-Coudres est le rendez-vous des sportifs : on encourage les attelages lors de la **Classique de courses de chiens** (fév.) et les téméraires équipes de canot sur glace qui font la **Grande traversée** du fleuve gelé (fév.). Mais c'est le **Carnaval de Québec** qui détient la palme du rendez-vous incontournable de l'hiver.

Destinations hivernales

Pour frissonner de plaisir, dormez dans un igloo au Centre santé Le Rituel (p.249) ou dans le froid à l'Hôtel de Glace (p.370). Envie de (beaucoup) plus de confort dans des paysages époustouflants ? Préférez alors l'Auberge de montagne des Chic-Chocs (p.542) ou l'Hôtel Sacacomie (p.276). Pour faire le plein d'activités hivernales, séjournez à la Ferme 5-Étoiles (p.454), au Domaine Valga (p.430) ou dans l'une des nombreuses pourvoiries (p.57).

ctel.ca Ouvert mi-juin-début sept. : tlj. 8h-17h ; mi-mai-mi-juin, début sept.-mi-oct. : ven.-dim. 8h-17h Droit d'accès 10$, réduit 7$, moins de 18 ans gratuit Location de chaloupes (20$ les 3h) et de canoës (25$ les 3h)

Sainte-Agathe-des-Monts Le village alangui au bord du magnifique lac des Sables depuis 1849 fut la première villégiature des Laurentides. Dès 1892 l'arrivée du chemin de fer y attira des Montréalais fortunés en quête de paysages bucoliques et d'air pur. Ils se firent bâtir de luxueuses villas autour du lac, organisant des régates, tandis que les hôtels accueillaient les premiers touristes… Sainte-Agathe a conservé de cette époque un charme suranné et de belles maisons de plaisance, que vous découvrirez en flânant dans les rues Principale et Saint-Vincent, au cœur du village (brochure *Circuit patrimonial* disponible au bureau d'accueil touristique). Garez-vous place Lagny et gagnez le ponton où tanguent *Alouette IV* et *Alouette V*, bateaux pour des promenades de 50min à la découverte des villas de la Belle Époque riveraines du lac. Vous trouverez là une petite plage et des kayaks à louer. L'école de voile est installée plage Major, plus au sud (location d'embarcations de tout type). *42km au sud-est de Mont-Tremblant par la route 117* **Bureau d'accueil touristique** *24, rue Saint-Paul Est Tél. 819 326 0457 www.sainte-agathe.org Ouvert tlj. 9h-18h30* **Croisières Alouette** *Quai des Alouettes, au bout de la rue principale Tél. 819 326 3656 Ouvert fin mai-fin oct. De 4 à 7 départs/j. Tarif 21,75$, réduit 10,45-19,15$* **École de voile** *Plage Major, au bout de la rue Saint-Venant Tél. 819 326 2282 Ouvert juin-mi-oct. : tlj. 9h-16h*

☺ **Val-David** Au sud-est de Sainte-Agathe, de l'autre côté de l'autoroute, cet agréable village est un repaire d'artistes et d'artisans depuis les années 1960. En témoignent les galeries et boutiques de son petit centre. La maison d'exposition à proximité de l'office de tourisme offre un aperçu de leur travail, et des sculptures sont disséminées dans les rues. Val-David, qui accueillit ses premiers touristes dans les années 1930, est aussi un important centre d'escalade : plus de 500 voies ont été tracées au flanc des monts Césaire, Condor et King, qui s'élèvent au nord-est de la bourgade. Pour des initiations ou des cours, joignez l'école d'escalade locale. Pour sa part, À l'Abordage organise des descentes (7km) de la rivière du Nord en canot ou en kayak, avec retour par la piste cyclable, à vélo ! *49km au sud-est de Mont-Tremblant par la route 117 puis l'autoroute 15, sortie 86 Rejoindre la route 117 sud* **Bureau d'accueil touristique** *2525, rue de l'Église Tél. 819 324 5678 ou 1 888 322 7030 (poste 4235) www.valdavid.com Ouvert mi-mai-mi-oct., mi-déc.-mi-mars : tlj. 9h-17h ; reste de l'année : horaires variables* **Centre d'exposition** *2495, rue de l'Église Tél. 819 322 7474 Ouvert été : tlj. 11h-17h ; reste de l'année : mer.-dim. 11h-17h Entrée libre* **École d'escalade Passe-Montagne** *2374, rue Bastien Tél. 819 323 6987 www.ecole-escalade.com* **À l'Abordage** *2268, rue de l'Église à l'entrée du village sur la gauche, près du bistrot Le Mouton noir Tél. 819 322 1234 www.activites-plein-air-laurentides.com Ouvert 24 juin-début sept. : tlj. ; mi-mai-mi-oct. : sam.-dim.*

Sainte-Adèle Cette localité établie autour du petit lac Rond propose les mêmes activités que ses voisines : randonnée pédestre, baignade et canotage en été, patinage, motoneige et raquettes en hiver. Deux stations de ski la surplombent : Mont-Gabriel et Chantecler, dont les pistes s'arrêtent au bord du lac. L'équipe nationale de ski alpin vient parfois s'y entraîner. *61km au sud-est de Mont-Tremblant par la route 117 puis l'autoroute 15, sortie 69* **Bureau d'accueil touristique** *1490, rue Saint-Joseph Tél. 450 229 3729 ou 1 800 898 2127 www.lespaysdenhaut.com Ouvert fin juin-août : tlj. 8h30-19h ; sept.-fin juin : tlj. 9h-17h*

☆ **Saint-Sauveur-des-Monts** La bourgade prit son essor dans les années 1920, quand les "trains de neige" commencèrent à y déverser des flots de skieurs montréalais le week-end. Si, depuis, la route a remplacé le rail, Saint-Sauveur demeure leur villégiature préférée (la métropole n'est qu'à 60km par l'autoroute). Beaucoup y ont une résidence secondaire ; d'autres viennent profiter, après le travail, des pistes éclairées en soirée ! Les jolies maisons en bois peint érigées le long de la rue Principale à la fin du XIXe siècle abritent une multitude de boutiques, de cafés et de restaurants, faisant de Saint-Sauveur la station le plus animée des Laurentides, avec Mont-Tremblant. L'ambiance est un peu m'as-tu-vu en saison. Sa station de ski, Mont-Saint-Sauveur – cf. Skier dans les Laurentides (p.247) –, se mue l'été en un vaste parc aquatique. Vous trouverez au sud du village une zone commerciale, les Factories, regroupant les magasins d'usine de grandes marques : Tommy Hilfiger, Reebok, Guess, Nike, etc. Pas toujours très avantageux, mais on peut tout de même y faire quelques bonnes affaires. Enfin, signalons le musée du Ski des Laurentides installé dans l'ancienne caserne de pompiers. Il relate l'histoire de ce sport d'hiver dans la région et rend hommage à ceux qui l'ont illustré. *50km au sud-est de Mont-Tremblant par la route 117 puis l'autoroute 15, sortie 60* **Bureau d'accueil touristique** *3, rue Filion Ouvert fin juin-début oct. : tlj. 11h-19h ; hors saison : se rens. à la chambre de commerce et de tourisme* **chambre de commerce et de tourisme** *30, rue Filion Tél. 450 227 2564 ou 1 877 528 2553 www.valleesaintsauveur.com Ouvert lun.-ven. 9h-16h* **Musée du Ski des Laurentides** *30, rue Filion Ouvert mer.-dim. 11h-18h* **Station de ski** *Tél. 450 227 4671 www.mssi.ca* **Factories** *100, av. Guindon (à la sortie de l'autoroute) Tél. 450 240 0880 Ouvert lun.-mer. 10h-18h, jeu.-ven. 10h-21h, w.-e. 10h-17h*

Saint-Jérôme Avec 74 000 habitants, Saint-Jérôme est la capitale des Laurentides. Née en 1834, la localité devint le point de départ de la colonisation des terres du Nord sous l'impulsion du curé Labelle. Aujourd'hui, ce pôle économique et administratif est davantage tourné vers le Grand Montréal que vers les Laurentides. On le surnomme aussi parfois "la capitale du fast-food"… Ses nombreux bars attirent les élèves du Cegep (collège d'enseignement général et professionnel) local et la jeunesse de toute la région. Faites éventuellement halte dans le centre-ville le temps de visiter la cathédrale (1900) aux proportions intérieures impressionnantes. Sur le square veille une statue du curé Labelle, réalisée en 1924 par Alfred Laliberté. Au nord se dresse le vieux palais de justice (1924), devenu Maison de la culture. Outre une salle de spectacle, il abrite le minuscule musée d'Art contemporain des Laurentides. L'ancienne gare de Saint-Jérôme (1897) donne accès au parc linéaire du P'tit Train du Nord (p.248). On y trouve un kiosque d'information en été. Un marché se tient à proximité les mardi, vendredi et samedi. *87km au sud-est de Mont-Tremblant par la route 117, puis l'autoroute 15* **Bureau d'accueil touristique** *10, rue de la Gare Tél. 450 432 0767 www.vsj.ca Ouvert juin-août : tlj. 9h-17h ; mai, sept.-mi-oct. : w.-e. et j. fér. 9h-17h (sinon, se rens. au*

450 436 1511) **Cathédrale** *Pl. du Curé-Labelle (entrée sur le côté, rue Parent, en dehors des offices)* **Musée d'Art contemporain des Laurentides** *101, place du Curé-Labelle Tél. 450 432 7171 www.museelaurentides.ca Ouvert mar.-ven. et dim. 12h-17h, sam. 10h-17h Tarif : contribution volontaire*

Où boire une bière de microbrasserie ?

Baril roulant Cette jeune microbrasserie (2012) a pris d'assaut le village de Val-David en ouvrant un pub et une auberge en un rien de temps. Et si ça marche, c'est que la formule plaît. Petit pub chaleureux où la carte de bières des 21 pompes change régulièrement, jouant des bons produits brassés à quelques kilomètres de là. Essayez les bières aux herbes (au thé du Labrador, à l'érable), une spécialité maison. Avec aussi d'excellents concerts de jazz le dimanche après-midi et des shows de musiques du monde, électro etc., une fois par semaine. Roulera bien qui roulera le dernier ! *2434, rue de l'Église* ***Val-David*** *Tél. 819 320 0069 barilroulant.com Ouvert fin juin-début sept. : tlj. 12h-0h (ferme plus tard si l'ambiance est au rendez-vous) ; début sept.-fin juin : lun.-ven. 15h-0h, w.-e. 12h-0h*

Skier dans les Laurentides

Les Laurentides, entre Mont-Tremblant et Saint-Sauveur, ne comptent pas moins de 12 stations de sports d'hiver !

Ski de descente Les habitués des crêtes alpines risquent d'être un peu déçus : le dénivelé est faible (645m à Tremblant, de 100 à 300m dans les autres stations) et la taille des domaines skiables reste modeste (95 pistes, d'une longueur totale de 75km à Tremblant, de 11 à 39 dans les autres stations). Tous profitent de la proximité de Montréal. Les plus proches de la métropole, ceux de Saint-Sauveur et de Sainte-Adèle, sont même éclairés en soirée. La station de **Mont-Tremblant** (p.239), la plus grande du Québec, est le véritable fer de lance des Laurentides en matière de ski alpin. Celle de **Mont-Saint-Sauveur** (p.246), la plus près de Montréal, est aussi la plus étendue de la vallée Saint-Sauveur, avec 38 pistes. Elle est donc très fréquentée. Pour éviter la foule, préférez-lui les petites stations des alentours : **Mont-Habitant** et, à Piedmont, **Mont-Avila** et **Mont-Olympia**.

La canneberge (*Vaccinium macrocarpon*)

La canneberge (ou atoca, atoka – *cranberry* en anglais) est une plante rampante haute d'une trentaine de centimètres qui prospère sur les sols acides et spongieux des tourbières. Elle est aussi connue en France sous le nom de grande airelle rouge d'Amérique du Nord. Ses fruits écarlates et acidulés sont une excellente source de vitamine C. Ils possèdent des vertus antioxydantes, antimicrobiennes et anti-cholestérol, aident à combattre les infections urinaires et limitent la formation de la plaque dentaire. La canneberge est aujourd'hui cultivée industriellement aux États-Unis et au Canada, notamment au Québec, et commercialisée sous forme de jus, de fruits frais, déshydratés ou confits, en coulis ou en sauce. Bien entretenus, les plants peuvent produire pendant plus d'un siècle.

Sainte-Adèle, 7km au nord, dispose de deux domaines skiables : **Mont-Gabriel** et **Chantecler**. Deux petites stations plus tranquilles : **Mont-Avalanche** à Saint-Adolphe-d'Howard et **Morin Heights**. Plus au nord, Val-David et son voisin Val-Morin bénéficient de trois domaines skiables : **Vallée-Bleue**, **Mont-Alta** et **Belle-Neige**. La route de Mont-Tremblant dessert **Mont-Blanc**, deuxième station des Laurentides avec 41 pistes et 300m de dénivelé. Vous trouverez dans toutes ces stations une école de ski, des loueurs de matériel et des enseignes de restauration, ainsi que des garderies d'enfants dans la plupart d'entre elles. Les pistes sont ouvertes tous les jours, en général de 8h30 à 16h, de décembre à mars. Partout des canons à neige font oublier les caprices de la météo. À titre indicatif, pour un forfait journalier, comptez de 25$ à 46$ en semaine et de 30$ à 60$ le week-end dans une petite station. Diverses options et réductions. *Mont-Habitant Tél. 450 227 2637 www.monthabitant.com* ***Mont-Avila*** *Tél. 450 227 4671 www.montavila.com* ***Mont-Olympia*** *www.montolympia.com* ***Mont-Gabriel*** *Tél. 450 227 1100 www.skimontgabriel.com* ***Chantecler*** *Tél. 450 229 1404 www.skichantecler.com* ***Mont-Avalanche*** *Tél. 819 327 3232 www.mont-avalanche.com* ***Morin Heights*** *Tél. 450 227 2020 www.skimorinheights.com* ***Vallée-Bleue*** *Tél. 819 322 3427 www.vallee-bleue.com* ***Belle-Neige*** *Tél. 819 322 3311 www.belleneige.com* ***Mont-Blanc*** *Tél. 819 688 2444 www.skimontblanc.com*

Ski nordique et raquettes à neige Les pistes de ski de fond ne manquent pas dans les Laurentides ! Signalons celles de la station Tremblant et du parc national du Mont-Tremblant (p.240) et la piste du parc linéaire Le P'tit Train du Nord, entre Saint-Jérôme et Val-David (plus au nord, elle est réservée aux motoneiges). Morin Heights possède le réseau le plus étendu et le moins fréquenté (162km, dont 60km damés), suivi de Sainte-Marguerite-du-Lac-Masson et Saint-Adolphe-d'Howard. Les bureaux d'accueil touristique vous fourniront une liste plus complète. Ces centres de ski nordique disposent aussi de pistes moins longues pour la randonnée à raquettes et, hormis Morin Heights, d'un service de location de matériel et de restauration. L'accès aux sentiers coûte de 7$ à 12$. ***Morin Heights*** *Tél. 450 227 2020 www.morinheights.com* ***Sainte-Marguerite-du-Lac-Masson*** *Tél. 450 228 2543* ***Saint-Adolphe-d'Howard*** *Tél. 819 327 3519*

À pied ou à vélo sur la piste du P'tit Train du Nord

Parc linéaire Le P'tit Train du Nord Au début du XXe siècle, le P'tit Train du Nord vint concrétiser un rêve du curé Labelle en reliant Montréal à Saint-Jérôme et au Nord. La ligne connut la gloire dans les années 1930 à 1950, quand ses "trains de neige" amenaient les Montréalais skier dans les Laurentides. "Oh ! le train du Nord ! Tchou, tchou, tchou, tchou... Le train du Nord, Au bord d'un lac, des p'tites maisons, Ça vire en rond..." chantait Félix Leclerc en 1951 ! Concurrencée par la route, la voie ferrée fut démantelée en 1991, laissant place à une voie verte longue de 232km entre Saint-Jérôme et Mont-Laurier. Ce parc linéaire Le P'tit Train du Nord dessert ainsi 23 localités des Laurentides. Leurs gares ont été rénovées et certaines reconverties en café, salle d'exposition ou boutique de location et de réparation de matériel sportif. Le *Guide de services* distribué par les bureaux d'accueil touristique recense les activités et services pratiques disponibles sur l'ancienne ligne. L'été, la piste est ouverte aux cyclistes et aux marcheurs, et ses tronçons asphaltés (entre Saint-Jérôme et Blainville, Labelle et Mont-Laurier) accueillent les adeptes du roller. L'hiver, elle devient une piste de ski de fond (sur 40km, entre Saint-Jérôme et Val-David) et motoneige (sur 117km, de Sainte-Agathe à Saint-Faustin, puis de Labelle à Mont-Laurier). Son accès est payant : les tickets et laissez-passer s'achètent dans les antennes touristiques, les anciennes gares et autres billetteries qui jalonnent le parcours, ou directement à des patrouilleurs. Vous pouvez bénéficier d'une navette et du transport de vos bagages, quels que soient vos points de départ et d'arrivée. Notez aussi qu'une piste cyclable relie Le P'tit Train du Nord, au niveau de Sainte-Agathe-des-Monts, à Saint-Donat, à Lanaudière. *Tél. 450 745 0185 (infos sur les pistes) ou 1 800 561 6673 (infos sur l'hébergement et le transport des bagages) www.laurentides.com/parclineaire Ouvert mi-mai-mi-oct. pour le vélo ; hiver : en fonction de l'enneigement Tarif été : gratuit ; hiver : différents forfaits, se rens.*

Dormir dans un igloo

Centre santé Le Rituel Établi au milieu des arbres, le long de la rivière de l'Assomption, le centre de santé Le Rituel propose, outre les services du spa, des nuits en igloo l'hiver ou en tipi l'été. Le confort est sommaire : pas d'eau courante ni d'électricité, mais passer la nuit dans un igloo éclairé à la chandelle est une expérience à ne pas manquer ! Un simple matelas et un sac de couchage (très chaud) sont disposés sur un lit en blocs de glace. Le prix comprend l'accès au sauna et aux bains bouillonnants sur le bord de la rivière. Massages et soins en tous genres en sus : reiki, réflexologie... À partir de 120$ par pers. et par nuit. *1421, rue Principale* ***Saint-Côme*** *Tél. 450 883 0335 www.centreleritual.com*

Les Hautes-Laurentides

Au nord de Mont-Tremblant, les Laurentides s'abaissent légèrement, composant un paysage vallonné et boisé livré à une industrie forestière déclinante. **Mont-Laurier**, chef-lieu des Hautes-Laurentides (13 500 hab.), est situé 110km au nord-ouest de Mont-Tremblant par la route 117. Fondée en 1886, à l'instigation du curé Labelle, la bourgade est le terminus nord du parc linéaire Le P'tit Train du Nord (p.248). Restée sauvage, la région ravira les amateurs de pleine nature, de chasse et de pêche. Procurez-vous la liste des pourvoiries dans les offices de tourisme pour profiter de ces activités.

Réserve faunique de Papineau-Labelle Ce domaine de 1 630km², à cheval sur les Laurentides et l'Outaouais, séduira ceux qui trouvent le parc national du Mont-Tremblant trop fréquenté. Ses sentiers dévoilent de magnifiques paysages et desservent une myriade de lacs poissonneux,où des cerfs de Virginie et des orignaux placides viennent se désaltérer. C'est le rendez-vous des pêcheurs et des randonneurs à pied, en canot, à skis ou en traîneau à chiens. L'entrée nord, côté Laurentides, se trouve à Nominingue, et l'entrée sud, côté Outaouais, à Val-des-Bois. On vous y renseignera sur les activités proposées et l'hébergement en camping ou en chalet. Si vous avez le goût de l'aventure, optez pour le canot-camping ! *Route 321* ***Nominingue*** *(50km env. au nord-ouest de Mont-Tremblant par la route 117, puis à partir de L'Annonciation par la route 321 sud ; la réserve est indiquée) Tél. 819 454 2011 ou 1 800 665 6527 www.sepaq.com/rf/pal Ouvert mai-mi-nov.*

Réserve faunique Rouge-Matawin Elle s'étend juste au nord du parc national du Mont-Tremblant, sur 1 394km² et s'enorgueillit d'une importante population d'orignaux. Comme à Papineau-Labelle, on y pratique la randonnée pédestre, la chasse sportive, on y pêche la truite mouchetée et le grand brochet (possibilité de permis à la journée). On peut aussi canoter sur ses lacs, cueillir des fruits sauvages, camper, louer un chalet en été et à l'automne, etc. L'entrée la plus proche de Mont-Tremblant est celle de La Macaza. *30km env. au nord de Mont-Tremblant De la route 117 bifurquer vers La Macaza à Labelle Tél. 819 275 1811 ou 1 800 665 6527 www.sepaq.com/rf/rom Ouvert mi-mai-1er nov.*

Lanaudière

☆**Les essentiels** Le musée d'Art de Joliette **Découvrir autrement** Admirez les peintures de la cathédrale de Joliette, baladez-vous à pied ou à raquettes sur les sentiers des parcs des Chutes-Dorwin et des Chutes-Monte-à-Peine-et-des-Dalles

Entre les Laurentides à l'ouest et la Mauricie à l'est, Lanaudière forme trois grandes zones : une plaine alluviale fertile au sud, un large piémont agricole et des "Hauts" émaillés de lacs au nord. La région doit son nom à Marie-Charlotte Tarieu Taillant de Lanaudière, épouse de l'entrepreneur Barthélemy Joliette (1789-1850), qui fonda la capitale régionale en 1823. Lanaudière fut colonisée à partir des années 1860 à l'initiative de l'abbé Provost et du curé Brassard, pour les raisons mêmes qui poussèrent le curé Labelle à créer des paroisses dans les Laurentides. Dans cette région verte, la nature est relativement préservée et l'on peut s'adonner aux activités caractéristiques des grands espaces dans ses parcs et pourvoiries. *Accès à partir des Laurentides : au nord par Saint-Donat et la route 329 ; au sud par Saint-Jérôme et la route 158 www.lanaudiere.ca*

Saint-Jean-de-Matha

Cette localité de 4 500 habitants tire une fierté pour le moins insolite d'être la dernière demeure de Louis Cyr (p.251), l'homme le plus fort du monde, auquel l'office de tourisme consacre une petite exposition. Saint-Jean-de-Matha est l'une des portes d'entrée du parc régional des Chutes-Monte-à-Peine-et-des-Dalles (305ha), dont les 17km de sentiers permettent d'observer les cascades de la rivière Assomption. À proximité, le centre touristique de la Montagne-Coupée entretient en hiver 70km de pistes de ski de fond et 10km pour la randonnée à raquettes (location de matériel sur place). Enfin, la ville met un énorme centre de glissades sur tube de glace à la disposition des petits et des grands. **Parc régional des Chutes-Monte-à-Peine-et-des-Dalles** *Route Sainte-Louise Ouest (accès par la route 337 Sud à la sortie de la ville) Tél. 450 883 6060 www.parcdeschutes.com Ouvert mi-juin-mi-août : tlj. 9h-20h ; mai-mi-juin, mi-août-oct. : tlj. 9h-18h Tarif 7,50$/j., réduit 4$* **Centre de la Montagne-Coupée** *204, chemin de la Montagne-Coupée Tél. 450 886 3845 www.skimontagnecoupee.com Ouvert déc.-mars : tlj. 9h-17h* **Super Glissades** *2650, route Louis-Cyr Tél. 450 886 9321 www.glissadesurtube.com Ouvert hiver : lun.-jeu. 9h-16h, ven.-sam. 9h-21h, dim. 9h-19h Tarif 27,75$/j., réduit 22,55$*

SKIER CHEZ LES MOINES
Les terres de l'abbaye Val Notre-Dame ont un côté sauvage propice à la balade. En hiver, les sentiers se transforment en 45km de pistes idéales pour le ski de fond. Location de matériel à la boutique de l'abbaye.

Abbaye Val Notre-Dame En 2009, quand les dix-huit moines trappistes ont vendu leur grande maison d'Oka au nord de Montréal, ils ont choisi de faire construire leur nouvelle abbaye loin de tout au milieu de ces 184ha de forêt, au pied de la Montagne Coupée. Vainqueur du concours lancé par les religieux, l'architecte Pierre Thibault a réalisé ce superbe édifice à 40% vitré et en parfaite harmonie avec la nature. Un petit côté zen qui ne peut que bien s'accorder aux prières. Vous n'accéderez qu'à l'église, mais déjà de l'extérieur, en tournant autour, vous aurez une bonne idée de l'ensemble. Le grand chevet vitré aurait paraît-il le malencontreux effet de distraire les moines pendant l'office, et pour cause, il n'est pas rare d'y voir passer une biche, un ours, un renard... Vous pourrez vous procurer les bons chocolats, caramels et autres friandises de l'abbaye à la boutique située à l'entrée du chemin. *250, ch. de la Montagne-Coupée Tél. 450 960 2889 www.abbayevalnotredame.ca Entrée libre* **Boutique** *Ouvert lun.-sam. 9h-17h, dim. 10h-17h*

☺ **Maison Louis-Cyr** Après le succès du film de Daniel Roby, *Louis Cyr, l'homme le plus fort du monde* (2013), la maison Louis-Cyr a été dépoussiérée en 2014. Édifiée en 1902-1906, la dernière demeure du colosse québécois a retrouvé sa splendeur d'antan avec ses galeries superposées et son orgueilleuse tourelle victorienne, ainsi qu'une partie de son mobilier d'origine. Vous passerez un excellent moment au musée qui se déploie discrètement derrière la maison, et raconte dans une ambiance colorée de cirque la vie et les exploits de cet hercule, cf. encadré ci-dessous. *215, rue Sainte-Louise Tél. 450 886 1666 maisonlouiscyr.com Ouvert fin juin-début sept. : mar.-dim. 10h-17h ; début sept.-fin juin : ven.-dim. 10h-16h Tarif 10$, réduit 5-6$*

Louis Cyr, un hercule moderne

Cyprien-Noé Cyr, dit Louis Cyr, naît à Saint-Cyprien-de-Napierville (Montérégie) en octobre 1863, deuxième de 17 enfants. Devenu ouvrier agricole et bûcheron à 12 ans, il impressionne déjà par sa force exceptionnelle. Il est sacré l'homme le plus fort du Canada en 1886 en levant d'un bras un haltère de 98kg et en portant une charge de 1 067kg sur son dos. Trois ans plus tard, il soulève un poids de 250kg d'un seul doigt, 1 860kg sur son dos et, d'une main, 124kg au-dessus de sa tête. En décembre 1891, à Montréal et devant 10 000 personnes, il retient de chaque main une paire de chevaux (quatre en tout) tirant dans deux directions opposées. Il participe à des tournées d'athlètes jusqu'en Europe avant de fonder un cirque. Mais sa santé décline à partir de 1900 (il pèsera jusqu'à 180kg pour 1,79m) et il meurt à 49 ans d'insuffisance rénale chronique.

Joliette

La petite capitale de Lanaudière (20 000 hab.) mérite un détour pour son musée d'Art. En passant, jetez un coup d'œil à la **cathédrale** (fin XIXe s.), repérable à son haut clocher argenté. Les voûtes sont ornées de 23 fresques réalisées par Ozias Leduc : il s'agit de la première commande d'envergure faite à cet artiste, célèbre représentant de la peinture religieuse au Canada. En juillet-août, Joliette accueille le plus grand festival de musique classique du pays : le Festival international de Lanaudière. **Office de tourisme** *500, rue Dollard Tél. 450 759 5013 ou 1 800 363 1775 www.tourismejoliette.com* **Cathédrale** *2, rue Saint-Charles-Borromée Nord Tél. 450 753 1651 Ouvert fin juin-début sept. : tlj. 10h-16h ; fin sept.-début juin : sam. 10h-16h, dim. 11h30-16h*

☆ **Musée d'Art de Joliette** Ayant subi une cure de rajeunissement radicale entre 2012 et 2015, le musée de Joliette nouvelle version est plus lumineux, moins bétonné et beaucoup plus agréable à visiter. Il est cependant dommage qu'on n'ait pas profité de cette campagne de travaux pour agrandir ses espaces d'exposition, sachant que la collection riche de 9 000 œuvres le méritait amplement. Il demeure malgré tout l'un des rares musées québécois d'envergure consacrés à l'art en dehors de Montréal et de Québec. La nouvelle présentation est séduisante et met en relief les œuvres les plus significatives de l'art européen (Garofalo, Van Scorel, Rodin, Gabor Szilasi, Ernst Neumann, Henry Moore), mais aussi et surtout les nombreux chefs-d'œuvre d'art québécois que possède l'institution. À ne manquer sous aucun prétexte : *Les Oignons rouges* d'Ozias Leduc, *Paysage à Parc Laval* de Marc-Aurèle Fortin, *Étincelles* de Rita Letendre, *Port de Montréal* d'Adrien Hébert, *Glace bleue* de Paterson Ewen, *Les Raisins verts* de Paul-Émile Borduas et *Les Îles réunies n°4* de Jean McEwen, ce grand magicien de la matière. Le musée fait également la part belle à l'art contemporain avec des artistes tels Kiki Smith, Betty Goodwin, Claudie Gagnon, Françoise Sullivan et Jérôme Fortin. On regrettera que des artistes régionaux liés à la naissance même de ce musée par le biais des clercs de Saint-Viateur (Max Boucher, Sylvia Daoust, Wilfrid Corbeil) aient quasiment disparu des cimaises alors qu'ils en étaient auparavant les vedettes. En compléments, expositions temporaires, concerts de musique classique, ateliers de création jeunesse et rencontres-causeries. *145, rue du Père-Wilfrid-Corbeil Tél. 450 756 0311 www.museejoliette.org Ouvert mar.-mer. et ven. 12h-17h, jeu. 12h-20h, w.-e. 10h-17h Tarif 15$, réduit 10-12$, moins de 16 ans gratuit, familles 25$*

Noviciat des clercs de Saint-Viateur Jouxtant la cathédrale, un beau bâtiment de pierre (1948) s'inspirant de l'abbaye normande de Saint-Georges-de-Boscherville attire l'attention. Il s'agit du noviciat de Saint-Viateur, institution importante de la vie scolaire et religieuse de Joliette. Ce fut aussi, sous l'égide du père Wilfrid Corbeil, un lieu d'enseignement des arts particulièrement fécond qui donna une génération d'artistes aujourd'hui méconnus, mais qui contribuèrent chacun à sa manière au renouveau de l'art sacré québécois au XXe siècle. Wilfrid Corbeil, architecte et artiste, s'entoura de Max Boucher, Sylvia Daoust, Marius Plamondon et Bruno Hébert pour faire de ce bâtiment une œuvre d'art réussie. Malheureusement difficile d'accès (il faut réserver à l'avance), l'édifice vaut la peine d'être visité, surtout pour sa chapelle qui prend modèle sur l'église moderne de Frielingsdorf en Allemagne, la châsse colorée des superbes vitraux de Marius Plamondon en plus. Dans le transept nord, belle *Mater Salvatoris* de Sylvia Daoust. *132, rue Saint-Charles-Borromée Tél. 450 756 4568 Visite gratuite sur demande en téléphonant quelques jours à l'avance*

Rawdon et Saint-Gabriel

Parc des Chutes-Dorwin Dans ce parc municipal et régional ont été aménagés 3km de sentiers écologiques et deux belvédères sur les chutes de la rivière Ouareau, hautes d'une vingtaine de mètres. La tête dont le profil apparaît en relief sur la paroi serait celle d'un sorcier algonquin, Nipissingue, pétrifié pour avoir jeté dans le précipice Dorwin la jeune et belle Indienne, Hiawhitha, qui se refusait à lui. La baignade est interdite car dangereuse. Sachez que Rawdon, près de l'entrée du parc, est l'un des villages les plus cosmopolites de la province : des Irlandais, des Acadiens et des Écossais s'y établirent au XIXe siècle, suivis vers les années 1920 par des Russes, des Polonais, des Hongrois et d'autres immigrants d'Europe orientale. *Route 337 Sud (parking près de la route, à 500m du centre-ville)* ***Rawdon*** *(34km à l'ouest de Joliette) Tél. 450 834 2596 Ouvert été : tlj. 9h-19h Tarif 8$, 7-14 ans 4$ Parc accessible gratuitement l'hiver*

Se relaxer dans un spa en plein air

La Source – Bains nordiques Le seul spa en plein air situé à moins d'une heure de route de Montréal possède de surcroît l'avantage d'être l'un des plus zen de la région. Adossé à une paroi rocheuse, il bénéficie d'une vue splendide sur la nature environnante. Le lieu dispose de plusieurs bains chauds et bassins froids, d'un sentier de méditation, de passerelles en bois, d'un petit étang et d'un bistrot avec terrasse et cheminée. Les traditionnels saunas finlandais, hammams marocains et massages aux pierres chaudes sont également au rendez-vous. L'endroit parfait pour se ressourcer au cœur de la forêt. Silence exigé sur une grande partie du site. En hiver, forfait spa et traîneaux à chiens sur réservation. *4200, Forest Hill (au bout de la rue Queen)* ***Rawdon*** *(34km à l'ouest de Joliette) Tél. 450 834 7727 www.lasourcespa.com Ouvert sam.-mar. 10h-18h, mer.-ven. 10h-22h Tarif normal 35$ avant 18h, 30$ après 18h*

Se rendre dans un vignoble bio

Vignoble Saint-Gabriel Le vin n'est qu'une des nombreuses raisons de venir passer quelques heures dans ce site enchanteur aux airs de Bourgogne (et pourquoi pas ?). Bien sûr, il faut goûter les produits de cette vigne plantée sur 11ha de terre vallonnée, mais également visiter la cave, réalisée à partir des arches d'un ancien viaduc, et les deux salles d'exposition de tracteurs anciens que Paul, le propriétaire des lieux, collectionne avec passion. On pourra aussi emprunter le sentier de 4,5km qui mène au barrage électrique de Saint-Didace. Des visites guidées à 11h et 14h vous en apprendront davantage, notamment sur les cépages nord-américains (vous connaissez le marquette ?). Le vin est 100% bio et se vend en moyenne à 15$ la bouteille. La dégustation peut s'accompagner d'assiettes de produits du terroir (petite 6,95$, végé 8,95$, grande 9,95$). À découvrir ! *2190, rang Saint-David* ***Saint-Gabriel-de-Brandon*** *(36km au nord de Joliette et 20km au nord-est de Saint-Jean-de-Matha) Tél. 450 835 3726 www.vignoblesaintgabriel.com Ouvert mai-déc. : tlj. 10h-17h*

CARNET D'ADRESSES

Restauration, hébergement

À Mont-Tremblant

très petits prix

☺ **Campings et chalets du parc national du Mont-Tremblant** Dans le parc national, on recense près de 1000 emplacements de camping, parfaitement intégrés à leur cadre naturel et répartis en sept secteurs. Rares sont ceux qui bénéficient de l'eau, de l'électricité et d'une évacuation, la plupart étant réservés aux tentes. Sont aussi proposés à la location des chalets (2-10 pers., 120-240$/nuit selon le confort et la saison). Les aventuriers pourront dormir sur des sites accessibles uniquement en canot ! Comptez 24$/nuit, esquif et bois de chauffage compris... Ces campings affichent souvent complet l'été. Tâchez de réserver ou tentez ceux du Centre touristique et éducatif des Laurentides (p.241). ***Lac-Supérieur*** *Trois entrées au parc : Lac-Supé-*

Se loger dans les Laurentides

Difficile de se loger à prix doux dans les Laurentides... En dehors des campings et des auberges de jeunesse, le gîte reste la formule la moins onéreuse, mais rares sont ceux qui proposent des chambres à moins de 80$ ou 90$ la nuitée. L'offre est en revanche pléthorique. L'Agence touristique des Laurentides pourra vous aider à trouver un camping, un gîte ou un hôtel à votre convenance et se charger de la réservation. Le village piéton de la station Tremblant compte presque exclusivement des hôtels 4 et 5-étoiles. Des immeubles de *condos* (appartements) sont disséminés dans la forêt au-dessus du village et au sud du parking. La station centralise les réservations pour tout le parc d'hébergement, chalets compris (à l'exception des trois hôtels Fairmont, Marriott et Homewood Suites). Pour trouver un gîte ou un petit hôtel, il faudra vous éloigner de la station et gagner le village. Quant à la restauration, il y en a pour tous les goûts et tous les budgets, du fast-food à la table gastronomique... Les restaurants pullulent dans la station, dans le village et sur la route qui les sépare, mais peu d'adresses sortent vraiment du lot. Ceux de Saint-Jovite sont plus populaires. Enfin, pour faire la fête, direction le P'tit Caribou, dans la station, qui rallie tout ce que Mont-Tremblant compte de noctambules. Les possibilités d'hébergement sont plus rares à Lanaudière que dans les Laurentides, mais les tarifs y sont moins élevés. L'agrotourisme se développe depuis quelques années dans la région. Pour camper en pleine nature, allez jusqu'au parc national du Mont-Tremblant (p.240), où vous trouverez des campings dans les secteurs de Saint-Donat et de Saint-Côme. *Renseignements sur le site www.tremblant.ca ou par téléphone au 1 866 738 1777 rieur (la principale), Saint-Donat et Saint-Côme Tél. 1 800 665 6527 www.sepaq.com/pq/mot Camping ouvert mi-mai-mi-oct. Canot-camping mi-mai-début sept. Chalets toute l'année*

La Maison de la gare Cette maison en bois vert et blanc date de 1894, année de l'inauguration du P'tit Train du Nord. Le dernier chef de gare qui l'habitait est parti et, sur l'emprise de la voie ferrée, le va-et-vient des vélos a remplacé celui des locomotives... Des personnes de tous âges s'arrêtent à cette terrasse simple, pour commander un brunch revigorant, un ballotin de viennoiseries, une montagne de fruits frais, une salade-repas ou un sandwich de viande fumée... La carte est interminable ! Plats plus consistants à midi en semaine : brochette de poulet, foie de veau au bacon, etc. Menu 7-14$. Formule trio (soupe, sandwich et café) autour de 9$. *958, rue Labelle* ***Saint-Jovite*** *(route 327 en direction du village de Tremblant) Tél. 819 429 6635 Ouvert tlj. 7h-15h*

petits prix

Auberge de jeunesse de Mont-Tremblant Une sympathique AJ du réseau Hostelling International, à 4km de la station de sports d'hiver (la navette passe à proximité) et à un jet de pierre du lac Moore (canots gratuits). Hébergement en dortoir de 4 ou 8 lits (29,75$/pers., 24,75$ pour les membres) ou en chambre double (85,75$, 75,75$ pour les membres). Petit déjeuner 6$ TTC. Cuisine, buanderie, salon TV, bar, location de vélos et de raquettes, activités diverses... *2213, chemin du Village* ***Mont-Tremblant*** *(à la sortie du village de Mont-Tremblant sur la droite, en direction de la station) Tél. 819 425 6008 ou 1 866 425 6008 www.hostellingtremblant.com Réception ouverte tlj. 8h-0h*

prix moyens

La Diable Cette microbrasserie est le rendez-vous des saisonniers de la station. Pour siroter l'une des huit bières brassées sur place, on s'installe en terrasse aux beaux jours ou, l'hiver, dans une agréable salle entièrement tapissée de dessous-de-verre. La musique est diablement bonne, l'ambiance aussi. Vous pourrez également y manger des hamburgers, des saucisses servies avec de la choucroute à la bière, et des brochettes de poulet. Plats 13-28$. Menu enfant 8$. *Station Tremblant 117, chemin Kandahar* ***Mont-Tremblant*** *(dans le village piéton : rue des Remparts, secteur Vieux-Tremblant) Tél. 819 681 4546 www.microladiable.com Ouvert tlj. 11h30-2h*

prix élevés

Le Rustique Une chaleureuse auberge en bois, en lisière du lac Supérieur... Les chefs Bruno Théberge-Krivak et Pierre-Alexandre Clément (pâtissier) ont su garder l'esprit de l'endroit, rendez-vous gastronomique généreux et sans fard. La carte, qui change au gré des saisons, met en vedette le gibier, le poisson (l'été) et les produits du terroir, cuisinés avec brio et quelques touches originales : canard fumé à l'érable, côte de cerf aux morilles... Pour une entrée et un plat, il faut compter entre 40 et 60$. Avantageux, le menu dégustation à 65$. *1993, chemin du Lac-Supérieur* ***Lac-Supérieur*** *Tél. 819 713 0445 restorustique.com Ouvert lun.-jeu. 17h-22h, ven.-dim. 15h-22h*

Auberge Le Lupin Selon nous, le meilleur point de chute dans la station Tremblant, où les adresses de charme sont rares. Le Lupin est une petite auberge en rondins, conçue en 1945 par l'architecte du château Montebello (p.202), à l'écart – juste ce qu'il faut – de l'agitation du clinquant village piétonnier. Les propriétaires, Sylvie et Pierre, ont préservé l'âme du lieu, son grand salon avec cheminée, et donné des noms poétiques aux chambres : Clair de lune, Orée de bois ou Zzzz. Neuf doubles de 110$ à 198$ selon le confort et la saison. Toutes sont douillettes et impeccables, certaines ont la climatisation et une cheminée. Petit déjeuner plantureux et accueil prévenant. *Station Tremblant 127, rue Pinoteau* ***Mont-Tremblant*** *(à 3km du village, tourner à droite au niveau du lac, après le pont Un panneau indique l'auberge) Tél. 819 425 5474 ou 1 877 425 5474 www.lelupin.com*

Côté Nord Tremblant Les 50 magnifiques chalets en pin éparpillés dans la montagne, sur les hauteurs du lac, sont parfaits pour les familles ou les petits groupes. Cadre néorustique ou contemporain : on choisit selon son goût. Location 2 nuits minimum, à partir de 300$/nuitée selon la taille du chalet (de 3 à 5 chambres), la durée du séjour et la saison. *141, chemin du Tour-du-Lac* ***Lac-Supérieur*** *(à 12km de Mont-Tremblant De la station, suivre le chemin Duplessis puis longer la rive sud du lac Supérieur) Tél. 450 327 6130 ou 1 888 268 3667 www.cotenordtremblant.com*

À Saint-Faustin-Lac-Carré, Val-David et Sainte-Agathe-des-Monts

Val-David et Sainte-Agathe sont sans doute les meilleures alternatives des Laurentides à Mont-Tremblant et à Saint-Sauveur : l'ambiance est plus décontractée et les tarifs légèrement moins élevés. Saint-Faustin-Lac-Carré se trouve 21km au sud-est de Mont-Tremblant par la route 117 ; Val-David est 49km au sud-est de Mont-Tremblant par l'autoroute 15 et la route 117 Sud, et Sainte-Agathe-des-Monts 42km au sud-est de Mont-Tremblant par l'autoroute 15, sortie 86.

petits prix

Le Chalet Beaumont Une auberge de jeunesse en pleine forêt. Esprit communautaire (bar, terrasse, billard, terrains de pétanque, de volley, feux de camp...), et un brin de convivialité baba cool. Soixante-quinze couchages, répartis en 4 dortoirs de 6 ou 8 (26$/pers.) et 15 chambres de 2 à 4 lits, avec ou sans sdb (70-87$ la double, sans ou avec sdb). Demandez la n°17 pour la vue panoramique. Vous pouvez aussi louer l'un des 3 studios, un peu plus rustiques que les chambres, pour le même prix. L'hiver,

Se loger à Saint-Donat

À 472m d'altitude et 43km au nord de Val-David, Saint-Donat est un bon camp de base pour découvrir le parc national de Mont-Tremblant, côté Lanaudière, en évitant la très touristique station Tremblant. Ce village animé été comme hiver, grâce à son lac et à sa plage, dispose d'hôtels, de B&B et de plusieurs gîtes. Contactez le bureau d'information touristique pour la liste complète.

Bureau d'information touristique *536, rue Principale* ***Saint-Donat*** *Tél. 819 424 2833 ou 1 888 783 6628 www.tourismesaint-donat.com Ouvert fin juin-début sept. : tlj. 9h-18h ; début sept.-mi-oct. : tlj. 9h-16h ; mi-oct.-fin juin : lun.-ven. 12h-16h, w.-e. 9h-16h*

on se blottit autour de la grande cheminée. Accès Internet gratuit, wifi. Location de vélos, raquettes et skis de fond (les pistes sont juste derrière). Petit sauna tout simple, mais bienvenu après une journée de sport. *1451, rue Beaumont* ***Val-David*** *(du centre du village, remonter la rue de l'Église vers le nord - elle devient le 1er rang de Doncaster - puis tourner à gauche dans la rue Beaumont, l'auberge est à 200m) Tél. 819 322 1972 www.chaletbeaumont.com*

prix moyens

La Tablée des pionniers Depuis la fin du XIXe siècle, on récolte à l'ancienne la sève des arbres dans cette érablière. La cabane est en fête à l'époque des sucres (mars-avril), accueillant le printemps en même temps que les hectolitres de sirop d'érable. En cuisine, un "homme des bois", Jean-François Marcotte, réinvente les recettes traditionnelles en mettant en scène des produits locaux. En salle à la décoration rustique on savoure des plats roboratifs choisis sur des menus de 30$ à 50$. Des animations sont aussi proposées : miniferme pour les enfants, tours en calèche ou encore spectacles musicaux le samedi soir. *1357, rue Saint-Faustin* ***Saint-Faustin-Luc-Carré*** *Tél. 819 688 2101 ou 1 877 688 2101 www.latabledespionniers.com Ouvert mars-avr. : mer.-dim. 9h-21h*

☺ **Auberge Le Baril roulant** On se sent bien dans cette petite auberge de bois vêtue, un peu à l'écart, et qui offre l'hébergement, la table et à boire. Pour le dodo, 6 chambres très confortables sous les combles (119$, petit déj. inclus), une suite avec baignoire thérapeutique (139$, petit déj. inclus) et un dortoir de 14 lits (26$, petit déj. 10,45$). Côté "boustifaille", comme ils le disent eux-mêmes, une véritable originalité émane de la carte : burger de bison sur pain à la bière (16,95$), la Caravane, assiette d'inspiration maghrébine (17,95$), ou (notre recommandation) le koulibiak, une croûte de pâte feuilletée garnie de truite bio, saumon fumé caramélisé à l'érable sur lit d'ortie fraîche... et c'est aussi plaisant à manger qu'à lire ! Pour l'apéro, 24 pompes déversent les produits de la microbrasserie éponyme (p.247). *1430, rue de l'Académie* ***Val-David*** *Tél. 819 322 2280 barilroulant.com Ouvert tlj.*

Au Petit Poucet Ouvert en 1945, ce restaurant s'est fait connaître par son jambon fumé au bois d'érable, avant de régaler petits et grands de ses plats typiques et roboratifs. La carte décline, en effet, tous les classiques de la cuisine québécoise telle qu'elle est encore servie dans les cabanes à sucre. Pour un tour d'horizon, choisissez le Festin du Petit Poucet (24,35$) : soupe aux pois et pâtés en entrée, puis fèves au lard, tourtière, pommes de terre et ketchup aux fruits et, en dessert, la traditionnelle tarte au sirop d'érable. Pour manger plus léger, préférez le filet de truite des Laurentides. Menu enfant (avec jeu du Petit Poucet) 7,80$. Le décor est champêtre, tout en bois, avec roues de charrette, chapeaux de paille et nappes à carreaux rouges et blancs. Café, tartines et déjeuners pour appétits d'ogre à partir de 6h30. Boutiques de produits maison, dont le fameux jambon glacé au sucre d'érable. *1030, route 117* ***Val-David*** *Le restaurant s'élève à l'intersection de la 117 et de la route de Val-Morin Tél. 819 322 2246 www.aupetitpoucet.com Ouvert tlj. 6h30-16h*

prix élevés

La Table des gourmets Une bonne adresse dans le beau village de Val-

David, voilà qui fait plaisir. Installé dans le salon d'une maison autrefois particulière, ce restaurant a beaucoup de classe et de charme. La cuisine est de saison et profondément ancrée dans le terroir et la production locale. Optez pour une pintade Plume des champs ou un pigeon de la ferme Turlo ou, plus simplement pour d'excellents raviolis à la châtaigne. De toute manière, Thierry Rouyé, le chef, saura les transformer en délices. *2353, rue de l'Église **Val-David** Tél. 819 322 2353 tabledesgourmets.com Ouvert juil.-sept. : mar.-dim. 11h30-14h et 18h-21h ; oct., déc.-juin : mer. 11h30-14h, ven.-sam. 18h-21h, dim. 11h-14h et 18h-21h*

À Saint-Sauveur-des-Monts

Cette station éminemment touristique, pied-à-terre de nombreux Montréalais, compte près d'une centaine de restaurants (québécois mais aussi français, italiens, chinois, japonais, marocains, etc.), établis pour la plupart dans la rue Principale. L'hébergement est, fréquentation oblige, assez onéreux. Nombreux gîtes rue Principale. Accès : 50km au sud-est de Mont-Tremblant par la route 117 puis l'autoroute 15, sortie 60.

petits prix

Orange & Pamplemousse Ce café joyeux, légèrement excentré, comblera les amateurs de sucré-salé ! Les assiettes sont joliment présentées, les recettes pleines de fraîcheur et les saveurs inattendues... *pennine* au pesto, mangues et tomates séchées ou encore escalopes de veau à l'érable et aux canneberges. Soupe du jour. Sandwichs de 14$ à 15$. Entrée et plat, 16-30$. Jolis desserts. Un bon endroit pour un petit déjeuner qui change des œufs au bacon : pancakes à l'avoine, cocktails de fruits, bagels, thé aux bleuets, etc. Salle pastel et zen. L'été, la terrasse est hélas assez bruyante. *120, rue Principale **Saint-Sauveur** Tél. 450 227 4330 www.orangepamplemousse.com Ouvert lun.-mar. 8h-14h30, mer.-dim. 8h-14h30 et 17h-21h30*

prix moyens

Maestro Une valeur sûre avec une cuisine italienne de qualité à des prix raisonnables. Des classiques (*fettucine alla carbonara*, escalope de veau *pizzaiola*) et quelques créations plus audacieuses au menu du jour. Le décor est chaleureux, mêlant bois et touches contemporaines, à l'image des tableaux accrochés aux murs. On peut aussi s'attabler au comptoir dans une ambiance qui se veut un peu branchée. Terrasse chauffée. Pâtes 15-22$, viandes et poisson 26-40$. *339, rue Principale **Saint-Sauveur** Tél. 450 227 2999 www.restaurantmaestro.com Ouvert mer.-lun. à partir de 17h*

prix très élevés

Manoir Saint-Sauveur Le grand hôtel quatre étoiles de Saint-Sauveur, entre les pistes de ski et le centre-ville : 250 chambres et des *condos* d'une ou deux chambres pour l'hiver. Accès aux courts de tennis, aux piscines extérieure et intérieure, au bain-sauna et au jacuzzi pour tous. Nombreux forfaits pour organiser un week-end ou des vacances (avec repas, spa, ski, motoneige, etc.). Comptez de 169$ à 329$ pour 2 pers. *246, chemin du Lac-Millette **Saint-Sauveur** Tél. 450 227 1811 ou 1 800 361 0505 www.manoir-saint-sauveur.com*

Le Petit Clocher Un vrai bijou ! Ce gîte haut de gamme occupe un ancien monastère sur les hauteurs de la ville, parmi les pommiers et les érables centenaires. Calme assuré et vue imprenable sur le village et les domaines skiables de la vallée. Décoration raffinée et mobilier ancien pour les 5 chambres. On a bien aimé la Cardinale, tout de rouge vêtue, avec sa baignoire dans la chambre, et la Chapelle installée... dans l'ancienne chapelle. De 185$ à 215$, selon la chambre, toute l'année. Le propriétaire sert trois plats au petit déjeuner, avec l'argenterie de la maison, et prépare des fournées de muffins pour le goûter ! Salon réservé aux hôtes. Spa extérieur. *216, av. de l'Église* ***Saint-Sauveur*** *Tél. 450 227 7576 ou 450 227 7576 www.lepetitclocher.com*

À Joliette

prix moyens

Terre à tabac Viandes et produits locaux trônent sur les tables de ce joli petit restaurant de Joliette, aussi connu pour sa merveilleuse cave à vins. Les tartares sont fameux ainsi que la côte de porc boucané. On sent la fraîcheur des produits et le choix des vins proposés crée des accords mémorables. De 28 à 54$ l'entrée et le plat. *343, bd Manseau* ***Joliette*** *Tél. 450 398 3030 www.terreatabac.com Ouvert mer.-sam. 17h-23h*

TROIS-RIVIÈRES

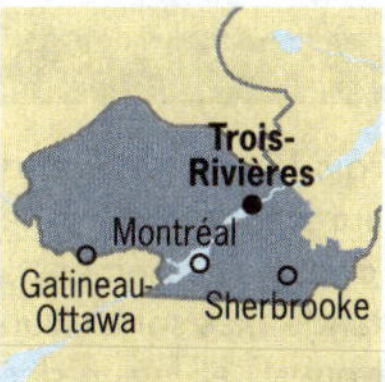

Alanguie au bord du Saint-Laurent, Trois-Rivières doit son nom imagé aux chenaux que dessine le Saint-Maurice avant de se jeter dans le grand fleuve. La plus ancienne ville du pays après Québec fut fondée en 1634 par le sieur de Laviolette. Ce fut d'abord un poste de traite des fourrures à la croisée des voies d'eau (ces "chemins qui marchent" des Amérindiens), où coureurs des bois et négociants venaient se ravitailler. Si la colonie comptait à peine 600 habitants à la fin du Régime français, la création des forges du Saint-Maurice en 1730 en fit le berceau de l'industrie québécoise. Au début du XIXe siècle, Trois-Rivières prit véritablement son essor avec la commercialisation du bois acheminé par flottage sur le Saint-Maurice, puis le développement de l'industrie papetière, qui lui valut le titre de capitale mondiale du papier journal à la Belle Époque. Ses maisons en brique rouge traduisent bien son caractère ouvrier. Il faut dire qu'un terrible incendie ravagea en 1908 une bonne partie des demeures héritées du Régime français... À mi-chemin de Montréal et de Québec, Trois-Rivières est pour la plupart des touristes une étape le long du Saint-Laurent ou vers la Mauricie. On y passe aisément un jour ou deux : le petit centre-ville et son parc portuaire dégagent un charme certain, surtout l'été. De plus, sortie de son carcan industriel, Trois-Rivières est devenue un petit pôle culturel : musées, festivals de chant, de poésie, etc.

LA MAURICIE, ENTRE INDUSTRIES ET GRANDS ESPACES Immense région de près de 40 000km^2, la Mauricie doit son nom à l'impétueuse rivière Saint-Maurice qui la traverse du nord au sud (du réservoir Gouin à Trois-Rivières) et que les Amérindiens nommèrent Métabéroutin, "Tourbillon des vents". C'est à cet axe de communication de 563km que la région doit sa mise en valeur. D'abord utilisé par les Algonquins et les coureurs des bois pour le transport des fourrures, il servit au flottage du bois à partir du XIXe siècle. La "drave" était alors le moyen le plus efficace pour acheminer les troncs (la route ne date que de 1925) abattus en amont vers les scieries et usines à papier de la basse vallée du Saint-Maurice. Au siècle dernier, les centrales hydroélectriques et les complexes chimiques installés de Shawinigan à Trois-Rivières firent de la Mauricie l'un des principaux pôles industriels du Canada. L'activité est aujourd'hui en perte de vitesse. Au nord de la vallée du Saint-Maurice, soit sur la majeure partie de son territoire, la région demeure sauvage et densément boisée. C'est le paradis des pêcheurs, des chasseurs et des randonneurs… L'hiver, elle se transforme en un vaste espace blanc, propice aux balades à motoneige ou en traîneau à chiens.

MODE D'EMPLOI

accès

EN VOITURE

Trois-Rivières est située 140km au nord-est de Montréal et 130km au sud-ouest de Québec par l'autoroute 40 ou par la route 138 (le "chemin du Roy").

EN CAR

Orléans Express Cette compagnie relie Trois-Rivières à Montréal (trajet 2h env., 5-6 départs/j., env. 65$ AR) et à Québec. C'est la seule. Les autres localités de Mauricie sont très mal, voire pas desservies en transport en commun. *Tél. 514 395 4000 ou 1 888 999 3977 www.orleansexpress.com*
Gare routière (plan 10, A2) *275, rue Saint-Georges*

EN TRAIN

Via Rail Trois liaisons hebdomadaires entre Montréal et Shawinigan (trajet 2h30, aller lun., mer. et ven., retour mar., jeu. et dim., env. 50$ AR). *1560, chemin du CN* ***Shawinigan*** *Tél. 1 888 842 7245 Gare ouverte 1h avant l'arrivée des trains et 2h après*

orientation

Le centre de Trois-Rivières s'étend entre le Saint-Laurent (au sud) et la rue Royale. Il se découvre aisément à pied. Ses deux grands axes sont la rue Notre-Dame (est-ouest) et la rue des Forges (nord-sud), bordée de restaurants, de cafés et de bars de nuit. Les témoins de la ville d'origine épargnés par l'incendie de 1908 sont concentrés rue des Ursulines. À deux pas, la terrasse Turcotte borde le parc portuaire, lieu de promenade et d'animation estivale. L'île Saint-Quentin, au confluent du Saint-Maurice et du Saint-Laurent, est devenue un parc récréatif. Enfin, le pont Laviolette relie Trois-Rivières à la rive sud du Saint-Laurent. C'est le seul entre Québec et Montréal !
Stationnement Payant dans le centre (lun.-ven.). Le bureau d'information touristique distribue des vignettes de stationnement gratuit (cf. ci-contre). Les

autobus de la Société de transport de Trois-Rivières sillonnent la petite agglomération, avec laquelle ont notamment fusionné Pointe-du-Lac (à l'ouest) et Cap-de-la-Madeleine (à l'est). La rue Notre-Dame (route 138) les dessert en longeant le fleuve.

Société de transport de Trois-Rivières *Tél. 819 373 4533 www.sttr.qc.ca www.sdctr.qc.ca (infos parkings et tarifs)*

fêtes et manifestations

FestiVoix Art lyrique, chant choral, blues, pop, punk, métal, voix du monde... ***Trois-Rivières*** *www.festivoix.com 10 jours fin juin-début juil.*

Grand Prix de Trois-Rivières Même si vous n'êtes pas amateur de courses automobiles (Nascar, Rallycross et Formula 1600), notez que la ville entière vibre au son des moteurs le temps d'un week-end. *1450, rue de l'Hippodrome* ***Trois-Rivières*** *Tél. 1 866 866 4787 www.gp3r.com mi-août*

Festival de l'Assomption Le sanctuaire Notre-Dame-du-Cap (p.265) attire des milliers de pèlerins lors de son festival qui propose, en plus des célébrations religieuses, des concerts (chorales, gospels) et des animations familiales. ***Trois-Rivières*** *www.sanctuaire-ndc.ca Semaine précédant le 15 août*

Festival Western de Saint-Tite Rodéos, musique country et ambiance western garantie ! L'un des plus grands évènements de ce type au Canada. ***Saint-Tite*** *(60km au nord de Trois-Rivières) www.festivalwestern.com 10 jours mi-sept.*

Festival international de la poésie On célèbre la poésie sous toutes ses formes, dans les bars, les galeries d'art, les parcs, etc. ***Trois-Rivières*** *www.fiptr.com 10 jours fin sept.-début oct.*

informations touristiques

Bureau d'information touristique de Trois-Rivières (plan 10, B2) Distribue des vignettes de stationnement gratuit pour les touristes (valables 1j. mais reconductibles) et organise durant l'été des tours de ville guidés à pied et en bus ("Le conte en bus", 15$, mi-juil.-mi-août, mer.-sam. 12h-17h). *1457, rue Notre-Dame Centre Tél. 819 375 1122 ou 1 800 313 1123 www.tourismetroisrivieres.com Ouvert mi-juin-début sept. : tlj. 9h-19h ; reste de l'année : lun.-ven. 9h-17h*

DÉCOUVRIR Trois-Rivières

☆ **Les essentiels** La rue des Ursulines et le Vieux Trois-Rivières, Boréalis
Découvrir autrement Imaginez les conditions de vie des détenus de l'ancienne prison, admirez la ville vue du fleuve en embarquant pour une croisière

☆ Le Vieux Trois-Rivières

Pour plus de détails sur le patrimoine de Trois-Rivières, procurez-vous le *Guide touristique officiel de la Mauricie* et le *Guide des circuits thématiques* pour découvrir la ville au gré de vos envies. Vous pourrez, entre autres, suivre un itinéraire poétique : les murs de la ville comptent 400 vers reproduits sur des plaques émaillées, et l'office de tourisme en a sélectionné une centaine pour rythmer votre promenade.

POÉTIQUE DES NOMS
Le Saint-Maurice est le seul cours d'eau qui traverse Trois-Rivières, mais son nom traduit l'illusion que donnent des îles, là où cette rivière se jette dans le Saint-Laurent. Les habitants de la localité s'appellent les Trifluviens.

☆ **Rue des Ursulines (plan 10, B2)** Elle formait à l'origine le cœur de Trois-Rivières et en 1760 on y recensait 15 des 43 maisons du village ! Au n°864, le **manoir de Tonnancour** (1723) héberge une belle galerie d'art contemporain. Le commerce de la fourrure s'exerçait en face, sur la place d'Armes. À l'angle de la rue Saint-François-Xavier, l'**église St-James**, érigée par les Récollets au milieu du XVIIIe siècle et aujourd'hui dévolue au culte anglican, abrite aussi un petit centre d'art tout en poursuivant sa fonction religieuse. À voir aussi la **maison Georges-de-Gannes** (n°834), et la **maison Hertel-de-La-Fresnière** (n°802) qui accueille une belle galerie où exposent les artisans locaux (p.264). Au n°784 s'élève le monastère des Ursulines, fondé en 1700, qui abrite un musée sous son dôme argenté.

Musée des Ursulines (plan 10, B2) Ses expositions thématiques présentent la congrégation établie à Trois-Rivières en 1697. La visite guidée permet d'admirer la chapelle du couvent bâtie en 1715, et coiffée d'un dôme en 1897 pour marquer le bicentenaire de la communauté. Ses fresques sont dues à l'Italien Luigi Giovanni Vitale Capello. Durant l'été, la visite guidée des jardins et de l'ancien pensionnat est possible aussi. *734, rue des Ursulines Tél. 819 375 7922 www.musee-ursulines.qc.ca Ouvert 24 juin-début sept. : tlj. 10h-18h ; mars-avr. : mer.-dim. 13h-17h ; mai-23 juin, début sept.-nov. : mar.-dim. 10h-17h (sinon, sur rdv) Départ de la dernière visite guidée 1h avant la fermeture Tarif 5$, réduit 3$*

LA CARTE MUSÉES
Valable d'une année sur l'autre si l'on n'a pas profité de toutes ses options, elle donne libre accès à douze musées et sites, en plus d'offrir un accès libre au tour guidé "Conte en bus" et des réductions dans certaines boutiques de musées. D'un coût de 30$, en vente au bureau d'information touristique de Trois-Rivières et dans les musées participants.

Manoir Boucher-de-Niverville (plan 10, B2) Le plus ancien manoir de Trois-Rivières, l'un des seuls à avoir échappé aux flammes de l'incendie de 1908, fut construit en 1668 pour un marchand de fourrure. Son nom actuel provient du plus illustre de ses propriétaires, le militaire Joseph-Claude Boucher de Niverville (1715-1804). Une exposition permanente dévoile les dessous de la vie bourgeoise en Nouvelle-France au XVIIIe siècle. L'histoire du manoir et surtout son architecture (magnifique charpente en bois) sont aussi intéressantes. Visite guidée ou audioguidée. Jolie boutique. *168, rue Bonaventure Tél. 819 372 4531 manoirdeniverville.ca Ouvert avr.-début juin, début sept.-oct. : tlj. 12h-17h ; début juin-début sept. : tlj. 10h-18h Tarif 4$, réduit 3$*

Cathédrale de l'Assomption (plan 10, A2) Cet édifice néogothique consacré en 1858 est l'œuvre de l'architecte Victor Bourgeau. L'intérieur assez austère mérite un coup d'œil pour ses 125 vitraux signés de Guido Nincheri entre

Plan 10 Trois-Rivières centre

Restauration ■ 1 à 4
Café Frida p.271 — 2 B2
Faste fou p.271 — 1 B2
Le Lupin p.272 — 3 A2
Poivre noir p.272 — 4 B2

Hébergement ■ 10 à 12
Auberge du Lac Saint-Pierre p.273 — 10 A2
Auberge internationale p.272 — 11 A2
Gîte Loiselle p.272 — 12 B2

Lieu de sortie ■ 20
Le Temps d'une pinte p.271 — 20 B2

Shopping ■ 30
Expérience métiers d'art p.264 — 30 B2

1925 et 1955. *362, rue Bonaventure Tél. 819 379 1432 poste 2324 Ouvert mi-juin-mi-août : mer.-dim. 9h-12h et 13h-17h (visites guidées) Ouvert aussi toute l'année aux horaires des messes*

☺ **Musée québécois de Culture populaire (plan 10, B2)** Ce grand musée a pour vocation de mieux faire connaître l'identité et la culture québécoises. Chaque année, différentes expositions thématiques se renouvellent pour présenter des facettes, parfois insolites, propres à la Belle Province. Quelques exemples : les hommes forts, les ventes de garages, la bande dessinée... À partir de 2018, une exposition permanente s'ajoutera à l'expérience en puisant dans la collection du musée, riche de 100 000 artefacts datant de 1850 à 1950. Derrière le bâtiment se dresse une **prison** désaffectée dont le commentaire de visite est basé sur les témoignages d'anciens détenus ayant vécu des conditions de réclusion dignes du Moyen Âge (inauguré en 1822, le pénitencier dut fermer pour insalubrité en 1986, sous la pression d'Amnesty International). Troublant !

200, rue Laviolette Tél. 819 372 0406 culturepop.qc.ca Ouvert fin juin-début sept. : tlj. 10h-18h ; début sept.-fin juin : mer.-ven. 10h-16h, w.-e. 10h-17h Horaires réduits pour la prison, consultez le site Internet Tarif 13$/21$ avec la prison, réduit 7$/19$, familles 32$/50$ Visite de la prison réservée aux plus de 12 ans

☆ ☺ **Boréalis – Centre d'histoire de l'industrie papetière (plan 10, B1)** L'industrie papetière a toujours été très présente à Trois-Rivières. Ce musée installé dans une ancienne usine de filtration de la Canadian International Paper a trouvé un écrin à sa mesure pour rendre hommage à l'histoire de cette industrie et des personnes qui y sont liées. C'est ce que souligne l'exposition permanente "Racines et Identités", en dévoilant les réalités de l'exploitation forestière, le travail des bûcherons et des draveurs... Au sous-sol, où les machineries industrielles ont été conservées, diverses expériences permettent de comprendre le processus de fabrication de la pâte à papier et même d'en sentir les odeurs. La visite "Expérience" offre en plus deux activités ludiques : un parcours sous les sombres voûtes où petits et grands cherchent des indices avec une lampe de poche, et un atelier de fabrication de papier artisanal. Un musée interactif et original qui plaira à toute la famille. Le café-restaurant (ouvert aussi aux personnes ne visitant pas le musée) qui surplombe la rivière Saint-Maurice, offre la plus belle terrasse de la ville et propose midi et soir un bon menu de bistrot. *200, av. des Draveurs Tél. 819 372 4633 www.borealis3r.ca Ouvert fin mai-fin sept. : tlj. 10h-18h ; fin sept.-fin mai : mar.-dim. 10h-17h Tarif Visite simple/"Expérience" 9,25$/13,25$, réduit 6,25$/10,25$, moins de 6 ans gratuit, familles 26$/39$*

Où acheter des créations artisanales originales ?

Expérience métiers d'art (plan 10, B2 n°30) Une quarantaine d'artisans professionnels de la Mauricie exposent leurs créations dans cette jolie boutique. Bijoux, vêtements, œuvres d'art et beaux objets, en bois, céramique, cuir... C'est aussi l'occasion de visiter la maison historique Hertel-de-la-Fresnière. *802, rue des Ursulines Tél. 819 840 7890 www.emametiersdart.ca Ouvert mar.-dim. horaires variables (consulter le site Internet)*

À la périphérie de Trois-Rivières

Forges du Saint-Maurice Au bord de la rivière Saint-Maurice, ce lieu historique national est le berceau de la sidérurgie canadienne. L'extraction du minerai de fer débuta dans la seconde moitié du XVIIe siècle, et la fonderie produisit du fer forgé, des poêles, outils et ustensiles de cuisine de 1738 à 1883. Ancienne résidence des maîtres de forges, la Grande Maison (1737) abrite le centre des visiteurs et des expositions (spectacle multimédia autour d'une maquette reconstituant le travail à la forge). À proximité sont éparpillés les vestiges de l'exploitation : haut-fourneau, cheminée d'affinage, mécanismes hydrauliques, etc. Un parcours jalonné de panneaux d'interprétation permet d'explorer le site librement, mais mieux vaut se joindre à une visite guidée. L'été, des animations égaient ces lieux un peu austères. *10000, bd des Forges (du centre-ville, suivre sur 9km le bd des Forges, prolongement nord de la rue des Forges ; sinon, autoroute 55 Nord, sortie 191) Tél. 819 378 5116 ou 1 888 773 8888 Accès bus n°4 www.pc.gc.ca/forges Ouvert mi-juin-début sept. : tlj. 10h-17h Tarif 3,90$, aînés 3,40$, 6-16 ans 1,90$*

Moulin seigneurial de Pointe-du-Lac L'occasion d'un joli détour par Pointe-du-Lac à l'ouest de Trois-Rivières, en longeant le lac Saint-Pierre, classé réserve mondiale de biosphère par l'Unesco. Campé dans un cadre bucolique au bord du lac, ce moulin à eau remonte au XVIIIe siècle, époque où il était du devoir des seigneurs de bâtir un moulin pour leurs paysans. On y présente le savoir-faire des meuniers d'antan. Derrière se visite une scierie hydraulique du début du XXe siècle. Autour, 10km de sentiers sillonnent la forêt. *11930, rue Notre-Dame O., secteur* ***Pointe-du-Lac*** *(suivre la route 138 dir. Montréal sur env. 8km, le site est indiqué sur la droite) Tél. 819 377 1396 Accès bus n°9 www.moulin-pointedulac.com Ouvert juin-début oct. : tlj. 10h-17h Jusqu'à 18h en juil.-août Tarif 3,50$, moins de 8 ans gratuit*

Sanctuaire Notre-Dame-du-Cap L'un des plus importants sanctuaires marials du continent. Son histoire débute en 1714 avec la construction du Petit Sanctuaire actuel, plus ancienne église en pierre du pays. En 1879, alors que les paroissiens veulent agrandir leur lieu de culte, la formation miraculeuse d'un pont de glace durant un hiver trop clément leur permet de transporter les pierres de la rive opposée du fleuve. Ce sanctuaire dédié à Marie est depuis l'objet de pèlerinages qui culminent lors de la fête de l'Assomption chaque 15 août. Pour accueillir l'afflux des fidèles, une imposante basilique est inaugurée en 1964. Elle abrite un orgue Casavant et ses vitraux sont l'œuvre du maître hollandais Jan Tillemans. Ne manquez pas de visiter aussi les jardins du sanctuaire, en bordure du fleuve. *626, rue Notre-Dame E.* ***Trois-Rivières*** *Tél. 819 374 2441 www.sanctuaire-ndc.ca Ouvert mi-oct.-début mai : tlj. 9h-17h ; mai-mi-oct. : 7h30-20h30*

Embarquer sur le Saint-Laurent

Croisières AML À bord d'un bateau offrant une vue panoramique, voguez sur le fleuve du pont Laviolette jusqu'au sanctuaire Notre-Dame-du-Cap. La croisière commentée de 1h30 dévoile de superbes points de vue sur la ville et ses alentours. *1515, rue du Fleuve Tél. 1 800 563 4643 www.croisieresaml.com Ouvert fin juin-début sept. : tlj. Départs à 11h30, 14h et 16h Tarif 30$, réduit 17$*

La Mauricie

☆ **Les essentiels** La Cité de l'énergie à Shawinigan, le parc national du Canada de la Mauricie **Découvrir autrement** Laissez-vous séduire par l'univers imaginaire de Saint-Élie-de-Caxton, parcourez le village du Bûcheron à Grandes-Piles, pistez les ours noirs dans le parc de la Mauricie

La vallée du Saint-Maurice

Très industrialisée de Trois-Rivières à Shawinigan, la vallée du Saint-Maurice ne devient attrayante qu'au nord de Grand-Mère, quand l'autoroute 55 cède la place à la route 155 et que les forêts se substituent aux zones résidentielles. La route magnifique, que dévalent des camions chargés de grumes, suit ensuite la rivière Saint-Maurice jusqu'à La Tuque (120km au nord de Grand-Mère), avant de longer la Petite-Rivière-Bostonnais jusqu'au lac Saint-Jean (p.465), 132km au nord de La Tuque.

MONTRÉAL ET LE SUD

Shawinigan D'origine algonquine, le nom de cette ville industrieuse signifie "portage sur la crête" – celle de la chute sur l'île Melville, que les Amérindiens devaient franchir afin de poursuivre leur périple en canot sur le Saint-Maurice. Aujourd'hui, Shawinigan est une agglomération tentaculaire qui englobe Grand-Mère et s'étend jusqu'à Saint-Jean-des-Piles, relégués à de simples secteurs de la ville. Attention, cette expansion a eu pour effet de modifier de nombreux noms de rues depuis 2016. *41km au nord de Trois-Rivières par la route 157 ou l'autoroute 55, sortie 211, puis la route 153* **Office de tourisme de Shawinigan** *Autoroute 55 Nord Halte routière 2km au nord de la sortie 202 Tél. 819 535 1600 tourismeshawinigan.com Ouvert fin juin-mi-août : tlj. 9h-18h ; mi-août-mi-sept. : tlj. 8h30-16h30*

Église Notre-Dame-de-la-Présentation Admirez ses quinze fresques réalisées de 1942 à 1955 par Ozias Leduc – la dernière œuvre de ce grand représentant de l'art sacré au Québec – cf. Peinture et sculpture (p.37). Certaines illustrent la vie des forestiers et des ouvriers des fonderies. *825, av. Ozias-Leduc (accès par la route 157 sud) Tél. 819 536 3652 www.oziasleducenmauricie.com Ouvert juin : tlj. 10h-17h ; juil.-août : tlj. 10h-18h ; sept. : mer.-dim. 10h-17h Tarif 6$, réduit 2,50-5,50$, familles 14$*

☆ **Cité de l'énergie** Un grand site hydroélectrique magistralement reconverti. Ses expositions interactives et son spectacle multimédia retracent l'évolution de la maîtrise de l'énergie et les enjeux liés aux nouvelles sources énergétiques. Sa tour d'observation (115m) offre un splendide panorama sur le site et ses alentours. Une autre exposition présente les cadeaux protocolaires reçus par Jean Chrétien, ancien Premier ministre du Canada (1993-2003) et natif de Shawinigan. En empruntant un traversier, on peut aussi

Les légendes de Saint-Élie-de-Caxton

Le célèbre conteur québécois Fred Pellerin (né en 1976) s'est amusé à faire de son village et de ses habitants hauts en couleur les sujets de ses fables. Et comme par magie, c'est désormais tout le village qui s'imprègne de son imaginaire. Au cours des visites guidées en carriole tirée par un tracteur, la voix de Fred vous racontera l'histoire des lutins, de Babine, de l'arbre à paparmanes et de bien d'autres sujets de ses spectacles. Même l'église s'égaie d'une vidéo ! Lors de votre promenade dans ce village enchanté, n'oubliez pas de monter jusqu'au calvaire pour jouir du beau panorama. En décembre, la féerie de Noël prend le relais avec de nouveaux contes de circonstance. *40km au nord-ouest de Trois-Rivières par l'autoroute 55N, puis la 153, 350 et 351* ***Visite guidée (2h)*** *Ouvert début juin-mi-oct. : tlj. 10h15, 13h30 et 15h30 (sur rés. à partir de début sept.) ; déc. : ven.-sam. 16h30, 18h30 et 20h30 (rés. obligatoire) Visite guidée ou audioguidée 18$ (CB refusées)* **Bureau d'accueil touristique** *52, chemin des Loisirs* ***Saint-Élie-de-Caxton*** *Tél. 819 221 2839 tourisme.st-elie-de-caxton.ca Ouvert début juin-fin oct. : tlj. 9h30-17h30* visiter la centrale de Shawinigan-2, en service depuis 1911 (présentation obligatoire d'une pièce d'identité). La Cité de l'énergie propose aussi des découvertes de la ville et ses alentours en bus ou en bateau (14$). Enfin, en juil.-août, au coucher du soleil (mar.-sam.), un gigantesque amphithéâtre en plein air (mais couvert) accueille un spectacle de 1h30 associant théâtre, musique, danse et arts du cirque (*Dragao* est présenté jusqu'en 2018). *1000, av. Melville (indiqué du centre de Shawinigan) Tél. 819 536 8516 ou 1 866 900 2483 www.citedelenergie.com Ouvert début juin-fin sept. : tlj. 10h-17h (dernière entrée 3h avant la fermeture pour une visite complète) Tarif 20$, réduit 12-19$, familles 45$ Spectacle nocturne 65$, réduit 20-45$*

☺ **Grandes-Piles/Saint-Jean-des-Piles** Paisible village d'environ 400 âmes, Grandes-Piles fut longtemps le terminus de la voie ferrée et de la route en provenance de Trois-Rivières, l'une des plaques tournantes de l'industrie du bois et la porte de la Haute-Mauricie de 1850 à 1950. C'est là que les forestiers venaient s'engager et que l'on transbordait le bois à bord des bateaux. Quelques jolies maisons en bois peint dominent sereinement le Saint-Maurice. Au quai sont amarrés un bateau-promenade et l'été la Petite Traverse, bac piéton pour Saint-Jean-des-Piles, principale entrée du parc national du Canada de la Mauricie, établie juste en face. *58km au nord de Trois-Rivières par l'autoroute 55, puis la route 155 tourisme.grandespiles.com* **Croisières Centre-Mauricie** *Grandes-Piles Tél. 819 538 8585 Page Facebook Circule mi-juin-mi-oct. : mar.-dim. 2 départs/j. à 13h15 et 15h45 (durée 2h), souper-croisière à 18h45 (sur réservation) Tarif 39$, réduit 18-34$, souper 38-59$* **Petite Traverse** *Tél. 819 913 8436 www.lapetitetraverse.com Circule 24 juin-1er lun. de sept. : départ de Saint-Jean tlj. 9h, 10h, 11h, 12h, 13h ; départ de Grandes-Piles tlj. 9h30, 10h30, 11h30, 12h30 Tarif 3$, réduit 2$*

Village du Bûcheron Cet écomusée reconstitue un chantier de coupe forestière et illustre dans une vingtaine de bâtiments en bois (la cabane du trappeur, la scierie, l'écurie, le chaland-dortoir, etc.) les conditions de vie difficiles des mesureurs, "bûcheux" et "draveurs", ces hommes qui guidaient les billes dans leur descente des rivières, en sautant d'un tronc sur l'autre au péril de leur vie. Des panneaux et un audioguide permettent d'en faire seul la découverte, mais on vous recommande la visite commentée (départs à 10h30, 13h et 15h30, comptez 1h30). Démonstrations et animations l'été. *840, route 155* ***Grandes-Piles*** *(au bord de la route, à droite) Tél. 819 538 5885 Page Facebook Ouvert début juin-début oct. : mer.-dim. 10h-17h Tarif 15$, réduit 7-14$*

Partir en promenade ou à l'aventure en canot-kayak

☺ **Aventure Vent et Rivière** Descendez la paisible rivière Saint-Maurice pendant quelques heures ou partez plusieurs jours en canot-camping dans le parc de la Mauricie, toutes les envies de pagayer peuvent être comblées par cette dynamique petite entreprise. Location de canots et kayaks de qualité (25-35$ la demi-journée) et service de navette possible pour vous déposer en amont de Grandes-Piles. Expédition guidée en canot-camping 345$/pers. pour 2j. tout inclus (matériel de camping, bons repas). Réservation recommandée. *60, 2e Rue (sur les quais)* ***Grandes-Piles*** *Tél. 819 538 3333 ventetriviere.com Ouvert mi-mai-fin sept. : tlj.*

MONTRÉAL ET LE SUD

★ Le parc national du Canada de la Mauricie

L'un des deux parcs québécois gérés par le gouvernement fédéral constitue sur 544km^2 une exceptionnelle mosaïque de forêts, de lacs et de collines boisées, délimitée au nord et à l'est par la rivière Saint-Maurice. On y dénombre une trentaine d'essences, dominées par l'épinette rouge, l'érable à sucre et le bouleau jaune. La faune compte 180 espèces d'oiseaux et une cinquantaine de mammifères (dont 125 ours noirs, 300 orignaux et 600 castors). Vous trouverez tous les renseignements nécessaires à votre visite et à votre séjour, ainsi qu'une exposition et une présentation en 3D au centre d'accueil et d'interprétation de Saint-Jean-des-Piles, sa porte principale. De là, une seule route-promenade de 63km traverse le parc jusqu'à Saint-Mathieu, son entrée ouest. De nombreuses voies secondaires bifurquent vers des haltes, des belvédères (ne manquez pas celui du "Passage") et des lacs, points de départ de sentiers de randonnée (300m à 30km) dont vous pourrez vous procurer la carte au centre d'accueil. Un tas d'activités de plein air sont possibles autour des deux principaux lacs aménagés, Wapizagonke et Édouard : pêche sportive, excursion en rabaska (canoës à 12 places), kayak, baignade, barbecues, pique-niques, etc. L'hiver, les skieurs de fond peuvent profiter des 80km de pistes balisées qui partent de Saint-Jean-des-Piles, ponctués de haltes chauffées tous les 5km. Les adeptes de la marche en raquettes trouveront autant de sentiers fléchés aux alentours du Lac-à-la-Pêche. Location de skis de fond et raquettes au dépanneur de Saint-Jean-des-Piles. Différentes activités, payantes ou non, sont organisées par des naturalistes en été (agenda au bureau d'accueil). Nombreuses possibilités d'hébergement (p.273). **Centres d'accueil** *Saint-Jean-des-Piles (60km au nord de Trois-Rivières par l'autoroute 55, sortie 226, puis suivre les panneaux), Saint-Mathieu-du-Parc (60km au nord-ouest de Trois-Rivières par*

Sur les traces de l'ours noir

Quelque 125 ours noirs gambadent en liberté dans le parc national du Canada de la Mauricie. Mais vous ne risquez guère de vous retrouver nez à nez avec l'un de ces plantigrades : ils ont coutume de prendre la poudre d'escampette dès qu'ils sentent une présence humaine. Néanmoins, restez sur vos gardes, notamment si vous faites du canot-camping, et respectez les règles élémentaires de sécurité (brochure *Vous êtes au pays de l'ours noir* à l'accueil du parc) : ne vous écartez pas des sentiers balisés et stockez vos aliments à l'écart de votre tente.

La région est l'endroit idéal où observer, avec des professionnels, l'ours noir dans son habitat naturel. Posté dans un affût à une distance de 15 à 30m, vous pourrez même les photographier. Aux abords du parc, adressez-vous à l'auberge **Aux berges du Saint-Maurice**, à Saint-Jean-des-Piles (p.274). Les guides animent des sorties de 1h30 environ tous les soirs, de juin à septembre. Selon eux, vous avez 95% de chances de pouvoir observer un ours et l'excursion vous sera remboursée dans le cas contraire (35$, enfants 20$, familles 99$, rés. obligatoire).

l'autoroute 55, sortie 217, puis route 351 et suivre les panneaux indiquant le parc après Saint-Gérard-des-Laurentides) Tél. 819 538 3232 ou 1 888 773 8888 www.pc.gc.ca/mauricie Ouvert fin mai-début sept. : 7h-21h30 ; mi-mai-fin mai, début sept.-mi-oct. : sam.-jeu. 9h-16h30, ven. 9h-21h30 Tarif 7,80$, réduit 3,90-6,80$, famille 19,60$ **Location d'embarcations** ***Saint-Jean-des-Piles*** *Tél. 819 532 1234 www.locationcanot.com Ouvert mi-mai-mi-oct. Lacs Édouard et Wapizagonke (16-21$/h et 42-49$/j.)* **Activités hivernales** *Ouvert mi-déc.-mars Accès ski de fond 9,80$, réduit 4,90-8,30$, familles 24,50$ Accès raquettes 7,80$, réduit 3,90-6,80$, familles 19,60$* **Dépanneur du parc de la Mauricie** *1400, chemin de Saint-Jean-des-Piles Tél. 819 538 2204 Location skis de fond (17$/j.) et raquettes (12$/j.)*

Le chemin du Roy

☆ **Les essentiels** Le Magasin général Le Brun, le tronçon de Trois-Rivières à Québec **Découvrir autrement** Faites une partie de pêche sur glace en hiver ; en été, allez cueillir des bleuets

Si vous n'êtes pas pressé, délaissez l'autoroute 40 pour la route 138, qui longe la rive nord du Saint-Laurent. Elle suit, dans sa plus grande partie, la première route carrossable qui relia Québec à Montréal : le "chemin du Roy", aménagé de 1731 à 1737. À l'époque, les attelages les plus rapides effectuaient le trajet en deux jours, avec étape à Trois-Rivières. Cette route patrimoniale est indiquée par des panneaux représentant une couronne sur fond bleu (brochure avec carte disponible dans les bureaux d'information touristique et sur le site Internet). Elle est jalonnée d'églises, de maisons et de moulins du temps du Régime français et offre de beaux panoramas, surtout entre Trois-Rivières et Québec. Amis cyclistes, sachez qu'une route verte suit le chemin du Roy sur presque toute sa longueur. *www.lecheminduroy.com*

De Montréal à Trois-Rivières

☆ ☺ **Magasin général Le Brun** Perdu au milieu de la campagne, ce vieux magasin général, qui fut en activité de 1803 à 1974, plonge les visiteurs dans un autrefois oublié. Des marchandes en costume d'époque accueillent les clients dans cette grande maison aux délicieux airs surannés, faisant autant office de musée exposant avec ses 7 000 vieux articles exposés, que de boutique vendant bonbons, savons et artisanat. À côté, un café-restaurant propose soupes, sandwichs et petits plats réconfortants dans le même décor. À l'étage, une salle de spectacle affiche une bonne programmation de concerts folk et rock. Ça vaut le détour ! *192, route du Pied-de-la-Côte* ***Maskinongé*** *Tél. 819 227 2650 magasingenerallebrun.com Ouvert mai-oct. : tlj. 9h-18h Café lun.-jeu. 9h-17h, ven.-dim. 9h-18h ; nov.-avr. : jeu.-dim. 10h-17h Visites guidées en été 6$, moins de 6 ans gratuit*

Musée Gilles-Villeneuve Le musée consacré au légendaire pilote canadien de Formule 1 Gilles Villeneuve (1950-1982), vainqueur de six Grands Prix avec Ferrari, est perdu au milieu de la zone commerciale de Berthierville. Trophées, photos, documents d'archives, voitures de course et simulateur. *960, av.*

Gilles-Villeneuve ***Berthierville*** *(70km au nord-est de Montréal par l'autoroute 40, sortie 144 ; ou accès par Sorel) Tél. 450 836 2714 www.museegillesvilleneuve.com Ouvert tlj. 9h-17h Tarif 10$, réduit 6-7,50$, moins de 6 ans gratuit*

☆ De Trois-Rivières à Québec

Ce tronçon est le plus attrayant car outre les jolis points de vue sur le fleuve, plusieurs villages méritent une visite. Faites une pause à **Deschambault**, pour admirer ses habitations séculaires, son église et son vieux presbytère accueillant des expositions d'art. **Cap-Santé**, 14km à l'est, vaut aussi un arrêt pour son église du XVIIIe siècle et les vénérables maisons de son Vieux-Chemin.

Sainte-Anne-de-la-Pérade Le village de Sainte-Anne-de-la-Pérade figure au rang des incontournables du folklore québécois. D'apparence calme et imperturbable en été, ce petit bourg se transforme l'hiver venu en un haut lieu de pêche sur glace, activité typique au Québec. Des centaines de cabanes sont installées sur la glace et les visiteurs affluent du monde entier pour découvrir l'ambiance traditionnelle de la pêche blanche. Le poulamon, ou "petit poisson des chenaux" comme on l'appelle couramment, voyage chaque année de l'estuaire du Saint-Laurent vers les rivières à l'intérieur des terres, et tout particulièrement la rivière Sainte-Anne au moment de la migration de frai. Vous apprendrez tout sur le poulamon et cette pêche traditionnelle en visitant l'intéressante exposition présentée à l'office de tourisme. *45km au nord-est de Trois-Rivières* **Bureau d'information touristique** *8, rue Marcotte Tél. 418 325 1750 www.sainteannedelaperade.net Ouvert juin-août : tlj. 9h-19h ; sept.-nov., mars-mai : lun.-ven. 8h-16h ; déc.-fév. : tlj. 8h-19h*

Où savourer des chocolats et glaces artisanales ?

Julie Vachon Chocolats Les délicieuses préparations de la chocolatière embaument tout le village de Deschambault (à mi-chemin entre Trois-Rivières et Québec). En bouchées, en plaquettes ou à boire, ses produits sont tous faits maison. On craque aussi pour les pâtisseries. L'été, rendez-vous au coin de la rue de l'Église où une succursale, la Crèmerie générale, vend d'irrésistibles glaces et sorbets, que les gourmands ne manqueront pas de faire tremper dans le chocolat ! *243, chemin du Roy* ***Deschambault*** *Tél. 418 286 6698 www.julievachonchocolats.com Ouvert fin juin-début sept. : mer.-dim. 10h-17h ; reste de l'année : jeu.-dim. 10h-17h*

Où casser la croûte sur le chemin du Roy ?

Café de la Place Une adorable maison en bois donnant sur la place de l'Église, des airs de chansons françaises d'antan en sourdine et une terrasse engageante, voilà un décor parfait pour une pause repas. Du matin au soir, petits plats simples mais savoureux : sandwichs, crêpes, salades (10-14$). *12, place de l'Église* ***Cap-Santé*** *Tél. 418 285 6943 cafedelaplace.ca Ouvert lun.-mar. 8h-17h, mer.-dim. 8h-22h*

Pêcher sur la glace à la mode iroquoise

☺ **Association des pourvoyeurs** L'association des pourvoyeurs de la rivière Sainte-Anne dispose de plusieurs centaines de cabanes sur glace, pouvant accueillir chacune de 2 à 15 personnes. Si celles-ci s'apparentent en réalité à des mobil-homes, le charme opère dès que l'on aperçoit la canne à pêche, le poêle à bois et le trou percé dans la glace... à l'intérieur du chalet ! On y vient pour pêcher, de jour mais surtout le soir, bien que l'aménagement ne permette pas d'y dormir. Des pistes à luge et des patinoires sont aménagées sur la rivière pour les plus petits. Cabane (incluant l'équipement de pêche, les appâts et le chauffage) à partir de 50$/j. en semaine et 112$/j. le w.-e. *8, rue Marcotte* ***Sainte-Anne-de-la-Pérade*** *Tél. 418 325 2475 associationdespourvoyeurs.com Ouvert déc.-fév.*

Cueillir des bleuets

Les Boissons du Roy Sainte-Anne-de-la-Pérade a aussi ses activités d'été. À la Ferme Tournesol, les champs de fraises, de framboises et de bleuets sont ouverts à ceux qui aiment cueillir leurs propres fruits avant de les déguster. Et après la cueillette, plusieurs alcools de fabrication maison sont proposés à la dégustation : La Dame des champs (aux fraises), Le Pérado (aux bleuets), La Préférée du Roy (aux framboises)... Un bar laitier, un casse-croûte et un restaurant se trouvent aussi sur place. *745, rue Principale* ***Sainte-Anne-de-la-Pérade*** *Tél. 418 325 2707 www.boissonsduroy.com Ouvert tlj. 11h-20h*

CARNET D'ADRESSES

Lieux de sortie

La rue des Forges est l'épicentre de la vie nocturne trifluvienne. L'été, les bars déploient leurs terrasses sur le trottoir. Pour danser, direction **Le Temple**, au n°300. Les festivals qui animent la ville l'été se tiennent sur l'esplanade du parc portuaire.

☺ **Le Temps d'une pinte (plan 10, B2 n°20)** Tout le monde semble se donner rendez-vous dans cette grande brasserie artisanale. Il faut dire que les excellentes bières brassées sur place (montez à l'étage pour admirer les cuves) et les non moins délicieux petits plats concoctés par le chef (crème brûlée au foie gras, œuf mollet enrobé de chair à saucisse, tartare de truite...) font l'unanimité. Décor de loft industriel et terrasse plaisante à l'arrière pour plus de tranquillité. Dès l'aube, le café torréfié sur place fait oublier les excès de la veille. *1465, rue Notre-Dame Centre* ***Trois-Rivières*** *Tél. 819 694 4484 letempsdunepinte.ca Ouvert lun.-mer. 7h-0h, jeu.-ven. 7h-1h, sam. 9h-1h, dim. 9h-0h*

Restauration, hébergement

Pause déjeuner possible au café-restaurant de Boréalis, ouvert à tous (p.264). On trouve de nombreux gîtes abordables dans la vieille ville. Si ceux que nous vous indiquons affichent complet, demandez-en la liste exhaustive à l'office de tourisme.

petits prix

Faste fou (plan 10, B2 n°1) Un café sympa et animé, où l'on peut se restaurer à bon compte d'un sandwich, d'un hamburger-frites, d'une pizza (8-16$) et surtout de copieux brunchs le week-end de 9h à 14h. Terrasse. *30, rue des Forges* ***Trois-Rivières*** *Tél. 819 378 5861 fastefou.com Ouvert lun.-ven. 11h-23h, w.-e. 9h-22h*

Café Frida (plan 10, B2 n°2) On se sent immédiatement à son aise dans ce grand loft baigné de lumière et offrant une belle vue sur le fleuve.

Ici, tout est fait maison, le pain des tartines (nappées de fromage, avocat, gravlax, 3,50-11$), tout comme les autres petits plats tentants, principalement végétariens (assiette de falafels, tacos au tofu, 8-14$). En commandant au comptoir, jetez un regard sur les irrésistibles pâtisseries. Bon café et soirées ciné le dimanche dès 18h. *15, rue des Forges* ***Trois-Rivières*** *Tél. 819 841 1334 cafefrida.ca Ouvert dim.-mer. 8h-22h, jeu.-sam. 8h-0h*

Auberge internationale (plan 10, A2 n°11) L'AJ du réseau Hostelling International occupe une jolie maison en brique rouge. On est loin des "usines" de Montréal ou de Québec : 34 lits seulement ! Du coup, l'ambiance est presque intime et l'accueil très décontracté. Vous aurez le choix entre trois dortoirs (six ou huit lits : 28$/pers., 32$ pour les non-membres) et trois chambres familiales (63$, 70$ pour les non-membres) avec sdb à partager. Petit déjeuner 6$. L'ensemble est un peu défraîchi, mais on profite d'un salon chaleureux, d'une terrasse, d'un jardin et du parking gratuit, en plus des services habituels (cuisine collective, Internet, buanderie). *497, rue Radisson* ***Trois-Rivières*** *Tél. 819 378 8010 www.hihostels.ca/troisrivieres Réception ouverte lun.-mar. 9h-12h et 16h-21h, mer.-dim. 9h-21h*

prix moyens

Le Lupin (plan 10, A2 n°3) Une table indémodable de Trois-Rivières, à deux pas du centre. Dans une salle à manger élégante, bien dressée, on se délecte de filets de perchaude (perche canadienne) à la provençale, de poêlée de Saint-Jacques et crème de poireaux ou d'un mignon de bœuf forestier. Également 8 recettes de moules et de pâtes. En dessert, de délicieuses crêpes et 25 garnitures au choix (optez pour les confitures et compotes faites maison). Menu midi à partir de 13,50$. Table d'hôtes du soir 30-50$. Vous pouvez apporter votre vin. *376, rue Saint-Georges* ***Trois-Rivières*** *Tél. 819 370 4740 www.lelupin.ca Ouvert mar.-ven. 11h-14h et 17h-dernier client, sam. à partir de 17h*

☺ **Gîte Loiselle (plan 10, B2 n°12)** Une adresse d'un charme fou, au cœur du quartier historique. Cette demeure néoclassique du XIXe siècle renferme 4 chambres cossues (toilette et lavabo privés, douche partagée) et un studio avec sdb et cuisine (2 adultes et 2 enfants). On déguste le petit déjeuner gourmet dans la salle à manger de style victorien, bercé de musique classique. Accueil chaleureux et service cinq étoiles. Réservation vivement conseillée. Double 105$, studio 125$, parking gratuit. *836, rue des Ursulines* ***Trois-Rivières*** *Tél. 819 375 2121 giteloiselle.com*

prix élevés

Poivre noir (plan 10, B2 n°4) Le plus chic restaurant de la ville offre un espace épuré et contemporain donnant directement sur le parc portuaire. Le chef mise sur d'excellents produits pour concevoir ses plats aux associations parfois audacieuses (tartare de bison et foie gras au sel, risotto à la chlorophylle), dont la présentation plaira au gourmets et la taille aux gourmands. L'été, la terrasse où l'on se régale des tapas (5-12$) est un incontournable de Trois-Rivières. Belle carte des vins. Comptez 35-50$ le soir (menu dégustation 70$), table d'hôtes du déjeuner 22-26$. *1300, av. du Fleuve* ***Trois-Rivières*** *Tél. 819 378 5772 www.poivrenoir.com Ouvert mar. et w.-e. 17h30-dernier client, mer.-ven. 11h30-14h et 17h30-dernier client Bar à tapas mar.-ven. à partir de 17h30, w.-e. dès 13h*

prix très élevés

Auberge du Lac Saint-Pierre (plan 10, A2 n°10) Face au splendide lac Saint-Pierre, un hôtel séduisant doublé d'un restaurant gastronomique. Les 30 chambres affichent une déco contemporaine et tout le confort. Prix selon la saison, la vue (cour ou lac), la taille (régulière, avec mezzanine ou salon) et la sdb (baignoire à remous ou sans) : de 130$ à 230$ sans le petit déj. (11-12$). Piscine chauffée, sauna et courts de tennis. Le restaurant propose une fine cuisine inspirée du terroir (table d'hôtes à partir de 46$). Différents forfaits disponibles. *10911, rue Notre-Dame* ***Trois-Rivières*** *Ouest secteur Pointe-du-Lac (à 7km env. du centre de Trois-Rivières par la route 138 dir. Montréal L'hôtel est indiqué sur la gauche) Tél. 819 377 5971 ou 1 888 377 5971 www.aubergelacst-pierre.com*

En Mauricie

Pour dormir, évitez si vous le pouvez Shawinigan (41km au nord de Trois-Rivières par l'autoroute 55) et Grand-Mère, et séjournez aux abords du parc national. Grandes-Piles et Saint-Jean-des-Piles (env. 60km au nord de Trois-Rivières par l'autoroute 55, sortie 226) regorgent de bonnes adresses, où l'on sentira mieux l'esprit du Québec. En cas de nécessité, vous trouverez de nombreux motels au sud de Shawinigan. Vous ne pourrez pas acheter de quoi manger dans le parc national, prévoyez donc des provisions. Dans le centre de Shawinigan, la plupart des commerces et restaurants sont concentrés le long de la 5e Rue de la Pointe, avec en saison, les deux roulottes Beauparlant, servant hot-dogs et poutines depuis 1940.

très petits prix

☺ **Campings et chalets du parc national du Canada de la Mauricie** Le parc dispose de 3 campings semi-aménagés : près de l'entrée de Saint-Jean-des-Piles, au bord du lac Wapizagonke et dans le secteur de Saint-Mathieu. Comptez environ 30$ (25,50$ sans électricité) pour un emplacement pouvant accueillir 2 tentes, 2 véhicules et 6 personnes max. On peut aussi camper en hiver et profiter en toute saison des hébergements prêt-à-camper (120$, capacité de 4-5 pers.). Également 165 sites de canot-camping (comptez 15,70$/24,50$ avec feu) autour d'une douzaine de lacs. Un conseil : n'oubliez pas, au début de l'été, votre répulsif à maringouins, ils pullulent ! Réservation (11$, 13,50$ par téléphone) préférable l'été, obligatoire pour le canot-camping. Accueil aux entrées du parc national (p.268). Enfin, possibilité de séjourner en toute saison dans les chalets historiques du domaine Wabonaki-Andrew, sur le bord du Lac-à-la-Pêche (34$/pers., moins de 12 ans 17$; 2 nuitées min. ven. et sam. 75$/35,50$, ajoutez 10$ de frais de réservation par séjour, literie non fournie). Dortoirs dans le grand chalet Wabenaki, qui comprend

GAMME DE PRIX	RESTAURATION	HÉBERGEMENT
Très petits prix	moins de 15$	moins de 40$
Petits prix	de 15 à 25$	de 40 à 80$
Prix moyens	de 25 à 40$	de 80 à 120$
Prix élevés	de 40 à 55$	de 120 à 160$
Prix très élevés	plus de 55$	plus de 160$

aussi une cuisine et une grande salle commune avec cheminée. Chambres de 4 pers. avec sdb privative dans la petite maison Andrew et accès aux équipements du chalet. ***Saint-Jean-des-Piles*** *Tél. 819 538 3232 ou 1 877 737 3783 (réservations) www.pccamping.ca Camping ouvert mi-mai-mi-oct. Sur rés. l'hiver* **Domaine Wabenaki-Andrew** *Tél. 819 537 4555 info-nature.ca*

petits prix

Pub Pruneau Une pause casse-croûte en bord de route qui rassasie les appétits après une bonne journée de plein air. Délicieux hamburgers (6-12$), classiques ou gourmets (goûtez le Tendre agneau, relevé de piments confits, de raisins de Corinthe et de menthe). Aussi au menu : pizzas, poutines et compagnie. Bières locales et service sympa. *521, 5e Avenue (route 155)* ***Grandes-Piles*** *Tél. 819 533 0167 pubpruneau.com Ouvert mai-nov. : tlj. 11h-22h*

☺ **Le Trou du Diable** Un pub-restaurant incontournable à Shawinigan. On s'y abreuve d'abord de bonnes bières maison (Lager, IPA, stout, blanche...), dont une quinzaine sont proposées à la pression, avant de commander inévitablement un solide plat pour les accompagner (assiette de cochonnailles, côtes levées, filet de truite (15-25$). La vaste salle aux allures de pub s'anime régulièrement de concerts. Jolie terrasse pour profiter des beaux jours. Les installations de la microbrasserie, situées non loin du pub, se visitent (5$) et comprennent aussi une boutique et une salle de spectacle. *412, Av. Willow* ***Shawinigan*** *(centre-ville) Tél. 819 537 9151 troududiable.com Ouvert dim.-mar. 15h-23h, mer.-sam. 15h-1h* **Microbrasserie** *1250, av. de la Station Tél. 819 556 6666 Ouvert avr.-sept. : mar.-mer. et w.-e. 12h-18h, jeu.-ven. 12h-21h Visites guidées w.-e. 13h-15h*

Auberge et camping de l'île Melville Sur une île barrant un méandre du Saint-Maurice, ce parc urbain propose un camping de 147 emplacements (env. 24$/tente) avec possibilité de séjourner dans des yourtes ou de petits chalets équipés en "prêt-à-camper" (70-110$, 2 nuitées min.). L'auberge permet aux familles et groupes d'amis de se loger à moindre prix. Dans un grand bâtiment, avec cuisine équipée, foyer et salon communs, vous trouverez des chambres simples et propres pour 2-4 pers. (64$) ou pour 6 pers. (88$). Les sanitaires sont collectifs. Vue ravissante sur la rivière et le centre-ville de Shawinigan, sur l'autre rive. Location de draps et de couvertures 5$. Location de vélos (15$/j.). Vous pourrez aussi profiter des activités du parc (payantes pour certaines) : parcours dans les arbres, kayak, piscine, pistes cyclables, etc. Réservation recommandée, surtout le w.-e. *Île Melville* ***Shawinigan*** *(suivre les panneaux "Cité de l'énergie", l'entrée est juste en face) Tél. 819 536 7155 ou 1 866 536 7155 www.ilemelville.com Ouvert mai-oct. (auberge de jeunesse ouverte toute l'année)*

prix moyens

La Pointe à Bernard Carte pléthorique : plats simples (pizzas, moules, pâtes et salades, 13-22$) ou plus élaborés (tartares, ris de veau, de 15$ à 35$), avec des vins proposés à bon prix. Cadre de bistrot moderne et petite terrasse aux beaux jours, ambiance chaleureuse et détendue. *692, 4e Rue de la Pointe* ***Shawinigan*** *(angle av. Tamarac, centre-ville) Tél. 819 537 5553 Ouvert mar.-ven. 11h30-14h et 17h-21h, sam. 17h-21h*

La Maison Cadorette Une maison discrète mais d'un bon rapport qualité-prix. Trois chambres avec sdb privative (80$) et 2 avec sdb commune (70$). Copieux petit déj. inclus. Décoration assez classique, différente dans chacune. La table est réputée pour son gibier : faisan, caribou, cerf, bison, cailles, etc. Table d'hôtes à partir de 27$. *1701, rue Principale* ***Saint-Jean-des-Piles*** *Tél. 819 538 9883 ou 1 888 538 9883 www.cdit.qc.ca/cadoret Ouvert toute l'année* **Restaurant** *Ouvert mi-juin-mi-oct. : mer.-dim. 18h-22h ; mi-oct.-mi-juin : jeu.-dim. 18h-22h*

Aux berges du Saint-Maurice Dans une maison basse en bois, en bord de route mais avec vue sur la rivière, voilà 5 chambres récentes avec sdb partagée, cuisine, salon et buanderie communs. Prix doux : 69$ en toute saison, petit déj. inclus. Vous pourrez aussi louer 5 *condos* (appartements) pour 4 avec sdb et cuisine (literie fournie), à partir de 109$ pour la première nuit, puis tarif dégressif. La décoration est banale, mais les *condos* et les chambres sont confortables et propres. Dans tous les cas, séjournez de préférence dans les unités situées à l'arrière pour plus de tranquillité. Les propriétaires habitent juste à côté. Ne manquez pas d'aller observer les ours en compagnie d'Éric – cf. Sur les traces de l'ours noir (p.268). Vélos à disposition, location de canots et skis de fond, randonnées à motoneige. *2369, chemin de Saint-Jean-des-Piles* ***Saint-Jean-des-Piles*** *(à mi-chemin entre le village et l'entrée du parc national) Tél. 819 538 2112 ou 1 800 660 2112 www.cdit.qc.ca/absm*

☺ **Auberge Aux goglus** Au cœur du village de Saint-Jean-des-Piles, 3 chambres soignées au design contemporain et chaleureux (95-125$). Joli petit jardin à l'arrière avec spa. Le petit déjeuner inclus est un véritable festin (omelette à la truite fumée, foie gras...). Au rez-de-chaussée, le restaurant du gîte fait partie des meilleures tables de la région. Le chef s'approvisionne en gibiers et produits du terroir pour mitonner ses plats, classiques mais toujours relevés d'une touche personnelle (bavette de cerf sauce au café et poivre noir, cuisse de lapin et tire-éponge). Belle salle à manger aux tons pastel ornée de tableaux anciens. Table d'hôtes 39-51$. N'oubliez pas d'apporter votre vin. Réservation fortement conseillée. *1404, chemin de Saint-Jean-des-Piles* ***Saint-Jean-des-Piles*** *Tél. 819 538 3070 www.aubergeauxgoglus.com Ouvert mer.-dim. Restaurant juil.-août mer.-dim. 17h30-21h, sept.-juin jeu.-dim 17h30-20h30*

☺ **Le Rond Coin** Au sud de la Réserve faunique de Mastigouche, le village de Saint-Elie-de-Caxton est une réelle invitation à découvrir les mythes et légendes de Mauricie (p.266) et l'auberge Le Rond Coin se met au diapason en offrant à ses hôtes un univers onirique et merveilleux. Au programme : nuits en roulotte gitane, sous tente ou en camp de bûcheron ; soirées contes, musique ou poésie pour petits et grands ; traîneaux à chiens l'hiver, massages suédois ou polynésien... Le tout orchestré par une jeune famille très sympathique, qui a aussi ouvert dans la yourte d'accueil un café et un restaurant (*grilled-cheese*, sandwich au fromage doré à point, et marmite du jour). De 75$ à 105$ la nuit pour 2 à 4 pers. Camping 20$. Attention, les hébergements n'ont ni eau ni électricité et la literie n'est pas fournie. *340, rue Saint-Louis* ***Saint-Élie-de-Caxton*** *(40km au nord-ouest de Trois-Rivières par l'autoroute 55N, puis la 153, 350 et 351) Tél. 819 221 3332 www.lerondcoin.com*

La Maison Deschambault Sur le chemin du Roy mais bien en retrait de la route pour apprécier tout le calme de la campagne environnante, cette magnifique demeure en pierre construite en 1790 abrite 5 chambres au charme champêtre (89-140$ selon la dimension et la saison). Le petit déj. (raffiné) comme le dîner (sur réservation, terroir québécois à l'honneur) sont servis dans la somptueuse salle à manger pourvue d'une cheminée. Autour, un grand jardin ombragé par des arbres centenaires est propice à la détente. Accueil chaleureux et réservation conseillée. *128, chemin du Roy* ***Deschambault*** *Tél. 418 286 3386 www.lamaisondeschambault.com*

prix très élevés

Auberge Le Bôme L'ancien magasin général du village, où au début du XXe siècle les bûcherons venaient s'approvisionner avant de partir pour le Nord. La grande maison en bois à double galerie est devenue une auberge de charme avec vue sur la rivière. Les 10 chambres (130-175$) affichent des couleurs gaies et ont chacune leur cachet. Les plus belles disposent d'une baignoire à remous. S'y ajoute un appartement pour 4 pers., loué 210$/j. (2j. minimum). Jacuzzi et sauna. Le Bôme est aussi l'une des tables recommandées de la région (cuisine italo-française). *720, 2e Avenue* ***Grandes-Piles*** *Tél. 819 538 2805 www.bome-mauricie.com Ouvert début mai-mi-oct. Restaurant ouvert le soir de mi-juin à début sept.*

☺ **Hôtel Sacacomie** Un hôtel de luxe au milieu de nulle part ! Cette incroyable construction en rondins est nichée dans la forêt, au-dessus d'un lac magnifique... Tout en longueur, elle dispose de 109 chambres et suites chaleureuses et confortables. Le restaurant sert une cuisine délicate qui met les produits du terroir en vedette. Également un bar et une terrasse d'où le regard embrasse un paysage de rêve. Des sentiers mènent à la plage aménagée au bord du lac. Piscines intérieure et extérieure. Bien sûr, maintes activités sont proposées, de la pêche et l'équitation en été au ski et au traîneau à chiens en hiver... Vous pourrez aussi profiter d'un spa en pleine forêt, chauffé par des puits géothermiques. Chambre à partir de 237$, forfaits disponibles. *4000, chemin Yvon-Plante* ***Saint-Alexis-des-Monts*** *(72km au nord-ouest de Trois-Rivières par l'autoroute 40, sortie 174, puis la route 138 jusqu'à Louisville et la route 349 Face à l'église, prendre le chemin Saint-Olivier sur la gauche et continuer sur 14km) Tél. 819 265 4444 ou 1 888 265 4414 www.sacacomie.com*

GAMME DE PRIX	RESTAURATION	HÉBERGEMENT
Très petits prix	moins de 15$	moins de 40$
Petits prix	de 15 à 25$	de 40 à 80$
Prix moyens	de 25 à 40$	de 80 à 120$
Prix élevés	de 40 à 55$	de 120 à 160$
Prix très élevés	plus de 55$	plus de 160$

SHERBROOKE

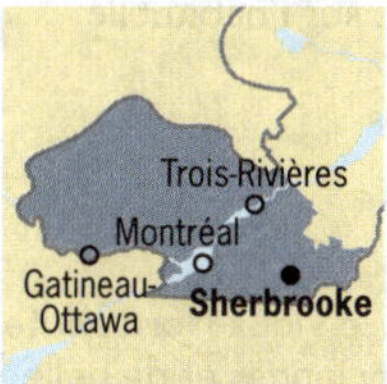

Un moulin à farine puis des scieries utilisant la force des rivières Saint-François et Magog donnent naissance à un village loyaliste au tout début du XIXe siècle. En 1818 le hameau prend le nom de Sherbrooke en l'honneur du gouverneur général d'alors, sir John Coape Sherbrooke. L'arrivée du chemin de fer en 1852, puis l'implantation d'industries, d'institutions bancaires et judiciaires et d'une université vont vite en faire la capitale des Cantons-de-l'Est. Avec 162 000 habitants, Sherbrooke est aujourd'hui la sixième agglomération du Québec. Il faut passer l'interminable zone commerciale de la rue King pour gagner son petit centre-ville au confluent des deux rivières. La majesté du palais épiscopal, de la cathédrale et de l'hôtel de ville surprend un peu dans cette région rurale. De l'autre côté de la rivière Magog, dans le quartier résidentiel du Vieux-Nord, les demeures de style néo-Queen Anne cachent leurs atours bourgeois sous des arbres centenaires. Aujourd'hui majoritairement francophone, Sherbrooke a conservé un cachet anglo-saxon qui la distingue des autres grandes villes québécoises. Vous en aurez toutefois vite fait le tour, et rares sont les visiteurs qui s'y attardent. Les routes des Cantons-de-l'Est appellent en effet à de bien belles escapades…

LES CANTONS-DE-L'EST, UNE HISTOIRE DE NOMS La toponymie de ces terres qui s'étendent au sud-est de Montréal est révélatrice de leur histoire. Les noms abénakis (Coaticook, Massawippi, Missisquoi, Memphrémagog, Mégantic), tout d'abord, témoignent de la présence millénaire de ce peuple semi-nomade. Pendant et après la guerre de l'Indépendance américaine (1775-1782), les loyalistes, des Américains restés fidèles à la couronne britannique, colonisent ces territoires frontaliers de la Nouvelle-Angleterre. La deuxième vague d'immigration, dans les années 1820 et 1830, est surtout irlandaise. Sherbrooke, Dunham, North Hatley, Knowlton : la toponymie devient anglo-saxonne et la région prend le nom d'Eastern Townships ("Cantons-de-l'Est"). Les terres ne sont pas soumises au régime seigneurial comme le voulait l'usage en Nouvelle-France, mais découpées en cantons, sur le modèle britannique. Plus tard, avec l'industrialisation et l'avènement d'une liaison ferroviaire Montréal-Sherbrooke, les Canadiens français affluent et deviennent majoritaires dans les années 1890. L'appellation "Cantons-de-l'Est" remplace alors peu à peu celle d'Eastern Townships. Et les noms de villages se francisent : Sainte-Catherine-de-Hatley, Saint-Ignace-de-Stanbridge… Depuis 1966, l'appellation "Estrie" désigne la région administrative, et "Cantons-de-l'Est" le territoire touristique, un peu plus vaste. Aujourd'hui, plus de 90% des Estriens sont francophones. Les communes de la région, qui prirent leur essor au XIXe siècle, restent marquées par l'influence britannique, notamment dans le Sud, le long des 300km de frontière avec les États-Unis. L'architecture traditionnelle diffère de celle du reste du Québec par l'emploi de la brique rouge et de revêtements en clins de bois peints en blanc. Les styles victorien et vernaculaires américains sont largement représentés. Les villages possèdent souvent une église anglicane et une autre, presbytérienne, en bois, dont la modestie tranche sur l'habituelle monumentalité des lieux de culte catholiques.

MODE D'EMPLOI

accès

EN VOITURE
Sherbrooke est située 150km à l'est de Montréal par l'autoroute 10 Est, sortie 140 (ou sortie 128, puis route 112).

EN CAR
La Québécoise Cette société se charge des liaisons entre Sherbrooke et Trois-Rivières ou Québec (ven.-lun). *80, rue du Dépôt Tél. 1 888 872 5525 www.autobus.qc.ca*
Limocar La compagnie assure la desserte des Cantons-de-l'Est entre Montréal et Sherbrooke, via Granby, Bromont et Magog. Une quinzaine de départs/j. (dont 12 lignes express effectuant le trajet en env. 2h). *Tél. 1 866 692 8899 limocar.ca*
Gare routière de Sherbrooke *80, rue du Dépôt (dans le centre-ville, entre la rue Wellington Sud et la rivière Saint-François) Tél. 819 562 8899*

orientation

Sorti de l'autoroute 10 (sortie 128), on entre dans Sherbrooke par la **route 112 (rue King Ouest)**, axe majeur de la localité, qui longe la rivière Magog. Cette artère est jalonnée sur 4km de fast-foods, de motels et de centres commerciaux. L'activité du Vieux Sherbrooke, au bout de la rue King, se concentre dans quelques rues. Vous y trouverez les musées, des boutiques, des cafés et des restaurants. La **rue Wellington Nord** est la plus agréable et la plus animée. Au nord de la rivière Magog, le Vieux-Nord abrite des industries anciennes et de belles demeures victoriennes. Épanchement de la rivière Magog avant ses "gorges" en pleine ville, le lac des Nations sert de base de loisirs aux Sherbrookois (marche, vélo, rollers, baignade, canotage, pêche, pique-nique, etc.). Un sentier de 4km en fait le tour. Au sud de la ville s'étendent le campus universitaire et le parc du Mont-Bellevue, où l'on peut skier en hiver ! La rive est de la rivière Saint-François est surtout résidentielle.

informations touristiques

Bureau d'information touristique de Sherbrooke *785, rue King O. Tél. 819 821 1919 ou 1 800 561 8331 www.destinationsherbrooke.com Ouvert fin juin-début sept. : tlj. 9h-19h ; début sept.-fin juin : lun.-sam. 9h-17h, dim. 9h-15h*
Tourisme Cantons-de-l'Est *20, rue Don-Bosco Sud* **Sherbrooke** *Tél. 1 800 355 5755 (informations générales) www.cantonsdelest.com Ouvert lun.-ven. 8h30-16h30*

visites guidées

☺ **Sherbrooke Greeters** Découvrez la ville et ses environs accompagné d'un habitant bénévole, en fonction des intérêts qui vous animent (histoire, nature, patrimoine, gastronomie...). Il faut s'enregistrer préalablement en ligne, où l'on peut sélectionner le *Greeter* qui partagera avec vous ses coups de cœur. Une excellente initiative, totalement gratuite. *www.sherbrookegreeters.com*

fêtes et manifestations

Festival Orford Musique La musique classique est à l'honneur, au cœur du parc national du Mont-Orford. Expositions d'arts plastiques. ***Orford*** *www.orford.mu 2e quinz. juin-1re quinz. août*
Correspondance d'Eastman Un festival littéraire qui envahit le village entier durant quatre jours. Lectures, ateliers et passionnantes rencontres d'auteurs québécois. ***Eastman*** *www.lescorrespondances.ca Début août*
Festival international de la chanson de Granby Un important concours de chansons francophones. Linda Lemay, Isabelle Boulay et Pierre Lapointe figurent parmi les anciens lauréats. ***Granby*** *www.ficg.qc.ca 2e quinz. d'août*
Expo Ayer's Cliff Une des plus anciennes foires agricoles du pays. Rodéo, musique country, défilés de chevaux et nombreuses animations familiales au programme durant les quatre jours de festivités. ***Ayer's Cliff*** *ayerscliffair.com Fin août*
Fête des Vendanges Bal, foulage du raisin, spectacles, brunch champêtre, dégustations, etc. ***Magog*** *www.fetedesvendanges.com Deux premiers w.-e. de sept.*
Canard en fête au lac Brome Dégustations, marché campagnard, concerts, animations de rue, etc. ***Knowlton*** *www.canardenfete.ca 4j. fin sept. ou début oct.*

DÉCOUVRIR
Sherbrooke

☆**Les essentiels** Le musée des Beaux-Arts **Découvrir autrement** Emmenez vos enfants au musée de la Nature et des Sciences, prenez le thé à la mode d'autrefois au Centre culturel Uplands, à Lennoxville

Le Vieux Sherbrooke

Il renferme toutes les curiosités locales, dont les trois musées municipaux, et l'on en fait aisément le tour à pied. Une courte balade vous permettra d'admirer l'hôtel de ville (1904, rue du Palais) de style Second Empire, et l'imposante cathédrale néogothique Saint-Michel (1958, rue de la Cathédrale). De la rue Frontenac, une passerelle franchit la gorge de la rivière Magog qui abrite la centrale Frontenac, le plus vieux complexe hydroélectrique en service du Québec. Un sentier dessert le lac des Nations à quelques centaines de mètres au sud.

☆**Musée des Beaux-Arts** Il occupe les vastes salles de l'ancienne Eastern Township Bank (XIXe s.). Le rez-de-chaussée et le 1er étage accueillent des expositions temporaires consacrées à des artistes québécois. Riche de 5 500 œuvres du XIXe à nos jours, la collection permanente est résumée au 2e étage, en une cinquantaine de toiles et trois périodes d'avant 1880 à l'art contemporain. On peut admirer des vues des Cantons-de-l'Est signées du Britannique William H. Barlett (1809-1854) et des œuvres du Québécois Frederick S. Coburn (1871-1960). La boutique expose de jolies créations d'artistes et artisans locaux. *241, rue Dufferin Tél. 819 821 2115 mbas.qc.ca Ouvert 24 juin-début sept. : mar.-mer. et w.-e. 10h-17h, jeu.-ven. 10h-20h ; début sept.-23 juin : mar.-dim. 12h-17h Visite guidée tlj. en été, sinon sur rdv Tarif 10$, réduit 7-8$, familles 20$, moins de 6 ans gratuit*

Société d'histoire de Sherbrooke Elle est installée à deux pas du musée des Beaux-Arts, dans l'ancien centre des postes et douanes (1885). L'exposition permanente "Sherbrooke terre d'accueil" aborde l'histoire de la ville au travers de photographies, objets, témoignages audio… Pour découvrir le quartier, suivez le "Circuit du Vieux-Nord", une promenade audioguidée qui passe par les plus beaux édifices patrimoniaux (10$ pour un audioguide et une carte, comptez 1h30). *275, rue Dufferin Tél. 819 821 5406 www.histoiresherbrooke.org Ouvert fin juin-fin août : lun.-ven. 9h-17h, w.-e. 10h-17h ; début sept.-mi-juin : mar.-ven. 9h-12h et 13h-17h, w.-e. 13h-17h Tarif 7$, réduit 5-6$, familles 12$*

Musée de la Nature et des Sciences Il occupe une ancienne manufacture de lingerie féminine au bord de la rivière Magog. La muséographie est interactive et éducative, à l'instar des trois expositions présentées jusqu'en 2020 : "AlterAnima" regroupe de manière artistique des spécimens d'animaux naturalisés ; "Terra Mutantès" invite à une découverte multisensorielle de la formation géologique de la région ; enfin, "Vitrine sur l'archéologie régionale" permet d'en savoir plus sur les Amérindiens en exposant le résultat de fouilles. *225, rue Frontenac Tél. 819 564 3200 www.naturesciences.qc.ca Ouvert 24 juin-début sept. : tlj. 10h-17h ; début sept.-23 juin : mer.-dim. 10h-17h Tarif 13$, réduit 9-11$, familles 39$*

Où boire un verre dans le centre ?

☺ **Siboire** L'ancienne gare ferroviaire a été reconvertie en une bonne microbrasserie, très populaire auprès des Sherbrookois. Le vaste hall aux jolis murs de brique accueille désormais les tables des joyeux buveurs de bière, dont six brassées sur place sont disponibles à la pression (pinte 7$, 6 verres dégustation pour 10,50$). Parmi les différentes bouchées gourmandes du petit menu, le *fish & chips* est particulièrement recommandé. Terrasse aux beaux jours et espace café pour ceux qui attendent leur autocar. *80, rue du Dépôt (gare routière) Tél. 819 565 3636 siboire.ca Ouvert tlj. 12h-3h Café 6h-21h*

Dans la banlieue de Sherbrooke

Lennoxville Cette ville est renommée pour son université anglophone fondée en 1843, Bishop's University. On peut visiter sa chapelle St. Mark (1853), inspirée des *college churches* d'Oxford et de Cambridge : ses bancs ne font pas face à l'autel mais sont disposés vis-à-vis, de part et d'autre de l'allée centrale. Ne manquez pas non plus la maison Speid, de style néogeorgien (1862). Elle abrite le Centre culturel et du patrimoine **Uplands** (vêtements, céramiques, jouets, outils et autres objets anciens). Elle vaut surtout pour sa véranda, où les garçons en habits d'époque servent le thé dans la plus pure tradition britannique (10-18$) ! Pour une pause moins sage, allez déguster une bière au Lion d'or. Cette microbrasserie, la toute première du Québec (1986), organise des concerts. *5km au sud de Sherbrooke par la route 143*

Bishop's University *2600, rue du Collège Tél. 819 822 9600 www.ubishops.ca Chapelle ouverte lun.-sam. 8h30-18h, dim. 12h-18h* **Centre Uplands** *9, rue Speid Tél. 819 564 0409 www.uplands.ca Ouvert 24 juin-début sept. : mar.-dim. 10h-16h30 (thé 10h-16h30) ; début sept.-mi-juin : mer.-dim. 13h-16h30 (thé w.-e.) Fermé vac. scol. Noël et jan. Entrée libre mais dons appréciés* **Le Lion d'or** *2896, rue du Collège Tél. 819 565 1015 www.lionlennoxville.com Pub ouvert lun.-sam. 15h-3h Café ouvert été : tlj. 11h30-3h*

★ Les Cantons-de-l'Est

☆ **Les essentiels** Le parc national du Mont-Mégantic, le parc de la Gorge de Coaticook et Foresta Lumina, North Hatley, le parc national du Mont-Orford, l'abbaye Saint-Benoît-du-Lac **Découvrir autrement** Canotez sur les lacs l'été, dégustez du cidre de glace, dévalez les pentes de ski l'hiver

Tout est si propret, si léché, que l'on se croirait parfois dans un décor de film : vieilles maisons en bois aux couleurs pimpantes, pelouses impeccablement taillées, enseignes à l'ancienne… Les vallées sont constellées de grands lacs allongés, que dominent des collines boisées, douces et rondes comme des pommes, qui ne dépassent pas 1 000m. Les routes de campagne mènent à des villages coquets, des tables gastronomiques, des auberges chaleureuses et tout évoque la Nouvelle-Angleterre. Près de la frontière des États-Unis, on croise des pick-up démesurés et des hordes de Harley-Davidson tout droit sorties d'une production hollywoodienne… Partie la plus méridionale de la province, les Cantons-de-l'Est doivent, comme la Montérégie voisine, le qualificatif "Jardins du Québec" à leurs vergers, champs et vignobles. À une heure de voiture de Montréal, facilement accessible par l'autoroute 10, la région est devenue un lieu de villégiature apprécié pour ses montagnes en hiver, ses lacs en été et son charme bucolique en toute saison.

À l'est de Sherbrooke

☆ **Parc national du Mont-Mégantic** Un parc géré par le Québec et placé sous le signe des astres, classé "réserve de ciel étoilé" par l'International Dark Sky Association, qui lutte contre la pollution lumineuse. Le mont Mégantic (1 105m) possède le principal observatoire astronomique du Canada, et des visites guidées permettent de se familiariser avec son télescope, le plus puissant d'Amérique du Nord. Le centre Astrolab, à l'entrée du parc, retrace l'histoire de l'Univers sur grand écran, tandis que la visite commentée fait le point sur le big bang, les constellations et les astronomes de renom. Des soirées d'observation de la voûte céleste sont organisées l'été (le samedi hors saison) mais notez que les réservations sont obligatoires. Points d'orgue de ces animations, le Festival d'astronomie populaire et la Nuit des Perséides (nuit des étoiles filantes) attirent les foules (réservez bien à l'avance). Les passionnés ne manqueront pas de visiter, en haut de la montagne, l'observatoire et son télescope, ouvert au public de jour et même certaines nuits. Si les mystères de la galaxie vous laissent de marbre, sillonnez les 50km de sentiers de randonnée en altitude du parc. Le sommet du mont Saint-Joseph accessible en voiture offre un panorama inégalé sur le lac Mégantic, la chaîne des Appalaches et les montagnes du Maine, côté américain. De son parking, une boucle de 45min, la "Promenade boréale", vous amènera à un autre belvédère pour vous permettre d'admirer la vallée et le mont Mégantic, ceint d'une couronne de petits sommets couverts d'épineux. Sublime par grand soleil lors de l'été indien ! La route du mont Saint-Joseph est ouverte de mai à mi-octobre (demandez le code d'accès à l'entrée du parc), comme celle du mont Mégantic. En hiver, sentiers balisés pour les raquettes à neige et pistes aménagées pour le ski nordique. Possibilité de passer la nuit dans le camping du parc, d'y louer un camp, un refuge rustique ou un chalet (sites accessibles à pied, à vélo, à skis de fond et à raquettes). *189, route du Parc (entrée secteur de l'Observatoire) Entre Notre-Dame-des-Bois et Val-Racine (85km à l'est de Sherbrooke par la 112, la 212 et la route du Parc) Tél. 1 800 665 6527 ou 819 888 2941 www.parcsquebec.com/montmegantic www.astrolab.qc.ca Ouvert lun.-jeu. 9h-16h, ven.-dim. 8h30-16h30 (jusqu'à 23h lors des soirées d'astronomie) Droit d'accès 8,50$, moins de 18 ans gratuit*

Lac-Mégantic Ce foyer de villégiature est baigné par les eaux du lac Mégantic, que bordent des villas cossues et de luxueuses résidences secondaires. La ville sans charme a subi en juillet 2013 un gigantesque accident ferroviaire qui a ravagé son centre. Courant 2017, un parc commémoratif ouvre au public sur le site de la tragédie, alors qu'un nouveau centre-ville voit peu à peu le jour… En revanche, en été, il fait bon se mettre en maillot de bain sur la plage municipale de Baie-des-Sables. Cette base de plein air compte un camping, un restaurant, une marina (location d'embarcations) et un parcours d'accrobranche. *99km au nord-est de Sherbrooke par la 214, puis la 161* **Baie-des-Sables** *2370, chemin du Lac Tél. 819 583 3965 www.baiedessables.com*

Piopolis Ce charmant village posé au bord du lac Mégantic doit son nom aux zouaves pontificaux qui le fondèrent en 1871, après avoir reçu des concessions en récompense de leur loyauté envers le pape. Cette histoire est racontée à la Halte des Zouaves, qui fait office d'accueil touristique. Calme et volupté flottent autour du quai, de la petite église blanche et de la plage (4$/pers.). Pour vous dégourdir les jambes, suivez le sentier du Clocher qui vagabonde sur 4km entre lac et forêt. *21km au sud de Lac-Mégantic par la route 263* **Halte des Zouaves** *472, rue Principale piopolis.quebec Ouvert fin juin-début sept. : jeu.-dim. 10h-17h30*

Maison du granit Sis dans une ancienne carrière de granit du mont Saint-Sébastien, ce centre d'interprétation s'attarde sur la tradition des tailleurs de pierre implantés dans la région depuis la fin du XIXe siècle. Matériau noble, le granit gris local a permis la construction de l'oratoire Saint-Joseph à Montréal et de la basilique Sainte-Anne-de-Beaupré. Petite exposition et démonstration de taille de la pierre à l'atelier. Dehors, promenez-vous dans le jardin de granit et admirez le panorama exceptionnel sur le lac Drolet, la vallée de la Chaudière et la chaîne des Appalaches (on est à 640m d'altitude). *301, route du Morne* ***Lac-Drolet*** *(25km au nord de Lac-Mégantic par la route 263) Tél. 819 549 2566 www.maisondugranit.ca Ouvert 24 juin-début sept. : tlj. 9h-17h ; fin mai-23 juin, début sept.-mi-oct. : mar.-dim. 10h-17h Tarif 10,50$, réduit 6$, familles 30$*

Au sud de Sherbrooke

Compton (20km au sud de Sherbrooke par les routes 143 puis 147) et **Coaticook** (33km au sud de Sherbrooke, sur la route 147) invitent à une belle excursion à travers une contrée livrée à une intense activité agricole. Compton est le royaume de la pomme et des autocueillettes (pommes surtout, fraises ou légumes aussi). Avec ses 300 fermes laitières et ses pâturages, Coaticook, plus au sud, est le bassin laitier du Québec. **Bureau d'accueil touristique de Coaticook** *137, rue Michaud (à l'entrée du parc de la Gorge-de-Coaticook) Tél. 819 849 6669 ou 1 866 665 6669 www.tourismecoaticook.qc.ca Ouvert fin juin-début sept. : tlj. 10h-20h30 ; mi-mai-fin juin : w.-e. 10h-16h ; début sept.-mi-oct. : lun.-jeu. 10h-16h, ven.-dim. 10h-20h*

☆ ☺ **Parc de la Gorge-de-Coaticook** S'étendant autour d'une gorge spectaculaire, ce parc est le rendez-vous dominical des familles de la région. Trois sentiers pédestres (2 à 8,5km) sillonnent le parc en passant le long de la rivière, à flanc de falaise, dans la forêt... mais le plus populaire est celui de La Gorge (boucle de 3,5km), qui dessert une tour d'observation, une grotte, un barrage et, clou de la balade, un pont suspendu à 50m au-dessus de la gorge ! Une fermette permet aux enfants de découvrir les animaux de la basse-cour. Son centre équestre propose des randonnées de 1h30 ou 2h, et des tours à dos de poney pour les plus petits. Vous y trouverez également un camping (avec piscine) et des refuges à louer. En hiver, le parc est ouvert pour ses 20km de sentiers de randonnée à raquettes, sa patinoire, ses glissades sur tube de glace et même de l'équitation dans la poudreuse. Autre intérêt du site, **Foresta Lumina**, un envoûtant parcours nocturne illuminé qui entraîne les visiteurs dans une forêt enchantée, magnifiquement animée par des sons et lumières (qu'il vaut mieux réserver en ligne plusieurs jours à l'avance). *400, rue Saint-Marc* **Coaticook** *(entrée principale du parc au 135, rue Michaud, à gauche à l'entrée de la ville) Tél. 819 849 2331 ou 1 888 524 6743 www.gorgedecoaticook.qc.ca Ouvert mi-juin-fin août : tlj. 9h-18h ; mi-mai-mi-juin, fin août-mi-oct. : dim.-jeu. 9h-17h, ven.-sam. 9h-18h ; début mai-mi-mai, mi-oct.-fin oct. : lun.-ven. 10h-17h, w.-e. 9h-17h ; mi-déc.-mi-mars : w.-e. 11h-16h (vélo hivernal, raquettes) Tarif 7,50$, réduit 2,25-4,50$ Location de raquettes avec entrée au parc 15$, réduit 5$, vélo hivernal 4$, réduit 6,50$ Équitation 40$ les 90min, tour de poney 5$* **Foresta Lumina** *135, rue Michaud forestalumina.com Ouvert fin juin-début sept. : tlj. 20h30-22h30 ; début sept.-début oct. : ven.-sam. 20h30-22h30 Tarif 17$, réduit 8,50-10$*

Musée Beaulne Installé dans la somptueuse demeure bâtie en 1912 à l'initiative de l'industriel Arthur Osmore-Norton (1845-1919), ce petit musée donne à voir à ses visiteurs un intérieur luxueux de la période victorienne : salon des années 1885-1915, salle à manger aux belles boiseries de chêne, avec armoires vitrées électrifiées, chambre à coucher… Également des expositions temporaires. Les mercredis d'été (13h30-19h), un thé à l'anglaise est servi sur la terrasse. *96, rue de l'Union* **Coaticook** *(dans le centre-ville, prendre la route 141 dir. Montréal et bifurquer dans la rue Gérin-Lajoie avant le pont de chemin de fer) Tél. 819 849 6560 www.museebeaulne.qc.ca Ouvert mi-mai-mi-sept. : mar.-dim. 10h-17h ; mi-sept.-mi-mai : mar.-dim. 13h-16h Tarif 7$, aînés 5$, étudiants et 6-17 ans 3,50$, familles 12$*

Où acheter des produits du terroir ? Dans la région de Compton et de Coaticook, on recense un nombre impressionnant d'exploitations agricoles qui se consacrent à l'élevage ou à la pomiculture. Certaines commercialisent directement leur production.

Verger Le Gros Pierre Pour cueillir des pommes dans l'arbre (prix au poids, une dizaine de variétés et plus de 8 000 pommiers) ou acheter les produits dérivés confectionnés sur place : tartes chaudes, gelées et "tartinades" (confitures), cidre, cidre de glace, ainsi qu'un excellent jus de pomme... et des fromages. Quelques panneaux d'interprétation. Aire de pique-nique et jeux pour enfants. Casse-croûte. *6335, route Louis-S.-Saint-Laurent* **Compton** *(route 147, à l'entrée nord du village) Tél. 819 835 5549 www.grospierre.com Ouvert fin juil.-début nov. : tlj. 9h-18h ; début nov.-mi-déc. : jeu.-sam. 10h-16h (mais les dates de cueillette des différentes variétés de pommes fluctuent légèrement chaque année)*

☺ **Laiterie de Coaticook** Pour une halte gourmande au bord de la route. Depuis 1940, le "bar laitier" de cette laiterie familiale régale petits et grands de ses crèmes glacées maison (fabriquées derrière les baies vitrées). Goûtez bien sûr celle au sirop d'érable, onctueuse à souhait, ou celle aux bleuets. Boules énormes (env. 3,50$). Quelques tables à l'extérieur. Également du "lait fouetté" (milk-shake), du cheddar, du fromage de chèvre et même un petit musée du lait. *1000, rue Child* **Coaticook** *(la laiterie est au bord de la route sur la droite, à l'entrée de la ville) Tél. 819 849 2272 ou 1 800 846 7224 laiteriedecoaticook.com Ouvert été : lun.-jeu. 8h-23h, ven.-dim. 8h-0h ; hiver : lun.-sam. 8h-18h, dim. 11h-17h*

Autour du lac Massawippi

À une vingtaine de kilomètres au sud de Sherbrooke, le lac Massawippi est sans doute l'un des plus beaux des Cantons-de-l'Est. Aucune route ne longe ce plan d'eau qui s'étire sur 14km, mais dont la largeur n'excède pas 2km. On en saisit pleinement la beauté en bateau. Deux ravissants villages sont installés sur sa rive : North Hatley au nord, et Ayer's Cliff tout au sud. *Accès de Sherbrooke par la route 143 Sud*

☆ **North Hatley** La bourgade fondée en 1803 vécut d'abord de la production de potasse vendue aux savonneries. À la fin du XIXe siècle, le chemin de fer reliant Sherbrooke au Vermont (États-Unis) y attira de riches touristes américains, et la localité devint au début du XXe siècle une villégiature élégante. Nombre des luxueuses villas de cette époque qui donnent sur le lac abritent aujourd'hui des auberges, restaurants gastronomiques ou magasins d'antiquités... North Hatley a conservé son atmosphère huppée et son charme, avec son ponton et son kiosque à musique. Les Américains y défilent encore le week-end, dans d'énormes 4x4. L'été, on peut profiter de la petite plage (5$, enfants 2$). Au cœur du village, la jolie marina loue des embarcations pour partir à la découverte du lac. **Bureau d'accueil touristique de North Hatley** *300, rue Mill Tél. 819 842 1018 www.northhatley.org Ouvert juin-sept. : tlj. 10h-19h ; oct.-mai : tlj. 9h-17h* **Marina** *Rue Mill (près du grand parking municipal, derrière la rue Principale) Tél. 819 842 4433*

L'Épopée de Capelton La Commission géologique du Canada ayant localisé de nombreux gisements de minerais dans les Cantons-de-l'Est, George

Capel entame des recherches dans sa propriété en 1863 et trouve des traces de cuivre et d'or. Avec deux associés, il ouvrira trois mines (Capelton et Albert Mines en 1863 et Eustis en 1865). Dans les années 1880, Capelton se dote d'usines produisant de l'acide sulfurique, de l'acide nitrique, des engrais et des explosifs – le plus important complexe chimique de l'Empire britannique jusqu'en 1910 ! Les mines Capelton et Albert fermeront en 1907, les usines en 1924 et la mine Eustis produira jusqu'en 1939. Rouverte aux visiteurs en 1995, la mine Capelton dévoile depuis ses galeries souterraines creusées au pic. Lors de la visite guidée (2h env.) sont évoquées les techniques de prospection et les conditions de vie des mineurs. Prévoyez un vêtement chaud, car la température sous terre ne dépasse pas 9°C ! Les abords de la mine permettent de passer un bon moment en famille : promenade en carriole, chasse au trésor, aire de pique-nique, point casse-croûte, sentiers de randonnée, piste d'hébertisme (parcours d'obstacles), etc. Il est préférable de réserver la veille. *800, chemin Capelton* ***North Hatley*** *(à 9km de la localité sur la route 108, dir. Sherbrooke) Tél. 819 346 9545 ou 1 888 346 9545 www.capelton.ca Ouvert 24 juin-début sept. : tlj. ; mi-mai-23 juin, début sept.-mi-oct. : w.-e. Horaires des visites selon l'affluence (réserver) Tarif 31,20$, réduit 7,10-26,95$*

Ayer's Cliff Une bourgade moins chic et moins animée que North Hatley. N'y cherchez pas de falaise (*cliff* en anglais), elle s'appela Ayer's Flat jusqu'en 1904 et prit son nom actuel pour se faire une meilleure publicité ! Alors que le chemin de fer venait d'y arriver, Flat ("plaine", mais aussi "dépression", "marécage") semblait en effet rebuter touristes et investisseurs… Fin août, le petit village s'anime lors de l'exposition agricole (rodéos, manèges, concerts country, etc.). Location d'embarcations (bateaux, pédalos, kayaks) à la marina et au camping voisin (p.297) qui se trouvent à environ 2km à l'ouest du village, sur la route 141. *20km au sud de North Hatley par la route 143 puis 208*

Autour du lac Memphrémagog

"Grande étendue d'eau" en langue abénakise, le Memphrémagog est le plus vaste lac des Cantons-de-l'Est. Majestueux et tout en longueur (40km pour à peine 2km de largeur moyenne), il s'étend au sud jusque dans l'État américain du Vermont. La bourgade de Magog est établie à sa pointe nord, Georgeville sur sa rive orientale et l'abbaye Saint-Benoît-du-Lac sur sa rive ouest. Le lac est enchâssé dans un site vallonné dominé par le mont Orford et Owl's Head, qui n'est pas sans rappeler le cadre des lochs écossais. Le lac a d'ailleurs son monstre légendaire, Memphré. Ce lointain cousin de Nessie aurait été aperçu 229 fois depuis 1798 !

Magog Sa situation avantageuse au bord du lac et au pied du mont Orford, et son accessibilité à partir de Montréal (l'autoroute 10 passe à 3km) en font le plus important centre touristique des Cantons-de-l'Est. Sa rue Principale (la "Main") est presque noire de monde l'été et le week-end. Boutiques et restaurants s'y comptent par dizaines. Une curiosité au n°456, un barbier à l'ancienne avec son fauteuil des années 1950, sa belle collection de pots et de toupets. Magog semble tourner le dos à son lac. Rejoignez le parc de la Pointe-Merry pour avoir quelques vues de ses eaux paisibles et effectuer, si vous le souhaitez, une croisière (plusieurs prestataires au quai McPherson). Vous trouverez aussi trois plages municipales (stationnement payant) à proximité. L'été, la ville accueille maintes manifestations culturelles. *27km au sud-ouest de Sherbrooke par la route 112 ; 124km à l'est de Montréal par l'autoroute 10, sortie 115* **Bureau d'information touristique** *2911, chemin Milletta (à la sortie 115 de l'autoroute 10) Tél. 819 843 2744 ou 1 800 267 2744 www.tourisme-memphremagog.com Ouvert fin juin-début sept. : tlj. 9h-18h ; mi-sept.-mi-juin : tlj. 9h-17h*

☆ **Parc national du Mont-Orford** L'autoroute les sépare, mais le mont Orford s'élève à moins de 10km au nord de Magog. Haut de 853m, il est protégé par un parc de près de $59km^2$ sous gestion québécoise. Dans ses forêts, au bord de ses lacs et de ses rivières nichent quelque 150 espèces d'oiseaux : martin-pêcheur, grand héron, plongeon huard, grive des bois, grand-duc d'Amérique, chouette rayée, etc. L'entrée principale du parc se trouve au sud (accès par la route 141). Du centre d'accueil Le Cerisier, une route mène jusqu'au **lac Stukely**, principal pôle d'animation du parc, 5km au nord. L'entrée nord permet surtout de profiter du **lac Fraser**, dont elle est voisine. Les huit sentiers de randonnée pédestre (de 3,5 à 18km de long) totalisent 80km dans le parc. Pour les plus motivés, celui des Crêtes monte à l'assaut des trois sommets du domaine : les pics de l'Ours et du Lynx et le mont Orford. On peut aussi gravir ce dernier en prenant le télésiège de la station de sports d'hiver – cf. Skier dans les Cantons-de-l'Est (p.294). Vous trouverez trois refuges à proximité des sentiers ainsi que de belles plages, des tables de pique-nique et des terrains de camping au bord des lacs – cf. Carnet d'adresses (p.295). Là, comme sur l'étang aux Cerises, vous pourrez aussi louer des barques et des kayaks. Les gardes du parc guident des activités de découverte, notamment des séances d'observation des castors et l'hiver, des randonnées à raquettes aux flambeaux (calendrier et inscriptions à l'accueil). On peut profiter de 50km de pistes de ski de fond et de 70km de sentiers balisés pour la promenade à raquettes. Location de matériel sur place. À l'entrée sud du parc sont regroupés la station de ski Mont-Orford – cf. Skier dans les Cantons-de-l'Est (p.294) –, un golf et l'académie **Orford Musique**. Celle-ci abrite une auberge (p.300), un restaurant agréable et organise l'été un grand festival de musique classique, avec des stages et des ateliers lyriques réputés. *Canton 3321, chemin du Parc (à 7km de Magog par la route 141 Accès de Sherbrooke par l'autoroute 10, sortie 118 ou 115) Tél. 819 843 9855 www.sepaq.com/pq/mor Droit d'accès 8,50$, moins de 17 ans gratuit Stationnement plages 8$/voiture* **Orford Musique** *3165, chemin du Parc Tél. 819 843 3981 ou 1 800 567 6155 www.orford.mu*

Eastman Ce charmant village en bordure du lac d'Argent propose une intéressante panoplie d'activités estivales. Côté culture, le théâtre La Marjolaine est un pionnier du théâtre d'été au Québec et début août, les "Correspondance d'Eastman" sont un rendez-vous littéraire et champêtre qui attire le gratin des auteurs québécois. Côté nature, un parcours d'hébertisme aérien pour se dépenser et un fabuleux spa pour se reposer (p.288). *9km à l'ouest du mont Orford par la route 112* **Bureau d'accueil touristique** *14, rue Lapointe Tél. 450 297 2911 eastman.quebec Ouvert juil.-août : tlj. 9h-17h ; sept.-mi-oct. : w.-e. 10h-16h* **Arbre Aventure** *426, chemin George-Bonnallie Tél. 1 866 297 2659 ou 450 297 2659 hautboisnormand.ca*

Austin La route appelée "chemin des Pères", qui mène de Magog à Saint-Benoît-du-Lac, offre de magnifiques perspectives sur le lac Memphrémagog. Avant de bifurquer vers l'abbaye Saint-Benoît-du-Lac, jetez un coup d'œil à la charmante église en bois (1865) d'Austin (au croisement des chemins Nicholas-Austin et Fisher). Juste en face, un monument salue la mémoire du plus illustre citoyen de ce hameau fondé en 1793 : Reginald A. Fessenden, qui réalisa en 1906 la première transmission de la voix humaine par ondes radio, entre les États-Unis et la Grande-Bretagne. *20km au sud de Magog*

☆ **Abbaye Saint-Benoît-du-Lac** Les bénédictins chassés en 1905 de l'abbaye normande de Saint-Wandrille s'installèrent sur ce site paisible, face au lac Memphrémagog, en 1912. Le monastère fut bâti de 1939 à 1958 sur les plans de Dom Paul Bellot (1876-1944), moine de l'abbaye de Solesmes à qui l'on doit aussi l'architecture intérieure de l'oratoire Saint-Joseph à Montréal. Seule se visite l'abbatiale, consacrée en 1994. Vous pourrez assister aux messes, chantées en grégorien par la cinquantaine de membres de la congrégation. Tenue correcte et discrétion exigées. Ces moines exploitent des vergers et une fromagerie réputée. Leurs excellents produits sont en vente au sous-sol de l'abbaye, à la boutique Les Ateliers de Saint-Grégoire : fromage (bleu, chèvre et cheddar), sirop d'érable, confitures de framboises et de bleuets, cidre et compotes de pommes, vinaigrette, crèmes glacées, tartes, etc. *22km au sud-ouest de Magog (prendre la route 112 dir. Montréal puis, avant l'autoroute, bifurquer à gauche vers Austin À Austin, tourner à gauche, c'est à 2km) Tél. 819 843 4080 www.st-benoit-du-lac.com* ***Célébrations*** *5h, 7h30, 9h45, 11h, 12h, 15h45, 17h (vêpres) et 19h45* **Boutique** *Ouvert début juin-mi-oct. : tlj. 9h-18h ; mi-oct.-début juin : tlj. 9h-10h45 et 11h45-17h*

☺ **Georgeville** Un havre de sérénité où le temps semble avoir suspendu son vol ! Le hameau naquit en 1797, quand Moses Copp instaura un service de bacs sur le lac. Un siècle plus tard, le site était devenu une villégiature de la bourgeoisie anglophone. Le magasin général au bord de la route 247 reste le cœur de la localité, même s'il est maintenant devenu un simple dépanneur. Du quai où accostent encore les plaisanciers, la vue sur le lac est splendide et par temps clair, vous apercevrez l'abbaye Saint-Benoît-du-Lac située sur la rive opposée. Pour l'anecdote, sachez que Denys Arcand a tourné certaines scènes du *Déclin de l'Empire américain* (1986) à Georgeville. *17km au sud de Magog par la route 247*

Où boire une bière à Magog ?

La Memphré En plein centre-ville et à deux pas du lac, cette microbrasserie produit une petite dizaine d'excellentes bières maison, servies à la pression. Notre préférée : la Pointe Merry, une rafraîchissante IPA (pinte 6-7$). Ce pub-restaurant moderne et animé propose aussi un menu complet, dont les habituels hamburgers et poutines sont garnis de fins produits du terroir (plats 12-22$). Agréable terrasse. *12, rue Merry Sud* ***Magog*** *Tél. 819 843 3405 www.microbrasserielamemphre.com Ouvert tlj. 11h30-3h*

Admirer les Cantons-de-l'Est en train gastronomique

Orford Express Installez-vous confortablement à bord de ce train touristique pour une découverte de la campagne estrienne, de Magog à Sherbrooke en passant par Eastman. Il n'est composé que de trois confortables voitures, dont l'une offre une vue panoramique. À bord, selon l'horaire que vous aurez sélectionné, sont servis un dîner (93-116$), un brunch (79-99$) ou une collation (74-96$). De bonne qualité, ces repas mettent à l'honneur le terroir québécois (alcool en supplément). Les départs n'ont lieu que de Magog, avec une courte escale à Sherbrooke. Env. 3h30 de trajet. Réservation nécessaire. *Quai McPherson Pointe Merry* ***Magog*** *Tél. 819 575 8081 ou 1 866 575 8081 www.orfordexpress.com Ouvert juin-déc. : mer.-dim. horaire variable, consultez le site Internet*

Se relaxer dans un spa en pleine nature

Spa Eastman Un des plus beaux spas du Québec, voire du Canada, niché au sein d'un environnement bucolique. L'expérience est complète : thermothérapie (hammam, saunas, bains nordiques, piscines intérieure et extérieure, étang écologique), soins (massages, naturopathie), remise en forme (yoga, ostéopathie) et 15km de sentiers de randonnée. Pour mieux apprécier le tout, 44 chambres zen et douillettes et un restaurant (cuisine équilibrée et savoureuse) sont proposés. Forfaits à partir de 69$ la journée. *895, chemin des Diligences* ***Eastman*** *Tél. 450 297 3009 ou 1 800 665 5272 www.spa-eastman.com Ouvert tlj. 7h-22h*

Autour du lac Brome

Créée en 1971, la municipalité de Lac-Brome regroupe sept villages riverains du plan d'eau, dont la toponymie et l'architecture témoignent d'une influence anglo-saxonne durable en Estrie. Plus ou moins rond, le lac Brome (14,53km^2) se prête particulièrement à la voile (sur glace l'hiver !), en raison de sa bonne exposition aux vents d'ouest. Il est peu profond et chauffe donc vite en été… Vous trouverez des embarcations à louer à la plage de Knowlton, étape de charme de sa rive sud. La route 243 longe le lac sur les 8km de sa rive est. *72km au sud-ouest de Sherbrooke tourismebrome-missisquoi.ca*

Confit de canard sino-québécois

Les Canards du lac Brome
La star du lac Brome est un gros palmipède blanc au bec et aux pattes jaunes : le canard de Pékin ! Importé de Chine via les États-Unis à la fin du XIXe siècle, il est élevé dans la région et fêté comme il se doit lors de foires agricoles, à la fin du mois de septembre. Les Canards du lac Brome est la plus ancienne ferme d'élevage de canards de Pékin du Canada (1912). Les oiseaux y sont engraissés naturellement (non gavés) aux céréales et au soja, enrichis de vitamines et de minéraux. Canards entiers, cuisses, pâtés, magrets fumés, confits et autres produits prêts à cuire... à acheter dans la boutique ou à déguster dans une multitude de restaurants du Québec. *40, chemin du Centre* ***Knowlton*** *(dans le village, prendre la route 104 Ouest et tourner à droite dans la rue Pine) Tél. 450 242 3825 www.canardsdulacbrome.com Ouvert lun.-jeu. 8h-17h, ven. 8h-18h, w.-e. 9h30-17h Dégustations w.-e. 11h-16h*

Knowlton Fondé en 1802 par des loyalistes de Nouvelle-Angleterre, ce village cossu a conservé son caractère victorien. La grand-rue (chemin Knowlton) est bordée de coquettes maisons en bois parées d'enseignes à l'ancienne – fleuriste, galerie d'art, antiquités, boulangerie… À deux pas, le **musée** du comté de Brome évoque l'histoire locale dans sept bâtiments du XIXe siècle, dont l'ancien palais de justice, l'école et la caserne de pompiers. L'une des pièces maîtresses de la collection est un Fokker DVII de la Première Guerre mondiale. Pour profiter du lac, la plage Douglass est idéale (surveillée en été, location de petites embarcations). **Bureau d'accueil touristique de Lac-Brome** *696, chemin Lakeside (au nord du lac, à 8km de Knowlton) Tél. 450 243 1221 tourismelacbrome.com Ouvert mi-juin-mi-sept. : tlj. 10h-18h* **Musée du comté de Brome** *130, chemin Lakeside Tél. 450 243 6782 www.bromemuseum.com Ouvert mi-mai-mi-oct. : tlj. 10h-17h Tarif 8$, réduit 2-5$, familles 20$* **Plage Douglass** *213, chemin Lakeside (1km au nord du centre) Tél. 450 242 2020 Ouvert fin juin-fin août : tlj. Parking 10$/j.*

Sutton Ce village plaisant blotti au pied du mont Sutton (972m) possède le principal domaine skiable des Cantons-de-l'Est – cf. Skier dans les Cantons-de-l'Est (p.294). Nombre de ses maisons datent de la fin du XIXe siècle, époque où le chemin de fer y amena les premiers vacanciers montréalais ou américains. La rue principale est bordée de boutiques d'artisanat et de restaurants. Son bureau d'accueil touristique vous renseignera sur les nombreuses activités sportives praticables alentour : randonnée, kayak, sports d'hiver, etc. Le **Parc d'environnement naturel de Sutton** entretient 50km de sentiers balisés dans un cadre superbe. Voyez aussi les activités proposées par Au diable vert (p.301). *18km au sud-ouest deÏ Knowlton par les routes 104 Ouest et 215 Sud* **Bureau d'accueil touristique** *24a, rue Principale Sud Tél. 450 538 8455 ou 1 800 565 8455 tourismesutton.ca Ouvert mi-juin-fin août : tlj. 10h-17h ; sept.-début juin : tlj. 11h-16h* **Parc d'environnement naturel de Sutton** *Poste d'accueil 900, chemin Réal Tél. 450 538 4085 www.parcsutton.com Droit d'accès 6$, réduit 3-4,50$, familles 15$*

West-Brome Ce hameau abrite l'une des neuf granges rondes encore debout dans la région (prendre le chemin Scott et faire env. 1km, ne se visite pas). Cette forme fut adoptée dans les Cantons-de-l'Est au XIXe siècle, la croyance populaire voulant que l'absence de recoins sombres empêchât le diable de s'y cacher ! Admirez aussi le magasin général Edwards, qui trône au centre du hameau depuis 1852 et continue à vendre bottes en caoutchouc, semences et autres produits de première nécessité pour les fermes des environs. *10km au nord-ouest de Sutton par la route 139*

Où boire un verre face au lac ?

☺ **Marina Knowlton** Son bar-restaurant ouvert à tous offre non seulement une splendide terrasse au bord de l'eau, mais c'est aussi le seul endroit où profiter du lac un verre à la main. Bon choix de cocktails (6-8$) et petits plats simples et bien préparés pour casser la croûte (plats 5-9$). Une adresse particulièrement recommandée pour admirer le coucher du soleil dans une ambiance conviviale. *78, rue Benoît* **Knowlton** *(1km au nord-ouest du centre via la rue Victoria) Tél. 450 243 5453 www.marinaknowlton.com Ouvert été : tlj. 10h-20h*

Où déguster une bière locale ?

Auberge Sutton Brouërie Prenez place dans la grande salle qui se donne des airs de vieil atelier industriel, ou préférez la terrasse surplombant la petite rivière Sutton, et commandez l'une des dix bières maison servies à la pression, ou puisez allègrement dans la bonne sélection d'autres liquides houblonnés issus de microbrasseries québécoises (pinte 7$). Une fois désaltéré, jetez un coup d'œil au menu qui recèle quelques alléchantes surprises (salade de palourdes, tartare de cerf, huîtres et excellents desserts, plats 13-22$). En cas d'abus, montez dormir à l'étage (double 139-159$). *27, rue Principale Sud* ***Sutton*** *Tél. 450 538 0005 www.aubergesuttonbrouerie.com Ouvert mer.-dim. 11h-23h*

Pédaler au-dessus des arbres

VéloVolant Une activité originale, qui vous fera découvrir la faune et la flore comme vous les verrez rarement, à hauteur de la cime des arbres dans le magnifique environnement du Diable vert (p.301). Le vélo volant se compose d'un siège confortable et d'un pédalier vous permettant de vous déplacer à votre rythme le long d'un câble suspendu à une dizaine de mètres du sol. La promenade paisible et silencieuse est plus contemplative que sportive. Comptez 45min pour effectuer le parcours de 1km. Réservation (en ligne) recommandée en haute saison et le w.-e. *169, chemin Staines* ***Glen Sutton*** *Tél. 450 538 5639 www.velovolant.ca Ouvert mai-nov. : tlj. 10h-17h Tarif 50$, réduit 35$*

Sur la Route des vins

Le sud-ouest des Cantons-de-l'Est est assez différent de la région des lacs Massawippi, Memphrémagog et Brome, mais invite à une escapade tout aussi agréable : ses petites routes sinuent dans des vallons plantés de vignes et de vergers, et l'on s'arrête pour cueillir des pommes chez le producteur, goûter un vin blanc ou un cidre de glace… Cette contrée voisine de la Montérégie s'enorgueillit en effet d'une vingtaine de domaines viticoles. Dans la province, la culture de la vigne ne remonte qu'à la fin des années 1970. Le vignoble a trouvé dans les Cantons-de-l'Est un relief (les contreforts des Appalaches) et un sol (schisteux) favorables, mais, bien qu'il soit situé à la latitude de Bordeaux, il lui faut défier les rigueurs de l'hiver québécois. L'adaptation est passée, notamment, par le "renchaussement" (rechaussement) des pieds l'hiver et par l'hybridation. La Route des vins dessert les différents domaines, dont la majorité se concentrent entre Dunham et Stanbridge East. Les panneaux qui la signalent représentent des grappes de raisin sur fond bleu. *www.laroutedesvins.ca*

Dunham L'un des premiers fiefs loyalistes de la région (1796). Comme la plupart des localités estriennes, cette minuscule bourgade possède plusieurs lieux de culte protestant, en l'occurrence une église unie et un temple anglican. Berceau de la viticulture québécoise, Dunham reçoit de nombreux visiteurs en été. Vous y trouverez quelques gîtes, une généreuse poignée de boutiques gourmandes (pâtisserie, boulangerie, microbrasserie) et plusieurs restaurants. *100km au sud-ouest de Sherbrooke par l'autoroute 10, puis les routes 241 et 202* **Bureau d'accueil touristique** *3737, rue Principale Tél. 450 295 2273 www.ville.dunham.qc.ca Ouvert 24 juin-fin oct. : tlj. 10h-18h*

Stanbridge East Au bout de la Route des vins, Stanbridge East mérite une halte pour son musée rural. Dans le moulin Cornell (1830), celui-ci décrit l'histoire et la vie du comté de Missisquoi au XIXe siècle et présente les immigrants. Ses deux annexes, le magasin général Hodge (1841) et la grange Walbridge (cf. Mystic), exposent, l'un des marchandises d'avant la Seconde Guerre mondiale à 1964, et l'autre une collection de machines agricoles et de voitures anciennes. *10km à l'ouest de Dunham par la route 202* **Musée Missisquoi** *2, rue River Tél. 450 248 3153 www.museemissisquoi.ca Ouvert fin mai-mi-oct. : tlj. 11h-16h30 Tarif billet combiné 10$, réduit 3-8$*

Mystic Ce minuscule village au cachet très anglo-saxon, perdu dans la verdure, possède la grange la plus célèbre des Cantons de l'Est, la **grange Walbridge**, annexe du musée Missisquoi. Cette structure dodécagonale peinte en rouge abrite aujourd'hui un écomusée agricole. Autour, le grand terrain est propice aux promenades et aux pique-niques. *20km à l'ouest de Dunham par la route 202 jusqu'à Bedford, puis la route 235 Nord sur 3km Tourner à gauche vers le village et remonter le chemin Mystic, parallèle à la route 235 La grange s'élève sur la gauche 100m env. avant l'auberge L'Œuf (au n°229)*

☺ **Frelighsburg** Classé parmi les plus beaux villages du Québec, Frelighsburg est lové dans une boucle de la rafraîchissante rivière aux Brochets. La frontière des États-Unis (État du Vermont) n'est qu'à 5km ! Sur deux petites hauteurs, un temple anglican (1880) et une église catholique (1883) se font face. Marquez impérativement une pause à l'ancien magasin général, qui abrite les Sucreries de l'érable, pour goûter la délicieuse tarte au fameux sirop. On y sert aussi des petits déjeuners et des repas légers. Un peu plus loin, allez déguster la spécialité de ce joli coin de campagne : le cidre de glace (p.292). *10km au sud de Dunham par la route 213* **Les Sucreries de l'érable** *16, rue Principale (en venant de Dunham, prendre la direction du Vermont, franchir le pont sur la rivière, le magasin est situé peu après sur la droite) Tél. 450 298 5181 www.lessucreriesdelerable.com Ouvert tlj. 9h-17h*

Où déguster du vin à la propriété ? Méconnu et produit en petite quantité, le vin québécois n'est souvent vendu que sur place. Peu de restaurants le servent et sa présence dans les boutiques de la Société des alcools du Québec reste limitée. Vous pouvez le déguster et l'acheter dans les domaines indiqués ci-après, entre Dunham et Stanbridge East. Pour de plus amples informations, joignez l'Association des vignerons du Québec. **vinsduquebec.com**
Domaine des Côtes d'Ardoise Un beau vignoble, dont le propriétaire est un passionné de sculpture... Ainsi, de juillet à octobre, quelque 150 œuvres d'artistes québécois sont exposées dans le ravissant jardin, ouvert à tous (2$). À la boutique, vente et dégustation (1-12$) de huit à dix vins maison, dont du rouge (merlot), du blanc sec (riesling), du rosé sec et aussi des vins et cidres de glace. Un petit restaurant sert à midi des repas légers (paninis, assiettes de fromages, 10-14$), que l'on peut déguster sur les tables à pique-nique posées entre les vignes. *879, rue Bruce* ***Dunham*** *(route 202, entre Dunham et Stanbridge East) Tél. 450 295 2020 www.cotesdardoise.com Ouvert mi-mai-fin oct. : lun.-jeu. 10h-17h, ven.-dim. 10h-18h ; nov.-mai : ven.-dim. 11h30-16h30 Restauration fin-juin-fin oct. : jeu.-dim. 11h-16h*

Vignoble de l'Orpailleur Le plus touristique des domaines viticoles de la région. On y trouve un économusée de la vigne et du vin, on peut y déguster les productions maison, pique-niquer puis se balader sur le domaine. Visites guidées d'environ 1h en été. Vin 15-29$ la bouteille (l'Orpailleur Réserve, un blanc que l'on ne peut acheter qu'au vignoble, est d'une qualité supérieure) ; vin de glace 29$ les 20cl. Également des apéritifs (mistelle). À midi, à la terrasse du restaurant Le Tire-bouchon de l'orpailleur, on savoure une assiette de fromages du terroir ou une cuisse de canard avec un verre de vin. Plats 18-25$. *1086, rue Bruce* ***Dunham*** *(route 202, entre Dunham et Stanbridge East) Tél. 450 295 2763 orpailleur.ca* **Domaine, boutique et musée** *Ouvert mai-oct. : tlj. 9h-18h ; nov.-avr. : tlj. 10h-16h Visites guidées mi-mai-oct. : tlj. à 11h30, 13h30 et 15h30 Tarif 10$* **Le Tire-bouchon de l'orpailleur** *Tél. 450 295 3335 Ouvert fin juin-mi-oct. : tlj. 11h30-16h*

Où goûter du cidre de glace ? Profitant, à l'instar du vin de glace, des rigueurs de l'hiver canadien, le cidre de glace est l'un des trésors du terroir québécois. Il est issu de pommes ayant gelé sur l'arbre et récoltées en décembre ou en janvier, par des températures inférieures à – 10°C. La fermentation du jus donne un nectar (non pétillant) doré et subtilement fruité. Servi très frais, le cidre de glace est un délice. On le déguste à l'apéritif, en digestif ou, comme les blancs moelleux, avec un foie gras, un fromage bleu ou un dessert.

Domaine Pinnacle Le plus prestigieux des producteurs de cidre de glace, maintes fois primé. Il produit environ 300 000 bouteilles par an, soit à partir de pommes ayant gelé sur l'arbre, soit à partir de fruits récoltés avant l'hiver et dont le jus est ensuite gelé. *150, chemin de Richford* ***Frelighsburg*** *(12km au sud de Dunham par la route 213 jusqu'à Frelighsburg, puis la route 237 Sud Le chemin Richford, à gauche, est fléché) Tél. 450 298 1226 domainepinnacle.com Ouvert nov.-début mai : w.-e. 10h-17h ; début mai-début nov. : lun.-ven. 10h-17h, w.-e. 10h-18h*

Clos Saragnat Chez ce voisin du domaine Pinnacle, l'accueil est moins commercial et la philosophie tout autre : culture biologique, ramassage à la main, transport à cheval, méthode entièrement artisanale, production réduite (10 000 bouteilles/an)... Le domaine a été fondé en 2003 par Louise Dupuis et Christian Barthomeuf, premier vigneron de Dunham (1979) et créateur du cidre de glace (1989). On vous en relatera l'épopée au cours d'une visite-conférence de 1h30 (15$ avec dégustations). 25$ la bouteille de 20cl. Également du vin de glace, du vin de paille, du cidre amer et du cidre fermier. *100, chemin Richford* ***Frelighsburg*** *(12km au sud de Dunham par la route 213 À Frelighsburg, prendre la route 237 Sud et bifurquer à gauche sur le chemin Richford L'entrée du Clos est à 3km sur la droite avant le Domaine Pinnacle) Tél. 450 298 1444 www.saragnat.com Ouvert début mai-fin oct. : tlj. 10h-18h ; mi-oct.-déc. : w.-e. 10h-17h*

Union Libre cidre & vin Face au vignoble Gagliano, non loin de L'Orpailleur : une belle boutique contemporaine à la fois espace de découverte et de dégustation de sa spécialité, le cidre de feu (obtenu par la fermentation du jus de pomme à la chaleur), mais aussi de plus classiques cidres de glace ou mousseux, en plus de vins blancs (riesling, gewurztraminer...) Dégustation 5$. Visite du vignoble sur réservation en été (14$). *1047, chemin Bruce* ***Dunham*** *(route 202 entre Dunham et Stanbridge East) Tél. 450 295 2223 www.unionlibre.com Ouvert mai-déc. : tlj. 10h-17h ; jan.-avr. : w.-e. 10h-18h*

À l'ouest de Sherbrooke

La région de Bromont et Granby n'a pas le charme rustique de la région des lacs ou de celle des vignobles. Desservies par l'autoroute, ces deux villes sont appréciées des Montréalais pour leurs activités récréatives.

Bromont Cette petite cité s'étale depuis 1964 au pied du mont Bromont, et sa station de sports d'hiver est très fréquentée par les Montréalais – cf. Skier dans les Cantons-de-l'Est (p.294). L'été, on peut en descendre les pistes à VTT (location sur place et montée en télésiège) et profiter du parc aquatique installé en contrebas. Bromont possède aussi plusieurs centres équestres réputés. L'agglomération a absorbé le vieux village de West Shefford et ses maisons en bois du XIXe siècle le long de la rue principale, abritant antiquaires, galeries d'art, restaurants et la confiserie Bromont où vous pourrez faire une pause sucrée (tartes, crêpes, crèmes glacées, etc.). *70km à l'ouest de Sherbrooke et 78km à l'est de Montréal, par l'autoroute 10, sortie 78 (la station est indiquée, à 2km)* **Bureau d'accueil touristique** *15, bd de Bromont Tél. 450 534 2006 ou 1 877 276 6668 www.tourismebromont.com Ouvert lun.-ven. 9h-17h, w.-e. 10h-16h* **Station Bromont** *Tél. 450 534 2200 ou 1 866 276 6668 www.skibromont.com* **Parc aquatique** *Ouvert mi-juin-début sept. : tlj. 10h-17h Tarif 36$, réduit 18-29$* **Pistes de VTT** *Ouvert mi-juin-mi-août : tlj. 10h-17h ; mi-mai-début juin, mi-août-mi-oct. : w.-e. 10h-17h Tarif 43$, réduit 32-37$ Location de vélos à partir de 40$/j.* **Confiserie Bromont (musée du Chocolat)** *679, rue Shefford Tél. 450 534 3893 www.museeduchocolatdebromont.ca Ouvert lun.-ven. 8h30-18h, w.-e. 8h30-17h*

Granby La deuxième agglomération des Cantons-de-l'Est (66 000 hab.) n'a pas un grand intérêt touristique, mais passé ses longues zones commerciales, elle présente un visage agréable avec ses parcs et fontaines. Quelques demeures victoriennes évoquent l'époque où Granby était un important centre industriel. La ville est située à moins d'une heure de route de Montréal et l'on peut pratiquer maintes activités de détente dans ses environs. *88km à l'ouest de Sherbrooke et 80km à l'est de Montréal par l'autoroute 10, sortie 68* **Maison du tourisme des Cantons-de-l'Est** *100, rue du Tourisme* ***Saint-Alphonse-de-Granby*** *(autoroute 10, sortie 68, le bureau se trouve juste au sud de l'autoroute) Tél. 450 375 8774 ou 1 866 472 6292 www.tourismegranbyregion.com Ouvert lun.-ven. 8h30-16h30, w.-e. 9h-17h ; mi-juin-début sept. : tlj. 8h30-17h30*

Centre d'interprétation de la nature du lac Boivin À deux pas de Granby, ce lac formé par la rivière Yamaska est un but de promenade familiale, à pied et à vélo en été, à skis et à raquettes à neige l'hiver. Ses quatre courts sentiers vous emmèneront à la découverte du marécage du lac Boivin peuplé de canards et de hérons (caches et tours d'observation), et de ses bois fréquentés par les écureuils et les chevreuils. L'hiver, le parc Daniel-Johnson, pointant sur le lac proche du centre-ville, permet de s'adonner au patin à glace. *700, rue Drummond (remonter la rue principale jusqu'à son extrémité est, puis la rue Drummond, le Centre d'interprétation est à 4km) Tél. 450 375 3861 www.cinlb.org Ouvert lun.-ven. 8h30-16h30, w.-e. 9h-17h*

Zoo de Granby On vient de très loin visiter ce grand zoo et son millier d'hôtes (tigres, gorilles, éléphants, kangourous...), pour la plupart originaires d'Afrique. On y trouve des manèges pour les petits, une ferme pédagogique, des animations (toucher une raie, caresser une perruche) et surtout le **parc aquatique Amazoo**, qui possède la plus grande piscine à vagues du Québec, une rivière aventure à descendre en bouée et un grand bassin de jeux avec toboggans. *1050, bd David-Bouchard Nord (2km au nord du centre-ville, à l'intersection avec la route 139) Tél. 450 372 9113 ou 1 877 472 6299 www.zoogranby.com Ouvert mi-mai-début sept. : tlj. 10h-19h Jusqu'à 20h en juil.-août ; début sept.-fin oct. : w.-e. et j. fér. 10h-17h Fermé début nov.-mi-mai sauf fêtes de fin d'année Tarif 38,95$, réduit 25,95-30,95$, familles 115,95$*

Skier dans les Cantons-de-l'Est

Les quatre principales stations de ski des Cantons-de-l'Est sont ouvertes de décembre à mi-avril selon l'exposition et l'enneigement de leur domaine skiable. Toutes disposent d'une école de ski et l'on peut y louer tout le matériel nécessaire.

Mont-Orford La deuxième station des Cantons-de-l'Est se targue des plus fortes dénivellations. Sommet 850m. Dénivelé 589m. Cinq remontées mécaniques, quatre tapis et 61 pistes. *4380, chemin du Parc* ***Orford*** *(à 9,2km de Magog par la route 141 À partir de Sherbrooke, autoroute 10, sortie 118 ou 115) Tél. 819 843 6548 ou 1 866 673 6731 www.orford.com Ouvert tlj. 8h30-15h50 Tarif 62$/j., réduit 35-52$*

Mont-Sutton Le plus grand domaine skiable des Cantons-de-l'Est, réputé pour ses sous-bois. Sommet 968m. Dénivelé 460m. Dix remontées mécaniques et 60 pistes. Également à Sutton, 35km de pistes de ski de fond et 80km de sentiers à raquettes. Nombreux séjours proposés en condo ou dans les hôtels et gîtes de Sutton. *671, rue Maple* ***Sutton*** *(accès par les routes 215 ou 139, 117km à l'est de Montréal et 83km de Sherbrooke par l'autoroute 10, sortie 90) Tél. 450 538 2545 ou 1 866 538 2545 www.montsutton.com Ouvert lun.-ven. 9h-16h, w.-e. 8h30-16h Tarif 62$/j., réduit 35-43$*

Owl's Head Sur la rive sud-ouest du lac Memphrémagog, les plus beaux panoramas. Sommet 753m. Dénivelé 540m. Huit remontées mécaniques et 52 pistes. *40, rue du Chemin-du-Mont-Owl's-Head* ***Mansonville*** *(69km au sud-ouest de Sherbrooke par l'autoroute 10 Ouest, sortie 106, prendre la route 245 puis 243 vers le sud) Tél. 450 292 3342 ou 1 800 363 3342 www.owlshead.com Ouvert tlj. 8h30-16h Tarif 50$/j., réduit 20-42$*

Station Bromont La station la plus accessible de Montréal. Sommet 565m. Dénivelé 385m. Neuf remontées mécaniques et 143 pistes dont 99 sont éclairées pour le ski nocturne. Nombreux forfaits avec hébergement, tout est centralisé. ***Bromont*** *(19km au sud-est de Granby, 80km à l'ouest de Sherbrooke et 85km à l'est de Montréal Accès par l'autoroute 10, sortie 78 La station, indiquée, est à 2km) Tél. 450 534 2200 ou 1 866 276 6668 www.skibromont.com Ouvert dim.-jeu. 9h-22h, ven.-sam. 9h-22h30 Tarif 65$/j., réduit 36-50$*

Parc national de la Yamaska Ce parc de 12,9km² protège le réservoir Choinière, une retenue créée en 1977 sur le cours de la Yamaska. Sa végétation profuse dominée par l'érable à sucre, le frêne d'Amérique et le cerisier tardif, est représentative des contreforts appalachiens. Un sentier de 19km env. fait le tour du plan d'eau, mais on peut effectuer des boucles plus courtes. Belle piste cyclable tracée au milieu de la forêt. Dépanneur, bar laitier, casse-croûte, location de vélos (14$/h) et d'embarcations (15-24$/h) au poste d'accueil et, à env. 1km de là, pelouses, aires de jeux et tables de pique-nique à côté d'une jolie plage surveillée l'été, et du terrain de camping (p.303). Les gardes du parc animent des activités de découverte, gratuites pour certaines, de mi-mai à début oct. De décembre à mars, le parc accueille les randonneurs à skis et à raquettes et organise des soirées "Pleine lune et raquettes", sorties aux flambeaux avec un garde forestier. *1780, bd David-Bouchard* ***Roxton Pond*** *(11km au nord-est de Granby Rejoindre le bd David-Bouchard par la rue Drummond ou la route 139 nord) Tél. 450 776 7182 ou 1 800 665 6527 parcsquebec.com/yamaska* ***Accueil*** *mi-mai-mi-oct. et mi-déc.-mars* ***Services*** *toute l'année Droit d'accès 8,50$, enfants gratuit Stationnement plage en été 8$/voiture*

CARNET D'ADRESSES

Restauration, hébergement

À Sherbrooke, l'hébergement est meilleur marché que dans la campagne estrienne, plus touristique. Vous trouverez nombre d'hôtels de chaîne et de motels aux entrées de la ville (à partir de 60$ la chambre) et de beaux gîtes dans les quartiers résidentiels proches du centre.

petits prix

Universités de Sherbrooke et Lennoxville Pour loger à moindre coût à la belle saison, pensez aux résidences étudiantes de cette grande ville universitaire. Les chambres laissées vacantes par les étudiants sont louées de la mi-mai à la mi-août (draps et serviettes fournis). Tarif 70$ pour deux à Sherbrooke, 75-95$ à Lennoxville. Les sdb sont en général communes. On peut aussi louer des appartements (avec 1 ou 2 chambres) à Lennoxville. Prenez contact avec les universités.

Université de Sherbrooke *2500, bd de l'Université Tél. 819 821 7663 www.usherbrooke.ca/hebergement* **Université de Lennoxville** *Rue du Collège (5km au sud de Sherbrooke par la route 143, puis 108 Est) Tél. 819 822 9651 ou 1 866 822 9200 www.ubishops.ca/residence*

prix moyens

Bistro Kapzak Le chef Jason Kacprzak a eu le génie de profiter de ses origines mi-polonaises mi-québécoises pour élaborer une réconfortante et intéressante cuisine fusion. On déguste ainsi des classiques de la cuisine polonaise, concoctés avec de bons produits locaux et parfois enrichis de foie gras. La grande salle moderne manque un peu d'âme, mais le service et les assiettes réchauffent l'atmosphère. Comptez 25-40$ le soir, table d'hôtes à 16$ à midi. Brunch plus classique le w.-e. *20, rue Wellington Sud* ***Sherbrooke*** *Tél. 819 791 1176 www.bistrokapzak.ca Ouvert mar.-ven. 11h30-22h, sam.-dim. 9h30-22h*

Auguste Une table classique et incontournable de Sherbrooke, qui offre une cuisine bistronomique de qualité dans un décor aux lignes contemporaines. À l'apéro, laissez-vous tenter par une poutine inversée (petite bouchée de pomme de terre farcie de fromage et sauce brune) avant de déguster les autres spécialités de la maison (tartare, risotto, boudin noir...), toujours très bien réalisées. Service professionnel et petite terrasse sur le trottoir en été. Table d'hôtes à partir de 28$ le soir et 18$ au déjeuner. Entre 17h et 18h et après 21h, menu à 20$. Brunch le w.-e. *82, rue Wellington Nord **Sherbrooke** Tél. 819 565 9559 www.auguste-restaurant.com Ouvert lun.-mer. 11h30-14h30 et 17h-22h, jeu.-ven. 11h30-14h30 et 17h-23h, sam. 10h30-14h30 et 17h-23h, dim. 10h30-14h30 et 17h-22h*

Charmes de Provence Au cœur d'un quartier cossu, une maison familiale de 1875 dont la façade (crépi jaune et volets lavande) tout comme l'intérieur (boutis et collection de cigales) évoquent la Provence. Les trois chambres (90-140$) sont claires, chaleureuses et nettes. En été, évitez l'Aix-en-Provence, qui donne sur la route. Petit déjeuner consistant, à base de produits maison. Wifi. *350, rue du Québec **Sherbrooke** Tél. 819 348 1147 www.charmesdeprovence.com*

prix élevés

☺ **Antidote FoodLab** En dépit de son nom quelque peu étrange et son adresse pas simple à dénicher (en demi-sous-sol, sous la banque de Montréal), ce restaurant vaut le détour pour ses classiques québécois finement revisités. Ingrédients du terroir, créativité et une touche de cuisine moléculaire sont à la base de chaque plat, telle cette entrée surnommée "les carottes sont cuites", déclinant ce légume sous toutes ses formes, le pâté chinois à la joue chevaline, ou encore cette glace au pop-corn. Aussi beau que bon ! La grande salle aux murs de pierre affiche un décor boisé et chaleureux, tout en soulignant l'ancienne fonction de l'endroit, une usine textile. Bons cocktails, ambiance décontractée. Comptez 35-50$ le repas. Réservation conseillée. *Place Andrew-Paton 35, rue Belvédère-Nord (suite 10) **Sherbrooke** Tél. 819 791 9117 www.antidotefoodlab.com Ouvert mar.-jeu. 17h-22h, ven.-sam. 17h-23h*

☺ **Marquis de Montcalm** Ce gîte joyeux est un pur bonheur... Vous serez accueilli par la souriante Tanh-hoa Bui, qui a transformé sa maison de bois en nid douillet. Tombée "en amour" de Paris au cours d'un séjour avec son compagnon, elle a nommé ses 3 chambres et 2 suites Cour de Versailles, Jardin du Luxembourg, Place des Vosges, D'Orsay et Jardin des Tuileries. Toutes sont claires, parquetées et disposent d'un salon. La décoration chinée de-ci de-là est un brin baroque (voire un tantinet kitsch) : angelots, miroirs aux cadres dorés, vases en cristal, voilages, fresques, lits à baldaquin, etc. Tarif, selon la chambre, 119-159$. Clim. en été. Jacuzzi dans le jardin. Réservez dès que possible. *797, rue Général-de-Montcalm **Sherbrooke** Tél. 819 823 7773 ou 1 866 421 7773 www.marquisdemontcalm.com*

Autour du mont et du lac Mégantic

prix moyens

☺ **Auberge Le Saint-Léon** À mi-chemin du lac Mégantic et du parc du Mont-Mégantic, cet ancien magasin général de 1895 fort bien conservé loue 5 chambres pleines de cachet. Mansardées et égayées de jolies couleurs, elles se partagent deux sdb. Calme garanti par l'isolement du hameau de Val-Racine. Les pensionnaires peuvent dîner sur fond de jazz et de blues, auprès d'un vieux poêle et d'un piano patiné. Décor feutré et accueil prévenant. Comptez 100$ avec le copieux petit déjeuner, dîner env. 30$/pers. (apportez votre vin). Cartes Visa acceptées. *999, chemin de Piopolis* ***Val-Racine*** *(env. 75km à l'est de Sherbrooke) Tél. 819 657 1037 www.aubergesaintleon.com*

☺ **Hébergement aux cinq sens** Pour un séjour original et ressourçant, dans de confortables yourtes situées sur les hauteurs du lac, en pleine forêt. Chacune des 5 yourtes est dotée de deux sofas-lits (draps non fournis), d'une cuisine et d'un poêle à bois pour en jouir tout au long de l'année. Toilettes sèches à l'extérieur, coin feu et barbecue commun, mais véritable sdb à l'accueil. Sur commande, tous les ingrédients pour préparer son petit déj. peuvent être fournis dans un panier pique-nique (7,50$/pers.). On profite aussi de bucoliques sentiers menant à un petit ruisseau, de jeux de pistes pour les enfants et de divers forfaits bien-être (sauna, jacuzzi). Séjour de 2 nuitées minimum (210$ pour 2 pers., 15$ par adulte suppl.), mais possibilité d'y loger une seule nuit s'il reste de la place (115$). Accueil des plus chaleureux. *250, rang des Grenier* ***Piopolis*** *Tél. 819 583 0885 www.auxcinqsens.ca*

Autour du lac Massawippi

À North Hatley, les auberges et B&B de qualité sont nombreux. N'hésitez pas à prospecter et à visiter avant de faire votre choix (c'est de coutume au Québec). En revanche, les prix sont plutôt élevés, vous trouverez peu de chambres à moins de 100$. North Hatley est 21km au sud de Sherbrooke par la route 108 ; Ayer's Cliff est 47km au sud-ouest de Sherbrooke par la route 208.

camping

Camping du lac Massawippi Un camping de 300 places (28-54$ l'emplacement) idéal pour un séjour familial, avec sa plage de sable et sa baignade surveillée. Les emplacements sont bien aménagés (barbecues notamment), mais les sanitaires assez rudimentaires. Les tentes sont rassemblées côté gauche, passé la "forêt" de caravanes géantes et de mobil-homes. Courts de tennis et terrain de volley. Location de canots, de pédalos et de kayaks (5$/h). *435, rue Main* ***Ayer's Cliff*** *(2km à l'ouest du centre, sur la route de Magog) Tél. 819 838 4988 www.campingdulacmassawippi.com Ouvert mi-mai-mi-sept.*

prix moyens

Pilsen Un pub-restaurant face au lac. C'est la bonne adresse de North Hatley pour boire un verre (bière Massawippi au fût) et manger sans se ruiner à toute heure de la journée. On y sert une cuisine honnête, plus élaborée le soir, dont les fameuses côtes levées (côtes de porc) de la maison à partir de 18$. Table d'hôtes 15$ à midi, 31-39$ le soir, avec des plats du jour comme le mi-cuit de thon rouge. Pour grignoter : assiette de campagne ou ailes de poulet. Grande salle claire à l'étage, pub plus cosy en-dessous et adorable terrasse donnant sur la rivière. *55, rue Main* ***North Hatley*** *Tél. 819 842 2971 www.pilsen.ca Ouvert tlj. à partir de 11h30*

prix élevés

À la cornemuse *So Scottish !* Au début du XXe siècle, les élégantes de North

Hatley allaient déjà prendre le thé dans cette auberge ouverte par une famille écossaise. Mobilier d'époque, tentures et nappes façon tartan, papier peint fleuri... Rien ne semble avoir changé depuis ! Cinq chambres coquettes, de 109$ à 159$. La suite St. Andrew's possède un salon et un beau balcon. Terrasse et véranda ravissantes, petit déj. gourmet. Ce gîte est apprécié des amateurs de golf, car le green de North Hatley est à deux pas. À 10min à pied du lac, sur les hauteurs du village. *1044, rue Massawippi* ***North Hatley*** *Tél. 819 842 1573 www.cornemuse.qc.ca*

prix très élevés

Auberge Ripplecove Cet établissement champêtre riverain du lac Massawippi jouit d'une tranquillité absolue. Il loue 31 chambres à la fois luxueuses et cosy (à partir de 250$), et des forfaits permettent de profiter aussi du restaurant gastronomique et du spa. Nombreuses activités : tennis, kayak, vélo et bain à remous extérieur en été ; patinoire éclairée, pistes de ski de fond et de raquettes, pêche sous la glace en hiver. Parfait pour une escapade romantique... *700, rue Ripple Cove* ***Ayer's Cliff*** *(1km au nord du centre et de la rue Main Suivre les panneaux) Tél. 819 838 4296 ou 1 800 668 4296 www.ripplecove.com*

☺ **Manoir Hovey** Cette auberge chic occupe depuis 1950 l'auguste demeure bâtie en 1899 par un riche Américain, Henry Atkinson. À peine a-t-on franchi le seuil que le charme opère... Bibliothèque avec cheminée, élégante salle à manger lambrissée de chêne, 37 chambres douillettes au cachet rétro et aux meubles patinés, réparties dans divers pavillons. La plupart disposent d'un lit à baldaquin, d'une cheminée et d'un balcon sur le lac. À partir de 270$ en haute saison. Le restaurant réputé sert une cuisine raffinée qui s'appuie sur les produits du terroir estrien et sur une belle carte des vins. Un endroit sélect à souhait (tenue de ville pour les hommes) au service impeccable. Table d'hôtes 75$ et menu dégustation 100$ pour les non-résidents. Le bar est plus décontracté. Ouvert à tout le monde, il permet de profiter de cet endroit d'exception sans se ruiner. Quant au luxuriant jardin anglais, il domine le lac Massawippi, enchanteur en toute saison. Piscine, plage de sable et nombreuses activités. *575, rue Hovey* ***North Hatley*** *(2km au sud-ouest du bourg, dir. Sainte-Catherine-de-Hatley, c'est fléché) Tél. 819 842 2421 ou 1 800 661 2421 www.manoirhovey.com*

Autour du lac Memphrémagog

Magog est situé 27km au sud-ouest de Sherbrooke par la route 112, Georgeville 17km au sud de Magog par la 247. À Magog, plusieurs B&B se concentrent le long de la charmante rue Abbot, à deux pas du centre. Vous trouverez des motels économiques aux entrées ouest (rue Principale Ouest) et est (rue de Hatley) de la ville.

prix moyens

Restaurant Pinocchio Dans un décor moderne qui sied aux bistrots gastronomiques actuels, la carte suffit à mettre l'eau à la bouche ! Les classiques de la maison : pièce de bœuf et poisson mis en scène avec oignons caramélisés, bacon, poivre rose ou encore estragon... Les recettes jouent sur des mariages inventifs, joliment présentés qui plus est. Belle terrasse en été. Plats 19-39$. Bonne carte des vins. *469, rue Principale Ouest* ***Magog*** *Tél. 819 868 8808 www.restaurantpinocchio.com Ouvert dim.-jeu. 11h-22h, ven. 11h-23h, sam. 17h-23h*

☺ **Auberge McGowan** Dans sa catégorie, c'est notre coup de cœur ! On adore absolument tout dans cette vieille auberge : son air d'autrefois, la terrasse face au lac Memphrémagog, l'ambiance conviviale... Bâtie par les McGowan en 1883, elle est tenue par un couple sympathique, qui mise sur la simplicité. Les chambres ne sont pas bien grandes, mais ouatées et lumineuses. Au 1er étage, 5 chambres sans sdb à 90$ côté cour et 100$ côté lac. Au 2e étage, 5 chambres avec sdb à 120$ côté cour et 130$ côté lac. Attention, cette vieille demeure en bois est un peu sonore. On y sert une cuisine de bistrot à midi (burgers, pâtes, salades, pizzas, etc., table d'hôtes 13-19$) et des mets plus élaborés le soir (filet de truite au curry, jarret de porc à la bière, table d'hôtes 36-40$). *51, carré Copp* ***Georgeville*** *(tourner à droite au niveau du magasin général et continuer jusqu'au lac) Tél. 819 843 2126 www.aubergemcgowan.com Ouvert début mai-mi-oct.* **Restaurant** *Ouvert début mai-début sept. : tlj. midi et soir ; fin avr.-fin juin, début sept.-mi-oct. : jeu.-dim. midi et soir*

La Belle Victorienne Victorienne, cette résidence l'est du papier peint à fleurs de ses pièces à ses jardins ! Chacune des 10 chambres a son cachet. Demandez à les visiter. La Somptueuse jouit d'une terrasse. Certaines sont installées dans une maison au bout du jardin, aussi confortables et donnant sur la rue Abbot, plus calme. De 99 à 139$ la double avec accès au jacuzzi extérieur. Divers forfaits possibles. Petit déjeuner continental inclus. *142, rue Merry Nord* ***Magog*** *Tél. 819 847 0476 ou 1 888 440 0476 bellevictorienne.com*

prix élevés

Aux jardins champêtres Allez vous régaler des produits du terroir estrien dans cette spacieuse maison bleue. Canards et pintades élevés sur place, légumes et fines herbes du potager... Quelques exemples de plats alléchants : potage de cresson aux poires, magret de canard au genièvre, émincé de volaille aux cerises de terre, etc. On peut déguster le tout lors de brunchs matinaux (8h à midi) ou le soir. Il faut apporter son vin (pensez à faire un détour par la SAQ de Magog). Comptez 25$ pour le brunch ou la table d'hôtes trois services, et 46$ pour six services. Également 5 chambres (109$, 1/2 pension 208$/2 pers.), mais déconseillées car proches de la salle à manger et de la route. *1575, chemin des Pères* ***Magog*** *(env. 10km au sud-ouest du centre-ville Prendre la route 112 dir. Montréal puis, avant l'autoroute, bifurquer sur la gauche dir. Austin Faire 6km sur le chemin des Pères, le restaurant est sur la droite) Tél. 819 868 0665 www.auxjardinschampetres.com Sur rés. au moins une demi-journée à l'avance*

À l'ancestrale Un beau B&B, au cœur de Magog dans une demeure centenaire. Les 5 chambres (89-159$) sont impeccables et de style différent, avec une déco un peu chargée. Toutes ont un frigo et trois d'entre elles disposent d'une terrasse. Petit déjeuner bio. Spa extérieur. Divers forfaits, avec massages, repas, randonnée, etc. Accueil prévenant... *200, rue Abbott* ***Magog*** *Tél. 819 847 5555 www.ancestrale.com*

Autour du mont Orford

Orford est à 7km de Magog par la route 141. De Sherbrooke, il faut suivre l'autoroute 10, sortie 118 ou 115, puis la route 141.

petits prix

Campings du Parc national du Mont-Orford Au bord du lac Stukely, dans un cadre superbe, 276 emplacements ombragés, et pour certains littéralement cachés sous les arbres (30-43$/j.). Tout près, une petite plage et des dizaines de tables. Un autre camping en forêt, moins fréquenté, à 1,4km de la plage du lac Fraser : 149 emplacements, dont 50 avec l'électricité (mêmes tarifs). Deux autres sites plus rustiques, accessibles à pied uniquement, plusieurs refuges sans eau courante ni électricité, mais chauffés l'hiver, pour 7 à 24 pers. (23-26$/pers.). Possibilité de camper l'hiver. Également, tentes Huttopia pour un séjour en prêt-à-camper (100-120$/j.) et 5 chalets tout équipés pour 4 pers. (à partir de 145$/la nuit). Droits d'accès au parc en sus. *Chemin du Parc* ***Orford*** *(à 7km de Magog par la route 141 De Sherbrooke par l'autoroute 10, sortie 118 ou 115, puis la route 141 Le camping est à 5km de l'accueil Le Cerisier) Tél. 819 843 9855 ou 1 800 665 6527 www.sepaq.com/pq/mor Ouvert début mai-début oct. L'hiver, téléphoner*

prix moyens

☺ **Orford Musique** Cette académie de musique (organisme à but non lucratif) ouvre son auberge à tous. Si elle est réservée aux jeunes musiciens de fin juin à mi-août, le reste du temps, c'est un très bon plan pour les visiteurs du parc : 89 chambres sans TV ni téléphone mais avec sdb, réparties dans quatre pavillons, à partir de 70$ selon le confort et la saison. Des refuges rustiques et disséminés dans la nature environnante sont disponibles de mi-mai à mi-octobre et peuvent être réservés y compris l'été (sdb commune, draps non fournis, à partir de 60$). Enfin, le Bistro (ouvert même aux non résidents) assure une cuisine de qualité à un prix très raisonnable (table d'hôtes 10-22$ à midi et 26-39$ le soir) et dans un environnement agréable. *3165, chemin du Parc* ***Orford*** *Tél. 819 843 3981 ou 1 800 567 6155 (poste 233) www.arts-orford.org Restaurant Ouvert mar.-ven. 11h30-13h30 et soirs de concerts*

prix élevés

☺ **Entre cimes et racines** Au beau milieu des bois, 12 gîtes écologiques pouvant accueillir de 2 à 4 personnes. Ce sont pour la plupart de beaux chalets rustiques (avec ou sans électricité, toilettes sèches intérieures ou extérieures, sdb commune), mais les plus surprenants sont deux habitats troglodytiques, inspiré du monde de Tolkien pour celui nommé Le Hobbit, et construit dans des rochers pour Le Pierre à feu ! Tous bien aménagés (foyer au bois, cuisine), ils s'intègrent parfaitement dans la nature environnante. Apportez vos draps et de quoi manger, et laissez-vous emporter dans cet imaginaire qui enchantera enfants et parents. De 95$ à 140$ la nuit (2 à 3 nuitées min. en haute saison). *80, chemin Simard* ***Bolton-Est*** *(6km au sud d'Eastman par le chemin Bellevue) Tél. 450 297 0770 ou 1 866 297 0770 entrecimesetracines.com*

prix très élevés

Espace 4 saisons Au pied des pistes de ski (à moins d'un kilomètre du mont Orford), ce complexe hôtelier quatre étoiles se compose d'un pavillon originel de style chalet de montagne et d'une section beaucoup plus moderne (ouverture en nov. 2016), avec piscine et une cinquantaine de chambres supplémentaires. Quel que soit votre choix, le service est digne d'un grand hôtel. Les chambres très contemporaines (sol en béton, déco minimaliste) sont spacieuses et claires. Un spa, un restaurant gastronomique et un pub complètent les services. Doubles 130-

195$. *4940, chemin du Parc* **Orford** *Tél. 819 868 1110 ou 1 877 768 1110 www.4saisonsorford.com*

Autour du lac Brome

Knowlton est établi sur la rive sud du lac Brome, à env. 75km au sud-ouest de Sherbrooke par l'autoroute 10 et la route 243. Glen Sutton se trouve une centaine de kilomètres au sud-ouest de Sherbrooke par les routes 10, 245 et 243, la route de Mansonville, puis le chemin de la Vallée-Missisquoi vers l'ouest.

petits prix

☺ **Star Café** Logé dans une ancienne tannerie datant de 1855, c'est le café du village, où tout le monde se retrouve sur la terrasse au matin, dans la salle de concert à l'étage en soirée (ven.-sam.), et devant de savoureuses platées gourmandes le reste de la journée. La grande salle tout de bois vêtue est baignée de lumière... et de bonnes odeurs ! La spécialité maison : la viande et le saumon fumés à l'ancienne au bois d'érable. Des délices que l'on retrouve dans les sandwichs, les salades (7-13$) et les assiettes de petit déjeuner pantagruéliques (5-13$), tous concoctés avec des produits locaux. *61, chemin Lakeside* **Knowlton** *(dans le centre) Tél. 450 243 5222 Page Facebook Ouvert lun.-jeu. 7h-18h, ven. 7h-20h, sam. 8h-20h, dim. 8h-18h*

Café Tintorreto Un charmant petit endroit, coquet comme une maison de poupée, garni d'un vieux piano et de livres d'occasion, où les habitués du village se réunissent autour d'un café. On s'y régale de bonnes soupes (froides ou chaudes) aux accents polonais, accompagnées de *scones* et pain maison. Pour les plus grosses faims, pizzas, salades et sandwichs (les *melts*, délicieusement fondants, sont particulièrement recommandés). Comptez 10-15$ le repas. *20, rue Principale Nord* **Sutton** *(au bout du petit centre commercial) Tél. 450 538 2207 Ouvert jeu.-dim. 11h-16h*

☺ **Au diable vert** Cette auberge est accrochée au mont Sutton, à 300m d'altitude, face aux vallons du Vermont. Impressionnante variété d'hébergements ! Trois appartements (159$ pour 2 pers.), 32 sites de camping rustique (35$ pour 2 et 15$/pers. suppl.) Dans la forêt, 12 chalets pour 4-8 pers., sans électricité, mais avec poêle à bois et toilettes sèches à l'extérieur (60-120$ pour 2 pers., 100-160$ pour 4). Et aussi des refuges dans les arbres, une tente 4 saisons, 2 caravanes *vintage*, des petites cabines modernes (79-119$ pour 2 pers.), l'embarras du choix ! Avec 14km de sentiers (accès 5$ si vous n'y séjournez pas) reliés aux réseaux de Sutton et de l'Estrie. Ils se transforment l'hiver en pistes de ski de fond et de raquettes (location sur place). Parmi les autres activités, kayak sur la rivière Missisquoi et vélo volant (p.290) ! Pas de restauration, mais de la viande de bœuf Highland élevé sur place parfaite pour un barbecue. *169, chemin Staines* **Glen Sutton** *Tél. 450 538 5639 www.audiablevert.com*

prix moyens

Lakeview Inn Construite en 1874 par des loyalistes, l'auberge historique de Knowlton a vu défiler l'aristocratie et les célébrités locales. Le raffinement d'autrefois et les boiseries sombres du lieu font tout son charme, de la réception aux 28 chambres (assez petites) et suites (ouvrant sur une grande terrasse). Quelques concessions au XXIe siècle : une piscine chauffée, la climatisation, des baignoires à remous et la télévision câblée ! Salle à manger romantique et dîner aux chandelles. Vieux pub à l'anglaise. Chambre double 99-135$, suite 150-195, petit déj. 6-15$. Un bon rapport qualité-prix, avec parfois d'intéressants forfaits proposés sur le site Internet. *50, rue Victoria* ***Knowlton*** *Tél. 450 243 6183 ou 1 800 661 6183 www.aubergelakeviewinn.com*

prix élevés

Auberge Knowlton Dans cette auberge ouverte en 1849, les étages abritent une douzaine de chambres à la décoration champêtre (130-150$, petit déj. 9$/pers.), agréables mais bruyantes côté rue. Le restaurant Le Relais, orné d'enseignes et d'outils agricoles anciens, est convenable mais se révèle surtout pratique car ouvert tous les jours. Sa carte pléthorique affiche les traditionnels hamburgers et steaks, des moules marinières, sans oublier le canard du lac Brome (comptez 20-40$ en soirée, carte plus simple à midi : 13-20$). Menu enfant 10$. Terrasse en été. *286, chemin Knowlton* ***Knowlton*** *(dans le centre-ville) Tél. 450 242 2232 (restaurant) www.aubergeknowlton.ca* ***Restaurant*** *Ouvert mi-juin-mi-oct. : tlj. 8h-22h ; mi-oct.-mi-juin : tlj. 11h30-22h*

Le Pleasant Un hôtel-boutique situé au cœur du village de Sutton, dans une belle maison bourgeoise centenaire. Les 10 chambres affichent un style très contemporain, déco épurée et couleurs sombres, qui se marie bien avec les boiseries d'origine, notamment dans les mansardes du second niveau. Au rez-de-chaussée, un bar-café-pâtisserie tout aussi tendance, se prolonge en une belle terrasse. On y goûte de délicieux petits gâteaux, et à l'apéro, des vins de la région et de fines bouchées issues du terroir local. Double 145-185$, petit déj. 10-18$. *1, rue Pleasant* ***Sutton*** *(dans le centre) Tél. 450 538 6188 www.lepleasant.com* ***Café-bar*** *Ouvert mer.-dim. 7h-19h*

Sur la Route des vins

Dunham est situé 100km au sud-ouest de Sherbrooke par l'autoroute 10 et les routes 241 et 202. Frelighsburg est 10km au sud de Dunham via la route 213.

camping

Camping des Chutes Hunter Dans un cadre splendide, au bord de la rivière aux Brochets, 328 emplacements, avec ou sans commodités (30-45$). Ces derniers sont les plus calmes et situés près de la rivière. Plage de sable au bord d'un étang, piscines, bibliothèque, aires de jeux, sentiers de randonnée, ciné-film, soirées dansantes... Difficile de s'y ennuyer ! Activités pour enfants, dépanneur et petit restaurant-snack sur place. *18, chemin des Chutes* ***Frelighsburg*** *(prendre la route 237 Nord à droite avant le pont Faire 2,5km et tourner à gauche sur le chemin du Moulin-à-Scie, puis à droite sur le chemin des Chutes) Tél. 450 298 5005 www.campingdeschuteshunter.com Ouvert mi-avr.-mi-oct.*

prix moyens

Restaurant Lyvano Au cœur de Frelighsburg, ce restaurant élégant cache derrière sa façade bleue une irrésistible terrasse ombragée bordée par la rivière aux Brochets. Difficile de faire plus bucolique ! La cuisine est tout aussi agréable. Les viandes grillées et les pâtes sont les spécialités du chef, mais la carte comporte aussi poissons et fruits de mer, tous joliment présentés. Table d'hôtes du soir 31-42$, plats 12-22$ à midi. Carte des vins bien fournie. *4, rue Principale* ***Frelighsburg*** *Tél. 450 298 1119 www.restaurantlyvano.com Ouvert mer.-lun. 11h30-21h*

☺ **Domaine des Chutes** Ce gîte de charme a tout pour retenir les voyageurs en quête de tranquillité... Un site de rêve propice aux balades et aux baignades dans la rivière aux Brochets, une vue plongeante sur les chutes Hunter, une ambiance chaleureuse et un brin bohème... Cinq jolies chambres (de 95$ à 103$), dont 4 avec vue imprenable sur les chutes. Copieux mais sains petits déjeuners servis sur la grande terrasse. Cuisinette à disposition. Également un chalet pour 2 pers. (525-650$/sem.). Les propriétaires, artistes, proposent aussi des cours de dessin. Accueil irréprochable. *6, chemin des Chutes* ***Frelighsburg*** *(à Frelighsburg, prendre la route 237 Nord à droite avant le pont Faire 2,5km et tourner à gauche sur le chemin du Moulin-à-Scie, puis à droite sur le chemin des Chutes) Tél. 450 298 5444 www.chutes.qc.ca*

☺ **Auberge L'Œuf** Quelle bonne surprise de trouver dans ce hameau perdu un tel établissement ! Cette vieille maison en bois abrite une chocolaterie, une épicerie fine de produits du terroir, un bon restaurant et un hôtel. Les 6 chambres au décor champêtre sont vastes et très confortables (100-125$ avec petit déjeuner complet inclus). La table propose une cuisine classique (confit de canard, lapin à la moutarde) préparée avec des produits locaux, que l'on déguste dans une élégante salle à manger (table d'hôtes 32-45$ le soir, comptez 15-20$ à midi). Enfin, la boutique perpétue la tradition du magasin général qui officiait autrefois en ces murs, avec son joli assortiment de confitures, moutardes, sorbets, gâteaux... la plupart faits maison. Arrêt obligatoire à Mystic ! *229, chemin Mystic* ***Mystic*** *Tél. 450 248 7529 www.loeufamystic.com Ouvert mer.-dim. Boutique 10h-21h Restaurant 11h30-14h et 17h-21h*

À l'ouest de Sherbrooke

Granby et Bromont ne sont pas les localités les plus charmantes des Cantons-de-l'Est, mais vous trouverez en cas de besoin plusieurs hôtels de chaîne et des motels à l'entrée ouest de Granby, le long de la route 112. Dans cette agglomération, la deuxième de la région, comme à Bromont, grande station touristique, il existe pléthore de restaurants, pour tous les goûts et tous les budgets. Granby est située 88km à l'ouest de Sherbrooke par l'autoroute 10, sortie 68.

très petits prix

Camping du Parc national de la Yamaska Il est installé près de la plage et du poste d'accueil, sous les sapins. L'emplacement revient à 30-38$ pour 2 adultes, avec ou sans enfants. Réservez longtemps d'avance l'été et le week-end. Plus près de l'eau, pour plus de tranquillité, des sites de vélo-camping ou de canot-camping sur la rive nord du réservoir, à 4,3km. Plus confortables, des tentes Huttopia offrent un service prêt-à-camper (100-120$ pour 4 pers.) et des "chalets nature" accueillent les visiteurs été comme hiver (145-161$ pour 4 pers.). Droits d'entrée au parc en sus. *1780, bd David-Bouchard* ***Roxton Pond*** *(11km au nord-est de Granby par la rue Drummond ou la route 139 nord) Tél. 450 776 7182 ou 1 800 665 6527 www.sepaq.com/pq/yam*

Baleine dans le Saint-Laurent (p.482).

Chiens de traîneau.

GEOREGION

QUÉBEC ET LE CENTRE

Plan 11 Québec et le Centre

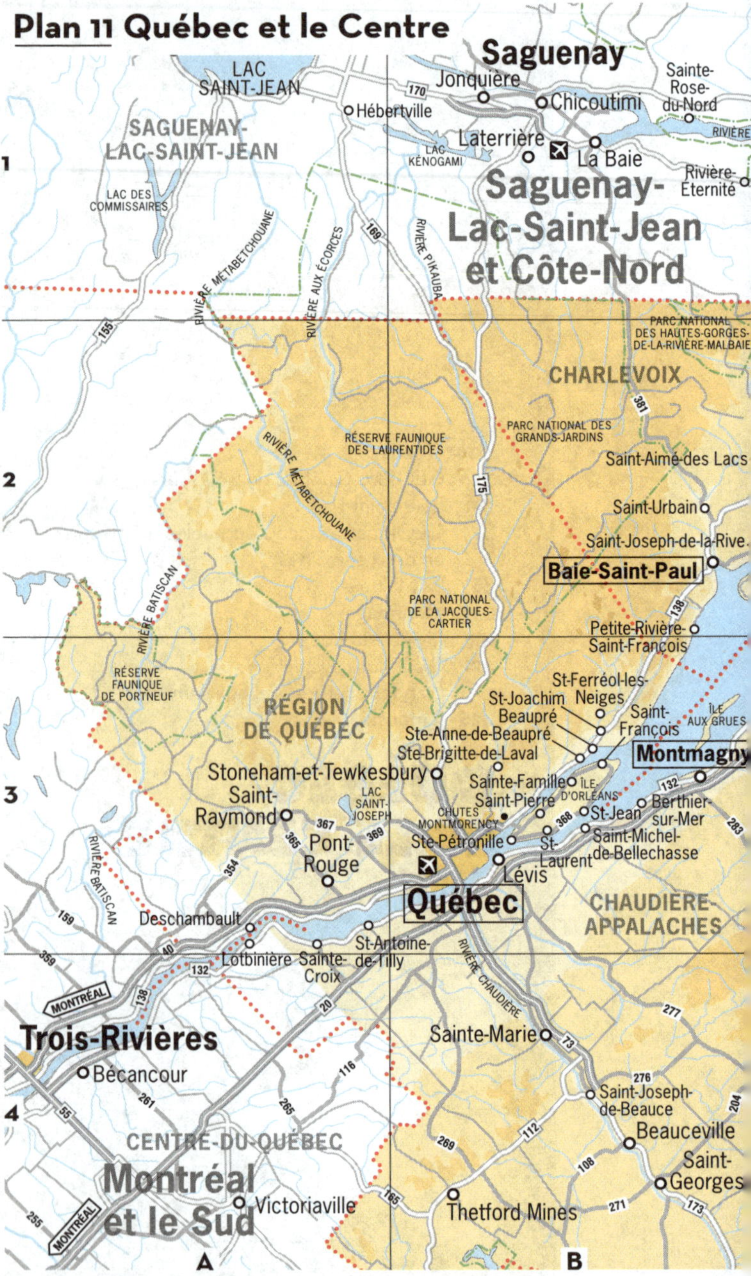

MANI-
COUAGAN
SAINT-LAURENT
FORESTVILLE
SEPT-ÎLES
Sainte-Luce
Pointe-au-Père
GASPÉSIE
Rimouski
ÎLE
DU BIC
PARC NATIONAL
DU BIC
Le Bic
Saint-Narcisse
de Rimouski
Les Escoumins
Essipit
SAGUENAY
Sacré-
Cœur
Les Bergeronnes
Centre d'interprétation
des mammifères marins
Tadoussac
ÎLE AUX
BASQUES
Baie-Sainte-Catherine
RÉSERVE
FAUNIQUE
DUCHÉNIER
Trois-Pistoles
RÉSERVE
FAUNIQUE
DE RIMOUSKI
PARC MARIN
DU SAGUENAY-
SAINT-LAURENT
ÎLE
VERTE
L'Isle-Verte
Saint-Georges-
de-Cacouna
RIVIÈRE MALBAIE
Saint-Siméon
Port-au-Persil
ÎLE AUX
LIÈVRES
Rivière-du-Loup
Grand-Fonds
Notre-Dame-du-Portage
Clermont
LAC
TÉMISCOUATA
Cap-à-l'Aigle
Saint-André
Sainte-
Agnès
La Malbaie
Pointe-au-Pic
BAS-SAINT-
LAURENT
Kamouraska
Saint-Irénée
Les Éboulements
ÎLE AUX
COUDRES
La Pocatière
LA GRANDE RIVIÈRE
Saint-Roch-
des-Aulnaies
Saint-Jean-
Port-Joli
L'Islet-sur-Mer
ÉTATS-UNIS
(MAINE)
N
25 km
Blanc-
Sablon
Sept-Îles
Saguenay
Gaspé
Québec
Montréal
Ottawa
C
D
172
170
138
132
234
232
293
185
230
289
362
20
204

★ QUÉBEC

Seule cité fortifiée d'Amérique du Nord et classée au patrimoine mondial par l'Unesco en 1985, Québec entretient son exception et savoure ses honneurs. Berceau de la civilisation française au Nouveau Monde, elle garantit l'identité culturelle de la province dont elle est la capitale, et nulle autre cité du Québec ne répond mieux à sa devise, "Je me souviens". La place Royale, le quartier du Petit-Champlain, le château Frontenac, les plaines d'Abraham et les innombrables ruelles séculaires de la ville offrent de surcroît un magnifique cadre de vie à ses habitants. Car, rechignant à adopter le rythme effréné des Montréalais, les Québécois n'ont pas oublié de vivre ! De la Basse-Ville à l'avenue Cartier, on ne compte plus les cantines ni les tables prestigieuses et, dans la Grande-Allée, épicentre de l'animation nocturne, les week-ends sont tumultueux. Dans le sillage de Saint-Jean-Baptiste, quartier grouillant de cafés et de petits restos, Saint-Roch est le nouveau cœur vibrant de la ville avec ses boutiques et restaurants branchés, ses ateliers d'artistes et espaces d'exposition qui, tel le complexe Méduse, explorent de nouveaux champs artistiques. Les cyniques se plaisent à dire que Québec offre un concentré du Vieux Continent aux Américains qui n'ont pas les moyens de se rendre en Europe. Mais à ces derniers, la ville dévoile avant tout une partie de leur histoire. Car il faut aussi avoir vu Québec pour comprendre l'Amérique.

LE BERCEAU DE LA NOUVELLE-FRANCE (1535-1759) En septembre 1535, au cours de sa deuxième expédition, Jacques Cartier jette l'ancre à proximité du village iroquois de Stadaconé, l'actuelle Donnacona. Il érige un premier fort et, misant sur la découverte de pierres précieuses, donne au promontoire qui domine le site le nom de cap aux Diamants. Mais l'hiver, la famine et le scorbut auront raison de son ambition. En mai 1536 il retourne en France avec les survivants. Sa seconde tentative d'implantation en 1541 se solde aussi par un échec. Quand à son tour en 1543, le sieur de Roberval capitule devant les difficultés, François Ier renonce à la colonisation du Canada. Mais on connaît désormais les ressources de ces terres lointaines, notamment les bénéfices à tirer du commerce des fourrures. En juillet 1608, Samuel de Champlain débarque sur le site de Kebek ("là où le fleuve se rétrécit" en algonquin) et élève son "Abitation" sur l'actuelle place Royale. Cette résidence fortifiée et poste de traite demeurera dans les mémoires comme le berceau de l'Amérique française. Conquise par les Anglais en 1629, Québec est rendue à la France en 1632. C'est alors que le comptoir se mue en centre urbain. Récollets, ursulines, augustines et jésuites peuplent les friches du cap (l'actuelle Haute-Ville), où ils bâtissent leurs couvents, un hôpital et deux écoles. Charles Huault de Montmagny, premier gouverneur général de Nouvelle-France (1636-1648), érige le château Saint-Louis et perce de nouvelles rues. En 1663, année où elle devient officiellement le siège de la colonie, Québec compte quelque

500 résidents, et plus de 1 400 immigrants mettent en valeur les seigneuries des environs. Durant un siècle, la ville poursuit son expansion : elle se dote d'une enceinte et devient en 1674 le siège épiscopal de la Nouvelle-France. À la veille de la conquête britannique, la région compte 8 000 habitants.

L'ÈRE BRITANNIQUE : CROISSANCE ET PROSPÉRITÉ (1759-1867) Le 13 septembre 1759, les troupes du général de brigade Wolfe, qui assiègent Québec depuis deux mois, battent celles du marquis de Montcalm dans les plaines d'Abraham. En 1763 la cité devient officiellement la capitale de la *Province of Quebec*. Grâce à la révolution industrielle, elle forme bientôt un important centre de construction navale, tandis que les échanges avec la métropole (exportation de fourrures, puis de bois et de blé, et accueil de milliers d'immigrants) en font le troisième port du continent derrière New York et La Nouvelle-Orléans. Fief des barons du bois et autres riches commerçants, la Grande-Allée, sur la colline, s'embellit de somptueuses villas, tandis que tout autour des faubourgs ouvriers sortent de terre. Québec compte 57 000 habitants en 1861. Elle sera la capitale du Canada de 1859 à 1865.

QUÉBEC DANS LA CONFÉDÉRATION : LE NOUVEL ESPACE RÉGIONAL (DEPUIS 1867) Quand l'acier supplante le bois, Québec accuse le coup. Si la modernisation de ses manufactures et de son port lui permet de surmonter la crise, elle doit faire face à la concurrence de Montréal. Cette dernière est reliée par le rail à Ottawa, la capitale fédérale, et à Toronto, et la proximité des États-Unis en fait un carrefour routier et portuaire majeur. La ville de Québec doit s'incliner devant cette nouvelle plaque tournante du commerce canadien. Elle conserve toutefois son statut de capitale provinciale. Au début du XXe siècle, la cité demeure l'un des grands foyers industriels du pays, avec près de 230 manufactures et un secteur de la chaussure et de la corseterie particulièrement florissant jusqu'à la crise de 1929. De nos jours, on mise sur les technologies de pointe pour diversifier l'économie locale, dont les deux piliers demeurent la fonction publique et le tourisme. En 2008 les 495 000 habitants de la cité de Champlain ont célébré son 400e anniversaire en grande pompe, ce qui a permis à Québec d'être à nouveau sous les projecteurs. Depuis cet évènement, un vent de prospérité semble souffler sur la ville. Son festival d'été attire des pointures internationales (Paul McCartney, Lady Gaga, Johnny Hallyday) et son musée des Beaux-Arts, nouvelle version, ne suscite que des critiques enthousiastes. On peut le dire : Québec est à la page !

MODE D'EMPLOI

accès

EN AVION

Aéroport international Jean-Lesage L'aéroport de Québec est situé 18km à l'ouest de la vieille ville, derrière le quartier Sainte-Foy. Il relie la métropole au reste du Québec, aux provinces orientales du Canada, au nord des États-Unis (New York, Boston, Detroit…) et à l'Europe. *505, rue Principale Tél. 418 640 2700*

ou *1 877 769 2700 www.aeroportdequebec.com* **Service de renseignements automatisé** *Tél. 418 640 2600 (24h/24)*
Air Transat L'unique compagnie proposant des liaisons saisonnières directes entre Québec et Paris. *Tél. 0825 120 248 www.airtransat.ca*
Jazz La filiale régionale d'Air Canada relie Québec à Montréal (12-15 vols/j.), à Gaspé (1 ou 2 vols/j.), à Sept-Îles (3 vols/j.) et à Ottawa et Toronto sans escale. *Tél. 1 888 247 2262 www.flyjazz.ca*
Air Inuit Pour gagner le Grand Nord : 3 vols hebdomadaires pour Kuujjuaq, au Nunavik (via Shefferville, au Labrador). *Tél. 1 800 361 2965 www.airinuit.com*
Liaison aéroport-ville Elle est assurée, à prix fixe (35$), par des taxis.
Taxi Coop *Tél. 418 525 5191 www.taxicoop-quebec.com*

EN TRAIN

Via Rail De 3 à 5 trains/j. relient Québec à Montréal (le trajet dure de 3h à 3h20). En classe confort (équivalent de la 2e classe française), prévoyez 84$ TTC l'aller simple. Pour Gaspé et Halifax, départs de la gare de Sainte-Foy (navettes disponibles entre les deux gares). *Tél. 514 989 2626 ou 1 888 842 7245 www.viarail.ca*
Gare du Palais (plan 13, C1) *450, rue de la Gare-du-Palais*
Gare de Sainte-Foy (plan 12, A2) *3255, chemin de la Gare*

EN CAR

Gare routière du Palais (plan 13, C1) La gare du Palais sert aussi de terminal des cars. Pour rallier le centre-ville, prenez l'Écolobus n°21 ou le Métrobus n°800. *320, rue Abraham-Martin Tél. 514 525 3000 Ouvert tlj. 5h-0h45*
Orléans Express Relie Québec à Montréal (3h15 de trajet, 56,80$ AS et 91$ AR), à La Tuque et à la côte sud (Gaspésie, avec correspondance à Rimouski). *Tél. 514 395 4000 www.orleansexpress.com*
Intercar Relie Québec au Saguenay et à la côte nord. *Tél. 418 627 9108 ou 1 888 861 4592 www.intercar.ca*

EN VOITURE

De Montréal, vous avez le choix entre l'autoroute 20 Est, qui suit la rive sud du Saint-Laurent, et l'autoroute 40 Est sur la rive nord, qui passe par Trois-Rivières. De Saguenay, prenez la route 175, du lac Saint-Jean (Alma) les routes 169 puis 175. De Charlevoix (La Malbaie et Baie-Saint-Paul) et de la Côte-Nord (Tadoussac et Baie-Comeau), empruntez la route 138 et, du Bas-Saint-Laurent (Rimouski et Rivière-du-Loup) l'autoroute 20. La direction de la capitale provinciale est bien indiquée partout.
Informations routières *Tél. 511*
Amigo Express Service de covoiturage interurbain. Réservation par Internet ou téléphone (p.70). *Tél. 1 877 264 4697 www.amigoexpress.com*

Tableau kilométrique

	Québec	Baie-Saint-Paul	Montréal	Chicoutimi	Tadoussac	Trois-Rivières
Baie-Saint-Paul	93	-	350	150	123	224
Montréal	253	350	-	464	475	142
Chicoutimi	211	150	464	-	224	338
Tadoussac	219	123	475	224	-	127
Trois-Rivières	130	224	142	338	127	-

EN BATEAU

Traverse Lévis-Québec Une excellente approche de la ville à partir de la rive sud du Saint-Laurent ! Départ toutes les 20 à 40min de 6h à 19h, et toutes les heures de 18h à 2h (toutes les 30min dans l'autre sens). La traversée dure 10min. Tarif piéton/cycliste ou passager d'un véhicule 3,55$, réduit 2,40-3,20$; tarif véhicule et conducteur 8,35$. *Tél. 1 877 787 7483 www.traversiers.com*

orientation

On distingue une "Haute" et une "Basse-Ville". La première occupe le plateau légèrement incliné dominé par le cap aux Diamants et sa citadelle. Elle englobe la partie fortifiée de la vieille ville, ou Vieux-Québec, que prolongent, à l'ouest, la colline Parlementaire et le quartier Saint-Jean-Baptiste et, au sud de la citadelle, le parc des Champs-de-Bataille. Encore plus au sud s'étendent l'ancien faubourg de Sainte-Foy et, au bord du Saint-Laurent, celui de Sillery. Dans la Basse-Ville, au nord du promontoire et au confluent de la rivière Saint-Charles et du Saint-Laurent, le Vieux-Port côtoie le quartier Saint-Roch et celui historique du Petit-Champlain.

RENTRER DANS LA VILLE

Si vous arrivez de Montréal **par la rive nord** du Saint-Laurent (via Trois-Rivières), la 440, qui prend le relais de l'autoroute 40 et devient le boulevard Charest Ouest, vous mènera au cœur de Québec. Elle permet de gagner ensuite la Basse-Ville, tandis que le boulevard Saint-Vallier Est dessert la Haute-Ville. **De la rive sud**, après avoir franchi le fleuve par le pont Pierre-Laporte, poursuivez jusqu'au carrefour du boulevard Laurier (A73) et tournez à droite. Continuez tout droit jusqu'au Vieux-Québec. **Du nord** (côte de Beaupré, Charlevoix), suivez les panneaux "Boulevard René-Lévesque" ou "Grande-Allée" pour gagner la Haute-Ville, et "Boulevard Charest et Saint-Vallier" pour la Basse-Ville.

ENTRE HAUTE ET BASSE-VILLE

En voiture, empruntez la côte d'Abraham entre Saint-Roch et Saint-Jean-Baptiste, la côte du Palais entre le Vieux-Québec et le quartier du port et la côte de la Montagne entre le Vieux-Québec et la Basse-Ville historique. À pied, vous disposez également de onze escaliers et d'un ascenseur entre Saint-Jean-Baptiste et Saint-Roch, ainsi que d'un funiculaire entre le Vieux-Québec et la Basse-Ville historique.

informations touristiques

Centre Infotouriste de Québec (plan 14, C2) Québec original (Tourisme Québec) a installé ses bureaux dans un ancien hôtel de la place d'Armes : large documentation sur la région et tout le Québec (hébergement, manifestations, activités, etc.), réservations d'hôtels, de visites guidées ou de séjours, bureau de change et toilettes publiques. ***Haute-Ville intra-muros** 12, rue Sainte-Anne Tél. 1 877 266 5687 www.quebecoriginal.com Ouvert juil.-août : tlj. 9h-18h ; sept.-juin : tlj. 9h-17h Fermé 1er jan. et 25 déc.*

Office du tourisme de Wendake Promotion de la communauté huronne-wendat et de ses attraits. *100, boulevard Bastien **Wendake** (12km au nord-ouest de Québec) Tél. 1 888 936 3253 ou 418 847 1835 www.tourismewendake.ca Ouvert mi-juin, mi-oct. : lun.-ven. 8h30-16h30, w.-e. 10h-16h ; mi-oct.-mi-juin : tlj. 8h30-17h*

Bureau touristique de l'Île d'Orléans Toutes les informations sur l'Île d'Orléans : visites, hébergements, spectacles, activités... *490, côte du Pont* ***Saint-Pierre-de-l'Île-d'Orléans*** *(20km au nord-est de Québec) Tél. 1 866 941 9411 ou 418 828 9411 www.tourisme.iledorleans.com*

Bureau d'accueil touristique de la Côte-de-Beaupré Bureau saisonnier pour planifier son séjour sur la Côte-de-Beaupré. Réservations d'hébergements et d'excursions... *5572, bd Sainte-Anne* ***Boischatel*** *(15km au nord-est de Québec) Tél. 1 877 611 6145 ou 418 822 3578 www.cotedebeaupre.com Ouvert mi-mai-mi-juin, sept.-mi-oct. : mer.-dim. 10h-17h ; mi-juin-août : tlj. 9h-19h*

visites guidées

Découverte de la ville et des environs (côte de Beaupré, île d'Orléans...), croisières, visites thématiques : les prestataires sont nombreux, aussi n'hésitez pas à demander conseil à l'office de tourisme. Le centre Infotouriste héberge plusieurs sociétés, ce qui permet de comparer leurs offres. Dans tous les cas, au terme de l'excursion, n'oubliez pas de laisser un pourboire au guide !

À PIED

Tours Voir Québec (plan 14, C2) Tour à pied du Vieux-Québec et de la Basse-Ville emmené par un guide certifié. Durée 2h. Tarif 22,95$ TTC. Pour ceux qui n'ont pas de véhicule, des excursions vers la côte de Beaupré et l'île d'Orléans sont proposées au départ de Québec (env. 50$/adulte). ***Haute-Ville intra-muros*** *12, rue Sainte-Anne Tél. 418 694 2001 ou 1 866 694 2001 www.toursvoirquebec.com Départs tlj. à 14h sur rés.*

Les Visites fantômes Visites guidées costumées du Vieux-Québec dans la pénombre... Pour se faire conter les anecdotes historiques les plus sombres à la lueur d'une lanterne ! ***Basse-Ville historique*** *34, bd Champlain Tél. 418 692 9770 www.fantomesdequebec.com Ouvert mai-oct.*

EN CALÈCHE

Animé par des guides municipaux, le circuit inclut le Vieux-Québec, la colline Parlementaire et le parc des Champs-de-Bataille. Durée 40-45min. Tarif 90-100$ par calèche (4 pers. max.). *Départs place d'Armes* (plan 13, C2), *porte Saint-Louis* (plan 13, A3) *et parc de l'Esplanade* (plan 13, A2) *tlj. 9h-23h (selon météo en nov.-avr.)*

Calèches Québec *Tél. 418 692 0068 www.calechesquebec.com*

Calèches du Vieux-Québec *Tél. 418 683 9222 www.calecheduvieuxquebec.com*

EN BATEAU

Croisières AML Différentes croisières sur le Saint-Laurent (escapade gourmande, croisière de nuit, vers Montréal, Tadoussac, etc.). *Quai Chouinard 10, rue Dalhousie Tél. 1 800 563 4643 www.croisieresaml.com Ouvert mai-oct.*

circulation et stationnement

Comme toutes les grandes villes, Québec est congestionnée aux heures de pointe (les boulevards Charest et René-Lévesque, le chemin Sainte-Foy et la Grande-Allée sont particulièrement embouteillés). Si la circulation est assez fluide le reste du temps, évitez de vous rendre en voiture dans le Vieux-Québec et la Basse-Ville historique (sauf si votre hôtel vous y propose une place de parking), où le stationnement est généralement réservé aux riverains. Vous trouverez plus aisément à vous garer à l'ouest des remparts, dans les quartiers Saint-Jean-Baptiste et Saint-Roch. Mieux vaut cibler un parc de stationnement, vous gagnerez un temps précieux ! Comptez 7-12$ les 12h. Les parkings du centre-ville figurent sur le plan de l'office de tourisme.

transports en commun

Réseau de transport de la capitale (RTC) Compte tenu de la densité des lignes d'autobus, procurez-vous un plan du réseau au centre d'information. Ticket 3,50$ dans le bus (il faut faire l'appoint) ou 2,95$ aux points de vente, dans les tabagies et chez les dépanneurs. Pass journalier 8,25$; 15$ pour 2j. et 28,50$ pour 5j. ***Centre d'information*** *884, rue Saint-Joachim Tél. 418 627 2511 www.rtcquebec.ca Ouvert lun.-mer. 10h-18h, jeu.-ven. 10h-21h, w.-e. et j. fér. 12h-17h*

Écolobus Les 8 minibus électriques de la ligne 21 sillonnent le Vieux-Québec. *Ouvert tlj. 6h-1h Tarif RTC*

Métrobus Correspond aux lignes 800, 801, 802 et 803 qui circulent toutes les 10-15 min sur des voies réservées entre les différents grands centres urbains. *Ouvert tlj. 5h30-1h*

leBus Les bus des lignes 1-199 et 400 relient les quartiers résidentiels et les principaux centres d'activités. *Ouvert tlj. 6h-1h*

location de vélos

Disponible à l'office de tourisme, le plan "Parcours cyclables" recense les différents types de voies (pistes, bandes, accotements) et circuits du centre-ville, de l'agglomération et des environs (parc de la Jacques-Cartier, île d'Orléans, côte de Beaupré, Corridor des Cheminots entre Québec et Portneuf via Wendake...). Attention, entre la Haute et la Basse-Ville, la pente est parfois raide ! Les cyclistes peuvent emprunter l'ascenseur qui relie Saint-Roch à Saint-Jean-Baptiste.

Cyclo-Services (plan 14, C1) Comptez TTC 15-20$/2h, 35-50$/j. et 55-75$ pour 2j., selon le modèle (hybride, route, électrique...). Organise des visites guidées de la ville et des environs à vélo (2h, 3h ou 4h). En hiver, location de raquettes à neige. ***Basse-Ville historique*** *289, rue Saint-Paul Tél. 418 692 4052 ou 1 877 692 4050 www.cycloservices.net Ouvert mai-sept. : lun.-ven. 8h-19h, w.-e. 8h-18h ; oct.-avr. : lun.-ven. 9h-17h, w.-e. 12h-16h*

accès Internet

La plupart des bars et restaurants offrent une connexion wifi à leurs clients, il suffit de demander le mot de passe. Les hôtels mettent fréquemment à disposition de leurs hôtes quelques ordinateurs connectés (parfois payant). En outre, la ville a mis sur pied un réseau de hot spots gratuits. Pour se connecter : *www.zapquebec.org*

représentations diplomatiques

Consulat général de France (plan 13, B3) ***Colline parlementaire*** *500, Grande-Allée E., 11e étage Tél. 418 266 2500 Ouvert lun.-ven. 8h30-12h (sur rdv)*

Délégation Wallonie-Bruxelles (plan 14, C2) ***Haute-Ville intra-muros*** *43, rue De Buade Bureau 520 Tél. 418 692 4148 www.dwb.qc.ca Ouvert lun.-ven. 8h30-16h30*

adresse utile

Pharmacie Caron et Bernier (plan 14, B1) Cette pharmacie de la vieille ville assure un service de garde 24h/24. *38, côte du Palais Tél. 418 692 4252 Ouvert lun.-ven. 8h15-20h, sam. 9h-17h, dim. 10h-16h*

marché

Marché du Vieux-Port (plan 14, C1) (p.335) *Basse-Ville historique 160, quai Saint-André Tél. 418 692 2517 www.marchevieuxport.com Lun.-ven. 9h-18h, w.-e. 9h-17h*

fêtes et manifestations

Les deux événements majeurs de l'année à Québec sont sans conteste le carnaval en hiver et les fêtes de la Nouvelle France en été – cf. Calendrier des fêtes et manifestations (ci-dessous).

médias

quoifaireaquebec.com L'agenda musical, culturel et sportif en ligne.
Québec Scope Chroniques, interviews, programmes (cinéma, musique, théâtre, sorties littéraires) : près de 150 pages sur toute l'actualité culturelle de la ville. Mensuel gratuit, dans

Calendrier des fêtes et manifestations

Fin jan.- mi-fév.	**Carnaval de Québec** Le plus grand carnaval d'hiver au monde. Des défilés, concours de sculpture sur neige, courses de traîneaux à chienchiens, la traversée du Saint-Laurent en canot à glace et d'innombrables activités culturelles, sportives et ludiques y rassemblent, durant deux semaines, plus d'un million de personnes. *Tél. 418 626 3716 www.carnaval.qc.ca*
Fév.-mars	**Pentathlon des neiges** Grande épreuve pluridisciplinaire (vélo, course à pied, ski de fond, patins et raquettes) pendant 2 semaines dans les plaines d'Abraham. *www.pentathlondesneiges.com*
Mai	**Manif d'art** Expositions et activités artistiques lors de la biennale de Québec, les années paires. *www.manifdart.org*
Début juil.	**Festival d'été** Le pendant estival du carnaval : près de 500 spectacles et un millier d'artistes venus d'une vingtaine de pays enflamment la ville durant une dizaine de jours ! Concerts, danse, art de la rue et nombreuses animations tous publics. *Tél. 418 523 4540 ou 1 888 992 5200 www.infofestival.com*
Juil.-août	**Festival d'opéra** Deux semaines d'art lyrique sous toutes ses formes sur les planches du Grand Théâtre de Québec et du Palais Montcalm, dans les parcs et jardins, ainsi que sur diverses scènes en ville. *www.festivaloperaquebec.com*
	Grands Feux Loto-Québec Six feux d'artifice musicaux pour une symphonie de couleurs et un arc-en-ciel de notes sur le Saint-Laurent. Théâtre, cirque de rue et nombreuses animations sur les quais du port. *Tél. 418 523 3389 ou 1 888 523 3389 www.lesgrandsfeux.com Mer. et sam. durant trois semaines*
Début août	**Fêtes de la Nouvelle-France** Cinq jours de reconstitutions historiques, défilés, et spectacles. Chaque année, plus de 30 000 Québécois revêtent les costumes des premiers colons et se fondent parmi 300 000 visiteurs dans une grande fête populaire. *Tél. 418 694 3311 ou 1 866 391 3383 www.nouvellefrance.qc.ca*
Fin sept.	**Festival de cinéma** Le cinéma du monde entier investit pendant 10 jours les salles du Capitole de Québec, du musée de la Civilisation, du Palais de Montcalm... Il s'invite aussi en extérieur sur l'avenue Cartier, la place d'Youville et le parvis de l'église Saint-Roch. *www.fcvq.ca*
Mi oct.- nov.	**Festival de jazz** Près de 100 concerts pendant 2 semaines dans une vingtaine de sites du centre-ville (salles, bars, restaurants, etc.). *www.jazzaquebec.ca*

les restaurants, magasins, hôtels, etc. *www.quebecscope.com*
Voir Une parution équivalente, proposant le détail de la programmation culturelle locale. Gratuit, disponible partout chaque jeudi. *www.voir.ca/quebec*
16.08 Magazine bilingue de l'art de vivre à Québec : mode, design, gastronomie, culture... Une mine de bonnes adresses ! Trimestriel payant. *www.magazine1608.com*

DÉCOUVRIR

La Haute-Ville intra-muros

☆ **Les essentiels** La citadelle, la place d'Armes, le château Frontenac, la basilique Notre-Dame-de-Québec, le musée de l'Amérique francophone
Découvrir autrement Allez manger une glace sur la terrasse Dufferin, apprenez le destin de Catherine de Saint-Augustin au musée des Augustines

Organisée autour de deux esplanades (la place d'Armes et la place de l'Hôtel-de-Ville) et de deux axes principaux (les rues Saint-Jean et Saint-Louis), c'est la vieille ville fortifiée, colorée et animée avec ses venelles anciennes et sa concentration de restaurants, de boutiques et de sites patrimoniaux : château Frontenac, basilique Notre-Dame, musées, etc. À l'est, la citadelle et la terrasse Dufferin offrent les plus belles vues de Québec sur le Saint-Laurent.

Les défenses du Vieux-Québec

☺ **Remparts (plan 14, C1-C2-C3)** Rendons grâce au gouverneur général Dufferin qui, au début des années 1870, tint tête à la grogne de commerçants résolus à faire abattre l'enceinte du Vieux-Québec. Celui-ci reste ainsi la dernière ville fortifiée au nord du Mexique ! Depuis 1957, cette enceinte de 4,6km est classée. Dès 1690 la menace iroquoise suscita la construction d'une palissade, puis de batteries et de redoutes. En 1745, après la prise de Louisbourg par les Anglais, on confia à Chassegros de Léry les plans d'une muraille en pierre. Inachevées en 1759, ces défenses ne réussirent qu'à différer la reddition française. Après le départ de la garnison britannique en 1871, la population réclama le démantèlement de ces fortifications obsolètes et encombrantes, mais le gouverneur général du Canada, lord Dufferin, resta inflexible, préférant les faire restaurer et embellir par William Lynn. C'est à cet Irlandais que trois poternes occidentales – la porte Saint-Jean (inaugurée en 1867, démantelée et relevée en 1936), la porte Kent (1878) et la porte Saint-Louis (1878) – doivent leur décoration néomédiévale. Le chemin de ronde, desservi par des escaliers à hauteur des portes et jalonné de panneaux d'interprétation, dévoile de beaux points de vue sur les toits de Québec. **Promenade guidée sur les remparts** *Départ du Lieu historique national des Forts-et-Châteaux-Saint-Louis Ouvert mi-mai-début oct. : tlj. 10h30 Durée 1h30 Tarif 9,80$, réduit 4,90-7,30$, familles 19,60$*

Lieu historique national des Fortifications-de-Québec (plan 14, B1) Le Lieu historique comprend deux espaces distincts, l'ancienne fonderie et le parc de l'Artillerie, tous deux accessibles avec le même billet. Le premier, sous les remparts, près de la porte Saint-Jean, retrace l'histoire militaire de la cité du XVIIe au XIXe siècle. Dans l'ancienne fonderie (1903), devenue centre d'interprétation, un passionnant plan-relief montre la ville en 1808. En descendant la rue d'Auteuil vers la rue Richelieu, on accède au second espace. **Parc de l'Artillerie (plan 14, A1-B1)** D'abord utilisé pour loger des troupes françaises puis britanniques, il fut transformé en arsenal de l'armée canadienne de 1871 à 1882 et démilitarisé en 1964. Le parc abrite encore la redoute Dauphine (1712-1747), le logis des Officiers (1818), qui a conservé son mobilier et son décor mural d'origine, et les ruines de la poudrière Saint-Jean. *2, rue d'Auteuil Tél. 418 648 7016 www.pc.gc.ca/fortifications Ouvert mi-mai-juin, sept.-mi-oct. : tlj. 10h-17h ; juil.-août : tlj. 10h-18h Ouvert mai-début oct. : tlj. 10h-18h Tarif 3,90$, réduit 1,90-3,40$, familles 9,80$ Visite guidée 9,80$, réduit 4,90-7,30$, familles 19,60$*

☆ **Citadelle (plan 14, A3-B3)** La forteresse qui domine la ville close symbolise plus que tout autre site de Québec le passé militaire de la capitale provinciale. Elle fournit au visiteur un magnifique panorama sur la cité et une brève introduction à son histoire. Elle s'élève à plus de 100m au-dessus du fleuve, dans le sud du Vieux-Québec. Les hauteurs du cap aux Diamants accueillirent une première redoute en 1693, pourvue d'une poudrière en 1750. Le chantier de la citadelle actuelle s'engagea en 1820 face à la menace d'une invasion américaine, et ne fut achevé qu'en 1850. Enceinte polygonale renforcée de bastions saillants et de larges fossés : l'influence de Vauban est revendiquée. Et pourtant le "Gibraltar de l'Amérique" n'a jamais eu à exercer son rôle défensif ! La citadelle abrite la résidence officielle du gouverneur général du Canada depuis 1872 et le Royal 22e Régiment de l'armée canadienne depuis 1920. Du 24 juin au premier lundi de septembre, on peut assister tous les jours à 10h (sauf par temps de pluie) aux cérémonies de la relève de la garde et de la retraite devant la porte Dalhousie (1830), l'entrée principale. Assez pauvres en informations et organisées comme une foire au bétail, les visites guidées (1h) ont cependant le mérite d'ouvrir les portes du fort, de la résidence du gouverneur général (visite distincte et gratuite) et du musée du Royal 22e Régiment, qui occupe la poudrière et l'ancienne prison (1842) : intéressante collection d'armes, d'uniformes, de médailles et de documents du Régime français à nos jours. De là, rejoignez le belvédère de la terrasse Saint-Denis par le sentier tracé sur le flanc nord de la citadelle d'où la ville, le fleuve, l'île d'Orléans et les Laurentides composent un tableau splendide ! *1, côte de la Citadelle Tél. 418 694 2815 ou 418 648 4322 (résidence du gouverneur) www.lacitadelle.qc.ca Ouvert mai-oct. : tlj. 9h-17h ; nov.-avr. : tlj. 10h-16h* ***Résidence du Gouverneur*** *Mai-août : tlj 10h-16h Tarif 16$, réduit 6-13$, familles 32$*

Autour de la place d'Armes

Rue Saint-Louis (plan 14, A3-B2-B3) De la porte Saint-Louis, sa perspective harmonieuse s'étend jusqu'à la place d'Armes. Une curiosité, à l'angle de la rue du Corps-de-Garde, attire l'attention des passants : entre les racines d'un orme, une bombe de 1759 est emprisonnée (on l'appelle le "boulet", mais il s'agit bien d'une bombe). Qui fut le premier ? L'arbre ou la bombe ? Au n°34, la maison

Plan 12 L'agglomération de Québec

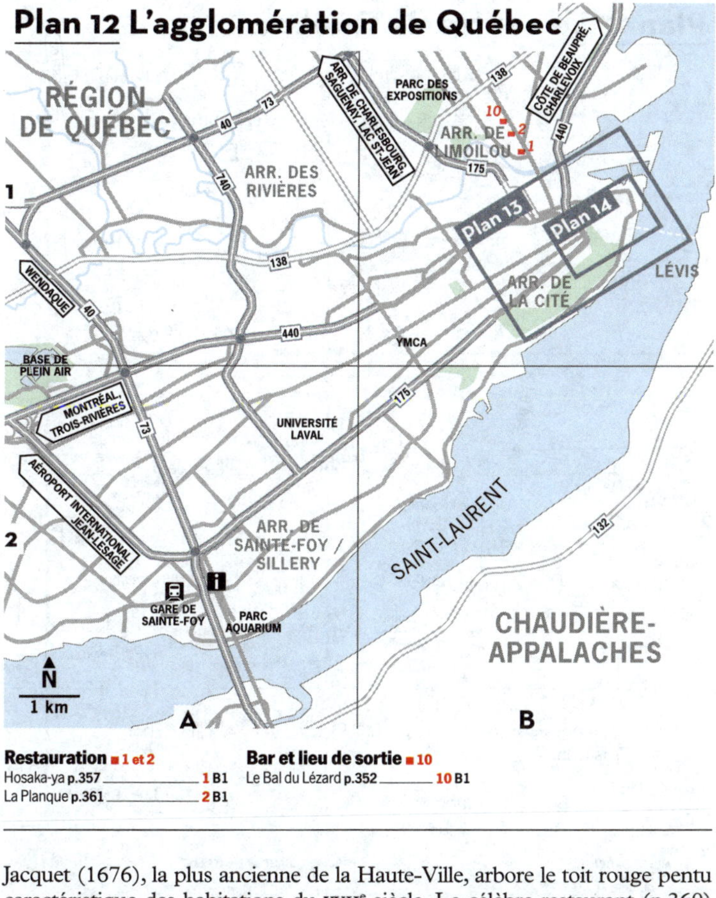

Restauration ■ 1 et 2

Hosaka-ya **p.357** **1 B1**

La Planque **p.361** **2 B1**

Bar et lieu de sortie ■ 10

Le Bal du Lézard **p.352** **10 B1**

Jacquet (1676), la plus ancienne de la Haute-Ville, arbore le toit rouge pentu caractéristique des habitations du XVIIe siècle. Le célèbre restaurant (p.360) qu'elle héberge honore la mémoire de Philippe Aubert de Gaspé, auteur du roman *Les Anciens Canadiens*, qui y résida de 1815 à 1824. Plus loin au n°25, se dresse la maison Kent, où le duc de Kent, père de la reine Victoria, aurait logé de 1792 à 1794. On s'accorde à dater sa construction de 1650. C'est là que fut signée en 1759 la capitulation de Québec… Ce qui n'empêcha pas le consulat de France de l'occuper pendant de nombreuses années !

☺ **Monastère des Ursulines (plan 14, B2)** Fondé en 1642 par Marie Guyart, devenue mère Marie de l'Incarnation, et Madeleine de La Peltrie, laïque qui finança l'implantation des Ursulines en Nouvelle-France, ce couvent abrite la plus ancienne école de filles d'Amérique du Nord en activité ! Seuls se visitent sa chapelle et un très beau musée dédié à l'histoire de la communauté. Dans la même rue, remarquez la façade du n°6, l'une des plus étroites du continent !
12, rue Donnacona

Plan 13 Le centre de Québec

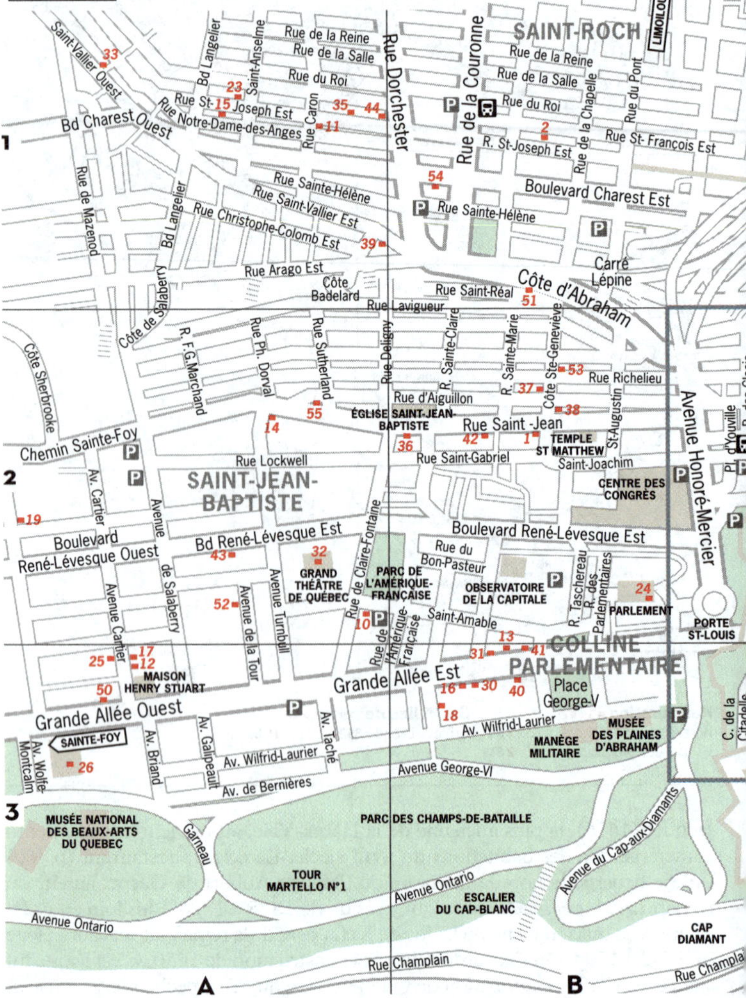

Shopping ■ 1 et 2

- Maison J.-A. Moisan p.341 — 1 B2
- Signatures Québécoises p.342 — 2 B1

Restauration ■ 10 à 26

- 47e Parallèle p.359 — 10 A2
- Aviatic p.358 — 21 C1
- Bügel p.340 — 19 A2
- Café Krieghoff p.356 — 12 A3
- Chez Ashton p.354 — 13 B2-B3
- Chez Victor p.356 — 14 A2
- Chez Victor p.356 — 20 C1
- Ciel ! p.362 — 18 B3
- Cosmos p.356 — 16 B3
- Graffiti p.361 — 17 A3
- L'Affaire est ketchup p.360 — 23 A1
- Le Clocher penché p.359 — 11 A1
- Le Parlementaire p.359 — 24 B2
- Mille et une pizzas p.355 — 22 C1
- Morena p.356 — 25 A3
- Tempéra p.359 — 26 A3
- Tora-Ya Ramen p.356 — 15 A1

Cafés, bars et lieux de sortie ■ 30 à 44

- Chez Maurice p.354 — 30 B3
- Dagobert p.354 — 31 B3
- Grand Théâtre de Québec p.354 — 32 A2
- Kraken Cru p.351 — 33 A1
- L'Inox p.351 — 40 B3
- La Barberie p.351 — 34 C1
- La Korrigane p.352 — 44 A1
- Le Cercle p.353 — 35 A1

ESTUAIRE DE LA RIVIÈRE SAINT-CHARLES
440
BEAUPORT
Rue Saint-Roch
34
Bd Jean-Lesage
GARE DU PALAIS
R. de la Gare-du-Palais
21
22
20
ÎLOT DES PALAIS
Saint-Paul
Rue Abraham-Martin
MARCHÉ DU VIEUX-PORT
BASSIN LOUISE
Rue Abraham-Martin
PARC DE L'ARTILLERIE (LIEU HISTORIQUE NATIONAL)
Côte Dinan
MONASTÈRE DES AUGUSTINES
Rue McMahon
Côte du Palais
Rue Charlevoix
Rue Saint-Paul
Quai Saint-André
ÉCLUSE
VIEUX-PORT
R. Ste-Angèle
R. Saint-Stanislas
R. Saint-Jean
R. Couillard
R. Saint-Flavien
POINTE À CARCY
Place de l'Hôtel-de-ville
R. Garneau
R. Sainte-Famille
R. Hébert
Rue de la Vieille-Université
R. Cook
CHAPELLE DES JÉSUITES
R. Ste-Anne
AGORA DU VIEUX-PORT
R. Bell
R. du Sault-au-Matelot
ARCHEVÊCHÉ
MUSÉE DE LA CIVILISATION
VIEUX-QUÉBEC
Rue d'Auteuil
R. Sainte-Ursule
R. Sainte-Anne
R. des Jardins
PARC MONTMORENCY
R. St-Pierre
Rue Dalhousie
Promenade de la Pointe-à-Carcy
MONASTÈRE DES URSULINES
Place d'Armes
Place Royale
R. Notre-Dame
Rue Saint-Louis
FUNICULAIRE
ÉGLISE UNIE CHALMERS-WESLEY
CHÂTEAU FRONTENAC
BATTERIE ROYALE
Av. Ste-Geneviève
Av. St-Denis
R. des Grisons
R. de la Porte
R. des Carrières
Terrasse Dufferin
R. du Marché-Champlain
Plan 14
CITADELLE
Promenade des Gouverneurs
Boulevard Champlain
SAINT-LAURENT
LÉVIS
N
125 m
C
D

Plan 14 Le Vieux-Québec

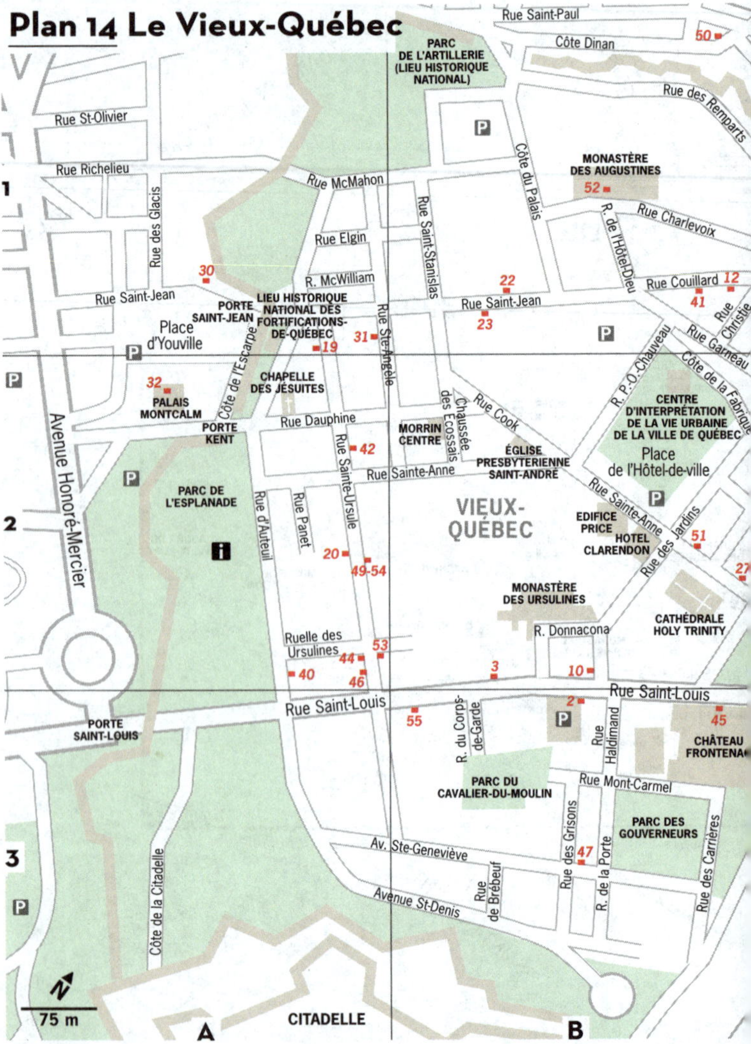

Shopping ■ 1 à 6

- Amimoc **p.332** — 4 C3
- Charlevoix Pure Laine **p.332** — 1 C3
- Galerie Brousseau **p.324** — 2 B3
- Galerie des Trois Colombes **p.324** — 3 B2
- La Fudgerie **p.332** — 6 C3
- Zazou **p.332** — 5 C3

Restauration ■ 10 à 29

- Aux anciens Canadiens **p.360** — 10 B2
- Bistro Sous le fort **p.358** — 18 C3
- Buffet de l'Antiquaire **p.355** — 11 C1
- Chez Boulay **p.357** — 22 B1
- Chez Jules **p.357** — 27 B2
- Chez Temporel **p.355** — 12 B1
- Il Matto 71 **p.358** — 25 C2
- L'Échaudé **p.360** — 16 C2
- L'Initiale **p.362** — 21 C2
- Laurie-Raphaël **p.362** — 13 D1
- Le Brigantin **p.357** — 14 C2-D2
- Le Café du Monde **p.359** — 15 D2
- Le Cochon dingue **p.357** — 17 C3
- Le Lapin sauté **p.360** — 26 C3
- Le Petit Coin latin **p.355** — 19 A1
- Le Saint-Amour **p.361** — 20 A2
- Paillard **p.355** — 23 B1
- Panache **p.362** — 24 D2
- SSS **p.358** — 28 C2
- Toast **p.361** — 29 C2

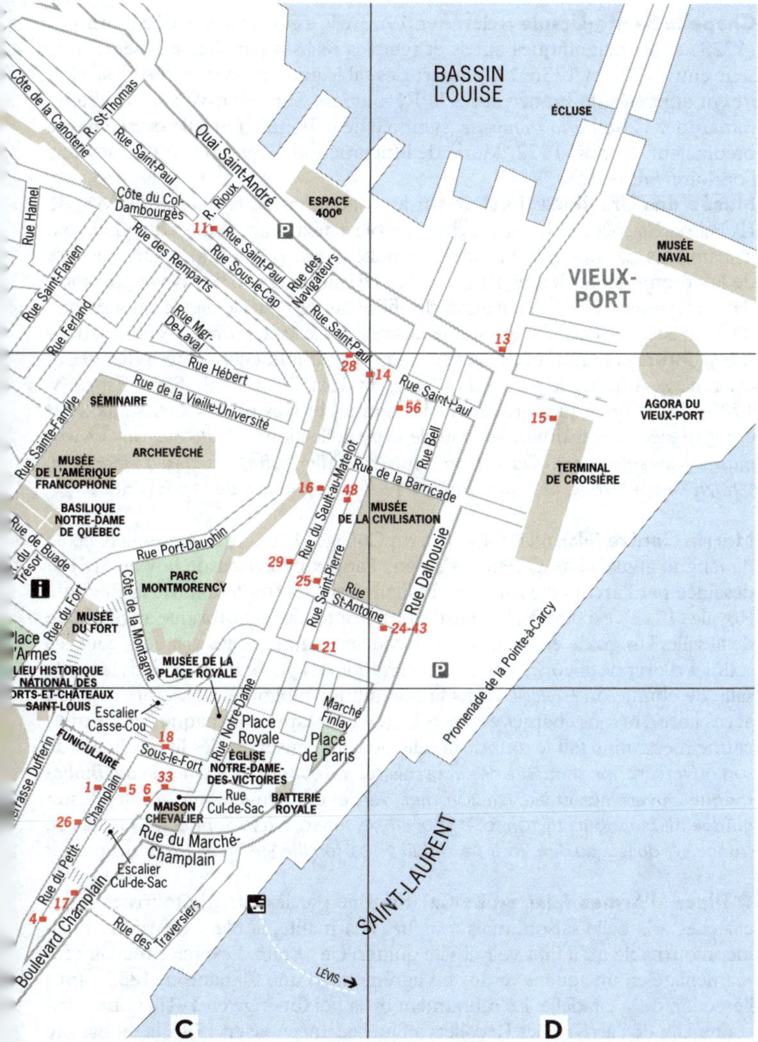

Cafés, bars et lieux de sortie ■ 30 à 33

Bar Sainte-Angèle p.352 — 31 A1
Capitole de Québec p.353 — 30 A1
Le Pape Georges p.352 — 33 C3
Palais Montcalm p.353 — 32 A2

Hébergement ■ 40 à 56

Auberge de la Chouette p.364 — 40 A2
Auberge de la Paix p.364 — 41 B1
Auberge internationale de Québec p.364 — 42 A2
Auberge Saint-Antoine p.367 — 43 D2
B&B Chez Marie-Claire p.365 — 44 A2
Fairmont Le Château Frontenac p.366 — 45 B3
Gîte Chez Hubert p.364 — 46 A2
Gîte Marquise de Bassano p.365 — 47 B3
Hôtel 71 p.367 — 48 C2
Hôtel Acadia p.365 — 49 A2
Hôtel Belley p.366 — 50 B1
Hôtel Sainte-Anne p.366 — 51 B2
Le Clos Saint-Louis p.367 — 55 B3
Le Germain Québec p.367 — 56 D2
Maison historique James-Thompson p.364 — 53 A2
Monastère des Augustines p.366 — 52 B1

Chapelle Sainte-Ursule Relevée en 1902, elle a conservé son décor primitif (1723) et les magnifiques autels et retables réalisés par Pierre Noël Levasseur entre 1726 et 1736. La plupart des tableaux, des XVIIe et XVIIIe siècles, furent apportés de France après la Révolution. Sur l'abat-voix de la chaire, remarquez l'*Ange à la trompette*, symbole de la bonne nouvelle portée par le prédicateur. Depuis 1972, Marie de l'Incarnation (1599-1672) repose dans l'oratoire. *Entrée libre*

Musée des Ursulines Il s'élève sur les fondations de la maison de Mme de La Peltrie. Sa collection (œuvres d'art, mobilier, textes, accessoires du quotidien, instruments de musique, broderies et mille autres souvenirs) relate l'histoire de la communauté depuis l'arrivée des Ursulines en 1639 : l'évangélisation des Amérindiennes et l'éducation des filles au XVIIe siècle, la vie quotidienne du monastère et l'activité artistique des religieuses (peintures, broderies, dentelles, dorures et sculptures, souvent marquées d'influences amérindiennes et orientales). Admirez le parement d'autel dit de la Colombe du Saint-Esprit (v. 1700). De magnifiques ornements liturgiques brodés par les sœurs aux XVIIe et XVIIIe siècles constituent le clou de cette collection. *Tél. 418 694 0694 www.museedesursulines.com Ouvert mai-sept. : mar.-dim. 10h-17h ; oct.-avr. : mar.-dim. 13h-17h Fermé 25 déc. et 1er jan. Tarif 8$, réduit 4-6$, moins de 13 ans gratuit*

Morrin Centre (plan 14, B2) Le Morrin College (1868-1902), première école de langue anglaise de Québec, sis dans l'ancienne prison de la ville (1812) dessinée par l'architecte François Baillairgé sur les fondations de la Redoute Royale (1712), est devenu le centre culturel, littéraire et historique anglophone de la ville. Un guide en costume d'époque accompagne les visiteurs dans les cellules d'origine encore marquées de graffitis des prisonniers, et dans la vieille salle de chimie du *College*. Dans la magnifique bibliothèque victorienne (en accès libre), rayons chargés et objets historiques tapissent chaque pan de mur, et une mezzanine fait le tour de la salle où sont conservés des livres datant de son ouverture. *44, chaussée des Écossais Tél. 418 694 9147 www.morrin.org* ***Bibliothèque*** *Ouvert mar. et jeu. 12h-20h, mer., ven. et dim. 12h-16h, sam. 10h-16h* ***Visite guidée*** *Mi-mai-août : tlj. 10h30, 12h30, 15h30, 16h30, 17h30 Sept-oct. : 4 visites en français/j. du jeu. au dim. Tarif 11$, réduit 9-10$, famille 35$, moins de 9 ans gratuit*

☆ **Place d'Armes (plan 14, B2-C2)** Envahie par les cars de touristes et les calèches à la belle saison, mais toujours charmante, la place d'Armes est un incontournable qu'il faut voir et vite quitter. Ce terrain d'exercice militaire fut réaménagé en un square verdoyant agrémenté d'une fontaine en 1832, après l'érection de la citadelle. Le monument de la Foi fut érigé en 1916, pour le tricentenaire de l'arrivée des Récollets à Québec. Incendié en 1796, le monastère bâti par ces derniers à l'ouest de l'esplanade a fait place à l'ancien palais de justice (1887) et à la cathédrale anglicane de la Sainte-Trinité. De l'autre côté de la place, l'imposant monument Champlain en l'honneur du fondateur de la ville en 1608, et le monument de l'Unesco, tout de bronze, de granit et de verre pour commémorer la proclamation du Vieux-Québec en tant que joyau du patrimoine mondial (1985), marquent l'entrée de la Terrasse Dufferin.

Rue du Trésor (plan 14, C2) Sous le Régime français, on allait y payer l'impôt. C'est devenu une galerie improvisée d'artistes qui attendent le touriste.

Musée du Fort (plan 14, C2) Une maquette de la région en 1759 sert de support à une animation son et lumière (30min) retraçant les six sièges subis par la cité, dont la fameuse bataille des Plaines d'Abraham (13 septembre 1759). Essentiel pour ceux qui ont besoin d'un rattrapage historique. *10, rue Sainte-Anne Ouvert mai-oct. : tlj. 10h-17h ; fév.-avr., nov.-déc., Noël : jeu.-dim. 11h-16h Spectacles en français à la demie de l'heure Tarif 8$, réduit 6-7$, moins de 11 ans gratuit*

Cathédrale Holy Trinity (plan 14, B2) Une enclave *British* dans la plus francophile des cités canadiennes ! Bâtie sur le modèle de St. Martin-in-the-Fields, à Londres, la première cathédrale anglicane édifiée hors des îles Britanniques (1804) importa, avec son fronton triangulaire et ses pilastres ioniques, le style palladien en vogue en métropole. George III (1738-1820) contribua largement à la décoration intérieure. Les bancs ont été taillés dans des chênes de la forêt de Windsor, la cathèdre provient d'un orme sous lequel Champlain et les Amérindiens auraient commercé. *31, rue des Jardins Tél. 418 692 2193 www.cathedral.ca Ouvert tlj. 8h-16h Entrée libre*

☆ **Château Frontenac (plan 14, B3-C3)** L'emblème de Québec et du style national, influencé par celui des châteaux de la Loire et des manoirs écossais. Il faut admirer ses flèches et ses échauguettes, ses hautes façades et sa tour centrale aux airs de donjon à partir de la terrasse Dufferin et de la place d'Armes, mais aussi de la Basse-Ville, qui en offre une superbe contre-plongée. Il faut surtout découvrir son hall fastueux, dont la décoration s'inspire de celle des hôtels particuliers parisiens du XVIIIe siècle et, confortablement installé dans son bar, siroter un verre face au majestueux Saint-Laurent. Les plus chanceux s'offriront une nuit dans l'une de ses magnifiques chambres. Ce monument est en effet un palace de réputation mondiale (p.366)… et l'un des premiers édifices de style château (1893), construit par la compagnie de chemin de fer Canadien Pacifique sur des plans de Bruce Price. Son nom rend hommage à Louis de Buade, comte de Frontenac, gouverneur de Nouvelle-France de 1672 à 1682 et de 1689 à 1698. Seule l'aile qui surplombe la terrasse Dufferin date de 1893. On procéda à des agrandissements en 1897-1899, et la tour centrale de 18 étages fut achevée en 1924. Il fut aussi un temps question d'une extension sur la rue Saint-Paul – l'abandon du projet a permis d'épargner la maison Maillou (1736) au n°17. C'est notamment dans ce cadre somptueux qu'en présence du Premier ministre canadien MacKenzie King, Roosevelt et Churchill préparèrent le débarquement allié en août 1943. *1, rue des Carrières Tél. 418 692 3861*

☺ **Terrasse Dufferin (plan 14, B3-C3)** En été, on ne se lasse pas d'y déambuler pour profiter du panorama en dégustant une glace. Sous la corniche s'étalent la Basse-Ville et le fleuve, et au loin apparaît l'île d'Orléans. Le va-et-vient des familles, les planches, les kiosques à musique et les lampadaires en fonte évoquent les promenades Belle Époque de Deauville, d'Arcachon et de Nice… Aménagée en 1838, celle-ci fut redessinée en 1879 à l'initiative de lord Dufferin. Elle s'étend sur le site du château Saint-Louis, résidence des gouverneurs de Nouvelle-France ravagée par un incendie en 1834. Son funiculaire (p.331) permet de rejoindre la Basse-Ville. Sous la terrasse, on accède aux vestiges du château Saint-Louis, incendié en 1834, et servant de fondations à la terrasse Dufferin. Cet émouvant labyrinthe nous balade d'une glacière du régime anglais à une batterie française, en passant par les cuisines de 1723 ou l'ancienne cave à vin de Frontenac datant de 1694. **Lieu historique national des Forts-et-Châteaux-Saint-Louis** *Tél. 418 648 7016 www.pc.gc.ca Ouvert mi-mai-août : tlj. 10h-18h ; sept.-mi-oct. : tlj. 10h-17h* ***Visite guidée*** *(45min) en français mi-mai-août tlj. 10h15 Tarif 3,90$, réduit 1,90-3,40$, familles 9,80$*

Parc et promenade des Gouverneurs (plan 14, B3) Ce petit parc ombragé et cerné d'auberges est l'ancien jardin du château Saint-Louis. À deux pas (25, av. Sainte-Geneviève), remarquez l'élégante façade néoclassique de la maison Cirice-Têtu (1852), où Saint-Exupéry séjourna en 1942. Au sud de la terrasse Dufferin vous attendent la terrasse Saint-Denis et la promenade des Gouverneurs qui, sous les murs de la citadelle, suit la corniche du cap aux Diamants jusqu'aux plaines d'Abraham. Dans les deux cas, la vue est inoubliable !

Parc du Cavalier-du-Moulin (plan 14, B3) Chaque ville a ses lieux secrets et magiques. Québec possède ce petit parc, ancien ouvrage militaire du XVIIe siècle, où il fait bon flâner, lire un bouquin ou simplement s'émerveiller des percées, comme autant de fenêtres sur la ville. Surtout en automne, quand les couleurs s'embrasent. Les canons se sont tus depuis longtemps, le moulin a disparu, ne reste plus qu'un lieu empli de poésie. *31, rue Mont-Carmel Ouvert mai-nov. : tlj. 7h-23h*

Où acheter de l'art inuit ?

☺ **Galerie Brousseau (plan 14, B3 n°2)** Depuis 1972, cette galerie présente les travaux des plus prestigieux représentants de l'art inuit : Manasie Akpaliapik, Nuna Parr... La sobriété du cadre met en valeur les œuvres sculptées dans la serpentine, le basalte, la stéatite et parfois l'os ou la corne. Tous les prix. *35, rue Saint-Louis Tél. 418 694 1828 www.artinuit.ca Ouvert tlj. 9h30-17h30 Fermé 1er jan. et 25 déc.*

Où magasiner ?

Galerie des Trois Colombes (plan 14, B2 n°3) Loin du fatras pour touristes des boutiques de la ville intra-muros, d'authentiques créations artisanales locales : sculptures sur bois, vêtements pour femmes (manteaux en laine de chèvre ou cuir de chevreuil) et accessoires (chapeaux de fourrure, foulards). Tous les prix. *46, rue Saint-Louis Tél. 418 694 1114 Ouvert mi-mai-oct. : tlj. 9h30-18h ; mi-mars-mi-mai, nov. horaires variables*

Autour de la basilique Notre-Dame

☺ **Édifice Price (plan 14, B2)** Une aberration urbaine – le seul gratte-ciel de la Haute-Ville – mais une aberration réjouissante ! Construit en 1930 sur le modèle new-yorkais pour la société Price, une importante compagnie forestière du Saguenay, cet immeuble arbore d'élégantes lignes Art déco. Il abrite la résidence de fonction du Premier ministre. Admirez les bas-reliefs de son hall. *65, rue Sainte-Anne*

Hôtel Clarendon (plan 14, B2) Le plus vieil hôtel de la ville (1870) occupe un édifice érigé en 1858 par Charles Baillairgé pour un imprimeur. La tour et son hall de style Art déco sont un ajout de 1929. Le bar Jazz, le piano-bar de l'hôtel, est l'un des temples du jazz à Québec. *57, rue Sainte-Anne Tél. 1 888 222 3304 www.hotelclarendon.com*

☆ **Basilique-cathédrale Notre-Dame-de-Québec (plan 14, C2)** Elle a connu une histoire pour le moins mouvementée ! Une église en pierre remplaça en 1647 la chapelle en bois édifiée par Champlain en 1632 et incendiée en 1640. Promue au rang de cathédrale en 1674, elle fut agrandie à plusieurs reprises avant d'être gravement endommagée lors du siège de 1759. De 1770 à 1858, Jean Baillairgé et trois autres représentants de cette dynastie d'architectes, peintres et sculpteurs prirent en charge sa restauration et sa décoration. Victime d'un incendie en 1922, elle fut relevée en 1925 d'après des plans et des vues du XVIIIe siècle. La façade néoclassique (1843) cache un intérieur hétéroclite. Un superbe baldaquin soutenu par six anges et dû à François Baillairgé (1790) protège le maître-autel. Remarquez également l'abat-voix de la chaire baroque de style Louis XV. Le plus ancien trésor de la basilique est la lampe du sanctuaire (bas-côté droit), offerte par Louis XIV à Mgr François de Laval, le premier évêque de Québec. Ce dernier repose dans la crypte creusée en 1959, au côté de ses successeurs, de quatre gouverneurs de Nouvelle-France, dont Frontenac, et d'autres personnalités québécoises. *Pl. de l'Hôtel-de-Ville Tél. 418 694 0665 Ouvert juin-août : tlj. 8h30-20h30 ; reste de l'année : tlj. 8h30-16h Entrée libre, tarif crypte 5$*

Musée Notre-Dame de Québec Depuis 2014, les galeries latérales de la cathédrale, inoccupées et inaccessibles pendant 40 ans, accueillent enfin ce qui manquait à ce haut lieu historique pour briller de tous ses feux : une présentation en bonne et due forme de son riche trésor. Le calice offert par Louis XIV à Mgr de Laval, la mitre de ce dernier, des documents anciens, des boulets de canon de 1759, les photos de l'incendie de 1922 et les documents de la reconstruction. Bref, l'histoire de la plus ancienne paroisse de l'Amérique française ! *Tél. 418 692 2533 www.notre-dame-de-quebec.org Ouvert fin mai-début sept. : mar.-dim. 13h-17h Tarif 5$*

Séminaire de Québec (plan 14, C2) Avant de visiter le musée de l'Amérique francophone, franchissez la porte cochère voisine pour jeter un coup d'œil à la cour de l'immense complexe dont il dépend. Fondé en 1663 par Mgr de Laval pour offrir un lieu de formation et de vie aux prêtres de Nouvelle-France, il demeure la plus ancienne institution d'enseignement du Canada. Après la fermeture du collège jésuite au lendemain de la Conquête, le séminaire s'ouvrit à tous et élargit son champ disciplinaire. Cette évolution aboutit en 1852 à la création de la première université francophone d'Amérique du Nord, l'université Laval. Ses différentes facultés se sont progressivement déplacées à Sainte-Foy depuis 1948 ; seule l'École d'architecture est revenue en 1986. Elle côtoie, derrière de hautes façades austères, la résidence des prêtres, un collège privé et le musée. Signalée par un cadran solaire, l'aile de la Procure est la plus ancienne (1681), les deux autres (ailes des Parloirs et de la Congrégation) datant de 1823. Se visite aussi la chapelle de Mgr Briand, décorée par Pierre Émond en 1785. *1, côte de la Fabrique*

GEOPLUS

Québec en trois jours

De la Haute-Ville aux proches environs, découvrez la capitale de la Belle Province au fil de trois jours de visite agrémentés par quelques pauses dans un parc ou à une terrasse de café.

1er jour

MATINÉE

9h30 **Temporel** (p.355) Petit déjeuner en musique (douce) dans un café bohème.

10h **Le Quartier latin et les toits de Québec** Musardez dans les ruelles du Quartier latin (p.329), puis suivez le chemin de ronde jusqu'à la porte Saint-Louis (p.315).

10h45 **Hôtel du Parlement** (p.336) Visitez les somptueux salons de l'Assemblée nationale et admirez sa façade néo-Renaissance.

11h30 **Citadelle** (p.316) Flânez autour de cette forteresse à la Vauban. Participez à une visite guidée pour en découvrir les secrets.

12h **De la rue Saint-Paul à la rue Saint-Louis** Pause sur la terrasse Saint-Denis (p.324), face au château Frontenac, à la Basse-Ville, à l'île d'Orléans et aux Laurentides. Par le parc des Gouverneurs (p.324), gagnez la commerçante rue Saint-Louis (p.316).

12h15 **Galerie Brousseau** (p.324) Initiez-vous à l'art inuit dans cette galerie-boutique pleine de trésors.

12h30 **Aux Anciens Canadiens** (p.360) Déjeuner traditionnel dans une maison du XVIIe siècle : le Québec authentique !

APRÈS-MIDI

13h30 **Balade dans le Vieux-Québec** Admirez les boiseries de la cathédrale de la Sainte-Trinité (p.323), puis les dimensions du château Frontenac (p.323) et arpentez la terrasse Dufferin, belvédère romantique sur la Basse-Ville (p.323). Jugez du talent des aquarellistes de la rue du Trésor (p.322) avant de “magasiner” autour de l'hôtel de ville, au pied du seul gratte-ciel de la Haute-Ville (p.324).

15h **Bar Jazz** (p.325) Le bar chic du plus vieil hôtel de Québec, le Clarendon.

15h30 **De Notre-Dame-de-Québec au quartier Saint-Jean-Baptiste** Visitez la précieuse basilique Notre-Dame, puis le séminaire (p.325) (p.325). Faites halte dans le parc

À REBROUSSE-TEMPS Alternative à la flânerie, visitez au matin **le centre d'interprétation des Fortifications de Québec** (p.315), qui retrace le passé militaire de la dernière ville fortifiée au nord du Mexique. L'après-midi, découvrez les richesse du **musée de l'Amérique francophone** (p.329).

CONSEIL Si le temps le permet, vous pouvez déjeuner en terrasse, au marché du Vieux-Port… ou y acheter de quoi faire un pique-nique.

Montmorency (p.329), puis gagnez la vivante rue Saint-Jean (p.341).
17h **Quartier Saint-Jean-Baptiste** Shopping et balade à flanc de coteau dans ce quartier cosmopolite, le plus branché de Québec (p.341).
18h **Maison J.-A. Moisan** (p.341) Remplissez un panier gourmand chez un épicier historique.
18h15 **Choco-Musée Érico** (p.342) Le temple du cacao, du cours d'histoire à la dégustation des produits dérivés.

SOIRÉE
19h **47e Parallèle** (p.359) Dîner fusion dans un écrin de verre et de béton.
20h **Grand Théâtre de Québec** (p.354) Une représentation ou un concert dans une salle prestigieuse.
22h **Le Sacrilège** (p.351) De la verdure, de longues tablées, et la bière qui coule à flots !
23h **Dagobert** (p.354) Plus torride : transpirez jusqu'au bout de la nuit !

2e jour

MATINÉE
9h45 **À bord du funiculaire** (p.331) Prenez-le pour gagner la Basse-Ville : vue magnifique sur le fleuve et les toits.
10h **Buffet de l'Antiquaire** (p.355) Petit déjeuner dans un coffee-shop à l'ancienne.
10h30 **Rue du Petit-Champlain** (p.331) Faites les boutiques de cette adorable rue piétonne.
11h30 **Basse-Ville historique** Mettez vos pas dans ceux de Samuel de Champlain place Royale (p.333) et imaginez son "Abitation", "berceau de l'Amérique française". Testez vos connaissances de l'histoire locale sur la Fresque des Québécois (p.333), musardez sous les façades opulentes de la rue Saint-Pierre (p.334) et gagnez la rue des Traversiers en passant par la place de Paris (p.334).
12h **Lévis** (p.400) Franchissez le Saint-Laurent pour jouir du plus beau des panoramas sur Québec !
13h30 **Café du Monde** (p.359) Déjeuner avec vue sur le fleuve dans un bistrot vivant et mondain.

APRÈS-MIDI
14h30 **Vieux-Port** (p.334) Humez l'air marin du Vieux-Port et imaginez les matelots, les débardeurs et les commerçants qui s'affairaient sur ses quais au XIXe siècle.
15h15 **Le long du bassin Louise** Arpentez la théâtrale rue Sous-le-Cap (p.335), chinez chez les antiquaires de la rue Saint-Paul (p.335) et longez le bassin Louise (p.335) jusqu'à la marina.
16h **Marché du Vieux-Port** (p.314) Goûtez l'animation du marché le plus populaire de la ville.
16h30 **Parc de l'Artillerie** (p.316) Détour par la Haute-Ville :

FÉRU D'ART ET D'HISTOIRE... ou réfractaire à la promenade : la plus importante collection d'art québécois, celle du **musée national des Beaux-Arts** (p.338), vous attend dans une ancienne prison. Vous pouvez aussi rendre hommage aux sœurs qui accompagnent la vie spirituelle locale depuis plus de trois siècles en visitant le **musée des Ursulines** (p.322)

CONSEIL Procurez-vous un plan des lignes d'autobus au Centre Infotouriste de Québec (plan 13 C2) ou au centre d'information du RTC (p.72).

GEO**PLUS**

▶ attardez-vous dans les jardins de l'ancien arsenal et découvrez un incroyable plan-relief de la ville.
17h15 **La Barberie** (p.351) En passant devant la gare du Palais, monument de style château (p.336), rendez-vous dans une microbrasserie réputée pour ses bières fermentées en fût de chêne.
18h45 **Saint-Roch** (p.342) Découvrez un quartier en pleine métamorphose, fief bigarré des cultures d'avant-garde.

SOIRÉE
19h30 **Hosaka-Ya Ramen** (p.356) Avalez un bol de nouilles japonaises dans une ambiance new-yorkaise !
20h45 **Le Cercle** (p.353) Assistez à un concert "indé" ou à une performance.
22h30 **Salons d'Edgar** (p.352) Un bar raffiné où reprendre son souffle.
23h30 **Chez Maurice** (p.354) Deux étages pour se déhancher sur les tubes du moment.
3h30 **Chez Ashton** (p.354) Quoi de mieux qu'une poutine pour calmer une fringale nocturne ?

3ᵉ jour

MATINÉE
10h **Café Krieghoff** (p.356) Pour savourer un café-croissant en lisant le journal.
10h30 **Grande-Allée** (p.336) Détaillez les façades "néo" des Champs-Élysées de Québec.
11h **Observatoire de la Capitale** (p.337) Le point culminant de la ville : une vue à couper le souffle !
11h30 **Parc des Champs-de-Bataille** (p.337) Pour une bouffée d'oxygène.

EN FAMILLE Visitez au matin le **Musée de la Place-Royale** (p.333). Il vous fera revivre de façon ludique l'histoire de la place Royale des débuts de la colonie aux gloires du XIXᵉ siècle. L'après-midi, mettez le cap sur les collections amérindiennes, les ateliers et les écrans tactiles du **musée de la Civilisation** (p.334).

12h30 **Maison de la découverte** (p.337) Pour un facétieux cours d'histoire en famille : spectacle de marionnettes et d'hologrammes.
13h **Chez Victor** (p.356) Déjeuner rapide chez le roi du hamburger.

APRÈS-MIDI
14h30 **Échappée** L'été, retrouvez la nature dans le parc de la Chute-Montmorency (p.348). L'hiver, skiez sur les pentes du mont Sainte-Anne (p.350).
18h30 **Pape Georges** (p.352) Un apéritif bien mérité dans une cave conviviale de la Basse-Ville.

SOIRÉE
19h30 **L'Échaudé** (p.360) Savourez une cuisine de bistrot dans un cadre élégant.
21h15 **Les Voûtes Napoléon** (p.352) Car sans ses chansonniers, Québec ne serait plus Québec !

CONSEIL En été, le parc de la Chute-Montmorency accueille des spectacles pyrotechniques. Renseignez-vous – cf. Fêtes et manifestations (p.314) !

☆ ☺ **Musée de l'Amérique francophone (plan 14, C2)** C'est à l'ensemble de l'Amérique française et francophone que ce musée, le plus ancien du Canada (1806), est consacré. Le séminaire de Québec a fourni l'essentiel des collections : orfèvrerie religieuse, tableaux, estampes et dessins, livres rares et incunables canadiens et européens, instruments scientifiques, mais aussi objets de la vie quotidienne… Les richesses de cette vénérable institution sont présentées sous la forme d'expositions thématiques, certaines plus réussies que d'autres, quand elles misent moins sur le multimédia que sur l'objet. "Partir sur la route des francophones" présente les communautés québécoise, acadienne, franco-américaine de Louisiane et de Nouvelle-Angleterre. "Mutations", bien conçue, offre un vaste échantillon d'œuvres issues des différents métiers d'art du Québec depuis 1930, dont un assemblage d'Ito Laïla Le François, C*aller le caribou,* composé de cèdre de verre soufflé, de fourrure d'ours et d'acier. Ne manquez pas de faire un détour par la **chapelle extérieure** (1890). Réputée pour son importante collection de reliques, elle remplace une église détruite en 1888 par les flammes. Si vous auscultez l'une de ses colonnes, vous constaterez qu'elle est en tôle, comme le reste de la superstructure, afin de prévenir tout risque de nouvel incendie. Remarquez aussi le gisant de Mgr François de Laval, premier évêque de Nouvelle-France, à l'écart dans sa chapelle (en 1992, après la désacralisation des lieux, sa dépouille fut transférée dans la basilique-cathédrale Notre-Dame). *2, côte de la Fabrique Tél. 418 692 2843 www.mcq.org/fr Ouvert juil.-août : tlj. 10h-17h ; sept.-juil. : w.-e. 10h-17h Fermé le 25 déc. Tarif 8$, réduit 2-7$ Billet jumelé avec musée de la Civilisation et musée de la Place-Royale 24$, réduit 7-22$*

Parc Montmorency (plan 14, C2) Aménagé en 1875 par lord Dufferin au pied de l'imposant édifice Louis-Saint-Laurent (1873), un ancien bureau de poste, il offre une vue imprenable sur la Basse-Ville.

☺ Dans le Quartier latin

Le lacis de ruelles qui sépare le séminaire de l'hôtel-Dieu reste à l'écart des itinéraires touristiques. Flanquées de façades de la seconde moitié du XIXe siècle, les rues du Port-Dauphin et des Remparts, qui jouissent d'une vue magnifique sur le Vieux-Port, les banlieues nord, l'île d'Orléans et les Laurentides, font exception. Ce quartier résidentiel retiendra les plus curieux et les moins pressés dans de discrets musées, comme l'ancienne **demeure de François-Xavier Garneau**, le plus célèbre historien québécois. À la limite ouest du secteur, entre les rues Hamel, Charlevoix, des Remparts et la côte du Palais, se dresse l'hôtel-Dieu. L'hôpital est désormais administré par des laïcs, et des bâtiments modernes ont remplacé l'institution de soins fondée vers 1639 par les Augustines hospitalières. **Maison de François-Xavier Garneau** *14, rue Saint-Flavien www.louisgarneau.com Se visite sur rdv lors des Journées de la Culture en automne*

Monastère des Augustines (plan 14, B1) Ensemble historique occupant une vaste superficie au cœur de la ville haute, le monastère des Augustines était, jusqu'à tout récemment, un lieu inaccessible et son musée petit et poussiéreux. Comme les choses ont changé ! En 2015 la version 2.0 du monastère a ouvert ses portes, suscitant un nouvel intérêt pour cette partie de la ville et son patrimoine exceptionnel. L'endroit abrite désormais un **hôtel** de 65 chambres (p.366), un **restaurant**, une **boutique** signature, un **centre de santé** pour s'initier au yoga et à la réflexologie, le centre Catherine de Saint-Augustin, l'église et un musée comptant plus de 40 000 artefacts rapatriés de tous les monastères de l'ordre. Le tout dans une architecture résolument contemporaine qui fait revivre les parties anciennes autrefois dissimulées. Remontant à l'arrivée des premières augustines et à la fondation du premier hôpital en 1639, le **musée** présente un tableau complet du fonctionnement de l'ordre, de son histoire et de son importance dans le développement du Québec. Objets insolites (machine à craquer les voiles), historiques (porte-missel de la duchesse d'Aiguillon), médicaux (pots de pharmacie), usuels (mortier et pilon de 1639), mortuaires (pierre tombale de 1708), culinaires (moule à gâteau aux framboises du XVIIIe s.), religieux (buste-reliquaire du père Jean de Brébeuf) et artistiques sont distribués dans le réfectoire, les cloîtres (ne pas hésiter à ouvrir les armoires), la roberie-cordonnerie et sous les voûtes qui servirent d'abri pendant la guerre de Sept Ans. Vous pourrez ensuite poursuivre la visite en poussant les portes du centre Catherine de Saint-Augustin, bienheureuse sœur qui vint de Bayeux en 1648, à seulement 16 ans, prêter main forte aux fondatrices débordées. Entre vie active et contemplative, la courte existence (elle est morte à 36 ans) de celle que les Hurons surnommaient “celle qui rend l'intérieur plus beau”, vous est racontée dans ce centre moderne et spirituel. Demandez à voir l'**église** qui fut entièrement redécorée par Thomas Baillairgé entre 1829 et 1832, dans ce style néoclassique qu'il affectionnait tant. Remarquez la châsse réalisée par Noël Levasseur en 1717, contenant les reliques de Catherine de Saint-Augustin. Un véritable bijou. *32, rue Charlevoix (entrée pour piétons) Tél. 418 694 1639 ou 1 844 694 1639 monastere.ca Ouvert jan.-début sept. : tlj. 10h-18h ; début sept.-23 déc. : mar.-sam. 10h-17h Tarif 10$, réduit 4-8$, familles 22$ Ajouter 5$ pour la visite guidée (8$ au prix familles)*

L'Îlot des Palais (plan 13, C1) Successivement brasserie de Jean Talon puis palais de l'intendant, prisons et magasins du roi, brasserie Boswell, le site de l'Îlot des Palais (au nord du parc de l'Artillerie, aux pieds des remparts) se targue d'un passé des plus riches. Sous les voûtes du XVIIe siècle, une exposition immersive, “Révélations”, agrémentée d'artefacts exhumés lors de fouilles in situ, permet de mieux comprendre l'histoire de Québec du XVIIe siècle à nos jours. Elle se divise en différents volets : pouvoir, économie, industrie et vie quotidienne. Nombreuses activités pour les familles : fouilles virtuelles, jeux sur tablettes, géo-rallyes avec GPS (10$) dans le Vieux-Québec. *8, rue Vallière Tél. 418 692 1441 www.ilotdespalais.ca Ouvert juin, sept.-mi-oct. : mar.-dim. 10h-17h ; juil.-août : tlj. 10h-17h ; mi-oct.-avr. : w.-e. 10h-17h ; mai : jeu.-ven. 13h-16h30, mar.-mer. et w.-e. 10h-17h Fermé 1er jan et 24-25, 31 déc.*

La Basse-Ville historique

☆ **Les essentiels** La rue du Petit-Champlain, la place Royale, l'église Notre-Dame-des-Victoires, le musée de la Civilisation **Découvrir autrement** Battez le pavé du Vieux-Port, marchandez rue Saint-Paul ou plongez dans un décor de cinéma rue Sous-le-Cap

La Basse-Ville occupe une étroite bande de terre entre le fleuve et le cap aux Diamants. Du quartier du Petit-Champlain à la place de la FAO, ses maisons anciennes, ses musées, ses restaurants… et ses touristes rappellent qu'elle fut, en 1608, le berceau de l'Amérique française. Au nord, la promenade du bassin Louise, le marché et les antiquaires témoignent de la reconversion réussie du Vieux-Port.

Funiculaire (plan 14, C3) Depuis 1879, il fait la navette entre la terrasse Dufferin (p.323) et la maison historique Louis-Jolliet, 195m plus bas, offrant une approche grisante de la Basse-Ville. En 1907 l'électricité remplaça la vapeur, et en 1946 on couronna sa trajectoire d'une structure métallique, ôtée en 1978 parce qu'elle gâchait la vue. *Accès par la terrasse Dufferin Tél. 418 692 1132 www.funiculaire-quebec.com Ouvert avr.-mi-juin, début sept.-fin oct. : tlj. 7h30-23h30 ; mi-juin-début sept. : tlj. 7h30-0h ; fin oct.-mars : tlj. 7h30-23h Tarif 2,50$*

Quartier du Petit-Champlain

☆ **Rue du Petit-Champlain (plan 14, C3)** De la Haute-Ville, c'est donc par la maison **Louis-Jolliet** ou par l'escalier Casse-Cou qu'on accède à la rue piétonne du Petit-Champlain. Réaménagée pour accueillir le funiculaire, la maison Louis-Jolliet, au n°16, a conservé ses murs d'origine (1683). L'explorateur l'occupa – au moins l'hiver – jusqu'à sa mort. L'escalier Casse-Cou, construit en 1635 (plusieurs fois amélioré depuis), fut longtemps redouté pour ses planches traîtresses, comme le suggère son nom acquis au XIXe siècle. En 1893, Charles Baillairgé le rhabilla de fer. Malgré sa fréquentation estivale, la rue du Petit-Champlain a gardé son cachet. Percée en 1685, elle serait la plus ancienne de Québec, voire du pays. Des cafetiers, joailliers, artistes et artisans occupent le rez-de-chaussée de ses belles maisons de négociants des XVIIe et XVIIIe siècles, telle la maison Demers (1689), dont l'arrière donnait jadis sur le fleuve et l'anse Cul-de-Sac (premier port de la ville, remblayé dans la seconde moitié du XVIIIe s.), ce qui permettait de stocker aisément les marchandises dans ses caves voûtées. Au n°104-106 de la rue (à l'angle du boulevard), la fresque du Petit-Champlain restitue un condensé en trompe-l'œil de l'histoire et de la vie quotidienne du quartier.

LOUIS JOLLIET, UN DÉCOUVREUR
Premier explorateur natif de Nouvelle-France (1645-1700), devenu célèbre de son vivant, il découvrit le Mississippi en 1673, en compagnie du père Jacques Marquette, puis explora et cartographia la côte du Labrador dans les années 1690.

Maison Chevalier (plan 14, C3) Cet hôtel particulier de style classique porte le nom de l'armateur et négociant qui le fit bâtir en 1752, Jean-Baptiste Chevalier. Transformée en auberge en 1807, la maison et ses deux voisines ont été rachetées et restaurées par le gouvernement québécois dans les années 1950. L'ensemble est devenu une annexe du musée de la Civilisation (p.334), qui y présente des intérieurs des XVIIIe et XIXe siècles et des expositions temporaires. *50, rue du Marché-Champlain Tél. 418 643 2158 www.mcq.org Ouvert 24 juin-début sept. : tlj. 10h-17h Entrée libre*

Où magasiner ?

Zazou (plan 14, C3 n°5) Polaires, pulls et vestes élégantes réunissent dames chics et bobos écolos chez Zazou. Pour un aperçu de la création canadienne (Linda Lundström) et québécoise (Nord-Est, L'Égarée). *31, rue du Petit-Champlain Tél. 418 694 9990 Ouvert dim.-mer. 9h30-17h30, jeu.-ven. 9h30-21h, sam. 9h30-17h ; hiver : tlj. 9h30-17h*

Charlevoix Pure Laine (plan 14, C3 n°1) Cette maison basée à Baie-Saint-Paul récupère la laine provenant de la tonte des moutons de Charlevoix pour la tricoter, la tisser, la feutrer : bas, tuques, mitaines, semelles, couettes, jetées murales et accessoires... *46, rue du Petit-Champlain Tél. 418 692 7272 www.charlevoixpurelaine.ca Ouvert juil.-août, mi-déc.-fin déc. : lun.-sam. 9h30-21h, dim. 9h30-17h ; mai-juin, sept.-oct. : lun.-mer. 9h30-17h30, jeu.-ven. 9h30-21h, w.-e. 9h30-17h ; nov.-mi-déc., jan.-avr. : sam.-mer. 10h-17h, jeu.-ven. 10h-21h*

Amimoc (plan 14, C3 n°4) Des mocassins fourrés de toutes les tailles et couleurs, fabriqués au Québec depuis 1956, pour garder les pieds au chaud ! *85, rue Petit-Champlain Tél. 418 914 9933 www.amimoc.ca Ouvert juin, oct. : sam.-mer. 9h30-18h, jeu.-ven. 9h30-21h ; juil.-sept. : lun.-sam. 9h30-21h, dim. 9h30-18h ; nov.-mai : tlj. 10h-17h*

Où se sucrer le bec ?

La Fudgerie (plan 14, C3 n°6) Spécialiste incontestable du *fudge*, confiserie anglaise fondante très sucrée à base de beurre, de sucre, de lait et généralement parfumée au chocolat ou à la vanille, cette maison en décline près de 80 sortes... À consommer avec modération (très calorique) en fonction de son palais et de ses goûts, ou à offrir. *16, rue du Cul-de-Sac Tél. 418 692 3834 Ouvert juil.-août : tlj. 9h30-22h ; reste de l'année : dim.-mer. 9h30-17h30, jeu.-ven. 9h30-21h, w.-e. 9h30-17h*

Se balader sur le Saint-Laurent

☺ **Traverse Québec-Lévis (plan 14, C3)** Les bacs pour la rive sud partent de l'ancienne anse Cul-de-Sac. La traversée dure 10min et l'aller-retour, bon marché, offre des vues saisissantes sur Québec de jour comme de nuit ! *Gare fluviale de Québec Rue des Traversiers Tél. 418 643 8420 www.traversiers.com Ouvert tlj. 6h-2h Départ toutes les 20 à 40min de 6h à 19h, et toutes les heures de 19h à 2h*

Autour de la place Royale

Batterie royale (plan 14, C3) Dépourvue de fortifications et bâtie à fleur d'eau, par conséquent vulnérable aux attaques venues du fleuve, la Basse-Ville se dota en 1691 de cette batterie dessinée par Claude Baillif (1635-1698) et utilisée notamment lors du siège de 1759, comme le racontent ses panneaux d'interprétation. Animations en été. *Au bout de la rue Sous-le-Fort*

☆ **Place Royale (plan 14, C3)** Elle évoque un décor de théâtre avec ses façades uniformes aux couleurs harmonieuses. C'est là que Samuel de Champlain installa en 1608 son "Abitation", première construction de Nouvelle-France, dont on peut voir les contours sur les pavés. La place était en fait le jardin de cette résidence fortifiée et poste de traite. Rapidement, armateurs et grands négociants s'établirent à côté. Officiellement inaugurée par le gouverneur Frontenac en 1673, la place du Marché devint place Royale en 1686 en accueillant un buste du Roi-Soleil (remplacé par une copie en 1929, l'original se trouve désormais à Versailles). La célèbre "Abitation" avait été incendiée quatre ans plus tôt. Centre commercial prospère sous le Régime britannique, la place pâtit du déclin de l'activité portuaire de Québec après 1860. Mais le tourisme lui a rendu son lustre, et c'est désormais la scène d'innombrables manifestations estivales : concerts de musique traditionnelle, reconstitutions historiques…

☆ **Église Notre-Dame-des-Victoires (plan 14, C3)** Due à Claude Baillif, la plus vieille église de pierre d'Amérique du Nord et la doyenne, tous matériaux confondus, du Canada, remplaça en 1688 l'"Abitation" de Champlain. Elle avait beau saluer de son nom la défaite de l'Anglais William Phips (1690) et le naufrage de son compatriote l'amiral Walker (1711) qui envisageait d'attaquer la ville, elle fut gravement endommagée par les bombardements de 1759. Relevée en 1766, elle fut remaniée en 1861. Dans la nef est suspendu un ex-voto représentant le *Brézé*. Reconnaissants d'être arrivés à bon port en 1664, le marquis de Tracy et les soldats du régiment de Carignan offrirent à la paroisse de Québec cette réplique de leur vaisseau. *Place Royale Tél. 418 692 1650 Ouvert juin : mer.-ven. 13h-16h, w.-e. 9h-16h30 ; juil.-août : lun.-sam. 9h30-20h30 ; sept.-mai : célébrations uniquement*

☺ **Musée de la Place-Royale (plan 14, C3)** Occupant la maison Hazeur (1684) il retrace l'histoire de la place et plus largement de la ville d'une façon vivante et souvent amusante. Du deuxième étage au sous-sol, on y découvre le mode de vie des Amérindiens (colliers de coquillages, pointes de projectiles…) et celui des familles bourgeoises du XIXe siècle (vaisselle et objets décoratifs), l'évolution du commerce du XVIIe au XIXe siècle, les flux d'exportations et le nom de grandes maisons qui ont fait la réputation de Québec : Joseph & Co (tabac), Chinic (quincaillerie). Les enfants pourront y comparer la fourrure de l'ours à celles de l'orignal et de la loutre, découvrir une tranche de vie d'autrefois en assistant à un spectacle multimédia, puis passer un costume d'époque dans les caves voûtées de l'édifice. *27, rue Notre-Dame Tél. 418 646 3167 www.mcq.org/fr/informations/mpr Ouvert juil.-août : tlj. 9h30-17h ; sept.-juin : mar.-dim. 10h-17h Fermé le 25 déc. Tarif 7$, réduit 2-6$ Billet jumelé avec musée de la Civilisation et musée de l'Amérique francophone 24$, réduit 7-22$)*

Fresque des Québécois (plan 14, C2) Une table d'interprétation permet d'identifier les quinze personnages historiques représentés sur cette belle peinture en trompe-l'œil de 420m^2 ! Parmi eux : Jacques Cartier, Félix Leclerc, lord Dufferin, Marie Guyart, François-Xavier Garneau, Samuel de Champlain, Louis Jolliet et François de Laval. *Rue Notre-Dame (à l'angle de la côte de la Montagne)*

Place de Paris (plan 14, C3) Spacieuse, aérée, elle offre une belle vue sur le fleuve et le château Frontenac. Au nord, remarquez la façade de l'entrepôt Thibaudeau (1880), du nom de son commanditaire, le fondateur de la Banque nationale.

☺ Vers le Vieux-Port

☆ **Musée de la Civilisation (plan 14, C2-D2)** C'est à Moshe Safdie, auteur du complexe montréalais Habitat 67, que Québec doit cette étonnante réalisation en pierre et verre (1988), aux lignes pures et aux volumes imbriqués. Son campanile est un clin d'œil au patrimoine religieux de la province, et la cour qui enserre la maison Estèbe (1752) fait dialoguer passé et présent. Outil pédagogique et ludique où les dernières technologies côtoient des objets séculaires, le musée de la Civilisation se veut un lieu de réflexion sur l'aventure humaine (le corps, la matière, la société, le langage, et la pensée). Ses expositions temporaires abordent des thèmes aussi variés que l'histoire de la démocratie et la symbolique des aventures de Tintin. Ses deux seules salles d'exposition permanente, 1C et 4A, sont dédiées au Québec. Des spectacles, débats, ateliers et autres activités sont aussi proposés aux visiteurs. *85, rue Dalhousie Tél. 418 643 2158 www.mcq.org Ouvert juil.-août : tlj. 10h-17h ; sept.-juin : mar.-dim. 10h-17h Fermé le 25 déc. Tarif 16$, réduit 5-15$ Billet jumelé avec musée de l'Amérique francophone et musée de la Place-Royale 24$/22$/15,50$/7$*

Le Temps des Québécois (salle 1C) Un buste de Champlain (1908) et une maquette de son “Abitation” inaugurent le parcours racontant l'évolution de la société québécoise depuis l'arrivée des premiers immigrants. Suivent une réplique d'embarcation amérindienne et divers objets de la vie domestique (vaisselle du XVIIe au XIXe s.), religieuse (croix d'autel et calices en or et argent du XVIIIe s., chapes d'évêque) et sociale (table d'apothicaire de 1697). Plus loin sont évoqués la création de la Chambre d'assemblée du Bas-Canada en 1792, les soulèvements de 1837-1838, l'industrialisation du XIXe siècle (forge et autres machines), l'émancipation du secteur bancaire (coffre-fort de 1902), le développement des médias (radio de 1942) et des transports en commun… Des films d'archives, des photographies, estampes, sculptures et témoignages sonores accompagnent le visiteur dans ce remarquable voyage dans le temps.

C'est notre histoire - Premières Nations et Inuit du XXIe siècle (salle 4A) Les onze nations amérindiennes situées sur le territoire québécois ont toutes participé à l'élaboration de cette nouvelle présentation de leur civilisation. Au fil des cinq sections divisant l'espace (*Nos racines, La Grande Tourmente, La Décolonisation-guérison, Ce que nous sommes aujourd'hui, De quoi rêve-t-on pour l'avenir ?*), on aborde aussi bien l'histoire que les réalités actuelles auxquelles les différentes communautés sont confrontées. On y perçoit également une forte envie de reprendre le contrôle de leur destin et d'en changer les paramètres. Cela se voit notamment dans les créations contemporaines qui traitent de l'identité autrement que par le prisme de la tradition. Une exposition réussie.

Rue Saint-Pierre (plan 14, C3-C2-D1) Étroite et assombrie par les hautes façades de ses banques et sièges de compagnies d'assurances reconvertis en hôtels et boutiques, c'est la Wall Street historique de Québec ! L'opulence des décors parfois pompeux devait traduire la prospérité des établissements financiers de l'ère victorienne. Ainsi, au n°139 l'ancienne Banque canadienne de commerce déploie un large portique aux colonnes monumentales. Au nord, la rue débouche sur l'agréable place de la FAO, inaugurée en 1995 pour célébrer le 50e anniversaire de cette organisation des Nations unies pour l'alimentation et l'agriculture.

☺ **Vieux-Port (plan 14, C1-D1-D2)** Porte du Nouveau Monde pour des milliers d'immigrants, le port de Québec fut détrôné par celui de Montréal après 1850. Seule la réhabilitation de ses installations a permis d'enrayer, dans les années 1980, un long marasme. Restaurants et cafés ont peu à peu investi le quartier après la construction d'une scène en plein air, l'Agora, et la transformation du bassin Louise en une vaste marina. De la promenade de la Pointe-à-Carcy, sous la rue Dalhousie, à la gare du Palais, les quais du Vieux-Port invitent à d'agréables balades. À mi-chemin, ne manquez pas le marché favori des Québécois – cf. Marché du Vieux-Port (p.335).

Musée naval de Québec (plan 14, D1) Sur la Pointe-à-Carcy, à la jonction du bassin Louise et du Saint-Laurent qui marque l'entrée du Vieux-Port, l'ancienne école navale accueille un musée fédéral retraçant les faits militaires qui ont ponctué l'histoire du fleuve. Les années paires à la mi-juin, de prestigieux navires viennent jeter l'ancre à côté des bateaux de croisière lors d'un important festival : "Rendez-vous naval". *170, rue Dalhousie Tél. 418 694 5387 www.mnq-nmq.org Ouvert début juin-fin oct. : tlj. 10h-12h et 13h-17h Vérifier les horaires au préalable*

Rue Saint-Paul (plan 14, C1-D2) Le royaume des chineurs : les antiquaires les plus en vue de la ville et une poignée de galeristes y ont leur boutique et leurs habitudes. Pour un café ou un plat entre deux tractations, faites escale au Buffet de l'antiquaire (p.355), leur QG !

☺ **Rue Sous-le-Cap (plan 14, C1)** Cramponnée à la falaise du Sault-au-Matelot, cette venelle demeura jusqu'au XIXe siècle l'unique voie de communication entre la Basse-Ville et l'actuel secteur de la gare où l'intendant, puissant bras droit du gouverneur, avait son palais. Longtemps occupée par

Allez donc "prendre une marche" sur le Vieux-Port !

Marché du Vieux-Port (plan 13, C1) Outre des fleurs, des fruits et des légumes de la plus grande fraîcheur, on y trouve d'alléchants produits du terroir (charcuterie, poisson fumé artisanalement, viande bio, fromages, miel, confitures, produits de l'érable et de la canneberge, alcools, etc.) et de l'artisanat. Des chefs réputés y font régulièrement des démonstrations culinaires. On pourra profiter de son petit restaurant, voire de la terrasse donnant sur la marina. *160, quai Saint-André Tél. 418 692 2517 www.marchevieuxport.com Ouvert lun.-ven. 9h-18h, w.-e. 9h-17h*

QUÉBEC ET LE CENTRE

des familles d'ouvriers, elle séduisit au XXe siècle une population plus fortunée. Ce sont ces bourgeois qui, se sentant à l'étroit, firent construire côté falaise des cabanons et les passerelles-terrasses en bois qui enjambent la rue. Un endroit vraiment à part !

Gare du Palais (plan 13, C1) Conçue par le New-Yorkais Harry E. Prindle et inaugurée en 1915, la gare ferroviaire et routière illustre parfaitement le style château. Son restaurant, l'Aviatic, a fort bonne réputation (p.358). *450, rue de la Gare-du-Palais Ouvert lun.-ven. 4h45-22h, w.-e. 6h45-22h*

La colline Parlementaire et la Grande-Allée

☆ **Les essentiels** L'hôtel du Parlement, le parc des Champs-de-Bataille, le musée national des Beaux-Arts de Québec **Découvrir autrement** Contemplez la ville et le fleuve du haut de l'observatoire de la Capitale, faites les boutiques de l'avenue Cartier

La colline Parlementaire multiplie les hommages : promenade des Premiers-Ministres, plaque pour le 125e anniversaire de la Tribune de la presse du Parlement, statues d'Honoré Mercier, de Jean Lesage et de René Lévesque… Comme le parc de la Francophonie, ces lieux de mémoire font tous l'objet d'un circuit (dépliant *Une visite capitale* disponible au centre Infotouriste) qui complète la visite de l'hôtel du Parlement. Au sud, la Grande-Allée, adossée au magnifique parc des Champs-de-Bataille et délicieusement ombragée, mérite bien son surnom de "Champs-Élysées de Québec" ! Bordée de villas et d'immeubles cossus de l'époque victorienne, cette avenue rectiligne relie magistralement le secteur de Sainte-Foy-Sillery à la vieille ville fortifiée. Avec ses restaurants, ses bars et ses boîtes de nuit, c'est aussi un haut lieu de la vie nocturne.

☆ **Hôtel du Parlement (plan 13, B2)** Le siège du gouvernement provincial a été construit de 1877 à 1886. Eugène-Étienne Taché (1836-1912) s'est inspiré des ailes et des pavillons du Louvre pour réaliser ses plans et son décor néo-Renaissance. Colossal et majestueux, avec ses boiseries dorées et ses verrières Art nouveau, l'édifice est un livre ouvert sur l'histoire et l'art de la Belle Province.
Extérieur Champlain, Frontenac, Marie Guyart de l'Incarnation… Vingt-deux statues en bronze de personnalités québécoises signées Louis-Philippe Hébert et Alfred Laliberté ornent la façade du Parlement. Devant l'entrée principale, deux œuvres d'Hébert rendent hommage aux Premières Nations : le groupe sculpté représentant une famille amérindienne qui couronne l'escalier (*Halte dans la forêt,* 1889) et au-dessous dans la niche de la fontaine, *Le Pêcheur à la Nigog* (1891).
Intérieur C'est dans le salon Bleu que les 125 membres de l'Assemblée nationale du Québec tiennent séance selon les règles du parlementarisme britannique. Comme à Westminster, les députés de la majorité et ceux de l'opposition

siègent face à face, séparés par la longueur de deux épées tendues. La pièce a été décorée par Charles Huot (1855-1930). La grande composition dominant le trône du président de la Chambre montre *La Première Séance de l'Assemblée législative du Bas-Canada en 1792*. Les fleurs de lis, les lions et les feuilles d'érable parfois marquées d'un "C", qui ornent les murs, symbolisent les trois régimes successifs : français, britannique et canadien. Pour l'anecdote, sachez que le bleu de la salle est la couleur qui passe le mieux à la télévision ! De l'autre côté de l'antichambre s'ouvre la salle du Conseil législatif. Depuis la suppression en 1968 de ce conseil nommé par le Premier ministre, cette salle rouge et or (comme la Chambre des pairs à Westminster) accueille les commissions parlementaires et la signature des projets de loi. Elle est décorée d'une autre composition de Huot rappelant le mode de gouvernement de la Nouvelle-France : *Le Conseil souverain* (1930). La visite s'achève au rez-de-chaussée dans la galerie des Présidents, ornée des portraits des présidents successifs de l'Assemblée. Une élégante salle Beaux-Arts abrite Le Parlementaire, restaurant des députés, accessible aux visiteurs sur réservation (p.359).

VUE IMPRENABLE L'édifice Marie-Guyard (1972), qui abrite le ministère de l'Éducation, est le point culminant de la capitale (221m). De son 31e étage, par temps clair, le regard porte jusqu'au massif des Laurentides. Extraordinaire !

☺ **Observatoire de la Capitale (plan 13, B2)** *1037, rue de la Chevrotière Tél. 418 644 9841 ou 1 888 497 4322 www.observatoire-capitale.com Ouvert fév.-mi-oct. : tlj. 10h-17h ; mi-oct.-jan. : mar.-dim. 10h-17h Tarif 14$, réduit 11$, moins de 13 ans gratuit*

Travaux Un gros trou devant l'édifice de l'Assemblée brise actuellement l'harmonie des lieux et empêche une bonne lecture de la façade. En effet, jusqu'au printemps 2019, d'immenses travaux sont effectués afin d'aménager un pavillon d'accueil souterrain plus apte à recevoir les groupes et plus sécurisé. D'ici là, il faudra faire contre mauvaise fortune bon cœur. **Entrée des visites** *côté Grande-Allée, Porte 3 Tél. 418 643 7239 www.assnat.qc.ca Ouvert juil.-août : tlj. 8h-17h ; sept.-juin : lun.-ven. 8h-17h30*

☺ **Musée des Plaines-d'Abraham (plan 13, B3)** Ce musée entièrement repensé dans les années 2010 met tout naturellement l'accent sur le site des plaines, mais également sur l'ensemble des batailles ayant eu lieu à Québec et dans ses environs. Un nouveau film misant sur les effets spéciaux les raconte par le biais de témoignages des différents acteurs de la guerre : Français, Anglais, Québécois et Amérindiens. À l'étage, une belle collection de costumes militaires d'époque ravira les passionnés du genre. Le musée présente aussi le parc (maquette, film, etc.), point de départ de visites guidées du site, à pied ou en car. Juste à côté se dressait le Manège militaire de style château conçu par Eugène-Étienne Taché, partiellement détruit par un incendie en 2008 et bientôt achevé de reconstruire. *835, av. Wilfrid-Laurier www.ccbn-nbc.gc.ca Ouvert juil.-août : tlj. 9h30-17h30 ; sept.-juin : tlj. 9h30-17h "Batailles : 1759-1760" Tarif 15$, réduit 5-11$, familles 37$; en hiver 12$/10$/4$/30$*

☆☺ **Parc des Champs-de-Bataille (plan 13, A3-B3)** C'est en hommage à Abraham Martin, colon et ami de Champlain dont les vaches venaient paître sur le site, que les Québécois surnomment affectueusement ce parc "plaines d'Abraham". Et c'est pour ne jamais oublier la bataille de 1759 qui fit perdre sa colonie à la France, que le poumon de la ville reçut en 1908, au terme de son aménagement, le nom officiel de "Champs-de-Bataille". Avec ses vastes pelouses piquées de bosquets, c'est l'un des plus beaux parcs urbains au monde ! Selon la saison, on se promène dans ses 108ha à pied, à vélo, chaussé de skis de fond ou de raquettes à neige. À hauteur de l'avenue Taché et à deux pas du jardin Jeanne-d'Arc se visite en réalité augmentée, à l'aide d'une tablette, l'une des seize tours Martello érigées par les Britanniques sur le sol canadien de 1808 à 1812, en prévision d'une attaque américaine. Pour connaître les manifestations et activités proposées dans le parc, adressez-vous à la Maison de la découverte des plaines d'Abraham. Depuis 2016, on peut emprunter le sentier de la côte Gilmour (1km), spécialement aménagé pour les vélos et les piétons, et qui relie les plaines à la Basse-Ville. **Parc** *ouvert 24h/24* **Tour Martello n°1** *ouverte 24 juin-1er lun. de sept. et lors des grandes fêtes populaires (carnaval, Noël, etc.) : tlj. 10h-17h Tarif 5$, réduit 4$, moins de 12 ans gratuit*

☆ ☺ **Musée national des Beaux-Arts du Québec (plan 13, A3)** Le musée a fait peau neuve dans les année 2010, bâtissant, déménageant, réaménageant pour devenir enfin le musée digne de présenter la grande épopée artistique des Québécois. Trois pavillons accueillent désormais les collections, le dernier en date, le pavillon Pierre-Lassonde, ayant été inauguré à l'été 2016. Ils sont répartis sur un vaste terrain allant de la Grande-Allée aux plaines d'Abraham et reliés entre eux par un réseau de couloirs bien pratiques les jours de grand froid. Nous conseillons vivement de suivre un itinéraire chronologique en visitant dans l'ordre le pavillon Gérard-Morisset, le pavillon Charles-Baillairgé et le nouveau pavillon Pierre-Lassonde. Vous pourrez également y faire une pause gourmande dans l'un des trois restaurants signés Marie-Chantal Lepage et qui se déclinent en trois catégories, tant du point de vue gastronomique que pécuniaire, cf. Tempéra (p.359). *179, Grande-Allée Ouest Tél. 418 643 2150 ou 1 866 220 2150 www.mnbaq.org Ouvert juin-août : jeu.-mar. 10h-18h, mer. 10h-21h ; sept.-mai : mar. et jeu.-dim. 10h-17h, mer. 10h-21h Fermé le 25 déc. Tarif 18$, réduit 5-16$, familles 40$, mer. 17h-21h demi-tarif, moins de 13 ans gratuit*

Pavillon Gérard-Morisset Il porte le nom de l'un des grands défricheurs de l'histoire de l'art québécois ancien. On y trouve donc en toute logique les œuvres les plus anciennes, du XVIIe siècle à la moitié du siècle dernier. L'art religieux des premiers temps de la Nouvelle-France est représenté par certaines pièces incontournables, dont le grand tableau provenant du maître-autel de l'église du village de l'Ange-Gardien, sur la côte de Beaupré, peint en 1671 par le frère Luc, de son vrai nom Claude François. Au XIXe siècle, au contact des académies et grâce à l'arrivée sur le sol québécois de tableaux de grands maîtres européens, les peintres se font plus savants et plus raffinés. Des artistes remarquables commencent alors à émerger : Antoine Plamondon, Théophile Hamel, Napoléon Bourassa et Charles Alexander (remarquez son ambitieuse *Assemblée des six comtés* de 1837, véritable pièce de bravoure !). N'oublions pas Louis-Philippe Hébert, grand sculpteur dont vous pourrez admirer la finesse avec *Soupir du lac,* œuvre d'une sensuelle douceur. Mais c'est à la fin du XIXe siècle et au début du XXe que les personnalités les plus originales font leurs débuts. Ils ont pour nom Ozias Leduc (incroyable trompe-l'œil de sa *Nature morte aux livres, 1892*), Marc-Aurèle de Foy Suzor-Coté et ses rivières enneigées, ou James Wilson Morrice, ami de Matisse que celui-ci qualifiait d'"œil délicat". La première moitié du XXe siècle foisonne d'hommes et de femmes de talent, parmi lesquels : Jean Dallaire (surréaliste *Coq-licorne*), Marc-Aurèle Fortin (superbe *Orme à Pont-Viau, 1928)*, Prudence Heward, Adrien Hébert, John Lyman, et la liste pourrait continuer sur plusieurs pages. Au rez-de-chaussée du pavillon, une installation monumentale du jeune prodige David Altmejd, *The Flux and the Puddle* (2014), propose une réflexion sur la création via une construction sophistiquée de citations et d'inventions d'une richesse infinie. On passerait des heures à la contempler.

Pavillon Charles-Baillairgé Quand la prison du Vieux-Québec (actuel Morrin Center) arriva à saturation, on demanda à Charles Baillairgé, dernier d'une longue lignée d'artistes, d'en dessiner une nouvelle sur les plaines d'Abraham. C'est dans celle-ci, entre les cellules et autour d'une cour aujourd'hui couverte, qu'on présente les toiles de quatre créateurs majeurs de l'art québécois, véritables icônes de l'art moderne du pays : **Jean-Paul Lemieux** (1904-1990), maître d'une certaine étrangeté figurative qui met le quotidien au contact du surréel, **Jean-Paul Riopelle** (1923-2002), l'artiste du Québec le plus coté sur le marché international, virtuose de l'abstraction et infatigable inventeur de formes, **Fernand Leduc** (1916-2014), signataire du *Refus Global* et créateur pendant près d'un siècle d'un langage abstrait bien à lui, et **Alfred Pellan** (1906-1988), grand initiateur, avec Borduas, d'une modernité québécoise originale, fortement teintée de surréalisme et qui peut désormais dialoguer d'égal à égal avec Paris et New York. N'hésitez pas à monter dans la tour d'où une vue sur les plaines ainsi qu'une installation surprenante de l'artiste David Moore vous attendent.

Pavillon Pierre-Lassonde On y accède par un long couloir entièrement dédié au chef-d'œuvre des dernières années de Jean-Paul Riopelle, *Hommage à Rosa Luxemburg* (1992), véritable poème d'amour pour la peintre Joan Mitchell qui fut sa compagne et qu'il appelait affectueusement du nom de la célèbre spartakiste. Le dernier-né de ce que l'on peut désormais qualifier de "complexe muséal" porte le nom du grand mécène québécois qui contribua par un don de dix millions de dollars à son édification. Le nouveau pavillon, grand rectangle blanc délicatement posé sur une structure de verre, défiant les lois de l'architecture et laissant entrer la lumière de tous les côtés, est signé OMA (firme de New York fondée par Rem Koolhas) et Provencher Roy (firme montréalaise), mais c'est à Shohei Shigematsu en particulier que revient la paternité du projet. D'une grande élégance architecturale jusque dans les moindres détails (escaliers, rivets, fenêtres), le pavillon Lassonde est devenu l'écrin idéal de la présentation des collections contemporaines, de 1945 à nos jours, et au dernier étage, de la collection d'art inuit Brousseau. Au rez-de-chaussée, de grandes salles sont réservées aux expositions temporaires. Même l'église Saint-Dominique située juste à côté semble avoir trouvé un nouveau souffle et une nouvelle identité urbaine avec l'arrivée de ce voisin géant. Les artistes présentés sont nombreux et variés, mais nous vous invitons à porter une attention particulière aux œuvres de Marcelle Ferron (art abstrait), Claude Tousignant (op'art), Dominique Blain (art engagé), Geneviève Cadieux (photographie), BGL (installation) et Patrick Bernatchez (vidéo). La section design et arts décoratifs complète bien le circuit contemporain avec ses affiches, maquettes, meubles et créations de verre, notamment des années 1960 et 1970 spécialement riches. Enfin, vous serez éblouis par la quantité et la qualité des sculptures inuits de la collection Brousseau, synthèse de tous les thèmes (famille, chasse, chamanisme), matériaux (serpentinite, bois de caribou, stéatite, ivoire) et styles (minimaliste, expressionniste, narratif) abordés par les artistes du Grand Nord. À compter parmi les chefs-d'œuvre : *Ours-chaman* de David Ruben Piqtoukun, *Le Monde du caribou* de Peter Morgan, *Composition* (à partir d'une défense de narval) de Towkie Karpik et ce terrible *Effets de l'alcool* de Kavavow Pee.

☺ **Avenue Cartier (plan 13, A2-A3)** Bordée de restaurants, de cafés et de boîtes de nuit, l'artère centrale du quartier Montcalm marquait jadis la limite entre la ville et les bourgades voisines, aujourd'hui intégrées à l'agglomération. Ses maisons de bois à véranda lui donnent l'air d'un décor de western moderne ! En 2015, l'avenue Cartier s'est dotée de grands abat-jour mettant en lumière les tableaux d'artistes québécois. La nuit l'effet est féerique, mais de jour l'ensemble est un peu chargé. À l'angle de la Grande-Allée, au milieu d'un adorable jardin, se visite la maison Henry-Stuart (1849), un cottage chic qui a conservé son mobilier Belle Époque. **Maison Henry-Stuart** *82, Grande-Allée Ouest Tél. 418 647 4347 ou 1 800 494 4347 www.maisonhenrystuart.qc.ca Ouvert fin juin-août : mar.-sam. 11h-17h Tarif 8$, réduit 3$, avec un thé et un gâteau au citron*

Où prendre un thé ?

☺ **Sebz (plan 13, A2 n°43)** Pour se réchauffer, se stimuler ou simplement se désaltérer, faites une halte dans ce salon de thé contemporain, lumineux et décontracté. Grande sélection de thés et infusions aux arômes raffinés ainsi qu'une gamme diversifiée de théières et accessoires où se mêlent harmonieusement tradition orientale et esprit avant-gardiste. *67, bd René-Lévesque Est Tél. 418 523 0808 www.sebz.ca Ouvert lun.-sam. 10h-21h, dim. 10h-18h*

Où manger les meilleurs bagels de la ville ?

☺ **Bügel (plan 13, A2 n°19)** Un classique du quartier Montcalm. Ici, les bagels sont à dévorer à toute heure : au petit déjeuner (servi avec œufs et fruits), au déjeuner (pourquoi ne pas essayer celui au *smoked meat* ?) et en soirée (le bagel au chèvre chaud, ou encore celui gratiné aux asperges, sont un régal). Le chef pétrit tous les jours ces petits pains et, sans effet de mode, choisit avec soin ses produits locaux en privilégiant le bio. L'endroit est rustique et décalé : vitraux et cadres champêtres, vieux bancs d'église et odeur de four à bois. Une terrasse sans prétention mais charmante permet de s'attarder à l'ombre des feuillages. Plat autour de 10-15$. *164, rue Crémazie Ouest Tél. 418 523 7666 Ouvert sam.-mer. 7h-19h, jeu.-ven. 7h-21h Fermé 1er jan. et 25 déc.*

Saint-Jean-Baptiste, Saint-Roch et Limoilou

☆ **Les essentiels** La rue Saint-Jean à Saint-Jean-Baptiste **Découvrir autrement** À Saint-Jean-Baptiste, succombez en famille aux douceurs du Chocomusée Érico ; à Saint-Roch, rafraîchissez votre garde-robe chez Signatures Québécoises, sirotez une mousse à la Barberie (cf. Carnet d'adresses)

Saint-Jean-Baptiste, dans la Haute-Ville, et Saint-Roch et Limoilou, dans la Basse-Ville, ont bien des points communs : c'est dans ces trois anciens faubourgs, à l'écart des circuits touristiques, que bat le pouls de Québec. De Saint-Jean-Baptiste, les restaurants, cafés, associations culturelles, médias et galeries d'art ont essaimé à Saint-Roch, quartier en pleine revitalisation, et depuis quelques années à Limoilou, déformation de Limoëlou en Bretagne, où Jacques Cartier édifia son manoir.

☺ Saint-Jean-Baptiste

Cet ancien faubourg d'artisans et d'ouvriers des chantiers navals s'accroche à la pente. Ses ruelles bordées de maisons mitoyennes sont aussi tranquilles que son artère principale la ☆**rue Saint-Jean** (plan 13, B2) est animée, avec ses petites boutiques à la mode, ses bars et ses pubs. Partez de la **place d'Youville**, près de la porte Saint-Jean. Ancienne place de marché de la vieille ville, cet important carrefour est aussi un haut lieu de divertissement avec deux salles de spectacle, le Capitole de Québec (1903) et le palais Montcalm (1932), siège des Violons du Roy ainsi qu'une patinoire installée l'hiver. C'est là qu'est érigé le palais de glace du Carnaval en février, et qu'est dressée l'une des scènes principales du Festival international d'été en juillet. Descendez la rue Saint-Jean jusqu'au "carrefour des saveurs", auquel une poignée d'épiciers-traiteurs a valu ce nom et que signale le clocher de Saint-Matthew (1882). Ce temple possède le plus vieux cimetière protestant du Québec (1771), un émouvant ensemble de stèles éparses. Avant de flâner dans les ruelles du quartier, allez jusqu'à l'église Saint-Jean-Baptiste. Reconstruite en 1884, elle recèle 36 belles verrières (1897-1912) et un orgue classé de Napoléon Déry (1886). Actuellement fermé, l'édifice devrait rouvrir avec le statut de "carrefour de généalogie de l'Amérique francophone" dans un avenir encore indéfini... **Cimetière Saint-Matthew** *755, rue Saint-Jean Ouvert mai-mi-nov. : tlj. 7h-23h* **Église Saint-Jean-Baptiste** *410, rue Saint-Jean Tél. 418 525 7188 Fermée*

DÉPANNEUR DE LUXE

Cette épicerie fondée en 1871 par Jean-Alfred Moisan se veut la plus vieille d'Amérique du Nord ! Savons rares, huiles d'olive, miels, liqueurs, fromages, foies gras, épices, chocolats et, au rayon traiteur : feuilles de vigne farcies, bœuf au gingembre et poulet tandoori à consommer sur place ou à emporter. **Maison J.-A. Moisan (plan 13, B2 n°1)** *699, rue Saint-Jean Tél. 418 522 0685 www.jamoisan.com Ouvert lun.-sam. 8h30-21h, dim. 10h-19h (fluctuant en jan.-fév.) Fermé 1er jan. et 25 déc.*

☺ **Choco-musée Érico (plan 13, B2)** D'une vidéo à un jeu de questions-réponses, d'une collection de chocolatières anciennes à une machette à cabosses, cet amusant centre d'interprétation raconte l'histoire du cacao et de la fabrication du chocolat depuis l'époque des Mayas. Au terme de la visite, goûtez l'une des compositions d'Éric Normand, dit Érico, tel le succulent Quetzalcoatl : ganache extra-amère aux piments, miel, épices et amandes grillées (10,50$ les 100g). Également des biscuits, brownies, glaces… *634, rue Saint-Jean Tél. 418 524 2122 www.ericochocolatier.com Ouvert mai-sept. : lun.-mer. et sam. 10h30-19h, jeu.-ven. 10h30-21h, dim. 11h-19h ; oct.-avr. : lun.-mer. et sam. 10h30-18h, jeu.-ven. 10h30-21h, dim. 11h-18h*

☺ Saint-Roch et Limoilou

Foyer commerçant et industriel de Québec au début du xxe siècle, Saint-Roch souffrit après la Seconde Guerre mondiale de l'exode en banlieue de ses grandes entreprises et de leurs ouvriers. La municipalité tenta bien d'enrayer la mort lente du quartier en interdisant la **rue Saint-Joseph**, son artère centrale, à la circulation automobile, puis en la couvrant comme une galerie commerciale en 1974. Mais la formule ne prit pas… Il fallut attendre la réhabilitation de l'habitat entamée en 1992 pour que Saint-Roch trouvât un second souffle en accueillant des entreprises culturelles. En 2000, la destruction d'une partie du toit de la rue Saint-Joseph a libéré le parvis de l'imposante église Saint-Roch (1920). Dans la foulée des médias, les salles de spectacle et les restaurants colonisent peu à peu les usines désaffectées. Saint-Roch est désormais l'un des quartiers les plus attachants de la ville. Migrant à son tour, il se prolonge au-delà de la rivière Saint-Charles, et plus précisément sur la **3e Avenue** du quartier de Limoilou, jeune et avec un grain de folie rafraîchissant.

Où trouver des créateurs de mode ?

☺ **Signatures Québécoises (plan 13, B1 n°2)** Dans les murs de l'église Saint-Roch, cette boutique de mode offre dans un espace aéré une sélection unique de prêt-à-porter, bijoux et accessoires. Une trentaine de talents émergents de la mode québécoise y disposent de locaux propres afin de présenter au mieux leurs collections. À découvrir : les vêtements en fourrure recyclés d'Harricana par Mariouche, les jeans de Second Clothing, les chapeaux d'Ophelie Hats, les sacs à main de Concubine, les montres de Diane Balit, etc. *Église Saint-Roch 560, rue Saint-Joseph Est Tél. 418 648 9976 www.signaturesquebecoises.com Ouvert lun.-mer. 10h-18h, jeu.-ven. 10h-21h, w.-e. 10h-17h Fermé 1er jan. et 25 déc.*

Les environs de Québec

☆ **Les essentiels** Le parc national de la Jacques-Cartier, l'île d'Orléans
Découvrir autrement Filez à vélo sur la route historique de la Nouvelle-France, admirez, à l'automne, le ballet aérien des oies du cap Tourmente, skiez au clair de lune en hiver à Mont-Sainte-Anne

Au nord de Québec s'étend une région sauvage baignée par la rivière Jacques-Cartier. Passé le site huron de Wendake, la route s'enfonce dans les verdoyantes Laurentides. Au nord-est de la capitale provinciale, sur le Saint-Laurent, s'étend l'île d'Orléans, réputée pour son cidre de glace. C'est à la pointe septentrionale de ses terres agricoles semées de maisons anciennes que le Saint-Laurent entre dans son estuaire, dessinant un paysage grandiose. Face à l'île, entre plaine et coteaux, une route historique suit la côte de Beaupré, de Québec à Charlevoix. Ses bâtisses d'autrefois, sa basilique monumentale, sa réserve naturelle et les pistes de ski de Mont-Sainte-Anne réconcilieront amateurs de vieilles pierres et amoureux de nature.

Vers la Jacques-Cartier et la réserve faunique des Laurentides

Réserve amérindienne de Wendake Originaires de l'Ontario, les Hurons-Wendat s'établirent en 1697 à proximité de Québec, sur le site de Loretteville (ancienne "Jeune-Lorette"). Ce village rebaptisé Wendake a été classé réserve indienne et lieu historique du Canada, mais seul son mode de fonctionnement le distingue du reste de la banlieue de Québec. Wendake est en effet administré par un Grand Chef et dispose de sa propre police. On peut toutefois y visiter un **village traditionnel** reconstitué, Onhoüa Chetek8e. De la maison longue au tipi géant, en passant par le fumoir et la hutte de sudation, sont évoqués tous les aspects du mode de vie traditionnel des Hurons-Wendat : médecine, commerce, alimentation, moyens de transport... Trois fois par jour, en été, démonstration de danses traditionnelles (s'informer des horaires). Au sud, dans le complexe de l'hôtel Premières Nations (p.370), le **Musée huron-wendat** accueille l'exposition permanente "Territoires, mémoires, saveurs", un riche calendrier d'expositions temporaires, des activités et des ateliers thématiques. Il organise également des visites guidées dans le village, la petite église et la maison des chefs Tsawenhohi. Tous les soirs à 21h, été comme hiver, dans la maison longue située derrière l'hôtel, au coin du feu, les mythes et légendes des Premières Nations vous sont racontés. Soirée exceptionnelle mais un peu chère (adulte 35$, réduit 17,50$). *15km au nord-ouest de Québec Accès : autoroute 73 Nord et sortie 154 www.wendake.ca* **Onhoüa Chetek8e** *575, rue Chef-Stanislas-Koska Tél. 418 842 4308 www.huron-wendat.qc.ca Ouvert juin-sept. : tlj. 9h-17h ; oct.-mai : tlj. 10h-16h Fermé 24-26, 31 déc. et 1er-2 jan. Visite 13,95$, réduit 8,95-10,95$, moins de 7 ans gratuit Forfaits balade en canot ou à raquettes, boutique d'artisanat et restaurant traditionnel* **Musée huron-wendat** *15, pl. de la Rencontre Tél. 418 847 2260 www.museehuronwendat.ca Ouvert juil.-oct. : tlj. 9h-17h ; nov.-juin : mer.-dim. 10h-16h Fermé 1er jan. et 25 déc. Tarif 11,50$, réduit 5,75-10$, moins de 7 ans et résidents à l'Hôtel-Musée Premières Nations gratuit, familles 30$* **Maison Tsawenhohi** *75, rue Chef-Nicolas-Vincent Visite guidée : se renseigner au Musée huron-wendat*

☺ **Réserve faunique des Laurentides** L'axe qui relie Québec à Chicoutimi dessert un immense territoire protégé de 7 861km² (soit plus que la taille moyenne d'un département français) : le parc des Laurentides, fondé en 1895 et classé réserve faunique depuis 1981. Ondoyant, parfois escarpé, constellé de lacs et dominé par le mont François-de-Laval (1 082m), ce domaine boisé est fréquenté par quelque 130 espèces d'oiseaux, dont la gélinotte huppée et le tétras du Canada, et offre un refuge à l'orignal, au caribou, à l'ours noir, au lynx, au loup, etc. Il abrite deux terrains de camping rustiques (La Loutre et Belle-

Rivière), une centaine de chalets et une auberge dotée d'un relais motoneige. La réserve se prête au canotage, à la pratique du kayak, du VTT, du ski nordique et des raquettes. On peut y acheter différents forfaits comprenant la location d'un chalet, le prêt d'une embarcation et le droit de pêche... ***Accueil du Camp Mercier*** *Au km 94 de la route 175 (40km au nord de Québec) puis à 10km de l'entrée sud de la réserve faunique des Laurentides Tél. 1 800 665 6527 www.sepaq.com/rf/lau*

☆ **Parc national de la Jacques-Cartier** Son reclassement en 1981 a scindé le parc des Laurentides en deux. On distingue donc la réserve faunique et ce parc de 670km², géré par le Québec, qui protège la verte vallée de la Jacques-Cartier. Comme la réserve, il invite à une multitude d'activités (VTT, canotage, escalade, pêche...). *103, chemin du Parc-National 40km au nord de Québec par la route 175 (sortie 182) Tél. 418 848 3169 www.sepaq.com/jacquescartier Ouvert avr.-mi-mai : dim.-ven. 9h-16h, sam. 9h-17h ; mi-mai-juin, sept.-mi-oct. : lun.-jeu. 9h-19h, ven. 9h-22h, sam. 8h-22h, dim. 8h-19h ; juil.-août : tlj. 8h-22h ; mi-oct.-mi-déc. : tlj. 9h-16h ; mi-déc.-mars : lun.-ven. 9h-16h, sam. 9h-18h15, dim. 9h-17h15* **Ventes et réservations (plan 12, A2)** Pour planifier son séjour et acheter les permis nécessaires pour les activités dans le parc national de la Jacques-Cartier et la réserve faunique des Laurentides. *Place de la Cité, Tour Cominar 2640, bd Laurier* ***Québec*** *Ouvert lun.-ven. 9h-17h Fermé 1er-2 jan. et 25-26 déc.*

Filer sur un jet-ski ou une motoneige

Nord Expe Du jet-ski et de la moto enduro en été, la société se tourne vers la motoneige en hiver. Forfaits tout compris, de la demi-journée d'initiation (à partir de 329$) au périple dans le Grand Nord. Sur réservation. Propose aussi la location d'un lodge en bed & breakfast. *996, av. Sainte-Brigitte* ***Sainte-Brigitte-de-Laval*** *Tél. 418 825 1772 www.nordexpe.com www.gite-aventures-quebec.com*

Dévaler les pistes

Station touristique de Stoneham Cette station de ski alpin réputée dispose de 32 pistes (tous niveaux), d'un *snowpark*, d'une boutique de location d'équipement ainsi que de structures d'hébergement et de restauration. L'été, kayak, pêche, minigolf, camping. Le forfait remontées mécaniques revient à 46$ la demi-journée, 62$ la journée, 34$ la soirée (16h-21h30) et 280$ les 5 jours (réductions jeunes et aînés). *600, chemin du Hibou* ***Stoneham-et-Tewkesbury*** *(env. 30km au nord de Québec) Tél. 418 848 2415 ou 418 848 2415 (Rés. hôtelières) www.ski-stoneham.com*

★ L'île d'Orléans

On retiendra que Jacques Cartier la découvrit en 1535 et qu'elle fut nommée l'année suivante en l'honneur du troisième fils de François Ier, Charles, duc d'Orléans. Bien plus tard, en 1970, Félix Leclerc s'y installa et ne la quitta plus. L'île d'Orléans s'étire sur 32km de longueur et 5km de largeur. L'inauguration d'un pont en 1935 n'a guère bouleversé la vie des insulaires : leur île semble encore immortaliser la Nouvelle-France agricole. Dans une quiétude presque monastique, ils produisent des fraises et des framboises délicieuses, confectionnent un sirop d'érable et un cidre de glace renommés et surtout, vivent d'un tourisme que de multiples lois protègent des excès. Bucolique dans sa partie nord, boisée à l'est, sauvage en son centre et aux abords de Sainte-Pétronille, cette île où l'habitat est concentré en bordure d'une route périphérique a conservé son pittoresque. Avec ses églises et maisons de pierre héritées du Régime français, elle offre aux curieux un patrimoine unique dans la province. Gîtes, bonnes tables et sentiers de balade n'y manquent pas. Notre itinéraire suit la route 368, qui fait le tour de l'île (67km) dans le sens des aiguilles d'une montre à partir de Saint-Pierre : “42 milles de choses tranquilles”, chantait Félix Leclerc... *10km au nord-est de Québec (autoroute 440 Est)* **Location de vélos** *À l'auberge de jeunesse Le P'tit Bonheur (p.368) et à l'auberge Le Vieux Presbytère (p.369).*

Saint-Pierre La première municipalité après le pont possède la plus vieille église rurale de la province et un beau musée. *490, côte du Pont Tél. 418 828 9411 www.tourisme.iledorleans.com Ouvert juin-août : tlj. 8h30-18h ; sept.-oct., avr.-mai : lun.-ven. 8h30-16h30, w.-e. 11h-15h ; nov.-mars : lun.-ven. 8h30-16h30*

Église historique Saint-Pierre Érigée en 1717, elle fut remaniée après la conquête britannique, puis dans les années 1830 par Thomas Baillairgé. Charles Vézina en conçut le maître-autel et les sculptures dans les années 1730. Les tableaux sont de François Baillairgé. Remarquez l'encombrant système de chauffage suspendu pour les jours de grande froidure. Dans la sacristie, jolie boutique d'artisanat. *1445, chemin Royal Tél. 418 828 9824 Ouvert mi-mai-fin juin : w.-e. 10h-12h et 13h-17h ; fin juin-sept. : tlj. 10h-12h et 13h-17h*

☺ **Espace Félix-Leclerc** Figure marquante de la chanson francophone, poète, écrivain, homme de théâtre et de radio, Félix Leclerc reste pour les insulaires ce voisin épris de liberté qu'on surnomma, dès son installation à Saint-Pierre

Félix Leclerc, le père de la chanson québécoise

Sixième de onze enfants, Félix Leclerc (1914-1988) grandit à La Tuque, en Haute-Mauricie, et écrit sa première chanson à 18 ans. La crise lui fait quitter l'université en 1933, et il exerce divers petits métiers avant de devenir animateur, acteur et auteur de radio, y interprétant ses premières chansons. Les contes, fables et poèmes qu'il publie en 1943 sont bien accueillis et en 1948, il fonde une troupe de théâtre avec deux amis. En 1950, Jacques Canetti l'invite à venir chanter en France, où il rencontre un vif succès et enregistre ses premiers disques. Félix Leclerc recevra ainsi le Grand Prix du disque de l'académie Charles-Cros en 1951, 1958 et 1973. Après un retour triomphal au Québec en 1953, le chanteur partage sa carrière musicale entre le Canada et l'Europe tout en poursuivant son œuvre de dramaturge et d'écrivain populaire. Son engagement politique en faveur de l'indépendance du Québec s'affirme dans les années 1970. Outre plusieurs romans et pièces de théâtre, on lui doit quelque 150 contes, poèmes et chansons narrant les heurs et malheurs de ses compatriotes. Parmi les textes qui l'ont rendu célèbre, on peut citer *Bozo, Le Tour de l'île, Le P'tit Bonheur, L'Hymne au printemps* et *Moi, mes souliers.*

en 1970, le "fou de l'île", du titre d'une de ses œuvres parue en 1958. C'est au cours d'un bref séjour en 1946 qu'il avait composé cet ouvrage, séduit par l'île d'Orléans où il vécut définitivement à partir de 1970 et où il est enterré. Lieu de mémoire doublé d'une scène, l'espace Félix-Leclerc restitue la vie et l'œuvre de l'artiste dans leur contexte (société rurale de l'entre-deux-guerres dont il chercha à s'émanciper, krach de 1929, conscription, Seconde Guerre mondiale…). Textes et photos mettent en relief une collection d'objets personnels : disques, guitares, livres, lettres… Au rdc, la Boîte à chansons, pourvue de 130 places, reçoit régulièrement le meilleur de la relève québécoise et française. *1214, chemin Royal Tél. 418 828 1682 www.felixleclerc.com Ouvert mai-oct. : tlj. 9h30-17h30 Fermé fin déc.-début jan. Tarif 8$, réduit 4,50$, moins de 5 ans gratuit*

Sainte-Famille Au nord de Saint-Pierre, la plus ancienne paroisse de l'île (1661) s'enorgueillit de posséder la seule église à trois clochers du Québec et la dernière maison insulaire inchangée depuis le Régime français. À l'ouest s'offrent de belles vues de la côte de Beaupré et du mont Sainte-Anne.
Église de la Sainte-Famille Outre des clochers évocateurs de la Sainte Trinité, cette église consacrée en 1749 possède un beau mobilier. Le tabernacle du maître-autel est signé Pierre Noël Levasseur (1749), et plusieurs tableaux sont de François Baillairgé. *2483, chemin Royal À côté de la Maison de nos aïeux, au nord de la municipalité Tél. 418 828 2656 Ouvert fin juin-début sept. : tlj. 13h-17h*
Maison de nos Aïeux L'histoire des familles établies dans l'île depuis le XVIe siècle. Pour les férus de généalogie. *2485, chemin Royal Tél. 418 829 0330 www.fondationfrancoislamy.org Ouvert mi-fév.-mi-juin, mi-oct.-début déc. : lun.-ven. 10h-16h ; mi-juin-début sept. : tlj. 10h-18h ; début sept.-mi-oct. : lun.-ven. 10h-16h Fermé mi déc.-mi fév. Tarif 5$, moins de 13 ans gratuit Billet jumelé avec la Maison Drouin 10$*
Maison Drouin Érigée en 1730, agrandie en 1734 et jamais remaniée depuis, elle a conservé son aménagement d'origine : un témoignage rare du mode de vie sous le Régime français. *2958, chemin Royal Tél. 418 829 0330 Ouvert mi-juin-août : tlj. 10h-18h ; sept.-10 oct. : sam.-dim. 12h-16h Tarif 6$, moins de 12 ans gratuit, forfait Duo (Maison Drouin et Maison de nos Aïeux) 10$*

Saint-François Établi à la pointe septentrionale de l'île, le village observe l'estuaire du Saint-Laurent : panorama magnifique ! Avec Sainte-Famille, il possède la plus forte concentration insulaire de maisons anciennes.

☺ **Saint-Jean** Sur la rive orientale de l'île, face à la région de Chaudière-Appalaches, le couvert végétal s'étoffe. Fondé en 1679, Saint-Jean était, au milieu du XIXe siècle, un village de pilotes et de navigateurs. L'alignement de maisons colorées de la rue Royale, entre terre et fleuve, en fait l'un des plus charmants de l'île.
Manoir Mauvide-Genest D'un blanc immaculé, cette demeure cossue abrite une exposition consacrée au système seigneurial du Régime français et au couple qui la fit construire en 1734, avant de l'habiter : Jean Mauvide, chirurgien devenu seigneur de la moitié ouest de l'île, et Marie-Anne Genest, son épouse. *4818, chemin Royal Tél. 418 829 2630 www.manoirmauvidegenest.com Ouvert mai-oct. : tlj. 10h-17h Tarif 8$, réduit 6$, moins de 12 ans gratuit*

Saint-Laurent Comme Saint-Jean, cette paroisse fondée en 1679 tirait jadis son revenu de la terre (fermes maraîchères et horticoles) mais aussi du Saint-Laurent : dans les années 1950, on y construisait encore des barques et des voiliers réputés jusqu'en Europe. Agréables balades à improviser sur le rivage.
Parc maritime de Saint-Laurent Pour en savoir plus sur les chantiers navals de l'île d'Orléans, découvrez l'atelier de l'ancienne chalouperie Godbout, fondée en 1837, et sa collection d'outils. *120, chemin de la Chalouperie Tél. 418 828 9673 www.parcmaritime.ca Ouvert mi-juin-mi-oct. : tlj. 10h-17h Tarif 5$, réduit 3$, moins de 12 ans gratuit*

☺ **Sainte-Pétronille** Là, à la pointe méridionale de l'île, point de fermes ni de pâturages : les luxueuses villas de la localité s'inscrivent dans une végétation luxuriante qu'on croirait importée d'autres latitudes. Centre de villégiature de la bourgeoisie québécoise et américaine depuis le XIXe siècle, le site fut bien avant la fondation de la paroisse (1870) le premier habité de l'île. Face aux remparts de Québec, Wolfe y installa son quartier général en 1759. Le peintre britannique Horatio Walker (1858-1938) y vécut et y travailla de nombreuses années. Vue imprenable sur la capitale.

Où acheter des produits du terroir ?

☺ **Domaine Steinbach** L'excellent cidre de glace naturel Steinbach est le fleuron d'une large palette de produits fermiers : cidres au cassis ou à la framboise, gelée de pomme au sirop d'érable, moutarde à l'orange, vinaigre de cidre, confits d'oignons... Comptez 14-19$ la bouteille de cidre aromatisé et 23$ celle de cidre de glace. *1865, chemin Royal* ***Saint-Pierre-de-l'Île-d'Orléans*** *Tél. 418 828 0000 www.domainesteinbach.com Ouvert fév.-avr. : tlj. 11h-16h ; mai-oct. : tlj. 10h-19h ; nov.-déc. : tlj. 11h-17h*
☺ **Cassis Monna & Filles** De père en filles, on produit ici une excellente crème de cassis et plusieurs apéros-digestifs à base de cassis de l'île. Restaurant avec terrasse attenant au magasin, et depuis 2016, une crèmerie avec glace au... cassis ! *1225, chemin Royal* ***Saint-Pierre-de-l'Île-d'Orléans*** *Tél. 418 828 2525 www.cassismonna.com Ouvert juil.-oct. : tlj. 10h-20h ; nov.-mai : tlj. 10h-17h ; juin : tlj. 10h-18h Reste de l'année sur rdv*

Où se procurer les meilleures confitures de l'île ?

Tigidou Une odeur divine traverse les murs de cette vieille grange, échappée des marmites où un couple de sorciers mitonne des confitures aux fruits de l'île : basilic-fraise, menthe fraîche et citron vert, prunes de Damas, que de bonnes choses pas trop sucrées et sans pectine ! *175, chemin Royal* ***Saint-Jean-de-l'Île-d'Orléans*** *Tél. 418 203 1300 www.tigidou.ca Ouvert juin-sept. : tlj. 10h-17h*

Où boire un verre ?

Pub Le Mitan Le seul pub de l'île d'Orléans ! Bières blanche, blonde, ambrée à l'érable et rousse brassées sur place et servies dans un chaleureux cadre de boiseries. Elles portent des noms bien ancrés dans le terroir. Comptez 6,95$ la pinte. Également du *fish & chips*, des pizzas, de la choucroute... Plat à la carte 14-16$. *2471, chemin Royal* ***Sainte-Famille*** *Tél. 418 829 0408 www.microorleans.com Ouvert juin-sept. : tlj. 11h30-0h ; oct.-mai : ven. 16h-0h, w.-e. 11h30-0h*

Où remplir soi-même son panier de bleuets ?

Aux trois baies L'autocueillette est l'une des activités préférées des Québécois. Le temps des fraises, des pommes et des bleuets voit son lot de familles en quête des savoureux fruits de la terre. Sandra vous ouvre un hectare de bleuets pour y trouver votre bonheur. 8,25$ le kilo, 7$ à partir de deux kilos. Repartez le panier plein et avec quelques idées de recettes en sus. *2140, ch. Royal* ***Saint-Pierre-de-l'Île-d'Orléans*** *Tél. 418 952 1693 Ouvert fin juil.-début sept. : tlj. 9h-19h*

Faire une balade en traîneau à chiens

Expéditions Mi-loup L'hiver ne suffisant plus à assouvir leur passion, les propriétaires du P'tit Bonheur (p.368) ont créé… le traîneau d'été ! Un châssis, des roulettes, quelques notions de bricolage et le tour était joué. Sur la poudreuse ou sur l'herbe, comptez 67,50$/h, 105$ les deux heures. *186, côte Lafleur* ***Saint-Jean-de-l'Île-d'Orléans*** *Tél. 418 829 2588 www.traineauachiens.com*

La côte de Beaupré

Attention, deux routes suivent cette étroite bande de terres agricoles que lèche le Saint-Laurent, de Québec au cap Tourmente : la voie rapide (bd Sainte-Anne) et l'avenue Royale (route 360). La première, assimilée à une autoroute, ne présente aucun intérêt. La seconde court à flanc de coteau avant de rejoindre le fleuve, se confondant sur une cinquantaine de kilomètres avec la **route historique de la Nouvelle-France**, l'ancien chemin du Roy. Bordé de vénérables maisons, ce dernier invite à d'agréables balades à pied, à vélo ou en voiture. Avant l'inauguration de cette voie en 1683, la côte de Beaupré, l'une des plus vastes seigneuries de Nouvelle-France, n'était accessible que par bateau, et seuls les abords du fleuve étaient véritablement colonisés. L'avenue Royale vous fera traverser **Château-Richer**, puis Sainte-Anne-de-Beaupré, centre de pèlerinage depuis 1658, et enfin Beaupré et Saint-Joachim, siège de la réserve du Cap-Tourmente. Consultez le dépliant *La Route de la Nouvelle-France,* disponible dans les offices de tourisme. **Accès** *Route de la Nouvelle-France : autoroute 440, sortie François-de-Laval* **Bureau d'accueil touristique de la Côte-de-Beaupré** *5572, bd Sainte-Anne Tél. 418 822 3578 www.cotedebeaupre.com Ouvert mi-mai-mi-juin, sept.-mi-oct. : mer.-dim. 10h-17h ; mi-juin-août : tlj. 9h-19h*

Parc de la Chute-Montmorency Vue du boulevard Sainte-Anne, qui longe la côte de Beaupré, cette chute de 83m vantée dans les offices de tourisme de la région (elle dépasse de 30m celles du Niagara) ne produit pas l'effet escompté… en raison de sa faible largeur. Pour être impressionné, il faut emprunter l'escalier panoramique (487m), le téléphérique et le pont qui la surplombent (vertigineux !). Le manoir Montmorency, au sommet de la falaise, abrite un petit centre d'interprétation consacré à l'histoire du site et un café-restaurant. Sa terrasse offre un splendide panorama sur le fleuve et l'île d'Orléans. Au pied de la chute, les embruns gelés forment en hiver un pain de glace faisant office de piste de luge ! Depuis 2016, les amateurs de sensations fortes pourront emprunter la tyrolienne double dévalant le vide au-dessus des chutes ! Montée d'adrénaline garantie ! *2490, av. Royale ou 5300, bd Sainte-Anne* ***Boischatel*** *(10km au nord-est du centre de Québec par l'autoroute 440 Est jusqu'au pont de l'île d'Orléans, puis en suivant les panneaux*

Bus 50 ou 53) Tél. 418 663 3330 www.parcdelachutemontmorency.com Entrée libre mais frais de stationnement (11$) Tarif téléphérique 12$ AR, réduit 6$, moins de 6 ans gratuit ; Tarif tyrolienne 25$, réduit 18,75$

Château-Richer Cette localité, qui fut la première paroisse rurale d'Amérique du Nord (1753), accueille le centre d'interprétation de la Côte-de-Beaupré, relatant l'histoire de la région au travers de sa petite collection permanente et d'expositions temporaires. **Centre d'interprétation de la Côte-de-Beaupré** *7976, av. Royale Tél. 418 824 3677 auxtroiscouvents.org Ouvert juin-août : tlj. 9h-17h ; sept.-avr. : mer.-ven. 10h-16h, sam.-dim. 13h-17h Fermé 1er jan. et 25 déc. Tarif 6$, réduit 4-5$, moins de 17 ans gratuit*

Basilique Sainte-Anne-de-Beaupré Impossible de manquer cette basilique néoromane qui, de ses deux clochers hauts de 91m toise les menues bâtisses de la côte. Construite en 1924, elle occupe le site de quatre églises successives, dont la première fut en 1658 le théâtre d'une guérison miraculeuse. Devenue un centre de pèlerinage, elle voit défiler plus de 1,5 million de dévots chaque année ! À l'intérieur, riche ensemble de mosaïques, vitraux, tableaux et sculptures. Remarquez la réplique de la *Pietà* de Michel-Ange, dans la chapelle de l'Immaculée-Conception, à l'étage inférieur. *10018, av. Royale* ***Sainte-Anne-de-Beaupré*** *(35km au nord-est de Québec) Tél. 418 827 3781 www.sanctuairesainteanne.org Ouvert juin-oct. : tlj. 8h-20h30 ; nov.-mai : tlj. 8h30-17h*

Musée de Sainte-Anne-de-Beaupré L'ancien musée de cire d'Histoire biblique est devenu, dans les années 1990, un passionnant petit musée d'art et d'histoire que personne ne semble remarquer, et c'est dommage. Car en plus d'être un complément essentiel à la visite du sanctuaire, il est gratuit. Le rez-de-chaussée est consacré à l'histoire du site et conserve quelques tableaux de cire de l'ancienne exposition ("Histoire de Sainte-Anne"). À l'étage, une fabuleuse collection d'ex-voto anciens est présentée, certains comme celui de Pierre Le Moyne d'Iberville, le corsaire, remontant au XVIIe siècle. On y conserve également les vestiges des églises ayant précédé la basilique, et notamment de superbes sculptures de Louis Jobin. La muséographie est claire et moderne. *9803, bd Sainte-Anne* ***Sainte-Anne-de-Beaupré*** *Tél. 418 827 6873 www.sanctuairesainteanne.org Ouvert mai-mi-oct. : tlj. 9h30-16h Entrée libre*

☺ **Cyclorama de Jérusalem** Avec 110m de circonférence et 1 540m² de superficie, cette extraordinaire représentation de Jérusalem et de la Crucifixion est le plus vaste panorama du monde. Elle fut réalisée à Munich de 1878 à 1882. Nous conseillons vivement la location de jumelles (2$) pour apprécier la finesse des détails. *8, rue du Sanctuaire* ***Sainte-Anne-de-Beaupré*** *(35km au nord-est de Québec) Tél. 418 827 3101 www.cyclorama.com Ouvert mi-mai-juin, début sept.-mi-oct. : tlj. 10h-17h ; juil.-début sept. : tlj. 9h-18h Tarif 11$, réduit 8$*

Réserve nationale de faune du Cap-Tourmente Le cap Tourmente sépare la plaine du Saint-Laurent (côte de Beaupré) des monts de Charlevoix. Au printemps et à l'automne, des centaines de milliers de canards et d'oies des neiges y font étape. On a recensé dans la réserve 700 espèces végétales (tel le scirpe d'Amérique, plante des marais dont les oies sont friandes), 329 espèces

LA GRANDE OIE BLANCHE
Sous-espèce *Atlanticus* de l'oie des neiges, ce palmipède passe l'été dans l'Arctique canadien et l'hiver dans les marais de la côte est des États-Unis. Lors de ses deux migrations annuelles, la population entière (passée de 3 000 individus au début du XXe siècle à plus de 800 000 aujourd'hui) fait escale sur les rives du Saint-Laurent. À l'automne, les vasières du cap Tourmente peuvent ainsi accueillir plus de 75 000 grandes oies des neiges en même temps !

d'oiseaux et 40 de mammifères. Elle accueille un centre d'interprétation de la biodiversité et entretient 20km de sentiers pédestres. *570, chemin du Cap-Tourmente* ***Saint-Joachim*** *(50km au nord-est de Québec) Tél. 418 827 4591 www.ec.gc.ca Ouvert début jan.-mi-mars : w.-e. 8h30-16h ; début mai-fin oct. : tlj. 8h30-17h Tarif 6$, réduit 5$, moins de 12 ans gratuit ; 4$ en hiver*

Église Saint-Joachim Cette petite église, construite après la destruction de la précédente par les troupes de Wolfe en 1759, garde l'esprit du Régime français et constitue l'un des chefs-d'œuvre de la famille Baillairgé pour son décor intérieur. Blanc et or, celui-ci présente l'un des retables les plus originaux du Québec avec ses quatre colonnes surmontées de pots à feu et encadrant de robustes évangélistes sculptés en ronde bosse. Il est probable que l'intention première de François Baillairgé était d'utiliser ces colonnes pour la réalisation d'un baldaquin dans le goût baroque. Le maître-autel est orné d'un tableau, *Saint-Joachim offrant la Vierge au Très-Haut* (1779), de Jean-Antoine Aide-Créquy, qui fut curé et l'un des premiers peintres, sinon le premier, nés au Québec. *165, rue de l'Église Tél. 418 827 4020 Ouvert mi-mai-mi-oct. : tlj. 9h-17h Entrée libre*

Canyon Sainte-Anne Si la traversée du pont de Montmorency ne vous suffit pas, empruntez l'une des trois passerelles d'observation des chutes Sainte-Anne, suspendues à plus de 55m au-dessus d'une gorge vertigineuse ! Sentiers de randonnée, via ferrata, tyrolienne, restaurant, aire de pique-nique. Expérience unique : la via ferrata est ouverte l'hiver, au-dessus des chutes gelées (de nov. à mi-mars). ***Saint-Joachim*** *(56km au nord-est de Québec) Tél. 418 827 4057 www.canyonsa.qc.ca Ouvert mai-juin, sept.-mi-oct. : tlj. 9h-17h ; juil.-août : tlj. 9h-18h Dernière admission 1h avant la fermeture Tarif 13,50$, réduit 7-10$, moins de 6 ans gratuit*

Skier, randonner à proximité de Québec

☺ **Mont-Sainte-Anne** Culmine à 803m d'altitude, c'est l'une des principales stations du Québec avec 71 pistes de descente, dont 19 éclairées jusqu'à 21h, 200km de pistes de fond (29$ la journée) et 48km pour raquettes. Comptez 56$ le forfait remontées pour une demi-journée, 77$ pour la journée et 34$ pour profiter des pistes le soir (16h-21h). Le domaine compte également 8,4km de sentiers pour la randonnée alpine. Nombreux hébergements, restaurants et loueurs de matériel (env. 46$ l'équipement complet). En été, plus de 40km de sentiers balisés. Droit pour randonner 8$. *2000, bd du Beau-Pré* ***Beaupré*** *(40km au nord-est de Québec) Tél. 418 827 4561 ou 1 888 827 4579 (Rés. hôtelières) www.mont-sainte-anne.com* ***Randonnée*** *Ouvert mi-mai-oct. : dim.-mer. 9h-16h, jeu.-sam. 9h-18h30* ***Ski*** *fin nov.-mi avr. : tlj. 8h30-16h (certains soirs nocturne 21h)*

CARNET D'ADRESSES

Lieux de sortie

Québec, la nuit, n'est pas Montréal. Et plus que l'offre, c'est semble-t-il la demande qui fait défaut : on se retrouve parfois seul ou presque au comptoir ! Pas de panique, les Québécois ont leurs secrets et leurs habitudes ; consultez les programmes et demandez autour de vous. Le week-end, la Grande-Allée, l'avenue Cartier et Saint-Jean-Baptiste, et de plus en plus Saint-Roch et Limoilou réservent en général de bonnes surprises.

bars et microbrasseries

L'Inox (plan 13, B3 n°40) Parfois déserte en semaine, cette microbrasserie est bondée les vendredi et samedi soir. La terrasse en été, la sélection musicale, les toiles (à vendre), le baby-foot et la bière à prix doux réunissent tous les suffrages de la jeunesse locale. Bière blanche, blonde ou rousse de 4,50$ à 7$. ***Colline Parlementaire et Grande-Allée*** *655, Grande-Allée Est Tél. 418 692 2877 www.inox.qc.ca Ouvert tlj. 12h-3h Fermé 24 déc.*

☺ **Le Sacrilège (plan 13, B2 n°36)** L'un de nos bars favoris parce qu'il ne désemplit pas. Et pour cause, la véranda du fond et le jardinet ombragé sont un plaisir ! Le fréquentent des journalistes, étudiants, artistes et bons vivants de tout poil pour qui les week-ends sont trop courts. Pinte (Cheval Blanc, Belle Gueule, Boréale, Griffon ou Molson) de 5$ à 7$ selon l'heure. Concert le jeu. et soirées DJ ven.-sam. ***Saint-Jean-Baptiste*** *447, rue Saint-Jean Tél. 418 649 1985 www.lesacrilege.com Ouvert tlj. 12h-3h*

Le Moine échanson (plan 13, B2 n°42) Avec son bois omniprésent et ses murs de briques tapissés de bouteilles, cette "boîte à vins" dégage une atmosphère des plus conviviales. On y est invité à voyager au fil des régions viticoles du monde en compagnie de plats évoluant au gré des saisons, de bouchées gourmandes ou d'assiettes de fromages... Et l'on repart ivre de bonheur ! Verre 6-10$, bouteille (possibilité d'emporter) 35-55$, incluant le droit de bouchon. Les 5 à 7 du jeudi (apéro de 17h à 19h), vous payez 5 à 7$ le verre. Côté menu, comptez entre 20 et 35$. Les musiciens trouveront un piano en libre accès, pour la joie, nous l'espérons, de tous. ***Saint-Jean-Baptiste*** *585, rue Saint-Jean Tél. 418 524 7832 www.lemoineechanson.com Ouvert tlj. 17h-23h Fermé 24-25 déc. et 1 sem. en jan.*

La Barberie (plan 13, C1 n°34) Un peu à l'écart du monde, cette microbrasserie fait l'unanimité. Huit recettes au choix – la blonde biologique, la rousse au miel de sarrasin et la stout impériale (noire) sont plébiscitées par les habitués de ce repaire convivial. Prenez place au comptoir et liez conversation, on vous répondra ! En été, les deux terrasses se parent de fleurs, de plants de houblon ou d'orge et de légumes, véritable oasis de verdure au milieu du béton ! ***Saint-Roch*** *310, rue Saint-Roch Tél. 418 522 4373 www.labarberie.com Ouvert tlj. 12h-1h*

Kraken Cru (plan 13, A1 n°33) Ce petit bar à huîtres et à bulles est rapidement devenu une adresse incontournable de la capitale. Une quarantaine de places seulement pour avoir le privilège d'une dégustation d'exception ! Trouvez l'accord idéal entre les huîtres, les oursins, le crabe et l'impressionnante carte des vins, bières, champagnes et alcools en tout genre. Le Kraken Cru figure en quatrième position du palmarès Air Canada des meilleurs restaurants du pays. ***Saint-Roch*** *190, rue Saint-Vallier ouest Tél. 581 741 9099 Page Facebook Ouvert jeu.-dim. 16h-1h*

Les Salons d'Edgar (plan 13, A1 n°39) Avec leur parquet clair, leurs lourds rideaux de velours brun, leurs canapés en cuir et leurs appliques anciennes, les salles ont en effet tout l'air de salons privés. Café paisible l'après-midi, restaurant simple (salades et grillades) et bar d'ambiance le soir, ce lieu attire une faune à la page, mais discrète. Une adresse à part. Billards dans l'arrière-salle 10$/h. ***Saint-Roch*** *263, rue Saint-Vallier Est Tél. 418 523 7811 www.lessalonsdedgar.com Ouvert mer.-jeu. 16h30-2h, ven.-sam. 16h30-3h, dim. 17h30-2h Fermé 1er-2 jan., fin juin-fin août, 23-26 déc.*

La Korrigane (plan 13, A1 n°44) Malgré son nom à forte connotation celtique, la Korrigane n'est pas le pub irlandais auquel on pourrait s'attendre. Il s'agit en fait d'une microbrasserie bien québécoise qui propose des bières artisanales de qualité, ainsi qu'un menu pub mettant l'accent sur les produits locaux. La salle est grande et claire (un peu trop... tamisez !), et la terrasse donnant sur la rue Saint-Joseph des plus agréables. Une bonne adresse pour boire et manger entre copains. ***Saint-Roch*** *380, rue Dorchester Tél. 418 614 0932 www.korrigane.ca Ouvert dim.-jeu. 11h30-1h, ven.-sam. 11h30-3h*

Le Bal du Lézard (plan 12, B1 n°10) À l'origine lieu de rencontre culturel et social pour les habitants de Limoilou, ce bar à la déco toujours changeante attire une foule éclectique et enjouée, notamment des amateurs de bières et de vodka attirés par la diversité du choix. Pilier de la vie nocturne sur la 3e Avenue, Le Bal offre une scène pour les *bands* locaux. ***Limoilou*** *1049, 3e Avenue www.lebaldulezard.com Ouvert tlj. 14h-3h*

bars musicaux

Bar Sainte-Angèle (plan 14, A1 n°31) Un grand nom de la scène jazzy de Québec, bien dissimulé dans un sous-sol... Espace restreint et lumières tamisées lui donnent des airs de *speakeasy*... avec des concerts intimes du jeu. au sam. Longue carte de cocktails (servis aussi en pichet) et de bières de microbrasseries québécoises, canadiennes ou des quatre coins du monde. Accueil un peu froid. ***Haute-Ville intra-muros*** *26, rue Sainte-Angèle Tél. 418 692 2171 Ouvert lun.-sam. 20h-3h*

Le Pape Georges (plan 14, C3 n°33) Amateur de bon vin, Georges, l'ancien propriétaire, ne cachait pas son faible pour le Pape-Clément (Graves). Ainsi est né, en 1984, ce "Pape Georges", bar à vins qui occupe la cave voûtée et le rdc d'une maison de 1668, à l'angle d'une pittoresque ruelle de la Basse-Ville. Une affaire bien rodée ! Petite restauration à toute heure (assiettes de fromages et de charcuteries du terroir). Moins touristique le soir. Concerts blues folk les ven.-sam. dès 22h. ***Basse-Ville historique*** *8, rue Cul-de-Sac Tél. 418 692 1320 Ouvert tlj. 10h30-3h*

Les Voûtes de Napoléon (plan 13, B3 n°41) Au sous-sol du restaurant Bonaparte, c'est la typique "boîte à chansons" où l'on vient entre amis boire et reprendre en chœur les ballades folk et les chansons québécoises ou françaises interprétées par des chansonniers de la région. Ambiance chaleureuse et clientèle plutôt jeune. Le spectacle débute à 21h30, mais en fin de semaine mieux vaut arriver plus tôt ! ***Colline Parlementaire et Grande-Allée*** *680A, Grande-Allée Est Tél. 418 640 9388 www.voutesdenapoleon.com Ouvert tlj. 20h-3h*

Pub Nelligan's (plan 13, B2 n°38) En plus d'une liste infinie de scotchs et de whiskies, d'une large sélection de bières spéciales ou d'importation et d'une appétissante carte de petits plats, ce pub irlandais offre également une scène chaleureuse pour les musiciens locaux qui veulent conserver vivante la musique traditionnelle du Québec. Ces *jams* ont lieu certains mardis dès 21h, gardez un œil sur le calendrier et ne manquez pas la prochaine ! Inutile d'ajouter que l'endroit est particulièrement bondé aux alentours de la saint Patrick. ***Saint-Jean-Baptiste*** *789, côte Sainte-Geneviève Tél. 418 704 7817 www.pubnelligans.ca Ouvert juil.-août : tlj. 14h-3h ; sept.-juin : tlj. 16h-3h*

Le Temps partiel (plan 13, B2 n°37) Quand la façade de l'emblématique Fourmi atomique s'écroula en 2001, ses propriétaires décidèrent d'ouvrir une annexe dans le quartier Saint-Jean-Baptiste, le temps des travaux. Mais le chantier fut abandonné et Le Temps partiel devint peu à peu une valeur sûre. Un lieu 100% alternatif, aux murs sombres et à la propreté douteuse. Performances, expositions, concerts et soirées punk, rock, ska, techno, indus, new wave (sauf en juil.-août)... Plutôt vide la semaine. Bière 5,50$. Billard gratuit le week-end. ***Saint-Jean-Baptiste*** *698, rue d'Aiguillon (coin côte Sainte-Geneviève) Tél. 418 522 1001 www.letempspartiel.com Ouvert tlj. 16h-3h Fermé 1er jan. et 25 déc.*

Et aussi...

Shopping

Marché du Vieux-Port ______ 335
Maison J.-A. Moisan ______ 341

Manger sur le pouce

Bügel ______ 340

☺ **Le Cercle (plan 13, A1 n°35)** Plus qu'un bar de quartier alternatif, voilà bien l'une des scènes les plus actives de Québec. Des concerts (électro, jazz, folk, indie, etc.), des soirées, des performances... Une illustration du renouveau de Saint-Roch. Brunch le dimanche suivi d'un trio de jazz. Le côté très branché de ce "lab vivant" ne plaira cependant pas à tous. ***Saint-Roch*** *228, rue Saint-Joseph Est Tél. 514 948 8648 www.le-cercle.ca Ouvert lun.-mer. 11h30-1h30, jeu.-ven. 11h30-3h, sam. 10h-3h, dim. 10h-1h30*

salles de spectacle

Capitole de Québec (plan 14, A1 n°30) Délaissé durant vingt ans, puis entièrement restauré, ce théâtre (1903) a retrouvé son lustre et rouvert ses portes en 1992. Concerts, music-hall, repas-spectacles... ***Saint-Jean-Baptiste*** *972, rue Saint Jean Tél. 418 694 4444 www.lecapitole.com*

Palais Montcalm (plan 14, A2 n°32) Ce palais Art déco, dont la construction fut lancée dans le cadre des grands projets suivant la crise économique de 1929, a rouvert en 2007 après une longue période d'abandon. Il offre aujourd'hui une programmation exceptionnelle axée principalement sur le répertoire classique. Les prestigieux Violons du Roy y ont leur siège, et l'Orchestre symphonique de Québec (OSQ) s'y produit régulièrement. ***Saint-Jean-Baptiste*** *995, place d'Youville Tél. 418 641 6040 ou 1 877 641 6040 www.palaismontcalm.ca*

Grand Théâtre de Québec (plan 13, A2 n°32) Le lieu de toutes les expressions : concerts (classique, jazz, variété...), opéra, danse, théâtre, spectacles d'humour, de magie... ***Saint-Jean-Baptiste*** *269, bd René-Lévesque Est Tél. 418 643 8131 www.grandtheatre.qc.ca*

clubs

Les deux clubs emblématiques, et semble-t-il indémodables, présentés ci-dessous sont aussi les plus aboutis dans leur style. Vous en trouverez d'autres dans la Grande-Allée et sur l'avenue Cartier. Consultez le programme du Temps partiel (p.353) et du Cercle (p.353), qui à l'occasion organisent des soirées.

Chez Maurice (plan 13, B3 n°30) Avec le Dagobert, Maurice règne en maître sur la *night* québécoise. Le secret : viser large (tubes électro, dance et disco au Maurice Nightclub, latino, hip-hop et R'n'B au Charlotte Ultra Lounge), répondre aux attentes d'un public jaloux de son confort (canapés hyper confortables, salon japonisant, carré VIP et champagne à gogo) et augmenter la température pour mieux faire tourner les quatre bars ! Clientèle de 25-35 ans. Sélection à l'entrée, tarif variable... ***Colline Parlementaire et Grande-Allée*** *575, Grande-Allée Est Tél. 418 647 2000 www.mauricenightclub.com Ouvert jeu.-ven. 21h-3h, sam. 22h-3h*

Dagobert (plan 13, B3 n°31) Aux salons feutrés de son voisin, le "Dag" oppose un immense dance-floor et sa mezzanine en fer à cheval. On y repose ses gambettes en observant la foule en délire. Soirées électro (house, techno...) et hip-hop, et clientèle très jeune (18-25 ans). Résidents et DJ internationaux. Droit d'entrée variable selon la programmation. ***Colline Parlementaire et Grande-Allée*** *600, Grande-Allée Est Tél. 418 522 0393 dagobert.ca Ouvert mer.-dim. 22h-3h*

fringale nocturne

Chez Ashton (plan 13, B2-B3 n°13) On dit que ce sont les meilleures poutines de la ville (4-8$), mais leur popularité tient surtout au fait qu'elles se vendent jusqu'à 2h ou 4h du matin (selon les adresses) sur une dizaine de sites, dont trois dans le centre-ville et un à Sainte-Foy. À 3h, sur la Grande-Allée, c'est carrément l'heure de pointe ! Également des hamburgers et des hot-dogs. ***Colline Parlementaire et Grande-Allée*** *640, Grande-Allée Est Tél. 418 522 3449 www.chezashton.ca Ouvert dim.-mar. 10h30-2h, mer.-sam. 10h30-4h* **Autres adresses *Haute-Ville intra-muros*** *54, côte du Palais Tél. 418 692 3055 Ouvert dim.-mar. 11h-23h30, mer.-sam. 11h-4h* ***Saint-Roch*** *830, bd Charest Est Tél. 418 648 0891 Ouvert dim.-mar. 10h30-2h, mer.-sam. 10h30-4h* ***Sainte-Foy*** *2895, chemin Saint-Louis Tél. 418 652 8665 Ouvert dim.-jeu. 10h30-23h30, ven. 10h30-1h30*

Restauration

Capitale politique de la province, ville étudiante et pôle touristique, Québec fourmille d'adresses gourmandes susceptibles de satisfaire toutes les envies et toutes les bourses. Notez que certains restaurants gastronomiques proposent des formules déjeuner très bon marché. Pour des adresses moins touristiques, il vous faudra sortir des quartiers historiques et vous rendre à Saint-Roch et Limoilou, dans la Basse-Ville, côté nord.

petits prix

☺ **Chez Temporel (plan 14, B1 n°12)** Un petit café sans âge ni style particulier, avec quelques tables en bois, pour avaler un croissant, un sandwich, une soupe, une salade à toute heure, ou juste l'expresso du matin. Une institution ! ***Haute-Ville intra-muros*** *25, rue Couillard Tél. 418 694 1813 Ouvert tlj. 9h-21h*

Paillard (plan 14, B1 n°23) Le boulanger enfourne son pain et façonne ses viennoiseries, le glacier élabore d'alléchants sorbets et le cuisinier compose de copieuses salades, à savourer sur de longues tables collectives. Un point de chute pratique et pas cher, mais de qualité. ***Haute-Ville intra-muros*** *1097, rue Saint-Jean Tél. 418 692 1221 www.paillard.ca Ouvert dim.-jeu. 7h-21h, ven.-sam. 7h-22h*

Le Petit Coin latin (plan 14, A1 n°19) Aux murs ocre, il y a une affiche de Dalí, une de Picasso, des photos de Doisneau (Saint-Germain-des-Prés...) et en fond musical du jazz ou du blues pour faire danser les bougies quand le soleil décline. Une jeune équipe décontractée mais consciencieuse, une atmosphère chaleureuse, une assiette attendue sur le fond, mais généreuse dans la forme (tourtière de caribou, raclette, antipasti...) : c'est sans bavure. Ainsi va-t-on depuis plus d'un demi-siècle dîner au Petit Coin latin mais aussi y prendre un copieux petit déjeuner et, quand il fait beau, profiter de sa terrasse tranquille. Desserts fameux : glace à l'érable, tarte au sucre, crème caramel... Menus 18-25$. ***Haute-Ville intra-muros*** *8 1/2, rue Sainte-Ursule Tél. 418 692 0700 Ouvert tlj. 8h-22h Fermé 1 sem. en jan.*

☺ **Buffet de l'Antiquaire (plan 14, C1 n°11)** Ce coffee-shop suranné, avec ses banquettes rouges, son indémodable zinc et son odeur de graillon, est la cantine des antiquaires du quartier. C'est surtout une affaire de famille – celle des Lebel – lancée en 1974 et que rien ne semble pouvoir ébranler. Bref, une institution ! Brochette de poulet, cipaille (tourte à la viande et aux pommes de terre), foie de volaille, soupe à l'oignon, steak haché... Des petits déjeuners savoureux aux fèves au lard divines ! Comptez 11-20$ pour un repas complet. ***Basse-Ville historique*** *95, rue Saint-Paul Tél. 418 692 2661 lebuffetdelantiquaire.com Ouvert tlj. 6h-21h Fermé 1er jan. et 25 déc.*

Mille et une pizzas (plan 13, C1 n°22) Les meilleures pizzas de la capitale, à manger sur place ou à emporter. Si la saison le permet, traversez le boulevard pour aller savourer la vôtre face au port. Une trentaine de garnitures au choix, des classiques aux spécialités maison : magret de canard, poulet teriyaki, salsa poulet... Prévoyez 15-25$ TTC. Vous pouvez

GAMME DE PRIX	RESTAURATION	HÉBERGEMENT
Très petits prix	moins de 15$	moins de 40$
Petits prix	de 15 à 25$	de 40 à 80$
Prix moyens	de 25 à 40$	de 80 à 120$
Prix élevés	de 40 à 55$	de 120 à 160$
Prix très élevés	plus de 55$	plus de 160$

demander votre pâte sans gluten. ***Basse-Ville historique*** *363, rue Saint-Paul Tél. 418 692 1910 www.1001pizzas.ca Ouvert tlj. 11h-23h Fermé 1er jan., 24-25 déc.*

Cosmos (plan 13, B3 n°16) Vous êtes jeune, sympa, dynamique, vous avez le physique d'un mannequin ? Allez donc tenter votre chance au Cosmos ! Ce café-resto-bar est tellement *fashion* qu'il en deviendrait presque ringard : trop de branchitude tue la branchitude ! Plutôt que le décor, une explosion de formes et de couleurs (lampes globes, plafond en relief, mobilier design), regardez donc votre assiette, qu'on a rarement vue aussi copieuse pour ce prix. Ici, en effet, la salade a tout d'un repas complet (17-19$), comme les burgers (13-17$) et les pâtes (18-23$). Et le petit déjeuner, servi jusqu'à 15h, n'a rien à leur envier. Musique lounge. ***Colline Parlementaire et Grande-Allée*** *575, Grande-Allée Est Tél. 418 640 0606 www.lecosmos.com Ouvert lun.-jeu. 7h-0h, ven. 7h-1h, sam. 8h-1h, dim. et j. fér. 8h-0h Fermé 1er jan., 24-25 déc.*

☺ **Café Krieghoff (plan 13, A3 n°12)** Les habitués de ce café-restaurant apprécient l'atmosphère apaisante de ses salles intimes, décorées d'œuvres d'un artiste qui l'a longtemps fréquenté. L'expresso est fameux et le petit déjeuner roboratif. Aux quiches et salades servies en continu s'ajoute un menu aux heures des repas (de 15$ à 17$). Laissez-vous tenter par les calmars frits ou la tourtière du lac Saint-Jean au cerf rouge, deux de leurs spécialités (18$). Terrasse animée aux beaux jours. Café 3$, petit déjeuner 8-18$. ***Colline Parlementaire et Grande-Allée*** *1089, av. Cartier Tél. 418 522 3711 www.cafekrieghoff.qc.ca Ouvert tlj. 7h-22h ; hiver : lun.-sam. 7h-22h, dim. 8h-22h Fermé 25 déc.*

Morena (plan 13, A3 n°25) Ariana et Vito sont aux commandes de cette épicerie-traiteur-restaurant aux accents italiens, située sur la trépidante avenue Cartier. Non seulement on y trouve d'excellents produits, mais on y mange aussi très bien. Que vous optiez pour des pâtes (*orecchiette ortolano*, farfalle *alla tsar* au saumon fumé et à la vodka) ou pour les *crostini* (de belles tartines garnies) qui ont fait la réputation du Morena, votre choix sera toujours le bon car tout est savoureux. N'oubliez pas non plus de consulter l'ardoise, elle offre chaque jour un nouveau menu ! Pour une entrée et un plat comptez de 18$ à 23$ maxi. ***Saint-Jean-Baptiste*** *1038, av. Cartier Tél. 418 529 3668 www.morena-food.com Ouvert lun.-mer. 8h-19h, jeu.-ven. 8h-20h, w.-e. 8h-18h*

Chez Victor (plan 13, A2 n°14) Le décor et le raffinement en plus, Victor est aux hamburgers ce qu'Ashton est aux poutines ! Tous les classiques et des propositions originales (porc haché, brie et confiture de poivrons ; caribou au chutney de pommes et amandes ; épinards, noix et sauce tomate, etc.) à savourer dans l'atmosphère conviviale et jeune de petites salles aux pierres apparentes, baignées d'une lumière ambrée, ou à deux pas de la gare, dans une salle plus contemporaine prolongée par une immense terrasse. Accueil souriant. Comptez 14-20$ à la carte. ***Saint-Jean-Baptiste*** *145, rue Saint-Jean Tél. 418 529 7702 www.chezvictorburger.com Ouvert dim.-mer. et j. fér. 11h30-21h30, jeu.-sam. 11h30-22h Fermé 1er jan., 24-25 et 31 déc.* **Chez Victor (plan 14, C1 n°20)** ***Basse-Ville historique*** *300, rue Saint-Paul Tél. 418 781 2511 Ouvert dim.-mer. 11h-21h, jeu. 11h-21h30, ven.-sam. 11h-22h*

Tora-Ya Ramen (plan 13, A1 n°15) Dans cet *izakaya* (bistrot japonais) contemporain, bouillons (au miso à la mode de Sapporo ou au soja comme à Tokyo) savoureux, légumes (pousses de bambous, germes de soja...) croquants et pâtes artisanales délicieuses excitent les "mangeux" de soupe de nouilles de la vieille capitale. Ramen 10,50-13,50$. Si vous cherchez le calme, ou un repas en tête à tête, l'endroit n'est pas indiqué. Les serveuses hurlent chaque commande en japonais et les bruits de vaisselle donnent le tournis. Mais c'est bon, voire très bon. ***Saint-Roch*** *75, rue Saint-Joseph Est Tél. 418 780 1903 www.hosaka-ya.com Ouvert mar.-ven. 11h30-14h et 17h-22h, sam. 17h-22h*

Hosaka-ya (plan 12, B1 n°1) Une toute petite salle illuminée de bois blond, pour des *tsumami* (bouchées apéritives), des sushis et d'autres plats japonais aux arômes délicats, ainsi qu'une fabuleuse glace à la sauce soja ! Plat 4,50-12$. ***Limoilou*** *491, 3e Av. Tél. 418 529 9993 Ouvert mar.-ven. 11h30-14h et 16h30-21h, sam.-dim. 11h30-14h*

prix moyens

☺ **Chez Boulay (plan 14, B1 n°22)** Dans ce splendide restaurant de la rue Saint-Jean, on se rapproche des origines en goûtant à la nouvelle cuisine boréale concoctée par les chefs Jean-Luc Boulay et Arnaud Marchand, qui valorisent les produits propres au climat nordique. Tartare de bison et graines de moutarde du Québec, parmentier de sauvagine, purée de potiron et tombée de poireau ou pavé de flétan, sel de berce laineuse, semoule d'avoine aux crevettes nordiques, bettes à carde glacées au miel et carvi des îles de la Madeleine, pour une gastronomie fine et saine composée au jour le jour au gré des saisons et délicieuse à souhait. Menu midi 16-22$, carte 30-45$, brunch de fin de semaine 16-23$. Fabuleusement bon ! ***Haute-Ville Intra-Muros*** *1110, rue Saint-Jean Tél. 418 380 8166 chezboulay.com Ouvert tlj. 11h30-14h30 et 17h30-22h30*

☺ **Chez Jules (plan 14, C2 n°27)** La France vous manque ? Venez Chez Jules pour retrouver la carte d'une brasserie bien parisienne. Au menu, escargots de Bourgogne, rillettes de porc ou soupe à l'oignon gratinée pour commencer, et à la suite, onglet de bœuf échalotes, foie de veau poêlé ou filet de sole meunière. Les desserts sont à l'avenant : mousse au chocolat façon grand-mère, crêpes suzette flambées au Grand Marnier et profiteroles maison. Comptez environ 40$ pour une entrée et un plat. On oubliait : les lundis, c'est cuisses de grenouilles à volonté ! Plus frenchy, tu meurs ! ***Haute-Ville intra-muros*** *24, rue Sainte-Anne Tél. 418 694 9485 chezjules.ca Ouvert tlj. 7h30-10h et 11h30-22h*

Le Brigantin (plan 14, C2-D2 n°14) Sans doute le restaurant le plus authentique de la place de la FAO, avec son lot d'habitués et sa jolie terrasse qui offre aux curieux l'inépuisable défilé de la Basse-Ville : badauds, vélos, voitures et au loin les bateaux dans le port. Pour un déjeuner rapide au soleil. Tarte à l'oignon confit au porto, aiglefin farci aux crevettes, penne piquantes au saumon fumé... Prévoyez 12-35$ à la carte. ***Basse-Ville historique*** *97, rue du Sault-au-Matelot Tél. 418 692 3737 www.brigantin.com Ouvert lun.-jeu. 11h30-14h30 et 17h-21h, ven. 11h30-22h, sam. 9h-22h, dim. 9h-17h Fermé 1er jan., 2 sem. en jan., 24-25 déc.*

Le Cochon dingue (plan 14, C3 n°17) Ce restaurant touristique du Petit-Champlain a aussi ses habitués. Les nappes à carreaux bleus et blancs font leur effet, comme le répertoire de chansons françaises "vieille école" et l'assiette bien dosée. Côtes levées fumées maison au bois d'érable (22$), *fish & chips* (19$), poulet croustillant du général Dingue (19$)... Petit déjeuner copieux. Service affable. ***Basse-Ville historique*** *46, bd Champlain Tél. 418 692 2013 www.cochondingue.com Ouvert fin juin-début sept. : lun.-ven. 7h-23h, sam. 8h-0h, dim. 8h-23h ; reste de l'année : lun.-jeu. 7h-22h, ven. 7h-23h, sam. 8h-23h, dim. 8h-22h*

Aviatic (plan 13, C1 n°21) L'un des incontournables de Québec, à la carte audacieuse. Dans ce resto-bar à vins, on prend le temps de s'installer dans de confortables fauteuils en cuir pour déguster des mets variés : les planches de charcuterie côtoient les tartares et *tataki*, les noisettes de cerf rôties ou encore le contre-filet de bœuf. Le tout est magnifiquement présenté dans en portions à mi-chemin entre l'entrée et le plat, idéal pour partager entre amis et découvrir de nouvelles saveurs. Côté vin, une cinquantaine de références. N'hésitez pas à demander conseil auprès des serveurs. Menus autour de 35$, plats 13$-32$. Concerts folk et jazz, demandez le programme ! ***Basse-Ville historique*** *450, rue de la Gare-du-Palais Tél. 418 522 3555 www.aviatic.ca Ouvert lun.-mar. 11h30-21h, mer.-ven. 11h30-22h, w.-e. 17h-22h*

SSS (plan 14, C1-C2 n°28) Au Simple Snack Sympathique, l'ambiance est à la fois joyeuse côté lounge (musique, tables hautes et bouchées à déguster entre amis) et intime côté restaurant (murs en pierre et cheminée). En journée, la carte propose une cuisine d'inspiration bistrot ; le soir, elle est plus élaborée (*crab cake* poêlé, foie gras au torchon) et s'accompagne d'une belle sélection de vins judicieusement conseillés. Carte 18-26$ (déj.), 18-34$ (dîner). ***Basse-Ville historique*** *71, rue Saint-Paul Tél. 418 692 1991 www.restaurantsss.com Ouvert lun.-ven. 11h30-14h30 et 17h-22h30, w.-e. 17h-22h30* ***Autre adresse (Colline Parlementaire et Grande-Allée)*** *46, bd René-Lévesque Ouest Tél. 418 523 2013 Ouvert lun.-ven. 7h-22h, w.-e. 8h-22h*

Bistro Sous le fort (plan 14, C3 n°18) Au pied du funiculaire, dans le quartier du Petit-Champlain, ce bistrot sympathique sert des plats simples mais efficaces. Spécialités maison : le burger de wapiti et camembert, les ris de veau aux pleurotes de Causapscal ou encore le *fish & chips*. Pour les plus petites faims : salades et sandwiches. Les murs qui datent de 1682 ont une longue histoire. Ils auraient abrité le Premier ministre du Québec dans les années 1900, le salon d'un barbier et une imprimerie ! Mention spéciale pour l'accueil chaleureux. Menu table d'hôtes 15-20$ à midi, 30-35$ le soir. Plat 17-30$. ***Basse-Ville historique*** *48, rue Sous-le-Fort Tél. 418 694 0852 www.bistrosouslefort.com Ouvert mai-sept. : tlj. 11h-22h ; oct.-avr. : tlj. 11h-21h*

Il Matto 71 (plan 14, C2 n°25) Preuve de son succès, Il Matto (installé à Sainte-Foy, à proximité de Québec) a ouvert un second restaurant dans la ville de Québec : Il Matto 71 ! La carte est la même (recettes simples et alléchantes), mais le décor y est résolument plus moderne : grands luminaires, magnifique cellier en inox et musique tendance pour accompagner le repas. Les parppadelles aux champignons sauvages (23$) sont imparables mais la pizza (18-20$), l'osso-bucco (30$) et l'escalope de veau (27$) ne sont pas en reste. Les produits sont de qualité, les assaisonnements et les cuissons sont tout simplement parfaits. Menu midi 16-19. Carte 29-53. Réservation conseillée.

Basse-Ville historique *71, rue Saint-Pierre Tél. 418 266 9444 www.ilmatto.ca Ouvert lun.-ven. 11h30-14h et 17h30-22h, w.-e. 17h30-22h*

☺ **Le Café du Monde (plan 14, D2 n°15)** Dans une salle inondée de lumière, on contemple le Saint-Laurent et on se prend à rêver d'ailleurs. Ce Café du Monde a bien choisi son nom et son emplacement, face au débarcadère des bateaux de croisière, même s'il n'a rien d'un repaire de globe-trotters. Mais des brasseries parisiennes, on y retrouve la cuisine, l'agitation permanente et les serveurs en tablier, la joie de vivre en plus. Boudin aux pommes, demi-poulet fermier à la broche, moules à la moutarde... Arrivage quotidien de poissons et fruits de mer. Plat 20-40$. ***Basse-Ville historique*** *84, rue Dalhousie Tél. 418 692 4455 www.lecafedumonde.com Ouvert lun.-ven. 11h30-23h, w.-e. et j. fér. 9h-23h*

Le Parlementaire (plan 13, B2 n°24) Vu le cadre somptueux de la salle à manger du Parlement, on serait en droit de redouter une facture élevée, mais heureusement il n'en est rien. La cuisine, dont la palette s'accorde à celle des saisons, repose essentiellement sur les produits du Québec et est apprêtée avec goût et finesse. En automne par exemple, on vous mijotera un chapon à la sauge, topinambours et citrouilles rôtis, ou des fettucines aux épinards, sauce à la courge. Une jolie carte des vins pour enrober le tout, et le tour est joué : un repas de luxe pour 35$, incluant l'entrée, le plat et le dessert ! Attention : il faut impérativement réserver plusieurs jours à l'avance et être muni d'un document d'identité. ***Colline Parlementaire et Grande-Allée*** *Tél. 418 643 6640 Ouvert lun.-ven. 8h-11h et 11h30-14h30*

47e Parallèle (plan 13, A2 n°10) Taillé dans le béton et le verre, ce 47e Parallèle puise dans différentes traditions culinaires sans renoncer au terroir : pieuvre cuite sous vide au paprika fumé, boudin maison à la mexicaine ou duo de veau, médaillon et ris fumé, ratatouille et fond de veau à la truffe d'été... À déguster dans une salle épurée, en regardant officier les commis. La carte des vins fait la part belle à l'hémisphère sud. C'est chic, mais hospitalier. Prévoyez 17-25$ pour le déjeuner, 40-70$ en table d'hôtes. ***Colline Parlementaire et Grande-Allée*** *333, rue Saint-Amable Tél. 418 692 4747 www.le47.com Ouvert mar.-ven. 11h30-14h et 17h-22h, w.-e. 17h-23h*

Tempéra (plan 13, A3 n°26) Marie-Chantal Lepage, chef reconnue, a pris la direction du volet gastronomique du nouveau musée des Beaux-Arts, déclinant son offre en trois lieux distincts, de la sandwicherie au restaurant signature, en passant par le Tempéra, que nous recommandons tant pour la nourriture que pour le rapport qualité-prix. Situé dans le grand hall lumineux du pavillon Lassonde, cet espace au design épuré sert une cuisine de terre, de mer ou végétarienne, pleine de délicatesse et présentée sous forme de bento japonais. La carte est plus élaborée le soir, mais le déjeuner reste très avantageux côté portefeuille. Comptez 18$ à midi pour un plateau repas, 50$ le soir à la carte. ***Colline Parlementaire et Grande-Allée*** *179, Grande-Allée Est Tél. 418 644 6780 Ouvert dim. 11h-17h, mar.-sam. 11h-22h*

☺ **Le Clocher penché (plan 13, A1 n°11)** Avec ses menus du jour sur ardoise, ses bouteilles dispersées et ses hauts murs ocre ornés de tableaux, ce bistrot contemporain incarne le renouveau de Saint-Roch. Le boudin noir des artisans et les porcelets des éleveurs Turlo dénotent un attachement au terroir qui n'exclut pas une pointe d'audace : gésiers de caille laqués aux figues, pièce de bœuf à la vinaigrette de citron confit et d'olives... L'échafaudage des saveurs et l'assaisonnement font la différence. Les brunchs du week-end sont un must ! À la carte, comptez 17-20$ à midi et 30-45$ le soir. ***Saint-Roch*** *203, rue Saint-Joseph Est Tél. 418 640 0597 www.clocherpenche.ca Ouvert mar.-ven. 11h30-14h et 17h-22h, sam. 9h-14h et 17h-22h, dim. 9h-14h Fermé du 25 déc.-7 jan.*

☺ **L'Affaire est ketchup (plan 13, A1 n°23)** Avant tout, ne vous fiez pas au nom en pensant que le ketchup fait partie des condiments habituels de la place, il s'agit d'une expression québécoise signifiant "l'affaire est dans le sac". Donc, point de bouteille rouge sur les tables en dehors des excellents vins que l'on y sert. Le restaurant s'est taillé une solide réputation depuis son ouverture en 2010, et pour cause ! On y sert une cuisine gastronomique, élaborée devant vous, sur des cuisinières on ne peut plus ordinaires, preuve que l'on peut faire du très bon avec les moyens du bord. L'araignée de porc, les pétoncles, les têtes de violon (pousses de fougères), le bison ou le magret sont apprêtés selon l'inspiration du jour, et chaque jour apporte son lot de bonnes idées. Réservez tôt car avec une vingtaine de places, le carnet est vite rempli. De 35 à 45$ pour une entrée et un plat. ***Saint-Roch*** *46, rue Saint-Joseph est Tél. 418 529 9020 Page Facebook Ouvert mar.-sam. 18h-20h15, dim. 18h-23h*

prix élevés

Aux anciens Canadiens (plan 14, B2 n°10) Touristique à souhait, avec ses serveuses en costume XVIIe, ses nappes rustiques et ses bas-reliefs rendant hommage aux pionniers, le célébrissime restaurant de la maison Jacquet – cf. Rue Saint-Louis (p.316) – n'en est pas moins une valeur sûre. C'est l'une des rares tables de la capitale à servir de véritables (et généreuses !) assiettes de terroir : tourtière du lac Saint-Jean aux gibiers (22$), bourguignon de bison à la crème et aux bleuets (29$) ou caribou sauvage au thé du labrador (92$), tarte au sirop d'érable (9$). Comptez, en table d'hôtes, 20-45$ au déjeuner ("dîner") et 39-109$ au dîner ("souper") ; 50$ le soir à la carte. ***Haute-Ville intra-muros*** *34, rue Saint-Louis Tél. 418 692 1627 www.auxancienscanadiens.qc.ca Ouvert tlj. 12h-21h*

L'Échaudé (plan 14, C2 n°16) Cadre élégant aux notes Art déco, assiettes copieuses, serveurs en livrée affairés : le parfait bistrot parisien à Québec ! Connu de tous en ville et toujours recommandé, L'Échaudé est un classique. Foie gras poêlé, crème de chanterelles et céleri-rave confit, pétoncles saisis au beurre de topinambour, confit de canard, longe de bison grillé et gratin de courge aux oignons... et 250 étiquettes de vins. Carte 30-55$. ***Basse-Ville historique*** *73, rue Sault-au-Matelot Tél. 418 692 1299 www.echaude.com Ouvert tlj. 11h30-14h et 17h30-22h (w.-e. ouv. dès 10h) fermé 1er jan., 25 déc.*

☺ **Le Lapin sauté (plan 14, C3 n°26)** Réputé pour ses brunchs en terrasse ou au coin du feu, ce restaurant d'inspiration champêtre est l'une des meilleures adresses du quartier du Petit-Champlain. Au menu, du lapin bien sûr (à la moutarde, en saucisse, en rillettes...) mais aussi du magret de canard et des marmites de soupe à l'ancienne, le tout arrosé d'alcools québécois. Service attentif et décor chaleureux : petites tables aux nappes à carreaux, et lapins jusque sur les murs (tableaux, peluches...). Une adresse aux airs de Montmartre où l'on se sent bien ! Carte 25-50$ env. ***Basse-Ville historique*** *52, rue du Petit-Champlain Tél. 418 692 5325 www.lapinsaute.com Ouvert lun.-jeu. 11h-22h, ven. 11h-23h, sam. 9h-23h, dim. et j. fér. 9h-22h*

Toast (plan 14, C2 n°29) L'été, sa cour intérieure pavée est une des haltes les plus plaisantes du Vieux-Port. En hiver, direction la salle confortable et ses murs de pierre. En toute saison, le Toast se prête à merveille aux dîners romantiques : lumière tamisée, chaises en fer forgé garnies de coussins rouges... À la carte, un choix d'entrées (petites portions) à combiner les unes aux autres pour un mariage de saveurs. Le foie gras est à l'honneur, poêlé ou au torchon. Et pourquoi ne pas expérimenter le *surf and turf* de pieuvre BBQ et ris de veau saisis ou sa caille farcie cuite à basse température sous vide ? Le restaurant est situé au rez-de-chaussée de l'hôtel Le Priori et certains plats peuvent aussi être servis dans les chambres. Compter 45-75$ à la carte. ***Basse-Ville historique*** *17, rue Sault-au-Matelot Tél. 418 692 1334 www.restauranttoast.com Ouvert dim.-jeu. 18h-22h30, ven.-sam. 18h-23h*

Graffiti (plan 13, A3 n°17) Un écrin moderne réchauffé par des poutres et des briques apparentes et des assiettes ensoleillées : tagliatelles au homard, tournedos de thon grillé aux épices et à l'huile de sésame, beignet de crevettes nordiques à la bière blanche... Les cols blancs et les commerçants du quartier en raffolent ! Excellente carte des vins et galerie ombragée aux beaux jours. Menu du jour 15-25$, carte 25-55$. ***Colline Parlementaire et Grande-Allée*** *1191, av. Cartier Tél. 418 529 4949 www.restaurantgraffiti.com Ouvert lun.-ven. 11h30-14h30 et 17h-23h, sam. 17h-23h, dim. 9h-14h30 et 17h-23h Fermé 24 déc. au soir*

La Planque (plan 12, B1 n°2) L'une des bonnes surprises de Limoilou et preuve supplémentaire de la gentrification du quartier, ce restaurant gastronomique attire une clientèle de connaisseurs. L'espace est divisé en plusieurs ambiances (bar, mezzanine, salon, face aux cuisiniers), le tout formant un lieu chaleureux et convivial. On peut choisir à la carte, ou se laisser surprendre par le menu dégustation, élaboré par le chef selon ses envies (55$), et constitué d'un amuse-bouche, d'une entrée froide, d'une entrée chaude, d'un plat et d'un dessert. Quelques exemples : rémoulade de crabe frite, purée d'orange amère, crème sure et baies de genièvre pour commencer, suivies d'un carpaccio de contre-filet de veau, d'une morue d'Islande poêlée et ses raviolis farcis, puis d'un filet d'épaule de bœuf, sauce au foie gras et chou rouge braisé aux lardons. Ponctuez l'ensemble d'un fromage de Portneuf ou d'un dessert, et voilà ! Autour de 50$ à la carte. ***Limoilou*** *1027, 3ᵉ Avenue Tél. 418 914 8780 laplanquerestaurant.com Ouvert mar.-ven. 11h30-14h30 et 17h30-22h, sam. 17h30-22h*

prix très élevés

Le Saint-Amour (plan 14, A2 n°20) Aux fourneaux, Frédéric Boulay a relayé son père Jean-Luc, mais l'on continue à savourer dans le magnifique jardin d'hiver du Saint-Amour une cuisine de haute volée, saluée dans toute la région. Spécialité de foie gras, servi en terrine à l'armagnac, poêlé chaud sur une purée de haricots cocos ou en dégustation de six façons, et carte d'inclinaison régionale : caviar de Colombie-Britannique, omble de l'Arctique et lentilles Béluga aux lardons d'esturgeon fumé, carré d'agneau et fromage de chèvre Jac le Chevrier, gigue de wapiti poêlée aux baies de genévrier... et une cave riche de 12 000 bouteilles ! Naturellement, une telle qualité se paie : table d'hôtes 68$ et 125$, mais plus abordable à midi (20-35$). ***Haute-Ville intra-muros*** *48, rue Sainte-Ursule Tél. 418 694 0667 www.saint-amour.com Ouvert lun.-ven. 11h30-14h et 18h-22h, sam. 17h30-22h, dim. 18h-22h Fermé 1er jan. et 25 déc.*

Laurie-Raphaël (plan 14, D1 n°13) Le chef Daniel Vézina est devenu une star : émissions de télé, chroniques dans la presse, ateliers de cuisine et boutique (vaisselle, huile de homard et vinaigre de gingembre estampillés), mais aujourd'hui, c'est son fils Raphaël qui commande la brigade. Côté qualité, rien n'a changé dans ce restaurant où le tartare de cerf, vinaigrette à la truffe, la crème d'oursin, huître fraîche et canneberges, ou le ceviche de flétan, marmelade de poivrons, se dégustent dans un écrin aux tons naturels, contemporain, et dont chaque meuble est québécois. Indétrônable, la famille Vézina ? À vous de juger ! Menus à 30$ et 50$ au déjeuner, carte 65-145$. ***Basse-Ville historique*** *117, rue Dalhousie Tél. 418 692 4555 www.laurieraphael.com Ouvert mar.-ven. 11h30-14h et 18h-21h45, sam. 18h-22h Fermé 3 sem. en jan.*

☺ **Panache (plan 14, D2 n°24)** Fauteuils moelleux, teintes douces, poutres et pierre apparentes, cheminée... la table de la luxueuse auberge Saint-Antoine jouit d'un cadre chaleureux. Son chef Julien Ouellet met notamment à l'honneur le feuilleté de champignons sauvages, le homard en cocotte lutée, le lapin, la caille ou la pintade de la Ferme Besnier, le crabe de la Côte-Nord et les ris de veau de Mauricie. Petit déjeuner 19-25$, carte 50-85$. Menu signature (six plats) 125$, vin compris. ***Basse-Ville historique*** *8, rue Saint-Antoine Tél. 418 692 1022 www.saint-antoine.com/panache Ouvert lun.-ven. 12h-14h et 18h-22h, w.-e. 11h30-14h et 18h-22h Petit déj. : lun.-ven. 6h30-10h30, w.-e. 7h-11h Fermé j. fériés*

☺ **L'Initiale (plan 14, C2 n°21)** Sous les hauts plafonds d'une ancienne banque, nappes blanches, porcelaine, verres en cristal et couverts en argent donnent le ton. Imaginant ses compositions selon l'arrivage et l'offre de producteurs locaux (médaillon de cerf rouge rôti, pétoncles du Maine, homard, etc.), Yvan Lebrun, un Breton de Cancale, épice les classiques de la gastronomie québécoise d'exquises touches personnelles. Une explosion de saveurs et un raffinement qui flatteront les papilles les plus exigeantes. Du très haut de gamme. Menus à 59$ (midi), 99$ et 129$ (soir). Comptez 65-100$ à la carte. Choix de 500 vins ! ***Basse-Ville historique*** *54, rue Saint-Pierre Tél. 418 694 1818 www.restaurantinitiale.com Ouvert mi-mars-mi-jan. : mar.-ven. 11h30-13h30 et 18h-21h, sam. 18h-21h*

Ciel ! (plan 13, B3 n°18) Juché à 183m du sol dans la rotonde sommitale de l'hôtel Le Concorde, au 28e étage, le bistrot-bar Ciel ! pivote sur lui-même en 90min, dévoilant des vues extraordinaires sur la ville et les Laurentides au loin. À la carte, qui change régulièrement, cannelloni de canard confit, osso-buco de sanglier, raviolis de courge, chorizo, poivrons et maïs... Cocktails au bar, avec quelques grignotages. Assez touristique, bien sûr. La cuisine est bonne, mais en toute franchise, on y vient d'abord pour le spectacle panoramique. Comptez 40-60$ à la carte. Brunch les w.-e. et jours fériés. ***Colline Parlementaire et Grande-Allée*** *1225, cours du Général-de-Montcalm Tél. 418 640 5802 www.cielbistrobar.com Ouvert lun.-mer. 11h30-22h et 18h-22h45, jeu.-ven. 11h30-23h, sam. 9h-23h, dim. 9h-22h* ***Bar*** *tlj. 11h30-0h*

Dans les environs

Voir aussi les restaurants des hébergements des environs de Québec (p.368).

petits prix

Panache mobile Le restaurant Panache (p.362) de l'auberge Saint-Antoine met son expertise au service des estivants de l'île d'Orléans grâce à une roulotte gourmande stationnée dans le vignoble de Sainte-Pétronille. Alliant gastronomie, produits du terroir et cuisine de cantine, ce comptoir propose des mets raffinés à des prix très abordables (entre 6 et 20$) : salade de tomates fraîches aux herbes, roquette et mousse de chèvre ; crevettes grillées à la salsa verde, couscous aux légumes, oranges et amandes ; assiette de saucissons bio ; frites et mayonnaise à la truffe... *Vignoble de Sainte-Pétronille 1, chemin du Bout-de-l'île* ***Sainte-Pétronille*** *(18km à l'est de Québec) www.saint-antoine.com/panache/panache-mobile Ouvert juil.-août : tlj. 11h-20h ; mi-mai-juin, sept.-mi-oct. : tlj. 11h-17h*

prix moyens

Le Relais des Pins L'unique cabane à sucre de l'île d'Orléans ouverte toute l'année possède de surcroît l'avantage d'être située au bord du Saint-Laurent. Dans un décor typique d'érablière (tables en bois et vaisselle maison), on y festoie des traditionnels cretons (rillettes), accompagnés de pommes de terre et de fèves au lard arrosés de sirop d'érable, d'oreilles de crisse (grillades de lard) et de crêpes au sucre d'érable ! Un accordéoniste égaie le repas de ses gigues, turlutes et autres airs entraînants. Possibilité de visiter l'exploitation au temps des sucres (au printemps) et de goûter à la tire sur neige. Menu du jour 17$, carte 25$ env. Réservation requise en hiver. *2013, chemin Royal* ***Sainte-Famille*** *(24km au nord-est de Québec) Tél. 418 829 3455 www.lerelaisdespins.com*

prix élevés

La Traite Le chef Martin Gagné cache bien son jeu : son patronyme des plus communs masque des origines autochtones et une vraie passion pour la culture huronne-wendat. C'est donc tout naturellement qu'il a été choisi pour prendre les commandes du restaurant gastronomique de l'hôtel des Premières Nations (p.370). Il y fait souffler un vent de nouveauté sur les recettes traditionnelles : esturgeon sauce vierge aux bleuets, grillade de wapiti et son calumet tiède au jus de coureur des bois, braisé d'épaule de bison... Herbes, épices, fleurs et racines agrémentent tous les plats. Le décor sophistiqué fait la part belle aux matières naturelles (bois, pierre, cuir). Menu midi 15-35$, soir 45-80$. *5, pl. de la Rencontre* ***Wendake*** *(14km à l'ouest de Québec) Tél. 418 847 0624 www.restaurantlatraite.ca*

Hébergement

Fourni, le parc hôtelier de Québec se partage entre la Basse-Ville historique, la Haute-Ville intra-muros et les abords de la Grande-Allée. À Saint-Jean-Baptiste et Saint-Roch on ne trouve guère que des chambres d'hôtes. Si vous prévoyez de consacrer plusieurs jours à la visite de Québec, mieux vaut coucher à Lévis (p.400) et gagner Québec en ferry. Cela vous permettra d'économiser de précieux dollars et de vous offrir une belle arrivée dans la capitale.

petits prix

Auberge internationale de Québec (plan 14, A2 n°42) Une vraie tour de Babel que cette AJ fébrile. Dans son réfectoire comme dans son café-bistrot, sa bibliothèque et ses dortoirs impeccables, on entend toutes les langues. Accès Internet, consigne, lave-linge et service de visites guidées de la ville et des environs. Comptez 28$/pers. en dortoir de 6, 8 ou 12 lits, 35$/pers. en dortoir de 4 lits et 80$ la chambre double sans sdb, mais avec le petit déjeuner. ***Haute-Ville intra-muros*** *19, rue Sainte-Ursule Tél. 418 694 0755 www.aubergeinternationaledequebec.com*

Auberge de la Paix (plan 14, B1 n°41) Si la précédente affiche complet, optez pour cette AJ propre et accueillante, mais un brin décatie. Cinq chambres (80$, taxes et petit déj. inclus) et 8 dortoirs de 4 à 8 lits (32$/pers., 4-10 ans 16$ taxes et petit déj. inclus), cuisine équipée, consigne gratuite. ***Haute-Ville intra-muros*** *31, rue Couillard Tél. 418 694 0735 www.aubergedelapaix.com*

prix moyens

Maison historique James-Thompson (plan 14, A2 n°53) Tableaux et luminaires rehaussent d'une note contemporaine les 3 chambres de cette demeure classée (1793). L'ensemble, confortable et bourgeois, témoigne de beaucoup de goût, et les petits déjeuners en disent long sur l'art de recevoir ! Double 75-135$, petit déj. et parking inclus. ***Haute-Ville intra-muros*** *47, rue Sainte-Ursule Tél. 418 694 9042 www.bedandbreakfastquebec.com*

☺ **Gîte Chez Hubert (plan 14, A2 n°46)** La réputation d'Hubert était telle qu'Andrew, son successeur, a choisi de conserver l'enseigne telle quelle sur ses cartes de visite comme sur le site Internet du gîte. Mais soyez sans crainte, il témoigne du même sens de l'accueil que son prédécesseur. Seule condition requise pour la location d'une des 3 chambres de cette maison ancienne du Vieux-Québec : parler l'anglais, car ce natif de Victoria ne se sent pas très à l'aise en français. Réunies au dernier étage, les chambres (avec sdb) sont impeccables, spacieuses, claires et marient joliment l'ancien et le contemporain. À l'image du grand salon, où quelques DVD sont laissés à disposition des hôtes. Le petit déjeuner (compris) est gargantuesque ! Comptez 115-155$ la double. ***Haute-Ville intra-muros*** *66, rue Sainte-Ursule Tél. 418 692 0958 www.chezhubert.com*

Auberge de la Chouette (plan 14, A2 n°40) De l'eau a coulé sous les ponts depuis la dernière rénovation de certaines chambres, tristes comme un herbier fané. Demandez la Folichonne ou la Farouche, qui nous ont semblé plus fraîches. Cependant, elles sont propres et pour la plupart d'une taille peu commune dans cette catégorie. À retenir si les voisins affichent complet, ou pour la belle vue sur le Parlement. Un restaurant, L'Apsara, au rdc. Comptez 85-115$ la double avec sdb privative. ***Haute-Ville intra-muros*** *71, rue d'Auteuil Tél. 418 694 0232 www.aubergelachouette.com*

B&B de la Tour (plan 13, A2 n°52) À l'ombre de la Grande-Allée et de l'avenue Cartier, dans une jolie rue cossue, le B&B d'Huguette Rodrigue offrira aux noctambules comme aux couche-tôt une retraite reposante. Les 3 chambres gaies et douillettes portent le nom de leur couleur dominante : rouge, vert ou jaune. Deux sdb à se partager. Comptez 95-105$, petit déj. et parking compris. ***Colline Parlementaire et Grande-Allée*** *1080, av. Louis-St-Laurent Tél. 418 525 8775 www.bbdelatour.com Fermé vac. de Noël, week-end de Pâques et 15 j. en oct.*

☺ **B&B L'Heure douce (plan 13, B2 n°53)** À deux pas des restaurants et des bars de la rue Saint-Jean, en étage, 3 chambres modernes et calmes attenant à un salon et sa kitchenette, que prolonge un balcon, idéal aux beaux jours pour un petit déjeuner. Au loin se profilent les Laurentides. La souriante Diane Dumont loue aussi 5 studios spacieux, équipés et bien tenus (l'un dans son immeuble, les autres donnant sur une coquette cour fleurie d'une rue voisine). Seuls ceux du rdc manquent de lumière. Double (sdb partagée, petit déj. compris) 90$; studios 1 075$/mois. Parking sur demande. ***Saint-Jean-Baptiste*** *704, rue Richelieu Tél. 418 649 1935 pages.videotron.com/hdouce*

L'Autre Jardin (plan 13, B1 n°54) Leur taille seule justifierait le prix de ces 28 chambres au décor exotique sommaire, africain, asiatique ou latino-américain. Mais ce n'est pas tout : l'établissement appartient à Carrefour Tiers-Monde, et ses recettes financent les opérations de cette organisation dédiée au développement durable. Autre point fort, c'est l'un des rares hôtels du quartier branché de Saint-Roch ! 103-135$ la double standard avec le petit déj. ***Saint-Roch*** *365, bd Charest Est Tél. 418 523 1790 ou 1 877 747 0447 www.autrejardin.com*

prix élevés

B&B Chez Marie-Claire (plan 14, A2 n°44) Dans la même rue que le gîte Chez Hubert. Le salon est cosy, la cage d'escalier élégante et les 3 chambres sont magnifiques. Avec ses tapisseries à rinceaux, ses guéridons et ses secrétaires en bois noble, la propriétaire s'est inventé, pour elle et ses hôtes, une vie de châtelaine ! Double 80-150$, petit déj. et parking compris. ***Haute-Ville intra-muros*** *62, rue Sainte-Ursule Tél. 418 692 1556 www.bbmarieclaire.com*

☺ **Gîte Marquise de Bassano (plan 14, B3 n°47)** Derrière le parc des Gouverneurs, dans une maison de 1888, 3 chambres à réserver les yeux fermés et surtout longtemps d'avance. L'Apaisante possède un balcon ravissant, la Bibliothèque abrite une collection de livres à dévorer dans le lit à baldaquin et la Champ de plumes allie boiseries élégantes et tons chauds. Petit déjeuner copieux. Doubles 145-179$. ***Haute-Ville intra-muros*** *15, rue des Grisons Tél. 418 692 0316 ou 1 877 692 0316 www.marquisedebassano.com*

☺ **Hôtel Acadia (plan 14, A2 n°49)** Cet établissement idéalement situé dans l'enceinte du Vieux-Québec, à deux pas de la colline Parlementaire et des plaines d'Abraham, fait partie des plus fréquentés de la ville dans sa catégorie. Son avenante façade du XIXe siècle cache 40 chambres de différents styles et pour différents budgets. Même les plus simples ont leur déco personnalisée (mobilier ancien), la TV câblée et une cafetière prête à l'emploi. Celles qui ouvrent sur le patio manquent toutefois de lumière. Les plus luxueuses allient les charmes du rustique (poutres et pierres apparentes) au confort dernier cri (bain bouillonnant, TV à écran plat...). Service de massage, distributeur de boissons, location de DVD... Double à partir de 135$ en semaine, 190$ le w.-e. ***Haute-Ville intra-muros*** *43, rue Sainte-Ursule Tél. 418 694 0280 ou 1 800 463 0280 www.hotelsvieuxquebec.com*

Hôtel Belley (plan 14, B1 n°50) Exception qui confirme la règle, à Québec, les hôtels sont rares autour de la gare. Et même ce sympathique Belley est surtout fréquenté pour la terrasse et le billard de son café-bar ! Il dispose pourtant de 8 chambres modernes. La plus petite, fonctionnelle, vous coûtera en saison 125$ et la plus spacieuse, avec ses briques apparentes, ses banquettes en velours rouge, son design recherché et sa literie haut de gamme, 170$, petit déj. en sus 5-6$. Accueil amical. ***Basse-Ville historique*** *249, rue Saint-Paul Tél. 418 692 1694 ou 1 888 692 1694 www.hotelbelley.com Café ouvert tlj. 7h30-0h*

Auberge Château des Tourelles (plan 13, A2 n°55) Ce n'est pas un château, en dépit de sa tourelle. C'est un hôtel de charme, situé en plein quartier Saint-Jean-Baptiste, à mi-chemin entre la ville intra-muros et l'avenue Cartier, que nous vous invitons à découvrir. L'accueil est personnalisé, les chambres sont confortables – l'une possède même un jacuzzi – et distribuées sur deux étages (sans ascenseur), le petit déj. maison est compris et le toit-terrasse offre une vue époustouflante sur la Basse-Ville et les Laurentides. De 119 à 129$ la double, selon la chambre. ***Saint-Jean-Baptiste*** *212, rue Saint-Jean Tél. 418 647 9136 chateaudestourelles.qc.ca*

prix très élevés

Monastère des Augustines (plan 14, B1 n°52) La reconversion du monastère des Augustines se révèle un réel succès (p.329). Les anciennes cellules des sœurs ont intégré un hôtel de 65 chambres, réparties sur deux étages du cloître et disponibles en deux catégories, authentiques et contemporaines. Les premières, épurées et avec salle de bain partagée, rappellent la vie monastique et sont équipées d'un ou deux lits simples (111$ et 160$). Les secondes ont tout de l'hôtel branché, avec grands lits et salles de bains entièrement équipées (222$). Mais le plus chic reste le monastère en soi et sa position privilégiée au cœur de la Ville-Haute. Petit déj. compris. Parking disponible. ***Haute-Ville intra-muros*** *32, rue Charlevoix (entrée pour piétons) 77, rue des remparts (entrée principale) Tél. 1 844 694 1639 monastere.ca*

Hôtel Sainte-Anne (plan 14, B2 n°51) Entre les places d'Armes et de l'Hôtel-de-Ville, on peut difficilement faire plus central ! Dans chacune des 6 chambres, un pan de mur d'origine (XVIIe s.), en brique ou en pierre, réchauffe d'une note rustique un décor minimaliste dans les tons crème, brun et gris. TV, Internet, minibar... Au rdc, le restaurant Le Grill jouit d'une solide réputation. Accueil jeune et chaleureux. De 159$ à 360$ la double. ***Haute-Ville intra-muros*** *32, rue Sainte-Anne Tél. 418 694 1455 ou 1 877 222 9422 www.hotelste-anne.com Restaurant ouvert mai-mi-oct.*

Fairmont Le Château Frontenac (plan 14, B3 n°45) Tous les fastes du luxe classique dans le château légendaire de Québec (p.323). On pourrait s'y prendre pour le roi ou la reine de la ville, mais les 611 chambres laissent présager une rude concurrence ! Boiseries, moulures, ferronneries et étoffes chamarrées de style Belle Époque. Piscine, bar, agence de voyages, salles de banquet, centre de remise en forme, une dizaine de boutiques et trois restaurants, dont le luxueux Champlain de Stéphane Modat. Double 160-390$ (selon le taux d'occupation). ***Haute-Ville intra-muros*** *1, rue des Carrières Tél. 418 692 3861 ou 1 888 610 7575 (Rés.) www.fairmont.fr/frontenac-quebec Parking 32$*

Le Clos Saint-Louis (plan 14, B3 n°55) Avis aux amoureux, cet hôtel victorien, au cœur du quartier historique, se veut définitivement romantique. Lits à baldaquin aux parures fleuries, méridiennes confortables et nombreux forfaits couples : "La grande demande" (champagne, chocolats et massages pour deux), "Baby moon" (massage spécial femme enceinte) ou "Romance et culture" (incluant l'entrée au musée des Beaux-Arts ou le musée de la Civilisation). Bouquets de roses, tour en calèche et vol en montgolfière sont aussi proposés aux tourtereaux pour conter fleurette. Chambre double 175-229$ avec le petit déj. Forfait couple (2 nuits en demi-pension) à partir de 839$. ***Haute-Ville intra-muros*** *69, rue Saint-Louis Tél. 418 694 1311 ou 1 800 461 1311 www.clossaintlouis.com*

☺ **Hôtel 71 (plan 14, C2 n°48)** Comme son voisin, le Dominion, cet hôtel-boutique installé dans un édifice du XIXe siècle propose un nombre limité de chambres, dont la déco mêle le luxe et le charme. L'hôtel 71 occupe d'anciens locaux de la Banque nationale du Canada, dont il a judicieusement conservé les murs, les plafonds en noyer, les parquets, certains piliers et une partie de la tuyauterie. Des éléments mis en valeur dans les 60 chambres claires par une déco épurée à dominante beige. Vue au choix sur le fleuve, la place Royale ou la Haute-Ville, lit *king size*, TV à écran plat, douche multijet et toutes les prestations d'un 4-étoiles ! Splendide *lobby* et bar design. Service de massothérapie. Un corridor relie l'hôtel à l'Auberge Saint-Pierre (même direction). Double 185-259$ avec le petit déj. Parking 21$. ***Basse-Ville historique*** *71, rue Saint-Pierre Tél. 418 692 1171 ou 1 888 692 1171 www.hotel71.ca Parking 21$*

☺ **Auberge Saint-Antoine (plan 14, D2 n°43)** Cette belle auberge qui occupe trois bâtiments des XVIIIe et XIXe siècles est chargée d'histoire. Dans les couloirs, des objets – vaisselle, outils – figés dans le verre rappellent que sous l'auberge s'étend l'un des plus importants sites archéologiques de Québec. Dans les 95 chambres feutrées, à dominante contemporaine, des meubles hérités des périodes française, britannique ou fédérale rendent hommage aux ancêtres des propriétaires, qui firent fortune dans l'industrie du bois il y a deux siècles. Vue sur le fleuve, la rue Saint-Antoine, la rue Saint-Pierre ou la cour intérieure. De 200$ à 420$ la double confort sans le petit déj. ***Basse-Ville historique*** *8, rue Saint-Antoine Tél. 418 692 2211 ou 1 888 692 2211 www.saint-antoine.com Accès handicapé partiel Parking 25$*

Le Germain Québec (plan 14, D2 n°56) À l'instar de son cousin de Montréal (p.193), cet hôtel-boutique (petit établissement à la décoration innovante et aux services personnalisés) offre à ses hôtes un cocon ouaté, à la fois moderne, minimaliste et élégant... ici, dans un écrin de 1912 (l'édifice le plus haut de la ville à l'époque !) superbement rénové. La chaleur du bois et la douceur du verre font des chambres de véritables havres de paix au cœur de la Basse-Ville. Le luxe se retrouve dans nombre de petites attentions : le journal déposé à la porte chaque matin, la machine à café dans la chambre, le bar à cappuccino...

Chambre double à partir de 255$, petit déjeuner inclus. ***Basse-Ville historique*** *126, rue Saint-Pierre Tél. 418 692 2224 ou 1 888 833 5253 www.germaindominion.com Parking 23$*

Hôtel C3 (plan 13, A3 n°50) Situé pile en face du nouveau pavillon du musée national des Beaux-Arts, cet hôtel de charme en est le prolongement naturel car les œuvres qui le décorent proviennent de ses réserves. Tendance, chic et décontracté, idéalement placé à deux pas de l'avenue Cartier, l'hôtel propose 24 chambres toutes différentes et conçues pour optimiser l'espace. Les lits sont douillets et le personnel amical saura vous faire sentir à la maison. Bagels frais au petit déjeuner. De 169 à 299$ la double, 9$ le petit déj. Parking sur réservation (15$/jour). Du toit, une vue à 360° sur Québec. ***Colline Parlementaire et Grande-Allée*** *170, Grande-Allée Ouest Tél. 418 525 9726 ou 1 800 782 9441 www.lec3hotel.com Parking 15$*

Auberge Le Vincent (plan 13, B1 n°51) Aux portes de Saint-Roch, un petit hôtel de 10 chambres design, où brique et bois règnent en maîtres, et tenu par un couple chaleureux. Couette en duvet d'oie, TV à écran plat, wifi, clim., minibar... 199-279$ la double avec le petit déj. Idéal pour découvrir les nouveaux quartiers branchés de Québec. ***Saint-Roch*** *295, rue Saint-Vallier Est Tél. 418 523 5000 www.aubergelevincent.com Parking 15$.*

Dans les environs

petits prix

☺ **Campings de la réserve faunique des Laurentides** Cent trente emplacements rustiques de 30,25$-51,50$ pour 2 dans une petite tente (en fonction des services : électricité, eau...) dans la forêt des Laurentides. Également une centaine de chalets à louer à la semaine. ***Informations*** *700, bd Lebourgneuf* ***Québec*** *Tél. 418 528 6868 www.sepaq.com/rf/lau Ouvert mi-mai-août* ***Réservations*** *2640, bd Laurier* ***Québec*** *Tél. 1 800 665 6527 ou 418 890 6527*

☺ **Auberge Le P'tit Bonheur** Cette maison de 1647 dresse ses épais murs de pierre sur une éminence en retrait de la route principale. Elle abrite une auberge chaleureuse et un brin baba, avec son imposante cheminée, son dortoir rustique (28$/pers.) et ses fourrures généreuses. L'auberge de jeunesse dispose également de 8 chambres doubles (67$ sans sdb-85$), de 4 igloos (47$/pers.), et vous offre la possibilité de planter votre tente (15$/pers., 20$/2 pers., 25$/3 pers.). Centre équestre, excursions en traîneau (les chevaux et les chiens font presque partie de la famille), location de vélos, de raquettes et de skis de fond. *186, côte Lafleur Île d'Orléans* ***Saint-Jean-de-l'Île-d'Orléans*** *(35km au nord-est de Québec) Tél. 418 829 2588 www.leptitbonheur.com*

prix moyens

Gîte Au toit bleu Vue sur la côte de Beaupré, chaises en osier, marionnettes javanaises, kimonos du Honshu, bols laqués, coussins zébrés, plantes vertes envahissant l'escalier, photos par dizaines... Sous ce Toit bleu se déploie un grenier vivant, un fourre-tout de souvenirs, de la Belle Province au pays du Soleil Levant en passant par le continent noir ! À l'étage, 5 chambres thématiques (japonaise, mongole...) plutôt élégantes. Agréable véranda, solarium, petit déjeuner copieux, accueil avenant et décontracté : une très bonne surprise ! Double 100$ (salle de bains partagée)-130$. *2461, chemin Royal Île* *d'Orléans* ***Sainte-Famille*** *(31km au nord-est de Québec) Tél. 418 829 1078*

☺ **Auberge Les Blancs Moutons** Quatre petites chambres coquettes se partagent l'étage de cette maison centenaire qui se veut aussi une galerie d'art. Servi au milieu de tableaux, dans une salle au parquet qui craque, le petit déjeuner est un régal des sens. Derrière le gîte, une pelouse descend jusqu'au fleuve : idéal pour lézarder, par beau temps, devant les flots calmes, étendu sous les arbres. L'un des meilleurs B&B de l'île ! Double 94-124$ avec le petit déjeuner. *6827, chemin Royal Île d'Orléans* ***Saint-Laurent-de-l'Île-d'Orléans*** *(22km au nord-est de Québec) Tél. 418 828 1859 ou 1 866 828 1859 www.lesblancsmoutons.com*

Auberge Le Vieux Presbytère La carte atteste une cuisine de terroir et contre toute attente ce n'est pas la mignardise d'autruche qui le démentira car on élève ce grand oiseau à Saint-Laurent ! Les puristes préféreront le mignon de cerf ou le blanc de faisan sauce miel et moutarde, qui cadrent avec le décor champêtre de la salle à manger et de certaines des 8 chambres (poutres ou pierres apparentes). Au restaurant, comptez 30-50$ à la carte, à partir de 40$ en table d'hôtes. Pour la chambre, prévoyez 100-180$ (petit déj. inclus). *1247, av. Monseigneur-d'Esgly Île d'Orléans* ***Saint-Pierre-de-l'Île-d'Orléans*** *(28km au nord-est de Québec) Tél. 418 828 9723 ou 1 888 828 9723 www.presbytere.com* ***Restaurant*** *Ouvert mai-oct. : tlj. 18h-20h, hiver sur rés.*

Auberge Baker Un solide et confortable hôtel-restaurant de campagne, façonné dans les matériaux du cru (plafonds de bois mansardés, épais murs de pierre), conférant aux 5 chambres un air de chalet cosy. Au restaurant du rdc, trio québécois (boudin noir, pâté de viande et ragoût de boulettes), cuisse d'oie confite en croûte et saumon de l'Atlantique grillé sur *linguine* à l'encre de seiche. Les assiettes, comme on l'imagine, sont savoureuses et copieuses. Table d'hôtes 38-51$. Même fourchette de prix à la carte. Prévoyez 99-150$ la chambre double avec le petit déj. *8790, av. Royale* ***Château-Richer*** *(env. 25km au nord-est de Québec, sur la côte de Beaupré) Tél. 418 824 4478 ou 1 866 824 4478 www.auberge-baker.com* ***Restaurant*** *Ouvert mai-oct. : tlj. 11h-14h et 17h-21h (déj. sur rés. en hiver)*

prix élevés

Dans les bras de Morphée Sur l'île d'Orléans, dans une ancestrale demeure en pierre dominant le majestueux Saint-Laurent, ce "couette et café" (B&B) en rase campagne possède un charme indéniable : grandes cheminées, poutres massives, mobilier ancien et fleurs fraîches... On retrouve dans les 4 chambres avenantes le même goût des belles choses. Spa dans le jardin, potager et sentiers de randonnée... Pour un séjour au calme plein d'authenticité ! 162-174$ avec le petit déj. *5474, chemin Royal* ***Saint-Jean-de-l'Île-d'Orléans*** *(28km au nord-est de Québec) Tél. 418 829 3792 www.danslesbrasdemorphee.com*

Le Canard huppé L'un des restaurants les plus réputés de l'île d'Orléans. Le poulet aux champignons déglacés au cidre, le poussin rôti nappé d'un velouté à l'érable et le magret de canard à la compote de fraises témoignent de l'application du chef à employer les productions de l'île pour ses recettes du terroir. Table d'hôtes 30-65$. Dommage que la salle à manger conviviale soit un peu sombre, comme les 8 chambres et suites chaleureuses et bien tenues.

Chambres doubles 128-245$, petit déj. inclus. *7326, chemin Royal* ***Saint-Laurent-de-l'Île-d'Orléans*** *(22km au nord-est de Québec) Tél. 418 828 2292 ou 1 800 838 2292 www.canardhuppe.com* ***Restaurant*** *Ouvert tlj. 18h-21h sur rés.*

☺ **Auberge du Sault-à-la-Puce** Seuls les hôtes de cette maison mansardée postée au bord d'un ruisseau, sur la route ombragée de la Nouvelle-France, pourront s'attabler dans la somptueuse salle à manger et savourer une véritable cuisine de terroir. On réserve son lit, dans une petite chambre douillette ou dans la suite magistrale avec terrasse privée, et son souper préparé par le Français Michel Panis. Pas de menu fixe, mais la garantie d'une pièce de viande rouge, d'une viande blanche et d'un poisson. Doubles 114-199$; à partir de 194$ avec le souper. Table d'hôtes sur réservation. *8365, av. Royale* ***Château-Richer*** *(env. 25km au nord-est de Québec, sur la côte de Beaupré) Tél. 418 824 5659 ou 1 866 424 5659 www.alapuce.com*

prix très élevés

Hôtel Premières Nations L'un des plus beaux hôtels contemporains de la région ! Son architecture aux murs sombres couverts de bois évoque une longue maison huronne traditionnelle enserrée entre de grands arbres au bord de la rivière Saint-Charles (ou Akiawenrahk). Bien que le décor des 55 chambres soit résolument ancré dans la tradition, le design contemporain s'y associe avec grâce. Le bois, le cuir, l'éclairage, la literie et les accessoires de la salle de bains répondent aux standards des établissements quatre étoiles. En outre, le restaurant La Traite (p.363) propose une gastronomie haut de gamme originale inspirée de la cuisine autochtone. À découvrir absolument pour un luxe tout en nuances et en simplicité ! 140-210$. *5, place de la Rencontre* ***Wendake*** *(14km à l'ouest de Québec) Tél. 418 847 2222 ou 1 866 551 9222 www.hotelpremieresnations.ca*

☺ **Auberge La Goéliche** Luxueuse mais pas tape-à-l'œil, cette auberge cossue campée à la pointe méridionale de l'île d'Orléans jouit d'un panorama magnifique sur la ville de Québec. Les 19 chambres affichent un décor différent, ici bourgeois, là plus dépouillé, mais toujours élégant. Restaurant franco-québécois de haut vol, plus accessible au déjeuner (plats 10-30$) qu'en table d'hôtes (40-60$) : carré d'agneau et sa poêlée de cèpes, filet de doré mariné aux agrumes... Piscine et massothérapie. À partir de 273$ en haute saison (petit déj. inclus). Propose également des appartements à la semaine pour 675$ (hors saison) et... 1 375$ l'été. *22, route du Quai Île d'Orléans* ***Sainte-Pétronille*** *(20km au nord-est de Québec) Tél. 418 828 2248 ou 1 888 511 2248 www.goeliche.ca* ***Restaurant*** *Ouvert haute saison : tlj. 11h30-14h30 et 17h30-20h ; basse saison : ven.-dim. 11h30-14h30 et 17h-20h*

Hôtel de Glace Pour une expérience inoubliable (et onéreuse), descendez dans cet hôtel comme une magnifique œuvre d'art éphémère. Reconstruit chaque hiver, il séduit les hôtes par ses chambres sculptées dans la glace cristalline sous de majestueuses voûtes de neige... Que les plus frileux se rassurent, le forfait comprend aussi une chambre à l'hôtel Valcartier voisin pour éviter de claquer des dents toute la nuit ! Forfaits 400-550$/pers. Moins cher, un cocktail dans un verre en glace au bar ou une visite guidée des installations. *1860, bd Valcartier* ***Valcartier*** *(30km au nord de Québec) Tél. 418 844 2200 www.hoteldeglace-canada.com Ouvert jan.-mars*

★ BAIE-SAINT-PAUL

Que l'on arrive du sud, par la route 138, ou du nord, par la 362, on est saisi par la beauté du site de Baie-Saint-Paul : des toits argentés scintillant sur le tapis vert d'une vallée que deux caps prolongent sur le bleu du Saint-Laurent. Pas étonnant que l'endroit ait inspiré tant d'artistes depuis plus d'un siècle. Certains ne font que passer, d'autres, comme le Suisse René Richard, y élisent domicile. Cette communauté de 7 400 âmes affiche la plus grande concentration de galeries d'art par habitant du Canada, et son Centre d'exposition rayonne sur tout le Québec. Passée à côté de la révolution industrielle, elle a opté pour la douceur de vivre. Ses bons restaurants, ses cafés avec terrasse et ses boutiques d'artisanat l'animent en toute saison. Et les buts de promenade ne manquent pas dans les environs : on peut aller faire le plein d'oxygène au parc national des Grands-Jardins ; se baigner l'été à Saint-Irénée avant d'aller écouter un concert classique au Domaine Forget ; visiter l'économusée de Saint-Joseph-de-la-Rive ou embarquer pour ce havre de paix qu'est l'île aux Coudres.

CHARLEVOIX Eh oui ! on ne dit pas "le Charlevoix", mais simplement "Charlevoix". C'est au premier historien de Nouvelle-France, François-Xavier de Charlevoix (1682-1761), que la région doit son nom. Du cap Tourmente à l'embouchure du fjord du Saguenay et de l'immense réserve faunique des Laurentides aux rives du Saint-Laurent, elle forme un vaste triangle de 6 000km^2 au relief accidenté, couvert de lacs et de forêts boréales. L'arrière-pays reste le domaine presque exclusif des ours noirs, des caribous et des loups car pratiquement toutes les agglomérations sont installées au bord du fleuve. Elles se sont développées grâce à l'agriculture, à la coupe du bois et au cabotage, puis au tourisme dès le XVIIIe siècle. Il est vrai que la côte à laquelle on tend à identifier la région est l'une des plus belles du Québec, voire d'Amérique du Nord avec sa succession de reliefs boisés, entrecoupés de petits plateaux cultivés et piqués de fermes pimpantes. À l'est, les montagnes plongent, parfois abruptement, dans le Saint-Laurent en une multitude de baies et d'échancrures. Saint-Joseph-de-la-Rive, Saint-Irénée et Port-au-Persil ont grandi en épousant ces courbes. Baie-Saint-Paul et La Malbaie, les principales villes de Charlevoix, ont fait de même, mais entre les deux, la chute d'une météorite géante, il y a 350 millions d'années, a laissé un cratère de 56km de diamètre ! Aussi la côte que suit la ravissante route du Fleuve (la 362) dessine-t-elle par ici quelques ondoiements. Randonnées en forêt, promenades sur le "front de mer" (le long du Saint-Laurent), pêche au saumon, bains : au XIXe siècle, l'aristocratie américaine et canadienne se fit construire des résidences secondaires d'abord à La Malbaie, puis sur toute la côte. Bientôt, de luxueux bateaux à vapeur y transportèrent la haute société de Québec et de Montréal. Le palace Manoir Richelieu (1899), à La Malbaie, reste l'emblème de cette "Belle Époque de Charlevoix". Forte d'une longue tradition d'accueil, la région a ainsi hérité de substantielles infrastructures d'hébergement et de loisirs. Charlevoix est classée réserve mondiale de biosphère par l'Unesco depuis février 1989.

MODE D'EMPLOI

accès

EN VOITURE

Baie-Saint-Paul est situé 93km au nord-est de Québec et 52km au sud-ouest de La Malbaie par la route 138. Si vous avez le temps, préférez les axes secondaires : de Québec, suivez l'avenue Royale, voie historique jalonnée de maisons centenaires, puis rejoignez la 360 à hauteur de Beaupré, pour profiter de somptueux panoramas sur le Saint-Laurent et l'arrière-pays. De La Malbaie, la 362, ou route du Fleuve, vous promènera de village en hameau. N'hésitez pas à quitter cette route dès que possible pour descendre au bord de l'eau : vous découvrirez de charmants petits ports.

EN CAR

Intercar Relie Baie-Saint-Paul à La Malbaie, à Québec et à Montréal 3 ou 4 fois/j., et Baie-Saint-Paul à Tadoussac, Baie-Comeau et Sept-Îles 2 fois/j. Toutes les municipalités que traverse la route 138 sont desservies. La correspondance avec Saguenay et le lac Saint-Jean (Alma, Roberval et Dolbeau) est assurée à Tadoussac 1 fois/j. Pour connaître les heures exactes de passage, adressez-vous au bureau d'information touristique de Baie-Saint-Paul ou au bureau Intercar de Québec. Vous pouvez aussi consulter le site Internet de la compagnie. *5675, rue des Tournelles* **Québec** *Tél. 418 627 9108 ou 1 888 861 4592 www.intercar.ca*

Arrêt des cars à Baie-Saint-Paul *50, rue de la Ferme Tél. 1 844 240 4700*

EN BATEAU

Liaison Tadoussac (Côte-Nord)-Baie-Sainte-Catherine Service 24h/24 toute l'année, tlj. (départs toutes les 20min, 40min ou toutes les heures selon la saison). Durée 10min. L'été, prévoyez jusqu'à 1h d'attente. Gratuit. *Tél. 418 643 2019 ou 1 877 787 7483 www.traversiers.com*

Liaison Rivière-du-Loup (Bas-Saint-Laurent)-Saint-Siméon Service de mi-avr. à début jan. De 2 à 4 départs/j. selon la période. Prévoyez 1h05 de traversée. Tarif 17,30$, réduit 11,40-15,70$, automobiles 43,70$, vélos 6,60$. *Tél. 418 862 5094 ou 418 863 7882 (nuit) traverserdl.com*

orientation

La côte de **Charlevoix** est orientée sud-ouest/nord-est, mais pour ses habitants, La Malbaie est située à l'est de Baie-Saint-Paul, et le Bas-Saint-Laurent au sud de Charlevoix. De la route 138, le centre de **Baie-Saint-Paul** est indiqué à deux carrefours. Les panneaux vous conduiront place de l'Église. Au nord-ouest, la rue Saint-Jean-Baptiste concentre commerces, banques, bureau de poste et hôtels. Au sud-est, la rue Sainte-Anne traverse un agréable quartier résidentiel avant de rejoindre les quais, face à la baie. Au nord de la place de l'Église, au-delà du pont qui enjambe la rivière du Gouffre, la rue Leclerc (route 362) laisse sur sa droite l'historique rue Saint-Joseph et devient la route du Fleuve, bordée de gîtes et d'auberges. Le stationnement ne devrait pas poser de problème, hormis dans la commerçante rue Saint-Jean-Baptiste et à ses abords. Un grand parking occupe la place de l'Église. Demandez à votre logeur si vous ne pouvez pas bénéficier d'une place de stationnement réservée.

informations touristiques

Tourisme Charlevoix Toutes les informations sur la région et Baie-Saint-Paul. Recommandés : le *Guide touristique officiel de Charlevoix* et le *Guide de séjour annuel de Baie-Saint-Paul*. Situé sur les hauteurs sud de la ville, ce bureau d'information touristique offre en outre un magnifique panorama sur la baie, le Saint-Laurent et l'île aux Coudres. *444, bd Monseigneur-de-Laval* ***Baie-Saint-Paul*** *(route 138, dir. Petite-Rivière-Saint-François) Tél. 418 665 4454 ou 1 800 667 2276 www.tourisme-charlevoix.com Ouvert mi-juin-août : tlj. 8h30-19h ; mi-mai-mi-juin, sept.-mi-oct. : tlj. 9h-17h ; mi-oct.-mi-mai : tlj. 9h-16h*

Tourisme Charlevoix - Baie-Saint-Paul L'annexe de Tourisme Charlevoix consacrée à Baie-Saint-Paul est installée dans le centre-ville. *6, rue Saint-Jean-Baptiste* ***Baie-Saint-Paul*** *Tél. 418 665 4454 ou 1 800 667 2276 www.tourisme-charlevoix.com Ouvert mi-juin-août : tlj. 9h-18h ; mi-mai-mi-juin, sept.-mi-oct. : tlj. 9h-17h ; mi-oct.-mi-mai : tlj. 9h-16h*

Tourisme Charlevoix - Isle-aux-Coudres Documentation sur l'île et horaires des bacs. *1024, chemin des Coudriers* ***L'Isle-aux-Coudres*** *local 103 Tél. 418 665 4454 ou 1 800 667 2276 www.tourisme-charlevoix.com Ouvert juin-août : tlj. 9h-17h*

fêtes et manifestations

La Grande Traversée Casino de Charlevoix Contre vents et marées, dans le froid glacial de l'hiver, les meilleures équipes de canot sur glace du Québec s'affrontent sur 8km, entre l'île aux Coudres et Saint-Joseph-de-la-Rive ! *Tél. 418 438 2568 www.canotaglace.org www.grandetraversee.com Mi-fév.*

Classique de course de chiens de l'Isle-aux-Coudres Depuis 1987, cette belle course annuelle réunit les attelages de chiens de traîneau les plus performants d'Amérique du Nord. *Tél. 418 661 0067 ou 418 953 8285 Trois jours début fév. sur l'île aux Coudres*

☺ **Festival international du Domaine Forget** Ce festival de renommée internationale organise une soixantaine de concerts de musique classique et jazz et de spectacles de danse. Par beau temps, les brunchs musicaux du dimanche ont particulièrement la cote (p.383). ***Saint-Irénée*** *Tél. 418 452 3535 ou 1 888 336 7438 www.domaineforget.com Mi-juin-août*

Le Festif ! Quatre jours de chanson et de rock à Baie-Saint-Paul. *lefestif.ca Fin juillet*

☺ **Symposium international d'art contemporain de Baie-Saint-Paul** Une quinzaine d'artistes de tous horizons réalisent en un mois une série d'œuvres sur un thème imposé. ***Baie-Saint-Paul*** *Tél. 418 435 3681 www.symposium-baiesaintpaul.com Quatre semaines, en général en août*

DÉCOUVRIR
Baie-Saint-Paul

☆ **Les essentiels** Le musée d'Art contemporain de Baie-Saint-Paul **Découvrir autrement** Flânez sur le quai au coucher du soleil, percez les secrets de fabrication d'une maison d'affinage, puis allez goûter une bière de microbrasserie au Saint-Pub (cf. Carnet d'adresses)

La fondation officielle de Baie-Saint-Paul date de 1714. Dès 1678, le séminaire jésuite de Québec, allocataire des terres, avait envoyé Noël Simard bâtir une ferme au bord de la rivière du Gouffre et diriger la construction de deux moulins. D'autres pionniers suivirent, dont Pierre Tremblay, ancêtre de tous les Tremblay du Québec. Le 4 août 1759, 250 miliciens et Indiens Abénakis détachés par Montcalm mettent en déroute les Anglais débarqués dans la baie. Ces derniers laissent néanmoins le village en ruine. Au XIXe siècle, Baie-Saint-Paul, nonchalante, manque le train de la révolution industrielle. Elle préférera se muer en une villégiature d'artistes et d'amoureux des grands espaces. Au début des années 1980 se fait remarquer la troupe de théâtre de rue qui deviendra le Cirque du Soleil. Dépourvue de monuments importants, Baie-Saint-Paul n'en offre pas moins un tableau charmant. Cinq **églises** dominent de leur clocher son lacis de rues et de venelles. Ses cafés, hôtels, galeries d'art et échoppes d'artisans valent à la rue Saint-Jean-Baptiste une perpétuelle animation. La rue Sainte-Anne prolonge cette artère jusqu'au **quai**, auquel sont amarrés des bateaux de pêche colorés et où kayakistes et randonneurs se donnent rendez-vous. De l'autre côté du pont, des maisons bicentenaires aux toits mansardés festonnent la **rue Saint-Joseph**, la plus ancienne de la ville. Les amateurs d'architecture trouveront au bureau d'information touristique le plan d'un circuit de seize édifices emblématiques.

☆ ☺ **Musée d'Art contemporain de Baie-Saint-Paul** C'est la surprise de Baie-Saint-Paul. On imaginerait ce musée à Québec plutôt que dans cette ville de moins de 7 500 habitants ! D'envergure nationale, il occupe un édifice qui a valu à son auteur, Pierre Thibault, un premier prix d'architecture en 1992. Un écrin parfaitement approprié à la diffusion de l'art canadien depuis 1940. Peinture, sculpture, photo, vidéo, design… aucune discipline n'est écartée. Des expositions temporaires et la présentation par roulement d'œuvres du fonds se partagent les quatre salles du musée. L'occasion parfaite, hors des grands centres, de s'initier aux œuvres de Borduas, Riopelle, Ferron et autres noms fameux de l'art québécois. De plus, chaque année, à l'occasion du Symposium d'art contemporain de Baie-Saint-Paul, le musée enrichit son fonds d'art contemporain. *23, rue Ambroise-Fafard Tél. 418 435 3681 www.macbsp.com Ouvert juin-août : tlj. 10h-17h ; fin août-fin juin : mar.-dim. 11h-17h Tarif 10$, réduit 7$, familles 15$, moins de 12 ans gratuit*

Carrefour culturel Paul-Médéric Consultez le programme de cet espace consacré à l'architecture, aux arts de la scène, à l'animation et aux arts visuels. Rétrospectives de peinture, expos photo, ateliers d'estampes ou concerts lyriques… avec un point commun : Charlevoix (ou Baie-Saint-Paul) doit être, sinon l'objet de l'œuvre, du moins le berceau de l'artiste. Deux espaces permanents présentent d'une part des photos et vidéos de Charlevoix et d'autre part les textiles de la région. *4, rue Ambroise-Fafard Tél. 418 435 2540 baiesaintpaul.com/carrefour-culturel-paul-mederic Ouvert juin-début oct., mi-déc.-fin déc. : mar.-dim. 10h-17h ; jan.-mai, début oct.-mi-déc. : jeu.-dim. 10h-17h Fermé 24-26 et 31 déc., 1er-2 jan. Entrée libre*

☺ **Maison René-Richard** Le Suisse René Richard (1895-1982) avait 15 ans quand sa famille émigra en Alberta. Fou de grands espaces, il se fit pêcheur et trappeur dès 1912, et prit ses premières leçons de dessin en 1926 à Edmonton. L'année suivante, il partit étudier la peinture à Paris, où il se lia d'amitié avec le Montréalais Clarence Gagnon. Il regagna le Canada en 1930 et s'établit à Baie-Saint-Paul en 1942, se consacrant à la peinture jusqu'à sa mort. Avant lui, bien des artistes ont utilisé l'atelier aménagé par le portraitiste Frederick Porter Vinton près de la maison : Clarence Gagnon, Marc-Aurèle Fortin, Arthur Lismer… Depuis 1983 la propriété est ouverte au public. Chaque pièce, chaque meuble est resté tel quel. Aux murs, les œuvres de Richard côtoient quelques tableaux de ses contemporains et d'artistes actuels. Un lieu chargé de souvenirs et un hommage mérité à l'un des grands peintres du Grand Nord et de Charlevoix. Émouvant. *58, rue Saint-Jean-Baptiste Tél. 418 435 5571 Galerie ouverte fin juin-1er lun. sept. : tlj. 10h-18h Atelier René-Richard ouvert sur rés. pour les groupes Galerie (entrée libre) Atelier René-Richard (tarif 48$)*

Espace muséal des Petites Franciscaines de Marie L'histoire de Baie-Saint-Paul est indissociable de l'histoire de cette petite congrégation qui fut en son temps le plus grand propriétaire de la région mais aussi le premier employeur de la ville. Au travers d'une muséographie moderne, on apprend le rôle que jouèrent ces sœurs depuis l'arrivée des onze fondatrices en 1889 jusqu'à leurs actions charitables dans le lointain Madagascar d'aujourd'hui. Le musée souligne également le rôle de Mgr Fafard dans le développement de la ville et dans l'installation de la communauté sur le territoire. La visite peut se prolonger par la découverte de la chapelle, petit bijou néoclassique tout habillé de blanc et or. *61, rue Ambroise-Fafard Tél. 418 435 3520 www.espacemusealpfm.com Ouvert mi-juin-début sept. : tlj. 11h-17h ; début sept.-mi-oct. : mer.-dim. 13h-16h30 Sur rés. le reste de l'année Tarif 3$ (musée ou chapelle), 5$ (musée et chapelle)*

Où garnir un panier gourmand ?

Al Dente L'épicerie fine de Baie-Saint-Paul, labellisée "Route des saveurs", et l'une de ses rares tables ouvertes à toute heure. Pâtes fraîches (tortellini, cannelloni…), huiles d'olive, fromages, salades, pains chauds, café en grain… Le tout emballé avec simplicité et un grand sourire. *30, rue Leclerc Tél. 418 435 6695 www.aldente-charlevoix.com Ouvert tlj. 10h-18h*

Laiterie Charlevoix – économusée du Fromage Originaire du Somerset en Angleterre, le cheddar est produit de longue date dans tout le Commonwealth, notamment au Canada, et dans cette laiterie artisanale depuis 1948. Dans l'économusée, roquilles (mesures, d'une capacité de 15cl env.), bidons, cloches et

hache-fromage rappellent les méthodes de fabrication d'antan, et l'on ressort de la boutique avec un panier plein : cheddar au lait cru, jeune ou vieilli, fleurmier de Charlevoix (fromage à pâte molle et croûte fleurie), mais aussi viandes, pains, cidres et miel de la région... *1167, bd Monseigneur-de-Laval Tél. 418 435 2184 www.fromagescharlevoix.com Ouvert fin juin-début sept. : lun.-ven. 8h-19h, w.-e. 8h30-19h ; début sept.-fin juin : lun.-ven. 8h-17h30, w.-e. 8h30-17h Visite guidée sur rés. Entrée libre Dégustations payantes*
Maison d'affinage Maurice Dufour Deux fromages, le migneron et le ciel de Charlevoix, doux et suaves comme leurs noms, ont fait la notoriété de cette entreprise artisanale. Vente, dégustation et visite de la chaîne d'affinage. *1339, bd Monseigneur-de-Laval Tél. 418 435 5692 www.famillemigneron.com Ouvert haute saison : tlj. 9h-18h ; basse saison : lun.-ven. 8h-16h, w.-e. 9h-17h*

Louer un vélo, un kayak, un kitesurf, un paddleboard

Katabatik L'équipe se plie en quatre pour parfaire l'offre : initiation au parapente et à la voile, excursions en kayak, d'une demi-journée à plusieurs jours, sur la rivière du Gouffre ou le Saint-Laurent. Également, observation des baleines, canyoning, stand-up paddle et location de vélos. *210, rue Sainte-Anne Tél. 418 435 2066 ou 1 800 453 4850 katabatik.ca Ouvert mai-oct. : tlj.*

Randonner en forêt

Sentier Les Florent Entre champs et forêts, ce tronçon du Sentier national du Québec et du Transcanadien, long d'env. 20km, vous mènera de Baie-Saint-Paul à Saint-Urbain en un après-midi. Plan au bureau d'information touristique. ***Départ** Camping Le Genévrier 1175, bd Monseigneur-de-Laval **Baie-Saint-Paul** (route 138) Tél. 1 877 435 6520 **Saint-Urbain Arrivée** Centre de l'Émeu Tél. 418 639 2606*

★ La côte sud de Charlevoix

☆ **Les essentiels** L'île aux Coudres **Découvrir autrement** En été, profitez du festival de musique classique du Domaine Forget, à Saint-Irénée ; en hiver, skiez dans le Massif, près de Petite-Rivière-Saint-François

Au bord du Saint-Laurent

Saint-Joseph-de-la-Rive Cette localité blottie au pied d'une montagne, face au Saint-Laurent, possède plusieurs atouts touristiques : l'unique liaison avec l'île aux Coudres, de jolies plages, plusieurs auberges et boutiques d'artisanat, une célèbre papeterie et un captivant musée. *22km au nord-est de Baie-Saint-Paul par la 362*
Papeterie Saint-Gilles - économusée du Papier En 1992, la papeterie Saint-Gilles fut choisie pour devenir le premier économusée, selon le concept forgé par l'architecte ethnologue Cyril Simard. Il s'agissait d'ouvrir au public des ateliers d'art et entreprises agroalimentaires perpétuant des procédés de fabrication traditionnels pour assurer le maintien de savoir-faire ancestraux, et de transformer ainsi des affaires commerciales en outils culturels. La papeterie Saint-Gilles, qui travaille comme au XVIIe siècle, répon-

dait à ces critères. Chaque étape de la fabrication (défibrage, encuvage, tamisage, pressage, séchage et calandrage) s'offre aujourd'hui en spectacle. Petite exposition sur son fondateur, l'homme d'Église et de lettres Félix Antoine Savard (1896-1982), collection de manuscrits, reliures d'art… et fabuleuses sérigraphies de grands maîtres québécois. Boutique où renouveler son papier à lettres. *304, rue Félix-Antoine-Savard Tél. 418 635 2430 ou 1 866 635 2430 www.papeteriesaintgilles.com Ouvert mai-oct. : tlj. 9h-17h (pas de production de papier le w.-e.) ; le reste de l'année : sur rdv (pas de production de papier)*

☺ **Musée maritime de Charlevoix** Quel meilleur site qu'un ancien chantier naval pour exposer l'histoire maritime d'une région ? De 1823 à 1972, il en sortit 68 goélettes destinées au transport du bois et au ravitaillement des villages de Charlevoix et de la Côte-Nord. On visite l'ancienne scierie où sont montrées les techniques de fabrication de ces "voitures d'eau" (maquettes, outils, lexique de la navigation…), l'atelier qui abritait aussi des bureaux, et enfin deux goélettes, la *Jean-Yvan* et la *Saint-André*, un remorqueur le *Félicia*, et le petit dernier à la retraite depuis 2014, le *Marie-Clarisse*, bateau jumeau du *Blue Nose* figurant sur toutes les pièces canadiennes de 10 cents. *305, rue de l'Église Tél. 418 635 1131 www.museemaritime.com Ouvert juil.-août : tlj. 9h-17h ; mi-mai-juin, sept.-mi-oct. : tlj. 9h-16h30 Tarif 7$, réduit 4$, moins de 12 ans gratuit*

☆ **Île aux Coudres** Le 6 septembre 1535, lors de son deuxième voyage, Jacques Cartier explora ce bout de terre de 30km² aligné sur la côte de Charlevoix et le baptisa *isle ès couldres* parce que de nombreux noisetiers, ou coudriers, y poussaient. L'île accueillit des missionnaires vers 1710, et la première famille "indépendante" dix ans plus tard. Sa population s'accrut, se tournant vers la chasse aux baleines. Ceux qui n'étaient pas marins construisaient des "voitures d'eau", mais tous se faisaient (et se font encore) appeler "Marsouins", appellation locale du béluga. Les épaves de goélettes disséminées sur l'île témoignent de cette activité tombée en désuétude. En 1930, l'ouverture d'une liaison régulière avec Saint-Joseph-de-la-Rive accéléra la reconversion touristique de l'île. Malgré l'afflux estival, elle a su garder sa tranquillité et le deux-roues reste le meilleur moyen de transport local. Vous trouverez plusieurs loueurs dans l'île – cf. Centre Vélo-Coudres (p.377). À savoir : les orthographes "Isle aux Coudres" et "île aux Coudres" sont acceptées, mais la première a les faveurs des Coudrilois. Le toponyme L'Isle-aux-Coudres désigne la municipalité, unique commune de l'île, regroupant les secteurs de la Baleine, Cap-à-la-Branche, Saint-Bernard et Saint-Louis. *Tél. 418 438 2743 ou 1 877 787 7483 www.traversiers.com* **Accès** *Toute l'année, lun.-ven. 6h30-23h30, w.-e. 7h30-23h30 De 8 à 25 bacs/j. (gratuits) en provenance de Saint-Joseph-de-la-Rive Traversée 15min*

Centre Vélo-Coudres Également des tandems, tricycles, quadricycles et cyclomoteurs à louer ! À partir de 5$/h. *2926, chemin des Coudriers (à 5km du débarcadère, sans moyen de transport pour y parvenir) Tél. 418 438 2118 www.charlevoix.qc.ca/velocoudres Ouvert mai-oct. : tlj. 9h-18h*

Moulins de L'Isle-aux-Coudres (économusée de la Meunerie) Un moulin à eau (1825) et un moulin à vent (1836) ayant fonctionné jusqu'en 1948 et que le gouvernement québécois a fait restaurer. On peut assister à la mouture du blé et du sarrasin selon les méthodes d'antan et acheter de la farine. Belle exposition sur le site, l'île et ses habitants. Ne ratez pas la salle Pierre-Perrault où sont projetés en continu les films documentaires sur L'Isle-aux-Coudres de cet enfant prodige du cinéma québécois. *36, chemin du Moulin Tél. 418 760 1065 www.lesmoulinsdelisleauxcoudres.com Ouvert mi-mai-mi-oct. : tlj. 10h-17h Tarif 10$, réduit 5$, familles 27,60$*

Musée Les Voitures d'eau Ce petit musée relate l'histoire des goélettes utilisées pour la chasse au béluga et le cabotage sur le Saint-Laurent, celle de leurs charpentiers et de leurs occupants (maquettes, instruments nautiques, photos…). L'une d'elles, restaurée, se visite. Intéressant, mais un peu confus. *1922, chemin des Coudriers, secteur Saint-Louis Tél. 418 438 2208 ou 1 800 463 2118 Ouvert mi-juil.-mi-août : tlj. 9h30-18h ; mi-juin-mi-juil., mi-août-début sept. : tlj. 10h-17h ; fin mai-début juin, début sept.-début oct. : sam.-dim. 10h-17h Tarif 6,35$, moins de 6 ans gratuit*

Église Saint-Louis Ce bel édifice à deux clochers est le troisième à avoir été construit sur ce site. Bien que récent (David Ouellet, 1885), il possède un décor majestueux d'inspiration néoclassique. On y conserve pêle-mêle de l'orfèvrerie ancienne, des bannières de procession et les habits des différentes associations religieuses d'autrefois. Quelques trésors à noter : un tabernacle de Pierre-Noël Levasseur (XVIIIe s.), l'orgue Casavant (1908) et une discrète Vierge à l'enfant du peintre Jean-Paul Lemieux. Visites guidées sur demande. *1961, chemin des Coudriers Tél. 418 438 2442 Ouvert fin juin-début sept. : tlj.*

Les Éboulements Cette localité a préféré prendre de la hauteur (200m) pour jouir d'une plus belle vue sur le Saint-Laurent. Du parking de l'Auberge de nos Aïeux, le regard porte par-delà l'île aux Coudres jusqu'au Bas-Saint-Laurent. Mais rassurez-vous, la plage de Cap-aux-Oies n'est qu'à une poignée de kilomètres et le village a plusieurs atouts : plus agricole que ses voisins, il est réputé pour ses productions fermières, ses ateliers d'artisans et galeries d'art – ses paysages ont inspiré de grands peintres –, et des dizaines de kilomètres de sentiers ont été balisés dans les environs. Le point d'impact de la météorite de Charlevoix est situé juste derrière la bourgade, mais c'est à des glissements de terrain consécutifs au violent séisme de 1663 que celle-ci doit son nom. En 1710, Pierre Tremblay, fils aîné du pionnier baie-saint-paulois du même nom, se porta acquéreur des terres. La seigneurie des Éboulements passa en 1810 aux Sales Laterrière, qui reconstruisirent le manoir hébergeant aujourd'hui un camp de vacances et de séjour, mais accessible à pied à partir du moulin. On peut visiter le moulin seigneurial (1790) encore en activité, qui domine une chute de 30m dont la force hydraulique peut faire tourner l'immense roue à 48 godets. *19km au nord-est de Baie-Saint-Paul par la route 362* ***Moulin seigneurial*** *2042, rte du Fleuve Tél. 418 635 2239 Ouvert mi-juin-début sept. : tlj. 9h-17h Tarif 4$, moins de 12 ans gratuit*

☺ **Saint-Irénée** Le pittoresque hameau niché à l'embouchure de la rivière Jean-Noël possède une longue plage de sable bordée d'auberges. Ses bonnes tables, ses gîtes accueillants et son prestigieux Domaine Forget vous retiendront sans doute un moment. *34km au nord-est de Baie-Saint-Paul par la route 362*

GEOPLUS

Les incontournables québécois en deux semaines

De Montréal à Québec en passant par la capitale fédérale (Gatineau-Ottawa), Trois-Rivières, le lac Saint-Jean, Tadoussac et Baie-Saint-Paul.

Profitez du printemps (mi-mai-juin) pour découvrir sous leur plus beau jour la cosmopolite Montréal et ses deux sœurs plus sages, Gatineau et Ottawa. Traversez ensuite les Laurentides pour une note forestière. De Trois-Rivières, filez au lac Saint-Jean, puis longez le majestueux fjord du Saguenay jusqu'à son embouchure, où les baleines vous donnent rendez-vous de fin mai à octobre. Consacrez un jour ou deux à l'attachant Charlevoix et offrez-vous Québec en bouquet final.

1RE SEMAINE

Jours 1 à 3 **Montréal** (p.86).
Jour 4 **Gatineau-Ottawa**, ses vieux quartiers et son Parlement néogothique (p.197).
Jours 5 et 6 **Saint-Sauveur-des-Monts** (p.246) et le **parc national du Mont-Tremblant** (p.240).
Jour 7 **Trois-Rivières**, sa vieille ville et son musée québécois de Culture populaire (p.259).

2E SEMAINE

Jour 8 Tour du **lac Saint-Jean** (p.465). Ne manquez pas le village historique de Val-Jalbert (p.469).

CONSEIL Évitez de planifier un séjour à Montréal au moment du Grand Prix de F1, en juin : les hôtels affichent alors des prix prohibitifs... ou complet !

Jours 9 et 10 Descente du **fjord du Saguenay** (p.452). Vous apercevrez peut-être des bélugas.
Jour 11 **Tadoussac :** croisière d'observation des baleines (p.491).
Jour 12 **Baie-Saint-Paul** (p.371) et **Charlevoix** (p.371).
Jours 13 et 14 **Québec** (p.308). Le charme de la vieille ville vous envoûtera.
Jour 15 Retour à Montréal.

Domaine Forget Avant de devenir député fédéral de Charlevoix en 1904 et de doter la région d'une liaison ferrée avec Québec, le financier canadien français Rodolphe Forget (1861-1919) prit l'habitude de passer l'été sur les hauteurs de Saint-Irénée. La propriété abrite depuis 1977 une école de musique et de danse et accueille un festival international de musique classique l'été (p.373) et (p.383). À l'extérieur, jardin de sculptures contemporaines. *5, rang Saint-Antoine Tél. 418 452 3535 ou 1 888 336 7438 www.domaineforget.com*

Où compléter sa collection de santons ?

Les Santons de Charlevoix Vous possédez déjà le puisatier, le berger, le maire, le curé et le ravi de la crèche ? Très bien, mais il vous manque probablement encore le trappeur, le gigueur, le violoneux et le castor ! Exécutés dans les règles de l'art par Doris Jean, ces santons québécois ne feront qu'ajouter un charme hivernal supplémentaire aux crèches des amateurs. *303, rue de l'Église* ***Saint-Joseph-de-la-Rive*** *Tél. 418 635 1394 www.santonsdecharlevoix.com Ouvert mai-août : tlj. 9h-17h ; sept.-oct. : tlj. 9h-16h30*

Où s'offrir de la céramique ?

Ateliers DeBlois Joan DeBlois façonne d'élégantes poteries, qu'elle cuit selon la technique japonaise du *raku*. Pour la table ou la déco. Comptez en moyenne 20-60$. Entrée libre. *1131, rang Terrebonne* ***Saint-Irénée*** *(adjacent à la route 362) Tél. 418 452 3229 lesateliersdeblois.com Ouvert juin-mi-oct. : tlj. 9h30-17h*

Où acheter des produits du terroir ?

Les Jardins du Centre Tous les fruits et légumes de saison, de belles viandes, quelques douceurs, des cafés fins, du thé et des condiments à se pâmer ! *91, rang Centre* ***Les Éboulements*** *(perpendiculaire à la 362, dir. Saint-Joseph-de-la-Rive) Tél. 418 635 2387 Ouvert fin mai-oct. : tlj. 8h30-18h ; nov.-fin mai : lun.-ven. 8h30-18h*

Où tout savoir sur la pomiculture ?

☺ **Cidrerie et verger Pedneault - économusée de la Pomiculture** Un économusée qui retrace l'histoire de la culture de la pomme et stimule le goût pour ce fruit, et une boutique où l'on peut acheter toutes les productions du domaine : fruits frais, jus 100% naturels, cidres forts ou légers, mistelles de pomme, de prune et de poire, mistelle de glace, beurres aromatisés ou non, gelées, sirops et confitures. Autocueillette en saison (sept.-fin oct.) et dégustation. *Entrée libre 3384, chemin des Coudriers* ***L'Isle-aux-Coudres*** *Tél. 418 438 2365 www.vergerspedneault.com Ouvert juil.-début sept. : tlj. 8h-19h ; début sept.-juin : tlj. 8h-17h*

Randonner le long du Saint-Laurent

Sentier des Caps de Charlevoix Un magnifique sentier de 51km relie Petite-Rivière-Saint-François au cap Tourmente (p.349) en suivant le Saint-Laurent. À pied, à skis de fond ou à raquettes, on l'arpente de sous-bois en crête, pour profiter d'extraordinaires panoramas sur le fleuve et l'île aux Coudres. À Saint-Tite-des-Caps, 8 sentiers de 4 à 12km, et au Massif, 6 sentiers de 3 à 12km étendent le réseau. Sur réservation, nuits en refuge ou en camping rustique, douche au local d'accueil, transport des bagages et du véhicule. Droit d'entrée

8,50$ (à pied et à raquettes) ou 16$ (à skis de fond) pour la journée. *Sur la route 138, dir. Québec Ouvert tlj. 8h30-16h Fermé mi-avr.-mi-juin* **Accueil principal** *2, rue Leclerc* ***Saint-Tite-des-Caps*** *(42km au sud-ouest de Baie-Saint-Paul) Tél. 418 823 1117 ou 1 866 823 1117 www.sentierdescaps.com Ouvert tlj. 8h30-16h Fermé mi-avr.-mi-juin* **Accueil Massif** ***Petite-Rivière-Saint-François*** *(21km au sud-ouest de Baie-Saint-Paul) Ouvert déc.-avr. : lun.-ven. 9h-16h, w.-e. 8h30-16h*

S'initier au kitesurf ou au yoga

Suroît Aventures À l'endroit le plus zen de l'île aux Coudres, sur les battures au bord du fleuve, Suroît Aventures vous propose des initiations au kitesurf, au paddleboard et des séances de yoga. L'endroit est magique... Avis aux intéressés ! *2191, chemin des Coudriers* ***L'Isle-aux-Coudres*** *Tél. 418 270 0733 www.suroitaventures.com Se renseigner sur les horaires*

Skier dans des paysages grandioses

☺ **Centre de ski Le Massif** Cinquante-deux pistes, 5 remontées, 770m de dénivelé (le plus haut à l'est des Rocheuses) pour un point culminant de 806m : ce ne sont pas les Alpes, mais le troisième domaine skiable du Québec après Mont-Tremblant et Mont-Sainte-Anne, et le seul dont les pistes s'arrêtent pratiquement aux berges du fleuve ! Les skieurs de fond se partagent 65km de sentiers. Restaurant, cafétérias, pubs, loueurs d'équipement, école de ski, garderie. Prévoyez 75$ pour un forfait journalier, réduit 37-66$. *455, rte 138 (au sommet)* ***Petite-Rivière-Saint-François*** *(21km au sud-ouest de Baie-Saint-Paul) Tél. 418 632 5876 ou 1 877 536 2774 www.lemassif.com Ouvert fin nov.-début avr.*

LE CARIBOU, UN CERVIDÉ REMUANT

Le caribou, ou renne sauvage d'Amérique, est un cervidé grégaire, qui vit surtout dans la toundra, se déplaçant sans cesse pour se nourrir de lichen. Le mâle mesure de 1,75m à 2,45m de longueur, peut atteindre 1,40m au garrot et pèse de 120 à 270kg (contre 90-160kg en moyenne pour la femelle). Tous deux portent des bois. La seule sous-espèce représentée au Québec est le caribou des bois (*Rangifer tarandus caribou*). Les deux plus grands troupeaux du Québec, celui de la rivière George (jusqu'à 1 million de têtes certaines années) et celui de la rivière-aux-Feuilles (env. 500 000 têtes) circulent en colonnes tout autour du Grand Nord québécois et du Labrador pour chercher leur pitance.

Dans l'arrière-pays

Parc national des Grands-Jardins L'une des trois aires centrales de la réserve de biosphère de Charlevoix. Ce parc naturel de 310km² géré par le Québec occupe en effet un haut plateau de l'est des Laurentides, dont l'altitude moyenne (750m) et l'exposition lui valent des conditions géoclimatiques de type subarctique et un paysage de taïga et de toundra : forêt boréale (épinettes noires, sapins) et tapis de lichens. Voilà donc un fragment de Grand Nord à moins de 1h30 de route de Québec, et l'un des sites les plus méridionaux du Canada fréquentés par les caribous. Décimés notamment par la chasse abusive dans la première moitié du XXe siècle, ces cervidés ont été réintroduits dans la région à partir de 1969. C'est pour protéger leur habitat, et ainsi le nouveau cheptel, que l'on a créé ce parc national en 1981. La harde compte aujourd'hui quelque 80 têtes. Le droit d'accès s'acquitte au centre de services Mont-du-Lac-des-Cygnes (km 21 de la route 381, à 15km de Saint-Urbain). Le centre de découvertes et de services Arthabaska (km 8 de la route 60 qui joint la route 381 au km 31) offre une présentation claire du site. C'est aussi l'été le point de départ de trois randonnées quotidiennes animées par des naturalistes. Avec 134 lacs et 7 rivières, le parc se prête à la pratique du kayak, du canot et de la pêche à la truite. Deux parcours de via ferrata, l'un de 3h (41$) et l'autre de 5h30 (57$) sont également accessibles. Les randonneurs à pied ou à vélo l'été, à skis ou à raquettes l'hiver, pourront suivre les pistes et sentiers qui sillonnent les collines, encore marquées par l'incendie de 1999. L'un des circuits, d'environ 8km, gravit le mont du Lac-des-Cygnes, l'un des points culminants à l'est des Rocheuses (978m), pour offrir une vue panoramique sur Charlevoix. Un magnifique sentier de grande randonnée long d'une centaine de kilomètres, baptisé la **Traversée de Charlevoix** (p.390), relie le parc des Grands-Jardins à celui du Mont-Grand-Fonds. Des chalets, des refuges et quatre terrains de camping permettent de prolonger le séjour dans le parc. *Accès par Saint-Urbain (35km au nord de Baie-Saint-Paul par la 138 et la 381) Tél. 418 439 1227 ou 1 800 665 6527 (rés.) www.sepaq.com/pq/grj Ouvert tlj. Droit d'accès 8,50$, moins de 18 ans gratuit*

Pêcher le saumon

Association de conservation de la vallée du Gouffre Cette association gère 91 des 100 fosses à saumon de la rivière du Gouffre. Sentiers jalonnés de tables de pique-nique et d'aires de repos. Tarif 48$ la journée. Enregistrement et permis de pêche sportive (150$) obligatoires. *Maison Saint-Laurent* ***Saint-Urbain*** *Tél. 418 639 2988 www.rivieredugouffre.qc.ca Ouvert mi-juin-fin août Sur rés.*

CARNET D'ADRESSES

Lieux de sortie

Le Saint-Pub La tireuse s'abaisse et la tuyauterie tremble car dans la microbrasserie voisine, les cuves de Dominis Vobiscum et de Vache Folle vrombissent. Ici, où toute la jeunesse de Baie-Saint-Paul se rassemble, la bière est maison. Sur la terrasse, dans l'attente d'une grillade (marinée à la bière !), elle est encore meilleure ! *2, rue Racine (coin Saint-Jean-Baptiste)* ***Baie-Saint-Paul*** *Tél. 418 240 2332 www.saint-pub.com Ouvert juil.-août : tlj. 11h30-22h ; sept.-juin : tlj. 11h30-21h*

Café des Artistes Un café populaire, mi-bistrot mi-resto, adopté par les artistes locaux, et renommé aux quatre coins de la province. N'y venez pas que pour prendre un verre, on y sert également de très bons repas (pizzas fines, salades, paninis, etc). Deux belles terrasses. *25, rue Saint-Jean-Baptiste* ***Baie-Saint-Paul*** *Tél. 418 435 5585 www.lecafedesartistes.com Ouvert fin juin-début sept. : tlj. 9h30-23h ; début sept.-fin juin : tlj. 10h30-21h*

Auberge La Fascine Fred et Geneviève sont des artistes accomplis qui accueillent dans leur bar-resto-hôtel (p.383) la panoplie complète de leurs amitiés musiciennes. Ce lieu intimiste voit défiler les déjà grands de la scène québécoise et ceux qui le seront bientôt, dans une ambiance festive qui réveille l'île tous les week-ends d'été. Consultez la liste des concerts. *1064, chemin des Coudriers* ***L'Isle-aux-Coudres*** *Tél. 418 438 1010 www.aubergelafascine.com Ouvert mai-oct. : mar.-dim. 12h-15h et 17h-20h Ferme à 3h les soirs de concerts*

☺ **Domaine Forget** Son festival (p.373) a rendu célèbre ce domaine de 60ha dominant le fleuve et son académie de musique et de danse. Classique et jazz lors du festival (mi-juin-août), la programmation s'étend aux musiques du monde et à la variété lors de la "saison du Domaine" (printemps et automne). Possibilité de déjeuner sur place au bistrot-boutique "Le Maestro" durant le festival. *5, rang Saint-Antoine* ***Saint-Irénée*** *(34km au nord-est de Baie-Saint-Paul) Tél. 418 452 3535 ou 1 888 336 7438 www.domaineforget.com Ouvert avr.-déc. Agenda et tarifs sur le site Internet*

Restauration, hébergement

Si à Baie-Saint-Paul, la plupart des gîtes sont regroupés dans le centre-ville, à proximité des restaurants et des galeries d'art de la trépidante rue Saint-Jean-Baptiste, vous pourrez aussi faire le choix de la tranquillité. Les quelques chambres à louer sur les hauteurs de la baie jouissent de vues magnifiques !

petits prix

Joe Smoked Meat Chez Joe, pas de chichis, ce qui compte chez lui, c'est le *smoked meat* ! Tranché à votre goût (plus ou moins épais), on peut aussi l'essayer avec des spaghettis, ou le préférer classique, tout simplement en sandwich (8,25 à 13,95$). Un peu de musique blues en concert certains soirs, une ambiance conviviale, voilà une halte repas idéale... Il existe également un établissement d'aussi bonne tenue à La Malbaie. *54, rue Saint-Jean-Baptiste* ***Baie-Saint-Paul*** *Tél. 418 240 4949 joesmokedmeat.com Ouvert dim.-jeu. 11h-21h, ven.-sam. 11h-22h*

Camping Le Genévrier Tennis, beach-volley, minigolf, baignade surveillée dans un lac artificiel et, en hiver, près de 20km de sentiers pour les raquettes... Et 35 chalets pour 2 à 8 personnes, avec cuisine et sdb, ouverts toute l'année. La gamme de services et d'activités de ce camping de 430 places justifie des tarifs un peu plus élevés que la moyenne. À partir de 36$ l'emplacement (56$ en haute saison) et environ 180$ le chalet en juil.-août. *1175, bd Monseigneur-de-Laval* ***Baie-Saint-Paul*** *(route 138) Tél. 418 435 6520 ou 1 877 435 6520 www.genevrier.com Ouvert mi-mai-mi-oct. (chalets toute l'année)*

Auberge La Fascine L'auberge possède 8 chambres à la déco écolo-artistique (à partir de récup'), chacune avec sdb privative et d'une propreté impeccable. Maintenant, il vous faudra choisir consciencieusement : 5 d'entre elles se situent au-dessus du bar (60$), et les 3 autres sont regroupées derrière en motel, donc au calme (75$, ou 90$ avec kitchenette). Rappelons que l'endroit accueille de bouillants concerts tous les week-ends d'été ! (p.382) *1064, chemin des Coudriers* ***L'Isle-aux-Coudres*** *www.aubergelafascine.com Ouvert tlj.*

prix moyens

Le Mouton noir Le veau, l'agneau et les fromages sont de Charlevoix, mais l'inspiration déborde largement des frontières de la région. Goûtez à la tarte à l'oignon, boudin noir, roquette, pomme et ricotta de chèvre (12$) ou au tartare de hareng fumé en entrée, et à la cocotte d'épaule de porc bio de Charlevoix, vous ne serez pas déçus. Agrémenté d'une terrasse donnant sur la rivière du Gouffre et de boiseries chaleureuses, ce restaurant jouit d'un succès mérité. L'endroit étant souvent bondé, mieux vaut réserver. Comptez 19-25$ à midi. Table d'hôtes de 36 à 41$. *43, rue Sainte-Anne **Baie-Saint-Paul** Tél. 418 240 3030 www.moutonnoirresto.com Ouvert mi-juin-fin sept. : tlj. 11h-14h et 17h-22h ; reste de l'année : mer.-dim. 17h-22h Fermé avr. et nov.*

Domaine Belle-Plage Au bout de la rue Sainte-Anne, au plus près de l'eau, une auberge et son motel (37 chambres, pour la plupart fonctionnelles). Une poignée d'entre elles, décorées à l'ancienne, font la différence. Précisez vos desiderata quand vous réserverez ! Double 89-154$. Piscine. *192, rue Sainte-Anne **Baie-Saint-Paul** Tél. 418 435 3321 ou 1 888 463 6030 www.belleplage.ca*

prix élevés

Les Labours La table de l'hôtel Le Germain Charlevoix est à l'image du lieu, conviviale et sophistiquée à la fois. Cuisine ouverte, menus variant au gré des saisons et du marché, et prime au terroir de Charlevoix (saumon fumé, omble local, volailles, champignons, etc.). Entrées de 9 à 22$, plats de 27 à 35$. *50, rue de la Ferme **Baie-Saint-Paul** Tél. 418 240 4100 legermainhotels.com Ouvert lun.-mer. 7h30-14h, jeu. 7h30-14h et 18h-21h, ven. 7h30-14h et 17h30-22h, sam. 8h-12h et 17h30-22h, dim. 8h-14h*

☺ **Gîte Les Colibris** Si ces Colibris centenaires ne sont pas gratifiés de cinq soleils, c'est parce qu'il manque une sdb à 2 des 5 chambres, mais qu'importe ! La situation est idéale, entre la rue Saint-Jean-Baptiste et le quai de Baie-Saint-Paul, l'accueil à bras ouverts, le cadre recherché (boiseries et meubles anciens, bouquets de fleurs et service de table raffiné) et les chambres sont chaleureuses et douillettes. À notre avis, le meilleur gîte de la ville. Double 109-135$. Le prix comprend le petit déjeuner à déguster au restaurant Chez Bouquet éco-bistro – cf. Auberge de la Muse (p.384). *80, rue Sainte-Anne **Baie-Saint-Paul** Tél. 418 240 2222 ou 1 888 508 4483 www.lescolibris.charlevoix.net Fermé mi-oct.-fin déc.*

prix très élevés

Auberge de la Muse Bois sombre et fauteuils en osier, tissus fleuris et chaises en fer forgé : à chacune des 12 chambres son décor, ici bucolique et champêtre, là forestier et rustique, mais toutes sont d'un excellent confort. Le jardin d'hiver donne sur un autre orné de statues à l'antique, et le restaurant Chez Bouquet éco-bistro régale tous les jours ses clients de burgers et guédilles au homard à midi (13-21$), et de tartare d'émeu, carré de chevreau ou ris de veau flambés au cidre de glace le soir (table d'hôtes à partir de 39$). Les plus : la situation centrale et l'accueil amical. Prévoyez 129-229$ la nuit en haute saison (149-249$ avec le petit déjeuner). *39, rue Saint-Jean-Baptiste **Baie-Saint-Paul** Tél. 418 435 6839 ou 1 800 841 6839 www.lamuse.com*

Hôtel Le Germain Charlevoix Ancien site des Petites Franciscaines de Marie (p.375), jadis plus grande ferme en bois de la région, cet hôtel contemporain garde une trace de ce passé dans le nom de ses divers pavillons : La Basse-cour, La Bergerie, Le Moulin... Oui, mais à la mode "ethnodesign" (lieu récompensé par de nombreux prix de design depuis son ouverture en 2012), nous dit-on ici : comprendre sophistiqué, épuré, branché... assorti de ce qu'il faut de lumière, de fer forgé et de bois. Avec 145 chambres et 5 bâtiments, il y en a pour tous les goûts : chambre double (205-255$), familiale (255-305$), loft (325-435$). Et pour la convivialité : spa, restaurant (Les Labours), pub (Le Bercail), salon, café... *50, rue de la Ferme* ***Baie-Saint-Paul*** *Tél. 418 240 4100 legermainhotels.com*

☺ **Auberge La Grande Maison** Le confort fait oublier le manque de clarté et la vue ingrate dont pâtissent certaines des 24 chambres (faites valoir vos exigences lors de la réservation). Une chambre dispose d'une baignoire à remous et d'un lit à baldaquin un peu kitsch mais furieusement romantique. Massothérapie à l'espace spa-détente. Excellent accueil. Chambre double 115-225$ en haute saison, avec petit déjeuner et accès au spa compris. *160, rue Saint-Jean-Baptiste* ***Baie-Saint-Paul*** *Tél. 418 435 5575 ou 1 800 361 5575 www.grandemaison.com*

Gîte Au perchoir Son nom lui irait comme un gant si ce gîte n'était qu'un refuge. Or il n'en est rien. La maison est spacieuse, claire et confortable, et les 3 chambres disposent chacune d'une sdb. La vue éblouissante sur le Saint-Laurent et l'île aux Coudres est l'atout maître de la plus onéreuse, La Marée haute, installée à l'étage. En rez-de-jardin, les deux autres bénéficient d'entrées indépendantes. Comptez 139-169$ en haute saison, petit déjeuner compris. *443, Cap-aux-Rets* ***Baie-Saint-Paul*** *Tél. 418 435 6955 ou 1 800 435 6955 www.auperchoir.com*

Dans les environs

camping

Camping Le Pied-des-Monts À l'entrée du parc des Grands-Jardins, 27 emplacements, dont 9 avec électricité, et bloc sanitaire collectif (douches et coin cuisine). À partir de 30$ l'emplacement (35$ avec électricité). *Parc national des Grands-Jardins* ***Saint-Urbain*** *(env. 50km au nord de Baie-Saint-Paul par la 138 et la 381) Tél. 1 800 665 6527 www.sepaq.com/pq/grj*

prix moyens

Gîte La Maison blanche Il faut oublier la déco un peu kitsch des 5 chambres (sdb partagées), néanmoins impeccables, et s'accouder à la fenêtre pour apprécier le coucher du soleil sur la côte de Charlevoix et ses reliefs tourmentés. Au matin, le petit déjeuner copieux et le sourire des propriétaires remettent d'aplomb. Double 95$ TTC avec petit déjeuner. *3117, chemin des Coudriers* ***L'Isle-aux-Coudres*** *(tourner à gauche au 1er feu après le débarcadère, puis faire 3km) Tél. 418 438 2883 Ouvert mai-oct.*

☺ **Le Saint-Laurent Café** Pour un coude-à-coude convivial dans un cadre de brique et de bois, de photos de jazzmen et de bouteilles de vin. Côte de veau au porto, *linguine* de pétoncles au gingembre ou poisson du jour. Tout cela dans une coquette maison de poche, perchée à deux pas de l'église. Comptez 30$ à la carte. *505, rue Principale* ***Saint-Irénée*** *(34km au nord-est de Baie-Saint-Paul) Tél. 418 452 3408 Ouvert mi-fév.-avr. : w.-e. 17h-20h ; mai-mi-déc. : mar.-sam. 17h-22h (23h selon l'affluence)*

☺ **Hôtel-restaurant Le Rustique** Dans cette maison ancienne bâtie face au Saint-Laurent, le bois règne en maître, de la salle à manger aux 6 chambres pastel, avec sdb, dont le relatif dépouillement atténue la touche rustique. Les propriétaires sont d'une gentillesse confondante. Prévoyez 95-110$ la double et 110-130$ le studio. Le restaurant offre une formule simple et efficace : une soupe (4$) et un plat issu d'une cuisine maison authentique (16$). Crêpes, pâtes au saumon, assiette de fromages locaux, etc. À ce prix, qui s'en plaindrait ? *285, rue Principale* ***Saint-Irénée*** *(34km au nord-est de Baie-Saint-Paul) Tél. 418 452 8250 lerustique.charlevoix.qc.ca Ouvert mai-oct.* ***Restaurant*** *Ouvert mai-sept. : jeu.-lun. 17h30-22h*

La Courtepointe À 3km de la station du Massif, elle convient aux skieurs en hiver et aux randonneurs à la belle saison. Quatorze chambres spacieuses et bien tenues, avec sdb et une bonne literie (double 95$ en haute saison). Au menu du soir, ne manquez pas la soupe aux gourganes, une savoureuse spécialité locale. Excellent accueil. *8, rue Racine* ***Petite-Rivière-Saint-François*** *(21km au sud-ouest de Baie-Saint-Paul) Tél. 418 632 5858 ou 1 888 788 5858 www.aubergecourtepointe.com Fermé nov.*

prix élevés

Auberge de la Rive La grande maison de bois saura vous séduire par sa situation près des musées maritime et de la papeterie, par la propreté des 12 chambres avec TV et sdb, et par la courtoisie et la disponibilité des hôtes, disposés à vous servir une copieuse tourtière à toute heure de la journée. Terrasse. À partir de 115$ la double (réserv. obligatoire d'oct. à mai). Table d'hôtes 27-36$, plats 15-26$. Aussi, 7 unités de motel, installées le long d'une petite rivière. *280, chemin de l'Église* ***Saint-Joseph-de-la-Rive*** *(22km au nord-est de Baie-Saint-Paul par la route 362) Tél. 418 635 2846 ou 1 888 935 2846 www.aubergedelarive.net* ***Restaurant*** *Ouvert tlj. 7h30-20h30*

Hôtel du Capitaine Vous avez le choix entre les 7 chambres lambrissées de la maison ou les 11 unités extérieures, entièrement rafraîchies en 2014. Dans la salle à manger, une barre de goélette rappelle que Gérald Desbiens, le père de Caroline, la propriétaire actuelle, était un ancien capitaine de "voiture d'eau". Aujourd'hui, reflet de la personnalité de l'hôtesse des lieux qui possède une voix magnifique et quatre CD à son actif, c'est la musique qui est à l'honneur au cours de mémorables cafés-concerts pour lesquels il vaut mieux réserver. Agréable jardin et piscine d'eau salée chauffée pour se prélasser face au fleuve. Comptez 119-169$ la nuit. Possibilité de résider en demi-pension. Cuisine québécoise composée d'authentiques produits de Charlevoix et table ouverte aux non-résidents. Ateliers culinaires. Amoureux de notre belle langue française, sachez qu'ici, vous êtes en territoire franco-responsable. *3031, chemin des Coudriers* ***L'Isle-aux-Coudres*** *(La Baleine) Tél. 418 438 2242 ou 1 888 520 2242 hotelducapitaine.com Ouvert mai-oct.*

Auberge de nos Aïeux Commençons par le début : cette auberge possède l'une des plus belles vues du Québec ! Dominant le majestueux Saint-Laurent et l'île-aux-Coudres, on reste pantois devant tant de beauté. Autant y dormir, se dit-on à juste titre. Quarante chambres entièrement équipées, une piscine chauffée, un bon bistrot aux accents gastronomiques (table d'hôtes ou menu BBQ à 35$) et une jolie terrasse aux beaux jours pour s'enivrer de cette vue exceptionnelle. Comptez de 112 à 129$ la double (petit déj. buffet à 12$), forfaits avantageux en pension complète à partir de 99$/pers. *2178, route du Fleuve* ***Les Éboulements*** *Tél. 418 635 2405 ou 1 800 265 2405 www.aubergedenosaieux.com Ouvert mi-déc.-oct. : tlj.*

prix très élevés

Pourvoirie du Lac Moreau Sur un site exceptionnel, entre les parcs des Grands-Jardins et des Hautes-Gorges-de-la-Rivière-Malbaie, cette pourvoirie propose maints services et activités : chasse à l'ours, à l'orignal, à la gélinotte et au lièvre, pêche à la truite, canotage, motoneige, traîneau à chiens, ski de fond, raquettes, observation de la faune, sentiers d'interprétation, hébergement en auberge ou en chalet rustique, service de restauration, centre de relaxation… Nombreux forfaits selon la formule choisie, par exemple à partir de 199$/pers./j. en chalet. Toutes les options sont à consulter sur le site Internet. ***Saint-Urbain*** *(70km au nord de Baie-Saint-Paul par les routes 138 et 381) Tél. 418 665 4400 www.lacmoreau.com Ouvert toute l'année*

★ LA MALBAIE

Centre administratif de Charlevoix, La Malbaie est devenue la plus grande ville de la région (8 900 hab.) en fusionnant avec les communes limitrophes. Depuis plus de deux siècles, elle en perpétue aussi la tradition d'accueil, elle qui fut le berceau du tourisme canadien. En 1608, alors qu'il avait mouillé dans la baie pour la nuit, Champlain fut bien contrit de découvrir au matin son navire échoué au milieu d'une vasière. "La Male Baye !" s'écria-t-il, furieux de n'avoir prévu d'aussi puissantes marées. Après la Conquête, le site fut rebaptisé Murray Bay en l'honneur de l'administrateur de la colonie, James Murray, et concédé à deux officiers écossais de l'armée britannique, Malcolm Fraser et John Nairn, en 1762. Les nouveaux maîtres de la seigneurie déployèrent un grand sens de l'hospitalité, recevant leurs amis à qui mieux mieux. La Malbaie avait trouvé sa vocation ! Dès 1849, elle attira de nombreux touristes, surtout anglophones. On y bâtit de somptueuses villas et des hôtels, dont le luxueux Manoir Richelieu en 1898. Quitter la chaleur estivale de New York pour la brise de Charlevoix devint même le comble du chic. Quand les Montréalais et les Québécois se mirent de la partie, le tourisme se démocratisa. Aujourd'hui, les musées, restaurants gastronomiques et prestataires de loisirs de la région répondent à toutes les envies. On y pratique le golf, le tennis et l'équitation en été, le ski en hiver et la randonnée en toute saison.

MODE D'EMPLOI

accès

EN VOITURE

La Malbaie est à 143km au nord-est de Québec et à 52km de Baie-Saint-Paul par la route 138. Mais à partir de Baie-Saint-Paul, la route 362, ou route du Fleuve, offre de plus beaux points de vue sur le Saint-Laurent.

EN CAR

Intercar Relie La Malbaie à Baie-Saint-Paul, Québec et Montréal (2-3 fois/j.), à Tadoussac (2 fois/j.), à Baie-Comeau et Sept-Îles (2 fois/j.), via toutes les communes riveraines de la route 138. De Saguenay et du lac Saint-Jean (Alma, Roberval, Dolbeau), il faut transiter par Tadoussac (1 correspondance/j. avec Charlevoix). Pour connaître les horaires exacts, consultez l'office de tourisme de La Malbaie, le bureau Intercar de Québec ou le site Internet de la compagnie. *5675, rue des Tournelles* ***Québec*** *Tél. 418 627 9108 ou 1 888 861 4592 www.intercar.ca*

Arrêt des cars à La Malbaie *46, rue Sainte-Catherine Tél. 418 665 2264*

EN BATEAU

Cf. Baie Saint-Paul, mode d'emploi (p.372).

orientation

La Malbaie est née de la fusion de Pointe-au-Pic et de Sainte-Agnès, au sud de la rivière Malbaie, de Cap-à-l'Aigle et de Saint-Fidèle au nord, de Rivière-Malbaie, à cheval sur le cours d'eau, et de La Malbaie centre-ville, à hauteur du pont. De Baie-Saint-Paul, la 362 (route du Fleuve) entre dans Pointe-au-Pic, prenant le nom de côte Bellevue. La route 138, plus rapide, vous amènera au centre-ville via Sainte-Agnès. Nommée boulevard de Comporté, elle rejoint le pont et longe la baie jusqu'à la côte Bellevue (Pointe-au-Pic). De l'autre côté du pont, rive nord, elle devient le boulevard Malcolm-Fraser, dessert Cap-à-l'Aigle puis, à nouveau sous le nom de route 138, Saint-Fidèle, à 17km de là. Les places de stationnement ne manquent pas, et la plupart des hôtels disposent d'un parking. Un conseil : procurez-vous un plan de la ville à l'office de tourisme.

informations touristiques

Tourisme Charlevoix - La Malbaie Liste exhaustive des hébergements, sites patrimoniaux, activités sportives, manifestations culturelles... le siège de l'association touristique régionale regorge d'informations sur la région et la municipalité. *495, bd de Comporté* ***La Malbaie*** *Tél. 418 665 4454 ou 1 800 667 2276 www.tourisme-charlevoix.com Ouvert mi-juin-août : tlj. 8h30-19h ; mi-mai-mi-juin, sept.-mi-oct. : tlj. 9h-17h ; mi-oct.-mi-mai : tlj. 9h-16h*

Tourisme Charlevoix - Saint-Siméon Documentation sur Charlevoix, en particulier sur la commune et les sociétés de croisières aux baleines. *499, rue Saint-Laurent* ***Saint-Siméon*** *Tél. 418 665 4454 ou 1 800 667 2276 www.tourisme-charlevoix.com Ouvert mi-juin-début sept. : tlj. 10h-18h*

DÉCOUVRIR
La Malbaie et ses environs

☆ **Les essentiels** Les villas de Pointe-au-Pic, le musée de Charlevoix, la Traversée de Charlevoix **Découvrir autrement** Dévalez les pistes du Mont-Grand-Fonds, explorez la montagne charlevoisienne à cheval, admirez les richesses du littoral en kayak

☆ **Pointe-au-Pic** C'est l'un des deux promontoires qui encadrent la baie et la villégiature de la Belle Époque, quand les touristes arrivaient à bord de luxueux vapeurs de croisière. C'est à Pointe-au-Pic que sont regroupés la plupart des hôtels et auberges de La Malbaie, disséminés à flanc de coteau, dans une végétation luxuriante. Admirez les **villas cossues** du chemin des Falaises. Construites dans les années 1880 à 1950 par des estivants fortunés, tel William Howard Taft, président des États-Unis de 1909 à 1913, elles arborent le style Shingle (revêtement en bardeaux de cèdre) alors en vogue dans les stations balnéaires de Nouvelle-Angleterre, ou celui des châteaux français du XVIIe siècle. En témoigne le Manoir Richelieu (p.397), sorti de terre en 1929 – un incendie ayant ravagé l'année précédente le palace en bois bâti en 1898 par la compagnie de navigation Richelieu Ontario. Rue du Quai, en contrebas, s'élèvent quelques maisonnettes colorées tout droit sorties d'un conte pour enfants.

☆ **Musée de Charlevoix** Comment la chasse, la pêche, la navigation et les grands chantiers forestiers ont-ils accéléré le développement économique de Charlevoix ? Comment la région est-elle devenue la première villégiature du Canada ? Économie, beaux-arts, loisirs… Ce musée, riche de plus de 6 000 objets (du fusil de traite de 1675 aux objets illustrant la grande épopée touristique de Charlevoix), aborde tous les aspects de l'histoire régionale depuis le XVIIe siècle. Petit coup de cœur pour l'ample collection d'art populaire réunissant aussi bien les tableaux naïfs des "femmes Bolduc" que les moufettes hallucinées de Magella Normand. Également des expositions temporaires sur des thèmes variés. *10, chemin du Havre* ***La Malbaie*** *Tél. 418 665 4411 www.museedecharlevoix.qc.ca Ouvert début juin-mi-oct. : tlj. 9h-17h ; mi-oct.-début juin : lun.-ven. 10h-17h, w.-e. 13h-17h Tarif 8$, réduit 6$, familles 20$, moins de 6 ans gratuit Visite guidée sur rés.*

Cap-à-l'Aigle Ce secteur voué à la culture et à l'élevage respire le calme et l'authenticité. Les villas de la rue Saint-Raphaël, pour certaines transformées en auberges, n'ont rien à envier à celles de Pointe-au-Pic.

Jardins du Cap-à-l'Aigle En juin, des centaines de lilas de plus de 400 variétés différentes égaient ce domaine et ses quatre jardins thématiques, dont un potager. Vue exceptionnelle sur le Saint-Laurent. *625, rue Saint-Raphaël Tél. 418 665 2127 ou 418 665 6060 Ouvert tlj. Entrée libre*

Où sortir à La Malbaie ?

Casino de Charlevoix Plus de 1 000 machines à sous et une vingtaine de tables de jeu animent toute l'année les nuits de La Malbaie : poker (Grand Prix,

Pai Gow, Caraïbes), black jack, roulette, Keno, minibaccarat... Pour les accros au jeu, forfaits incluant au moins une nuit dans l'un des hôtels partenaires, le petit déjeuner et 10$ de mise. Certaines formules offrent la table d'hôtes et de nombreuses réductions (golf, kayak, ski, Domaine Forget, croisière aux baleines, musée de Charlevoix...). *183, rue Richelieu* ***La Malbaie*** *Tél. 418 665 5300 www.casinosduquebec.com/charlevoix Ouvert tlj. Horaires variables selon la saison, à consulter sur le site Internet*

Auberge de jeunesse La Malbaie En plus d'offrir un hébergement fort valable (p.396), cette AJ est le lieu où sortir à La Malbaie pour tous ceux qui font rimer bonne soirée avec ambiance, musique, chouettes conversations et un peu d'action, et non avec argent perdu et confrontation stérile à une machine à sous. Bon choix de bières, et restauration plus que convenable, voire de très bon niveau. *435, rue Saint-Étienne* ***La Malbaie*** *Tél. 418 202 0697 auberge-jeunesse-lamalbaie.com Ouvert juil.-sept. : tlj. 10h-23h ; oct.-juin : mar.-sam. 10h-23h*

Se balader à pied, à skis, à raquettes

Centre écologique de Port-au-Saumon Ce centre d'initiation à l'écologie règne sur un écrin de verdure de près de 100ha, reconnu comme aire centrale de la réserve mondiale de biosphère de Charlevoix et l'un des pôles du parc marin du Saguenay-Saint-Laurent. Des sentiers d'interprétation et des activités pédagogiques éclairent petits et grands sur la faune et la flore locales. *3330, bd Malcolm-Fraser* ***Saint-Fidèle*** *(à 20km de La Malbaie centre sur la route 138, entre Saint-Fidèle et Port-au-Persil) Tél. 1 877 434 2209 www.cepas.qc.ca Ouvert fin juin-mi-août : tlj. 9h-16h Tarif 8$, réduit 5$*

Station de ski du Mont-Grand-Fonds Quatorze pistes de descente, 160km destinés au ski nordique, 16km de sentiers à raquettes, un point de location, une école de ski et de snowboard, une cafétéria, une garderie... Sans atteindre les dimensions du Massif – cf. Centre de ski Le Massif (p.381) –, de quoi satisfaire les adeptes de la glisse ! Forfait ski alpin à la journée 47$, réduit 34,35-41,75$; forfait ski nordique 15,45$; raquettes 8,50$. *1000, chemin des Loisirs* ***Rivière-Malbaie*** *(14km au nord du centre de La Malbaie) Tél. 1 877 665 0095 www.montgrandfonds.com Ouvert mi-déc.-fin mars : tlj. 9h-15h45*

Centre de plein air Les Sources joyeuses Quatre-vingt-cinq kilomètres de pistes et de sentiers forestiers, dont quelque 45km près de La Malbaie, praticables à ski et à raquettes l'hiver. Le sentier dessert une tour d'observation d'où l'on jouit d'une merveilleuse vue sur les rondeurs de Charlevoix. Tarif ski de fond 10$ (réduit 3,50$) ; raquettes 7$ (réduit 3$). *114, rang Sainte-Madeleine* ***La Malbaie*** *Tél. 418 665 4858 www.lessourcesjoyeuses.com Ouvert mi-déc.-début avr. pour les activités d'hiver Sentiers en accès libre le reste de l'année*

☆ **La Traversée de Charlevoix** Six chalets (cuisine équipée, éclairage au gaz, chauffage au bois) et six refuges (chauffage au bois) jalonnent ce magnifique sentier de grande randonnée (100km), qui relie le parc des Grands-Jardins à celui du Mont-Grand-Fonds. Prévoyez trois ou quatre jours à vélo et sept jours à pied, à skis ou à raquettes. Sur demande et pour les groupes, randonnée guidée avec acheminement des bagages et de la nourriture d'une étape à l'autre. *Accueil 135, rang Saint-François (route 381, km 10)* ***Saint-Urbain*** *Adresse postale 841, rue Saint-Édouard Tél. 418 639 2284 www.traverseedecharlevoix.qc.ca Fermé à la fonte des neiges, avr.-mi-mai*

Pêcher, se balader en kayak ou à cheval

Rivière Malbaie Une cinquantaine de fosses (signalées sur les routes) ont été aménagées pour la pêche sportive le long de cette rivière, dont le saumon fait l'objet d'un programme de développement économique depuis la fin des années 1980. Attention, les captures sont réglementées. Vous devrez impérativement vous signaler au bureau d'enregistrement, avant et après votre partie de pêche. **Bureau d'enregistrement Saumon de la Rivière Malbaie** *25, chemin des Chutes* ***Clermont*** *Tél. 418 439 0672 saumonrivieremalbaie.com Ouvert début juin-mi-sept. (pêche à partir de mi-juin)*

Katabatik Pour découvrir les courbes capricieuses du littoral charlevoisien à fleur d'eau et apprendre de spécialistes les secrets du milieu maritime : observation des oiseaux, de la flore et de la faune aquatiques. Initiations au kayak et excursions guidées (demi-journée ou journée). Départs possibles de Baie-des-Rochers et de Cap-à-l'Aigle pour des excursions d'une demi-journée à 2 jours. Prévoyez 64$ la demi-journée et 114$ la journée (réductions étudiants et enfants). *10, rue de la Grève (Cap-à-l'Aigle)* ***La Malbaie*** *Tél. 418 665 2332 ou 1 800 453 4850 katabatik.ca Ouvert mai-oct. sur rés.*

Centre équestre Nature Initiation à l'équitation et randonnées sur les sentiers boisés de la montagne charlevoisienne. On se laisse porter 2h, 3h ou toute la journée. Un hébergement permet aux familles de prolonger ce plaisir d'une journée. Accueil sympathique. À partir de 45$ (2h). *73, rang Saint-Jean-Baptiste (Sainte-Agnès)* ***La Malbaie*** *Tél. 418 439 2076 lechevalenchanteur.com Ouvert toute l'année sur rés.*

Parfaire son swing

Club de golf Fairmont Le Manoir Richelieu Aménagé sur les hauteurs de Pointe-au-Pic, dominant le Saint-Laurent, ce splendide domaine de 9 et 18 trous s'enorgueillit d'appartenir aux dix meilleurs *golf resorts* du Canada. Mais pour en profiter, il faudra débourser de 45 à 100$, selon l'heure et la saison, pour 18 trous (voiturette comprise). Practice, restaurant gastronomique, location de matériel. Jeans interdits. *181, rue Richelieu (Pointe-au-Pic)* ***La Malbaie*** *Tél. 418 665 2526 Ouvert mi-mai-mi-oct.*

Club de golf Murray Bay Le troisième plus ancien club d'Amérique du Nord (1876) ! Parcours de 18 trous, de 26$ et 49$ selon la période et l'heure (voiturette en sus). Également un 9-trous compact. Practice, service de restauration, location de matériel. *1013, chemin du Golf (Pointe-au-Pic)* ***La Malbaie*** *Tél. 418 665 2494 ou 1 877 665 2494 www.golfmurraybay.com*

★ Le nord de Charlevoix

☆ **Les essentiels** Le parc national des Hautes-Gorges-de-la-Rivière-Malbaie, les croisières d'observation des baleines **Découvrir autrement** Encanaillez-vous à la maison du Bootlegger, succombez au charme bucolique de Port-au-Persil, randonnez autour de Saint-Siméon, amusez-vous au parc des Palissades

☆ ☺ **Parc national des Hautes-Gorges-de-la-Rivière-Malbaie** Un incident géomorphologique et une rupture superficielle de la croûte terrestre, plus tard érodée par les glaciers, ont façonné il y a 800 millions d'années la vallée encaissée dans laquelle la rivière Malbaie a creusé son lit et se déverse en chutes vertigineuses. Ses parois figurent parmi les plus hautes de l'est du Canada, d'où l'inscription de ce parc régional de 230km² sur la liste des parcs nationaux québécois depuis 2000. On peut découvrir la Malbaie en canot, en canot pneumatique, en kayak ou en bateau de promenade et emprunter les sentiers tracés à travers les forêts alpines et boréales. L'Acropole des draveurs, le plus long d'entre eux (10,4km AR), mène au point culminant du parc (1 048m) et à son panorama grandiose. Des pistes cyclables de 16 à 54km AR ont aussi été aménagées. Vous trouverez un point de location (vélos, canots et kayaks) et une cafétéria au barrage des Érables, à 8km de l'accueil (navette gratuite). Pour prolonger le séjour et profiter de toutes les activités offertes (pêche, escalade, randonnées guidées, animations…), on peut planter sa tente sur trois sites : au Cran, près de l'accueil, au Pin-Blanc, face au chemin de l'acropole, et au lieu-dit L'Équerre. Attention, les départs du bateau-mouche (1h30, 35,25$) et les horaires d'ouverture du point de location varient selon les jours en haute saison. Mieux vaut vous renseigner au bureau du parc. En 2014-2015, certaines infrastructures ont été réaménagées pour favoriser une ouverture plus importante du parc durant l'année. ***Saint-Aimé-des-Lacs*** *(env. 15km à l'ouest de La Malbaie) Tél. 418 439 1227 ou 1 800 665 6527 (rés.) www.sepaq.com/pq/hgo Droit d'accès 8,50$. Se rens. sur le site Internet pour l'ensemble des informations pratiques concernant activités et hébergement*

☺ **Maison du Bootlegger** Le bootlegger est un trafiquant d'alcool (souvent frelaté) du temps de la prohibition américaine et des interdits des diverses sociétés de tempérance au Québec. C'est à Norrie Sellar, fils d'un riche Américain de Pennsylvanie, que l'on doit la fondation du sélect Club des Monts, lieu de plaisir clandestin unique en son genre. En 1933, pour agir plus librement, ce gentleman acheta la vieille maison Turcotte (1860) qu'il fit déménager et réaménager de manière à tromper les autorités. On reste pantois devant tant d'ingéniosité ! Couloirs et portes dérobés, escaliers trompeurs, casino déguisé en chambre d'enfant, bref un véritable saloon dans une sage maison traditionnelle. *110, rang du Ruisseau-des-Frênes* ***Sainte-Agnès*** *Tél. 418 439 3711 www.maisondubootlegger.com Ouvert juin-sept. : tlj. 10h-17h ; avr.-mai, oct.-déc. sur demande*

AU SALOON
Sous la houlette de Johanne et Joey, le Bootlegger a retrouvé ses airs de *speakeasy* d'antan où la bière coule à flots et les grillades à la texane s'empilent sur le gril au charbon de bois à l'érable, pendant que Joey et son groupe revisitent les grands succès du rockabilly. Également au menu : soupe de l'ivrogne, pain de fesse grillé et champignons capotés ! Midi à la carte (25-30$) ou le soir, visite guidée, concert et repas de 40 à 57$. Faites comme un certain Elvis et venez vous amuser en toute clandestinité.

☺ **Port-au-Persil** De la 138, une petite route en lacet plonge entre bosquets et fermes à flanc de coteau vers ce hameau paisible qui devrait son nom au persil de mer (livèche écossaise), ou au *pourcil*, appellation locale du marsouin. À proximité du quai où l'on chargeait jadis le bois à destination des papeteries se dresse une pittoresque chapelle anglicane (1897) et jaillit une petite chute. Le site a inspiré plus d'un peintre. *27km au nord-est de La Malbaie*

Saint-Siméon Cette bourgade établie à la croisée des routes de La Malbaie, de Saguenay et du parc marin du Saguenay-Lac-Saint-Jean est aussi le port d'embarquement pour Rivière-du-Loup, sur la côte sud du Saint-Laurent – cf. Tourisme Charlevoix - Saint-Siméon (p.388). *34km au nord-est de La Malbaie par la route 138* **Arrêt des cars** *517, rue Saint-Laurent Tél. 418 638 5373 Deux liaisons/j. avec La Malbaie*

Baie-Sainte-Catherine On peut effectuer une croisière d'observation des baleines – cf. Aller saluer les baleines (p.393) – à partir de cette bourgade sise à l'embouchure du Saguenay, face à Tadoussac, et au cœur du parc marin du Saguenay-Lac-Saint-Jean. *70km au nord-est de La Malbaie par la route 138* **Intercar** *Tél. 418 237 4395*

☺ **Centre d'interprétation et d'observation de Pointe-Noire** Vus de Pointe-Noire, les escarpements du fjord du Saguenay et le cours du Saint-Laurent invitent à la rêverie. Lieu privilégié d'observation des bélugas, le centre présente toutes les richesses du parc marin. *Route 138 Tél. 418 237 4383 ou 418 235 4702 (hors saison) Ouvert mi-juin-début sept. : tlj. 10h-17h ; début sept.-mi-oct. : ven.-dim. 10h-17h Tarif 5,80$, familles 14,70$*

Où acheter de la céramique ?

Poterie de Port-au-Persil Cette galerie-boutique réunit les œuvres des meilleurs céramistes du Québec. En été, vous pourrez aussi réaliser une pièce en atelier (lun.-ven. sur rés.), suivre une visite guidée et vous désaltérer. *1001, rue Saint-Laurent (rte 138)* ***Port-au-Persil*** *(27km au nord-est de La Malbaie) Tél. 418 638 2349 www.poteriedeportaupersil.com Ouvert juin-août : tlj. 9h-18h ; mai : tlj. 10h-16h30 ; sept.-oct. : mer.-dim. 10h-16h30*

Aller saluer les baleines

Les ☆ **croisières**, en bateau ou en zodiac, durent 2-3h et permettent d'observer à distance réglementaire les mammifères marins qui fréquentent l'estuaire du Saint-Laurent (béluga, petit rorqual, rorqual commun, baleine à bosse et baleine bleue), ainsi que des phoques gris. Prévoyez des vêtements chauds. Très touristique !

Croisières AML L'avantage : des caméras sous-marines et de surface intégrées aux navires. Croisière de mai à oct. : tlj. à 10h, 13h15 et 16h30 (mi-juil.-mi-août). Pour une croisière en zodiac, renseignez-vous par téléphone ou sur le site Internet, les horaires de départ et la durée sont variables. Tarif 70$, réduit 34$, familles 170$. ***Baie-Sainte-Catherine*** *(70km au nord-est de La Malbaie) Tél. 418 237 4274 ou 1 800 563 4643 www.croisieresaml.com*

Faire une randonnée, de l'escalade

Sentier de Baie-des-Rochers Quelques tables de pique-nique jalonnent ce joli sentier côtier de 12km AR. Idéal pour une promenade tranquille en amoureux ou en famille. *Départ du quai de Baie-des-Rochers, entre Saint-Siméon et Baie-Sainte-Catherine*

☺ **Parc d'aventure des Palissades de Charlevoix** Pas de parapente ni de montgolfière dans ce parc… on y défie les lois de la pesanteur avec une corde : 2 via ferrata, 150 voies d'escalade, une tyrolienne de 250m, un pont suspendu, une descente en rappel de 60m, et au croisement de sentiers (15km), des belvédères pour rêver après l'effort. Spa, sauna et baignade dans le lac pour se relaxer. Tous niveaux. Formation à l'escalade et différentes formules de séjour de 2 à 5 jours. Possibilité de camper (25,50 à 39$, selon services) ou de dormir dans un vrai lit (dortoir 35$, ou chambres 90$). Ambiance conviviale. *1000, route 170* ***Saint-Siméon*** *(à 12km de Saint-Siméon, dir. Chicoutimi) Tél. 418 647 4422 ou 1 800 762 4967 www.aventurex.net Ouvert mi-juin-oct. : tlj. 8h-17h*

Conduire un attelage de chiens de traîneau

Descente Malbaie Que vous souhaitiez vous initier à la conduite du traîneau à chiens ou que vous prévoyiez une expédition de plusieurs jours, Descente Malbaie vous réservera le même accueil chaleureux. Accompagné d'un guide certifié, vous évoluerez notamment dans le parc national des Hautes-Gorges-de-la-Rivière-Malbaie. Possibilité de randonnée à raquettes. *316, rue Principale* ***Saint-Aimé-des-Lacs*** *(14km au nord-ouest de La Malbaie) Tél. 418 439 2265 www.descentemalbaie.com Ouvert mi-déc.-fin mars*

CARNET D'ADRESSES

Restauration

Si les restaurants pour les voyageurs disposant d'un petit ou moyen budget ont fleuri à La Malbaie, la ville est réputée depuis longtemps pour ses tables gastronomiques, dont plusieurs logent dans des hôtels : cf. Fairmont Le Manoir Richelieu (p.397).

petits prix

☺ **Café Chez Nous** C'est la cantine des voisins, le resto des petites bourses et le café savoureux de Pointe-au-Pic. Empruntées aux bistrots parisiens, les bouteilles de vin, les boiseries et les affiches anciennes se mêlent aux couleurs clinquantes, au skaï et au formica du coffee-shop américain. Tout cela dans un mouchoir de poche. Panini, omelettes (à partir de 8,75$), pizzas, grillades, bagel au saumon, burritos et salades (à partir de 13$), mais aussi de copieux petits déjeuners (à partir de 6,75$), et une sélection de cafés et de tisanes. Service impeccable. Terrasse aux beaux jours. Bondé à midi en semaine. Menus 8-20$, table d'hôtes 21-26$ et, bien pratique pour les randonneurs, boîte à lunch à 14,95$. On peut aussi louer l'un des 4 studios tout confort incluant kitchenette et petit déj. pour 125$. Une très bonne adresse. *1075, rue Richelieu (Pointe-au-Pic)* ***La Malbaie*** *Tél. 418 665 3080 www.cafecheznous.com Ouvert tlj. 7h-21h*

Le Passe-Temps Cette maison aux murs de bois brut sert toute l'année de savoureuses galettes et crêpes (12-28$) et, l'hiver, des raclettes et des fondues à partir de 26$. Table d'hôtes 38-48$. Bonne qualité, bon service,

GAMME DE PRIX	RESTAURATION	HÉBERGEMENT
Très petits prix	moins de 15$	moins de 40$
Petits prix	de 15 à 25$	de 40 à 80$
Prix moyens	de 25 à 40$	de 80 à 120$
Prix élevés	de 40 à 55$	de 120 à 160$
Prix très élevés	plus de 55$	plus de 160$

mais l'endroit gagnerait à se réinventer un peu. *245, bd de Comporté* ***La Malbaie*** *Tél. 418 665 7660 ou 1 866 276 7660 www.creperielepassetemps.com Ouvert mi-juin-début sept. : tlj. 17h-22h ; début sept.-mi-juin : mar.-sam. 17h-22h*

prix très élevés

☺ **Restaurant Vices Versa** Côté Vices, la pièce d'agneau de la Ferme éboulmontaise et la morue charbonnière pêchée en Alaska, côté Versa, le bar et sa fondue d'échalotes, le magret de canard rehaussé de foie gras ainsi que le saumon au chèvre et beurre de pommes. Peu importent les critères de répartition, tout cela ne manque pas de vertus... La cuisine est fine, audacieuse, le cadre élégant : l'une des meilleures tables de la région. Table d'hôtes 69$. *216, rue Saint-Étienne* ***La Malbaie*** *Tél. 418 665 6869 www.vicesversa.com Ouvert juin : mer.-sam. 18h-21h30 ; 24 juin-2e lun. d'oct. : mar.-sam. 18h-21h30 ; 2e mar. d'oct.-mai : jeu.-sam. 18h-21h30*

☺ **Auberge des 3 Canards** Un grand salon bourgeois avec une cheminée en pierre et 48 chambres qui allient confort et goût. Les plus classiques se distinguent par la vue (complète ou partielle sur le fleuve). Et pour les autres, âtre en brique rouge, canapé en cuir, baignoire à remous, luminaires Art nouveau et balcon-terrasse. Son restaurant a valu à l'auberge de nombreux prix : filet mignon de bœuf AAA flambé au cognac, mi-cuit de thon en croûte de sésame et huile de basilic citronnée, noix de cromesquis de tofu au cœur coulant de poivron rouge épicé, à faire suivre d'un fleurmier de Charlevoix flambé à la liqueur de sortilège et sirop d'érable, ou d'un trio de crèmes brûlées (vanille, érable, banane). Prévoyez 35-65$ à la carte (2 services) et 54$ en table d'hôtes. Piscine découverte chauffée, spa, relais de motoneige et 4,6ha pour flâner et vous prélasser. Comptez 145-265$ la double en haute saison. *115, côte Bellevue (Pointe-au-Pic)* ***La Malbaie*** *Tél. 418 665 3761 ou 1 800 461 3761 www.auberge3canards.com* ***Restaurant*** *Ouvert tlj. 7h-11h et 17h30-21h30*

Hébergement

Villégiature historique, La Malbaie dispose d'hôtels de luxe comme de simples gîtes, hébergements regroupés à Cap-à-l'Aigle et Pointe-au-Pic.

camping

Camping des Chutes Fraser Ce vaste camping arboré est le plus ancien de Charlevoix (1962). Aire de jeux, minigolf, piscine, plan de pêche, commerces de bouche, petite restauration... En sus des 325 emplacements, 6 chalets équipés pour 4 personnes ouverts toute l'année. À partir de 30$ l'emplacement/nuit (42$ en haute saison). Chalet (2-4 pers.) 125$ en été. *500, chemin de la Vallée* ***La Malbaie*** *(secteur Rivière-Malbaie) Tél. 418 665 2151 www.campingchutesfraser.com Ouvert mi-mai-mi-oct.*

Campings du Parc national des Hautes-Gorges-de-la-Rivière-Malbaie Trois villages de toile (le Cran, le Pin-Blanc et l'Équerre, soit 132 emplacements) s'offrent le splendide décor du parc national des Hautes-Gorges-de-la-Rivière-Malbaie. Pour du prêt-à-camper, optez pour les tentes Huttopia (120-150$). Comptez env. 30$/tente l'emplacement pour une nuit. Sanitaires. Deux dépanneurs (épiceries) sur place. ***Saint-Aimé-des-Lacs*** *(14km au nord-ouest de La Malbaie) Tél. 418 439 1227 (rés.) ou 1 800 665 6527 (rés.) www.sepaq.com/pq/hgo*

très petits prix

☺ **Auberge de jeunesse La Malbaie** L'AJ de La Malbaie fait partie de ces lieux que tout jeune (ou moins jeune) globe-trotteur aime à trouver. Centrale, animée, conviviale, au bord de l'eau, propre et pro. Comprenant une cuisine communautaire, un pub (p.390), un resto, une buanderie, 3 dortoirs (de 21 à 26$/pers., selon le nombre de lits) et quelques chambres privatives. Une auberge exemplaire. *435, rue Saint-Étienne* ***La Malbaie*** *Tél. 418 202 0697 auberge-jeunesse-lamalbaie.com Ouvert tlj.*

prix moyens

Gîte Harrop's Cinq petites chambres soignées, au centre de Pointe-au-Pic. Quatre d'entre elles se partagent deux sdb, tandis que la cinquième dispose de sanitaires privés. Excellent accueil. Beau jardin. De 80$ à 100$ pour deux. *400, rue Richelieu (Pointe-au-Pic)* ***La Malbaie*** *Tél. 418 665 4120 www.harrops.com Ouvert juin-oct.*

Au fil du temps Pour ceux qui préfèrent les lacs au nord du fleuve, ce couette & café fera bien l'affaire. Face au petit lac Sainte-Marie auquel elle donne accès, cette jolie maison traditionnelle propose 5 chambres simples mais confortables (dont 1 avec sdb privative). 95$, taxes et petit déj. compris. Paiement en espèces. *43, rue Principale* ***Saint-Aimé-des-Lacs*** *(13km à l'ouest de La Malbaie) Tél. 418 439 3730 ou 418 633 5329 www.quebecinformation.com/aufildutemps Ouvert tlj.*

Hôtel-motel Baie-Sainte-Catherine L'endroit ne vous laissera pas un souvenir ému, mais il est fonctionnel, peu onéreux, doté d'un restaurant (viandes et fruits de mer) et d'une billetterie pour les croisières d'observation des baleines. De 100 à 120$ en haute saison. *294, route de la Grande-Alliance* ***Baie-Sainte-Catherine*** *(70km au nord-est de La Malbaie) Tél. 418 237 4271 ou 1 877 444 7247 www.hotelmotelbsc.com Ouvert début mai-mi-oct.*

Café Chez Sam Cette joyeuse bicoque en bois face au Saint-Laurent compte 4 chambres ordinaires, toutes avec salle de bains et jolie vue : 99 ou 109$ (2 d'entre elles peuvent accueillir 4 et 5 pers.), petit déj. inclus. Au rez-de-chaussée, le café avec véranda sert des petits plats régionaux avec légumes du potager et fruits sauvages. *300, rue Leclerc* ***Baie-Sainte-Catherine*** *(70km au nord-est de La Malbaie) Tél. 418 237 4040 ou 418 237 4064 cafechezsam.com*

prix élevés

Maison Victoria Perchée sur les hauteurs de Cap-à-l'Aigle, cette belle maison à galerie toise l'horizon (demandez une chambre avec vue). Elle compte 4 suites (169$) et 5 chambres plus petites (95$) qui se partagent 2 salles de bains. La décoration de style victorien arbore papiers peints à fleurs ou pastel. Compris, le petit déjeuner est royal ! *726, rue Saint-Raphaël (Cap-à-l'Aigle)* ***La Malbaie*** *Tél. 418 665 1022 www.charlevoix.qc.ca/victoria Ouvert juin-mi-oct.*

prix très élevés

Auberge des Eaux-Vives Romantique, et donc touristique, Cap-à-l'Aigle ne manque ni d'auberges ni de gîtes, mais celui-ci est l'un des rares à bénéficier de la proximité de la forêt. À l'étage de cette maison de bois,

3 chambres cosy avec sdb offrent la vue sur le fleuve, la verdure, ou les deux. L'une d'elles a même un jacuzzi. Bon accueil. Le petit déjeuner est servi sur la terrasse quand il fait beau. Comptez 165$ TTC (155$ à partir de 2 nuits). *39, rue de la Grève (Cap-à-l'Aigle)* ***La Malbaie*** *Tél. 418 665 4808 ou 1 888 565 4808 www.aubergedes eauxvives.com*

Fairmont Le Manoir Richelieu Le palace de La Malbaie possède un centre de santé, un centre d'affaires, plusieurs restaurants, un bar-salon de thé, des piscines intérieure et extérieure, un casino, un golf (p.391), des courts de tennis, une patinoire… et 390 chambres et 15 suites bourgeoises. Double à partir de 129$ en basse saison et 179$ en haute saison. *181, rue Richelieu (Cap-à-l'Aigle)* ***La Malbaie*** *Tél. 418 665 3703 ou 1 800 441 1414 (Rés.) www.fairmont.com/fr/richelieu*

MONTMAGNY

Au printemps et à l'automne, des centaines de milliers d'oies des neiges en route pour le Grand Nord ou les régions tempérées du sud des États-Unis se posent brièvement près de cette agréable localité, truffée de maisons patrimoniales, sur la rive droite du Saint-Laurent. Le Festival de l'oie blanche en octobre célèbre à sa manière leur passage. Avis à tous les Nils Holgersson en herbe… Montmagny, c'est aussi une fête de l'accordéon très populaire et des croisières dans l'archipel de l'Isle-aux-Grues.

CHAUDIÈRE-APPALACHES Coincée entre le Saint-Laurent et le Maine (États-Unis), cette région doit son nom à la rivière Chaudière qui, née dans le lac Mégantic, la traverse du sud au nord et aux sommets arrondis des Appalaches qui suivent la frontière américaine. Méconnue de la plupart des touristes européens, Chaudière-Appalaches mérite pourtant qu'on lui consacre quelques jours. Ne manquez pas les jolis villages riverains du Saint-Laurent : Saint-Michel-de-Bellechasse, Saint-Jean-Port-Joli, Saint-Antoine-de-Tilly… et le vieux Lévis, face à Québec, qui offre d'excellents hébergements et un panorama grandiose sur la capitale provinciale. Plus au sud, la rivière Chaudière traverse la Beauce, pôle mondial de la production de sirop d'érable. Les érablières qui tapissent la vallée font le bonheur des photographes pendant l'été indien… et des gourmands le reste de l'année. À l'ouest, un paysage de terrils noirs surgit des forêts et des lacs : bienvenue au pays de l'amiante, dont les mines se visitent en toute sécurité… une activité originale ! Si l'industrie minière connaît des difficultés depuis quelques années, l'exploitation forestière (production de pâte à papier, de bois de chauffage et de construction) reste florissante et l'agriculture performante : Chaudière-Appalaches est la deuxième région agricole du Québec.

MODE D'EMPLOI

accès

EN VOITURE

Montmagny est située sur la rive sud du Saint-Laurent, 83km au nord-est de Québec (routes 440, 73, puis 20). Pour visiter la région tout en jouissant d'un superbe panorama, empruntez la route 132 plutôt que l'autoroute 20. Surnommée la route des Navigateurs, cette voie suit la berge du fleuve jusqu'en Gaspésie. *www.routedesnavigateurs.ca*

EN TRAIN

Via Rail Trois trains/sem., en soirée, entre Québec (terminus de Sainte-Foy) et Montmagny. Comptez 1h10 de trajet. *Tél. 1 888 842 7245 www.viarail.ca*
Gare *4, rue de la Station*

EN CAR

Orléans Express Affrète 2 à 3 cars/j. de Québec à Montmagny (env. 1h30 de trajet). *Tél. 514 395 4000 ou 1 888 999 3977 www.orleansexpress.com*
Arrêt des cars *Station-service Couche-Tard Irving 20, bd Taché Est Tél. 418 248 1850*

EN BATEAU

Liaisons quotidiennes entre Lévis et le Vieux-Québec de 6h à 2h. La traversée dure 10min. Départs toutes les 20 ou 30min de 7h à 18h, toutes les heures au-delà. Comptez 3,55$ aller (réduit 2,40$), voiture 8,35$ incluant le conducteur. Attention, le parking du traversier est payant à Lévis. *Gare fluviale de Lévis 6001, rue Laurier Tél. 418 837 1812 ou 1 877 787 7483 www.traversiers.com*

orientation

La rue Saint-Jean-Baptiste est l'artère principale du Vieux Montmagny. Au nord du bourg, la route 132 prend le nom de boulevard Taché. L'autoroute 20 passe au sud de Montmagny.

accès île aux Grues et Grosse-Île

Croisières Lachance Cette société du groupe AML, basée à Berthier-sur-Mer, propose des tours en bateau avec visite de l'île aux Grues : de début mai à mi-oct., un départ/j. (seulement le week-end en dehors de juil.-août) ; comptez 45$, réduit 25$, avec possibilité de visite guidée de l'île. Des croisières sont aussi organisées vers Grosse-Île de mai à mi-oct. : 1 à 2 départ/j., horaires variables ; comptez 65$, réduit 35$. Prévoyez 6h pour chacune de ces deux excursions. *110, rue de la Marina* ***Berthier-sur-Mer*** *(15km au sud-ouest de Montmagny par la route 132) Tél. 418 259 2140 ou 1 800 563 4643 www.croisieresaml.com*
Traversier Montmagny-île aux Grues Horaires soumis aux marées (présentez-vous 2h avant en haute saison si vous voulez passer en voiture). Durée 30min. *Gare fluviale de Montmagny 45, av. du Quai Tél. 418 248 2379 www.traversiers.com Ouvert avr.-déc. : tlj. Gratuit*
Air Montmagny Desserte aérienne de l'île aux Grues toute l'année. Comptez de 82$ à 110$ l'aller simple pour un avion de 5-6 passagers. Certains jours, des vols à horaire fixe desservent l'île pour un tarif réduit (17,50$/pers.), consultez le site des traversiers pour plus d'information. Pour Grosse-Île, départ à 9h et retour à 13h30 (à partir de 70$/pers. AR incluant le survol de l'archipel et l'accès au site). Uniquement sur réservation. Navette gratuite entre le quai de Montmagny et l'aérodrome. *640, bd Taché Est* ***Montmagny*** *Tél. 418 248 3545 www.airmontmagny.com*

informations touristiques

Bureau d'information touristique de Montmagny et les Îles *45, av. du Quai* ***Montmagny*** *Tél. 418 248 9196 ou 1 800 463 5643 montmagnyetlesiles.com Ouvert mi-juin-début sept. : tlj. 9h-18h ; début sept.-oct. : 8h30-17h ; nov.-mi-juin : lun.-ven. 8h30-12h et 13h-16h30*

Tourisme Chaudière-Appalaches Toutes les informations pratiques sur la région. *800, autoroute Jean-Lesage (autoroute 20, aire de service de Chaudière-Appalaches)* ***Lévis*** *Tél. 418 831 4411 ou 1 888 831 4411 www.chaudiereappalaches.com Ouvert 24 juin-fin août : tlj. 8h-19h ; fin août-23 juin : lun.-sam. 8h30-17h, dim. 10h-16h*

fêtes et manifestations

Festival beauceron de l'érable Coulées de tire, visites de cabanes à sucre, exposition sur l'érable, etc. ***Saint-Georges*** *www.festivalbeauce rondelerable.com un w.-e. en mars ou avril*

Woodstock en Beauce Un grand festival en plein air, qui affiche les noms réputés de la musique québécoise (rock, pop, punk...). La majorité des spectateurs campent sur le site durant les cinq jours de l'évènement. ***Saint-Éphrem-de-Beauce*** *woodstock enbeauce.qc.ca Fin juin-début juil.*

Carrefour mondial de l'accordéon Les plus grands noms internationaux de l'accordéon se retrouvent pendant cinq jours à Montmagny. ***Montmagny*** *www.accordeonmontmagny.com 1er week-end de sept.*

Festival de l'oie blanche Cinq jours de fête lors du passage automnal des oies des neiges : observation des oiseaux, défilés de nuit, concerts en plein air, repas à base d'oie... À ne pas manquer ! ***Montmagny*** *www.festival deloie.qc.ca En oct.*

QUÉBEC ET LE CENTRE

DÉCOUVRIR

Montmagny et ses environs

☆ **Les essentiels** L'île aux Grues et Grosse-Île **Découvrir autrement** Observez le passage des oies des neiges en mai ou en octobre, éclatez-vous au festival Woodstock en Beauce (cf. Mode d'emploi)

Musée de l'Accordéon Diatoniques ou chromatiques, bandonéons, concertinas... Le piano à bretelles sous toutes ses formes. N'est-ce pas lui qui fait de Montmagny l'un des hauts lieux de la musique traditionnelle du Québec depuis plus d'un siècle ? La centaine de beaux accordéons présentée dans le cadre élégant du manoir Couillard-Dupuis (1764) passionnera les amoureux de l'instrument, voire les autres. Disques d'accordéon en vente à la boutique. *301, bd Taché Est* ***Montmagny*** *Tél. 418 248 7927 accordeonmontmagny.com Ouvert 24 juin-début sept. : tlj. 10h-16h ; début sept.-23 juin : lun.-ven. 10h-16h Tarif 8$, réduit 2-7$*

☆ **Île aux Grues** De tout l'archipel de l'Isle-aux-Grues, c'est la seule terre qui soit habitée à l'année. Des fermes laitières y sont exploitées, bien que les vaches soient de moins en moins présentes dans les prés. La riche avifaune de ses marais saumâtres, ou "battures", en fait un rendez-vous des ornithologues... et des chasseurs à la sauvagine. On peut l'explorer en voiture ou à vélo (location au Café aux quatre vents) en y accédant par voie fluviale ou aérienne (p.398), ou encore profiter des croisières guidées proposées au départ de Berthier-sur-Mer (p.398). Possibilité d'hébergement pour un séjour reposant (p.408). Ne quittez pas l'île sans avoir goûté ses fromages, comme le riopelle, dont le nom rappelle que le célèbre peintre et sculpteur québécois Jean-Paul Riopelle vécut là jusqu'à sa mort en 2002. La vie et l'œuvre de cet artiste sont contés au petit **musée** de l'île, qui détient aussi une intéressante collection d'objets relatant l'histoire de l'archipel. **Musée de l'Isle-aux-Grues** *www.museedelisleauxgrues.com Ouvert mi-mai-juin, sept. : tlj. 12h-17h ; juil.-août : 10h-17h Tarif 5$, 12-16 ans 2,50$* **Café aux quatre vents** *126, chemin du Quai* ***Saint-Antoine-de-l'Isle-aux-Grues*** *Tél. 418 248 4644 Location de vélos 15$/j.*

☆ **Grosse-Île** De 1832 à 1937, cette île abrita la station de quarantaine du port de Québec, ce qui en fit la principale porte du Canada pour les immigrants arrivés en bateau : quatre millions d'Européens y transitèrent. En 1847-1848, le typhus fit des milliers de morts parmi les Irlandais qui avaient fui la Grande Famine, un épisode tragique que rappelle la grande croix celtique érigée sur l'île. On visite notamment le bâtiment de désinfection et le cimetière, vestiges émouvants de cette sombre époque. La visite guidée du cœur et de l'est de l'île se fait en train-balade, commentée par des gardiens costumés. Toutes les activités sont incluses dans le prix de la traversée ou du vol (p.398). Emportez un pique-nique. *Accessible en bateau à partir de Berthier-sur-Mer (15km au sud-ouest de Montmagny par la route 132) ou en avion de Montmagny Tél. 418 234 8841 ou 1 888 773 8888 www.pc.gc.ca/grosseile Ouvert mai-mi-juin, début sept.-mi-oct. : mer.-dim. ; fin juin-début sept. : tlj. Tarif AR avec accès en bateau 65$, réduit 35$ Avion à partir de 70$/pers.*

Chaudière-Appalaches

☆ **Les essentiels** Québec vu de Lévis, Saint-Michel-de-Bellechasse, Saint-Jean-Port-Joli, le domaine Joly-de Lotbinière, le parc national de Frontenac **Découvrir autrement** Explorez la Beauce en longeant la rivière Chaudière, creusez le passé minier de Thetford Mines

★ La Côte-du-Sud (au sud de Montmagny)

Lévis Cette jolie ville est postée juste en face de Québec, sur la rive sud du Saint-Laurent. Les petits malins ont tôt fait de prendre le ferry (10min de traversée) pour admirer le Vieux-Québec à bonne distance et, dans le bateau du retour, voir s'approcher le majestueux château Frontenac. On peut toutefois prolonger la halte à Lévis pour découvrir les belles maisons anciennes alignées le long de rues qui dégringolent en escalier jusqu'au fleuve, façon San Francisco, d'autant que l'hébergement est moins onéreux qu'à Québec et la traversée matinale du Saint-Laurent un régal ! *65km au sud-ouest de Montmagny par l'autoroute 20 ou la route 132*
☆ ☺ **Terrasse de Lévis** Inaugurée en 1939 par George VI et sa fille, la future Élisabeth II, cette esplanade qui domine le fleuve permet de bénéficier d'un panorama grandiose sur le Vieux-Québec, son château Frontenac et ses rem-

DESJARDINS, BIENFAITEUR DES MASSES LABORIEUSES
Né à Lévis en 1854, **Gabriel-Alphonse Desjardins** suit des études commerciales puis devient journaliste. Il est sténographe au Parlement quand il entreprend d'améliorer les conditions de vie des ouvriers et des paysans canadiens français en leur permettant d'accéder au crédit et à l'épargne. Après trois ans de recherche et d'étude, il fonde avec son épouse, à Lévis, en 1900, la première caisse d'épargne populaire d'Amérique du Nord. À sa mort, en 1920, on en compte déjà près de 200 au Canada et aux États-Unis. Les Caisses populaires Desjardins figurent aujourd'hui parmi les grandes institutions financières du Québec.

parts illuminés le soir. *Rue William-Tremblay (au sud de l'avenue Bégin, l'artère commerçante de la vieille ville)*

Maison Alphonse-Desjardins Mais quelle est donc l'histoire de ces Caisses populaires Desjardins qui fleurissent partout au Québec ? On trouvera la réponse dans la demeure néogothique de leur fondateur, Alphonse Desjardins (1854-1920), fidèlement restaurée et transformée en petit musée. C'est le 6 décembre 1900 que ce natif de Lévis fonda la première coopérative d'épargne et de crédit populaire québécoise. *6, rue du Mont-Marie Tél. 418 835 2090 www.desjardins.com/maisonalphonsedesjardins Ouvert fin juin-début sept. : tlj. 10h-17h ; reste de l'année : mar.-ven. 10h-12h et 13h-16h30, w.-e. 12h-17h Entrée libre*

Lieu historique national des Forts-de-Lévis Sur les hauteurs de Lévis, une enceinte hexagonale signale le dernier des trois forts bâtis par les Britanniques de 1865 à 1872 pour défendre Québec contre une attaque américaine… qui n'eut jamais lieu. On explore les tunnels, casemates et remparts de ce Fort-Numéro-Un, qui offre une belle vue sur la région. *41, chemin du Gouvernement Tél. 418 835 5182 ou 1 888 773 8888 www.pc.gc.ca/levis Ouvert fin juin-début sept. : tlj. 10h-17h ; début sept.-début oct. : w.-e. 10h-17h Tarif 3,90$, réduit 1,90$, familles 9,80$*

Beaumont Un village bien conservé le long du Saint-Laurent, avec ses maisons d'inspiration française, ses chapelles et son église Saint-Étienne (1733). En 1759, le colonel britannique Robert Monckton s'empara du village et occupa l'église, puis tenta d'y mettre le feu avant de rejoindre Pointe-Lévy pour préparer son attaque de Québec le 31 juillet. C'est sur le portail de l'édifice que fut placardée la proclamation du général Wolfe décrétant la chute de la Nouvelle-France. La bibliothèque municipale (le "Vieux Presbytère", à côté) conserve une reproduction du document. *43km au sud-ouest de Montmagny par la 132*

Moulin de Beaumont Dressé à la sortie orientale de Beaumont, ce moulin à eau (1822) campé sur un joli site est l'un des plus remarquables de la vallée. Ses trois étages et son grenier se visitent. Au café-boulangerie attenant, on peut acheter de la farine de blé moulu sur place, du pain, des muffins, et manger un morceau tout en profitant d'une belle vue sur le fleuve. *2, route du Fleuve (route 132, 7km au nord-est de Beaumont) Tél. 418 833 1867 www.moulindebeaumont.ca Ouvert 24 juin-mi-oct. : mer.-dim. 10h-16h30 Tarif 8$, réduit 4$*

☆☺ **Saint-Michel-de-Bellechasse** L'un des villages les plus élégants de la Côte-du-Sud. Ses maisons blanches tournées vers l'île d'Orléans rivalisent de galeries ornementées, de toits à larmiers et de jardins cossus. Une belle unité architecturale que l'on admirera le long des rues Principale et Saint-Joseph. Remarquez, à côté de l'église, les volets sculptés de fleurs de lis et de feuilles d'érable du presbytère. *34km au sud-ouest de Montmagny par la route 132 ou la 20 et 30km au nord-est de Lévis*

Où se gaver de glace et de chocolat ?

☺ **Chocolats favoris** Vous ne manquerez pas d'être intrigué par la traditionnelle file d'attente patientant devant cette maison historique. Un véritable royaume des gourmands se trouve à l'intérieur ! Des chocolats, bien sûr, mais surtout de délicieuses crèmes glacées (une quinzaine de saveurs, en plus des crèmes molles à l'italienne), que l'on peut enrober de chocolat (noir, blanc, au lait, aromatisé au *dulce de leche*, à l'érable...) pour en faire une véritable douceur décadente (mais succulente). Comptez 5$ la glace. *32, av. Bégin, dans le* ***Vieux Lévis*** *Tél. 418 833 2287 www.chocolatsfavoris.com Ouvert tlj. 10h-23h*

Où s'embriocher ?

Les Deux Briochés Pour une pause-café ou pour s'approvisionner en pains et viennoiseries à grignoter sur la route, entrez dans cette belle maison typique de Saint-Michel-de-Bellechasse, entourée d'une galerie charmante. À l'intérieur, les bonnes odeurs auront tôt fait de vous mettre en appétit : brioches sucrées ou salées, chocolatines décadentes, kouglof, kouign-amann, *focaccia*... Tout est fait maison, pur beurre et biologique. *37, rue Principale* ***Saint-Michel-de-Bellechasse*** *Tél. 418 804 0666 Page Facebook Ouvert mer.-dim. 7h-17h*

★ La Côte-du-Sud (au nord de Montmagny)

☺ **Musée maritime du Québec** L'agréable musée campé au bord du Saint-Laurent consacre des expositions thématiques, modernes et didactiques à ce majestueux cours d'eau – l'un des fleuves navigables les plus dangereux au monde. On fait la connaissance du capitaine Joseph-Elzéar Bernier (1852-1934), natif de L'Islet, qui participa à la reconquête de l'Arctique pour le Canada. On visite aussi la chambre des maquettes, où sont exposés plus de 200 modèles réduits, l'exposition "Racines de mer" qui aborde la relation au fleuve, et la jolie collection de barques et de canots dans la chalouperie. Dans le parc libre d'accès remarquez l'ancre de l'*Empress of Ireland*, un paquebot dont le naufrage dans l'estuaire du fleuve, en 1914, fit un millier de victimes. Dehors vous attendent également le brise-glace *Ernest-Lapointe* et l'hydroptère *Bras-d'Or-400*, chasseur de sous-marins muni de curieuses ailes porteuses sous la coque (enregistrez-vous à l'accueil pour ces deux visites guidées). Nombreuses animations culturelles et familiales. Boutique et café. *55, chemin des Pionniers Est* ***L'Islet-sur-Mer*** *(23km au nord-est de Montmagny par la route 132) Tél. 418 247 5001 www.mmq.qc.ca Ouvert 24 juin-début sept. : tlj. 9h-18h ; début juin-23 juin : tlj. 10h-17h ; début sept.-fin nov., mars-mai : mer.-dim. 10h-16h Tarif 12$, réduit 8-10$, moins de 6 ans gratuit*

☆ **Saint-Jean-Port-Joli** Ce village huppé riverain du Saint-Laurent se targue d'être la capitale de l'artisanat québécois. En commençant à produire des figurines et de menus objets en bois pour les touristes vers 1930, Médard Bourgault fonda une véritable dynastie de sculpteurs, et l'on ne compte plus les galeries

LES PREMIERS SCULPTEURS DE SAINT-JEAN-PORT-JOLI
Médard Bourgault (1897-1967) est marin pendant plusieurs années avant d'entrer dans l'atelier paternel de menuiserie, à Saint-Jean-Port-Joli. En 1928, il se lance dans la sculpture sur bois. Comme ses œuvres profanes ou religieuses rencontrent un succès croissant, il initie ses deux frères, Jean-Julien et André, à son art au début des années 1930. Bientôt, les Bourgault ouvriront une école, faisant de Saint-Jean-Port-Joli un centre incontournable de la sculpture sur bois.

d'art et les magasins d'antiquités le long de la route 132. Rappelons que le dernier seigneur des lieux, Philippe Aubert de Gaspé (1786-1871), publia en 1863 *Les Anciens Canadiens*, un roman de mœurs qui relate la vie seigneuriale à l'époque de la conquête britannique. Saint-Jean-Port-Joli a d'autres atouts : une petite marina, d'excellents gîtes et des érablières ouvertes à la visite. *36km au nord-est de Montmagny par la 20 ou la 132*

Bureau d'information touristique Pourra vous renseigner aussi sur les ateliers créatifs (de quelques heures à plusieurs jours) pour apprendre la boulange, la cuisine saine, la lutherie ou encore la sculpture sur bois, bien sûr ! *20, av. de Gaspé Tél. 418 598 3747 ou 1 800 278 3555 www.saintjeanportjoli.com Ouvert juil.-août : tlj. 10h-20h ; mai-juin, sept.-oct. Horaire variable*

Église Saint-Jean-Baptiste Édifiée en 1779, elle est reconnaissable à son toit vermillon coiffé de deux clochers. Entrez admirer sa voûte à caissons ornée de 4 500 rosaces dorées et son tabernacle en bois sculpté et doré à la feuille (1740) qui trône au-dessus de l'autel. L'édifice renferme aussi plusieurs sculptures d'artistes locaux. En été, exposition dans la sacristie d'une crèche dont les figurines en bois ont été sculptées par des artisans locaux (3$). *1, pl. de l'Église Tél. 418 598 3023 www.eglisesaint-jean-port-joli.com Ouvert fin juin-fin août : tlj. 12h-17h (sinon, pendant les offices)*

Musée des Anciens Canadiens Il est consacré à la sculpture sur bois, activité lancée à Saint-Jean-Port-Joli par les trois frères Bourgault dans les années 1930. Plus de 250 œuvres sont rassemblées sur ses deux étages, dont quelques belles pièces taillées dans un seul billot, telle *Près de l'étang*, de Pier Cloutier. On reconnaîtra également les statues grandeur nature de Félix Leclerc, René Lévesque et… Harry Potter. Démonstrations de sculpture. Visite guidée (ou demandez le livret de visite). Boutique de souvenirs en bois et d'œuvres d'artistes québécois. Juste à côté, la **maison Médard-Bourgault**, dont les murs et les meubles sont entièrement sculptés, retrace la vie et l'œuvre de l'artiste. *332, av. de Gaspé Ouest (132) Tél. 418 598 3392 www.museedesancienscanadiens.com Ouvert début mai-23 juin, début sept.-mi-oct. : tlj. 9h-17h30 ; 24 juin-début sept. : 8h30-20h Tarif 8$, réduit 4-7$, familles 20$*

Maison Médard-Bourgault *322, av. de Gaspé Ouest Tél. 418 598 3880 medardbourgault.org Ouvert fin juin-début sept. : tlj. 10h-17h Tarif 7$*

Musée de la Mémoire vivante Situé à l'intérieur de la reconstitution du manoir seigneurial de l'écrivain Philippe Aubert de Gaspé (1786-1871), ce musée pas comme les autres s'est donné pour mission de récolter des centaines de témoignages de Québécois pour mieux comprendre leur histoire récente, qu'ils aient vécu des moments clés de l'évolution du Québec ou qu'ils souhaitent simplement confier leurs anecdotes du quotidien. À travers un parcours que chacun se crée sur mesure, des enregistrements sonores, des photographies et des objets de tous les jours retracent un portrait intime du Québec du XXe siècle. Ce musée participatif possède aussi un joli jardin et un promontoire offrant une vue unique sur le Saint-Laurent (après avoir gravi 137 marches !). Un sentier balisé mène aux berges du fleuve. *710, av. De Gaspé Ouest Tél. 418 358 0518 www.memoirevivante.org Ouvert 24 juin-début sept. : tlj. 9h-18h ; début sept.-mi-oct., fin mai-23 juin : tlj. 10h-17h ; reste de l'année : lun.-ven. 10h-17h Tarif 8$, réduit 4-7$*

☺ **Seigneurie des Aulnaies** Concédée en 1656 aux Dionne, c'est l'une des plus anciennes seigneuries de la Côte-du-Sud. Transformé en centre d'interprétation du régime seigneurial, le domaine se déploie autour du manoir dessiné par Charles Baillairgé en 1853, avec sa belle véranda à lambrequins. Des guides en costume font visiter la maison, mais on peut préférer se balader dans le parc planté de nombreuses essences et sillonné de jolis cours d'eau. L'imposant moulin (1842) qui marque l'entrée de la seigneurie possède la plus grande roue à godets du Québec et produit encore de la farine, en vente à la boutique qui propose aussi de nombreux articles d'artisanat local. Terminez votre visite par le **café-boulangerie** accolé au moulin, qui réalise de bons pains (excellente baguette) et viennoiseries, et propose des sandwichs et galettes à savourer sur sa terrasse abritée. Fête du pain début septembre. *525, route de la Seigneurie (route 132)* ***Saint-Roch-des-Aulnaies*** *(53km au nord-est de Montmagny par la 20 ou la 132 et 16km au nord-est de Saint-Jean-Port-Joli) Tél. 418 354 2800 ou 1 877 354 2800 www.laseigneuriedesaulnaies.qc.ca Ouvert début juin-début sept. : tlj. 9h30-18h ; début sept.-mi-oct. : w.-e. 9h30-17h Tarif 12,50$, réduit 11,50$, familles 32$, moins de 12 ans gratuit Visite des jardins 5,75$* **Du pain... c'est tout !** *525, route de la Seigneurie Page Facebook Ouvert juin-sept. : tlj. 7h30-18h ; reste de l'année : jeu.-dim. 7h30-18h*

Où goûter et acheter des produits de l'érable ?

☺ **Érablière Bois-Joli** Cette petite érablière proche du Saint-Laurent vous réserve une passionnante visite guidée de 45min à 1h (5$). Après avoir tout compris de la collecte de l'eau d'érable qui donne le fameux sirop au printemps, place à la dégustation dans une authentique cabane à sucre ! Et tous les produits maison (sirop, beurre, moutarde, vinaigre, etc.) à la boutique. *896, rte de l'Église* ***Saint-Jean-Port-Joli*** *(5km au sud-est du centre Prendre la 204 dir. Saint-Aubert et passer au-dessus de l'autoroute) Tél. 418 598 6686 www.erabliereboisjoli.com Ouvert mars-fin oct. : tlj. 10h-17h*

Où acheter une maquette de bateau ?

Bateaux miniatures Luc Leclerc Cet atelier familial fabrique des bateaux miniatures depuis 1927. L'occasion de voir travailler Luc, petit-fils d'Eugène Leclerc, une figure marquante de la sculpture sur bois à Saint-Jean-Port-Joli. Vous repartirez peut-être avec un galion sous les bras (à partir de 100$) ? *396, av. de Gaspé Ouest* ***Saint-Jean-Port-Joli*** *Tél. 418 598 9519 bateauxminiatureslucleclerc.wordpress.com Ouvert tlj. 8h-17h*

Où faire le plein d'artisanat et d'aliments du terroir ?

☺ **Le Moule à sucre** Un arrêt qui fait du bien aux yeux, au corps et au ventre ! Dans une superbe vieille grange restaurée, cette boutique se compose d'un étage consacré à l'artisanat, présentant les créations d'une soixantaine d'artistes québécois (bijoux, mode, déco), d'un autre dédié au terroir (produits fins, bonbons) et d'un espace bien-être où la majorité des produits (tisanes, huiles essentielles...) sont fabriqués avec les plantes médicinales poussant dans le jardin de la propriété. Celui-ci se visite (7$/adulte) et se révèle un endroit bien agréable pour pique-niquer (un panier garni est d'ailleurs proposé à la boutique). *248, av. de Gaspé Est* ***Saint-Jean-Port-Joli*** *(route 132, 2km au nord du village) Tél. 418 598 7828 www.lemouleasucre.com Ouvert début mai-mi-oct., déc. : tlj. 9h-18h*

Où boire une bière avec vue sur le fleuve ?

Pub Ras L'Bock Confortablement installé sur une terrasse surplombant la marina de Saint-Jean-Port-Joli, savourez l'une des créations de cette microbrasserie locale. Une dizaine de bières sont proposées à la pression, dont la Coup d'Poignard (blonde belge à 9,4°) et la Bitumineuse (une *stout* particulièrement crémeuse). La salle moderne et garnie de jolies boiseries s'anime régulièrement de petits concerts. Pour manger, descendez au Bistro à l'étage en-dessous, ou retournez dans le bourg. *250, rue du Quai* ***Saint-Jean-Port-Joli*** *Tél. 418 358 0886 www.raslbock.com Ouvert tlj. 12h-3h*

Autour de Lotbinière

Lotbinière Un joli village où prolonger la flânerie... Autour de son église Saint-Louis s'élèvent de belles maisons, parfois bâties en pierre du pays, et dont d'opulents massifs d'hortensias soulignent les galeries couvertes. *129km au sud-ouest de Montmagny et 61km au sud de Lévis par la route 132*

Église Saint-Louis Dessinée par François Baillairgé et érigée de 1818 à 1888, elle présente un intéressant intérieur polychrome décoré par plusieurs artistes, notamment Thomas Baillairgé, fils de son architecte. Entre les deux clochers trône une imposante statue de bois de saint Louis (1888). Jetez un coup d'œil au presbytère et au couvent attenants. *7510, rue Marie-Victorin Tél. 418 796 2044 Ouvert sur demande au presbytère*

Moulin du Portage Une belle route forestière mène à ce moulin seigneurial en pierre, construit en 1816 au bord d'une rivière encaissée. L'exposition de photos anciennes retrace l'histoire du moulin, mais c'est surtout son cadre champêtre qui mérite le détour. On peut pique-niquer en terrasse, sous les érables et les tilleuls, et se promener sur les sentiers qui longent la rivière jusqu'à Leclercville. La salle de spectacle du moulin accueille une intéressante programmation (concerts, humour, cinéma) tout au long de l'été. *6km au sud de Lotbinière (indiqué sur la route 132) Tél. 418 796 3134 www.moulinduportage.com Ouvert mi-juin-mi-août : tlj. 10h-17h Parc ouvert en tout temps Entrée libre*

☆ **Domaine Joly-de Lotbinière** Cette splendide propriété de 150ha est l'œuvre de Pierre-Gustave Joly et de Julie-Christine Chartier de Lotbinière – leur fils Henri-Gustave fut Premier ministre du Québec en 1878-1879, puis ministre du gouvernement fédéral. Aménagé dans l'esprit romantique, le parc est l'un des plus beaux de la province, voire d'Amérique du Nord. Le public vient souvent passer la journée au bord du fleuve ou parmi les noyers noirs, les pins d'Écosse et les chênes rouges centenaires de son sous-bois. Édifié en 1851, le manoir recèle un salon fastueux et d'autres pièces bien conservées.

L'été sont proposées des activités (sorties ornithologiques, symposiums de peinture et de sculpture, démonstrations de dentellerie, etc.), et des concerts de musique classique sont donnés le dimanche matin (mi-juil.–fin août, sur rés.). On peut casser la croûte au Noyer noir, café avec terrasse ouvert tlj. en été (11h-16h). *7015, route de Pointe-Platon* ***Sainte-Croix*** *(8km à l'est de Lotbinière) Tél. 418 926 2462 www.domainejoly.com Ouvert fin mai-fin sept. : tlj. 10h-17h (de mi-mai à mi-juin, le manoir n'est pas ouvert à la visite) Tarif 16$, réduit 1-15$*

Saint-Antoine-de-Tilly Classé à juste titre parmi les plus beaux villages du Québec, Saint-Antoine-de-Tilly égrène ses élégantes demeures colorées le long d'allées ombragées, au bord du Saint-Laurent. L'église paroissiale consacrée en 1788 est classée. Son intérieur fut entièrement décoré en 1837 par André Paquet, élève de Thomas Baillairgé. La façade date de 1902. Longez le cimetière puis descendez la côte de l'église pour une jolie promenade vers le fleuve. *14km à l'est de Sainte-Croix*

La vallée de la Chaudière

Parc des Chutes-de-la-Chaudière Ce joli parc forestier est aménagé autour de l'impressionnante cascade (35m) que la Chaudière dévale avant de se jeter dans le Saint-Laurent. La rivière tire d'ailleurs son nom des embruns qui montent des chutes, telle la vapeur d'une chaudière en ébullition. Le spectacle est encore plus majestueux au printemps en période de crue… Plusieurs sentiers pédestres et pistes cyclables contournent les chutes, et une passerelle métallique offre une vue plongeante sur la rivière. Le potentiel hydraulique de la cascade est exploité depuis le début du XXe siècle, mais le barrage actuel ne date que de 1999. *15km au sud-ouest de Lévis par l'autoroute 73, sortie 310 (entrée à Charny) www.tourismelevis.com Ouvert mai-oct. Entrée libre*

Sainte-Marie Siège d'une des premières seigneuries de Beauce, concédée en 1736, Sainte-Marie offre aujourd'hui le visage assez banal d'un centre industriel d'environ 13 000 habitants. Quelques demeures du XIXe siècle transformées en musées s'efforcent de lui donner un cachet : la maison Dupuis, qui évoque les débuts de l'aviation civile, la maison Vachon, berceau de petits gâteaux bien connus au Québec, la maison Pierre-Lacroix et ses ateliers de démonstration des métiers d'autrefois, et le manoir Taschereau, témoin de l'époque seigneuriale en Beauce. Une carte de ce circuit patrimonial est disponible aux offices de tourisme et sur leur site Internet. En saison, un petit train effectue ce parcours en 1h (8$, informations et départ de l'OT, maison Vachon). **Tourisme Sainte-Marie** *Maison Vachon 383, av. Rose-Anna-Giroux Tél. 418 387 3233 ou 1 866 389 3233 tourisme-sainte-marie.ca* **Bureau d'information touristique de la Nouvelle-Beauce** *901, bd Vachon Nord Tél. 418 386 4499 www.destinationbeauce.com Ouvert fin juin-mi-août : tlj. 9h-18h ; mi-août-début sept. : tlj. 9h-17h ; début sept.-début oct. : sam.-dim. 9h-17h*

Saint-Joseph-de-Beauce Ce village baigné par la Chaudière abrite l'un des plus remarquables ensembles institutionnels du Québec. L'église néo-classique, le presbytère néo-Renaissance (de la taille d'un palais épiscopal !), le couvent Second Empire, l'école et l'orphelinat ont tous été construits au début du XXe siècle, dans un tout petit périmètre. *65km au sud-est de Lévis par l'autoroute 20 puis la 73*

Musée Marius-Barbeau L'ancien couvent du village abrite l'unique musée dédié à l'histoire de la Beauce québécoise. La visite animée par des guides passionnés brosse un portrait complet de cette région mal connue : son artisanat, sa vocation aurifère, son activité acéricole, son ancrage religieux, ses contes et légendes, etc. Les nombreux objets présentés (notez la *Vierge à l'érable*) prennent ainsi toute leur dimension. Exposition d'art à l'étage. Procurez-vous le dépliant vendu à l'accueil pour partir à la découverte du patrimoine bâti du village. *139, rue Sainte-Christine (2e étage) Tél. 418 397 4039 www.museemariusbarbeau.com Ouvert fin mai-début sept. : lun.-ven. 9h-17h, w.-e. 10h-17h ; sept.-oct. : mar.-ven. 10h-12h et 13h-16h30, w.-e. 12h-16h ; nov.-fin mai : mar.-ven. 10h-12h et 13h-16h, dim. 12h-16h Tarif 8,50$, réduit 5,50-7,50$, familles 22$*

Saint-Georges Si vous traversez cette localité, ne manquez pas de visiter l'église paroissiale (1902), trésor d'art sacré du Québec. Admirez l'intérieur : les harmonieuses arches et arcades de la nef, les sculptures cousues de feuilles d'or, les peintures d'artistes européens, le lustre en cristal de Bohême, le ciborium (baldaquin sculpté) et le maître-autel doré à la feuille… *32km au sud-est de Saint-Joseph-de-Beauce* ***Église Saint-Georges*** *1890, 1re Avenue Tél. 418 228 2558 Visites guidées mi-juin-fin août : lun.-ven. 9h-12h, 13h-16h Donation appréciée*

Le "Pays des mines et des lacs"

Thetford Mines Entourée d'imposants terrils, cette ville minière naquit en 1876 de la découverte d'un gisement de chrysotile, une variété de fibres d'amiante. Elle est devenue la capitale de la région Amiante, rebaptisée "Pays des mines et des lacs" pour améliorer son image. La ville n'a aucun charme, mais ne constitue aucun danger pour la santé de ses visiteurs ! Le belvédère qui borde la route 112, passé Black Lake, en direction de Coleraine, offre un impressionnant point de vue sur la mine à ciel ouvert de Black Lake. Il a fallu vidanger un lac de 2,4km² pour forer son puits de 2,7km de diamètre et 354m de profondeur – soit quatre ans de travail pour aspirer toute la boue du lac et la déposer dans une vallée voisine ! *90km au sud de Lévis par la 20 et la 269* ***Tourisme Région de Thetford*** *2600, bd Frontenac Ouest (route 112) Tél. 418 423 3333 ou 1 877 335 7141 www.tourismeregionthetford.com Ouvert fin juin-début sept. : tlj. 8h30-17h ; début sept.-mi-oct. : tlj. 9h-16h ; fin oct.-fin juin : lun.-ven. 8h30-16h30*

Musée minéralogique et minier Ce musée s'intéresse à la géologie des Appalaches, chaîne montagneuse âgée de près de 400 millions d'années. L'exposition permanente "Mémoires de pierre" aborde la vie locale, intimement liée à l'amiante. L'histoire des mines d'amiante de la région est bien sûr illustrée, de la "ruée vers l'or blanc" à la grande grève de 1975 (on s'inquiétait déjà du danger que la poussière d'amiante pouvait présenter pour la santé), en passant par le pénible travail des "gobeuses" dans les années 1950. Le tout sur fond de gigantesques photographies recouvrant les murs tout entiers. La section minéralogique dévoile une belle collection d'obsidiennes, d'agates, d'améthystes, etc. *711, bd Frontenac Ouest Tél. 418 335 2123 www.museemineralogique.com Ouvert juil.-début sept. : tlj. 10h-17h ; début sept.-fin juin : lun.-ven. 9h30-16h30, sam.-dim. 13h-17h Tarif 9,75$, réduit 5,25$, familles 26$*

☆ **Parc national de Frontenac** Qui ne voudrait pas d'une cabane au bord du lac de ce joli parc ? Beaucoup ont succombé à la tentation et le lac Saint-François est aujourd'hui cerné de belles résidences secondaires. Le domaine protégé, qui s'étend de part et d'autre du majestueux plan d'eau, est divisé en deux secteurs, chacun ayant son entrée : le secteur Saint-Daniel abrite une belle tourbière, et sa baie aux Rats-musqués est propice à la baignade, au kayak et au canotage. Le secteur Sud, moins fréquenté et parsemé de petits lacs, est idéal pour la pratique du kayak (baie Sauvage), de la randonnée et du canot-camping. La balade de l'Érablière vous conduira à un authentique barrage de castors ! Location de kayaks à l'Escale (secteur sud) et à la capitainerie (secteur Saint-Daniel). Nombreux sites de camping et de canot-camping, possibilité de louer des chalets et des tentes en prêt-à-camper. Comme dans tous les parcs, maintes activités sont proposées en saison : randonnées guidées, conférences-débats, etc. *599, chemin des Roy* ***Sainte-Praxède*** *(146km au sud de Lévis par la 20, la 73, la 112 puis la 269) Tél. 418 486 2300 ou 1 800 665 6527 parcsquebec.com/frontenac Ouvert toute l'année (accueil ouvert mi-mai-mi-oct.) Droit d'accès 8,50$, gratuit pour les moins de 18 ans*

CARNET D'ADRESSES

Restauration, hébergement

À l'occasion du Carrefour mondial de l'accordéon, début septembre, les hôtels de Montmagny affichent complet longtemps d'avance.

prix moyens

Chez Octave Une auberge de charme, en plein cœur du Vieux Montmagny, aménagée dans une maison patrimoniale construite en 1847. Les 7 chambres, à la décoration campagnarde de bon goût, ont gardé leur cachet ancien (mur de pierre, poutres apparentes). Elles sont toutes différentes, mais celles situées au dernier étage peuvent devenir étouffantes en été (pas de clim). Certaines avec mezzanine peuvent accueillir 4 personnes. Comptez 80-100$ en basse saison et 90-120$ de juin à sept. Au rez-de-chaussée, le sympathique bistro (tartares, moules, hamburgers... plats 15-35$) avec sa vaste terrasse, est l'endroit parfait pour manger ou boire un verre. *100, rue Saint-Jean-Baptiste Est* ***Montmagny*** *Tél. 418 248 3373 www.chezoctave.com*

Sur l'île aux Grues

Réservez à l'avance si vous comptez séjourner sur l'île car sa capacité hôtelière est restreinte. Un petit camping municipal (rustique, 20$/tente, pas de réservation) accueille les visiteurs de mai à septembre.

prix moyens

Auberge des Dunes Située dans le sud de l'île, face au fleuve, cette établissement au charme champêtre est un véritable havre de paix. Les

9 chambres (doubles 101-117$) sont simples mais offrent un bon confort et profitent d'une grande salle commune, avec cuisine à disposition. Le clou de cette adresse est le Bateau ivre, un ancien remorqueur échoué à deux pas de l'auberge depuis 1968. Emblématique du village, c'est le lieu de rassemblement préféré des insulaires qui aiment y célébrer mariages et autres occasions festives. C'est dans cette grande coque rouge que s'effectue l'accueil et que sont servis les petits déjeuners inclus dans le tarif. Vélos à disposition. Notez que le Bateau ivre ne sert des repas qu'aux groupes, sur réservation. *118, chemin de la Basse-Ville* ***Isle-aux-Grues*** *Tél. 418 248 0129 www.auberge-desdunes.com Ouvert mai-début nov.*

Maisons du Grand Héron Une auberge intime tout près du quai du traversier, avec 4 petites chambres qui côtoient une salle à manger chaleureuse. Un peu plus avant, à l'orée d'une forêt d'érables, face au fleuve, de splendides yourtes et tipis modernes (avec fenêtres et mezzanine) permettent d'oublier le temps qui passe. De 100 à 150 $ la nuit pour 2 pers., copieux petit déjeuner compris. Repas du soir en option, recommandé pour les amateurs de produits locaux : esturgeon noir, veau fermier, pains ou encore fromages du coin (réservation nécessaire si vous ne séjournez pas à l'auberge). Vélo à disposition pour parcourir l'île et petite épicerie de produits locaux. *199, chemin du Rivage* ***Isle-aux-Grues*** *Tél. 418 248 9679 www.maisonsdugrandheron.com*

Sur la Côte-du-Sud

Rappelons que Saint-Jean-Port-Joli est localisé 36km au nord-est de Montmagny par la 20 ou la 132 et Lévis 65km au sud-ouest, face à Québec.

très petits prix

La Babine gourmande Bien plus qu'une simple pause casse-croûte, cette baraque sur le bord de la route offre une expérience gourmande haut de gamme. Ici, la poutine est au canard confit et à la sauce au vin rouge, les hamburgers sont faits avec du bœuf bio québécois, les légumes des salades poussent dans le jardin du chef, et les desserts maison sont irrésistibles. On dévore le tout dans la petite salle ou sur les tables extérieures, pour environ 10-15$ par personne. Une adresse pour se réconcilier avec la "malbouffe" ! *99, route 132 Ouest* ***Saint-Michel-de-Bellechasse*** *Tél. 418 884 2022 www.lababinegourmande.com Ouvert fin juin-mi-août : tlj. 11h-20h ; mi-avr.-mi-juin, sept.-mi-oct. : tlj. 11h-19h*

petits prix

La Libellule Un rendez-vous convivial au cœur du village, où tout le monde se retrouve le temps d'un café, d'un bon petit déjeuner ou d'un repas à toute heure de la journée, dans la salle au design moderne ou sur la terrasse face à l'église. Au menu, des plats simples mais savoureux. Le pain pita est aussi bien servi en sandwich qu'en pizza. Soupes, salades, pâté (tourte) à la viande et pouding à l'érable... Tout est bon et fait maison. Apportez votre bière ou votre vin. Comptez 15-20$ le repas. *17, place de l'Église* ***Saint-Jean-Port-Joli*** *Tél. 418 598 9644 www.restaurantlibellule.com Ouvert début mai-fin oct. : tlj. 7h30-21h*

La Boustifaille Voisine du théâtre d'été La Roche à Veillon, cette table rustique est réputée pour sa cuisine 100% québécoise : cipaille, tourtières, fèves au lard, cretons, chiard blanc (une spécialité locale à base de lard salé et pomme de terre)... Des plats de grand-mère, même si les habitués déplorent une légère aseptisation au fil des ans. Table d'hôtes 15-27$. Sert également des petits déjeuners. Boutique de produits du terroir et spectacle tous les soirs d'été à La Roche à Veillon. *547, av. Gaspé Est* ***Saint-Jean-Port-Joli*** *Tél. 418 598 3061 www.rocheaveillon.com Ouvert début juin-début oct. : tlj. 8h-21h ; début mai-début juin : jeu.-dim. 8h-21h*

La Coureuse des grèves Il fait bon s'attabler au chaud, dans ce restaurant cosy de Saint-Jean-Port-Joli. Les toiles accrochées aux murs sont renouvelées tous les mois. Sur un fond musical, on picore une cuisine simple, mais variée (pâtes fraîches, croque-monsieur, salades, plats de bistrot) et de bons petits déjeuners (3-17$). Comptez 12-28$ à midi et 25-45$ le soir. Terrasse, bar à l'étage. La légende locale de la "coureuse des grèves" est expliquée dans le menu... *300, route de l'Église* ***Saint-Jean-Port-Joli*** *Tél. 418 598 9111 www.coureusedes greves.com Ouvert tlj. 8h-22h*

☺ **Gîtedododart** Un gîte un peu fou dans un cadre qui ne l'est pas moins... Le peintre et sculpteur Daniel Hamelin vous accueille dans sa vaste maison rose bonbon, surmontée d'un dôme. Son gîte, avec cuisine, deux chambres, sdb commune, séjour et vue imprenable sur le Saint-Laurent qui coule au bas de la propriété, est décoré de meubles délirants et de ses œuvres aux couleurs éclatantes et enfantines. Un antidote à la morosité, d'autant que l'ensemble est de bon goût. N'oubliez pas de flâner dans le "jardin fou", où des vélomoteurs sont accrochés aux branches des arbres. Un endroit surprenant et diablement rafraîchissant ! Comptez 70-90$ pour deux sans le petit déjeuner. Espèces seulement. *1186, rue de la Seigneurie* ***Saint-Roch-des-Aulnaies*** *(53km au nord-est de Montmagny par la 20 ou la 132) Tél. 418 354 2856 Ouvert toute l'année*

prix moyens

☺ **L'Intimiste** Si la cuisine fusion tendance gastronomique vous tente, cette adresse est pour vous ! Dégustez une escalope de foie gras poêlée avec son gâteau de pomme de terre à la lavande, une poitrine de canard au miel épicé, ou encore une flambée de pétoncles et crevettes au pastis, dans une salle aussi design que les assiettes. La musique jazz ajoute une touche smart au lieu. L'été la terrasse est très prisée. Service professionnel et bonne carte des vins. Une adresse chaleureusement recommandée. Comptez 15-25$ à midi et le double le soir. Et pour le dessert, traversez la rue pour vous régaler d'une glace chez Chocolats favoris (p.402). *35, av. Bégin, dans le* ***Vieux Lévis*** *Tél. 418 838 2711 www.lintimiste.ca Ouvert lun. 11h-14h, mar.-ven. 11h-14h et 17h-22h, w.-e. 17h-22h*

☺ **Gîte Au vieux bahut** Tout est fait pour qu'on se sente chez soi dans ce B&B douillet du Vieux-Lévis ! Les 4 chambres à thème (dont 2 avec sdb), inspirées de voyages à l'étranger, apportent une touche exotique dépaysante. Le confort est excellent (lits douillets, clim.), les chambres ont leur entrée particulière, et toutes les pièces communes sont à disposition des hôtes, tout comme le petit jardin à l'arrière. Quant aux propriétaires, France et Yvon, ce sont des modèles de gentillesse. Que demander de plus ? Comptez 115-125$ avec le petit déjeuner (5 plats !). Le stationnement est gratuit et des vélos sont à disposition. *116, côte du Passage* ***Lévis*** *Tél. 418 835 9388 www.gitescanada.com/auvieuxbahut*

☺ **Au boisé joli** Cette maison de 1785 est l'une des bonnes adresses de Saint-Jean-Port-Joli. L'accueil affable du propriétaire français y est pour beaucoup, tout comme le charme des 5 chambres, situées à l'étage, avec 4 sdb à partager. Parquet grinçant, papier peint à fleurs et meubles anciens confèrent au lieu un cachet désuet irrésistible. Le petit déjeuner plantureux et original (plats décorés de fleurs comestibles du jardin), ravit les convives, qui profitent du pain et des délicieuses confitures maison, ou le soir du piano à queue du salon. Comptez 80-100$ avec le petit déjeuner. Au fond du jardin, un sentier mène jusqu'au fleuve. Une terrasse domine les flots qui semblent s'embraser au coucher du soleil. *41, av. de Gaspé Est* ***Saint-Jean-Port-Joli*** *(100m à l'est de l'église) Tél. 418 598 6774 www.auboisejoli.com Ouvert mai-fin oct.*

☺ **La Maison de L'Ermitage** Tout droit sortie d'un conte de fée, cette impressionnante demeure au toit rouge, entourée d'une galerie, fut bâtie en 1805 pour un riche cultivateur. Aujourd'hui, un aimable couple d'Abitibi vous reçoit cordialement. Les 5 chambres (85-125$) ne manquent pas d'attraits, avec leurs murs lambrissés et leur déco champêtre. Préférez celles avec vue sur le fleuve, qui coule au fond du jardin, où gambadent des alpagas (des articles confectionnés avec leur laine sont vendus sur place). Savoureux petit déjeuner maison (œufs frais du poulailler). Un bon rapport qualité-prix, ouvert toute l'année. *56, rue de l'Ermitage* ***Saint-Jean-Port-Joli*** *Tél. 418 598 7553 www.maisonermitage.com*

prix élevés

La Belle Époque Ce B&B vous invite à remonter le temps. La maison du XIXe siècle a conservé toute son âme : tapisserie à l'ancienne, parquet d'origine, montants de lits en laiton... Seuls les sanitaires sont dernier cri. Dix chambres avec sdb, dont 2 peuvent accueillir 4 personnes. Avis aux romantiques : la Céleste est pourvue d'un lit à baldaquin. Produits locaux au petit déjeuner. Accueil souriant. Comptez 120-150$ avec le petit déjeuner en haute saison, 105-135$ en basse saison. *63, av. de Gaspé Est* ***Saint-Jean-Port-Joli*** *Tél. 418 598 9905 www.auberge-labelleepoque.com Ouvert mai-nov.*

Auberge La Marguerite Sa réputation n'est plus à faire. Distinguée par plusieurs prix du Tourisme du Québec, cette chaleureuse maison ancestrale (1754) propose 8 chambres élégantes et décorées avec soin dans un style champêtre. Souper gastronomique en option, devant la cheminée au rez-de-chaussée, pour goûter aux produits du terroir (table d'hôtes 39-54$). Le restaurant accueille aussi les non résidents le soir, sur réservation. Tout autour, un magnifique jardin offre une aire de détente où observer de nombreux oiseaux tout en se prélassant dans le jacuzzi. Double 125-155$, petit déj. inclus. *88, chemin des Pionniers Est (route 132)* ***L'Islet-sur-Mer*** *Tél. 418 247 5454 www.aubergelamarguerite.com*

prix très élevés

Auberge des Glacis Au cœur d'un vaste domaine s'étendant au pied des Appalaches, un moulin seigneurial reconverti en auberge chic. Un cadre agreste agréable, 16 chambres avec sdb en pierre du pays et poutres apparentes, un restaurant fier de cuisiner quantité de produits régionaux et où les quenelles de brochet font néanmoins figure d'incontournables. Comptez à partir de 54$ en table d'hôtes. Double de 128$ à 208$ avec le petit déjeuner. Forfait nuitée + souper à partir de 139$/pers. *46, route de la Tortue* ***L'Islet*** *(15km au sud-ouest de Saint-Jean-Port-Joli, indiqué de la 20) Tél. 418 247 7486 ou 1 877 245 2247 www.aubergedesglacis.com Restaurant ouvert tous les soirs*

Autour de Lotbinière

petits prix

Du côté de chez Swann Une adorable crêperie installée dans une vieille maison recouverte de bardeaux, sur la place du village. Michèle, bretonne d'origine, concocte de bonnes crêpes et galettes de sarrasin bio agrémentées de produits locaux (canard confit, fromage de chèvre, bleuets, sirop d'érable), sans oublier les traditionnelles complètes. Peu de tables à l'intérieur, mais une agréable terrasse et un accueillant jardin si le temps est favorable. Comptez 10-13$ la galette garnie et 4-8$ la crêpe dessert. *3897, chemin de Tilly* ***Saint-Antoine-de-Tilly*** *Tél. 418 886 1313 creperiechezswann.com Ouvert fin juin-début sept. : lun.-jeu. 10h-16h, ven.-dim. 10h-20h ; automne, printemps : jeu.-dim. 10h-16h ; hiver : sam.-dim. 10h-16h*

prix moyens

☺ **La Maison Normand** Diane et Carol sont des voyageurs au long cours, mais reviennent à la belle saison, tels des oiseaux migrateurs, dans leur jolie demeure face à la place de l'église. Cet ancien magasin général n'a pas tout à fait perdu sa vocation, car il accueille désormais une boutique de beaux objets récoltés lors des pérégrinations des propriétaires. Cinq chambres aussi, confortables et impeccables, dont la déco asiatique se marie bien avec les lambris et les parquets de la vieille maison (sdb privative ou partagée, 111-128$). Le petit déjeuner pris à la table commune vogue entre divers horizons (lassi, pamplemousse grillé, fromages régionaux, confitures maison...). *3894, chemin de Tilly* ***Saint-Antoine-de-Tilly*** *Tél. 418 886 1314 www.gitescanada.com/8002.html Ouvert mai-nov.*

Dans la vallée de la Chaudière

prix moyens

La Vieille Tablée Une table tentante, qui charme d'abord par son cadre de vieille grange : la salle est meublée d'antiquités et la terrasse couverte avec vue sur la rivière est tout simplement splendide. La carte affiche des plats classiques mais bien réalisés. Au déjeuner pizzas, salades, viandes grillées (comptez 15-20$), qui deviennent plus gastronomiques au dîner (longe de veau de lait en croûte de champignons sauvages, côte de porc laquée au caramel). Bon service. Table d'hôtes 30-40$. Réservation conseillée le soir. *437, 6e Avenue Nord* ***Saint-Georges*** *Tél. 418 222 0234 Page Facebook Ouvert lun.-mar. 11h-14h, mer.-ven. 11h-22h, w.-e. 8h-22h*

Gîte La Maison d'Élyse Les 3 chambres et la suite de ce manoir dressé au bord de la rivière Chaudière semblent tout droit sorties du XIXe siècle. De quoi ravir les esthètes (et les antiquaires), même si le manque de lumière alourdit un peu l'atmosphère. Magnifique salle de bains lambrissée, façon cabine de bateau, pour la chambre "Fuchsia". Service de massages thérapeutiques payant. Comptez 99-122$ avec le petit déjeuner. CB acceptées. *218, av. Lambert* ***Beauceville*** *(80km au sud-est de Levis) Tél. 418 774 3169 www.maisondelyse.com*

Le "Pays des mines et des lacs"

petits prix

La Bourgade À la fois un restaurant, une fromagerie et une épicerie de produits du terroir. La belle salle à manger champêtre est accueillante, et par beau temps la terrasse donnant sur la rivière est vraiment agréable. La carte très variée propose aussi bien soupe à l'oignon que calmars frits, sandwichs, salades, steaks et plateaux mettant à l'honneur les fromages maison et régionaux. Une cuisine simple mais savoureuse, dans une ambiance conviviale. Comptez 15-25$ le repas. *16, rue Caouette Est **Thetford Mines** Tél. 418 335 3313 fromageriela bourgade.com Ouvert dim.-mer. 10h-20h, jeu.-sam. 10h-22h*

RIVIÈRE-DU-LOUP

À la croisée des routes de Québec, du Nouveau-Brunswick, du Maine (États-Unis) et de la Gaspésie, Rivière-du-Loup est trop souvent prise pour ce qu'elle n'est pas : un simple carrefour. La ville, forte de 20 000 habitants, a plus d'un attrait… des chutes en pleine agglomération, un joli centre historique aux maisons cossues et une agréable presqu'île que l'on explore à pied. À proximité, les villégiatures chics de Cacouna, de Notre-Dame-du-Portage et de Kamouraska retiendront les amateurs d'architecture néoclassique et surtout de… couchers de soleil, classés parmi les plus beaux de la planète.

LOUP, Y ES-TU ? Le poste de traite fondé en 1673 prit son essor au début du XIXe siècle grâce à l'exportation de bois. La localité doit peut-être son nom aux loups marins (phoques) observés par Jacques Cartier à l'embouchure de la rivière. Selon une autre thèse, c'est là que Champlain aurait rencontré la tribu amérindienne des Mahigans (les "Loups"). Mais on pense le plus souvent que le toponyme fait référence au *Loup*, un navire français dont l'équipage dut hiverner dans l'estuaire vers 1660. La ville porte le même nom que la rivière qui la traverse.

LE BAS-SAINT-LAURENT Cette région s'étire sur la rive sud de l'embouchure du Saint-Laurent, de La Pocatière à l'ouest, à Sainte-Luce à la frontière de la Gaspésie. Traversée par des nomades amérindiens, puis fréquentée à partir du XVIe siècle par des pêcheurs à la baleine basques, elle fut colonisée par les Européens à la fin du XVIIe siècle et devint une importante terre de villégiature au début du XIXe siècle. Les somptueuses villas érigées au bord du fleuve par de riches familles canadiennes et américaines sont fort bien conservées. La population se concentre encore le long de l'estuaire, autour de Rimouski et de Rivière-du-Loup. La route 132 dessert donc les principaux sites touristiques de cette contrée d'eau et de battures (marais salés), mais rien n'empêche de faire des incursions dans les terres, sur les plateaux et jusqu'à la frontière américaine.

MODE D'EMPLOI

accès

EN VOITURE

Rivière-du-Loup est située 206km au nord-est de Québec par l'autoroute 20 et 110km au sud-ouest de Rimouski par la 132. Cette dernière, baptisée "route des Navigateurs" dans le Bas-Saint-Laurent, dessert les plus beaux villages côtiers de la région : Kamouraska, Notre-Dame-du-Portage et Cacouna. *www.routedesnavigateurs.ca*

EN CAR

Orléans Express Relie tlj. Rivière-du-Loup à Montréal (env. 5h de voyage), Québec (2h30) et Rimouski (1h30), d'où l'on peut rejoindre Gaspé ou Edmunston (Nouveau-Brunswick). Attention, Kamouraska, Saint-André-de-Kamouraska et Notre-Dame-du-Portage ne sont pas desservis. *Tél. 514 395 4000 ou 1 888 999 3977 www.orleansexpress.com*

Gare routière *Petro Canada 317, bd de l'Hôtel-de-Ville Ouest Tél. 418 862 4884*

EN TRAIN

Via Rail Le train qui circule entre Montréal et Halifax trois fois par semaine s'arrête à Rivière-du-Loup peu après minuit (env. 90$ AS). *www.viarail.ca*

Gare *615, rue Lafontaine Tél. 418 867 1525 ou 1 888 842 7245*

EN BATEAU

Traverse Rivière-du-Loup/Saint-Siméon D'avril à début janvier, deux à cinq départs/j. La traversée dure 1h05. Consultez le répondeur téléphonique ou le site Internet pour connaître les horaires. Pas de réservation : il faut se présenter env. 1h30 à l'avance en été. Tarif AS 19,20$, réduit 12,80$, voiture 45,50$. Casse-croûte à bord. *199, rue Hayward Tél. 418 862 5094 ou 418 863 7882 (nuit) traverserdl.com Fermé début jan.-Pâques*

orientation

La rue Lafontaine, qui traverse le centre et le quartier ancien de Rivière-du-Loup, est l'artère la plus animée du bourg. Le boulevard de l'Hôtel-de-Ville est un autre grand axe, tandis que la rue Fraser mène à la marina et au camping de la Pointe.

informations touristiques

Office du tourisme et des congrès de Rivière-du-Loup Renseigne sur Rivière-du-Loup et ses environs. Réservation d'hébergements et borne Internet. *189, bd de l'Hôtel-de-Ville* ***Rivière-du-Loup*** *Tél. 418 862 1981 ou 1 888 825 1981 www.tourismerivieredu loup.ca Ouvert mi-juin-août : tlj. 8h30-19h ; sept.-mi-juin : lun.-ven. 8h30-12h et 13h-16h30*

Bureau d'accueil touristique *Autoroute Jean-Lesage (direction Est)* ***Notre-Dame-du-Portage*** *Ouvert début mai-début sept. : tlj. 9h-18h*

Association touristique Bas-Saint-Laurent Renseigne sur la région. *148, rue Fraser* ***Rivière-du-Loup*** *2e étage Tél. 418 867 1272 ou 1 800 563 5268 www.bassaintlaurent.ca*

fêtes et manifestations

Festival Rodéo Country Trois jours de rodéo, de gymkhana, de danse et de musique country. Le deuxième rassemblement du genre au Québec par son ampleur, pas moins ! ***Saint-Antonin*** *www.festivalcountryst-antonin.com Mi juin*

DÉCOUVRIR

Rivière-du-Loup

☆ **Les essentiels** Le parc des Chutes-de-Rivière-du-Loup, le Vieux Rivière-du-Loup **Découvrir autrement** Faites une balade en bateau autour des îles du Bas-Saint-Laurent, séjournez sur l'île aux Lièvres ou dans le phare du Pot

Musée du Bas-Saint-Laurent Deux volets : d'un côté des expositions temporaires d'art contemporain, de l'autre l'histoire de Rivière-du-Loup et de ses habitants, contée grâce à des photos anciennes issues d'un important fonds régional – plus de 200 000 clichés. Une intéressante première approche de la région. *300, rue Saint-Pierre (face à l'office du tourisme) Tél. 418 862 7547 www.mbsl.qc.ca Ouvert début juin-début sept. : tlj. 9h-17h ; début sept.-début juin : mar.-dim. 13h-17h Tarif 7$, réduit 5$, familles 18$*

☆ **Parc des Chutes-de-Rivière-du-Loup** Un parc verdoyant de 50ha a été aménagé en plein centre-ville, autour des chutes de la rivière du Loup, dont deux passerelles permettent d'admirer le spectacle. Au XIXe siècle, on exploita l'énergie hydraulique de cette bruyante cascade de 33m de hauteur pour faire tourner des scieries, une usine de pulpe de bois, un barrage et des moulins à farine, participant ainsi au développement industriel de la ville. La centrale hydroélectrique centenaire installée au pied des chutes fonctionne encore. Huit sentiers longs de 370m à 2,9km sillonnent le site, traversant différents écosystèmes (marais, cédrière, verger, rivière, forêt mixte). *Accès par les rues Frontenac et de la Chute, dans le centre-ville Entrée libre*

Manoir seigneurial Fraser Construite en 1830 et remaniée en 1888, cette gentilhommière en brique fut la résidence des Fraser. Après avoir racheté la seigneurie en 1802, ces derniers contribuèrent beaucoup à l'essor de la ville, notamment en aménageant ses premières rues, et Rivière-du-Loup porta le nom de Fraserville de 1850 à 1919. L'intérieur restitue assez bien l'art de vivre de ses occupants : majestueux escalier en merisier, meubles et vaisselle d'époque, boudoir, nursery, etc. Une vidéo retrace le destin rocambolesque de Malcolm Fraser, l'ancêtre écossais (1733-1815) officier dans l'armée et la milice, qui devint un grand propriétaire terrien et homme d'affaires averti. Jeu interactif d'énigmes pour les enfants. Galerie d'art régional à l'étage, boutique d'artisanat et salon de thé au sous-sol. *32, rue Fraser Tél. 418 867 3906 www.manoirfraser.com Ouvert mi-juin-mi-sept. : tlj. 9h30-17h Tarif 7$, réduit 4$, familles 15$*

☆ **Le Vieux Rivière-du-Loup** Il occupe un petit périmètre délimité par le manoir Fraser au nord et par l'hôtel de ville au sud. Ses larges rues recèlent de belles maisons du XIXe siècle, bâties pour la plupart par la bonne société anglo-canadienne de Montréal et de Toronto. Au n°1 de la rue Iberville, l'ancien consulat américain en impose avec sa galerie ornementée et sa large corniche. Le bâtiment rappelle qu'au début du XXe siècle, la ville constituait un carrefour commercial important entre la Nouvelle-Angleterre et l'Est canadien. Procurez-vous le plan "Le projet Fraserville" à l'office de tourisme, il propose plusieurs circuits pour découvrir une quinzaine d'édifices historiques.

Parc de la Pointe Un sentier pédestre et cyclable longe le Saint-Laurent sur 5km jusqu'à la marina de Rivière-du-Loup. L'été, des terrains de volley-ball sont aménagés sur la plage. *Du centre-ville, prendre la 132 et tourner à gauche à hauteur de l'Auberge de la Pointe Se garer au bas de la pente*

☺ **Centre d'interprétation sur le milieu marin** Pour tout savoir sur l'estuaire du Saint-Laurent, la diversité de ses fonds marins et des 27 000 espèces qui le peuplent. La visite guidée éclaire d'une façon ludique la vie des animaux que vous croiserez sûrement lors de votre séjour, par un squelette de baleine, un autre de béluga, un bassin tactile (avec étoiles et soleils de mer, anémones, petits poissons)… Des longues vues permettent l'observation des oiseaux marins et même des bélugas avec un peu de chance. Une visite idéale avant d'embarquer pour une balade sur le fleuve. Le centre vend d'ailleurs des billets pour les croisières AML (p.416). *80, rue Mackay (Parc de la Pointe) Tél. 418 867 8796 www.romm.ca Ouvert mi-juin-début sept. : tlj. 9h30-17h Tarif 7,50$, réduit 4-6$, familles 18$*

Le Saint-Laurent, ses îles et sa faune, en bateau

☺ **Société Duvetnor** Vouée à la protection des milieux naturels du Bas-Saint-Laurent, cette société à but non lucratif propose des excursions commentées de qualité vers les îles du Pot-à-l'Eau-de-Vie, l'île aux Lièvres et les îles Pèlerins. Elle a trouvé un moyen original de financer sa mission en vendant le duvet récolté chaque année dans le nid des eiders et qui garnira édredons et couettes. Un bel exemple d'écotourisme ! L'excursion le "Tour du Pot" (durée 1h30, sans débarquement) permet d'observer les **îles du Pot-à-l'Eau-de-Vie** en compagnie d'un guide qui vous dira tout sur la faune, la flore et l'histoire maritime de cet archipel. Le tour des "îles du Pot" (3h) comprend un arrêt sur l'île principale et la visite du phare du Pot, qui fut actif de 1861 à 1964. Juin et juillet sont les meilleurs mois pour observer les oiseaux marins qui nichent sur l'**île du Phare** (petits pingouins, guillemots, goélands, etc.). La "nuitée au phare" vous fera passer une nuit chez le gardien de l'île et déguster une fine cuisine régionale (175-210$/pers.). L'**île aux Lièvres**, la plus grande inhabitée du Saint-Laurent, se prête à la randonnée en forêt avec ses 45km de sentiers (une auberge, plusieurs terrains de camping et des maisonnettes à louer). Une croisière de 3h jusqu'à l'**archipel des Pèlerins**, au relief tourmenté, et jusqu'à l'île aux Fraises (échouerie de phoques) est également proposée. Tour du Pot (sans débarquement) : 25$, enfants 15$; îles du Pot : 44$, enfants 22$; île aux Lièvres : 44$, enfants 22$; les Pèlerins : 50$/pers. sous réserve d'un groupe constitué de 12 passagers. *200, rue Hayward (marina de Rivière-du-Loup) Tél. 418 867 1660 ou 1 877 867 1660 www.duvetnor.com Ouvert début juin-fin sept. Rés. la veille*

Croisières AML Un safari maritime sur le Saint-Laurent ! L'*AML Levant* de 500 places vous permettra de découvrir de nombreux mammifères marins : petit rorqual, rorqual commun, marsouin, béluga, etc. Départs tlj. à 9h30 et 13h30. Comptez 3h30 d'excursion. Tarif 70$, réduit 34$, familles 170$. *200, rue Hayward (marina de Rivière-du-Loup) Tél. 418 867 3361 ou 1 866 856 6668 www.croisieresaml.com Ouvert mi-juin-début sept.*

Le sud du Bas-Saint-Laurent

☆ **Les essentiels** Cacouna, le coucher du soleil sur Kamouraska **Découvrir autrement** Pédalez à vélo dans le parc interprovincial Petit-Témis

Au nord-est de Rivière-du-Loup

☆ **Cacouna** Ce joli village tire son nom de l'algonquin *kakoua nak* ("au pays du porc-épic"), rappelant que les Malécites habitaient la région avant l'arrivée des Blancs. Cacouna vit surtout dans le souvenir de son âge d'or (1850-1950), l'époque où de riches familles anglophones de Montréal et des États-Unis y venaient en villégiature estivale. Sur l'itinéraire "Les Randonnées du passé", des panneaux présentent les belles résidences secondaires aux airs de cottages anglais de sa rue principale (route 132). Sur la grève, la plus petite réserve indienne du Canada (0,17ha) s'étend autour de la maison Denis-Launière ! À la fois musée et boutique, la demeure présente l'histoire, les coutumes et l'artisanat de cette nation amérindienne. Aux abords du village, le bord du fleuve ne présente guère d'intérêt, en raison de la proximité d'un port en eau profonde protégé par d'imposantes digues. *10km au nord-est de Rivière-du-Loup par la 132* **Maison Denis-Launière et boutique d'art autochtone Matuweskewin** *215, rue de la Grève Tél. 418 860 2393 ou 1 888 399 2393 Ouvert juin-début sept. : tlj. 9h-17h Entrée libre*

Marais de Gros-Cacouna Deux beaux sentiers pédestres de 2 et 3km permettent d'observer les hôtes de l'un des principaux sites ornithologiques du Québec : aigrettes, canards, râles, pluviers, hérons… Le sentier de la Montagne grimpe jusqu'à un promontoire pour offrir un panorama splendide sur le Saint-Laurent, surtout au coucher du soleil. Le site fait partie du parc côtier Kiskotuk, qui comprend trois autres secteurs propices à l'observation des oiseaux entre Cacouna et l'Isle-Verte (p.434). *Route de l'Île (à 3km au nord-est de Cacouna, en direction de Rimouski) Tél. 418 867 8882 www.parcbasstlaurent.com/kiskotuk*

À l'est de Rivière-du-Loup

Lac Témiscouata L'été, quand ses eaux sont plus chaudes que celles du Saint-Laurent, ce grand lac qui s'étire sur 45km attire les amateurs de sports nautiques et de farniente. Sur sa rive sud, la petite ville de Témiscouata-sur-le-Lac se transforme alors en une station balnéaire populaire, avec plages surveillées, marina et location d'embarcations. Le site est agréable et se prête bien aux activités de plein air, avec le parc interprovincial Petit-Témis pour les cyclistes (voir ci-dessous) et rive nord, le **parc national du Lac-Témiscouata**, qui offre aux randonneurs une quarantaine de kilomètres de sentiers, dont le sentier national reliant Trois-Pistoles à Dégelis. Un bac et un traversier relient les rives du lac en été, sans effectuer un long détour. ***Témiscouata-sur-le-Lac*** *62km à l'est de Rivière-du-Loup (185)* **Bureau d'information touristique** *7B, bd Industriel (quartier Cabano) Tél. 418 854 9406 www.tourismetemiscouata.qc.ca Ouvert juil.-août : tlj. 9h-20h ; sept.-oct. : mer.-dim. 10h-18h* **Parc national du Lac-Témiscouata** *400, chemin de la Vieille-Route* ***Squatec*** *Tél. 418 855 5508* *ou 1 800 665 6527 parcquebec.com/lactemiscouata* **Navette Royal** *19, rue Saint-Louis* ***Témiscouata-sur-le-Lac*** *Traversée entre le quartier de Cabano (Motel Royal) et l'accueil du parc national Tél. 418 854 2307 www.motelroyal.net Ouvert mi-juin-mi-sept. : tlj. 9h-18h 6 AR/j. 7$AS Piétons et cyclistes* **Traverse du lac Témiscouata** *Rue Ménard* ***Témiscouata-sur-le-Lac*** *Traversier entre le quartier Notre-Dame-du-Lac et Saint-Juste-du-Lac Tél. 418 940 1001 www.traversedutemiscouata.com Ouvert juil.-sept. : 7h30-19h30 12 liaisons/j. Tarif 3,50$/piéton, 10$/voiture, 4,50$/vélo*

Fort Ingall La reconstitution de ce fortin construit en 1839 par les Britanniques se compose de six bâtiments (dortoirs, cuisine, quartier des officiers, poudrière) entourés d'une haute palissade. La visite guidée permet d'imaginer le quotidien des soldats de l'époque, tout en éclairant le contexte historique du conflit entre le Canada et les États-Unis qui prit fin en 1842, avant que le fort soit attaqué. *81, rue Caldwell (quartier Cabano)* ***Témiscouata-sur-le-Lac*** *Tél. 418 854 2375 Ouvert mi-juin-début sept. : tlj. 9h-17h*

Parc interprovincial Petit-Témis On croise nombre de familles et de groupes d'amis à vélo sur cette piste cyclable de 134km, qui a remplacé la voie ferrée du Temiscouata Railway entre Rivière-du-Loup et Edmunston au Nouveau-Brunswick. Le faible dénivelé (jamais plus de 4%) rend le parcours accessible à tous. La piste longe la rive sud du lac Témiscouata, la plus belle portion reliant Notre-Dame-du-Lac à Dégelis. ***Rivière-du-Loup*** *Départ de la rue Fraserville, près de la route 185 Tél. 418 868 1869 www.petit-temis.ca*

Au sud de Rivière-du-Loup

Notre-Dame-du-Portage Admirez les élégantes villas aux jardins pimpants de ce centre de villégiature mondain qui s'étire au bord du fleuve, le long de la route 132. Les battures du Saint-Laurent forment une toile de fond magnifiée par des couchers de soleil flamboyants. Le village possède une grande piscine d'eau de mer chauffée (ouverte juin-août, 3-5$). Un joli cimetière marin jouxte l'église. *10km au sud de Rivière-du-Loup par la 132*

Saint-André-de-Kamouraska Ce village mérite un arrêt pour son école à clocheton (1937) derrière laquelle une digue munie d'aboiteaux (tuyaux à clapets) s'étire sur 60km depuis 1823. Il s'agissait alors d'assécher les marais pour en faire des terrains productifs, et les aboiteaux empêchent l'eau salée du Saint-Laurent de brûler les terres arables, tout en permettant à l'eau douce des zones marécageuses de s'écouler dans le fleuve. On peut se dégourdir les jambes sur cette digue en observant les pièges à anguilles côté fleuve. *23km au sud-ouest de Rivière-du-Loup par la 132*

Maison de la prune La prune de Damas, introduite au Québec au XVIIe siècle et menacée de disparition depuis 1950, est à l'honneur dans le jardin, le musée et sa boutique, déclinée sous toutes les formes : confitures, coulis, gelée, sirop, vinaigre, etc. Le verger, bien abrité par un *monadnock* ("petite montagne isolée"), compte plus de 900 pruniers. La visite est l'occasion de découvrir la confiturerie, le caveau à légumes et les appartements du marchand transformés en petit musée. *129, route 132 Est (3km à l'est du* *village) Tél. 418 493 2616 Page Facebook Ouvert août-mi-oct. : tlj. 9h-17h30 Visite commentée le dim. Entrée libre*

Société d'écologie de la batture de Saint-André-de-Kamouraska (SEBKA) Ce parc marin donne accès aux fameuses battures, ces marais saumâtres qui ourlent le Saint-Laurent. Un lieu propice à la balade et à l'observation de la faune aquatique, terrestre et ailée (plusieurs belvédères ornithologiques). L'un des sentiers (de 30min à 3h) fait le tour du *monadnock* – l'un de ces pitons rocheux qui surgissent çà et là dans le plat pays de Kamouraska – autour duquel s'ordonne le parc. La SEBKA organise des excursions guidées de plusieurs heures en kayak parmi les îles de Kamouraska de mi-juin à mi-septembre (départ de la jetée de Kamouraska). On peut planter sa tente sur l'un des 80 emplacements de camping semi-sauvage. La halte attire bon nombre de grimpeurs, auxquels les falaises de Saint-André offrent 110 voies d'escalade de tous niveaux, avec en prime une vue panoramique sur le fleuve. *273, route 132 Ouest (4km au sud du village) Tél. 418 493 9984 www.sebka.ca Ouvert 20 juin-début sept. : tlj. 8h-21h ; mi-mai-19 juin, début sept.-mi-oct. : tlj. 9h-17h Tarif 3$, familles 8$ (randonnée), 8$ (escalade), camping 24$/tente, kayak 65-75$*

☆ **Kamouraska** Kamouraska désigne en algonquin l'endroit "où il y a des joncs au bord de l'eau". Ce charmant village riverain du fleuve, l'un des plus anciens de la région (1790), est connu pour être le théâtre d'un des plus beaux couchers de soleil du monde. Le *National Geographic* le classe d'ailleurs deuxième derrière Hawaii. En attendant que le ciel s'embrase, il y a bien des choses à faire à Kamouraska : grignoter du pain au levain à la boulangerie Niemand, visiter les petits musées du coin et rechercher parmi les belles demeures celles qui présentent le toit traditionnel à larmiers cintrés. La maison-magasin de Louis Miller, en face de l'ancien palais de justice, a conservé ce toit concave mais aussi ses deux portes, l'une pour le magasin général, l'autre pour le domicile. L'avenue Chassé, qui mène de l'église à la plage, est bordée d'élégantes maisons à bardeaux et toit mansardé, témoins de l'époque où les riches familles anglo-canadiennes passaient l'été à Kamouraska. *40km au sud-ouest de Rivière-du-Loup par la 132* **Bureau d'accueil touristique de Kamouraska** *69A, av. Morel Tél. 418 492 1325 www.tourismekamouraska.com Ouvert mi-juin-début sept. : tlj. 9h-18h ; début sept.-mi-oct. : ven.-dim. 9h-17h*

Musée régional de Kamouraska Installé derrière l'église, dans l'ancien couvent, il présente avec à-propos et concision l'histoire de Kamouraska et de sa région. Passé les outils agricoles anciens, les maquettes de bateaux et le matériel ethnographique, on s'attardera dans la salle consacrée aux personnalités locales : René Chaloult, le père du drapeau québécois (1948), l'abbé Chiniquy (1809-1899), "l'Apôtre de la tempérance", et Adolphe Basile Routhier, auteur des paroles de l'hymne national des Canadiens français (1880). Pour en savoir plus sur le village, son histoire et son architecture, participez aux visites patrimoniales organisées par le musée, une balade dans les rues commentée par un guide costumé (1h, tlj.). *69 av. Morel (pl. de l'Église) Tél. 418 492 9783 www.museedekamouraska.com Ouvert mi-mai-fin oct. : tlj. 9h-17h Tarif 10$, réduit 5$, familles 17,25$, visite patrimoniale 12$ (avec entrée au musée)*

Centre d'art de Kamouraska Juché sur un petit promontoire en plein bourg, ce curieux manoir d'aspect médiéval servit de cour de justice et de bureau d'enregistrement du comté dès son édification en 1888. Au fil du temps sa fonction changea, et la salle d'audience devint même une salle… de bal ! Le bâtiment abrite désormais un centre d'art actuel et présente quatre à cinq expositions temporaires au cours de la saison. *111, av. Morel Tél. 418 492 9458 www.kamouraska.org Ouvert mi-juin-août : tlj. 10h-17h ; début avr.-mi-juin, début sept.-mi-nov. : jeu.-dim. 11h-17h Tarif 5$, réduit 2$*

Site d'interprétation de l'anguille de Kamouraska Tout ce que vous avez toujours voulu savoir sur l'anguille sans jamais oser le demander… La propriétaire de cette entreprise familiale, qui pêche ce poisson d'eau douce depuis 1965, vous expliquera en détail les ficelles du métier, avec démonstration de ramandage (réparation des filets de pêche) et anecdotes. *205, av. Morel Tél. 418 492 3935 Ouvert juin-mi-oct. : tlj. 9h-17h Visite guidée 8$*

La Pocatière Aux portes du Bas-Saint-Laurent, La Pocatière est considérée comme le berceau de l'enseignement agricole au Canada. La ville est dominée par la masse grise du collège Sainte-Anne dont dépend l'intéressant Musée québécois de l'agriculture et de l'alimentation. Juste à côté, la montagne du Collège invite à une agréable promenade au vert, au gré de ses sentes forestières. Belle vue panoramique sur la région. *70km au sud-ouest de Rivière-du-Loup par la route 132 et 140km au nord-est de Québec par l'autoroute 20*

Musée québécois de l'agriculture et de l'alimentation L'un des plus grands musées ethnologiques québécois, dont la collection pléthorique répartie sur trois niveaux plonge le visiteur dans le quotidien des Pocatois autour de 1900 : outils agricoles et artisanaux, vieilles planches pédagogiques destinées aux agriculteurs, reconstitutions d'un magasin général, d'une cabane à sucre, d'intérieurs bourgeois et paysan, d'une salle de classe, etc. Belle collection de "carrioles" (traîneaux tirés par des chevaux) au premier niveau. Parmi les trésors du musée : l'autel de l'abbé Maurice Proulx, sculpté par les frères Bourgault. En été, visite commentée sur demande, comptez 1h30. *100, 4e Avenue Tél. 418 856 3145 www.mqaa.ca Ouvert mi-mai-mi-oct. : tlj. 10h-17h ; mi-oct.-début jan. : jeu.-dim. 10h-17h Tarif 6$, réduit 3,50$, familles 15$*

Où acheter de quoi faire un bon pique-nique ?

☺ **Boulangerie Niemand** Cette boulangerie connue jusqu'à Québec ne désemplit pas ! On y confectionne différents pains allemands au blé intégral, aux grains de sésame, au seigle, etc. Mention spéciale au multigrain, très nourrissant. Le grain bio est moulu sur pierre chaque soir. Les nostalgiques demanderont une baguette française, les autres goûteront les délicieuses viennoiseries glacées au beurre d'érable. *82, av. Morel* ***Kamouraska*** *(face à l'église) Tél. 418 492 1236 www.boulangerieniemand.com Ouvert 24 juin-début sept. : tlj. 8h-18h ; mai : ven.-dim. 8h-18h ; début juin, sept.-oct. : jeu.-dim. 8h-18h*

Poissonnerie Lauzier Leurs anguilles, esturgeons, maquereaux, truites et pétoncles fumés à l'ancienne sont de véritables délices. Poisson frais et homard sont aussi proposés dans cette poissonnerie, qui se double d'un Bistro de la mer, tout simple, où soupes de poisson, hot-dogs à l'esturgeon, pâtés au saumon, casseroles de fruits de mer, *fish & chips* et bien d'autres petits plats peuvent être dégustés sur place, ou emportés (comptez 10-20$ le plat). *57, av. Morel* ***Kamouraska*** *Tél. 418 492 7988 www.poissonnerielauzier.com Ouvert avr.-déc. : tlj. 8h30-21h*

GEOPLUS

Le Québec grandeur nature en deux semaines

Découvrez les deux métropoles québécoises et les grands espaces de la Belle Province. Au programme, randonnée, pêche, observation des baleines...

Après trois jours à Montréal, plongez dans les bois de Lanaudière et de la Mauricie, paradis de la randonnée, de la pêche et de la chasse. Suivez le chemin du Roy jusqu'à Québec et goûtez le charme bucolique de l'île d'Orléans. Puis longez la rive sud du Saint-Laurent jusqu'au parc national du Bic. Retraversez le fleuve pour aller saluer les baleines et regagnez Montréal via Charlevoix et Québec.

1RE SEMAINE

Jours 1 à 3 **Montréal** (p.86). Pour vous mettre en forme, grimpez sur le mont Royal (p.147) et pagayez le long du canal Lachine (p.156).
Jour 4 Randonnée et pêche à la ligne à **Lanaudière** (p.250).
Jour 5 Canot-camping (p.267) et rencontre de l'ours noir dans le **parc national du Canada de la Mauricie** (p.268).
Jour 6 Le **chemin du Roy** jusqu'à Québec (p.269).
Jours 7 et 8 **Québec** (p.308) et l'**île d'Orléans** (p.344).

CONSEIL Gare aux mouches noires et aux moustiques en juin et juillet ! Prévoyez un répulsif.

2E SEMAINE

Jour 9 **Montmagny** et ses îles (p.399), les érablières de **Saint-Jean-Port-Joli** (p.404).
Jour 10 Les îles au large de **Rivière-du-Loup** (p.413). Nuit dans le phare de l'île du Phare (p.416).
Jour 11 Kayak, randonnée et observation des phoques au **Parc national du Bic** (p.431).
Jour 12 Traversée du fleuve et observation des baleines au large des **Escoumins** (p.493).
Jours 13 et 14 **Charlevoix** (p.371). Vélo et kayak dans le **Parc national des Hautes-Gorges de-la-Rivière-Malbaie** (p.391).
Jour 15 Retour à Montréal.

Magasin général du Kamouraska Cette vieille maison regorge de bons produits du terroir local : fromages, charcuteries, confitures, sucreries... En plus de proposer plein d'objets d'artisanat. *98, av. Morel* ***Kamouraska*** *Tél. 418 492 2882 Ouvert mai-mi-oct. : tlj. 9h-18h*

La Fée gourmande Pour finir sur une note sucrée, cette chocolaterie s'impose. Plaquettes, bouchées, brownies, tartelettes au chocolat, glaces et sorbets, tout est fait maison et rien ne vous laissera sur votre faim. Goûtez la spécialité du magasin : les Allumettes caramélisées, préparées avec de la bière de la microbrasserie Tête d'allumette ! *167, av. Morel* ***Kamouraska*** *Tél. 418 492 3030 lafeegourmande.ca Ouvert avr.-oct. : tlj. 9h-18h*

Où savourer une bière artisanale ?

Brasserie Tête d'allumette Cette microbrasserie se fait remarquer par son utilisation de procédés ancestraux, à mille lieues des brasseries industrielles. Ici on fait bouillir la bière au feu de bois. Les sucres en se caramélisant confèrent alors au moût une saveur de caramel. Le houblon provient en partie des plantations du jeune brasseur lui-même, et le malt d'une ferme biologique voisine. La maison mansardée s'ouvre sur le fleuve par une grande terrasse avec vue imprenable. Amuse-bouches à picorer avec les doigts : charcuterie, mini hot-dogs, *nachos*... Pinte 6,50$. *265, route 132 ouest* ***Saint-André-de-Kamouraska*** *Tél. 418 493 2222 tetedallumette.com Ouvert jeu.-ven. 16h-23h, sam. 13h-23h, dim. 13h-21h ; juil.-août : tlj. 11h-0h*

Faire une balade en bateau

Croisières Zodiac Aventure Découvrez les îles de Kamouraska à bord d'un zodiac de dix places (1h30 d'excursion). Au programme : observation des mammifères et des oiseaux marins. Départs selon les marées. Tarif 40$, réduit 25$. ***Kamouraska*** *Tél. 418 863 3132 www.zodiacaventure.com Ouvert mai-sept. : tlj.*

CARNET D'ADRESSES

Restauration, hébergement

camping

Camping municipal de la Pointe Ce camping parfaitement tenu et plusieurs fois primé surplombe le Saint-Laurent et le parc de la Pointe. Certains des 113 emplacements pour caravanes et camping-cars jouissent d'une vue époustouflante sur le fleuve et les montagnes de Charlevoix au loin. Jeux d'eau amusants et aire de jeux pour les enfants. Buanderie, douches, foyers. CB acceptées. 26-39$ l'emplacement de quatre personnes, avec ou sans services. *2, Côte-des-Bains* ***Rivière-du-Loup*** *Tél. 418 862 4281 (en saison) ou 418 862 8783 (hors saison) www.campingmunicipaldelapointe.ca Ouvert mi-mai-fin sept.*

petits prix

Café du Clocher Cette authentique brûlerie sert des cafés en provenance de nombreux pays, torréfiés sur place. Pour une boisson plus rafraîchissante, essayez le *lassi* et les smoothies maison. Côté restauration, muffins, petits déj. complets, sandwichs, salades, quiches et autres sont au menu (comptez 7-14$ le plat). Le tout se déguste dans une chaleureuse atmosphère. *419, rue Lafontaine* ***Rivière-du-Loup*** *Tél. 418 862 1616 www.cafeduclocherrdl.com Ouvert tlj. 7h-17h*

L'Intercolonial Ce sympathique bistrot occupe l'ancienne maison d'un conducteur de train. L'esprit pionnier règne sur la grande salle en pin, et l'agréable terrasse sur la rue est égayée d'une fausse treille. Cuisine correcte, variée et abordable : 15$ le menu à midi (salade, plat, dessert et café). Carte plus étoffée le soir (grillades, pizzas, hamburgers, comptez 20-40$ le repas). *407, rue Lafontaine* ***Rivière-du-Loup*** *Tél. 418 862 3321 www.interbistrogrill.com Ouvert mar.-ven. 11h-22h, sam. 16h-22h*

☺ **Auberge internationale Rivière-du-Loup** Une demeure ancienne pleine de cachet, des installations modernes et impeccables, une déco originale, une équipe dynamique, le tout à deux pas du centre... Cette AJ ouverte à tous frôle le sans-faute. En chambre ou en dortoir (70 lits au total), on s'y sent chez soi. En été, le dîner (env. 11$) est préparé et pris collectivement. Nombreuses activités proposées : sorties à vélo, au parc du Bic et à l'île Verte, découverte du littoral et des baleines. Comptez 29$/pers. en dortoir, 68$ la chambre double, et 93$ la familiale, petit déjeuner compris. Buanderie, cuisine commune, prêt de vélos et cour à l'arrière sympa. On ira même vous chercher à la gare routière ou au débarcadère si vous le demandez. *46, rue de l'Hôtel-de-Ville* ***Rivière-du-Loup*** *Tél. 418 862 7566 www.aubergerdl.ca Accueil tlj. 10h-23h*

prix moyens

☺ **Au Boucaneux** Juste à côté du parking du traversier, au bout de la Pointe, ce petit restaurant ne paie pas de mine à première vue. Une fois dans son intérieur cosy aux accents marins, on comprend qu'il n'y a pas meilleur endroit en ville pour déguster de généreuses portions de plats de poisson, fruits de mer ou homard (comptez 25-50$ le repas). La carte propose aussi moult autres mets : pâtes, poulet, steak et sandwichs irrésistibles, dont un club au homard (sandwichs 11-27$). L'endroit est très populaire, ce qui rend les réservations nécessaires le soir. *210, rue Mackay (près du traversier)* ***Rivière-du-Loup*** *Tél. 418 867 4733 www.leboucanneux.com Ouvert tlj. 9h-22h*

Motel Au fleuve d'argent Ce motel a orienté ses 11 chambres vers le Saint-Laurent, sans vis-à-vis pour gâcher le spectacle du coucher du soleil. Les fauteuils installés sur l'immense pelouse permettent d'en profiter dans la verdure. Magique ! Les 23 chalets (certains avec kitchenette) disposés en arc de cercle autour du terrain, parmi des massifs d'hortensias, bénéficient du cadre. En basse saison, comptez de 78$ à 108$ pour 2 pers., de 85$ à 126$ en haute saison. Personnel chaleureux et serviable. *202, rue Fraser* ***Rivière-du-Loup*** *(à 1,5km du centre-ville) Tél. 418 862 5315 ou 1 866 862 5315 www.fleuveargent.com Ouvert mi-mai-mi-oct.*

Auberge de la Pointe Le grand hôtel de Rivière-du-Loup surplombe le parc de la Pointe et jouit d'un joli panorama sur le Saint-Laurent. Les nombreux pavillons offrent une large panoplie d'hébergements, de la chambre classique avec vue sur la ville, à la suite-chalet magnifiquement boisée et donnant directement sur le fleuve. Le confort est au rendez-vous et les nombreux services de l'établissement (piscine, restaurant, bar avec terrasse panoramique, centre de santé) assurent un rapport qualité-prix appréciable. Double à partir de 99$ en haute saison. *10, bd Cartier **Rivière-du-Loup** Parc de la Pointe (à 3km du centre-ville) Tél. 418 862 3514 www.aubergedelapointe.com*

À l'est de Rivière-du-Loup

prix élevés

☺ **Auberge du Chemin faisant** Une adresse de choix pour les gastronomes et les épicuriens. Cette superbe maison aux courbes Art Déco abrite 6 chambres au chic design contemporain (110-155$ en haute saison, 105-135$ en basse, avec petit déj. composé de trois plats). Les convives profitent d'un beau jardin avec jacuzzi où l'on se prélasse volontiers avant de passer à table. Car le restaurant de l'auberge en est son fleuron. Ici, pas de carte, mais un menu gastronomique de 8 plats (60$) qui, au fil des petites portions superbement présentées, fait découvrir le meilleur du terroir local (fruits de mer, poisson, gibier, sirop d'érable). Monsieur est aux fourneaux et au piano en fin de soirée, madame au service et à la cave. Une expérience culinaire insigne. Réservation recommandée, autant pour les chambres que le restaurant. Forfaits intéressants sur le site Internet. *12, rue Vieux Chemin **Témiscouata-sur-le-Lac** Tél. 418 854 9342 ou 1 877 954 9342 www.cheminfaisant.qc.ca Ouvert fin juin-début sept. : mer.-dim. ; fév.-juin, sept.-déc. : w.-e.*

Au sud de Rivière-du-Loup

petits prix

Café du Clocher Ce café-bistrot sacrifie pour notre plus grand plaisir à la mode du fait maison : les sandwichs et bagels sont garnis de produits régionaux et bio, préparés avec le bon pain de la boulangerie voisine Niemand (p.420). Rien à redire, d'autant que la terrasse offre une vue somptueuse sur le Saint-Laurent. La salle, une ancienne écurie, s'avère cosy avec son poêle à bois. Comptez 15-25$ le repas. *90, av. Morel **Kamouraska** Tél. 418 492 7365 www.cafeduclocher.com Ouvert fin mai-mi-oct. : tlj. 8h-22h*

Mamie pataterie gourmande Dans la famille des casse-croûte gourmets, voici la mamie, qui confectionne des hamburgers aussi fins que gourmands (fromage du terroir, esturgeon, agneau de Kamouraska), des poutines décadentes au canard effiloché et de fameux oignons frits au miel. Une terrasse est accolée au local de Kamouraska, qui n'a pas le même charme que la seconde adresse, perdue sur le bord de la 132. Hamburgers 6,50-15$. Bonne sangria maison. *53, av. Morel **Kamouraska** Tél. 418 492 2675 www.mamiepatateriegourmande.com Ouvert mai-oct. : tlj. 11h30-20h30 Seconde adresse 1245, route de la Seigneurie **Saint-Roch-des-Aulnaies** (15km au sud de La Pocatière) Tél. 418 919 0550*

Gîte Au petit bonheur Ce B&B familial propose 3 chambres simples et sans luxe mais confortables (sdb privative) et à un prix tout doux (80$ TTC). Une grande cuisine est à disposition pour prendre le petit déj. (inclus mais à cuisiner soi-même) ou préparer les autres repas de la journée. Bon accueil. *116, av. Morel **Kamouraska** Tél. 418 492 3247 www.giteaupetitbonheur.com*

prix moyens

Bistro Côte-Est Choisissez une table sur l'une des belles terrasses (dont une grande avec vue sur le fleuve) ou dans l'élégante salle à manger de cet ancien presbytère devenu restaurantbistrot. Au menu, des produits frais de la région, récoltés par de petits producteurs bio, et mis en valeur dans de bonnes recettes sans prétention : *grilled-cheese* au fromage de Kamouraska, poitrine de pintade ou même burger de phoque. En mal de viennoiseries ? Achetez-les à la boulangerie Niemand voisine (p.420) et installez-vous ici pour les déguster. Sandwichs et petits plats le midi (12-22$) et carte plus élaborée le soir (18-38$ le plat). *6, avenue Morel* ***Kamouraska*** *Tél. 418 308 0739 www.cote-est-a-kamouraska.com Ouvert fin juin-début sept. : tlj. 10h-21h ; mai-juin, sept.-oct. : jeu.-sam. 11h-21h, dim. 11h-16h*

L'Amuse-Bouche Pour picorer des tapas face à l'un des plus beaux couchers de soleil de la planète, rendez-vous au bord de l'eau dans cette maison bleu vif, derrière le magasin général de Kamouraska. Grillades, pétoncles, crevettes, brochettes, cassolettes, paellas, gaspacho... Une cuisine délicate aux accents méditerranéens, mais à base de produits locaux. Accueil cordial. Petits plats 5-20$, table d'hôtes 20-38$. *6, av. Chassé* ***Kamouraska*** *Tél. 418 492 1892 www.lamusebouche.ca Ouvert mai-oct. : tlj. 11h-22h*

Auberge sur mer Une table réputée de Notre-Dame-du-Portage. Le chef tire le meilleur des produits locaux : longe d'agneau de Kamouraska, herbes de batture en assaisonnement... En automne, ne faites pas l'impasse sur le gibier (wapiti, cerf, etc.). Le tout à déguster dans un cadre un rien guindé, mais face au Saint-Laurent. Couchers de soleil magiques au dessert... Comptez 30-50$ pour 2 plats, env. 40$ en table d'hôtes. Réservation recommandée. Quant aux chambres (auberge et motel), elles peuvent dépanner mais n'ont aucun charme (double 78-118$). *363, route du Fleuve* ***Notre-Dame-du-Portage*** *Tél. 418 862 0642 ou 1 888 622 0642 www.aubergesurmer.ca Ouvert mi-mai-mi-oct. : tlj. 17h-22h*

La Halte du verger Sur les hauteurs de Notre-Dame-du-Portage, cette maison ravissante possède une vue éblouissante sur le Saint-Laurent et au loin les Laurentides. Au premier plan, le verger déploie ses frondaisons. Cinq chambres coquettes, dont 3 avec sdb (réservez si possible l'une de l'étage). Dégustation de fromage en offre de bienvenue et, sur demande, bain d'algues, massage suédois, *reiki*, etc. Mention spéciale pour le petit déjeuner gourmet (nous vous laissons découvrir les œufs en "nid d'oiseau") et l'hospitalité de M. Poussard. Seul bémol : la proximité de la route 132. Comptez 95-115$ pour deux avec le petit déjeuner en haute saison et 90-105$ en basse. *341, route de la Montagne (route 132)* ***Notre-Dame-du-Portage*** *Tél. 418 863 5726 ou 1 866 863 5726 www.lahalteduverger.com Ouvert mai-oct.*

prix élevés

Auberge du Portage Il s'en faut de peu pour que cette grande bâtisse de style victorien ait les pieds dans l'eau. En bordure de plage, elle offre des chambres à la vue exceptionnelle (double 119-189$). Au rez-de-chaussée, les repas sont servis dans une grande véranda baignée de soleil. Fine cuisine gastronomique qui valorise les produits du terroir (table d'hôtes 35-42$). Piscine d'eau de mer chauffée et cours de yoga, de qi gong ou de taichi, face au fleuve. Pour plus d'indépendance, des chalets accueillant 6 à 11 pers. disposent de toutes les commodités nécessaires (cuisine équipée, machine à laver...) : comptez de 210 à 310$ la nuit, sans les repas. Un centre de santé attenant propose des soins de balnéothérapie, thalassothérapie et hydrothérapie. Nombreux forfaits à partir de 193$/pers. Vélos et kayaks à disposition. Beaux couchers de soleil en prime. Restaurant et spa ouverts aussi aux non résidents. *671, route du Fleuve* ***Notre-Dame-du-Portage*** *Tél. 418 862 3601 www.aubergeduportage.qc.ca Ouvert mi-avr.-début nov.*

Auberge des Aboiteaux C'est une maison bleue... retirée au fond des marais saumâtres du Saint-Laurent. Un cadre romantique à l'instar des 5 chambres, qui combinent confort moderne (sdb) et charme de jadis. La jovialité du propriétaire ajoute une touche de bonne humeur à ce relais de campagne pas guindé pour un sou. Cuisine ouverte à tous pour préparer son repas et manger sur place. Comptez 104$ avec le riche petit déjeuner. Le prix inclut l'accès à la SEBKA. *280, route 132 Ouest* ***Saint-André-de-Kamouraska*** *(5km au sud-ouest du village, en face de la SEBKA) Tél. 418 493 2495 www.aubergedesaboiteaux.com Ouvert début mai-mi-oct.*

prix très élevés

La Grand Voile Cette maison altière aux bardeaux jaune pâle a des allures de manoir ancien. Pourtant, elle est récente ! Les 5 chambres douillettes, sobres et spacieuses, avec salle de bains, bénéficient toutes d'un balcon avec vue splendide sur le Saint-Laurent, les îles de Kamouraska et La Malbaie à l'horizon. Centre santé (soins et massages) sur place. Comptez 170-195$ avec le petit déjeuner (138-158$ en basse saison). Possibilité de table d'hôtes hors saison. *168, av. Morel (route 132)* ***Kamouraska*** *Tél. 418 492 2539 www.lagrandvoile.ca Ouvert mi-avr.-fin oct.*

RIMOUSKI

La capitale du Bas-Saint-Laurent est un foyer industriel en pleine expansion. Les cafés et restaurants du centre, et une politique culturelle active font oublier la pauvreté architecturale de la ville, ravagée par un grand incendie en 1950. Rimouski, qui tire son nom du micmac "terre à orignal", constitue une bonne étape entre Québec et Gaspé, d'autant que le parc national du Bic n'est qu'à 15km au sud. La promenade du centre-ville permet d'admirer l'île Saint-Barnabé accessible en bateau, et l'immense Saint-Laurent qui se déploie à perte de vue.

MODE D'EMPLOI

accès

EN VOITURE

Rimouski est située 540km au nord-est de Montréal et 314km de Québec (par l'autoroute 20 puis la route 132 à partir de Trois-Pistoles). Suivez le tronçon de l'autoroute 20 qui contourne Rimouski par le sud si vous voulez éviter le centre-ville. Le bureau d'information touristique distribue des vignettes de stationnement gratuit (valables 3j.).

EN AVION

Air Canada Jazz Deux vols/j. Montréal-Mont-Joli. *Tél. 514 393 3333 ou 1 888 247 2262 www.aircanada.com*

Aéroport régional de Mont-Joli *875, route de l'Aéroport (route 132) (36km au nord-est de Rimouski) Tél. 418 775 3347 www.aeroportmontjoli.com*

EN TRAIN

Via Rail Le train qui circule entre Montréal et Halifax 3 fois/sem. s'arrête à Rimouski au beau milieu de la nuit. Notez que la gare n'ouvre que 45min avant l'arrivée du train et ne compte pas de guichet de vente de billet. *Tél. 514 989 2626 ou 1 888 842 7245 www.viarail.ca*

Gare *57, rue de l'Évêché Est*

EN CAR

Orléans Express Assure plusieurs liaisons par jour entre Rimouski et Montréal (7h30 de route), Québec (4h30), Rivière-du-Loup (1h30) et Gaspé (6h40). *Tél. 514 395 4000 ou 1 888 999 3977 www.orleansexpress.com*

Gare routière *90, rue Léonidas (près du centre commercial Carrefour Rimouski, à 2km au nord du centre-ville) Tél. 418 723 4923*

EN BATEAU

Liaison Rimouski-Forestville De début mai à mi-septembre, deux à quatre départs/jour, selon les marées. La traversée dure 1h. Réservation indispensable pour les passages avec véhicule, plusieurs jours avant en haute saison. Tarif 15-23$ AS, voiture 48$ AS. *Tél. 1 800 973 2725 ou 418 725 2725 www.traversier.com*

Relais Nordik D'avril à janvier, le *Bella Desgagnés* ravitaille les ports de la Côte-Nord une fois par semaine. Départ de Rimouski le lundi soir, première escale à Sept-Îles, puis dix autres jusqu'à Blanc-Sablon. Une expérience unique pour découvrir la beauté sauvage des confins de la Côte-Nord et ses villages accessibles seulement par bateau. Tarifs sur le site Internet. Réservez plusieurs mois avant. *Tél. 418 723 8787 ou 1 800 463 0680 www.relaisnordik.com*

Port de Rimouski *Route du Quai (2km au nord du centre-ville)*

Traverse Trois-Pistoles - Les Escoumins De juin à octobre, ce ferry assure une à trois traversées par jour (durée 1h30). Tarif 13,50$ à 19,50$ AS, voiture 46$ AS. Réservation conseillée. *11, rue du Parc Tél. 418 851 4676 ou 1 877 851 4677 traversiercnb.ca*

orientation

La route 132, qui longe le Saint-Laurent, change plusieurs fois de nom en traversant Rimouski : à hauteur du centre-ville, c'est le boulevard René-Lepage, où se glisse entre la route et le fleuve une belle promenade piétonne longue de 5km. L'axe principal de la localité, la rue Saint-Germain, regroupe les commerces. Toutes les rues de Rimouski se terminent par Est et Ouest en fonction de leur position par rapport à l'avenue de la Cathédrale, la seconde artère commerciale, perpendiculaire au fleuve.

informations touristiques

Bureau d'information touristique Renseigne sur le parc national du Bic, distribue un plan de visite de la ville à travers son histoire (4 circuits de 10-30min) et propose des promenades historiques guidées de Rimouski en été (jeu.-dim. à 10h et 13h30, durée 1h30, gratuit). Accès Internet (15min) et wifi gratuits. Offre aussi des vignettes pour stationner gratuitement dans le centre-ville. *50, rue Saint-Germain Ouest* ***Rimouski*** *Tél. 418 723 2322 ou 1 800 746 6875 tourismerimouski.com Ouvert début mai-mi-juin : lun.-ven. 9h-16h30 ; mi-juin-début sept. : tlj. 8h30-19h30 ; début sept.-début oct. : lun.-ven. 8h30-17h30, w.-e. 11h-16h ; reste de l'année : lun.-ven. 9h-12h et 13h-16h30*

fêtes et manifestations

Les Grandes Fêtes Cinq jours de musique populaire. ***Rimouski*** *dans le parc Beauséjour lesgrandesfetes.com Mi-juil.*

Concerts aux îles du Bic Concerts de musique de chambre. *Village du Bic, dans le parc et les environs www.bicmusique.com Une semaine vers la mi-août*

Festi Jazz La ville swingue au rythme du jazz (avec quelques pointures du genre) et des musiques du monde, en centre-ville. ***Rimouski*** *festijazz rimouski.com Début septembre*

Carrousel international du film Des films québécois et internationaux pour la jeunesse sont projetés quotidiennement aux cinémas Lido et Paralœil, pendant une semaine. ***Rimouski*** *cifr.club Fin sept.*

Traversée du sentier de la Bouette Une fois par an en août, lorsque la marée est au plus bas, un cortège de 500 personnes entreprend de gagner l'île Verte (p.434) à pied dans la "bouette" (la vase). On peut rejoindre cette joyeuse compagnie en s'inscrivant sur le site Internet. ***Île Verte*** *labouette.com*

DÉCOUVRIR

☆**Les essentiels** Le site historique de Pointe-au-Père, le parc national du Bic, l'Île Verte **Découvrir autrement** Écoutez un concert de musique classique au Bic (cf. Mode d'emploi), séjournez au Domaine Valga, pagayez sur le Saint-Laurent au coucher du soleil

Rimouski

Musée régional Les amateurs d'art contemporain prendront plaisir à flâner dans les étages de ce musée, qui occupe la première église en pierre de la région (1823-1824). Certaines des expositions temporaires mettent en avant quelques-uns des 200 000 négatifs du fonds régional Clément-Claveau. Le rez-de-chaussée abrite un espace de sensibilisation à l'environnement, pédagogique mais pas très original. *35, rue Saint-Germain Ouest Tél. 418 724 2272 museerimouski.qc.ca Ouvert mi-juin-début sept. : tlj. 9h30-18h ; début sept.-mi-juin : mer. et ven.-dim. 12h-17h, jeu. 12h-20h Tarif 6$, réduit 4$, familles 14$, entrée libre jeu. 16-20h*

Site historique de la maison Lamontagne À la sortie est de la ville, cette modeste demeure de 1750 est l'une des deux maisons en colombage pierroté (un mélange de petites pierres et de mortier vient combler l'espace entre les poutres) encore visibles au Québec – l'autre se trouve sur l'île d'Orléans. C'est là son principal intérêt. À l'extérieur, une exposition retrace l'évolution de l'architecture domestique au Québec. L'intérieur est consacré au mode de vie des Québécois du XVIIIe siècle. Visite commentée instructive assurée par des guides costumés, et chaque vendredi du pain est cuit dans un vieux four. Activités familiales, aires de pique-nique et boutique de produits du terroir. *707, bd du Rivage (route 132 Est, dir. Pointe-au-Père) Tél. 418 722 4038 www.maisonlamontagne.com Ouvert fin juin-début sept. : tlj. 9h-18h ; début sept.-mi-oct. : ven.-dim. 9h-17h Tarif 5$, réduit 3-4$, familles 12$*

Parc Beauséjour Ce parc prisé des Rimouskois pour ses pistes cyclables et ses aires de pique-nique est le point de départ de trois beaux sentiers de randonnée totalisant 15km : deux suivent chacune des berges de la rivière Rimouski tandis qu'un autre (accessible aux personnes à mobilité réduite) longe le littoral du fleuve Saint-Laurent. En hiver, patineurs et skieurs de fond remplacent les marcheurs et une remontée mécanique permet de dévaler des pentes en luge (location d'équipement au pavillon du parc). *400, bd de la Rivière Tél. 418 724 3167 Ouvert tlj. Entrée libre*

Île Saint-Barnabé À 3km au large de Rimouski, cette île baptisée par Samuel de Champlain en 1603 est un havre pour plus de 70 espèces d'oiseaux migrateurs, dont le grand héron. On y observe aussi parfois des phoques. La vue sur Rimouski et, de l'autre côté, sur la Côte-Nord est splendide. Quinze kilomètres de sentiers permettent d'explorer l'île à sa guise, et des sites de camping rustiques (25$, pas d'eau, toilettes sèches) offrent l'opportunité de prolonger le séjour et de profiter du fantastique coucher de soleil. Comptez 10min de traversée en zodiac à partir de la marina de Rimouski. Départs de 9h à 14h30 tlj. **Marina de Rimouski** *Tél. 418 723 2280 poste 3 www.ilestbarnabe.com Accessible mi-juin-1er lun. de sept. Tarif 19$, réduit 12,50$, familles 26$*

Où siroter un bon café ?

La Brûlerie d'ici Ce café "bobo" est une authentique brûlerie, qui propose une trentaine de cafés du monde. Affalé sur un canapé, on y sirote son moka d'Éthiopie ou son café de Papouasie favori en feuilletant les journaux mis à disposition. Terrasses pour observer l'animation du centre-ville et coin pub so *British*. Musique d'ambiance et petite restauration de qualité (panini, bagels, soupes, muffins...). 4-12$. *91, rue Saint-Germain Ouest* ***Rimouski*** *Tél. 418 723 3424 www.bruleriedici.com Ouvert lun.-ven. 7h-22h, w.-e. 8h-22h Pub ouvert jusqu'à 23h dim.-mer. et 0h jeu. sam.*

Où boire un verre ?

Le Bien, le Malt Pour une ambiance jeune et décontractée, choisissez cette sympathique microbrasserie qui produit ses bières d'inspiration anglaise en mini quantité, assurant ainsi un roulement continu des produits proposés. Véritable rendez-vous de quartier le soir, où l'on refait le monde devant une pinte (6,50$) ou un whisky (bon choix), avec en prime un menu de petites bouchées. *141, av. Belzile Tél. 418 723 1339 lebienlemalt.com Ouvert dim.-mer. 15h-23h, jeu.-sam. 15h-2h*

Le Sang royal Pour un climat plus sage mais tout aussi chaleureux, choisissez ce bar à vin moderne et élégant. Bonne sélection de crus en provenance du monde entier (à partir de 5$ le verre) et délicieux plats qui voguent entre le fast-food de luxe (poutine au sanglier effiloché, hamburger de bison) et la cuisine de bistrot inventive (risotto d'agneau confit au curry, churros et glace à l'avocat).

Comptez une vingtaine de dollars le repas. *101 D, rue Saint-Germain Ouest (à l'étage du centre commercial Place Wilfrid) Tél. 418 725 3488 le-sang-royal.com Ouvert mar.-jeu. 11h-23h, ven. 11h-0h, sam. 15h-0h*

Le nord du Bas-Saint-Laurent

Au nord de Rimouski

☆ **Site historique maritime de Pointe-au-Père** Ce musée didactique apporte un éclairage intéressant à la tragédie de l'*Empress of Ireland*, le transatlantique du Canadien Pacifique qui fit naufrage au large de Sainte-Luce le 29 mai 1914 à 1h50, après être entré en collision avec un autre navire. Il s'agit de la plus grande catastrophe maritime nationale : le paquebot sombra en 14 minutes, faisant 1 012 morts parmi les 1 477 passagers. Le bâtiment principal, face au phare de Pointe-au-Père, présente les émouvants vestiges de l'épave (roue de gouvernail, transmetteur d'ordre, vaisselle) et une présentation multimédia immersive sur le drame (20min). Juste à côté, la vie en 1914 est abordée dans le hangar 14. Au bord de l'eau se visite l'*Onondaga*, le sous-marin canadien qui connut la plus longue carrière (33 ans). En été, on peut passer la soirée et la nuit à bord en réservant sa couchette quelques jours avant (15 pers. maximum, avec animation de 19h à 23h, mais le confort est rudimentaire). Dans les bâtiments annexes, des expositions sur les fouilles marines et les différents systèmes d'aide à la navigation sur le Saint-Laurent prolongent la visite. Enfin, grimpez en haut du phare (33m, 128 marches et deux échelles, déconseillé aux personnes sujettes au vertige) pour jouir d'un panorama saisissant sur le Saint-Laurent. *1000, rue du Phare* ***Pointe-au-Père*** *(11km à l'est de Rimouski par la 132) Tél. 418 724 6214 www.shmp.qc.ca Ouvert fin mai-début oct. : tlj. 9h-18h Tarif phare 4$, réduit 3$; exposition "Empress" 9,50$, réduit 7$; sous-marin 15,75$, réduit 9,25$; l'ensemble 24$, réduit 17$ Couchette à bord de l'Onondaga 75$, réduit 50$*

Sainte-Luce Ce petit village côtier fondé en 1829 se transforme en une populaire station balnéaire l'été venu et accueille en juillet un grand concours de sculptures de sable sur sa plage longue de 2,5km. Admirez les couleurs vives des maisons anciennes, l'église de 1840 et son petit cimetière marin. Plusieurs restaurants de fruits de mer sur le rivage. *20km au nord-est de Rimouski par la 132*

Où trouver sa cabane au Canada ?

☺ **Domaine Valga** Voici l'endroit idéal pour vivre l'expérience québécoise rêvée : des chalets de bois ronds au bord d'un lac où barbotent des castors, des activités qui permettent de profiter de la nature en toute saison et un chaleureux accueil familial. Pour l'hébergement, choisissez entre la grande auberge renfermant 9 belles chambres (à partir de 75$/pers.) ou l'un des deux chalets accueillant confortablement jusqu'à 10 personnes (à partir de 225$, deux nuitées min.). Dans les deux cas, vous séjournez dans de splendides édifices construits par les propriétaires avec les arbres de leur domaine. Vous pourrez aussi déguster la roborative cuisine maison en compagnie de la famille et profiter des nombreuses activités proposées : kayak, canot, pêche, randonnée, vélo et ski de fond ou motoneige en hiver. L'adrénaline est aussi au rendez-vous avec la Forêt de maître Corbeau, un parcours d'accrobranche totalisant 1,6km de ponts aériens et autres tyroliennes survolant le lac. Il n'est pas obligatoire de séjourner sur place pour accéder aux activités, mais nous conseillons un minimum de deux nuitées à tous ceux qui veulent s'immerger dans ce bel environnement forestier. Pensez à réserver. *300, chemin des Écorchis* ***Saint-Gabriel-de-Rimouski*** *(via route 298, 39km au nord-est de Rimouski) Tél. 418 739 4200 www.domainevalga.com* **Forêt de maître Corbeau** *Ouvert juin-août : tlj. 9h-18h ; sept. : w.-e. 9h-18h ; reste de l'année sur réservation Tarif 33$, réduit 19-29$*

Au sud de Rimouski

Canyon des Portes-de-l'Enfer Ce sont les draveurs (convoyeurs de bois flottant) qui ont baptisé ainsi ce défilé long de 5km, dont les parois abruptes atteignent 90m de haut et dont la chute du Grand-Sault marque l'entrée. En y pénétrant, la rivière Rimouski fait un raffut de tous les diables ! Trois sentiers pédestres et une piste cyclable ont été aménagés dans le parc. Du premier parking, à 3km de l'entrée, une balade de 1km AR (30min) vous mènera à la chute du Grand-Sault (20m). Le sentier des Draveurs (2,3km AR, 1h30) part du second parking et emprunte la plus haute passerelle suspendue du Québec (63m), puis l'escalier de 300 marches qui "descend aux Enfers" – la rivière Rimouski. La remontée peut impressionner mais elle se fait finalement plutôt bien ; attention, l'été, les moustiques sont de la partie. D'autres activités familiales sont aussi proposées (géocaching, labyrinthe...). Service de restauration (11h30-16h, de fin juin à fin août). Hébergement possible en camping rustique (14 sites) ou en chalet (5 unités pour 4-10 pers.). *1280, chemin Duchénier* ***Saint-Narcisse-de-Rimouski*** *(24km au sud de Rimouski par la 232) Tél. 418 735 6063 www.canyonportesenfer.qc.ca Ouvert début juil.-mi-août : tlj. 8h30-18h30 ; fin mai-début juil., mi-août-mi-oct. : tlj. 9h-17h Tarif 13$, réduit 7$, familles 35$*

UN PETIT CREUX AU BIC ?

Au cœur du parc national du Bic, vous pourrez vous restaurer à la ferme Rioux, une grange rénovée pour accueillir une Boutique Nature (souvenirs et artisanat local), une micro épicerie et un comptoir de sandwichs et repas simples. Pour une pause gourmande, marchez jusqu'à La Rose des thés, un formidable salon de thé installé dans une maison historique, où l'on se régale d'irrésistibles pâtisseries et biscuits. **Ferme Rioux** *Au bout de la route n°2 Ouvert début juin-mi-oct.* **La Rose des Thés** *Sur le sentier Chemin-du-Nord Ouvert mi-juin-mi-sept. : tlj. 10h30-16h30*

☆ ☺ **Parc national du Bic** Avec une superficie de 33,2km², "le Bic" fait figure de Petit Poucet à côté des autres parcs naturels québécois. C'est pourtant l'un des plus sympathiques. Son échelle reste humaine, et son relief varié est un émerveillement constant : anses, caps, îles et montagnes forment un décor ravissant à découvrir à pied, à vélo, en kayak... N'oubliez pas vos jumelles, si vous voulez observer les phoques. Le parc peut se visiter en une journée, profitez alors des excursions guidées de 2h en minibus (tlj. du 24 juin au 1er lundi de septembre, 19,25$, rés. obligatoire). Mais pour tout voir, comptez deux jours. Attention ! Les animaux de compagnie n'y sont pas acceptés. *20km au sud-ouest de Rimouski par la route 132*

Tél. 418 736 5035 ou 1 800 665 6527 www.sepaq.com/pq/bic/ Ouvert toute l'année Accueil ouvert fin mai-2e lun. d'oct. Droit d'accès 8,50$, gratuit pour les moins de 18 ans

Accès Les secteurs de Cap-à-l'Orignal (bureau d'accueil) et de Rivière-du-Sud-Ouest – accueil principal, centre d'interprétation, location de vélos, enregistrement campings (p.436) – font office d'entrées principales. D'autres secteurs ont leur entrée propre, tel celui du Havre-du-Bic, d'où partent les excursions en kayak. On paie son droit d'accès dans les bureaux d'accueil. Profitez-en pour vous renseigner sur les nombreuses activités proposées en saison : randonnées guidées, visites en bus, conférences naturalistes, théâtre pour enfants… En juillet-août, des concerts de musique de chambre sont donnés dans le parc tous les dimanches après-midi à La Rose des thés (sentier Chemin-du-Nord), une animation qui culmine lors du festival de musique de chambre (p.428).

Découvrir le Bic en marchant ou en pédalant Le **parc national du Bic** compte plus de 50km de sentiers et 25km de pistes cyclables. Procurez-vous le guide du visiteur qui les détaille tous. La randonnée vedette mène au sommet du Pic-Champlain, point culminant du parc (350m). Départ du parking du Pic-Champlain. Comptez 2h30 AR – la pente est assez raide, mais régulière. De mi-juin à fin août, navette pour le sommet l'après-midi : départ tlj. toutes les 30min de 12h à 14h30. Elle ne circule que le week-end de fin août à début septembre (4,50$ AS, 7,50$ AR). Autre must : le sentier du Chemin-du-Nord, qui mène au Cap-à-l'Orignal et ménage de beaux points de vue sur le littoral, tout en passant par une jolie maison de thé. Pour vous exclamer de ravissement au coucher du soleil, rendez-vous dans la baie du Ha ! Ha ! Location de vélos au poste d'accueil de Rivière-du-Sud-Ouest (39,50$/j.).

Observer des phoques et des oiseaux Une colonie de phoques se prélasse au soleil sur les rochers du **Cap-Caribou** ou de la **Pointe-aux-Épinettes**, en alternance. On peut l'observer de la plage. Un guide muni de jumelles se tient sur les lieux aux périodes les plus propices (10h à 11h et 13h30 à 15h30) pour répondre aux questions des curieux. Du **belvédère Raoul-Roy**, à l'extrémité ouest du parc, on peut observer des eiders de fin mai à début juillet, et des oiseaux de proie en migration (pygargues à tête blanche, buses à queue rousse, aigles royaux) de fin mars à début juin.

Pagayer dans le Bic

Aventures Archipel Différentes excursions en kayak sont proposées, pour pagayer sur le fleuve une demi-journée (67$), une journée (144$) ou pour admirer le coucher du soleil sur le Saint-Laurent en compagnie des phoques. Inoubliable ! (67$). Commentaires avisés des moniteurs sur la faune et la flore. Réservation au moins un jour à l'avance. ***Le Bic** Secteur Havre-du-Bic Tél. 418 736 5035 ou 1 800 665 6527 aventuresarchipel.com Ouvert début juin-début oct.*

Trois-Pistoles

Cette bourgade n'a pas oublié que les baleiniers du golfe de Gascogne fréquentaient déjà les parages avant l'arrivée de Jacques Cartier. Ces marins

chevronnés avaient coutume de relâcher à l'île aux Basques, en face de la future localité. Une fromagerie basque à l'entrée ouest de Trois-Pistoles et un terrain de pelote (le musée attenant est malheureusement fermé temporairement) rappellent ces origines. C'est un marin français du XVIIe siècle qui, ayant laissé choir dans la rivière un gobelet d'argent d'une valeur de trois pistoles, aurait donné son nom au cours d'eau puis à la ville. *63km au sud-ouest de Rimouski par la 132*
Bureau d'information touristique Propose un aperçu de la région en réalité virtuelle. *51, route 132 ouest (halte routière) Tél. 418 851 3698 tourismelesbasques.com Ouvert mi-juin-début sept. : tlj. 9h-19h ; début sept.-mi-oct. : tlj. 9h-16h*

Église Notre-Dame-des-Neiges Conçue par David Ouellet, elle dresse son imposante masse hérissée de clochetons étincelants en plein centre-ville depuis 1887. L'intérieur pompeux mêle les styles baroque, néobyzantin et néoclassique. Un millier d'ampoules illuminent le baldaquin de l'autel durant la messe dominicale. *30, rue Notre-Dame Est Tél. 418 851 4031 Ouvert tlj. 9h-16h30 Possibilité de visite guidée (sans supplément) en été Tarif 4$*

Musée Saint-Laurent Adrien Côté (1923-2010) a collectionné les "belles américaines" tout au long de sa vie. Une trentaine de ces voitures rutilantes, parmi d'autres antiquités, sont présentées dans une grange. Les amateurs tomberont en pâmoison devant la Packard verte (1933) et les Cadillac, Chrysler et Plymouth des années 1930 à 1960. Toutes sont en état de marche ! Remarquez aussi l'autoneige sur chenilles de 1938, une rareté. Visite commentée. *552, rue Notre-Dame Ouest (entrée ouest de Trois-Pistoles) Tél. 418 851 2345/2224 www.museestlaurent.com Ouvert 24 juin-début sept. : tlj. 9h-17h Tarif 5$, réduit 2$*

Île aux Basques Les Amérindiens l'occupaient il y a deux mille ans et les pêcheurs basques en firent un de leurs ports d'attache en 1584. Située à 5km au large de Trois-Pistoles, l'île est de nos jours un refuge pour les oiseaux migrateurs. Des visites guidées de 3h sont organisées quotidiennement, selon les marées, de juin à début septembre (départs de la marina de Trois-Pistoles) et trois chalets permettent de séjourner sur l'île. *Tél. 418 851 1202 www.provancher.qc.ca Tarif 29$, réduit 16$ (CB refusées)*

Où faire le plein de fromages et produits laitiers ?

Fromagerie des Basques Impossible de passer par Trois-Pistoles sans rendre visite à cette grande fromagerie qui produit aussi bien le fameux fromage en grains québécois (qui fait "kwick kwick" sous la dent), que des cheddars et des pâtes molles. Des pains cuits sur place complètent le panier pique-nique. De l'autre côté de la route, un restaurant et une crèmerie (tlj. 11h à 20h) permettent aussi de se goberger des spécialités maison. *69, route 132 ouest Tél. 418 851 2189 www.fromageriedesbasques.ca Ouvert tlj. 24h/24*

Partir en excursion en kayak

Coop kayaks des Îles Cette association organise des excursions guidées en kayak à la découverte de la côte et des îles de Trois-Pistoles. Au programme : une sortie d'une demi-journée (45-55$, départ à 10h), d'une journée (90-110$, départ à 10h) ou au coucher du soleil, pour voir le Saint-Laurent s'embraser

(45-55$). Réservation obligatoire. *60, av. du Parc (en face du parc de l'Aventure basque en Amérique) Tél. 418 851 4637 www.kayaksdesiles.com Ouvert fin juin-fin août*

Au sud de Trois-Pistoles

L'Isle-Verte Un village à ne pas confondre avec l'île qui lui fait face. Organisé autour de son église néogothique, L'Isle-Verte recèle quelques belles demeures historiques, notamment rue Saint-Jean-Baptiste : la Cour de circuit (siège d'un tribunal itinérant), transformée en petit musée, et la maison Louis-Bertrand d'inspiration néoclassique (1853), également ouverte à la visite. Le bureau d'information touristique édite un livret (3$) recensant les autres maisons patrimoniales du village et distribue aussi le plan d'un circuit d'interprétation passant par tous ces édifices. Il peut se charger de réserver votre traversée jusqu'à l'île Verte, la location d'un vélo et un hébergement sur place. *80km au sud-ouest de Rimouski par la 132* **Cour de circuit** *199, rue Saint-Jean-Baptiste Ouvert fin juin-début sept. : tlj. 10h-17h* **Kiosque d'information touristique** *20, rue Villeray (route 132, halte municipale à l'entrée ouest du village, juste avant le pont) Tél. 418 898 2812 Ouvert fin juin-début sept. : lun.-jeu. 10h-17h, ven.-dim. 8h-19h*

Réserve nationale de faune de la baie de L'Isle-Verte Le bureau d'accueil occupe la maison Girard, au joli toit à larmiers cintrés typique de Kamouraska, à la sortie est du village. Il consacre une petite exposition à la faune et à la flore des tourbières et des marais salés, et fournit un prospectus mentionnant les quatre sentiers pédestres qui sillonnent les battures de L'Isle-Verte (de 45min à 2h). Randonnée guidée pour les groupes (5$/pers.). À la fin de l'été, on peut participer au baguage des canards (50$/pers., sur rés.). La réserve fait partie du parc côtier Kiskotuk, qui englobe aussi les marais de Gros-Cacouna (p.417). *371, route 132 Est Tél. 418 898 2757 ou 418 867 8882 poste 201 (hors saison) www.parcbasstlaurent.com/kiskotuk Ouvert mi-juin-fin août : tlj. 9h-17h*

☆ ☺ **Île Verte** Cette virgule de terre posée sur le Saint-Laurent (15km sur 8km) fait un bien fou aux grands fatigués de la vie moderne. Pas de feux de circulation ni de station-service, de magasin, de banque, d'école ou d'église… mais le plus vieux **phare du Saint-Laurent** (1809) et une trentaine d'habitants l'hiver, près de 400 l'été, tous très fiers de leur île, à juste titre. Au phare, la cabane du "criard" héberge une exposition sur les gardiens des lieux, l'évolution des signaux sonores et lumineux. Belle vue sur l'embouchure du Saguenay et les dunes de Tadoussac du haut de la tour (17m). Le long de la côte nord, une randonnée de près de 8km passe de plages en formations rocheuses. La côte sud abrite la majorité des habitations, desservies par la seule route de l'île, une piste poussiéreuse. Un **musée du Squelette** rassemble la collection ostéologique de Pierre-Henry Fontaine : crânes et carcasses de baleines et d'autres mammifères marins, mais aussi d'oiseaux et de reptiles domestiques ou exotiques. Le **centre d'interprétation de l'école Michaud** présente la vie insulaire : pêche, agriculture, navigation, artisanat local, etc. Les amoureux de la nature observeront également des baleines (avec un peu de chance) au large de la côte nord, des oiseaux et dans les champs, les agneaux de pré-salé qui font le régal des gourmets. En août, ne manquez pas le sentier de la Bouette ! Cette excursion de 4km, qui s'effectue quand la marée est au plus bas, rassemble chaque année près de 500 personnes décidées à gagner l'île à pied… dans la "bouette" (la vase). Le retour se fait en bateau. Prévoyez une vieille paire d'espadrilles ou des bottes, un bon chandail, un coupe-vent et des vêtements de rechange, mais notez que les réservations sont obligatoires. Pour le visiteur, l'Île Verte est un sympathique but d'excursion à la journée, de préférence à vélo en l'absence de sentier véritablement piéton, mais c'est en y séjournant une ou plutôt deux nuitées que l'on savoure la douce ambiance insulaire qui y règne. Il existe plusieurs solutions d'hébergement et de restauration (p.439). *Tél. 418 863 3174 www.ileverte-tourisme.com Sites ouverts fin juin-fin août : tlj. 9h30-17h Tarif combiné phare, musée et centre d'interprétation : 15$, moins de 8 ans gratuit ; 7$ pour un musée*

Accès De fin avril à mi-novembre, en traversier et en fonction des marées, départ du quai du village de L'Isle-Verte. Renseignez-vous donc quelques jours avant et réservez l'aller et le retour auprès de l'office de tourisme de L'Isle-Verte ou directement auprès de la société de transport. L'hiver, en motoneige ou à pied quand le pont de neige est formé sur le fleuve, ou en hélicoptère de Cacouna en période de gel et dégel. **Société Inter-Rives de l'Île Verte** *Traversier pour automobiles (40$), piétons (6,70$, réduit 2,35$) et cyclistes (1$/vélo). 2 à 4 traversées/j. Durée 30min.* **Hélicoptère** *26,60$ AS, réduit 5,40-13,15$ (sur rés.) Tél. 418 898 2843 traverseileverte.quebec* **Déplacements sur l'île** *Location de vélos à la Ferme du Milieu. Comptez 10$/j. On peut vous les apporter au quai d'arrivée du traversier en réservant à l'avance. 4404, chemin de l'Île Tél. 418 898 2199 ou 418 860 7425 Ouvert mai-oct. : tlj.*

Où prendre un verre et le pouls de l'île Verte ?

Le café d'Alphée Bien plus qu'un simple bar-café, c'est le cœur et l'âme de l'Île Verte que l'on retrouve ici. Derrière son comptoir, Donald vous contera les hauts et les bas des résidents permanents qui affrontent l'hiver sur ce bout de terre, tout en vous servant un bon café ou une bière de microbrasserie. Vous pouvez apporter votre pique-nique. Et ne manquez pas d'admirer les œuvres de France, dont l'atelier d'artisanat se cache à l'arrière de l'établissement. *Quai d'en Haut* ***Notre-Dame-des-Sept-Douleurs*** *Tél. 418 898 2923 Ouvert juin-oct. : tlj. ; hiver : w.-e. , mar. dim. durant le pont de glace*

CARNET D'ADRESSES

Restauration, hébergement

petits prix

Le Crêpe-Chignon À l'ombre de la cathédrale, un sympathique café-crêperie. Les Bretons auront sûrement mangé de meilleures galettes, mais la qualité de la pâte et surtout la fraîcheur des garnitures sont appréciables au pays de la poutine ! Riante terrasse en été, salle intime en hiver, service décontracté mais professionnel. Prix fort raisonnables : 12$ à midi, env. 20$ le soir. *140, av. de la Cathédrale* ***Rimouski*** *Tél. 418 724 0400 crepechignon.com Ouvert lun. 7h-21h, mar.-jeu. 7h-22h, sam. 8h-22h, dim. 8h-21h*

QUÉBEC ET LE CENTRE

Central Café Les habitants de Rimouski plébiscitent ce restaurant chaleureux installé dans une maison en brique de style victorien. Et on les comprend : l'intérieur est baigné d'une douce musique d'ambiance et tapissé de centaines de nichoirs à oiseaux. Dans ce nid douillet, on se rassasie d'une cuisine simple, mais soignée : salades, hamburgers, terrines de gibier, pizzas, assiettes garnies, pâtes... Terrasse chauffée jusqu'à mi-septembre. Comptez 15$ à midi, 20-30$ le soir en table d'hôtes. *31, rue de l'Évêché Ouest **Rimouski** Tél. 418 722 4011 www.centralcafe rimouski.com Ouvert lun.-sam. 11h-22h, dim. 16h-22h*

Auberge de la Vieille Maison Si le restaurant du rez-de-chaussée, la Maison du Spaghetti, n'est pas recommandé, les 8 chambres inspirent confiance. La décoration est d'assez bon goût, la propreté et le confort sont là, même s'il faut partager la salle de bains (3 par étage) et si certaines chambres manquent d'espace. Demandez à visiter avant de vous installer et préférez celles des étages supérieurs pour plus de tranquillité. Situation centrale. Comptez 55-75$ sans le petit déjeuner en haute saison. *35, rue Saint-Germain Est **Rimouski** Tél. 418 723 6010 www.maisonduspa ghetti.com*

prix moyens

Bistro La Réserve Une excellente adresse dans le centre pour savourer une fine cuisine qui met en valeur les produits locaux. Calmars en croûte de polenta, poitrine de pintade laquée au miel ou encore le boudin maison sont apprêtés avec soin et savourés dans un cadre contemporain ou sur la petite terrasse estivale. Menu déjeuner à partir de 14$, comptez 30-40$ le soir. Bonne carte des vins. *150, av. de la Cathédrale **Rimouski** Tél. 418 730 6525 bistrolareserve.com Ouvert mar.-ven. 11h-22h, sam. 17h-22h*

☺ **Gîte Victoria** Un petit déjeuner sain, de coquettes chambres de style victorien, l'accueil chaleureux et complice de Robin... Ne cherchez plus, c'est là, à deux pas de la cathédrale, que se cache le meilleur gîte de Rimouski. Trois des chambres de cette maison des années 1920 partagent une salle de bains (85$ TTC, petit déj. inclus) tandis que la suite (100$) offre plus d'espace et d'intimité. Paiement en espèces uniquement. Réservation conseillée en août-septembre. *77, rue Saint-Pierre **Rimouski** Tél. 418 723 4483 Page Facebook Ouvert mai-oct.*

prix élevés

Hôtel Le Saint-Germain En plein centre-ville, cet hôtel installé dans un immeuble d'appartements propose des chambres contemporaines confortables comprenant chacune une cuisine. Préférez celles du cinquième étage pour bénéficier d'une belle vue sur le fleuve. Le petit déjeuner continental est livré chaque matin avec le journal du jour dans la chambre. Service professionnel. Double 125-145$. *126, rue de Vimy **Rimouski** Tél. 418 724 9000 www.hotel lestgermain.com*

Dans les environs

très petits prix

Parc national du Bic Amoureux de la nature, une nuitée s'impose dans l'un des trois campings du parc. Le principal, dans le secteur Rivière-du-Sud-Ouest, réunit 138 emplacements bien équipés sur un terrain boisé, mais la proximité de la route 132 est une nuisance. Plus rustique et nettement plus agréable, le Rioux regroupe ses 41 places au calme près de la baie des Ha ! Ha ! (avec ou sans services, sanitaires). Enfin, la Coulée peut accueillir 9 tentes au bord de l'eau, sur des plates-formes d'ancrage (aucune commodité, accès à pied, à vélo ou en kayak). Comptez 29-38$ la nuit. Vous avez aussi la possibilité de louer une yourte pour quatre (110$) dans l'île aux Amours (tout un programme !), ou une tente Huttopia équipée en prêt-à-camper aux campings Rioux et Rivière-du-Sud-Ouest (120$). Enfin, deux chalets sont aussi disponibles (129$). Dans tous les cas, réserver en été est indispensable. *Parc national du Bic (20km au sud-ouest de Rimouski) Tél. 1 800 665 6527 www.sepaq.com/pq/bic*

prix moyens

Gîte La Marbella Une adresse pratique et d'un bon rapport qualité-prix, située au cœur de Trois-Pistoles, au-dessus d'une librairie. Les 5 chambres pimpantes et colorées sont agréables. Préférez celles avec sdb privatives, à peine plus onéreuses que les autres (double 85$, petit déj. inclus). Jolie terrasse pour profiter de la vue sur le fleuve. L'établissement compte aussi un restaurant spécialisé dans les pâtes et les fruits de mer, juste de l'autre côté de la rue (ouvert mai-sept. tlj. 11h30-21h30, comptez 15-20$ le repas). *96, rue Notre-Dame ouest* ***Trois-Pistoles*** *Tél. 418 851 4704 ou 1 866 851 7839 www.gite-lamarbella.ca*

Gîte La Rose des vents Une belle maison bleu-gris située en pleine campagne sur les hauteurs de Trois-Pistoles, qui jouit d'une vue panoramique sur le fleuve. Les 5 chambres disposent de tout le confort (sdb, wifi). On se réjouit d'un accueil formidable et d'un petit déjeuner gourmet. La terrasse et le jardin invitent à se poser pour contempler la nature et les merveilleux couchers de soleil. Double 105$. *80, 2e Rang ouest* ***Trois-Pistoles*** *(6km au sud de Trois-Pistoles, via route 293 ou la route du Sault) Tél. 418 851 4926 ou 1 844 593 4926 www.gites-classifies.qc.ca/rosven.htm*

Le Moulin banal du Ruisseau à la Loutre À mi-chemin entre Pointe-aux-Pères et Sainte-Luce, une étape de charme dans un moulin construit en 1848 et superbement restauré, face au Saint-Laurent et bordé par une petite rivière. Les chambres ont toutes un cachet irrésistible avec leurs murs de pierre, leurs poutres apparentes et de belles antiquités. Deux se partagent une sdb (100$) et la plus attrayante dispose d'une baignoire antique et d'une vue imprenable sur le fleuve (110$). Bon petit déj. servi sur la grande terrasse surplombant le Saint-Laurent et la petite plage privée. Accueil sympathique. *156, route du Fleuve Ouest* ***Sainte-Luce*** *(17km au nord de Rimouski) Tél. 418 739 3076 ou 418 750 3741 www.gitemoulinbanal.com Ouvert fin juin-début sept.*

prix élevés

☺ **Restaurant Chez Saint-Pierre** Fer de lance de la nouvelle gastronomie québécoise, cette petite table tient la dragée haute à l'auberge voisine du Mange-Grenouille. La chef, Colombe Saint-Pierre, une Bicoise qui a refusé les honneurs de grandes maisons montréalaises, sait mettre en valeur les produits du terroir comme personne. La carte change selon les saisons, les marées et les cueillettes. Une seule constante : la qualité et la finesse des mets. Décor sobre et intime en salle. Belle petite carte de vins originaux. Plats 40-50$, table d'hôtes 57-68$, menus dégustation 75-95$. CB acceptées. Peu de chance d'avoir une table si vous ne réservez pas assez longtemps à l'avance en saison. *129, rue du Mont-Saint-Louis Le Bic* ***Rimouski*** *(face à l'église) (16km au sud-ouest de Rimouski) Tél. 418 736 5051 www.chezstpierre.ca Ouvert juil.-août : mar.-dim. 17h-21h ; mai-juin, sept.-oct. : mer.-dim. 17h-21h ; nov.-déc. : ven.-sam. 17h-21h*

☺ **Auberge du Mange-Grenouille** Cette auberge de charme au décor baroque occupe un magasin général du XIXe siècle. La demeure historique accueille 9 des 22 chambres (certaines avec sdb), toutes différentes dans le registre romantique : baldaquin, baignoire sur pieds, boiseries, les îles du Bic à l'horizon... Un style champêtre victorien qu'on retrouve dans la salle du restaurant, assez théâtrale avec ses angelots, ses peintures murales et ses bouquets de fleurs séchées. Plongé dans la pénombre ou avec un œil sur le Saint-Laurent, on savoure une gastronomie à la française (foie gras poêlé, joue de veau, magret de canard). Belle carte de vins. Table d'hôtes de 42$ à 50$. Une jolie terrasse avec vue sur le fleuve loge un bar à tapas qui permet de se restaurer à moindre coût. Chambres de 89$ à 179$ avec le copieux petit déjeuner, suite 209$. Réservation indispensable en été et lors des week-ends fériés. N'oubliez pas de visiter la boutique attenante qui recèle de beaux objets en provenance du monde entier. *148, rue Sainte-Cécile Le Bic* ***Rimouski*** *(17km au sud-ouest de Rimouski) Tél. 418 736 5656 www.aubergedumangegrenouille.qc.ca Ouvert mai-oct.*

prix très élevés

☺ **Domaine Floravie** Sur un grand terrain champêtre en bord de fleuve, de splendides chalets isolés les uns des autres, en parfait accord avec la nature environnante. Les plus populaires sont d'adorables petites maisons sur roues, totalement autonomes (énergie solaire et propane, réservoir d'eau douce, toilettes sèches, barbecue), qui comprennent une cuisinette et peuvent accueillir 2 ou 4 personnes (175$, 2 nuitées minimum, tarifs dégressifs pour séjours plus longs). Un chalet et une maison plus traditionnels et aussi plus grands (4-6 pers.) sont loués à la semaine (1 275$). Et pour les personnes voyageant seules, de petites cabines permettent de profiter de cet environnement (65$). Un endroit pour déconnecter et se ressourcer, proche du parc du Bic. *100, route Santerre Le Bic* ***Rimouski*** *Tél. 418 736 4000 www.domainefloravie.com Ouvert mi-mai-fin oct.*

L'île Verte

Un séjour sur l'île Verte ne s'improvise pas. En haute saison et durant les week-ends, il convient de réserver son hébergement pour s'assurer un lit, et le traversier pour y accéder. La plupart des logements sont constitués de maisons et chalets à louer, de différentes tailles et niveaux de confort,

GAMME DE PRIX	RESTAURATION	HÉBERGEMENT
Très petits prix	moins de 15$	moins de 40$
Petits prix	de 15 à 25$	de 40 à 80$
Prix moyens	de 25 à 40$	de 80 à 120$
Prix élevés	de 40 à 55$	de 120 à 160$
Prix très élevés	plus de 55$	plus de 160$

le plus souvent à la semaine. Tous, ainsi que les rares gîtes, sont répertoriés sur le site Internet de l'office de tourisme de l'île. Pour les séjours prolongés, n'oubliez pas de faire vos courses sur le continent, car sur place, en dehors des restaurants, seule la poissonnerie La Bonne Bouffe (cf. ci-après) pourra vous dépanner. *www.ileverte-tourisme.com*

petits prix

Entre deux marées Sans charme particulier, mais pratique et économique, cet établissement propose 5 chambres de type motel, pouvant accueillir chacune 4 personnes (double 70$). Le plus : une terrasse donnant sur le fleuve. Possibilité de séjourner aussi dans 3 maisons, dont une peut être louée à la nuit. Même s'il ne paie pas de mine, le restaurant offre une cuisine simple mais de qualité et à des prix défiant toute concurrence (club sandwich, hamburger, mais aussi plats de poissons et fruits de mer), comptez 15-20$ le repas. C'est aussi bien souvent le seul endroit où l'on peut se restaurer... *3040, chemin de l'île* ***Notre-Dame-des-Sept-Douleurs*** *(à 3km du quai) Tél. 418 898 2199 entre-deux-marees.com*

prix moyens

Gîte et poissonnerie La Bonne bouffe Dans cette belle bâtisse tournée vers le fleuve, se nichent à l'étage 3 chambres douillettes partageant une sdb (double 80$). L'excellent petit déj. est concocté par Colette, maîtresse des lieux et poissonnière de l'île. Elle traite saumons et esturgeons dans un fumoir traditionnel (une boucanerie) et vend ses succulents produits à la boutique attenante au gîte, où l'on trouve aussi de bons petits plats cuisinés maison. Une adresse conviviale, qui accueille des clients toute l'année. *4902, chemin de l'île* ***Notre-Dame-des-Sept-Douleurs*** *(à 3,5km du quai) Tél. 418 898 3325 www.gitelabonnebouffe.com*

prix élevés

☺ **Les Maisons du phare de l'Île Verte** Depuis deux siècles, la maison du gardien de phare et celle de son assistant s'endorment à la lumière du phare de l'île (p.434). Celui-ci constitue la plus ancienne aide à la navigation située au bord du Saint-Laurent. Neuf chambres confortables (sdb partagée) s'offrent aux visiteurs, chacune retraçant un pan d'histoire du lieu. On profite d'une cuisine commune, d'un service de navette depuis le quai et surtout d'une atmosphère inégalable. Double 120$ avec le petit déjeuner. CB acceptées et rabais hors saison. Réservez au moins un mois à l'avance en haute saison. *2802, route du Phare* ***Notre-Dame-des-Sept-Douleurs*** *(à 2km du quai) Tél. 418 898 2730 phareileverte.com Ouvert juin-mi-oct.*

La vallée de la Jacques-Cartier (p.343), dans les environs de Québec.

Le bleuet (p.471), fruit de l'airelle à feuilles étroites.

SAGUENAY-LAC-SAINT-JEAN ET CÔTE-NORD

V

Plan 15 Saguenay, Lac Saint-Jean et Côte-Nord

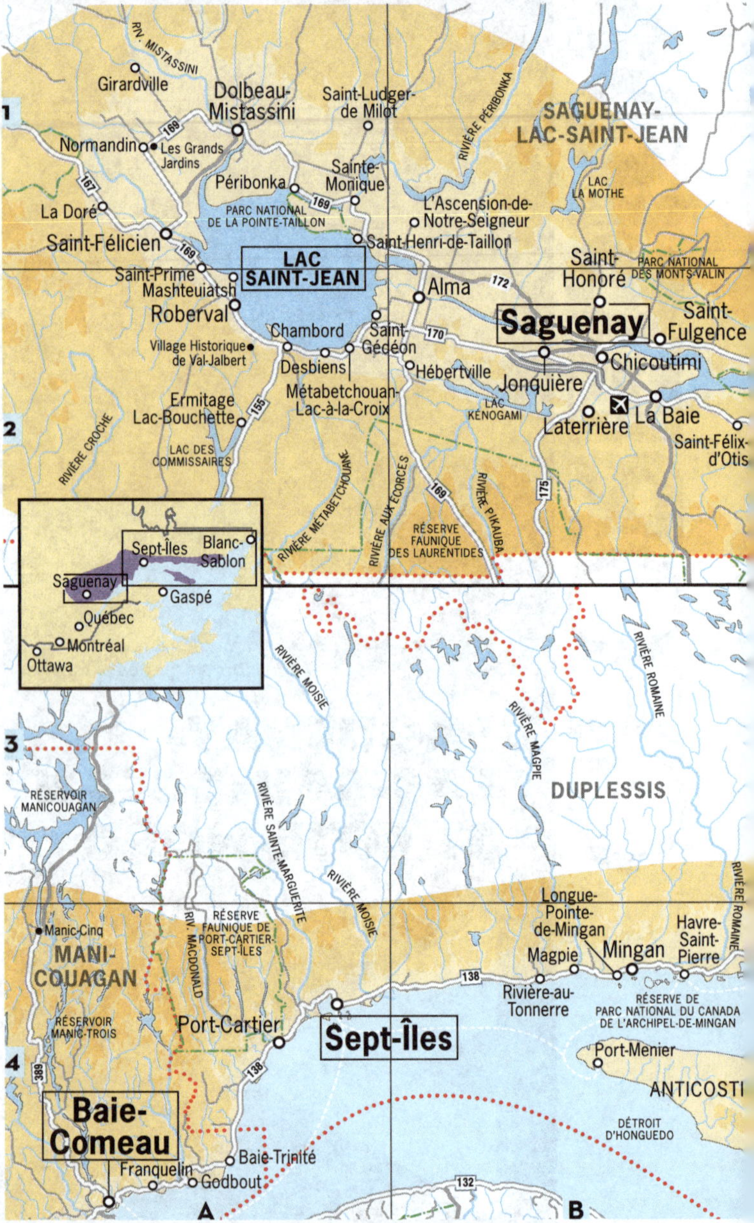

SEPT-ÎLES
RIVIÈRE BETSIAMITES
138
Pointe-aux-Outardes
Betsiamites
LAC POULIN-DE-COURVAL
RIVIÈRE SAULT-AUX-COCHONS
Colombier
Forestville
SEPT-ÎLES
SAINT-LAURENT
Port-Neuf-sur-Mer
Mont-Joli
Sainte-Luce
Rimouski
ÎLE DU BIC
PARC NATIONAL DU BIC
Sainte-Rose-du-Nord
172
RIVIÈRE SAGUENAY
PARC NATIONAL DU FJORD-DU-SAGUENAY
Les Escoumins
Essipit
Sacré-Cœur
138
234
Saint-Narcisse de Rimouski
132
Les Bergeronnes
Rivière-Éternité
170
L'Anse-Saint-Jean
Petit-Saguenay
RÉSERVE FAUNIQUE DUCHÉNIER
Tadoussac
ÎLE AUX BASQUES
Trois-Pistoles
232
Baie-Sainte-Catherine
BAS-SAINT-LAURENT
QUÉBEC
PARC MARIN DU SAGUENAY-SAINT-LAURENT
ÎLE VERTE
L'Isle Verte
N
25 km
RIVIÈRE SAINT-AUGUSTIN
Blanc Sablon
RIVIÈRE NATASHQUAN
RIVIÈRE DU PETIT-MÉCATINA
Saint-Augustin
RIVIÈRE OLOMANE
DÉTROIT DE BELLE-ISLE
Harrington Harbour
Aguanish
138
Kegaska
Natashquan
GOLFE DU SAINT-LAURENT
DÉTROIT DE JACQUES-CARTIER
PARC NATIONAL D'ANTICOSTI
TERRE-NEUVE-ET-LABRADOR
N
50 km
C
D

SAGUENAY ET SON FJORD

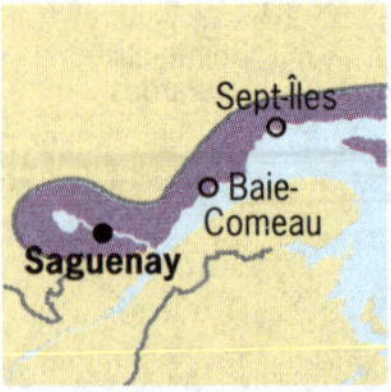

Le fjord du Saguenay a donné, en 2002, son nom à la ville, née de la fusion de trois municipalités, qui forme le septième centre urbain du Québec. Les Saguenéens continuent toutefois à se réclamer de l'un ou l'autre de ses trois arrondissements, assez différents il est vrai. À l'ouest, Jonquière l'ouvrière oublie ses avenues monotones dans les troquets de la bouillonnante rue Saint-Dominique. À l'est, le port et centre industriel de La Baie s'abrite dans un havre au nom cocasse de "Ha ! Ha ! " Entre les deux, Chicoutimi, pôle administratif et financier aux tables réputées, déroule ses charmantes rues pentues face aux reliefs accidentés des monts Valin. Si la fondation des premiers postes de traite le long du Saguenay remonte à 1676, la colonisation de la région ne débuta qu'au XIXe siècle, quand il s'agit de fournir du bois à la Grande-Bretagne. Au début du XXe siècle, l'essor des transports et une forte demande en papier, liée à l'explosion de la presse, donnèrent une dimension industrielle à cette activité, mobilisant une abondante main-d'œuvre. Scieries et pulperies se multiplièrent le long de la rivière, rejointes en 1925 à Arvida (actuelle Jonquière) par la plus grande fonderie d'aluminium au monde. Toutefois rassurez-vous, aucune usine n'entache la sauvage beauté du fjord en aval de Saint-Fulgence. Vivante cité, Saguenay est le pivot de l'une des plus belles contrées du Québec.

LE SAGUENAY-LAC-SAINT-JEAN : DEUX PAYSAGES, UNE RÉGION

Immense plan d'eau immobile de 225km de pourtour, au cœur d'une vallée agricole et forestière, le lac Saint-Jean s'épanche dans le majestueux Saguenay au sud-est. Ce cours d'eau long de 150km et large de 2 à 2,5km suit une saisissante brèche glaciaire dans le massif des Laurentides avant de se jeter dans le Saint-Laurent à hauteur de Tadoussac. La région offre un double visage que les géographes appellent Sagamie (de Saguenay et de Piekouagami, nom innu du lac Saint-Jean), qui ne regroupe que 275 000 habitants sur 108 000km^2. Occupée depuis six millénaires, reconnue en 1535 par Cartier qui lui prête les trésors miniers d'un fabuleux "royaume du Sagné", elle accueille au XVIIe siècle quelques missionnaires jésuites, puis des négociants en fourrures qui commercent avec les Amérindiens. En 1837 s'installent les premiers colons, venus cultiver la terre et exploiter les forêts. L'industrie forestière est relayée dans l'entre-deux-guerres par la production d'hydroélectricité et d'aluminium, et le tourisme joue aujourd'hui un rôle grandissant dans l'économie régionale. Il faut dire que la région ne manque pas d'atouts : des milliers de kilomètres de sentiers de randonnée et le plus important réseau provincial pour les motoneiges (3 520km), des musées et sites historiques remarquables, des aménagements pour la pêche blanche, l'observation de la nature et la baignade, un parc marin et trois parcs nationaux propices à maintes activités sportives. Plus encore que le lac Saint-Jean, le fjord du Saguenay vous laissera un souvenir impérissable.

LE FJORD, DU GLACIER AUX CROISIÈRES À l'est de la baie des Ha ! Ha ! et des battures de Saint-Fulgence, le Saguenay s'engage dans le fjord, vallée sinueuse surcreusée lors de la dernière grande glaciation, puis envahie par la mer. L'escarpement des parois de gneiss atteint 450m par endroits, et la profondeur de la rivière 250m, ce qui fait de ce fjord long d'une centaine de kilomètres l'un des plus profonds du monde. Aux changements de marée, une surrection de la fosse sous-marine, à proximité du confluent du Saguenay et du Saint-Laurent, entraîne une remontée des eaux froides chargées d'éléments nutritifs vers les courants chauds de surface. Ce brassage des eaux douces et salées, favorisé par l'important débit du Saguenay (1 300-3 000m^3/s), enrichit constamment l'écosystème et attire une abondante faune en quête de nourriture : 250 espèces d'invertébrés, 16 de mammifères marins dont le béluga, et une soixantaine d'espèces de poissons, dont le légendaire requin du Groenland. Emblème de la région, la *ouananiche* (saumon d'eau douce) n'est recensée qu'en amont de Chicoutimi, dans la rivière et le lac Saint-Jean. Le meilleur moyen d'admirer le fjord – ses majestueux abords montagneux et boisés, ses anses et ses villages pittoresques (Sainte-Rose-du-Nord, L'Anse-Saint-Jean) – est probablement de participer à une croisière. Mais si l'eau a tout donné au Saguenay, elle a su aussi parfois le lui reprendre : du 18 au 21 juillet 1996, des pluies diluviennes s'abattirent sur la région, les rivières sortirent de leur lit, des digues cédèrent et les communes de Chicoutimi et de La Baie furent inondées. Heureusement, nature et hommes se sont depuis réconciliés.

MODE D'EMPLOI

accès

EN AVION

Air Canada La filiale d'Air Canada assure les vols intérieurs. *www.aircanada.com*

Aéroport de Bagotville *7000, chemin de l'Aéroport* ***La Baie*** *Tél. 418 677 2651*

EN VOITURE

Chicoutimi est à 211km au nord de Québec par la route 175, à 125km à

Tableau kilométrique

	Saguenay	Québec	Montréal	Tadoussac	Sept-Îles	Natashquan
St-Félicien	126	282	464	251	666	1 035
Québec	209	-	253	215	641	1 010
Montréal	462	253	-	470	896	1 265
Tadoussac	126	215	470	-	426	866
Sept-Îles	541	640	896	426	-	370
Natashquan	911	1 010	1 265	866	370	-

l'ouest de Tadoussac par la 172 et à 61km au sud-est d'Alma par la 170.

EN TRAIN

Via Rail La compagnie assure chaque semaine trois liaisons Jonquière-Montréal. Comptez 9h. *Tél. 514 989 2626 ou 1 888 842 7245 www.viarail.ca*

Gare de Jonquière *2439, rue Saint-Dominique Tél. 418 542 9676* **Billetterie** *Ouvert lun., mer. et ven. 16h45-18h, mar. et jeu. 6h45-8h30, dim. 9h45-11h30*

EN CAR

Intercar La compagnie assure 4 liaisons/j. entre Montréal et Jonquière via Québec et Chicoutimi. Comptez 2h30 à partir de Québec, et 6h de Montréal. Un ou deux cars relient quotidiennement Alma à Chicoutimi via Jonquière en 1h15. De Tadoussac, 1 car/j., les lundi, jeudi, vendredi et dimanche (durée 1h40). *www.intercar.ca*

Gare routière de Chicoutimi *55, rue Racine Est Tél. 418 543 1403 ou 418 545 4108*

Gare routière de Jonquière *2249, rue Saint-Hubert Tél. 418 547 2167*

orientation

De Québec, la route 175, ou plutôt son prolongement le boulevard Talbot, vous conduira directement au cœur de Chicoutimi. Il donne dans la rue Jacques-Cartier Est, axe majeur de l'arrondissement. De Tadoussac ou d'Alma, vous arriverez par la 170, qui fait le tour de la municipalité de Saguenay. Vous pourrez alors sortir à Jonquière (dir. boulevard du Royaume), Chicoutimi (dir. boulevard Talbot) ou La Baie. Ce périphérique est la liaison la plus rapide entre Jonquière et La Baie (25km). De Chicoutimi, vous pouvez emprunter le boulevard du Saguenay Ouest pour Jonquière et le boulevard de la Grande-Baie Nord pour La Baie. Les places de parking gratuites sont nombreuses dans les trois arrondissements. N'hésitez pas à vous procurer les excellents plans de la ville disponibles dans les bureaux d'information touristique.

CHICOUTIMI

Le centre de Chicoutimi étend son plan en damier sur la rive sud du Saguenay, à hauteur du pont Dubuc. La rue Racine en est l'artère la plus animée (office de tourisme, gare routière, bars, hôtels et restaurants). L'inclinaison du quartier, aménagé à flanc de colline, facilite l'orientation.

JONQUIÈRE

Pas facile de se repérer dans cet arrondissement au plan orthonormé et aux rues uniformes. L'office de tourisme excentré est situé dans la partie est de l'arrondissement, au bord de la route 170 (bd du Royaume). Pour gagner la rue Saint-Dominique, l'artère principale de Jonquière (restaurants, bars, gîtes), à partir de Chicoutimi, suivez le boulevard du Saguenay jusqu'au bout et tournez à gauche dans la rue Price ; de l'extérieur de l'agglomération, longez les boulevards Harvey et du Royaume (route 170). Le centre William Price, la papeterie et les quartiers ouvrier et anglais donnent sur la rue Price. Au nord de la rivière, cette dernière laisse immédiatement sur sa droite la route de la Dam-Deux qui mène au pont d'aluminium.

LA BAIE

De Chicoutimi, le boulevard de la Grande-Baie Nord permet de rejoindre le centre-ville, blotti au fond de la baie, de part et d'autre de la rivière à Mars. Sous le nom de boulevard de la Grande-Baie Sud, il suit la baie jusqu'au fjord. On y trouve l'office de tourisme et le musée du Fjord.

informations touristiques

Bureau d'information touristique de Chicoutimi *295, rue Racine Est Tél. 418 698 3167 ou 1 800 463 6565 tourisme.saguenay.ca Ouvert juil.-août : tlj. 8h-19h30 ; sept.-juin : lun.-ven. 8h30-16h30*

Bureau d'information touristique de Jonquière *3619, bd Harvey Tél. 418 698 3157 ou 418 698 3167 tourisme.saguenay.ca Mêmes horaires que le précédent*

Bureau d'information touristique de La Baie *900, rue Mars Tél. 418 698 3167 ou 1 800 463 6565 tourisme.saguenay.ca Mêmes horaires que le précédent*

transports en commun

EN BUS

Transports urbains Compagnie STS (Société de transport du Saguenay) Gère la trentaine de lignes d'autobus qui circulent à Chicoutimi, Jonquière, La Baie, et entre ces trois arrondissements. Chicoutimi-La Baie : lignes 5 et 6 ; Chicoutimi-Jonquière : lignes 2 et 3. Les horaires variant considérablement selon les lignes et les jours, n'hésitez pas à téléphoner. Ticket 3,30$, payable directement auprès du chauffeur. *Rue Morin/rue Smith **Chicoutimi** Tél. 418 545 2487 www.ville.saguenay.qc.ca/sts*

EN BATEAU

Croisières du Fjord Cette compagnie propose des navettes fluviales entre les différentes localités du fjord : Tadoussac, La Baie, Sainte-Rose-du-Nord, Rivière-Éternité et L'Anse-Saint-Jean. Pour la liaison La Baie-Tadoussac par exemple, comptez 96$ AS, 136$ AR (réduit 49/69$, moins de 6 ans gratuit). Vélos acceptés. *Tél. 418 543 7630 ou 1 800 363 7248 www.croisieresdufjord.com Ouvert juil.-début sept.*

fêtes et manifestations

Regard sur le court métrage au Saguenay Le principal festival de courts-métrages francophones d'Amérique du Nord. Sélection pointue de films canadiens, français, belges, etc. Séance 9$, passeport festival 40$ en prévente, 50$ sur place. *114, rue Bossé (2e étage) **Chicoutimi** et **Jonquière** Tél. 418 698 5854 www.regardsurlecourt.com 5 jours en mars*

Jonquière en musique Entièrement gratuit, ce festival réunit des grands noms de la chanson et du rock québécois, et des gens moins connus, souvent issus de la région, qui utilisent cet événement comme tremplin. Ambiance familiale. *Parc de la Rivière-au-Sable **Jonquière** Tél. 418 542 2101 www.jonquiereenmusique.com 1re quinzaine de juillet*

Festival international des rythmes du monde Des centaines d'artistes présentent des danses et musiques traditionnelles des cinq continents : un beau symbole d'ouverture et de partage, et une vraie liesse populaire ! Les spectacles, gratuits, sont donnés sur plusieurs scènes dispersées dans la ville. ***Chicoutimi** Tél. 418 545 1115 ou 1 866 922 3476 www.rythmesdumonde.com En été, dates variables*

La Fabuleuse Histoire d'un royaume Toute l'épopée saguenéenne, des moments les plus éprouvant aux plus joyeux, rejouée sur scène par 200 comédiens, bénévoles pour la plupart ! Le spectacle, qui utilise les grands moyens (fontaines, feux d'artifice, lasers...), est une prouesse technique et un succès commercial. Durée 2h30. 55,75$ *Théâtre du Palais-Municipal 1831, 6e Avenue **La Baie** Tél. 418 698 4080 ou 1 888 873 3333 www.fabuleuse.com Une trentaine de dates en juil.-août*

DÉCOUVRIR

Saguenay

☆**Les essentiels** La Pulperie de Chicoutimi, le centre d'histoire Sir-William-Price à Jonquière, le musée du Fjord à La Baie **Découvrir autrement** L'hiver, admirez les cabanons de pêche sur la banquise de La Baie ; descendez le fjord en bateau de croisière

Arrondissement de Chicoutimi

Un incendie ravagea en 1912 la bourgade fondée dans les années 1840 par des forestiers à côté du comptoir originel. C'est pourquoi Chicoutimi ("jusqu'où l'eau est profonde" en innu – et donc la rivière navigable) ne conserve que de rares vestiges de la période initiale. Le port, la vie étudiante, les restaurants de choix et la célèbre pulperie de ce centre administratif régional en font néanmoins une étape incontournable du Saguenay-Lac-Saint-Jean.

☆☺ **La Pulperie** L'un des joyaux du patrimoine industriel québécois. Fondée en 1896 par Julien Édouard Alfred Dubuc, patron de la Compagnie de pulpe de Chicoutimi, l'usine devint le premier site de production de pâte à papier du pays. Fermée par la crise de 1930, elle resta à l'abandon jusqu'à la fin des années 1970. Réhabilités graduellement et transformés en lieu d'exposition, ses imposants bâtiments en granit rose furent dévastés par le déluge de 1996 et ne rouvrirent qu'en 2002. Son lustre retrouvé, la pulperie accueille l'un des plus prestigieux complexes culturels de la région. Ses expositions et ses animations (cinéma, musique, etc.) mettent en valeur le patrimoine et l'activité artistique du Saguenay-Lac-Saint-Jean. La collection permanente se divise en trois thèmes : archéologie du site de Chek8timi ; la pulpe, à travers le parcours d'un homme, Julien Édouard Alfred Dubuc, et de sa société, la Compagnie de pulpe de Chicoutimi ; et le clou du spectacle, l'exposition consacrée à Arthur Villeneuve, ce peintre dit naïf. Grâce à l'intervention de gens éclairés, sa maison en bois, qu'il a entièrement décorée de 1957 à sa mort en 1990, a pu être sauvegardée et mise à l'abri à l'intérieur du musée. Une opération colossale qui permet aujourd'hui d'admirer ces "fresques" dépeignant des lieux emblématiques du Québec, la vie et les dévotions populaires, et beaucoup tout-de-même, de l'imaginaire de ce barbier devenu peintre. Plusieurs tableaux fabuleux et un film d'époque complètent le portrait de cet homme d'exception. Le circuit d'interprétation aménagé dans le parc fait découvrir d'une façon ludique les différents bâtiments de l'usine. *300, rue Dubuc Tél. 418 698 3100 ou 1 877 998 3100 www.pulperie.com Ouvert mi-juin-début sept. : tlj. 9h-18h ; début sept.-mi-juin : mer.-dim. 10h-16h Tarif 14,50$, réduit 7-12$ Visite guidée de la pulperie l'été uniquement, sur réservation*

☺ **Petite Maison blanche** Seul sur la roche décapée par les inondations de 1996, ce modeste bâtiment qui en réchappa miraculeusement est devenu le symbole de la catastrophe, et un monument à la mémoire du mouvement de solidarité qu'elle engendra et à celle de son ancienne propriétaire, Jeanne d'Arc Lavoie-Genest. À l'intérieur, un musée retrace cet événement et présente le quartier avant le déluge. Jamais reconstruit, le site rend compte de la violence des pluies qui s'abattirent cette année-là. Une vision frappante ! *240, rue Bossé Tél. 418 549 6600 www.petitemaisonblanche.com Ouvert début juin-mi-juin : tlj. 9h-17h ; mi-juin-sept. : tlj. 9h-21h ; début oct.-mi-oct. : sam.-dim. 9h-17h*

Centre historique des Sœurs de Notre-Dame du Bon-Conseil Souvenirs d'un temps révolu... et pourtant pas si lointain ! Ce musée retrace l'histoire d'une congrégation 100% québécoise, fondée en 1894 par Monseigneur Michel-Thomas Labrecque et Mère Françoise Simard, qui contribua à la formation et l'instruction de milliers d'enfants nés au Saguenay et sur la Côte-Nord. Du voyage de Mgr Labrecque à Genazzano près de Rome, qui lui inspira la création de l'ordre, aux missions étrangères où les sœurs enseignent encore, c'est une histoire émouvante, certes un peu désuète, qui nous est racontée. Mention spéciale aux superbes pièces africaines et sud-américaines qu'elles ont rapportées d'Ouganda, du Chili, et autres, et qui en font une collection exceptionnelle. Jolie chapelle aux parois recouvertes de tôle gaufrée (1894). *700 rue Racine Est* **Chicoutimi** *Tél. 418 543 4861 centrehistoriquesndbc.com Ouvert juil.-août : mar.-sam. 10h-16h Tarif 5$, réduit 2$*

Zone portuaire Ce vaste parc riverain du Saguenay, au cœur de la ville, est le lieu de rencontre et de détente privilégié des Chicoutimiens. On peut y pique-niquer, tirer ou pointer, profiter de sa piste cyclable et de son aire de jeux, assister à des spectacles en plein air, participer à des animations, garnir un panier de primeurs et de fleurs, dénicher une aquarelle, un souvenir artisanal... **Bureau** *49, rue Lafontaine Tél. 418 698 3025 (infos sur la programmation) www.zoneportuaire.com*

Où boire un verre ?

☺ **Café Cambio** Fauteuils dépareillés, œuvres d'art contemporain, concerts intimistes et café équitable... Lieu de diffusion d'artistes émergents, ce bar bobo de Chicoutimi est salué pour son dynamisme. Petits déjeuners, café torréfié sur place (espresso 2,25$), thés, tisanes et plats simples (5-16$). Également restauration légère (p.458). *405, rue Racine Est Tél. 418 549 7830 www.cafecambio.ca Ouvert tlj. 8h-23h*

Pédaler dans Saguenay Demandez aux offices de tourisme de Saguenay le dépliant "Expérience vélo", qui cartographie et classe les réseaux (itinéraire de quartier, rural, pédestre...) et les complète d'informations utiles : points de location, haltes, belvédères, attraits... Vous pourrez découvrir le patrimoine industriel de l'agglomération, rejoindre les plages du lac Kénogami ou filer à vélo admirer la baie des Ha ! Ha !

Arrondissement de Jonquière

Née en 1847 au bord de la Rivière-aux-Sables, un affluent du Saguenay, Jonquière absorba deux autres municipalités en 1975 : Kénogami, fondée en 1912 par la Price Brothers & Company pour loger les ouvriers et cadres de sa papeterie, et la cité planifiée d'Arvida, sortie de terre dans les années 1920 pour héberger les employés de l'aluminerie Alcan, la plus importante au monde. Jonquière est le centre de services de l'arrondissement, comme hier celui de la conurbation. Sa rue Saint-Dominique jalonnée de restaurants et de bars est le défouloir de la jeunesse locale ! Elle aboutit au sud sur le lac Kénogami (56km^2) et son écrin de verdure, havre bienvenu dans ce vaste bassin industriel. L'office de tourisme fournit gratuitement un petit guide du patrimoine de Kénogami et d'Arvida. *Une vingtaine de kilomètres à l'ouest de Chicoutimi*

☆ **Centre d'histoire Sir-William-Price** Abritée dans une ancienne chapelle anglicane blanc et rouge (1912), l'exposition relate la formidable aventure de la famille Price, qui fit fortune dans le bois et joua de ce fait un rôle crucial dans l'essor économique du Saguenay – c'est d'ailleurs aux Price que le Vieux-Québec doit son unique gratte-ciel (p.324). Sont exposés des objets provenant de l'usine et de la demeure familiale : bureau de William Price III (1867-1924), le fondateur de Kénogami et de sa papeterie (1911), piano, outils, photos de vacances à L'Anse-Saint-Jean et Tadoussac… Accompagné, à pied ou en bus, on peut suivre des circuits patrimoniaux de Kénogami à travers le quartier des ouvriers et celui des cadres, ou "quartiers des Anglais", de style néo-Tudor (15$). À voir la villa Price, première construction de Kénogami (1911) ; Cascade House, deuxième propriété de William Price (1915) ; l'église de la Sainte-Famille (1929) ; le Grand Parc William-Price (1929) et une vingtaine d'autres sites. *1994, rue Price Tél. 418 695 7278 sirwilliamprice.com Ouvert fin juin-début sept. : tlj. 9h-17h ; début sept.-fin juin : lun.-ven. 10h-12h et 13h-16h (sur réservation) Tarif 10$, réduit 8-8,75$*

Centre national d'exposition Consultez le programme des expositions temporaires de ce petit musée consacré à l'histoire du Saguenay, à l'art et aux sciences. *4160, rue du Vieux-Pont Tél. 418 546 2177 www.centrenationalexposition.com Ouvert juil.-août : tlj. 10h-18h ; sept.-juin : lun.-ven. 9h-17h et w.-e. 12h-17h Entrée libre*

Pont d'aluminium et centrale hydroélectrique de Shipshaw Érigé en 1948 sur une échancrure du fjord, à env. 2,5km au nord du boulevard du Saguenay, cet élégant pont à arche unique devait promouvoir les qualités de l'aluminium, métal deux ou trois fois plus léger que l'acier. À proximité s'étend la centrale hydroélectrique de Shipshaw, aux austères mais séduisantes façades Art déco (1943). Elle alimente plusieurs usines du groupe Rio Tinto.

Arrondissement de La Baie

Il est constitué de trois communes qui ont fusionné en 1976 (Grande-Baie, Bagotville et Port-Alfred), et jouit du cadre le plus spectaculaire de l'agglomération, face à la baie des Ha ! Ha ! Certains voient dans ce drôle de nom la simplification d'un terme amérindien imprononçable par les Européens. Selon d'autres, il dérive d'un mot signifiant "impasse" en vieux breton – le site forme en effet un cul-de-sac quand on remonte du fjord comme le firent les premiers explorateurs européens. L'arrondissement reste marqué par le sinistre de 1996 et la coulée de boue qui engloutit une partie de ses maisons. Il est connu pour ses belvédères, ses croisières dans le fjord et sa pêche blanche : en hiver, quelque 1 400 **cabanons multicolores** viennent égayer la petite banquise qui se forme dans la baie.

☆ **Musée du Fjord** Ce lieu d'exposition aux volumes clairs et épurés est membre du Réseau découverte du parc marin du Saguenay-Saint-Laurent (p.490). Il décrit les écosystèmes du fjord, son histoire géologique, sa faune… Commencez par plonger littéralement au cœur du fjord, grâce à l'espace multimédia et à sa projection immersive sur trois écrans, avant d'aller toucher les invertébrés dans l'espace de l'aquarium où vous apprendrez tout de la reproduction du requin du Groenland qui fréquente les profondeurs du Saguenay. Une autre salle, "Des racines et des rêves", est dédiée à l'histoire des personnes qui ont colonisé puis habité cette région difficile. La religion, la génétique, l'industrie font partie des thèmes explorés et présentés au travers de divers objets anciens. *3346, bd de la Grande-Baie Sud Tél. 418 697 5077 ou 1 866 697 5077 www.museedufjord.com Ouvert 23 juin-début sept. : tlj. 9h-18h ; début sept.-22 juin : mar.-ven. 9h-16h30, sam.-dim. 13h-17h Tarif 15$, réduit 8,50-11,50$ Visites guidées (2h) tlj. en été seulement*

Pyramide des Ha ! Ha ! Cette pyramide d'aluminium conçue par Jean-Jules Soucy évoque le souvenir des inondations de 1996. Bâti au moyen de triangles routiers "Cédez le passage", le mémorial rappelle qu'il faut "céder le passage" à la nature, qui peut reprendre ses droits n'importe quand, et qu'il convient aussi de s'aider dans les moments difficiles. Son architecture est loin de faire l'unanimité ! *Rue Monseigneur-Dufour Tél. 418 697 5077 Ouvert 23 juin-fin août : lun.-ven. 9h-17h, w.-e. 10h-17h Tarif 3$, réduit 2$*

Passe migratoire de la rivière à Mars Avant d'exercer vos talents de pêcheur dans l'une des nombreuses fosses de la rivière à Mars, découvrez l'univers du saumon au centre d'interprétation de cette passe installée au cœur de La Baie : deux baies vitrées permettent d'observer les salmonidés, et l'on peut profiter des commentaires d'un expert. Initiation à partir de 91$/4h. *3232, chemin Saint Louis Tél. 418 697 5093 ou 418 697 5458 (hors saison) peche.riviereamars.com Ouvert 1er-15 juin : tlj. 8h-17h ; 16 juin-15 sept. : tlj. 8h-20h ; 16 sept.-5 oct. : tlj. 8h-16h Tarif 3,25$ Visite guidée sur demande*

Faire une minicroisière dans le fjord

Croisières du Fjord Embarquez sur la *Marjolaine*, faites escale à Sainte-Rose-du-Nord, puis prenez la direction du parc marin du Saguenay-Saint-Laurent. Départs du quai de Bagotville à 10h, retour 17h30. Tarif 59$, 6-14 ans 30$. Vous pouvez aussi partir en croisière "La Navette maritime" à bord du *Fjord Saguenay II*. Au programme, escale à L'Anse-Saint-Jean, parc marin et parc national du Fjord-du-Saguenay. Départ 9h30, retour 17h. Tarif 69$, réduit 35$. *Tél. 418 543 7630 ou 1 800 363 7248 www.croisieresdufjord.com*

Le fjord du Saguenay

☆ **Les essentiels** Sainte-Rose-du-Nord, le parc national du Fjord-du-Saguenay, L'Anse-Saint-Jean **Découvrir autrement** Faites monter votre adrénaline au parc Aventures Cap-Jaseux, approchez un loup à la Ferme 5-Étoiles, contemplez le fjord du ciel

Rive nord du fjord

Les cars qui circulent entre Chicoutimi et Tadoussac desservent Saint-Fulgence et Sainte-Rose-du-Nord – cf. orientation (p.446).

Saint-Fulgence Cette tranquille bourgade est établie à l'entrée du fjord, face à Saguenay. Entre ville et campagne, elle bénéficie d'un cadre splendide (battures, monts Valin), d'un parc d'aventures réputé, de la proximité de la base aérienne de Saint-Honoré et des services de Chicoutimi. *15km au nord-est de Chicoutimi*

Centre d'interprétation des battures et de réhabilitation des oiseaux (CIBRO) Zones de sédimentation riches en éléments nutritifs, les battures (marais saumâtres) abritent une vie foisonnante : poissons, crustacés, plantes et plus de 260 espèces d'oiseaux. Chargé de protéger et de faire connaître cet écosystème, le CIBRO est aussi un site d'observation et un centre de soins pour oiseaux sauvages. Il présente une exposition sur les oiseaux migrateurs et aménagé trois sentiers de découverte. Celui des Volières permet d'observer des hiboux, faucons et buses maintenus en captivité le temps de leur convalescence. Ateliers pédagogiques, sorties à thème (biologie, entomologie, botanique, etc.), boutique. *100, chemin du Cap-des-Roches Tél. 418 674 2425 www.cibro.ca Ouvert fin juin-mi-août : tlj. 9h-17h ; mi-mai-fin juin, fin août-mi-oct. : w.-e. 10h-16h Se rens. avant car les horaires sont aléatoires Tarif 10$, réduit 5-8$, familles 30$*

Parc national des Monts-Valin Depuis 1996, ce parc de 154km^2 protège des reliefs doux et boisés, coiffés par le pic Dubuc (984m), point accessible le plus haut du Saguenay-Lac-Saint-Jean. Agrémenté de rivières et de lacs, le parc invite à bien des activités : randonnée à pied, à raquettes ou à skis, découverte de la nature en compagnie d'un guide, pêche, canotage, hébergement en chalet ou camping sauvage. Panoramas grandioses sur la région. Centre d'interprétation et boutique. *360, rang Saint-Louis (16km au nord de Saint-Fulgence) Tél. 418 674 1200 ou 1 800 665 6527 www.sepaq.com/pq/mva Ouvert mi-juin-mi-août : dim.-jeu. 8h-18h, ven.-sam. 8h-20h ; début juin-mi-juin, mi-août-début sept. : tlj. 8h-18h ; début sept.-mi-oct. : tlj. 8h30-16h30 ; mi-déc.-fin mars : tlj. 8h-17h Fermé mi-oct.-mi-déc. et avr.-mi-juin Droit d'accès 8,50$, moins de 18 ans gratuit*

☆ **Sainte-Rose-du-Nord** Posé au bord de l'eau, au bas d'une vaste clairière, ce petit village aux pimpantes maisons de bois est considéré comme la "perle du fjord" et l'un des plus beaux du Québec. De Saint-Basile-du-Tableau au Cap-au-Leste, une série d'anses festonnent son rivage. On ne sera pas surpris que la bourgade se soit tournée de l'agriculture et de l'exploitation forestière vers le tourisme : croisières dans le fjord, randonnées ou rêveries sur les belvédères qui dominent le Saguenay… *45km à l'est de Chicoutimi et*

28km à l'est de Saint-Fulgence **Bureau d'information touristique** *213, rue du Quai Tél. 418 675 2346 www.ste-rosedunord.qc.ca*

Musée de la Nature Une visite guidée qui stimule l'imagination : chaque loupe, cicatrice ou champignon d'arbre porterait un message, aurait une signification… À voir aussi parmi les 3 000 trésors de cet étonnant musée privé : une collection de minéraux, des oiseaux et des mammifères naturalisés, une ribambelle de papillons et deux requins de 3,50m capturés sous la glace du fjord. *199, rue de la Montagne Tél. 418 675 2348 www.museedelanature.com Ouvert mi-mai-mi-sept. : tlj. 8h45-20h30 ; mi-sept.-mi-mai : tlj. 8h45-18h30 Tarif 8$*

Baie Sainte-Marguerite Cette baie est l'une des portes du parc national du Fjord-du-Saguenay (p.455). On peut observer les évolutions des bélugas dans un méandre encaissé du fjord, en compagnie de naturalistes du parc. Un centre d'interprétation révèle les secrets de ces cétacés. **Centre de découverte et de services Le Béluga** *1121, route 172 Ouest (10km à l'ouest du centre-ville de Sacré-Cœur et 28km à l'ouest de Tadoussac) Tél. 418 272 1556 ou 1 800 665 6527 www.sepaq.com/pq/sag Ouvert mi-avr.-mi-sept. : tlj. 9h-16h ; mi-sept.-mi-oct. : w.-e. 9h-16h Tarif 8,50$*

Où voir un spectacle dans un théâtre coupé en deux ?

La Maison coupée en deux Auguste et Napoléon Tremblay firent construire cette demeure en 1903. En 2014, on faillit la démolir, mais elle fut sauvée de justesse... à moitié. Depuis, c'est un décor de théâtre magnifique qui se présente comme une maison de poupée en coupe. Les spectateurs sont à l'extérieur et voient ce qui se passe à l'intérieur. Quelle bonne idée ! Le spectacle actuel, *La Tournée des légendes*, met en scène l'histoire d'un écrivain français venu se nourrir des récits du Saguenay pour écrire son prochain livre. Truculent et instructif. *251 rue Saguenay* ***Saint-Fulgence*** *Tél. 418 815 3619 Ouvert début juil.-fin août : jeu.-ven. 19h30*

Faire une croisière dans le fjord

Croisières du Fjord Pour découvrir le fjord dans les meilleures conditions qui soient, profitez en haute saison de l'escale de *La Marjolaine* à Sainte-Rose-du-Nord (départ de 13h à 16h, 55$, 6-14 ans 34$) ou du *Fjord Saguenay II* (départ de 10h10 à 16h15, 67$, 6-14 ans 34$) – cf. Faire une minicroisière dans le fjord (p.451). En juin et de septembre à mi-octobre, croisière de 4h AR jusqu'à l'Anse-Saint-Jean (escale de 2h) à bord du *Cap Liberté*. Tarif 55$, 6-14 ans 28$. ***Sainte-Rose-du-Nord*** *(45km à l'est de Chicoutimi) Tél. 418 543 7630 ou 1 800 363 7248 www.croisieresdufjord.com Billetterie sur le quai*

Se défouler sur terre, sur l'eau ou dans les airs

Parc Aventures Cap-Jaseux Kayak de mer, via ferrata (40,75$ la demi-journée), accrobranche et 12km de sentiers sont proposés dans ce beau parc forestier surplombant le fjord, à la carte ou en forfait de 1 à 5 jours avec hébergement en camping (23,25 à 34,50 selon services), dans des cabines en bois rond (95$/4 pers.), dans des sphères suspendues ou des nids dans les arbres (235$/4 pers.). *250, chemin de la Pointe-aux-Pins* ***Saint-Fulgence*** *(sur la route de Sainte-Rose-du-Nord) (15km au nord-est de Chicoutimi) Tél. 418 674 9114 ou 1 888 674 9114 www.capjaseux.com*

Observer de près des mammifères sauvages

☺ **Ferme 5-Étoiles** Une exploitation familiale où l'on peut profiter d'hébergements en chalet, en appartement, en gîte et en yourte, et se livrer à une foule d'activités : étudier des cerfs rouges, des bisons, des orignaux et des loups, visiter une érablière, effectuer une croisière d'observation des baleines, faire du kayak et, l'hiver, de la motoneige, de la raquette, du traîneau à chiens, une partie de pêche blanche. Puis le soir, se reposer dans le spa du centre de bien-être. Une mine ! Les tarifs varient selon les activités, pratiquées à la carte, au forfait ou sur mesure. Prestation phare, la découverte des animaux de la ferme vous coûtera 8$ (enfants 4$). *465, route 172 Nord* ***Sacré-Cœur*** *(à 111km de Chicoutimi et à 18km de Tadoussac) Tél. 418 236 4833 ou 1 877 236 4551 www.ferme5etoiles.com Ouvert toute l'année*

Randonner autour de Sainte-Rose-du-Nord

Plusieurs sentiers de 1 à 20km, balisés pour les plus longs, ont été aménagés sur la commune de Sainte-Rose-du-Nord. Ils figurent sur le plan du village distribué par l'office de tourisme : sentiers du **Quai**, de la **Plateforme**, du **Lac-de-la-Roche**, de la **Montagne-du-Chapeau**, chemin de la **Descente-des-Femmes** et de l'**Anse-d'en-Haut**... Magnifiques points de vue sur le Saguenay.

☺ Le Saguenay vu du ciel

Grâce à son petit aérodrome, **Saint-Honoré** s'est ouvert au tourisme aérien : en avion, la vue sur le fjord est à couper le souffle ! *15km au nord de Chicoutimi*

ExactAir Survol de Saguenay en avion (30min, 111$/avion de 1 à 3 pers.) ou du fjord (1h, 199$/avion de 1 à 3 pers.). *850, chemin du Volair Tél. 418 673 3522 ou 1 877 673 3522 www.exactair.ca*

Dormir dans une bulle ou une cabane

☺ **Canopée-lit** Ambiance sereine garantie, entre le ciel et la cime des arbres, au son du ruisseau qui coule en contrebas. Tombé amoureux de l'endroit, un couple de Français y a installé 8 cabanes, ainsi que 2 bulles transparentes posées en hauteur sur des plateformes. Dispersées dans la forêt, bulles et cabanes sont aménagées de façon sommaire et ne conviendront qu'aux adeptes du plein air. Chacune a tout de même ses propres toilettes, situées à l'extérieur de la structure. Certaines cabanes sont coiffées d'un dôme pour admirer les étoiles. Les bulles sont quant à elles entièrement transparentes et ouvertes sur la nature. Le copieux petit déjeuner (compris) est servi au pied du lit. Cabanes de 2 à 4 pers. 140$, bulle 2 pers. 160$. *303, chemin de l'Anse-de-Roche* ***Sacré-Cœur*** *(109km à l'est de Saguenay, 24km au nord-ouest de Tadoussac) Tél. 418 236 9544 www.canopee-lit.com Ouvert toute l'année*

Rive sud du fjord

Attention, aucun car ne dessert cette rive.

Saint-Félix-d'Otis La première commune à l'est de Saguenay réserve de beaux panoramas sur le fjord… *25km à l'est de La Baie*

Site de la Nouvelle-France En 1990, pour les besoins de *Robe noire*, film de l'Australien Bruce Beresford consacré aux Jésuites, puis d'une série télévisée, on reconstitua dans l'Anse-à-la-Croix, sur la commune de Saint-Félix-d'Otis, le bourg de Québec tel qu'il se présentait vers 1625, soit 18 ans après sa fondation. Poste de traite, fermes de pionniers, village huron… ces décors sont devenus un but de sortie familiale. Sous le chapiteau, un spectacle équestre (1h) est présenté, sans trop de lien avec le reste du site. La visite, animée par des comédiens en costume, dure 1h30 et peut être couplée avec le spectacle et/ou avec un repas traditionnel au restaurant Le Dixseptième. Un bus gratuit relie les différents espaces du site. *370, route du Vieux-Chemin Tél. 418 544 8027 ou 1888 666 8027 www.sitenouvellefrance.com Ouvert début juin-fin août : mar.-dim. 9h15-16h30 Visite guidée toutes les heures Tarif 18$, réduit 8-16$, familles 50$; Spectacle 22$, réduit 10-20$, familles 65$*

Rivière-Éternité L'accès principal au parc national du Fjord-du-Saguenay est aussi une porte du parc marin du Saguenay-Saint-Laurent (p.490) qui siège à Tadoussac. *43km au sud-est de La Baie*

★ ☺ Parc national du Fjord-du-Saguenay Laissant au parc marin du Saguenay-Saint-Laurent (p.490) le soin de protéger l'écosystème marin du fjord, ce parc veille sur les rives entre Saint-Félix-d'Otis et Tadoussac (326,8km^2). En aménageant des hébergements et plus de 100km de sentiers, il a ouvert aux amoureux de la nature un monde de rivières enfouies, de lacs miroitants, de coteaux boisés et de falaises vertigineuses. Des paysages sublimes ! Sans oublier les via ferrata (295m/40$ ou 850m/77,25$). Ce domaine est divisé en trois secteurs, avec chacun son centre d'interprétation et de services : Baie-Éternité, Baie-Sainte-Marguerite et Baie-de-Tadoussac. Toutes les informations nécessaires sur les activités et commodités (randonnée pédestre, ski de fond, raquettes, observation des baleines, pêche blanche, motoneige, kayak de mer, camping, hébergement en chalet ou refuge, etc.) sont disponibles au poste d'accueil de Baie-Éternité, 10km au nord du centre de Rivière-Éternité. *91, rue Notre-Dame Tél. 418 272 1509 www.sepaq.com/pq/sag Droit d'accès 8,50$, 17 ans et moins gratuit* **Centre d'interprétation** *91, rue Notre-Dame Ouvert mi-mai-mi-oct. : tlj. 8h30-19h*

☆ L'Anse-Saint-Jean La première localité établie au bord du fjord (1838) est, comme Sainte-Rose-du-Nord, classée parmi les plus beaux villages du Québec. Avec son petit pont couvert (1924), elle figurait d'ailleurs sur un billet canadien de 1 000 dollars retiré de la circulation en 1992. Elle occupe une majestueuse baie à l'embouchure de la rivière Saint-Jean. Soyez prêt à "tomber en amour" ! C'est une importante base d'accueil (camping, gîtes, chalets, marina) et d'activités du parc national du Fjord-du-Saguenay. On peut y pratiquer la randonnée, le nautisme, l'équitation et, en hiver, le ski nordique ou alpin, la pêche blanche, etc. *63km à l'est de La Baie* **Bureau touristique** *147, route 170 Tél. 418 272 2633 www.lanse-saint-jean.ca Ouvert été*

☺ Petit-Saguenay Lové entre deux barres rocheuses au seuil de la rivière à saumons du même nom, Petit-Saguenay a tout d'un village de montagne. Un sentier qui suit le cours d'eau sur 8km relie le centre à l'embarcadère des bateaux de croisière, 4km au nord-ouest. Versants boisés, chapelet d'îlots, calme plat d'une eau reflétant les nuances du soleil couchant : cette digue offre un panorama incroyable sur le fjord ! Peut-être l'un des plus beaux du

Saguenay. Le bureau d'information touristique renseigne sur l'hébergement, les manifestations, les croisières et la pêche au saumon. *72km au sud-est de La Baie* **Bureau d'information touristique** *61A, rue Dumas Tél. 418 272 3219 Ouvert juin-sept. : tlj. 9h30-18h30 35, rue du Quai Tél. 418 272 2323 www.petit-saguenay.com Ouvert oct.-mai : lun.-ven. 8h-12h et 13h-16h*

Où grignoter, boire un verre ?

Bistro de l'Anse La maison blanche à pignon et véranda regarde la baie, et sa pelouse invite à lézarder en savourant une bière de microbrasserie. Des pizzas, salades, pâtes, hamburgers, soupes, etc. à déguster chaque fin de semaine en musique ou en chansons. Carte 20-30$. *319, rue Saint-Jean-Baptiste À côté du camping **L'Anse-Saint-Jean** (63km au sud-est de La Baie) Tél. 418 272 4222 www.bistrodelanse.com Ouvert mi-juin-août : tlj. 12h-0h ; mi-mai-mi-juin, sept.-mi-oct. : tlj. 15h-0h*

Galoper le long du fjord

Centre équestre des Plateaux Sur la rive et dans les sous-bois, des randonnées de 1 heure à 5 jours, au cœur du parc national du Fjord-du-Saguenay. Les rêveurs pourront participer, sur demande, à des sorties nocturnes, la tête dans les étoiles. En juil.-août, prévoyez 30$/h, 70$ les 3h. *34, chemin des Plateaux **L'Anse-Saint-Jean** (63km au sud-est de La Baie) Tél. 418 272 3231 www.cedp.ca Ouvert mai-oct.*

Denys Ier, roi de L'Anse-Saint-Jean

Le 19 janvier 1997, 73,9% des électeurs de L'Anse-Saint-Jean disent oui à la proclamation de Denys Ier comme roi de leur village, qui devient ainsi la première monarchie municipale en Amérique. Le 24 juin de la même année, plus de 4 000 personnes assistent à son couronnement dans la petite église locale pleine à craquer. Paré des sept joyaux de la couronne, le roi reçoit la bénédiction du prêtre et est chaleureusement acclamé par son peuple qui l'a démocratiquement élu. L'histoire paraît folle ? Incongrue ? Pourtant il n'en est rien. Certes, elle soulève la colère de certains, surtout l'incompréhension, mais l'aventure n'est pas un coup de folie collective. Denis Tremblay, de son nom de baptême, est alors (et toujours) un artiste reconnu et un professeur de l'université de Chicoutimi qui, pour relancer l'économie du village après le déluge de 1996, décide de frapper un grand coup médiatique en proposant cette idée de monarchie. Son but ? Utiliser la fonction royale pour récolter l'argent nécessaire à la réalisation d'un projet d'immense fresque naturelle sur les flancs du mont Édouard. Mais une partie de la population conteste l'injection de 100 000$ dans le projet par la municipalité, et Denys Ier décide d'abdiquer le 14 janvier 2000. Une vingtaine d'années plus tard, on se demande si tout cela a bien existé. Quand l'imaginaire construit le réel… dirait le roi en exil !

Faire une croisière dans le fjord Plusieurs prestataires proposent des balades à partir de Baie-Éternité ou de L'Anse-Saint-Jean, pour approcher les mammifères marins et/ou aller admirer les vertigineuses falaises des caps Éternité (457m) et Trinité (411m). Sur ce dernier veille une statue de la Vierge haute de 8,50m, *Notre-Dame-du-Saguenay*, réalisée par Louis Jobin en 1881, conformément au vœu d'un voyageur rescapé de la noyade.

☺ **Fjord en kayak** Excursions guidées à l'ombre des abrupts du Saguenay, à la rencontre des phoques et des baleines (comptez 59$ pour 3h, 134$ la journée, de 3 à 5 sorties par jour). Une adresse très pro. Également, sorties de 2h en famille avec enfants à partir de 3 ans ou excursions de 2 à 4 jours (de 399 à 1 500$) avec nuitées dans le parc national du Saguenay et repas gastronomiques, le tout merveilleusement bien organisé (vous n'aurez qu'à pagayer). Location de vélos. *359, rue Saint-Jean-Baptiste* ***L'Anse-Saint-Jean*** *(63km au sud-est de La Baie) Tél. 418 272 3024 www.fjordenkayak.ca Ouvert mi-mai-mi-oct.*

OrganisAction - Le Québec hors circuits Sorties en zodiac à partir de Baie-Éternité. Également des randos-bivouac de 3 heures à 5 jours en kayak de mer. *Tél. 418 579 8763 www.organisaction.com*

Croisières du Fjord De juillet à début septembre, croisière de L'Anse-Saint-Jean au cap Trinité à bord du *Cap Liberté* et du *Fjord Saguenay II*. Départ à 9h et 13h, retour en fonction des escales (55$, réduit 28$). En juin et de septembre à mi-octobre, croisière (90min) vers Sainte-Rose-du-Nord et le parc du Fjord-du-Saguenay avec ou sans escale. Départ à 10h et 14h30, retour en fonction des escales (mêmes tarifs). En septembre, une croisière part aussi de L'Anse-Saint-Jean pour Tadoussac. D'autres sillonnent le parc national du Fjord-du-Saguenay au départ de Rivière-Éternité. Départs matin et après-midi de juin à mi-octobre (55$, réduit 28$). *Tél. 418 543 7630 ou 1 800 363 7248 www.croisieresdufjord.com*

Croisières AML De mi-juin à mi-sept., tlj., croisières de 3h dans le fjord jusqu'à hauteur de L'Anse-Saint-Jean. Départs de Tadoussac. Tarif 69$, aînés et étudiants 64$, 6-16 ans 33$. *Tél. 418 692 2634 ou 514 842 3300 ou 1 800 563 4643 www.croisieresaml.com*

Randonner dans le parc national du Fjord-du-Saguenay

À Rivière-Éternité s'offrent à vous le sentier des Méandres-à-Falaises (1,6km), ceux de la Statue (3,5km) et de la Rivière (3,5km) et le très beau circuit des Caps (25km) qui rejoint L'Anse-Saint-Jean. À 2km de ce village s'embranchent le sentier des Chutes (5,3km) et, à 5km, celui de L'Anse-de-la-Tabatière, qui débouche sur un belvédère offrant une vue saisissante sur le Saguenay ! La commune dispose aussi de 10km de pistes cyclables. Liste complète des itinéraires sur *www.sepaq.com/pq/sag* et dans les offices de tourisme.

Glisser dans la poudreuse

Station du Mont-Édouard Quelques pistes pour les amateurs de raquettes et de ski de fond et une trentaine de pistes de ski alpin sur un dénivelé de 450m. *67, rue Dallaire* ***L'Anse-Saint-Jean*** *(63km au sud-est de La Baie) Tél. 418 272 2927 www.montedouard.com*

Entre chien et loup L'hiver, cette petite entreprise propose des excursions en traîneau à chiens, de 2h (95$) à 5 jours, et des sorties à raquettes. Possibilité de séjour complet avec hébergement. *190, chemin Périgny* ***L'Anse-Saint-Jean*** *(63km au sud-est de La Baie) Tél. 418 272 1540 entrechienetloup.ca*

Pêcher le saumon

Rivière Saint-Jean Sur 12,5km, 45 fosses à saumon, réparties dans 6 secteurs, dont 2 ne nécessitent ni réservation ni tirage au sort. *17, rue Saint-Jean-Baptiste* ***L'Anse-Saint-Jean*** *Tél. 418 272 2199 www.saumonquebec.com rivierestjean.com Ouvert mi-juin-mi-sept.*

CARNET D'ADRESSES

Lieux de sortie

Les bars sont plutôt rares à Chicoutimi, mais ils devraient vous assurer de belles soirées. Voyez également l'Opia (p.459) à La Baie et le Café Cambio (p.449) à Chicoutimi. Beaucoup d'étudiants se rendent le week-end à Jonquière, dont la rue Saint-Dominique est le fief des noctambules.

☺ **La Tour à bières** La jeunesse étudiante a trouvé un quartier général de fin de semaine à la mesure de ses ambitions. Cet immense pub occupe les deux étages et trois terrasses d'une maison individuelle à véranda, et la bière y coule à flots ! Brassées sur place, une trentaine de mousses, dont les excellentes Blanche Cap-Trinité, Rousse de l'Écluse et Saguenéenne. Comptez 6$ la pinte. Concerts rock, électro, reggae, dub. *517, rue Racine* ***Chicoutimi*** *Tél. 418 545 7272 www.latourabieres.com Ouvert hiver : tlj. 16h-3h ; reste de l'année : tlj. 14h-3h*

L'Inter-Bar de l'hôtel Chicoutimi Oyez ! Oyez ! L'International café est mort ! Vive l'Inter ! Refait à neuf, le bar de l'hôtel Chicoutimi (p.461) est désormais plus urbain et plus chaleureux. Les concerts occasionnels connaissent un franc succès (programme affiché sur la porte). Clientèle plus âgée que celle de La Tour à bières. Menu bistrot pour grignoter ou faire un repas complet. *460, rue Racine Est* ***Chicoutimi*** *Tél. 418 690 5129 Ouvert été : mar.-ven. 11h-13h30 et 17h-23h, w.-e. 17h-23h ; reste de l'année : mar.-ven. 11h-13h30 et 17h-23h, sam. 17h-23h*

La Voie maltée Moins tapageur que ses voisins de la rue Saint-Dominique, ce pub ne se prend pas au sérieux, mais se distingue par ses concerts et sa bière maison. La pinte coûte de 4$ à 6,50$ selon le moment de la journée. *2509, rue Saint-Dominique* ***Jonquière*** *Tél. 418 542 4373 www.lavoiemaltee.com Ouvert mer.-sam. 11h-3h, dim.-mar. 11h-1h30*

Restauration

L'Auberge des Battures (p.461) et l'Auberge des 21 (p.462) disposent aussi d'un restaurant.

très petits prix

Café Cambio Rendez-vous des amateurs de bio, des militants sociaux, des artistes et des *fashionistas* de "Chicout", ce café arty se veut un lieu de médiation culturelle et une alternative bon marché à la malbouffe. Salades, burgers végétariens et sandwichs (saumon fumé, feta-tomates-olives...) à base de produits frais et bio, café équitable. De 6 à 15$ l'assiette. *405, rue Racine Est* ***Chicoutimi*** *Tél. 418 549 7830 cafecambio.ca Ouvert tlj. 8h-23h*

petits prix

☺ **Café du Presbytère** Tout nous plaît dans ce café-restaurant ! Sa situation à deux pas de la Petite Maison blanche, la beauté de cet opulent presbytère, la terrasse au calme à l'arrière, la simplicité et la saveur des petits plats cuisinés, la gentillesse du personnel, la douceur des prix et le concept humain à l'origine même de l'entreprise. Car ce café à vocation sociale a pour objectif la réinsertion des jeunes par le travail : du serveur au cuisinier, chacun ici s'offre une seconde chance, et c'est tant mieux pour nous ! Un choix de 4 ou 5 plats (une viande, un poisson, une salade, des pâtes...) est à l'affiche, avec en prime le souci de mettre en valeur les produits de la cuisine boréale. Un vrai délice ! Tout aussi savoureuse sera la note : au maximum 14,25$ pour un plat et le café, 2$ de plus pour le dessert. *240, rue Bossé* ***Chicoutimi*** *Tél. 418 543 6578 Ouvert lun.-ven. 8h-10h et 11h-14h, sam. 8h30-12h, dim. 8h30-13h*

prix moyens

Chez Georges Chaque ville du Québec possède son incontournable, son institution. Ici, c'est Chez Georges ! Le décor n'a rien d'original, la carte non plus, mais voilà, à Chicoutimi, on mange Chez Georges, ça va de soi. Il est vrai que la viande y est délicieuse et contribue au succès de ce *steak house* indétrônable depuis 1960. Quant à l'accueil, inégal, certains disent qu'il donne son caractère au lieu... Bifteck d'aloyau, filet mignon, côtes levées... Comptez 20-45$ à la carte. *433, rue Racine Est* ***Chicoutimi*** *Tél. 418 543 2875 Ouvert dim.-mer. 11h-22h, jeu.-sam. 11h-23h*

La Cuisine Une table design aux assiettes élaborées, qui à midi fait la joie des cols blancs, et le soir fédère une clientèle branchée et aisée. Au menu, une *world food* raffinée et des spécialités franco-québécoises faisant appel aux producteurs locaux, servies avec une courtoisie exemplaire ! Risotto aux fruits de mer, suprême de poulet de grain grillé à l'ancienne, tartare de bœuf... Prévoyez de 18$ à 60$ pour 2 plats. Table d'hôtes 47-57$. *387A, rue Racine Est* ***Chicoutimi*** *Tél. 418 698 2822 restaurantlacuisine.ca Ouvert lun.-ven. 11h30-13h30 et 17h-22h, w.-e. 17h-22h*

Café Summum Dans le quartier du plateau Victoria, dans le secteur de La Baie, ce café-bistrot vous invite à vous poser le temps d'un repas, d'une bière, d'un café ou d'un concert. Le menu du midi y est imbattable avec sa soupe et ses 5 choix de plats changeant tous les jours (15 à 21$). Cuisine de bistrot améliorée : burger de saumon, salade César au poulet grillé, bavette de veau... Et la suite de la carte à l'avenant. Nous avons eu un petit faible pour le *black burger*, au pain noir comme du charbon parce que fait avec du... charbon. Le soir, comptez de 25 à 40$. Quant au reste de la soirée, ce sera autour d'une bonne bière et le week-end, devant un bon spectacle (5 à 25$). *786, rue Victoria* ***La Baie*** *Tél. 418 544 0000 www.bistrocafesummum.com Ouvert tlj. 7h-22h*

☺ **Opia** Une “expérience gastronomique”. Voilà à quoi vous invite le patron de ce salon rouge et noir minimaliste, rehaussé d'une mezzanine. Une adresse élégante et inattendue dans les rues calmes de La Baie. Le tartare de saumon et le boudin noir aux pommes caramélisées témoignent de son savoir-faire. Pizzas, pâtes, burgers et moules marinières pour les moins exigeants. Comptez 11-25$ à midi, 25-45$ le soir en table d'hôtes. *865, rue Victoria* ***La Baie*** *Tél. 418 697 6742 www.restaurant-opia.com Ouvert mar.-ven. 11h-14h et 16h-22h, w.-e. 16h-22h*

prix élevés

☺ **Bistro D** Décontrachic et bistronomique sont les deux néologismes qui collent parfaitement au Bistro D. L'élégance simple des lieux se marie parfaitement à la carte originale et inventive qu'on y propose. Goûtez le jarret d'agneau BBQ, pepsi-sriracha ou le saumon gravlax à la salsa de fraises et amandes grillées, notre préféré. Comptez environ 40$ pour une entrée et un plat. *375, Racine Est **Saguenay** Tél. 418 973 4666 www.bistrod.ca Ouvert mar.-jeu. 11h-14h et 17h-21h, ven.-sam. 17h-21h*

La Marée-Terre Le concept est simple : des fruits de mer et de la viande. Rien d'autre, et c'est tant mieux car toute l'attention est portée sur les cuissons. Le décor est sans grande originalité, mais sans faute. Seule ombre au tableau, il faudra apporter votre vin. Considérant les prix assez élevés (table d'hôtes de 50 à 60$), contrôler celui du vin peut cependant se révéler avantageux... *1142, bd Sacré-Cœur **Saint-Félicien** Tél. 418 630 4498 Ouvert mi-juin-mi-oct. : tlj. 17h-23h ; nov.-mi-juin : jeu.-dim. 17h-23h*

prix très élevés

☺ **Auberge Villa Pachon** Vous voilà dans la somptueuse villa bâtie en 1912 par William Price dans un îlot de verdure du très chic quartier anglais de Jonquière. Bourgeoise et décorée avec goût, la demeure abrite un restaurant gastronomique, une suite et cinq splendides chambres de style 1900, dont certaines donnent sur la Rivière-aux-Sables. Le tournedos de bœuf poêlé au vin rouge trahit les origines françaises du chef, et le cassoulet les confirme : Daniel Pachon arrive de Carcassonne ! Prévoyez 90$ en table d'hôtes sans le vin, 60-80$ le plat à la carte. Et 125-150$ la chambre double. *1904, rue Perron **Jonquière** Tél. 418 542 3568 ou 1 888 922 3568 www.aubergepachon.com Ouvert le soir sur rés.*

Dans les environs

petits prix

☺ **Chez Mina** Mina a délaissé la Provence pour s'installer au Québec qu'elle a intégré, semble-t-il, jusqu'au fond de ses chaudrons. Car les bons plats maison qu'elle prépare ont des saveurs québécoises : tourtière, jambon à la bière, rôti de porc, tarte aux bleuets, gâteau à l'érable... Une cuisine réconfortante et qui tient bien au corps. Deux choix de repas chaque jour, 16,10$ à midi et 19,55$ le soir. Pour les enfants de 2 à 8 ans, coupez la note en deux. *220, rue du Quai **Sainte-Rose-du-Nord** Tél. 418 675 1386 Ouvert juin-début sept. : tlj. 8h-22h ; début sept.-fin oct. : ven.-mer. 8h-22h*

La Vieille Ferme Réputé pour sa cuisine de terroir, à déguster face au fjord, ce petit restaurant est l'une des adresses les plus conviviales de la région. Aux commandes, Carmen, bonne vivante et volubile, et son mari Napesh, amoureux de la nature, ont créé leur ferme écologique : bergerie, verger, jardin de plantes aromatiques et médicinales. Au menu, de l'agneau (en navarin, en saucisse ou en jarret confit...), mais aussi du saumon fumé sur place et des salades du jardin. Service attentif et souriant. Prenez le temps de suivre le parcours découverte de la ferme ou de pratiquer l'autocueillette dans les vergers. Petite boutique où acheter des plats d'agneau à emporter ou à manger dans la serre-salle à manger. Plat chaud à 20$ (boisson et dessert compris), plateau dégustation de charcuteries maison 10$. On peut y louer un magnifique écogîte pour 221$ en haute saison, mais seulement 100$ le reste de l'année. *163, chemin de La Pointe-aux-Pins* ***Saint-Fulgence*** *(23km à l'est de Chicoutimi) Tél. 418 674 1237 www.agneaudufjord.com Ouvert juil.-août : tlj. 12h-20h ; sept.-oct. : lun.-ven. 18h-20h, w.-e. 12h-20h*

Hébergement

Si les cafétérias et les restaurants ne manquent pas dans le centre-ville de Chicoutimi, il en va autrement de l'hébergement. Si vous disposez d'un véhicule, optez plutôt pour l'un des gîtes ou l'une des auberges de La Baie, qui s'alignent face au fjord.

petits prix

☺ **Gîte des 13 Lunes** Caché parmi les arbres, il jouit d'une vue imprenable sur l'entrée du fjord. Trois chambres soignées et aux couleurs gaies se partagent deux sdb, dont une avec baignoire à remous. Agréable terrasse et escalier menant au rivage. Sur réservation, on vous préparera un dîner, mais il faudra apporter votre vin. Accueil sympathique. Double 75$. *2261, sentier David-Gauthier* ***La Baie*** *(du centre-ville, suivre bd de la Grande-Baie sud jusqu'à la scierie Gauthier à 8km, et prendre à gauche la route de la Batture Le gîte est indiqué à 2,5km) Tél. 418 544 5784/2365 ou 1 888 544 5784 pages.derytele.com/13lunes*

prix moyens

☺ **Auberge Les Deux Tours** Une auberge de charme à deux pas de la Rivière-aux-Sables et des bars de Jonquière. Sept chambres à l'étage, à l'élégant mobilier 1930. Restaurant de cuisine gastronomique sur réservation. Accueil chaleureux des propriétaires. Comptez de 85$ à 105$ la double. Petit déj., copieux, à partir de 6,50$. *2522, rue Saint-Dominique* ***Jonquière*** *Tél. 418 695 2022 ou 1 888 454 2022 www.aubergedeuxtours.qc.ca*

prix élevés

Hôtel Chicoutimi L'hôtel Chicoutimi n'est plus l'austère bloc impersonnel qu'il fut autrefois, même s'il est impossible de faire disparaître totalement son architecture disgracieuse. On ne transforme pas une caserne en maison de poupée. C'est à l'intérieur que l'opération relooking est la plus perceptible. Un hall lumineux, deux restaurants entièrement repensés et possédant chacun sa personnalité, et le plus important : 86 chambres spacieuses, modernes, et décorées avec goût et sobriété. Et toutes ces transformations réussies n'ont pas fait exploser les prix. Doubles 117-262$ avec petit déj. Wifi, massothérapie, salle de gym. *460, rue Racine Est* ***Chicoutimi*** *Tél. 418 549 7111 www.hotelchicoutimi.qc.ca*

Hôtel du Fjord Ne vous fiez pas aux apparences, cet austère bloc de béton et de brique, coincé entre un parking et la gare routière, abrite 34 chambres aux couleurs chaudes ou pastel, avec une literie confortable, clim., TV câblée et, pour certaines, un balcon sans vis-à-vis : il n'y a qu'à tourner la tête pour voir couler le Saguenay. Très central, à 5min des restaurants de la rue Racine et deux enjambées du port. Double 124-134$. *241, rue Morin* ***Chicoutimi*** *Tél. 418 543 1538 ou 1 888 543 1538 www.hoteldufjord.com*

Auberge des Battures Une robuste bâtisse en bois adossée à la colline complice du fjord. Tout est fait pour vous assurer un séjour réussi :

32 chambres modernes, spacieuses et claires, avec ou sans balcon et jacuzzi, une excellente table et de nombreux forfaits l'été : croisières, visites du site de la Nouvelle-France, billets pour le musée du Fjord, sorties en quad (ou à motoneige l'hiver)... Au menu, spécialités boréales ! De 132 à 235$ la double en haute saison. Petit déj. 10-15$, table d'hôtes 46,95$. *6295, bd de la Grande-Baie sud* ***La Baie*** *(à 8km du centre, sur le boulevard qui longe la baie dir. Saint-Félix-d'Otis) Tél. 418 544 8234 ou 1 800 668 8234 www.hotel-saguenay.com* ***Restaurant*** *Ouvert tlj. 18h-20h (réservation conseillée)*

Auberge de la Rivière Saguenay Cette auberge riveraine du chemin de la Batture bénéficie d'un panorama enchanteur sur le fjord et les toits de Sainte-Rose-du-Nord au loin. La vue illumine les beaux volumes des chambres qui seront bientôt toutes rénovées (en 2018). La propriétaire est guide touristique et donne de nombreux conseils sur la région : n'hésitez pas à la solliciter. Nombreuses activités proposées. Dîner sur réservation, sachant que le menu change tous les jours de la semaine. Comptez 24$ pour une entrée et un plat, soit une soupe de poissons maison ou un croustillant de canard à l'orange, etc. Et 119-139$ la double avec petit déj. compris. Également un chalet disposant de 2 chambres (750-850$ la sem.) *9122, chemin de la Batture* ***La Baie*** *(1,5km après le gîte des 13 Lunes) Tél. 418 697 0222 ou 1 866 697 0222 www.aubergesaguenay.com*

prix très élevés

Auberge des 21 Face à la baie des Ha ! Ha !, une auberge soucieuse du bien-être de ses clients : algothérapie, réflexologie, hydromassage, soins à l'érable, et 31 chambres tout confort et fonctionnelles. Demandez le 1er étage (vue sur la baie). Le restaurant Le Doyen est l'un des meilleurs du Saguenay-Lac-Saint-Jean. Son chef Marcel Bouchard maîtrise avec délicatesse une cuisine boréale aux accents autochtones. Plein de saveurs et dépaysement garanti ! Comptez 48,50$ en table d'hôtes (50-60$ à la carte). De 150 à 225$ la double (petit déj. particulièrement réussi à 13,25$). *621, rue Mars* ***La Baie*** *Tél. 418 697 2121 ou 1 800 363 7298 www.aubergedes21.com*

Sur les rives du fjord

camping

Camping La Descente-des-femmes Quarante-six places dominant la baie de Sainte-Rose-du-Nord, face au musée de la Nature et près des commerces. Comptez 22$ l'emplacement, 30$ avec l'eau et l'électricité. Sanitaires, lave-linge. *154, rue de la Montagne* ***Sainte-Rose-du-Nord*** *(45km à l'est de Chicoutimi) Tél. 418 675 2581 www.campingsaguenay.com Ouvert juin-mi-oct.*

Camping de l'Anse Au bord de l'eau, entre la baie et le fjord (vue exceptionnelle), 54 emplacements, ombragés pour certains, et 42 avec l'eau et l'électricité. Piscine, tennis, minigolf, jacuzzi extérieur, pétanque. Très central (commerces et restaurants à proximité). Comptez 28,60-39,60$ l'emplacement, selon les commodités. *325, rue Saint-Jean-Baptiste* ***L'Anse-Saint-Jean*** *(63km au sud-est de La Baie) Tél. 418 272 2554 ou 418 272 2633 (hors saison) www.campingdelanse.ca Ouvert mi-mai-mi-oct.*

petits prix

Auberge du boutdumonde Sous les arbres, à l'écart du centre-ville, la robuste maison ponctuée d'une tour abrite 2 dortoirs mixtes de 4 lits et 3 chambres doubles, sommaires mais propres. À disposition, sanitaires, cuisine, lave-linge et sèche-linge. Prévoyez 25$/pers. en dortoir et 50$ la double. Pas de petit déjeuner - pensez à faire vos provisions au village. Une yourte peut aussi héberger 5 personnes (35$/pers.) L'équipe jeune et sympathique vous conseillera sur la pléthore d'activités qu'offre L'Anse-Saint-Jean, à commencer par celles du centre équestre voisin. Attention, l'auberge s'élève en haut d'une côte, qu'il faut gravir à pied l'hiver (1km) si vous n'avez pas appelé pour qu'on vienne vous chercher à motoneige (service payant). Gardez à l'esprit que les téléphones portables ne captent pas tous dans cet endroit reculé... qui porte bien son nom ! *40, chemin des Plateaux* ***L'Anse-Saint-Jean*** *(63km au sud-est de La Baie) Tél. 418 272 9979 www.boutdumonde.ca*

Gîte de Monsieur-le-Maire Quatre chambres bien tenues, dont une mansardée et 2 avec sdb privative, au-dessus de l'anse de la Descente-des-femmes. Un havre de paix à l'écart de Sainte-Rose-du-Nord. Accueil amical, belle terrasse et petit déjeuner royal ! Poste Internet. Double 83$ (sans sdb)-98$ (avec sdb). Prix TTC petit déj. inclus. Lit supplémentaire 30$. *471, rue de la Descente-des-Femmes* ***Sainte-Rose-du-Nord*** *(45km à l'est de Chicoutimi De la route 172, suivre dir. Sainte-Rose-du-Nord sur 2,5km Au carrefour signalé par un kiosque d'information, tourner à gauche Le gîte est à 1km) Tél. 418 675 2504 ou 1 877 777 2504 www3.sympatico.ca/gitedemonsieurlemaire*

Hébergements du parc national du Fjord-du-Saguenay Pour s'endormir sous les sapins, près d'un sentier, d'une rivière ou face au fjord : un camping à Rivière-Éternité, plusieurs sites de camping rustique, des refuges pour randonneurs et des chalets équipés. À 500m de l'accueil, 10 chalets pour 2 ou 4 pers., avec cuisine, sdb (eau chaude) et l'électricité : pensez à apporter draps, linge de toilette, nourriture et eau potable. Les refuges, pour 4-12 pers., sont disséminés dans le parc. Comptez, selon les services, de 30 à 40$ l'emplacement au camping Rivière-Éternité. Nuit en chalet à partir de 100$ et nuit en refuge 28$/pers. *91, rue Notre-Dame* ***Rivière-Éternité*** *(43km au sud-est de La Baie) Tél. 418 272 1556 ou 1 800 665 6527 www.sepaq.com*

prix moyens

☺ **Gîte Aux bons jardins** Dans une vallée boisée, sur un domaine de 400ha avec étang, chèvres, moutons, basse-cour et potager bio, Mariko Watanabe et Richard Lapointe louent 2 chambres confortables (sdb commune) dans leur maison en bois et 2 chalets rustiques, dont un sans l'électricité. Ils pourront vous préparer un repas sur demande ou vous vendre des produits de leur exploitation à cuisiner dans votre chalet. Un séjour en harmonie totale avec la nature, à 10min du parc Cap-Jaseux, qui plus est en compagnie d'hôtes fort chaleureux. Comptez 101$ la double et 124-141$ le chalet pour 2 (27$/pers. supplémentaire), petit déjeuner compris. *127, chemin de la Pointe-aux-Pins* ***Saint-Fulgence*** *(15km au nord-est de Chicoutimi) Tél. 418 674 2896 www.auxbonsjardins.com*

☺ **Auberge des Cévennes** Cette blanche construction à clins en impose avec ses deux étages de galeries couvertes. Quinze chambres coquettes et lumineuses, dont certaines donnent sur une véranda, où l'on s'attarde à contempler les toits du village, le pont couvert et la rivière. Double 60-85$ en basse saison, 80-105$ en haute saison. Ajoutez 5$ pour un petit déjeuner soigneusement mis en scène et heureusement délicieux. *294, rue Saint-Jean-Baptiste* ***L'Anse-Saint-Jean*** *(63km au sud-est de La Baie) Tél. 418 272 3180 ou 1 877 272 3180 www.auberge-des-cevennes.qc.ca Ouvert mai-oct.*

Chalets sur le Fjord Cette agence loue une quarantaine de studios, condos et chalets fonctionnels, entièrement équipés, à flanc de colline face à la baie. Studios 133-174$; condos 4-6 pers. 215-252$; chalets 4-8 pers. 215-236$. *354, rue Saint-Jean-Baptiste* ***L'Anse-Saint-Jean*** *(63km au sud-est de La Baie) Tél. 418 272 3430 ou 1 800 561 8060 www.chalets-sur-le-fjord.com*

Café de la Poste À l'entrée de Sainte-Rose-du-Nord, ce café propose l'hébergement avec ou sans demi-pension. Ses 5 chambres, avec sdb privatives, affichent une décoration traditionnelle où le bois tient bien sa place. Comptez 100$ pour deux, 150$ en demi-pension. *308, rue du Quai* ***Sainte-Rose-du-Nord*** *(45km à l'est de Chicoutimi) Tél. 418 820 2300 Ouvert toute l'année sur réservation*

prix très élevés

☺ **Pourvoirie du Cap-au-Leste** Panorama sublime pour les 2 grands chalets confortables tapis sous les arbres, en surplomb du fjord. Également un hôtel de 46 chambres et un restaurant qui sert une copieuse cuisine québécoise. Table d'hôtes à partir 20-40$. La pourvoirie propose différents forfaits et activités (kayak, motoneige, croisière, demi-pension ou pension complète...). De 115$ à 155$ la double avec le petit déj. en basse saison (136-182$ en haute saison) *551, chemin du Cap-à-l'Est* ***Sainte-Rose-du-Nord*** *(45km à l'est de Chicoutimi Indiqué à la sortie de la ville, sur la route 172 en direction de Saint-Fulgence) Tél. 418 675 2000 ou 1 866 675 2007 www.capauleste.com Fermé avr.-mi-mai*

Auberge du Jardin Au pied du mont qui sépare Petit-Saguenay du fjord, une rassurante bâtisse aux murs épais et au large toit incliné. On se réfugie les soirs d'hiver dans son restaurant renommé (ris de veau, médaillon de bison aux bleuets, saumon fumé) ou dans l'une de ses 12 chambres spacieuses et élégantes (cheminée, clim., balcon ou terrasse). Une adresse de charme, au cœur du village. Plusieurs forfaits, dont l'un comprend la nuitée, le souper, l'accès au parc national du Fjord-du-Saguenay, un panier pique-nique, une croisière dans le fjord et une excursion en kayak. Double de 116 à 180$ (dans l'une des 2 suites), petit déj. 13,40$. Table d'hôtes 25-44$, uniquement le soir. *71, bd Dumas* ***Petit-Saguenay*** *(72km au sud-est de La Baie) Tél. 418 272 3444 ou 1 888 272 3444 www.aubergedujardin.com Fermé en nov. Restaurant ouvert le soir sur réservation*

Alfred le voisin d'Oscar Quatre yourtes avec vue époustouflante sur le fjord du Saguenay. L'endroit est idéal pour observer le passage des animaux marins. À l'intérieur, le confort étonne : cuisine moderne, lits des plus convenables... Et un grand soin apporté à la décoration : porte-manteau chiné, coussins s'harmonisant au canapé moelleux... Alfred et Oscar étaient les deux grands-pères de la propriétaire retraitée, qui se fait un plaisir de vous conseiller les meilleurs restaurants et activités alentour. Poêle à bois, douche chaude et panneaux solaires permettent de recharger toutes les batteries. 163$ avec le petit déj. pour la yourte au complet (4 adultes et 1 enfant par yourte). *306, rang Saint-Joseph* **Sacré-Cœur** *(113km à l'est de Saguenay, 28km au nord-ouest de Tadoussac) Tél. 418 571 0533 www.alfredoscar.com Ouvert toute l'année*

LE LAC SAINT-JEAN

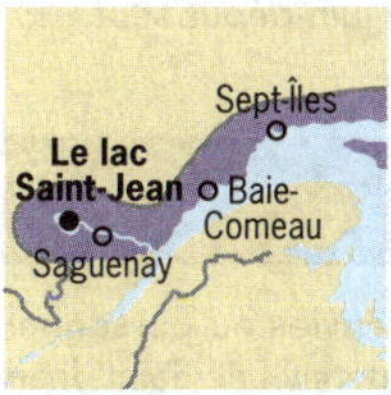

Aux escarpements du fjord du Saguenay, le Piekouagami ("lac Plat") des Innus oppose un paysage ondoyant à perte de vue. Cette véritable mer intérieure (1 041km², mais seulement 11,30m de profondeur moyenne) est festonnée de bourgades tranquilles, nées bien après l'arrivée, en 1641, du premier Blanc dans la région, le missionnaire jésuite Jean de Quen. Sur Alma et Chambord plane le souvenir des défricheurs venus de Charlevoix dans les années 1830 et dont Louis Hémon immortalisa le quotidien et le caractère bien trempé dans son roman *Maria Chapdelaine*. Autour du lac, les rivières torrentueuses se domptent en canot ou en kayak, la véloroute des Bleuets déroule plus de 250km de pistes cyclables, et d'innombrables sentiers de randonnée permettent d'observer une nature généreuse. Découvrez la culture des Innus de Mashteuiatsh et, à Dolbeau-Mistassini, régalez-vous de tarte aux bleuets. Le bleuet (airelle à feuilles étroites), fruit emblématique de cette région attachante, est aussi le surnom amical donné aux Jeannois par les autres Québécois.

MODE D'EMPLOI

accès

EN VOITURE

Alma est située 483km au nord-est de Montréal par l'A40, puis la route 155, 220km au nord de Québec par la 175 puis la 169 et 61km à l'ouest de Saguenay (Chicoutimi) par la 170 (via la rive sud).

EN TRAIN

Via Rail Chambord, Hébertville et Lac-Bouchette sont desservis par le rail 3 fois par semaine. De Montréal, prévoyez 8h pour rallier Chambord, la seule des trois villes riveraine du lac. Du printemps à l'automne, le trajet permet d'admirer de merveilleux paysages sauvages de forêts et de rivières. *Tél. 514 989 2626 ou 1 888 842 7245 www.viarail.ca*

Gare de Chambord *169, rue de la Gare Tél. 418 342 6973 (billetterie)*

EN CAR

Intercar La compagnie relie au moins 2 fois par jour Montréal et Québec aux principales agglomérations du lac Saint-Jean. Comptez 3h de route de Québec à Alma et 6h de route de Montréal à Alma. Il faudra ajouter 3h pour atteindre Dolbeau. Attention, la rive nord n'est pas desservie ! Intercar ne dispose pas de bureaux autour du lac Saint-Jean. *5675, rue des Tournelles* **Québec** *Tél. 418 627 9108 ou 1 888 861 4592* **Sept-Îles** *Tél. 1 888 547 6784 www.intercar.ca*

orientation

Au bord du lac Saint-Jean, surtout sur sa rive sud et le long des cours d'eau qui l'alimentent, ont fleuri quatre villes (Alma, Roberval, Saint-Félicien et Dolbeau-Mistassini) et une trentaine de hameaux et de villages. Comme dans le reste du pays, les municipalités sont très étendues. Certaines sont le fruit de fusions (Saint-Méthode est ainsi devenue un secteur de Saint-Félicien). La route 169 fait tout le tour du lac (210km). Une excellente signalisation et de nombreuses stations-service facilitent les déplacements.

informations touristiques

www.lacsaintjean.com Un site Internet complet pour préparer son séjour.

Office de tourisme Alma-Lac-Saint-Jean Excellente documentation sur la ville et le lac, personnel compétent, postes Internet et... douches ! *1682, av. du Pont Nord* **Alma** *Tél. 418 668 3611 ou 1 877 668 3611 tourismealma.com Ouvert mi-mai-mi-juin, début sept.-mi-oct. : lun.-ven. 8h-12h et 13h-16h, w.-e. 9h-12h et 13h-17h ; mi-juin-début sept. : tlj. 8h-20h ; mi-oct.-mi-mai : lun.-ven. 8h-12h et 13h-16h*

Bureau de Chambord *1811, rue Principale Tél. 418 342 6274 Ouvert mi-juin-début sept. : lun.-ven. 8h30-19h, w.-e. 9h-19h*

Bureau de Saint-Félicien *1209, bd du Sacré-Cœur Tél. 418 679 9888 ou 1 877 525 9888 www.ville.stfelicien.qc.ca Ouvert mi-juin-début sept. : lun.-jeu. 8h-19h30, ven.-dim. 8h30-19h30 ; début sept.-mi-oct. : lun.-ven. 8h30-12h et 13h30-17h30, sam.-dim. 10h-17h30 ; mi-oct.-mi-juin : lun.-ven. 8h30-12h et 13h30-16h30*

Bureau d'Hébertville *150, route 169 Tél. 418 344 1829 ou 1 877 668 3611 www.tourismealma.com Ouvert mi-juin-début sept. : tlj. 9h-18h*

Bureau de Dolbeau-Mistassini *400, bd des Pères Tél. 418 276 7646 ou 1 866 276 7646 ville.dolbeau-mistassini.qc.ca Ouvert mi-juin-début sept. : tlj. 8h-20h*

excursions et visites guidées

Soumettez vos envies au personnel de Tourisme Saguenay-Lac-Saint-Jean et des bureaux d'information locaux. Les activités proposées (randonnées pédagogiques, kayak, canot, équitation, ski, raquettes, motoneige, traîneau à chiens, pêche blanche, observation de la faune sauvage, circuits d'interprétation sur la forêt boréale, la traite des fourrures, la culture ilnue...), les forfaits (de la demi-journée au mois) et les prestataires ne manquent pas ! Voici une société particulièrement recommandable.

Aventuraid Pêche blanche, raquettes, motoneige et expéditions en traîneau à chiens (de la demi-journée à 7 jours) mais aussi canot, initiation à l'observation de la faune et mille autres choses. *2395, rang de la Pointe* **Girardville** *Tél. 418 258 3529 www.aventuraid.qc.ca*

location de vélos

Les bureaux d'information touristique vous communiqueront la liste exhaustive des loueurs. Liste sur www.veloroute-bleuets.qc.ca.

plages

La plupart des plages du lac (42km en tout) se trouvent sur la rive sud, mais celles du parc national de la

Pointe-Taillon, sur la rive nord, bénéficient d'un cadre naturel exceptionnel et sont très fréquentées. Les plages des campings Colonie-Notre-Dame (Alma), Blanchet (Chambord), Robertson (Mashteuiatsh), Belley (Saint-Henri-de-Taillon), et celles des campings municipaux de Saint-Prime, d'Hébertville, de Saint-Gédéon, du Rigolet, de la Villa-des-Sables (à Métabetchouan) et de Pointe-Scott (à Roberval), ainsi que celles du parc national de la Pointe-Taillon sont surveillées de mi-juin à mi-août.

fêtes et manifestations

Traversée internationale du lac Saint-Jean L'événement phare de l'année au lac Saint-Jean : l'arrivée de nageurs en provenance de Péribonka, à 30km de là, sous un tonnerre d'applaudissements ! Le grand souper compte près de 10 000 participants. ***Roberval*** *Tél. 418 275 2851 www.traversee.qc.ca Fin juil.*

À l'eau Péribonka Des célébrations saluent aussi le départ des inscrits à cette grande course à la nage, sur la rive opposée. Spectacles, activités sportives et animations pour les enfants. ***Péribonka*** *Tél. 418 374 2967 ou 1 888 374 2967 wwww.peribonka.ca Fin juil.*

Festival des bleuets Dolbeau, la capitale québécoise du bleuet, fête le petit fruit emblématique de la région. Spectacles, concours et défilés s'accompagnent de dégustations, dont une tarte géante aux baies bleues. ***Dolbeau-Mistassini*** *Tél. 418 276 1241 www.festivaldubleuet.com Fin juil.-début août*

DÉCOUVRIR

Le lac Saint-Jean

☆ **Les essentiels** L'Odyssée des bâtisseurs, le village historique de Val-Jalbert, l'ermitage Saint-Antoine, le zoo de Saint-Félicien, le musée Louis-Hémon, le parc national de la Pointe-Taillon **Découvrir autrement** Pédalez sur la véloroute des Bleuets (cf. GEOPlus), participez à une cueillette de bleuets

Alma Si les Amérindiens avaient pris l'habitude de faire halte sur cette terre fertile, où les eaux du lac Saint-Jean se mêlent à celles de la rivière Saguenay, c'est dans les années 1860 que l'industrie du bois – plus précisément, la construction d'une glissière permettant de maîtriser la flottaison des grumes à destination de Chicoutimi – donna naissance à la localité. Dans les années 1920, l'aménagement d'une centrale hydroélectrique, la construction d'une usine à papier et d'une aluminerie accélérèrent le développement de la municipalité, qui fusionna en 1962 avec celles de L'Isle-Maligne, de Riverbend et de Naudville, et en 2001 avec celle de Delisle. Jalonnée de restaurants et de bars, de belles demeures bourgeoises et de maisons ouvrières, la principale agglomération riveraine du lac offre le visage d'une cité hétérogène, mais dynamique. C'est aussi le point de départ de la véloroute des Bleuets. **Gare routière** *430, rue du Sacré-Cœur Ouest Tél. 418 662 5441*

☆ **Parc thématique L'Odyssée des bâtisseurs** Logé dans l'ancienne mairie de L'Isle-Maligne (1937), ce beau musée met en évidence l'importance de l'eau dans le développement d'Alma. L'exposition permanente "Au-delà de l'eau" rappelle, avec maquettes, capsules interactives et objets électriques, les enjeux de la gestion de l'eau. À voir aussi une exposition thématique temporaire et, à l'extérieur, les ruines du premier réservoir de L'Isle-Maligne (1920, d'une capacité de 720 000l), le château d'eau (1935), sur les parois duquel un film est projeté à 360°, et l'avenue des Sources, une petite rue fictive où est présentée la consommation d'eau douce dans le monde. *1671, av. du Pont Nord* ***Alma*** *Dans le secteur Delisle, au nord du centre-ville Tél. 418 668 2606 ou 1 866 668 2606 www.odysseedesbatisseurs.com Ouvert mi-juin-mi-août : tlj. 9h-17h30 ; mi-août-fin sept. : tlj. 9h-16h30 ; fin sept.-mi-juin : lun.-ven. 9h-16h30 Tarif 15$, réduit 7,75-14$*

Jardin Scullion Sur les 40ha d'une ancienne exploitation agricole s'épanouit l'un des plus beaux jardins du Québec. Le sol riche en matières organiques a permis à Brian Scullion, artiste et touche-à-tout de talent, de faire cohabiter en une incroyable scénographie, de lacs en ruisseaux et en cascades, plus de 850 espèces de plantes provenant des quatre coins de la planète. Des sentiers aménagés invitent également à découvrir les écosystèmes locaux (forêt boréale et tourbière, notamment). Un paradis ! La miniferme et l'aire de jeux raviront les plus jeunes. *1985, rang 7 Ouest* ***L'Ascension-de-Notre-Seigneur*** *(23km au nord du centre d'Alma en suivant l'avenue du Pont Nord, ou la route 169, puis, en tournant à droite à hauteur de l'église de Deslile, dans le secteur Saint-Cœur-de-Marie) Tél. 418 347 3377 ou 1 800 728 5546 www.jardinscullion.com Ouvert mi-juin-mi-sept. : tlj. 8h-17h (sinon, sur réservation) Tarif 22,50$, réduit 11$*

Où boire un verre, voir un concert ?

Lion bleu La petite dernière de la grande famille des microbrasseurs du Québec, Lion bleu est aussi un pub chaleureux au cœur d'Alma. Le menu bistrot fait la part (du lion) belle aux tartares, mais on vient surtout pour y déguster l'une des excellentes bières : la Hefeweizen, la Récolte de cassis ou la Session IPA. *45, rue Saint-Joseph* ***Alma*** *Tél. 418 769 0795 www.microlionbleu.com Ouvert mar.-jeu. et sam. 14h-1h, ven. 14h-2h, dim. 14h-0h*

☺ **La Boîte à bleuets** La Boîte à bleuets est une association culturelle qui cherche à enrayer l'exode des jeunes vers les grandes villes. Elle propose d'assister à des concerts variés et à des spectacles humoristiques en sirotant un verre. Le Montréal branché n'a qu'à bien se tenir ! *525, rue du Sacré-Cœur Ouest* ***Alma*** *Tél. 418 668 8448 www.boiteableuets.com Ouvert lors des concerts et spectacles - agenda variable*

Sur la rive sud du lac

Métabetchouan-Lac-à-la-Croix À la belle saison, les Amérindiens convergeaient jadis vers le confluent de la Métabetchouane, au sud-ouest du lac Saint-Jean, et y échangeaient des biens – *Metapetshouane* signifie d'ailleurs "lieu de rencontre" en innu. Une longue plage de sable fin, une marina et un centre d'interprétation sur l'agriculture en font une étape agréable. *32km au sud-ouest d'Alma par la route 169* **Arrêt des cars** *Tabagie Métabetchouan 17A, rue Saint-Antoine Tél. 418 349 3447*

Centre d'interprétation de l'agriculture et de la ruralité Il présente l'histoire de la communauté rurale du Saguenay-Lac-Saint-Jean depuis 150 ans, ses traditions et l'évolution des modes de vie. On découvre l'habitation reconstituée d'un colon (1868), avant de suivre un amusant parcours dans un champ de maïs transformé en labyrinthe. Les enfants peuvent approcher les animaux qui ont pris pension à la ferme pédagogique. *281, rue Saint-Louis* ***Métabetchouan*** *Tél. 418 349 3633 ou 1877 611 3633 www.ciar-lacalacroix.com Ouvert juin-mi-oct. : tlj. 10h-17h (sinon, sur réservation) Tarif 11$, réduit 6,50$*

Desbiens Cet ancien poste de traite, longtemps un important relais sur la route des fourrures entre Tadoussac et la baie d'Hudson, a su exploiter ses atouts naturels pour s'ouvrir au tourisme : on peut profiter de sa plage dorée, pratiquer le kayak, le rafting et la spéléologie. *7km à l'ouest de Métabetchouan et 40km d'Alma par la route 169* **Arrêt des cars** *Dépanneur L. D. Frigon 1152, rue Hébert Tél. 418 346 5624*

Centre d'histoire et d'archéologie de la Métabetchouane On apprend plein de choses dans ce petit centre d'interprétation : de la formation du lac Pekuakami (Saint-Jean) aux origines de la ouananiche (saumon d'eau douce), côté nature, et de l'arrivée du Père Jean de Quen en compagnie des Kakouchaks à l'établissement du poste de traite, côté histoire. De beaux artefacts issus des fouilles locales illustrent chaque partie de l'exposition. Des flèches et des haches bien entendu, mais aussi des objets religieux, des peaux et la belle collection de fossiles de Joseph-Charles Larouche. Une fois à l'extérieur, vous pourrez voir la poudrière de pierre, rare témoin du Régime français dans la région, et accéder aux berges du lac sous le pont ferroviaire. *243, rue Hébert Tél. 418 346 5341 www.lepostedetraite.com Ouvert 20 juin-début sept. : tlj. 9h-17h (sinon, sur réservation) Tarif 9$, réduit 5-8$, familles 25$*

Caverne du Trou-de-la-Fée Cette grotte de 68m de longueur offre l'occasion de pénétrer dans les entrailles granitiques du Bouclier canadien (1 milliard d'années). On y accède par un sentier de 1,2km qui longe la tumultueuse Métabetchouane, nourrie de belles chutes et cascades. Comptez 30min de trajet et autant de visite guidée. Emportez un lainage. Interdit aux moins de 5 ans. *Chemin Trou-de-la-Fée, 7ᵉ Avenue Tél. 418 346 1242 ou 418 346 5436 (hors saison) www.cavernetroudelafee.ca Ouvert mi-juin-mi-août : tlj. 9h-19h ; mi-août-mi-oct. : tlj. 10h-18h Tarif 20$, réduit 12,50$*

Chambord Cette bourgade qui porte le nom du dernier des Bourbons français, Henri V comte de Chambord (1820-1883), est le point de chute idéal pour ceux qui veulent arriver à vélo dans la région : la gare se dresse au bord du lac et de la véloroute des Bleuets. *10km à l'ouest de Desbiens et 43km au sud-ouest d'Alma par la route 169* **Gare** *169, rue de la Gare Tél. 418 342 6973 (billetterie)* **Viarail** *Tél. 1 888 842 7245 www.viarail.ca* **Arrêt des cars** *Dépanneur Couche-Tard 1778, rue Principale Tél. 418 342 8230*

☆ ☺ **Village historique de Val-Jalbert** À l'écart de la route 169, sur le contrefort d'un massif forestier, ce village industriel abandonné semble figé dans le temps. Presque intact, il a conservé une authenticité saisissante malgré les hordes de touristes qui l'assaillent en été. Près de 950 personnes ont vécu dans ses 80 maisons de bois au cours de ses 25 ans d'existence. Fondé en

1901 par l'industriel Damase Jalbert, il devait loger les ouvriers de la nouvelle usine de pâte à papier, alimentée par une chute de la rivière Ouiatchouan, haute de 72m. La pulperie tournant à plein régime, le village grossit au point d'acquérir le statut de municipalité en 1915. Mais la concurrence des usines du Saguenay et la baisse du prix de la pulpe eurent raison de l'entreprise en 1927. Val-Jalbert fut alors déserté. On le découvre aujourd'hui à pied ou à bord d'un bus d'époque, avec visite commentée du couvent-école, du bureau de poste, du magasin général, du moulin et de quelques-unes des 50 maisons encore debout et minutieusement restaurées. Certaines abritent de petites expositions (une évocation du mode de vie de ses habitants, une anecdote…), d'autres des reconstitutions d'intérieurs. En été, des animateurs costumés évoquent le quotidien du village par le biais de saynètes délicieusement jouées. Accessible en téléphérique, le sommet du massif offre une belle vue sur le lac Saint-Jean et l'Ouiatchouan, et conduit à quelques mètres de là à un second belvédère donnant sur la chute Maligne. L'escalier réserve aux plus téméraires de saisissantes perspectives. Dans le bâtiment du moulin à pulpe, un nouveau spectacle immersif, incontournable, raconte de façon vivante et originale l'histoire complète du site. De petites expositions sur la pulpe et les ouvriers complètent le tableau. Accessible par un court escalier derrière le moulin, un autre belvédère de verre offre un point de vue différent sur la grande chute. Différents types d'hébergements et un restaurant (excellente cantine) permettent de prolonger le séjour à Val-Jalbert. *95, rue Saint-Georges Tél. 418 275 3132 ou 1 888 675 3132 www.valjalbert.com Ouvert mi-juin-mi-août : tlj. 9h-18h ; fin mai-mi-juin, mi-août-mi-oct. : tlj. 10h-17h Tarif 31,50$, réduit 16$*

☆☺ **Ermitage Saint-Antoine** C'est en 1907 que la fraternité des capucins est arrivée sur les rives du lac Ouiatchouan (dont les eaux forment la chute de Val-Jalbert) pour trouver la tranquillité. Avec près de 85 000 visiteurs en haute saison, on pourrait croire que c'en est fini de la sainte paix et pourtant non, le lieu reste bucolique et enchanteur. Il faut prévoir d'y passer la journée, voire une nuit, car jamais on ne s'y ennuie. Côté visites, il y a le centre Elzéar-Delamarre, consacré au fondateur du lieu. Plus loin, on trouve la chapelle Saint-Antoine, d'un style néogothique très élégant. L'histoire de Saint-Antoine-de-Padoue, à qui elle est dédiée, y est racontée dans une série de fresques dues au peintre Charles Huot et fraîchement restaurées. Mais le clou de la visite est sans conteste la très surprenante chapelle mariale, pionnière de l'architecture religieuse moderne au Québec (Henri Tremblay, 1950-51), qui se présente comme un tube de béton émergeant de terre et clos à son extrémité par les vitraux signés du capucin Guy Bruneau, ainsi que par un groupe sculpté réunissant la Vierge en gloire et l'Annonciation en une forme plutôt insolite en ces lieux saints... Derrière la chapelle, se situe le couvent néo-roman des frères et sur les hauteurs boisées, la tour d'observation Saint-Antoine que nous vous conseillons de gravir pour la vue sur le sanctuaire et le lac. Possibilité de restauration et d'hébergement sur place. *250 route de l'Ermitage Tél. 418 348 6344 ou 1 800 868 6344 Ouvert mi-avr.-début oct. : tlj.*

Roberval La seule véritable "ville" riveraine du lac (10 500 hab.) porte le nom de Jean-François de La Roque de Roberval, premier lieutenant général de la Nouvelle-France (en 1541), mais n'offre pas grand intérêt. Hormis la dernière semaine de juillet lors de la spectaculaire Traversée internationale du lac Saint-Jean, une courte halte suffit, le temps de jeter un coup d'œil à la marina et au verdoyant boulevard Saint-Joseph. Au n°464, remarquez la maison Donaldson, ancien magasin général et, au n°750, le palais de justice en granit. Au XXe siècle, cette roche extraite des carrières de Roberval alimenta la construction de nombreux gratte-ciel nord-américains. *18km au nord-ouest de Chambord et 64km à l'ouest d'Alma par la route 169* **Arrêt des cars** *Dépanneur Couche-Tard 912, bd Marcotte Tél. 418 275 1497*

Où acheter du bon pain ?

Boulangerie Perron Il flotte dans cette boulangerie centenaire une délicieuse odeur et l'on peut voir, à travers une vitre, s'affairer toute l'équipe de Clément Perron. L'économusée décrit les étapes de fabrication du pain et propose une dégustation. Viennoiseries, tartes aux bleuets... *637, bd Saint-Joseph* ***Roberval*** *Tél. 418 275 1234 Ouvert mar.-mer. 8h-17h30, jeu.-ven. 8h-19h Visite guidée (5$/1h) sur rés. juil.-août : mar.-ven. 14h-17h*

Randonner, skier

Mont-Lac-Vert Vingt pistes de descente et des sentiers balisés à parcourir à pied, chaussé de raquettes ou de skis de fond. *173, chemin du Vallon* ***Hébertville*** *(19km au sud d'Alma par la route 169) Tél. 418 344 4000 ou 1 888 344 1101 www.montlacvert.qc.ca*

Faire du kayak, du rafting

☺ **H2O Expédition** En barque, en kayak, en raft ou en luge d'eau, affrontez les rapides de la Métabetchouane sous l'œil attentif de professionnels. Expéditions tous niveaux, de 1h30 à une semaine ! À partir de 25$. *125, rue du Quai* ***Desbiens*** *Tél. 418 346 7238 ou 1 866 697 7238 www.aventure-expedition.com*

Bleuet et camerise

Petite baie bleue proche de la myrtille et de la canneberge, le bleuet (*Vaccinium angustifolium*) est le fruit de l'airelle à feuilles étroites – un arbuste qui prospère dans la taïga et les tourbières d'Amérique du Nord. Si les Amérindiens, et les Inuits en particulier, s'en nourrissent depuis des millénaires, le bleuet est surtout consommé de nos jours en dessert, en confiture ou en liqueur. Sa récolte s'effectue en août. Le fruit, riche en vitamine C et en potassium, est connu pour ses vertus antioxydantes et il stimulerait la production d'insuline. La feuille aurait, pour sa part, le pouvoir de soigner la cystite et d'améliorer la vision, surtout crépusculaire et nocturne. Quant à la camerise (*Lonicea caerulea*), d'un bleu plus sombre et de forme ovale, elle provient du Japon et fut implantée assez récemment au Québec. Elle possède les mêmes vertus que le bleuet mais son goût est légèrement plus acidulé, ce qui en fait le fruit parfait pour les vinaigrettes et les confitures.

GEOPLUS

Le lac Saint-Jean autrement

Les abords du lac Saint-Jean se prêtent à de nombreuses activités, à commencer par la dégustation de bouton d'or ou de cheddar au fil du circuit fromager, suivie d'une randonnée à pied ou à vélo, pour terminer par une croisière dansante ou théâtrale. En hiver, s'essayer à la motoneige est une jolie façon d'explorer la région.

SUIVRE LE CIRCUIT FROMAGER

Neuf producteurs de fromage du Lac-Saint-Jean se sont associés pour faire connaître leurs spécialités (visites guidées de l'exploitation, organisation de dégustations, vente directe). Voici notre sélection :

Au pays des bleuets Cette petite exploitation familiale produit quatre fromages fermiers au lait de vache : le desneiges, le roc bleu, le fromage frais et le bouton d'or, lesquels sont vendus à la boutique. *805, rang Simple Sud* ***Saint-Félicien*** *Tél. 418 679 2058 ferme3j.com Ouvert été : lun.-ven. 8h-18h, sam. 8h-16h, dim. 12h-16h ; basse saison : lun.-mar. 8h-16h30, mer.-ven. 8h-18h, sam. 8h-15h Visite ferme et fromagerie, se rens.*

Ferme des Chutes Sept fromages, dont le saint-félicien-lac-Saint-Jean (pâte demi-ferme sans croûte) et une gamme de cheddars entièrement biologiques. Dégustation payante et visites guidées pour groupes sur rés. *2350, rang Saint-Eusèbe* ***Saint-Félicien*** *Tél. 418 679 5609 fromageriedes-chutes.qc.ca Ouvert 24 juin-début sept. : lun.-ven. 8h-18h, w.-e. 9h30-17h ; début sept.-23 juin : lun.-ven. 8h-17h, dim. 9h30-12h*

Lehmann Son valbert au lait cru de vache, à pâte ferme et croûte lavée, a été primé plusieurs fois. Dégustation gratuite. *291, rang Saint-Isidore* ***Hébertville*** *Tél. 418 344 1414 Ouvert juin-sept. : jeu.-dim. 11h-17h ; oct.-mai : ven.-dim. 11h-16h*

Perron La référence du lac Saint-Jean ! L'ancienne fromagerie voisine de la nouvelle a été transformée en musée du Cheddar (p.474). *156, av. Albert-Perron* ***Saint-Prime*** *Tél. 418 251 3164 www.fromagerieperron.com* **Comptoir des ventes** *Ouvert lun.-mer. 8h-18h, jeu.-ven. 8h-20h, w.-e. 9h-18h*

SE BALADER À PIED...

Le guide officiel, édité par Tourisme Saguenay-Lac-Saint-Jean, répertorie plusieurs centaines de kilomètres de sentiers de randonnée pédestre et cycliste, avec longueur (de 2 à 45km), difficulté, balisage, droits d'accès, points d'intérêt, etc. Nos coups de cœur : les sentiers du parc national de la Pointe-Taillon, le mont Lac-Vert et la route du lac Kénogami, qui mène à proximité de Jonquière, le chemin de la Caverne-du-Trou-de-la-Fée, qui longe la rivière Métabetchouan (payant), les sentiers du Moulin-des-Pionniers, le GR de la Ouiatchouan (de Val-Jalbert à Lac-Bouchette) et le sentier des Grands-Pins-Blancs (Alma), avec son belvédère sur la rivière Grande-Décharge.

Parc national de la Pointe-Taillon *835, rang 3 Ouest* ***Saint-Henri-de-Taillon*** *Tél. 418 347 5371 ou 418 674 1200 (hors saison) www.sepaq.com/pq/pta*
Mont-Lac-Vert *173, chemin du Vallon* ***Hébertville*** *Tél. 418 344 4000 ou 1 888 344 1101 www.montlacvert.qc.ca*
Caverne du Trou-de-la-Fée *Chemin Trou-de-la-Fée, 7e Avenue* ***Desbiens*** *Tél. 418 346 1242 www.cavernetroudelafee.ca*
Moulin des Pionniers *4201, route des Peupliers* ***La Doré*** *Tél. 418 256 8242 ou 1 866 272 8242 en hiver moulindespionniers.com*
Centre Vacances Nature-Auberge Éva Loue des chalets rustiques sur le sentier de grande randonnée de l'Ouiatchouan, près du lac Bouchette. *160, chemin de la Montagne* ***Lac-Bouchette*** *Tél. 418 348 6832 www.aubergeeva.com*

... OU À VÉLO
Véloroute des Bleuets – Corporation du circuit cyclable Tour-du-lac-Saint-Jean De mi-mai à mi-octobre, une boucle de 256km de pistes cyclables et d'accotements asphaltés dessert la plupart des villages et sites touristiques de la région, des points de location et de réparation – cf. location de vélos (p.466) – et trois navettes sont mises à disposition pour transporter vos bagages. La fée de la petite reine a bel et bien jeté son dévolu sur le lac ! À privilégier : les sections entre Roberval et Saint-Félicien, autour d'Alma et de Dolbeau, et dans le parc national de la Pointe-Taillon, où la véloroute ne côtoie pas systématiquement la bruyante 169, mais parfois d'encombrants orignaux. *1692, av. du Pont-Nord* ***Alma*** *Tél. 418 668 4541 ou 1 866 550 4541 www.veloroute-bleuets.qc.ca*

NAVIGUER SUR LE LAC
Dam-en-Terre Ce centre de villégiature d'Alma est l'unique prestataire d'excursions sur le lac. À partir de 37,95$/pers. (durée : 2h). En haute saison (juil.-mi-août) sont proposées des croisières avec souper et/ou théâtre et d'autres, dansantes sur rés. *1385, chemin de la Marina* ***Alma*** *Tél. 418 668 3016 ou 1 888 289 3016 www.damenterre.qc.ca Ouvert juil.-début sept. : mar.-dim.*

PRENDRE DE LA HAUTEUR
Aéro-Club La Friche Pour un tour du Piekouagami ou pour un vol personnalisé : la plus imprenable des vues sur le lac ! Comptez 145$/45min, 190$/h jusqu'à 3 pers. *4497, route 373* ***Saint-Félicien*** *Tél. 418 679 1651 aeroclub.destination.ca Sur rés. et en fonction de la météo*
ParaHorizon Sauts en parachute. Tarif débutants (saut tandem) 275$ (incluant un briefing, un saut et un diplôme) ; confirmés (avec licence) 40-65$. *350, chemin de l'Aéroport* ***Alma*** *Tél. 418 668 3004 www.parachutehorizon.com*

PRATIQUER LA MOTONEIGE
Fédération des clubs de motoneigistes du Québec La région possède l'un des réseaux de pistes de Ski-doo les plus denses du Québec : relais, points de location et organisateurs d'expéditions ne manquent pas. Consultez le guide touristique officiel pour obtenir l'adresse d'un loueur ou d'un relais proche de votre gîte. Une excellente carte des sentiers de motoneige, disponible aussi dans les bureaux touristiques, fournit, outre le plan du réseau, maintes adresses utiles. Informations très complètes sur www.paradisdelamotoneige.com. *4545, av. Coubertin* ***Montréal*** *Tél. 514 252 3076 www.fcmq.qc.ca*

Sur la rive ouest

Mashteuiatsh (Pointe-Bleue) On ne visite pas Mashteuiatsh pour son morne urbanisme pavillonnaire mais pour sa réserve amérindienne. Créée en 1856 sur le site d'un important foyer d'échanges des Premières Nations, cette réserve regroupe 2 500 Pekuakamiulnuatsh (Innus du lac Saint-Jean). Le Carrefour d'accueil ilnu, le Musée amérindien et les boutiques d'artisanat (sculptures, vêtements...) du village traduisent la ferme volonté de préserver et de faire connaître une culture longtemps ignorée. *9km au nord de Roberval et 71km à l'ouest d'Alma par la route 169 www.kuei.ca*

Nikuishkushtakan (Carrefour d'accueil ilnu) Nous vous conseillons vivement de passer dans ce bureau d'information touristique, en préambule à la visite de Mashteuiatsh, et pour l'architecture dont les cinq façades sont en harmonie avec les cinq saisons amérindiennes. Documentation sur l'histoire, calendrier culturel, boutiques et choix de visites guidées et d'excursions (pêche, chasse...). *1516, rue Ouiatchouan Tél. 418 275 7200 ou 1 888 222 7922*

Uashassihtsh (Site de transmission culturelle ilnu) Uashassihtsh, comme son nom francophone l'indique, permet à ceux qui possèdent un savoir ancestral d'en faire la démonstration dans un but de transmission. Que ce soit pour la fabrication d'objets ou la réparation d'un canot, des animateurs travaillent devant vous et vous expliquent leur savoir-faire, les gestes, la tradition... Passionnant ! *1514 rue Ouiatchouan Tél. 418 275 4842 ou 1 888 875 4842 www.museeilnu.ca Ouvert début juin-fin août : tlj. 10h-18h Tarif 15$, réduit 8-14$*

☺ **Musée amérindien** Ce musée, conçu selon le cycle des cinq saisons (vous pouvez ajouter Milushkamo, le pré-printemps, aux quatre "traditionnelles") consacre son exposition permanente aux Pekuakamiulnuatsh, à leur histoire et leur mode de vie passé et actuel (textes, photos, costumes, un tipi, un canot, un traîneau à chiens...). Ses expositions temporaires, artistiques ou ethnographiques s'étendent à toutes les Premières Nations. Des sentiers aménagés permettent en outre de comprendre le lien très fort qui unit la communauté à la nature, et comment celle-ci est la plus complète des pharmacies. Apprenez également le nom des arbres et des fruits en langue innu, c'est à la fois poétique et instructif. Petite boutique : calumets, raquettes, livres, cartes postales... *1787, rue Amishk Tél. 418 275 4842 ou 1 888 875 4842 www.museeilnu.ca Ouvert début jan.-début juin : lun.-ven. 9h-12h et 13h-16h30 ; début juin-fin sept. : tlj. 10h-18h Tarif 12$, réduit 7-11$, familles 32$*

Saint-Prime Pivot de la route des Fromagers, ce village situé sur la véloroute des Bleuets possède l'une des plus belles plages du lac. *11km à l'ouest de Mashteuiatsh et 82km d'Alma par la route 169* **Arrêt des cars** *Dépanneur Couche-Tard 489, rue Principale Tél. 418 251 5182*

☺ **Musée de la vieille fromagerie Perron** Depuis 1890, de père en fils, les Perron fabriquent du cheddar dans le respect de la tradition. La production – surtout destinée à la Grande-Bretagne ! – s'effectue dans des locaux modernes, et la fromagerie d'origine a été transformée en musée. De la salle de fabrication (chaudière, bassin à fromage, bidons et canistres à lait...) au logis (mobilier ancien) en passant par la salle de maturation, des guides décrivent le quotidien des artisans, les méthodes de fabrication et la vente du cheddar. Deux ateliers, fabrication et dégustation, sont ouverts aux petits et aux grands pour un prix modique (8$ en plus de la visite, 10$ l'atelier seul). Visite guidée de 1h toutes les heures à partir de 9h ou 10h. *148, av. Albert-Perron Tél. 418 251 4922 ou 1 888 251 4922 www.museecheddar.org Ouvert mi-juin-mi-août : tlj. 9h-18h ; début juin-mi-juin, mi-août-fin sept. : tlj. 10h-17h Tarif 12$, réduit 6-11$*

Saint-Félicien Cette bourgade fondée en 1865 à l'embouchure de l'Ashuapmushuan ("Là où l'on appelle l'orignal") possède le plus beau zoo du Québec. Vous pourrez vous promener dans le parc du Sacré-Cœur, au bord de la rivière et profiter des sentiers de randonnée pédestre et cycliste aménagés par la municipalité. *12km au nord-ouest de Saint-Prime et 94km à l'ouest d'Alma par la route 169* **Gare routière** *1199, bd Saint-Félicien Tél. 418 679 1304*

☆ ☺ **Zoo sauvage de Saint-Félicien** À de rares exceptions près (les ours polaires dans leur bassin, les oiseaux sous la volière...), les 1 000 pensionnaires du zoo, représentant 75 espèces, bénéficient d'immenses espaces fidèles à leur milieu d'origine. Un film sensoriel et un autre en 3D abordent différents aspects de l'environnement naturel. Un réseau de passerelles vous mènera ensuite à la rencontre de lynx, de castors, de coyotes, de grizzlis, de martres, etc. Enfin, vous monterez à bord d'un petit train grillagé pour circuler pendant une heure parmi des bisons, des loups et des orignaux. Plusieurs forfaits offrent la possibilité de découvrir le parc sous des facettes inhabituelles (sous les étoiles, en safari photo...), et depuis 2016, après 20h, en suivant un parcours lumineux multimédia, le sentier **Anima Lumina** créé par le groupe Moment Factory, véritable poète de la lumière... Pour la grande expédition parmi les caribous (randonnée en forêt, canotage, souper autour d'un feu de camp, nuit sous la tente), prévoyez une journée et une matinée. *2230, bd du Jardin (6km au nord-ouest du centre) Tél. 418 679 0543 ou 1 800 667 5687 zoosauvage.org Ouvert mi-juil.-mi-août : tlj. 9h-19h ; juin-mi-juil., mi-août-fin août : tlj. 9h-18h ; mai, sept.-oct. : tlj. 9h-17h Tarif 44$, réduit 18,50-37,50$, familles 135$; Anima Lumina 22$, réduit 15,25-18,75$*

L'ORIGNAL, LE PLUS GRAND CERVIDÉ

L'élan d'Amérique, ou orignal (du basque *oreinak*, "cerfs") est le plus grand des cervidés : il peut mesurer 2m au garrot et peser 600kg. Solitaire l'été, il ne vit en couple qu'au moment du rut (sept.-oct.), mais peut former des hardes en hiver. Il est particulièrement adapté à la forêt québécoise : ses longues pattes et ses larges sabots lui permettent de se déplacer aisément dans la neige comme dans les marécages. L'hiver, un fin duvet forme une sous-couche protectrice sous ses longs poils, tandis que ses bois tombent, facilitant sa quête de nourriture parmi les branchages.

Moulin des Pionniers Un vieux moulin à scie hydraulique (1889) et une maison de 1904 avec son mobilier d'époque, son four à pain, sa grange, son potager et ses animaux. Nouveauté 2016 : l'ouverture de l'atelier mécanique où l'on fabriquait les pièces de rechange. Les enfants, quant à eux, pourront se promener dans la forêt enchantée. Marie et Gonzague, indéfectibles défenseurs des traditions régionales, accueillent les visiteurs en costume et font vivre les lieux grâce à leur bonne humeur communicative. Alentour ont été dessinés plus de 40km de sentiers de randonnée et de pistes de ski de fond, ce qui en fait une destination hivernale aussi bien qu'estivale. Hébergement en dortoir (25$) et restauration sur place. *4201, route des Peupliers*

La Doré (22km au nord-ouest de Saint-Félicien et 105km d'Alma) Tél. 418 256 8242 moulindespionniers.com Ouvert mi-juin-mi-sept. : tlj. 9h30-18h ; mi-mai-mi-juin, mi-sept.-mi-oct. : sur réservation Dernier départ pour la visite guidée : 17h (durée : 1h30) Tarif 18$, réduit 12-17$, moins de 12 ans gratuit, familles 40$

Où boire une chope de Chouape ?

La Chouape Un bar à bières, un vrai ! De la céréale à la bière, il n'y avait qu'un pas que Louis Hébert, issu d'une longue lignée d'agriculteurs, a fait en devenant brasseur. Les bières de la Chouape (nom dérivé de la rivière Ashuapmushuan) sont savoureuses et les nombreux prix internationaux qu'elles ont remportés le prouvent. Le bois, les lumières tamisées et les couleurs chaudes donnent beaucoup de cachet à l'endroit. *1134, bd Sacré-Cœur* ***Saint-Félicien*** *Tél. 418 613 0622 www.lachouape.com Ouvert mi-juin-août : dim. 13h-0h, lun.-mar. 15h-0h, mer.-sam. 15h-1h ; sept.-mi-juin : mer.-sam. 15h-0h*

Au nord du lac

Dolbeau-Mistassini Les deux localités nées, l'une dans le sillage d'une usine à papier en 1927, l'autre dès 1884, ont fusionné en 1997. Elles doivent leur nom à Jean Dolbeau (1586-1652), missionnaire à Tadoussac, et à la rivière Mistassini. Le centre urbain a peu d'intérêt mais le spectacle de son cours d'eau festonné de belles plages et son statut de capitale du bleuet valent qu'on s'y arrête. Chaque année, en août, un festival consacre le petit fruit apparenté à la myrtille (p.471), dont on fait des confitures, des sauces, de la liqueur et des tartes. Pas si petit en fin de compte, car avec le sens de l'exagération qui les caractérise, les Jeannois disent que leurs bleuets sont si gros qu'il n'en faut qu'un pour faire une tarte ! *56km au nord-est de Saint-Félicien par la route 373 et 90km au nord-ouest d'Alma par la route 169 (nord du lac)* **Arrêt des cars** *Dépanneur Couche-Tard 1721, bd Wallberg (secteur Dolbeau) Tél. 418 276 2775*

Péribonka Paisible village riverain du lac Saint-Jean, le "Lieu où le sable se déplace" rend hommage à son hôte le plus illustre, Louis Hémon. Un circuit de découverte "Sur les traces de Maria Chapdelaine" entraîne le visiteur sur les lieux qui ont marqué le séjour de Hémon (la maison Samuel-Bédard, devenue un musée consacré au romancier, les magasins généraux, l'église Saint-Édouard, etc.). C'est à Péribonka que commence la traversée à la nage du lac Saint-Jean, événement phare du calendrier estival, cf. fêtes et manifestations (p.467). Cependant, et c'est dommage car l'endroit est magnifique, l'absence quasi totale de commerce n'incite pas à y séjourner. *28km au sud-est de Dolbeau-Mistassini et 59km au nord-ouest d'Alma par la route 169*

☆ ☺ **Musée Louis-Hémon** La maison Samuel-Bédard, où Louis Hémon (1880-1913) avait passé six mois, fut transformée en musée en 1938. Elle a ainsi conservé ses caractéristiques architecturales et son mobilier d'origine. Bâtie en 1903, elle témoigne du cadre de vie des colons d'alors : fondations en pierre sèche et toit pentu, murs en planches, pièce unique. Le pavillon Maria-Chapdelaine (1977) et le pavillon contemporain (1986) ont considérablement agrandi le musée et l'ont doté d'une collection d'œuvres d'art et d'archives. Dédiées à l'art en général et plus particulièrement au Québec et à la littérature, ces dernières font logiquement la part belle à Louis Hémon (cf. encadré) : objets personnels, photos, lettres, vidéos de deux versions (sur trois) de *Maria Chapdelaine* portées à l'écran, différentes éditions du roman et l'influence qu'il eut sur les romanciers dits "de la terre", au Québec et ailleurs. D'étonnantes anecdotes surgissent ça et là au cours de la visite, comme l'histoire d'Eva Bouchard, la fausse Maria, qui finit par accepter cette double identité, ou comme ces romanciers qui ont écrit des suites au roman de Louis Hémon, quitte à jongler avec les dates et à faire de Maria une révolutionnaire plutôt libertine dans les années 1970... authentique ! *700, route 169 (dir. Sainte-Monique) Tél. 418 374 2177 www.museelh.ca Ouvert mi-juin-début sept. : tlj. 9h-17h ; début sept.-mi-juin : mar.-ven. 9h-16h Tarif 7$, réduit 5-6$, familles 20$*

Saint-Henri-de-Taillon Ce village est la porte principale du parc national de la Pointe-Taillon et constitue une bonne base pour explorer les alentours. *28km au sud-est de Péribonka et 29km au nord-ouest d'Alma par la route 169*

☆ **Parc national de la Pointe-Taillon** Ce parc de 92km² occupe une presqu'île entre la rivière Péribonka et le lac Saint-Jean. Il protège depuis 1985 une splendide forêt mixte, des lacs, des marais et une vaste tourbière. Pendant votre balade, vous croiserez peut-être un castor, un renard ou l'un des 40 orignaux recensés sur son territoire. Lors de leur migration saisonnière, les bernaches et les oies des neiges s'y posent par milliers. Un moment d'évasion à savourer à pied, en kayak ou à vélo. En effet, 45km de pistes cyclables sillonnent la presqu'île, bordée au sud par 15km de plages de sable (zones de baignade surveillées). On trouve sur la même rive quatre campings rustiques (24$). L'accueil principal, doté du seul point d'eau potable du parc, concentre les services : location de pédalos, de canots et de kayaks, location et réparation de vélos, snack et petit centre d'interprétation. De juin à septembre, on peut également accéder au parc, avec son vélo, par la navette nautique Péribonka-Pointe-Chevrette (tarif 7$, réduit 4,25$, famille 14$). ***Trois entrées*** *La principale à Saint-Henri-de-Taillon, une autre à Sainte-Monique et une dernière à Péribonka Ouvert juin-août : tlj. 08-21h ; sept.-mi-oct. : tlj. 09-17h Tarif 8,50$, moins de 17 ans gratuit* **Bureaux** *835, rang 3 Ouest* ***Saint-Henri-de-Taillon*** *Tél. 418 347 5371 ou 418 674 1200 (hors saison) ou 1 800 665 6527 www.sepaq.com*

Louis Hémon, observateur de la vie rurale

En 1912, quelques mois après son arrivée au Québec, ce journaliste français de 32 ans s'engage comme ouvrier agricole chez Samuel Bédard, fermier à Péribonka.
Six mois durant, il regarde vivre les Jeannois et prend des notes, tandis que ces derniers le surnomment "le fou à Bédard". En décembre 1912 il s'installe à Saint-Gédéon, de l'autre côté du lac, pour rédiger une première version de *Maria Chapdelaine*, fresque consacrée aux colons du lac Saint-Jean. Il s'en va au printemps de 1913 achever la rédaction du roman à Montréal et, en juin, en expédie le manuscrit au journal parisien *Le Temps*. Heurté par un train, il mourra en juillet.
Édité par Grasset en 1921, *Maria Chapdelaine* devient un best-seller. Longtemps, ce sera le plus célèbre témoignage sur la société rurale canadienne du début du XXe siècle.

CARNET D'ADRESSES

Restauration, hébergement

très petits prix

La Frite mexicaine Vous ne pourrez pas rater ce haut lieu de la restauration mexicano-québécoise, sis en bord de route et tellement coloré qu'on s'y arrête spontanément pour savoir de quoi il s'agit. De bric et de broc, cette *cantina* sortie tout droit d'un carnaval latino marque les esprits et enchante les enfants depuis 1995. Tacos, nachos et fajitas bien sûr, mais également les bons vieux hot-dogs, hamburgers et pogos d'ici pour rassurer tout le monde. Vous les mangerez dedans, dehors, dans un vieil autobus ou couché dans un hamac. Et le tout pour moins de 15$. Même les toilettes sont aux couleurs de Mexico, Mexiiiiiiiiiiico ! *2, rue Saint-André* ***Métabetchouan-Lac-à-la-Croix*** *(25km au sud-ouest d'Alma) Tél. 418 349 8345 Ouvert juin-sept. : tlj. 11h-23h*

Centre touristique Sainte-Monique Pour s'endormir dans l'écrin verdoyant du parc de la Pointe-Taillon, 80 places de camping, ombragées pour certaines, et des chalets équipés (2 chambres, salon, sdb, cuisine). Nombreuses activités : piscine, volley-ball, location de vélos, minigolf, pêche. Prévoyez env. 25-35$ pour planter votre tente et 130$ la nuitée en chalet. *900, rang 6 Ouest (à l'entrée nord du parc)* ***Sainte-Monique*** *(39km au nord-ouest d'Alma) Tél. 418 347 3124 ou 1 877 347 3124 www.ctouristiquesm.com* **Camping** *Ouvert mi-mai-début sept.*

Camping du Parc de la Pointe-Taillon N'y cherchez pas le confort, l'intérêt de ce camping tient au cadre sauvage du parc national de la Pointe-Taillon. Soit 75 places sans eau ni électricité, mais cernées de plages et de kilomètres de sentiers à travers bois. Comptez 24$ l'emplacement. *835, rang 3 Ouest* ***Saint-Henri-de-Taillon*** *(29km au nord-ouest d'Alma) Tél. 1 800 665 6527 www.sepaq.com/pq/pta Ouvert fin mai-mi-oct.*

Camping Belley Entre Alma et le parc national de la Pointe-Taillon, 365 places, dont une vingtaine donnent sur une plage de sable fin, adossées à une forêt. Le cadre est splendide. Pêche, ski nautique, voile, vélo... L'emplacement coûte 39-53$ en fonction de la situation. *109, Chemin Belley* ***Saint-Henri-de-Taillon*** *(29km au nord-ouest d'Alma) Tél. 418 347 3612 www.campingbelley.com Ouvert juin-mi-oct.*

petits prix

Café du Clocher Le Montréalais, le Parisien, le Mexicain et le Volatile, soit les meilleurs burgers de la région, ont fait la réputation de ce café. Acteur de la vie culturelle locale, le Clocher organise des concerts de temps à autre. Ses heures d'ouverture tardives attirent la jeunesse almatoise. Environ 11-12$ pour un burger. Également des grillades, tartares, poutines, pâtes... Aux beaux jours, vous pourrez aussi goûter toutes ces choses directement à leur camion, en face de l'Odyssée des bâtisseurs. *19, rue Saint-Joseph* ***Alma*** *Tél. 418 662 4801 www.cafeduclocheralma.com* **Restaurant** *Ouvert lun. 11h30-14h, mar.-sam. 11h30-14h et 16h-21h* **Bar** *Ouvert mar.-sam. 11h30-3h*

Camping de Saint-Félicien À deux pas du parc zoologique, 289 emplacements et tout une gamme de services et d'activités : restauration, Internet, dépanneur, piscine, tennis, terrain de base-ball... Comptez environ 51$ TTC l'emplacement (3 services : électricité, eau et égouts) pour 2 pers. Également 20 chalets (123-155$ la nuit) et 4 yourtes (135-141$ la nuit). *2206, bd du Jardin* ***Saint-Félicien*** *(94km à l'ouest d'Alma et 5km au nord-ouest du centre de Saint-Félicien) Tél. 418 679 1719 ou 1 866 679 1719 Ouvert mi-mai-début oct.*

Hébergements du village historique de Val-Jalbert La splendeur du cadre – une pente boisée animée par une chute majestueuse – et la situation de l'écomusée à mi-chemin d'Alma et de Saint-Félicien, en font un lieu de détente délicieux (p.469). Desservi par la véloroute des Bleuets, le domaine comprend 172 emplacements de camping (avec ou sans eau ni électricité, 32-50$), 15 mini-chalets, dont 5 sans sdb (101-170$), 24 chambres d'hôtel fonctionnelles et des maisons confortables dans le village fantôme (forfait obligatoire de 347$/2 pers. avec accès au site, menus patrimoniaux, petit déjeuner). *Village historique de Val-Jalbert 95, rue Saint-Georges* ***Chambord*** *(43km au sud-ouest d'Alma) Tél. 418 275 3132 ou 1 888 675 3132 www.valjalbert.com Ouvert mai-fin oct.*

prix moyens

Chez Mario Tremblay Une institution d'Alma, pour ne pas dire de la région ! La maison de l'ex-hockeyeur Mario Tremblay, célèbre "Bleuet bionique", est un véritable musée du hockey : on y avale une grillade, une fondue ou une assiette de fruits de mer en détaillant les centaines de maillots, de médailles et de photos. Pour l'ambiance avant tout. Prévoyez 25-40$. *534, rue Collard Ouest* ***Alma*** *Tél. 418 668 7231 www.lerbmt.ca Ouvert lun.-mer. 10h-22h, jeu.-sam. 10h-22h30, dim. 14h-21h*

☺ **Auberge Locanda du Passant** Les routes sont si longues au Québec que parfois, sans s'en rendre compte, on roule très longtemps et on aboutit dans un autre pays, comme ici dans les Pouilles. L'arrivée de Francesco dans la région est une bénédiction pour les amateurs de bons petits plats bien cuisinés. Vos pâtes ne friseront pas la décomposition pour cause de temps de cuisson trop long et vos assiettes seront garnies de ces choses qui semblent si difficile à trouver et travailler dans la région : de savoureux légumes. Le menu change souvent et c'est un plus car tout est bon (ah ! les *linguine* aux moules !). Stéphanie et son irrésistible sourire sont aux commandes de la salle pour parachever un moment parfait. De 15 à 20$ pour une entrée et un plat au déjeuner, le soir prévoyez de 25 à 35$. L'auberge loue également 4 chambres, dont une avec sdb (110$) et 3 avec sdb commune (90$), petit déj. inclus. *Benvenuti ! 400, rue Principale* ***Saint-Henri-de-Taillon*** *(25km au nord-ouest d'Alma) Tél. 581 230 1781 Ouvert mai-juin, sept.-oct. : mer.-dim. 8h-20h ; juil.-août : mar.-dim. 8h-20h*

L'Abordage Une table fameuse du lac Saint-Jean – celle de l'hôtel Château Roberval – où l'on peut notamment goûter des classiques de la cuisine populaire revisités. Service courtois et appliqué. Table d'hôtes 25,95$. À la carte, comptez 15-50$ pour deux plats. *Hôtel Château Roberval 1225, bd Marcotte* ***Roberval*** *(60km à l'ouest d'Alma) Tél. 418 275 7511 www.chateau-roberval.qc.ca Ouvert fin juin-début sept. : tlj. 17h-21h ; reste de l'année : tlj. 11h-13h30 et 17h-21h Fermé fêtes de fin d'année*

☺ **Auberge La Seigneurie du lac** Les Jeannois ne tarissent pas d'éloges sur ce restaurant installé dans l'ancien presbytère de Saint-Méthode. Tables élégantes, chaises en bois sculpté, tons bordeaux : le cadre met en valeur une assiette copieuse et fidèle au terroir, mais un brin recherchée (filet de porc à la perle du lac Saint-Jean, velouté de bleuets parfumé à l'orange, etc.). Le soir, les bougies se substituent à l'éclairage artificiel et les serveuses revêtent… un costume médiéval ! Table d'hôtes 22-50$. *3127, rue de Saint-Méthode* ***Saint-Félicien*** *(94km à l'ouest d'Alma) Tél. 418 630 4381 ou 1 800 630 4381 Page Facebook Ouvert tlj. 16h30-23h*

Au bonheur du voyageur Joël et Marie-Claude sont les hôtes de ce gîte "simple et chaleureux", comme ils le disent eux-mêmes. Trois chambres (75$) se partagent deux grandes salles de bains, mais aussi un spa, une piscine, une kitchenette extérieure avec un feu de bois aux beaux jours. Vraiment convivial. Il n'y a plus qu'à mettre un peu de couleur et d'ambiance dans les chambres et on sera au top ! Les petits déjeuners varient selon l'inspiration de Joël, mais une chose ne change pas : ils sont toujours délicieux. *356, route 169* ***Saint-Henri-de-Taillon*** *(25km au nord-ouest d'Alma) Tél. 418 347 2298 aubonheurduvoyageur.ca Ouvert tlj.*

Motel Roberval Un motel au bord de la route, a priori ce n'est pas idéal, mais le motel Roberval est tout compte fait plutôt bien situé comme base d'exploration des alentours. Les chambres sont bien équipées, la literie est confortable et c'est très propre. Le personnel est d'une gentillesse infaillible et la piscine chauffée est un indéniable privilège. Buanderie. De 85 à 118$, petit déjeuner continental inclus. *256, bd Marcotte* ***Roberval*** *(60km à l'ouest d'Alma) Tél. 418 275 3957 ou 1 877 990 9903 www.motel-roberval.com Ouvert tlj.*

Gîte À fleur d'eau À 5min à pied du centre-ville, une belle maison qui tourne le dos à la route pour dérouler son jardin jusqu'à la rivière Ashuapmushuan. Les 5 chambres sont claires, vastes et décorées avec goût, et 3 d'entre elles donnent sur le cours d'eau, face auquel on prend son petit déjeuner en été. Comptez 120$, taxes et petit déj. compris. *1016, bd du Sacré-Cœur* ***Saint-Félicien*** *(94km à l'ouest d'Alma) Tél. 418 679 0784 www.giteafleurdeau.com Ouvert toute l'année*

☺ **Auberge Île du Repos** Cette île de la rivière Péribonka et son auberge ne pouvaient trouver meilleur nom. La forêt omniprésente, les plages de sable fin et l'intimité des chalets dispersés dans les bois en font un havre de paix… au moins jusqu'au vendredi soir (concert à 21h les ven.-dim. en été). L'auberge peut accueillir 70 hôtes en chambre double (70-98$ sans sdb privative, 89-108$ avec), dortoir de 4 ou 6 lits (38$/pers.), chalet équipé ou sous tente (34$ l'emplacement). Terrains de volley-ball et de croquet, laverie, salle de spectacle et restaurant. *Parc de la Pointe-Taillon 105, chemin de l'Île-du-Repos* ***Péribonka*** *(59km au nord-ouest d'Alma) Tél. 418 347 5649 www.iledurepos.com Ouvert mai-sept. Accueil : tlj. 9h-21h*

Aubergîte Au petit bonheur Quatre chambrettes sans prétention (100$ avec sdb privée, 90$ avec sdb privative, petit déj. inclus), mais impeccables, pour qui voudrait prolonger son séjour au pays de Maria Chapdelaine, assister à l'arrivée de la Traversée internationale du lac Saint-Jean ou tout simplement profiter de la quiétude de Péribonka. *374, rue Plante* ***Péribonka*** *(59km au nord-ouest d'Alma) Tél. 418 374 2328 Ouvert juin-sept.*

Auberge des Îles Cinquante chambres fonctionnelles, spacieuses et confortables, au bord du lac, avec plage privée et tout un éventail d'activités (kayak, tennis...), un restaurant réputé... Le seul défaut de cette auberge est donc son imposante mais peu avenante façade moderne. Doubles 135-180$ en haute saison. Au restaurant, table d'hôtes à 40$ (filet de porcelet sauce aux pommes, médaillon de cerf aux canneberges, magret de canard aux bleuets...). *250, rang des Îles* ***Saint-Gédéon*** *(15km au sud d'Alma) Tél. 418 345 2589 ou 1 800 680 2589 www.aubergedesiles.com Restaurant ouvert tlj. 19h-22h Petit déj. tlj. 7h-11h*

prix élevés

Rose & Basilic Une belle et bonne adresse. Le cadre est joli, en retrait de la rue et avec vue sur la rivière Petite-Décharge. Bien que d'inspiration multiple, la carte est bien maîtrisée : *tataki* de thon et julienne de légumes (15$), foie gras au torchon et son chutney de cerises de terre (19$), *fish & chips* d'aiglefin (17$), magret de canard noirci au soja et, mystère, car nous n'avons pas su en percer les secrets, l'innommable pizza (c'est son nom !) à 19$. Les prix sont un peu élevés, mais il faut parfois savoir se faire plaisir. L'auberge loue aussi des chambres tout confort, un peu petites, mais à un prix, cette fois, très raisonnable : 75$ la double, sans le petit déj. qu'il vous faudra prendre ailleurs. *600, bd des Cascades* ***Alma*** *Tél. 418 669 1818 www.roseetbasilic.com Ouvert mer.-ven. 11h-15h et 17h-22h, sam.-mar. 17h-22h*

Hôtel Universel Pour sa situation, au cœur d'Alma, et pour le confort de ses 71 chambres. Une adresse pratique, qui a ajouté de la couleur et du style à ses chambres en 2015, destinée d'abord aux voyageurs d'affaires en quête d'une excellente literie, d'un poste TV et d'une connexion wifi. Restaurant, spa, piscine et centre de santé. Double 139-159$. *1000, bd des Cascades* ***Alma*** *Tél. 418 668 5261 ou 1 800 263 5261 www.hoteluniversel.com*

☺ **Auberge Le Presbytère du Mont-Lac-Vert** Dans un presbytère niché au creux de vallons fertiles, à proximité de fermes fromagères renommées, 6 chambres avec sdb, rustiques mais lumineuses (à partir de 105$ la double), et un dortoir impeccable pour groupes et personnes disposant d'un petit budget. Au rez-de-chaussée, Danielle Castonguay règne sur l'une des meilleures tables du lac, qu'elle ouvre le soir uniquement. Les menus Confession, Pénitence, Excès et Plénitude parlent de caribou aux bleuets, d'escargots à la crème d'ail, de fromages locaux et de vins internationaux (27-55$ la table d'hôtes)... Féru de motoneige, Robert Bilodeau conseille et organise des expéditions sur mesure. Il vous révélera tous les secrets de sa région. L'une de nos meilleures adresses ! Nombreux forfaits. *335, rang Lac-Vert* ***Hébertville*** *(23km au sud d'Alma et 6km au sud-est du centre d'Hébertville, par la route 169 dir. Mont-Lac-Vert) Tél. 418 344 1548 ou 1 800 818 1548 www.aubergepresbytere.com*

GEOPLUS

Les baleines du Saint-Laurent

Par **Thomas Doniol-Valcroze**, biologiste, qui mène des recherches sur les cétacés du Saint-Laurent

La présence des baleines dans le Saint-Laurent constitue un véritable patrimoine écologique pour le Québec et offre aux visiteurs une occasion exceptionnelle de rencontrer dans leur milieu naturel les plus grands animaux de la planète.

En aval du fjord du Saguenay, le Saint-Laurent prend l'ampleur d'un estuaire puis d'un golfe. Dans cette vaste mer intérieure, les caractéristiques du relief sous-marin se combinent aux courants froids venus du Labrador et aux nutriments charriés par les affluents du fleuve pour former un écosystème si riche en plancton et en poisson qu'il attire de nombreux cétacés, dont les plus grandes espèces de baleines. Certaines arrivent dès la fonte des glaces, à la fin du printemps, pour profiter de cet immense garde-manger. D'autres suivent, parfois au terme d'une longue migration. C'est de juillet à octobre qu'elles sont le plus nombreuses.

Bref historique

La relation tumultueuse qui lie les hommes aux cétacés du Saint-Laurent remonte au XVIe siècle, quand les Basques allaient y chasser la baleine franche, très rare de nos jours. Des restes de fours à graisse de baleine et d'autres vestiges archéologiques attestent leur présence en maints points

Sites internet

baleinesendirect.org Une mine d'informations sur les cétacésdu Saint-Laurent, avec des rapports hebdomadaires sur le nombre et la localisation des baleines un peu partout dans l'estuaire et le golfe.
www.romm.ca Le site du Réseau d'observation de mammifères marins : une excellente source d'informations sur les différentes espèces et les menaces qui planent sur leur habitat.
www.rorqual.com Le site de la station de recherche des îles Mingan, avec des informations sur leur centre d'interprétation, des détails sur leurs recherches et des nouvelles régulières de leurs observations en mer.

de l'estuaire et du golfe. La chasse à la baleine, pratiquée ensuite par plusieurs puissances européennes et nord-américaines, atteignit son paroxysme avec la révolution industrielle. On comptait alors plusieurs stations baleinières dans le Saint-Laurent. Décimées dans la première moitié du XXe siècle, les grandes baleines ne durent leur salut qu'au moratoire international de 1982, qui imposa l'arrêt total de la chasse. Le Canada avait pour sa part décidé de mettre fin à ses activités de pêche à la baleine dès 1972 (seule une chasse de subsistance est encore permise aux Inuits de l'Arctique). Désormais protégés, les cétacés du Saint-Laurent sont devenus le moteur d'une industrie touristique florissante.

La recherche sur les baleines

L'abondance et la diversité des cétacés qui fréquentent le Saint-Laurent ont fait du fleuve un véritable laboratoire naturel pour les biologistes qui étudient le comportement et la vie sociale de ces animaux. Il s'agit aussi pour eux de recenser les différentes populations, d'identifier les habitats importants et de surveiller leur état de santé afin de protéger les espèces en péril. De nombreuses menaces pèsent en effet sur les baleines du Saint-Laurent et sur leur écosystème : collision avec un navire, capture accidentelle par un engin de pêche, empoisonnement par des produits chimiques, dérangement dû aux activités humaines et dégradation du milieu. L'outil d'étude principal des scientifiques est la photo-identification. Cette technique permet de reconnaître les membres d'une population en photographiant certaines parties du corps de chaque individu (l'équivalent de nos empreintes digitales). La zone ciblée varie selon les espèces : la pigmentation du dos chez les rorquals bleus, le dessous de la queue pour les rorquals à bosse, les cicatrices sur le dos des bélugas. Les chercheurs constituent ainsi des catalogues et s'en servent pour suivre, par exemple, les mouvements ou le cycle de reproduction des individus recensés. À ces données s'ajoutent des biopsies (prélèvements d'échantillons de peau et de gras, effectués à l'aide d'une arbalète et de flèches spécialement conçues). Cette technique est sans danger pour l'animal et ne modifie en rien son comportement. Les morceaux de peau permettent de connaître son sexe et ses liens familiaux grâce à des analyses génétiques, et les échantillons de gras d'évaluer son état de santé grâce à des analyses toxicologiques.

Les espèces

Les rorquals Ce groupe comprend les spécimens les plus impressionnants et les principaux objectifs des croisières d'observation touristiques. Ces cétacés sont caractérisés par un profil hydrodynamique et la présence de sillons ventraux au niveau de la gorge. Lorsque le rorqual chasse, ces plis se détendent comme les soufflets d'un accordéon, transformant sa gorge en une gigantesque poche dans laquelle il engloutit d'énormes quantités d'eau et de nourriture (plancton et petits poissons).

GEOPLUS

▶ Le rorqual n'a pas de dents, mais des fanons, dont il se sert comme d'un filtre ; il contracte les muscles de sa poche ventrale et expulse l'eau pour ne garder que la nourriture en bouche.

Le rorqual bleu Long de 25 à 30m pour un poids de 75 à 130t, le rorqual bleu (ou baleine bleue) est le plus gros animal ayant jamais vécu sur terre. Il se nourrit exclusivement de krill – de minuscules crustacés dont il consomme plusieurs tonnes par jour. Son souffle haut (de 6 à 12m) et puissant, au son très impressionnant, se repère à plusieurs kilomètres quand les conditions sont bonnes. Le rorqual bleu, en général solitaire, se déplace lentement et se montre peu enclin à des comportements spectaculaires. Environ un individu sur cinq sort la queue de l'eau chaque fois qu'il plonge. L'espèce est en voie de disparition au Canada.

> *« Les rorquals bleus de l'hémisphère nord sont plus petits que ceux de l'hémisphère sud, qui ont accès à une nourriture plus riche. Ce n'est pas pour rien que les bleus de l'Antarctique battent tous les records de taille. De plus, les individus actuels sont probablement plus petits que ceux d'il y a un siècle, car en visant toujours les plus gros (les plus rentables), les baleiniers ont opéré une sorte de sélection naturelle qui a pu faire baisser la taille moyenne de l'espèce.*

Le rorqual commun C'est l'une des espèces que l'on rencontre le plus fréquemment dans le golfe et l'estuaire. C'est la deuxième baleine par la taille (18-22m, 50-70t), ce qui ne l'empêche pas d'avoir un profil fuselé et élégant et de pouvoir se déplacer très rapidement (on la surnomme même le lévrier des mers). Sa caractéristique la plus frappante est une asymétrie de coloration – phénomène très rare dans le monde animal –, qui atteint son maximum au niveau de la mâchoire inférieure, toute blanche à droite et noire à gauche. Les rorquals communs ont rarement un comportement démonstratif et ne sortent presque jamais la queue de l'eau quand ils plongent. Ce sont des baleines grégaires, et l'observation de groupes, qui peuvent compter une dizaine d'individus, est très intéressante : les animaux synchronisent leurs mouvements et leur respiration, soufflant et plongeant de concert.

Le rorqual à bosse C'est l'une des espèces les plus appréciées du public et les plus recherchées par les bateaux d'observation. Reconnaissable à son corps noir (13-15m, 30-45t), à la petite bosse de son aileron dorsal et surtout à ses immenses nageoires blanches, le rorqual à bosse (appelé aussi mégaptère ou jubarte) est l'un des rares cétacés du Saint-Laurent qui sortent la queue presque systématiquement de l'eau quand ils plongent. Parfois curieuse des bateaux, cette baleine est la plus encline à des comportements spectaculaires. Elle évolue fréquemment par paire ou en groupe de trois à cinq individus.

Le petit rorqual Le plus petit membre de la famille (9-10m, 6-8t). On le rencontre dans tout le golfe, le plus souvent près de la côte, dans des eaux peu profondes où il chasse des petits bancs de poissons. Rapide et agile, il peut être difficile à suivre, car il ne monte que brièvement en surface, de manière inopinée. De plus, son souffle n'est visible que lorsqu'il fait très froid. Il a rarement un comportement spectaculaire, sauf quand il accule les poissons contre la surface. Il surgit alors de l'eau jusqu'à mi-corps, donnant à voir sa poche ventrale gonflée de nourriture.

Le béluga Un cétacé à part. Seule résidente à l'année du Saint-Laurent, cette espèce qui se rencontre habituellement dans les eaux de l'Arctique est une illustration concrète des dangers qui menacent aujourd'hui les cétacés. Jadis nombreuse, mais longtemps chassée, la population est réduite à quelques centaines d'individus. Les bélugas semblent souffrir de la contamination par la pollution chimique et être dérangés par de nombreuses activités humaines. Ils sont protégés par leur statut d'espèce en péril, et les bateaux de croisière n'ont pas le droit de les approcher, mais on peut parfois en observer de la rive du Saguenay ou du pont d'un ferry. On les reconnaît à leur corps uniformément blanc (4-5m) et dépourvu d'aileron dorsal. Ils se déplacent habituellement en petits groupes, mais forment à l'occasion de grands rassemblements. Ô tristesse, depuis 2016, l'espèce est officiellement en voie de disparition.

Les autres espèces Elles ne sont pas directement visées par les croisières d'observation, mais on en rencontre fréquemment certaines en mer. Les marsouins communs, par exemple, s'observent dans tout le golfe, seuls ou en petits groupes. Ce sont les plus petits des cétacés du Saint-Laurent (1,50m). Ils passent peu de temps en surface, ne laissant entrevoir qu'un bout de dos gris foncé et un aileron triangulaire. Les dauphins à flancs blancs et leurs cousins les dauphins à nez blanc sont plus grands (2-3m) et se déplacent en groupes de quelques dizaines à plusieurs centaines d'individus. Très démonstratifs, ils sautent fréquemment hors de l'eau et viennent parfois nager dans l'étrave ou le sillage des bateaux. Les autres espèces que l'on peut rencontrer sont beaucoup plus rares : orques, baleines franches, globicéphales noirs et cachalots.

Combien sont-ils ? Hormis pour les bélugas, il n'existe pas de recensement exact des populations de baleines du Saint-Laurent. Cela tient à l'immensité du territoire à étudier. Il existe bien des techniques d'approximation statistique, mais elles se heurtent à un autre problème : les rorquals qui fréquentent le Saint-Laurent font partie d'une population plus large qui évolue dans tout l'Atlantique Nord-Ouest, particulièrement dans les eaux côtières du Canada, du nord des États-Unis et du Groenland. Certains individus séjournent dans le golfe du Saint-Laurent une année, mais se retrouvent dans le golfe du Maine ou bien au Groenland l'année suivante. Il est donc difficile d'avancer des chiffres, mais il est probable qu'une centaine de rorquals bleus, quelques centaines de rorquals communs et à bosse, quelques milliers de petits rorquals et de dauphins et quelques dizaines de milliers de marsouins communs visitent chaque été les eaux du fleuve.

Les comportements

La séquence respiratoire Même si leurs réactions peuvent varier d'une rencontre à l'autre, les grands rorquals respectent habituellement une certaine séquence comportementale quand ils montent respirer en surface. Après une plongée, le rorqual expulse bruyamment l'air emmagasiné dans ses poumons. C'est ce souffle puissant, visible et audible de loin, qui trahit le plus souvent sa présence. Le rorqual nage alors à une faible profondeur et prend plusieurs autres inspirations (de trois à dix selon les espèces), séparées de quelques secondes, renouvelant ainsi le stock d'oxygène de son sang et de ses muscles. À la fin de cet enchaînement, l'animal reprend une dernière fois son souffle, à la résonance plus creuse, et accélère pour s'élancer. Il arque alors le corps, ce qui fait davantage ressortir son dos au-dessus de la surface, et plonge. C'est à ce moment-là que les rorquals à bosse (et 20% des rorquals bleus) sortent la queue de l'eau à la verticale. Le temps d'immersion varie lui aussi selon les espèces et les comportements : les rorquals à bosse et les rorquals communs restent rarement plus de 10min sous l'eau, tandis que les rorquals bleus plongent fréquemment pendant 15-20min. Le rapport entre ce temps et celui passé en surface (1 ou 2min) est assez surprenant. Quand on approche les baleines dans leur élément naturel, mieux vaut se préparer à une longue attente, sachant qu'elle sera récompensée par des rencontres brèves mais intenses.

À LIRE

- *Les Baleines de l'Atlantique Nord, biologie et écologie* de Pierre-Henri Fontaine, Multimondes, Québec, 1998 (un ouvrage très détaillé, pour les biologistes en herbe)
- *Tant qu'il y aura des baleines... À la découverte des cétacés du Saint-Laurent* Textes d'Évelyne Daigle et illustrations de Daniel Grenier, Kétos et Les 400 Coups, Montréal, 2000 (un livre merveilleusement illustré et à la portée de tous)

Les comportements démonstratifs La séquence respiratoire décrite ci-dessus correspond à ce que donnent à voir la plupart des baleines du Saint-Laurent. Mais de temps à autre, les observateurs assistent à des spectacles fort impressionnants. C'est le cas, par exemple, lorsque les rorquals s'alimentent. Ils se nourrissent habituellement en profondeur, loin du regard des observateurs. Mais lorsqu'il leur arrive de se sustenter en surface, on les voit surgir, seuls ou à plusieurs, verticalement ou horizontalement, la gueule grande ouverte et la poche ventrale déployée. Il arrive aux baleines de sauter en partie ou entièrement hors de l'eau. Elles peuvent aussi utiliser leurs nageoires pectorales ou leur queue pour frapper à plusieurs reprises la surface de l'eau. Les baleines se comportent parfois ainsi quand elles chassent, le bruit servant sans doute à rabattre les poissons vers d'autres membres du groupe, ou à les désorienter pour en faire des proies plus faciles. Il peut également s'agir d'une manière de communiquer à distance grâce au son des impacts sur la surface, ou bien de manifester aux autres baleines et aux bateaux leur agacement, leur curiosité, leur excitation, etc. Les sauts serviraient aussi à déloger des parasites ou à apaiser des démangeaisons. Toutes ces hypothèses sont valables, mais les chercheurs eux-mêmes sont bien souvent incapables de déterminer la raison exacte d'un comportement observé à un moment donné. De toutes les espèces présentes dans le Saint-Laurent, ce sont les rorquals à bosse les plus coutumiers de ce genre de conduite. Les baleines produisent parfois de véritables sons de trompette qui trahissent le plus souvent une certaine exaspération à l'égard d'un de leurs congénères (ou d'un bateau qui les a approchées trop rapidement ou de trop près). Rorquals à bosse, petits rorquals et orques ont aussi une attitude dite "de guet" : l'animal sort lentement la tête de l'eau à la verticale pour observer les alentours. Si ce comportement est moins spectaculaire que ceux décrits ci-dessus, il est néanmoins bouleversant de croiser le regard d'une baleine et de ne plus savoir qui observe qui !

★ TADOUSSAC

Berceau de l'Amérique française, capitale mondiale de l'observation des baleines, site classé parmi les trente plus belles baies des cinq continents, Tadoussac (1 000 hab.) est né sous une bonne étoile ! Au confluent du Saint-Laurent et du fjord du Saguenay, la petite baie reconnue par Jacques Cartier en 1535 se révéla un lieu d'échanges idéal entre Indiens et Européens : en 1600, Pierre Chauvin de Tonnetuit y établit le premier poste de traite du Canada. Le village tira parti du commerce des fourrures et de la pêche sous le Régime français, puis se tourna vers l'industrie du bois avant d'accueillir ses premiers vacanciers au milieu du XIXe siècle. Les collines semées d'épinettes qui lui ont donné son nom (*tatoushak* signifiant "butte ronde" en algonquin), le décor grandiose du fjord et de l'estuaire, une hôtellerie de luxe et des croisières en steamer y attirèrent un siècle durant des Canadiens et des Américains fortunés. C'est au début des années 1970 que des pêcheurs locaux embarquèrent les premiers touristes désireux d'observer les baleines, jetant les bases d'une activité aujourd'hui florissante. Le parc national du Fjord-du-Saguenay et le parc marin du Saguenay-Saint-Laurent auxquels Tadoussac appartient, et les paysages infinis de la Haute-Côte-Nord invitent à pratiquer une multitude d'activités de plein air. En kayak ou en hydravion, à vélo ou à raquettes, se mesure ici le mythe canadien des grands espaces.

LA CÔTE-NORD Deuxième région du Québec par sa superficie (236 700km^2, soit presque la moitié de la France), la Côte-Nord s'étend du fjord du Saguenay à la frontière de Terre-Neuve-et-Labrador. Sa population, composée de francophones, d'autochtones (les Innus) et de quelques anglophones, se concentre sur une mince bande côtière. L'économie locale repose surtout sur l'exploitation et la transformation des ressources naturelles : pêche, bois, fer, titane et hydroélectricité. La Côte-Nord offre ainsi le double visage d'une contrée sauvage mais industrialisée, d'un territoire immense mais dompté par l'homme… du moins là où il a réussi à s'installer. Le tourisme, encore balbutiant il y a quelques années en raison de l'isolement de la contrée, connaît un certain succès grâce au développement des croisières d'observation des mammifères marins. La partie ouest, de Tadoussac à Colombier, forme la Haute-Côte-Nord et fait partie de la région touristique de Manicouagan. La partie orientale est constituée de la Moyenne-Côte-Nord, de Pointe-aux-Anglais à Natashquan, et de la Basse-Côte-Nord, de Kégaska à Blanc-Sablon. Elle fait partie de la région touristique de Duplessis.

MODE D'EMPLOI

accès

EN VOITURE

Tadoussac se trouve 215km au nord-est de Québec par la route 138, 125km à l'est de Chicoutimi par la route 172 et 189km au sud de Baie-Comeau par la route 138.

EN CAR

Intercar La compagnie assure une liaison entre Montréal et Baie-Comeau, via Québec, Baie-Saint-Paul, Tadoussac et les villes principales de la Haute-Côte-Nord. De Chicoutimi, prévoyez 1 car/j. (sauf mar., mer. et sam.). *Tél. 418 235 1113 ou 1 888 547 6784 www.intercar.qc.ca*

EN TRAVERSIER

De Baie-Sainte-Catherine (Charlevoix) à Tadoussac Service 24h/24 toute l'année, tlj. (départs toutes les 20min, 40min ou toutes les heures selon la saison). Durée 10min. L'été, prévoyez un peu d'attente. Gratuit. *Tél. 418 643 2019 ou 1 877 787 7483 www.traversiers.com*

EN BATEAU

Croisières du Fjord Cette compagnie propose des navettes fluviales entre les différentes localités du fjord : Tadoussac, La Baie, Sainte-Rose-du-Nord, Rivière-Éternité et L'Anse-Saint-Jean. Pour la liaison La Baie-Tadoussac par exemple, comptez 96$ AS, 136$ AR (réduit 49/69$, moins de 6 ans gratuit). Vélos acceptés. *Tél. 418 543 7630 ou 1 800 363 7248 www.croisieresdufjord.com Ouvert juil.-début sept.*

orientation

Tadoussac s'étend au nord de l'embouchure du fjord du Saguenay et à l'est de la route 138 qui, dans les limites de la municipalité, porte le nom de rue du Bateau-Passeur. Vous y trouverez l'auberge de jeunesse et la station d'autocars. Pour entrer dans la bourgade, prenez à gauche la rue des Forgerons en venant du nord ou, si vous arrivez du sud, la rue des Pionniers à droite. Cette dernière, axe principal de Tadoussac, abrite la Maison du tourisme et la plupart des gîtes et tables de la ville. Elle conduit à l'est au secteur du Moulin-à-Baude et à son domaine des Dunes. Perpendiculaire à la rue des Pionniers et signalée par l'église et la banque Desjardins, la rue du Bord-de-l'Eau rejoint la baie et la longe. Elle dessert la plupart des monuments et sites culturels et mène à l'embarcadère des bateaux d'excursion.

informations touristiques

Maison du tourisme de Tadoussac Plans, hébergements, manifestations, croisières aux baleines : toute la documentation nécessaire sur Tadoussac et la Haute-Côte-Nord dans cet office de tourisme au personnel accueillant. Wifi. *197, rue des Pionniers Tél. 418 235 4744 www.tadoussac.com Ouvert juil.-sept. : tlj. 9h-19h ; mai-juin, oct. : tlj. 9h-18h Le reste de l'année : permanence téléphonique uniquement*

fêtes et manifestations

Festival de la chanson de Tadoussac Valeurs sûres et jeunes talents de la chanson québécoise se partagent l'affiche de cette joyeuse fête musicale à laquelle prennent aussi part des groupes de rock, de musiques du monde, etc. Billets de 10$ à 60$ par concert. ***Tadoussac*** *Tél. 418 235 2002 ou 1 866 861 4108 www.chansontadoussac.com En juin*

DÉCOUVRIR
Tadoussac

☆ **Les essentiels** Le poste Chauvin, le parc marin du Saguenay-Saint-Laurent, le Centre d'interprétation des mammifères marins, les sentiers de Tadoussac **Découvrir autrement** Observez les cétacés de la pointe de l'Islet, survolez le fjord du Saguenay en hydravion

Petite chapelle Construite pour les Amérindiens par des missionnaires jésuites en 1747, consacrée en 1750, c'est la plus ancienne église en bois d'Amérique du Nord. Devenue trop exiguë après l'installation des premiers colons européens en 1838, elle échappa en 1850 à la démolition grâce à l'intervention de la Compagnie de la Baie d'Hudson. Surnommée "église des Indiens", elle demeure le symbole fort de la présence amérindienne à Tadoussac. Son petit centre d'interprétation retrace la vie des missionnaires. *Rue du Bord-de-l'Eau Tél. 418 235 4324 Ouvert mi-juin-début oct. : tlj. 10h-19h Contribution volontaire*

☆ **Poste Chauvin – Centre d'interprétation sur la traite des fourrures** C'est là que Pierre Chauvin de Tonnetuit érigea le premier poste de traite du Canada, en 1600. L'édifice, occupé par Champlain en 1603, puis détruit et relevé par deux fois, disparut en 1868. En 1942, les Canada Steamship Lines décidèrent de bâtir une réplique du comptoir d'origine à des fins touristiques. Des fourrures de castors, d'orignaux, de renards, de martres, d'ours et de ratons laveurs couvrent les murs en rondins, et l'on se prend à imaginer des scènes d'échange quand une peau de castor valait deux lames d'épée ou un pistolet. Également une collection d'armes et d'outils (arcs, hameçons, grattoirs, etc.), une exposition sur les rapports entre colons et Amérindiens et des vidéos sur l'histoire du lieu. *157, rue du Bord-de-l'Eau Tél. 418 235 4657 Ouvert fin juin-début sept. : tlj. 10h-19h ; début sept.-fin oct., juin : tlj. 10h-12h et 13h-18h Tarif 4$, réduit 2,50-3$*

Hôtel Tadoussac L'hôtel, inauguré en 1864, fut reconstruit en 1949 par les Canada Steamship Lines. Son architecture (mansardes, clochetons et galeries) rappelle l'époque où Canadiens anglais et Américains fortunés venaient profiter du grand air et de la beauté de la baie. L'édifice aux toits écarlates servit de cadre au tournage du film *Hotel New Hampshire* en 1984. Il abrite près de 150 chambres, trois restaurants (p.495), un centre de massage, etc. *165, rue du Bord-de-l'Eau Tél. 418 235 4421 ou 1 800 561 0718 www.hoteltadoussac.com*

☆ **Parc marin du Saguenay-Saint-Laurent** À ne pas confondre avec le parc national du Fjord-du-Saguenay (p.455), qui protège les berges du fjord et uniquement celles-ci. Le parc marin du Saguenay-Saint-Laurent, dont l'un des sièges est à Tadoussac et l'autre à Québec, englobe l'espace marin du fjord et la partie de l'estuaire du Saint-Laurent qui s'étend de Saint-Fidèle (Charlevoix) aux Escoumins. Ses autorités ont pour mission de mettre en valeur ce vaste territoire de 1 138km² au patrimoine culturel et naturel fragile.

L'observation des cétacés (p.482) et des oiseaux, l'offre des prestataires de loisirs (canot, kayak…) et les différents centres d'interprétation (CIMM à Tadoussac, Archéo-Topo aux Bergeronnes, musée du Fjord à Saguenay…) sont sous son contrôle. Procurez-vous à la Maison du tourisme de Tadoussac le guide du visiteur qui recense adresses de loisirs et musées. **Administration du parc** *182, rue de l'Église Tél. 418 235 4703 www.parcmarin.qc.ca*

☆ **Centre d'interprétation des mammifères marins (CIMM)** Comprendre en quoi consiste l'écholocation, écouter le chant des baleines, comparer leur souffle, effleurer des fanons et identifier leurs propriétaires… Conçue comme un jeu de questions-réponses, cette formidable exposition adaptée à tous les âges se veut un complément ludique et pédagogique à l'observation des baleines. Vidéos, photos, collection de squelettes… et un naturaliste toujours prêt à répondre à vos interrogations. *108, rue de la Cale-Sèche Tél. 418 235 4701 gremm.org Ouvert mi-mai-début juin : tlj. 12h-17h ; mi-juin-fin sept. : tlj. 9h-20h ; fin sept.-fin oct. : tlj. 11h-18h ; début juin-mi-juin : tlj. 9h-18h Tarif 14$*

Où boire un coup à la santé des baleines ?

Le Gibard Pour faire une pause, ce petit bar sympa sur le rivage est le bienvenu. Bière fraîche, bonne musique et petite terrasse. *9, rue du Bord-de-l'eau Tadoussac Tél. 418 235 4534 Ouvert avr.-oct. : tlj. 11h-3h*

Approcher les baleines Les agences de Tadoussac offrent sensiblement les mêmes prestations. Les excursions se font à bord d'un bateau pouvant accueillir plusieurs centaines de passagers ou d'un zodiac d'une cinquantaine de places, et durent 2 ou 3h. Prévoyez des vêtements chauds en toute saison. Sachez que l'affluence des bateaux à moteur stresse les baleines et qu'elles ont tendance à moins fréquenter le secteur. Si les croisières ne font pas peser de menace réelle sur les espèces, il serait dommage de participer à ce départ programmé des cétacés. Optez plutôt pour un kayak ou un zodiac. Sachez que l'on peut aussi observer les baleines de la terre ferme : c'est gratuit, non polluant et tout aussi convaincant. La **pointe de l'Islet**, où se situe la marina, offre d'excellents points de vue. *baleinesendirect.org*

Croisières AML Observation des baleines. À bord du bateau-promenade *Grand Fleuve* (durée 3h) : départs mai-oct. : tlj. à 9h45, 13h (et 16h15 mi-juil.-mi-août). Tarif 69,95$, réduit 33,95$. Une autre croisière sur le *Zéphyr* (durée 3h) : départs 21-juin-mi-sept. : tlj. 11h45 et 14h45h. Mêmes tarifs. En zodiac (durée 3h) : départs mi-mai-début oct. : tlj. à 13h30 (et 10h15 fin mai-début sept.). Tarif 74,95$, réduit 53,95$. Zodiac (durée 2h) : tlj. à 8h et 16h30. Tarif 64,95, réduit 48,95$. Croisière dans le fjord (durée 2h) : départ 21 juin-mi-sept. : tlj. à 9h30. Tarif 59,95$, réduit 28,95$. *175, rue des Pionniers Tél. 1 866 856 6668 www.croisieresaml.com*

Otis Excursions En bateau-promenade ou en zodiac (2 ou 3h). Tarif 64-74$, réduit 48-69$. *431, rue du Bateau-Passeur (au nord du village, sur la route 138, à côté de la station d'autocars) Tél. 418 235 4197 ou 1 877 235 4197 www.otisexcursions.com*

☺ **Mer et Monde Écotours** L'annexe de cet organisme basé aux Bergeronnes propose des excursions de 3h en kayak à l'entrée du fjord et sur le Saint-Laurent. Balade de baie en crique, observation des baleines et commentaires de professionnels souriants. Comptez 66$, réduit 56$. Également des excursions à la journée de mi-mai à mi-oct. Tarif 125$. *148, rue du Bord-de-l'Eau Tél. 418 232 6779 ou 1 866 637 6663 www.meretmonde.ca Ouvert mi-mai-déc. Départs de 8h à 12h (et un départ à 16h du 20 juin au 1er sept.)*

Marcher à Tadoussac et dans ses environs Un sentier de 1,2km gravit la **colline de l'Anse-à-l'Eau**, face à l'embarcadère des ferries, et un autre de 800m, celle de la **Pointe-de-l'Islet,** au-dessus de la marina. Ces ☆ **sentiers** ménagent de magnifiques vues sur l'estuaire, le fjord et les toits de Tadoussac. À l'ouest, le **sentier du Fjord** offrira aux marcheurs confirmés 43km au cœur du parc national du Fjord-du-Saguenay. Il passe à proximité de trois refuges et deux terrains de camping. *Rens. à la Maison du tourisme de Tadoussac*

☺ **Dunes de sable** Prenez la rue des Pionniers en direction de l'estuaire. Après 5km apparaissent deux plages de sable, puis un cordon dunaire. Paysage inattendu à Tadoussac, ces terrasses marines datent de la fonte des glaces il y a plusieurs milliers d'années. Y serpentent plusieurs sentiers de balade jalonnés de belvédères. Le site, étape migratoire de certains rapaces diurnes et nocturnes, permet d'observer faucons, éperviers, aigles, busards Saint-Martin et balbuzards pêcheurs. Panorama splendide sur le Saint-Laurent.

Survoler le fjord et le fleuve

Aviation du Fjord La forêt à perte de vue, les méandres de la vallée glaciaire, la majesté de l'estuaire, la ronde des baleines... ces 20min de vol en hydravion passent décidément trop vite mais resteront inoubliables. Prévoyez 90$/pers. *231, rue des Pionniers Tél. 418 235 4640 ou 1 877 235 4640 www.aviationdufjord.com Ouvert juil.-sept. : tlj. du lever au coucher du soleil*

La Haute-Côte-Nord

☆ **Les essentiels** Le centre d'interprétation et d'observation du Cap-de-Bon-Désir, le centre de découverte du milieu marin aux Escoumins, **Découvrir autrement** Allez épier les ours noirs, approchez les baleines en kayak ou en zodiac

Si son statut de capitale mondiale de l'observation des baleines en a fait un symbole, Tadoussac a désormais de sérieux concurrents : au nord, Les Bergeronnes, Les Escoumins et Portneuf-sur-Mer ont mis sur pied d'excellentes excursions, moins onéreuses et moins courues.

Les Bergeronnes C'est au large de ce village que le Saint-Laurent atteint sa profondeur maximale. Peut-être verrez-vous là des baleines bleues qui, eu égard à leur gabarit, en ont fait leur secteur de prédilection. Deux centres d'interprétation, des sentiers de randonnée, une piste cyclable de 11km et, bien sûr, plusieurs sociétés d'excursion ont transformé la localité en une villégiature. *23km au nord-est de Tadoussac*

☆ **Centre d'interprétation et d'observation du Cap-de-Bon-Désir** Sur un site magnifique et admirablement géré par le parc marin du Saguenay-Saint-Laurent, ce petit musée rappelle l'histoire de la navigation, lève le voile sur la vie des baleines et apporte un complément d'information à leur observation, que l'on peut effectuer du rivage non loin. Randonnées guidées d'interprétation, aire de pique-nique. *13, chemin du Cap-de-Bon-Désir (7km au nord du village) Tél. 418 232 6751 ou 235 4703 (hors saison) Ouvert mi-juin-mi-sept. : tlj. 9h-18h ; mi-sept.-mi-oct. : mer.-dim. 9h-17h Tarif 7,80$, réduit 3,90-6,80$, familles 19,60$*

Centre d'interprétation Archéo-Topo Des fouilles ont attesté que l'occupation de la Haute-Côte-Nord par les Amérindiens remonte à plus de 11 000 ans. La région est riche en sites archéologiques puisqu'elle en compte 1 400 le long de ses 1 400km de côte. Enrichie d'un film de 8min, la collection permanente présente la vie quotidienne de ces premiers habitants, tandis qu'une exposition temporaire annuelle aborde un thème lié à l'histoire de la région et de ses communautés. Un guide se tient prêt à répondre à toutes vos questions. Boutique et café. En juillet-août, causeries (4$). *498, rue de la Mer (embarcadère Essipit) Tél. 418 232 6286 www.archeotopo.com Ouvert juil.-août : tlj. 9h-20h ; juin, sept. : tlj. 9h-17h Tarif 6$, réduit 3-5$, familles 14,50$*

☺ **Les Escoumins** Visité par Champlain en 1603, officiellement fondé en 1846, alors qu'il abritait déjà une scierie, le charmant village des Escoumins (de l'innu *Esko-Mins*, "Là où il y a beaucoup de graines") est le chef-lieu de la Haute-Côte-Nord et le siège d'Essipit, une prospère entreprise innue qui propose aux touristes des croisières, hébergement et séjours dans des pourvoiries. La promenade dallée du centre-ville, entre route et plage, et les chemins forestiers avoisinants multiplient les possibilités d'admirer le Saint-Laurent et ses créatures. Un centre de découverte du milieu marin a fait des Escoumins un haut lieu de la plongée sous-marine sur la Haute-Côte-Nord. *41km au nord-est de Tadoussac*

☆ **Centre de découverte du milieu marin** Après une plongée initiatique plus vraie que nature sur écran géant grâce au film *Le Saint-Laurent en direct* (sur réservation, se renseigner pour les horaires), et au terme de la visite de l'exposition consacrée aux fonds de l'estuaire, passez à la Fédération québécoise des activités subaquatiques (même adresse) louer le matériel nécessaire et jetez-vous à l'eau ! *41, rue des Pilotes Tél. 418 233 4414 ou 418 235 4703 (hors saison) www.parcscanada.gc.ca/saguenay Ouvert juin-début sept. : tlj. 9h-18h ; début sept.-mi-oct. : ven.-dim. 9h-17h Tarif 14,20$ avec le film, 7,80$ pour l'exposition seule*

Réserve Essipit Fondée en 1903, elle regroupe quelque 200 Innus. La communauté organise des croisières qui partent des Bergeronnes et possède six pourvoiries (p.498) où l'on peut profiter du forfait : une nuit en chalet, une embarcation à rames et le droit de pêche pour 50$ à 64$/j. (permis de pêche obligatoire en sus). *46, rue de la Réserve Tél. 418 233 2266 ou 1 888 868 6666 www.essipit.com*

Observer des mammifères sauvages

Observation de l'ours noir Pour une excursion jusqu'à un observatoire en compagnie d'un guide expérimenté, fin connaisseur de l'*Ursus americanus* (ours noir du Québec), prévoyez 32$ (5-11 ans 16$). L'heure de départ évoluant avec l'ensoleillement, renseignez-vous par téléphone. Possibilité d'hébergement dans une maison centenaire (79-89$ la double avec le petit déj.). *1895, route 172 sud* ***Sacré-Cœur*** *(18km au nord-ouest de Tadoussac) Tél. 418 236 4886 www.ours-noir.net Ouvert fin mai-mi-oct.*

Faire du kayak de mer, observer les baleines

☺ **Mer et Monde Écotours** Ce centre de kayak sérieux propose une excursion "Soleil levant", dans les couleurs de l'aube, une autre "Sons et Lumières" guettant le chant des baleines et la bioluminescence du phytoplancton, ainsi que différentes balades diurnes à la rencontre des mammifères marins. Départs pour la journée tlj. à 8h (120$) ; pour la demi-journée tlj. à 12h (65$). *20, chemin Jalbert* ***Les Bergeronnes*** *(23km au nord-est de Tadoussac) Tél. 418 232 6779 ou 1 866 637 6663 www.meretmonde.ca Ouvert mi-mai-mi-oct.*

Croisières Neptune Un autre organisme sérieux. De juin à mi-oct., départs en zodiac tlj. à 9h, 11h30, 14h et 16h30 (départs suppl. à 6h et 18h45 en juil.-août). Tarif 53$, réduit 40$ pour 2h. *507, rue du Boisé* ***Les Bergeronnes*** *(23km au nord-est de Tadoussac) Tél. 418 232 6716 www.croisieresneptune.net*

Croisières Essipit Des excursions en zodiac organisées par la Première Nation des Innus Essipit de juin à début oct. De fin juin à début sept., départs à 9h, 11h30, 14h et 16h30. Mi-juin et début sept.-début oct., départs à 10h et 14h. Durée 2h. Tarif env. 60$. *498, rue de la Mer* ***Les Bergeronnes*** *(23km au nord-est de Tadoussac) Tél. 418 232 6778 ou 1 888 868 6666 www.vacancesessipit.com*

Les Écumeurs du Saint-Laurent Ce prestataire organise des croisières d'observation des mammifères marins de mi-mai à début oct. Départs tlj. à 7h, 9h30, 12h, 14h30 et 17h (selon la météo). Tarif à partir de 44$, réduit 38$. *31, rue des Pilotes* ***Les Escoumins*** *(41km au nord-est de Tadoussac) Tél. 418 233 2141 ou 1 888 817 9999 www.lesecumeurs.com*

CARNET D'ADRESSES

Restauration

petits prix

Le Bateau Cette cantine fréquentée par des groupes de touristes, des chauffeurs routiers et des Québécois de passage vaut pour sa vue panoramique sur le fjord, son pâté chinois, son joyeux brouhaha et son addition légère : buffet à volonté pour 13$ (déjeuner) et 20$ (dîner). Et si le pâté chinois ne vous dit rien : pâté au saumon, spaghetti bolognaise, bœuf aux petits légumes, tarte au vinaigre, tourtière du lac Saint-Jean... La formule comprend une entrée, un plat, un dessert et un café. Hébergement sur place possible dans de petits appartements. *246, rue des Forgerons* ***Tadoussac*** *Tél. 418 235 4427 www.lebateau.com Ouvert mai-oct. : tlj. 11h-14h30 et 17h-21h30*

prix moyens

☺ **La Galouine** Certains reprochent à cette table gastronomique son irrégularité, mais finalement ses mauvais jours sont rares. L'ocre des murs, les nappes

GAMME DE PRIX	RESTAURATION	HÉBERGEMENT
Très petits prix	moins de 15$	moins de 40$
Petits prix	de 15 à 25$	de 40 à 80$
Prix moyens	de 25 à 40$	de 80 à 120$
Prix élevés	de 40 à 55$	de 120 à 160$
Prix très élevés	plus de 55$	plus de 160$

blanches, le décor mesuré et le parquet sombre confèrent à la salle une élégance certaine. Aux beaux jours, vous pourrez opter pour la terrasse ensoleillée. Grillades, gibiers, fruits de mer et duo du pêcheur (poisson et homard), le must. De 10h30 à 18h, également des sandwichs, chaudrées, pâtes, assiettes de charcuteries, salades, poissons fumés... Carte 25-50$. À l'étage, 8 chambres pimpantes (117$ avec petit déj.). *251, rue des Pionniers **Tadoussac** Tél. 418 235 4380 www.lagalouine.com Ouvert mai-oct. : tlj. 18h-22h*

Chez Mathilde Pour goûter la cuisine québécoise à son meilleur, ce petit restaurant soigné est l'endroit indiqué. À la carte, morue à la gaspésienne, cerf rouge, os à moelle de bison, risotto de homard, tire d'érable sur neige arrosé d'un vin d'érable en saison. Poutines et hambourgeois sont également exécutés avec brio. En soirée, un duo contrebasse-piano improvise des airs de jazz, les tables sont proches, les coudes se touchent, les conversations et les rires fusent. Gages de succès, qualité et sourire sont au rendez-vous. Une adresse où l'on se sent bien ! Petit déjeuner 15$, plat midi 15$, soir 30$. Le week-end, petit déjeuner en musique ! *227, rue des Pionniers **Tadoussac** Tél. 418 235 4443 Ouvert lun.-ven. 11h-22h, w.-e. 9h-22h*

prix très élevés

Hôtel Tadoussac On se sent réellement dans un palace au restaurant William : chic, intimiste et avec vue sur le fleuve. Sa carte, tout en finesse, se joint à la vue pour offrir le meilleur de la mer : burgot en cromesquis, au beurre à l'ail des bois rôtis et coulis d'amélanchier suivi d'un dos de barbue rôti et son crémeux de coquillages aux champignons crabe, fine Alarie succulente... Aussi, bon choix de viandes pour ceux qui goûtent peu les saveurs iodées. Comptez entre 60 et 100$ pour une entrée et un plat. Moins douloureux pour le portefeuille, le restaurant Cloverdale affiche également une très belle carte (30-50$), ainsi qu'un fameux buffet proposant des entrées froides (salades, gravlax, terrines) accompagnées d'une viande, d'un poisson ou de pâtes, pour 44,95$. *165, rue Bord-de-l'Eau **Tadoussac** Tél. 418 235 4421 ou 1 800 561 0718 www.hoteltadoussac.com Ouvert début mai-fin oct. : tlj.*

Sur la Haute-Côte-Nord

Voir aussi le restaurant de l'auberge La Rosepierre, aux Bergeronnes (p.498).

petits prix

Le Rêve doux Un restaurant-chocolaterie-boulangerie belge aux Escoumins ? Tout est possible ! Et l'endroit a bien pris sa place dans le cœur des habitants grâce, notamment, à ses copieux petits déjeuners ! Son bon pain et ses excellents chocolats belges ne peuvent que renforcer ce lien d'affection. En saison touristique s'ajoute un service déjeuner avec en vedette un plat d'un pays tout aussi plat : les moules-frites (21$) ! La boutique reste ouverte jusqu'à 18h pour les gourmands. *287, route 138 **Les Escoumins** (41km au nord-est de Tadoussac) Tél. 418 233 3724 www.lerevedoux.com Ouvert juil.-août : tlj. 7h-11h15 et 11h30-16h ; fév.-juin, sept.-nov. : tlj. 7h-11h15*

Le Petit Régal Une adresse où se repaître à toute heure d'une pizza (fromage, *pepperoni*, bacon...), d'une omelette, d'une "guédille" (sandwich chaud au jambon ou à l'œuf), d'un filet de morue, de fruits de mer... De 13$ à 75$, prix TTC. *307, route 138 **Les Escoumins** (41km au nord-est de Tadoussac)*

Tél. 418 233 2666 www.lepetitregal.com Ouvert juin-oct. : tlj. 7h-23h ; nov.-mai : tlj. 7h-21h

Hébergement

La profusion des gîtes à Tadoussac en dit long sur le succès touristique de cette bourgade d'à peine un millier d'habitants. Pensez cependant à réserver un peu avant.

très petits prix

Auberge de jeunesse de Tadoussac On se retrouve le soir sur la terrasse du café Fjord ou dans le grand salon rustique. Cette AJ de 90 lits est plutôt propre, sans être rangée, et il vous faudra faire preuve d'une certaine tolérance au bruit les soirs de concert au bar voisin. Le mieux est encore d'assister au spectacle ! Dortoirs de 4 ou 5 lits (24$/pers., 21$ à partir de la 2e nuit), 1 dortoir de 16 lits, 2 chambres doubles (58$) et un terrain de camping (12$ l'emplacement). Petit déj. (4,25$), billard, accès Internet, laverie, déjeuner sur demande et table d'hôtes le soir (10$). *158, rue du Bateau-Passeur* ***Tadoussac*** *(route 138, à droite du débarcadère des ferries) Tél. 418 235 4372 www.ajtadou.com Ouvert toute l'année*

☺ **Domaine des Dunes** À proximité de la Maison des dunes, de sentiers balisés et d'un site remarquable pour l'observation de la faune, 50 emplacements de camping rustique, ombragés et au calme, à 29,95$ l'unité, et des chalets équipés à 174$ pour 2 pers. en juil.-août (+28$/pers. supplémentaire, les chalets pouvant accueillir jusqu'à 6 pers.). *585, chemin du Moulin-à-Baude* ***Tadoussac*** *(5km à l'ouest du centre-ville, dans le prolongement de la rue des Pionniers) Tél. 418 235 4843 www.domainedesdunes.com Ouvert toute l'année*

prix moyens

☺ **Maison Hovington** La situation centrale, la gracieuse véranda, l'accueil chaleureux, les 5 chambres lambrissées et meublées avec goût, le parquet qui craque, les porcelaines, l'argenterie... tout contribue à la renommée de ce gîte. Il faudra réserver dès que possible ! Double avec sdb, vue sur l'estuaire ou le jardin : 105-120$. *285, rue des Pionniers* ***Tadoussac*** *Tél. 418 235 4466 ou 450 235 4584 (hors saison) www.maisonhovington.com Ouvert mai-oct.*

Auberge La Sainte-Paix De ce gîte, le regard embrasse l'estuaire, la pointe de l'Islet, le fjord, la parade des bélugas... Splendide ! Soignés et confortables, les 6 chambres et le "loft" (aux murs jaunes, avec cuisine) ne bénéficient pas de la même luminosité ni du même décor. Préférez la 1888, douillette et mansardée, ou la jolie Saguenay, claire et épurée. De 100$ à 140$, petit déj. compris. *102, rue Saguenay* ***Tadoussac*** *Tél. 418 235 4803 www.aubergelasaintepaix.com Ouvert mai-oct.*

Gîte Au vieux pommier Linda Harvey, au sourire contagieux, met tout en œuvre dans cette maison centenaire pour que vous vous sentiez chez vous et, du coucher au petit déjeuner (substantiel), l'effort paie. Cinq coquettes chambres lambrissées, dont une avec sdb. Trois d'entre elles possèdent une jolie vue sur le fleuve, au loin, derrière les sapins. Double 115-145$. *247, rue des Forgerons* ***Tadoussac*** *Tél. 418 235 4528 www.vieuxpommier.com Ouvert mai-oct.*

prix élevés

Hôtel-motel Le Béluga Une option intéressante pour ceux qui dans ce village truffé de gîtes souhaitent profiter des avantages d'un hôtel : indépendance, sdb dans chacune des 39 chambres, TV, téléphone et une excellente literie. Tarifs selon le confort et le décor. Comptez 145$ la double (avec le petit déj.) Restaurant. *191, rue des Pionniers* ***Tadoussac*** *Tél. 418 235 4784 www.le-beluga.qc.ca Ouvert mai-oct.*

Maison Gauthier L'annexe de la maison Hovington (p.496) dispose de six chambres fringantes aux noms de fleurs inspirés par leur couleur dominante : Camélia, Muguet, Lilas, Coquelicot, Perce-Neige et Tulipe. Accueil adorable et petit déjeuner généreux. Doubles avec sdb 125$. À l'arrière, les Suites de l'Anse proposent 20 chambres familiales qui donnent sur le lac de l'Anse-à-l'Eau (105-120$). *159, rue du Bateau-Passeur* ***Tadoussac*** *Tél. 418 235 4525 www.maisongauthier.com Ouvert mai-oct.*

☺ **Auberge La Merveilleuse** Ce B&B face à la baie porte bien son nom : la nuit, ses occupants sont bercés par le ressac et, le matin, avant que les bateaux de croisière n'entament leur ronde, ils peuvent admirer la mer de la véranda. Cinq chambres, décorées chacune selon une couleur différente. Salon lumineux avec vue panoramique, sdb communes. Doubles 119-159$ avec le petit déj. Un pavillon peut aussi héberger 4-5 pers. (230$ la nuit). *113, rue Coupe-de-l'Islet* ***Tadoussac*** *Tél. 418 235 4396 www.lamerveilleuse.com Ouvert toute l'année*

Maison Harvey-Lessard Quatre chambres spacieuses et d'un grand confort, à louer dans cette maison cossue qui bénéficie d'un des plus beaux panoramas du village sur le Saint-Laurent et le fjord. La suite a droit à quelques plus : clim., bain thérapeutique et TV. Trois chambres et une suite 129-169$ en haute saison (79-129$ en basse saison), prix TTC. *16, rue Bellevue* ***Tadoussac*** *(sur les hauteurs de Tadoussac, au bout de la rue des Forgerons) Tél. 418 235 4802 www.harveylessard.com Ouvert mi-mai-mi-oct.*

Sur la Haute-Côte-Nord

très petits prix

☺ **Mer et Monde** Ce camping est très certainement l'un des rares au monde où l'on peut percevoir le souffle des baleines depuis sa tente ! Une quarantaine d'emplacements sont disponibles, la plupart sur des plateformes en bois posées à même de gros blocs de granit, juste en face du Saint Laurent. Le soir, le feu de camp crépite devant le fleuve, tandis qu'au petit matin les oiseaux réveillent les campeurs, et que dauphins et rorquals passent au large. Pensez à réserver deux mois à l'avance. Tarif emplacement 36$ par nuit (4 pers. maxi). Location d'équipement (tente, sac de couchage, drap et matelas) 10$/pers. Également 5 unités prêt-à-camper 132$/nuit (jusqu'à 4 pers.). *Anse-à-la-Cave 20, chemin Jalbert* ***Les Bergeronnes*** *(23km au nord-est de Tadoussac) Tél. 418 232 6779 ou 1 866 637 6663 (sans frais) www.meretmonde.ca Ouvert mi-mai-mi-oct.*

Camping Bon-Désir À 10min à pied du centre d'interprétation du Cap-de-Bon-Désir, 180 places panoramiques (avec vue sur le Saint-Laurent), boisées (ombragées) ou sauvages (rustiques)... Tarifs selon la catégorie et les commodités 24-40$. Laverie et dépanneur. Un site magnifique agrémenté de nombreux sentiers. *198, route 138* ***Les Bergeronnes*** *(23km au nord-est de Tadoussac) Tél. 418 232 6297 (en été) ou 1 877 632 6297 www.campingbondesir.com Ouvert juin-début oct.*

petits prix

Réserve Essipit Un centre de villégiature moderne, géré par la communauté innue des Escoumins : 32 *condos*, une quinzaine de chalets pouvant loger 4 pers., et 2 campings (dont un à Tadoussac). Comptez 137-181$/j. pour un appartement entièrement équipé pour 4 pers. en haute saison. Supplément de 18$/pers. pour une 5ᵉ et une 6ᵉ personne. Chalets 187$/nuit en haute saison. Camping Le Tipi : 28-38$ l'emplacement selon les commodités. Également des croisières d'observation des baleines et des forfaits pêche dans 6 pourvoiries. *46, rue de la Réserve* ***Les Escoumins*** *(41km au nord-est de Tadoussac) Tél. 418 233 2266 ou 1 888 868 6666 www.vacancesessipit.com*

prix moyens

☺ **La Bergeronnette** Bienvenue chez Anne et Daniel, inénarrables propriétaires de ce gîte attachant. Deux maisons de bois attenantes offrent 4 chambres doubles (2 sdb partagées, 77-87$), 3 appartements (4-8 pers., 90-260$) et 2 lofts (2-3 pers., 87-97$). Ajouter 10$ par adulte et 5$ par enfant pour les petits déjeuners des lofts et appartements, sachant que ceux-ci sont équipés de kitchenettes. Cela dit, Daniel manie la pâte à crêpe comme un chef et fait de vos matins un pur délice. Mais que retenir d'un séjour à la Bergeronnette ? La bonne humeur, la convivialité et l'impression d'être un peu chez soi ! *65, rue Principale* ***Les Bergeronnes*** *(23km au nord-est de Tadoussac) Tél. 418 232 6642 ou 1 877 232 6605 www.bergeronnette.com Ouvert tlj.*

Auberge La Rosepierre Dans cette auberge, gérée par un charmant couple suisse, vous attendent 10 chambres mignonnes, rafraîchies au fil du temps, et une bonne table (réservation obligatoire) où vous pourrez déguster, par exemple, un savoureux vol-au-vent au saumon. Vente de produits du terroir (cidre de glace, produits de l'érable). Doubles 113-122$, table d'hôtes 32-40$ (28-38$ pour deux plats à la carte). *66, rue Principale* ***Les Bergeronnes*** *(23km au nord-est de Tadoussac) Tél. 418 232 6543 ou 1 888 264 6543 www.rosepierre.com Ouvert toute l'année* ***Restaurant*** *Ouvert tlj. 18h-21h*

☺ **Auberge Manoir Bellevue** Juchée sur les hauteurs du village, cette maison qui se veut la doyenne des Escoumins (1845) jouit d'un panorama splendide sur l'estuaire du Saint-Laurent. Champêtres ou bourgeoises, les 10 chambres s'habillent tantôt de blanc et de pastel, tantôt de couleurs chatoyantes. Les propriétaires, adorables, possèdent une pourvoirie où vous pourrez bénéficier d'un forfait hébergement et pêche. Prévoyez 99$ (sdb commune)-139$ la double. Également un pavillon pour les familles (6-8 pers., 100-150$). *27, rue de l'Église* ***Les Escoumins*** *(41km au nord-est de Tadoussac) Tél. 418 233 3325 www.manoirbellevue.com Ouvert mai-oct. (sinon, sur réservation)*

GAMME DE PRIX	RESTAURATION	HÉBERGEMENT
Très petits prix	moins de 15$	moins de 40$
Petits prix	de 15 à 25$	de 40 à 80$
Prix moyens	de 25 à 40$	de 80 à 120$
Prix élevés	de 40 à 55$	de 120 à 160$
Prix très élevés	plus de 55$	plus de 160$

Auberge de la Baie Une sympathique auberge ancrée face à l'estuaire du Saint-Laurent. Les 12 chambres, toutes avec salle de bains, affichent chacune un décor différent. Internet. Accueil aimable. La double coûte de 95 à 120$, incluant le petit déjeuner. *267, route 138* ***Les Escoumins*** *(41km au nord-est de Tadoussac) Tél. 418 233 2010 ou 1 800 287 2010 www.aubergedelabaie.com*

BAIE-COMEAU

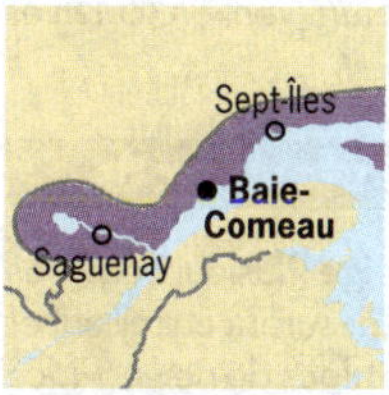

À partir de Baie-Comeau, capitale de Manicouagan, les distances s'allongent à mesure que l'on remonte la Côte-Nord. Le spectacle n'est pas tant dans les villages qui se ressemblent tous un peu, que sur la route. En effet, la 138 traverse tranquillement des paysages aussi répétitifs qu'enchanteurs : baies semées de rochers, rivières aux flots impétueux, grands lacs d'eau noire bordés de forêts, longs croissants de sable ourlant la côte... En dépit des efforts consentis pour attirer les visiteurs, cette région (comme toute la Moyenne et la Basse-Côte-Nord) reste peu fréquentée, d'autant que la saison touristique est courte, elle commence mi-juin et s'achève fin août, parfois mi-septembre.

MODE D'EMPLOI

accès

EN VOITURE

Baie-Comeau se trouve 199km au nord-est de Tadoussac et 241km au sud-ouest de Sept-Îles par la 138.

EN CAR

Intercar Assure deux liaisons quotidiennes entre Baie-Comeau et Québec (7h de voyage) via Tadoussac, et un départ/j. pour Sept-Îles (3h25). Pour Havre-Saint-Pierre, il faut changer (et passer la nuit) à Sept-Îles : un car/j. du lundi au vendredi.
Terminus de Baie-Comeau *675, bd Laflèche Tél. 418 589 9298*

EN AVION

Air Canada Jazz Service quotidien Montréal-Baie-Comeau. *Tél. 514 393 3333 ou 1 888 247 2262 www.aircanada.com*
Pascan Aviation Chaque semaine, 5 vols directs pour Sept-Îles au départ de Québec (1h30), et plusieurs vols directs au départ de Montréal (2h). *Tél. 450 443 0500 ou 1 888 313 8777 www.pascan.com*
Aéroport de Baie-Comeau *Pointe-Lebel (25km au sud de la ville) Tél. 418 589 8285*

EN BATEAU

De Rimouski (Bas-Saint-Laurent) à Forestville Une liaison assurée de mai à septembre par le catamaran *CNM Évolution* ; 2 ou 4 traversées/j. Tarif AR 25$, réduit 19-24$. Automobile 45$. Durée 1h. Réservation recommandée. *Tél. 1 800 973 2725 ou 418 725 2725 www.traversier.com*

De Matane (Gaspésie) à Baie-Comeau et Godbout D'avr. à oct. : 1 ou 2 départs/j. ; d'oct. à mars : 5 départs/sem. Durée 2h20 pour Baie-Comeau et 2h10 pour Godbout. Réservation recommandée. Les automobilistes doivent se présenter plus de 30min avant l'appareillage. Même tarif que l'on parte de Baie-Comeau ou de Godbout : 18$, réduit 11,75-16$. Automobile 44$. *Tél. 418 562 2500 ou 1 877 562 6560 www.traversiers.com*

informations touristiques

Association touristique régionale de Manicouagan Toutes les informations sur la région de Manicouagan (de Tadoussac à Baie-Trinité). *337, bd La Salle* ***Baie-Comeau*** *(bureau 304) Tél. 418 294 2876 ou 1 888 463 5319 cotenord-manicouagan.com Ouvert lun.-ven. 8h30-12h et 13h-16h30*

Bureau d'accueil touristique de Baie-Comeau Nombreuses brochures, service de réservation (hébergement, transport), accès libre à Internet. Un bureau ouvre aussi l'été à Godbout. *20, av. Cartier Tél. 418 296 8178 www.ville.baie-comeau.qc.ca Ouvert été : tlj. 8h-20h ; reste de l'année : lun.-ven. 8h30-12h et 13h-16h30*

fêtes et manifestations

Sculpture sur neige Plusieurs équipes de sculpteurs se mesurent en taillant et en modelant des blocs de neige. *Place La Salle* ***Baie-Comeau*** *Fév.*

DÉCOUVRIR

☆**Les essentiels** Le parc Nature de Pointe-aux-Outardes, Godbout **Découvrir autrement** Pêchez le saumon à Godbout, passez au moins une nuit dans le phare de Pointe-des-Monts

Baie-Comeau

La capitale de Manicouagan présente un décor industriel peu avenant. Il faut dire qu'elle s'est développée autour de l'usine de pâte à papier bâtie en 1936-1937 par le colonel Robert McCormick, patron du quotidien américain *Chicago Tribune*, puis d'une aluminerie. Cette grosse ville a fusionné deux entités en 1982 : le secteur Mingan (ancienne commune de Hauterive), qui concentre les commerces et autres services et, 4km à l'est par la route 198, le secteur de Marquette (le Baie-Comeau historique), qui regroupe les industries, mais aussi les quartiers résidentiels aisés et les principaux hôtels. Là, les élégantes maisons néogeorgiennes du quartier **Sainte-Amélie** et l'église du même nom (38, av. Marquette), qui doit ses fresques et ses vitraux néo-Renaissance à Guido Nincheri, rappellent ses débuts. Allez vous promener dans le **Boisé de la Pointe-Saint-Gilles**, entre mer, marais et forêt. L'un des sentiers de ce parc sauvage (ouvert toute l'année et libre d'accès) vous mènera à une échouerie de phoques au bord du Saint-Laurent.

Jardin des Glaciers Besoin de vous dégourdir les jambes ? Filez vite au Jardin des Glaciers, le seul parc d'aventures maritimes du Québec. Sur ses 40km² façonnés par les glaciers, le décor est spectaculaire : stries et cannelures minérales, lacs et fjords, cirques et marmites glaciaires, vallée coquillière et fossilifère (la plus riche du monde)… Le billet d'entrée s'achète au siège du parc à Baie-Comeau, dans l'ancienne église du quartier Saint-Georges transformée en station d'exploration glaciaire. Un parcours-spectacle multimédia vous y attend et vous permettra d'approfondir vos connaissances sur les glaciers et le climat. Réservation conseillée. *3, av. Denonville Tél. 418 296 0182 www.lejardindesglaciers.com Ouvert juin-août : tlj. 8h30-17h Départs de visite : 4/j. 8h30-15h30*

Où goûter une bière de la dernière microbrasserie ?

St-Pancrace Les Québécois ont décidément la fibre houblonnière ! La microbrasserie St-Pancrace s'ajoute à une liste déjà longue de jeunes institutions qui contribuent, pour notre plus grand bonheur, à diversifier l'offre jusque dans les régions les plus reculées. C'est la dernière de la route 138. Joli pub que voilà, avec son agréable terrasse et ses produits rafraîchissants : la Flume, blonde aux accents de miel et d'agrumes, la Sinueuse, évoquant aussi bien les courbes de la route 369 que la démarche de ceux qui en abusent, la Walker, l'Uapishka, etc. Côté restauration, rien d'original : saucisses, *nachos*, sandwichs et plateaux de fromages (8-18$). *55, pl. Lasalle Tél. 418 296 0099 www.stpancrace.com Ouvert fin juin-début sept. : tlj. 13h-1h ; début sept.-fin juin : lun.-mar. 15h-23h, mer. 15h-1h, jeu.-sam. 13h-1h, dim. 13h-23h*

Sur le littoral de Manicouagan

À l'ouest de Baie-Comeau

☆ ☺ **Parc Nature de Pointe-aux-Outardes** Réunissant huit écosystèmes sur 5km² (sapinière, champs en friche, pinède, marais saumâtre, tourbière, aulnaie, batture sablonneuse), parcouru par 10km de sentiers, ce parc situé au confluent du Saint-Laurent et de la rivière aux Outardes est un formidable laboratoire de la biodiversité et un terrain d'observation privilégié des phoques et de la faune aviaire. Quelque 250 espèces d'oiseaux, notamment des rapaces, y transitent chaque année au printemps et à l'automne. Si vous le pouvez, joignez-vous à l'une des visites guidées organisées. Des gardes passionnés et avertis vous montreront les rapaces, vous feront goûter aux baies sauvages et observer le quatrième plus grand marais du Québec. Possibilité de parcourir ce dernier en zodiac (+10$) et de suivre un circuit d'interprétation sur la culture innue (+10$). Plusieurs nouveautés en 2015-16 démontrent le dynamisme de cet endroit unique : un jardin pour nourrir (et observer) les oiseaux migrateurs, de l'hébergement insolite (superbes "nichoirs" à 120$/nuit) et soirées d'observation astronomique. *4, rue Labrie Ouest* ***Pointe-aux-Outardes*** *(41km au sud-ouest de Baie-Comeau par la route 138, puis en suivant les panneaux) Tél. 418 567 4226 ou 418 567 4227 www.parcnature.com Ouvert juin-mi-oct. : tlj. 8h-17h Tarif 8$, réduit 5-6$*

Forestville Cette commune sans charme, qu'une ligne de ferries relie à Rimouski (p.426) sur la côte sud, possède un golf et un camping. *103km au sud-ouest de Baie-Comeau et 96km au nord-est de Tadoussac*

À l'est de Baie-Comeau

Village forestier d'antan Ce camp de bûcherons fidèlement reconstitué rappelle que les premiers habitants de Franquelin exploitaient la forêt, travaillant notamment pour l'Ontario Paper Company du colonel McCormick. Les cabanes en rondins évoquent les conditions de vie difficiles des scieurs, du *jobber* (contremaître) et des mesureurs (contrôleurs) des années 1920 à 1960. Des guides en costume présentent le campement, installé au bord d'une rivière à saumon. Instructif ! Le dimanche, brunch du bûcheron (7,50$). *16, rue des Érables* ***Franquelin*** *(31km à l'est de Baie-Comeau par la 138) Tél. 418 296 3203 villageforestierdantan.com Ouvert fin juin-début sept. : tlj. 9h-17h Tarif 7$, réduit 4-6$ Forfait entrée et brunch 11,50$*

☆ **Godbout** Ce centre de pêche sportive fut l'un des premiers postes de traite des fourrures ouverts par la Compagnie de la Baie d'Hudson au XVIIe siècle. Niché au fond d'une jolie baie à l'embouchure de la Godbout, le village distille un certain charme, qui tient peut-être à la proximité envoûtante des rorquals qu'on peut observer du quai. Un traversier relie Godbout à Matane sur la rive sud du Saint-Laurent. *59km à l'est de Baie-Comeau par la route 138*

☺ **Musée amérindien et inuit** Le céramiste Claude Grenier (1931-2012) a enseigné pendant dix ans l'art de la poterie aux Inuit et aux Amérindiens du Nord. Il a ainsi amassé une belle collection d'objets d'art et d'artisanat, présentée dans un sympathique petit musée présidé par sa femme. Bottes en peau de phoque, figurines en os de morse, tomahawks, gravures naïves et de remarquables sculptures en stéatite et en ivoire de morse... À ne pas manquer : le canot attikamek, les sculptures d'Anguteluar, celle du bœuf musqué des îles Ellesmere et les photographies de l'Arctique de Fred Bruemmer. Également une belle collection d'animaux polaires naturalisés. À l'étage, on retrouve les peintures et céramiques de Claude Grenier. N'hésitez pas à demander des explications sur la culture inuite. En été, du pain banique (pain autochtone) est offert aux visiteurs. *134, chemin Pascal-Comeau Tél. 418 568 7306 Ouvert 20 juin-début oct. : tlj. 9h-21h Tarif 5$, réduit 2,50$*

Passe migratoire de la rivière Godbout La passerelle suspendue au-dessus de la rivière Godbout est un endroit privilégié pour observer la montaison des saumons, surtout en juillet. Au loin, les chutes Molson grondent dans un saisissant cadre forestier. La Godbout est alimentée par plus de 300 lacs, et les nombreux rapides et sept cascades qui jalonnent son cours (80km) lui valent une forte concentration en oxygène. Or, qui dit oxygène dit saumon... Résultat : c'est l'un des sept cours d'eau du Québec méridional à offrir le meilleur potentiel de capture. Les pêcheurs amateurs peuvent contacter la ZEC de la rivière Godbout. Des sentiers aménagés mènent à la chute des Meules (1,3km) ou à celle du 14-Miles. S'informer pour les possibilités de camping au bord de la rivière (100$ pour une tente deux places). ***Poste d'accueil*** *sur la route 138 à hauteur de Godbout, puis 3,5km de piste Tél. 418 568 7305 rivieregodbout.com Ouvert juin-mi-sept. : tlj. 8h-18h Tarif 6$ par voiture*

☺ **Phare de Pointe-des-Monts** Faites un détour par ce joli phare blanc rayé de rouge qui signale depuis 1830 l'endroit où le Saint-Laurent s'élargit brusquement pour former un golfe – de 38km à Pointe-des-Monts, sa largeur atteint 120km à Sept-Îles ! Désaffecté depuis 1964, l'édifice abrite un petit musée qui évoque la vie de ses huit gardiens successifs : sur ses sept étages (25m), objets récupérés sur des épaves, vieilles lampes de phare, télégraphes, ancres rouillées... Visite avec audioguide. Du sommet, belle vue panoramique sur le Saint-Laurent et la côte. Un documentaire vidéo de 22min s'attarde sur l'histoire des phares au Canada. La maison des gardiens a été reconvertie en auberge. *1830, chemin du Vieux-Phare Pointe-des-Monts* ***Baie-Trinité*** *(94km à l'est de Baie-Comeau par la 138, puis une route secondaire d'une dizaine de kilomètres) Tél. 418 939 2400 www.pharedepointedesmonts.com Ouvert mi-juin-début sept. : tlj. 9h-17h Tarif 12$, réduit 9$*

Port-Cartier Ville industrielle fondée en 1918 sous le nom de Shelter Bay par le colonel Robert R. McCormick, propriétaire du *Chicago Tribune*, qui y ouvrit une scierie, Port-Cartier s'est développée entre deux rivières, sur un site identifié dès 1603 par Samuel de Champlain. Regroupant plusieurs villages de la côte (Rivière-Pentecôte, Pointe-aux-Anglais...), l'agglomération offre divers points d'intérêt méritant qu'on s'y arrête quelques heures. Rares sont les localités qui peuvent se targuer de posséder une rivière à saumon en guise de centre-ville !

Centre d'interprétation de l'histoire de Port-Cartier Ce centre d'histoire, installé dans une église baptiste désaffectée aux lignes très modernes, raconte sur de grands panneaux les phases successives du développement de la ville. L'arrivée du colonel McCormick et de sa scierie, le village privé de Rocky River, le passage du bois à la mine, les usines de pâte et papier et de bouletage, etc. L'équipe dynamique qui gère l'endroit propose des visites guidées pleines d'anecdotes savoureuses pour compléter la lecture, et promet de nouvelles installations. À suivre... *45, bd Portage-des-Mousses Tél. 418 766 4414 ou 1 888 766 6944 Ouvert fin juin-mi-sept. : tlj. 9h-12h et 13h-18h*

Parc de la Rivière-aux-Rochers - Piège à saumon C'est en 1921 que l'on construisit pour l'usine de bois un barrage sur la Rivière-aux-Rochers, empêchant ainsi les saumons de la remonter comme ils le faisaient auparavant et comme leur instinct grégaire leur commande toujours de le faire un siècle plus tard. Ils restent donc au pied de la cascade pour le plus grand plaisir des pêcheurs que l'on peut voir au milieu de la rivière. Pour que les poissons continuent d'habiter les lieux, un piège a été installé, sous forme de passe artificielle, qui permet de les capturer puis de les emporter par camion à 13km en amont. Le centre d'interprétation raconte tout cela, en plus d'étudier le saumon sous tous ses aspects. Toutes les heures, il est possible d'assister à la levée du poisson, à la ponction des écailles et au transfert dans le camion. *24, rue Luc-Mayrand Tél. 418 766 2777 riviereauxrochers.com Ouvert fin mai-début sept. : tlj. 7h-21h30*

Musée Louis-Langlois La maison Langlois (1873) abrite une antenne de l'office de tourisme ainsi qu'un petit musée principalement consacré au naufrage de la flotte de l'amiral Walker en 1711, à l'île aux Œufs. Les autres salles nous parlent de l'ancien village de Rivière-Pentecôte et de ses habitants. *2088, rue Monseigneur-Labrie Pointe-aux-Anglais (48km au sud-ouest de Port-Cartier) Tél. 418 799 2212 ou 1 888 766 6944 Ouvert mi-juin-mi-août : tlj. 9h30-16h30 Entrée libre*

Dans l'arrière-pays

Centrales Manic L'aménagement du gigantesque complexe hydroélectrique de Manic-Outardes, sur les rivières aux Outardes et Manicouagan, s'échelonna de 1959 à 1978. D'une capacité de production de 7 567MW, il compte dix centrales, dont Manic-2 et Manic-5, ouvertes à la visite. Mises en service par Hydro-Québec dans les années 1960, ces deux centrales alimentées par la Manicouagan sont desservies par la route 389, qui relie le Saint-Laurent au Labrador. L'office de tourisme organise des visites en car des deux sites à partir de Baie-Comeau. *Tél. 1 866 526 2642 hydroquebec.com/visitez Ouvert 24 juin-août : tlj. Visites guidées des deux sites (sur présentation d'une carte d'identité ou d'un passeport) : tlj. à 9h, 11h, 13h30 et 15h30 Entrée libre*

Manic-5 La plus puissante des sept centrales (1 596MW) est située 214km, soit 3h de route, au nord de Baie-Comeau. Son barrage nommé Daniel-Johnson en hommage au Premier ministre du Québec décédé sur le site la veille de son inauguration le 25 septembre 1968, régule l'alimentation de toutes les centrales du complexe. Il mesure 214m de hauteur et plus de 1,3km de longueur, ce qui en fait le plus grand barrage à voûtes multiples et à contreforts au monde. Autre particularité, son réservoir d'une superficie de 2 000km^2 occuperait un cratère de météorite vieux de 214 millions d'années. Le chantier de Manic-5 a employé près de 13 000 personnes de 1962 à 1971, et les 2 255 000m^3 de béton utilisés auraient suffi à couler un trottoir allant du pôle Sud au pôle Nord ! Un centre d'interprétation, ouvert en 2016, présente l'aspect humain de ce chantier colossal, ainsi que le rôle qu'il a joué dans l'imaginaire et la construction de l'identité québécoise moderne. L'équipe de foot de Montréal s'est déjà appelée *Le Manic*, et qui n'a pas fredonné une fois dans sa vie la jolie chanson du même nom écrite par Georges Dor ? Comptez 2h de visite.

Manic-2 Moins spectaculaire, mais 22km seulement au nord de Baie-Comeau, ce fut la première du complexe de Manic-Outardes à entrer en production en 1965. Son centre d'interprétation détaille le fonctionnement d'une centrale hydroélectrique. Comptez 1h30 de visite.

CARNET D'ADRESSES

Restauration, hébergement

petits prix

L'Orange bleue Ce bistrot-bar branché tenu par un tintinophile est une bonne halte sur la route de la Côte-Nord. On s'y régale de fajitas, de salades, de pizzas et de hamburgers, juché sur un des tabourets du bar ou en salle, dans une ambiance urbaine. Du lundi au vendredi, la carte met à l'honneur un produit différent chaque jour (prix spécial). Comptez 15-30$. Et pour l'animation, un artiste local vient pousser la chansonnette le vendredi et le samedi soir. *905, rue Bossé* ***Baie-Comeau*** *Tél. 418 589 8877 www.orangebleue.ca Ouvert tlj. 7h-23h*

prix moyens

☺ **Thépi bec sucré** Plusieurs raisons vous pousseront à entrer. D'abord et avant tout la gentillesse communicative de Sylvie et Jean-Marc qui vous accueilleront une tisane amérindienne à la main. Et puis il y a cette impression immédiate d'être chez soi dès qu'on pose le pied (déchaussé) à l'intérieur. Vous dormirez bien dans cette demeure algonquine, les attrapeurs de rêves veillent sur votre sommeil. 98$ la double, sdb partagée. Ensuite, le fait de se trouver pile en face de l'embarcadère du ferry pour Matane. Et encore, la jolie boutique d'artisanat amérindien que tient Sylvie. Toujours dans les bons points, un petit déjeuner sur mesure pour les petites et grandes faims. Sur réservation, un repas 4 plats concocté par la maîtresse des lieux (huîtres, pattes de crabe, saumon à l'érable...) pour seulement 45-60$ tout compris. *166, rue Pascal-Comeau* ***Godbout*** *Tél. 418 568 7879 ou 418 293 7273 Ouvert tlj.*

Gîte du Phare de Pointe-des-Monts Installés le long du littoral, 17 chalets en bois vous attendent près du phare de Pointe-des-Monts. Certains sont équipés d'une cuisine, mais on pourra toujours prendre son petit déjeuner au Gîte de la Chapelle, central. L'établissement propose une cuisine continentale et des spécialités de fruits de mer, notamment une excellente chaudrée (table d'hôtes 20-25$). On a vraiment l'impression d'être au bout du monde sur cette côte dénudée. Comptez de 88 à 108$, selon le confort, la nuit pour 2 pers. Cartes Visa acceptées. *1830, chemin du Vieux-Phare Pointe-des-Monts* ***Baie-Trinité*** *(89km au nord-est de Baie-Comeau) Tél. 418 939 2332 www.pointe-des-monts.com*

prix élevés

La Cache d'Amélie Ce vieux presbytère recèle l'une des meilleures tables de la Côte-Nord. Cuisine fine, nappes blanches, ambiance feutrée... Savourez du cerf rouge, une bavette de bison ou la côte de veau de Charlevoix à l'essence de truffe dans l'un des salons propices aux confidences ou dans la salle à manger avec vue panoramique sur la baie. Table d'hôtes 30-52$, plats 20-30$. CB acceptées. *37, av. Marquette* ***Baie-Comeau*** *Tél. 418 296 3722 Ouvert mar.-sam. uniquement soir Fermé fin déc.-début jan.*

Auberge de la Maison du gardien Venez vivre la vie de gardien de phare pour une ou plusieurs nuits dans cette belle demeure posée sur les rochers, au bord de l'eau et à l'ombre des 25m du phare. Quatre chambres avec sdb partagée, le petit déjeuner et le murmure des vagues pour 125$ la nuit. *1830, chemin du Vieux-Phare* ***Baie-Trinité*** *(89km au nord-est de Baie-Comeau) Tél. 418 939 2400 Ouvert mi-mai-sept. : tlj.*

prix très élevés

Hôtel Le Manoir Fondé par McCormick en 1937, l'hôtel le plus chic de la ville est surtout fréquenté par une clientèle d'affaires, qui prend ses aises dans les 60 chambres tout confort (TV, sdb, minibar, coffre, accès Internet et parfois lecteur DVD). Certaines profitent d'une belle vue sur la baie. La décoration s'est améliorée depuis les rénovations entreprises en 2015. Restaurant et bars, dont un avec terrasse. Table d'hôtes 14-39$. Comptez de 131$ à 201$ la chambre double avec le petit déjeuner. *8, av. Cabot* ***Baie-Comeau*** *Tél. 418 296 3391 ou 1 800 463 8567 www.manoirbc.com Restaurant ouvert 18h-21h*

SEPT-ÎLES

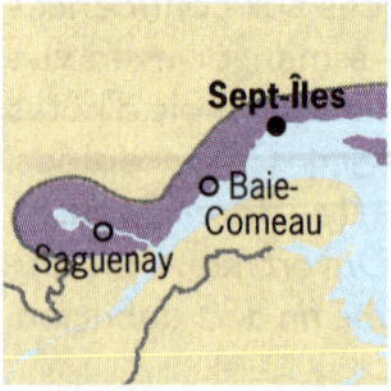

Premier port en transbordage du Québec, Sept-Îles se déploie sur le rivage oriental d'un petit golfe de 45km², fermé par… sept îles. Le soir, l'énorme aluminerie implantée de l'autre côté de la baie jette ses feux sur la capitale de Duplessis. Un décor industriel saisissant pour une localité sans grand charme mais pas sans intérêt : quelques musées, dont l'un consacré à la culture innue, distraient ses visiteurs, tandis que l'île de la Grande-Basque leur permet de faire le plein de verdure, de mer et… de soleil. Sept-Îles est en effet la troisième ville du Québec par l'ensoleillement, avec près de la moitié du temps sans nuage ! Elle constitue surtout une bonne étape avant de s'élancer vers la Minganie et Natashquan, le village natal de Gilles Vigneault où jusqu'à tout récemment finissait la 138. Aujourd'hui, pour faire la célèbre photo "fin de la route", il faut se rendre à Kegaska, nouveau bout du monde, 48km plus à l'est, par une route de gravelle. Prévoyez du temps et de l'essence pour rejoindre ce mythique terminus.

FOURRURES, PÊCHE, BOIS ET MINES Baptisé Uashat ("Grande Baie") par les Innus, le territoire de Sept-Îles attire dans les années 1650 des missionnaires, puis des colons alléchés par les profits à tirer du négoce des fourrures. Seuls les commerçants sont autorisés à traiter avec les autochtones et le peuplement est interdit. Convoité par les Britanniques, le comptoir bâti en 1661 est attaqué, démoli et reconstruit deux fois entre 1692 et 1761. La pêche s'ajoute à la traite des fourrures au milieu du XIXe siècle. Le Saint-Laurent regorge en effet de morues et de baleines, dont la graisse fournit une huile recherchée. Au début du XXe siècle, c'est au tour de l'industrie du papier de connaître son âge d'or dans cette région forestière. Clarke City, aujourd'hui rattachée à Sept-Îles, pousse comme un champignon : maisons pour les employés de l'usine de pâte à papier, barrage hydroélectrique, chemin de fer, chantier naval, hôpital, etc. Une école ouvre, puis une église… À la veille de la Seconde Guerre mondiale, l'exploitation des richesses minières de la région lui vaut un nouvel essor : quais, terminaux, barrages et usines de transformation s'érigent sur tout le territoire. Malgré la crise du fer dans les années 1980, la ville reste un pôle économique important, notamment grâce à l'aluminerie Alouette, installée sur le site d'une ancienne fabrique d'huile de baleine.

LES INNUS Jadis appelés Montagnais, les Innus forment une nation d'à peine plus de 15 000 personnes, établies en grande majorité sur la Côte-Nord. Apparus il y a plus de huit mille ans avec la fonte des glaces sur la terre nord-côtière, ces nomades ont longtemps vécu de la chasse, de la pêche et de la cueillette. L'arrivée des Européens leur permit de troquer des fourrures contre des produits du Vieux Continent : articles de fer et de cuivre, tissus, alcool… Les Innus n'ont jamais officiellement cédé leur territoire au Canada par traité. Sédentarisés au XXe siècle le long des côtes ou dans quelques villages de l'intérieur, ils tentent tant bien que mal de perpétuer leurs traditions, en particulier lors de grands rassemblements estivaux, théâtres de festivités religieuses et profanes.

MODE D'EMPLOI

accès

EN VOITURE

Sept-Îles se trouve 430km au nord-est de Tadoussac, 645km au nord-est de Québec, 233km au nord-est de Baie-Comeau et 223km à l'ouest de Havre-Saint-Pierre par la route 138. Attention, il n'y a aucune station-service entre Havre-Saint-Pierre et Aguanish (118km). Prenez vos précautions !

EN CAR

Intercar Relie Sept-Îles à Hauterive tlj. (départ à 8h15, arrivée à 12h) et à Havre-Saint-Pierre, terminus de la ligne, du lun. au ven. (départ à 12h45, arrivée à 15h30). *Canada Tél. 1 888 547 6784 www.intercar.ca*

Gare routière de Sept-Îles *126, rue Mgr-Blanche (à la sortie est de Sept-Îles) Tél. 418 962 2126*

Gare routière de Havre-Saint-Pierre *843, bd de l'Escale Tél. 418 538 2033*

EN BATEAU

Relais Nordik De mi avr. à mi-jan., le *Bella Desgagnés* ravitaille les ports de la Moyenne et de la Basse-Côte-Nord 1 fois/sem. Le bateau en provenance de Rimouski fait escale à Sept-Îles le mardi, avant de gagner l'île d'**Anticosti**. De là, il va rejoindre Havre-Saint-Pierre et les villages de la Basse-Côte-Nord. Réservez un mois à l'avance. *Tél. 418 723 8787 ou 1 800 463 0680 www.relaisnordik.com*

NewFoundland Labrador De Sainte-Barbe (Terre-Neuve), un ferry géré par le gouvernement de Terre-Neuve-et-Labrador relie tlj. Blanc-Sablon en 1h30, de mi-avril à mi-jan. *Tél. 709 877 2222 (Sainte-Barbe) ou 418 461 2889 (Blanc-Sablon) www.tw.gov.nl.ca/ferryservices*

EN AVION

Air Canada Relie Québec et Montréal à Sept-Îles. Correspondance pour Havre-Saint-Pierre et Baie-Comeau. *Tél. 1 514 393 3333 ou 1 888 247 2262 www.aircanada.com*

Pascan Aviation Chaque semaine, 5 vols directs pour Sept-Îles au départ de Québec (1h30), et plusieurs vols directs au départ de Montréal (2h). *Tél. 450 443 0500 ou 1 888 313 8777 www.pascan.com*

Air Labrador Vols réguliers entre les côtes nord et sud du Labrador avec la Côte-Nord du Québec. *Tél. 1 800 563 3042 www.airlabrador.com*

Aéroport de Sept-Îles *Tél. 418 962 8212*

Aéroport de Lourdes-de-Blanc-Sablon Basse-Côte-Nord. *Tél. 418 461 2514*

orientation

La 138 prend le nom de boulevard Laure dans le centre de Sept-Îles, déployé autour d'une marina. Les rues parallèles au Saint-Laurent suivent l'alphabet au fur et à mesure que l'on s'éloigne des quais : avenue Arnaud, avenue Brochu, avenue Cartier, etc.

informations touristiques

Association touristique régionale de Duplessis Tous les renseignements utiles sur la région de Duplessis.

312, av. Brochu Tél. 418 962 0808 ou 1 888 463 0808 www.tourismecote-nord.com Ouvert lun.-jeu. 8h30-12h et 13h-17h, ven. 8h30-12h

Maison du tourisme de Sept-Îles Informations sur Sept-Îles et ses environs. Excellent accueil. *1401, bd Laure Ouest (entrée ouest de la ville) Tél. 418 962 1238 ou 1 888 880 1238 www.tourismeseptiles.ca Ouvert juin-début sept. : 8h-20h ; début août-mi-oct. : 8h-12h et 13h-16h30 ; mi-oct.-début juin : lun.-ven. 8h-12h et 13h-16h30*

Bureau d'information touristique de Havre-Saint-Pierre Fournit toutes les informations nécessaires sur la zone, et notamment sur les croisières dans l'archipel de Mingan. Accueil très sympathique. *1010, promenade des Anciens Tél. 418 538 2512 www.havresaintpierre.com Ouvert mi-juin-début sept. : tlj. 8h30-20h*

Bureau d'accueil touristique de Baie-Johan-Beetz Informations sur les pourvoiries et les ouvertures spéciales de la maison Johan-Beetz (p.513). *16, rue Tanguay Tél. 418 539 0243 Ouvert mi-juin-début sept. : mar.-sam. 8h30-16h30, dim.-lun. 8h30-15h30*

☺ **"Sur la route de Natashquan" (CD routier)** Ce double CD à écouter en voiture retrace l'histoire de Natashquan. Les chapitres se succèdent tout au long des 150km qui séparent Havre-Saint-Pierre du bout de la route 138. Location au bureau d'information de la chute Manitou et au portail Pélagie-Cormier à Havre-Saint-Pierre. 40$ de dépôt à l'aller, 15$ rendus à la remise du CD. Existe aussi en clé USB.

croisières dans l'archipel de Mingan

DE LONGUE-POINTE-DE-MINGAN

Deux compagnies proposent des excursions de 3 à 5h dans l'archipel, avec un avantage sur celles de Havre-Saint-Pierre : leurs bateaux passent près de l'île aux Perroquets, occupée de juillet à fin août par de superbes macareux moines au bec multicolore.

Excursions du Phare *126, rue de la Mer Tél. 418 949 2302 ou 1 877 949 2302 www.minganie.info Ouvert mai-sept.*

Entreprises touristiques Loiselle *109, rue Bord-de-la-Mer Tél. 418 949 2307 ou 1 866 949 2307 www.tourisme-loiselle.com Ouvert juin-sept.*

DE HAVRE-SAINT-PIERRE

La compagnie qui dessert l'archipel de Mingan vend ses billets au portail Pélagie-Cormier (1010, promenade des Anciens), le kiosque de la marina. Elle assure plusieurs croisières/j. avec commentaires et arrêt dans les îles. Comptez 75-80$ l'excursion de 3h ou 5h. Attention, la fréquence baisse en septembre. Elle propose aussi jusqu'à fin septembre des balades en zodiac jusqu'à Niapiskau et Quarry (80$, 4h d'excursion), un service de bateaux-taxis collectifs et des plongées sous-marines.

Services maritimes Boréale *Tél. 418 538 2865 ou 1 866 538 2865 www.smboreale.com Ouvert juin-sept.*

fêtes et manifestations

Fête de la Mi-Carême Des personnages costumés passent de maison en maison dans une ambiance festive... ***Natashquan** Mi-mars*

Escale musicale du Vieux-Quai Concerts variés en été, du jeudi au dimanche sur le Vieux-Quai. ***Sept-Îles** Fin juin-mi-août*

Le Vieux-Quai en fête Spectacles de rue, concerts, ateliers en tout genre, des festivités couronnées par un grand feu d'artifice. ***Sept-Îles** 1 semaine en juil.*

Festival Innu Nikamu Grand rassemblement de musiciens autochtones, entre musique traditionnelle et actuelle. ***Maliotenam*** *Tél. 418 927 2476 innunikamu.ca 4 jours en août*

Festival du conte et de la légende de l'Innucadie Entrez dans l'univers des conteurs québécois et découvrez les mythes amérindiens. Un événement culturel de première importance sur la Côte-Nord. ***Natashquan*** *(Café de l'Échouerie) Août*

DÉCOUVRIR

☆**Les essentiels** La chute Manitou, l'archipel de Mingan, Natashquan
Découvrir autrement Observez les baleines en compagnie des scientifiques du MICS, rencontrez des Amérindiens à la Maison de la culture innue

Sept-Îles

Avec un territoire de 2 182km², Sept-Îles est l'une des municipalités les plus étendues du Québec. Son Vieux-Quai, une jetée en bois construite à hauteur du centre-ville, ménage une vue imprenable sur la baie. Elle accueille des animations en été.

Musée Shaputuan Il dépend du centre socio-éducatif d'Uashat, réserve qui touche Sept-Îles et regroupe quelque 1 500 Innus. Dans un décor de *shaputua* (grande tente destinée aux festivités), des objets artisanaux illustrent la vie quotidienne d'une famille innue, en suivant le cycle des saisons : traîneau en bouleau, raquettes en peau de caribou, habits traditionnels… D'intéressantes vidéos complètent cette collection un peu maigre. N'hésitez pas à demander une visite commentée à l'accueil, le personnel du musée vous en apprendra plus que les vitrines. Dégustation d'outarde, de castor et de caribou rôtis au moment du solstice d'été, le 21 juin. *290, bd des Montagnais (à côté du supermarché Walmart, à l'entrée ouest de la ville) Tél. 418 962 4000 Ouvert mai-début sept. : lun.-ven. 8h-12h et 13h-16h30, w.-e. 13h30-16h30 ; début sept.-avr. : lun.-jeu. 8h-12h et 13h-16h45, ven. 8h-12h Depuis fin 2011, le musée bénéficie de travaux de rénovation pour une durée indéterminée*

Musée régional de la Côte-Nord La section la plus intéressante de ce musée consacré au peuplement de la Côte-Nord et à ses richesses, de l'huile de baleine à l'aluminium, montre l'interaction des cultures innue et occidentale. Dommage que la collection soit succincte et que la présentation manque de rythme ! Les expositions temporaires (art, ethnologie et sciences) retiendront plus sûrement votre attention. *500, bd Laure (sur la 138, à l'est de la ville) Tél. 418 968 2070 www.mrcn.qc.ca Ouvert mar.-mer. 10h-12h et 13h-17h, jeu.-ven. 10h-17h, w.-e. 13h-17h Tarif 7$, réduit 6$, moins de 12 ans gratuit*

Le Vieux-Poste À quoi ressemblaient ces comptoirs où Européens et Amérindiens troquaient des produits manufacturés contre des fourrures ? Des guides innus et québécois font revivre ce poste de traite, reconstitué d'après les plans d'origine (la porte fortifiée est un ajout fantaisiste à la façon des parcs américains). Fondé par un Français en 1673, il fut loué, après la conquête britannique à divers marchands de fourrures, dont la Compagnie de la Baie d'Hudson. Sa tour de guet abrite une exposition vouée à la chasse au phoque et à la baleine. Certains soirs d'été, des spectacles sont donnés sur le site. *Rue Shimun (accès par le bd Montagnais) Tél. 418 968 6237 ou 418 968 2070 (hors saison) Ouvert début juin-mi-août : mar.-dim. 10h-18h, lun. 10h-17h*

La Marina En 2014, le port de Sept-Îles s'est porté acquéreur du *Hermel*, ce bateau à rames qui a permis à Mylène Paquette de traverser l'Atlantique à la force de ses bras, en 129 jours, au cours de l'été 2013. Des vidéos illustrent les moments les plus forts, les plus émouvants, les plus dangereux aussi, de ce véritable exploit. *1, rue Monseigneur-Blanche Tél. 418 968 1231 www.portsi.com Ouvert fin juin-début oct. : tlj. 8h-20h Entrée libre*

Île de la Grande-Basque Un parc régional protège la faune marine et les colonies d'oiseaux de l'archipel, mais la plus grande des sept îles se visite. Entre ses criques, plages et belvédères ont été aménagés 11km de sentiers. L'été, des guides-interprètes se proposent de familiariser les curieux avec l'écosystème insulaire. On peut en effet y observer des mammifères marins (rorquals, marsouins, dauphins, etc.) et des oiseaux de mer comme le macareux moine et la sterne, s'y mettre à l'eau en combinaison isotherme et y planter sa tente moyennant un permis de séjour (rens. auprès de la Maison du tourisme de Sept-Îles, au kiosque du port ou sur place). L'été, navettes (25$ AR, enfants 15$) et excursions (60$, enfants 40$) quotidiennes entre la ville et Grande-Basque, et différents forfaits pour découvrir le reste de l'archipel à la demi-journée. Embarquez pour une croisière instructive, sauvage et relaxante. **Croisières du Capitaine** *Tél. 418 968 2173 lescroisieresducapitaine.com Ouvert mi-juin-sept.*

Où boire une bière et grignoter ?

Edgar Café Bar "À boire ! À boire ! Pour maître Edgar !" chantait Jean Leloup dans les années 1990. Et notre première impression en entrant dans cet établissement, c'est subitement d'être à Montréal, quelque part entre le Plateau et le Mile End dans ces mêmes années. Un petit côté urbain très décontracté rend l'endroit propice aux rencontres et aux libations. Bières de microbrasseries québécoises et plateaux de fromages-saucisson à 15$. Bonne soirée ! *490 av. Arnaud Tél. 418 968 6789 Ouvert juin-août : tlj. 11h30-3h ; sept.-mai : mar.-sam. 16h-3h*

La Minganie

La Minganie, du basque *mingan* ("langue de terre"), désigne le littoral qui s'étend de Sheldrake, non loin de Rivière-au-Tonnerre, à Natashquan, à l'est de Sept-Îles, soit 360km de toundra forestière émaillée de lacs et de hameaux desservis par la route 138. Le bourg acadien de Havre-Saint-Pierre est la capitale de cette région à laquelle sont rattachés l'archipel de Mingan, "perle" touristique, et l'île plus secrète d'Anticosti.

☆ **Chute Manitou** Entre Sept-Îles et Rivière-au-Tonnerre, la Manitou forme une chute spectaculaire. La hauteur de la cascade est modeste (35m), mais son débit impressionnant. De plus, le site est splendide : la rivière rugissante alimente un paisible lac de retenue dans la forêt… Plus court (30min de marche AR), un autre chemin mène sur la rive opposée à la première chute, jolie mais moins impressionnante. *Compter 1h AR de marche du parking Ouvert juin, début sept.-mi-sept. : tlj. 9h-17h ; juil.-août : tlj. 8h-18h Tarif 3$, moins de 15 ans gratuit Accès libre hors saison* **Bureau d'information de la chute Manitou** *1303, rue de la Digue* ***Havre-Saint-Pierre*** *(85km à l'est de Sept-Îles par la route 138) Tél. 418 538 2732 ou 418 538 2333*

Rivière-au-Tonnerre Un cours d'eau qui gronde, une plage semée de rochers, une belle église… Rivière-au-Tonnerre mérite une halte, au moins pour l'une de ces trois curiosités. Les gourmands trouveront un autre atout à ce village de pêcheurs assez photogénique : on y vend de la confiture de chicoutai (mûre des marais, de couleur rouge orangé) ! *123km à l'est de Sept-Îles par la 138*

Église Saint-Hippolyte Cette église en bois fut bâtie par plus de 300 bénévoles de 1905 à 1911 et restaurée en 1975. Son plafond voûté est orné d'une soixantaine de motifs taillés au canif et chacun de ses piliers est fait d'un arbre entier. Si vous tombez sur Yvon Bezan, laissez-vous conter les lieux, il est intarissable et heureusement passionnant. *Ouvert juin-sept. : tlj. 9h-17h*

Chutes de la rivière au Tonnerre Du confluent de la rivière, une mauvaise piste de 8km mène en pleine forêt à d'impressionnantes chutes bouillonnantes, hautes de 130m. Parfait pour une balade et/ou un pique-nique.

Magpie Qui l'eût cru ? Cette localité éclatée autour d'une petite anse sauvage fut au début du XXe siècle le plus grand port de pêche à la morue de la région. Ce havre du bout du monde ne compte plus guère que 300 âmes. Le belvédère qui domine sa plage réserve un joli panorama sur la baie (en ouvrant l'œil vous apercevrez peut-être des baleines) et ses tables en font l'une des plus belles aires de pique-nique de la région ! Les marcheurs s'élanceront sur la boucle de 3km qui part du belvédère. *144km à l'est de Sept-Îles par la 138*

Longue-Pointe-de-Mingan Ce village qui s'étire le long d'une belle plage, sur une pointe sableuse du golfe du Saint-Laurent, fut fondé en 1849 par des pêcheurs gaspésiens. Avec Havre-Saint-Pierre, c'est l'une des deux portes de la réserve de l'archipel de Mingan (p.512). *174km à l'est de Sept-Îles par la 138*

☺ **Station de recherche des îles Mingan (MICS)** Depuis 1979, ce laboratoire associatif étudie les mammifères marins du golfe du Saint-Laurent et s'efforce de sensibiliser le public à la protection des baleines en l'associant à ses recherches. C'est ainsi qu'il est possible d'approcher les cétacés en compagnie des scientifiques de la station. Une expérience unique, d'autant que l'on participe au travail des chercheurs à bord du zodiac. Attention : l'excursion dure de 6h à 10h et demande un minimum de motivation et d'endurance, froid et tangage obligent ! Les moins de 12 ans et les femmes enceintes ne sont pas acceptés. Il faudra essayer des combinaisons isothermes, passer un test médical, payer la veille (140$) et appeler tôt le matin du jour J pour confirmation de la sortie. Autre option pour les mordus : un stage d'une semaine en compagnie des chercheurs (1 950-2 290$). Mais vous pouvez aussi vous contenter de visiter le centre d'interprétation, où des biologistes passionnés expliquent le b.a.-ba du monde des cétacés devant d'impressionnantes reconstitutions de rorquals grandeur nature. Une vidéo de 20min s'intéresse au mystère de la baleine bleue. Cartes Visa acceptées. *378, Bord-de-la-Mer Tél. 418 949 2845 www.rorqual.com Ouvert mi-juin-sept. : tlj. 9h-18h Tarif 10$, enfants 5$*

Mingan "Tous les bouleaux de la rivière Mingan, tous les bouleaux s'en rappellent, la Mariouche elle était belle, Jack Monoloy était fringant"... Le cours d'eau chanté par Gilles Vigneault a donné son nom à ce petit port de pêche à l'importante communauté innue. Visitez la curieuse église bâtie au début du xxe siècle par Jack Maloney, le "Jack Monoloy" de la chanson... Son étonnant intérieur en bois mêle objets du culte catholique et artisanat amérindien : statues-totems, retable en forme de wigwam et lutrin en bois d'orignal ! *189km à l'est de Sept-Îles par la 138*

☺ **Maison de la culture innue** Une immersion dans la culture innue, voilà ce que propose cette maison de la culture unique en son genre. C'est d'abord un lieu de la communauté pour la communauté, mais tout le monde est le bienvenu pour s'initier à sa culture et à ses traditions. Une salle d'exposition permanente divisée en cinq sections présente plusieurs aspects de cette culture (saumon, vie sur le territoire, relation à la mer, etc.). Mais la Maison de la culture innue est bien plus que cela ; c'est d'abord et avant tout un lieu d'échange et de rassemblement. On y partage la nourriture, on en apprend sur les médecines traditionnelles, on y rencontre des gens. On en sort rasséréné et plus riche qu'en y entrant. *34, Nashipetimit* ***Ekuanitshit-Mingan*** *Tél. 418 949 2035 Ouvert juin-août : tlj. 9h-16h ; sept.-mai : lun.-ven. 9h-16h Tarif (incluant dégustation) 12$, enfants 5$*

Havre-Saint-Pierre Cette bourgade campée face à l'archipel de Mingan porte fièrement les couleurs acadiennes (même les poteaux téléphoniques arborent le drapeau tricolore frappé d'une étoile jaune) et pour cause, elle doit sa fondation en 1857 à des pêcheurs madelinots. Depuis 1948, Havre-Saint-Pierre a un petit air de ville minière – on y exploite l'ilménite, un oxyde de fer et de titane – mais le bourg a trouvé un autre filon : la promotion touristique de l'archipel de Mingan. On peut aussi rallier Anticosti en avion de Havre-Saint-Pierre. *224km à l'est de Sept-Îles par la 138*

Maison de la culture Roland-Jomphe C'est en l'honneur d'un grand poète de la région, celui qui baptisa presque tous les rochers des îles Mingan, que fut nommée la maison Roland-Jomphe. Cet ancien magasin général retrace l'histoire des "Cayens" (Acadiens) du Havre en suivant le personnage de Marie-Anne Boudreau au fil du temps et d'intéressants souvenirs. Disponibles sur place, des audioguides pilotent un parcours à travers la ville (5$). *957, rue de la Berge Tél. 418 538 2450 Ouvert début juin-début sept. : tlj. 9h-21h*

★ ☺ **Réserve de parc national du Canada de l'Archipel-de-Mingan** Cet archipel composé d'une quarantaine d'îles calcaires et de plus de mille îlots granitiques s'étend sur près de 150km, entre Longue-Pointe-de-Mingan et Aguanish. Classé réserve de parc national du Canada depuis 1984, il héberge d'importantes colonies d'oiseaux (macareux moines, sternes arctiques, guillemots noirs, eiders, etc.), plusieurs espèces de phoques et autres mammifères marins, une végétation boréale exceptionnellement riche et, surtout, des monolithes aux formes étranges, sculptés par l'érosion dans un calcaire gris vieux de 450 millions d'années. Les plus spectaculaires sont visibles sur les îles vedettes de l'archipel, Quarry et Niapiskau. Des paysages de forêt boréale et de lande, des tourbières et des battures complètent la carte postale. Des guides interprètes dispensent sur place des informations sur la faune, la flore et la géologie. On peut se rendre dans l'archipel en bateau à partir de Longue-Pointe-de-Mingan ou de Havre-Saint-Pierre – cf. croisières dans l'archipel de Mingan (p.508). Ceux qui désirent camper dans le parc peuvent acheter le permis requis à Havre-Saint-Pierre. **Centre d'accueil et d'interprétation de Longue-Pointe-de-Mingan** Il présente les îles Mingan et organise des visites guidées, des projections... *625, rue du Centre* ***Longue-Pointe-de-Mingan*** *Tél. 418 949 2126 www.pc.gc.ca/mingan Ouvert mi-juin-début sept. : tlj.* **Centre d'accueil et d'interprétation de Havre-Saint-Pierre** *1010, promenade des Anciens* ***Havre-Saint-Pierre*** *Tél. 418 538 3285 www.pc.gc.ca/mingan Ouvert mi-juin-début sept.*

Où goûter à la chicoutai ?

☺ **Maison de la chicoutai** Sorte de framboise au goût acidulé, qui ne pousse que dans les tourbières de la Côte-Nord, la chicoutai, "nourriture du castor couleur de feu", guérissait jadis du scorbut. On en fait désormais de délicieuses tisanes, confitures, gelées, beurres et autres produits dérivés (vinaigrette, liqueur, etc.). Vous ne vous en passerez plus. *6, rue de l'Église* ***Rivière-au-Tonnerre*** *Tél. 418 465 2140 www.chicoutai.com Ouvert mai-début oct. : tlj. 8h-17h (19h en été)*

Où boire un verre ?

L'Écoutille Chansonniers et groupes se produisent les jeudi, vendredi et samedi soir dans ce bar à l'américaine qui fait face à la marina. L'été, une clientèle bigarrée vient se trémousser sur le parquet ou boire un verre en terrasse sous le nez des baleines (avec un peu de chance !). *999, promenade des Anciens* ***Havre-Saint-Pierre*** *(224km à l'est de Sept-Îles) Tél. 418 538 3423 Ouvert été : tlj. à partir de 13h ; basse saison : tlj. à partir de 17h*

Au-delà de Havre-Saint-Pierre

Baie-Johan-Beetz Ce joli village côtier, qui s'abrite dans une baie semée d'îlots, mérite une pause photo. Il porte le nom du Belge qui sauva ses habitants de la grippe espagnole en les plaçant en quarantaine, en 1918. Baie-Johan-Beetz fut ainsi la seule localité du Québec épargnée par l'épidémie. Le village attire les pêcheurs à la truite et au saumon. *70km à l'est de Havre-Saint-Pierre par la 138*

Maison Johan-Beetz Arrivé en 1897 de sa Belgique natale, le naturaliste et "médecin du nord" Johan Beetz (1874-1949) se lança dans l'élevage des renards et fit édifier deux ans plus tard ce manoir opulent sur les rochers en granit rose, au bord de l'eau. L'intérieur malheureusement en mauvais état évoque l'histoire de ce personnage hors normes, excellent peintre et dessinateur, et du village qui prit son nom en 1925, après son départ pour la ville. *15, rue Johan-Beetz Tél. 418 365 5021 www.baiejohanbeetz.com Fermé à la visite pour une durée indéterminée*

GEOPLUS

Le Grand Nord, terre des extrêmes

Par **Nicolas Peyroles**, journaliste voyageur

C'est au-delà du 50e parallèle que le mythique Grand Nord s'impose avec sa rigueur, son authenticité et sa part de mystère. Sombre et austère en été sous ses épinettes noires, minéral sur son littoral échancré et ses confins désertiques, il revêt huit mois par an un manteau blanc, supportant des températures nocturnes proches de - 40°C. L'expression "terre des extrêmes" prend là tout son sens.

Ce territoire de 855 000km² (soit 55% du Québec), qui forme la région administrative du Nord-du-Québec, s'étend du Labrador aux rives orientales des baies James et d'Hudson, mais ne compte pas plus de 40 000 habitants. Au Nunavik vivent les Inuits, à Baie-James et Eeyou Istchee, les Cris. Si les distances entre les villages, l'éloignement des grands centres urbains (1 300km séparent Québec de Kuujjuaq, au Nunavik) et la rudesse de son climat le préservent du tourisme de masse, le Grand Nord est depuis une vingtaine d'années une destination accessible, bien qu'onéreuse. On en rapporte de sublimes photos, souvenirs de paysages spectaculaires. Toutefois, la découverte de cette contrée à part, prometteuse d'aventures atypiques, ne saurait se faire sans préparation.

Le découpage territorial Difficilement accessible et inhospitalier car soumis à un climat extrême (p.9), le Grand Nord québécois a toujours occupé une place à part dans l'aménagement de la province, aussi ses frontières demeurent-elles floues. S'il s'étend au-delà du 50e parallèle,

Informations touristiques et culturelles

Office de tourisme du Québec	www.quebecoriginal.com
Tourisme Baie-James	1252, route 167 S., Chibougamau (Québec) G8P 2K6 Tél. 418 748 8140 ou 1 888 748 8140 ou 1 855 288 5468 tourismebaiejames.com et www.decrochezcommejamais.com
Bureau touristique de Matagami	100, pl. du Commerce, Matagami (Québec) J0Y 2A0 Tél. 819 739 4566 www.matagami.com
Association touristique du Nunavik	C.P. 779 Kuujjuaq (Québec) J0M 1C0 Tél. 819 964 2876 ou 1 888 594 3424 www.nunavik-tourism.com
En savoir plus sur les communautés du Grand Nord	www.avataq.qc.ca, www.espace-inuit.org, www.creeculture.ca

englobant ainsi une partie de la Côte-Nord et du Saguenay-Lac-Saint-Jean, c'est seulement le Nord-du-Québec que l'on appelle familièrement "Grand Nord". Cette région est constituée du Nunavik, terre des Inuits, et du territoire d'Eeyou Istchee Baie-James (aussi connu sous le nom de Jamésie), domaine des Cris, plus au sud. Il ne faut pas confondre le Nunavik (505 000km^2 pour 12 000 habitants répartis dans 15 villages côtiers) avec le Nunavut, province canadienne de 2 millions de km^2. Baie-James et Eeyou Istchee comptent 31 000 habitants, dont 14 000 vivent dans 9 villages cris (territoire Eeyou Istchee, géré par l'Administration régionale crie). Les autres sont installés dans les quatre villes (Chibougamau, Matagami, Lebel-sur-Quévillon et Chapais) et trois localités (dont Radisson) qui forment la municipalité de Baie-James, la plus vaste du monde : 335 000km^2, soit plus de la moitié de la France.

ACTIVITÉS

Hivernales
Traversée de la baie James à skis, circuit à motoneige, en traîneau à chiens et même à VTT, chasse au caribou, safari-photo, observation naturaliste, camping d'hiver, etc.

Estivales
Randonnée pédestre dans la forêt boréale, excursions en canot ou en kayak de mer, chasse, pêche, golf, vélo et VTT...

Nunavik : des postes de traite à Air Inuit C'est avec la fondation de la Compagnie de la Baie d'Hudson, en 1670, que s'instaurent les premiers échanges entre Européens et Inuits. Établis dans la péninsule d'Ungava depuis 4 000 ans et vivant de chasse et de pêche, ces derniers approvisionnent les comptoirs de traite en fourrures à destination du Vieux Continent. Au XIXe siècle, l'impact des missions protestantes et des expéditions scientifiques, et surtout la banalisation de l'économie marchande aux dépens du troc affectent le quotidien des Inuits encore semi-nomades. Au XXe siècle, leur sédentarisation et l'industrialisation accélérée de la région (extraction minière), le développement des services (éducation, santé...) et des transports aériens qui désenclavent la contrée inaugurent un nouveau mode de vie, proche de celui des Québécois du Sud. Inéluctablement (et indépendamment de ses effets polémiques), ce "formatage" des mœurs suscite une prise de conscience identitaire : attachement à la langue vernaculaire (l'inuktitut), valorisation du patrimoine artistique et revendications territoriales. Ainsi l'appellation Nunavik ("Pays où vivre", en inuktitut) validée en 1986 est-elle, dans cette région autonome intégrée au Québec en 1912, une légitimation de la nation inuite. Avec la création des compagnies aériennes First Air et Air Inuit, le Grand Nord s'est ouvert au tourisme. Aujourd'hui, Kuujjuaq, centre administratif du territoire, n'est plus qu'à 2h30 de vol de Montréal.

Le développement de la baie James Des trappeurs aux "producteurs de tourisme d'aventure" – dont la fondation d'Air Creebec en 1982 a favorisé les activités –, les Cris de la baie James ont suivi sensiblement la même évolution sociale et économique que les Inuits. Une date, pourtant, a fait de leur région un territoire administratif à part. En 1971, conscientes du potentiel énergétique des rivières du Nord québécois, en particulier de la Grande-Rivière, les autorités provinciales fondèrent la Société de

▶ développement de la baie James, chargée, avec Hydro-Québec, de mettre sur pied un réseau de centrales hydroélectriques. S'étant attiré les foudres de la population locale, exclue des concertations, les responsables organisèrent une table ronde avec les associations autochtones et, en 1975, signèrent un traité historique : la convention de la Baie James et du Nord québécois – cf. Population (p.22). Des onze centrales du complexe La Grande, huit ouvrirent entre 1979 et 1996, et deux sont en service depuis 2012. Le chantier nécessita l'aménagement de deux voies d'accès (route Transtaïga et surtout route de la Baie-James permettant aujourd'hui de rejoindre la baie en voiture), et de cinq villages-dortoirs temporaires, dotés d'aéroports. De ces bourgades en préfabriqué, seule demeure Radisson, mais La Grande fournit désormais en électricité plus de la moitié de la province !

Préparer son voyage

Si en été les conditions climatiques permettent une relative autonomie, il est recommandé, l'hiver, de passer par un voyagiste, une pourvoirie – centre de villégiature (p.57) – ou de faire appel à un guide. C'est d'ailleurs la meilleure façon de découvrir le Grand Nord. Dans tous les cas, prévenez les autorités compétentes de vos déplacements. Transports, hébergement (pas moins de 200$ la nuit), excursions : comptez 3 000-7 000$ la semaine (selon le degré de prise en charge et les activités choisies) au Nunavik. La baie James, accessible en voiture, est une destination moins onéreuse. Emportez des vêtements chauds, du matériel de secours et consultez les instances touristiques, cf. informations touristiques et culturelles (p.514), notamment afin de réserver votre hébergement.

Accès

Pour vous rendre dans le Grand Nord, vous pourrez bien sûr passer par des voyagistes (GNGL) et autres prestataires spécialisés : croisiéristes (Adventure Canada), pourvoiries, etc. La Fédération des pourvoiries du Québec et différentes associations touristiques peuvent vous en fournir la liste exhaustive.

En avion First Air assure des vols Montréal-Kuujjuaq et Air Inuit une ligne Montréal-Kuujjuarapik. Cette compagnie relie aussi entre eux

Compagnies d'aviation

First Air	Tél. 1 800 267 1247 www.firstair.ca
Air Inuit	Tél. 1 800 361 2965 www.airinuit.com
Air Creebec	Tél. 1 800 567 6567 www.aircreebec.ca

les 14 villages du Nunavik. Air Creebec relie Montréal, Val-d'Or et Chibougamau aux localités de la baie James (Waskaganish, Nemaska, Eastmain, Wemindji, Chisasibi, Radisson-La Grande, Whapmagoostui).

En voiture Seule la baie James est accessible en voiture. Du centre forestier et minier de Matagami (sa porte sud) jusqu'à Radisson, une route asphaltée de 625km dessert les pistes qui rejoignent la côte. Au km 274 de cette "route de la Baie-James" construite en 420 jours (1 mile par jour et par tous les temps) s'embranche la route du Grand-Nord, piste gravillonnée qui mène à Chibougamau, à 400km au nord-est. Enfin, la route Transtaïga, gravillonnée également de 664km, rejoint le complexe hydroélectrique de La Grande.

Faire le plein d'essence Sur la route de la Baie-James : à Matagami, au kilomètre 381, à Radisson et dans les villages côtiers (Waskaganish, Eastmain, Wemindji, Chisasibi). Sur la route du Grand-Nord : à Chibougamau et Nemaska. Tous ne sont pas ouverts 24h/24 : mieux vaut se procurer la liste des stations, avec leurs horaires d'ouverture, dans les offices de tourisme de Matagami ou de Chibougamau.

Que voir dans le Grand Nord ?

Les paysages d'abord, infinis et propices à maintes activités (randonnée, ski de fond, balades en traîneau à chiens, escalade, pêche, chasse…), mais avant tout au rêve et à la contemplation. Émotions garanties ! Des rencontres aussi : attachés à leurs traditions, Inuits et Cris ont conservé un savoir- ➤

Autres prestataires

Fédération des pourvoiries du Québec	*5237, bd Hamel, bureau 270, Québec G2E 2H2 Tél. 418 877 5191 ou 1 800 567 9009 www.pourvoiries.com*
Grand Nord Grand Large (GNGL)	Forfaits à la découverte du Nunavik, par voie terrestre ou maritime (croisière à partir de 8 600€. *75, rue de Richelieu 75002 Paris Tél. 01 40 46 05 14 www.gngl.com*
Adventure Canada	Croisières entre le Nunavik, le Nunavut et le Labrador, avec excursions à terre et visites en Zodiac, à partir de 4 000$. *14, Front Street S., Mississauga, Ontario L5H 2C4 Tél. 905 271 4000 ou 1 800 363 7566 adventurecanada.com*
Arctic Adventures	Un des prestataires les plus réputés du Nunavik (pêche à l'omble et à la truite, chasse au caribou). Séjour à partir de 3 000$. *19950 Clark Graham, Baie-d'Urfé, Québec H9X 3R8 Tél. 514 457 6580 ou 1 800 465 9474 www.arcticadventures.ca*
Oujé-Bougoumou	Découverte de ce village cri proche de Chibougamau (visites guidées, nuits en tipi…). *203 Opemiska Meskino, Oujé-Bougoumou, Québec G0W 3C0 Tél. 418 745 2519 www.ouje.ca/tourism*

GEOPLUS

faire artisanal et artistique que différents musées mettent en valeur. Seul, accompagné d'un guide ou pris en charge par un pourvoyeur, découvrez ainsi la nature et les cultures du Grand Nord.

Nunavik À Kuujjuaq (ou Fort Chimo), centre administratif du Nunavik (2 400 habitants), visitez un ancien poste de traite (XIXe s.). Découvrez les sites archéologiques de Kangirsuk et de Quaqtaq, les sculpteurs sur stéatite de Puvirnituk et d'Akulivik, les collections ethnologiques et artistiques de Kuujjuarapik, d'Umiujaq et d'Inukjuak, village qui abrite l'Institut Avataq, consacré à la préservation et à la valorisation du patrimoine culturel inuit (musée d'art Daniel-Weetaluktuk). Admirez la baie de Salluit, le fjord de Kangiqsujuaq et, à 88km du village, le célèbre cratère météorique des Pingualuit, large de 3,2km et profond de 415m. Observez les plus grandes marées du monde à Tasiujaq, gravissez les monts Torngat dans le parc national Kuururjuaq et approchez l'abondante faune de la baie Diana (Quaqtaq). Dans la plupart des villages, des “producteurs de tourisme d'aventure” vous proposent différentes activités : canotage, pêche, chasse, observation de la faune et séjours culturels.

Baie James Outre des séjours en pourvoirie (à Chisasibi ou à Wemindji) et la visite de la réserve faunique des Lacs-Albanel-Mistassini-et-Waconichi, ne manquez pas celle du complexe Robert-Bourassa, sur la Grande-Rivière, plus puissante centrale hydroélectrique du Québec et l'une des plus grandes centrales souterraines au monde ! Imprégnez-vous de la culture crie à Oujé-Bougoumou et découvrez le centre d'intérêt minier de la mine Bruneau à Chibougamau

☺ **Aguanish - Remonter une rivière à saumon** Sise dans le petit bureau d'accueil touristique d'Aguanish, l'association Chasse et Pêche, que dirigent Réjean et Jacky, propose une formidable balade en chaloupe motorisée sur la rivière à saumon. En trois étapes, entrecoupées de courtes enjambées entre chaque embarcation, vous remonterez jusqu'au canyon dit le "trait de scie" où la nature se fait majestueuse. Une matinée hors du temps où les surprises peuvent abonder (orignaux, rapaces, saumons, etc.). Adultes 40$, réduit 15-30$, familles 80-99$. Un conseil : réservez. *250, route Jacques-Cartier Aguanish Tél. 418 533 2228 Ouvert mi-juin-mi-sept. : tlj. 9h-13h*

☆ **Natashquan** Petit morceau d'Acadie perdu à 1 000km au nord-est de Québec, Natashquan n'en finit plus de faire rêver les voyageurs et les Québécois en mal de grands espaces : jusqu'en 2013, la route s'arrêtait ici. Au-delà de Kegaska (p.520), 48km à l'est de Natashquan, seuls le bateau et l'avion desservent les villages côtiers de la Basse-Côte-Nord qui s'égrènent le long du golfe, plus à l'est. Fondé en 1855 par des pêcheurs acadiens venus des îles de la Madeleine, Natashquan a vu naître Gilles Vigneault en 1928, et les personnages du poète et chanteur semblent hanter les lieux. De jolis cabanons de pêche sont posés sur les rochers, et l'eau étonnamment tiède de sa baie – due à sa faible profondeur – autorise la baignade en été. Depuis quelques années, Natashquan développe avec succès le tourisme culturel en multipliant les animations, comme le Festival du conte et de la légende de l'Innucadie, en hommage à ses racines innues et acadiennes. Un CD routier, *Sur la route de Natashquan*, à insérer dans le lecteur de sa voiture quand on quitte Havre-Saint-Pierre, retrace l'histoire du village (p.508). *86km à l'est de Baie-Johan-Beetz et à 430km de Sept-Îles par la route 138*

Pôle d'accueil touristique On trouvera dans ce bâtiment contemporain toutes les informations touristiques concernant Natashquan et la Basse-Côte-Nord. Le centre propose des balades en quad jusqu'à Kegaska (45km, prévoir plusieurs jours et compter 140$/pers.) et un circuit de visite des villages isolés de la Basse-Côte-Nord. Sur réservation. *24, chemin d'En-Haut Tél. 418 726 3060 ou 418 726 3054 www.copactenatashquan.net Ouvert mi-juin-mi-sept. : tlj. 9h-17h*

Vieille École de Natashquan Gilles Vigneault a usé ses fonds de culotte sur les bancs de cette école brillamment rénovée, qui lui est désormais dédiée. L'exposition "Les Gens de mon pays" met en scène les personnages de ses chansons : Jack Monoloy, Jean du Sud, John Débardeur, Mademoiselle Émilie, etc., identifiés chacun par un objet. On peut écouter au casque la ballade correspondante. Une belle façon de (re)découvrir l'œuvre du poète. *24, chemin d'En-Haut Tél. 418 726 3060 Ouvert mi-juin-sept. Visite guidée sur réservation Tarif 10$*

Les Galets Drôles de galets que ces baraquements blanc et gris posés au bout d'une langue de terre, face au village. Natashquan fut un temps le port de pêche à la morue le plus actif de la Côte-Nord, et ces "magasins" étaient alors au nombre de trente. C'est là que l'on salait et séchait le cabillaud et que l'on entreposait le matériel de pêche. Ils ont été classés et l'un d'eux se visite l'été.

Centre d'interprétation Le Bord du Cap Il a reconstitué le décor du magasin général d'Émilien Landry et présente des expositions thématiques sur la bourgade, son histoire, la musique traditionnelle et Gilles Vigneault. *32, chemin d'En-Haut Tél. 418 726 3060 Ouvert mi-juin-mi-sept. : mar.-dim. vérifier les horaires Visite guidée sur réservation Tarif 7$, réduit 3$*

Kegaska - Le bout de la route Depuis septembre 2013, la route 138 prend fin à Kegaska, petit village de pêcheurs de crabes (138 hab.) où l'on parle anglais avec un fort accent de Terre-Neuve qui ne manque pas de charme. Flânez au bord de l'eau ou sur les quais. Restaurant sur place.

Où boire un verre ?

☺ **Café-bistro de l'Échouerie** Plus qu'un bistrot, un lieu de vie et une scène incontournable. En été, une vingtaine de spectacles y sont donnés : musique traditionnelle, rock, chanson réaliste, blues, théâtre populaire, contes, vieux films, etc. On va aussi bien sûr y boire un verre ou s'offrir un bon repas (chaudrée, galettes de morue, etc.). Bons petits plats de 10$ à 15$. *55, allée des Galets* ***Natashquan*** *(430km à l'est de Sept-Îles) Tél. 418 726 6005 Ouvert mi-juin-mi-sept. : tlj. 11h-23h*

Partir en randonnée

Sentier Le Pas du portageur Un sentier forestier de 15km (3h) longe le cours de la Petite Natashquan, ponctué de plusieurs chutes spectaculaires. Sur la route 138, 2km à l'ouest de Natashquan, suivez le panneau "Sentier pédestre - Le Pas du portageur - dernier accès", puis roulez sur 2km en suivant la flèche rouge jusqu'au parking. Le chemin s'ouvre sur la droite. Les deux premières chutes sont à 10min de marche.

Anticosti : un parfum de chocolat

Les Amérindiens du continent ont longtemps utilisé Anticosti comme terrain de chasse (elle s'appelait alors Notiskouan, "Où l'on chasse l'ours"), avant que Jacques Cartier la reconnût en 1534. Par la suite, plus de 400 bateaux s'abîmèrent sur ses récifs, ce qui a lui valu le surnom glaçant de "cimetière du golfe"... En 1895, le chocolatier français Henri Menier l'acquiert pour 125 000 dollars. L'industriel, qui veut pouvoir chasser à loisir et recevoir ses amis dans son nouveau domaine, décide d'y introduire des rats musqués, des castors, des orignaux et, surtout, 220 cerfs de Virginie, dont la multiplication modifiera l'équilibre écologique insulaire. Menier fait aussi construire un village, Port-Menier, qu'il équipe pour la pêche à la morue, et espère pouvoir exploiter les ressources minières et forestières locales. Les maisons sont peintes aux couleurs du chocolat Menier (jaune, vert et brun), une monnaie est émise, et des lois d'une sévérité absurde, édictées par Georges Martin-Zédé, nommé administrateur d'Anticosti, réglementent la vie des pêcheurs et des trappeurs de l'île. Gaston Menier, qui hérite le domaine à la mort de son frère en 1913, le revend en 1926 à un consortium de sociétés forestières canadiennes, qui effectueront des coupes de bois jusqu'au rachat de l'île par le gouvernement québecois, en 1974. Les insulaires obtiendront, en 1983, le droit d'acheter des terres et des maisons. Aujourd'hui, quatre pourvoiries se partagent 7 263km². Ont été créés en 2001 un parc de conservation de 572km² et les réserves écologiques de la Pointe-Heath (19km²) et du Grand-Lac-Salé (24km²).

Anticosti

Cette île sauvage posée au milieu de l'estuaire du Saint-Laurent est grande comme la Corse (7 943km^2), mais sa population n'excède pas 270 habitants… Anticosti est surtout le domaine des cerfs de Virginie, appelés "chevreuils" au Québec, introduits par le chocolatier français Henri Menier, après qu'il eut racheté l'île en 1895 pour en faire une réserve privée de chasse et de pêche. Aujourd'hui, on y recense quelque 120 000 cerfs de Virginie, aussi les chasseurs venus du monde entier ont-ils peu de risques de repartir bredouilles ! Anticosti, dont une grande partie est gérée par la **Sépaq** (Société des établissements de plein air du Québec), est aussi un paradis pour les amoureux de la nature. Impossible de s'ennuyer devant la variété des paysages : abruptes falaises blanches léchées par les vagues, canyons vertigineux, cascades, grottes, etc. L'ornithologue amateur tentera de repérer des spécimens des 220 espèces d'oiseaux représentées ici, tel le pygargue à tête blanche, et le pêcheur ne saura plus où donner de la canne tant le saumon de rivière abonde. L'île se prête merveilleusement à la randonnée, au cyclotourisme et au camping. La Sepaq propose des forfaits "avion + hébergement + véhicule" et divers forfaits de chasse et pêche sportives comprenant les services d'un guide.
Sepaq *Tél. 418 890 0863 ou 1 800 463 0863 www.sepaq.com/anticosti*

À voir Baie-Sainte-Claire, chutes de Kalimazoo, caverne à la Patate, cascade et canyon de la Vauréal, baie de la Tour.

La Basse-Côte-Nord

On touche là le mythe du Québec des grands espaces vierges ! Accessibles seulement par avion ou par bateau, les villages de la Basse-Côte-Nord s'égrènent le long d'un littoral long de 375km, ourlé d'îles et d'îlots. De Kegaska à Blanc-Sablon, la présence humaine n'excède pas 6 000 personnes, qui logent dans des maisons en bois peint posées sur les rochers. Harrington Harbour est certainement le plus photogénique de ces villages, avec ses trottoirs en planches et ses ponts reliant les maisons entre elles. C'est là que se déroule l'action de *La Grande Séduction*, un film de Jean-François Poulliot (2003) ayant remporté un vif succès populaire.

CARNET D'ADRESSES

Restauration, hébergement

petits prix

Casse-croûte du pêcheur La croisière dans les îles vous a mis en appétit et vous vous demandez ce qu'est cette grosse cage à homard sur le port ? Assouvissez votre faim et votre curiosité en allant droit sur ce casse-croûte original et abrité du vent (vous pouvez manger dans la cage). Les burgers et poutines habituels sont au rendez-vous bien sûr, mais ce qui rend cet endroit attrayant, c'est son menu fruits de mer et son incontournable club au crabe (25$) ou son ineffable guédille crevettes-crabe (9,75$). Un régal. *4, rue Maltais* ***Sept-Îles*** *Tél. 418 968 6411 cassecroutepecheur.com Ouvert 15 avr.-15 oct. : tlj. 11h-20h*

☺ **Auberge internationale Le Tangon** Un petit air de bohème flotte sur cette sympathique auberge de jeunesse du réseau Hostelling International, au décor coloré. Treize chambres, confortables et assez gaies, et 3 dortoirs (6 et 4 lits). Grande et belle cuisine collective, buanderie et accès Internet. En été, les musiciens de passage improvisent des "bœufs" avec les instruments du salon. Soirées diapos de voyage de temps à autre. Bon accueil. Comptez 55$ en chambre pour 2 pers., 22$/pers. en dortoir. Cartes Visa acceptées. *555, rue Cartier* ***Sept-Îles*** *Tél. 418 962 8180 www.aubergeletangon.com*

prix moyens

Pub Saint-Marc Sans conteste le bar le plus animé de Sept-Îles. On comprend pourquoi : 14 sortes de bières en fût, dont pas mal issues de microbrasseries québécoises, deux étages pour jaser sans fin dans un décor coloré et une sympathique terrasse chauffée, à l'ombre d'un érable. Résultat : il règne ici une joyeuse ambiance ! Cuisine internationale allant des moules marinières aux sautés de légumes ou de viande vietnamiens en passant par les grillades. Plats de 13$ à 38$. *588, av. Brochu* ***Sept-Îles*** *Tél. 418 962 7770 Ouvert lun.-ven. 11h30-13h et 16h-3h, w.-e. 16h-3h*

Gîte Aux bois verts Un agréable couette & café possédant 3 chambres dont une avec sdb privative pour une somme fort raisonnable : 76$, petit déj. compris. On s'y sent bien, l'endroit est calme et pour cause... on est plutôt loin de tout. Le secteur Clarke où se situe la maison est essentiellement résidentiel, éloigné de près de 40min du port de Sept-Îles. Il faudra prévoir votre repas et vous résigner à ne plus être connecté le temps de votre séjour. Nous l'avons dit : coupé de tout. Sans doute tout le charme de l'endroit ! *14, rue des Alouettes Secteur Clarke* ***Sept-Îles*** *(33km à l'ouest du bourg) Tél. 418 583 2822 Ouvert juin-sept. : tlj.*

prix élevés

Château Arnaud Proche du port, le meilleur hôtel de Sept-Îles qui, malgré une architecture extérieure assez lourde (2014), gagne en élégance à l'intérieur. Les chambres sont très confortables et celles avec vue sur les îles sont vraiment luxueuses. L'hôtel dispose d'une salle de sport, d'un spa, mais l'absence de bar et de restaurant se fait cruellement sentir. Du coup, aussi bien du point vue architectural que des services, subsiste une étrange impression d'inachevé. 80 chambres (dont 14 suites) de 139 à 154$, et un loft à 250$. Petit déjeuner compris. *403 av. Arnaud* ***Sept-Îles*** *Tél. 418 960 5511 chateauarnaud.com Ouvert tlj.*

En Minganie

Attention, beaucoup de gîtes et de restaurants ferment dès le début du mois de septembre. Pour rappel, Magpie est 144km à l'est de Sept-Îles, Longue-Pointe-de-Mingan à 174km, Havre-Saint-Pierre à 224km, Aguanish à 331km, Natashquan à 370km et Kegaska à 418km.

petits prix

Restaurant Le Goût du large Bien que l'enseigne John Le Débardeur subsiste, ce restaurant a bel et bien changé de main et de nom en 2016. Ce qui a également changé, c'est l'envie d'offrir une cuisine plus élaborée depuis que Sébastien a pris place aux fourneaux. On ne peut qu'encourager les nouveaux patrons à lui laisser le champ libre, tout en offrant la carte traditionnelle qui comble le besoin de cuisine familiale du village. Comptez 9-14$ l'entrée et 10-30$ le plat. Attention, la cuisine ferme tôt le soir. *9, rue du Pré* ***Natashquan*** *Tél. 418 726 3333 Ouvert juil.-août : tlj. 11h-20h30 ; mars-juin, sept.-oct. : lun.-ven. 11h-20h*

Gîte Chez Françoise La pétulante Françoise Jomphe, une vraie "Cayenne" (Acadienne) de Havre-Saint-Pierre, loue 5 petites chambres sympathiques à côté de sa maison du centre-ville. La décoration est assez chargée et les lits manquent de largeur. L'ensemble est pourtant douillet, et il faut souligner la gentillesse de l'hôtesse qui se pliera en quatre pour vous faire passer un bon séjour. Chambre avec salle de bains partagée ou privative, avec ou sans cuisinette : de 62$ à 75$ la double avec le petit déjeuner. Paiement en espèces. *1122, rue Boréale* ***Havre-Saint-Pierre*** *2e étage Tél. 418 538 3778 ou 1 855 219 3778 www.gitechezfrancoise.com*

prix moyens

La Promenade Une table agréable, peut-être la meilleure du Havre, au bord de l'eau, face à l'île Mingan. Une fois bien installé, piochez dans la carte, de préférence parmi les produits marins. L'offre est essentiellement tournée vers les poissons et les fruits de mer, mais on pourra aussi choisir un steak, du poulet ou une soupe. Menu du jour à midi de 13$ à 25$. À la carte, plat à partir de 16$. *1197, promenade des Anciens* ***Havre-Saint-Pierre*** *Tél. 418 538 1718 Ouvert lun.-ven. 6h-22h, w.-e. 7h-22h*

Chez Julie Dans ce restaurant aimé de tous, on déguste d'excellents poissons et fruits de mer : pétoncles fondants, crabe, crevettes, darne de saumon... La copieuse assiette Retour du chalutier (65$) rassasiera les affamés ! Il n'est d'ailleurs pas interdit de la partager à deux... Également, et moins onéreux, des grillades, pizzas aux fruits de mer, salades, chaudrées et sandwiches. Comptez 35-45$ le repas. *1023, rue Dulcinée* ***Havre-Saint-Pierre*** *Tél. 418 538 3070 Ouvert tlj. à partir de 16h*

Fumoir Le Goynish Petite adresse inattendue dans ce coin de pays à mi-chemin entre Baie-Johan-Beetz et Natashquan, le Fumoir Goynish, en plus de fumer ses poissons, offre une bien bonne table. Spécialités de la mer et de rivière, bien entendu, sans surprise mais de qualité. On vous conseille le saumon fumé, mais vous vous y attendiez peut-être. Comptez environ 30$ pour une entrée et un plat. *237, rue Jacques-Cartier* ***Natashquan*** *(40km à l'ouest du bourg) Tél. 418 533 2357 Ouvert juin-15 sept. : tlj. midi et soir*

GAMME DE PRIX	RESTAURATION	HÉBERGEMENT
Très petits prix	moins de 15$	moins de 40$
Petits prix	de 15 à 25$	de 40 à 80$
Prix moyens	de 25 à 40$	de 80 à 120$
Prix élevés	de 40 à 55$	de 120 à 160$
Prix très élevés	plus de 55$	plus de 160$

Gîte 4 Saisons L'un des meilleurs hébergements de Havre-Saint-Pierre. On se sent chez soi dans ce gîte chaleureux et confortable, de style anglais, tendance Laura Ashley. Les 5 chambres bénéficient d'une literie douillette, de grandes douches et de peignoirs, d'un poste de TV, et l'une d'entre elles dispose aussi d'un réfrigérateur. Le petit déjeuner, copieux, permet de goûter à la confiture de chicoutai. Accueil cordial. Comptez 78-84$ avec le petit déjeuner. CB refusées. *1264, rue Boréale* ***Havre-Saint-Pierre*** *Tél. 418 538 1329 www.gite4saisons.com*

☺ **Gîte La maré** Quel endroit ! On y passerait ses vacances en oubliant la date de retour. Un peu à l'écart du centre du Havre, ce gîte a tout pour plaire. De sympathiques propriétaires, 5 chambres superbes, dont 3 dotées de sdb privées, un petit déjeuner complet et convivial, une vue à couper le souffle sur le littoral et un accès au bord de l'eau... Demandez le petit pavillon indépendant donnant directement sur la mer : un bijou ! 95$ la chambre avec sdb partagée, 120$ avec sdb perso. *2630, route 138 est* ***Havre-Saint-Pierre*** *Tél. 418 538 1659 www.gitelamare.com Ouvert mai-sept. : tlj.*

Les Maisonnettes des Îles Si le chant des baleines vous attire du côté du MICS, voilà un bon toit pour la nuit. Trois options : 5 chambres en motel avec TV, sdb et vue sur mer (90$), 8 chalets avec cuisine et salon (135-145$), ou 5 roulottes avec vue sur la mer (115$). L'ensemble, disposé en U sur la plage de Longue-Pointe, est fonctionnel et propret. Accueil chaleureux. Cartes Visa acceptées. Les propriétaires dirigent les Excursions du Phare, qui proposent des tours en bateau dans l'archipel de Mingan (3h : 60$, 5h : 90$). *126, rue de la Mer* ***Longue-Pointe-de-Mingan*** *Tél. 418 949 2302 ou 1 877 949 2302 www.minganie.info*

☺ **Auberge Le Port d'attache** Le temps s'écoule paisiblement dans cette auberge du bord de mer... L'adorable Magella Landry, pionnier de l'hébergement en gîte sur la Côte-Nord, tient avec un égal bonheur ses 8 chambres avec TV (dont 3 avec sdb), toutes pimpantes, confortables et ouvrant sur une anse charmante semée d'îlots. Avec de tels atouts, l'auberge s'est vite tissé un réseau d'habitués. Comptez 84-105$ avec le petit déjeuner. CB acceptées. *70, rue du Pré* ***Natashquan*** *Tél. 418 726 3569 ou 1 877 726 3569 www.aubergeleportdattache.com Ouvert toute l'année*

prix très élevés

Auberge La Cache Le "petit grand hôtel" de Natashquan est une auberge chic de 17 chambres tout confort (sdb, TV, tél.). Même si la plage est un peu loin, on bénéficie de la vue sur la mer. À partir de 174$, petit déjeuner compris. Pas de restaurant, mais un coin cuisine à disposition. Réservez l'été. *183, chemin d'En-Haut* ***Natashquan*** *(sortie est, sur la 138) Tél. 418 726 3347 ou 1 888 726 3347 www.aubergelacache.ca*

GEOREGiON

GASPÉSIE, ÎLES DE LA MADELEINE ET ACADIE

V

Plan 16 Gaspésie et îles de la Madeleine

Port-Menier
ANTICOSTI
DÉTROIT D'HONGUEDO
Saint-Maxime-du-Mont-Louis
Ste-Madeleine de la Rivière-Madeleine
L'Anse-Pleureuse
Mont-Saint-Pierre
La Martre
Mont-Louis
132
Grande-Vallée
Petite-Vallée
Saint-Yvon
POINTE-À-LA-RENOMMÉE
L'Anse-à-Valleau
Rivière-au-Renard
L'Anse-au-Griffon
197
PARC NATIONAL DU CANADA FORILLON
Cap-des-Rosiers
Cap-aux-Os
RÉSERVE FAUNIQUE DES CHIC-CHOCS
RIVIÈRE MADELEINE
Gite du Mont-Albert
MONT ALBERT 1 154 M
Murdochville
RIVIÈRE SAINT-JEAN
198
Gaspé
Mines d'agates du Mont Lyall
RIVIÈRE BONAVENTURE
GASPÉSIE
Saint-Georges-de-Malbaie
PARC NATIONAL DE L'ÎLE-BONAVENTURE ET DU ROCHER-PERCÉ
Coin-du-Banc
Percé
L'Anse-à-Beaufils
ÎLE BONAVENTURE
299
RIVIÈRE CASCAPÉDIA
Pabos
Chandler
Pabos-Mills
ÎLES DE LA MADELEINE →
RIV. PORT-DANIEL
Newport
Port-Daniel-Gascons
MONT SAINT-JOSEPH 555 M
Maria
New Richmond
Saint-Elzéar
Nouvelle
PARC NAT. DE MIGUASHA
Carleton-sur-Mer
Bioparc de la Gaspésie
Musée acadien du Québec
Bonaventure
Paspébiac
Site historique du Banc-de-Paspébiac
New Carlisle
BAIE DES CHALEURS
Caraquet
11
ACADIE
Bathurst
ÎLES DE LA MADELEINE
ÎLE DRION
Grosse-Île
199
Old-Harry
Grande-Entrée
Fatima
Havre-aux-Maisons
L'Étang-du-Nord
Cap-aux-Meules
Gros-cap
BAIE DE PLAISANCE
L'ÎLE-D'ENTRÉE
L'Anse-à-la-Cabane
Havre-Aubert
Bassin
← MONTRÉAL - CHANDLER
ÎLE DU PRINCE-ÉDOUARD
C
D

MATANE

Petit pôle administratif et commerçant nanti d'un port en eau profonde, Matane est un important centre de transformation de la crevette pêchée dans le golfe du Saint-Laurent. Cette ville de 15 000 habitants est aussi campée sur une grande rivière à saumon et, l'été, on peut observer la montaison des poissons au barrage du centre-ville. Si les salmonidés et les crustacés, même roses et tendres, vous laissent de marbre, inutile de vous attarder dans cette localité. Matane ("vivier de castors" en micmac ou "épave, débris de navire" en langue algonquine) est avant tout un point de passage pour les voyageurs à destination de Gaspé, de Rimouski, du Nouveau-Brunswick ou de la Côte-Nord, desservie par traversier. Ses environs, en revanche, sauront vous séduire : allez observer l'orignal dans la réserve faunique de Matane ou taquiner le saumon dans la rivière Matane, longue de 101km.

LA GASPÉSIE Sainte-Flavie, 65km au sud-ouest de Matane, est la porte occidentale de cette péninsule grande comme la Belgique. Partie intégrante de la chaîne des Appalaches qui court de l'Alabama à Terre-Neuve, bordée au nord par l'estuaire du Saint-Laurent, au sud par la baie des Chaleurs et à l'est par le golfe Saint-Laurent, la Gaspésie est bien cette "fin des terres" (*gespeg*) dont parlaient les Indiens Micmacs, ses premiers occupants. Reconnue en 1534 par Jacques Cartier – cf. Gaspé (p.543) – qui en fit le berceau du Canada, la région accueillit tour à tour des Acadiens, des loyalistes américains, des pêcheurs basques, bretons et jersiais, des immigrants irlandais et écossais… Terre de marins, la Gaspésie prospéra aux XVIIIe et XIXe siècles grâce à la pêche à la baleine et à la morue, organisée par de puissantes compagnies anglo-normandes. Aujourd'hui les bateaux-promenade côtoient les flottilles de pêche du côté du parc Forillon et de Percé. Les amateurs de paysages tourmentés et de côtes battues par les vents seront aux anges, notamment sur le littoral nord. La Gaspésie, c'est aussi un réseau d'immenses parcs naturels et de réserves fauniques où l'on peut observer l'orignal et pêcher le saumon. De Sainte-Flavie, la route 132 dessine une boucle de 885km autour de la péninsule. Prévoyez au moins une semaine pour effectuer ce périple à un rythme raisonnable.

MODE D'EMPLOI

accès

EN VOITURE

Matane est située 412km au nord-est de Québec par l'autoroute 20, puis la route 132, 94km au nord-est de Rimouski par la route 132 et 294km à l'ouest de Gaspé également par la route 132.

EN CAR

Orléans Express Relie quotidiennement Matane à Rimouski, à Québec et, vers l'est, à Gaspé, via Sainte-Anne-des-

Monts et Mont-Saint-Pierre. Liaison Matane-Montréal 2 ou 3 fois/j. *Tél. 1 888 999 3977 www.orleansexpress.com*
Gare routière *521, av. du Phare Est (à la station-service Couche-Tard Irving)*
Régim Des cars circulent entre les différentes villes de Gaspésie. Trajet 3$, 2,50$ en carnet de 10. *Tél. 1 877 521 0841 www.regim.info*

EN BATEAU
Il existe un service de navettes quotidiennes entre Baie-Comeau et Matane (2h20 de traversée) et entre Godbout et Matane (2h10). Jusqu'à trois allers et trois retours/j. Réservation recommandée (plusieurs jours avant le départ en été). Les automobilistes doivent se présenter plus de 30min avant l'appareillage. Prix identiques de Baie-Comeau ou de Godbout : passager 19,50$, voiture 44$ (aller simple). En l'absence de bus à l'arrivée du ferry, comptez 10$ pour rejoindre le centre de Matane en taxi.
Bureau des réservations *Tél. 418 562 2500 ou 1 877 562 6560 www.traversiers.com Ouvert mi-mai-mi-oct. : tlj. 8h30-20h ; reste de l'année : tlj. 9h-17h*
Taxi Matane *Tél. 418 562 2030 ou 418 562 0500*

orientation

La plupart des commerces et restaurants de Matane sont installés sur l'avenue Saint-Jérôme, artère principale de la localité, sur la rive occidentale de la rivière Matane. L'embarcadère des ferries est situé 3km à l'ouest du centre-ville.

informations touristiques

Bureau touristique de Matane Tout sur Matane et sa région. Le bureau est installé dans un ancien phare (1906) qui se visite, de même que le petit musée maritime attenant, à l'entrée occidentale de la ville. Boutique d'artisanat local. *968, av. du Phare Ouest Tél. 418 562 1065 ou 1 877 762 8263 www.tourismematane.com Ouvert fin juin-fin août : tlj. 9h-21h ; mi-juin-fin juin, fin août-fin sept. : tlj. 9h-18h* **Phare et musée** *968, av. du Phare Tél. 418 562 1065 Ouvert juil.-août : mar.-sam. 9h-18h Tarif 4$, réduit 2$*
Tourisme Gaspésie Établi à Sainte-Flavie, aux portes de la Gaspésie, le bureau de l'Association touristique régionale de Gaspésie dispense des conseils de visite et peut se charger de réserver votre hébergement. Personnel accueillant et compétent. *357, route de la Mer* ***Sainte-Flavie*** *(63km à l'ouest de Matane) Tél. 418 775 2223 ou 1 800 463 0323 www.tourisme-gaspesie.com Ouvert fin juin-début sept. : tlj. 8h-20h ; reste de l'année : tlj. 8h30-16h30 (horaires variables en sept.-oct.)*

fêtes et manifestations

Festival international des jardins de Métis Une dizaine de jardins concep-

Tableau kilométrique

	Matane	Gaspé	Percé	Carleton	Caraquet	Shédiac
Gaspé	294	-	70	250	482	609
Percé	347	62	-	191	423	550
Carleton	215	250	191	-	235	363
Caraquet	339	482	423	235	-	235
Shédiac	467	609	550	363	235	-
Québec	412	700	753	578	637	785

tuels ou poétiques dessinés par des architectes paysagistes américains et européens (p.531). ***Grand-Métis*** *Fin juin-fin sept.*

Festival en chanson de Petite-Vallée Petite-Vallée accueille chaque année l'un des festivals de chanson les plus prestigieux du monde francophone. Certains événements ont également lieu dans la commune voisine de Grande-Vallée. Véritable rampe de lancement, le festival vous fera connaître les futurs grands noms de la chanson ! ***Petite-Vallée*** *Tél. 418 393 2592 festivalenchanson.com Une semaine fin juin-début juillet*

Éole en Musique 3 jours de festivités en chanson et en humour. *Parc des îles Tél. 1 877 762 8263 Mi-août*

Fête du Vol libre Rassemblement international de deltaplanes et de parapentes avec compétition de vol libre et spectacles aériens. Également des démonstrations de kayak de mer, de kitesurf, etc. ***Mont-Saint-Pierre*** *Fin juil.*

DÉCOUVRIR

☆ **Les essentiels** Les Jardins de Métis, Exploramer, le parc national de la Gaspésie **Découvrir autrement** Épiez les orignaux dans la réserve faunique de Matane, envolez-vous en deltaplane du haut du Mont-Saint-Pierre

Matane

Poste d'observation pour la montée du saumon De juin à septembre, près de 3 000 saumons venus du Groenland remontent la rivière Matane pour aller frayer. Les hublots de la passe du barrage Mathieu-D'Amours permettent d'observer cette migration, surtout de la mi-juillet à la mi-août. Les guides fournissent moult explications, et une petite exposition sur la rivière Matane, ses barrages et la pêche à la mouche complète la visite. Précisons que la Matane est considérée comme la rivière-école par excellence pour ferrer le saumon ! Vous pouvez vous procurer permis et droit d'accès (49$/j.) et louer le matériel requis sur place. *260, av. Saint-Jérôme Tél. 418 562 7006 Ouvert mi-juin-mi-août : tlj. 8h-19h45 ; mi-août-fin sept. : tlj. 9h-18h45 Tarif 3$, réduit 3$, moins de 12 ans gratuit*

Où acheter du poisson fumé ?

Les Fumoirs Raoul Roux Depuis 1957, les Fumoirs Raoul Roux, petite entreprise familiale, conservent jalousement la recette de leur succulent saumon fumé. Un seul indice : il est fumé à froid aux brindilles d'érable. Crevettes de Matane, turbot, esturgeon et mousse de saumon sont aussi en vente. Idéal pour un pique-nique iodé ! *1259, rue Matane-sur-Mer Tél. 418 562 9372 Ouvert juin-sept. : tlj. 8h-18h ; oct.-mi-déc., mi-jan.-mai : lun.-ven. 8h-18h Hors saison, se rens.*

Où boire une bière artisanale ?

La Fabrique Plus de 25 bières sont brassées dans cet estaminet on ne peut plus agréable. C'est dire si vous avez le choix ! Elles ont pour nom Goupil, Misère noire, Patriote, Kaliningrad, etc. Et pourquoi ne pas accompagner le tout d'un excellent repas ? La Fabrique affiche une jolie carte de bistrot bien construite et mettant en avant les produits régionaux. Vous craquerez pour les côtes levées du brasseur ou le "lamburger". 20-30$ pour une entrée et un plat. *360, av. Saint-Jérôme Tél. 418 566 4020 www.publafabrique.com Ouvert tlj. 11h30-1h30*

La côte nord de la Gaspésie

À l'ouest de Matane

Saint-Ulric Ce petit village paresseusement étendu le long du fleuve mérite qu'on y fasse une halte. À l'écart de la 132, l'endroit est paisible, oublié des camions et de la circulation, comme en marge du temps. Une balade au bord de l'eau vous mènera de la maison du "patenteux", dite en "pin d'épice", à la coquette halte routière qui, avec son petit phare et ses toilettes immaculées en forme de maison traditionnelle, changera pour toujours l'image que vous vous faites de ce type de service. *16km au sud-ouest de Matane par la route 132*

Maison en "pin d'épice" (Maison de l'art indiscipliné) En tombant sur cette incroyable bâtisse tarabiscotée, le doute n'est plus permis : la Gaspésie a bien son facteur Cheval ! Menuisier charpentier de métier, Léonce Durette (1932-2011) eut un jour l'idée de travailler le bois de récupération. Bien vite, le passe-temps se mua en une frénésie créatrice, comme l'illustre la maison : des pièces littéralement noyées sous une marqueterie de bois aux motifs indisciplinés et, dans le jardin, des sculptures délirantes et des totems colorés faits de bric et de broc. De l'art naïf et populaire à en écarquiller les yeux ! La demeure ne se visite plus, mais se contemple toujours de l'extérieur. *51, rue Ulric-Tessier*

BECS FINS AU JARDIN

Chaque matin, le chef Pierre-Olivier Ferry s'inspire du jardin de la Villa Estevan pour composer un menu avec les meilleurs produits de la région (env. 25$). À ces déjeuners s'ajoutent des brunchs musicaux le dimanche (10h-14h) et des dîners gastronomiques. Un conseil : dans tous les cas, avec ou sans menu, il faut croquer dans la "cuillère-floraison" du jour (3$), c'est une explosion de saveurs ! **Villa Estevan** *Tél. 418 775 2222 (réservation) Ouvert mai-sept.*

☆ **Jardins de Métis** Quelques arpents de finesse dans un monde brut ! Avant de découvrir la grandiose nature sauvage de la péninsule, attardez-vous dans ces jardins aménagés de 1926 à 1959 par Elsie Reford sur son domaine de 60ha. Cette philanthrope férue de jardinage, de pêche et de musique, est parvenue à adapter des plantes rares au rude climat gaspésien. Symbole de son acharnement horticole, le pavot bleu de l'Himalaya s'y épanouit chaque été les trois premières semaines de juillet. Plus de 3 000 végétaux indigènes et exotiques sont rassemblés sur les 17ha de ce "paradis en fleur", au bord de la rivière Mitis, face au Saint-Laurent. Juillet est le mois de la pleine floraison pour la demi-douzaine de jardins thématiques. Le billet donne aussi accès à la **Villa Estevan**, chalet de pêche érigé en 1887 et agrandi en 1926 par Elsie Reford. Outre une présentation brillante de l'histoire du domaine, il accueille des expositions temporaires et une table d'hôtes. Enfin, lors du Festival international des jardins, une pléiade d'artistes, architectes et paysagistes du Québec et d'ailleurs dévoilent leurs compositions avant-gardistes mais hélas éphémères. Seul hic : l'entrée coûte assez cher mais il est possible, le dimanche, de combiner brunch à la Villa Estevan et entrée pour 40$. Comptez 1h30 de visite. *200, route 132* ***Grand-Métis*** *(53km au sud-ouest de Matane) Tél. 418 775 2222 www.jardinsmetis.com Ouvert juil.-août : tlj. 8h30-20h ; fin mai-juin, sept. : tlj. 8h30-17h (dernière entrée) Tarif 20$, réduit 11-19$, moins de 13 ans gratuit*

Centre d'art Marcel-Gagnon À Sainte-Flavie, une centaine de statues en béton armé semblent émerger du Saint-Laurent, telle une procession muette. *Le Grand Rassemblement* est l'œuvre originale et plutôt réussie du peintre, sculpteur et écrivain Marcel Gagnon, né en 1942. L'installation façon land art est accessible librement à côté du "Centre d'art" et gagne à être vue à différents moments de la journée, tant pour la lumière que pour les marées. Ce bâtiment réunit un restaurant, un hôtel, une galerie (où sont exposées les toiles réalisées par les autres membres de la famille) et une boutique de souvenirs. Un mélange des genres peu convaincant… *564, route de la Mer* ***Sainte-Flavie*** *(63km au sud-ouest de Matane par la route 132) Tél. 418 775 2829 ou 1 866 775 2829 www.centredart.net Ouvert mai-sept. : tlj. 7h30-22h ; basse saison : tlj. 7h30-21h Entrée libre*

De Matane à Gaspé

Réserve faunique de Matane La réserve héberge la plus forte concentration d'orignaux du Québec : plus de 3 000 sur 1 282km^2. Des affûts permettent d'étudier confortablement le plus grand cervidé au monde, mais on peut aussi l'épier en kayak. Au préalable, faites un détour par le centre d'interprétation de l'orignal, qui propose des activités d'observation à la carte. Pour une immersion totale, possibilité de séjourner en chalet. ***Entrée principale*** *Poste d'accueil John, 40km au sud-est de Matane par la route 132 (bifurquer sur la route 195 après Saint-René-de-Matane) Tél. 418 562 3700 ou 1 800 665 6527 www.sepaq.com/matane Ouvert juin-août : dim.-jeu. 7h-19h, ven.-sam. 7h-21h ; sept.-début nov. : tlj. 8h-17h* **Bureau d'admission** *Ouvert tlj. 8h-12h et 13h-16h Entrée libre*

Éole Cap-Chat Si le développement durable et les énergies propres vous intéressent, courez voir ce parc à éoliennes, le plus important de l'est du Canada. La visite guidée (1h30) permet de comprendre l'évolution technique et le mécanisme de ses quelque 133 machines. La Grande Éole, plus haute éolienne à axe vertical au monde (110m), domine le site. Ce prototype construit dans les années 1980 et à l'arrêt depuis 1993 pourrait à lui seul alimenter 400 maisons en électricité. La partie basse se visite (mais il est aussi possible de faire de l'escalade à l'intérieur de la turbine, 15-25$). Restent les commentaires passionnés et captivants des guides, qui mettent un point d'honneur à sensibiliser le public sur les énergies non polluantes. *132, route du Village-du-Cap* ***Cap-Chat*** *(72km à l'est de Matane par la route 132) Tél. 418 786 5719 eolecapchat.com Ouvert 20 juin-début sept. : tlj. 9h-17h Hors saison, sur réservation Tarif 17$, réduit 10-16$, familles 40$*

GEOPLUS

Toujours plus à l'est, en trois semaines

Faites une boucle Montréal-Gaspésie-Montréal en longeant la rive sud du Saint-Laurent. Vingt et un jours pour découvrir le Québec d'ouest en est.

1RE SEMAINE
Après un aperçu de Montréal et de Québec, traversez le Saint-Laurent pour explorer la Chaudière-Appalaches et le Bas-Saint-Laurent.
Jours 1 à 3 **Montréal** (p.86).
Jours 4 et 5 **Québec** (p.308).
Jour 6 **Saint-Jean-Port-Joli** (p.402).
Jour 7 **Rivière-du-Loup** (p.413).

2E SEMAINE
Visitez le parc national du Bic et Rimouski avant d'entrer en Gaspésie. Comptez au moins une semaine pour faire le tour de la péninsule (près de 900km).
Jour 8 **Parc national du Bic** (p.431) et **Rimouski** (p.426).
Jour 9 **Matane** (p.528) et sa **réserve faunique** (p.532).
Jours 10 et 11 **Parc national de la Gaspésie** (p.534) : les monts Chic-Chocs à explorer à pied l'été ou à raquettes en hiver.
Jours 12 et 13 **Gaspé** (p.543) et le **parc national du Canada Forillon** (p.546). Pour randonner le long de falaises spectaculaires ou pour faire des excursions en kayak à leur pied.
Jour 14 **Percé** (p.550) et l'**île Bonaventure** (p.554). L'observation des oiseaux vaut le déplacement.

3E SEMAINE
Repassez le fleuve pour approcher les baleines aux Escoumins, puis regagnez Montréal via Charlevoix et Québec.
Jour 15 **Bonaventure** (p.565), son bioparc de la Gaspésie et les eaux limpides de sa rivière ; et la **baie des Chaleurs** (p.561) pour une baignade en été.
Jour 16 La **vallée de la Matapédia** (p.567), à ne pas manquer en automne, quand elle se pare de couleurs flamboyantes.
Jour 17 **Traversée du Saint-Laurent** et **croisière aux baleines** aux Escoumins (p.494).
Jours 18 et 19 **Charlevoix** (p.371). Observer la nature au centre écologique de Port-au-Saumon et randonner dans le **parc national des Hautes-Gorges-de-la-Rivière-Malbaie**.
Jour 20 **Québec** (p.308).
Jour 21 Retour à Montréal.

CONSEIL Si vous disposez de quelques jours de plus, envolez-vous de Gaspé pour les charmantes îles de la Madeleine (p.571) ou faites une escapade en Acadie (p.586).

Sainte-Anne-des-Monts Établi à l'embouchure d'une belle rivière à saumon, la Sainte-Anne, ce village de Haute-Gaspésie jouit de la proximité du parc national de la Gaspésie, 17km au sud. L'incendie qui le ravagea en 1915 a épargné quelques belles demeures, tel le manoir Lamontagne (1873), aujourd'hui classé (1re Avenue Est). *88km à l'est de Matane par la route 132*

☆ **Exploramer** Fatigué de visiter des aquariums qui manquent cruellement d'explications ? Frustré de ne pouvoir toucher les curieuses bestioles qui hantent les mers ? Exploramer devrait vous séduire ! Ce musée scientifique a choisi de mettre en valeur la biodiversité du Saint-Laurent de façon ludique et pédagogique. Des biologistes enthousiastes vous guident parmi les aquariums du centre. Mieux, des bassins tactiles vous permettent de manipuler différents organismes présents dans le fleuve ou le golfe : crabes, homards, raies, étoiles de mer, oursins, concombres de mer… Les enfants adorent ! Du 10 juin au 1er lundi de septembre, des excursions sur le Saint-Laurent (1h30) à bord d'un zodiac couvert sont proposées tous les jours : remontée de casiers de pêche, coucher de soleil et parfois observation de mammifères marins. Expositions temporaires intéressantes. *1, rue du Quai Tél. 418 763 2500 www.exploramer.qc.ca Ouvert début juin-mi-oct. : tlj. 9h-17h Tarif 15$, réduit 9,50$, enfants gratuit ; 50$ avec l'excursion en mer, réduit 32$ Excursion en zodiac 48$, réduit 21-40$*

★ **Parc national de la Gaspésie et réserve faunique des Chic-Chocs** Ce vaste parc montagneux s'étend sur 802km² au cœur de la péninsule gaspésienne. La forêt boréale couvre presque tout son territoire, qui comprend 25 sommets de plus de 1 000m. C'est là que les Appalaches dardent leurs derniers reliefs, les monts Chic-Chocs ("montagnes infranchissables" en micmac). De la mi-mai à la mi-octobre, le parc se prête parfaitement à la randonnée pédestre, avec plus de 140km de sentiers balisés. Les deux principaux buts d'excursion sont les monts Jacques-Cartier (1 268m) et Albert (1 154m), ses points culminants. On peut aussi faire du kayak sur le lac Cascapédia. L'été, vous aurez probablement l'occasion de croiser des orignaux et des cerfs de Virginie dans la forêt, et des caribous au sommet des monts Albert ou Jacques-Cartier – la seule harde, forte de 200 individus,

Chercheurs de pierres

Si un prospecteur sommeille en vous, filez au **mont Lyall** ! À l'issue d'une éruption, à l'ère primaire, ses minéraux se sont cristallisés sous la forme de géodes, d'agate, de quartz, d'améthyste, de calcédoine, de cornaline et autres pierres fines. Équipé d'un marteau, amusez-vous à reconnaître la roche, puis à casser du caillou dans la mine à ciel ouvert. Sur place, des scieurs de pierre mettront en valeur vos trésors, que vous pourrez rapporter chez vous. Une activité sympathique à pratiquer en famille. **Mine d'agates du mont Lyall** *57km au sud de Sainte-Anne-des-Monts (par la route 299, puis celle de Murdochville sur 1,5km) Tél. 418 786 2374 www.mont-lyall.com Ouvert fin juin-fin août : tlj. 9h-18h ; mi-juin-fin juin, fin août-fin sept. : tlj. 9h-17h Visite 10$, réduit 6$, récolte 35$*

au sud du Saint-Laurent. En hiver, découvrez les Chic-Chocs à skis ou à raquettes, avec séjour en refuge. C'est au centre d'interprétation que l'on acquitte le droit d'accès. Son exposition (gratuite) sur la géologie, la faune et la flore arctique alpine du parc fournit une bonne introduction à la visite, et ses guides interprètes répondront à toutes vos questions. Le centre organise aussi des causeries et des randonnées de découverte en été. On peut y louer des chaussures et bâtons de marche, tentes, réchauds, skis, raquettes, etc. On y trouve enfin un petit dépanneur et des cartes topographiques du parc. *1981, route du Parc* ***Sainte-Anne-des-Monts*** *Tél. 418 763 7494 www.sepaq.com/pq/gas Parc ouvert toute l'année Centre d'interprétation ouvert mi-mai-mi-oct. : tlj. 8h-22h ; hors saison : tlj. 8h-20h Tarif 8,50$, réduit 3,75$, familles 17$*

La Martre Visitez le charmant phare octogonal aux bardeaux rouge vif de ce hameau de pêcheurs. Admirez l'église blanche, revêtue de bardeaux de cèdre, dressée juste en face (1914). *27km à l'est de Sainte-Anne-des-Monts*
Musée des Phares Érigé en 1906 et toujours opérationnel, ce phare est pourvu d'une ossature en bois unique. Le système d'horlogerie est d'origine. Dans l'ancienne maison du gardien où mugissait jadis la corne de brume, un coquet petit musée raconte l'évolution des systèmes d'éclairage des phares à travers les siècles (superbes lanternes, lentilles, etc.). *10, av. du Phare Tél. 418 288 5698 ou 418 764 6817 (hors saison) www.museedesphares.org Ouvert mi-juin-mi-sept. : tlj. 9h-17h Tarif 8$, réduit 4$, familles 22$ Visite guidée incluse*

Mont-Saint-Pierre De loin, ce village lové au creux d'une jolie baie échancrée – une ancienne vallée glaciaire – ne manque pas d'impressionner. Les vagues du Saint-Laurent viennent mourir sur sa longue plage de sable gris qu'encadrent d'abruptes falaises boisées. Capitale canadienne du vol libre, Mont-Saint-Pierre attire les fous de deltaplane et de parapente qui s'élancent du haut de l'éminence éponyme (430m). Fin juillet, la fête du Vol libre rassemble là les meilleurs pilotes. Le spectacle est alors dans le ciel… Navette payante pour rejoindre le sommet. *53km à l'est de Sainte-Anne-des-Monts par la route 132*

Murdochville Cette ville minière située à 580m d'altitude s'est développée grâce à l'exploitation d'un important gisement de cuivre et à la transformation du minerai. La fermeture de la mine souterraine en 1999 et de la fonderie en 2002, a donné un coup d'arrêt brutal à l'expansion de la ville, qui espère relancer son économie grâce à l'énergie éolienne et au tourisme. Sur place, un centre d'interprétation du cuivre présente le monde de la mine avec descente au fond d'une galerie en tenue de mineur. *107km au sud-est de Sainte-Anne-des-Monts par la 132 puis la 198 à partir de L'Anse-Pleureuse*

Sainte-Madeleine-de-la-Rivière-Madeleine À partir de L'Anse-Pleureuse, le relief s'accentue et les petites anses paisibles font place à de vertigineuses falaises noires. C'est là que la côte gaspésienne est la plus sauvage. À Madeleine-Centre, si vous avez le temps, visitez le phare de Cap-Madeleine. Son petit musée présente le moulin à papier tel qu'il fonctionnait dans les années 1920. Juste à côté, la Société de gestion de la rivière Madeleine vend le permis nécessaire pour ferrer le saumon (prévoyez le versement d'un droit en supplément). On peut y louer les services d'un guide de pêche et obtenir des renseignements sur la passe migratoire à saumon du Grand-Sault, située à 11km dans les terres. Un dénivelé de 27m empêchant les salmonidés de remonter la Madeleine, on creusa en 1967 une passe dans la roche, unique au monde, pour faciliter leur montaison. Il est possible d'assister à la remontée de la cage à 8h, 11h, 15h et 17h30, mais la partie souterraine de la passe ne se visite pas. *93km à l'est de Sainte-Anne-des-Monts* **Phare de Cap-Madeleine** *4, route du Phare Tél. 418 393 2114 Ouvert juin-sept. : tlj. 9h-17h Tarif phare + musée 7,50$* **Passe migratoire du Grand-Sault** *Tél. 418 393 2626 Ouvert juil.-mi-sept. : tlj. 8h-18h Tarif 5$, 8-16 ans 3$*

Grande-Vallée et Petite-Vallée Marquez un arrêt photo à Grande-Vallée, après 5km d'une route sublime, qui zigzague à flanc de colline entre les cimes des arbres. L'église juchée sur sa falaise donne tout son cachet à cette bourgade de pêcheurs dotée d'une belle plage de sable. Le charme de la côte nord agit… À 8km de là, Petite-Vallée occupe aussi un joli site encaissé au bord de l'eau. Ce bout du monde enchanteur accueille chaque année autour de la Saint-Jean le Festival en chanson. Nombre d'auteurs compositeurs et interprètes québécois y ont fait leurs débuts, à l'instar d'Isabelle Boulay et de Linda Lemay. *120km à l'est de Sainte-Anne-des-Monts*
Village en chanson Campé face aux flots, à l'extrémité de la localité, ce centre culturel abrite le Théâtre de la Vieille Forge, salle à la programmation dramatique et musicale très dynamique. Prenez un verre au bistrot attenant, dont les tables sont décorées de textes, partitions et disques de chanteurs et paroliers québécois fameux, Félix Leclerc en tête. Il est même possible d'écouter les classiques canadiens. *4, rue de la Longue-Pointe* ***Petite-Vallée*** *Tél. 418 393 2222 (Billetterie) ou 418 393 2394 (Administration) www.festivalenchanson.com Ouvert tlj. 10h-17h (jusqu'à 0h les soirs de concert du 22 juin-au 1er sept.) Entrée libre Spectacles 10-50$*

Site historique de Pointe-à-la-Renommée Entre Saint-Yvon et L'Anse-à-Valleau, une piste gravillonnée (et assez pénible !) de 4km mène à ce beau phare rouge érigé en 1907. Une petite exposition relate son histoire rocambolesque (transporté à Québec en 1977, il en a été rapporté en 1997) et une autre évoque la vie des opérateurs radio et gardiens de phare d'autrefois. On visite également la maison en bardeaux voisine, où Marconi installa en 1904 la première station radiomaritime d'Amérique du Nord. Elle permit notamment d'intercepter des navires et sous-marins allemands pendant les deux guerres mondiales, ce qui a valu à Pointe-à-la-Renommée l'appellation de "site historique". Visite guidée. *980, bd de l'Anse-à-Valleau* ***Pointe-à-la-Renommée*** *(150km à l'est de Sainte-Anne-des-Monts par la route 132) Tél. 418 269 3310 www.pointe-a-la-renommee.com Ouvert mi-juin-mi-oct. : tlj. 9h-17h Tarif phare ou station Marconi 6$, les deux 10$*

Faire une randonnée pédestre

Sentier du Parc national de la Gaspésie De la promenade de 30min à l'excursion de 10 jours, le choix est vaste dans le parc national de la Gaspésie ! Les marcheurs chevronnés ont coutume de s'attaquer aux monts Jacques-Cartier (4-5h AR) et Albert (6-8h AR, plus dur). Attention, les sentiers qui les escaladent ne sont ouverts que de mi-juin à fin septembre, avant la période de reproduction du caribou. Plus facile, l'ascension du mont Ernest-Laforce

(820m) s'effectue en 2h AR. On est récompensé par un panorama à 360° sur les sommets du parc. Une autre jolie balade familiale mène en 1h30 AR aux eaux limpides du lac aux Américains, enchâssé dans la montagne et duquel les hauteurs du mont Joseph-Fortin (1080m, 4-5h AR) offrent une vue éblouissante. De septembre à mi-octobre, des sorties guidées invitent à découvrir l'orignal et son habitat ("la vallée des Rois", 30$, enfants gratuit).

Pêcher, canoter...

Parc national de la Gaspésie La pêche à la truite est autorisée dans plusieurs rivières et une dizaine de lacs du parc national de la Gaspésie de juin au 1er lundi de septembre. Dans le secteur amont de la Sainte-Anne, la pêche au saumon avec remise à l'eau obligatoire se pratique du 15 juin au 30 septembre. On peut louer des barques et des kayaks sur le plus grand lac du parc (4km de longueur), le Cascapédia (15-16,75$/h).

S'adonner au vol libre

Vue du ciel De mai à octobre, Vue du ciel organise des vols en tandem en deltaplane du haut du mont Saint-Pierre, le "Hawaii du vol libre". Une expérience inoubliable avec une vue à couper le souffle sur le Saint-Laurent et la côte gaspésienne. Comptez 220-250$ pour 10 à 30min. ***Mont-Saint-Pierre*** *Tél. 418 797 2025 www.deltaplanetandem.ca*

CARNET D'ADRESSES

Restauration, hébergement

petits prix

☺ **Manoir des Sapins** Cet ancien hôtel du village, bien situé à l'orée du fleuve, a su s'adapter à l'air du temps et semble plus vivant que jamais sous sa forme actuelle d'auberge de jeunesse. Il y règne une bonhomie, une bonne humeur, une bonne ambiance. En juillet et août, à midi, du mercredi au dimanche, le manoir se double de la remarquable crêperie Les Gamineries où se marient le salé et le sucré. Les prix aussi sont doux : 25$ en dortoir de six, 55-60$ la double, 125$ le loft (4 pers.) tout équipé et avec vue sur le fleuve. *180, bd Perron* ***Sainte-Félicité*** *(16km à l'est de Matane par la 132) Tél. 418 733 8182 manoirdessapins.com Ouvert tlj.*

prix moyens

Auberge l'Amarré Petit café tranquille qui peut s'animer lors de soirées ou d'apéros en musique, en contes... On y sert de succulents repas faits de grandes salades, de moules ou saumon gravlax. L'auberge offre 5 jolies chambres avec sdb et petit déj. (75-105$). L'ambiance conviviale donne furieusement envie de prolonger le séjour. Petit détail qui a son importance : l'établissement est bio-responsable et sert un café équitable. *30, 1re Av. Est* ***Saint-Maxime-du-Mont-Louis*** *(164km à l'est de Matane) Tél. 418 797 2323 ou 1 844 867 4319*

Café de la Vieille Forge Café-restaurant-théâtre, cf. Village en chanson (p.536), la Vieille Forge affiche un menu "bistrosiatique", puisque l'heure est aux néologismes culinaires. C'est du bistrot sous influence asiatique et c'est très bon. Essayez les soupes-repas et surtout la Soupe du boss, une sorte de waterzooi revisité composé d'une nage de flétan, morue, truite, crevettes et pétoncles dans un fumet au vin blanc. La salle programme de nombreux spectacles avant, pendant et après le Festival en chanson. Entrée et plat, de 20 à 35$. *4, rue de la Longue-Pointe* **Petite-Vallée** *Tél. 418 393 2222 Ouvert mi-juin-mi-sept. : tlj. 11h30-20h Ferme à minuit les soirs de spectacle*

☺ **Auberge La Seigneurie** À deux pas du centre-ville, cette élégante maison de notaire baigne dans une délicieuse atmosphère victorienne. Les 8 chambres avec TV et sdb ont bien du cachet et ont toutes été modernisées et agrandies entre 2015 et 2016. Également beaucoup de charme dans les chambres mansardées. De 69$ à 139$ la double. Salle à manger avec plancher d'origine en pin de Colombie. Malheureusement la maison ne sert plus de repas. Accueil gracieux. CB acceptées. *621, av. Saint-Jérôme* **Matane** *Tél. 418 562 0021 ou 1 877 783 4466 www.aubergelaseigneurie.com*

Restaurant-motel L'Étoile du Nord Un tout petit motel attenant à un bon restaurant et de surcroît, du bon côté de la route ! Huit chambres avec sdb, sans clim. (mais dans ce coin de pays, il suffit d'ouvrir la fenêtre), avec vue sur le fleuve et d'une propreté sans faille. De 69 à 79$ la double, petit déj. à 4,50$ ou 15$. Danielle et Sylvie, les propriétaires, sont aux commandes du restaurant et se partagent les tâches : l'une en cuisine, l'autre gérant l'excellente carte des vins. Après un bon apéro, laissez-vous tenter par la morue à la moutarde (19$), les fettucine au saumon fumé ou les traditionnelles langues de morue (18$). Un petit vin québécois avec ça ? *1, chemin du Pêcheur Pointe-à-la-Frégate* **Cloridorme** *(214km à l'est de Matane) Tél. 418 395 2966 www.etoiledunord.net Ouvert mai-oct. : tlj.*

prix élevés

Hôtel-motel Belle Plage Cet établissement assez chic et bien situé au bord du Saint-Laurent, à l'entrée ouest de Matane, est réputé pour sa table : homard à la Newburg flambé, mousse de saumon fumé maison... Une cuisine raffinée, mise en valeur par un service distingué, un rien désuet. Comptez 30-55$ pour entrée-plat ou plat-dessert. Les 68 chambres (23 en hôtel, 45 en motel) offrent tout le confort moderne (TV, tél., Internet), mais leur décoration manque de caractère et toutes n'ouvrent pas sur le Saint-Laurent. Prix : 69-139$ (selon la saison), petit déj. 8-15$. Demandez à voir les fumoirs à saumon. *1310, rue Matane-sur-Mer* **Matane** *(5km à l'ouest du centre-ville) Tél. 418 562 2323 ou 1 888 244 2323 www.hotelbelleplage.com Ouvert mi-mai-mi-oct. (restaurant ouvert les ven. et sam. soir en mai, tous les soirs à partir de juin, 18h-21h30)*

Dans les environs

camping

Campings du Parc national de la Gaspésie Quatre jolies aires de camping ont été aménagées dans le parc national de la Gaspésie. À chacune son style : nature pour le terrain du Mont-Albert (82 emplacements), confort pour celui de la Rivière (30 places près de la route mais aussi du centre d'interprétation), sauvage pour le site du Mont-Jacques-Cartier (30 emplacements) et forestier pour le camping du lac Cascapédia (72 places). Les deux derniers n'ont ni l'eau ni l'électricité. En revanche, WC dans tous. Si vous le pouvez, offrez-vous un dîner fin au gîte du Mont-Albert (p.542). Avant d'arrêter votre choix, rendez-vous au centre d'interprétation du parc. Emplacement simple 25$, avec commodités 45$. Rés. conseillée l'été. *Parc National de la Gaspésie* ***Sainte-Anne-des-Monts*** *(env. 100km à l'est de Matane par les routes 138 et 299) Tél. 1 800 665 6527 www.sepaq.com/pq/gas*

petits prix

Auberge Chez Bass Ce pub chaleureux décoré d'objets de quincaillerie permet de lier connaissance avec les gens du coin autour d'une bière ou d'un scotch, la spécialité maison. Restauration simple, mais de bonne tenue : pâtes, poisson frais, burgers, fruits de mer, etc. À partir de 15$ pour 2 services. Billard, baby-foot et occasionnellement concerts de rock ou de blues le week-end. L'auberge loue 5 chambres donnant sur la mer (88$ avec le petit déjeuner). Une adresse sûre. *170, 1re Avenue Ouest* ***Sainte-Anne-des-Monts*** *(90km à l'est de Matane) Tél. 418 763 2613 www.chezbass.com Ouvert tlj. 11h-23h*

Capitaine Homard Un phare rouge et blanc signale ce restaurant de bord de route spécialisé dans le homard depuis 1968. Le menu est donc tout trouvé : pinces ou bisque, mais aussi bouillabaisse, pot-au-feu de la mer, *linguine* poêlées... Les gros appétits commanderont l'Assiette du capitaine (homard, crabe, saumon, moules, crevettes, etc.). Le vivier est alimenté directement par le fleuve. Et il y en a pour tous les porte-monnaie : de 11 à 50$ le repas, avec une moyenne de 35$. Un mot sur l'amusante déco, façon caverne d'Ali Baba marine : les casiers à crustacés, maquettes de bateau et filets de pêche accrochés aux murs sont à vendre ! Soyons honnêtes, tous n'apprécieront pas le côté kitsch et touristique des lieux, et la quête de raffinement ne passe pas par ici. CB acceptées. *180, route de la Mer* ***Sainte-Flavie*** *(63km au sud-ouest de Matane) Tél. 418 775 8046 www.capitainehomard.com Ouvert fin avr.-début sept. : tlj. 11h-23h*

☺ **Auberge festive Sea Shack** Dans une baie sauvage, 3 dortoirs de 10-11 lits, 2 chambres privées, 8 chalets pour 3 à 11 personnes et 2 yourtes que l'on chauffe soi-même au bois. Dernière option : le camping sauvage au bord de l'eau (avec bloc sanitaire). Le confort est rudimentaire, mais la clientèle de baroudeurs semble enchantée ! On les comprend : l'été, des fêtes sont données sur la plage. Spectacles musicaux sympathiques dans une ambiance feu de camp. Du jacuzzi installé face à la mer, on admire le coucher du soleil, parfois ponctué par le plongeon lascif d'un rorqual. Le bonheur... Possibilité de kayak de mer et de canyoning dans le ruisseau Castor. Accès Internet gratuit. Comptez 69-215$ la nuit en chalet, 78$ la chambre, 26$/pers. en dortoir et en yourte et 50$, 14$ la nuit en camping. *292, bd Perron Est Ruisseau-Castor* ***Sainte-Anne-des-Monts*** *(100km à l'est de Matane par la route 132) Tél. 418 763 2999 ou 1 866 963 2999 www.aubergefestive.com Ouvert juin-oct.*

prix moyens

Restaurant du Quai Cette petite table au décor banal constitue une halte agréable à Sainte-Anne-des-Monts, avant ou après la visite d'Exploramer... Les produits de la mer sont évidemment à l'honneur : chaudrée de palourdes assez veloutée, morue (un brin décevante), sole, turbot et saumon rôtis ou pochés. Comptez 25$ à midi, 30-50$ le soir. Signalons aux pique-niqueurs la poissonnerie attenante. *3, 1re Avenue Ouest* ***Sainte-Anne-des-Monts*** *(face à l'église) (88km à l'est de Matane) Tél. 418 763 7407 Ouvert mai-mi-oct. : tlj. 11h30-14h et 17h-21h30*

La Broue dans l'toupet Ambiance bistrot élégant dans le restaurant de l'Hôtel & cie. Les tables nappées de blanc invitent à la dégustation d'une cuisine un brin gastronomique qui valorise les produits locaux. Quelque 10 convives peuvent aussi s'installer au bar. Spécialités de grillades, poisson et fruits de mer. Table d'hôtes 40-94$. *90, bd Sainte-Anne Ouest* ***Sainte-Anne-des-Monts*** *(90km à l'est de Matane) Tél. 418 763 3321 ou 1 855 963 3321 www.hoteletcie.com Ouvert mi-juin-mi-sept. : tlj. 11h-21h ; reste de l'année : tlj. 17h-21h*

Gîte Le Love du pionnier Dans la plus vieille maison du village, Michel Saint-Gelais a aménagé 4 chambres (sdb commune) au style campagnard sobre et réussi. Aussi avenant que généreux, il emmène ses hôtes observer les castors et les orignaux de la réserve faunique de Matane (env. 60$ les 5h)... et les rembourse si par malchance les cervidés ne sont pas au rendez-vous ! L'hiver, "forfait neige" : balades à raquettes, en traîneau à chiens, en motoneige, etc. Comptez 75$ avec le petit déj. Pas de CB. *1, rue Noël (en face de la Caisse populaire)* ***Saint-Luc-de-Matane*** *(env. 10km au sud-est de Matane) Tél. 418 562 1935 ou 1 866 211 7202 www.gitescanada/lelovedupionnier*

Gîte Confort et Chocolats Tout est dans le nom ! À la fois chocolaterie (produits faits sur place), café-salon de thé et hébergement, cette maison située au cœur du village de Saint-Ulric, entre le Bas-Saint-Laurent et la Gaspésie, constitue une excellente base d'excursions. De plus, les familles avec jeunes enfants se régaleront, puisque ici tout est prévu pour leur faire plaisir : parc extérieur aménagé, jouets, chauffe-biberon... sans oublier le chocolat et la "crème glacée". On choisit entre une chambre double (95$), une familiale pour 5 pers. (110$), une suite pour 4 (125$) et un loft équipé d'une kitchenette (130$, 2 nuits min.), tous avec sdb privative. Le petit déjeuner buffet est compris, sauf pour le loft. *129, av. Ulric-Tessier* ***Saint-Ulric*** *(16km au sud-ouest de Matane) Tél. 418 737 1879 www.giteconfortetchocolats.com Ouvert tlj.*

Motel Les Flots bleus Des motels qui bordent la plage de Mont-Saint-Pierre (tous, hélas, du mauvais côté de la route), celui-ci se distingue par ses prix modiques et la qualité de son accueil. Les 9 chambres, toutes orientées vers la mer, sont très propres et confortables : cabine de douche, TV, réfrigérateur et parfois une kitchenette équipée (jusqu'au linge de table). Prévoyez 73-83$ sans le petit déj. CB acceptées. *18, rue Prudent-Cloutier* ***Mont-Saint-Pierre*** *(route 132, 140km à l'est de Matane) Tél. 418 797 2860 lesflotsbleus@globetrotter.net Ouvert mi-mai-mi-oct.*

Maison LeBreux La délicieuse Denise LeBreux tient une auberge familiale bien connue des chanteurs qui participent au Festival en chanson de Petite-Vallée (le gîte affiche alors complet). Les 8 chambres sont toutes coquettes avec leurs courtepointes et leurs papiers peints fleuris. Sdb partagée, 4 chambres avec lavabo. Excellents matelas orthopédiques. Vue sur la mer pour certaines. Comptez 68-78$ avec le petit déj. Si Madame LeBreux n'allume plus ses fourneaux pour les hôtes, elle leur recommandera cependant le café

La Vieille Forge situé juste à côté (p.537). À deux pas, face à l'Océan, 4 chalets pimpants avec cuisine pour 6 personnes : env. 124$ la nuit, 725$ la semaine. CB acceptées. *2, rue de Longue-Pointe (juste à côté du Village en chanson)* ***Petite-Vallée*** *(208km à l'est de Matane) Tél. 418 393 2662 www.lamaisonlebreux.com Ouvert avr.-oct.*

Centre d'art Marcel-Gagnon Face au fleuve, les pieds dans l'eau (ou presque), dégustez la cipaille, une spécialité gaspésienne plutôt roborative : une tourte aux pommes de terre et à la viande (bœuf, porc et poulet émincés) ou aux fruits de mer (crevettes, saint-jacques et pétoncles) marinés dans des épices. Comptez 29-33$ le repas en table d'hôtes. Également 10 chambres douillettes, dont 5 avec vue sur le Saint-Laurent et les sculptures marines de Marcel Gagnon. De 85$ à 145$/pers. avec sdb et petit déjeuner (ajoutez 10$/pers. additionnelle, gratuit pour les moins de 6 ans). *564, route de la Mer* ***Sainte-Flavie*** *(63km au sud-ouest de Matane par la route 132) Tél. 418 775 2829 www.centredart.net Ouvert mai-sept. : tlj. 7h30-22h Entrée libre*

Gîte Monts & Mer Ce gîte met 5 chambres à la disposition des voyageurs, dont 3 offrent une vue sublime sur la mer. Préférez la chambre indépendante avec vue, sdb, TV, réfrigérateur, micro-ondes et ventilateur ; les 4 autres ont néanmoins accès au nécessaire pour conserver les aliments et les réchauffer. De la terrasse un sentier descend jusqu'à la plage. Déco assez sage, mais certaines chambres sont plus coquettes que d'autres. Excellent petit déjeuner servi face au Saint-Laurent. Les propriétaires, fort gentils, vous donneront de bons conseils de promenade dans le parc de la Gaspésie. De 71$ à 104$ la double, petit déjeuner compris. CB acceptées. *218B, 1re Avenue Est* ***Sainte-Anne-des-Monts*** *(90km à l'est de Matane) Tél. 418 763 3136 ou 1 877 763 3136 www.montsgitemer.qc.ca*

prix élevés

La Seigneurie des Monts Difficile de ne pas tomber sous le charme "victorien rustique" de cette belle demeure de 1864, transformée en hôtel dans les années 1930. Les épaisses lames du plancher, les plafonds à caissons, les moulures, les antiquités disposées ici et là apportent une délicieuse touche surannée aux lieux. Les 17 chambres (toutes avec terrasse) possèdent une bonne literie et une sdb. Vue sur le port pour les nos 2 et 3, et pour les suites de l'annexe. À partir de 134$ avec le petit déjeuner (184$ la suite avec bain thérapeutique). Les fresques naturalistes de Gisèle Benoît sont exposées dans les parties communes. Bar. *21, 1re Avenue Est* ***Sainte-Anne-des-Monts*** *(90km à l'est de Matane) Tél. 418 763 5308 ou 1 800 903 0206 www.bonjourgaspesie.com*

☺ **Maison de campagne Le Jardin de givre** La poésie est à l'honneur dans cette habitation isolée de l'intérieur des terres. Gérald, poète, et Ginette, chanteuse et musicienne, ont aménagé avec beaucoup de goût et d'imagination 5 chambres et 3 salles de bains. Dans chacune est encadré un poème d'Émile Nelligan, et il n'est pas rare d'entendre Ginette déclamer les vers du "Rimbaud québécois" en s'accompagnant au piano : "Ah ! Que la neige a neigé, ma vitre est un jardin de givre..." La maison se prête au cocooning au coin du feu, mais on peut suivre les conseils de balade des hôtes. En hiver, ils proposent des sorties à raquettes et en traîneau à chiens. Location à la semaine uniquement, comptez 700$/sem. pour 2 pers. *3263, route du Peintre* ***Saint-Léandre*** *(à 23km de Matane en suivant la route 132 vers l'ouest jusqu'à Saint-Ulric, puis celle de Saint-Léandre, au sud, et les panneaux "Le Jardin de givre" sur 14km) Tél. 418 737 4411*

Château Lamontagne Ambiance feutrée dans ce petit château construit en 1874 au sommet d'une falaise. Sept chambres se disputent la belle vue sur la mer et partagent la même literie ultraconfortable, les beaux planchers et les méridiennes anciennes. Bain-tourbillon et feu de bois dans la suite. À partir de 132$ la chambre double. Pour profiter pleinement des lieux, le restaurant bistronomique prépare une cuisine où se rencontrent les saveurs locales. Entrée de foie gras ou tartare de bœuf revisité (de 12$ à 19$). Plat de résistance entre 24$ (poitrine de poulet) et 35$ (filet mignon). Forfait chambre et menu 5 plats à partir de 212$ pour 2 pers. *170, 1re Av. Est* ***Sainte-Anne-des-Monts*** *(90km à l'est de Matane) Tél. 418 763 7666 chateaulamontagne.com*

prix très élevés

Gîte du Mont-Albert L'endroit est tout simplement magique ! Après avoir slalomé entre les orignaux, on atteint ce site extraordinaire, au sein du parc national de la Gaspésie. L'architecture ne manque pas d'élégance, et les 60 chambres entièrement remises au goût du jour en 2013 incitent au farniente. Elles sont toutes tournées vers le mont Albert (159-175$, basse saison 119-145$). La piscine extérieure chauffée délasse les randonneurs fourbus l'été. Sauna, massages, buanderie. Vingt-cinq chalets (parfois avec kitchenette) sont dispersés sur le site, en pleine nature (180-345$ pour 2-8 pers.). Côté table : gastronomique et concoctée le soir par le chef Alain Berthelot, la cuisine se fait plus simple, disons bistrot, à midi. Comptez 20-25$ au déjeuner, 36-46$ au dîner. *Parc national de la Gaspésie 2001, route du Parc* ***Sainte-Anne-des-Monts*** *(env. 100km à l'est de Matane par les routes 138 et 299) Tél. 418 763 2288 ou 1 866 727 2427 www.sepaq.com/pq/gma Restaurant ouvert tlj. Fermé fin oct.-26 déc. (sauf chalets pour 4 et 8 pers.)*

Auberge de montagne des Chic-Chocs La première auberge de montagne (2005) de l'est du Canada arbore fièrement ses quatre étoiles. Située dans la réserve faunique de Matane, elle n'est accessible qu'en minibus ou en autobus à chenilles. Arrivé sur place à 615m d'altitude, il vous restera à choisir entre la randonnée (à pied, à VTT, à raquettes ou à skis), la pêche au saumon, l'observation de la faune ou la relaxation dans le spa extérieur et au sauna. Les 18 chambres sont confortables, mais on ne rêve que d'en sortir pour rencontrer des caribous et des orignaux ! Les gastronomes seront comblés par les plats de gibier et de poisson. Un havre de paix fantastique... mais pas donné : forfaits de 3, 4 ou 7 nuits. Comptez 490-550$/2 pers. la nuitée. Le forfait inclut le transport à partir de Cap-Chat, l'hébergement, la pension complète, les services d'un guide et l'équipement de sécurité et de plein air. ***Réserve faunique de Matane*** *(55km au sud de Cap-Chat) Tél. 418 907 9024 ou 1 800 665 3091 www.sepaq.com/ct/amc Ouvert fin juin-début oct., Noël-début avr.*

GASPÉ

Le chef-lieu de la péninsule gaspésienne est très étendu puisqu'il regroupe dix-sept localités, de L'Anse-à-Valleau à Fort-Prével. Son centre historique se cache dans une majestueuse baie de la côte est, posant un sacré cas de conscience : est-on arrivé à la "fin des terres", comme le suppose son nom micmac, Gespeg ? Ou en est-ce au contraire le début comme le voudrait l'histoire occidentale ? C'est là, en effet, que Jacques Cartier planta en juillet 1534 une croix pour signaler sa prise de possession du Nouveau Monde au nom du roi de France. Avec les nouveaux aménagements du "Berceau du Canada", un musée riche et animé, un centre-ville revitalisé par de nouveaux commerces, et la communauté micmac qui a repris sa culture en main, Gaspé semble de plus en plus miser sur ses propres atouts pour attirer les touristes. La proximité du parc national Forillon (à 30min de route du centre) et de Percé (45min) constituent cependant aussi de sérieux arguments en faveur du point de chute central représenté par Gaspé. Quant aux îles de la Madeleine, elles ne sont qu'à 45min de vol.

UN PORT HISTORIQUE La localité ne prit véritablement corps qu'avec l'installation de loyalistes, à la fin du XVIIIe siècle. Elle accueillit le premier relais de poste de Gaspésie en 1804 et vécut de la pêche à la morue et au saumon, sous la houlette d'armateurs jersiais, tout au long du XIXe siècle. L'arrivée du chemin de fer en 1911 favorisa le développement du port de commerce et des chantiers navals. Sa baie, considérée comme l'une des plus sûres du monde, abrita une base militaire lors de la Seconde Guerre mondiale. Dans les années 1950, la concurrence de Montréal et d'Halifax dissipa le rêve de faire de Gaspé un port international. Aujourd'hui, le parc national Forillon, créé en 1971, attire nombre de visiteurs en ville.

MODE D'EMPLOI

accès

EN VOITURE

Gaspé se trouve 700km au nord-est de Québec, 382km à l'est de Rimouski et 294km à l'est de Matane par la route 132.

EN CAR

Orléans Express Deux cars de la compagnie relient chaque jour Gaspé à Québec et à Montréal via la côte nord de la Gaspésie, et autant via la baie des Chaleurs (côte sud). Gaspé-Québec : 120$, Gaspé-Carleton : 37$. *Tél. 514 395 4000 www.orleansexpress.com*

Gare routière Son comptoir est ouvert 7j./7, 24h/24. *20, rue Adams (parking du motel Adams) Tél. 418 368 1888*

Régîm Des cars circulent entre les différentes villes de Gaspésie. Trajet 4$, 3$ en carnet de 10. *Tél. 1 877 521 0841 www.regim.info*

EN AVION

Air Canada Jazz Deux vols/j. sur la rotation Îles de la Madeleine (45min)-Montréal via Gaspé et Montréal (3h). *Tél. 514 393 3333 ou 1 888 247 2262 www.aircanada.com*

Aéroport de Gaspé 8km au sud du centre-ville par la route 198. Comptez 22$ la course en taxi jusqu'au centre-ville. *Tél. 418 368 2104 (poste 8514) Ouvert tlj. 6h-22h*

Taxi Porlier *Tél. 418 368 3131*

orientation

Le centre-ville occupe la rive nord du bassin du Sud-Ouest, l'une des deux profondes échancrures de la baie de Gaspé. La rue de la Reine, l'artère principale, regroupe centre commercial, restaurants et boutiques. La route 132 traverse la ville en prenant différents noms (bd Gaspé, bd York Est, montée Sandy Beach).

informations touristiques

Bureau d'information touristique Brochures et plaquettes touristiques à disposition. Possibilité de réserver toutes vos activités. *1-8, rue de la Marina Tél. 418 368 6335 Ouvert 24 juin-mi-oct. : tlj. 8h30-18h30 (19h en juil.-août) ; reste de l'année : lun.-ven. 8h30-16h30*

fêtes et manifestations

Musique du bout du monde Concerts, spectacles, bals... Gaspé vibre aux rythmes du monde. ***Gaspé*** *Début août*

DÉCOUVRIR

☆**Les essentiels** Le Berceau du Canada, le site d'interprétation de Gespeg, le parc national du Canada Forillon **Découvrir autrement** Revivez la découverte du Canada au musée de la Gaspésie, piquez une tête dans la mer à la plage de Penouille

Gaspé

☆ **Berceau du Canada** Voulant effacer les erreurs du gouvernement canadien qui fit détruire le quartier historique de la pointe O'Hara, autant dire la majeure partie du patrimoine de Gaspé, pour le remplacer par des routes et un centre commercial, la ville a décidé de redorer son blason en reconstituant une bonne partie du site historique et en redonnant à ses habitants un accès aux berges du golfe où ils peuvent de nouveau se promener. Depuis 2016, les disgracieux parkings, les fast-foods et l'horrible place Jacques-Cartier qui défigurent le centre semblent s'être estompés, et la ville ne donne plus l'impression d'être coupée de sa baie. Huit bâtiments en bois reconstruits à l'identique reconstituent ce quai autrefois cœur économique de Gaspé : le photographe (exposition de photos d'Ernestine L'Espérance), l'entrepôt Davis, la taverne Baker (où l'on peut se rafraîchir), le magasin général Collas and Slous, l'hydrobase (où Jacques de Lesseps rangeait ses hydravions), la maison longue des Micmacs, la maison Horatio Le Boutillier (seule maison historique du site, elle date de 1850) et la base navale (exposition sur la Seconde Guerre mondiale). La croix de granit, autrefois près de la cathédrale, rappelle la croix de Jacques Cartier et fut déménagée sur le site en 2012. Quelques sculptures contemporaines et une jolie boutique complètent l'ensemble. Le site est ouvert en permanence à la promenade, mais l'entrée dans les bâtiments (avec horaires d'ouverture) est payante. La visite commentée est fortement conseillée. *179, montée Wakeham Tél. 418 368 9423 pointeoharagaspe.ca Ouvert fin juin-début sept. : tlj. 9h30-17h*

Musée de la Gaspésie Il possède plus de 6 000 objets et un fonds de 100 000 photos représentatifs de l'histoire et de la culture régionales (des outils de pêche et de construction navale comme des œuvres d'art), et accorde une place particulière à l'expédition qui amena Jacques Cartier à prendre possession du pays au nom de François Ier, en juillet 1534. D'autres sections abordent comté par comté les différents visages de la région, en passant par la culture micmac, la Seconde Guerre mondiale, les mines, la pêche, les Acadiens et les turlutes de la Bolduc (p.557). Le musée accueille aussi des expositions temporaires de bonne facture. *80, bd Gaspé Tél. 418 368 1534 www.museedelagaspesie.ca/fr Ouvert juin-oct. : tlj. 9h-17h ; nov.-mai : mer.-ven. 10h-17h, w.-e. 12h30-17h Tarif 12,25$, réduit 6-10$, familles 30,50$*

DES BALEINIERS SUR LE SAINT-LAURENT

Au XIXe siècle, le port de Gaspé est un point stratégique des baleiniers canadiens qui opèrent dans l'Atlantique nord, et la chasse à la baleine occupe une place importante dans l'économie de la région. Tout est utilisé dans l'animal, principalement sa graisse, transformée en huile d'éclairage ou en cosmétique. L'activité des baleiniers décline à partir des années 1860, sous l'effet de la surpêche et de l'arrivée de l'huile de charbon sur le marché canadien. Pour en apprendre davantage, un petit tour au musée de la Gaspésie s'impose.

Monument à Jacques-Cartier Juste à côté du musée de la Gaspésie, six stèles en fonte en forme de dolmen ont été dressées face à la baie de Gaspé. Dues à Bourgault-Legros, elles sont ornées de scènes évoquant l'arrivée de Jacques Cartier au Canada et sa rencontre avec les Amérindiens.

☆ **Site d'interprétation de la culture micmac de Gespeg** Ici, les visiteurs sont accueillis par un poétique *weli-eksitpu'k* (bonjour). Les Micmacs occupent ce "bout des terres" (*gespeg*) depuis le XVIIe siècle. Le centre d'interprétation rappelle leur longue histoire, et une visite guidée du site extérieur (1h45) fait découvrir leur habitat (reconstitution de wigwams) et leur mode de vie au moment de leur installation dans la péninsule. Techniques de chasse, travail des peaux, répartition des tâches : un portrait très complet de cette communauté amérindienne sur le thème des quatre saisons. L'été, on peut observer des artisans au travail et déguster une soupe à l'orignal, ce qui ne se refuse pas ! Notez que les employés du site sont tous micmacs. Visites guidées à 9h30, 10h30, 13h et 15h. Boutique. *783, bd Pointe-Navarre (route du parc Forillon, 8km au nord de Gaspé) Tél. 418 368 7449 ou 1 866 870 6005 www.gespeg.ca Ouvert juin-sept. : tlj. 9h-17h Tarif 11$, réduit 8,50-9,50$, familles 32$*

Où trouver les produits du terroir gaspésien ?

Marché des saveurs gaspésiennes Toute la Gaspésie dans un panier, c'est possible dans cette boutique entièrement consacrée à la promotion des produits locaux. Bières, charcuteries et fromages se bousculent sur les présentoirs, il ne vous reste plus qu'à choisir et goûter. *119, rue de la Reine Tél. 418 368 7705 Ouvert juin-sept. : lun.-sam. 8h-21h, dim. 9h-18h ; oct.-mai : lun.-mer. et sam. 8h-18h, jeu.-ven. 8h-19h30, dim. 10h-18h*

★☺ Le parc national du Canada Forillon

Impossible de résister à la beauté de ce parc accroché à l'extrémité de la péninsule. Falaises escarpées, forêts peuplées d'orignaux, de castors et d'ours noirs, plages de galets, montagnes verdoyantes… Ici, les randonneurs sont aux anges avec plus de 70km de sentiers balisés. L'été, on se baigne dans ses eaux claires et l'on s'y balade en kayak de mer sous l'œil indifférent des phoques. Possibilité également de randonner à cheval, de louer des vélos (mi-juin-début sept.), de pratiquer le tennis et de se rendre à la piscine (mi-juin-mi-août) au centre récréatif du secteur sud. En hiver, on s'y promène à skis de fond ou à raquettes. Les guides naturalistes animent de nombreuses activités pédagogiques et diverses causeries dans des théâtres de verdure. On peut aussi se renseigner sur la faune, la flore et la géologie du site au centre d'interprétation (secteur nord, ouvert juin-mi-oct. : tlj.). Le parc a deux portes et deux bureaux d'accueil – respectivement Cap-des-Rosiers et L'Anse-au-Griffon pour le secteur nord ; Petit-Gaspé et Penouille pour le secteur sud. *122, bd de Gaspé* ***Gaspé*** *Le secteur sud est situé 33km au nord de Gaspé par la route 132 Tél. 418 368 5505 ou 1 888 773 8888 www.pc.gc.ca/forillon Ouvert tlj. (accueil juin-oct.) Tarif 7,80$ (5,65$ hors saison), réduit 3,90-6,80$* **Ravitaillement** *Épicerie AMI à Cap-aux-Os Ouvert été : tlj. 8h-22h*

Phare de Cap-des-Rosiers Le plus vieux phare de Gaspésie (1854-1856) et le plus haut du Canada (34m). *1331, bd Cap-des-Rosiers (37km à l'est de Gaspé) Tél. 418 892 5767 www.pharecapdesrosiers.ca Ouvert 24 juin-début sept. : tlj. 8h-18h Visites guidées toutes les 30min 9h-17h Tarif 3$, 10$ avec la visite guidée*

Magasin général Hyman & Sons Transformé en un petit musée, il s'attarde sur l'histoire de la pêche à la morue dans la péninsule. *Grande-Grave (secteur sud, 38km à l'est de Gaspé) Tél. 418 892 5015 Ouvert fin juin-début sept. : tlj. 10h-17h ; début juin-fin juin, début sept.-mi-oct. : tlj. 10h-16h*

Maison Blanchette Des interprètes en costume d'époque évoquent la vie des familles de pêcheurs-cultivateurs de L'Anse-Blanchette. ***Grande-Grave*** *(secteur sud) Ouvert fin mai-mi-sept. : tlj. 10h-17h*

Faire une randonnée La plus spectaculaire gravit le **mont Saint-Alban** (7,5km). Comptez 3h30 d'ascension assez raide à partir du cap Bon-Ami. La tour d'observation du sommet réserve un panorama exceptionnel sur le parc, les falaises de la péninsule et le golfe de Gaspé. Au large se profilent l'île Bonaventure et le rocher de Percé. Un autre itinéraire populaire relie les **Graves** au **cap Gaspé** (8km AR, 2h30). En route, vous aurez des chances d'apercevoir des baleines. Plus familiale, la randonnée de **la Chute** (1km) prend 30min. Une petite cascade de 17m nichée dans un bel écrin de cèdres et d'épinettes récompense les marcheurs. Plusieurs voies font partie du sentier international des Appalaches (SIA), piste de 1079km reliant le mont Katahdin, dans le Maine (États-Unis), au cap Gaspé.

Se baigner, plonger Se baigner dans le golfe du Saint-Laurent ? C'est possible... avec un peu de courage ! Coup de cœur pour la plage de galets de **Petit-Gaspé**, une charmante crique léchée par une eau limpide et jonchée de bois mort. La seule plage de sable du parc est celle de **Penouille** (secteur sud), à droite après le panneau Cap Aventure, sur la route du cap Gaspé. Les adeptes de la plongée sous-marine et en apnée iront du côté d'**Anse-Saint-Georges**, d'**Anse-aux-Amérindiens**, de **Grande-Grave** et de **Petit-Gaspé**.

Saluer phoques et baleines

☺ **Observation des cétacés** L'été (juin-mi-oct.), des croisières d'observation en zodiacs (baleines, dauphins, marsouins, etc.) partent de Grand-Grave (secteur sud). *Tél. 418 892 5500 (rens. et rés.) ou 1 866 617 5500 (rens. et rés.) www.baleines-forillon.com*

☺ **Cap Aventure** Les guides-interprètes de Cap-Aventure vous diront tout ce qu'il faut savoir sur les mammifères et oiseaux marins observables en chemin. Une excursion inoubliable de 2h30 (55$, étudiants 49$, enfants 30$, familles 180$). Un départ matinal, un autre en fin d'après-midi. Location de kayaks de mer pour 1 ou 2 pers. (60$/3h). *Cap-aux-Os Tél. 418 892 5055 ou 1 877 792 5055 www.capaventure.net Ouvert mai-début oct. : tlj. sur rés*

☺ **Aube sur mer** Sortez quelques heures au crépuscule en kayak de mer, en barque et en voilier à la rencontre des phoques et des baleines. Nombreuses formules thématiques. Également des excursions de plusieurs jours vers Percé et les rivières York, Saint-Jean et Dartmouth. Comptez 45$ les 2h (enfants 35$). Sur réservation seulement. *2172, bd Grande-Grève* **Cap-aux-Os** *Tél. 418 360 4073 www.aubesurmer.com*

Voir le travail des castors

Observation des castors En compagnie d'un guide du parc, de début sept. à début oct. (rens. au centre d'interprétation).

Les environs de Gaspé

Rivière-au-Renard À moins de 10km du parc national Forillon, la capitale de la pêche gaspésienne s'enorgueillit de ses deux havres, de son chantier naval, de sa flottille et de son usine de transformation du poisson. L'histoire du village fondé en 1790 tourne irrémédiablement autour de la mer : il accueille de nombreux Irlandais après le naufrage du *Carrick* en 1847, et en 1909, une révolte de pêcheurs qui exigent de meilleurs prix pour le poisson parvient à faire vaciller un système économique dominé par des compagnies étrangères, essentiellement jersiaises. *41km au nord de Gaspé par les routes 132 puis 197*

Manoir Le Boutillier Cette maison au toit Kamouraska (à larmier cintré) fut élevée vers 1850 par John Le Boutillier (1797-1872), l'un des plus puissants

JOHN LE BOUTILLIER
Arrivé de Jersey en 1812, il est employé par la famille Robin dans le commerce des pêcheries, d'abord comme commis puis comme gérant. Il épouse la nièce de son patron en 1824. En 1833, il crée la société John Le Boutillier & Co, se fixe à Gaspé et, dans la foulée, devient député.

exportateurs de morue de l'époque, pour le gérant de sa compagnie. La demeure, bâtie avec la cargaison de pin d'un navire naufragé et entièrement "embouffetée" (assemblée sans vis ni clou), a bien vieilli. Prouesse architecturale, l'escalier autoportant est constitué d'un seul arbre tordu à la vapeur. Des guides en costume d'époque vous en font faire le tour. Salon, cuisine, bureau : son intérieur bourgeois a été fidèlement reconstitué. La visite est instructive (45min), et l'endroit plein de cachet. Prolongez le plaisir en croquant des desserts à l'ancienne au salon de thé du Manoir. Vente de produits du terroir à la boutique. *578, bd Griffon* ***L'Anse-au-Griffon*** *(55km au nord-est de Gaspé par les routes 197 et 132) Tél. 418 892 5150 www.lanseaugriffon.ca Ouvert mi-juin-mi-oct. : tlj. 9h-17h Tarif 8$, réduit 6$, moins de 12 ans gratuit, familles 18$*

CARNET D'ADRESSES

Restauration, hébergement

Les restaurants ne sont pas légion à Gaspé. Si les hôtels et gîtes affichent complet, dirigez-vous vers Percé ou le parc national Forillon.

petits prix

La Brûlerie du Café des Artistes Les voyageurs de tout poil aiment se retrouver dans cet estaminet central et cosy pour se raconter leur journée au parc national Forillon ou feuilleter les journaux mis à leur disposition. Dans un décor de joyeuse brocante, on grignote des sandwichs, pâtes, salades, potages et pizzas de bonne qualité. Quelques bières au fût. Comptez 10-20$ le repas. Grand choix de cafés (cappuccino, *espresso*, café fouetté), également vendus en grains, car nous sommes dans une authentique brûlerie. On peut jouer aux échecs ou aux cartes avec les jeunes du coin dans l'arrière-salle. Wifi. *101, rue de la Reine (à côté du pont du centre-ville)* ***Gaspé*** *Tél. 418 368 3366 cafedesartistes.co Ouvert fin juin-début sept. : tlj. 7h-22h30 ; début sept.-fin juin : w.-e. 8h-22h30, lun.-ven. 7h-22h30*

prix moyens

Brise-Bise Ce sympathique bistrot-resto qui fait face au bassin du Sud-Ouest est sans doute le lieu le plus animé de Gaspé. Ses spectacles et concerts (rock, chanson, blues) attirent beaucoup de monde, tandis que les peintures accrochées aux murs transforment le lieu en une galerie. La cuisine, correcte mais sans prétention, se déguste mieux sur la terrasse. Le plat vedette : la poutine aux crevettes ! Comptez 15-20$ à midi en table d'hôtes, 25-30$ le soir. Plusieurs bières, vins et cocktails. *135, rue de la Reine/2, côte Carter* ***Gaspé*** *Tél. 418 368 1456 www.brisebise.ca Ouvert tlj. 11h-3h (service 11h-22h)*

Au Frontibus La bière coule à flots dans cette immense salle dont les volumes ne sont pas sans rappeler les brasseries allemandes. L'ambiance est jeune et festive, on y ripaille tard et on profite des concerts donnés régulièrement. Mais ce qui distingue le Frontibus des autres pubs, c'est la qualité de sa carte qui fait la part belle aux plats végétariens. Tapas (pétoncles, escargots), confit de canard (19$), morue à l'ancienne (14,50$), burger végé au pesto (15,50$) ou bol du dragon (création végétarienne à 16$). Attention, les cuisines ferment à 21h ! *175, rue Jacques Cartier* ***Gaspé*** *Tél. 418 368 7388 Ouvert lun.-mar. 11h-2h, mer.-sam. 11h-3h, dim. 9h-16h*

Hôtel Plante Facile à repérer avec ses toits bleu vif, cet hôtel du centre-ville compte 42 unités avec ou sans kitchenette. Vous aurez le choix entre des chambres rénovées, avec ou sans vue sur la baie de Gaspé. Toujours d'une propreté clinique et d'un grand confort. De 100 à 150$ en haute saison, 8,50$ le petit déjeuner. CB acceptées. Accueil 24h/24 toute l'année. *137, rue Jacques-Cartier* ***Gaspé*** *Tél. 418 368 2254 ou 1 888 368 2254 www.hotelplante.com*

prix élevés

Auberge sous les arbres À la fois en plein centre-ville et loin de tout, cette auberge mérite de nombreux compliments : le bon goût, le charme, le confort et celui, non-négligeable, d'anoblir le centre de Gaspé par sa présence. Il faut dire que la propriétaire avait auparavant créé le Brise-Bise, autre institution aimée des habitants et des touristes. Devenue aubergiste, Claudine Roy a gardé cette envie de faire les choses jusqu'au bout, dans un souci de qualité et pour le bonheur de ses clients. La jolie maison blanche offre 12 chambres avec sdb (120$) et 3 supérieures avec balcon (130$). Aussi disponible, un grand studio indépendant avec cuisine pour 140$. Petit déjeuner inclus. *146, rue de la Reine* ***Gaspé*** *Tél. 418 360 0060 ou 1 844 360 0060 aubergesouslesarbres.com*

Gîte Le Phénix Si vous rencontrez le fantôme de John Le Boutillier dans ce gîte historique, rien de plus normal car cette maison fut la sienne ! Elle fut bâtie il y a plus de 150 ans face à la ville qu'elle contemple depuis. Trois chambres impeccables, chacune ayant sa sdb privative dont 2 avec vue sur Gaspé (125-135$, petit déj. compris). Enchanteur ! Ceux qui ont visité le Manoir Le Boutillier (p.547) reconnaîtront un trait d'architecture commun en empruntant l'élégant escalier. *55, York est* ***Gaspé*** *Tél. 418 368 4358 www.gitephenix.com*

Dans les environs

camping

Campings du parc national du Canada Forillon Il est prudent de réserver, mais la moitié des emplacements recensés dans le parc sont mis à disposition des campeurs sur la base du premier arrivé, premier servi. Dans le secteur nord, le camping Des-Rosiers (146 places) jouit d'une belle vue sur la mer et les falaises. Il est ouvert de la mi-juin à début septembre. Celui du Cap-Bon-Ami (41 emplacements), également bien situé au bord de l'eau mais plus rustique, n'accueille que des tentes, de juin à début septembre. Ouvert de juin à mi-octobre, le Petit-Gaspé (168 places), bien équipé (piscine, vélos à louer), occupe un site boisé mais sans vue sur la mer dans le secteur sud. Enfin, trois sites de camping sauvage le long des sentiers des Lacs et des Crêtes. Comptez 25-30$ l'emplacement, frais de séjour (8$/pers., familles 20$) en sus. ***Parc national du Canada Forillon*** *(au nord de Gaspé) Tél. 1 877 737 3783 www.pccamping.ca*

Camping Griffon Un bel endroit pour planter sa tente, à quelques kilomètres du centre d'accueil du parc Forillon. Un tiers des 75 emplacements, gazonnés et juchés sur une falaise, offrent une vue de rêve sur l'estuaire du Saint-Laurent. Le site est ombragé et bien tenu, mais évitez les emplacements proches de la route, assez passante. Comptez 26-35$ en haute saison (4 pers.). Épicerie, pains de glace, douches et téléphone public. *421, bd Griffon* ***L'Anse-au-Griffon*** *(55km au nord-est de Gaspé) Tél. 418 892 5938 www.campinggriffon.com Ouvert mi-juin-mi-sept.*

petits prix

☺ **Auberge internationale Forillon** Cette AJ installée aux portes du parc Forillon propose des croisières d'observation des baleines et des phoques en kayak. Côté hébergement, 5 chambres pimpantes et 7 dortoirs de 4 à 8 lits (30$/pers./nuit sans le petit déj.). Personnel compétent et dynamique. Cuisine, buanderie. Location de vélos. CB acceptées. Les cars Orléans Express s'arrêtent devant l'auberge de la mi-juin à la mi-octobre. *2095, bd Grande-Grève* ***Cap-aux-Os*** *(env. 10km au nord de Gaspé) Tél. 418 892 5153 ou 1 877 892 5153 www.aubergeinternationaleforillon.com Ouvert mi-avr.-fin oct.*

Auberge Griffon Aventure Une autre auberge de jeunesse de rêve ! Bar sympa, cuisine collective, plat du jour pour les pensionnaires (12$), nombreuses activités (canyoning 69$/5h, pêche à la morue 70$/2h30) et différents hébergements : dortoir de 10 lits (25$, literie fournie), tentes de prospecteur (75$), chalet pouvant héberger 6 pers. (110$/2 pers., 10$ par pers. suppl.). Un bel endroit à l'esprit jeune, les pieds dans l'eau ! *829, bd Griffon* ***L'Anse-au-Griffon*** *(40km au nord-est de Gaspé par la 132 ouest, la 197 et encore la 132) Tél. 418 360 6614 Ouvert mai-oct. : tlj.*

PERCÉ

Un village côtier, un énorme caillou troué d'une arche naturelle, des boutiques de souvenirs... Percé n'est pas sans rappeler Étretat ! Son rocher Percé – un imposant bloc de calcaire détaché de la falaise – a fait de la bourgade un incontournable touristique en Gaspésie, d'autant que l'île Bonaventure, ancrée à quelques encablures du rivage, abrite la deuxième colonie de fous de Bassan au monde. Deux sites qui attirent désormais une foule de photographes amateurs en juillet-août. L'offre en matière d'hébergement et de restauration a suivi, la qualité de l'accueil un peu moins. Rassurez-vous cependant, il n'y a pas de quoi gâcher pour autant la magie de Percé.

PERCÉ ET L'ART Principal port de pêche de Gaspésie des années 1780 au XIXe siècle, Percé est depuis cent ans au moins un lieu de villégiature apprécié des artistes. Dès la Belle Époque, le peintre américain Frederick James (1845-1907) puis sa compatriote Georgia O'Keeffe (1887-1986) ont immortalisé son rocher Percé, tout comme le photographe Paul Strand en 1936. En 1944, André Breton y entreprit la rédaction de son recueil *Arcane 17* après avoir appris la libération de Paris par les Alliés. "Rocher Percé, quelle terreur te fit geler dans les bras du Labrador ?" s'interrogeait un autre poète surréaliste, Yvan Goll, en 1946.

LA CÔTE SUD DE LA GASPÉSIE Son relief est moins spectaculaire que celui de la côte nord. Le littoral est échancré par de larges rivières à saumon (Port-Daniel, Bonaventure, Cascapédia) et semé de barachois (marais estuariens qu'une bande de sable isole de l'océan). La toponymie des bourgs illustre un métissage historique : Indiens Micmacs, pêcheurs basques et jersiais, Acadiens, loyalistes américains…

MODE D'EMPLOI

accès

EN VOITURE

Percé est situé 70km au sud de Gaspé et 191km au nord-est de Carleton-sur-Mer par la route 132 et 788km au nord-est de Québec.

EN CAR

Orléans Express Deux cars de la compagnie relient quotidiennement Percé à Québec en passant par Gaspé et la côte nord de la péninsule, ou par la baie des Chaleurs et la vallée de la Matapédia. *Tél. 514 395 4000*

Arrêt des cars L'été, devant l'office de tourisme de Percé ; hors saison, à L'Anse-à-Beaufils, 7km au sud de Percé. L'achat des billets se fait dans le bus, à l'arrêt qui suit la montée.

orientation

La 132 traverse le village qui s'étire le long de la mer face au rocher Percé et à l'île Bonaventure. Les boutiques, motels, gîtes et restaurants sont regroupés autour de l'office de tourisme.

informations touristiques

Bureau d'information touristique de Percé Toutes les informations pratiques sur Percé et l'île Bonaventure, mais on ne vous fournira plus les horaires des marées pour accéder au rocher Percé car si la balade n'est pas formellement interdite, elle reste vivement déconseillée en raison des risques d'accidents. Réservation d'hébergements. Location d'audioguides pour visiter la ville (2$). *142, route 132* ***Percé*** *Tél. 418 782 5448 www.perce.info Ouvert juil.-août : tlj 8h-20h ; mi-mai-juin, sept.-mi-oct. : tlj. 8h30-18h*

Bureau d'accueil touristique de Chandler N'hésitez pas à les solliciter, ils savent tout sur tout, et le disent avec le sourire. *10, bd Pabos* ***Chandler*** *Tél. 418 689 3185 Ouvert fin juin-début sept. : tlj. 8h-17h*

DÉCOUVRIR

Percé

☆ **Les essentiels** Le rocher Percé et l'île Bonaventure **Découvrir autrement** Approfondissez vos connaissances sur le paysage au Géoparc, empruntez la route des Failles, partez à la rencontre des baleines

Musée Le Chafaud Au 1er étage d'un bâtiment de la compagnie Robin où l'on transformait jadis le poisson, cet espace met en lumière la vocation artistique de Percé et son rocher grâce à des expositions thématiques. Le musée met en valeur l'œuvre de la sculptrice Suzanne Guité (1927-1981) et de son compagnon le peintre Alberto Tommi (1917-1959), deux destins tragiques unis par leur amour de l'art et du site de Percé. Par ailleurs, y sont régulièrement montrées des œuvres d'artistes québécois, notamment Gaspésiens. Intéressant ! *142, route 132 Tél. 418 782 5100 ou 418 782 5247 www.musee-chafaud.com Ouvert fin juin-fin sept. : tlj. 10h-19h Tarif 5$, réduit 2-3,50$, familles 13$*

Centre de découverte du parc national de l'Île-Bonaventure-et-du-Rocher-Percé Au rez-de-chaussée du musée Le Chafaud, un excellent préambule à la visite du rocher Percé et de l'île Bonaventure. Histoire, géologie, ornithologie, flore, écologie marine, etc. Toutes les thématiques du parc sont abordées avec clarté et pédagogie. Une vidéo de 35min s'attarde sur les fous de Bassan et autres oiseaux de mer qui nichent sur l'île Bonaventure. Tous les soirs, de mi-juin à mi-août, des causeries (sur les baleines, la pêche, etc.) sont données gratuitement à la Saline, le bâtiment voisin. *4, rue du Quai Tél. 418 782 2240 www.sepaq.com/pq/bon Ouvert juin-mi-oct. : tlj. 9h-17h Tarif 8,50$ (le ticket donne accès à l'île Bonaventure)*

Mont Sainte-Anne et cascade de la Grotte Du haut de ses 340m, le mont Sainte-Anne offre un panorama magnifique sur Percé et son rocher, qui s'étend par beau temps jusqu'au Nouveau-Brunswick. On le gravit en suivant le chemin de 2,5km (1h15 aller) qui part de l'église Saint-Michel-de-Percé. Une bifurcation, le sentier des Belvédères, réserve les plus beaux points de vue sur la côte avant de rejoindre le sommet. Une autre balade sur un chemin rocailleux mais carrossable vous mènera de l'église à la Grotte, une falaise en grès rouge de 20m de hauteur, d'où dégringole un filet d'eau (qui peut grossir selon la saison), sous les yeux d'une statue de la Vierge. *Plan des randonnées, dont celle-ci, à l'office de tourisme*

☺ **La Promeneuse d'oiseaux et Cie** Chantal Soucy a récolté plus de 250 pièces de l'art populaire québécois et a choisi de les montrer. La bonne idée ! Dans sa grange foisonne un monde riche en couleurs et qui prend la forme d'oiseaux, certes, mais aussi de pin-ups, de pingouins, de cachalots, de chasseurs, d'araignées, de chiens, de homards *e tutti quanti*. Découvrez les œuvres d'artistes humbles et minutieux tels Honoré Hunt, Réjean Pipon, Onésime Leblanc ou Aimé Desmeules. *412, route 132 ouest Tél. 418 783 2094 Ouvert mi-juin-mi-sept. : mer.-dim. 10h-17h Tarif 5$*

Géoparc Nouveau dans le paysage (2016), le Géoparc se consacre entièrement au... paysage et à sa géologie. Centré sur un pavillon où se mêlent expériences multimédias et sensorielles et où l'on trouve une grande salle de jeux pour enfants (bien pratique les jours de pluie), le Géoparc étend en fait ses ailes à toute la ville en proposant des balades accompagnées sur de nouveaux sentiers balisés, à la découverte de la géologie si particulière de Percé. Une plateforme vitrée suspendue dans le vide à 200m devrait être inaugurée au printemps 2017 (navette pour s'y rendre 5$). *180, route 132 ouest Tél. 418 782 5112 geoparcdeperce.com Ouvert lun.-ven. 10h-16h, w.-e. 9h-17h*

Route des Failles Cet itinéraire automobile contourne Percé et le mont Sainte-Anne, ménageant des vues spectaculaires sur la Malbaie, Percé et son rocher. De la route 132, en face du Riotel, tournez à droite (en venant du nord). La route des Failles grimpe autour de la montagne et rejoint la 132, 6km au nord de Percé. En revenant vers Percé, faites une pause photo au belvédère du pic de l'Aurore (à hauteur du motel du même nom), environ 1,5km au nord de Percé sur la 132.

Où acheter des bijoux en gaspéite ?

Espace Wazo Connaissez-vous la gaspéite, cette pierre magnifique identifiée en 1966 et spécifique à ce coin du monde ? En véritable créateur d'émotions, Wazo en fait des bijoux de corps fabuleux. Rien à voir avec les boutiques de souvenirs, ici c'est du haut de gamme, de l'art. Mais Wazo, de son vrai nom Martin Boucher Arsenault, travaille également le végétal et l'animal, en plus du minéral, et le résultat est toujours unique. Il a même une eau de toilette à son nom ! *6, rue de l'Église Tél. 418 782 5700 Page Facebook Ouvert tlj. 8h30-21h*

Où se rincer le caribou ?

Pit Caribou Avatar de la microbrasserie du même nom à l'Anse-à-Beaufils, ce pub est une bénédiction pour les habitants de Percé, qui ont trouvé l'endroit où se désaltérer et s'amuser. Entre la blonde de l'Anse, la blanche de Pratto et la rousse de Bonaventure, faites votre choix ! *182, route 132 ouest www.pitcaribou.com Ouvert juin-sept. : tlj. 11h-1h*

Observer les baleines De juin à septembre, deux prestataires organisent des croisières de 2h30 à la rencontre des cétacés, pour sentir le souffle d'un rorqual commun ou, mieux, d'une baleine à bosse. Deux à trois départs/j. Comptez 80$/adulte, 85$ en zodiac sur réservation.

Croisières Julien Cloutier *Tél. 418 782 2161 ou 1 877 782 2161 www.croisieres-julien-cloutier.com*

Les Bateliers de Percé *Tél. 418 782 2974 ou 1 877 782 2974 www.lesbateliersdeperce.com*

Se balader sur ou sous l'eau

Avolo plein air Tourner autour du rocher est pratiquement interdit à pied, mais pas en kayak ! Avolo, ce sont des champions dans ce créneau. Partez en toute quiétude pour une balade de 2h (55$/adulte) en compagnie d'un guide chevronné et prodigue en infos sur la géologie et l'histoire du site. Possibilité de croiser des phoques, des baleines ou des méduses... D'autres excursions allant de 4h à 24h sont aussi proposées. *199, route 132 Tél. 418 782 5403 www.avolo.qc.ca Ouvert juin-sept.*

Club nautique de Percé Le Club nautique de Percé loue du matériel de plongée (possibilité de nager à la rencontre des phoques avec un guide). *199, route 132 Tél. 418 782 5403 (été) ou 418 782 5326 (hiver) www.percenautic.com*

Parc national de l'Île-Bonaventure-et-du-Rocher-Percé

Le parc, créé en 1985, protège le rocher Percé (accessible à pied, gratuitement) et l'île Bonaventure (accès payant en bateau), achetée par le gouvernement québécois en 1971. Deux sites à ne manquer sous aucun prétexte !

★☺ **Rocher Percé** Ce bloc de calcaire ocre troué par une arche fait toute la magie de l'endroit. Il s'est formé il y a 375 millions d'années et renferme près de 150 variétés de fossiles. Prolongeant le mont Joli et percé de deux arcades au temps de Jacques Cartier, il prit son apparence actuelle en 1845, quand un effondrement donna naissance au chicot isolé sur son flanc est. C'est aujourd'hui une muraille de 438m de longueur et 88m de hauteur, si friable qu'elle perd 300t de roche par an ! Pour des raisons de sécurité, il est interdit d'en faire le tour. On peut cependant s'en approcher à marée basse. *Parking rue Mont-Joli*

★☺ **Île Bonaventure** Morceau du mont Sainte-Anne détaché par l'érosion, cette île de 4,16km^2 aux falaises abruptes constitue le plus important sanctuaire d'oiseaux marins d'Amérique du Nord, avec pas moins de 250 000 individus. La colonie la plus spectaculaire est celle des fous de Bassan : ils sont près de 120 000 à nicher là d'avril à octobre – et à passer l'hiver en Caroline ou en Floride. Parmi les autres espèces représentées, on peut citer la mouette tridactyle, le guillemot marmette et le guillemot à miroir, plusieurs variétés de goélands et de cormorans, le pingouin torda et le macareux moine. L'approche en bateau permet de voir ces locataires de la côte est de l'île. Spectacle ahurissant que ces nuées qui noircissent le ciel ! Au passage, n'oubliez pas les phoques qui se prélassent sur les rochers, au soleil. Une fois sur l'île, quatre chemins (de 1h30 à 3h AR) vous mèneront à la colonie de fous de Bassan. La découvrir se fait progressivement : d'abord le vacarme des piaillements, puis la puissante odeur animale, enfin le spectacle stupéfiant de milliers d'oiseaux qui tournoient dans les airs ou s'entassent sur les rochers. Une simple clôture sépare les visiteurs des volatiles, ce qui en fait la colonie de fous de Bassan la plus accessible au monde. Des guides naturalistes vous donneront d'intéressantes explications sur place. Le sentier des Colonies permet de rejoindre le quai et le bateau du retour en 45min. Si vous avez le temps, prenez le chemin du Roy (1h30 aller), qui suit la côte en passant devant des maisons abandonnées (certaines ont tout de même été rafraîchies). Ces demeures rappellent qu'après avoir été un important poste de pêche saisonnier au XVIIe siècle, l'île abrita au XIXe jusqu'à 35 familles (172 personnes) originaires des îles Britanniques et du Bas-Canada. Avant de quitter Bonaventure, jetez un coup d'œil à la maison Le Boutillier (p.547), construite face au quai vers 1845 par la compagnie anglo-normande du même nom, spécialisée dans le traitement et le commerce de la morue. À côté, le Resto des Margaulx sert des boissons et de petits casse-croûte qui permettent de refaire le plein d'énergie.

Croisières vers l'île Bonaventure De mi-mai à mi-octobre, deux compagnies desservent l'île Bonaventure (avec un passage sous le rocher Percé) et affichent les mêmes tarifs : 30$, enfants 7-12 ans 14$. Départ toutes les heures de 9h à 17h en juillet-août, et de 9h à 16h le reste du temps. Comptez 1h pour aller jusqu'à l'île en passant près du rocher Percé. Prévoyez au moins 3h pour l'excursion. Évitez de partir après 13h, car votre temps sur l'île risque d'être limité (dernier retour à 17h). Des frais de débarquement sont exigés. Le ticket remis donne accès au centre d'interprétation du parc national de l'Île-Bonaventure-et-du-Rocher-Percé. **La Neigère** Bureau d'accueil du parc. *4, rue du Quai Tél. 418 782 2240 www.sepaq.com/pq/bon Ouvert mi-mai-fin oct. : tlj. 9h-17h Tarif 8,50$, moins de 17 ans gratuit*

Croisières Julien Cloutier Excursion sur l'île Bonaventure et croisière d'observation des baleines. *215 B, route 132 Ouest ou 9, rue du Quai Tél. 418 782 2161 ou 1 877 782 2161 www.croisieres-julien-cloutier.com*

Les Bateliers de Percé Excursion sur l'île Bonaventure et "croisières aux baleines". *162, route 132 Ouest ou 9, rue du Quai Tél. 418 782 2974 ou 1 877 782 2974 www.lesbateliersdeperce.com*

Les environs de Percé

☆ **Les essentiels** Le Magasin général historique à L'Anse-à-Beaufils, le site historique du Banc-de-Paspébiac **Découvrir autrement** Ramassez des agates et des jaspes au Coin-du-Banc, parcourez les sentiers de Nova Lumina

Au nord

Coin-du-Banc Entre Coin-du-Banc et Barachois, les marais ont formé l'une des plus vastes lagunes du Québec (11km²) et la mieux préservée de Gaspésie. Les ornithologues armés de jumelles se régalent, mais Coin-du-Banc est surtout célèbre pour sa plage, dont le sable fin cache des agates et des jaspes. À voir le nombre de dos courbés, la collecte des pierres fait figure de sport local ! Un petit conseil : pour garder leur brillant à vos trouvailles, une fois rentré, badigeonnez-les d'huile ou de lasure. *7km au nord de Percé sur la route 132*

Au sud

L'Anse-à-Beaufils Ce petit village au bord de l'eau a de quoi retenir le visiteur : son magasin général est parfaitement conservé et sa vieille usine de transformation du poisson est devenue un pôle multiculturel fort actif – cf. La Vieille Usine de L'Anse-à-Beaufils (p.560). De mai à juillet, ne manquez pas le ballet des homardiers qui déchargent leur précieuse cargaison sur le port entre 10h et 11h. À deux pas de là, la plage du village regorge d'agates et de jaspes (on vend de belles pierres à la Vieille Usine). Ayez l'œil et le bon ! *10km au sud de Percé sur la route 132*

☆ **Magasin général historique authentique 1928** L'ambiance et le décor du magasin général de la compagnie Robin, Jones & Whitman ont été fidèlement reconstitués en les murs et rien ne semble avoir vraiment changé depuis l'époque où les pêcheurs allaient y troquer leur poisson frais contre des denrées et ustensiles. La visite guidée (1h20) est aussi instructive que divertissante, les guides costumés n'hésitant pas à jouer la comédie pour mieux faire revivre les lieux. Elle inclut la visite du magasin général, d'une exposition temporaire (les outils d'autrefois, etc.) et du petit salon de barbier de Gaston Cloutier, le commerçant visionnaire à qui l'on doit la sauvegarde de cet établissement. *32, rue à Bonfils Tél. 418 782 2225 ou 418 782 5286 (hors saison) www.magasinhistorique.com Ouvert mi-juin-fin sept. : tlj. 10h-17h ; hors saison : visite sur demande Tarif 11$, réduit 7$*

Chandler Chandler était une ville sans grand attrait jusqu'à tout récemment, quand la décision fut prise d'inviter Moment Factory à investir de leur art les sentiers de la plage – cf. Nova Lumina. De plus, vous pouvez demander au bureau d'accueil touristique le "Circuit des bâtisseurs" qui vous fera découvrir le Chandler historique. Comptez aussi sur le fait qu'on peut s'embarquer pour les îles de la Madeleine àDe Chandler, rallier les îles de la Madeleine partir d'ici – cf. De Chandler, rallier les îles de la Madeleine (p.556) – et au final vous verrez, Chandler ce n'est pas si mal que ça ! Cf. bureau d'accueil touristique (p.551). *44km au sud-ouest de Percé par la 132*

Nova Lumina Chandler a décidé de faire sa place sur la route touristique gaspésienne et pour cela, la ville a fait appel au collectif Moment Factory, spécialisé dans la création numérique visuelle en milieu naturel. Le succès a été immédiat ! En un parcours d'une heure (1,5km), les visiteurs ont pour mission de montrer aux étoiles le chemin qui les ramènera vers la voûte céleste d'où elles sont récemment tombées. Les visuels sont époustouflants et les sentiers boisés rejoignant la mer apportent leur supplément de poésie. Une expérience immersive que vous n'êtes pas près d'oublier. *155, rue de la plage* ***Chandler*** *Billetterie dans l'ancienne gare de Chandler Tél. 581 361 0065 novalumina.com Ouvert mi-juil.-début sept. : tlj. 20h30-23h départs aux demi-heures ; sept. : mar.-mer. et ven.-sam. 20h-21h30 départs aux demi-heures Tarif 18$, réduit 11$ Réservation obligatoire*

De Chandler, rallier les îles de la Madeleine

Pour aller aux îles de la Madeleine, les gens préfèrent en général prendre le ferry à Souris, sur l'île du Prince-Édouard, beaucoup plus économique que l'avion et plus fréquent que celui reliant Chandler à Cap-aux-Meules. Pourtant ce bateau peut se révéler bien pratique pour qui ne voudrait faire qu'un saut dans les îles. En effet, en provenance de Montréal, les croisières CTMA (p.572) font escale à Chandler tous les samedis entre 22h et 23h pour embarquer des passagers, et les ramènent le mercredi matin à 6h. Trois jours complets sur les îles, avec ou sans véhicule. À partir de 314€ AR pour 2 pers. en cabine, 326€ en sus pour un véhicule. En juillet-août seulement.

Parc du Bourg-de-Pabos Au début du XVIIIe siècle, des pêcheurs basques firent de Pabos un centre morutier. Au début du XXe siècle, l'industrie forestière transforma la baie du Grand Pabos en un immense bassin de flottaison. Deux époques, deux activités qu'évoque ce parc. Son centre d'interprétation s'attarde sur la vie des pêcheurs gaspésiens dans une seigneurie du Régime français. Des panneaux racontent l'histoire industrielle du site, qu'il est possible de découvrir dans le cadre d'une visite guidée. On peut aussi profiter des sentiers et pistes cyclables qui sillonnent le parc, de ses belvédères sur le large, de ses aires de pique-nique et de sa plage. Restaurant et camping. *75, chemin de la Plage* ***Pabos Mills*** *(52km au sud-ouest de Percé par la route 132) Tél. 418 689 6043 www.lebourgdepabos.com Ouvert mi-juin-mi-sept. : tlj. 9h-17h Tarif 8$, réduit 7$, familles 16$ Visite guidée 10,50$, réduit 8$, familles 18$*

LA BOLDUC
Née à Newport en 1894 d'un père irlandais et d'une mère acadienne, la chanteuse Mary Travers, dite "la Bolduc", connut son heure de gloire dans l'entre-deux-guerres. De 1928 à sa mort en 1941, elle enregistra plus de 80 chansons populaires qui, comme sa bonne humeur légendaire, égayèrent les années de crise économique. Les gigues et les "turlutes" (sons onomatopéiques) de cette femme du peuple ont bercé plusieurs générations de Québécois.

Site Mary-Travers Ce musée posé au bord de l'eau rend hommage à la Bolduc, chanteuse et musicienne autodidacte dont les emprunts musicaux énoncent les bases folkloriques de la chanson québécoise. Prévoyez d'arriver au moment d'une des quatre animations quotidiennes (11h, 13h30, 14h30, 15h30) pour goûter aux charmes de l'accent. *342, route 132* ***Newport*** *(60km au sud-ouest de Percé par la route 132) Tél. 418 777 2401 www.labolduc.qc.ca Ouvert juin-sept. : lun.-sam. 9h-17h Tarif 10,50$, réduit 8,50$, familles 23$*

Port-Daniel Les habitants de ce petit village agrémenté d'une belle plage viennent d'horizons divers : Micmacs, descendants d'Écossais, d'Irlandais, de Jersiais, de Français, d'Acadiens… C'est à un matelot gascon rescapé d'un naufrage que L'Anse-aux-Gascons (paroisse avec laquelle Port-Daniel a fusionné en 2001) devait son nom. Côté nature, allez observer les oiseaux sur son barachois, ou un peu plus loin dans la réserve faunique de Rivière-Port-Daniel, qui se prête bien à la pêche à la truite et au saumon. *80km au sud-ouest de Percé par la route 132*

☆ **Site historique du Banc-de-Paspébiac** Ces onze bâtiments des XVIIIe et XIXe siècles à la beauté austère firent la prospérité de Paspébiac et de la Gaspésie au XIXe siècle et au début du XXe. Exploité dès 1766 par la compagnie Robin, le banc de pêche de Paspébiac attire en 1838 une autre compagnie jersiaise, Le Boutillier Brothers. Les deux entreprises transforment Paspébiac en un centre de pêche à la morue que l'on sale et sèche sur place. La taille impressionnante de l'entrepôt Le Boutillier illustre la puissance des établissements de pêche commerciale, moteurs de l'économie gaspésienne au XIXe siècle. Des personnages en costume d'époque et des démonstrations de métiers traditionnels animent les différents bâtiments (charpenterie, tonnellerie, hangar). À ne pas manquer, le film de présentation à la fois poétique et informatif, et cet autre, dans le hangar, où Marcellin le pêcheur résume sa carrière par ces mots : "On cultivait la mer." Exposition permanente claire et intéressante sur le rôle de Paspébiac dans la pêche en Gaspésie. Service de restauration. *76, 3e Rue* ***Paspébiac*** *(108km au sud-ouest de Percé par la route 132) Tél. 418 752 6229 www.shbp.ca Ouvert juin-sept. : tlj. 9h-17h Tarif 12$, réduit 10$, familles 26$*

New Carlisle À 7km de Paspébiac, ralentissez pour admirer les aristocratiques maisons de style Nouvelle-Angleterre de ce port de pêche fondé en 1783 par des loyalistes chassés de New York et berceau de René Lévesque (1922-1987), père du Parti québécois et Premier ministre du Québec de 1976 à 1985.

Centre culturel et d'interprétation Kempffer Dans l'une de ces belles demeures (1868) de New Carlisle parsemées le long de la 132, se cache un petit musée fort méconnu mais plein de surprises. La grande et la petite histoire s'entrecroisent dans les différentes sections consacrées au sport, au tourisme, à la religion, à l'architecture, au train, à la guerre et, bien entendu, en attendant la fondation qui lui sera consacrée (prévue en 2017), à l'enfant du pays le plus illustre, René Lévesque (p.18). Ces multiples facettes rassemblées forment une image plutôt complète de la ville et de la région, sans provoquer une once d'ennui. L'histoire de Werner von Janowski, espion allemand débarqué en pleine nuit et en pleine guerre à New Carlisle, vaudrait à elle seule un excellent roman. *125, bd Gérard-D. Lévesque* ***New Carlisle*** *Tél. 418 752 1334 Ouvert 25 juin-fin août : tlj. 9h-17h Tarif 8$, réduit 5-6$, familles 20$*

CARNET D'ADRESSES

Restauration, hébergement

Pensez à réserver votre gîte si vous vous rendez à Percé entre mai et octobre, surtout en juillet-août.

camping

Camping Côte surprise Vue imprenable sur l'île Bonaventure et le rocher Percé pour les 125 emplacements perchés sur la falaise. Le spectacle est magnifié au lever du soleil ! Le site, propre et bien tenu, est à 500m du centre. C'est le premier camping de Percé à ouvrir dans l'année et le dernier à fermer. Buanderie, aire de jeux, piscine municipale à proximité. Eau, électricité et (sauf pour les tentes !) évacuation. Comptez 28-47$ pour 2-4 pers. selon les commodités. CB refusées. On trouvera d'autres campings à côté. *335, route 132 Ouest* ***Percé*** *Tél. 418 782 5443 ou 1 866 799 5443 www.campingperce.com Ouvert mi-mai-mi-oct.*

petits prix

☺ **Auberge de jeunesse La Maison rouge** On ne pourrait rêver plus belle auberge de jeunesse ! Le bâtiment, d'un rouge soutenu, a été bâti en 1872 par les descendants de John Le Boutillier sous le nez du rocher Percé. "Une place pour tomber en amour", comme dit Lisette, la pétillante gérante. En plus des 4 dortoirs de 6 à 10 lits aménagés sous les toits dans un joli décor de charpente (env. 25$/pers.), elle loue 7 chambres spacieuses (2-3 pers.), toutes en bois patiné, avec parquet, antiquités et vue sur le rocher pour 3 d'entre elles (75-85$). Vous avez dit romantique ? Cuisine communautaire parfaitement équipée, séjour cosy avec son vieux poêle, son lustre et ses chandelles. Location de draps. CB acceptées. *125, route 132 Ouest* ***Percé*** *Tél. 418 782 2227 www.lamaisonrouge.ca Ouvert mi-mai-mi-oct.*

prix moyens

La Morutière Le poisson est à l'honneur dans ce bon petit restaurant du front de mer : morue à la gaspésienne (pochée) ou meunière, saumon en tartare, langues de morue, ailes de raie, homard frais... Aussi des pâtes et des pizzas. Et des douceurs maison pour conclure en beauté. La baie panoramique dispense une vue imprenable sur l'île Bonaventure et le rocher Percé. L'été, profitez de la terrasse. Comptez 30-45$ en table d'hôtes. CB acceptées. *248, route 132* ***Percé*** *(à l'extrémité sud de la promenade) Tél. 418 782 5012 Ouvert fin juin-sept. : tlj. 7h-22h*

☺ **La Maison du Pêcheur** Une valeur sûre à Percé. L'ancienne cabane de pêcheur a conservé ses plafonds couverts de graffitis des années 1970, et l'on y sert une cuisine de la mer de bon aloi : langues de morue au beurre d'oursins (la spécialité), tartare de saumon frais aux algues, potages aux algues, homards du vivier (36-43$)... En saison, sautez sur les pétoncles et les crabes des neiges. Plus abordables, les pizzas sont cuites au feu de bois d'érable. Table d'hôtes de 40$ à 55$. Côté promenade, le Café de l'Atlantique sert d'excellents petits déjeuners et divers plats à midi (sandwichs, salades, *fish & chips*) dans un décor marin très rafraîchissant. CB acceptées. Réservation conseillée. *155, pl. du Quai* ***Percé*** *Tél. 418 782 5331 Ouvert juin-mi-oct. : tlj. 11h30-14h30 et 17h30-21h Café de l'Atlantique ouvert 15 juin-1er lun. de sept.*

Auberge du Coin du Banc Posée sur la plage de Coin-du-Banc, cette auberge se tient à l'écart du flux touristique, à 7km de Percé. Le site est aussi calme qu'enchanteur. Une fois poussée la porte d'entrée, c'est un foisonnement d'antiquités chinées, de lampes tempête et de vieilles porcelaines, qui compose un capharnaüm décousu et propose un voyage dans le temps ! Chambre de 65 à 100$. La table d'hôtes et sa nourriture réconfortante sont accessibles à tous. Comptez de 20 à 47$ la formule, bien plus avantageuse que le plat. *315, route 132 Est* ***Percé*** *(7km au nord-ouest du bourg) Tél. 418 645 2907 Ouvert juin-oct.*

La Maison Réhel Elle a du cachet, cette maison de 1910. Sa véranda et ses bardeaux blancs impeccables annoncent le style soigné et très *British* du gîte. Les 5 chambres coquettes se partagent 2 salles de bains et disposent d'une excellente literie. Mobilier Queen Anne, papier peint à fleurs, rideaux "chantilly" : la déco frise le kitsch, mais ne manque

GAMME DE PRIX	RESTAURATION	HÉBERGEMENT
Très petits prix	moins de 15$	moins de 40$
Petits prix	de 15 à 25$	de 40 à 80$
Prix moyens	de 25 à 40$	de 80 à 120$
Prix élevés	de 40 à 55$	de 120 à 160$
Prix très élevés	plus de 55$	plus de 160$

pas de chaleur. À côté de l'église, à 3min à pied du centre. Comptez 85-100$ avec le petit déj. Espèces seulement. Accueil cordial. *42, rue de l'Église* **Percé** *Tél. 418 782 2910 www.gitelamaisonrehelbb.com Ouvert mi-juin-mi-sept.*

Gîte La Rêvasse La pétulante Brenda et son mari William vous ouvrent grand les portes de leur maison en bois (1920), située à 300m du rocher Percé. Les 5 chambres, gaies et bien tenues, disposent toutes d'une sdb et d'un réfrigérateur. Sympathique touche marine dans la n°1 et la n°3. Comptez 85-95$ avec le petit déjeuner en basse saison (95-107$ en haute saison), taxes comprises. CB Visa acceptées. *16, rue Saint-Michel* **Percé** *Tél. 418 782 2102 ou 1 866 782 2102 www.revasse.com Ouvert mi-mai-sept. Sinon sur rés.*

prix élevés

Chalets La Plage Cinq chalets équipés d'un poste de TV, d'une kitchenette avec four à micro-ondes et d'une terrasse pile face au rocher Percé : le rêve ! Évitez les chalets 1 et 2, préférez le 5, plus spacieux et mieux aménagé. Confort restreint mais propreté au rendez-vous. Comptez 119-129$ en haute saison sans le petit déjeuner. *31, rue du Mont-Joli* **Percé** *Tél. 418 782 2618 ou 1 866 782 2802 www.perce-vacances.com Ouvert juin-oct.*

☺ **Gîte Au presbytère** Une adresse de charme à l'ombre du clocher de l'église. Le bâtiment presque centenaire abrite 5 chambres d'un goût exquis pour 1 à 5 personnes. Michel Boudreau a su conserver et mettre en valeur les meubles et tapisseries d'époque. Petit plus pour les chambres 1 et 2 qui donnent sur le rocher Percé et la mer. En haute saison, comptez 109$ avec le petit déjeuner, copieux et servi sur une longue table conviviale. Un excellent rapport qualité-prix. CB acceptées. Réservation impérative en haute saison. *47, rue de l'Église* **Percé** *Tél. 418 782 5557 ou 1 866 782 5557 www.perce-gite.com Ouvert mi-mai-fin oct.*

Dans les environs

très petits prix

Camping Tête d'Indien Ce sympathique petit camping voisine avec un rocher en forme de tête d'Indien, le regard tourné vers les terres. La légende raconte que l'Indien ne daignera regarder l'Océan que quand sa belle, enlevée par les Blancs, sera revenue... On aurait tort de l'imiter, car la vue sur la mer est appréciable. La cinquantaine d'emplacements, arborés pour certains, dominent une plage constellée d'agates et de jaspes. Le propriétaire distribue un guide sur tous les bons plans de la région. Comptez 24-30$ sous tente (2 adultes et 3 enfants), 28-36$ en camping-car. Douches, shampooing et four à micro-ondes gratuits. CB acceptées. Buanderie, wifi, tél. Épicerie à 5km, café-restaurant à deux pas. Location de kayaks. Équipement pour handicapés. *1669, route 132 Est* **Saint-Georges-de-Malbaie** *(28km au nord de Percé et 33km au sud-est de Gaspé) Tél. 418 645 2333 ou 1 877 530 8383 www.teteindien.com Ouvert juin-mi-oct.*

petits prix

☺ **La Vieille Usine de L'Anse-à-Beaufils** Ne cherchez plus la scène culturelle de Percé, c'est là que tout se passe ! Cette ancienne usine de transformation du poisson, tenue par une équipe de battants, abrite un restaurant, un bar, une salle de spectacle et une salle d'exposition, pas moins ! Sous les combles, le café bistrot sert de bons petits plats (à partir de 10$) au milieu de barriques antiques et de toiles d'artistes locaux. Il n'est pas rare d'y assister à de joyeux bœufs (le mardi soir). Jolie terrasse sur le quai. Des pièces de théâtre et des concerts (musique traditionnelle, jazz, rock, classique) sont donnés dans la grande salle où l'on découpait jadis les morues. À l'étage, des artistes gaspésiens de souche ou de cœur exposent leurs œuvres. Bref, pas de quoi s'ennuyer et le bar ferme plus tard les soirs de concerts ! *55, rue à Bonfils* ***L'Anse-à-Beaufils*** *(10km au sud de Percé) Tél. 418 782 2277 www.lavieilleusine.qc.ca Ouvert mi-juin-mi-sept. : 9h-20h30 ; fin avr.-mi-juin : jeu.-sam. 16h-20h30*

prix moyens

Gîte La Conche Saint-Martin Non, vous ne rêvez pas, un chalet suisse s'est bien matérialisé au bord du barachois de Port-Daniel ! D'énormes rondins et un toit en cèdre protègent des rigueurs de l'hiver les 3 chambres avec sdb – dont l'une avec baignoire thérapeutique et chromothérapie – aussi chaleureuses que confortables. Deux d'entre elles ouvrent sur le barachois, que fréquentent aigles royaux, hérons, martins-pêcheurs et outardes. De quoi passer de longues heures sur le balcon avec sa paire de jumelles. Calme garanti. Daniel Deraiche mitonne de délicieux petits déjeuners thématiques (essayez l'amérindien) et, sur réservation, des dîners à base de produits régionaux – mais il faut apporter son vin. Comptez 90-120$ avec le petit déj. *252, route de la Rivière* ***Port-Daniel-Gascon*** *(80km au sud-ouest de Percé) Tél. 418 396 2481 www.gitelaconchesaintmartin.com Fermé période de Noël*

CARLETON-SUR-MER

Un nom qui fleure bon la Riviera… même si l'on en est loin ! Le village de Tracadièche, fondé en 1756 par des réfugiés acadiens, fut rebaptisé ainsi en l'honneur du deuxième gouverneur du Québec, Guy Carleton, au XIXe siècle. Il s'étire entre une lagune et des plages léchées l'été par les eaux tièdes de la baie des Chaleurs. Un paradis pour les baigneurs et les oiseaux ? Ce serait trop beau ! La ville a peu d'intérêt, ses plages sont étroites et les sternes boudent la lagune depuis quelques années. Carleton surfe encore sur sa réputation de station balnéaire, mais on risque de s'y ennuyer passé un jour ou deux. D'où l'intérêt de prendre de la hauteur en gravissant le mont Saint-Joseph, point de départ de jolies randonnées.

LA BAIE DES CHALEURS Le bras du golfe du Saint-Laurent qui sépare la péninsule gaspésienne du Nouveau-Brunswick doit son nom à la canicule qui l'accablait quand Jacques Cartier y entra en juillet 1534. Elle profite en effet d'un microclimat agréable. En été, les Québécois s'y mettent à l'eau (dont la température atteint parfois 24°C) dans une ambiance presque méditerranéenne. Cet atout fit de Carleton l'un des premiers centres de villégiature du Québec, à la fin du XIXe siècle.

MODE D'EMPLOI

accès

EN VOITURE

Carleton se trouve 191km au sud-ouest de Percé et 214km au sud-est de Matane par la 132, puis la 195.

EN CAR

Orléans Express Deux cars quotidiens relient Gaspé (4h10 via la baie des Chaleurs) à Rimouski (4h20 via la vallée de la Matapédia). Également un express entre Carleton et Québec.

Gare routière Devant le restaurant Le Héron, en plein centre-ville. *561, bd Perron Tél. 418 364 3881 ou 1 888 999 3977*

Régîm Des bus circulent entre les différentes villes de Gaspésie. Trajet 3$, 2,50$ en carnet de 10. *Tél. 1 877 521 0841 www.regim.info*

orientation

La route 132, devenue le boulevard Perron, traverse Carleton en longeant la lagune. Deux bras de terre prennent le barachois en tenaille : le banc de Carleton (sanctuaire d'oiseaux) et le banc Larocque (camping municipal).

informations touristiques

Bureau d'information touristique Au rdc de l'hôtel de ville. *Quai des Arts Tél. 418 364 3544 www.carleton-surmer.com Ouvert 24 juin-fin août : tlj. 8h-20h ; début juin-23 juin, fin août-début sept. : tlj. 9h-18h*

Bureau d'accueil touristique de Bonaventure Bien situé, entouré d'un parking et à deux pas du Musée acadien. Vous y trouverez toutes les infos sur les environs. *93, av. Port-Royal Tél. 418 534 4014 Ouvert mi-juin-fin juin, sept. : tlj. 9h-16h ; juil.-début sept. : tlj. 9h-19h*

fêtes et manifestations

Fêtes acadiennes Bonaventure nous rappelle chaque année qu'elle est acadienne en célébrant la fête nationale (15 août). Concerts, conférences, films, expositions. ***Bonaventure** Tél. 418 534 2313 Une semaine en août*

Festival La Virée Contes, musique et danses traditionnelles. ***Carleton-sur-Mer** 1er week-end d'oct.*

DÉCOUVRIR

☆ **Les essentiels** Le Musée acadien du Québec et le bioparc de la Gaspésie à Bonaventure **Découvrir autrement** Parcourez la baie des Chaleurs à pied entre Carleton et Maria, écoutez les contes de Patrick Dubois à la Petite Grève, dormez dans un écologis ou sous un tipi avec Cime Aventures

Carleton

Mont Saint-Joseph Du haut de ses 555m, il offre un joli panorama sur le barachois triangulaire de Carleton, la baie des Chaleurs et la côte nord du Nouveau-Brunswick. Son oratoire Notre-Dame (1935) renferme de belles mosaïques et une crèche en coquillages et crustacés, mais pas de quoi justifier le prix de l'entrée. **Oratoire Notre-Dame** *837, rue de la Montagne (7km au nord de Carleton) Tél. 418 364 2256 ou 418 364 3723 www.montsaintjoseph.com Ouvert mi-juin-août : tlj. 9h-19h ; sept.-début oct. : tlj. 9h-17h Tarif 6,50$, réduit 5,50$, moins de 8 ans gratuit, familles 14$*

Barachois Protégée de la mer par deux barres sableuses, cette petite baie attire une foule d'oiseaux du rivage : bernache du Canada, cormoran à aigrettes, grand héron, bihoreau gris, goéland marin… Une tour d'observation a été installée sur le banc de Carleton (en allant sur la marina). Vous aurez aussi le loisir d'en approcher sur le banc Larocque, qui accueille le camping municipal. À son extrémité ouest, le phare de la pointe Tracadigash est à voir au coucher du soleil.

Où boire une bière locale ?

Le Naufrageur Quand la Gaspésie était un repaire de pirates, l'un d'entre eux, surnommé le "Naufrageur", allumait de faux feux de signalisation pour faire échouer les navires sur les récifs et éviter ainsi de longues batailles en mer. La microbrasserie Le Naufrageur, créée par quatre comparses de la baie des Chaleurs, rend hommage à son ingéniosité : bières originales aux arômes d'agrumes et de coriandre, café ou chocolat... Certains soirs, concerts dans une ambiance intimiste. *586, bd Perron Tél. 418 364 5440 www.lenaufrageur.com Ouvert été : tlj. 12h-0h ; basse saison : mer.-sam. 15h-0h*

Où aller au théâtre ?

Quai des Arts Le Quai des Arts, théâtre à l'architecture avant-gardiste, accueille l'été les créations des compagnies À tour de rôle, Clan Destin et Maximum 90, ainsi que le reste de l'année des soirées de chanson, conte, danse, humour, musiques urbaines ou encore spectacles pour enfants. Point de convergence de la culture gaspésienne, ce théâtre offre l'occasion de prendre le pouls de la scène artistique régionale. Programme sur le site Internet. *774, bd Perron Tél. 418 364 6822 www.maximum90.ca/quaidesarts*

Profiter de la plage La **plage municipale** s'étend dans le centre, face au secteur hôtelier. On peut y louer des kayaks avec équipement (solo ou duo) et des voiliers. Si vous aimez avoir vos aises, optez pour la longue plage du banc Larocque.

Faire une randonnée Entre **Carleton** et **Maria**, douze sentiers de 1 à 6km reliés les uns aux autres attendent les marcheurs de tous niveaux. La plupart offrent une vue saisissante sur la baie des Chaleurs. Le **sentier de l'Éperlan**, une boucle ponctuée de cascades et de passerelles en bois, s'adresse aux familles (2,9km, 1h). Il part du parking de l'Éperlan (de la route 132, suivez le panneau "sentier pédestre" à la sortie ouest de Carleton). Les chemins du **Valentin** et du **Trécarré** ont l'avantage de partir tous deux du sommet du mont Saint-Joseph et de permettre de profiter du panorama.
Réseau pédestre Carleton-Maria *Plans à l'office de tourisme de Carleton*

Écouter des histoires au coin du feu

☺ **La Petite Grève** Patrick Dubois s'est fait quêteux, c'est-à-dire qu'il a pris sa retraite à 25 ans et qu'il vit aujourd'hui des dollars que lui rapportent ses contes et conférences livrées au coin du feu, entre les vagues de la mer et les lumières du phare. Dans les derniers éclats du soleil, le conteur s'anime et pendant une heure et demie, il tient son auditoire en haleine en racontant le patrimoine et les gens de Carleton. Un moment merveilleux pour seulement 5$. *999, av. du Phare Sur la plage de Carleton, au pied du phare Tél. 418 392 0198 lapetitegreve.com Ouvert mi-juin-fin août : mer. et ven.-lun. 20h-23h*

Les environs de Carleton

À l'est

Maria Ce village regroupe la communauté micmac de Gesgapegiag autour de son étonnante église en forme de tipi – pour la rejoindre, tournez à droite à hauteur du dépanneur Segawaat de Gesgapegiag, lui aussi en forme de wigwam. Le revêtement métallique de l'édifice contraste avec son intérieur en bois décoré d'objets amérindiens. L'église est dédiée à Kateri Tekakwitha, la première Indienne d'Amérique du Nord béatifiée en 1980, qui vécut au XVIIe siècle. *18km au nord-est de Carleton par la route 132*

New Richmond Cette cité industrielle doit son existence à des exilés loyalistes (colons restés fidèles à la Couronne britannique après l'indépendance des États-Unis). Côté architecture, on peut admirer quelques demeures blanches de style anglais autour de l'église anglicane St. Andrew et de son petit cimetière marin. Au cœur de la ville (103, bd Perron Est), le parc de la Pointe-Taylor se prête à la promenade : suivez le sentier qui longe la Petite Rivière Cascapédia et remonte jusqu'à la route 132. *30km au nord-est de Carleton par la 132*

Musée de la rivière Cascapédia L'ancien magasin général Campbell héberge aujourd'hui un charmant petit musée consacré à la rivière aux saumons qui coule à ses pieds, la Cascapédia, haut lieu de la pêche aristocratique, qui réunit toujours une société choisie, à l'écart du monde. Parmi les plus célèbres : Jimmy Carter, Edward W. Davis, inventeur du *pain killer* (sorte d'aspirine à base d'opium) et Louise, fille de la reine Victoria, qui y tomba amoureuse de son guide de pêche, Richard Duthie. Une certaine ambiance *British* règne en ces lieux et l'on se demande si Agatha Christie elle-même n'aurait pas aimé résoudre l'énigme de cette chaise sur laquelle M. Davis fut assassiné pendant l'un de ses séjours… D'ailleurs, où se trouvait son fils à l'heure du crime ? *275, route 299* ***Cascapédia*** *(30km au nord-est de Carleton par la 132 et la 299) Tél. 418 392 5079 www.cascapedia.org Ouvert juin, sept. : lun.-ven. 8h-17h ; juil.-août : tlj. 8h-17h Tarif 10$, réduit 5$, 13 ans et moins gratuit*

Site patrimonial de la Pointe-Duthie Ce site en pleine restructuration est à la fois historique et pseudo-historique. Difficile de démêler le vrai du faux. Il y eut d'abord un chantier naval, un port, un phare (en cours de reconstruction) et une taverne, puis on y rassembla des maisons anciennes pour reconstituer un village loyaliste (qui n'a jamais existé sur ce site). L'ensemble, au final, est plutôt harmonieux et constitue un site de balades remarquable. Des sentiers ont été tracés sur les 82ha de terrain pour accéder aux maisons, mais aussi pour se rendre jusqu'à la baie des Chaleurs où il est possible de pique-niquer et où on pourra dormir une fois la reconstruction du phare achevée. Un site "nature & culture" idéal pour une sortie en famille. *351, bd Perron Ouest* ***New Richmond*** *(40km à l'est de Carleton) Tél. 418 392 4487 Ouvert mi-juin-mi-sept. : lun.-ven. 10h-16h Tarif 8$, réduit 5$*

Bonaventure Bien situé entre une plage et un barachois, ce centre de pêche et d'exploitation forestière retiendra ceux qui souhaitent faire du kayak sur la sublime rivière Bonaventure. *60km à l'est de Carleton sur la route 132*

☆ **Musée acadien du Québec** Bonaventure a été fondé par des Acadiens en 1760 et son musée relate l'histoire de ces colons français installés au XVIIe siècle sur la façade nord-est du continent (actuelles provinces maritimes du Canada et du Maine) et déportés par les Britanniques en 1755-1763, donc de leur vie avant et après la tragédie qui ne réussit pourtant pas à les briser. Il aborde tous les aspects de l'identité acadienne, son parler coloré, son folklore, sa cuisine, son habitat, etc. Les aventures d'Évangéline, héroïne acadienne par excellence, et la préparation des "chiards de tête" n'auront plus de secret pour vous ! À recommander à tous ceux qui filent ensuite vers le Nouveau-Brunswick, terre acadienne par excellence. Également des expositions thématiques renouvelées tous les trois mois. Dans un pavillon annexe, accessible avec votre billet d'entrée, sont exposées les maquettes de Marcel Arsenault représentant les bâtiments (actuels ou disparus) de la rue Grand-Pré de Bonaventure. Un commentaire audio, avec l'accent acadien, les fait revivre grâce à de savoureuses anecdotes. *95, av. Port-Royal Tél. 418 534 4000 www.museeacadien.com Ouvert 24 juin-mi-oct. : tlj. 9h-17h ; début mai-23 juin : lun.-ven. 9h-12h et 13h-16h30, w.-e. 13h-16h30 ; mi-oct.-fin déc., fin jan.-début mai : lun.-ven. 9h-12h et 13h-16h, dim. 13h-16h30 ; jan. : mar.-ven. 9h-12h et 13h-16h Tarif 12$, réduit 8-10$, familles 26$ Audioguide 4$*

☆ **Bioparc de la Gaspésie** Orignaux, caribous, ratons laveurs, ours, porcs-épics, phoques, lynx, couguars (pumas)… ce parc éducatif présente plus d'une trentaine d'espèces indigènes évoluant en semi-liberté dans cinq écosystèmes représentatifs de la Gaspésie. Un insectarium montre une vingtaine d'espèces vivantes avec possibilité de toucher et éventuellement de goûter ! Autre rendez-vous à ne pas manquer : le nourrissage des animaux (tout au long de la journée). Des visites à la pleine lune permettent, notamment en dormant avec les loups, d'étudier le comportement nocturne des résidents. Différentes activités de découverte sont en outre proposées. Restauration sur place. *123, rue des Vieux-Ponts Tél. 418 534 1997 ou 1 866 534 1997 www.bioparc.ca Ouvert juin-début oct. : tlj. 9h-17h Tarif 20$, réduit 11,75$, familles 55,25$*

Saint-Elzéar Près de ce village de l'intérieur on visite sur réservation la plus vieille grotte connue du Québec (certaines de ses concrétions calcaires ont 230 000 ans et on y a retrouvé des ossements d'espèces disparues comme le carcajou). *15km au nord de Bonaventure* **Grotte** *136, chemin Principal Tél. 418 534 3905 ou 1 877 524 7688 www.lagrotte.ca Visites guidées mi-juin-mi-sept : tlj. à 8h, 10h, 13h et 15h Tarif 45$, réduit 35$ Pour des raisons de sécurité, les enfants de moins de 6 ans ne sont pas admis*

Où remplir son panier à victuailles ?

Le Vert Pistache Petite caverne d'Ali Baba des gourmets, cette épicerie fine fait la part belle aux bons produits régionaux comme les charcuteries (dont des saucisses de gibier), les fromages, des jus bio et, échappés de lointains pays, des chocolats, des épices, des sauces... Nous ne les avons pas comptées, mais on trouve aussi en rayon plus de 200 bières ! *130, av. Grand-Pré* ***Bonaventure*** *Tél. 418 534 5575 Ouvert mi-juin-mi-sept. : lun.-mer. 10h-18h, jeu.-ven. 10h-19h, sam. 10h-17h, dim. 12h-17h Fermé le dim. le reste de l'année*

Se balader en kayak, à pied ou à cheval

☺ **Cime Aventures** L'agence d'écotourisme Cime Aventures loue des canots, des radeaux pneumatiques, des kayaks – et des combinaisons en néoprène – et propose des randonnées audioguidées ou guidées (à partir de 9km), voire des excursions de six jours sur la rivière Bonaventure, l'une des plus claires d'Amérique du Nord, ou dans la baie des Chaleurs. Comptez 30-108$ l'activité. *200, chemin Athanase-Arsenault* ***Bonaventure*** *(8km au nord-est du village en suivant les avenues de Grand-Pré et Beauséjour) Tél. 418 534 2333 ou 1 800 790 2463 www.cimeaventures.com Ouvert juil.-août : tlj. 7h-22h ; juin, sept. : tlj. 8h-19h30 À partir de 30$/pers./2h.*

À l'ouest

☆ ☺ **Parc national de Miguasha** Ce site fossilifère de la baie des Chaleurs a été inscrit au patrimoine mondial de l'Unesco en 1999. Vieux de 380 millions d'années, les fossiles de poissons, d'invertébrés et de plantes de la falaise que protège le parc documentent de façon exceptionnelle la vie qui existait durant la période géologique du Dévonien, surnommé l'âge des poissons. Ils offrent des informations cruciales pour comprendre le passage de la vie aquatique au milieu terrestre chez les vertébrés. Dans l'exposition permanente "De l'eau à la terre", vous rencontrerez le "roi de Miguasha", un fascinant poisson fossile (*Elpistostege watsoni*) découvert en 2013 sur le site et qui, doté de poumons et de nageoires ossifiées, est considéré à ce titre comme le chaînon entre les poissons et les premiers vertébrés à pattes. Vous apprendrez également comment se forment les fossiles et ferez connaissance avec les anciens seigneurs des eaux que furent *Bothriolepis canadensis* ou *Plourdosteus canadensis,* mangeur de requins ! Un laboratoire pédagogique permet d'assister au nettoyage d'un fossile. Vous vous rendrez au pied de la falaise fossilifère pour mieux comprendre la géologie du site, que l'on continue de fouiller. Sentier pédestre, boutique et cafétéria. *231, route Miguasha Ouest* ***Nouvelle*** *(24km à l'ouest de Carleton par la route 132 Une fois à Nouvelle, bifurquer à gauche) Tél. 418 794 2475 www.sepaq.com/pq/mig Ouvert mai, oct. : lun.-ven. 8h30-12h et 13h-16h30 ; juin-sept. : tlj. 9h-17h Tarif 20,25$, moins de 17 ans gratuit*

Lieu historique national du Canada de la Bataille-de-la-Ristigouche C'est là, au fond de la baie des Chaleurs, à l'embouchure de la Ristigouche, que se joua, conséquence d'une bataille presque oubliée de l'Histoire, le sort de la Nouvelle-France et de ses habitants. Les Français, qui s'étaient réfugiés ici pour attendre les renforts, furent acculés par les Anglais, plus nombreux et mieux armés, qui les mirent en pièces. Le courage et le génie stratégique de François Chenard de la Giraudais n'auront pas suffi à inverser le cours des évènements, et deux mois après la fin de la bataille, le 8 septembre 1760, Montréal dût se résoudre à capituler. Le centre d'interprétation commémore le combat naval (film d'animation reconstituant l'affrontement) et présente les nombreux objets remarquablement conservés, remontés de l'épave du *Machault*, sabordé pour éviter qu'il ne tombât aux mains des troupes de Byron : impressionnant fragment de coque, outils, vaisselle, un canon français rare de ce côté de l'Atlantique et même des vêtements. Prévoyez 1h de visite. *40, bd Perron Ouest* ***Pointe-à-la-Croix*** *(56km à l'ouest de Carleton) Tél. 418 788 5676 ou 1 888 773 8888 www.pc.gc.ca Ouvert fin juin-début sept. : tlj. 9h-17h Tarif 3,90$, réduit 1,90-3,40$, familles 9,80$ Gratuit en 2017*

☺ La vallée de la Matapédia

Corridor naturel de 150km de longueur entre le Saint-Laurent et le Nouveau-Brunswick, la vallée de la Matapédia est un royaume du saumon, de l'érable et de l'orme. Elle offre un tableau particulièrement somptueux quand l'été indien pare ses forêts de couleurs chatoyantes. À ne manquer sous aucun prétexte ! Sa plus belle portion, modérément encaissée, va de Matapédia à Sainte-Florence : de part et d'autre de la rivière longée par la 132, se déploie un camaïeu de verts et, en automne, d'or et de vermeil. Autour de Matapédia, la route des Plateaux sillonne agréablement le sud de la vallée. Un plaisant parcours de découverte.

Matapédia Établie au confluent de la Ristigouche et de la Matapédia, Matapédia ("là où les rivières se rencontrent" en micmac) est la porte du Québec pour les visiteurs en provenance du Nouveau-Brunswick. La bourgade a peu d'intérêt, mais on découvrira un panorama sublime en rejoignant Saint-Alexis-de-Matapédia, 9km à l'ouest. Une piste caillouteuse de 4km relie le village au belvédère "Horizon de rêve". La Ristigouche coule 230m plus bas, se frayant un chemin dans un océan de verdure. Un paysage magnifié par le relief des Appalaches et, en octobre, par les couleurs de l'été indien. *75km à l'ouest de Carleton par la route 132*

Causapscal Deux grandes rivières à saumon, la Causapscal et la Matapédia, se rejoignent au cœur de cet agréable village cerné de forêts. Un site idéal pour la chasse et la pêche, ce que comprit la haute société britannique, canadienne et américaine à la fin du XIXe siècle. Aujourd'hui encore, de nombreux pêcheurs taquinent le saumon dans le centre du bourg, de juin à septembre. On peut les observer du pont suspendu derrière le musée Matamajaw. En été, ce dernier replonge les amateurs du genre dans l'univers luxueux des clubs de pêche du début du XXe siècle. *130km au nord-ouest de Carleton par la route 132*

Où boire une bière et se faire des amis ?

La Captive Encore une microbrasserie qui fait des miracles ! Et l'un de ces miracles est de nous pousser à faire un détour par Amqui, soit de Matane, soit au bout de la Matapédia. Une ancienne prison devenue lieu de convivialité et de rencontres, où l'on boit une bière maison de bonne qualité et où l'on peut casser la graine simplement mais avec des produits bien préparés (gravlax, bœuf tzatziki, etc.). Pour une entrée et un plat, la note ne dépasse pas 25$. Si le pub ouvre si tôt (8h) c'est qu'il fait également boulangerie. Les vendredis et samedis, des concerts sont organisés. Et enfin, pourquoi s'y fait-on des amis ? Parce que c'est ce qu'Amqui veut dire en langue amérindienne ! *140, bd Saint-Benoît ouest* ***Amqui*** *(152km au nord-ouest de Carleton par la 132 ouest) Tél. 418 631 1343 www.lacaptive.ca Ouvert dim.-mar. 8h-23h, mer.-sam. 8h-1h*

Découvrir la Matapédia en canot

Matapédia Nature Aventure Avec Matapédia Nature Aventure, offrez-vous, sur réservation, une excursion guidée en kayak, en paddleboard ou en canoë au pays des rivières à saumon. Comptez 45$ les 2h (avec goûter), 90$ la journée (avec déjeuner et goûter). En canot-camping (avec transport jusqu'à la rivière, mais sans guide), 75$ l'excursion de deux jours et 90$ celle de trois jours. Le canot-camping peut aussi se pratiquer accompagné d'un guide. L'organisme propose également des randonnées sur le sentier international des Appalaches de deux à cinq jours avec guide, hébergement, nourriture et transport. Pour une activité originale, laissez-vous tenter par la plongée en apnée avec les saumons (85$, ou 105$ avec embarcation) ***Matapédia*** *Tél. 418 865 3554 www.matapediaaventure.com Ouvert mi-mai-début sept.*

Pêcher le saumon ou la truite

Corporation de gestion des Rivières Matapédia et Patapédia Pour pêcher le saumon dans les rivières Matapédia et Patapédia. Guide et forfaits disponibles. Consultez les conditions d'accès sur le site Internet. ***Causapscal*** *Tél. 418 756 6174 ou 1 888 730 6174 www.cgrmp.com Ouvert juin-sept. : tlj. 7h-21h Droit d'accès 48-60$ selon la période*

Zec Casault - CERF Vallée de la Matapédia Une rivière et neuf lacs dans lesquels pêcher la truite mouchetée, également appelée omble de fontaine. Différents forfaits. Terrain de camping, location de chalets et d'embarcations. *752, route 132 Ouest* ***Causapscal*** *Tél. 418 756 3670 www.zeccasault.reseauzec.com*

CARNET D'ADRESSES

Restauration, hébergement

camping

Camping de Carleton Quelle chance ! Le camping municipal occupe l'une des minces bandes de terre qui séparent le barachois de la mer. Résultat : les 288 emplacements profitent d'un cadre privilégié, entre la plage et les allées et venues des oiseaux du marais. Seul hic, l'ombre est rare, ce qui peut être gênant en été. Buanderie, aire de jeux, accès Internet, mais pas d'épicerie ni de service de restauration. Des causeries estivales ont lieu gratuitement le mardi et le jeudi au chalet voisin de la pointe Tracadigash. Comptez 26-47 l'emplacement. *319, rue du Phare* ***Carleton-sur-Mer*** *Tél. 418 364 3992 www.carletonsurmer.com Ouvert juin-sept.*

prix moyens

☺ **Le Marin d'eau douce** Si l'envie d'une bouillabaisse ou d'un tajine vous taraude, Mustapha Benhamidou, le chef marocain, se fera un plaisir de vous préparer ces plats (sur réservation). Mais c'est avant tout pour le délicieux saumon à l'amérindienne que l'on se rend là, en bordure de plage. La carte réserve d'autres surprises gourmandes : pétoncles au beurre blanc, côtelettes d'agneau pré-salé, wapiti, etc. Comptez 33-40$ en table d'hôtes au souper, et seulement 20$ à midi. Terrasse idyllique en été, cadre feutré le soir, service irréprochable. La présentation des assiettes est particulièrement soignée. Une excellente adresse. CB acceptées. *215, route du Quai (route de la marina)* ***Carleton-sur-Mer*** *Tél. 418 364 7602 www.marindeaudouce.com Ouvert le soir (midi et soir en juin-sept.), midi sur rés. en hiver*

prix élevés

☺ **Gîte de la Paix** Dans cette belle maison moderne qu'un Frank Lloyd Wright aurait pu dessiner 3 jolies chambres vous attendent pour un séjour le long de la rivière plus que confortable. Petit déjeuner complet (avec cretons !), spa et piscine parachèvent un tableau déjà sublime. Chambre avec sdb pour 120$, les 2 autres avec sdb partagée sont à 110$. *8, rue de la Paix* ***Carleton-sur-Mer*** *Tél. 418 392 9923 www.gitescanada.com/gitedelapaix Ouvert fin mai-mi-oct. : tlj.*

prix très élevés

Aux 4 vents Imaginez emprunter un canot, un kayak ou un pédalo pour rejoindre cinq radeaux installés entre les bras de sable de la baie des Chaleurs. Une yourte se dresse sur chaque plateforme. Un concept unique en Amérique ! L'intérieur conserve une décoration traditionnelle à base de motifs géométriques sur fond de peinture rouge, bleue ou orange. Bon lit, chauffage d'appoint, toilettes sèches, eau potable et articles de cuisine. Comptez 170$ (300$ pour 2 nuits) pour une yourte de 2 personnes incluant un canot pour se promener. Au quai, resto-bar de sushis et boutique de vêtements. *725, bd Perron* ***Carleton-sur-Mer*** *Tél. 418 364 3885 www.aux4vents.ca Ouvert mi-juin-mi-sept.*

Dans les environs

petits prix

Auberge du Café acadien De bons petits plats québécois et acadiens (25-35$) à savourer face à la marina de Bonaventure. Goûtez au maquereau à l'érable. L'ambiance familiale et décontractée fait le charme du lieu, mais d'aucuns regretteront la lenteur du service. Également 5 chambres (90$/2 pers. avec petit déj.). *168, rue Beaubassin* ***Bonaventure*** *(60km à l'est de Carleton) Tél. 418 534 4276 cafeacadien.com Ouvert juin-début sept. : tlj. 8h-21h30*

Le Rendez-Vous Ce restaurant ne fait pas d'étincelles, mais a le mérite d'ouvrir tous les jours de l'année. La carte est variée : poisson frais, fruits de mer en saison, grand choix de poulet, pizzas, salades, hamburgers, etc. Comptez 15-20$ à midi, 25-35$ le soir en table d'hôtes. Service rapide et assiettes de qualité. CB acceptées. *108 av. Grand-Pré* ***Bonaventure*** *(60km à l'est de Carleton) Tél. 418 534 3499 Ouvert tlj. 6h30-22h*

Camping Cime Aventures Faites le plein de nature dans ce camping écologique et rustique riverain de la Bonaventure. Le site très boisé réunit 80 emplacements pour tentes et caravanes (32-40$) et 9 tipis avec plancher et foyer au seuil de la rivière (94$ pour

2 en haute saison, 71$ en basse saison). Dépaysement garanti dans les éco-logis (chalets pour 4 pers.), dressés sur des pilotis parmi les arbres et desservis par des passerelles en bois (164-208$ pour 2 pers., 10$ par pers. additionnelle). Sauna, spa, bains thermaux avec vue et accès aux eaux limpides de la rivière Bonaventure. Un restaurant-bar sert une cuisine originale au bord de l'eau. Loger là, c'est aussi et surtout l'occasion de faire du canoë ou du kayak avec Cime Aventures sur l'une des plus belles rivières du Québec. À vos pagaies ! *200, chemin Athanase-Arsenault* ***Bonaventure*** *(8km au nord-est de Bonaventure en suivant les avenues de Grand-Pré et Beauséjour et 66km à l'est de Carleton) Tél. 418 534 2333 ou 1 800 790 2463 www.cimeaventures.com Ouvert mi-mai-mi-oct.*

prix moyens

Auberge du Château Bahia On se frotte les yeux : un château médiéval avec tourelles et clochetons à bulbe émerge de la forêt de Pointe-à-la-Garde. Un mirage ? Non, juste un rêve, celui de Jean Roussy, qui a construit avec son père cet étonnant édifice d'un kitsch redoutable. Chacune des 12 chambres, dont huit avec sdb, baigne dans un fond musical et, le soir, le repas aux chandelles est servi dans une longue salle d'inspiration médiévale. Comptez 70-80$ avec le petit déjeuner et 112-122$ en demi-pension. L'auberge de jeunesse construite en bord de route possède 2 dortoirs rustiques de 10 lits chacun. On n'y retrouve pas, hélas, le décor baroque du "château". Comptez 31$/pers. avec le petit déjeuner. CB acceptées. Accès Internet, prêt de vélos. Sentier pédestre de 5km en forêt et plage accessible à pied. Les cars Orléans Express s'arrêtent devant l'auberge sur demande. *152, bd Perron* ***Pointe-à-la-Garde*** *(38km à l'ouest de Carleton) Tél. 418 788 2048 www.chateaubahia.com Ouvert mai-oct. (dortoirs ouverts toute l'année sur réservation)*

☺ **À l'abri du clocher** Le presbytère de Nouvelle a été transformé en un gîte accueillant et plein de cachet. Les 5 chambres personnalisées (avec sdb), truffées de missels, de tiares et de peintures du Sacré-Cœur, fleurent bon le catéchisme d'antan. Coup de cœur pour la chambre de Monseigneur et celle du Prince de Miguasha, entièrement lambrissée. Accueil prévenant. Le parc national de Miguasha est à deux pas. Comptez 83-118$ avec le petit déjeuner, taxes comprises. *5, rue de l'Église* ***Nouvelle*** *(15km à l'ouest de Carleton par la 132) Tél. 418 794 2580 www.alabriduclocher.ca*

Gîte J.-A. Dufour Partez à la rencontre des ours noirs en compagnie de Daniel Dufour, qui tient ce gîte douillet de la vallée de la Matapédia avec son épouse Luce. Pour 25$, vous observerez les plantigrades sauvages à la tombée du jour. Daniel – de son propre aveu, le premier ours que vous rencontrerez là – organise aussi des journées de découverte des orignaux et des parties de chasse. Côté hébergement, 5 chambres bien tenues, confortables et coquettes, avec 2 jolies salles de bains à partager. Comptez de 70 à 80$ avec le petit déjeuner. Panorama magique sur la rivière Ristigouche à quelques kilomètres, mais on reste loin de tout, il faut le savoir. *170, rue Principale* ***Saint-Alexis-de-Matapédia*** *(85km à l'ouest de Carleton par la 132) Tél. 418 299 3040 www.gitescanada.com/jadufour*

Auberge La Coulée douce De la véranda qui domine la rivière Matapédia, la vie semble être un long fleuve tranquille… Pendant que les pêcheurs s'affairent, dégustez un saumon à la Matapédia ou une soupe de poisson, les spécialités maison. Comptez 25-40$ le dîner en table d'hôtes. Jolie salle aux tons chauds, éclairée à la chandelle le soir. Également 8 chambres meublées à l'ancienne, avec TV et sdb, et pour certaines, une vue sur la rivière. Un peu cher tout de même : 102-112$ sans le petit déj. (5-14$). À côté, 5 chalets (2-8 pers.) tout équipés, mais sans charme particulier, loués 154-174$ pour 2. CB acceptées. *21, rue Boudreau* ***Causapscal*** *(129km au nord-ouest de Carleton par la route 132) Tél. 418 756 5270 ou 1 888 756 5270 www.lacouleedouce.com*

prix élevés

Motel Grand-Pré Avantageusement situé face au barachois de Bonaventure, ce motel qui attire surtout une clientèle d'affaires dispose de chambres sans grand caractère, mais impeccables et confortables (TV, réfrigérateur, sdb, balcon). Nette préférence pour celles qui donnent sur le plan d'eau. Satisfaisant pour une nuit, mais pas pour plusieurs : 109-129$ sans le petit déjeuner – que l'on peut prendre au restaurant voisin le Rendez-Vous (p.569). CB acceptées. *118, av. Grand-Pré (derrière l'OT)* ***Bonaventure*** *(60km à l'est de Carleton) Tél. 418 534 2053 ou 1 800 463 2053 www.motelgrandpre.com*

★ LES ÎLES DE LA MADELEINE

Cet archipel de 206km², qui s'étire sur 100km en plein golfe du Saint-Laurent, entre l'île du Prince-Édouard et Terre-Neuve, offre toute la palette des paysages maritimes : dunes blondes à perte de vue, falaises rouge sang, lagunes immenses et collines verdoyantes que les façades des maisons viennent rehausser de touches acidulées. Sublime ! Sept de ses seize îles et îlots sont habités et six reliés par des cordons de sable. Les Madelinots, à 95% francophones, vivent traditionnellement de la pêche au crabe et au homard et, depuis des années, du tourisme. Paradis des véliplanchistes et des kitesurfeurs, l'archipel se prête aussi à merveille au kayak de mer, à la marche et même à la baignade. On peut y observer d'adorables bébés phoques en hiver et s'y régaler de homard frais de mai à début juillet. Ajoutez-y un accueil en or, un climat doux en toute saison et il y a de fortes chances pour que vous rapportiez de ces îles vos meilleurs souvenirs du Québec. Pour mieux en profiter, consacrez-leur une semaine. Une seule mise en garde : les falaises de l'archipel sont très friables, tenez-vous au moins à 3m du bord.

UNE "COLONIE" ACADIENNE Fréquentées dès avant notre ère par les Micmacs qui viennent y pêcher et chasser le phoque, puis par des pêcheurs basques et bretons au XVe siècle, les îles sont baptisées Araynes (du latin *arena*, "sable") par Jacques Cartier en juin 1534. En 1571, elles sont le théâtre de la première bataille franco-anglaise en Amérique du Nord. L'archipel fait l'objet de plusieurs tentatives d'installation française au XVIIe siècle, telle celle que dirige en 1663 le sieur Doublet d'Honfleur, dont l'épouse se prénomme Madeleine – Champlain a déjà nommé l'île du Havre-Aubert la Magdeleine en 1632. La colonisation insulaire ne débute véritablement qu'en 1762, avec des Acadiens chassés du continent et conduits par Richard Gridley, l'ancien officier de l'armée britannique qui s'est vu concéder les îles. D'autres Acadiens, refoulés de Saint-Pierre-et-Miquelon, et des immigrants écossais viendront grossir cette population sous la Révolution française. En 1787, l'archipel passe sous le contrôle de l'amiral Isaac Coffin, qui instaure un régime seigneurial sévère. Les Madelinots doivent acquitter de lourds baux afin de pouvoir occuper les terres qu'ils ont mises en valeur. Ils subissent de surcroît la domination des grands marchands de poissons et pâtissent de la surpêche des Américains jusqu'à ce que le gouvernement instaure des contrôles sur cette activité au XIXe siècle. La misère pousse une partie d'entre eux à quitter l'archipel. Ces exilés fondent Sept-Îles, Havre-Saint-Pierre, Natashquan et encore Blanc-Sablon, sur la Côte-Nord. L'abolition du joug seigneurial, le développement des contacts avec le continent et l'émergence de réseaux coopératifs améliorent grandement leur sort au XXe siècle. En 1977, une importante campagne médiatique menée par Brigitte Bardot dénonce la chasse aux blanchons (bébés phoques) pratiquée dans les îles. Dix ans plus tard, cette dernière est interdite – mais celle des phoques adultes, encadrée, demeure autorisée. Un épisode mal vécu par les insulaires et un sujet tabou… Le tourisme est aujourd'hui, avec la pêche et l'exploitation de mines de sel, le principal moteur de l'économie locale.

MODE D'EMPLOI

accès

Réservez dès que possible vos transports (bateau, avion) en haute saison, surtout de mi-juillet à mi-août.

EN AVION

Air Canada Jazz Deux liaisons quotidiennes avec Montréal via Québec et Gaspé, plus une liaison directe chaque jour de mi-juin à septembre. *Tél. 514 393 3333 ou 1 888 247 2262 www.aircanada.com*

Pascan Aviation Effectue des vols Montréal (Saint-Hubert)-Québec-Bonaventure-îles de la Madeleine. *Tél. 450 443 0500 ou 1 888 313 8777 www.pascan.com*

Aéroport *Sur l'île du Havre-aux-Maisons Tél. 418 986 3785*

EN BATEAU

CTMA Un traversier relie en 5h le port de Souris, sur l'île du Prince-Édouard, aux îles de la Madeleine (port de Cap-aux-Meules). Un départ assuré, parfois deux fois/j. de fin juin à fin août. Comptez 400$ AR en haute saison (250$ en basse saison) pour 2 adultes en voiture. Il faut se présenter une heure avant l'embarquement. De juin à octobre, la CTMA organise une **croisière hebdomadaire** de Montréal aux îles de la Madeleine avec escale à Québec (au retour, et pour les piétons seulement) et à Chandler (AR, pour piétons et automobilistes). Départ de Montréal le vendredi, de Chandler le samedi, arrivée à Cap-aux-Meules le dimanche, retour à Montréal le vendredi suivant. La croisière prévoit 3 jours dans l'archipel. Au départ de Chandler, réserver plusieurs mois à l'avance. *Tél. 418 986 3278 ou 1 888 986 3278 www.croisieresctma.ca*

orientation

L'archipel, en forme de croissant, est situé 215km à l'est de la Gaspésie et 105km au nord de l'île du Prince-Édouard. Toutes les îles, sauf Entrée, sont raccordées entre elles par des dunes de sable. La route 199, longue de 88km, traverse tout l'archipel. Au sud-est de cet ensemble et accessible uniquement par bateau, l'île d'Entrée constitue un bon repère : elle est visible de presque toutes les autres îles.

informations touristiques

Tourisme Îles de la Madeleine Informations complètes sur l'archipel et personnel compétent. *128, chemin Principal* ***Cap-aux-Meules*** *Tél. 418 986 2245 ou 1 877 624 4437 www.tourismeilesdelamadeleine.com Ouvert début juil.-fin août : tlj. 7h-20h ; juin, sept. : tlj. 9h-17h ; oct.-mai : lun.-ven. 9h-12h et 13h-17h Fermé du 24 au 26 déc. et du 31 déc. au 4 jan.*

transports sur place

On peut louer une voiture chez Hertz, Leblanc et chez Honda. Attention, les prix indiqués n'incluent pas les taxes. Très appréciés aux beaux jours, la moto et le scooter donnent une grande liberté de déplacement (location à l'aéroport chez Hertz : 40$ à 250$/j.). Les numéros des sociétés de taxis sont affichés à l'aéroport.

Hertz *À l'aéroport* ***Havre-aux-Maisons*** *Tél. 418 969 4229 ou 1 888 818 4537 www.agencedelocationdesiles.com*
Leblanc Locations *À l'aéroport* ***Havre-aux-Maisons*** *Tél. 418 969 9001 www.leblanclocationdautos.com*
Honda *1090, chemin de la Vernière L'Étang-du-Nord* ***Cap-aux-Meules*** *Tél. 418 986 4085 / 937 7878*
Taxi des Îles *Tél. 418 986 2101*
Taxi Madeli *Tél. 418 986 2555*

décalage horaire

Une heure de plus que le reste du Québec. Lorsqu'il est midi à Montréal, il est 13h dans l'archipel, comme dans les Provinces-Maritimes.

location de vélos et de kayaks

Le Pédalier Location de vélos (18-24$/j., 85$/sem., avec casque, porte-bagages et antivol), mais aussi de kayaks, d'équipement de camping et d'articles de randonnée (raquettes). *800, chemin Principal* ***Cap-aux-Meules*** *(près du centre commercial Place des Îles, à la sortie ouest du bourg) Tél. 418 986 2965 www.lepedalier.com Ouvert début avr.-sept. : lun.-mer. 9h-17h30, jeu.-ven. 9h-21h, sam. 9h-17h, dim. 13h-17h*

fêtes et manifestations

Festival du homard Dégustations, activités, spectacles... ***Grande-Entrée*** *1er week-end de juil.*
Rendez-vous aventure Une semaine de compétition de cerf-volant, de planche à voile et de kitesurf. ***Cap-aux-Meules*** *En juil.*
Marché du village Venez goûter à l'incroyable variété des produits des îles dans ce rassemblement de producteurs. Possibilité de pique-niquer sur place. *Place des Gens-de-Mer*

Cap-aux-Meules Juil.-mi-oct. : le sam. à partir de 10h

Symposium de peinture figurative Des artistes peignent in situ les paysages des îles. ***L'Étang-du-Nord*** *Fin juil.-début août*

Concours de châteaux de sable Une pelle, un seau et pas mal d'imagination ! Ne manquez ce gigantesque concours sous aucun prétexte. Ateliers de construction les semaines précédentes. ***L'île-du-Havre-Aubert*** *2e week-end d'août*

Festival international Contes en îles Causeries et contes perpétuent pendant deux semaines la tradition orale des îles. *En sept.*

DÉCOUVRIR
Les îles de la Madeleine

☆ **Les essentiels** Les falaises de Belle-Anse (Cap-aux-Meules), le site historique de la Grave et l'aquarium des îles (Havre-Aubert), la plage de la Grande-Échouerie (Grosse-Île) **Découvrir autrement** Essayez le kitesurf dans la baie de Havre-aux-Basques

Cap-aux-Meules

L'île la plus peuplée de l'archipel et son centre névralgique (commerces et services). Trois communes : Cap-aux-Meules, où accostent les ferries, Fatima et L'Étang-du-Nord, longtemps le principal port de pêche de l'archipel.

Église Saint-Pierre de La Vernière Ce bel édifice de style néogothique est la deuxième plus vaste église en bois d'Amérique du Nord derrière celle de Clare, en Nouvelle-Écosse. Frappée par la foudre à plusieurs reprises, elle a été en partie reconstruite avec la cargaison de bois d'un navire naufragé. *1329, chemin de La Vernière* ***L'Étang-du-Nord*** *(route 199, à la sortie du bourg)*

☺ **Parc de Gros-Cap** Il protège une presqu'île au sud-est de l'île. Baladez-vous sur la plage, au pied des grottes et falaises de grès rouge, ou sur le sentier de l'Échouerie qui offre de jolis points de vue sur l'île d'Entrée. Des sorties en kayak – cf. Faire une excursion en kayak de mer (p.577) – sont proposées en saison. *74, chemin du Camping* ***L'Étang-du-Nord*** *Tél. 418 986 4505 ou 1 800 986 4505 www.parcdegroscap.ca Ouvert juin-sept. : tlj. 8h-22h*

Butte du Vent Au cœur de l'île, signalée par une antenne-relais, cette hauteur (160m) dévoile une vue à 360° sur les vallons verdoyants de Cap-aux-Meules, et, par temps clair, sur tout l'archipel. ***L'Étang-du-Nord*** *Accès par le chemin Cormier, puis le chemin de la Butte-du-Vent Laisser la voiture au bas de la butte et finir à pied (facile)*

☆ ☺ **Belle-Anse** Réservez absolument une fin de journée à cette balade. De l'anse des Baleiniers à Belle-Anse, un sentier, autrefois praticable sur 3,6km mais depuis peu malheureusement sectionné par l'érosion, longe le bord des **falaises** en grès rouge de la côte occidentale de l'île. Vous n'oublierez pas de

LE SON DE LA MER Comment tout savoir sur l'actualité des îles ? Du bateau à vendre au prochain concert country gratuit ? L'heure des marées et les ragots du coin ? Syntonisez CFIM, la radio des îles, sur 92,7 FM. Des émissions variées, une musique locale à découvrir, et du professionnalisme à revendre !

sitôt le coucher du soleil et les vertigineuses parois rougeoyantes face à la grande bleue. Autre balade à partir du site touristique de la Côte, dans le port de L'Étang-du-Nord, un sentier cyclopédestre mène au cap du Phare, lui aussi sublimé par le crépuscule.

Où faire le plein de bonnes denrées ?

☺ **Gourmande de nature** Ce lieu rassemble une boutique gourmande, un comptoir gourmand et un atelier gourmand. Côté atelier, Johanne Vigneau dirige sa brigade d'apprentis et leur permet de mettre la main à la pâte pendant trois heures de création et raffinement. Du risotto aux *dumplings* chinois en passant par les mille et une façons d'accomoder le pétoncle, chacun y trouvera son bonheur (de 60 à 110$, selon les produits, réservation obligatoire). Dans la boutique, vous trouverez des sels et des sucres aromatisés et d'excellents produits issus de l'églantine et de la canneberge. Enfin, tout cela vous ayant creusé l'appétit, vous pourrez pour 20-25$ composer votre repas parmi le choix sans cesse renouvelé du comptoir gourmand. Beau concept, non ? *1912, chemin de l'Etang-du-Nord* ***L'Étang-du-Nord*** *Tél. 418 986 6767 www.gourmandedenature.com Ouvert fin juin-mi-sept. : jeu.-mar. 10h-17h ; mi-sept.-fin déc., début mai-mi-juin : jeu.-sam. 10h-17h*

Le Verger Poméloi Seul verger de l'île, le lieu est particulièrement splendide en juin, au moment de la floraison. Mais on y vient d'abord pour l'excellence de ses produits : l'escarbille, un cidre pétillant à souhait, le chouchen ou le Poméloi, petit nectar à base de cidre et d'eau-de-vie que l'on reconnaît à la pomme prisonnière de la bouteille. De juillet à mi-septembre, des visites gourmandes d'une heure vous invitent à goûter ces différents délices (accompagnés d'amuse-gueules) au cœur même du verger (25$, réservation obligatoire). *82, chemin du Petit-Bois nord* ***L'Étang-du-Nord*** *Tél. 418 937 5611 wwww.levergerpomeloi.com Ouvert mi-juin-fin sept. : tlj. 10h-17h*

Où prendre de bons café équitable et petit déjeuner ?

Café d'chez nous Si les *feel good movies* existent, il y a aussi des *feel good* cafés. Celui-ci en fait partie. L'ambiance est chaleureuse, amicale, familiale. Vous n'aurez qu'à choisir parmi les 35 sortes de cafés proposés pour commencer la journée en fanfare. Un bon bagel ou un sandwich western afin de bien vous caler et d'avoir le pied marin pour embarquer au port juste en face. Une fois par mois, soirées thématiques (musique, contes...) accompagnées d'un bon repas (55 à 60$/pers.). *1-97, chemin principal* ***Cap-aux-Meules*** *Tél. 418 986 3939 Ouvert fin juin-août : lun.-ven. 7h-18h, w.-e. 10h-18h ; sept.-fin juin : lun.-jeu. 7h-16h, ven. 7h-17h, w.-e. 10h-16h*

Où boire un verre ?

☺ **À l'abri de la tempête** Le cadre est grandiose : un bout d'un chemin isolé, à deux pas de la plage où l'épave du *Corfu Island* se détériore lentement pour le plus grand plaisir des promeneurs, poètes et photographes. C'est à cet endroit précis, tel un havre pour les frères de la côte, qu'est venue s'installer la plus chic microbrasserie du Québec, et surtout, n'ayons peur de rien, l'une des meilleures.

GASPÉSIE, ÎLES DE LA MADELEINE ET ACADIE

Vous les aurez forcément rencontrées, et peut-être même savourées, au cours de vos pérégrinations, mais elles valent tout-de-même une courte présentation : l'Écume, une excellente pilsner, fraîche et aux accents de mer, la Corne de brume, une scotch ale qui tape les 9%, avis aux plus robustes, et la Corps mort, étrange vin d'orge brassé avec du malt fumé dans le fumoir à hareng... Étonnant et savoureux ! À boire sur place ou à emporter, au fût ou en bouteille. Nous conseillons fortement le forfait dégustation de 5 bières (12,75$) et pourquoi pas un petit plateau de 5 huîtres (12$) en accompagnement ? Chose rare au Québec, les enfants sont les bienvenus ! *286, chemin Coulombe* ***L'Étang-du-Nord*** *Tél. 418 986 5005 www.alabridelatempete.com Ouvert mi-juin-début sept. : tlj. 12h-0h ; mi-mai-mi-juin, sept.-oct. : dim.-mer. 15h-20h, jeu.-sam. 15h-22h ; nov.-mi-mai : ven. 16h-0h*

Les Pas perdus Sans nul doute l'endroit le plus animé de l'archipel ! On y fraternise entre baroudeurs et globe-trotters autour de bières issues de la microbrasserie locale, ou d'un bon repas. Car le lieu est double : dans un bâtiment, un resto-bistrot, et à quelques pas (qui ne seront pas perdus), la salle de concert qui ne dérougit pas de l'été, notamment lors des *jam-sessions* du lundi (on peut se joindre au groupe qui se produit). Propose aussi hébergement et restauration (p.583). *169, chemin Principal* ***Cap-aux-Meules*** *Tél. 418 986 5151 www.pasperdus.com Ouvert juil.-août : tlj. 8h-22h ; juin, sept. : tlj. 11h-22h ; oct.-mai : mar. 11h-14h, mer.-ven. 11h-22h, w.-e. 16h-22h*

Bar Le Central Rien de tel pour écluser une bière en écoutant les conversations de la clientèle locale qu'un beau et large comptoir en bois ! On y croise aussi quelques touristes, car le port est à deux pas. Agréable terrasse en été, et concerts occasionnels de chanson traditionnelle, de vieux rock, etc. L'hiver, nombreux jeux de patience à disposition. Une valeur sûre qui a soufflé ses trente bougies en 2016. *225D, chemin Principal (en plein centre-ville)* ***Cap-aux-Meules*** *Tél. 418 986 3212 Ouvert été : tlj. à partir de 11h ; hiver : tlj. à partir de 15h*

Jouer avec Éole Les îles de la Madeleine constituent l'un des meilleurs "spots de vent" du monde. L'occasion rêvée de se mettre au cerf-volant, à la

Loup marin, phoque, blanchon, bébé phoque... quel mot utiliser ?

Chacun sait à quel point le sujet est sensible ! La banquise fond sous la chaleur des passions que suscite la question des... quoi au juste ? Doit-on dire loup marin ou phoque ? Blanchon ou bébé phoque ? Aux îles, vous n'entendrez pratiquement jamais le terme phoque, les habitants d'ici lui préférant l'appellation loup marin qui remonte aux temps les plus anciens de l'archipel, et même au-delà. Il s'agit d'un régionalisme empruntant au vocabulaire de ces coriaces loups-de-mer venus s'échouer en ces lieux. Pour ce qui a trait à la progéniture de l'animal, la chose est plus délicate. En effet, l'expression "bébé phoque" a surtout été utilisée pour susciter l'empathie par les opposants à la chasse au... blanchon, seul et unique terme pour décrire le petit du loup marin. Après tout, on dit bien veau, pas "bébé vache" !

planche à voile, au kitesurf et autres dérivés (*kitewing, kite-buggy*, ski cerf-volant en hiver, etc.).
Aérosport Le spécialiste madelinot des sports éoliens propose des initiations au cerf-volant et au kitesurf. Encadrement professionnel. Forfaits kitesurf 700-1 000$. Location de cerfs-volants, de kitesurfs, de *boogie boards* et de kayaks. *1390, chemin Lavernière* ***L'Étang-du-Nord*** *Tél. 418 986 6677 www.aerosport.ca Ouvert mi-juin-mi-sept. : tlj. 9h-18h Sinon, sur réservation*
Au gré du vent Initiation et cours de cerf-volant acrobatique, cours de cerf-volant sportif et familial, atelier de fabrication pour les jeunes. Incontournable pour les enfants d'Éole ! *499, chemin Boisville Ouest, La Côte* ***L'Étang-du-Nord*** *Tél. 418 986 5069 www.greduvent.com Ouvert juin-mi-sept.*

Faire une excursion en bateau à moteur

Excursions en mer Plusieurs sorties par jour en bateau et en zodiac jusqu'aux grottes et falaises de Gros-Cap (30$). Également des tours des îles d'Entrée et de Brion (80$), avec débarquement. Comptez 35-45$ l'excursion jusqu'à Entrée en zodiac, avec arrêt de 2h30 sur l'île (et 35$ en bateau de quai à quai, avec visite libre sur place). Et des parties de pêche au maquereau organisées l'été (32$, on repart avec ses prises). *Kiosque sur la marina* ***Cap-aux-Meules*** *Tél. 418 986 4745 www.excursionsenmer.com Ouvert mai-oct. : tlj. 8h-19h*
Excursions Le Pluvier Planqué dans son cabanon, quand il n'est pas en mer, le sympathique Réjean Cyr vous emmènerait au bout du monde si vous le lui demandiez, mais son territoire, ce sont les grottes et les falaises du nord, et leur fabuleux coucher de soleil (au singulier car il est unique). 50$/pers., min. 6 pers. Il propose aussi des excursions privatives pour observer les phoques ou tâter de la pêche en haute mer (125$/h, max. 5 pers.) *Quai de l'Étang-du-Nord* ***L'Étang-du-Nord*** *Tél. 418 937 7656 Ouvert juin-sept. : tlj. 9h-19h*

Faire une excursion en kayak de mer

Aérosport Excursions de 3h en kayak de mer, 3 fois par jour, vers Belle-Anse et Gros-Cap, de juin à septembre (44$ en tandem et en solo). *1390, chemin Lavernière* ***L'Étang-du-Nord*** *Tél. 418 986 6677 www.aerosport.ca Ouvert mi-juin-mi-sept. : tlj. 9h-18h Sinon, sur réservation*
Parc de Gros-Cap Excursions guidées en kayak au pied des grottes et falaises du parc (44$ les 3h). *74, chemin du Camping* ***L'Étang-du-Nord*** *Tél. 418 986 4505 ou 1 800 986 4505 www.parcdegroscap.ca Ouvert juin-sept.*

Observer les blanchons

Hôtel Château Madelinot Une expérience unique ! Tous les ans, des milliers de phoques du Groenland viennent mettre bas sur les glaces de la côte ouest des îles. Les deux dernières semaines de février, forfaits d'observation des blanchons de trois à six nuits, avec excursions en hélicoptère sur la banquise, hébergement et visite guidée de l'archipel. À partir de 1 350$ tout de même ! *323, route 199* ***Fatima*** *Tél. 418 986 3695 ou 1 855 986 2211 www.hotelsaccents.com*

Havre-Aubert

La plus méridionale et sans doute la plus jolie des îles de la Madeleine abrite deux communes : Havre-Aubert, premier village de l'archipel (1762), et

GASPÉSIE, ÎLES DE LA MADELEINE ET ACADIE

Bassin. Son interminable **dune de Sandy Hook** et la **lagune de Havre-aux-Basques**, paradis des véliplanchistes et des kitesurfeurs, séduisent les amoureux de la nature, tandis que le grand concours de châteaux de sable organisé en août sur la plage de Havre-Aubert attire jusqu'à 18 000 personnes.

Collines des Demoiselles De l'église de Havre-Aubert, une balade facile vous invite à gravir la plus haute de ces buttes pour profiter d'un panorama divin sur toute l'île, la baie de Havre-aux-Basques, l'île d'Entrée et le site historique de la Grave. ***Havre-Aubert***

☆ **Site historique de la Grave** Si les maisonnettes en bardeaux de cèdre gris de cet isthme arborent le drapeau ou l'étoile d'Acadie, c'est parce que c'est là que s'installèrent en 1762 les premiers Acadiens de l'archipel. Sur cette grave (grève), ils bâtirent des chafauds (saloirs à poisson surmontés d'un logis de pêcheur), des magasins et des entrepôts. Il ne reste plus qu'un ancien magasin, deux chafauds, une ferblanterie, quelques maisons et une grande saline près du quai. L'ensemble a un cachet fou, d'autant qu'il abrite d'excellents cafés, restaurants et boutiques. ***Havre-Aubert***

Musée de la Mer Ce petit musée vous en apprendra beaucoup sur l'archipel : la présence viking, la longue série de naufrages qui a marqué son histoire, l'évolution des techniques locales de navigation, de pêche et de conservation du poisson… La muséographie soignée met en valeur des maquettes de bateau, des instruments et des fragments d'épave, sur un fond sonore apaisant. Ne manquez pas la nouvelle vedette du musée : le gigantesque squelette de cachalot qui trône dans le hall depuis 2014, après son échouage en 2008. Expositions temporaires tout au long de l'année, et activités pour enfants les jours de pluie. *1023, chemin de la Grave (route 199)* ***Havre-Aubert*** *Tél. 418 937 5711 museedelamer-im.com Ouvert 24 juin-début sept. : tlj. 9h-17h ; début sept.-23 juin : lun.-ven. 9h-17h, dim. 13h-17h Tarif 10$, réduit 5$*

☆ **Aquarium des îles** Un petit bravo à cet aquarium qui permet aux visiteurs de toucher des raies, étoiles de mer, homards, crabes et autres prises offertes par les pêcheurs locaux… et remises à la mer à la fin de la saison. N'hésitez pas à poser des questions aux animateurs. Au premier étage, où sont présentés les modes de conservation du poisson utilisés dans l'archipel, admirez les ossements de mammifères marins. *982, route 199* ***Havre-Aubert*** *(à la pointe est de la Grave) Tél. 418 937 2277 Ouvert mi-juil.-mi-août : tlj. 10h-18h ; juin-mi-juil., mi-août-sept. : tlj. 10h-17h Tarif 11,50$, réduit 8$*

Le Site d'autrefois Forcé d'abandonner la pêche après un naufrage qui faillit lui être fatal, Claude Bourgeois a réalisé son rêve : bâtir des maisonnettes madeliniennes sur son terrain et y mettre en scène la vie quotidienne des insulaires. Il faut impérativement l'entendre raconter son histoire dans le petit amphithéâtre du site. Ce sont ses récits à lui qui donnent leur âme aux personnages habitant ces lieux. Joli panorama du belvédère en haut du terrain. *3106, chemin de la Montagne* ***Bassin*** *Tél. 418 937 5733 www.sitedautrefois.com Ouvert mi-juin-août : lun.-sam. 9h-17h, dim. 13h-17h ; sept. : tlj. 10h-16h Tarif 10$, 5-18 ans 4$*

L'Anse-à-la-Cabane Falaise rouge et phare blanc : un spectacle magique au coucher du soleil ! Malheureusement, la falaise s'étant abîmée en mer, le sentier d'accès au phare a disparu et le bâtiment lui-même a dû être déplacé… sur un terrain privé. On se contentera donc de le regarder de loin. *Route panoramique* ***Bassin***

☺ **Dune de l'Ouest** Une longue plage sauvage bordée de hautes dunes et, dans sa partie sud, de falaises qu'embrase le couchant. Balade sublime en fin de journée, nu-pieds dans le sable. Dans le même esprit, ne manquez pas l'interminable plage de Sandy Hook, sur la côte ouest, face à l'île d'Entrée. *Route panoramique* ***Bassin***

Où faire provision de souvenirs ?

Artisans du sable Depuis 1981, l'équipe des Artisans du sable utilise le sable des îles de la Madeleine comme matériau et source d'inspiration pour créer des objets variés : lampes, châteaux miniatures, plats, pots… Peintres, sculpteurs et souffleurs de verre madelinots exposent aussi dans la galerie de la boutique. *907, route 199* ***Havre-Aubert*** *Tél. 418 937 2917 www.artisansdusable.com Ouvert juil.-août : tlj. 10h-21h Le reste de l'année, se renseigner*

Jaspe rouge Des mains de Mélodie naissent les fins bijoux en argent, et de celles de Francis ces beaux casse-tête en bois d'échouage. Et chez tous les deux, un même amour du travail bien fait. Des pièces originales, esthétiques et ludiques. À voir. *968, route 199* ***Havre-Aubert*** *Tél. 418 986 1150 Ouvert mi-mai-juin, sept. : tlj. 11h-17h ; juil.-août : tlj. 10h-21h*

Pagayer ou plonger au milieu des phoques

Centre nautique de l'Istorlet Depuis plus de trente ans, le Centre nautique de l'Istorlet propose des randonnées guidées de trois heures en kayak à Gros-Cap, Fatima et Étang-des-Caps (40$ en duo, 50$ en solo). Location de kayaks, de planches à voile, de *boogie boards* et de matériel de plongée. Activités quotidiennes en fonction de la météo. Sur réservation. *100, chemin de l'Istorlet* ***Havre-Aubert*** *Tél. 418 937 5266 ou 1 888 937 8166 www.istorlet.com Ouvert mi-mai-mi-sept.*

Île d'Entrée

Un morceau d'Irlande en plein golfe du Saint-Laurent ! Isolée du reste de l'archipel, 10km à l'est de Havre-Aubert, l'île d'Entrée abrite une centaine de personnes d'origine irlandaise et écossaise. La langue des habitants, les vertes collines, les vaches qui paissent dans les derniers pâturages communs du Québec… tout rappelle les origines celtiques de cette communauté. Desservie par bateau en été, par hélicoptère et autrefois par un pont de glace naturel en hiver, l'île mérite qu'on lui consacre au moins une demi-journée. Ne manquez pas de gravir Big Hill (174m) pour profiter d'un panorama somptueux sur le sud de l'archipel et les dégradés de turquoise et d'indigo de ses eaux. Un belvédère de rêve pour pique-niquer quand il n'y a pas de vent ! Comptez 45min de marche à partir du port en suivant le sentier Ivan-Quinn. Les chemins qui font le tour de l'île offrent d'autres points de vue à couper le souffle sur les îles de la Madeleine. Côté patrimonial, l'île possède un phare, une église anglicane et un petit musée d'histoire (ouvert juin-sept., lun.-sam. de 9h à 17h, dim. de

12h à 17h, entrée libre). Pour manger sur place, vous aurez le choix entre le casse-croûte Chez Brian ou l'en-cas que vous aurez pris soin d'emporter ! **Accès** *La CTMA relie Cap-aux-Meules à Entrée du lundi au samedi, deux fois/j. Départs à 7h30 et 15h00, retours à 9h et 16h30. Départ en face du bureau de la garde côtière. Tél. 418 986 3278 ou 1 8888 986 3278 www.ctma.ca Tarif AS 16$, 5-11 ans 10,50$*

Havre-aux-Maisons

Amateurs de maisons colorées, à vos appareils photo ! Cette île vallonnée, sans un arbre et pourtant bucolique, abrite certaines des façades les plus acidulées de l'archipel : jaune canari, vert vif, bleu indigo, violet, vermillon... De la charmante Petite Baie, sur la côte sud-ouest, une route panoramique dessert les principales curiosités, regroupées à Pointe-Basse : fromagerie, vieux fumoir de harengs, belvédère... À l'est, la halte routière de Dune-du-Sud donne sur une longue et belle plage de sable, en partie festonnée de falaises rouges et très fréquentée l'été.

Butte Ronde Son ascension, courte mais sportive (la pente est raide et mieux vaut s'aider des cordages), est récompensée par un époustouflant panorama à 360° sur Havre-aux-Maisons, le phare du cap Alright, l'île d'Entrée et la baie de Plaisance. *Se garer près du phare du cap Alright et suivre les indications*

Fumoir d'antan, économusée du Poisson fumé Depuis trois générations (1942), les Arseneau boucanent le hareng et fument le maquereau et le saumon. Il faut savoir que dans les années 1940, on comptait 40 entreprises de ce type dans les îles, représentant une part importante de l'économie madelinienne. Dans le vieux fumoir, une petite exposition détaille l'art de préparer le hareng en vue de son exportation aux Antilles. Explications instructives, mises en valeur par quelques objets bien choisis. Ne repartez pas sans avoir goûté les produits maison à la boutique. Hareng boucané sous vide à partir de 2$. Visites commentées toutes les heures, incluant une dégustation. *27, chemin du Quai* ***Pointe-Basse*** *Tél. 418 969 4907 www.fumoirdantan.com Ouvert mi-juin-août : tlj. 9h-18h ; avr.-mi-juin, sept. : lun.-ven. 8h-17h Tarif 6$, gratuit moins de 5 ans*

Où acheter du fromage des îles ?

Fromagerie du Pied-de-Vent La Fromagerie du Pied-de-Vent est la seule à fabriquer... le pied-de-vent, une spécialité locale au lait de vache et à pâte semi-ferme. Son nom vient d'une expression insulaire désignant les percées du soleil à travers les nuages. Goûtez également la tomme des Demoiselles ou le camembert jeune-cœur. *149, chemin de la Pointe-Basse* ***Pointe-Basse*** *Tél. 418 969 9292 Ouvert été : tlj. 8h-18h ; reste de l'année : tlj. 11h-17h*

Où acheter les seules huîtres 100% québécoises ?

☺ **Trésors du large** Quand le capitaine du *Marie-Gabriel I* rapporte ses huîtres du large, ce sont de véritables trésors qu'il a récoltés car il s'agit du seul et unique ostréiculteur du Québec, et le seul à faire de l'élevage en haute mer en Amérique du Nord. Venez les goûter et les acheter à l'entrepôt, puis allez les manger sur la plage, on vous fournira même le couteau pour les ouvrir. 20$/18 huîtres. *26 chemin du quai* ***Havre-aux-Maisons*** *Tél. 418 969 4477 lamouledularge.com Ouvert tlj. 10h30-17h*

Grosse-Île

Les taches de rousseur de ses homardiers ne sauraient mentir : l'endroit est peuplé de descendants de métayers chassés d'Écosse, et on y parle toujours l'anglais. À l'entrée de l'île, les mines de sel Seleine sont exploitées depuis 1983 (leurs impressionnantes installations ne se visitent pas, mais à côté, un petit centre d'interprétation est ouvert de juin à septembre, tarif 6$). Chaque année, on extrait du sous-sol 1,5 million de tonnes métriques de sel, qui servent à déglacer les routes enneigées du Nord-Est américain. Passé les mines, on trouvera des coins tranquilles et sauvages du côté de la pointe Rockhill et de l'East Cape. L'étonnant vitrail de l'église représentant le travail des hommes en mer mérite aussi un petit détour. Royaume du pluvier siffleur et du grèbe esclavon, la réserve nationale de faune de la Pointe-de-l'Est relie Grosse-Île à Grande-Entrée. Les deux sentiers qui partent de la route 199 (entre Grosse-Île et Old-Harry) et vagabondent à travers ses marais salants et le long de la plage de la Grande-Échouerie permettent d'observer ses colonies d'oiseaux migrateurs et les phoques de la pointe de l'Est.

☆ **Plage de la Grande-Échouerie** C'est la plus spectaculaire de l'archipel : un bandeau de sable de 10km de longueur, ourlé de dunes colonisées par des ammophiles vert tendre. Un lieu rêvé pour les marches solitaires. Son nom rappelle qu'elle accueillait jadis une importante colonie de morses et de phoques. Plage surveillée, aire de jeux, tables de pique-nique. *Accès par le parking (payant en juill. et août) d'Old-Harry*

Old-Harry Aux XVIIe et XVIIIe siècles, on tuait et dépeçait les morses dans ce port minuscule. On en abattit tant et tant qu'aujourd'hui l'espèce a disparu de l'archipel. Restent une cale, un mini complexe historique et, plus loin sur la route en direction de Grande-Entrée, une église anglicane blanche, construite en 1916 avec du bois de naufrage. Elle est dotée de jolies portes sculptées, et les fresques de son chœur transposent des scènes bibliques dans le décor des îles.

Complexe historique et patrimonial de CAMI (Conseil des Anglophones madelinots) Ce lieu patrimonial de la communauté anglophone de l'archipel a été entièrement repensé et modernisé ces dernières années. La petite école rouge se visite toujours, nous racontant la vie d'autrefois au travers d'une collection d'objets disparates et empreints de nostalgie. Mais ce qui a vraiment changé, c'est l'émouvant **musée des Vétérans** qui évoque les 333 Madelinots engagés volontaires lors de la Seconde Guerre mondiale et leurs destins parfois tragiques. Le centre organise des ateliers destinés aux familles pour leur apprendre à fabriquer du beurre, des galettes de morue (35$) ou des courtepointes (20$). *787, chemin Principal (peu après le parking de la plage de la Grande-Échouerie) Tél. 418 937 4754 www.discovergrosseile.net Ouvert juin-mi-sept. : tlj. 10h-17h Le reste de l'année sur réservation Tarif 6$, réduit 5$*

Île Brion

Isolée 16km au nord de Grosse-Île, cette petite île (7km²) difficile d'accès était encore habitée par une poignée de gardiens de phare et, de façon saisonnière, par quelques familles de pêcheurs au début des années 1970. Le gouvernement québécois l'a rachetée en 1984 pour en faire une réserve écologique. Ses différents écosystèmes (sapinière, forêt rabougrie, prairie, marais, tourbière, falaise, dune, plage, etc.) rendent à peu près compte de l'état primitif de l'archipel… Côté faune, on peut y observer plus de 140 espèces d'oiseaux. Son accès est très contrôlé : on ne peut y accoster que dans le cadre d'excursions et de journées d'observation du milieu naturel au départ de Cap-aux-Meules, cf. Faire une excursion en bateau à moteur (p.577).

Grande-Entrée

Cette île francophone habitée depuis 1870 doit sa renommée au port de Grande-Entrée, considéré comme la capitale québécoise du homard. En mai-juin, ses homardiers (une centaine) assurent plus de la moitié des prises de l'archipel. Quelques restaurants de fruits de mer vous attendent sur les jolis quais du port. Pour une balade digestive, allez du côté de l'île Boudreau, qui ferme le bassin aux huîtres.

Centre d'interprétation du Phoque Savez-vous reconnaître le cri d'un blanchon qui appelle sa mère ? Avez-vous déjà caressé une peau de phoque ? Connaissez-vous les récits tragiques des chasseurs de phoques madelinots ? Ce musée interactif et vivant vous dira tout sur les loups marins des îles, y compris sur la très controversée chasse aux "bébés phoques", qui n'a plus cours depuis 1987. Visite guidée toutes les heures. *377, route 199 (à côté de l'Auberge La Salicorne)* ***Grande-Entrée*** *Tél. 418 985 2833 ou 1 888 537 4537 www.loup-marin.com Ouvert juin-sept. : tlj. 10h-18h Tarif 7,50$, réduit 4-6,50$*

Faire une randonnée, du kayak, de la plongée

☺ **Auberge La Salicorne** Organise quotidiennement une excursion guidée dans la réserve nationale de faune de Pointe-de-l'Est (adulte 15$) et une promenade guidée en kayak de surf jusqu'à Grande-Entrée (49$/2h30). Elle propose, en mai et juin, un séjour "Complètement homard". Au programme : rencontre avec les homardiers et repas de homard frais chaque soir… *377, route 199* ***Grande-Entrée*** *Tél. 418 985 2833 ou 1 888 537 4537 www.salicorne.ca Ouvert juin-sept. : tlj.*

CARNET D'ADRESSES

Restauration, hébergement

Les gîtes, chalets à louer, hôtels, motels et campings ne manquent pas dans l'archipel… Mais réservation impérative l'été. Côté table, le choix est vaste et adapté à tous les budgets. Pensez aussi à réserver le soir en haute saison. Et tâchez de goûter le pot-en-pot : une tourte aux poisson, fruits de mer et pommes de terre.

À Cap-aux-Meules

très petits prix

☺ **Auberge de Gros-Cap** Dilemme : faut-il planter sa tente dans l'herbe vert intense face au levant ou au couchant ? Ou opter pour la ravissante auberge ? Une chose est sûre, l'hébergement dans ce petit parc qui occupe une presqu'île de grès rouge est divin. Splendide camping de 118 emplacements avec eau et électricité (36$, 24$ sans commodités). Coup de foudre pour l'auberge, colorée et impeccable, face à la mer. Buanderie, équipement pour handicapés. Les 3 chambres quadruples (86$) et les 3 doubles (72$) donnent sur la baie de Plaisance ; également des places en dortoir (34$). Prix avec le petit déjeuner. Un escalier mène à la plage au bas des falaises, et des rabais sont concédés sur les excursions en kayak de mer organisées par le parc de juin à septembre – cf. Faire une excursion en kayak de mer (p.577). Épicerie à proximité. CB acceptées. *74, chemin du Camping* ***L'Étang-du-Nord*** *Tél. 418 986 4505 ou 1 800 986 4505 www.parcdegroscap.ca Ouvert juin-sept.*

prix moyens

Café La Côte On y va pour la terrasse au coucher du soleil et on y retourne pour la cuisine ! Les clients ont coutume de s'arrêter de manger pour admirer l'astre du jour quand il s'abîme dans l'Océan. La chaudrée est un incontournable, ainsi que le *fish & chips*, mais pour débuter, laissez-vous tenter par les *arancini* de homard, un pur délice. Comptez 20$ à midi, 30-40$ le soir. Un bon rapport qualité-prix, doublé d'un excellent accueil. Pour couronner le tout, des spectacles musicaux sont donnés en été (juill.-août) à la Boîte à chansons voisine. *499, chemin Boisville Ouest (dans le complexe touristique de la Côte)* ***L'Étang-du-Nord*** *Tél. 418 986 6412 www.lecafelacote.com Ouvert mai-sept. : tlj. 11h30-21h*

Les Pas perdus Quatre jeunes amis québécois tiennent avec bonheur ce café-restaurant convivial. Au restaurant, à la déco chaleureuse, essayez les yeux fermés le burger au requin mariné ou le risotto au homard. Comptez 20-30$ en table d'hôtes. Six chambres à l'étage (55-70$ sans le petit déjeuner), mais gare au bruit en saison ! Accès Internet. CB acceptées. *169, chemin Principal* ***Cap-aux-Meules*** *Tél. 418 986 5151 www.pasperdus.com Ouvert été : tlj. 8h-23h ; hiver : tlj. 11h-23h*

La Renaissance des îles L'ancienne "factrie" de traitement des produits de la pêche est devenue une sage poissonnerie où l'on peut se procurer du poisson, du homard, des palourdes et des pétoncles, en plus de savoureux produits des îles. Un comptoir vend des plats préparés à déguster en terrasse ou à emporter. La fabuleuse poutine au homard se compose de frites maison taillées dans de savoureuses pommes de terre du Yukon. De 15h30 à 18h30, des barquettes de homard chaud (15$) sont proposées... à déguster sans fin ! *521, chemin du Gros-Cap* ***Cap-aux-Meules*** *Tél. 418 986 2710 www.lrdi.ca Ouvert juil.-août : tlj. 10h-20h ; mai, sept. : tlj. 10h-18h30*

prix élevés

Maison du Cap-Vert Un gîte chaleureux et accueillant. L'embarcadère du traversier n'est qu'à 5min et l'aéroport à 10. Des 3 jolies chambres marines avec sdb, dont 2 ont vue sur la mer, coup de cœur pour la n°1, très spacieuse, qui donne en plein sur le cap Vert et Havre-aux-Maisons. Accueil adorable d'Irène et de Jean-Marc, qui peuvent réserver pour vous activités et tables au restaurant. Comptez 85-115$ selon la saison avec le petit déjeuner. Paiement en espèces ou traveller's cheques. *202, chemin Léonard-Aucoin* ***Fatima*** *Tél. 418 986 5331 www.maisonducapvert.ca*

À Havre-Aubert

petits prix

Centre nautique de l'Istorlet Au bord du bassin, ce centre nautique très actif propose plusieurs formules d'hébergement : un camping sur un site boisé, abrité mais sans vue sur la mer (15$), 12 cabanons rustiques avec bloc sanitaire commun (45$/2 pers. sans le petit déjeuner) et 2 chambres toutes simples, face au bassin, avec sdb commune (55$ sans le petit déjeuner). Dans tous les cas, calme garanti, activités multiples au centre nautique et une cafétéria où se restaurer. CB acceptées. *100, chemin de l'Istorlet **Havre-Aubert** Tél. 418 937 5266 ou 1 888 937 8166 www.istorlet.com Ouvert mi-mai-sept.*

prix moyens

☺ **Café de La Grave** Une véritable institution que ce café bohème de La Grave ! L'été, les musiciens de passage transforment cet ancien magasin général en boîte à musique, et l'assistance reprend les chansons populaires jusqu'à l'aube, dans un décor patiné authentique. Nouvelles expositions (de qualité) toutes les trois semaines. Et on apprécie la cuisine familiale, très abordable : galettes de morue, pot-en-pot, poutine au loup marin, bagels garnis, pâtisseries maison. Comptez 25-35$. Attention, il y a foule en haute saison ! *969, chemin de la Grave (route 199) **Havre-Aubert** Tél. 418 937 5765 Ouvert mai-mi-oct. : tlj. à partir de 9h*

prix élevés

Auberge Chez Denis à François À l'entrée du site historique de La Grave, cette grande bâtisse en bardeaux jaune pâle (1874) abrite l'un des plus fameux restaurants de l'île. On y sert un pot-en-pot d'anthologie, du loup marin (phoque) braisé aux petits oignons, des pétoncles, etc. Comptez 40$, servi le soir seulement. À l'étage, 15 chambres douillettes avec sdb, TV et tél. Les chambres bleu pâle, sous les toits, méritent une mention spéciale pour leur vue sur la mer. Tarifs : 145-165$ avec le petit déjeuner (115-135$ hors saison). CB acceptées. *404, chemin d'En-Haut **Havre-Aubert** Tél. 418 937 2371 www.aubergechezdenis.com Ouvert mai-oct. : tlj. 19h-21h30*

☺ **Havre-sur-Mer** Un havre de paix face à la mer... Nichée dans une anse à l'extrême sud de l'archipel, cette somptueuse auberge comprend 4 studios et 8 chambres, lesquelles sont décorées avec goût et tournées vers les flots. Plusieurs salons détente et un coin cuisine pour préparer son pique-nique... à emporter sur la plage, au bout du chemin ! Accès Internet. Thérèse Bergeron concocte chaque jour un petit déjeuner différent, servi dans une sublime salle panoramique. Également 3 luxueux chalets indépendants posés sur la plage : intérieur épuré, cuisine, baignoire sur pieds pour faire sa toilette en regardant le large. Cerise sur le gâteau : spa et sauna gratuits pour les studios. Chambres à 114-194$ avec le petit déjeuner, studios à 184-294$ avec le petit déjeuner, spa et sauna. CB acceptées. *1197, chemin du Bassin **Bassin** Tél. 418 937 5675 www.havresurmer.com Ouvert mai-oct.*

À Havre-aux-Maisons

prix moyens

☺ **La Moulière** C'est au chef Denis Landry, également propriétaire de l'auberge Gabriële de Shédiac, que l'on doit la renaissance du restaurant du domaine du Vieux Couvent (cf. ci-contre). Les prix ont baissé et la qualité a monté. Dans la nouvelle salle, entièrement vitrée pour révéler le spectacle de la mer, vous pourrez opter pour une entrée de moules à la bière, au cari, à l'acadienne ou au fromage pied-de-vent (11 à 14$), suivis de sublimes *linguine* au homard (30$) ou d'une casserole de fruits de mer et son riz sauvage (27$). Des huîtres au homard et du fromage à la bière, les produits des îles sont au cœur de toutes les créations du chef acadien qui a su se les approprier et les sublimer. Une valeur sûre ! *292, route 199* ***Havre-aux-Maisons*** *Tél. 418 969 2233 www.domaineduvieuxcouvent.com Ouvert avr.-déc. : tlj. 7h-22h*

Domaine des Vacanciers Envie d'une pause une semaine et plus ? Choisissez l'un de ces 12 chalets spacieux avec cuisine équipée, mezzanine, coin TV, lave-linge, lave-vaisselle, aire de pique-nique, etc. Ils font face à l'azur, et la plage de la Dune vous attend au pied de la falaise. Comptez 750-1 000$ la semaine (550-800$ en basse saison). Pas de CB. Excellent accueil toute l'année. *290, chemin de la Dune-du-Sud* ***Havre-aux-Maisons*** *Tél. 418 937 7775 ou 418 969 4312*

La Butte ronde Nadine et Christian se sont installés dans cette école de rang (école primaire de campagne) des années 1950, rénovée par leurs prédécesseurs. Le bâtiment s'étire au pied de la butte Ronde, que l'on gravit à l'aube pour assister au lever du soleil. Cinq chambres spacieuses (avec de belles sdb), soignées et extrêmement confortables. La n°5, la plus agréable, offre la baie de Plaisance au regard. Agréable séjour avec piano, canapé et véranda. Prévoyez 125-165$ avec le petit déjeuner en haute saison (90-125$ en basse saison). *70, chemin des Buttes* ***Havre-aux-Maisons*** *Tél. 418 969 2047 www.labutteronde.com Ouvert toute l'année*

prix très élevés

☺ **Domaine du Vieux Couvent** Probablement le plus bel hôtel de charme des îles. La façade austère du monastère du début du XXe siècle cache 11 chambres sublimes. Le plancher et les moulures d'époque côtoient des éléments contemporains : béton brut, luminaires design, cabines de douche tapissées de pâte de verre. Une réussite ! Toutes donnent sur la splendide baie de Plaisance. Coup de cœur pour les Vallons d'Acadie et la Mère supérieure. Comptez 150-295$ avec le petit déj. Excellent restaurant (cf. La Moulière). *292, route 199* ***Havre-aux-Maisons*** *Tél. 418 969 2233 www.domaineduvieuxcouvent.com Ouvert avr.-déc. : tlj.*

À Grande-Entrée

prix moyens

Bistro Plongée Alpha Mario Cyr, propriétaire des lieux, est d'abord et avant tout un professionnel de l'image sous-marine en eau froide. Le bistrot sert donc aussi de salle de conférence pour les présentations très prisées de ses explorations, sous forme de soupers-conférences (40$, réservation conseillée). Sinon, le reste du temps, sont servis de bons repas maison dans un environnement à la fois chaleureux et lumineux. La chaudrée et les rouleaux de printemps au homard sont à goûter. Comptez de 25 à 35$ pour une entrée et un plat. *898, route 199* ***Grande-Entrée*** *Tél. 418 985 2422 www.plongeealpha.com Ouvert juin, sept. : tlj. 11h-15h ; juil.-août : tlj. 11h-21h*

Le Délice de la mer Voilà une table toute simple qui porte bien son nom. Située dans le port homardier de Grande-Entrée, elle sert du poisson, des crustacés et des fruits de mer d'une fraîcheur incomparable. Craquez pour le homard en saison, mais aussi pour les pétoncles, la chaudrée et les galettes de morue. Excellente tarte au sucre en dessert. Accueil charmant. Prévoyez une petite balade digestive parmi les homardiers du port. Comptez 30-40$. *907, route 199* ***Grande-Entrée*** *(sur le port) Tél. 418 985 2364 Ouvert juil.-mi-sept.: tlj. 11h-20h ; mi-juin-juil.: tlj. 11h-15h*

Auberge La Salicorne Sur une butte dominant la mer, ce vaste domaine rénové en 2015 possède un camping de 20 places avec bloc sanitaire (22-29$ selon le confort), 3 hébergements en bulle tout confort (135$) et une auberge de 28 chambres. Tournées vers le large, ces dernières bénéficient d'une bonne literie et d'une sdb. Internet, prêt de vélos. Comptez 135$ sans le petit déjeuner (115-125$ en basse saison). Tarifs préférentiels pour les activités du centre : kayak, visite des grottes, randonnées guidées, bains d'argile, pêche aux coques. Nombreux forfaits : à partir de 420$/pers. pour 4 jours et 3 nuits. Au restaurant, essayez le délicieux pot-en-pot servi le samedi soir, c'est l'un des meilleurs de l'archipel ! Comptez 25-40$ en table d'hôtes (fruits de mer tous les soirs). Idéal pour les familles. *377, route 199* ***Grande-Entrée*** *Tél. 418 985 2833 ou 1 888 537 4537 www.salicorne.ca Ouvert mi-mai-mi-oct. (restaurant ouvert tlj., le soir sur rés.)*

CARAQUET ET L'ACADIE

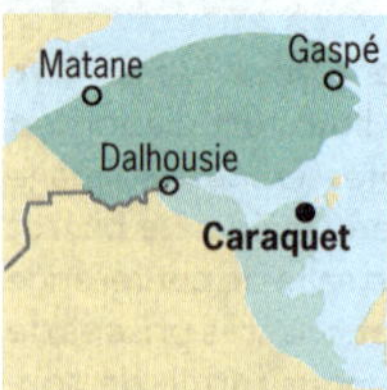

En route pour une escapade en Acadie, au Nouveau-Brunswick. Caraquet, avec ses 4 200 habitants, est le cœur battant de l'Acadie historique, et un bastion de la langue française dans une province officiellement bilingue (le Nouveau-Brunswick est la seule dans ce cas au Canada), mais largement dominée par la langue de Shakespeare. Vivant essentiellement du tourisme et de la pêche, possédant son journal francophone, *Acadie Nouvelle*, la petite ville donne parfois l'impression d'une île indépendante et auto-suffisante. Porte d'entrée de la péninsule acadienne, Caraquet sera votre port d'ancrage pour la découverte d'une région qui n'existe pas administrativement mais que l'histoire, par résilience et désir de survivance, retient et retiendra longtemps sous le nom d'Acadie. Et attention de ne pas tout mêler ! Vous n'êtes pas au Québec et l'accent, ou plutôt les accents (car ici on dit que l'accent change à chaque poteau téléphonique), vous le prouveront rapidement.

LA PÉNINSULE ACADIENNE ET LA CÔTE DU NOUVEAU-BRUNSWICK

Depuis la déportation de 1755, que les historiens anglais ont qualifiée du doux euphémisme de "grand dérangement", la diaspora acadienne occupe un territoire qui n'a plus grand-chose à voir avec la terre d'origine située en Nouvelle-Écosse. Les 500 000 Acadiens sont aujourd'hui répartis dans l'ensemble des provinces maritimes et une partie du Québec, sans oublier leurs descendants vivant aujourd'hui en Louisiane ou à Belle-Île-en-Mer, au large des côtes de Bretagne. On dit même qu'un Québécois sur quatre aurait un ancêtre acadien (Gilles Vigneault, pour n'en nommer qu'un). C'est au Nouveau-Brunswick, cependant, que la partie la plus significative de la population acadienne a élu domicile, dans la Péninsule acadienne, et au sud-est, dans les villes côtières comme Shédiac et Bouctouche, pays de la célèbre Sagouine, mais aussi et bien avant, terre des Micmacs. C'est cette partie du monde que nous vous invitons à découvrir, sur la route de l'île du Prince-Édouard, si vous avez choisi ce trajet pour rejoindre les îles de la Madeleine par bateau.

MODE D'EMPLOI

accès

EN VOITURE

Caraquet se situe 235km au sud-est de Carleton, à 181km de la frontière du Québec (Pointe-à-la-Croix) et à 71km de Bathurst, la grande agglomération voisine, par la même route. De Caraquet, on gagne Bouctouche (200km) et Shédiac (235km) par la route 11 Nord. Pour rejoindre l'île de Miscou et la ville de Shippagan, en partant de Caraquet, il faut emprunter la route 11 puis la route 113.

orientation

Toutes les villes d'Acadie sont reliées par la route touristique du Littoral acadien indiquée par une étoile de mer et qui grosso modo épouse le tracé de la route 11 (nord et sud). La ville de Caraquet s'étend en un long ruban sur près de 13km le long du bd Saint-Pierre.

informations touristiques

Centre provincial d'information aux visiteurs de Campbelltown À deux pas de la frontière entre le Québec et le Nouveau-Brunswick, ce bureau d'information fournit gratuitement des cartes du Nouveau-Brunswick, des petits livrets touristiques et une panoplie de renseignements en français. Bien pratique avant de s'aventurer plus loin. *56, bd Salmon* ***Campbelltown*** *Ouvert fin mai-début oct. : lun.-ven. 9h-19h*

Centre d'information aux visiteurs de Caraquet Situé au Carrefour de la mer, en plein cœur de Caraquet. Brochures, infos sur le festival et le village acadiens, etc. *39, bd Saint-Pierre ouest* ***Caraquet*** *Tél. 506 726 2676 Ouvert fin juin-mi-août : tlj. 9h-21h ; fin mai-fin juin, mi-août-fin sept. : lun.-ven. 9h-17h, w.-e. 10h-14h*

Centre d'information aux visiteurs de Bouctouche À mi-chemin entre la ville de Bouctouche et le "Pays de la Sagouine", un OT bien informé sur toute la région. Grand parking. *14, rue Acadie* ***Bouctouche*** *Tél. 506 743 8811 Ouvert fin mai-fin août : tlj. 9h-19h*

Centre d'information aux visiteurs de Shédiac Pratiquement à l'ombre du homard géant qui marque l'entrée de la ville. Commode pour organiser une partie de pêche en haute mer ou trouver toutes sortes de renseignements. Plans, brochures, etc. *229, rue Main* ***Shédiac*** *Tél. 506 532 7788 Ouvert mai-sept. : tlj. 9h-19h*

marché

Marché des fermiers Depuis 1999, le marché agro-artisanal a réinvesti le centre-ville. Aujourd'hui, c'est un véritable lieu de convergence entre les producteurs locaux et les amateurs de bonnes choses. *9, bd Irving* **Bouctouche** *Juin-sept. : sam. 8h-13h*

fêtes et manifestations

Festival du homard Depuis 1949, Shédiac célèbre sa principale ressource par 5 jours de festivités complètement homard. Une guédille de 25m, un repas de 1 000 personnes, des concerts, des activités familiales, des manèges... *58, rue Festival* **Shédiac** *Tél. 506 532 1122 www.shediaclobsterfestival.ca 5 jours début juil.*

☺ **Festival acadien de Caraquet** Deux semaines de festivités comprenant concerts de musique acadienne et québécoise, lectures de poésies, courses de tacots, etc. Le tout habillé du bleu-blanc-rouge acadien. Fin des réjouissances le jour de la fête nationale (15 août) par le fameux Grand Tintamarre, une grosse parade bruyante ! *220, bd Saint-Pierre ouest Bureau 312* **Caraquet** *Tél. 506 727 2787 festivalacadien.ca 1re quinzaine d'août*

Fête nationale acadienne Nombreuses festivités un peu partout. À Bouctouche, assistez au deuxième plus grand tintamarre d'Acadie. *15 août*

DÉCOUVRIR

☆ **Les essentiels** Le Village acadien, l'île Miscou, le Pays de la Sagouine
Découvrir autrement Dormez à l'hôtel historique du Village acadien, écoutez un concert ou une lecture au phare de l'île Miscou, assistez au coucher du soleil en dégustant un homard chez Steve (cf. Carnet d'adresses)

Caraquet

L'histoire de Caraquet est aussi "dérangée" que celle des Acadiens. Fondé dans la première moitié du XVIIIe siècle (1711 ou 1731 selon les historiens) par le Breton Gabriel Giraud, le petit village accueille les réfugiés acadiens fuyant les persécutions de 1755. Ceux-ci sont à leur tour en partie déportés, tandis que les autres s'échappent par la rive opposée de la baie des Chaleurs – actuelle Bonaventure (p.565) – et sur les terres inhospitalières de l'île Miscou (p.592). En 1781 enfin, trente-quatre familles obtiennent l'auto-

Emblème national

En arrivant à Caraquet, on se demande parfois si ce n'est pas le 14 juillet. En effet, la ville est souvent parée de nombreux drapeaux bleu-blanc-rouge ornés d'une étoile dorée. "Tiercé en pal d'azur, d'argent et de gueules, chargé au canton de l'étoile d'Acadie d'or" en langage héraldique, la bannière nationale des Acadiens a été adoptée le 15 août 1884 à Miscouche (île du Prince-Édouard) lors de la convention nationale. S'inspirant du drapeau français, pays souche des Acadiens, elle s'additionne d'une étoile que certains lient à l'étoile de Bethléem, d'autres à celle de Marie et tous à la *Stella Maris*... l'étoile de mer, tout simplement !

risation de s'établir à demeure sur le territoire de Caraquet. Les hommes deviennent pêcheurs, employés et exploités par les compagnies jersiaises et écossaises, soumis au rude régime économique basé sur l'endettement intergénérationnel maintenant identifié sous l'appellation de système Robin, du nom de la compagnie qui le développa. Aujourd'hui véritable bastion de la langue française et de l'identité acadienne, Caraquet s'est développée le long de la baie sur 13km, avec un port gagné sur la mer et un centre, le **Carrefour de la mer**, où se tient toute l'animation. L'ensemble du village est harmonieux, mais les bâtiments historiques les plus intéressants ont été déplacés et sont désormais protégés au sein du Village historique acadien (p.590). L'**église Saint-Pierre-aux-Liens**, beau bâtiment de pierre datant de 1860, présente un intérieur lumineux ainsi que de belles œuvres d'artistes québécois, notamment une toile de Joseph Légaré, le maître-autel de Thomas Baillairgé et un chemin de choix du sculpteur Médard Bourgault de Saint-Jean-Port-Joli. Shippagan, l'île de Lamèque et l'île Miscou sont par leur position géographique le complément naturel d'une visite de Caraquet.

Église Sainte-Anne-du-Bocage C'est à cet endroit qu'Alexis Landry et ses compagnons, fuyant la déportation, trouvent refuge en 1757. De nos jours, c'est un lieu de pèlerinage très fréquenté, en particulier lors de la neuvaine précédant la Sainte-Anne (26 juillet). La modeste église de bois maintes fois reconstruite date pour l'essentiel du milieu du XIXe siècle et trône au milieu d'un parc bordé par la mer. Dans le petit cimetière du Bocage, annoncé par deux anges du Jugement dernier, reposent les rescapés de la déportation. Remarquez l'émouvante tombe d'Alexis Landry et sa funeste inscription : "Souvenez-vous de ce qui nous est arrivé. La même chose vous arrivera. Ce fut hier notre tour, ce sera peut-être aujourd'hui le vôtre." *579, bd Saint-Pierre ouest Ouvert tlj. 9h-18h*

Éco-musée de l'Huître La famille Dugas possède une ferme ostréicole où sont cultivées les fameuses huîtres "caraquettes". Ce petit musée à la devanture colorée raconte l'histoire de la famille mais renseigne aussi sur la culture de l'huître en général, nous incitant ainsi à les goûter (1,25$ l'huître) et à s'en procurer en plus grande quantité, car elles sont délicieuses. Un film passionnant sur l'histoire des corsaires et des pirates acadiens est projeté dans une petite salle attenante au musée-boutique. Remarquez les tableaux-sculptures d'argile réalisés par Lucien Dugas qui dépeignent des scènes de la vie quotidienne. Enfin, tous les objets et souvenirs vendus ici sont 100% "faits Acadie", une valeur sûre pour les emplettes. *675, bd Saint-Pierre ouest Tél. 506 727 3226 Ouvert mi-juin-fin août : lun.-ven. 13h-17h Tarif : contribution volontaire*

Musée acadien Vous n'y passerez peut-être pas la journée, mais ce petit musée fourmille d'informations et d'anecdotes sur l'histoire des Acadiens. La déportation, cela va de soi, occupe une section entière et expose des objets historiques, dont une corne à poudre du XVIIe siècle. Les métiers du tissage (*hookage*), la pêche, le chien de mer (petit requin de la baie), le 165e bataillon acadien (Première Guerre mondiale), la fondation du musée, la religion sont quelques-uns des thèmes que vous découvrirez pendant votre visite.

Un peu fourre-tout, mais pas désagréable pour autant. *15, bd Saint-Pierre est Tél. 506 726 2682 www.museecaraquet.ca Ouvert juil.-août : lun.-sam. 10h-20h, dim. 13h-18h ; juin, sept. : lun.-sam. 10h-18h, dim. 13h-18h Tarif 3$, réduit 1-2$, moins de 12 ans gratuit*

Où acheter des fromages acadiens ?

Les Blancs d'Arcadie Avez-vous entendu parler du fromage qui fait "squiche squiche" ? En Acadie comme au Québec tout le monde connaît ! C'est celui qui grince sous la dent et qui agrémente toutes les poutines que vous n'aurez pas manqué d'ingurgiter au cours de vos pérégrinations. Ici, on le fabrique et on le vend. Il se mange la main dans le sac comme une friandise, nature ou grillé. Une gamme de cheddars originaux (fumé, pesto, orange) occupe également l'étal. *488, bd Saint-Pierre ouest Tél. 506 727 5952 www.lesblancsdarcadie.ca Ouvert juin-août : lun.-ven. 8h-20h, sam.-dim. 10h-17h ; sept.-mai : lun.-sam. 8h-17h*

Où prendre un bon petit déjeuner ?

Grains de folie Anne et Francis ont troqué leur drapeau tricolore français pour le drapeau acadien bleu blanc rouge avec l'étoile dorée. Pour un petit déjeuner fait de bonnes omelettes (choix impressionnant !), de délicieux macarons maison, de bon pain, ou d'un simple café, la jolie terrasse de ce bâtiment entièrement restauré pour son centenaire en 2007 conviendra parfaitement. Un peu de lecture ? Qu'à cela ne tienne, une petite librairie à l'intérieur communique directement avec le café. *171, bd Saint-Pierre ouest Tél. 506 727 4001 ou 506 724 2467 www.grainsdefolie.ca Ouvert fév.-juin, sept.-déc. : mer.-ven. 7h-17h, w.-e. 8h30-17h ; juil.-août : lun.-ven. 7h-17h, w.-e. 8h30-17h Petits déjeuners servis jusqu'à 11h en semaine et 13h le w.-e.*

Où boire une bonne bière ou un bon cocktail ?

La Brôkerie Il existe des lieux branchés, tendance, intimistes, d'autres plus bruyants, ouverts et où la bière coule à flots. La Brôkerie réunit tout cela. Il y en a pour tous les goûts, tous les styles et toutes les clientèles. Deux cabanons reliés par une jolie terrasse au cœur du Carrefour de la mer : dans le premier on sert des bières importées et un mixologue crée des cocktails élaborés, dans le second on boit les bières en fût issues de toute la province. Ne cherchez pas d'autres lieux pour sortir, tout Caraquet se retrouve ici l'été. *39, av. du Carrefour Tél. 506 727 2700 Page Facebook Ouvert juin-août : tlj. 14h-2h*

La péninsule acadienne

☆ ☺ **Village historique acadien** C'est *la* visite à faire en Acadie. Incontournable depuis son ouverture en 1977, le Village historique acadien ne cesse de séduire les touristes du monde entier ! De tous les villages-musées d'Amérique du Nord, c'est certainement le plus complet, le plus authentique et le plus agréable à explorer. Plusieurs faits viennent étayer cette impression : l'authenticité historique des maisons (tous les bâtiments sont d'époque !), leur disposition dans l'espace du parc constituant différents pôles de visites, le soin apporté à l'entretien et la vérité des comédiens qui reproduisent la vie quotidienne, jusqu'aux repas cuisinés et pris devant le public anachronique

Plan 17 l'Acadie

du XXIe siècle que nous sommes. Le parcours de 2km suit une ligne chronologique et demande une journée entière de visite. Il commence par des **fermettes** éparses glanées aux quatre coins de l'Acadie, ayant appartenu à de vraies familles (Robichaud, Doucet, Cyr) incarnées par des figurants totalement habités par leurs personnages. Écoutez-les, questionnez-les, ils sont là pour vous informer. Vient ensuite la partie **village** du site avec le magasin général, la taverne, la menuiserie, l'école, la demeure d'un riche Écossais où servaient les Acadiens (maison Blackhall) et naturellement la blanche église en bois. Après le pont couvert centenaire, vous pénétrez dans la **petite ville** du XXe siècle avec ses moulins et une tonnellerie de l'ère industrielle, la gare, une station-service et l'hôtel Château Albert qui a repris du service au cœur même du site. Plusieurs maisons et commerces complètent l'ensemble, ainsi que des aires de pique-nique et un restaurant de mets traditionnels dans la ferme Dugas, à mi-parcours. Ne mâchons pas nos mots : un moment exceptionnel !
5, rue du Pont ***Bertrand*** *(à 14km du centre de Caraquet par la route 11 nord, puis la route 11 sud) Tél. 1 877 721 2200 ou 506 726 2600 villagehistoriqueacadien.com Ouvert 11 juin-sept. : tlj. 10h-18h (15h le 15 août) Tarif 20$, réduit 16$, familles 45$; 2*[e] *quinzaine sept. 9,50$, 8$, 21,50$* **Hôtel Château Albert** *Dans une ambiance du début du siècle dernier Forfait nuit + petit déjeuner + visite du site 149,95$/pers. Tél. 506 726 2600 ou 1 (877) 721 2200 Ouvert juin-août*

Aquarium et Centre marin du Nouveau-Brunswick Cet aquarium, consacré à la faune présente dans le golfe du Saint-Laurent, possède 31 bassins d'exposition où nagent poules d'eau, tortues, thons, poissons-lunes, achigans à petite bouche et des dizaines d'autres animaux. Une mention spéciale pour l'aquarium aux homards multicolores, parmi lesquels le rarissime homard bleu et l'étrange homard bicolore, moitié orange moitié noir ! À l'extérieur, un bassin tactile permet de manipuler un concombre de mer ou un bernard-l'hermite, tandis que dans le bassin voisin, s'ébattent des phoques communs (nourrissage à 11h et 16h). En complément, une salle thématique offre la possibilité grâce à des moyens numériques d'explorer des fonds marins et d'en apprendre un peu plus sur les techniques de pêche, la principale ressource économique de la région. De belles activités sont proposées aux plus jeunes, notamment celle de "biologiste d'un jour", une initiation de 5h à la biologie marine en milieu naturel en compagnie de scientifiques du centre marin (26,50$ incluant un goûter santé). *100, rue de l'Aquarium* ***Shippagan*** *(31km à l'est de Caraquet par les routes 11 et 113) Tél. 506 336 3013 aquariumnb.ca Ouvert juin-sept. : tlj. 10h-18h Tarif 9,15$, réduit 6,10$-7,10$, familles 24,80$*

☆ ☺ **Île Miscou** L'île Miscou (nom dérivé du micmac signifiant "terre humide") fait partie de ces lieux envoûtants dont la simple évocation donne le vague à l'âme à tous ceux l'ayant un jour visitée. Parsemée de tourbières, que l'on peut parcourir grâce à des passerelles aménagées et qui se transforment en tapis colorés l'automne venu, elle est peu habitée et constitue un paradis pour les ornithologues. Il n'est pas rare d'observer dans ses nombreux lacs couverts de nénuphars jaunes un orignal tentant d'échapper à la chaleur estivale. Tout au bout de l'île, à la pointe Miscou qui vient s'abîmer dans la mer, s'élève un grand **phare** octogonal haut de 23m, datant de 1856 et amarré au sol par de solides filins (ouvert à la visite). Le lieu est merveilleux et offre des vues spectaculaires sur la Gaspésie. Il est recommandé d'y aller au couchant, surtout l'été quand le phare devient une salle de concert et de poésie (demander le programme). *72km au nord-est de Caraquet, au bout de la route 113* ***Phare*** *13300, route 113 Tél. 506 344 7203 ilemiscouisland.webs.com Ouvert 11 juin-mi-sept. : tlj. 9h-18h Tarif 6$, réduit 4$*

Musée historique de Tracadie En 1815, la lèpre frappe la région, importée par des marins norvégiens. Après Ursula Landry, la première victime, 363 autres suivent. Tracadie (de *Telagadik*, "lieu idéal pour camper" en

La Gougou

Dans ses récits de voyage, Samuel de Champlain nous décrit un monstre femelle terrible que craignent les "sauvages" et qui serait deux fois grand comme le plus haut mât de ses navires. Il s'agit de la Gougou, mangeuse de Micmacs et figure légendaire que les pêcheurs acadiens adoptèrent à leur tour. Les habitants de la belle île de Miscou voient dans un ciel couvert la présence de la Gougou et dans le vent qui se lève, sa funeste venue !

micmac) fait donc appel aux hospitalières de Montréal pour construire un lazaret. Elles acceptent de relever le défi. La léproserie n'existe plus, mais ce petit musée, situé dans les murs de l'académie Sainte-Famille autrefois pensionnat et couvent, en raconte l'émouvante histoire. Quelques vitrines supplémentaires évoquent le passé de la ville et la présence amérindienne. À quelques pas du musée, derrière le parking de l'hôpital (suivre les indications), le cimetière des lépreux est constitué de croix en fer forgé. Cinquante-neuf personnes y reposent, dont trois Russes, trois Islandais, deux Anglais, un Assyrien, un Chinois, un Écossais et... quarante-huit Acadiens. *399, rue du Couvent* ***Tracadie-Sheila*** *(40km au sud de Caraquet par la route 11) Tél. 506 393 6366 ou 506 393 6709 www.musee-tracadie.com Ouvert mi-juin-fin août : lun.-ven. 9h-17h, w.-e. 12h-17h Tarif 5$, moins de 13 ans gratuit*

Église Saint-Isidore Patron des laboureurs, saint Isidore est bien à sa place dans ce joli village d'agriculteurs qui lui ont dédié une église (1904-1910) à la riche ornementation. Le bois franc et l'érable piqué, les bancs en cerisier et les stucs dorés lui confèrent un air de noblesse qui jamais ne tombe dans l'excès. D'un style hésitant entre le néoclassicisme et le néobaroque, l'église n'en reste pas moins l'une des plus réussies du diocèse, voire de la province. *3915, bd des Fondateurs* ***Saint-Isidore*** *(36km au sud de Caraquet par les routes 325 et 135) Tél. 506 358 6003 Ouvert mi-juin-mi-sept. : lun.-ven. 10h-17h*

Où trouver les meilleures eaux-de-vie du Canada ?

Distillerie Fils du Roy Le meilleur gin du monde ? C'est en tout cas ce que pensent les jurys des grandes foires aux spiritueux de San Francisco et de Londres, qui ont décerné de belles médailles d'or au Gin thuya de cette distillerie. Depuis 2011, Sébastien Roy dirige cette entreprise en pleine expansion et aux multiples récompenses. Des produits uniques sont créés dans la petite usine de Petit-Paquetville ouverte à la visite avec dégustation à la clé. Essayez le Monarque rouge, une liqueur de canneberges récoltées dans la péninsule, ou L'Eau d'août, un whisky aux effluves de sirop d'érable tout à fait exquis. *599, chemin Principal* ***Petit-Paquetville*** *(18km au sud-ouest de Caraquet) Tél. 506 764 2046 distilleriefilsduroy.com Ouvert lun.-sam. 10h-17h*

Le sud-est du Nouveau-Brunswick

Église Saint-Louis-de-Gonzague Il serait dommage de traverser la petite ville de Richibouctou sans faire une halte pour admirer ce bijou d'architecture moderne conçu par Bélanger et Roy en 1964-65. Inspirée par l'architecture mexicaine du XXe siècle alors à la pointe du modernisme, elle est à plan centré et couverte d'un incroyable voile de béton ondulé qui libère de grandes fenêtres comblées par les vitraux aux couleurs froides au levant et chaudes au couchant des Italiens Mario Mauro et Carlo Mozardo. Pour ceux qui sont sensibles à ce type de construction, c'est d'une beauté à couper le souffle. *9440, rue Main* ***Richibouctou*** *(179km au sud de Caraquet par la route 11) Ouvert tlj. 9h-18h*

Bouctouche Bouctouche (du micmac *Chebooktoosk*, le "grand petit havre") est surtout connue pour être le berceau de la Sagouine, célèbre personnage créé par l'auteure Antonine Maillet, lauréate du prix Goncourt en 1979 pour *Pélagie-la-Charrette*. Mais la petite ville ne se résume pas à cela et il serait dommage d'en rater les autres attraits. Gratuitement accessibles, les lieux que K. C. Irving, le riche Écossais fondateur de la compagnie pétrolière qui porte son nom, a légués à sa ville offrent de magnifiques balades : l'**arboretum** et le parc riverain, traversés de sentiers et de pistes cyclables, et surtout la **dune** de Bouctouche qui s'étend sur 12km et dont l'écosystème fragile est désormais protégé par un réseau d'élégantes passerelles. Au centre-ville, remarquez la très belle **église Saint-Jean-Baptiste**, édifiée en 1954-1955 par Edgar Courchesne (1903-1979), disciple du moine-architecte Dom Paul Bellot (1876-1944) qui a laissé son empreinte sur l'architecture québécoise du xxe siècle. Édifiée hors du Québec, l'église de Bouctouche constitue l'un des meilleurs exemples de ce style caractérisé par une approche à la fois fonctionnaliste et historiciste (aux relents médiévaux) de l'architecture. De plus, elle a gardé tout son mobilier d'origine qui participe de la beauté des lieux. *200km au sud de Caraquet par la route 11 sud* **Éco-centre Irving - La Dune de Bouctouche** *1932, route 475 Tél. 506 743 2600* **Église Saint-Jean-Baptiste** *19, bd Irving Tél. 506 743 2494 S'informer des heures d'ouverture au centre des visiteurs*

HISTOIRES DE POUTINES

Quand un Québécois commande une poutine en Acadie, il est bien souvent étonné de ce qu'on lui sert. Car la poutine acadienne (ou "râpée") n'a rien à voir avec sa cousine québécoise, mais plus avec le *knödel* allemand : de la patate cuite et crue farcie de lard et bouillie de longues heures. Vous la goûterez au Pays de la Sagouine, dans la cuisine à Matilda. Bon appétit !

☆ **Le Pays de la Sagouine** Aménagé sur l'île aux Puces, reliée au continent par une sinueuse et fort jolie passerelle, ce parc thématique propose une immersion totale dans l'univers de l'écrivain Antonine Maillet (née en 1929), créatrice de la Sagouine en 1971. Depuis 1992, ce village théâtral attire petits et grands à la découverte du célèbre personnage, bien sûr, mais également de ses acolytes, Citrouille, Mariaagélas, Pierre à Pitre et bien d'autres, venus depuis compléter le tableau. De lieu en lieu, de la maison de la Sagouine au phare à Gapi, et de la cuisine à Matilda au bar Le Bootleggeux, retrouvez la langue fleurie et le monde des romans de Madame Maillet. Goûtez à la *bagosse* (alcool frelaté) et repartez avec votre verre, et ne ratez pas le "party de cuisine", chez la Sagouine, pour apprendre à

Parlez-vous le chiac ?

Plus vous irez vers le sud de l'Acadie, moins vous aurez l'impression de comprendre ce qu'on vous dit. C'est normal ! Les habitants de Bouctouche, mais surtout de Shédiac, parlent ce qu'on appelle le chiac, un mélange de français à l'accent acadien et d'anglais. Étrange mélange (contre-nature diront certains) qui n'est cependant pas dénué de charme ! Si vous demandez une indication et qu'on vous répond "qu'y faut virer à drette au set de lights" (tourner à droite au feu), ne cherchez plus, vous êtes rendu !

faire la fête comme les gens du cru. La grande scène, au milieu de l'île, présente toutes les 30min des saynètes inspirées des personnages. Enfin, un petit musée dédié à Antonine Maillet et son œuvre vous en apprendra davantage sur cette femme stupéfiante. Ouvrez l'œil, elle est souvent dans les parages ! Demandez le calendrier des soupers-spectacles du restaurant L'Ordre du bon temps, situé à côté du pavillon d'accueil. *57, rue Acadie* ***Bouctouche*** *Tél. 506 743 1400 ou 1 800 561 9188 www.sagouine.com Ouvert fin juin-début sept. : tlj. 10h-17h30 Tarif 20$, réduit 15$, familles 45$, moins de 6 ans gratuit*

Shédiac On va à Shédiac pour une raison bien précise : manger le meilleur homard du monde ! La ville est jolie certes, mais on ne s'y rend pas pour les monuments. La Main (rue principale) est jalonnée de petits restaurants agréables et le quai de la Pointe-du-Chêne, avec ses cafés-bistrots, incite à la flânerie. N'oubliez pas la photo obligatoire entre les pinces du homard géant à l'entrée de la ville, sinon personne ne croira que vous êtes venus. Le pont d'accès à l'île du Prince-Édouard se trouve 70km à l'est. Comptez ensuite encore 150km à travers cette province canadienne pour atteindre Souris et son port d'embarquement pour les îles de la Madeleine (p.571). *237km au sud de Caraquet par la route 11 sud*

Savourer du homard en mer

☺ **Shediac Bay Cruises** Quelle bonne idée ! Deux heures de croisière dans la baie de Shédiac comprenant une initiation à la pêche au homard et un délicieux repas, avec explication des techniques de dégustation de ce complexe mais délicieux crustacé. Poulet ou lasagnes végétariennes pour ceux qui ne sont pas amateurs de pinces. 71$ par adulte, 48,50$ par enfant, 210$ pour 2 adultes et 2 enfants. Réserver une semaine à l'avance et se présenter 30min avant le départ. *60, chemin Quai Pointe-du-Chêne* ***Shédiac*** *Tél. 506 532 2175 lobstertales.ca Ouvert juin-10 oct. : tlj. Départs à 10h30, 16h15 et 19h*

CARNET D'ADRESSES

Restauration, hébergement

À Caraquet, le Carrefour de la mer offre plusieurs possibilités de se restaurer et Shédiac est connue pour ses nombreuses adresses où l'on sert du homard. N'oubliez pas le restaurant du Village historique acadien (p.590) et celui du Pays de la Sagouine (p.594).

prix moyens

Resto-bar Le Crapet Ce qui est bien, au Carrefour de la mer, c'est que tout est réuni au même endroit. En face du bar La Brôkerie (p.590), Le Crapet propose une carte variée à prix raisonnables, axée principalement sur les produits de la mer (le contraire eût été dommage !). Calmars frits, palourdes gratinées ou "hareng mariné d'la baie" en entrée, coques frites, barbue salée ou filet de sébaste aux pacanes en plat principal. Ce ne sont là que des exemples et le reste de la carte fait tout autant saliver. De 28 à 45$ le repas. *Avenue du Carrefour* ***Caraquet*** *Tél. 506 727 5051 Ouvert lun.-jeu. 11h-21h, ven. 11h-22h, sam. 12h-22h, dim. 12h-21h*

☺ **La Terrasse à Steve** Toute l'Acadie connaît la place et tout le monde aime venir déguster les homards, pétoncles, crevettes et autres merveilles de la mer, dans ce coin de paradis où tout est servi sans chichi, quasiment au rythme des Antilles. Vous vous souviendrez longtemps de ce moment privilégié, les deux pieds enfoncés dans le sable, à regarder le soleil s'abîmer dans les profondeurs de la baie des Chaleurs. Les brochettes de pétoncles sont un délice, et que dire des pinces de homard gratinées ? Comptez de 25 à 40$ pour un festin de la mer. *9650, route 113* ***Île Miscou*** *Après le pont de Miscou, à droite Tél. 506 344 7000 ou 506 337 4000 Ouvert mai-début sept. : tlj. 8h-20h*

Gîte Le Poirier Pour sa situation (à 1km du Carrefour de la mer), son confort et son élégance, cette belle demeure de style Nouvelle-Angleterre saura vous séduire. Cinq chambres avec sdb, TV et wifi, toutes plus douillettes les unes que les autres (grands lits ultraconfortables) et des espaces communs qui incitent à la détente. Petit déjeuner servi dans une chaleureuse salle à manger où règne le bois. Double de 104$ à 116$ (plus taxes), déj. inclus. *98, bd Saint-Pierre ouest* ***Caraquet*** *Tél. 506 727 4359 ou 1 888 748 9311 www.gitelepoirier.com*

prix élevés

☺ **Auberge Gabriėle** Vous ne pouvez pas la manquer, c'est la grande maison jaune à gauche après le pont, à l'entrée de la ville. L'auberge est sans conteste la meilleure du coin, tant du point de vue hébergement que culinaire. Elle offre 12 chambres tout confort, mais de deux tailles différentes (les petites à 125$, les grandes à 169$, petit déj. compris). Au restaurant, vous pourrez choisir de vous sustenter dans la partie raffinée, à l'intérieur, ou sur la terrasse couverte, plus décontractée, qui accueille souvent des chansonniers. Au menu ? À midi, rouleau de homard, tacos de poisson (16$) ou crêpe aux pétoncles et crevettes (19,50$), et le soir, moules au bleu (14$), saumon aux agrumes (24$) ou la fameuse casserole de fruits de mer (26$). Et naturellement, à tout moment puisque nous sommes à Shédiac, le homard à la livre (prix selon le marché) ! *296, rue Main* ***Shédiac*** *Tél. 506 532 8007 www.aubergegabrielleinn.com* ***Restaurant*** *Ouvert tlj. 11h-21h*

prix très élevés

Hôtel Paulin Depuis son ouverture en 1891, rien ne semble avoir bougé dans cette somptueuse construction victorienne. Et pourtant, cet établissement transmis de génération en génération, de Paulin en Paulin, est tout sauf poussiéreux et semble convier à un voyage dans le temps grâce au confort du XXIe siècle. Ses 12 chambres sont réparties sur 3 étages et possèdent chacune un charme particulier. Elles ont toutes, même les chambres dites traditionnelles (159$ la double), de grandes salles de bains et une literie impeccable. Les suites sont fabuleuses et celles de luxe (259$) vous donneront l'impression de dormir dans un musée ! Les pensionnaires ont le privilège de pouvoir dîner sur place, dans une salle aussi élégante que le reste des lieux. Repas gastronomique à 3 ou 4 plats (48$ ou 58$). Petit déj. à 9$ (continental) ou 14$ (américain). *143, bd Saint-Pierre ouest* ***Caraquet*** *Tél. 506 727 9981 www.hotelpaulin.com*

EN SAVOIR PLUS

BIBLIOGRAPHIE

histoire

Boréal Express : journal d'histoire du Canada (1524-1760, Régime français) collectif, Éd. du Septentrion, 2009 (vol. 1).
Brève histoire de Montréal P.-A.Linteau, Éd. Boréal, 2007.
Brève histoire du Québec J. Hamelin et J. Provencher, Éd. Boréal, 2008.
Canada-Québec synthèse historique 1534-2000 collectif, Éd. du Septentrion, 2005.
Champlain : la naissance de l'Amérique française R. Litalien et D. Vaugeois, Éd. du Septentrion, Sillery / Éd. Nouveau Monde, 2008.
Chronologie du Québec : 1534-2007 J. Provencher, Éd. Boréal, 2008.
Conquête : une anthologie (La) Ch.-Ph. Courtois, Éd. Typo, 2009.
Deux siècles d'esclavage au Québec M. Trudel, Éd. Bibliothèque québécoise, 2009.
Français à paysans. Modernité et tradition dans le peuplement du Canada (De) L. Choquette, Éd. du Septentrion, 2001.
Histoire du Québec : des origines à nos jours J. Lacoursière, Éd. Nouveau Monde, 2005.
Histoire du Québec par sa littérature, 1914-1939 (Une) R. Lahaise, Éd. Guérin, 2005.
Histoire du Vieux-Montréal à travers son patrimoine (L') J. Burgess, Publications du Québec, 2004.
Histoire populaire du Québec J. Lacoursière, Éd. du Septentrion, 2005-2008 (5 tomes).
Jacques Cartier et l'exploration du fleuve Saint-Laurent, J. Liénart, Éd. 50 Minutes, 2014.
Mythes et Réalités dans l'histoire du Québec M. Trudel, Éd. Hurtubise, 2005-2010 (5 tomes).
Nouvelle-France : les Français en Amérique du Nord, XVIe-XVIIIe siècle (La) J. Mathie, Presses de l'Université Laval, 2003.
Premières Nations (Les) R. Livesey, Éd. Plaines, 2008.
Québec, 1759-1760 ! Les plaines d'Abraham : l'adieu à la Nouvelle-France ? G. Saint-Martin, Éd. Économica, 2007.
Révolution tranquille (La) P. Godi, Éd. Boréal, 1991 (2 tomes).
Traite des fourrures (La) R. Livesey, A. G. Smith, Éd. des Plaines, 2005.
Wolfe et Montcalm : la véritable histoire de deux chefs ennemis J. Carroll, Éd. de l'Homme, 2006.

généralités

Album Québec (L') G. Courtemanche et Ph. Renault, Éd. Hurtubise HMH, 2000.
Art de vivre au Québec (L') collectif, Éd. Flammarion, 2009.
Dictionnaire amoureux du Québec D. Bombardier, Éd. Plon, 2014.
Dictionnaire insolite du Québec V. Couzinou, Éd. Cosmopole, 2012.
Gaspésie, ses paysages, son histoire, ses gens, ses attraits (La) P. Laramée et M.-J. Auclair, Éd. de l'Homme, 2003.
Leur coin caché au Québec : les coups de cœur nature de 70 personnalités d'ici collectif, Éd. M. Quintin, 2008.
Nunavik. Québec arctique H. Koperqualuk et L. Dumas, Publications du Québec, 2003.
Promenades historiques à Montréal J.-F. Leclerc, Éd. du Journal, 2016.
Québec : espace et sentiment collectif, Éd. Autrement, 2001.

Québec, une si belle province (Le) Photos M. Dupuis, Éd. Palantines, 2014.
Québec, ville de lumières C. Huot, Éd. de l'Homme, 2011.
Québec vu du ciel au rythme des saisons (Le) P. Lahoud et H. Dorion, Éd. de l'Homme, 2001.
Saint-Laurent : beautés sauvages du grand fleuve (Le) J.-Fr. Hamel et A. Mercier, Éd. de l'Homme, 2001.
Vivre l'hiver au Québec N. Cazelais, Éd. Fides, 2009.
Villages pittoresques du Québec : guide de charmes et d'attraits Y. Laframboise, Éd. de l'Homme, 2008.
Vivre le Québec, guide pratique de la vie au Québec J. Valat, Hikari Éditions, 2014.
Voir le Québec, panoramas et circuits M. André, Éd. Pages du monde, 2014.

société

France-Québec, images et mirages collectif, Éd. Fides, 1999.
Genèse de la société québécoise F. Dumont, Éd. Boréal, 1996.
Iroquoisie L.-P. Desrosiers, Éd. du Septentrion, 2005.
Mépris au respect mutuel : clefs d'interprétation des enjeux autochtones au Québec et au Canada (Du) R. Boudreault, Éd. Écosociété, 2005.
Pays renversé. Amérindiens et Européens en Amérique du Nord-Est : 1600-1664 (Le) D. Delâge, Éd. Boréal, 1991.
Pilotes du Saint-Laurent, 1762-1960 : l'organisation du pilotage en aval du havre de Québec (Les) J. Leclerc, Éd. GID, 2007.
Portraits de Montréal : Montréal par ceux qui y vivent ! J. Valat, Hikari Éditions, 2014.
Premières Nations au Canada (Les) O. Dickason, Éd. du Septentrion, 2005.
Premières Nations ? Seconds regards T. Flanagan, Éd. du Septentrion, 2005.
Québec amérindien et inuit (Le) M. Noël, Éd. Sylvain Harvey, 2010.
Québec : un pays, une culture (Le) F. Tétu de Labsade, Éd. Boréal, 2001.
Récits de Mathieu Mestokosho, chasseur innu S. Bouchard, Éd. Boréal, 2005.
Regards sur le Bas-Canada A. de Tocqueville, Éd. Typo, 2005.

arts et architecture

Art décoratif et vestimentaire des Amérindiens du Québec M. Noël, Éd. Leméac, 1992.
Art inuit, la sculpture et l'estampe contemporaines des Esquimaux du Canada collectif, coll. "Passion", Éd. Fragments, 2006.
Art sacré en Amérique française (L') M. Landry et R. Derome, Éd. du Septentrion, Sillery / Éd. Nouveau Monde, 2005.
Arts traditionnels des Amérindiens M. Noël et J. Chaumely, Éd. Hurtubise INC, 2005.
Clarence Gagnon, 1881-1942 : rêver le paysage H. Sicotte et M. Grandbois, Éd. de l'Homme, 2006.
Gaspésie des artistes (La), L. Goyette, Éd. Fides, 2006.
Jean-Paul Riopelle R. Viau, Publications du Québec, 2003.
Ma cabane au Québec, N. Cazelais, Éd. du Trécarré, 2000.
Montréal, ville d'avant-garde ? E. Trudel, Éd. Lanctôt, 2008.
Passion maisons A. Morin, Éd. Trois-Pistoles, 2007-2009 (2 t.).
Poésie vocale et chanson québécoise J.-N. de Surmont, coll. "Connaître", Éd. Instant même, 2010.

Regards sur l'art québécois
F.-M. Gagnon et L. Lacroix, Presses de l'université de Montréal, 2008.
Siècle de peinture au Québec : nature et paysage (Un) R. Bernier, Éd. de l'Homme, 2001.

gastronomie

Célébrer le Québec gourmand : cuisine et saveurs du terroir
R. Bizier et R. Nadeau, Éd. Trécarré, 2003.
Temps des sucres : 130 recettes à l'érable (Le) K. Haedrich, Éd. de l'Homme, 2006.
Terroirs du Québec : guide agrotouristique (Les) J. Dorion, Éd. Trécarré, 2005.

le Saint-Laurent

Baleines et Phoques. Biologie et écologie P.-H. Fontaine, Éd. Multimondes, 2005.
Beautés et Richesse des fonds marins du Saint-Laurent P.-H. Fontaine, Éd. Multimondes, 2006.
Saint-Laurent. Beautés sauvages du grand fleuve (Le) J.-F. Hamelet A. Mercier, Éd. de l'Homme, 2005.
Saint-Laurent, grande porte de l'Amérique (Le) J.-C. Lasserre, Presses universitaires de Lyon, 1980.
Saint-Laurent : un fleuve à découvrir (Le) M.-C. Ouellet, Éd. de l'Homme, 1999.
Vers la mer Y. Landry, Publications du Québec, 2003.

littérature

Arcan N. *Putain*, Éd. du Seuil, 2001.
Archibald S. *Arvida*, Le Quartanier, 2011.
Aubert de Gaspé, Ph. *Les Anciens Canadiens*, coll. "Bibliothèque du nouveau monde", Éd. Presses de l'Université de Montréal, 2007.
Beauchemin Y. *Le Matou*, Québec-Amérique, 1981.
Beaugrand, H. *La Chasse-Galerie*, Éd. Bibliothèque québécoise, 1995.
Beaulieu, V.-L. *Blanche forcée*, coll. "Œuvres complètes de VLB" (vol. 12) ; *Les Contes québécois du grand-père forgeron à son petit-fils Bouscotte*, Éd. Trois-Pistoles, 2005.
Bessette, G. *Le Libraire*, Éd. Pierre Tisseyre, 1983.
Blais, M.-Cl. *Une saison dans la vie d'Emmanuel*, Éd. Boréal, 2007.
Bureau, L. *Pays et Mensonges : le Québec sous la plume d'écrivains et de penseurs étrangers*, Éd. Boréal, 1999.
Cartier, J. *Voyages au Canada*, Éd. Lux, 2005.
Champlain, S. (de) *Voyages en Nouvelle-France*, Éd. Cosmopole, 2004.
Cheng, Y. *L'Ingratitude*, Éd. Actes Sud, Arles / Éd. Leméac, 1999.
Cousture, A. *Les Filles de Caleb*, Éd. Albin Michel, 2005 (3 t.).
Dickner, N. *Nikolski* (2005) ; *Six degrés de liberté* (2015), Éd. Alto.
Ducharme, R. *L'Avalée des avalés* (1982), *Dévadé* (1990), coll. "Folio", Éd. Gallimard.
Dupont, E. *La Fiancée américaine*, Marchand de Feuilles, 2012.
Ferron, J. *Contes de Jacques Ferron* (1995) ; *Le Ciel de Québec* (2009), Éd. Bibliothèque québécoise.
Garneau, M. *Quatre à quatre*, Éd. Lanctôt, 2005.
Godbout, J. *Une histoire américaine*, Éd. Points, 1995.
Hamelin, L. *La Rage* (1989) ; *La Constellation du Lynx* (2010), Éd. Boréal.
Hébert, A. *Œuvre poétique 1950-1990*, Éd. Boréal, Montréal, 1993 ; *Kamouraska*, Éd. Points, 2006.
Hémon, L. *Maria Chapdelaine : récit du Canada français*, coll. "Le Livre de poche", Éd. LGF, 2010.

Jardin, A. *Juste une fois*, Éd. Grasset, 2014.
Jacob, S. *La Part du feu* (1997) ; *Laura Laur* (1999), Éd. Boréal.
Laferrière, D. *L'Énigme du retour*, coll. "Le Livre de poche", Éd. LGF, 2011.
Lalonde, R. *Le Fou du père*, Éd. Boréal, 2010.
Leclerc, F. *Le Fou de l'île* (1995) ; *Le P'tit Bonheur* (1995) ; *Adagio* (2005), Éd. Bibliothèque québécoise.
Leroux, C. *Le mur mitoyen*, Éd. Alto, 2013.
Littérature amérindienne du Québec M. Gatti, Éd. Bibliothèque québécoise, 2009.
Maillet, A. *Pélagie-la-Charrette*, coll. "Cahiers rouges", Éd. Grasset, 2002.
Martel, Y. *L'Histoire de Pi*, coll. "Folio", Éd. Gallimard, 2009.
Miron, G. *L'Homme rapaillé*, Éd. Gallimard, 1999.
Monette, H. *Unless ; Il y a quelqu'un ?* , Éd. Boréal, 2004.
Mouawad, W. *Littoral* (2009) ; *Forêts* (2009) ; *Ciel* (2009) ; *Incendies* (2011), Éd. Actes Sud.
Poulain, J. *La Tournée d'automne*, Éd. Actes Sud, 1997.
Proulx, M. *Les Aurores montréales* (1997) ; *Ce qu'il reste de moi* (2015), Éd. Boréal.
Roy, G. *Bonheur d'occasion*, Éd. Boréal, 2009.
Soucy, G. *La Petite Fille qui aimait trop les allumettes*, Éd. Boréal, 1998.
Tremblay, M. *Théâtre* vol. 1 (1994) et vol. 2 (2007) ; *Les Chroniques du plateau Mont-Royal* (2000), Éd. Actes Sud.
Trudel, S. *Le Souffle de l'harmattan*, Éd. Typo, 2006.
Turcotte, E. *Le Bruit des choses vivantes*, Éd. Actes Sud, 1999 ; *La Voix de Carla*, Éd. Léméac, 1999.
Vigneault, G. *Le Grand Cerf-Volant, poèmes, contes et chansons*, Éd. du Seuil, 1986.

bande dessinée

Brown, Ch. *Louis Riel l'insurgé*, Éd. Casterman, 2004.
Djian, J.-B. et VoRo *Tard dans la nuit*, Éd. Vents d'Ouest, 2004-2006.
Doucet, J. *Ciboire de Criss*, Éd. L'Association, 1996.
Godbout et Fournier *Michel Risque en vacances*, Éd. La Pastèque, 2005.
Hellman, M. *NuNavik* (2016), *Mile End* (2011), Pow Pow.
Loisel et Tripp *Magasin général*, Éd. Casterman, 2007-2011 (7 tomes).
Massot, Bardin et Bourré-Guilbert *Québec Land*, Éd. Sarbacane, 2014.
Perro, B. *Amos Daragon*, Éd. Les Intouchables, 2003-2008 (12 tomes).
Rabagliati, M. *Paul à la campagne* (2002), *Paul a un travail d'été* (2002), *Paul en appartement* (2004), *Paul à Québec* (2009), *Paul au parc* (2011), Éd. La Pastèque.
Zviane *Apnée* (2010), *Ping-pong* (2015), Pow Pow

FILMOGRAPHIE

Amours imaginaires (Les) X. Dolan, 2010.
À tout prendre Cl. Jutra, 1963.
Au clair de la lune A. Forcier, 1982.
Bons Débarras (Les) F. Mankiewicz, 1980.
Chat dans le sac (Le) G. Groulx, 1964.
Confessional (Le) R. Lepage, 1995.
C.R.A.Z.Y. J.-M. Vallée, 2005.
Déclin de l'Empire américain (Le) D. Arcand, 1986.
Eau chaude, l'eau frette (L') A. Forcier, 1976.
Eldorado Ch. Binamé, 1994.
Face cachée de la Lune (La) R. Lepage, 2003.
Femme de l'hôtel (La) L. Pool, 1984.
Fils de Jean (Le) Ph. Lioret, 2016.
Fleurs sauvages (Les) J.-P. Lefebvre, 1982.

Gaz bar blues L. Bélanger, 2003.
Grande Séduction (La) J.-Fr. Pouillot, 2003.
Histoire inventée (Une) A. Forcier, 1990.
Hotel New Hampshire T. Richardson, 1984.
Incendies Denis Villeneuve, 2010.
Invasions barbares (Les) D. Arcand, 2003.
J. A. Martin photographe J. Beaudin, 1977.
J'ai tué ma mère X. Dolan, 2009.
Jésus de Montréal D. Arcand, 1989.
Léolo J.-Cl. Lauzon, 1992.
Mommy X. Dolan, 2014.
Mon oncle Antoine Cl. Jutra, 1971.
Monsieur Lazhar Ph. Falardeau, 2012.
Mourir à tue-tête A.-Cl. Poirier, 1979.
Nouvelle vie de Paul Sneijder (La) T. Vincent, 2016.
Ordres (Les) M. Brault, 1974.
Pour la suite du monde M. Brault, M. Carrière et P. Perrault, 1963.
Romaine par moins 30 A. Obadia, 2009.
Vraie Nature de Bernadette (La) G. Carle, 1972.
Zoo la nuit (Un) J.-Cl. Lauzon, 1987.

GEOPLUS

Lexique

Achaler Embêter, énerver
Allô Salut
Appliquer Faire une demande
Atocas Canneberges
Aubaine Solde
Baboune (Faire la) Faire la tête
Bain Baignoire
Balayeuse Aspirateur
Bar laitier Glacier
Barrer Verrouiller
Batterie Pile
Bébelle Chose, truc
Bécosses Toilettes
Bécycle (bécique) à gaz Moto
Bibitte Insecte
Bienvenue De rien
Binerie Gargotte, fast-food
Blé d'Inde Maïs
Bleuets Myrtilles
Blonde Petite amie
Bobettes Culotte, slip
Boisson Boisson alcoolisée
Bonjour Au revoir
Boucane Fumée
Bouette Boue
Brailler Pleurer
Brassière Soutien-gorge
Breuvage Boisson non alcoolisée
Broue Mousse, écume, (par ext. : bière)
Bumper Pare-choc
Caméra Appareil de photo
Camisole Débardeur
Canceller Annuler
Capoter Flipper/Adorer
Ça prend Il faut
Carrosse Chariot d'aéroport, Caddie de supermarché
Cassé Fauché
Catcher Comprendre
Centre d'achat Centre commercial
Change Monnaie
Char Voiture
Charger Facturer
Chaudrée Soupe crémeuse (*chowder*)
Chauffer Conduire
Chaussettes Pantoufles
Chicane Dispute
Chum Pote, petit copain
Clutch Embrayage (mot féminin, se prononce "clotche")
Commercial Publicité
Condo(minium) Appartement
Conjoint(e) Concubin(e)
Cretons Sortes de rillettes
Crosseur Personne malhonnête
Cruiser (prononcer "crouser") Draguer
Cute (prononcer "kioute") Mignon(ne)
Dash Tableau de bord
Déjeuner Petit déjeuner
Dépanneur Épicerie de quartier
Dîner Déjeuner
Douillette Couette
Draffe (prononcer "draft") Bière pression
Écœurant Génial, fantastique
Épais Bête, rustre
Espadrilles Chaussures de sport
Être en crisse Être en colère
Faire du pouce Faire de l'auto-stop
Fin(e) Gentil(le)
Flasheur Clignotant
Flat (un) Crevaison (de pneu)
Foufounes Fesses
Frette Froid
Froque (une) Veste, manteau
Fun Super
Gang (une) Bande d'amis
Gaz Essence
Gogosse Machin, bidule
Gosse Testicule
Gougounes Tongs
Granola Écolo

GEOPLUS

Gratteux Radin
Guédille Pain hot-dog farci
Habillé comme la chienne à Jacques Mal fagoté
Habitant Paysan, plouc, péquenot
Heavy Grave
Jaser Discuter
Joke Blague
Joual Parler populaire québécois
Laveuse Machine à laver
Large Grand
Liqueur Soda
Longue distance (faire un) Appel interurbain ou international
Lousse Ample, libre, détendu (par extension, dépensier)
Magané Abîmé
Magasiner Faire du shopping
Maller Poster
Maringouin Moustique
Mémérer Commérer
Mitaines Moufles
Mononcle Beauf
Mouiller Pleuvoir
Moumoune Poule mouillée
Nettoyeur Pressing
Niaiser Se moquer, faire marcher
Niaiseux Imbécile
Offrir Proposer
Ouananiche Saumon d'eau douce
Pamphlet Brochure
Pantoute Pas du tout
Paqueté (ou chaud) Saoul
Pareil Quand même
Pas (si) pire Pas (si) mal
Pâte à dents Dentifrice
Patins à roues alignées Rollers
Pétard Canon, bombe, bimbo
Piastre (prononcer "piasse") Dollar
Pinotte Arachide
Piton Bouton
Pitoune Tronc d'arbre ébranché, fille, télécommande
Placoter Bavarder
Plate Ennuyeux
Poche (adj.) Nul, raté
Pouceux Auto-stoppeur
Prendre une marche Se promener
Préservatif Conservateur
Quétaine Ringard, kitsch
Réchauffer (un café) Resservir
Régulier Ordinaire, moyen
Rester Habiter, séjourner
Roulotte Caravane
Sacrer Jurer
Salle de bains Toilettes (ou salle de bains)
Sauver Économiser
Sécheuse Sèche-linge
Séchoir Sèche-cheveux
Sleep(ing) Sac de couchage
Sloche (ou slush) Neige fondue
Souffleuse Chasse-neige
Souper Dîner
Sous Cents
Sous-marin Sandwich-baguette
Spécial Solde (au restaurant, plat du jour)
Stationnement Parking
Tabagie Bureau de tabac
Table d'hôtes Menu
Tanker Faire le plein d'essence
Tanner Fatiguer (agacer), être tanné (en avoir assez)
Ticket Contravention
Ti-cul Morveux
Tip Pourboire
Tomber en amour Tomber amoureux
Toune Chanson
Trente-sous Pièce de 25 cents
Tuque Bonnet
Valise (de char) Coffre (de voiture)
Vedge Légume, par ext. tout mou ou très las
Vente de garage Vide-grenier
Winshil, winshire Pare-brise
Zipper (un) Fermeture Éclair

AIDEZ-NOUS À CONSTRUIRE DES GEOGUIDE QUI RÉPONDENT ENCORE MIEUX À VOS ENVIES !

Merci de nous retourner ce questionnaire à l'adresse suivante :

Questionnaire GEOGUIDE – CS 80240 – 59564 La Madeleine Cedex

VOS VOYAGES

● **Combien de séjours à but touristique effectuez-vous chaque année ?**

En France ❑ 1 ❑ 2 ❑ 3 et +
À l'étranger ❑ 1 ❑ 2 ❑ 3 et +

● **Vous partez pour** (plusieurs réponses possibles, hors visite parents et amis) **:**

La France ❑ 1 semaine ❑ 2 semaines ❑ 3 semaines et +
L'étranger ❑ 1 semaine ❑ 2 semaines ❑ 3 semaines et +

● **Combien de week-ends à but touristique effectuez-vous chaque année ?**
(hors visite parents et amis)

En France ❑ 1 ❑ 2 ❑ 3 et +
À l'étranger ❑ 1 ❑ 2 ❑ 3 et +

● **Vous partez** (plusieurs réponses possibles) **:**

	Voyage en France	Voyage à l'étranger	Week-end
Seul	❑	❑	❑
En couple	❑	❑	❑
En famille	❑	❑	❑
Avec des amis	❑	❑	❑
En voyage organisé	❑	❑	❑

VOS GUIDES DE VOYAGE

● **Quand vous partez, combien et quel type de guides achetez-vous ?**

	Voyage en France	Voyage à l'étranger	Week-end
Guides pratiques *	......	......	......
Guides culturels **	......	......	......

*axés sur les informations pratiques et les adresses, contenant plus de texte et de cartes que de photographies
**axés sur l'histoire et la culture, contenant beaucoup de photographies et d'illustrations

● **Combien de temps avant votre départ achetez-vous votre (vos) guide(s) ?**

	Voyage en France	Voyage à l'étranger	Week-end
Entre 3 et 6 mois avant	❑	❑	❑
Dans le mois qui précède	❑	❑	❑
Sur place	❑	❑	❑

● **Avec les guides de quelles collections partez-vous le plus souvent ?** (plusieurs réponses possibles) ....

....

● **Cherchez-vous de l'information sur votre destination ailleurs que dans les guides de voyage ?**
❑ Oui ❑ Non

Si oui, où :
❑ presse magazine
❑ forums de voyageurs
❑ voyagistes en ligne
❑ sites internet des offices de tourisme
❑ offices de tourisme (sur place)
❑ autre : ....

VOTRE GEOGUIDE

● **Si vous avez acheté ce guide vous-même, pourquoi avez-vous choisi GEOGUIDE ?**
(plusieurs réponses possibles) :

- ❑ conseil de votre entourage
- ❑ conseil de votre libraire
- ❑ publicité
- ❑ vous l'avez découvert sur votre lieu d'achat
- ❑ article de presse
- ❑ confiance dans les guides Gallimard
- ❑ confiance dans le magazine GEO

Dans ce dernier cas, qu'est-ce qui a motivé l'achat de ce GEOGUIDE ?

- ❑ format
- ❑ couverture
- ❑ rabat proposant des cartes dépliantes
- ❑ photographies couleur
- ❑ présentation intérieure en couleurs
- ❑ contenu pratique
- ❑ contenu culturel
- ❑ volume d'information
- ❑ prix
- ❑ autre : ....

● **Que pensez-vous de votre GEOGUIDE et de ses différentes rubriques ?**
Concernant les informations culturelles, vous avez trouvé GEOGUIDE :
❑ Très fiable ❑ Fiable ❑ Assez fiable ❑ Pas du tout fiable

Concernant les informations pratiques (horaires, coordonnées...), vous avez trouvé GEOGUIDE :
❑ Très fiable ❑ Fiable ❑ Assez fiable ❑ Pas du tout fiable

Votre opinion sur la sélection d'adresses :

	Qualité des adresses		**Nombre d'adresses**	
	Suffisante	Insuffisante	Suffisant	Insuffisant
Hébergement	❑	❑	❑	❑
Restauration	❑	❑	❑	❑
Monuments, sites	❑	❑	❑	❑
Balades et randonnées	❑	❑	❑	❑
Activités de loisirs	❑	❑	❑	❑
Shopping	❑	❑	❑	❑

● **Avez-vous des remarques et suggestions ?** ....
....
....

● **Repartirez-vous avec un GEOGUIDE ?** ❑ Oui ❑ Non

VOUS

● **Vous êtes :** ❑ un homme ❑ une femme

● **Votre âge :** ❑ - de 25 ans ❑ 25-34 ans ❑ 35-44 ans ❑ 45-64 ans ❑ 65 ans et +

● **Votre profession :**
❑ agriculteur ❑ profession libérale ❑ cadre supérieur ❑ encadrement et technicien
❑ employé ❑ ouvrier ❑ retraité ❑ sans activité professionnelle ❑ étudiant

● **Êtes-vous lecteur du magazine GEO ?** ❑ Oui ❑ Non

Quel est votre magazine préféré ? ....

Merci de nous indiquer votre adresse

Nom : ....

Adresse : ....

Code postal : .... Ville : .... Pays : ....

Acceptez-vous d'être contacté(e) par mail sur les nouveautés GEOGUIDE ? ❑ Oui ❑ Non

Adresse mail : ❑❑❑❑❑❑❑❑❑❑❑❑❑❑❑❑❑❑❑❑❑❑❑❑❑❑❑❑

INDEX

A

B

C

D-E

F-G

H-I

INDEX

INDEX

LÉGENDES DES CARTES ET DES PLANS

Cartes

- Aaa Ville ou site étape
- Autoroute et 2x2 voies
- Route principale
- Route secondaire
- Autre route
- Frontière d'État
- Limite administrative
- Parc naturel
- Zone urbaine
- Liaison maritime
- ● Site remarquable
- ▲ Sommet

Altitude (en mètres)

- De 0 à 200
- De 200 à 500
- De 500 à 1 000
- Plus de 1 000

Plans

- Axe principal
- Espace vert
- Cimetière
- Voie ferrée
- Office de tourisme
- Aéroport
- Gare ferroviaire
- Gare routière
- Métro
- Parking
- Hôpital

GEOPanorama Anne Pélouas, Rodolphe Lasnes.
GEOPratique Vincent Noyoux, Rodolphe Lasnes.
GEORégions Montréal et le Sud Vincent Grandferry (Montréal, Gatineau-Ottawa, Mont-Tremblant, Trois-Rivières, Sherbrooke hormis la rubrique "à l'est de Sherbrooke"), Vincent Noyoux ("à l'est de Sherbrooke"), Anne Bécel (Montréal, Gatineau-Ottawa, Mont-Tremblant, Trois-Rivières, Sherbrooke), Rodolphe Lasnes (Montréal, Gatineau-Ottawa, Trois-Rivières, Sherbrooke), Éric Mathieu (Mont-Tremblant).
Québec et le Centre Nicolas Peyroles (Québec, Baie Saint-Paul, La Malbaie), Vincent Noyoux (Montmagny, Rimouski), Anne Bécel (Québec, Montmagny), Éric Mathieu (Québec, Baie-Saint-Paul, La Malbaie), Rodolphe Lasnes (Montmagny, Rivière-du-Loup, Rimouski).
Saguenay-Lac-Saint-Jean et Côte-Nord, Nicolas Peyroles (Saguenay et son fjord, le lac Saint-Jean, Tadoussac et "à l'ouest de Baie-Comeau" dans le chapitre consacré à Baie-Comeau), Vincent Noyoux (Baie-Comeau hormis la rubrique "à l'ouest de Baie-Comeau", Sept-Îles), Anne Bécel (Tadoussac), Éric Mathieu (Saguenay, Lac Saint-Jean, Tadoussac, Baie-Comeau, Sept-Îles).
Gaspésie, îles de la Madeleine et Acadie Vincent Noyoux (Matane, Gaspé, îles de la Madeleine), Anne Bécel (Percé, Carleton-sur-Mer), Éric Mathieu (Matane, Gaspé, Percé, Carleton, îles de la Madeleine, Acadie).
GEOPlus Les joies de l'hiver Rodolphe Lasnes.
GEOPlus Les baleines du Saint-Laurent Thomas Doniol-Valcroze.
GEOPlus Le Grand Nord, terre des extrêmes Nicolas Peyroles.
GEODocs Vincent Grandferry, Nicolas Peyroles, Vincent Noyoux, Rodolphe Lasnes, Éric Mathieu.
● **CRÉDITS PHOTOGRAPHIQUES** **Couverture et 3** © Richard Cvallier/Shutterstock.com. **4** © Hervé Hugues/hemis.fr. **6** © Milphoto/Fotolia.fr. **44 haut** © Firstlight/Gettyimages. **bas** © Albert Pego/Shutterstock.com. **82** © Packshot/Fotolia.fr. **212-213** © Fistlight/Gettyimages. **214-215** © Christopher Howey/Fotolia.fr. **216-217** © Vladg/Fotolia.fr. **218-219** © Philippe Renault/hemis.fr. **220** © Nours/Fotolia.fr. **221** © Pascal Huot/Fotolia.fr. **222-223** © Mark Tomalty/Masterfile. **224-225** © Pascal Huot/Fotolia.fr. **226** © Philippe Renault/hemis.fr. **227** © Ldens/Fotolia.fr. **228-229** © Denis Pepin/Shutterstock.com. **230-231** © Howard Sandler/Fotolia.fr. **232** © Cyril le Tourneur/Hoa-Qui. **233** © Olivier Poncelet/Fotolia.fr. **234-235** © Cosmo Condina/Gettyimages. **304 haut** © Alberto Loyo/Shutterstock. **bas** © Csp/Shutterstock. **440 haut** © Paul Binet/Fotolia.fr. **bas** © Rrainbow/Fotolia.fr.
● **CARTOGRAPHIE INFOGRAPHIQUE** EdiCarto.
● **REMERCIEMENTS** Yvonne Simard de Destination Québec à Paris, Daniel Gagnon et l'office de tourisme de Québec, les offices de tourisme de Charlevoix, du Saguenay-Lac-Saint-Jean et de Tadoussac, Marion Lambert et Christophe Monribot à Montréal, Marie-Pier Pilote à Alma, Gino Sainte-Marie à Québec, Gilles Bengle de l'office de tourisme de Montréal, Sylvain et Alexandra Lepreux, Gaëlle Berrehouc, Jean-Sébastien Halty, Jean-Pierre Roger à Rimouski, Isabelle Cummings aux îles de la Madeleine, Jacques Lachance à Natashquan. Alain Larouche, Anne Mergault, Béatrice Launay, Catherine Thomas, Charly Bouchara, Kathleen Galipeau, Karine Lalancette, Karine Légeron, Richard Seguin, Éliane Larouche, Mitémo Chevalier, Suzie Loiselle, Denis Landry, Sa Majesté Denys Ier et Pierre Chardot.

● **GALLIMARD LOISIRS** 5, rue Gaston-Gallimard 75328 Paris Cedex 07.
Tél. 01 49 54 42 00 contact@geo-guide.fr www.geo-guide.fr
La collection GEOGuide a été créée en association entre Prisma Presse/GEO et Gallimard Loisirs.

 Premier dépôt légal Avril 2008.
Dépôt légal Février 2017. **Numéro d'édition** 301809. **ISBN** 978-2-74-244604-9.
Photogravure IPR (Gentilly). **Impression** LEGO (Italie).

Avis aux GEOVoyageurs Entre l'enquête faite sur le terrain et la parution du guide, les établissements proposés peuvent avoir disparu et certaines informations peuvent avoir été modifiées : n'hésitez pas à nous faire part de vos commentaires et de vos corrections !

INDEX

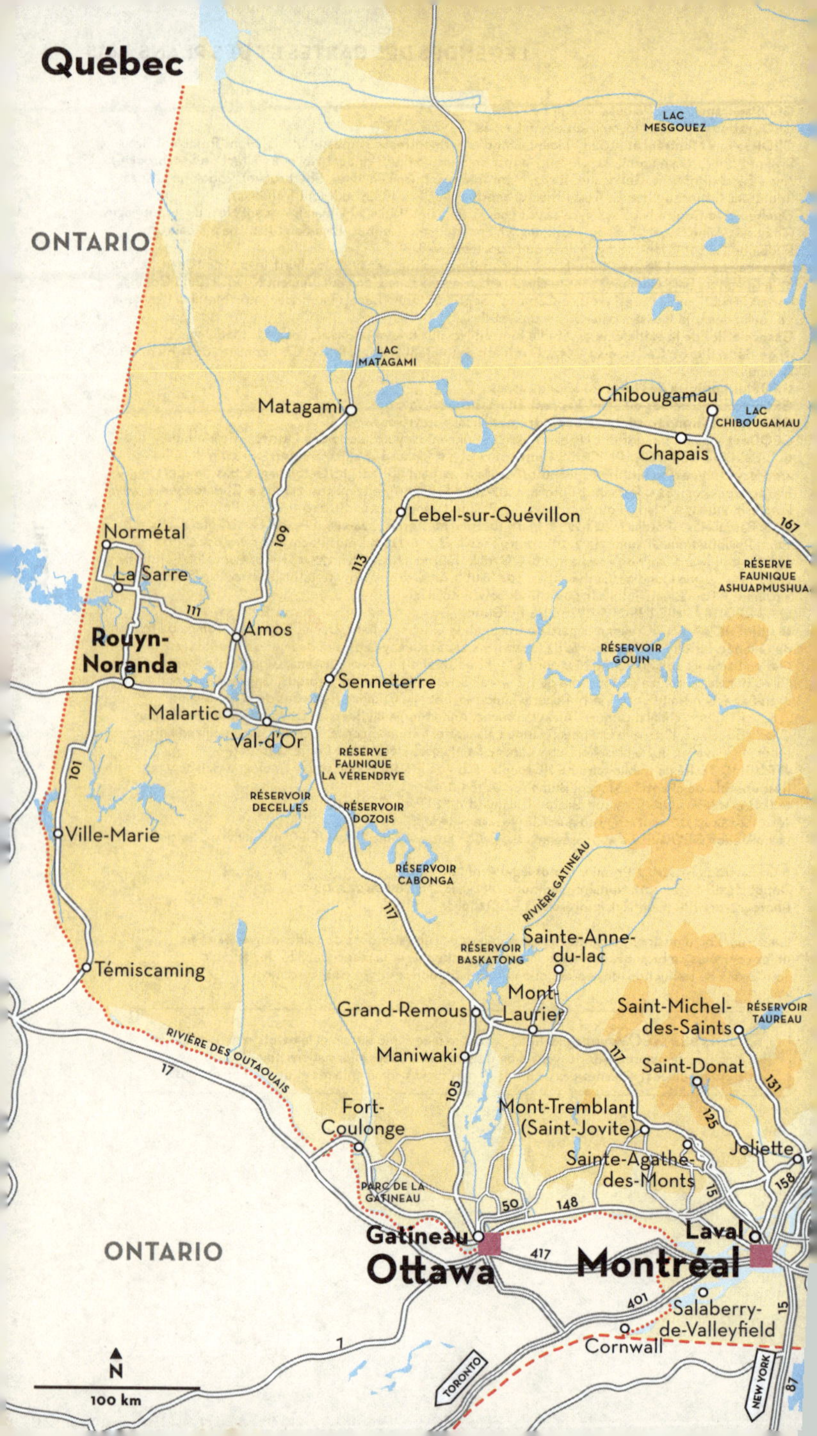
Québec
ONTARIO
LAC MESGOUEZ
LAC MATAGAMI
Matagami
Chibougamau
LAC CHIBOUGAMAU
Chapais
Lebel-sur-Quévillon
167
109
113
Normétal
La Sarre
111
Amos
Rouyn-Noranda
RÉSERVE FAUNIQUE ASHUAPMUSHUAN
RÉSERVOIR GOUIN
Senneterre
Malartic
Val-d'Or
RÉSERVE FAUNIQUE LA VÉRENDRYE
101
RÉSERVOIR DECELLES
RÉSERVOIR DOZOIS
Ville-Marie
RÉSERVOIR CABONGA
RIVIÈRE GATINEAU
117
Sainte-Anne-du-lac
RÉSERVOIR BASKATONG
Témiscaming
Grand-Remous
Mont-Laurier
Saint-Michel-des-Saints
RÉSERVOIR TAUREAU
RIVIÈRE DES OUTAOUAIS
17
Maniwaki
Saint-Donat
131
105
125
Fort-Coulonge
Mont-Tremblant (Saint-Jovite)
Joliette
Sainte-Agathe-des-Monts
158
PARC DE LA GATINEAU
50
148
15
Laval
Gatineau
ONTARIO
417
Ottawa
Montréal
401
Salaberry-de-Valleyfield
15
1
Cornwall
TORONTO
NEW YORK
87
N
100 km